Schrapper/Günther
Landesbeamtengesetz Nordrhein-Westfalen

Landesbeamtengesetz Nordrhein-Westfalen (LBG NRW)

Kommentar

von

Dr. Ludger Schrapper

Ministerialdirigent,
vormals Präsident der Fachhochschule für öffentliche Verwaltung NRW

und

Dr. Jörg-Michael Günther

Ministerialrat

2. Auflage
2017

C.H. BECK

www.beck.de

ISBN 978 3 406 69597 1

© 2017 Verlag C.H. Beck oHG
Wilhelmstraße 9, 80801 München
Druck: Kösel GmbH & Co. KG
Am Buchweg 1, 87452 Altusried-Krugzell
Satz: Druckerei C.H. Beck Nördlingen

Umschlaggestaltung: Druckerei C.H. Beck Nördlingen

Gedruckt auf säurefreiem, alterungsbeständigem Papier
(hergestellt aus chlorfrei gebleichtem Zellstoff)

„Das ewige Reformieren ist daran schuld, dass wir eine Reform brauchen"
Charles-Louis de Secondat Baron de Montesquieu (1689–1755)

Vorwort

Die 2. Auflage unseres 2013 erstmals erschienenen Kommentars zum Landesbeamtengesetz NRW wurde aus verschiedenen Gründen notwendig. Zum einen ist er auf ein erfreuliches Interesse bei der Leserschaft gestoßen, zum anderen hat wieder eine Dienstrechtsreform in NRW stattgefunden. Mit dem zum 1.7.2016 in Kraft getretenen Dienstrechtsmodernisierungsgesetz für das Land Nordrhein-Westfalen vom 14. Juni 2016 (GV. NRW. S. 310) wurden viele Vorschriften geändert. Außerdem wurde in das LBG eine Reihe neuer gesetzlicher Regelungen z.B. zur Verbesserung der Vereinbarkeit von Familie und Beruf, zum Laufbahnrecht, zur Personalentwicklung, zur Frauenförderung, zur Fortbildung und zum Behördlichen Gesundheitsmanagement eingefügt. Ferner gab es seit 2013 insbesondere aufgrund von Gerichtsentscheidungen schon vor dem DRModG einzelne Änderungen des LBG (§ 121 LBG, geändert durch Art. 9 des Gesetzes v. 16.9.2014, GV. NRW. S. 547; § 118 LBG, neugefasst durch Art. 2 des Gesetzes v. 17.12.2015, GV. NRW.S. 901; § 6 LBG geändert, § 65 LBG geändert und § 15a LBG sowie 110a LBG − Höchstaltersgrenzen bei Einstellung − durch Art. 1 des Gesetzes v. 17.12.2015, GV. NRW. S. 938, in Kraft getreten am 31.12.2015). Das gesamte LBG hat zudem vom Gesetzgeber eine Neufassung erhalten, weil es nunmehr durchgehend „geschlechtergerecht" formuliert ist. Auch die Nummerierung von häufig in der Praxis relevanten Paragrafen hat sich im LBG geändert. Beförderungen sind z.B. jetzt in § 19 LBG geregelt, Beurteilungen in § 92 LBG. Zeitgleich mit der Novelle des LBG (und der parallelen Änderung des Besoldungs- und Versorgungsrechts von NRW) wurden auch die Laufbahnverordnung NRW, bereits 2014 weitgehend neugefasst (vgl. *Idecke-Lux,* RiA 2014, 112), jetzt nochmals überarbeitet und zum 1.7.2016 in Kraft gesetzt. Auch wichtige andere Verordnungen, wie etwa die Freistellungs- und Urlaubsverordnung NRW, haben seit 2013 gravierende Änderungen erfahren.

Als ob dies nicht genug Gründe für eine Aktualisierung unseres Kommentars wären, haben sich zudem seit Erscheinen der 1. Auflage 2013 neben der Änderung von Einzelnormen auch einige Richtungswechsel in der höchstrichterlichen Rechtsprechung zum Beamtenrecht ergeben. Sie sind (auch) für die beamtenrechtliche Praxis in NRW von sehr großer Relevanz. Dies gilt in besonderem Maße für die Rechtsprechung des BVerfG. Das Gericht hat im relevanten Zeitraum Grundsatzentscheidungen zum nordrhein-westfälischen Beamtenrecht getroffen, die vom Gesetzgeber zu beachten waren. Hervorzuheben ist z.B. der Beschluss des BVerfG vom 21.4.2015 zu den Höchstaltersgrenzen bei der Einstellung von Beamten (BVerfG, 2 BvR 1322/12, 2 BvR 1989/12). Es gibt in der Konsequenz nunmehr in NRW im Rahmen der Einstellung den neuen Ü40 − Beamten (vgl. § 14 Abs. 3 LBG). Daneben haben die nordrhein-westfälischen Gerichte in den letzten Jahren viele grundlegende und praxisrelevante Entscheidungen zum Landesbeamtengesetz NRW und seiner Auslegung getroffen. Auch das Besoldungs- und Versorgungsrecht von NRW stand im besonderen gerichtlichen Fokus. Der VerfGH NRW hat am 1.7.2014 eine wichtige Entscheidung zum nordrhein-westfälischen Besoldungsrecht und zur Bedeutung amtsangemessener Alimentation gefällt. Der VerfGH musste den Gesetzgeber beim Gesetz zur Anpassung der Dienst- und Versorgungsbezüge 2013/2014 sowie zur Änderung weiterer dienstrechtlicher Vorschriften im Land Nordrhein-Westfalen vom 16. Juli 2013 (GV. NRW. S. 486) zur Einhaltung des Verfassungsrechts ermahnen (VerfGH NRW, ZBR 2014, 315; vgl. zur Amtsangemessenheit der Beamten- und Richterbesoldung *Hebeler,* ZTR 2016, 366; *Stuttmann,* DVBl 2014, 746; s.a. zur Richterbesoldung in NRW *Bünnigmann,*

Vorwort

NWVBl. 2016, 230). Das Gericht verwarf die für die Mehrzahl der Beamten geplanten Nullrunden. Der Gesetzgeber hat in der Folge ein verfassungskonformes Gesetz verabschiedet (Gesetz zur Änderung des Gesetzes zur Anpassung der Dienst- und Versorgungsbezüge 2013/2014 NRW vom 14.11.2014, GV. NRW. S. 734). Die zahlreichen neuen Gerichtsentscheidungen zum LBG NRW und dem BeamtStG im Berichtszeitraum waren ebenfalls mit der entsprechenden Literatur in die jeweiligen Kommentierungen der Vorschriften einzuarbeiten. Wie in der Vorauflage wurden zusätzlich Entscheidungen aus anderen Bundesländern und die entsprechende Literatur in die Betrachtungen aktualisierend einbezogen. Es erscheint den Autoren nämlich wichtig und weiterführend, im Beamtenrecht (aber nicht nur dort) über den Tellerrand von NRW hinaus zu blicken (s. a. *Sandhaus/Bilawa/Ziehm,* Gutachten des Parlamentarischen Beratungs- und Gutachterdienstes des LT NRW vom 30.3.2016 „Dienstrechtsmodernisierung in Nordrhein-Westfalen, Bayern und Baden-Württemberg nach der Föderalismusreform von 2006.").

Wie in der Vorauflage bedarf es hier einiger kurzer Erläuterungen zur Konzeption des Kommentars. Das traditionsgeprägte Beamtenrecht wurde in den letzten Jahren auf Bundes- und Landesebene umfassend geändert. Die Föderalismusreform I brachte einen Systemwechsel von einem einheitlichen bundesrechtlichen Regulierungsrahmen hin zu verstärkten Kompetenzen der Länder. Die damit entstandene Gemengelage von Beamtenstatusgesetz und dem LBG stellt die Praxis kontinuierlich vor besondere Herausforderungen. Unser Kommentar möchte insofern ein praktischer Lotse durch das in NRW anzuwendende Beamtenrecht sein. Wegen der Verzahnung mit dem Beamtenstatusgesetz beschränkt er sich nicht auf die Kommentierung der landesrechtlichen Vorschriften, sondern stellt – soweit für die Praxis erforderlich – auch Grundzüge dieser bundesrechtlichen Vorschriften dar. Das Konzept des Kommentars folgt dabei der Vorgehensweise des beamtenrechtlichen Praktikers, der im Einzelfall in der Regel gleichzeitig Bundes- und Landesrecht anzuwenden hat. Bei Detailfragen des Beamtenstatusgesetzes wird ergänzend auf die Spezialkommentare verwiesen. Gleiches gilt für das Landespersonalvertretungsgesetz NRW. Hinweise auf die jeweiligen personalvertretungsrechtlichen Beteiligungspflichten sollen dem Praktiker helfen, gelegentlich fatal unterschätzte Fehlerquellen, die z.B. beamtenrechtliche Einzelpersonalmaßnahmen rechtswidrig machen können, schon im Ansatz zu vermeiden.

Den Bedürfnissen der Praxis folgend, stellt der Kommentar schwerpunktmäßig die gerade das Beamtenrecht stark prägende Rechtsprechung dar, ohne in Zweifelsfällen auf eine vertiefende wissenschaftliche Auseinandersetzung mit einschlägigen Literaturstimmen zu verzichten. Für uns ist es dabei als Wissenschaftler und Praktiker selbstverständlich, bei den zitierten Literaturstimmen dem Leser und der Leserin einen möglichst repräsentativen Überblick über das gesamte Meinungsspektrum zu bieten. Den Autoren war es in dem Kontext wichtig, in die Zitate nicht nur Belege einzubringen, sondern zusätzlich viele fachlich weiterführende Ergänzungen und Hinweise, die für den speziellen Fall eine vertiefte Befassung mit dem jeweiligen beamtenrechtlichen (Spezial-)Thema ermöglichen. Gerade in Grenzfällen kann dies für den Kommentarnutzer in der Praxis im Idealfall entscheidendes Abwägungsmaterial für die konkrete Entscheidung liefern. Wegen seines Charakters als Kompaktkommentar ergaben sich für die Autoren hierbei allerdings beim Umfang leider gewisse Beschränkungen.

Das Werk hat das Ziel, Personalpraktikern in Landes- und Kommunalbehörden, Personalvertretungen, Rechtsanwälten und Gerichten bei der Bewertung und Bewältigung konkreter beamtenrechtlicher Problemlagen und Zweifelsfragen nützliche und verlässliche Dienste zu leisten. Auf eine möglichst vollständige Wiedergabe aller erfahrungsgemäß für die beamtenrechtliche Praxis relevanten Entscheidungen des BVerfG, des BVerwG und der nordrhein-westfälischen Verwaltungsgerichtsbarkeit, deren veröffentlichte Entscheidungen über die Rechtsprechungsdatenbank auf dem Justizportal NRW (Justiz-Online) frei zugänglich sind, wurde deshalb besonderer Wert gelegt. Auch weiterführende Entscheidungen der Verwaltungsgerichtsbarkeit anderer Bundesländer sind – wie oben schon erwähnt –

ebenso aufgeführt wie wichtige Urteile des EuGH und des EGMR. Die „Unionalisierung des Beamtenrechts" (*Wolff*, ZBR 2014, 1) macht schließlich auch vor NRW nicht Halt (krit. hierzu *J.-M. Günther*, Rezension zu *Klaß*, Die Fortentwicklung des deutschen Beamtenrechts durch das europäische Recht, 2014 – in ZBR 2015, 107).

Das Werk richtet sich natürlich auch an die Beamtinnen und Beamten selbst und ihre Berufsvertretungen. Da sich traditionelle beamtenrechtliche Gewissheiten zunehmend auf schwankendem Boden bewegen, ist es umso wichtiger, das LBG NRW im Detail und in seinen Bezügen zum GG und BeamtStG zu kennen. Nicht zuletzt möchten die Autoren das Landesbeamtenrecht von NRW stärker in den Blick von Forschung und Lehre rücken, zumal es trotz ausgefeilter Rechtsprechung nach wie vor eine ganze Reihe dogmatisch und verwaltungspraktisch nicht abschließend geklärter Fragen gibt. Die Autoren haben sich deshalb auch im Berichtszeitraum verstärkt mit Fachbeiträgen an beamtenrechtlichen Diskussionen, die entweder das Beamtenrecht von NRW direkt betreffen oder für NRW relevant sind, beteiligt (*Schrapper*, Die Verwaltung 46 (2013), 445; ZBR 2014, 181; SchVw NRW 2016, 80; ZBR 2016, 397; *J.-M. Günther*, ZBR 2013, 166; NWVBl. 2014, 325; NWVBl. 2015, 13; ZBR 2015, 404). Auf die Prüfungsrelevanz des Beamtenrechts in der Ausbildung ist schon an anderer Stelle hingewiesen worden (vgl. *Kirsch*, JURA 2010, 487; s. a. den Examensfall von *Ridder*, JA 2012, 778).

Allein im Interesse der Leserinnen- und Leserfreundlichkeit sowie zur notwendigen Verdichtung des Textes wird im weiteren Text die männliche Sprachform verwendet. Wo im Kommentar von „Beamten", „Ehrenbeamten", „Polizeibeamten", „Staatssekretären" usw. die Rede ist, ist immer auch die weibliche Form umfasst. Soweit in der Kommentierung Paragrafen ohne nachfolgende Angabe eines Gesetzes zitiert werden, sind es stets solche des LBG NRW. Die Autoren waren insofern aus Platzgründen gehalten, solche „Texteinsparungen" vorzunehmen. Die im Text der Kommentierungen durch Fettdruck hervorgehobenen Schlagworte sollen dem Praktiker mit optimiertem Zeitmanagement einen schnellen Zugriff auf das jeweils relevante Thema ermöglichen. Dem gleichen Ziel dient das umfassende Sachverzeichnis. Die 2. Auflage unseres Kommentars berücksichtigt die aktuelle Rechtsprechung und Literatur mit Stand Oktober 2016. Nicht fehlen soll auch vor dem Hintergrund unserer dienstlichen Funktionen der Hinweis, dass es sich bei den in unserem Kommentar geäußerten wissenschaftlichen Meinungen und Rechtsauffassungen ausschließlich um unsere persönlichen Ansichten handelt.

Da Gesetzeskommentare neben ihrer allgemeinen Bedeutung für die „Durchsetzung normtextgeleiteten Handelns" (*Henne*, Betrifft Justiz 2006, 352) u. a. auch die Funktion haben, dem wissenschaftlichen Diskurs zu dienen, sind Kritik und Anregungen tatsächlicher und rechtlicher Art jederzeit äußerst willkommen. Berichtigungen, Verbesserungsvorschläge und kritische Hinweise erreichen uns per Post oder per Mail unter folgender Adresse: Ludger.Schrapper@gmail.com

Haan/Leichlingen, im Oktober 2016   Dr. jur. Ludger Schrapper
                                    Dr. jur. utr. Jörg-Michael Günther

Inhaltsverzeichnis

Kommentierung

Inhalt

Inhalt

Abschnitt 6 – Rechtsweg

Abschnitt 7 – Besondere Beamtengruppen

Inhalt

Abschnitt 8 – Rechtsstellung der Beamtinnen und Beamten und Versorgungsempfängerinnen und -empfänger bei der Umbildung von Körperschaften

Abschnitt 9 – Übergangs- und Schlussvorschriften

Abkürzungsverzeichnis

I. Allgemeines Abkürzungsverzeichnis

a. A.	anderer Ansicht
a. a. O.	an angeführtem Ort
AbgG	Abgeordnetengesetz (Bund)
AbgG NRW	Abgeordnetengesetz (NRW)
ABl.	Amtsblatt
ABl. EG	Amtsblatt der Europäischen Gemeinschaft
Abs.	Absatz
AC-Verfahren	Assessmentcenter-Verfahren
a. D.	außer Dienst
ADO	Allgemeine Dienstordnung für Lehrerinnen und Lehrer, Schulleiterinnen und Schulleiter an öffentlichen Schulen
a. E.	am Ende
a. F.	alte Fassung
AfP	Archiv für Presserecht (Zeitschrift)
AGG	Allgemeines Gleichbehandlungsgesetz
AhD	Arbeitsgemeinschaft der Verbände höherer Dienstes
akad.	akademisch
allg.	allgemein
Alt.	Alternative
a. M.	anderer Meinung
amtl. Begr.	amtliche Begründung
Anl.	Anlage
Anm.	Anmerkung
anschl.	anschließend
AöR	Archiv des öffentlichen Rechts (Zeitschrift)
apf	Ausbildung Prüfung Fachpraxis (Zeitschrift)
ArbEG	Gesetz über Arbeitnehmererfindungen
ArbRB	Arbeits-Rechts-Berater (Zeitschrift)
ArbSchG	Arbeitsschutzgesetz
ArbSchVO	Arbeitsschutzverordnung
ArbuR	Arbeit und Recht (Zeitschrift)
ArchivG	Archivgesetz NRW
Archiv PF	Archiv für das Post- und Fernmeldewesen (Zeitschrift)
arg. e	argumentum e (Argument aus)
Art.	Artikel
AtG	Altersteilzeitgesetz
ATZ	Altersteilzeit
ATZV	Altersteilzeitzuschlagsverordnung
Aufl.	Auflage
ausdr.	ausdrücklich
ausführl.	ausführlich
Ausschuss.-Prot.	Ausschuss-Protokoll(e)
AV	Allgemeine Verfügung
AZVO	Arbeitszeitverordnung NRW

Abkürzungen

AZVOFeu	Verordnung über die Arbeitszeit der Beamtinnen und Beamten des feuerwehrtechnischen Dienstes NRW
AZVOPol	Verordnung über die Arbeitszeit der Polizeivollzugsbeamten des Landes NRW
B.	Beschluss/Beschlüsse
B. v.	Beschluss vom/Beschlüsse vom
BA-Studiengang	Bachelor-Studiengang
BAG	Bundesarbeitsgericht
BAGE	Entscheidungen des Bundesarbeitsgerichts (Entscheidungssammlung)
BAG II	Bürokratieabbaugesetz II NRW (2007)
BayAGVwGO ...	Gesetz zur Ausführung der Verwaltungsgerichtsordnung, Bayern
BayBG	Bayerisches Beamtengesetz
BayObLG	Bayerisches Oberstes Landesgericht
BayVBl.	Bayerische Verwaltungsblätter (Zeitschrift)
Bay. VerfGH	Bayerischer Verfassungsgerichtshof
BB	Betriebs-Berater (Zeitschrift)
BBesG	Bundesbesoldungsgesetz
BBG	Bundesbeamtengesetz
BBiG	Berufsbildungsgesetz
Bd.	Band
BDH	Bundesdisziplinarhof (bis 1967)
BDSG	Bundesdatenschutzgesetz
BeamtDiszZustV	Verordnungen über beamtenrechtliche und disziplinarrechtliche Zuständigkeiten im Geschäftsbereich (der Landesressorts NRW)
BeamtStG	Beamtenstatusgesetz
BeamtVG	Beamtenversorgungsgesetz
BeckRS	Beck-Rechtsprechung
BEEG	Bundeselterngeld- und Elternzeitgesetz
Begr.	Begründung
Bek.	Bekanntmachung
BEM	Betriebliches Eingliederungsmanagement
ber.	berichtigt
bes.	besonderer
BesGr.	Besoldungsgruppe
BetrVG	Betriebsverfassungsgesetz
bezügl.	bezüglich
BFH	Bundesfinanzhof
BGB	Bürgerliches Gesetzbuch
BGBl.	Bundesgesetzblatt
BGG	Behindertengleichstellungsgesetz
BGH	Bundesgerichtshof
BGHZ	Entscheidungssammlung des Bundesgerichtshofs in Zivilsachen
BGM	Betriebliches Gesundheitsmanagement
BKGG	Bundeskindergeldgesetz
BLV	Bundeslaufbahnverordnung
BMI	Body-Mass-Index
BMJ	Bundesministerium der Justiz
BPA	Bundespersonalausschuss
BPUVZ	Zeitschrift für betriebliche Prävention und Unfallversicherung
BQFG	Berufsqualifikationsfeststellungsgesetz
BRAO	Bundesrechtsanwaltsordnung
BR-Drs.	Bundesratsdrucksache

BRH	Bundesrechnungshof
BRL	Beurteilungsrichtlinie
BRRG	Beamtenrechtsrahmengesetz
BSG	Bundessozialgericht
BSGE	Entscheidungen des Bundessozialgerichts (Entscheidungssammlung)
Bspl.	Beispiel
BT-Drs.	Bundestagsdrucksache
BVerfG	Bundesverfassungsgericht
BVerfGE	Entscheidungen des Bundesverfassungsgerichts
BVerfGG	Bundesverfassungsgerichtsgesetz
BVerwG	Bundesverwaltungsgericht
BVerwGE	Entscheidungen des Bundesverwaltungsgerichts
BVO	Beihilfenverordnung NRW
BW	Baden-Württemberg
BWGZ	Baden-Württemberg, Die Gemeinde (Zeitschrift), Organ des Gemeindetags Baden-Württemberg
BWV	Bundeswehrverwaltung (Zeitschrift)
BWVPr	Baden-Württembergische Verwaltungspraxis (Zeitschrift)
bzw.	beziehungsweise
CEPOL	European Police College
CPI	Corruption Perceptions Index
DAR	Deutsches Autorecht (Zeitschrift)
DB	Der Betrieb (Zeitschrift)
dass.	dasselbe
dementspr.	dementsprechend
ders.	derselbe
dgl.	dergleichen/desgleichen
d. h.	das heißt
DHV	Deutsche Hochschule für Verwaltungswissenschaften (Speyer)
Diss.	Dissertation
DÖD	Der Öffentliche Dienst (Zeitschrift)
DÖV	Die Öffentliche Verwaltung (Zeitschrift)
DRÄG	Dienstrechtsänderungsgesetz
DRAnpG	Dienstrechtsanpassungsgesetz NRW
DRiG	Deutsches Richtergesetz
DRiZ	Deutsche Richterzeitung (Zeitschrift)
DRModG	Dienstrechtsmodernisierungsgesetz NRW
Drs.	Drucksache
DSB	Datenschutz-Berater (Zeitschrift)
DSG	Datenschutzgesetz NRW
DVBl	Deutsches Verwaltungsblatt (Zeitschrift)
DVP	Deutsche Verwaltungspraxis (Zeitschrift)
E	Amtliche Sammlung der Entscheidungen des vorgenannten Gerichts
ebd.	ebenda
etc.	et cetera
e. D.	einfacher Dienst
EG	Europäische Gemeinschaft(en)
EGMR	Europäischer Gerichtshof für Menschenrechte
EGV	EG-Vertrag
EingrVO	Eingruppierungsverordnung NRW

Abkürzungen

Einl.	Einleitung
EKD	Evangelische Kirche in Deutschland
elektron.	elektronisch
EMRK	Europäische Menschenrechtskonvention
Entsch.	Entscheidung
Erl.	Erläuterung
ErzUrlVO	Erziehungsurlaubsverordnung NRW
EStG	Einkommenssteuergesetz
EuAbG	Europaabgeordnetengesetz
EuGH	Europäischer Gerichtshof
EuR	Europarecht (Zeitschrift)
Europol	Europäisches Polizeiamt
EuroStat	Statistisches Amt der Europäischen Union
EuWG	Europawahlgesetz
evg.	evangelisch
evtl.	eventuell
EWR	Europäischer Wirtschaftsraum
EZulV	Erschwerniszulagenverordnung
EZVO	Elternzeitverordnung
f./ff.	folgende(r)
FG	Finanzgericht
FH	Fachhochschule
FHG	Fachhochschulgesetz NRW
FHGöD	Fachhochschulgesetz öffentlicher Dienst NRW
FHöV	Fachhochschule für öffentliche Verwaltung
FH-Studium	Fachhochschulstudium
FM	Finanzministerium
Fn.	Fußnote
FPfZG	Familienpflegezeitgesetz
FRONTEX	Europäische Agentur für die operative Zusammenarbeit an den Außengrenzen
FrUrlVO	Freistellungs- und Urlaubsverordnung NRW
FS	Festschrift
FSHG	Gesetz über den Feuerschutz und die Hilfeleistung NRW
FuL	Forschung und Lehre (Zeitschrift)
GABl.	Gemeinsames Amtsblatt des Kultusministeriums für Wissenschaft und Forschung NRW
g. D.	gehobener Dienst
GdB	Grad der Behinderung
gem.	gemäß
GemHVO	Gemeindehaushaltsverordnung NRW
Gem. RdErl.	Gemeinsamer Runderlass
GenDG	Gendiagnostikgesetz
Geschäftsber.	Geschäftsbereich (Ministerium)
GewArch	Gewerbe Archiv (Zeitschrift)
GewO	Gewerbeordnung
GG	Grundgesetz für die Bundesrepublik Deutschland
ggf.	gegebenenfalls
GGO	Gemeinsame Geschäftsordnung der Landesregierung NRW
GKG	Gerichtskostengesetz
GkG	Gesetz über kommunale Gemeinschaftsarbeit NRW

Abkürzungen

GKÖD	Gesamtkommentar Öffentliches Dienstrecht, Fürst (Hrsg.)
GO	Gemeindeordnung NRW
GO LPA	Geschäftsordnung des Landespersonalausschusses
GPA	Gemeindeprüfungsanstalt
GPAG	Gemeindeprüfungsanstaltsgesetz NRW
GPR	Zeitschrift für Gemeinschaftsprivatrecht
GRUR	Gewerblicher Rechtsschutz und Urheberrecht (Zeitschrift)
GVBl.	Gesetz- und Verordnungsblatt
GVG	Gerichtsverfassungsgesetz
GV. NRW.	Gesetz- und Verordnungsblatt NRW
GWR	Zeitschrift für Gesellschafts- und Wirtschaftsrecht
H.	Heft
h. A.	herrschende Ansicht
Halbs.	Halbsatz
HBG	Hessisches Beamtengesetz
h. D.	höherer Dienst
HFG	Hochschulfreiheitsgesetz NRW
HG	Hochschulgesetz NRW
HGZ	Hessische Städte- und Gemeindezeitung (Zeitschrift)
Hinw.	Hinweis(e)
histor.	historisch
h. M.	herrschende Meinung
HNtV	Hochschulnebentätigkeitsverordnung NRW
HRGÄndG	Hochschulrechtsänderungsgesetz
Hrsg.	Herausgeber
HRWG	Hochschulreformweiterentwicklungsgesetz
HwkV	Handwerkskammerverordnung NRW
HwO	Handwerksordnung
HZG	Hochschulzukunftsgesetz NRW
i. d. F.	in der Fassung
i. d. R.	in der Regel
i. E.	im Ergebnis
i. e. S.	im engeren Sinne
IFG	Informationsfreiheitsgesetz NRW
ILO	International Labour Organization
IM	Innenministerium
IMK	Innenministerkonferenz
insbes.	insbesondere
insges.	insgesamt
IÖD	Informationsdienst Öffentliches Dienstrecht
i. S.	im Sinne
i. S. d.	im Sinne des/der
i. S. v.	im Sinne von
i. Ü.	im Übrigen
i. V. m.	in Verbindung mit
i. w. S.	im weiteren Sinne
JA	Juristische Arbeitsblätter (Zeitschrift)
JAG	Juristenausbildungsgesetz NRW
JM	Justizministerium
JR	Juristische Rundschau (Zeitschrift)

Abkürzungen

Ls.	Leitsatz
Ltd.	Leitender
LT-Drs.	Landtagsdrucksache
LVerbO	Landschaftsverbandsordnung NRW
LVerf	Landesverfassung NRW
LVO	Laufbahnverordnung NRW
LVOFeu	Laufbahnverordnung Feuerwehr NRW
LVOPol	Polizei-Laufbahnverordnung NRW
LVV	Lehrverpflichtungsverordnung
LWahlG	Landeswahlgesetz NRW
LWKG	Landwirtschaftskammergesetz NRW
LZG	Landeszustellungsgesetz NRW
max.	maximal
m. Anm.	mit Anmerkungen
MBl.	Ministerialblatt
MDR	Monatsschrift für Deutsches Recht (Zeitschrift)
MIK	Ministerium für Inneres und Kommunales NRW
MinR	Ministerialrat/Ministerialrätin
mögl.	möglicher
MP	Ministerpräsident/Ministerpräsidentin
MuSchG	Mutterschutzgesetz
MuSchVB	Mutterschutzverordnung für Beamtinnen NRW
m. w. N.	mit weiteren Nachweisen
NdsVBl.	Niedersächsische Verwaltungsblätter (Zeitschrift)
n. F.	neue Fassung
NJ	Neue Justiz (Zeitschrift)
NJW	Neue Juristische Wochenschrift (Zeitschrift)
NJW-RR	Neue Juristische Wochenschrift – Rechtsprechungsreport
NordÖR	Zeitschrift für Öffentliches Recht in Norddeutschland
Nr.	Nummer
Nrn.	Nummern
NRW	Nordrhein-Westfalen
NStZ	Neue Zeitschrift für Strafrecht
NStZ-RR	Neue Zeitschrift für Strafrecht – Rechtsprechungs-Report Strafrecht
NtR	Nebentätigkeitsrecht
NtV	Nebentätigkeitsverordnung NRW
n. v.	nicht veröffentlicht
NVwZ	Neue Zeitschrift für Verwaltungsrecht
NVwZ-RR	Neue Zeitschrift für Verwaltungsrecht – Rechtsprechungsreport
NW/NRW	Nordrhein-Westfalen
NWVBl.	Nordrhein-Westfälische Verwaltungsblätter (Zeitschrift)
NZA	Neue Zeitschrift für Arbeitsrecht
NZA-RR	Neue Zeitschrift für Arbeitsrecht – Rechtsprechungs-Report Arbeitsrecht
NZWehrr	Neue Zeitschrift für Wehrrecht
öAT	Zeitschrift für das öffentliche Arbeits- und Tarifrecht
o. Begr.	ohne Begründung
OB-Wahl	Oberbürgermeisterwahl
öD	öffentlicher Dienst

Abkürzungen

öffentl.	öffentlich
OLAF	Europäisches Amt für Betrugsbekämpfung
OLGR	Oberlandesgericht Rechtsprechungsreport
OVG	Oberverwaltungsgericht
OVGE	Entscheidungen der Oberverwaltungsgerichte für das Land Nordrhein-Westfalen sowie für die Länder Niedersachsen und Schleswig-Holstein
PDV 300	Polizeidienstvorschrift: Ärztliche Beurteilung der Polizeidiensttauglichkeit und Polizeidienstfähigkeit
PEMG	Personaleinsatzmanagementgesetz NRW
Personalnr.	Personalnummer
PersR	Der Personalrat (Zeitschrift)
PersV	Die Personalvertretung (Zeitschrift)
PflZG	Pflegezeitgesetz
PresseG	Pressegesetz NRW
PR-Mitglied	Personalratsmitglied
RdErl.	Runderlass
RdJB	Recht der Jugend und des Bildungswesens (Zeitschrift)
RdV	Recht der Datenverarbeitung (Zeitschrift)
Rspr./Rechtspr.	Rechtsprechung
RGBl.	Reichsgesetzblatt
RGSt.	Entscheidungen des Reichsgerichts in Strafsachen
RGZ	Entscheidungssammlung der Entscheidungen des Reichsgerichts in Zivilsachen
RP	Rheinland-Pfalz
RiA	Recht im Amt (Zeitschrift)
RiLi	Richtlinien (der EU)
RL	Richtlinie
Rn.	Randnummer(n)
RPflG	Rechtspflegergesetz
RPLBG	Landesbeamtengesetz Rheinland-Pfalz
RWE	Rheinisch-Westfälische Elektrizitätswerke
Rz.	Randziffer(n)
S.	Satz, Seite
s.	siehe
s. a.	siehe auch
SBV	Schwerbehindertenvertretung
Schaub	Schaub, Arbeitsrechts-Handbuch
schriftl.	schriftlich
SchulG	Schulgesetz NRW
SchVw NRW	Schulverwaltung NRW (Zeitschrift)
SGB	Sozialgesetzbuch, zitiert nach Büchern, z. B. SGB IX
SGV. NRW	Sammlung der geltenden Gesetze und Verordnungen NRW
SLV	Soldatenlaufbahnverordnung
SMBl. NRW	Sammlung des Ministerialblattes für das Land Nordrhein-Westfalen
s. o.	siehe oben
sog.	sogenannt(e)
SpKG	Sparkassengesetz NRW
SpuRt	Sport und Recht (Zeitschrift)
ständ. Rechtspr.	ständige Rechtsprechung

Abkürzungen

stattgeb.	stattgebender
StBAG	Steuerbeamten-Ausbildungsgesetz
StBerG	Steuerberatergesetz
Std.	Stunden
StG	Stadt und Gemeinde (Zeitschrift)
StGB	Strafgesetzbuch
StOV-Gem	Verordnung zur Festsetzung besonderer Stellenobergrenzen in den Gemeinden und Gemeindeverbänden NRW
StPO	Strafprozessordnung
str.	strittig
StuGR	Städte- und Gemeinderat (Zeitschrift)
StV	Der Strafverteidiger (Zeitschrift)
StVG	Straßenverkehrsgesetz
s. u.	siehe unten
SZG	Sonderzahlungsgesetz NRW
teilw.	teilweise
TSG	Transsexuellengesetz
TVöD	Tarifvertrag für den öffentlichen Dienst
u.	und
u. a.	unter anderem, und andere
u. Ä.	und Ähnliches
ÜBesG	Übergeleitetes Besoldungsgesetz für das Land NRW
UNCAC	United Nations Convention against Corruption
UNESCO	United Nations Educational, Scientific and Cultural Organization
UNO	United Nations Organization
unzutr.	unzutreffend
Urt.	Urteil
Urteilsanm.	Urteilsanmerkungen
USK	Urteilssammlung für die gesetzliche Krankenversicherung
usw.	und so weiter
u. U.	unter Umständen
v.	vom
VAP	Verordnung über die Ausbildung und Prüfung
VAPgD BA	Ausbildungsverordnung gehobener Dienst Bachelor NRW
VAP höh allg VD	Verordnung über die Ausbildung und Prüfung für Bewerberinnen und Bewerber der Laufbahn des höheren allgemeinen Verwaltungsdienstes mit einem abgeschlossenen Studium der Wirtschafts-, Verwaltungs- oder Sozialwissenschaften NRW
VBlBW	Verwaltungsblätter Baden-Württemberg (Zeitschrift)
VerfGH	Verfassungsgerichtshof
VersR	Versicherungsrecht (Zeitschrift)
VerwArch	Verwaltungsarchiv (Zeitschrift)
VG	Verwaltungsgericht
VGH	Verwaltungsgerichtshof
vgl.	vergleiche
VKZVKG	Gesetz über die kommunalen Versorgungskassen und Zusatzversorgungskassen NRW
VO	Verordnung
Vorbem.	Vorbemerkung
VR	Verwaltungsrundschau (Zeitschrift)

Abkürzungen

VuL	Schriftenreihe „Verantwortung und Leistung" der Arbeitsgemeinschaft höherer Dienst (AhD)
VuM	Verwaltung und Management (Zeitschrift)
VV	Verwaltungsvorschriften zur Ausführung des LBG
VVG	Versicherungsvertragsgesetz
VVzBVO	Verwaltungsvorschriften zur Ausführung der Beihilfeverordnung NRW
VwGO	Verwaltungsgerichtsordnung
VwVfG	Verwaltungsverfahrensgesetz NRW
VwVG	Verwaltungsvollstreckungsgesetz NRW
VwZG	Verwaltungszustellungsgesetz NRW
VZustV	Versorgungszuständigkeitsverordnung
WissHG	Gesetz über die wissenschaftlichen Hochschulen des Landes Nordrhein-Westfalen
WissR	Wissenschaftsrecht (Zeitschrift)
WiVerw	Wirtschaft und Verwaltung (Zeitschrift)
WRV	Weimarer Reichsverfassung
z. B.	zum Beispiel
ZBR	Zeitschrift für Beamtenrecht
ZESAR	Zeitschrift für europäisches Sozial- und Arbeitsrecht
ZevKR	Zeitschrift für evangelisches Kirchenrecht
ZfPR	Zeitschrift für Personalvertretungsrecht
ZfPR online	Zeitschrift für Personalvertretungsrecht online
ZfStrVo	Zeitschrift für Strafvollzug und Straffälligenhilfe
ZG	Zeitschrift für Gesetzgebung
Ziff.	Ziffer
zit.	zitiert
ZJS	Zeitschrift für das Juristische Studium
ZParl	Zeitschrift für Parlamentsfragen
ZPO	Zivilprozessordnung
ZRP	Zeitschrift für Rechtspolitik
z. T.	zum Teil
ZTR	Zeitschrift für Tarifrecht
zugl.	zugleich
ZUM	Zeitschrift für Urheber- und Medienrecht
ZUM-RD	Rechtsprechungsdienst Zeitschrift für Urheber- und Medienrecht
zust.	zustimmend
ZustVO	Zuständigkeitsverordnung
zuzügl.	zuzüglich

Literaturverzeichnis

I. Kommentare, Sammelwerke, Monographien

Articus/Schneider .... Stephan Articus/Bernd Jürgen Schneider, Gemeindeordnung Nordrhein-Westfalen, 5. Aufl. 2016

Baßlsperger .... Maximilian Baßlsperger, Hergebrachte Grundsätze des Berufsbeamtentums, in: Recht/Wissenschaft/Praxis der öffentlichen Verwaltung, Schriften der AhD, Bd. 5 2016

Baßlsperger .... Maximilian Baßlsperger, Betriebliches Eingliederungsmanagement (BEM) und Beendigung von Arbeits- und Beamtenverhältnissen wegen Krankheit, 2011

Baßlsperger .... Maximilian Baßlsperger, Einführung in das neue Beamtenrecht, 2009

Baßlsperger .... Maximilian Baßlsperger, Die Begrenzung von Nebentätigkeiten der Beamten in Bund und Ländern, (Diss.), 2003

Battis, Ulrich .... Ulrich Battis, Streikverbot für Beamte, 2013

Battis, Ulrich .... Ulrich Battis, Bundesbeamtengesetz, Kommentar, 4. Aufl. 2009

Bauer/Krieger .... Jobst-Hubertus Bauer/Steffen Krieger, Allgemeines Gleichbehandlungsgesetz (AGG), 4. Aufl. 2015

Beckmann .... Jörg Beckmann, Die Haftung des Beamten gegenüber seinem Dienstherrn, §§ 78 BBG, 46 BRRG, 2002

Birkhoff/Lemke .... Hansgeorg Birkhoff/Michael Lemke, Gnadenrecht, 2012

BMJ (Hrsg.) .... Handbuch der Rechtsförmlichkeit, 3. Aufl. 2008

Buchner/Becker .... Herbert Buchner/Ulrich Becker, Mutterschutzgesetz und Bundeselterngeld- und Elternzeitgesetz, Kommentar, 8. Aufl. 2008

Bülow .... Christian Bülow, Landespersonalvertretungsgesetz Nordrhein-Westfalen, 2016

Cecior/Vallendar/
Lechtermann/Klein .. Alfred P. Cecior/Willi Vallendar/Dirk Lechtermann/Michael Klein, Das Personalvertretungsrecht in Nordrhein-Westfalen, Kommentar (Loseblatt), Stand 7/2016

Cramer/Fuchs/
Hirsch/Ritz .... Horst H. Cramer/Harry Fuchs/Stephan Hirsch/Hans-Günther Ritz, SGB IX – Kommentar zum Recht schwerbehinderter Menschen und Erläuterungen zum AGG und BGG, 6. Aufl. 2011

Deutscher
Hochschulverband .... Deutscher Hochschulverband (Hrsg.), Handbuch Emeritierung und Pensionierung, 3. Aufl. 2012

Di Fabio .... Udo Di Fabio, Das beamtenrechtliche Streikverbot, 2012

Duttge/Engel/Zoll ... Gunnar Duttge/Wolfgang Engel/Barbara Zoll (Hrsg.), Das Gendiagnostikgesetz im Spannungsfeld von Humangenetik und Recht, 2011

Engelhardt/App/
Schlatmann .... Hanns Engelhardt/Michael App/Arne Schlatman, Verwaltungsvollstreckungsgesetz, Verwaltungszustellungsgesetz (VwVG/VwzG), 10. Aufl. 2014

Eyermann .... Erich Eyermann, Verwaltungsgerichtsordnung, Kommentar, 14. Aufl. 2014

Literatur

Fischer	Thomas Fischer, Strafgesetzbuch und Nebengesetze, Kommentar, 63. Aufl. 2016
Franßen/Seidel	Georg Franßen/Sabine Seidel, Das Informationsfreiheitsgesetz Nordrhein-Westfalen: Ein Praxiskommentar, 2007
Fürst	Walther Fürst (Hrsg.), Gesamtkommentar Öffentliches Dienstrecht, Band I, Beamtenrecht des Bundes und der Länder, Richterrecht und Wehrrecht (Loseblatt), Stand: 2016
Gaier/Wolf/Söcken ..	Reinhard Gaier/Christian Wolf/Stephan Söcken (Hrsg.), Anwaltliches Berufsrecht, Kommentar, 2. Aufl. 2014
Gärditz/Pahlow	Klaus Ferdinand Gärditz/Louis Pahlow, Hochschulerfindungsrecht, 2011
Gehre/Koslowski	Horst Gehre/Günter Koslowski, Steuerberatungsgesetz, 7. Aufl. 2015
Geller/Kleinrahm	Gregor Geller/Kurt Kleinrahm, Die Verfassung des Landes Nordrhein-Westfalen, Kommentar (Loseblatt), 3. Aufl. 1994
Gola/Schomerus	Peter Gola/Rudolf Schomerus, Bundesdatenschutzgesetz (BDSG) Kommentar, 12. Aufl. 2015
Gunkel/Hoffmann	Alfons Gunkel/Boris Hoffmann, Beamtenrecht in NRW, 6. Aufl. 2014
Günther	Dirk-Carsten Günther, Der Regress des Sachversicherers, 6. Aufl. Karlsruhe 2015
Günther	Jörg-Michael Günther, Justitia in Nöten, 1996
Günther	Jörg-Michael Günther, Justitia in Verlegenheit, 1995
Günther	Jörg-Michael Günther, Baumschutzrecht, 1994
Hartmer/Detmer	Michael Hartmer/Hubert Detmer (Hrsg.), Hochschulrecht, 2. Aufl. 2010
Hebeler/Kersten/ Lindner	Timo Hebeler/Jens Kersten/Josef Franz Lindner, Handbuch Besoldungsrecht, 2015
Held/Winkel	Friedrich Wilhelm Held/Johannes Winkel (Hrsg.), Gemeindeordnung Nordrhein-Westfalen, 3. Aufl. 2015
Hermann/Sandkuhl	Klaus Herrmann/Heide Sandkuhl, Beamtendisziplinarrecht – Beamtenstrafrecht, München 2014
Heusch/ Schönenbroicher	Andreas Heusch/Klaus Schönenbroicher, Die Landesverfassung Nordrhein-Westfalen, Kommentar 2010
Jasper	Christian Jasper, Religiös und politisch gebundene öffentliche Ämter, 2015
Jülich/Fehrmann	Christian Jülich/Joachim Fehrmann, Das neue Schulgesetz Nordrhein-Westfalen, 6. Aufl. 2016
Karpenstein	Ulrich Karpenstein, Praxis des EU-Rechts, 2. Aufl. 2013
Keller	Christoph Keller, Disziplinarrecht, 3. Aufl. 2016
Kern	Bernd-Rüdiger Kern (Hrsg.), Gendiagnostikgesetz (GenDG), Kommentar, 2012
Kittner/Zwanziger/ Deinert	Michael Kittner/Bertram Zwanziger/Olaf Deinert, (Hrsg.), Arbeitsrecht, 8. Aufl. 2015
Klein	Michael Klein, Das Recht der Personalvertretung in Nordrhein-Westfalen, 2012
Klein/Lechtermann ..	Michael Klein/Dirk Lechtermann, Das Personalvertretungsrecht Nordrhein-Westfalen – Novelle 2011, 2011
Kleinmann	Michael Kleinmann, Nebentätigkeiten und Nebeneinkünfte kommunaler Wahlbeamter (Diss.), 2011

Literatur

Knopp/Schröder ...... Lothar Knopp/Wolfgang Schröder, Beamte und Hochschullehrer – Verlierer der Föderalismusreform?, 2010

König .... Steffen König, Prädiktive Gesundheitsinformationen im Arbeits- und Beamtenrecht und genetischer „Exzeptionalismus" – Die Berücksichtigung des zukünftigen Gesundheitszustandes bei Einstellung und Verbeamtung, 2010

Kopp/Ramsauer .... Ferdinand O. Kopp/Ulrich Ramsauer, Verwaltungsverfahrensgesetz (VwVfG), Kommentar, 17. Aufl. 2016

Kopp/Schenke .... Ferdinand O. Kopp/Wolf-Rüdiger Schenke, Kommentar zur VwGO, 22. Aufl. 2016

Landesregierung
NRW .... Landesregierung NRW, Leidfaden der Landesregierung NRW – Justizministerium „Gleichstellung von Frau und Mann in der Rechtssprache", 4/2008

Larenz .... Karl Larenz, Methodenlehre der Rechtswissenschaft, 6. Aufl. 1991

Lenders .... Dirk Lenders, Beamtenstatusgesetz, Kommentar 2012

Leppek .... Sabine Leppek, Beamtenrecht, 12. Aufl. 2015

Lindner .... Josef Franz Lindner, Zur politischen Legitimation des Berufsbeamtentums, 2014

Lorse .... Jürgen Lorse, Die dienstliche Beurteilung, 6. Aufl. 2016

Löwer/Tettinger .... Wolfgang Löwer/Peter J. Tettinger, Kommentar zur Verfassung des Landes Nordrhein-Westfalen, 2002

Leuze/Epping .... Dieter Leuze/Volker Epping (Hrsg.), Gesetz über die Hochschulen des Landes NRW, Kommentar (Loseblatt), Stand November 2016

Meifert .... Matthias T. Meifert (Hrsg.), Strategische Personalentwicklung, 3. Aufl. 2013

Metzler-Müller/
Rieger/Seeck/
Zentgraf/Klein .... Karin Metzler-Müller/Reinhardt Rieger/Erich Seeck/Renate Zentgraf/Sandra Klein, Hessisches Beamtenrecht (Loseblatt), 9. Aufl. 2016 (zit: MRSZ)

Mohr/Sabolewski ..... Karl H. Mohr/Horst Sabolewski, Beihilfenrecht Nordrhein-Westfalen, Kommentar, Loseblatt, Stand 5/2016

Mousiol .... Wolfgang Mousiol, Ämterpatronage – Gefahr für die Demokratie, 2013

Müller-Glöge/Preis/
Schmidt .... Rudi Müller-Glöge/Ulrich Preis/Ingrid Schmidt, Erfurter Kommentar zum Arbeitsrecht, 16. Aufl. 2016 (zit.: ErfK)

Nationaler Ethikrat ... Nationaler Ethikrat, Prädiktive Gesundheitsinformationen bei Einstellungsuntersuchungen, 2005

Neubert/Sandfort/
Lorenz/Vellemann .... Roland Neubert/Mario Sandfort/Ute Lorenz, Jan Vellemann, Personalvertretungsgesetz für das Land Nordrhein-Westfalen, Kommentar, 12. Aufl. 2014

Ossenbühl/Cornils ... Fritz Ossenbühl/Matthias Cornils, Nebentätigkeit und Grundrechtsschutz, 1999

Özfirat-Skubinn .... Sirin Özfirat-Skubinn, Rechtswidrige Beamtenernennungen, bei denen der Rechtsschutz eines Mitbewerbers vereitelt wird – Wege zur Kompensation (Diss.), Konstanz 2011

Palandt .... Palandt, Bürgerliches Gesetzbuch, 75. Aufl., München 2016 (zitiert: Palandt)

Papier/Heidebach ..... Hans-Jürgen Papier/Martin Heidebach, Rechtsgutachten zur Frage der Zulässigkeit von Zielquoten für Frauen in Führungsposi-

Literatur

	tionen im öffentlichen Dienst sowie zur Verankerung von Sanktionen bei Nichteinhaltung, LT NRW Vorlage 16/2015
Peters/Grunewald/ Lösch	Cornelia Peters/Beate Grunewald/Bettina Lösch, Handbuch zum Laufbahnrecht des Bundes, 2009
Plog/Wiedow/ Lemhöfer/Bayer	Ernst Plog/Alexander Wiedow/Bernt Lemhöfer/Detlef Bayer, Kommentar zum Bundesbeamtengesetz (Loseblatt, Stand 2016) (zit.: PWLB)
Pollin, Ulrike	Das Streikverbot für verbeamtete Lehrer, 2015
Raabe	Katrin Raabe, Informations- und Auskunftspflichten der öffentlichen Hand gegenüber der Presse, (Diss.), 2010
Rehn/Cronauge/ Lennep/Knirsch	Erich Rehn/Ulrich Cronauge/Hans Gerd von Lennep/ Hanspeter Knirsch, Gemeindeordnung für das Land Nordrhein-Westfalen, Kommentar (Loseblatt), Stand 2016
Reich	Andreas Reich, Beamtenstatusgesetz (BeamtStG), Kommentar, 2. Aufl. 2012
Ressortarbeitskreis GM (Hrsg.)	Bundesinnenministerium, Ressortarbeitskreis Gesundheitsmanagement (Hrsg.), „Eckpunkte für ein Rahmenkonzept zur Weiterentwicklung des Betrieblichen Gesundheitsmanagements (BGM) in der Bundesverwaltung", 2014).
Reuter, Ralf	Die Auswirkungen des unionsrechtlichen Altersdiskriminierungsverbots auf das deutsche Beamtenrecht, Frankfurt a.M. 2015
Richter/Gamisch/ Weber	Achim Richter, Annett Gamisch, Alexander Weber, Die elektronische Personalakte in der Verwaltung, 2014
Richter/Lenders	Achim Richter/Dirk Lenders, Personalaktenrecht im öffentlichen und kirchlichen Dienst, 3. Aufl. 2013
Roetteken/ Rothländer	Thorsten v. Roetteken/Christian Rothländer, Beamtenstatusgesetz, Kommentar (Loseblatt), Stand 8/2016
Ruge/Krömer/ Pawlak/Rabe v. Pappenhein	Jan Ruge/Martin Krömer/Klaus Pawlak/Henning Rabe v. Pappenheim (Hrsg.), Lexikon Arbeitsrecht im öffentlichen Dienst 2015, 8. Aufl. 2015
Sabolewski	Horst Sabolewski, Beihilfekompass NRW 2010/2011, 2010
Sachs/Siekmann	Michael Sachs/Helmut Siekmann (Hrsg.), Der grundrechtsgeprägte Verfassungsstaat, Festschrift für Klaus Stern zum 80. Geburtstag, 2012
Sandhaus/Bilawa/ Ziehm	Daniels Sandhaus/Kristina Bilawa/Sebastian Ziehm, Gutachten des Parlamentarischen Beratungs- und Gutachterdienstes des LT NRW vom 30.3.2016 „Dienstrechtsmodernisierung in Nordrhein-Westfalen, Bayern und Baden-Württemberg nach der Föderalismusreform von 2006."
Schaub	Günter Schaub, Arbeitsrechts-Handbuch, 16. Aufl. 2015
Scheerbarth/Höffken/ Bauschke/Schmidt	Hans Walter Scheerbarth/Heinz Höffken/Hans Joachim Bauschke, Lutz Schmidt, Beamtenrecht, 6. Aufl. 1992 (zitiert: SHBS)
Schmid, Susanne	Die beamtenrechtliche Konkurrentenklage und Datenschutz, 2015

Literatur

Schmidt-Bleibtreu/
Hofmann/Hopfauf ...   Bruno Schmidt-Bleibtreu/Hans Hofmann/Axel Hopfauf, Kommentar zum Grundgesetz, 13. Aufl. 2014

Schnellenbach ....   Helmut Schnellenbach, Konkurrenzen im öffentlichen Dienst, 2015

Schnellenbach/
Bodanowitz ....   Helmut Schnellenbach, Die dienstliche Beurteilung der Beamten und Richter, Loseblattsammlung, 3. Aufl., 4/2016

Schnellenbach ....   Helmut Schnellenbach, Beamtenrecht in der Praxis, 8. Aufl. 2013

Schoch ....   Friedrich Schoch, Informationsfreiheitsgesetz (IFG), Kommentar, 2. Aufl. 2016

Schönke/Schröder ....   Adolf Schönke/Horst Schröder, Strafgesetzbuch, Kommentar, 29. Aufl. 2014 (zitiert: Sch-Sch-Bearb.)

Schrapper ....   Ludger Schrapper, (Hrsg.), Ausbildung für den öffentlichen Dienst, 2011

Schrapper ....   Ludger Schrapper, Personalentwicklung an (Fach-)Hochschulen: überflüssig oder über fällig?, in: Bönders, Thomas (Hrsg.), Kompetenz und Verantwortung in der Bundesverwaltung, München 2009, S. 175

Schrapper ....   Ludger Schrapper, Der öffentliche Dienst in Deutschland – Funktion und Perspektiven der Ausbildung, in: Siegel, Mechtild (Hrsg.), West trifft Ost – Recht und Verwaltung im deutsch-chinesischen Dialog, Frankfurt 2012, S. 13

Schulz, Mathias ....   Zum Streikrecht von Beamten, 2016

Schunke ....   Reinhard Schunke, Die politischen Beamten, (Diss.) 1973

Schütz/Maiwald ....   Erwin Schütz/Joachim Maiwald, Beamtenrecht des Bundes und der Länder, Gesamtausgabe, Teil C, Kommentar zum LBG NRW (Loseblatt), Stand September 2016

Seewald ....   Norbert Seewald, Die Funktion des Diensteides in Kommunalverwaltungen: Der Einfluss des Diensteides als behördliches Sozialisationsinstrument auf das Arbeitgeber- Beschäftigten-Verhältnis, 2016

Seyfried ....   Markus Seyfried, Unabhängigkeit und Wirksamkeit von Landesrechnungshöfen – Eine empirisch-vergleichende Bestandsaufnahme, 2011

Siegel ....   Thorsten Siegel, Europäisierung des Öffentlichen Rechts, 2012

Smith/Bender ....   Stephan Smith/Gregor Bender (Hrsg.), Recht der kommunalen Wahlbeamten, 2016

Stähler ....   Franz-Gerd Stähler, Landesorganisationsgesetz Nordrhein-Westfalen, 2004

Statistisches
Bundesamt ....   Statistisches Bundesamt (Hrsg.), Statistisches Jahrbuch 2012

Steinhaus ....   Jörg Steinhaus, Gesetze mit Verfallsdatum: ein Instrument des Bürokratieabbaus?, 2008

Stelkens/Bonk/
Sachs ....   Paul Stelkens/Heinz-Joachim Bonk/Michael Sachs, VwVfG, Kommentar 8. Aufl. 2014

Stern ....   Klaus Stern, Das Staatsrecht der Bundesrepublik Deutschland Band II: Staatsorgane, Staatsfunktionen, Finanz- und Haushaltsverfassung, Notstandsverfassung, 1980

Stern/Becker ....   Klaus Stern/Florian Becker (Hrsg.), Grundrechte-Kommentar, 2. Aufl. 2016

Literatur

Stober/Eisenmenger	Rolf Stober/Sven Eisenmenger, Besonderes Wirtschaftsverwaltungsrecht, 16. Aufl. 2016
Tadday	Heinz D. Tadday, Nebentätigkeitsverordnung NRW, 2. Aufl., 1985
Tadday/Rescher	Heinz D. Tadday/Roland Rescher, LBG NRW, Kommentar (Loseblatt), Stand: 4/2016
Tadday/Rescher/ Köhler/Naumann	Heinz D. Tadday/Roland Rescher/Rolf Köhler/ Kolja Naumann, Kommentar zum Laufbahnrecht NRW, Kommentar (Loseblatt), Stand: 3/2016
Tiedemann	Jens Tiedemann, Der Anspruch des Beamten auf Schutz seiner Ehre durch den Dienstherrn, 2004
Urban/Wittkowski ...	Richard Urban/Bernd Wittkowski, Bundesdisziplinargesetz (BDG), Kommentar, 2011
Wank	Rolf Wank, Nebentätigkeit, Schriften zur Arbeitsrecht-Blattei, Neue Folge Band 1, 1995
Welkoborsky/ Baumgarten/Berg/ Vormbaum-Heinemann	Landespersonalvertretungsgesetz Nordrhein-Westfalen, Kommentar, 6. Aufl. 2015
Werres	Stefan Werres, Beamtenverfassungsrecht, 2011
Wichmann/Langer ...	Manfred Wichmann/Karl-Ulrich Langer, Öffentliches Dienstrecht, 7. Aufl. 2014
Zagajewski	Caroline Zagajewski, Das faktische Widerspruchsverfahren: eine Alternative zur Abschaffung des Vorverfahrens in Nordrhein-Westfalen?, 2013
Zwehl	Herwig v. Zwehl, Nebentätigkeitsrecht im öffentlichen Dienst, 3. Aufl. 2011

II. Aufsätze

Abraham, Jens	Whistleblowing – Neue Chance für eine Kurswende!?, ZRP 2012, 1
Aden, Hartmut	Die Kennzeichnung von Polizeibediensteten, Die Polizei 2010, 347
Arnim, Hans Herbert v.	Vorteilsannahme des früheren niedersächsischen Ministerpräsidenten Christian Wulff?, NVwZ-Extra, 2012 (Heft 1)
Attendorn, Thorsten/ Baier, Christian	Assessorenklausur – Öffentlicher Dienst: Grundrechte und Beamtenrecht – Verbot einer Motorradgang, JuS 2013, 158
Auerbach, Bettina	Das Beamtenstatusgesetz in der Praxis, ZBR 2009, 217
Auerbach, Bettina	Beamtenstatusgesetz, DVP 2008, 397
Baden, Eberhard	Neue Spielregeln bei Informationsrechten! Erst Folgewirkungen der BEM II-Entscheidung des BVerwG, PersR 2013, 436
Baden, Eberhard	Fiktive Bewährung bei freigestellten Personalratsmitgliedern, PersR 2007, 63
Badenhausen, Elisabeth	Die Familienpflegezeit für Bundesbeamte DÖV 2014, 563
Badura, Peter	Die Anzeigepflicht für eine schriftstellerische oder wissenschaftliche Nebentätigkeit von Beamten, ZBR 2000, 109
Badura, Peter	Die hoheitlichen Aufgaben des Staates und die Verantwortung des Berufsbeamtentums, ZBR 1996, 321

Literatur

Bäcker, Carsten	Die einstweilige Anordnung im Verfassungsprozessrecht, JuS 2013, 119
Balikcioglu, Julia	Psychische Erkrankungen am Arbeitsplatz – Die zunehmende Bedeutung der Psyche im Gesundheitsschutz, NZA 2015, 1424
Bamberger, Christian	Amtsangemessene Alimentation, ZBR 2008, 361
Bartenbach, Kurt/ Volz, Franz-Eugen	Erfindungen an Hochschulen – Zur Neufassung des § 42 ArbEG, GRUR 2002, 743
Barczak, Tristan	Die Kennzeichnungspflicht für Polizeibeamte im Lichte des Verfassungsrechts, NVwZ 2011, 852
Baßlsperger, Maximilian	Die Nebentätigkeit des Beamten als Dienstvergehen, PersV 2015, 130
Baßlsperger, Maximilian	Neues zur Eignung von Beamten, Der Personalrat 2014, 37
Baßlsperger, Maximilian	Die Abordnung des Beamten, ZBR 2015, 14
Baßlsperger, Maximilian	Hinausschieben der Altersgrenze nach Art. 63 BayBG, BayVBl. 2015, 729
Baßlsperger, Maximilian	Eignungsanforderungen bei der Einstellung von schwerbehinderten Menschen in ein Beamtenverhältnis, Behindertenrecht 2014, 160
Baßlsperger, Maximilian	Personalauswahlinstrumente, ZBR 2014, 73
Baßlsperger, Maximilian	Polizeidienstunfähigkeit, PersV 2013, 164
Baßlsperger, Maximilian	Eignung von tätowierten Beamten, Der Personalrat 2013, 401
Baßlsperger, Maximilian	Urteilsanmerkungen zu OVG Lüneburg ZBR 2013, 57, ebendort
Baßlsperger, Maximilian	Trunkenheitsfahrt eines Beamten, PersR 2012, 451
Baßlsperger, Maximilian	Topfwirtschaft: Leistungsprinzip versus Praktikabilität, ZBR 2012, 109
Baßlsperger, Maximilian	Zur Evaluation des bayerischen Leistungslaufbahngesetzes, ZBR 2012, 397
Baßlsperger, Maximilian	Beteiligung der Spitzenorganisationen von Gewerkschaften nach § 53 BeamtStG/§ 118 BBG und Streikrecht der Beamten, PersV 2012, 287
Baßlsperger, Maximilian	Berufsausübung nach Beendigung des Beamtenverhältnisses, ZBR 2012, 1
Baßlsperger, Maximilian	Neues Beamtenrecht in Bayern, PersV 2011, 404
Baßlsperger, Maximilian	Auskunftspflicht und Schweigepflicht des Amtsarztes im Beamtenrecht, PersV 2011, 404

Literatur

Baßlsperger,
Maximilian .... Die Beendigung von Beamtenverhältnissen wegen Krankheit, ZBR 2010, 73

Baßlsperger,
Maximilian .... Mutterschutz und Elternzeit, ZBR 2010, 369

Baßlsperger,
Maximilian .... Altersdiskriminierung durch Beamtenrecht, ZBR 2008, 339

Baßlsperger,
Maximilian .... Nebentätigkeiten von Beamten: Rechtsprobleme – Lösungsansätze, ZBR 2004, 369

Baßlsperger,
Maximilian .... Beurlaubung und Teilzeitbeschäftigung im Beamtenrecht, ZBR 2001, 417

Battis, Ulrich .... Anmerkung zu BVerwG, Urteil vom 27.2.2014 – 2 C 1.13 = ZBR 2014, 195 in ZBR 2014, 201

Battis, Ulrich .... Neukonzeption des beamtenrechtlichen Konkurrentenstreits (BVerwGE 138, 102), DVBl 2013, 673

Battis, Ulrich .... Das Urteil des Bundesverfassungsgerichts zur W-2-Besoldung, PersR 2012, 197

Battis, Ulrich .... Streikrecht für Beamte?, ZBR 2011, 397

Battis, Ulrich .... Nebentätigkeit als Gemeinwohlverwirklichung und Grundrechtsausübung, VuL 37 (1999), 1

Battis, Ulrich .... Frauenquoten und Grundgesetz, DVBl 1991, 1165

Battis, Ulrich .... Zur Frage der Amtsbezeichnung von Lehrern, RdJB 1984, 166

Battis, Ulrich .... Zur verfassungsrechtlichen Zulässigkeit einer gesetzlichen Regelung der Nebentätigkeit von Beamten durch ein grundsätzliches Verbot mit konkretem Erlaubnisvorbehalt, VuL 7 (1982), 12

Battis, Ulrich/
Grigoleit, Klaus/
Hebeler, Timo .... Entwicklung des Beamtenrechts in den Jahren 2010–2015, NVwZ 2016, 194

Battis, Ulrich/
Grigoleit, Klaus .... Reformansätze zur Professorenbesoldung bislang mangelhaft, ZBR 2013, 73

Battis, Ulrich/
Grigoleit, Klaus .... Zur Öffnungsklausel des § 44a BRRG, ZBR 1997, 237

Bauschke, H.-J. .... Personalsteuerung – Einsatz klassischer und moderner beamten- und arbeitsrechtlicher Instrumente, ZTR 2005, 338

Bayer, Walter .... Akteneinsichtsrecht zu Forschungszwecken (zu BVerwG NJW 1986, 1243 und 1277), JuS 1989, 191

Bayreuther, Frank ..... Einstellungsuntersuchungen, Fragerecht und geplantes Beschäftigtendatenschutzgesetz, NZA 2010, 679

Beckemper, Katharina/
Stage, Diana .... Urteilsanmerkungen zu BGH, NStZ 2008, 33 (Einwerben von Wahlkampspenden durch Amtsträger – Fall Kremendahl) in NStZ 2008, 35

Becker, Andrea .... Die Befristungsgesetzgebung in Nordrhein-Westfalen, NVwZ-Extra, 2010 (Heft 17), 1

Becker, Andreas/
Tepke, Alexia .... Besoldungs-Föderalismus statt einheitlichem Besoldungsrecht – eine aktuelle Bestandsaufnahme, ZBR 2011, 325

Becker-Kavan, Ingo .. Die Dienstaufsichtsbeschwerde, DÖD 2000, 273

Literatur

Beckmann, Jörg .... Zum Schadensersatzanspruch des Dienstherrn gegen den Beamten, ZBR 2004, 109

Beckmann, Martin/
Hagmann, Joachim ... Die Wahrnehmung von Nebentätigkeiten durch kommunale Spitzenbeamte, DÖV 2004, 937

Bender, Phillip .... Würde ohne Meinung? Das Amt des kommunalen Wahlbeamten im politischen Meinungskampf vor dem Hintergrund einer funktionalen Neutralitätspflicht, NWVBl. 2016, 143

Berger-Delhey, Ulf ... „Certe ignoratio futurorum malorum utilior est quam scientia" – Das Pflegezeitgesetz in der Praxis, ZTR 2009, 128

Bergwitz, Christoph .. Anspruch auf Ersatz von Strafverteidigungskosten, NZA 2016, 203

Berlit, Uwe .... Elektronische Verwaltungsakten und verwaltungsgerichtliche Kontrolle, NVwZ 2015, 197

Berning, Rita/
Schmitt-Königsberg,
Hartwig .... Betriebliches Gesundheitsmanagement in der Bundesverwaltung, ZfPR 2014, 42

Bertrams, Michael .... 50 Jahre Landesrechnungshof Nordrhein-Westfalen, NWVBl. 1999, 1

Beyer, Stefanie .... Anmerkungen zu BVerwG, NVwZ 2014, 530 in NVwZ 2014, 532

Bischopink, Olaf ...... Das Gesetz über die Freiheit des Zugangs zu Informationen für das Land Nordrhein-Westfalen vom 27.11.2011 (IFG NRW), NWVBl. 2003, 245

Bitsch, Christian .... Streikrecht für Beamte?, ZTR 2012, 78

Blasius, Hans .... Zur Unabhängigkeit der Mitglieder der Rechnungshöfe, VR 1990, 124

Blatt, Henning .... Das besoldungsrechtliche Schicksal echter Stellenzulagen in der altersteilzeitlichen Freistellungsphase, ZBR 2010, 184

Blumenkamp, Frank Presse- und Öffentlichkeitsarbeit im Justizvollzug des Landes Nordrhein-Westfalen, ZfStrVO 2006, 283

Bochmann, Günter ... Das neue Berliner Laufbahnrecht. Eine sachdienliche Vorbereitung auf den demografischen Wandel?, ZBR 2013, 397

Bochmann, Günter ... Die rahmenrechtliche Neuordnung des Laufbahnwesens im Entwurf für das Gesetz zur Reform der Strukturen des öffentlichen Dienstrechts, ZBR 2006, 69

Böhm, Annett .... Langzeitarbeitskonten auf dem Prüfstand, ArbRB 2015, 19

Böhm, Monika .... Abschied vom Streikverbot im Beamtenrecht?, PersV 2012, 164

Böhm, Monika.......... Lehrerstatus heute: Rahmenbedingungen und Reformperspektiven, DÖV 2006, 665

Böhme, Doris .... Die direkte Abwahl von Bürgermeistern, DÖV 2012, 55

Bömer, Roland .... Anti-Korruptions-Compliance – Einladungen, Geschenke oder „kulante" Zugeständnisse an öffentliche Amtsträger als Problem, GWR 2011, 28

Bracher,
Christian-Dietrich .... Abbau des einstweiligen Rechtsschutzes im Konkurrentenstreit um Funktionsämter, DVB/2016, 1236

Bracher,
Christian-Dietrich .... Abbau des einstweiligen Rechtsschutzes im Konkurrentenstreit um Funktionsämter, DVB/2016, 1236

Braun, Stefan .... Praxishinweis zu OVG Münster, B. v. 22.4.2010, 1 A 2265/08, RiA 2010, 225

Braun, Stefan .... Anwaltszulassung und Beamtenstatus, VBlBW 2009, 126

Literatur

Braun, Stefan	Urteilsanm. zu OVG Münster, B. v. 30.12.2004, 6 A 40/04 (RiA 2008,186/ZBR 2008, 357), RiA 2008, 186
Braun, Stefan	Vereinbarkeit von Beamtenstatus und Rechtsanwaltszulassung, DÖD 2008, 217
Braun, Stefan	Das Nebentätigkeitsrecht der Angestellten und Arbeiter im öffentlichen Dienst, ZTR 2004, 69
Breuer, Michael/ Emenet, Axel	Mehr Unabhängigkeit und Transparenz der Finanzkontrolle in Nordrhein-Westfalen, NWVBl. 2001, 457
Brinktrine, Ralf	Anm. zu BVerwG, NVwZ 2015, 439, ebendort
Brinktrine, Ralf	Prozessuale und materiell-rechtliche Fragen bei Versetzung „politischer Beamter" in den einstweiligen Ruhestand, RiA 2003, 15
Brinktrine, Ralf	Organisationsgewalt der Regierung und der Vorbehalt des Gesetzes – zur Reichweite der „Wesentlichkeitstheorie" am Beispiel der Zusammenlegung von Justiz- und Innenministerium in Nordrhein-Westfalen, JURA 2000, 123
Brors, Christiane	Wann ist eine Altersdiskriminierung nach der Rechtsprechung des EuGH gerechtfertigt?, RdA 2012, 346
Brüning, Christoph/ Korn, Juhani M. V.	Kompensation verfassungswidriger Alimentationsdefizite durch Ausgleichszahlungen der Universitäten, ZBR 2013, 20
Bruns, Hans-Jürgen ..	Zur Bedeutung der Nebenfolge des Verlustes der Beamtenrechte bei der Strafzumessung, JZ 1988, 467
Buchheim, Christine	Die Ruhegehaltfähigkeit von Leistungsbezügen der Professoren, LKV 2015, 193
Buchholtz, Gabriele ...	Anmerkung zu BVerwG, Urteil vom 27.2.2014 – 2 C 1.13 – Beamtenrechtliches Streikverbot beansprucht weiterhin Geltung, DVBl 2014, 780
Budjarek, Lucia G. ...	Spielräume einer Neuregelung der Professorenbesoldung, DÖV 2012, 465
Bull, Hans Peter	Beamte – die vernachlässigten Hüter des Gemeinwohls, DÖV 2007, 1029
Bull, Hans Peter/ Mehde, Veith	Reform der Hochschulorganisation – die populären Modelle und ihre Probleme, JZ 2000, 650
Bünnigmann, Kathrin	Auswirkungen des Urteils des Zweiten Senats vom 5.5.2015 auf die nordrheinwestfälische Besoldungsgesetzgebung – zur Schmerzgrenze der Richteralimentation, NWVBl. 2016, 230
Bünnigmann, Kathrin	Zur Zulässigkeit von Höchstaltersgrenzen bei Berufung ins Beamtenverhältnis – „Wer zu spät kommt, den bestraft der Dienstherr", DÖV 2015, 832
Burth, Josphine	Neuerungen im Bundesbeamtengesetz: Das Gesetz zur Familienpflegezeit und zum flexibleren Eintritt in den Ruhestand, ZBR 2014, 192
Butzer, Hermann	Die Rechte des Ministerpräsidenten bei der Regierungsbildung, NWVBl. 1996, 208
Coeppicus, Rolf	Schiedsgerichtsbarkeit durch Justizangehörige, ZRP 1995, 202
Conradi, Peter	Parlamentarier in privilegienfeindlicher Demokratie – Anmerkungen eines Bundestagsabgeordneten zum „Diäten-Urteil" des Bundesverfassungsgerichts, ZParl 1976, 118
Cremer, Wolfgang/ Wolf, Nicole	Art. 33 Abs. 4 GG und die Verbeamtung von Lehrerinnen und Lehrern, RdJB 2014, 215

Czerwick, Edwin ..... „Feminisierung" des öffentlichen Dienstes in Deutschland? DÖV 2010, 869

Dahns, Christian .... Rechte und Pflichten im Zusammenhang mit der Akteneinsicht, NJW-Spezial 2011, 510

Dassau, Anette/
Wulfers, Diana .... Urlaubsanspruch bei Wechsel von Vollzeitarbeit in Teilzeitarbeit – die „Brandes"-Entscheidung des EuGH vom 13. Juni 2013, ZTR 2013, 476

Desens, Sabrina .... Sinn und Unsinn des „Behördenprinzips" – § 78 I Nr. 2 VwGO in der Rechtspraxis, NVwZ 2013, 471

Determann, Lothar ... Müssen Professoren von Verfassung wegen Beamte sein?, NVwZ 2000, 1346

Dillenburger, Anja .... Das Beamtenstatusgesetz als neues Beamtenbundesrecht für die Beamtinnen und Beamten der Länder, NJW 2009, 1115

Dirksmeyer, Walter ... Die nebenberufliche Landbewirtschaftung nach der Neuformulierung des Nebentätigkeitsrechts, ZBR 1986, 326

Dölling, Dieter .... Zur Auslegung der §§ 331, 333 StGB bei Einwerbung von Wahlkampfspenden durch einen Amtsträger, JR 2005, 519

Dorf, Yvonne .... Führungspositionen auf Zeit, DÖV 2009, 14

Dorn, Horst .... Gnadenerweis und gerichtliche Kontrolle, Archiv PF 1988, 151

Ebert, Frank .... Zwei Laufbahnbefähigungen nach einer einzigen Ausbildung? apf 2016, 61

Eckstein, Christoph .. Die Konkurrentenklage – neueste Entwicklungen in der verwaltungsgerichtlichen Rechtsprechung, ZBR 2016, 217

Eckstein, Christoph .. Die Durchsuchung und Beschlagnahme von elektronischen Dateien eines Beamten durch den Dienstvorgesetzten – Voraussetzungen und Grenzen, ZBR 2012, 151

Eckstein, Christoph .. Die Dienstrechtsreform in Baden-Württemberg, VBlBW 2011, 416

Ehlers, Dirk .... Die Verfassungsmäßigkeit der Neuregelung des Nebentätigkeitsrechts der Beamten in Nordrhein-Westfalen, DVBl 1985, 879

Engelien-Schulz,
Thomas .... Ein wenig beliebtes Thema: Grundsätze der Aktenführung, UBWV 2014, 270

Engelken, Klaas .... Die Anzeigepflicht der Nebentätigkeit und deren Umfang für Beamte bei wissenschaftlichen Tätigkeiten, DVBl 2008, 117

Engelken, Klaas .... Vorzensur für schriftstellerische, wissenschaftliche, künstlerische und Vortrags-Nebentätigkeiten, ZRP 1998, 50

Engelmann, Klaus ..... Glaubensfreiheit und Eidespflicht – zur Entscheidung des BVerfG vom 11.4.1972, MDR 1973, 365

Epping, Volker .... Vom Landesbeamten zum Hochschulbeamten: Rechtsfragen der Überleitung des wissenschaftlichen Hochschulpersonals, ZBR 2008, 181

Epping, Volker .... Rechte und Pflichten von Professoren unter besonderer Berücksichtigung der Beamtenpflichten, ZBR 1997, 383

Epping, Volker/
Patzke, Frauke .... Das Laufbahnrecht im Spiegel des Art. 33 Abs. 5 GG, ZBR 2012, 289

Erdenberger,
Christoph/
Klöker, Michael .... Grundlagen und Rahmen für eine wirksame Personalentwicklung, innovative Verwaltung 3/2016, 25

Literatur

Ertl, Kilian .... Die Kennzeichnungspflicht für Polizeibedienstete auf dem Prüfstand – Eine verfassungsrechtliche Bewertung der Kennzeich-
nungspflicht für Polizeibedienstete -, DÖV 2016, 23

Faber, Ulrich/
Nitsche, Detlev .... Nichts geht ohne Mitbestimmung, PersR 2014, 22

Färber, Bernhard ...... Änderung des Bundeselterngeld- und Elternzeitgesetzes (BEEG),
ZTR 2012, 689

Fecker, Jörg/
Scheffzek, Sebastian .. Elternzeit – ungeklärte (Rechts)Fragen aus der Praxis, NZA 2015,
778

Fink, Udo .... Verfassungsrechtliche Vorgaben für das Dienstrecht der Hochschullehrer, DÖV 1999, 980

Fischer, Hans Georg Die Rechtsprechung zum Allgemeinen Gleichbehandlungsgesetz
bei öffentlichrechtlichen Dienstverhältnissen – ein Überblick, RiA
2009, 9

Fischer, Hans Georg Unionsbürger als Beamte in Deutschland, RiA 1995, 105

Fischinger, Philipp .... Die arbeitsrechtlichen Regelungen des Gendiagnostikgesetzes,
NZA 2010, 65

Fluck, Jürgen .... Verwaltungstransparenz durch Informationsfreiheit, DVBl 2006,
1406

Foth, Eberhard .... Zur geschlechtsneutralen (oder: geschlechtergerechten) Rechtssprache, JR 2007, 410

Franz, Regine .... Die elektronische Personalakte, PersR 2011, 193

Franz, Wolfgang .... Staatssekretäre und das Leistungsprinzip – ein Bereich massiven
Rechtsbruchs der politischen Klasse, ZBR 2008, 236

Frenz, Walter .... Berufsbezogene Vorwürfe und Medienveröffentlichungen, ZUM
2012, 282

Fricke,
Hanns-Christian .... Zur Eröffnung und Bekanntgabe von Beurteilungen, RiA 2013,
241

Fricke, Hanns-
Christian/Schütte,
Matthias .... Die gesundheitliche Eignung für die Verbeamtung – Eine Recht-
sprechungsübersicht für die Verwaltungspraxis, DÖD 2012, 121

Funke, Stefan .... Gemeinsame effektive Personalverwaltung als Shared Service –
Die Servicestelle Personal beim Kreis Warendorf, DÖD 2013, 252

Fürst, Walter .... Die beamtenrechtliche Beteiligungsberechtigung des § 94 BBG
aus verfassungsrechtlicher Sicht, ZBR 1989, 257

Fürst, Walter .... Zur Frage der Genehmigungsfreiheit der Tätigkeit von Beamten
in Selbsthilfeeinrichtungen der Beamten im Bund und in den
Ländern nach der Neuregelung des Nebentätigkeitsrechts durch
das Nebentätigkeitsbegrenzungsgesetz des Bundes vom 21.2.1985
(BGBl. I S. 371), ZBR 1988, 12

Gaenslen, Rüdiger .... Anspruch des Beamten auf Hinausschieben des Ruhestands – Eine
Betrachtung der Rechtslage am Beispiel des Dienstrechtsreform-
gesetzes in Baden-Württemberg, ZBR 2014, 370

Ganser-Hillgruber,
Karin .... Teildienstfähigkeit, Reaktivierung und Altersteilzeit von Beamten
– Chance oder Risiko für das Berufsbeamtentum?, ZBR 2000,
115

Gärditz,
Klaus Ferdinand .... Unbedingte Neutralität? Zur Zulässigkeit amtlicher Aufrufe zu
Gegendemonstrationen, NWVBl. 2015, 165

Gärditz,
Klaus Ferdinand .... Wiederbesetzung einer Gerichtspräsidentenstelle durch Vollstreckung eines Bescheidungsurteils?, Zu VG Koblenz, Beschluss vom 26.7.2011 – 2 N 572/11.KO, DVBl 2011, 1173

Gärditz,
Klaus Ferdinand .... Zur Vereinbarkeit beamtenrechtlicher Altersgrenzen mit der EG-Gleichbehandlungsrichtlinie 2000/78/EG, GPR 2010, 17

Gärditz,
Klaus Ferdinand .... Wissenschaftliche Nebentätigkeit im Beamtenrecht, ZBR 2009, 145

Gawel, Erik .... Konsumtionsregeln bei der Neuordnung der W-Besoldung: Formen und Auswirkungen, DÖV 2013, 285

Geerds, Friedrich ...... Ein ungewöhnlicher Fall der Vorteilsannahme, JR 1982, 384

Geis,
Max-Emmanuel .... Zwischen „Entfesselung" und neuen Restriktionen – Rechtsprechungsbericht zum Hochschulrecht 2002–2007, Die Verwaltung 41 (2008), 77

Germann, Michael ... Die Nichtannahme einer Verfassungsbeschwerde gegen die Kirche – kein Grund zum Nachdenken über die Justizgewährung in kirchlichen Angelegenheiten, ZevKR 54, 214

Glatzel, Brigitte .... Fallen im Pflegezeitgesetz – für Arbeitnehmer und Arbeitgeber, NJW 2009, 1377

Göttling, Wulfhard/
Neumann, Michael .. Das neue Familienpflegezeitgesetz, NZA 2012, 119

Gola, Peter .... Von Personalakten- und Beschäftigtenakten, RDV 2011, 66

Gola, Peter .... Die Digitalisierung der Personalakte und der Datenschutz, RDV 2008, 135

Gola, Peter .... Die Entwicklung des Datenschutzrechts im Jahre 1998/99, NJW 1999, 3753

Gola, Peter .... Der Personalaktendatenschutz im öffentlichen Dienst, RiA 1994, 1

Gola, Peter .... Das neue Personalaktenrecht der Beamten und das Bundesdatenschutzgesetz, NVwZ 1993, 552

Gooren, Paul .... Anmerkung zu BVerwG, Urteil vom 27.2.2014, 2 C 1/13 (Streikverbot für Beamte), NJW 2014, 2218

Gooren, Paul .... Das Ende des Beamtenstreikverbots, ZBR 2011, 400

Goos, Christoph .... Rechtsschutz in Kirchensachen – eine unendliche Geschichte?, ZBR 2004, 159

Gourmelon, Andreas Zur Erstellung von Anforderungsprofilen im Rahmen der Personalauswahl, DÖD 2010, 61

Götzkes, Vera .... Der Anspruch des Beamten auf Versetzung in den einstweiligen Ruhestand, DÖD 2009, 273

Graf, Carola .... Zu den Informationsrechten des Unterausschusses „Personal" in Bezug auf stellenplanrelevante Personalmaßnahmen der Landesregierung, Ausarbeitung 14/0631 des Parlamentarischen Beratungs- und Gutachterdienstes des Landtags NRW

Greiner, Stefan .... EMRK, Beamtenstreik und Daseinsvorsorge – oder: Was der öffentliche Dienst vom kirchlichen Arbeitsrecht lernen kann-, DÖV 2013, 623

Greipel, Claudia .... Die dogmatische Einordnung der Mindestversorgung (§ 14 Abs. 4 Beamtenversorgungsgesetz), ZBR 2012, 238

Grigoleit,
Klaus Joachim .... Zur Stellung des Landtagsdirektors in Nordrhein-Westfalen, ZBR 1998, 128

Literatur

Groß, Thomas .... Kollegialprinzip und Hochschulselbstverwaltung, DÖV 2016, 449

Groß, Werner .... Forderungsübergang im Schadensfall, DAR 1999, 337

Gruber, Joachim .... Die Einigungsstellen nach dem BetrVG, die Arbeitsrichter und ihre Nebentätigkeiten, ZRP 2011, 178

Gruber, Georg .... Die zuständige Genehmigungsbehörde für Nebentätigkeiten abgeordneter Beamter, RiA 2003, 288

Grundmann, Cornelia/Greve, Holger .... Löschung und Vernichtung von Akten – Ordnungsgemäße Aktenführung im Spannungsfeld zum Datenschutz, NVwZ 2015, 1726

Grundmann, Martin Rückforderung überzahlter Beamtenbezüge – Anmerkungen zur Rechtslage und zum Reformbedarf, ZBR 1999, 154

Grünning, Klaus .... Politische Beamte in der Bundesrepublik Deutschland, VR 1988, 80

Grupp, Klaus .... Zum Verhältnis von Landtag und Landesrechnungshof in Nordrhein-Westfalen, NWVBl. 1992, 265

Guckelberger, Annette .... Personalisierte Behördenauftritte im Internet, ZBR 2009, 332

Günther, Dirk-Carsten .... Analoge Anwendung des Angehörigenprivilegs des § 67 Absatz 2 VVG a. F. auf Partner einer nichtehelichen Lebensgemeinschaft, VersR 2009, 816

Günther, Dirk-Carsten/Günther, Jörg-Michael .... Urteile im Namen des „deutschen" Volkes?, NWVBl. 2003, 205

Günther, Hellmuth ... Aspekte der Fünftelvermutung des Nebentätigkeitsrechts, ZBR 2015, 15

Günther, Hellmuth ... Einsatz von Assessment-Centern in der Beförderungs(vor)auswahl – Plädoyer für realistischere Sicht des Nutzens von AC -, DÖD 2016, 117

Günther, Hellmuth ... Fiktion dienstlicher Beurteilung beurlaubter Bundesbeamter als Fraktionsmitarbeiter – Zur neuen Fassung des § 33 BLV, ZBR 2015, 121

Günther, Hellmuth ... Dienstliche Beurteilungen und weitere Instrumente der Beförderungsauswahl, RiA 2014, 101

Günther, Hellmuth ... Macht die wirksame Anfechtung eines Entlassungsantrags die Entlassung auf Verlangen nichtig?, DÖD 2014, 268

Günther, Hellmuth ... Remonstration als Pflicht, Obliegenheit, Recht des Beamten, DÖD 2013, 309

Günther, Hellmuth ... Dienstliche Beurteilung und Assessment-Center, RiA 2013, 57

Günther, Hellmuth ... Hergebrachte Grundsätze des Berufsbeamtentums zum Nebentätigkeitsrecht, ZBR 2012, 187

Günther, Hellmuth ... Zur Rechtsnatur des Ausgleichs unter Beamten, die dem Dienstherrn gesamtschuldnerisch zum Schadensersatz verpflichtet sind, ZBR 2013, 194

Günther, Hellmuth ... Zum Nebentätigkeitsverbotsgrund der überschrittenen Vergütungsgrenze, RiA 2012, 140

Günther, Hellmuth ... Zur Beamtenhaftung gegenüber dem Dienstherrn, RiA 2012, 247

Günther, Hellmuth ... Das öffentlich-rechtliche Dienst- und Treueverhältnis i. S. v. Art. 33 Abs. 4 GG, DÖV 2012, 678

Günther, Hellmuth ... Anmerkung zum Beschluss des BVerfG vom 25.11.2011 – 2 BvR 2305/11 – Berücksichtigung tarifbeschäftigter Mitbewerber grund-

	sätzlich keine Verletzung des Bewerbungsverfahrensanspruchs, DVBl 2012, 903
Günther, Hellmuth ...	Ernennungen zum Beamten und Rechtsformmissbrauch – Drei Muster aus Geschichte und Gegenwart, ZBR 2011, 225
Günther, Hellmuth ...	Neue Balance von Leistungsprinzip, Statusstabilität und Bewerberschutz – Das aktuelle Konzept des BVerwG, RiA 2011, 49
Günther, Hellmuth ...	Der Landespersonalausschuss: rechtspolitisch gebotenes Institut oder bürokratisches Relikt? – Zur Kontroverse anlässlich der Neufassung des brandenburgischen Landesbeamtengesetzes, ZBR 2010, 302
Günther, Hellmuth ...	Ernennungen nach neuem Recht der Landesbeamten, RiA 2009, 49
Günther, Hellmuth ...	Verfahrenssicherung im beamtenrechtlichen Konkurrentenstreit, RiA 2008, 1
Günther, Hellmuth ...	Die „unabhängige Stelle" zur Sicherung beamtenrechtlicher Standards – Aktuelle Rechtslage, Herkommen und Zukunft sogenannter Personalausschüsse „nach" dem BeamtStG, DÖD 2007, 265
Günther, Hellmuth ...	Rechtsrahmen von Assessment-Centern bei der Beförderungsauswahl – Unter besonderer Berücksichtigung der Justizpraxis im Konkurrentenstreit, DÖD 2006, 146
Günther, Hellmuth ...	Zur Dienstbefreiung wegen unverhältnismäßiger Mehrbelastungen, RiA 2006, 165
Günther, Hellmuth ...	Der Aspekt Gesundheitsgefährdung des Beamten bei Versetzung und bei Abordnung, RiA 2006, 67
Günther, Hellmuth ...	Doch kein besoldungsrelevantes Fernbleiben, falls der abwesende Beamte wenigstens Dienstaufgaben verrichtet?, ZBR 2000, 368
Günther, Hellmuth ...	Besoldungsrechtlich unerlaubtes, schuldhaftes Fernbleiben bei Wahrnehmung justizieller Pflichten, Obliegenheiten, Rechte?, ZBR 1997, 107
Günther, Hellmuth ...	Anmerkungen zur Versetzung mit oktroyiertem Dienstherrenwechsel, ZBR 1996, 299
Günther, Hellmuth ...	Führungsamt auf Zeit – unendliche Geschichte?, ZBR 1996, 65
Günther, Hellmuth ...	Zur Geschichte der Figur „schuldhaftes unerlaubtes Fernbleiben vom Dienst" – Wegmarken preußischen Reichs- und Bundesrechts, ZBR 1995, 285
Günther, Hellmuth ...	Residenzpflicht, ZBR 1993, 225
Günther, Hellmuth ...	Beschränkung der Tätigkeit von Versorgungsberechtigten, DÖD 1990, 129
Günther, Hellmuth ...	Unterbindung von Nebenbeschäftigung bei Kollision mit dienstlichen Interessen, DÖD 1988, 78
Günther, Hellmuth ...	Nebenamt, ZBR 1986, 97
Günther, Jörg-Michael	Hausverbote für öffentliche Gebäude im Spiegel der Rechtsprechung, DVBl. 2015, 1147
Günther, Jörg-Michael	Rezension zu Klaß, Die Fortentwicklung des deutschen Beamtenrechts durch das europäische Recht, 2014 - in ZBR 2015, 107
Günther, Jörg-Michael	Tätowierungen als Eignungsmangel für den gehobenen Polizeivollzugsdienst in NRW, NWVBl. 2015, 13
Günther, Jörg-Michael	Dienstunfallrechtliche Fragen bei „schockierenden" Personalgesprächen und Mobbing, ZBR 2015, 404

Literatur

Günther, Jörg-Michael	Zur Haftung beamteter Lehrer beim Verlust von Schulschlüsseln, ZBR 2014, 337
Günther, Jörg-Michael	Das „dienstliche Interesse" beim Hinausschieben der Altersgrenze nach § 32 Abs. 1 LBG NRW, NWVBl. 2014, 325
Günther, Jörg-Michael	Sichtbare großflächige Tätowierungen kein Einstellungshindernis für Polizeivollzugsbeamte? Der (angebliche) Zeitgeist und sein Gewicht auf der Waage der Justiz, ZBR 2013, 166
Günther, Jörg-Michael	Die Rechtsprechung zu asiatischen Kampfkunstsportarten – von Haftung bis Notwehr, SpuRt 2008, 57
Günther, Jörg-Michael	Die freie Entfaltung der Persönlichkeit im Dienst – „Piercings", ein (Schein-)Problem des öffentlichen Dienstrechts?, ZBR 2000, 401
Günther, Jörg-Michael/Höwer, Britta	Beamtenrechtliche Anmerkungen zum „Bandidos-Beschluss" des OVG Münster vom 28.10.2010, 1 B 887/10, NWVBl. 2012, 174
Haas, Alexander	Herausfinden, was krank macht, Der Personalrat 2016, 36
Haberstrumpf, Helmut	Ablieferungspflichten für Nebentätigkeitsvergütungen als Schiedsrichter, ZBR 2007, 405
Häde, Ulrich	Beamtenrechtliche Fürsorgepflicht und Rechtsschutzkosten, BayVBl. 1999, 673
Haller, Robert	Anspruch von Mitarbeitern des öffentlichen Dienstes auf Zulassung als Nebentätigkeits-Rechtsanwalt, DÖD 1998, 59
Harriehausen, Simone	Einwerbung von Drittmitteln – immer mit einem Fuß im Gefängnis, NStZ, 256
Hartmann, Bernd	Landesgrundrechte und Alimentationsprinzip, NWVBl. 2014, 211
Hartmann, Nicole	Urlaubsabgeltungsansprüche von Beamten im Lichte des europäischen Rechts, DÖD 2011, 228
Hartmer, Michael	Die neue W-Besoldung?, FuL 2012, 718
Hartmer, Michael	Prof. em. oder Prof. a. D. – zur Titelführung von pensionierten und emeritierten Hochschullehrern, FuL 2009, 744
Hartmer, Michael	Zur leistungsorientierten Besoldung von Professoren, ZBR 1999, 217
Hartmer, Michael	Der beamtete Hochschullehrer – Selbstverständlichkeit oder Anachronismus?, WissR 1998, 152
Hasse, Lutz/ Fellmann, Tim	Mein ist der PC und also auch die Daten – vom Irrtum des Dienstherrn bzw. Vorgesetzten, Thür.VBl. 2014, 1 u. 34
Hebeler, Timo/ Spitzlei, Thomas........	Das Hinausschieben des Ruhestandseintritts im Beamtenrecht – Bestandsaufnahme, Motive und Voraussetzungen, DVBl 2016, 534
Hebeler, Timo	Verfassungsrechtliche Vorgaben für die Beamtenbesoldung, insbesondere im Hinblick auf die Orientierung der Beamtenbesoldung an der tariflichen Gehaltsentwicklung, ZTR 2016, 366
Hebeler, Timo	Die Bundestreue als verfassungsrechtliche Begrenzung für den Gesetzgeber im Beamtenrecht, ZBR 2015, 1

Literatur

Hebeler, Timo .... Die rechtlichen Grenzen für die Vergleichsgruppenbildung im Rahmen der fiktiven Laufbahnnachzeichnung von Personalratsmitgliedern nach der neueren Rechtsprechung des Bundesverwaltungsgerichts, ZfPR 2015, 118

Hebeler, Timo .... Die verfassungsrechtlichen Maßstäbe für die Beamtenbesoldung nach der Richterbesoldungsentscheidung des Bundesverfassungsgerichts – Eine kritische Würdigung, ZBR 2015, 289

Hebeler, Timo .... Noch einmal: Gibt es ein Streikrecht für Beamte? Eine neuerliche Bestandsaufnahme auf Grundlage des Urteils des OVG Nordrhein-Westfalen vom 7.3.2012, ZBR 2012, 325

Hebeler, Timo .... Die Beamtenbesoldung aufgrund Zielvereinbarung gem. § 6 BesG NRW, NWVBl. 2011, 289

Hebeler, Timo/
Knappstein, Julia .... Horizontale Personallenkungsmaßnahmen im Beamtenrecht – Grundsätzliche Überlegungen und die neue Rechtslage nach dem novellierten Bundesbeamtengesetz, ZBR 2010, 217

Heinig, Hans Michael Ein neues Kapitel in einer unendlichen Geschichte? Verfassungsrechtliche, prozessrechtliche und religionspolitische Anmerkungen zum Kopftuchbeschluss des Bundesverfassungsgerichts vom 27. Januar 2015, RdJB 2015, 217

Heitmann, Steffen .... „Recht muss doch Recht bleiben" – Zur Befristung von Gesetzen, NJW 1997, 1488

Henkel, Jörg .... Zur Eingliederung von Beamten der früheren Versorgungsverwaltung in die Kommunalverwaltung, NWVBl. 2011, 50

Henne, Thomas .... Die Prägung des Juristen durch die Kommentarliteratur – Zu Form und Methode des juristischen Diskurses, Betrifft Justiz 2006, 352

Henrichs, Axel .... Zur beamtenrechtlichen Pflicht insbesondere von Uniformträgern der Polizei zu einem angemessenen äußeren Erscheinungsbild, ZBR 2002, 84

Herbeck, Sebastian ... Die Aktenvorlage als Instrument parlamentarischer Kontrolle, DVBl 2015, 471

Herbert, Manfred/
Oberrath,
Jörg-Dieter .... Hinreichende Deutschkenntnisse des Arbeitnehmers im Spiegel der Rechtsprechung, NJ 2011, 8

Herbert, Manfred/
Oberrath,
Jörg-Dieter .... Beherrschung und Verwendung der deutschen Sprache bei Durchführung und Beendigung von Arbeitsverhältnissen, DB 2010, 391

Herfs-Röttgen, Ebba Rechtsfragen rund um die Personalakte, NZA 2013, 478

Herrmann, Klaus ...... Anforderungen des Leistungsprinzips gem. Art 33 II GG zu Beginn und beim Abbruch eines beamtenrechtlichen Auswahlverfahrens, LKV 2015, 97

Herrmann, Klaus ...... Die Verbeamtung von Professorinnen und Professoren in Nordrhein-Westfalen, NWVBl 2015, 448

Herrmann, Klaus ...... Kommunale Wahlbeamte und das Geschenk(-verbot), LKV 2012, 537

Herrmann, Klaus ...... Die Suche nach einem Polizeipräsidenten in Berlin – Provinzposse oder Trauerspiel?, LKV 2012, 253

Herrmann, Klaus ...... Neue Risiken bei vorzeitiger Ernennung im beamtenrechtlichen Konkurrentenstreit, NJW 2011, 653

Literatur

Herold, Nico .... Die beamtenrechtliche Zulässigkeit des „Whistleblowing", ZBR 2013, 8

Herrmann, Oliver .... Die Hausberufung – mit Einführung der Juniorprofessur ein „echtes" Hausberufungsverbot, WissR 2007, 146

Heubel, Horst .... Rückforderung zuviel gezahlter Bezüge und Wegfall der Bereicherung im öffentlichen Dienst, VR 1989, 360

Heuking, Christian ... Whistleblowing ist Teil des Compliance-Managements, innovative Verwaltung 4/2016, 11ö

Heydemann, Christoph .... Anmerkung zu BVerwG, Beschl. v. 7.12.2015, 2 B 79/14, in NVwZ 2016, 395

Hilg, Günter .... Rechtsprechung zum neuen Dienstrecht – oder zwingendes Recht zwingt nicht immer, apf 2013, 261

Hilg, Günter/ Baßlsperger, Maximilian .... Einverständnis des aufnehmenden Dienstherrn mit der Versetzung, ZBR 2015, 145

Hillebrecht, Martin .. Die gesundheitliche Eignung für ein öffentliches Amt bei Übergewicht und Adipositas, ZBR 2011, 84

Hippeli, Michael ...... Die funktionsgerechte Besoldung des § 18 BBesG im Lichte aktueller verfassungsrechtlicher Rechtsprechung, NVwZ 2016, 664

Hlusiak, Siegfried ..... Reform des Dienstrechts – Auswirkungen für die Beamten in NRW, DVP 2010, 310

Hoffmann, Boris .... Neues Laufbahnrecht in Bund und Ländern – eine vergleichende Betrachtung, DÖD 2012, 25

Hoffmann, Christof .. „Mehr Arbeit", „Mehrarbeit", der EuGH und das BVerwG, RiA 2013, 149

Hoffmann-Remy, Till .... Anmerkung zu BAG, Urt. v. 20.3.2012, 9 AZR 529 (NJW 2012, 3465), NJW 2012, 3469

Höfling, Wolfram/ Engels, Andreas .... Verwaltungsstrukturreformen und Beamtenstatusrechte, NVwZ 2008, 1168

Höfling, Wolfram/ Stockter, Ulrich .... Die gesundheitliche Eignung als Zugangskriterium für ein öffentliches Amt, ZBR 2008, 17

Hofmann, Bernhard .... Zur Änderung des Aufgabenkreises eines Beamten durch Umsetzung, Archiv PF 1982, 409

Holland-Letz, Anja/ Koehler, Mark .... Aufstiegs- und Entwicklungsmöglichkeiten in Bund und Ländern nach der Föderalismusreform I, ZBR 2012, 217

Hölscheidt, Sven/ Baldus, Christian ...... Unionsbürger im öffentlichen Dienst anderer Mitgliedstaaten, NWVBl. 1997, 41

Holzner, Thomas ...... Die Abschaffung des Widerspruchsverfahrens, DÖV 2008, 218

Hoof, Karsten .... Die Freihaltung bzw. Schaffung sogenannter dritter, streitunbefangener Stellen im beamtenrechtlichen Konkurrentenstreit, ZBR 2007, 156

Hoof, Karsten .... Schadensersatzpflicht des unterlegenen Bewerbers in beamtenrechtlichen Stellenbesetzungsverfahren nach erfolglosem Antrag auf einstweiligen Rechtsschutz, DÖV 2005, 234

Hörnig, Dieter .... Gnade und Verfassung, DVBl 2007, 1328

Horst, Thomas/
Horst, Johannes .... Zu notwendigen Änderungen des HG NRW de lege ferenda im Hinblick auf den nordrhein-westfälischen Hochschulrat, DÖD 2012, 53

Horst, Thomas .... Zur Vereinbarkeit des nordrhein-westfälischen Hochschulratsmodells mit den hergebrachten Grundsätzen des Berufsbeamtentums aus Art. 33 Abs. 5 GG, ZBR 2011, 289

Hotstegs, Robert ...... Anmerkung zu einem Urteil des BVerwG vom 27.02.2014, 2 C 19/12, NVwZ 2014, 1101 zum Zugang zur staatlichen Gerichtsbarkeit im Kirchenbeamtenverhältnis, NVwZ 2014, 1106

Hotstegs, Robert ...... Anmerkung zu BVerwG, Urteil vom 27.02.2014 – 2 C 19.12 – Justizgewährungsanspruch für Geistliche auch gegen kirchliche Maßnahmen, DVBl. 2014, 997

Howe, Achim .... Änderungen im Personalaktenrecht, DSB 2010, 16

Hufen, Friedhelm ..... Verfassungsrecht: Streikverbot für Beamte, JuS 2016, 88

Hufen, Friedhelm ..... Verfassungsrecht und Beamtenrecht: Streikverbot, JuS 2014, 670

Hufen, Friedhelm ..... Verfassungsrecht und Beamtenrecht: Beamtenrechtlicher Konkurrentenstreit, JuS 2014, 471

Hufen, Friedhelm ..... Rechtsprechungsübersicht – Entscheidungsbesprechung zu BVerwG NJW 1996, 210, in: JuS 1997, 76

Hüpers, Bernd .... Zur Anwendung des Landesdatenschutzgesetzes bei beamtenrechtlichen Datenschutzbelangen und zur Reichweite der Tatsachenbindung des Revisionsgerichts, JZ 2004, 462

Hüttenbrink, Jost ...... Erreichen und Hinausschieben der Altersgrenze nach §§ 31, 32 LBG NW, KommJur 2010, 245

Idecke-Lux, Sabrina .. Auf dem Weg zu einer Verwaltung „5.0." Das E-Governmentgesetz NRW als zentraler Bestandteil, NWVBl. 2016, 265

Idecke-Lux, Sabrina .. Quo vadis Laufbahnrecht? Schritte auf dem Weg zu einem modernen Laufbahnrecht in NRW, RiA 2014, 112

Ismer Roland/
Meßerschmidt Klaus/
Baur, Stefanie .... Vor Ernennung begangene Straftaten im Beamtenrecht DÖV 2014, 594

Jaeckel, Liv .... Der kommunale Beigeordnete zwischen fachlicher Verwaltung und politischer Willensbildung, VerwArch 2006, 220

Jahnke, Jürgen/
Vatter, Irina .... Das sozialrechtliche Angehörigenprivileg beim Arbeitsunfall im Familienkreis, NJW 2016, 1477

Jekewitz, Jürgen .... Die Beteiligung der gewerkschaftlichen Spitzenorganisationen des öffentlichen Dienstes an der Regelung beamtenrechtlicher Verhältnisse, Der Staat 34, 79

Joerger, Gernot .... Öffentlichkeitsarbeit von Behörden, BWVPr 1981, 284

Juncker, Wolfgang .... Die Disziplinarmaßnahme im strafrechtlichen Zwielicht, ZBR 2009, 289

Kahl, Wolfgang .... Art. 2 Abs. 1 GG im Beamtenrecht, ZBR 2001, 225

Kämmerer,
Jörn Axel .... Deutsches Beamtenrecht und Verbot der Altersdiskriminierung: Zwischen Irrelevanz und Ignoranz, ZBR 2008, 325

Kämmerer,
Jörn Alexander .... Europäisierung des öffentlichen Dienstrechts, EuR 2001, 27

Kämmerling, Guido . Kommunale Eigenheiten bei der Auswahl- und Beförderungspraxis in Nordrhein-Westfalen, ZBR 2016, 224

Literatur

Kämmerling, Guido	Das Leistungsprinzip im Fortgang der Rechtsprechung, RiA 2013, 49
Kämmerling, Guido	Hauptamt und Nebentätigkeit – Abgrenzungsprobleme bei kommunaler Nebentätigkeit, ZBR 2012, 12
Kämmerling, Guido	Das Leistungsprinzip als Hauptkriterium für Beförderungen und Stellenbesetzungen, DÖD 2010, 213
Kämmerling, Guido	Sonderurlaub und Nebentätigkeit im Spannungsfeld zwischen Berufsfreiheit und Dienstrecht, ZBR 2009, 191
Kampen, Niels-W	Haftungsrechtliche Aspekte der nichtehelichen Lebensgemeinschaft, NJW 2016, 1046
Kapischke, Markus ...	Die Neuregelung des Kirchenbeamtenrechts in den evangelischen Kirchen, ZBR 2007, 235
Karb, Svenja	Das Pflegezeit- und Familienpflegezeitgesetz, ZTR 2015, 427
Kargl, Walter	Parteispendenakquisition und Vorteilsannahme, JZ 2005, 503
Kathke, Leonhard	Die Gesundheit des Beamten – mehr Risiken und mehr Verantwortung beim Dienstherrn, DÖD 2016, 173
Kathke, Leonhard	Wie viele Gesundheitsrisiken seiner Beamten muss der Dienstherr tragen? RiA 2014, 197
Kathke, Leonhard	Bündelungsbewertung –praktisch, aber? RiA 2014, 245
Kathke, Leonhard	Gesetzliche Neuregelungen zur Bündelungsbewertung als Konsequenz des Urteils des Bundesverwaltungsgerichts zu Beförderungen beim Zoll („Topfwirtschaft"), RiA 2014,108
Kathke, Leonhard	Zur Beurteilung teilfreigestellter oder zeitweilig freigestellter Personalratsmitglieder, ZBR 2009, 155
Kathke, Leonhard	Frauen-/Gleichstellungsbeauftragte und dienstliche Beurteilungen, ZBR 2004, 185
Kathke, Leonhard	Versetzung, Umsetzung, Abordnung und Zuweisung ZBR 1999, 325
Kathke, Leonhard	Wie weit geht die Öffnung des Berufsbeamtentums für EU-Bürger?, ZBR 1994, 233
Kathke, Leonhard/ Eck, Angelika	Geht die Revolution weiter? Zum Laufbahnrecht in den Entwürfen des neuen bayerischen Dienstrechts, ZBR 2009, 361
Kathke, Leonhard/ Koch, Susanne	Altersdiskriminierung? Zwei Beispiele zur sachgerechten Anwendung des AGG, ZBR 2010, 181
Kathke, Leonhard/ Vogl, Susanne	Evolution und Revolution – Die Eckpunkte der bayerischen Staatsregierung für ein neues Dienstrecht in Bayern, ZBR 2009, 9
Keller, Christoph	Menschenverachtende WhatsApp-Nachrichten eines Polizeikommissaranwärters – Entlassung gerechtfertigt? jurisPR-ITR 18/2015 Anm. 4
Keller, Christoph	Mitwirken von Polizeibeamten in TV-Produktionen als Verletzung dienstlicher Interessen, jurisPR-ITR 11/2015 Anm. 5
Kenntner, Markus	Rechtsstruktur und Gestaltung von Konkurrentenstreitigkeiten um die Vergabe öffentlicher Ämter, ZBR 2016, 181
Kersten, Jens	Gendiagnostik im Öffentlichen Dienst, 1. Teil: Gendiagnostik und Arbeitsverfassungsrecht, PersV 2011, 4
Kersten, Jens	Gendiagnostik im Öffentlichen Dienst, 2. Teil: Gendiagnostik und Mitbestimmung, PersV 2011, 84
Kirchberg, Christian	Rechtsschutz Geistlicher vor staatlichen Gerichten, NJW 2014, 2763
Kirchberg, Christian	Staatlicher Rechtsschutz in Kirchensachen, NVwZ 2013, 612

Kirsch, Andrea	Beamtenrecht im Examen – ein Überblick über das prüfungsrelevante Wissen und die jüngsten Neuregelungen, JURA 2010, 487
Klaproth, Martin	Die Dienstaufsicht im Beamtenrecht, DÖD 2001, 57
Klein, Michael	Das neue Landesrichter- und Staatsanwältegesetz NRW – ein beteiligungsrechtlicher Paradigmenwechsel, PersV 2016, 164
Klieve, Felicitas	Parteipolitische Ämterpatronage, VR 2003, 183
Klinkhard, Volker	Zum Übergang von Schadensersatzansprüchen des Beamten auf den Dienstherrn – oder über die Kunst, Beamtengesetze vorteilhaft auszulegen, ZBR 1986, 133
Knopp, Lothar	Das Urteil des BVerfG vom 14.2.2012 zur W-Besoldung bei Hochschullehrern, LKV 2012, 145
Knopp, Lothar	Die „Juniorprofessur" auf dem Prüfstand des Bundesverfassungsgerichts, ZBR 2005, 145
Koehler, Mark	Änderungen beim Erholungsurlaub der Bundesbeamtinnen und -beamten, ZfPR 2015, 15
Koreng, Ansgar	Anmerkungen zu BVerfG, Beschluss vom 12.9.2011 – 2 BvR 1206/11, DVBl 2012, 99, DVBl 2012, 102
Korn, Juhani M. V.	Das Beamtenrecht im Fokus des Unionsrechts – Eine Einführung anhand ausgewählter unionsrechtlicher Problemstellungen im Beamtenrecht, ZBR 2013, 155
Korte, Matthias	Anmerkung zum Urteil des BGH vom 28.8.2008 (3 StR 212/07, NStZ 2008, 341) – Fall Kremendahl, NStZ 2008, 341
Köster, Bernd	Die verfassungsrechtliche Zulässigkeit der beihilferechtlichen „Kostendämpfungspauschale" im Spiegelbild der neueren Rechtsprechung, DÖD 2008, 121
Köster, Bernd	Genehmigungs- Anzeige- und Abführungspflichten für Nebentätigkeiten kommunaler Verwaltungsbeamter in Nordrhein-Westfalen, DÖD 2005, 189
Kragl, Walter	Parteispendenakquisition und Vorteilsannahme, JZ 2005, 503
Kramer, Helmut	„Wer im Namen des Volkes Recht spricht …", KJ 2009, 316
Krenz, Heiko Peter ...	Beteiligung des Personalrats beim Urlaub, PersR 2010, 140
Kugele, Dieter	Die politischen Beamten in der Bundesrepublik Deutschland, ZBR 2007, 109
Kunig, Philip	Das Verhältnis des Beamtenrechts zum Verwaltungsverfahrensrecht, ZBR 1986, 253
Kunz, Wolfgang	Die Kleiderordnung des öffentlichen Dienstes, RiA 1993, 21
Kunz, Wolfgang	Personalaktenrecht des Bundes, ZBR 1992, 161
Kutscha, Martin........	Beamtenstreikrecht – Leipziger Verbeugung vor Straßburg, Recht und Politik 2014, 206
Kutscha, Martin	Hochschullehre unter Fachaufsicht?, NVwZ 2011, 1178
Kutzki, Jürgen	Beamte und Streikrecht- eine aktuelle Bestandsaufnahme, DÖD 2011, 169
Lambrecht, Ute	Der Verlust der Beamtenrechte als Folge einer Strafverurteilung, ZBR 2001, 194
Lamprecht, Rolf	Quadratur des Kreises – Antiquierte Notenvergabe als Ursache für den Konflikt beim BGH, NJW 2013, 440
Landwehr, Michael ...	Die föderale Neuordnung des Laufbahnrechts unter dem Einfluss des Bologna-Prozesses sowie dessen Auswirkungen auf die Bachelorisierung von Verwaltungsstudiengängen im Bund, im Freistaat Bayern und im Bundesland Niedersachsen, ZBR 2012, 297
Laubinger, Hans-Werner	Die Konkurrentenklage im öffentlichen Dienst – eine unendliche Geschichte (Teil 1) ZBR 2010, 289/(Teil 2) ZBR 2010, 332

Literatur

Lecheler, Helmut	Die Selbstbestimmung der Dienstleistung eines Professors, PersV 1990, 299
Lecheler, Helmut	Das Laufbahnprinzip, VuL 3 (1981), 1
Lecheler, Helmut	Öffentlicher Dienst und Arbeitsmarkt, ZBR 1980, 1
Leisner, Walter	Der Standort des höheren Dienstes im Beamtenverfassungsrecht, DÖV 1989, 496
Leisner-Egensperger, Anna	Beamtenverfassungsrechtliche Grenzen eines Personalabbaus in Krisenzeiten. Zum Einsparungspotential im Öffentlichen Dienst, ZBR 2009, 181
Leisner-Egensperger, Anna	Verfassungsgarantie des Beförderungserfolgs. Die Wartefristentscheidung des Bundesverfassungsgerichts – 2 BvL 11/04: Betonung des Leistungsprinzips (Art. 33 Abs. 2 GG), ZBR 2008, 9
Lemhöfer, Bernt	Versorgungsreformgesetz 1998 vor der verfassungsrechtlichen Bewährung: Zustimmung, Fragen, Einwendungen, ZBR 2000, 335
Lenders, Dirk	Abhängigkeit vom Besoldungsdienstalter – Unzulässige Altersdiskriminierung junger Beamtinnen und Beamter?, PersR 2012, 162
Lennep v., Hans-Gerd/ Wellmann, Anne	Die Änderung der Kommunalverfassung nach dem GO-Reformgesetz, KommJur 2007, 401
Leppek, Sabine	Das Ernennungsrecht in Bundesbeamtengesetz und Beamtenstatusgesetz – Ernennung und Ernennungsfehler unter besonderer Berücksichtigung der Heilbarkeit von Formfehlern, ZBR 2010, 397
Leppin, Angelika	Schadensersatz wegen Nichtbeförderung und Inzidentkontrolle dienstlicher Beurteilungen vor dem Hintergrund aktueller Rechtsprechung, NVwZ 2007, 1241
Leuze, Dieter	Anmerkungen zum vorläufigen Rechtsschutz für Beamte, DÖD 2009, 6
Leuze, Dieter	Erfindungen und technische Verbesserungsvorschläge von Angehörigen des öffentlichen Dienstes, GRUR 1994, 415
Lindner, Josef Franz ..	Der Gerechtigkeitsauftrag des Beamten, ZBR 2016, 1
Lindner, Josef Franz ..	Zur Remonstrationspflicht des Beamten – Erwiderung auf Kawik (ZBR 2015, S. 243 ff.)
Lindner, Josef Franz ..	Besoldung und „Schuldenbremse" – Analyse der neuen Dogmatik des BVerfG zum Alimentationsprinzip, BayVBl. 2015, 801
Lindner, Josef Franz ..	Bindung des Besoldungsgesetzgebers an Tarifabschlüsse im öffentlichen Dienst? ZBR 2014, 9
Lindner, Josef Franz ..	Darf der Dienstherr im beamtenrechtlichen Konkurrentenstreit die Gründe für die Auswahlentscheidung erstmals vor Gericht vortragen?, NVwZ 2013, 547
Lindner, Josef Franz ..	Beförderungen in personalintensiven Verwaltungen – Anmerkungen zum Urteil des BVerwG vom 30.6.2011 (2 C 19.10), RiA 2012, 10
Lindner, Josef Franz ..	Unabhängigkeit als Paradigma des Berufsbeamtentums, ZBR 2013, 145
Lindner, Josef Franz ..	Der beamtenrechtliche Bewerbungsanspruch, ZBR 2012, 181
Lindner, Josef Franz ..	Der politische Beamte als Systemfehler, ZBR 2011, 150
Lindner, Josef Franz ..	Dürfen Beamte noch streiken?, DÖV 2011, 305
Lindner, Josef Franz ..	Das Alimentationsprinzip und seine offenen Flanken, ZBR 2007, 221
Ling, Michael A.	Kirchenamt und Kirchenbeamte in der Katholischen Kirche Deutschlands, ZBR 2006, 238

Literatur

Literatur

Lorse, Jürgen .... Reform des Laufbahnrechts in Bayern – mehr Leistung oder mehr Nivellierung im bayerischen Staatsdienst?, ZBR 2009, 368

Lorse, Jürgen .... Personalentwicklung im Abseits aktueller dienstrechtlicher Reformüberlegungen, ZBR 2008, 145

Lorse, Jürgen .... Führungsfunktionen auf Zeit aus verfassungsrechtlicher Sicht – alea jacta est, ZBR 2008, 145

Luber, Michael .... Altersteilzeit im Blockmodell und Anhebung der Altersgrenze, RiA 2011, 104

Maier, Ralf/
Rupprecht, Bernd .... Das Anerkennungsgesetz des Bundes, WiVerwW 2012, 62

Mallmann, Hartwig .. Benachteiligungsverbot aufgrund Transsexualität und Intersexualität, PersR 2011, 20

Marburger, Horst ..... Nebentätigkeit von Beamten und Sozialversicherungspflicht, RiA 2015, 57

Marburger, Horst ..... Familienpflegezeit im öffentlichen Dienst, DÖD 2012, 73

Marburger, Horst ...... Vergleichende Betrachtung zwischen dem arbeitsrechtlichen Mutterschutz und dem Mutterschutz im Beamtenrecht, PersV 1983, 53

Marburger, Horst ..... Zweifelsfragen zu den Ersatzansprüchen nach § 87a BBG, PersV 1977, 217

Martini, Mario .... Ein Gesetz gegen zu viele Gesetze?, NJW-Editorial Heft 44/2012

Matyssek, A. K. .... Gesundheitsmanagement als Führungsaufgabe in der öffentlichen Verwaltung, Bundesgesundheitsblatt 2012, 205

Mayer, Dietrich .... Zur Ansehensschädigung des öffentlichen Dienstes und beamtenrechtlichen Wohlverhaltenspflicht in Disziplinarverfahren, NVwZ 2004, 949

Mehlhorn, Lutz .... Zum Alimentationsprinzip als hergebrachter Grundsatz des Berufsbeamtentums, VR 2010, 406

Mehre, Antonia .... Die modulare Qualifizierung im Wettbewerbsföderalismus, RiA 2011, 237

Meier, Wolfgang .... Die Novelle des öffentlichen Dienstrechts: Reform oder Reförmchen?, NVwZ 1996, 444

Meister-Scheufelen, Gisela .... Gesundheitsmanagement in der öffentlichen Verwaltung, DÖV 2012, 16

Menger, Christian-Friedrich ... Zur Rechtsnatur und verwaltungsgerichtlichen Überprüfbarkeit beamtenrechtlicher Umsetzungen, VerwArch 72, 149

Meyer, Hubert .... Grenzen der Inanspruchnahme des Beamten nach § 78 BBG, RiA 1991, 62

Michaelis, Lars O . .... Das beamtenrechtliche Streikverbot, JA 2015, 121

Michaelis, Lars O . .... Tattoos als Einstellungshindernis für (Polizei-)Vollzugsbeamte, JA 2015, 370

Michaelis, Lars O . .... Der Einsatz von Integritätstests im Rahmen von beamtenrechtlichen Stellenbesetzungen, DÖD 2015, 228

Mirbach, Horst .... Der Umfang der Auskunftspflichten des Beamten bei genehmigungsfreien Nebentätigkeiten, ZBR 1995, 64

Möltgen, Katrin .... Pluralisierung erfordert interkulturelle Kompetenz. Interkulturelle Ausbildungsinhalte für den gehobenen Verwaltungsdienst in NRW, innovative Verwaltung, H. 11–12, 2009, 14

Mohr, Jochen .... Diskriminierung – ethnische Herkunft – Deutschkurs, AP Nr. 8 zu § 3 AGG

Muckel, Stefan .... Verfassungsrechtliche Anforderungen an Altershöchstgrenzen für die Einstellung in den öffentlichen Dienst, JA 2015, 713

Mohr, Karl H./ Muckel, Stefan	Einstellung in den Polizeidienst trotz Tätowierung, JA 2013, 238
Muckel, Stefan	Effektiver Rechtsschutz bei beamtenrechtlicher Konkurrentenklage, JA 2011, 479
Müller, Falk	Die Personalakte im öffentlichen Dienst, öAT 2014, 200
Müller, Henning	Papier zu Papier, Byte zu Byte – die elektronische Verwaltungsakte erreicht die Gerichte, NZS 2014, 929
Müller, Michael	Ausgewählte Maßnahmen der Korruptionsvorbeugung im öffentlichen Dienst, apf 2011, 93
Munding, Christoph-David	Die beamtenrechtliche Konkurrentenklage im Wandel der Rechtsprechung von BVerwG und BVerfG, DVBl 2011, 1512
Müssig, Peter	Rechtsprobleme des Dienstzeugnisses, ZBR 1992, 136
Neuhäuser, Gert Armin/Otto, Patrick Christian	Kein generelles Streikverbot für Beamte! DVBl 2016, 393
Neuhäuser, Gert Armin	Die verfassungsrechtliche Pflicht zu einer Ausschreibung öffentlicher Ämter und ihre (allein) verfassungsimmanenten Grenzen, NVwZ 2013, 176
A. Neumann	Gesund führen – Führungskräfte sind Treiber für ein wirkungsvolles BGM, BPUVZ 2015, 326
Niedobitek, Matthias	Denationalisierung des Streikrechts – auch für Beamte? Tendenzen im europäischen und internationalen Recht, ZBR 2010, 361
Noack, Kerstin	Nebentätigkeit von kommunalen Wahlbeamten, StG 1999, 269
Noftz, Wolfgang	Fragen zum Nebentätigkeitsrecht, ZBR 1974, 209
Nokiel, Werner	Dienstliche Beurteilungen von Beamtinnen und Beamten, DÖD 2013, 284
Nokiel, Werner	Weiterhin kein Streikrecht für Beamtinnen und Beamte, DÖD 2012, 152
Nokiel, Werner/ Jasper, Ernst	Die erneute Berufung von wegen Dienstunfähigkeit in den Ruhestand versetzten Bundesbeamten gem. § 45 BBG, ZTR 2001, 193
Oldiges, Martin/ Brinktrine, Ralf	Der Landtagsdirektor als „politischer Beamter", DÖV 2002, 943
Otte, Karl	Gesundheitliche Eignung und Diskriminierung wegen Behinderung, ZBR 2007, 401
Palmen, Manfred/ Schönenbroicher, Klaus	Die Verwaltungsstrukturreform in Nordrhein-Westfalen, NVwZ 2008, 1173
Papier, Hans-Jürgen	Zur Kopftuch-Entscheidung des Bundesverfassungsgerichts, RdJB 2015, 213
Papier, Hans-Jürgen/ Heidebach, Martin ...	Mehr Frauen in Führungspositionen des öffentlichen Dienstes durch Fördermaßnahmen – verfassungs- und europarechtliche Bewertung, DVBl. 2015, 125
Passarge, Malte	Compliance bei Unternehmen der öffentlichen Hand, NVwZ 2015, 252

Literatur

Pechstein, Matthias ...	Die verfassungsrechtliche Stellung des höheren Dienstes vor dem Hintergrund der angekündigten Reform des Laufbahnrechts in Bayern, ZBR 2009, 20
Pechstein, Matthias ...	Das Laufbahnrecht in der Gesetzgebungskompetenz der Länder, ZBR 2008, 73
Pechstein, Matthias ...	Wie können die Länder ihre neuen beamtenrechtlichen Kompetenzen nutzen?, ZBR 2006, 285
Pechstein, Matthias ...	Familiengerechte Besoldung als Verfassungsgebot, ZBR 2000, 289
Peters, Cornelia/ Lösch, Bettina/ Grunewald, Beate	Paradigmenwechsel im Laufbahnrecht des Bundes, ZBR 2009, 1
Peters, Klaus	Neue Tendenzen des unfreiwilligen Dienstherrenwechsels am Beispiel des Transfers beamteter Professoren vom Land Nordrhein-Westfalen zu den Hochschulen durch das Hochschulfreiheitsgesetz (HFG) vom 30. Oktober 2006, ZBR 2007, 115
Piorreck, Karl Friedrich	Referendarausbildung gehört nicht zum richterlichen Hauptamt, DRiZ 1988, 154
Poguntke, David	Das Hinausschieben der Altersgrenze auf Initiative des Beamten – Die Verlängerung des Beamtenverhältnisses auf Antrag des Beamten in Nordrhein-Westfalen, Baden-Württemberg, Niedersachsen, Schleswig-Holstein, Hamburg und Bremen, DÖV 2011, 561
Polakiewicz, Jörg/ Kessler, Adriana	Das Streikverbot für deutsche BeamtInnen – Die Bedeutung der Rechtsprechung des EGMR für deutsche Gerichte, NVwZ 2012, 841
Polzer, Nikolaus/ Kafka, Franz	Verfallbare und unverfallbare Urlaubsansprüche, NJW 2015, 2289
Portun Pötz, Susanne	Die freie Entfaltung der Persönlichkeit im Dienst – Zur Frage, wie viel Schmuck bei der Verrichtung des Dienstes in Uniform erlaubt ist, NZWehrr 2003, 245
Pruggmayer, Steffen/ Möller, Simon	Befugnisse und Verpflichtungen von Justizpressesprechern, Kommunikation und Recht 2011, 234
Püschel, Jan Ole	Zur Berechtigung des presserechtlichen Auskunftsanspruchs in Zeiten allgemeiner Informationszugangsfreiheit, AfP 2006, 401
Quambusch, Erwin ..	Spenden als Gegenleistung für Beamtenhandeln, PersV 2008, 56
Quambusch, Erwin ..	Präsenzpflicht für Professoren?, RiA 2000, 5
Ramm, Arnim	Beteiligung des Personalrats im Zusammenhang mit Beurteilungsrichtlinien für Beamte und Arbeitnehmer, ZfPR 2011, 17
Reese, Arnd/Thiel, Andreas	Grundlagen und Instrumente der Personalauswahl – Auswirkungen der jüngeren Rechtsprechung des Bundesverwaltungsgerichts, RiA 2015, 145
Rehak, Heiner	Antragsabhängige Beteiligung des Personalrats, ZfPR 2013, 121
Rehak, Heinrich	Die Mitbestimmung des Personalrats bei Versetzungen, PersV 2012, 4
Reich, Andreas	Die Rückzahlung beamtenrechtlicher Fortbildungskosten, DÖV 2015, 957
Reich, Andreas	Betriebliches Eingliederungsmanagement bei Reaktivierung, ZBR 2014, 245

Literatur

Reich, Andreas	Die Digitalisierung von Personalakten der Beamten der Länder und Kommunen – und die sich daraus ergebende Sicherungspflicht von Dienststelle und Personalrat, PersV 2011, 58
Remmers, Burkhard	Das Büro als Bewegungsraum, Personalmagazin 05/2016, S. 56
Rennert, Klaus	Das Recht der Freien Berufe in der jüngsten Rechtsprechung des Bundesverwaltungsgerichts, DVBl 2012, 593
Repkewitz, Ulrich	Schadensersatzansprüche des Beamten gegen seinen Dienstherrn, RiA 2010, 103
Repkewitz, Ulrich/ Waibel, Stefanie	Das Vorverfahren in beamtenrechtlichen Streitigkeiten, NVwZ 2010, 813
Rescher, Ronald	Das neue Landesbeamtengesetz Nordrhein-Westfalen, NWVBl. 2009, 255
Rescher, Ronald	Das neue Landesbeamtengesetz Nordrhein-Westfalen, apf 2009, 167
Reus, Andreas/ Mühlhausen, Peter	Die Verwirkung des Anspruchs auf Erteilung eines Dienstzeugnisses, ZBR 2012, 117
Richter, Daniela	Woran krankt der öffentliche Dienst? – Instrumente des betrieblichen bzw. behördlichen Gesundheitsmanagements, NWVBl. 2013, 437
Richter, Achim/ Gamisch, Annett	Die angewiesene Lernanstrengung – Lernpflicht des Arbeitnehmers?, DÖD 2012, 13
Richter, Achim/ Gamisch, Annett	Gedächtnisstütze oder Schwarze Akte – Die Aufzeichnungen der Führungskraft, DÖD 2011, 177
Richter, Daniela	Zwei Jahre ressortübergreifende Normprüfung in Nordrhein-Westfalen – ein erstes Resümee, NWVBl. 2009, 173
Ridder, Claudia	Original-Examensvortrag: „Keine Einladung zum Vorstellungsgespräch- Ein Schwerbehinderter klagt an", JA 2012, 778
Riecker, Albert	Können die Gerichte das „Leistungsprinzip" durchsetzen?, ZBR 1997, 180
Riedel, Johannes	Gedanken zur Dienstrechtsreform in Nordrhein-Westfalen, NWVBl. 2011, 329
Rifai, Nabiel	Anspruch eines Beamten auf die Anrede mit akademischem Grad, NVwZ 2009, 816
Riotte, Wolfgang/ Kunz, Rainer	Beurteilungen: Erfahrungssätze und Rechtsfragen, NWVBl. 2002, 8
Rittig, Steffen	Dienstpostenbündelung in Rechtsprechung, Literatur und Verwaltungspraxis, DÖV 2016, 330
Rittig, Steffen	Die neuen Maßstäbe des Bundesverwaltungsgerichts zur Beurteilung der Gesundheit von Beamten und die prozessualen Folgen, DÖV 2014, 1054
Roetteken, Torsten v.	Senatsbeschluss des BVerfG zur Dienstpostenbündelung und zur Anwendung des Prinzips der Bestenauslese, ZBR 2016, 151
Roetteken, Torsten v.	Änderung der Rechtsprechung des BVerwG (2. Senat) zum Anforderungsprofil, jurisPR-ArbR 1/2014 Anm. 4
Roetteken, Torsten v.	Rückkehr der Topfwirtschaft? ZBR 2014, 80

Literatur

Roetteken, Torsten v.	Präventionsverfahren und Betriebliches Eingliederungsmanagement im Beamten- und Richterdienstrecht (Teil 1), ZBR 2013, 326 u. (Teil 2) ZBR 2013, 361
Roetteken, Torsten v.	Konkretisierung des Prinzips der Bestenauslese in der neueren Rechtsprechung, ZBR 2012, 230
Roetteken, Torsten v.	Auswahlentscheidungen nach dem Ende der Topfwirtschaft, ZBR 2012, 25
Roetteken, Torsten v.	Topfwirtschaft in der Rechtsprechung, ZTR 2012, 320
Roetteken, Torsten v.	Konkurrenzschutz im Beamtenrecht nach dem Urteil des BVerwG vom 4. 11. 2010 – 2 C 16.09, ZBR 2011, 73
Roetteken, Torsten v.	Altersgrenzen im öffentlichen Dienst nach dem Urteil des EuGH vom 16.10.2007 (Palcios de la Villa), ZTR 2008, 350
Roetteken, Torsten v.	Rechtsprechung des Bundesverfassungsgerichts zum Auswahlverfahren und zum Rechtsschutz bei der Vergabe öffentlicher Ämter, ZTR 2008, 522
Rogosch, Josef Konrad	Die Beamtenverhältnisse auf Zeit im Hochschulbereich, insbesondere in Schleswig-Holstein, NordÖR 2015, 245
Rombach, Annett	„Age Concern Germany“: Zur gemeinschaftsrechtlichen (Un-) Zulässigkeit von Altershöchstgrenzen im öffentlichen Dienst, NVwZ 2010, 102
Roth, Petra	Regierungstätigkeiten im Lichte der Informationsfreiheit – Gleichzeitig Anmerkung zu BVerwG, Urteile vom 3.11.2011, 7 C 3.11, 7 C 4.11, DÖV 2012, 717
Rudek, Michael	Schadensersatz für den Beigeladenen nach erfolglosem Antrag auf einstweilige Anordnung im beamtenrechtlichen Konkurrentenverfahren, NJW 2003, 3531
Ruge, Kay	Anmerkung zu einer Entscheidung des BVerwG, Urt. vom 31.3.2011 (2 C 12/09; BWGZ 2011, 432) – Zur Rechtsnatur der Tätigkeit eines kommunalen Wahlbeamten im Regionalbeirat eines privaten Unternehmens, Landkreis 2011, 366
Rusteberg, Benjamin	Kopftuchverbote als Mittel zur Abwehr nicht existenter Gefahren, JZ 2015, 641
Rüssel, Ulrike	Zukunft des Widerspruchsverfahrens, NVwZ 2006, 523
Sachs, Michael	Staatskirchenrecht: Justizgewährungsanspruch gegen kirchliche Maßnahmen, JuS 2014, 1148
Sachs, Michael	Reform der W2-Besoldung – Konsumtion bereits erworbener Leistungsbezüge? NWVBl. 2013, 309
Sachs, Michael	Urteilsanmerkungen zu OVG NRW, Urt. v. 7.3.2012, 3d A 317/11.0 (Kein Streikrecht für Beamte, NWVBl. 2012, 306), NWVBl. 2012, 317
Saliger, Frank/ Sinner, Stefan	Korruption und Betrug durch Parteispenden, NJW 2005, 1073
Sasse, Stefan	Die Aufhebung von Stellenbesetzungsverfahren, öAT 2010, 105
Schaad, Ilse	Streikrecht ist Menschenrecht: Disziplinierung streikender Beamter beenden! PersR 2010, 466

L

Literatur

Schaks, Nils .... Anmerkung zum Urteil des BVerwG vom 27.2.2014, 2 C 1/13 (Streikverbot für Beamte), NVwZ 2014, 736, in NVwZ 2014, 743

Schäfer, Hauke .... Hat der Beamte ein subjektives Recht auf Dienstzeitverlängerung?, ZBR 2009, 301

Schaller, Hans .... Neuregelung des Verjährungsrechts – Zahlungsansprüche auf Besoldungs- und Versorgungsbezüge, RiA 2003, 23

Schantz, Peter .... Die Datenschutz-Grundverordnung – Beginn einer neuen Zeitrechnung im Datenschutzrecht, NJW 2016, 1841

Schätzler,
Johann-Georg .... Gnade vor Recht, NJW 1975, 1249

Scheffel, Friederike ... Neue Perspektiven für eine leistungsabhängige Alimentation? Das Urteil des Bundesverfassungsgerichts vom 14.2.2012 zur Besoldung und mögliche Konsequenzen für die Beamtenschaft, DÖD 2012, 217

Schenke,
Wolf-Rüdiger .... Rechtsschutz bei Auswahlentscheidungen – Konkurrentenklage, DVBl 2015, 137

Schenke,
Wolf-Rüdiger .... Neuestes zur Konkurrentenklage, NVwZ 2011, 321

Schierbaum, Bruno .. Beschäftigten-Daten auf der Homepage der Dienststelle, PersR 2010, 268

Schlief, Karl Eugen ... Beamte in der katholischen Kirche, KuR 1999, 97

Schmid, Richard ...... Verschwiegenheitspflicht eines Bediensteten und Informationsrecht der Öffentlichkeit bei verfassungswidrigem Handeln einer Behörde, JZ 1970, 686

Schnabel, Christoph . Auskunftsansprüche für Journalisten nach Landespressegesetzen und Informationsfreiheitsgesetz, NVwZ 2012, 854

Schneider, Angie ...... Umfang und Grenzen des Rechts auf Nichtwissen der eigenen genetischen Veranlagung, NJW 2014, 3133

Schnelle, Eva Marie/
Hopkins, Richard ..... Ausgewählte Probleme des Nebentätigkeitsrechts, NVwZ 2010, 1333

Schnellenbach,
Helmut .... Zur Plausibilisierung von Werturteilen in dienstlichen Beurteilungen, ZBR 2003, 1

Schnellenbach,
Helmut .... Einige Bemerkungen zur Frauenförderung, NWVBl. 1998, 417

Schnellenbach,
Helmut .... Das Gesetz zur Reform des öffentlichen Dienstrechts (Reformgesetz), NVwZ 1997, 521

Schnellenbach,
Helmut .... Funktionsvorbehalt und Monopolausbildung, ZBR 1996, 327

Schnellenbach,
Helmut .... Die Sachurteilsvoraussetzungen bei beamtenrechtlichen Streitigkeiten, ZBR 1992, 257

Schöbner, Burkhard Verwaltungsgerichtlicher Rechtsschutz in beamtenrechtlichen Konkurrenzsituationen, BayVBl. 2001, 321

Scholle, Rainer/
Sturm, Friederike ..... Der Bayrische Landespersonalausschuss – auch künftig Garant für Einheitlichkeit und Leistung?, ZBR 2008, 24

Schomerus, Thomas/
Tolkmitt, Ulrike .... Informationsfreiheit durch Zugangsvielfalt?, DÖV 2007, 985

Literatur

Schönenbroicher,
Klaus .... Leitziele und Kernpunkte der Reform des Widerspruchverfahrens, NVwZ 2009, 1144

Schönrock, Sabrina ... Dienstpostenbewertung in Recht und Praxis, ZBR 2015, 238

Schönrock, Sabrina ... Rechtsqualität von Auswahlentscheidungen im Stellenbesetzungsverfahren, ZBR 2013, 26

Schönrock, Sabrina ... Versetzung und Zuweisung nach neuem Beamtenrecht, ZBR 2010, 222

Schönrock, Sabrina ... Die amtsangemessene Beschäftigung von Beamten nach behördlicher Umorganisation, ZBR 2008, 230

Schotten, Thomas .... Der Zugang von Unionsbürgern zum deutschen Beamtenverhältnis, DVBl 1994, 567

Schrapper, Ludger/
Günther,
Jörg-Michael .... Novellierung des Dienstrechts in Nordrhein-Westfalen – Anpassung vor Reform, NWVBl. 2013, 349

Schrapper, Ludger .... Auf zu neuen Ufern? – Neues Laufbahnrecht in Nordrhein-Westfalen, ZBR 2016, 397

Schrapper, Ludger .... Kopftuch und Schulfrieden – Lässt das Land die Schulen allein? SchVw NRW 2016, 80

Schrapper, Ludger .... Besoldungsreform in Nordrhein-Westfalen: Grundsatzfragen und Folgeprobleme eines „Systemwechsels", ZBR 2014, 181

Schrapper, Ludger .... Der öffentliche Dienst im demografischen Wandel, Die Verwaltung 2013, 445

Schrapper, Ludger .... Wider den Anschein der Käuflichkeit. Zum beamtenrechtlichen Verbot der Vorteilsannahme und seiner Geltung für Träger von Staatsämtern, DÖD 2012, 49

Schrapper, Ludger .... Die Rolle der akademischen Aus- und Weiterbildung in der öffentlichen Verwaltung, Eildienst LKT NRW, Nr. 6/Juni 2011, 226

Schrapper, Ludger .... Erfahrungen mit der Dienstrechtsreform, DVP 2001, 356

Schrapper, Ludger .... La réforme de la legisalation allemande de la fonction publique, une réponse suffisante aux défis achtuels?, in: Lestrade, Brigitte/Boutillier, Sophie (Hrsg.), Les mutations du travail en Europe, Paris 2000, S. 253

Schrapper, Ludger .... Neue Rechtsinstitute im Dienstrecht, DVP 1999, 371

Schubert, Claudia ..... Das Streikverbot für Beamte und das Streikrecht aus Art. 11 EMRK im Konflikt, AöR 2012, 92

Schürmann, Doris/
Herzig, Volker .... Erstellung und Umsetzung eines Personalentwicklungskonzepts: Stadt Bielefeld – ein Praxisbeispiel, DÖD 2005, 49

Schuster, Anke .... Flexible Arbeitszeitmodell im öffentlichen Dienst, RiA 2014, 149

Schütte, Matthias ...... Das Nebentätigkeitsrecht der kommunalen Beschäftigten, DVP 2010, 9

Schütz, Erwin .... Erteilen von Auskünften zur Unterrichtung der Öffentlichkeit, PersV 1971, 30

Schütz, Erwin .... Amtsbezeichnungen sind notwendig und zweckmäßig! DÖD 1970, 41

Schütz, Erwin .... Beamtenrecht und Unterrichtung der Öffentlichkeit, DÖD 1968, 205

Schütz, Klaus .... Zu den Änderungen der Hochschulaufsicht in NRW, NWVBl. 2015, 205

Schwabe, Jürgen .... Das verfassungswidrige Professorengehalt, NVwZ 2012, 610

Schwandt, Eberhard Ulrich	Maßnahmen zur Begrenzung der Nebentätigkeit von Beamten, ZBR 1985, 101
Schwarz, Kyrill-A.	Amtsangemessene Höhe der Beamtenbesoldung in Nordrhein-Westfalen? NWVBl. 2014, 205
Schwarz, Kyrill-A.	Personalakten und Rechnungshofkontrolle, DÖD 2010, 68
Schweiger, Maximilian D.	Der Anspruch des Beamten auf amtsangemessene Beschäftigung, ZBR 2011, 245
Schwerdle, Jutta	Die neue Familienpflegezeit – arbeits- und sozialrechtliche Auswirkungen, ZTR 2012, 3
Schwerdtner, Eberhard	Die Nebentätigkeit von Beamten als Rechtsproblem, RiA 1983, 65
Seeck, Erich/ Rieger, Reinhard	Neues Laufbahnrecht der norddeutschen Küstenländer, RiA 2011, 1
Seifert, Achim	Recht auf Kollektivverhandlungen und Streikrecht für Beamte, KritV 2009, 357
Sieweke, Simon	Die Beschränkung der politischen Äußerungsrechte der Beamten durch die Mäßigungs- und Zurückhaltungspflicht, ZBR 2010, 157
Simianer, Robert	Vermögensrechtliche Haftung des Beamten dem Dienstherrn gegenüber, ZBR 1993, 47
Slowik, Barbara/ Wagner, Norbert	Das Besoldungsstrukturgesetz, ZBR 2002, 409
Sonntag, Arnold W./ Hoffmann, Christof ..	Streikrecht für Beamte? – OVG Münster räumt Irritation aus, RiA 2012, 137
Stadler, Klaus	Integrität - der beste Schutz vor Korruption, DVBl 2013, 1483
Stapelfeldt, Alfred	Kommunale Korruptionsprävention, HGZ 2011, 11
Steinau-Steinrück, Robert von/Sura, Stephan	(Noch) kein Streikrecht für Beamte – Der öffentliche Dienst im Spannungsfeld zwischen Verfassungsrecht und EMRK, NZA 2014, 580
Steinbach, Hartmut ..	Die Titelanrede im öffentlichen Dienst, DÖD 1973, 162
Steinbeiß-Winkelmann, Christine	Abschaffung des Widerspruchsverfahrens – ein Fortschritt?, NVwZ 2009, 686
Steiner, Harald	Innere Kündigung und beamtenrechtliche Einsatzklausel, ZBR 2013, 370
Steiner, Harald	Beamteneid mit EU-Formel – Die Ausrichtung des Diensteids für Bundesbeamte auf Unionsrecht, PersV 2013, 107
Stern, Klaus	Verwaltungsreformen und Dienstrechtsreformen in Nordrhein-Westfalen, DVP 2000, 179
Stiebert, Tom/ Pötters, Stephan	Urteilsanmerkungen zu EuGH, Urt. v. 3.5.2012, C-337/10 (Neidel/Stadt Frankfurt a.M.), NVwZ 2012, 688, NVwZ 2012, 690
Stober, Rolf	Compliance in der öffentlichen Verwaltung – Eine Anforderung zwischen moderner Governance und klassischem Verwaltungsethos, DVBl 2012, 391
Streit, Christian	Das neue Personalaktenrecht, DÖD 1992, 269

Literatur

Stüben, Christine/ Schwanenflügel, Matthias v.	Die rechtliche Stärkung der Vereinbarkeit von Familie, Pflege und Beruf, NJW 2015, 577-580
Stuttmann, Martin	Anmerkungen zu BVerfG, Beschl. v. 4.2.2016, 2 BvR 2223/15 (NVwZ 2016, 764), NVwZ 2016, 769
Stuttmann, Martin	Zeitenwende – Die Bestimmung der Minimalbesoldung nach dem BVerfG, NVwZ 2015, 1007
Stuttmann, Martin	Der Nominallohnindex als Maßstab der Beamten- und Richterbesoldung, DVBl 2014, 746
Süllwold, Susanne	Anmerkung zu OVG Münster, ZBR 1993, 152 (Zum Beteiligungsrecht der Gewerkschaften im Gesetzgebungsverfahren nach § 106 LBG NW), ZBR 1993, 153
Summer, Rudolf	Weitere Probleme der rechtssystemübergreifenden Versetzung – Fallgruppe aus § 15 BeamtStG und § 28 Abs. 5 BBG, ZBR 2012, 73
Summer, Rudolf	Die Altersgrenze für den Wechsel aus dem aktiven Beamtenverhältnis in den Ruhestand und die individuellen Abweichungen, PersV 2009, 164
Summer, Rudolf	Die Fortentwicklung der hergebrachten Grundsätze des Berufsbeamtentums und Auswirkungen des Europarechts auf das deutsche Beamtenrecht, PersV 2007, 223
Summer, Rudolf	Die Altersgrenze für den Eintritt in den Ruhestand, ZBR 2007, 368
Summer, Rudolf	Die Wartezeit als statusrechtliches Regelungselement des Beamtenrechts, ZBR 2007, 289
Summer, Rudolf	Probleme zu schuldhaftem Fernbleiben vom Dienst, PersV 2004, 416
Summer, Rudolf	Die Verjährung besoldungsrechtlicher und versorgungsrechtlicher Ansprüche, ZBR 2004, 389
Summer, Rudolf	Die Amtsbezeichnung – hergebrachter Grundsatz des Berufsbeamtentums und statusbestimmendes Regelungselement, PersV 1993, 342
Summer, Rudolf	Rechtes Augenmaß – rechtes Verfassungsmaß – eine Studie zum neuen Nebentätigkeitsrecht, ZBR 1988, 1
Summer, Rudolf	Die Mitwirkungspflicht des Beamten, Versorgungsempfängers und Familienangehörigen beim gesetzlichen Forderungsübergang (§ 87 BBG, § 52 BRRG), PersV 1987, 446
Sundermann, Welf	Gesetz zur Stärkung der kommunalen Selbstverwaltung – GO-Reformgesetz NRW vom 9.10.2007, DVP 2007, 494
Szalai, Stephan	Der Anspruch auf Beförderung im Beamtenrecht, DÖD 2009, 297
Tabbara, Tarik............	Zugänge von Ausländern zur Verbeamtung unter besonderer Berücksichtigung der Rechte von Drittstaatsangehörigen, ZBR 2013, 109
Tamm, Marina	Die Pflege naher Angehöriger – PflegeZG und FamilienpflegeZG sowie Möglichkeiten der Personalvertretung, PersV 2013, 404
Thieme, Werner	Die Dienstaufsichtsbeschwerde, DÖD 2001, 77
Thieme, Werner	Die Doppelalimentation, DVBl 2001, 1025
Thieme, Werner	Hochschullehrerdienst und Grundgesetz, DÖV 2000, 502
Thieme, Werner	Besprechung von Ossenbühl, Cornils, Nebentätigkeit und Grundrechtsschutz, DVBl 2000,146
Thormann, Martin ...	Mit „sanftem" Druck in den Ruhestand – Zur Verfassungsmäßigkeit des freiwilligen Amtsverzichts der nordrhein-westfälischen Bürgermeister und Landräte nach dem „Gesetz zur Stärkung der kommunalen Demokratie" –, NWVBl. 2014, 50

Literatur

Thüsing, Gegor/
Stiebert, Tom .... Vorlage an den EuGH – Anspruch eines Beamten auf Abgeltung von Erholungsurlaub, ZESAR 2011, 24

Thüsing, Gregor/
Schorn, Wolfgang ..... Aufgabennachfolge und Betriebsübergang im öffentlichen Dienst, ZTR 2008, 651

Tolkmitt, Ulrike .... Informationsfreiheit durch Zugangsvielfalt?, DÖV 2007, 985

Tölle, Christian .... Beförderungen während der vorläufigen Haushaltsführung, VR 2004, 233

Traub, Thomas .... Abstrakte und konkrete Gefahren religiöser Symbole in öffentlichen Schulen, NJW 2015, 1338

Traulsen, Christian .... Versetzung des Landtagsdirektors in den einstweiligen Ruhestand, VBlBW 2012, 208

Trierweiler, Tobias/
Baumanns, Thorste ... Das Richter- und Staatsanwältegesetz für das Land Nordrhein-Westfalen, NWVBl. 2016, 52

Trips-Hebert,
Roman .... Cicero, WikiLeaks und Web 2.0 – der strafrechtliche Schutz von Dienstgeheimnissen als Auslaufmodell?, ZRP 2012, 199

Tschirmer, Thomas/
Eckert, Frank .... Das Rechtsreferendariat als Vorbereitungsdienst für den allgemeinen höheren Verwaltungsdienst, VerwArch 95 (2004), 544

Tuschl, Patrick .... Das Urteil des Verfassungsgerichtshofs zur Rechnungshofkontrolle der NRW.BANK, NWVBl. 2012, 165

Umbach, Dieter C. ... Der beamtenrechtliche Beteiligungsanspruch und seine Entwertung durch die verwaltungsgerichtliche Rechtsprechung, ZBR 1998, 8

Vahle, Jürgen .... Das Zweite Nebentätigkeitsbegrenzungsgesetz, DVP 1997, 488

Verleger, Tina .... Anerkennung von in anderen Mitgliedstaaten erworbenen Berufsqualifikationen (Art. 41 ff. Leistungslaufbahngesetz LlbG), BayVBl. 2015, 402

Vetter, Franz .... Dienstposten wollen bewertet sein - oder doch nicht? PersV 2015, 375

Vogelsang, Klaus .... Die Rechtsprechung des Bundesverwaltungsgerichts in Personalvertretungssachen im Jahr 2010, ZTR 2011, 472

Vogt, Harald .... Dienstherrnfähigkeit, DVP 2003, 102

Voßschmidt, Stefan ... Beihilfen binnen Jahresfrist, RiA 2006, 61

Wacker, Jörg.............. Die Zuweisung von Kommunalbeamten an kommunale Gesellschaften – Beamtenbesoldung versus arbeitsvertragliche Vergütung –, DVBl 2015, 1023

Wagner, Erwin .... Die Vortragstätigkeit im Beamtenrecht, DÖD 2007, 106

Wagner, Fritjof .... Nicht genehmigungsbedürftige Nebentätigkeiten der Beamten, NVwZ 1989, 515

Wahlers, Wilhelm ..... Der Professor als Beamter auf Lebenszeit – in absehbarer Zeit nur noch ein Relikt der Vergangenheit? ZBR 2013, 230

Wahlers, Wilhelm ..... Müssen Professoren Beamte auf Lebenszeit sein? ZTR 2013, 478

Wahlers, Wilhelm ..... Mitbestimmung bei der Anordnung von Rufbereitschaft?, PersV 2012, 332

Wahlers, Wilhelm ..... Die Änderung des LPVG NRW 2011, ZTR 2012, 15

Wahlers, Wilhelm ..... Die Anordnung von Rufbereitschaft als mitbestimmungspflichtige Maßnahme, ZTR 2010, 341

Wahlers, Wilhelm ..... Das äußere Erscheinungsbild uniformierter Beamter, ZBR 2009, 116

Literatur

Wahlers, Wilhelm	Das Gesetz zur Reform der Professorenbesoldung und der Grundsatz der amtsangemessenen Alimentation, ZBR 2006, 149
Wahlers, Wilhelm	Zweifelsfragen zur Rechtsstellung der neu berufenen Leiter klinischer Abteilungen in Universitätskliniken – dargestellt am Beispiel des Landes Nordrhein-Westfalen, ZBR 2006, 221
Wahlhäuser, Jens	Das Ende des Behördenprinzips in Nordrhein-Westfalen (JustG NRW), NWVBl. 2010, 466
Weber, Hermannn	Der Rechtsschutz im kirchlichen Amtsrecht: Unrühmliches Ende einer unendlichen Geschichte?, NJW 2009, 1179
Weber, Hermann	Kontroverses zum Rechtsschutz durch staatliche Gerichte im kirchlichen Amtsrecht, NJW 2003, 2067
Weber, Hermann	Kein gerichtlicher Rechtsschutz gegen ablehnende Gnadenentscheidung, JuS 1983, 217
Weberling, Johannes	Informations- und Auskunftspflichten der öffentlichen Hand gegenüber Medien in der Praxis, AfP 2003, 304
Weiden, v.d	jurisPR-BVerwG 1/2014
Weisel, Klaus	„Ausschärfung" dienstlicher Beurteilungen im Rahmen der Stellenbesetzung, DÖD 2012, 193
Weiß, Hans-Dietrich	Korruptives Fehlverhalten als Dienstvergehen, PersV 1999, 34
Weiß, Hans-Dietrich	Zur Residenzpflicht der Beamten und Richter, RiA 1975, 8
Welkoborsky, Horst ..	Nordrhein-Westfalen wieder Mitbestimmungsland Nr. 1, PersR 2011, 413
Wenzel, Alfons	Amtsausübung und Interessenkollision, DÖV 1976, 411
Werres, Stefan	Der Einfluss der Menschenrechtskonvention auf das Beamtenrecht – Aktuelle Bestandsaufnahme unter besonderer Berücksichtigung der Rechtsprechung des Europäischen Gerichtshofs für Menschenrechte, DÖV 2011, 873
Werres, Stefan	Beamtenstatus und kommunales Mandat, ZBR 2004, 384
Werres, Stefan	Zur Frage, ob der Dienstherr berechtigt ist, die Bearbeitung der Beihilfeanträge seiner Beamten auf ein Unternehmen der Privatwirtschaft zu übertragen, ZBR 2002, 369
Werres, Stefan	Das Outsourcing der Beihilfebearbeitung aus verfassungsrechtlicher Sicht, ZBR 2001, 429
Wertheimer, Frank/ Krug, Margarete	Rechtsfragen zur Nebentätigkeit von Arbeitnehmern, BB 2000, 1462
Wettach, Uwe	Die Gesetzesbegründung in Landtagsdrucksachen – Defizite und Perspektiven, ZG 1995, 364
Wichmann, Manfred	Führungsfunktionen auf Zeit – Ende einer unendlichen Geschichte, ZBR 2008, 289
Wichmann, Manfred	Reform des Dienstrechts brachte wenig Gewinn, StuGR 10/2000, 25
Wickler, Peter	Widerstand von Staatsdienern gegen Rechtsbruch in Verwaltung und Justiz, ThürVBl. 2016, 29 ff. und 61 ff.
Wieland, Frank/ Seulen, Anna	Durchbrechung der Ämterstabilität bei Rechtsschutzvereitelung, DÖD 2011, 69
Wieland, Frank/ Seulen, Anna	Beamtenrecht unter der Kontrolle des BVerfG, PersR 2010, 387

Wieland, Frank/ Tiedge, Andreas	Die „Freihalteerklärung" im Konkurrentenstreitverfahren, DÖD 2011, 221
Wieland, Joachim	Rechtsprechung zum Beamtenrecht 2015, 42
Wieland, Joachim	Fehlerhafte Beteiligung in Personalangelegenheiten der Beamten, PersR 2012, 397
Wieland, Joachim	Anmerkung zu VerfGH NW, Urteil vom 9.2.1999, VerfGH 11/98, DVBl 1999, 719
Wiese, Günther	Genetische Untersuchungen und Analysen zum Arbeitsschutz und Rechtsfolgen bei deren Verweigerung oder Durchführung, BB 2011, 313
Wiese, Günther	Gendiagnostikgesetz und Arbeitsleben, BB 2009, 2198
Willems, Herbert	Die dienstliche Beurteilung der Polizeibeamten im Land NRW, NWVBl. 2001, 121
Windhöfel, Thomas	Die Eignung für den Polizeivollzugsdienst als staatsrechtliches Problem (Anmerkungen zu VG Aachen, Urteil vom 29. November 2012 – 1 K 1518/12), NWVBl. 2013, 301
Wißmann, Hinnerk ..	Das Beste aus zwei Welten: Streikrecht für Beamte? – Zur Integration des deutschen Rechts im Mehrebenensystem, ZBR 2015, 294
Wißmann, Hinnerk ..	Laufbahn und Leistung, ZBR 2011, 361
Wißmann, Hinnerk ..	Asymetrische Personalführung im öffentlichen Dienst, ZBR 2011, 181
Wißmann, Monika/ Idecke-Lux, Sabrina ..	Die modulare Qualifizierung in NRW – Rechtliche Grundlagen und personalwirtschaftliche Ausgestaltung, apf 2015, 1
Wittkowski, Bernd ...	Urteilsanmerkungen zu BVerwG, NVwZ 2014, 957 in NVwZ 2014, 960
Wolber, Kurt	Zum Verbot der Annahme von Belohnungen und Geschenken, ZfPR 1998, 67
Wolff, Heinrich A	Die Aktualität der dienstlichen Beurteilung, ZBR 2016, 7
Wolff, Heinrich A	Die Unionalisierung des Beamtenrechts, ZBR 2014, 1
Wolff, Heinrich A. ...	Die Verfassungswidrigkeit der W-Besoldung, ZBR 2012, 145
Wolff, Heinrich A. ...	Noch einmal: Verwaltungsstrukturreform und Beamtenstatusrechte, NVwZ 2009, 632
Wolff, Heinrich A. ...	Die Gestaltungsfreiheit des Gesetzgebers im Besoldungsrecht, DÖV 2003, 494
Zeiler, Horst	Bestenauslese nach Art. 33 Abs. 2 GG und Anforderungsprofil – ein unlösbarer Zwiespalt?, ZBR 2010, 191
Zeißig, Rolf/ v. Keitz, Kostja	Anspruch auf Abgeltung nicht genommenen Erholungsurlaubs für in den Ruhestand versetzte Beamte, ZBR 2010, 119
Zetl, Hans Peter	Nochmals: Vorzeitige Beendigung der Elternzeit wegen erneuter Schwangerschaft, ZMV 2012, 36
Zetsche, Holger	Zur Beschränkung der Schadensersatzpflicht des öffentlichen Bediensteten gegenüber seinem Dienstherrn, ZBR 2004, 130
Ziekow, Jan	Möglichkeiten und Grenzen der Verbesserung der Chancen von Personen mit Migrationshintergrund im öffentlichen Dienst, DÖV 2014, 765
Ziekow, Jan	Die Fortentwicklung des Dienstrechts der Bundesbeamten, DÖV 2008, 569
Ziekow, Jan	Beginn des Abschieds vom einheitlichen Beamtenstatus, PersV 2007, 344

Literatur

Ziekow, Jan .... Veränderungen des Amts im funktionellen Sinne, DÖD 1999, 7

Zilkens, Martin .... Zur Übermittlung personenbezogener Daten in Gesundheitszeugnissen für Pensionierungsverfahren – Die Rechtslage in Nordrhein-Westfalen, NWVBl. 1995, 7

Zimmerling,
Wolfgang .... Zum Anspruch auf Anrede mit dem Doktorgrad, MDR 1997, 224

Zimmerling, Wolfgang/
Brehm, Robert .... Rechtsprobleme der Rechtsprofessoren, RiA 2001, 82

Zimmermann,
Peter .... Reform der Staatstätigkeit durch generelle Befristung von Gesetzen – Aspekte einer Problembewältigung mit verfassungswidrigen Mitteln, DÖV 2003, 940

Zinner, Birgit .... Die Entwicklung des Besoldungsrechts in Bund und Ländern nach der Föderalismusreform, RiA 2011, 145

Zöller, Mark A. .... Strafbarkeit eines Fotografen wegen Vorteilsannahme bzw. Bestechung im Rahmen der Schulfotografie, ZJS 2011, 550

Gesetz über die Beamtinnen und Beamten des Landes Nordrhein-Westfalen – (Landesbeamtengesetz – LBG NRW)

Vom 14. Juni 2016
(GV. NRW. S. 310; ber. S. 642)

SGV. NRW. 2030

Einleitung

I. Allgemeines

Das Beamtenrecht des Bundes und der Länder befindet sich stetig im Fluss. Es ist Gegenstand permanenter Reformüberlegungen und tatsächlich durchgeführter Reformen. Durch den Wegfall der Rahmengesetzgebung des Bundes ist das Dienstrecht in der Anwendung komplizierter geworden und eine Auseinanderwicklung des Beamtenrechts in den Ländern vorgezeichnet (krit. zur Reföderalisierung *Pechstein*, ZBR 2006, 285). Die Rechtslage beim Dienstverhältnis von Landesbeamten wird geprägt durch die **unmittelbare Geltung von Bundes- und Landesrecht.** In der Praxis wirft dies Zweifelsfragen auf. Deshalb soll hier das rechtssystematische **Verhältnis des BeamtStG zum LBG NRW** kurz skizziert werden. Ein Überblick über die aktuellsten Änderungen des LBG NRW durch das Dienstrechtsmodernisierungsgesetz sowie ein Ausblick in die nähere Zukunft des Landesbeamtenrechts von NRW schließen sich an. **1**

II. Das Verhältnis des Beamtenstatusgesetzes zum Landesbeamtengesetz NRW

1. Die Rechtslage nach dem Erlass des BeamtStG

Der Bundesgesetzgeber hat im Rahmen seiner Autorisierung durch **Art. 74 Abs. 1 Nr. 27 GG** mit dem seit 1.4.2009 geltenden Beamtenstatusgesetz die Grundstrukturen des Beamtenrechts durch Bundesrecht geregelt. Im BeamtStG werden in Ausübung der **konkurrierenden Gesetzgebungsbefugnis des Bundes** zum Zwecke der Einheitlichkeit die zentralen Statusrechte- und Pflichten der Beamten der Länder, Kommunen und anderen Körperschaften des öffentlichen Dienstes normiert (vgl. dazu *Auerbach*, ZBR 2009, 217). Nach der Begründung zur Grundgesetzänderung (BT-Drs. 16/813, S. 14; s.a. LT-Drs. 14/8176, S. 125) umfasst insoweit die gesetzgeberische Kompetenz des Bundes, die sich im BeamtStG manifestiert hat, im Beamtenrecht folgende Regelungsgegenstände statusrechtlicher Art: **2**

– Wesen, Voraussetzungen, Rechtsform der Begründung, Arten, Dauer, sowie Nichtigkeits- und Rücknahmegründe des Dienstverhältnisses
– Abordnungen und Versetzungen zwischen den Ländern und zwischen Bund und Ländern
– Voraussetzungen und Formen der Beendigung des Dienstverhältnisses
– Statusprägende Pflichten der Beamten und Folgen der Nichterfüllung
– Wesentliche Rechte der Beamten

- Bestimmung der Dienstherrnfähigkeit
- Spannungs- und Verteidigungsfall
- Verwendungen im Ausland.

3   Soweit der Bund diese Statusrechte und Statuspflichten im BeamtStG geregelt hat, gilt das Bundesrecht unmittelbar und lässt keinen Raum für eine inhaltsgleiche oder modifizierende Regelung in einem Landesbeamtengesetz (vgl. *Auerbach,* ZBR 2009, 218; *dies.,* DVP 2008, 397). Anders stellt sich die Rechtslage dar, wenn im BeamtStG in einzelnen Vorschriften die Länder ausdrücklich **Regelungsspielräume** erhalten (Möglichkeit einer Ausnahmeregelung durch das Land oder anderweitiger Bestimmung, vgl. z.B. § 10 S. 3 BeamtStG und § 6 letzter Halbs. BeamtStG) bzw. zu einzelnen Vorschriften nähere Bestimmungen (z.B. zu Fristen) erlassen werden können, weil der Bund sich insoweit einer Regelung enthalten hat (vgl. z.B. § 48 BeamtStG und § 80 Abs. 1). Allgemein hat das Land im Rahmen der konkurrierenden Gesetzgebung die Gesetzgebungsbefugnis, „solange und soweit der Bund von seiner Gesetzgebungszuständigkeit nicht durch das Beamtenstatusgesetz Gebrauch gemacht hat" (LT-Drs. 14/8176, S. 125; *Hlusiak,* DVP 2010, 310). Landesrechtliche (Ergänzungs-)Spielräume dürfen nur in einer mit Art. 33 Abs. 5 GG konformen Weise genutzt werden (*Schnellenbach,* § 2 Rn. 32). Der Gesichtspunkt der sog. Bundestreue ist dabei keine (verfassungsrechtliche) Kompetenzausübungsschranke (*Hebeler,* ZBR 2015, 1, 4). Dies führt leider in der Praxis dazu, dass z.B. das Laufbahnrecht der Bundesländer immer mehr auseinanderdriftet und die entsprechende bundesweite Kompatibilität abnimmt (*Dose,* Der Personalrat 2013, 490). NRW hatte mit dem LBG 2009 zunächst das Landesbeamtenrecht im Wesentlichen (nur) an das Statusrecht angepasst und dort, wo das BeamtStG Lücken bzw. Spielräume beließ, diese teilweise durch landesrechtliche Regelungen ergänzt und ausgestaltet (LT-Drs. 14/8176; *Rescher,* apf 2009, 170; *ders.,* NWVBl. 2009, 258; *Hlusiak,* DVP 2010, 310). Auch das **„Dienstrechtsanpassungsgesetz"** 2013 (DRAnpG; GV.NRW. S. 234) ging – schon nach der Gesetzesbezeichnung – diesen Weg, enthielt aber insbesondere im Besoldungs- und Versorgungsrecht mit der Überleitung des BBesG in Landesrecht **(ÜBesG NRW)** bereits weitreichende strukturelle Reformen (vgl. dazu LT-Drs. 16/1625, S. 61 ff.). Mit dem zum 1.7.2016 in Kraft getretenen **Dienstrechtsmodernisierungsgesetz** setzt der Gesetzgeber innerhalb des bundesgesetzlichen Rahmens verstärkt im LBG eigene Akzente.

4   Dem Bund kompetenzrechtlich nicht ausdrücklich zugewiesen ist die Regelung der Laufbahnen, der Besoldung und der Versorgung (s. Art. 74 Abs. 1 Nr. 27 GG). Die Verfassung weist insoweit die Kompetenz den Ländern zu. Dies stärkt deren Personalhoheit (*Kunig* in: v. Münch/Kunig, Art. 74 GG Rn. 113). Das Land NRW hat von dieser speziellen Gesetzgebungsbefugnis in größerem Umfang erstmals mit dem zum 1.6.2013 in Kraft getretenen DRAnpG Gebrauch gemacht (vgl. zum DRAnpG *Schrapper/Günther,* Novellierung des Dienstrechts in Nordrhein-Westfalen – Anpassung vor Reform, NWVBl. 2013, 349; *Schrapper,* Besoldungsreform in Nordrhein-Westfalen: Grundsatzfragen und Folgeprobleme eines „Systemwechsels", ZBR 2014, 181; zur Rechtslage vor der Überleitung des Besoldungs- und Versorgungsrechts *Hebeler,* NWVBl. 2011, 289, 290; OVG Münster, ZBR 2012, 390). In dem Kontext erfolgte 2014 in einem Zwischenschritt eine erste größere Novelle der LVO (LVO vom 28.1.2014, GV.NRW. S. 22). Das Dienstrechtsmodernisierungsgesetz baut auf diesen Maßnahmen auf. Es ordnet und entwickelt das Dienstrecht für NRW weiter (LT-Drs. 16/10380, S. 335) und ist verknüpft mit einer weiteren Novelle der LVO, die zeitgleich zum novellierten LBG in Kraft getreten ist. Die laufbahnrechtlichen Vorschriften des LBG wurden grundlegend reformiert und die Laufbahnverordnung geändert. In Wahrnehmung der Länderkompetenz sind die Laufbahnen neu konzeptioniert worden. In **§ 5 Absatz 2 Satz 1** wird für NRW **eine neue Laufbahngruppenstruktur** festgelegt (Laufbahngruppe 1 und 2 mit jeweils einem ersten und einem zweiten Einstiegsamt). Die bisherigen Laufbahngruppen des einfachen und mittleren Dienstes werden von der Laufbahngruppe 1 umfasst, die bisherigen Laufbahngruppen des gehobenen und des höheren Dienstes von der Laufbahngruppe 2. Mit dem Dienstrechtsmodernisierungsgesetz

wurden zudem das übergeleitete Besoldungsgesetz und das mit dem Dienstrechtsanpassungsgesetz übergeleitete Beamtenversorgungsrecht überarbeitet, bereinigt und neu strukturiert (vgl. dazu LT-Drs. 16/10380, S. 3 und 4 und LT-Drs. 16/12136).

2. Anwendungs- und Überschneidungsbereiche BeamtStG/LBG NRW – Prüfraster für die Verwaltungspraxis

Aus der Sache heraus ergibt sich für den Anwender bei der praktischen Umsetzung des **5** Beamtenrechts in NRW ein Prüfraster (vgl. *Rescher,* afp 2009, 167, 168; *dens.,* NWVBl. 2009, 255, 256; *Kirsch,* JURA 2010, 487; *Auerbach,* ZBR 2009, 217, 218). In der Regel hat das BeamtStG bei der Bearbeitung von Einzelfällen eine zentrale Bedeutung. Es ist jeweils im Einzelfall zu untersuchen, ob es inhaltlich **Sperrwirkungen durch Vorschriften des BeamtStG** gibt, die konkret wegen des Vorrangs der bundesrechtlichen (Status-) Regelung unmittelbar verbindlich sind und die Anwendung des LBG in diesem Regelungsbereich ausschließen oder ob andererseits ein **ausschließlicher oder kumulativer Anwendungsbereich bzw. Spielraum des LBG** verbleibt. Liegt eine abschließende Regelung durch das BeamtStG vor (z.B. bei der Zuweisung nach § 20 BeamtStG), ist allein dieses Bundesrecht für die Behandlung der rechtlichen Frage und Entscheidung bei der in Rede stehenden Personalmaßnahme maßgeblich. In der anderen Variante, bei welcher der Bund sich einer Regelung enthalten hat oder die Zuständigkeit ausdrücklich (und allein) bei den Ländern liegt (Laufbahnrecht, Besoldung und Versorgung), ist das Landesrecht NRW anzuwenden, wenn NRW diesen Freiraum konkret landesrechtlich ausgefüllt hat bzw. entsprechend ausdrücklicher Autorisierung die speziellen Bereiche des Beamtenrechts (Laufbahnrecht usw.) regelt. Häufig sind die Fälle, bei welchen Bundes- und Landesrecht (erst) im Zusammenspiel die Rechtslage determinieren (z.B. beim Altersruhestand/Altersgrenzen der Beamten auf Lebenszeit, § 25 BeamtStG i.V.m. § 31 – vgl. dazu *Hlusiak,* DVP 2010, 315; *Dillenburger,* NJW 2009, 1115, 1117). Das BeamtStG trifft z.B. für Nebentätigkeiten „lediglich eine Minimalaussage" (*H. Günther,* ZBR 2012, 187; *Kohde* in *v. Roetteken/Rothländer,* § 40 BeamtStG Rn. 1), die viel landesrechtlichen Spielraum lässt, der vom LBG NRW mit den §§ 48ff. extensiv genutzt wurde. Der Kommentar weist an den relevanten Stellen auf die jeweiligen Zusammenhänge zwischen dem BeamtStG und dem LBG NRW hin.

III. Die Änderungen des LBG NRW durch das Dienstrechtsmodernisierungsgesetz

Mit dem Dienstrechtsmodernisierungsgesetz will der Gesetzgeber die rechtlichen Rah- **6** menbedingungen für Beamte familienfreundlicher und flexibler gestalten. Die Vereinbarkeit von Familie und Beruf ist insofern ein zentrales Thema der Novelle. Das Land, die Kommunen und andere öffentliche Arbeitgeber in NRW sollen möglichst attraktive Arbeitsbedingungen bieten. Gleichzeitig soll die Dienstrechtsnovelle dazu beitragen, dass der öffentliche Dienst weiterhin leistungsfähig ist und sich mit Erfolg den sich wandelnden gesellschaftlichen Anforderungen stellen kann (LT-Drs. 16/10380, S. 1–2). Der überwiegende Teil der Normen des bisherigen LBG wurde aber inhaltsgleich übernommen. Man kann insofern feststellen, dass NRW mit dem DRModG einen eher zurückhaltenden Modernisierungskurs fährt.

Die zentralen Änderungen durch das DRModG sind im LBG folgende: **7**
- Einführung einer neuen Laufbahngruppenstruktur (Reduktion der Anzahl der Laufbahngruppen, § 5), stärkere Flexibilität beim Wechsel der Laufbahnfachrichtungen, Erhöhung der bundesweiten Mobilität
- Neufassung der Regelung zur bevorzugten Beförderung von Frauen bis zur Erreichung bereichsspezifischer Zielquoten (§ 19 Abs. 6)
- Verpflichtung zur Erstellung von Personalentwicklungs- und Fortbildungskonzepten, verknüpft mit Fortbildungsanspruch für Beamte (§ 42)

- Ermöglichung der Ausbildung in Teilzeit (§ 64 Abs. 2)
- Grundsätzlicher Anspruch auf Rückkehr aus Teilzeitbeschäftigung/Urlaub aus familiären Gründen, wenn dienstliche Belange nicht entgegenstehen (§ 64 Abs. 4 Satz 2)
- Erweiterung des Zeitrahmens von Urlaub und unterhälftiger Teilzeitbeschäftigung aus familiären Gründen (Kinderbetreuung, Pflege) auf 15 Jahre (§ 64 Abs. 3)
- Besondere Flexibilisierung der Gestaltung der Jahresfreistellung als Teilzeitbeschäftigung im Blockmodel (§ 65)
- Normierung eines behördlichen Gesundheitsmanagements (§ 76)
- Inkorporation der Vorschriften zur Körperschaftsumbildung (§§ 126 ff.).

IV. Blick in die (Reform-)Zukunft

8   Die Reform des Beamtenrechts schreitet in Deutschland weiter voran (vgl. die Zwischenbilanz von *Battis,* ZBR 2010, 21); die „Föderalismusreform entlässt ihre Kinder" (*Lorse,* ZRP 2010, 119). NRW hat mit dem Dienstrechtsmodernisierungsgesetz nach dem Dienstrechtsanpassungsgesetz wichtige beamtenrechtliche Eckpfeiler für die Zukunft gesetzt, so dass voraussichtlich eine gewisse Reformpause eintritt. Sie sollte auch dazu genutzt werden, genau zu prüfen, wie sich die grundlegenden Reformen durch das Dienstrechtsmodernisierungsgesetz in der Praxis bewähren und wo eventuell Nachsteuerungsbedarf besteht (vgl. dazu *Schrapper,* ZBR 2016, 397). Generell ist darauf zu achten, ein zum Bund und allen Ländern kompatibles Laufbahnrecht zu erhalten (vgl. *Lenders,* Beamtenstatusgesetz, S. 2). Das neue Laufbahnrecht von NRW dürfte diese Forderung erfüllen, wird aber sicher in der Umsetzung viele Fragen aufwerfen (vgl. zum Laufbahnrecht in anderen Bundesländern *Holland-Letz/Koehler,* ZBR 2012, 217; *Baßlsperger,* ZBR 2012, 397). Gleiches gilt für die neugefasste Vorschrift zur bevorzugten Beförderung von Frauen (§ 19 Abs. 6). Nach wie vor nicht befriedigend ist der Umstand, dass auch mit der aktuellen Reform die Schaffung der Durchlässigkeit zwischen dem öffentlichen und privaten Sektor nicht erfolgt (vgl. zum Aspekt anzustrebender Portabilität von Versorgungsansprüchen beim Wechseln aus öffentlichem Dienst in die Wirtschaft *Battis,* ZBR 2010, 21, 24; s.a. *Ziekow,* DÖV 2008, 569, 575; vgl. schon die Forderung nach stärkerer Durchlässigkeit zwischen privatem und öffentlichem Sektor von *Stern,* DVP 2000, 179; s.a. allgemein *Riedel,* Gedanken zur Dienstrechtsreform in Nordrhein-Westfalen, NWVBl. 2011, 329).

9   Wie auch immer der Landesgesetzgeber in Zukunft weitere Reformprogramme angehen wird, inhaltlich zu wünschen ist diesem eine klare Zukunftsorientierung und ein überzeugender Ausgleich der beteiligten Interessen. Denn auch – oder wegen seiner Gemeinwohlorientierung vor allem – der öffentliche Dienst wird sich den besonderen Anforderungen einer offenen, zunehmend diversifizierten und alternden Gesellschaft stellen müssen (vgl. zum demografischen Wandel im öffentlichen Dienst *Schrapper,* Die Verwaltung 46 (2013), 441). Gleichzeitig steht er unter dem Druck einer allumfassenden Ökonomisierung, Internationalisierung und von Personalabbau bei gleichzeitigem Wettbewerb mit der freien Wirtschaft um qualifizierten Nachwuchs (vgl. dazu *Leisner-Egensperger,* ZBR 2009, 181). Faire familienfreundliche Arbeitsbedingungen und ein attraktives Berufsbild sind vor diesem Hintergrund auch in Zukunft unverzichtbare Rahmenbedingungen für eine weiterhin hohe Leistungs- und Wettbewerbsfähigkeit des Staatsdienstes. Er ist wichtiger denn je, da er in Zeiten einer zunehmend auseinanderdriftenden Gesellschaft in besonderem Maße die Aufgabe hat, das Gemeinwesen zusammenzuhalten.

Abschnitt 1. Allgemeine Vorschriften

§ 1 Anwendungsbereich

(1) **Dieses Gesetz gilt für die Beamtinnen und Beamten des Landes, der Gemeinden und Gemeindeverbände sowie der sonstigen der Aufsicht des Landes unterstehenden Körperschaften, Anstalten und Stiftungen des öffentlichen Rechts, soweit das Beamtenstatusgesetz vom 17. Juni 2008 (BGBl. I S. 1010) in der jeweils geltenden Fassung keine anderweitige Regelung enthält.**

(2) **Die Kirchen und öffentlich-rechtlichen Religionsgemeinschaften können Vorschriften dieses Gesetzes für anwendbar erklären.**

(3) **Die Landesregierung kann Körperschaften, Anstalten und Stiftungen des öffentlichen Rechts durch Rechtsverordnung das Recht verleihen, Beamtinnen und Beamte zu haben (Dienstherrnfähigkeit).**

I. Anwendungsbereich des LBG

Durch § 1 Abs. 1 wird geregelt, welche (beamteten) Personen vom **Anwendungsbereich des Gesetzes** erfasst werden. § 3 Abs. 1 BeamtStG definiert ein Beamtenverhältnis in der Weise, dass Beamte zu ihrem Dienstherrn „in einem öffentlich-rechtlichen Dienst- und Treueverhältnis" stehen. Es muss ein Beamtenverhältnis zu einem Dienstherrn mit Dienstherrnfähigkeit nach § 2 BeamtStG vorliegen, der unter § 1 Abs. 1 fällt. Nicht unter den Beamtenbegriff fallen die **Mitglieder der Landesregierung;** für sie gilt das Landesministergesetz vom 2. Juli 1999 (SGV. NRW. 1102). Nach § 1 LMinG NRW stehen die Mitglieder der Landesregierung nach Maßgabe des Gesetzes zum Land in einem „öffentlich-rechtlichen Amtsverhältnis". Das LBG regelt auch i. V. m. dem BeamtStG den rechtlichen Weg von Bewerbern zur Erlangung des jeweiligen Beamtenstatus (vgl. *v. Roetteken* in v. Roetteken/Rothländer, § 1 BeamtStG Rn. 7). Neben dem **engen dienstrechtlichen Beamtenbegriff** ist der Begriff des „Beamten" i. S. d. Amtshaftungsrechts (§ 839 BGB, Art. 34 GG) weiter gefasst. Hierunter fallen auch z. B. Tarifbeschäftigte, wenn die Schadensverursachung im Rahmen hoheitlicher Tätigkeit geschehen ist (BGH, NVwZ 2012, 381; BGH, NVwZ 2011, 556; *Baßlsperger,* Einführung in das neue Beamtenrecht, S. 15). Es kommt insoweit haftungsrechtlich (nur) auf die übertragene Funktion an. Im Strafrecht ist bei einzelnen Delikten – etwa bei §§ 331, 332 StGB – von „Amtsträgern" die Rede, zu denen nach der **Legaldefinition des „Amtsträgers" in § 11 Abs. 1 Nr. 2 StGB** neben Beamten im engen dienstrechtlichen Sinne weitere Beschäftige zählen (vgl. § 11 Abs. 1 Nr. 2b) u. c) StGB). Das LBG gilt – kaum überraschend – für alle Beamten, bei denen das Land NRW Dienstherr ist. Für Richter ist das LRiStaG maßgeblich; § 2 LRiStaG regelt in Abs. 2: „Soweit das Deutsche Richtergesetz in der Fassung der Bekanntmachung vom 19. April 1972 (BGBl. I S. 713) in der jeweils geltenden Fassung und dieses Gesetz nichts anderes bestimmen, gelten für die Rechtsverhältnisse der Richterinnen und Richter die Vorschriften für die Beamtinnen und Beamten des Landes entsprechend." Vom Anwendungsbereich des LBG werden auch die **Kommunalbeamten** erfasst, also die Beamten, die in den Gemeinden und Gemeindeverbänden tätig sind. Der Begriff der Gemeinden und Gemeindeverbände bestimmt sich neben dem GG (Art. 28 GG) aus der Landesverfassung (Art. 78 Abs. 1 LVerf). Art. 78 Abs. 2 LVerf bestimmt, dass die Gemeinden und Gemeindeverbände in ihrem Gebiet die alleinigen Träger der öffentlichen Verwaltung sind, soweit die Gesetze nichts anderes vorschreiben. Wesen, Wirkungskreis, Rechte und Aufgaben der Gemeinden ergeben sich aus der Gemeindeordnung. Zu den Gemeindeverbänden zählen im Einzelnen u. a. die Kreise, die Landschaftsverbände und die zahlreichen Zweckverbände.

2   Außerdem erfasst das LBG Beamte, bei denen der Dienstherr eine **sonstige Körperschaft, Anstalt oder Stiftung des öffentlichen Rechts** ist, welche der Landesaufsicht unterliegt. Nach § 21 LOG („Anstalten und Stiftungen des öffentlichen Rechts") i.V.m. § 18 LOG können Anstalten und Stiftungen nur durch Gesetz oder auf Grund eines Gesetzes errichtet werden. Die Stiftung des Landes NRW für Wohlfahrtspflege ist eine solche Stiftung des öffentlichen Rechts.

3   Sofern Satzungen von Körperschaften, Anstalten oder Stiftungen des öffentlichen Rechts das Recht begründen, Beamte zu haben, bedürfen sie nach § 136 Satz 1 der Genehmigung. Zuständig für solche Genehmigungen ist die jeweilige oberste Aufsichtsbehörde im Einvernehmen mit dem Innenministerium (§ 136 Satz 2). Die **Dienstherrenfähigkeit der sonstigen Körperschaften, Anstalten oder Stiftungen des öffentlichen Rechts** ergibt sich aus § 2 Nr. 2 BeamtStG. In speziellen Fällen einer Abordnung von Beamten anderer Bundesländer oder des Bundes an eine Dienststelle in NRW sind nach § 14 Abs. 4 Satz 2 BeamtStG – soweit zwischen den Dienstherrn nichts anderes vereinbart worden ist (Vereinbarungsvorbehalt) – „die für den Bereich des aufnehmenden Dienstherrn geltenden Vorschriften über die Pflichten und Rechte der Beamtinnen und Beamten mit Ausnahme der Regelungen über Diensteid, Amtsbezeichnung, Zahlung von Bezügen, Krankenfürsorgeleistungen und Versorgung entsprechend anzuwenden." Die Ausnahme der Regelungen über den Diensteid, die Amtsbezeichnung usw. hat ihren Grund darin, dass sich durch die Abordnung die Rechtsstellung im Verhältnis zum (vorübergehend) abordnenden Dienstherrn – einschließlich des statusrechtlichen Amtes – nicht ändert (*Burkholz* in v. Roetteken/Rothländer § 14 BeamtStG Rn. 97). Die Geltung des Dienstrechts des aufnehmenden Dienstherrn stellt wiederum sicher, dass der abgeordnete Beamte dort im Verhältnis zu diesem Dienstherrn den dort tätigen Beamten für die Abordnungszeit in seiner rechtlichen Stellung gleichgestellt wird (*Burkholz* in v. Roetteken/Rothländer, § 14 BeamtStG Rn. 97).

II. Anwendbarkeit auf Kirchen/öffentlich-rechtliche Religionsgemeinschaften

4   Wie sich im Gegenschluss aus § 1 Abs. 2 ergibt, erstreckt sich der Anwendungsbereich des LBG nicht auf Kirchen und öffentlich-rechtliche Religionsgemeinschaften. Soweit dort auch Beamte in einem Dienstverhältnis zu ihrer Kirche stehen **(Kirchenbeamte)**, gilt das LBG für sie nicht. Nach dem GG gestalten und verwalten Religionsgemeinschaften ihre Angelegenheiten innerhalb der allgemein geltenden Gesetze selbständig (Art. 140 GG i.V.m. Art. 137 Abs. 3 WRV). Hierzu gehört die Befugnis, eigenständig die Rechtsverhältnisse innerhalb der Kirche festzulegen und Ämter zu verleihen, ohne dass hieran der Staat und die bürgerliche Gemeinde mitwirkt (BVerwG, NVwZ 2014, 1101; *Kapischke,* ZBR 2007, 235; *Battis,* § 146 BBG Rn. 2; BVerfGE 70, 138, 164; *Stuttmann* in Heusch/Schönenbroicher, Art. 19 LVerf NW Rn. 15; *Mager* in v. Münch/Kunig, Art. 140 GG Rn. 36). Dies ist auch Gegenstand des Art. 19 Abs. 2 LVerf NRW, welcher bis auf geringfügige redaktionelle Unterschiede inhaltlich dem **Art. 137 Abs. 3 WRV** entspricht (*Stuttmann,* a.a.O.). Die **Dienstherrenfähigkeit der Kirchen** (§ 2 BeamtStG) als Körperschaften des öffentlichen Rechts, die auch aus Art. 137 Abs. 5 WRV i.V.m. Art. 140 GG hervorgeht (*Ling,* ZBR 2006, 238, 246), ist nicht mit Beschränkungen bei der Konstruktion kirchlicher Ämter und ihren (dienstrechtlichen) Voraussetzungen verbunden. Eine strikte Bindung an das Vorbild des staatlichen Beamtenrechts besteht nicht (*Kapischke,* ZBR 2007, 235, 237). Die öffentlich-rechtlichen Dienstverhältnisse bzw. das **Kirchenbeamtenrecht** sind in den evangelischen Kirchen allerdings in Grundzügen an staatlichen Beamtenverhältnissen (BBG) orientiert (vgl. das Kirchenbeamtengesetz der EKD i.d.F. der Neubekanntmachung vom 4.4.2012, ABl. EKD 2012 S. 110); das katholische Kirchenbeamtenrecht ist nicht durchgängig in gleichem Maße entwickelt (vgl. zum evg. Kirchenbeamten-

recht: *Kapischke,* a. a. O.; vgl. zu katholischen Kirchenbeamten: *Ling,* ZBR 2006, 238, 239; *Schlief,* KuR 1999, 97 ff.). Das **kirchliche Dienstrecht** hat einen (selbstgewählten) gewissen Gleichklang mit dem staatlichen öffentlichen Dienstrecht (*Kapischke,* ZBR 2007, 235). Allerdings kann z. B. eine Tätigkeit als angestellte Lehrerin an einer katholischen Schule nicht als „Tätigkeit im öffentlichen Dienst" auf eine Probezeit nach der LVO angerechnet werden; nur Dienstzeiten bei Trägern staatlicher Gewalt sind anrechenbar (OVG Münster, Urt. v. 16.4.2008, 6 A 1702/05). Das LBG räumt in § 1 Abs. 2 den Kirchen die Option ein, Vorschriften des LBG für die im Kirchendienst tätigen Beamten für anwendbar zu erklären. Das **verfassungsrechtlich geschützte Selbstbestimmungsrecht der Kirchen** bleibt demnach bei der Verleihung und Entziehung kirchlicher Ämter gewahrt. Das Beamtenrecht wird den Kirchen nicht „übergestülpt", sie können es aber optional für anwendbar erklären. Sofern dies geschieht und das kirchliche Recht auf Vorschriften des LBG verweist, handelt es sich trotzdem um „Kirchenrecht", welches kontinuierlich der Abänderungsbefugnis der Kirche unterliegt (*v. Roetteken* in v. Roetteken/Rothländer § 1 BeamtStG Rn. 30).

Für **Kirchenbeamtenverhältnisse** ist vor dem Hintergrund des innerkirchlichen Dienstrechts **in der Regel** der **Rechtsweg zu den staatlichen Verwaltungsgerichten nicht gegeben** (vgl. VG Düsseldorf, Urt. v. 19.10.2007, 1 K 3310/07; VG Düsseldorf, NWVBl. 2003, 69; BVerwG, NJW 1981, 1972; *Löwer/Tettinger,* Art. 19 LVerf Rn. 35 – siehe ferner *H. Weber,* NJW 2003, 2067; *Mager* in v. Münch/Kunig, Art. 140 GG Rn. 42 ff., 47; *Goos,* ZBR 2004, 159). Der „Nimbus des rechtsfreien Raums" ist den Kirchen aber aufgrund der neuen (staatlichen) Rechtsprechung entzogen worden (*Hotstegs,* NVwZ, 2014, 1107; s. zum Kirchenrechtsweg *Hotstegs,* DVBl. 2014, 997; BVerwG, NVwZ 2016, 453). Das **OVG Münster** hat in einem Urteil vom 18.9.2012 den Rechtsweg zu den staatlichen Verwaltungsgerichten entgegen der Ansicht des BVerfG auch bei Statusklagen kirchlicher Bediensteter dann für zulässig gehalten, wenn und soweit eine Verletzung staatlichen Rechts (im konkreten Fall: Art. 12 Abs. 1 GG) gerügt werde (OVG Münster, DVBl 2012, 1585; s. dazu *Kirchberg,* NVwZ 2013, 612; vgl. demgegenüber BVerfG, NJW 2009, 1195 – vgl. dazu die Entscheidungsbesprechungen von *Weber,* NJW 2009, 1179 und *German,* ZevKR 54, 214; s. a. BVerwGE 117, 145; *Goos,* ZBR 2004, 159; das BAG erkennt im kirchlichen Bereich die Möglichkeit, Arbeitsgerichte anzurufen, an – vgl. zuletzt BAG, NJW 2014, 104). Das **BVerwG** hat 2014 als Revisionsinstanz unter ausdrücklicher Aufgabe seiner bisherigen Rechtsprechung ebenfalls den **Rechtsweg zu den staatlichen Verwaltungsgerichten** als eröffnet erachtet, allerdings in Abweichung vom OVG Münster auf den verfassungsrechtlich gewährleisteten staatlichen Justizgewährungsanspruch gestützt (BVerwG, NVwZ 2014, 1101 – s. die Urteilsanm. von *Hotstegs,* NVwZ 2014, 1106; *Hotstegs,* DVBl. 2014, 997; *Kirchberg,* Rechtsschutz Geistlicher vor staatlichen Gerichten, NJW 2014, 2763; *Sachs,* JuS 2014, 1148; s. a. *Kirchberg,* NVwZ 2013, 1; BGH, NJW 2003, 2097: Öffnung des staatlichen Rechtweges für „kirchliche" Zivilrechtssachen). Das Urteil hat eine wichtige Signalwirkung für alle Religionsgemeinschaften, die den Status einer Körperschaft öffentlichen Rechts haben oder künftig erlangen (*Hotstegs,* DVBl. 2014, 997, 999). Voraussetzung für die Rechtswegeröffnung ist demnach, dass eine **gravierende Verletzung staatlichen Rechts** geltend gemacht wird. Die religiöse Legitimation kirchenrechtlicher Vorschriften darf – so das BVerwG – dabei nur in Frage gestellt werden, „wenn und soweit die fundamentalen Verfassungsprinzipien des Art. 79 III GG betroffen sind" (BVerwG, NVwZ 2014, 1101 – das Gericht betont, es sei „nicht Aufgabe der staatlichen Gerichte, den Zuschnitt der kirchlichen Ämter, ihre Ausgestaltung und ihre konkrete Vergabe im Einzelnen zu kontrollieren."). Es muss also eine **Verletzung elementarer Grundprinzipien des staatlichen Rechts** in Betracht kommen und im Einzelfall für die Begründetheit der Klage vor dem Verwaltungsgericht auch vorliegen (vgl. BVerwG, NVwZ 2014, 1101 – im konkreten Fall vom BVerwG entgegen OVG Münster verneint). Es liegen demnach im Bereich des kirchlichen Dienstrechts durchaus hohe – aber eben nach der Rechtsprechungsänderung nicht mehr unüberwindbare – Hürden für erfolgreiche

Klagen vor den Verwaltungsgerichten vor; diese weiterhin bestehenden Hürden resultieren aus dem nach **Art. 137 Abs. 3 WRV** geschützten Selbstbestimmungsrecht der Kirchen (*Hotstegs,* NVwZ 2014, 1106; *ders.,* DVBl. 2014, 997; *Kirchberg,* NJW 2014, 2763; *Sachs,* JuS 2014, 1148). Die staatlichen Gerichte sind nach dem Urteil des BVerwG – so *Sachs* in seiner Urteilsanalyse – nicht befugt, „einfaches staatliches Recht zum vermeintlich verbürgten verfassungsrechtlichen Mindeststandard zu erheben und auf das Handeln der Religionsgesellschaft anzuwenden" (so zutreffend *Sachs,* JuS 2014, 1150). Es müssen erhebliche Verstöße gegen Verfassungsprinzipien vorliegen, damit die Verwaltungsgerichtsbarkeit das innerkirchliche Dienstrecht „überstimmen" kann. Der kirchliche Rechtsweg muss – so das BVerwG – vor der Einschaltung staatlicher Gerichte zunächst ausgeschöpft werden (BVerwG, NVwZ 2014, 1101 – kritisch dazu *Hotstegs,* NVwZ 2014, 1106).

III. Dienstherrnfähigkeit für Körperschaften, Anstalten und Stiftungen des öffentlichen Rechts

5   Mit dem neuen Absatz 3 hat der Gesetzgeber von der Ermächtigung des § 2 Nummer 2 BeamtStG Gebrauch gemacht, die Dienstherrnfähigkeit auch unterhalb einer gesetzlichen Regelung durch Rechtsverordnung übertragen zu können. Das BeamtStG räumt insofern die Möglichkeit ein, dass die Dienstherrenfähigkeit durch ein „Landesgesetz oder aufgrund eines Landesgesetzes" verliehen wird. Dem Erfordernis, dass die Verleihung dem Parlamentsvorbehalt unterliegt, wird mit § 1 Abs. 3 Rechnung getragen (vgl. zum Parlamentsvorbehalt *Rieger* in MRSZ, § 2 BeamtStG Erl. 3).

§ 2 Begriffsbestimmungen

(1) [1]**Oberste Dienstbehörde ist**

1. **für die Beamtinnen und Beamten des Landes die oberste Behörde des Geschäftsbereichs, in dem sie ein Amt bekleiden,**
2. **für die Beamtinnen und Beamten der Gemeinden und Gemeindeverbände die Vertretung der Gemeinde oder des Gemeindeverbandes und**
3. **für die Beamtinnen und Beamten der sonstigen der Aufsicht des Landes unterstehenden Körperschaften, Anstalten und Stiftungen des öffentlichen Rechts das nach Gesetz oder Satzung zuständige Organ.**

[2]**Satz 1 Nummer 1 gilt für Beamtinnen und Beamte ohne Amt entsprechend. [3]Für Ruhestandsbeamtinnen und Ruhestandsbeamte, frühere Beamtinnen und Beamte und deren Hinterbliebene gilt als oberste Dienstbehörde die letzte oberste Dienstbehörde. [4]Ist eine oberste Dienstbehörde nicht vorhanden, so bestimmt für die Beamtinnen und Beamten der Gemeinden, der Gemeindeverbände und der sonstigen der Aufsicht des Landes unterstehenden Körperschaften, Anstalten und Stiftungen des öffentlichen Rechts die oberste Aufsichtsbehörde, wer die Aufgaben der obersten Dienstbehörde wahrnimmt. [5]§ 1 Absatz 1 des Gesetzes zur Regelung der Dienstaufsicht über die Bezirksregierungen in Personalangelegenheiten vom 9. Mai 2000 (GV. NRW. 2000, S. 462) in der jeweils geltenden Fassung bleibt unberührt.**

(2) [1]**Dienstvorgesetzte Stelle ist**

1. **für Beamtinnen und Beamte des Landes die oberste Dienstbehörde, soweit durch Gesetz oder Verordnung nichts anderes bestimmt ist,**
2. **für Beamtinnen und Beamte der Gemeinden und Gemeindeverbände die durch das Kommunalverfassungsrecht bestimmte Stelle und**
3. **für Beamtinnen und Beamte der sonstigen der Aufsicht des Landes unterstehenden Körperschaften, Anstalten und Stiftungen des öffentlichen Rechts die durch Gesetz oder Satzung bestimmte Stelle.**

[2]**Absatz 1 Satz 3 und 4 gilt entsprechend.**

(3) **Für Beamtinnen und Beamte des Landes kann die oberste Dienstbehörde für Entscheidungen nach Absatz 4 durch Rechtsverordnung eine andere dienstvorgesetzte Stelle bestimmen.**

(4) [1]**Für Beamtinnen und Beamte des Landes trifft die dienstvorgesetzte Stelle die beamtenrechtlichen Entscheidungen über die persönlichen Angelegenheiten der ihr nachgeordneten Beamtinnen und Beamten, soweit nicht nach Gesetz oder Verordnung eine andere Stelle zuständig ist; sie kann sich dabei nach Maßgabe der für ihre Behörde geltenden Geschäftsordnung vertreten lassen.** [2]**Für Beamtinnen und Beamte der Gemeinden und Gemeindeverbände sowie für Beamtinnen und Beamte der sonstigen der Aufsicht des Landes unterstehenden Körperschaften, Anstalten und Stiftungen des öffentlichen Rechts gilt Satz 1 entsprechend, soweit nicht nach den für sie geltenden Vorschriften eine andere Stelle zuständig ist.**

(5) [1]**Vorgesetzte Person ist, wer dienstliche Anordnungen erteilen kann.** [2]**Wer vorgesetzte Person ist, bestimmt sich nach dem Aufbau der öffentlichen Verwaltung.**

Übersicht

I. Oberste Dienstbehörde

1. Allgemeines

Die **oberste Dienstbehörde** hat in zahlreichen beamtenrechtlichen Zusammenhängen **1** – einschließlich des Disziplinarrechts (vgl. z.B. §§ 17 Abs. 4, 32 Abs. 2, 34 Abs. 2 LDG) – eine zentrale Bedeutung/zentrale Befugnisse, so dass immer feststehen bzw. bestimmbar sein muss, welche Dienstbehörde bei konkreten Beamten die jeweils zuständige „Oberste Dienstbehörde" ist. Entsprechendes gilt für die „dienstvorgesetzte Stelle" des Beamten und den „Vorgesetzten". Mit § 2 Abs. 1 u. Abs. 2 werden die notwendigen gesetzlichen Festlegungen getroffen und diese zentralen dienst- und organisationsrechtlichen Schlüsselbegriffe definiert. Ausgangspunkt der Definition ist die (hierarchische) Organisation der Behörden in NRW. Hieraus folgt, dass z.B. die oberste Dienstbehörde entsprechend ihrer definierten Führungsrolle Entscheidungen ihres bürokratischen Unterbaus jederzeit an sich ziehen kann. Mit der **aktuellen Dienstrechtsnovelle** wurde in Absatz 1 als letzter Satz **ein klarstellender Verweis** aufgenommen (LT-Drs. 16/10380, S. 338), dass § 1 Abs. 1 des im Jahr 2000 erlassenen Gesetzes zur Regelung der Dienstaufsicht über die Bezirksregierungen in Personalangelegenheiten (in der jeweils geltenden Fassung) unberührt bleibt. Diese Vorschrift bestimmt, dass für alle Beamten der Bezirksregierungen, die Fachaufgaben im Geschäftsbereich einer bestimmten obersten Landesbehörde wahrnehmen und hierfür eine spezielle Ausbildung besitzen, diese oberste Landesbehörde gleichzeitig die oberste Dienstbehörde ist. Für vergleichbare Tarifbeschäftigte in den Bezirksregierungen gibt es dort eine entsprechende Festlegung.

2. Landesbeamte

Nach § 2 Abs. 1 Nr. 1 ist bei einem Landesbeamten die **oberste Behörde des jeweili-** **2** **gen Geschäftsbereichs,** in welchem er sein Amt bekleidet, die „Oberste Dienstbehör-

de". Bezugspunkt ist das Amt im funktionalen Sinne (vgl. *Battis* § 3 BBG Rn. 2, § 10 BBG Rn. 11). Insofern ist bei **Ministerialbeamten** und den **Beamten im jeweils nachgeordneten Geschäftsbereich eines Ministeriums** – einschließlich von Einrichtungen – der jeweilige **Landesminister** oberste Dienstbehörde. Nach § 3 LOG sind die Landesregierung, der Ministerpräsident und die Landesministerien oberste Landesbehörden; diesen Rang haben sie schon auf Grund ihrer in der Landesverfassung festgelegten Rolle als „Spitzen der Exekutive" (*Stähler*, § 3 LOG, Erl. 1). Vor dem Hintergrund der allgemein anerkannten Befugnis des jeweiligen Ministerpräsidenten, den Zuschnitt der Geschäftsbereiche der Ministerien durch **Organisationserlass** innerhalb der gesetzlichen Grenzen (vgl. dazu VerfGH NW, NJW 1999, 1243; vgl. die Urteilsanm. von *Wieland,* DVBl 1999, 719; *Brinktrine,* JURA 2000, 123; vgl. zu den Rechten des Ministerpräsidenten zur Regierungsbildung *Butzer,* NWVBl. 1996, 208) zu ändern, kann für einen Beamten im Laufe seiner Karriere auch ohne Versetzungen die für ihn zuständige oberste Dienstbehörde mehrfach wechseln. Für **spezielle Beamtengruppen** gibt es Sonderregelungen. Der **Präsident des Landesrechnungshofs** (LRH) ist nach § 108 Satz 2 oberste Dienstbehörde (und dienstvorgesetzte Stelle) der Mitglieder und der anderen Beamten im Geschäftsbereich des LRH. Der **Präsident des Landtags** ist für die dortigen Beamten ebenfalls oberste Dienstbehörde (und dienstvorgesetzte Stelle), § 106 Abs. 1 Satz 3. Beim **Landesbeauftragten für Datenschutz** und Informationsfreiheit ergibt sich diese dienstrechtliche Stellung aus § 21 Abs. 3 DSG.

3. Kommunalbeamte

3   Bei den Kommunalbeamten auf Stadt- oder Kreisebene ist die jeweils zuständige Kommunalvertretung die oberste Dienstbehörde, also der Rat der Gemeinde oder Stadt und der Kreistag. Der Landschaftsausschuss stellt wiederum die oberste Dienstbehörde für die Beamten der Landschaftsverbände dar; die Verbandsversammlung hat regelmäßig diese Funktion für die Beamten bei den Zweckverbänden.

4. Beamte von Körperschaften/Anstalten/Stiftungen des öffentlichen Rechts

4   Die oberste Dienstbehörde für die Beamten der sonstigen der Aufsicht des Landes NRW unterstehenden Körperschaften, Anstalten und Stiftungen des öffentlichen Rechts ist gem. § 2 Abs. 1 Nr. 3 das nach Gesetz oder Satzung zuständige Organ. Bei der **Landwirtschaftskammer** legt z.B. § 16 Abs. 4 LWKG fest, dass der Präsident die oberste Dienstaufsicht ausübt. Bei **Hochschulen** war **bis zum Inkrafttreten des Hochschulzukunftgesetzes vom 16.9.2014** der Hochschulrat oberste Dienstbehörde i. S. d. § 2 Abs. 1 Nr. 3, was (verfassungs-)rechtlich und verwaltungspraktisch sehr problematisch war (vgl. *Schrapper/Günther*, 1. Aufl., § 2 LBG Rn. 4; *T. Horst/J. Horst*, DÖD 2012, 53, 57; *Horst,* ZBR 2011, 289; *Battis,* DÖV 2006, 498, 502). Der Gesetzgeber hat daraus die Konsequenzen gezogen. Die **Rücknahme des Status der Hochschulräte als oberste Dienstbehörde** erfolgte mit **§ 33 Abs. 2 und 3 HZG** (vgl. dazu *Schütz*, NWVBl. 2015, 205, 210-211). Das zuständige **Ministerium ist oberste Dienstbehörde.** § 33 Abs. 2 S. 3 HZG NRW lautet: „Oberste Dienstbehörde im Sinne von § 2 Absatz 1 Satz 1 Nummer 3 des Landesbeamtengesetzes ist das Ministerium; dieses kann seine Befugnisse jederzeit widerruflich ganz oder teilweise dem Rektorat übertragen." In der Gesetzbegründung heißt es dazu (LT-Drs. 16/5410, S. 334): „Mit der Änderung des Absatzes 2 Satz 3 wird das Ministerium oberste Dienstbehörde. Nach § 2 Absatz 1 Landesbeamtengesetz ist bei Körperschaften des öffentlichen Rechts das nach Gesetz oder Satzung zuständige Organ oberste Dienstbehörde. Mit der Änderung in § 33 Absatz 2 Satz 3 soll das Ministerium kein Organ im Sinne des § 2 Absatz 1 Satz 1 Nummer 3 Landesbeamtengesetz werden. Insofern liegt in § 33 Absatz 2 Satz 3 eine von § 2 Absatz 2 Satz 1 Nummer 3 Landesbeamtengesetz abweichende Regelung vor." Bei den hauptberuflichen Rektoratsmitgliedern ist das Ministerium dienstvorgesetzte Stelle, dieses kann aber seine Befugnisse jederzeit widerruflich zu einem

Teil auf die Vorsitzende oder den Vorsitzenden des Hochschulrats übertragen, § 33 Abs. 3 S. 1 HZG. Für andere Beschäftigte der Hochschulen sind Regelungen zur unmittelbaren Dienstvorgesetztenstellung unterhalb der ministeriellen Ebene getroffen worden (§ 33 Abs. 3 S. 2–3 HZG). Nach § 33 Abs. 3 S. 5 HZG NRW ist dienstvorgesetzte Stelle im Sinne des HZG die dienstvorgesetzte Stelle im Sinne des § 2 Absatz 2 S. 1 Nr. 3. In der Literatur wird die durch das HZG festgelegte Stellung des Ministeriums als oberste Dienstbehörde und dienstvorgesetzte Stelle – verbunden mit optionaler Delegation entsprechender ministerieller Aufgaben – mit Recht positiv eingeordnet und stellt im Verhältnis zur problematischen früheren Rechtslage in jedem Falle eine Verbesserung dar (*Schütz*, NWVBl. 2015, 205, 211).

5. Beamte ohne Amt/Ruhestandsbeamte/frühere Beamte/Hinterbliebene

Da es auch **Beamte** geben kann, die zum maßgeblichen Zeitpunkt **ohne (funktionel-**   **5** **les) Amt** sind, legt § 2 Abs. 1 Satz 2 fest, dass dann ebenfalls Satz 1 Nr. 1 gilt, da anderenfalls für diese Beamten bei der Bestimmung der für sie zuständigen obersten Dienstbehörde eine Regelungslücke vorläge. Für **Ruhestandsbeamte und frühere Beamte und deren Hinterbliebene** hat das Gesetz mit § 2 Abs. 1 Satz 3 eine Regelung getroffen, indem es als oberste Dienstbehörde – dies ist „traditionell" so – die **letzte oberste Dienstbehörde** als zuständig erklärt. Die Relevanz der Bestimmung der obersten Dienstbehörde für Ruhestandsbeamte/frühere Beamte und deren Hinterbliebene ergibt sich primär im Kontext der **Zahlung der Versorgungsbezüge.** § 57 Abs. 1 Satz 1 LBeamtVG bestimmt, dass die oberste Dienstbehörde die Versorgungsbezüge festsetzt, die Person des Zahlungsempfängers bestimmt und über die Berücksichtigung von Zeiten als ruhegehaltfähige Dienstzeiten sowie über die Bewilligung von Versorgungsbezügen auf grund von Kann-Vorschriften entscheidet. Die in diesem Gesetz genannten Befugnisse der obersten Dienstbehörden können für die Versorgungsberechtigten des Landes durch Rechtsverordnung der Landesregierung auf andere Stellen übertragen werden, § 57 Abs. 2 LBeamtVG (s. für Kommunalbeamte § 57 Abs. 3 LBeamtVG). Außerdem ist die Bestimmung der obersten Dienstbehörde z.B. wegen ihrer Rolle in Disziplinarverfahren, die sich auch gegen Ruhestandsbeamte (vgl. § 2 Abs. 1 Nr. 2 LDG) richten können, relevant (vgl. z.B. § 33 Abs. 3 u. § 34 Abs. 2 LDG). Da es z.B. aufgrund von Verwaltungsumorganisationen zur Auflösung von obersten Dienstbehörden gekommen sein kann oder für den Fall einer aus anderen Gründen nicht vorhandenen obersten Dienstbehörde, bestimmt § 2 Abs. 1 Satz 4 als Auffangvorschrift, dass für die Beamten der Gemeinden/Gemeindeverbände und der sonstigen Aufsicht des Landes unterstehenden Körperschaften, Anstalten und Stiftungen des öffentlichen Rechts die oberste Aufsichtsbehörde festlegt, wer in diesen Sonderfällen die Aufgabe der obersten Dienstbehörde wahrnimmt. Damit ist insgesamt sichergestellt, dass immer eine oberste Dienstbehörde vorhanden ist und keine Zuständigkeitslücken bestehen.

II. Dienstvorgesetzte Stelle

Neben der Festlegung der obersten Dienstbehörde ist der Dienstvorgesetzte zu bestim-   **6** men. Dies geschieht durch Absatz 2, in dem – soweit nichts anderes durch Gesetz oder Verordnung bestimmt ist – für Beamte des Landes die oberste Dienstbehörde (gleichzeitig) die **vorgesetzte Dienststelle** ist. Bei **Kommunalbeamten** ist nach § 73 Abs. 2 GO der Bürgermeister die dienstvorgesetzte Stelle, bei **Beamten der Kreise** nach § 49 Abs. 1 Satz 1 KrO der jeweilige Landrat. Nach § 73 Abs. 3 Satz 1 GO werden vom Bürgermeister die dienstrechtlichen Entscheidungen getroffen, soweit gesetzlich nichts anderes bestimmt ist. Nach § 73 Abs. 3 Satz 2 GO kann die Hauptsatzung für Führungskräfte der Kommunen für bestimmte Fälle/Personalentscheidungen festlegen, dass das Einvernehmen des Rats erforderlich ist (vgl. dazu VG Gelsenkirchen, B. v. 5.8.2009, 12 L 721/09: Rücknahme der

Ernennung eines Beigeordneten). Für **kommunale Ehrenbeamte,** die diese Stellung mittels der Mitgliedschaft in einem von der Vertretung einer Gemeinde/eines Gemeindeverbandes gewählten Ausschusses erlangt haben, werden die Befugnisse der dienstvorgesetzten Stelle gem. § 107 Abs. 2 Satz 2 LBG von der Aufsichtsbehörde der Gemeinde/des Gemeindeverbandes wahrgenommen. Der **Direktor des Landschaftsverbandes** wiederum hat die Funktion des Dienstvorgesetzten für die Beamten des Landschaftsverbandes (§ 20 Abs. 4 Satz 1 LVerbO); für ihn selbst ist der Landschaftsausschuss Dienstvorgesetzter. Bei Zweckverbänden hat der **Verbandsvorsteher** nach § 16 Abs. 2 Satz 3 GkG die Verbandsversammlungen zum Vorgesetzten und er selber ist nach § 16 Abs. 2 Satz 2 GkG Vorgesetzter der Beamten des Zweckverbandes. Bei den übrigen der Aufsicht des Landes unterstehenden **Körperschaften, Anstalten und Stiftungen des öffentlichen Rechts** ist für die Bestimmung des jeweiligen Dienstvorgesetzten das einschlägige Gesetz oder die Satzung maßgeblich. Die für die Bestimmung der obersten Dienstbehörde geltenden Regelungen des § 2 Abs. 1 Sätze 3 und 4 werden durch § 2 Abs. 2 Satz 2 auch für die Bestimmung der dienstvorgesetzten Stelle für entsprechend anwendbar erklärt, so dass ein verfahrensmäßiger Gleichklang hergestellt wird, wenn eine oberste Dienstbehörde oder dienstvorgesetzte Stelle nicht (mehr) vorhanden ist.

III. Bestimmung einer anderen dienstvorgesetzten Stelle

7   Die Vorschrift des § 2 Abs. 3 autorisiert bei Landesbeamten die obersten Dienstbehörden zu Entscheidungen nach § 2 Abs. 4, **andere dienstvorgesetzte Stellen** durch Rechtsverordnung zu bestimmen. Hiervon wird durchgängig von den Landesressorts Gebrauch gemacht. Die jeweiligen **Delegationsverordnungen (Zuständigkeitsverordnungen),** die regelmäßig auch die Vertretung des Landes bei Klagen von Beamten des Landes als Annex zur Delegation der Entscheidungen i. S. d. § 2 Abs. 4 Satz 1 mit regeln, sind bei der Kommentierung zu § 104 aufgelistet. Grund für die weitreichenden gesetzlichen Delegationsmöglichkeiten bzw. die Delegationspraxis ist der Umstand, dass es wegen der hohen Anzahl von Landesbeamten den obersten Dienstbehörden schon verwaltungsorganisatorisch nicht möglich wäre, alle beamtenrechtlichen Entscheidungen über die persönlichen Angelegenheiten nachgeordneter Beamter zu treffen (*Vogt,* DVP 2003, 102, 103). Es ist sinnvoll, dass bestimmte (Routine-)Entscheidungen im Personalbereich gerade von den sach- und personalnäheren nachgeordneten Behörden (Stammdienststellen) getroffen und verwaltungstechnisch abgewickelt werden. Für **Gerichte** und **Staatsanwaltschaften** ist im Justizgesetz NRW vorgeschrieben, dass für sie das Justizministerium die Oberste Dienstaufsichtsbehörde ist. In Sonderfällen bzw. bei als grundlegend/bedeutsam erachteten Fallgestaltungen und Personalien haben sich die **obersten Dienstbehörden** regelmäßig ein **Selbsteintrittsrecht** in den Delegationsverordnungen vorbehalten. Sie haben z. B. festgelegt, dass die oberste Dienstbehörde im Einzelfall die Entscheidung usw. an sich ziehen kann (z. B. § 1 Abs. 3 BeamtDiszZustV MKULNV v. 18.10.2008; s. a. § 1 Abs. 2 der VO über beamten- und disziplinarrechtliche Zuständigkeiten im Geschäftsbereich des MIK v. 23.1.2012). Auch wenn Entscheidungsbefugnisse generell delegiert sind, kann es in bestimmten Fällen für ein Gericht geboten sein, darauf hinzuwirken, dass die oberste Dienstbehörde eine Entscheidung im Einzelfall trifft. Wenn z. B. eine nachgeordnete Polizeibehörde für einen als Zeugen zu vernehmenden Polizeibeamten nur eine bedingte Aussagegenehmigung erteilt und Zweifel an der sachlichen Vorgehensweise der Behörde bestehen, hat ein Strafgericht nach Ansicht des BGH trotz einer Delegation eine Entscheidung der obersten Dienstbehörde einzuholen (BGH, NStZ 1996, 608).

IV. Zuständigkeit dienstvorgesetzter Stellen

Wie sich aus § 2 Abs. 4 Satz 1 Halbs. 1 ergibt, ist es eine zentrale Funktion der dienst- **8** vorgesetzten Stelle die **beamtenrechtlichen Entscheidungen über die persönlichen Angelegenheiten** der ihr nachgeordneten Beamten zu treffen, sofern nicht durch Gesetz oder Verordnung eine andere Zuständigkeit festgelegt ist. Der Dienstvorgesetzte vertritt den Dienstherrn (*Klapproth,* DÖD 2001, 57, 59). In der Regel handelt es sich beim unmittelbaren Dienstvorgesetzten um den **Leiter einer Behörde.** Daneben kann es je nach Tätigkeit und Amt des Beamten einen höheren Vorgesetzten geben, z.B. den Regierungspräsidenten (vgl. zu Vorgesetztenkonstellationen *Werres* in Schütz/Maiwald, § 2 LBG Rn. 42 ff.; vgl. zu Dienstvorgesetzten bei Abordnungen *Hilg,* ZBR 2006, 109). Nach Maßgabe der für die dienstvorgesetzte Stelle geltenden **Geschäftsordnung** kann sich der Dienstvorgesetzte (Behördenleiter) bei beamtenrechtlichen Entscheidungen vertreten lassen, § 2 Abs. 4 Satz 1 letzter Halbs. In „persönlichen Angelegenheiten" des Beamten ergehen solche Entscheidungen des Dienstherrn, die den Beamten in seiner eigenen Rechtsstellung als Beamter – also außenwirksam – betreffen; hierunter fällt z.B. eine Versetzung (§ 25) oder eine Beförderungsentscheidung (§ 19). Eine dienstliche Beurteilung nach § 92 ist keine „Entscheidung über die persönlichen Angelegenheiten" des beurteilten Beamten; sie ist vielmehr „eine Wertung, die künftige derartige Entscheidungen nur vorbereitet" (VG Köln, B.v. 11.12.2009, 19 K 8167/08 – bestätigt durch OVG Münster, ZBR 2011, 215). Bei der Festlegung des Schlusszeichners für die Beurteilung ist daher keine strikte Bindung an die Vorgaben des § 2 Abs. 4 Satz 1 Halbs. 1 gegeben (VG Köln, B.v. 11.12. 2009, 19 K 8167/08).

V. Definition des „Vorgesetzten"

Die Vorschrift definiert den **Begriff des „Vorgesetzen"** dahingehend, dass dieser ent- **9** sprechend seiner Funktion im Verwaltungsaufbau und sachlichen Zuständigkeit für die dienstliche Tätigkeit eines Beamten **Anordnungen erteilen** kann; er muss also dienstlich übergeordnet sein (BVerwG, DÖV 1995, 1003). Der Beamte hat dabei gegenüber dem Vorgesetzten die Pflicht zum Gehorsam (§ 35 BeamtStG) und hat ihn zu beraten/zu unterstützen (vgl. *Simianer,* ZBR 2004, 149 ff.). Bei Bedenken gegen eine dienstliche Anordnung besteht die Pflicht zur **Remonstration,** § 36 Abs. 2 BeamtStG (*Lindner,* ZBR 2015, 412; *H. Günther,* DÖD 2013, 309; *H. Günther,* DÖV 2012, 678, 683; *Lindner,* ZBR 2013, 145). Regelmäßig ergibt sich die **Vorgesetztenstellung** aus dem jeweils einschlägigen **Geschäftsverteilungsplan** einer Behörde. Die **Gemeinsame Geschäftsordnung für die Ministerien der Landesregierung (GGO)** legt für die verschiedenen Hierarchieebenen die jeweiligen Vorgesetztenstellungen fest. Der „Vorgesetzte" ist nicht gleichzusetzen mit dem „Dienstvorgesetzten", mag dies auch in der Praxis in einer Reihe von Fällen in einer Person zusammenfallen (zum Begriff „Dienstvorgesetzter"/„Vorgesetzter": *Klapproth,* DÖD 2001, 57, 59; *Vogt,* DVP 2003, 103, 104). Der Begriff des „Vorgesetzten" ist allgemeiner gehalten und bezieht auch (Fach-)Vorgesetzte ein, die für beamtenrechtliche Entscheidungen bezüglich der im Verhältnis zu ihnen weisungsgebundenen Beamten nicht zuständig sind (*Reich,* § 35 BeamtStG Rn. 2; *Battis,* § 3 BBG Rn. 6; *Metzler-Müller* in MRSZ § 35 BeamtStG Erl. 2). Auch ein Tarifbeschäftigter kann Vorgesetzter eines Beamten sein (*Klapproth,* DÖD 2001, 59).

Abschnitt 2. Beamtenverhältnis

§ 3 Voraussetzungen des Beamtenverhältnisses

(1) [1]Wer in das Beamtenverhältnis berufen werden soll, muss die für die beabsichtigte Laufbahn vorgeschriebene oder – mangels solcher Vorschriften – übliche Vorbildung besitzen (Laufbahnbewerberin oder Laufbahnbewerber). [2]In das Beamtenverhältnis kann auch berufen werden, wer die erforderliche Befähigung durch Lebens- und Berufserfahrung innerhalb oder außerhalb des öffentlichen Dienstes erworben hat (andere Bewerberin oder anderer Bewerber); dies gilt nicht für die Wahrnehmung solcher Aufgaben, für die eine bestimmte Vorbildung, Ausbildung oder Prüfung durch besondere Rechtsvorschrift zwingend vorgeschrieben ist oder nach ihrer Eigenart zwingend erforderlich ist.

(2) [1]Ausnahmen nach § 7 Absatz 3 des Beamtenstatusgesetzes erlässt die oberste Dienstbehörde. [2]Für Beamtinnen und Beamten der Gemeinden und Gemeindeverbände und der sonstigen der Aufsicht des Landes unterstehenden Körperschaften, Anstalten und Stiftungen des öffentlichen Rechts liegt die Zuständigkeit bei der obersten Aufsichtsbehörde.

I. Allgemeine Ernennungsvoraussetzungen

Mit der Zuweisung der Gesetzgebungskompetenz für die Statusrechte und -pflichten der **1** Beamten in die konkurrierende Gesetzgebung durch die Art. 72 Abs. 1, 74 Abs. 1 Nr. 27 GG im Gefolge der sog. Föderalismusreform I ist die Befugnis des Landesgesetzgebers zur Regelung der „Allgemeinen Voraussetzungen des Beamtenverhältnisses" entfallen. Hierzu zählen traditionell (**1.**) das Erfordernis **deutscher Staatsangehörigkeit** und dessen Durchbrechungen infolge der europäischen Integration (krit. dazu *Tábbara,* ZBR 2013, 109), (**2.**) die Gegenausnahme eines sog. **Staatsbürgervorbehalts** in begründungsbedürftigen Sonderfällen, (**3.**) das Eintreten für die **freiheitliche demokratische Grundordnung** sowie (**4.**) eine **Vorbildung,** die den jeweiligen Laufbahnerfordernissen entspricht. In der Folge enthält nunmehr § 7 Abs. 1 Nrn. 1, 2, Abs. 2 BeamtStG entsprechende Vorgaben (vgl. *v. Roetteken* in v. Roetteken/Rothländer, § 7 BeamtStG Rn. 124ff.; *Reich,* § 7 BeamtStG Rn. 8). Da das Laufbahnrecht nach der Neuordnung der Zuständigkeiten aber dezidiert dem Kompetenzkanon der Landesgesetzgebung zugeordnet ist (dazu *Peters/Lösch/Grunewald,* ZBR 2009, 1; *Pechstein,* ZBR 2008, 73), verweist § 7 Abs. 1 Nr. 3 BeamtStG die Regelung der „Befähigung" in das Landesrecht. Diesen Verweis greift der Landesgesetzgeber mit § 3 Abs. 1 auf, dessen bundesbeamtengesetzliches Pendant § 7 Abs. 1 Nr. 3 BBG darstellt. Die Vorschrift ist durch das Dienstrechtsmodernisierungsgesetz 2016 nur geringfügig sprachlich angepasst, die in Absatz 2 vorgesehene Befugnis zur Erteilung von Ausnahmen herabgezont worden.

II. Laufbahnrechtliche Ernennungsvoraussetzungen

Die grundsätzliche Notwendigkeit einer bestimmten **Vorbildung** als Voraussetzung der **2** Berufung in das Beamtenverhältnis folgt aus dem **Laufbahnprinzip** als einem zentralen Gestaltungsprinzip des Beamtenrechts. Als hergebrachter Grundsatz des Berufsbeamtentums ist es Teil der Gewährleistung des Art. 33 Abs. 5 GG (vgl. BVerfGE 62, 374; E 71, 255). Inhaltliche Vorgaben für die Ausgestaltung finden sich in §§ 5 bis 16, 19 bis 23 (s. a.

§ 9 Abs. 2) mit der **Kernaussage** in § 5 Abs. 1. Danach bildet die Laufbahn einen Rechtsrahmen für die berufliche Entwicklung des Beamten, indem sie (i. d. R.) mehrere Ämter (im statusrechtlichen Sinne) nach dem Differenzierungskriterium der Fachrichtung zusammenfasst. Zur Gewährleistung der Qualifikation für das Durchlaufen aller Ämter der Laufbahn muss von Beginn an eine entsprechende **Befähigung** vorliegen, die wiederum durch eine adäquate **Vor- und Ausbildung** vermittelt wird. Die Ausbildung als speziellere Vorbedingung wird durch einen Vorbereitungsdienst (vgl. § 7 Abs. 1) vermittelt oder durch Berufserfahrung (vgl. § 8) ersetzt. Sie knüpft jedoch gem. § 6 an Vorbildungsvoraussetzungen an, die ihrerseits geeignet sein müssen, den Befähigungserwerb zu vermitteln (vgl. nur OVG Münster, B. v. 20.11.2012, 1 A 1022/11: Lehramtsstudium ist ungeeignete Vorbildung für gehobenen nichttechnischen Dienst). Beide Bildungsvoraussetzungen führen danach **kumulativ** zur Laufbahnbefähigung.

1. Laufbahnbewerber

3   Den Regeltyp des Beamtenbewerbers bildet der Laufbahnbewerber. Dies folgt schon aus der sprachlichen Gestaltung des § 3 Abs. 1, wonach die Einstellung anderer Bewerber „auch" möglich ist. Sind die Vorgaben für die jeweilige Vorbildung als Zulassungsvoraussetzung für einen Vorbereitungsdienst formuliert, handelt es sich um **Regellaufbahnbewerber** (s. a. *Wichmann/Langer,* S. 284 f.). Fehlt es an der Ordnung der Laufbahn durch Vorbereitungsdienst und Prüfung, weil die Ziellaufbahn und das ihr hinterlegte spezielle fachliche Profil die Einrichtung eines Vorbereitungsdienstes unzweckmäßig erscheinen ließe, werden **Laufbahnen besonderer Fachrichtung** eingerichtet (vgl. § 8; s. a. *Bochmann,* ZBR 2013, 397, 409 f.). Deren Vorbildungsvoraussetzungen finden sich auf der Grundlage der neugefassten Ermächtigung des § 9 Abs. 1 Satz 2 Nr. 4 nunmehr insbesondere in § 16 LVO. Soweit § 3 Abs. 1 Satz 1 neben der „vorgeschriebenen" noch auf eine „übliche" Vorbildung abstellt, hat der Gesetzgeber schon bei der Novelle 2009 die alte, noch durch § 4 Abs. 1 Nr. 3 BRRG geprägte Gesetzesformulierung ohne Prüfung übernommen und nunmehr tradiert. Sie geht jedoch mangels Regelungsgegenstands ins Leere; demgemäß hat auch der Bund in § 7 Abs. 1 Nr. 3a BBG auf diese Floskel verzichtet.

2. Anderer Bewerber

4   Um eine gewisse Flexibilität beim Zugang zu Laufbahnen zu erhalten, sieht das Laufbahnrecht das Institut der **„anderen Bewerberin oder des anderen Bewerbers"** vor. Der Regelung des § 3 Abs. 1 Satz 2 korrespondiert insoweit § 12 Abs. 1. Da der andere Bewerber die Befähigung für seine Laufbahn durch **„Lebens- und Berufserfahrung"** erwirbt, kann eine bestimmte Vorbildung nicht gefordert werden. Allerdings bedarf sein Befähigungserwerb einer ausdrücklichen **Feststellung,** die gem. §§ 12 Abs. 3, 97 Abs. 1 Nr. 2 i. V. m. § 4 Abs. 2 LVO **dem LPA** (vgl. § 97 Rn. 2) **vorbehalten** ist. Zugleich wird klargestellt, dass die angesprochene Berufserfahrung weder notwendig nur innerhalb oder außerhalb des öffentlichen Dienstes erworben werden kann. Einschränkungen gelten gem. § 3 Abs. 1 Satz 2 Halbs. 2 dann, wenn die Anforderungen an einen bestimmten, die Laufbahn prägenden Beruf (sonder-)rechtlich geordnet sind, z. B. bei Ärzten, Apothekern, Lehrern (vgl. BVerwGE 71, 330) oder Steuerfachbeamten. Dies verhindert, dass spezielle berufsrechtliche Anforderungen unterlaufen werden (vgl. BVerwG, a. a. O.; *Battis,* § 19 BBG Rn. 4; *Wichmann/Langer,* S. 289). Mit dem Dienstrechtsmodernisierungsgesetz 2016 hat der Gesetzgeber insoweit eine sprachliche Klarstellung unternommen, als dass die Verordnungen nach dem LBG gerade keine sperrenden sondergesetzlichen Vorschriften sind (vgl. LT-Drs. 16/10380, S. 339; s. a. *Wichmann/Langer,* a. a. O.). Ebenfalls gesperrt ist der Zugang für andere Bewerber, wenn gem. § 3 Abs. 1 Satz 2 Halbs. 2 a. E. für eine besondere laufbahnmäßige Vor- und Fachausbildung zwingend erforderlich ist, was auf Laufbahnen besonderer Fachrichtung zutreffen kann und darüber hinaus etwa auf den Polizeivollzugsdienst (vgl. § 109 Rn. 1), den feuerwehrtechnischen Dienst (vgl. § 116) oder die Laufbahn

der Amtsanwälte (vgl. § 26 Abs. 1 JustG) zutrifft, weil die Befähigung hier wesentlich durch den Vorbereitungsdienst geprägt wird.

III. Ausnahmeregelungen zu § 7 BeamtStG

Durch das Dienstrechtsmodernisierungsgesetz 2016 im Sinne einer „Entbürokratisie- 5 rung" neu geordnet (vgl. LT-Drs. 16/10380, S. 339) wurde die **Zuständigkeit** zur Erteilung von **Ausnahmen** gem. § 7 Abs. 3 BeamtStG von den allgemeinen Berufungsvoraussetzungen des § 7 Abs. 1 Nr. 1 BeamtStG **(Staatsangehörigkeit)** bzw. § 7 Abs. 2 BeamtStG **(Staatsbürgervorbehalt).** Zuständig sind nunmehr die jeweiligen obersten Dienstbehörden, bei der mittelbaren Landesverwaltung die oberste Aufsichtsbehörde. Zu beachten ist, dass gem. § 7 Abs. 3 Nr. 1 BeamtStG allgemein „ein dringendes dienstliches Interesse" bestehen muss (vgl. dazu auch § 11 Rn. 3–4). Ein solches Interesse kann sich immer nur – im Unterschied zu einem allgemeineren öffentlichen Interesse – aus aufgabenbezogenen (dienstlichen) Notwendigkeiten ergeben (vgl. etwa BVerwGE 120, 382). Folglich dient die Ausnahme nicht der Verwirklichung allgemeiner integrationspolitischer Zielsetzungen (vgl. auch *v. Roetteken* in v. Roetteken/Rothländer, § 7 BeamtStG Rn. 91). Ein Anwendungsfall ist die Gewinnung von Bewerbern mit spezifischen, sich aus ihrem anderen kulturellen Hintergrund ergebenden Kompetenzen. Nicht erforderlich ist dagegen ein Bezug zu einer konkreten Dienstaufgabe, da die Berufung in das Beamtenverhältnis als Regelfall auf eine laufbahndefinierte Verwendung abzielt (s. o. Rn. 2). Somit genügt es, wenn der Bewerber für laufbahntypische Aufgaben spezifische Kenntnisse mitbringt, wie dies etwa der Fall sein kann bei der Gewinnung nichtdeutscher Bewerber für die Polizei, die nicht unter § 7 Abs. 1 Nr. 1a–c BeamtStG fallen (vgl. auch BT-Drs. 16/4027, S. 23: dringende dienstliche Interessen gehen über die konkreten Interessen der Einstellungsbehörde hinaus). Vor dem Hintergrund der insgesamt anderen Rahmenbedingungen in der **Wissenschaft** genügen hier gem. § 7 Abs. 3 Nr. 2 BeamtStG bereits „andere wichtige Gründe" (vgl. auch § 120 Rn. 1).

§ 4 Beamtenverhältnis auf Zeit

[1]**Die Fälle und Voraussetzungen der Ernennung von Beamtinnen und Beamten auf Zeit werden durch Gesetz bestimmt.** [2]**Durch Rechtsverordnung des für Inneres zuständigen Ministeriums und des Finanzministeriums kann zugelassen werden, dass für einzelne Verwaltungszweige und Aufgabengebiete der Gemeinden, der Gemeindeverbände und der sonstigen der Aufsicht des Landes unterstehenden Körperschaften, Anstalten und Stiftungen des öffentlichen Rechts an Stelle von Beamtinnen und Beamten auf Lebenszeit Beamtinnen und Beamte auf Zeit berufen werden.** [3]**Die Zeitdauer muss bei den Beamtinnen und Beamten der Gemeinden und der Gemeindeverbände zwölf Jahre betragen, bei den Beamtinnen und Beamten der sonstigen Körperschaften, Anstalten und Stiftungen des öffentlichen Rechts muss sie mindestens sechs Jahre betragen.** [4]**Über die Berufung auf Zeit darf frühestens sechs Monate vor Freiwerden der Stelle entschieden werden.** [5]**Soweit Gesetze oder Verordnungen nicht anderes bestimmen, ist die Beamtin oder der Beamte auf Zeit nach Ablauf der Amtszeit verpflichtet, das Amt weiterzuführen, wenn sie oder er unter nicht ungünstigeren Bedingungen für wenigstens die gleiche Zeit wieder ernannt werden soll.**

I. Allgemeines

Auf der Basis von Art. 74 Abs. 1 Nr. 27 GG hat der Bund in § 4 Abs. 2 BeamtStG und 1 § 6 BeamtStG die statusrechtlichen Grundentscheidungen zum Beamtenverhältnis auf Zeit getroffen. Eine Berufung auf Zeit ist danach grundsätzlich zulässig, setzt aber voraus, dass

amtstypisch eine Verwendung auf bestimmte Dauer erfolgen oder ein Amt mit leitender Funktion zunächst vorläufig übertragen werden soll. Aus § 4 Satz 1 ergibt sich in diesem Zusammenhang der grundsätzliche Vorbehalt einer (formal-)gesetzlichen Grundlage. Im Weiteren ermächtigt die Vorschrift, durch Verordnung Zeitbeamtenverhältnisse im Bereich der mittelbaren Staatsverwaltung zuzulassen, und statuiert eine bedingte Pflicht des Zeitbeamten zur Amtsfortführung.

II. Ausnahmecharakter des Zeitbeamtenverhältnisses

2   Eher affirmativ als konstitutiv bestimmt § 4 Abs. 1 Satz 2 BeamtStG das Beamtenverhältnis auf Lebenszeit zum **Regeltyp des Beamtenverhältnisses** (vgl. auch BVerwGE 92, 147). Denn als hergebrachter Grundsatz i. S. v. Art. 33 Abs. 5 GG zählt das Lebenszeitprinzip zum festen Bestand der verfassungsrechtlichen Gewährleistung und steht einem regelnden Zugriff des Gesetzgebers damit nur sehr begrenzt offen (statt aller BVerfGE 121, 205 m. w. N.). Die sich daraus ergebende persönliche Unabhängigkeit des Beamten dient weniger seinem individuellen Vorteil als vielmehr der zentralen Funktion des Berufsbeamtentums, eine stabile, geordnete Verwaltung im Interesse der Verwirklichung des Rechtsstaatsgebots zu sichern (BVerfG, a. a. O.). Ausnahmen vom Lebenszeitprinzip sind indes „in engen Grenzen" gerechtfertigt, wenn eine „besondere Sachgesetzlichkeit und die Natur der wahrgenommenen Aufgaben eine Begründung von Beamtenverhältnissen auf Zeit erfordern" (BVerfG, a. a. O.; OVG Münster, B. 2.7.2015, 2 B 462/15: Nachwuchswissenschaftler). Eine rechtswidrige Verbeamtung auf Zeit vermag jedoch keinen Anspruch auf lebenszeitige Ernennung zu begründen (OVG Münster, a. a. O.).

1. Verwendung auf bestimmte Dauer

3   Soweit § 4 Abs. 2 lit. a BeamtStG die „befristete Wahrnehmung von (hoheitsrechtlichen) Aufgaben" als Grund für die Abweichung vom Regeltyp des Lebenszeitbeamtenverhältnisses anführt, erweckt dies – oberflächlich – den irrigen Eindruck einer Parallele zu arbeitsrechtlichen Befristungsgründen. Treffender war insoweit die Formulierung „auf bestimmte Dauer" in §§ 3 Abs. 1 Nr. 2 BRRG, 5 Abs. 1 Nr. 2 LBG a. F., weil der Sachgrund für die anerkannten Abweichungen vom Lebenszeitprinzip i. d. R. nicht in dem nur zeitgebundenen Auftreten einer Sachaufgabe (i. S. eines nur vorübergehenden Bedarfes) liegt, sondern in der Entscheidung, diese Sachaufgabe nur **für begrenzte Zeit von demselben Amtswalter** wahrnehmen zu lassen. Nur so erklärt sich im Übrigen auch die in § 4 Satz 5 statuierte Amtsfortführungspflicht (vgl. Rn. 6). Traditionsprägend sind insofern die (kommunalen) Wahlämter, deren politische Funktion den „Befristungsgrund" ergibt (BVerfGE 121, 205; so schon BVerfGE 7, 155). Eher kritisch sind vor diesem Hintergrund die Zeitprofessuren gem. § 122 Abs. 2 zu bewerten, denen eindeutig (nur) der Sachgrund eines (nur) vorübergehenden Bedarfes zugrunde liegt (vgl. § 122 Rn. 2 f.; s. a. *Dorf,* DÖV 2009, 14, 21 m. w. N.). **Beendet** werden Zeitbeamtenverhältnisse, insoweit ebenfalls abweichend von befristeten Arbeitsverhältnissen, nicht durch bloßen Zeitablauf (missverständlich *Seeck* in MRSZ, § 21 BeamtStG Erl. 6). Aus § 21 BeamtStG folgt hier, dass eine **Entlassung notwendig** ist, sofern nicht die Voraussetzungen für eine Zurruhesetzung (vgl. § 4 Abs. 1 Satz Nr. 1 LBeamtVG: 5 Jahre Dienstzeit) gegeben sind. Allerdings ist der Entlassungstatbestand selbst nicht §§ 22, 23 BeamtStG zu entnehmen, sondern folgt gem. § 6 BeamtStG aus dem Landesrecht. Hier einschlägig sind §§ 31 Abs. 3, 118 Abs. 4 Satz 2, 119 Abs. 3 Satz 2, 122 Abs. 2 Satz 10 Halbs. 2, wonach die **Entlassung unmittelbar kraft Gesetz** erfolgt.

a) Fachgesetzliche Regelungen

4   § 4 Satz 1 gründet auf der grundsätzlich Zulassung von Zeitbeamtenverhältnissen durch das BeamtStG und statuiert zusätzlich einen Vorbehalt gesetzlicher Regelung. Demgemäß hat der Landesgesetzgeber im LBG (§§ 118, 119, 122 Abs. 2) und einer Reihe von **Fach-**

gesetzen die erforderlichen Grundlagen geschaffen. Zu unterscheiden sind: (1.) Kommunale Wahlbeamte (vgl. nur BVerfGE 7, 155), wobei die Dauer der Berufung auf Zeit sich entweder abschließend aus dem LBG ergibt, vgl. § 118 für Bürgermeister und Landräte, oder aus dem Zusammenhang mit dem einschlägigen Fachgesetz, so § 119 i. V. m. § 71 GO (Beigeordnete), § 47 KrO (Kreisdirektor) bzw. § 20 LVerbO (Direktor und Landesräte); (2.) Spezifische Spitzenfunktion im Landesdienst, vgl. den Landesbeauftragten für Informationsfreiheit und Datenschutz, dessen Ernennung eine parlamentarischen Wahl vorausgeht (§ 21 Abs. 2 Satz 1 DSG), oder den Präsidenten der GPA wegen dessen besonderer Nähe zum kommunalen Bereich (§ 6 Abs. 1 GPAG); (3.) Hochschulische Führungsfunktionen, die traditionell zeitgebunden sind, etwa die hauptberuflichen Mitglieder des Präsidiums der (allgemeinen) Hochschulen (§ 20 HG) sowie der Präsident, Vizepräsident (§ 9 Abs. 6 FHGöD) und die Abteilungsleitungen (§ 17 Abs. 4 Satz 1 FHGöD) der FHöV; (4.) Funktionen in Forschung und Lehre wie die Professorenämter unter den Voraussetzungen des § 122 Abs. 2 (vgl. § 122 Rn. 2), die Juniorprofessoren (§ 124 Abs. 1 Satz 1 i. V. m. § 39 Abs. 5 HG) sowie Akademische Räte/Oberräte gem. § 44 Abs. 3 Satz 1, Abs. 7, Abs. 8 HG (dazu OVG Münster, B. v. 2.7.2015, 2 B 462/15). Eine Besonderheit ergibt sich bei den hochschulischen Leitungsfunktionen insoweit, als hier von der Regel des § 22 Abs. 3 BeamtStG durch landesgesetzliche Sonderregelung abgewichen wird und ein ggf. (vgl. § 20 Abs. 2 Satz 1 HG) oder zwingend (vgl. §§ 9 Abs. 6 Satz 2, 17 Abs. 4 Satz 2 FHGöD) bestehendes Lebenszeitbeamtenverhältnis zum Ruhen gebracht wird, wenn die Ernennung auf Zeit erfolgt.

Neben dem Gesetzesvorbehalt des Satzes 1 sieht § 4 Sätze 2–4 eine Verordnungsermäch- **5** tigung mit bestimmten Maßgaben vor, auf deren Grundlage im Bereich der mittelbaren Landesverwaltung Beamtenverhältnisse auf Zeit zugelassen werden können. Damit knüpft der Gesetzgeber nach wie vor (vgl. Vorauflage) an die Regelungstradition des bis 2009 geltenden § 5 Abs. 3 LBG a. F. wortgenau an, auf dessen Grundlage die VO über die Fälle und Voraussetzungen der Ernennung von Beamten auf Zeit in den Gemeinden und Gemeindeverbänden v. 21.10.1984 (GV. NRW. S. 698) ergangen war. Ausweislich deren § 4 ist diese VO mit Ablauf des 31.12.2009 – offenbar mangels fortbestehenden Bedarfs – durch Fristablauf außer Kraft getreten. Unklar bleibt, warum der Gesetzgeber angesichts dessen noch immer nicht auf die Fortschreibung dieser Verordnungsermächtigung verzichtet hat.

b) Pflicht zur Amtsfortführung

Vom Aufbau des § 4 her nicht ganz offensichtlich enthält Satz 5 keine weitere Maßgabe **6** für Verordnungen i. S. d. § 4 Sätze 2–4, sondern trifft eine wichtige (Auffang-)Regelung für alle Beamtenverhältnisse auf Zeit, indem eine **Pflicht zur Amtsfortführung** begründet wird (vgl. auch § 119 Abs. 2 Satz 4). Voraussetzung ist die Absicht (und rechtliche Handlungsmöglichkeit) des Dienstherrn, das Amt auf Zeit mindestens zu den gleichen Bedingungen erneut zu übertragen. Auf diese Weise wird die Kontinuität der Amtsführung gesichert, was insofern naheliegt, als dass der „Befristungsgrund" bei Beamtenverhältnissen auf Zeit weniger in dem nur vorübergehenden Anfall einer Aufgabe als der – jedenfalls ex ante – nur vorübergehenden Wahrnehmung durch denselben Amtswalter liegt (vgl. Rn. 3). Ausdrücklich ausgenommen sind daher auch gem. §§ 122 Abs. 2 Satz 1, 124 Abs. 1 Satz 3 die Zeit- und Juniorprofessoren. Kommt der Zeitbeamte seiner Fortführungspflicht nicht nach, ist er gem. § 27 Abs. 2 (zwingend) zu entlassen. Allerdings läuft die hier angeordnete Rechtsfolge aus systematischen Gründen ins Leere, wenn der Gesetzgeber das Zeitbeamtenverhältnis mit einem ruhenden Lebenszeitbeamtenverhältnis verbunden hat (vgl. Rn. 4). Denn nach der ratio legis der Norm soll einerseits die Amtskontinuität gesichert, vor allem aber auch ein vorzeitiger Versorgungsanspruch verhindert werden, was wiederum seine Legitimation in dem Gebot des schonenden Umgangs mit öffentlichen Mitteln findet. Bei einem wiederauflebenden Lebenszeitbeamtenverhältnis greift dies jedoch nicht (vgl. auch § 27 Rn. 4).

2. Führungsfunktionen auf Zeit

7 Obwohl durch § 4 Abs. 2 lit. b BeamtStG ausdrücklich zugelassen, hat der Landesgesetzgeber von der Möglichkeit „der zunächst befristeten Übertragung eines Amtes mit leitender Funktion" schon mit der Novelle von 2009 aus wohlerwogenen Gründen (vgl. nur BVerfG, NVwZ 2008, 873; s. a. *Wichmann,* ZBR 2008, 424; *Dorf,* DÖV 2009, 14; *Lindner,* ZBR 2011, 150) keinen Gebrauch mehr gemacht (vgl. insges. auch § 21 Rn. 2).

§ 5 Begriff und Gliederung der Laufbahnen

(1) [1] **Es gibt Laufbahnen mit Vorbereitungsdienst und Laufbahnen besonderer Fachrichtung.** [2] **Eine Laufbahn umfasst alle Ämter, die derselben Fachrichtung und derselben Laufbahngruppe angehören; zur Laufbahn gehört auch der Vorbereitungsdienst.**

(2) [1] **Es gibt die Laufbahngruppen 1 und 2.** [2] **Innerhalb der Laufbahngruppen gibt es nach Maßgabe des Besoldungsrechts erste und zweite Einstiegsämter.** [3] **Der Zugang zu einer Laufbahngruppe und innerhalb einer Laufbahngruppe zu einem Einstiegsamt richtet sich nach den in § 6 normierten Zugangsvoraussetzungen.** [4] **Besondere fachgesetzliche Regelungen bleiben unberührt.**

(3) [1] **Laufbahnen besonderer Fachrichtung sind:**

1. Gesundheit,
2. technische Dienste (einschließlich naturwissenschaftlicher Dienste),
3. nichttechnische Dienste,
4. Bildung und Wissenschaft.

[2] **Die Zuordnung der bisherigen Laufbahnen und der fachlichen Schwerpunkte zu den jeweiligen Laufbahnen besonderer Fachrichtung erfolgt nach Maßgabe der Laufbahnverordnung in der jeweils geltenden Fassung.**

(4) **Die Laufbahnbefähigung gilt für alle innerhalb einer Fachrichtung wahrzunehmenden Ämter einer Laufbahngruppe, soweit nicht für einzelne Ämter eine bestimmte Vorbildung, Ausbildung oder Prüfung durch besondere Rechtsvorschrift zwingend vorgeschrieben oder ihrer Eigenart nach zwingend erforderlich ist oder besondere Voraussetzungen nach § 8 Absatz 2 (Erwerb der fachlichen Voraussetzungen bei Laufbahnen besonderer Fachrichtung) gefordert worden sind.**

Übersicht

I. Allgemeines

1 Mit dem Dienstrechtsmodernisierungsgesetz 2016 weitgehend neu gefasst bildet § 5 (als Nachfolgenorm des § 7 a. F.) jetzt auch nach seinem Standort in der laufenden Paragrafenfolge die Kernvorschrift der laufbahnrechtlichen Regelungen des LBG. Definiert werden zwei **fundamentale Ordnungsprinzipien** des Laufbahnwesens: die **Zusammenfassung** einer Reihe von Ämtern **nach der Fachrichtung** und deren **Gliederung in Laufbahngruppen.** Der Landesgesetzgeber hat mit der Novelle allerdings die Abkehr von der tradierten laufbahnrechtlichen Systematik vollzogen, indem er sich – dem Modell der norddeutschen Küstenländer folgend (vgl. Rn. 4) – für ein **zweistufiges Laufbahngruppen-konzept** (vgl. Absatz 2 Satz 1) und eine deutliche **Konzentration** der zum Teil dysfunktional ausdifferenzierten **besonderen Fachrichtungen** entschieden hat. Letzteres hatte sich schon in der Novelle der LVO v. 28.1.2014 (vgl. dort § 44 Abs. 1, 2 LVO i. V. m. Anl. 1 f.) angedeutet (s. a. *Idecke-Lux*, RiA 2014, 112).

II. Laufbahnprinzip

1. Verfassungsrechtliche Verankerung

Das von § 5 sowie – im Gesamtzusammenhang – der Normengruppe der §§ 5 bis 23 ge- **2** staltete abstrakte Ordnungsprinzip ist als **Laufbahnprinzip** ein zentrales Gestaltungskonzept des Beamtenrechts (zur histor. Entwicklung vgl. *Kathke* in Schütz/Maiwald, Vor §§ 5 ff. LBG, Rn. 4 ff.). Als **hergebrachter Grundsatz** des Berufsbeamtentums nimmt es Teil an der Gewährleistung des Art. 33 Abs. 5 GG (vgl. BVerfGE 62, 374; 71, 255; 80, 59; 117, 330) und unterliegt damit nur eingeschränkt dem gestaltenden Zugriff des Gesetzgebers (dazu insbes. *Bochmann*, ZBR 2006, 69; *ders.* ZBR 2013, 397, 408; s. a. *Pechstein*, ZBR 2008, 73; *Ziekow*, DÖV 2008, 569, 570 ff.). Eine umfassende höchstrichterliche Definition existiert hingegen bislang nicht. Als Elemente finden sich etwa die „fachliche Vorbildung" (BVerfGE 9, 268), die „Zuordnung von Ämtern" (BVerfGE 70, 251), eine „nach Wertigkeit gestaffelte Ämterfolge" (BVerfGE 117, 330), die „Verknüpfung von Status und Funktion" (BVerfGE 70, 251) sowie die Notwendigkeit einer „wirklichkeitsgerechten, aussagekräftigen Amtsbezeichnung (BVerfGE 62, 374; insges. auch *Bochmann,* ZBR 2006, 69, 72; *Ziekow,* DÖV 2008, 569, 570). Deutlich hervor hebt das BVerfG den Wechselbezug von **Laufbahn- und Leistungsprinzip** im Sinne eines funktionalen, die Verwirklichung des Art. 33 Abs. 2 GG sichernden Zusammenhangs (statt aller BVerfGE 62, 374; dazu auch *Ziekow,* DÖV 2008, 569, 571: Laufbahnprinzip „kanalisiert" das Befähigungskriterium des Art. 33 Abs. 2 GG; *Pechstein,* ZBR 2009, 20, 22; *Lorse,* DÖV 2010, 829, 835; *Wißmann,* ZBR 2011, 362, 368 f.). Eine weitere, damit eng verbundene übergeordnete Funktionalität ist die **Abwehr von Ämterpatronage und Nepotismus** in einem allein auf Leistung und Neutralität verpflichteten Berufsbeamtentum, verwirklicht durch definierte Befähigungsvoraussetzungen und ein geordnetes dienstliches Fortkommen (vgl. BVerfGE 7, 155; 9, 268; s. a. *SHBS,* S. 324; *Bochmann,* ZBR 2006, 69, 73; *ders., ZBR 2013, 397, 408f.; Pechstein,* ZBR 2009, 20, 23). Neben dem Leistungsprinzip steht auch das Lebenszeitprinzip in einem wechselseitig funktional legitimierenden Kontext mit dem Laufbahngrundsatz (vgl. etwa *Peters/Lösch/Grunewald*, ZBR 2009, 1; *SHBS,* S. 324: Lebenszeitprinzip bedingt Laufbahnprinzip). Umstritten ist, ob auch das Ordnungsprinzip der **Laufbahngruppen** zum Gewährleistungsgehalt der hergebrachten Grundsätze des Berufsbeamtentums zählt (ablehnend *SHBS,* S. 320 Fn. 1, S. 324 Fn. 23; *Wichmann/Langer,* S. 52f.; *Kathke/Vogl,* ZBR 2009, 9, 14 f.; *Kathke/Eck,* ZBR 2009, 361, 364; zustimmend *Leisner,* DÖV 1980, 496, 500; *Bochmann,* ZBR 2006, 69, 74 ff.; *Pechstein,* ZBR 2009, 20, 23 ff. m. w. N.; *Epping/Patzke,* ZBR 2012, 289, 295 f.).

2. Regelungsgehalt

In der konkreten Ausgestaltung insbesondere durch die LVO bilden die **Bestandteile** **3** **des Laufbahnprinzips** einen Rechtsrahmen für die dienstliche Verwendung, aber auch die berufliche Entwicklung des Beamten. Eine relevante Vorbedingung ist dabei die grundsätzlich auf Lebenszeit angelegte Verwendung (vgl. § 4 Abs. 1 Satz 2 BeamtStG), aus der die Notwendigkeit einer Verwendungsbreite, d. h. einer grundsätzlichen Verwendbarkeit auf allen der Laufbahn zugeordneten Dienstposten, folgt (daraus leitet das BVerwG, NVwZ 2014, 75, die Unzulässigkeit eines vorrangig am Dienstposten orientierten Anforderungsprofils ab; s. a. BVerwG, IÖD 2015, 38 sowie OVG Münster, RiA 2015, 74: Dienstposten der Gleichstellungsbeauftragten; vgl. insges. *Bochmann,* ZBR 2006, 69, 72 f.; s. a. *Lorse,* ZBR 2013, 245, 251). Demgemäß wird der Kerngehalt des Laufbahnprinzips auch als Gegensatz zu einem **Ämter- oder Positionsprinzip** definiert (*SHBS,* S. 323; *Kathke/Vogl,* ZBR 2009, 9, 13; s. a. *Kathke* in Schütz/Maiwald, Vor §§ 5 ff. LBG, Rn. 45 ff.). Die Laufbahn selbst ist die **Zusammenfassung** (i. d. R.) mehrerer nach Wertigkeit gestufter **Ämter** nach dem Ordnungsaspekt derselben **Fachrichtung** (vgl. § 5 Abs. 1 Satz 2). Die Qualifikation für ein Durchlaufen aller Ämter der Laufbahn gewährleistet an sich die **Laufbahnbefähigung** (vgl. § 5 Abs. 4), die wiederum grundsätzlich durch eine jeweils festgelegte adäquate **Vor- und Ausbildung** vermittelt wird. Eine Einschränkung ist insoweit zu machen, als die neue Gliederung in nur noch zwei Laufbahngruppen und die sich daraus ergebende große Ämtertiefe (z. B. von A 9 bis B 11!) den Verordnungsgeber der LVO veranlasst hat, innerhalb der Laufbahnen den Zugang zu höheren Ämtern von sog. **„Beförderungsvoraussetzungen"** (vgl. §§ 18, 24 LVO) abhängig zu machen (s. u. Rn. 4; s. a. *Schrapper,* ZBR 2016, 397). Die Ausbildung als speziellere Vorbedingung erfolgt in einem Vorbereitungsdienst (vgl. § 7 Abs. 1) oder folgt aus der Berufserfahrung (vgl. § 8 – Laufbahnen bes. Fachrichtung). Beide Bildungsvoraussetzungen führen danach kumulativ zur Laufbahnbefähigung. Sonderwege zum Befähigungserwerb vermitteln insbesondere der **Aufstieg** (vgl. § 23), nunmehr schon begrifflich nur noch von Laufbahngruppe 1 nach 2 möglich, und der **„andere" Erwerb** gem. § 12; vgl. dazu insgesamt auch § 4 LVO. Neben der Befähigung reguliert das **Einstiegsamt** (vgl. §§ 5 Abs. 2 Satz 2, 24 LBesG) den Zugang zur Laufbahn. Im Unterschied zum früheren „Eingangsamt"(vgl. § 15 Abs. 2 a. F.) hat es im neuen zweigliedrigen Laufbahngruppenkonzept zum einen die Funktion eines Zugangs, systemisch ist es zumindest als „zweites Einstiegsamt" der Notwendigkeit einer Reduzierung der Ämtertiefe geschuldet. Die weitere berufliche Entwicklung steuern dann das sog. **Verbot der Sprungbeförderung** gem. § 19 Abs. 4 (vgl. § 19 Rn. 8; *Battis,* § 22 BBG Rn. 12: verhindert auch Ämterpatronage) sowie die Vorgabe von Beförderungswartezeiten i. S. der **Beförderungsverbote** des § 19 Abs. 2 bzw. der **Dienstzeiten** (vgl. § 10 LVO). In Verbindung mit der Laufbahnbefähigung und dem Zugang grundsätzlich über das **Einstiegsamt** sichern gerade auch diese letztgenannten Maßgaben der regelmäßig und mit Mindestverweildauern zu durchlaufenden Ämter die Verwendungsbreite, weil der höherwertigen Verwendung jeweils eine angemessene Verweildauer und damit eine Zeit für Wissens- und Erfahrungszugewinn im geringwertigeren Amt vorausgeht (vgl. auch *SHBS,* S. 324: dies erschwert zudem Ämterpatronage und sichert Chancengleichheit).

III. Zweigliedriges Laufbahngruppenkonzept (§ 5 Abs. 2)

4   Das „horizontale" Ordnungsprinzip der Fachrichtung wird durch das „vertikal" wirkende **Laufbahngruppenprinzip** gem. § 5 Abs. 2 ergänzt (*Wichmann/Langer,* S. 284, ordnen, ohne sachlich etwas anderes zu meinen, Horizontalität und Vertikalität genau anders zu), das traditionell die vier Laufbahngruppen des einfachen (e. D.), mittleren (m. D.), gehobenen (g. D.) und höheren Dienstes (h. D.) vorsah (so noch § 6 Abs. 1 BLV; vgl. insoweit *Peters* in Schrapper (Hrsg.), Ausbildung für den öffentlichen Dienst, S. 87). Es dient durch die Begrenzung der Ämtertiefe der Verwirklichung der laufbahnrechtlichen Ausgangsidee, dem Laufbahnbewerber aufgrund der einmal erworbenen Befähigung den Zugang zu **allen Ämtern der Laufbahn** zu ermöglichen (vgl. auch *Leisner,* DÖV 1980, 496, 500; *Pechstein,* ZBR 2009, 20, 24; zur Entstehung vgl. *Epping/Patzke,* ZBR 2012, 289, 290 ff.). Mit der Novellierung insbesondere des Laufbahnrechts durch das Dienstrechtsmodernisierungsgesetz 2016 hat sich der Landesgesetzgeber jedoch dem Konzept einer **zweigliedrigen Laufbahnstruktur** zugewandt, wie es sich seit Jahren im Reformkonzept der Küstenländer (dazu insges. *Meier* in Schrapper (Hrsg.), Ausbildung für die öffentliche Verwaltung, S. 97; *Holland-Letz/Koehler,* ZBR 2012, 217) findet und nach akademischen (Gruppe 2) und nichtakademischen (Gruppe 1) Vorbildungsvoraussetzungen unterscheidet (vgl. *Seeck/Rieger,* RiA 2011, 1,

4 f.; s. a. *Ziekow,* DÖV 2008, 569, 572). Aus Sicht des Art. 33 Abs. 5 GG erscheint dieses Konzept unproblematisch (vgl. auch *Ziekow,* a. a. O.). Evidenter **Vorteil** ist die Möglichkeit, insbesondere in der Laufbahngruppe 2 die Chancen einer berufsbegleitenden Weiterqualifikation durch den Erwerb des Master-Grades ohne laufbahnrechtliche Hindernisse nutzen zu können (vgl. *Schrapper,* ZBR 2016, 397; auf den zentralen Impuls der infolge der Bologna-Reformen neustrukturierten hochschulischen Abschlüsse für die Laufbahnrechtsnovelle verweist *Idecke-Lux,* RiA 2014, 112). Bislang nur für das Einstiegsamt A 9 Qualifizierte (zuvor: g. D.) können wegen des begrifflich fortfallenden Aufstiegs bei nachträglicher Erfüllung der höheren Eingangsvoraussetzung (und personalwirtschaftlichem Bedarf) in ein Amt nach A 13 „sprungbefördert" werden (vgl. § 9 Abs. 1 Satz 2 Nr. 6 i. V. m. § 26 Abs. 1 LVO; s. a. *Bochmann,* ZBR 2013, 397, 401). Der **Nachteil** der neugewählten Laufbahngruppenstruktur dürfte darin liegen, dass sie insgesamt für viel (Regelungs-)Aufwand wenig (Innovations-) Ertrag bringt. Wohl weniger im Interesse „bundesweiter Kompatibilität" (*Seeck/Rieger,* a. a. O., S. 5) als zur Aufrechterhaltung der Grundfunktionalität von Laufbahnen (s. o.; vgl. schon *Ziekow,* DÖV 2008, 569, 572) gliedern sich die beiden Laufbahngruppen in jeweils **zwei Einstiegsebenen,** die durch die **vier Einstiegsämter** (vgl. § 24 LBesG) definiert werden. Wenig überraschend entsprechen diese den bisherigen Eingangsämtern gem. §§ 23 f. ÜBesG NRW a. F. Ein sog. **Verzahnungsamt** existiert nur noch an der Schnittstelle der beiden Laufbahngruppen (Amtsinspektor A 9). Systematisch notwendig entfallen musste das Amt des Oberamtsrats (A 13 g. D.), da es innerhalb einer einheitlichen Laufbahngruppe 2 keinen Platz hat. Gem. § 86 Abs. 2 Satz 1 LBesG i. V. m. Anlg. 17 wurden die vormaligen Oberamtsrätinnen und -räte in das Amt der Rätin/des Rats (A 13) unmittelbar durch Gesetz übergeleitet (das Amt des Ersten Hauptkommissars konnte bestehen bleiben, da es Teil einer Einheitslaufbahn mit Abschnitten ist, vgl. § 109 Rn. 1; insges. krit. dazu *Baßlperger,* Hergebrachte Grundsätze des Berufsbeamtentums, S. 34 f.). Aus den gleichen Gründen entfallen ist auch der **Aufstieg** in den vormaligen mittleren und höheren Dienst. Gleichwohl sah sich der Gesetzgeber gezwungen, zur Begrenzung der mit derselben Vor- und Ausbildung erreichbaren Ämterbandbreite sog. **Beförderungsvoraussetzungen** (§§ 18, 24 LVO) einzuführen. Die Ämter der jeweiligen zweiten Einstiegsebene sind damit nicht ohne Weiteres – wie innerhalb einer Laufbahn(-gruppe) an sich begriffsnotwendig – erreichbar. Hervorzuheben ist jedoch, dass auch das Konzept der Beförderungsvoraussetzungen die schon mit der LVO-Novelle vom 28.1.2014 eingeschlagene Richtung beibehält und das berufliche Fortkommen konsequent von einer **Qualifizierung** abhängig macht. Ein prüfungsfreier „Aufstieg" ist nicht mehr vorgesehen, nur noch ein **Ausbildungs-Aufstieg.** Als Vorteil für die Betroffenen erweist sich dagegen das neue Laufbahngruppenkonzept insoweit, als das neue („zweite") Einstiegsamt – im Gegensatz zum früheren Aufstieg aus dem Endamt – nicht erneut durchlaufen werden muss; eine direkte Beförderung nach A 7 bzw. A 14 ist möglich, vgl. §§ 18 Abs. 1, 25 Abs. 1, 26 Abs. 1 LVO. Grundsätzlich stehen zur Qualifizierung zwei Wege offen: (1.) die **modulare Qualifizierung** gem. § 25 LVO, die in Anlehnung an den früheren Aufstieg erst greift, wenn der Bewerber mindestens ein Amt gem. A 12 erreicht hat und zugelassen wurde. Inhaltlich sind mehrere Module zu absolvieren, wobei die Möglichkeit einer Anrechnung beruflicher Vorerfahrungen ausdrücklich besteht (vgl. § 25 Abs. 2 Satz 3 LVO; insges. dazu *Wißmann/Idecke-Lux,* apf 2014, 1; zum insoweit beispielgebenden bayerischen Konzept vgl. *Kathke/Eck,* ZBR 2009, 361, 362; *Baßlsperger,* ZBR 2011, 217, 219 ff.; *Mehre,* RiA 2011, 237, 239 ff.); (2.) das **Masterstudium** gem. § 26 LVO, wobei dieser Weg – im Unterschied zur modularen Qualifizierung – schon ab der Einstiegsebene der Laufbahngruppe offen steht (§ 26 Abs. 1 Satz 1 LVO) und in der Folge eine Sprungbeförderung direkt auf die zweite Einstiegsebene zulässt. Grundsätzlich (vgl. die Ausnahme in § 26 Abs. 3 LVO) erfordert dieser Karrierepfad jedoch – wie vormals der Aufstieg – eine Zulassung (§ 26 Abs. 1 Satz 1 Nr. 3 LVO) und setzt der Eigeninitiative damit Grenzen. Für die Laufbahn des höheren allg. Verwaltungsdienstes werden die genannten Qualifizierungswege inzwischen durch Verordnung (QualiVO hD allg Verw v. 4.11.2014, GV. NRW. S. 730) detailliert geordnet (dazu *Wißmann/Idecke-Lux,* a. a. O.; zum Ganzen auch *Schrapper,* ZBR 2016, 397).

Eine notwendig gesetzlich zugelassene Ausnahme (vgl. *SHBS*, S. 325) vom Laufbahn-gruppenprinzip stellt gem. § 110 Abs. 1 Satz 1 die **Einheitslaufbahn** des Polizeivollzugs-dienstes dar (vgl. auch § 110 Rn. 1). Überflüssig weil redundant ist der Vorbehalt fachge-setzlicher Regelungen in § 5 Abs. 2 Satz 3, weil er sich wort- und inhaltsgleich – und passender zugeordnet – auch in § 6 Abs. 3 findet.

IV. Begrenzung der Laufbahndifferenzierung (§ 5 Abs. 3)

5   Mit der vollständigen Neufassung des § 5 findet sich nunmehr in Absatz 3 eine drastisch reduzierte Ausdifferenzierung von Fachrichtungen bei Laufbahnen besonderer Fachrich-tung. Das Gesetz selbst sieht nur noch **vier „weit gefasste Laufbahnen"** (LT-Drs. 16/10380, S. 340; zutreffender wäre es, von Fachrichtungen zu sprechen, da zur Laufbahn auch noch die Zuordnung zu einer Laufbahngruppe gehört) vor und folgt damit der in der LVO-Novelle v. 28.1.2014 (vgl. § 44 LVO a. F.) bereits angelegten Linie. Ausweislich der Gesetzesbegründung (vgl. LT-Drs. 16/10380, S. 340) hat sich der Normgeber davon leiten lassen, dass die neuen, zum Teil sehr ausdifferenzierten Studienabschlüsse nach der Bolog-na-Reform keine Zuordnung mehr zu bestimmten Berufsbildern und damit zu einer trennscharfen Laufbahn besonderer Fachrichtung mehr erlauben (dazu auch *Idecke-Lux*, RiA 2014, 212). NRW orientiert sich damit auch hier an einer bundesweit seit Jahren zu beobachtenden Tendenz. Vor dem Hintergrund der Kritik an einem überdifferenzierten und damit letztlich dysfunktionalen sowie inflexiblen System (nach *Kathke/Vogl*, ZBR 2009, 9, 17, war die genau Anzahl der Laufbahnen in Bayern nicht bezifferbar (!); *Seeck/Rieger*, RiA 2011, 1, 2, gehen für Schleswig-Holstein und Niedersachsen von 100 bzw. 150 Laufbahnen aus, *Meier*, a. a. O., S. 99, für Niedersachsen sogar von 162, *Peters/Grunewald/Lösch*, S. 23, für den Bund von mind. 125 Laufbahnen; NRW zählte mehr als 100 Fach-richtungslaufbahnen) haben einschlägige Reformbestrebungen in Bund und Ländern in den letzten Jahren den Bestand radikal auf sechs (Art. 5 Abs. 2 LBG Bayern) bis neun (§ 6 Abs. 2 BLV) bzw. zehn (Fach-)Laufbahnen (Norddeutsche Küstenländer; vgl. insges. auch den Überblick bei *Hoffmann*, DÖD 2012, 25, 28, bzw. *Holland-Letz/Koehler*, ZBR 2012, 217) komprimiert. An sich ginge damit notwendig einher eine Neudefinition des Lauf-bahnbegriffs, wie ihn § 16 Abs. 1 BBG konsequent vornimmt, wenn dort der Begriff der „Fachrichtung" entfällt und die Zuordnung über eine „verwandte und gleichwertige Vor- und Ausbildung" erfolgt (vgl. auch *Peters/Lösch/Grunewald*, ZBR 2009, 1, 2 f.). Auch das Erfordernis von formalisierten Laufbahnwechseln (vgl. § 11 LVO) wird hierdurch deutlich verringert. Der Preis dieser neu gewonnenen Übersichtlichkeit liegt in der **„Entfunktio-nalisierung"** der Laufbahnbefähigung (*Ziekow*, DÖV 2008, 569, 572), weil ohne die her-kömmliche „gleiche Vor- und Ausbildung" gem. § 7 Abs. 1 Halbs. 1 (*Ziekow*, a. a. O.: Aus-bildungsverwandtschaft) der Schluss auf die inhaltliche Reichweite der Befähigung nur noch begrenzt möglich ist (vgl. auch BVerwG, NVwZ 2013, 265, 268). Wohl auch deshalb wird die drastische Konzentration auf nur wenige Laufbahnen in anderen Ländern durch sog. „Laufbahnzweige" (vgl. *Seeck/Rieger*, a. a. O., S. 3) bzw. „fachliche Schwerpunkte" (vgl. *Kathke/Eck*, ZBR 2009, 361, 363; *Mehre*, RiA 2011, 237, 240) relativiert.

Im Unterschied zur bisherigen Systematik, die eine Ordnung von Laufbahnen besonde-rer Fachrichtungen durch Anlagen zur LVO vorsah (vgl. §§ 11, 5 Abs. 1 Nr. 1 a. F. LVO, §§ 24, 32, 42 LVO), regelt das Gesetz nun unmittelbar und abschließend die Fachrichtun-gen in § 5 Abs. 3 Nrn. 1–4. Bisherige Laufbahnen besonderer Fachrichtung, soweit sie am 7.2.2014 bestanden, werden gem. § 5 Abs. 3 Satz 2, § 55 LVO nach Anlage 3 der LVO der neuen Viererstruktur angepasst. Ansonsten richtet sich die Zuordnung nunmehr für die Laufbahngruppe 1 nach den von § 16 Abs. 1 LVO i. V. m. Anlage 1 benannten fachlichen Schwerpunkten, für die Laufbahngruppe 2 nach den von § 16 Abs. 2 LVO i. V. m. Anlage 2 benannten. Völlig unklar bleibt demgegenüber, was § 8 Satz 1 in diesem Zusammenhang besagen will, der ausweislich der Gesetzesbegründung (LT-Drs. 16/10380, S. 341) unmittelbar der Vorgängernorm (§ 11 Abs. 1 a. F.) entlehnt wurde. Der Gesetzgeber verkennt offenbar, dass es einer „Einrichtung" im Sinne der Eröffnung einer Laufbahn gar nicht mehr bedarf, sondern bestenfalls noch der Zuordnungsentscheidung hinsichtlich „fachlicher Schwerpunkte mit … Studienbereichsfächergruppe" (vgl. Anlage 2 LVO). Diese können eigentlich nur von der einstellungsbefugten Dienstbehörde getroffen werden. Für die zur Identifikation des statusrechtlichen Amts erforderliche Festsetzung einer Amtsbezeichnung gilt § 22 Abs. 3 Satz 2 LBesG, wonach bei Laufbahnen besonderer Fachrichtung neben der Grundamtsbezeichnung lediglich der Dienstherrnzusatz erlaubt ist (vgl. auch § 8 Rn. 5).

Mit der Konzentration der Laufbahnen geht weiterhin einher der Verzicht auf die **Dualität von Regel- und Fachrichtungslaufbahn** (vgl. *Peters* in Schrapper, Ausbildung für die öffentliche Verwaltung, S. 86: in der Praxis längst überholtes Prinzip). Vorbereitungsdienste werden beibehalten, wo eine spezifische Ausbildung erforderlich erscheint (vgl. *Peters/Grunewald/Lösch,* S. 92: allg. innere Verwaltung), sind aber folgerichtig nicht mehr exklusiver Zugang zu bestimmten Verwendungen. Auch Beamte der Laufbahn besonderer Fachrichtung „nichttechnische Dienste" wären danach auf den Dienstposten der Kernverwaltungen (z. B. Hauptamt, Personalstelle) zu verwenden, sofern nicht der ernennungsbefugte Dienstvorgesetzte über das Anforderungsprofil in zulässiger Weise eine Verengung auf die Inhaber einer Regel-Laufbahnbefähigung vorsieht (vgl. auch § 8 Rn. 4).

V. Reichweite der Laufbahnbefähigung (§ 5 Abs. 4) und anderweitiger Befähigungserwerb

In Absatz 4 findet sich im Anschluss an die **Definition der Laufbahnbefähigung** eine 6 Formulierung aus § 3 Abs. 1 Satz 2 Halbs. 2 wieder. Dort hat sie – richtigerweise – die Funktion, dem besonderen Befähigungserwerb allein durch „Lebens- und Berufserfahrung" beim anderen Bewerber dort Grenzen zu setzten, wo bestimmte formale Qualifikationen unverzichtbar sind (vgl. § 3 Rn. 4). In § 5 Abs. 4 hingegen relativiert die formulierte Einschränkung die Laufbahnbefähigung als solche. Denn bei Laufbahnbewerbern eröffnet die Befähigung begriffsnotwendig den Zugang zu allen Ämtern der Laufbahn („alle innerhalb einer Fachrichtung wahrzunehmenden Ämter einer Laufbahngruppe"; vgl. insbes. BVerwG, NVwZ 2014, 75: eingeschränkte Zulässigkeit von dienstpostenorientierten Anforderungsprofilen zulasten der Laufbahnbefähigung). Dass dieses Grundprinzip nicht mehr trägt, wenn sich in einer nur noch zweigliedrigen Laufbahngruppenstruktur eine überspannte Ämtertiefe und in vier komprimierten Fachrichtungen die Negation der Ordnungsfunktion der Fachrichtung findet (s. o. Rn. 2 f.), ist erklärlich. Deshalb verhindern nunmehr zum einen sog. **Beförderungsvoraussetzungen** (vgl. §§ 18, 24 LVO; s. o. Rn. 3) den allein auf die Befähigung gestützten Zugang zu allen Ämtern der Laufbahn (-gruppe). Ohne im Rechtssinne die Befähigung selbst zu modifizieren, wirken sie faktisch wie eine Einschränkung (vgl. auch *Schrapper,* ZBR 2016, 397). Ob der Gesetzgeber dies durch § 5 Abs. 4 legitimieren wollte, erscheint fraglich, denn Beförderungsvoraussetzungen blockieren nicht lediglich den Zugang zu „einzelnen Ämtern einer Laufbahngruppe"; die Begründung des Gesetzentwurfs (vgl. LT-Drs. 16/10380) schweigt sich hierzu aus. Wohl eher auf § 5 Abs. 4 – trotz des insoweit unklaren Wortlauts – gestützt sind besondere Befähigungsvoraussetzungen, wie sie etwa der III. Abschnitt der LVO in §§ 35 ff. LVO für die **ehemaligen Fachrichtungslaufbahnen des Schulbereichs** vorsieht, etwa den Schulaufsichtsdienst (§ 35 LVO), den Werkstattlehrer (§ 36 LVO), den Fachlehrer an berufsbildenden Schulen (§ 37 LVO), den technischen Lehrer (§ 38 LVO) oder den Akademischen Rat (§ 45 LVO – die Amtsbezeichnung dürfte nach dem oben Gesagten wegen § 22 Abs. 2 LBesG zukünftig nicht mehr zulässig sein). Nach der Logik des § 5 Abs. 3 kann es sich hierbei allenfalls um Ämter bzw. Ämtergruppen (Laufbahnzweige) der unmittelbar gesetzlich geregelten Fachrichtungslaufbahn „Bildung und Wissenschaft" handeln, was der VO-Geber bei der Novellierung der LVO durch die jeweilige Streichung des Wortes „Laufbahn" und Ersetzung durch „laufbahnrechtliche Befähigung" auch nachvollzogen hat. Wenn aber durch „besondere Rechtsvorschrift" und die darin regelbaren speziellen Anforderungen die Bündelung auf nur noch vier Fachrichtungen faktisch wieder aufgehoben wird, muss auch hier nach dem tieferen Sinn der mit dem Dienstrechtsmodernisierungsgesetz 2016 angestrebten grundsätzlichen Neuordnung des Laufbahnrechts gefragt werden. Zumindest eine neue Übersichtlichkeit und Durchlässigkeit des Systems ergibt sich daraus nicht.

7   Im Unterschied zum **originären Befähigungserwerb** gem. §§ 6–8, § 4 Abs. 1 Nrn. 1 f. LVO sieht das Laufbahnrecht daneben gem. § 4 Abs. 1 Nrn. 3–6 LVO weitere Möglichkeiten zum Erwerb vor, darunter den Aufstieg gem. § 23, den Laufbahnwechsel i. e. S. gem. § 11 LVO sowie die Zuerkennung in Fällen des **Laufbahnabstiegs** (vgl. *Wichmann / Langer,* S. 306 f.). Letzterer kann sich ergeben, wenn Bewerber für die Befähigung zur Laufbahngruppe 1, zweites Einstiegsamt (m. D.), oder Laufbahngruppe 2, erstes Einstiegsamt (g. D.), an der Laufbahnprüfung bzw. dem modularisierten Studium scheitern (zur mögl. Konsequenz einer Doppelbefähigung vgl. *Ebert*, apf 2016, 61). Hier kann ihnen gem. §§ 15 Abs. 3, 4 Abs. 1 Nr. 5 LVO die Befähigung für eine fachrichtungsgleiche Laufbahn der nächstniedrigen Laufbahngruppe bzw. Einstiegsebene auch durch **Zuerkennung** vermittelt werden. Eine Variante dieses Befähigungserwerbs stellt die Zuerkennung der nächstniedrigeren Befähigung als ermessensgebundene Option bei **Nichtbewährung im Probebeamtenverhältnis** dar, vgl. § 5 Abs. 8 Satz 4 Halbs. 2 LVO (vgl. auch § 13 Rn. 11); trotz des insoweit unklaren Wortlauts der Vorschrift ergibt sich aus der Zusammenschau mit § 4 Abs. 1 Nr. 5 LVO, dass hier ein Befähigungserwerb (durch Zuerkennung) vorliegt.

§ 6 Zugangsvoraussetzungen zu den Laufbahnen

(1) **Für den Zugang zu den Laufbahnen ist als Bildungsvoraussetzung mindestens zu fordern:**
1. **für die Laufbahngruppe 1, erstes Einstiegsamt, der erfolgreiche Besuch einer Hauptschule oder ein gesetzlich als gleichwertig anerkannter Bildungsstand,**
2. **für die Laufbahngruppe 1, zweites Einstiegsamt,**
   a) **der mittlere Schulabschluss (Fachoberschulreife) oder ein gesetzlich als gleichwertig anerkannter Bildungsstand oder**
   b) **der erfolgreiche Besuch einer Hauptschule oder ein gesetzlich als gleichwertig anerkannter Bildungsstand sowie eine förderliche abgeschlossene Berufsausbildung oder eine abgeschlossene Ausbildung in einem öffentlich-rechtlichen Ausbildungsverhältnis,**
3. **für die Laufbahngruppe 2, erstes Einstiegsamt,**
   a) **eine zu einem Hochschulstudium berechtigende Schulbildung oder ein gesetzlich als gleichwertig anerkannter Bildungsstand oder**
   b) **das Abschlusszeugnis eines zu einem Bachelorgrad oder einer entsprechenden Qualifikation führenden geeigneten Studiums an einer Fachhochschule, einer Universität, einer technischen Hochschule, einer Berufsakademie oder einer gleichstehenden Hochschule,**
4. **für die Laufbahngruppe 2, zweites Einstiegsamt,**
   a) **ein mit einem Mastergrad abgeschlossenes, geeignetes Hochschulstudium oder**
   b) **ein gleichwertiger Abschluss einer Universität, einer technischen Hochschule oder einer anderen gleichstehenden Hochschule.**

(2) **¹Als weitere Voraussetzung für den Zugang zu den Laufbahnen mit Vorbereitungsdienst sind der für das jeweilige Einstiegsamt vorgesehene Vorbereitungsdienst und das Bestehen der jeweils vorgesehenen Prüfung erforderlich. ²Für Laufbahnen besonderer Fachrichtung ist zusätzlich zu den Voraussetzungen des Absatzes 1 Nummer 2 Buchstabe b, 3 Buchstabe b und 4 eine hauptberufliche Tätigkeit notwendig.**

(3) **Besondere fachgesetzliche Regelungen bleiben unberührt.**

I. Allgemeines

Mit der Neufassung durch das Dienstrechtsmodernisierungsgesetz 2016 wurden die we- **1** sentlichen Inhalte der bisherigen §§ 8 und 9 a.F. („Vorbildungsvoraussetzungen"/„Allgemeine Laufbahnerfordernisse") als § 6 in die neue Paragrafenfolge eingefügt und im Wesentlichen nur redaktionell an die geänderte Begrifflichkeit der nunmehr zweigliedrigen Laufbahngruppenstruktur angepasst. Im Rahmen der gesetzlichen Verankerung von Höchstaltersgrenzen für die Einstellung (vgl. § 14 Rn. 6) ist zudem eine Ermächtigung für derartige Altersgrenzen schon für den Vorbereitungsdienst geschaffen worden. Im Kern regelt die Vorschrift die laufbahnrechtlichen Vorbildungsvoraussetzungen, wobei im Unterschied zum alten Recht nicht mehr zwischen **Regel- und Fachrichtungslaufbahnen** differenziert wird (dazu auch § 5 Rn. 5 a.E.). Durch die Anknüpfung an sog. „Bildungsstände" für den Zugang zur Laufbahnen beruht dieser Ansatz nur insoweit auf dem Beamtenrecht selbst, als der Gesetzgeber diese mittels § 6 Abs. 1 in die Hand der Bildungspolitik gibt (vgl. *Schrapper* in ders. (Hrsg.), Ausbildung für die öffentliche Verwaltung, S. 8 f.; auch *Leisner*, DÖV 1980, 496, 502; *Stober*, ZBR 2005, 181, 189: „Hochschulfalle"). Dies macht es im Gegenzug fragwürdig, wenn bildungspolitisch getroffene Entscheidungen über die Gleichwertigkeit bestimmter Bildungsstände in einer beamtenrechtlichen Debatte über Befähigungen negiert werden (so aber *Leisner*, DÖV 1980, 496, 502: „das Problem Fachhochschule"; *Pechstein*, ZBR 2009, 20, 31 f.; s. a. *Baßlsperger*, Hergebrachte Grundsätze des Berufsbeamtentums, S. 52 Fn. 176). Mit der Neufassung dürfte auch laufbahnrechtlich endgültig klar sein, dass es für die Zuordnung zu laufbahnrechtlichen Einstiegsebenen nicht auf den Hochschultyp (Universität oder FH) ankommt, sondern auf die Qualität des Abschlussgrades (BA/MA).

II. Einzelheiten

Ausweislich des Abs. 1 Satz 1 legt die Vorschrift nunmehr **Zugangsvoraussetzungen** **2** nicht nur für **Regellaufbahnen** (vgl. § 5 Abs. 1 Satz 1: Laufbahnen mit Vorbereitungsdienst), sondern auch für **Fachrichtungslaufbahnen** (§ 5 Abs. 1 Satz 1 Variante 2) fest. Erfolgt der Befähigungserwerb durch Zuerkennung gem. § 12 Abs. 3 (anderer Bewerber), ergeben sich in Bezug auf die Vorbildungsvoraussetzungen Abweichungen (vgl. § 12 Rn. 2).

1. Orientierung an den Abschlüssen des Sekundarbereichs

Inhaltlich orientiert sich die Festlegung der für die beiden Laufbahngruppen und ihre **3** jeweiligen Einstiegsebenen erforderlichen Bildungsstände nach wie vor – im Grundsatz – an der tradierten Dreigliedrigkeit der Abschlüsse von Haupt- und Realschule sowie der gymnasialen Oberstufe, inzwischen ergänzt durch die akademischen Abschlussniveaus von Bachelor und Master, bei denen der Typ der graduierenden Hochschule (FH oder Universität) keine Rolle mehr spielt (s. a. Fn. 4). Im Sinne einer Durchlässigkeit der Schulformen kennt das Schulrecht neben den unmittelbar schulformbezogenen Abschlüssen eine Vielzahl sog. **„gleichwertig anerkannter Bildungsstände"**, die das Laufbahnrecht als insoweit akzessorisches Recht ebenfalls abbilden muss. Geregelt finden sich die i. S. v. § 6 Abs. 1 Nrn. 1 und 2 als gleichwertig qualifizierten Bildungsstände in §§ 40 ff. („Schulabschlüsse und Berechtigungen") der VO über die Ausbildung und die Abschlussprüfungen in der Sekundarstufe 1 (APO S I, SGV. NRW 233). Abschlüsse der Sekundarstufe 1 sind gem. § 22 Abs. 5 Satz 1 SchulG ebenfalls in den einjährigen Bildungsgängen des Berufskollegs zu erreichen. Zum Hochschulstudium berechtigt i. S. v. § 6 Abs. 1 Nr. 3b das Abitur (vgl. § 18 Abs. 4 Satz 1 SchulG für Gymnasium und Gesamtschule, § 22 Abs. 5 Satz 1 Nr. 3 SchulG für Berufskollegs, § 23 Abs. 3 Nr. 1SchulG für das Abendgymnasium) bzw. die FH-Reife – i. V. m. einem Praktikum bzw. einer Berufsausbildung (vgl. § 18 Abs. 4

Satz 3 f. SchulG für Gymnasium und Gesamtschule, § 22 Abs. 5 Satz 1 Nr. 2 SchulG für die Berufskollegs, § 23 Abs. 3 Nr. 2 SchulG für das Abendgymnasium). Weiter ist hier zu beachten, dass §§ 3 f. BerufsbildungshochschulzugangsVO v. 8.3.2010 (GV.NRW. S. 160) eine Hochschulzugangsberechtigung auch für Absolventen von Ausbildungsgängen gem. BBiG oder HwO vermitteln (in Erweiterung des trad. „Meisterstudiums" gem. § 2 der VO). Dies gilt auch für ein laufbahnbefähigendes Studium an Verwaltungsfachhochschulen gem. § 1 FHGöD (vgl. OVG Münster, DÖV 2011, 165).

2. Studium als Zugangsvoraussetzung zur Laufbahngruppe 2

4   Gemeinsame Zugangsvoraussetzung und damit zugleich Abgrenzungskriterium zur Lauf-bahngruppe 1 ist für die Laufbahngruppe 2 das **Studium,** wobei der Fall des § 6 Abs. 1 Nr. 3 lit. a (Hochschulreife) keine Ausnahme darstellt, weil er i.V.m. § 6 Abs. 2 auf die Sonderkonstellation abhebt, in denen der Vorbereitungsdienst zugleich als (duales) Studium ausgestaltet ist (vgl. § 7 VAPg.D. BA). Schon durch den Gesetzeswortlaut eindeutig klarge-stellt ist nunmehr, dass Auswirkungen der sog. **Bologna–Reformen** auch laufbahnrecht-lich nachvollzogen worden sind (dazu *Wiegand-Hoffmeister* in Schrapper (Hrsg.), Ausbildung für den öffentlichen Dienst, S. 42 f.). Danach ist maßgeblich die formale Qualität des Ab-schlusses, nicht der Hochschultyp (vgl. BVerwG, ZBR 2013, 206). Folglich genügt der **Master-Abschluss** auch einer **Fachhochschule** als Voraussetzung für die das 2. Einstiegs-amt, der **Bachelor-Abschluss** einer **Universität** führt dagegen nur ins 1. Einstiegsamt (vgl. auch VGH Kassel, RiA 2010, 228; insges. *Ziekow*, DÖV 2008, 569, 573; *Peters/Lösch/Grunewald,* ZBR 2009, 1, 3; krit. *Pechstein*, ZBR 2009, 20, 32; s.a. Fn. 1 a.E.). Zu-treffend hat der Gesetzgeber auch ein Defizit des § 9 Abs. 1 Satz 1 Nr. 4b a.F. bereinigt, wonach bislang noch die gesonderte Feststellung der Eignung für den höheren Dienst in der Akkreditierung erforderlich gewesen sein soll (vgl. dazu die Vorauflage, § 9 Rn. 4; ins-ges. auch *Schrapper* in ders. (Hrsg.), Ausbildung für den öffentlichen Dienst, S. 8 f.). Wei-terhin nach dem Hochschultyp zu differenzieren ist allerdings bei dem „alten" Studienab-schluss „Diplom"; hier vermittelt ein FH-Diplom nur den Zugang zum 1. Einstiegsamt. Dem Hochschultyp „Universität" gleich stehen gem. § 72 HG und analogen Vorschriften anderer Länder „als Universität" anerkannte Bildungseinrichtungen, vor allem private Uni-versitäten wie die *Universität Witten/Herdecke,* die *Bucerius-Law-School* in Hamburg oder die *Hertie-School-of-Governa*nce in Berlin. Auf einem eigenen (rheinland-pfälzischen) Landesge-setz beruht die Gleichstellung der *Deutschen Universität für Verwaltungswissenschaften Speyer.* Eine Übergangsvorschrift zu § 6 Abs. 1 Satz 1 Nr. 4b für die ehemalige sog. einphasige Juristenausbildung enthält § 131.

5   Dem Anspruch, nunmehr für **alle Laufbahnen** die Zugangs- und nicht mehr nur die Vorbildungsvoraussetzungen zu ordnen, genügt § 6 Abs. 2, wobei die Gesetzesbegründung hierzu wenig klar ausfällt (vgl. LT-Drs. 16/10380, S. 341). Der materielle Regelungsgehalt ist jedoch angesichts der Grundaussage in § 5 Abs. 1 Satz 1 und der expliziten Regelungen in §§ 7 und 8 eher deklaratorischer Natur. Relevanter ist der Vorbehalt fachgesetzlicher Regelungen in § 6 Abs. 3. In Betracht kommen hier insbes. das LABG, aber auch das ForstdiensteausbildungsG oder das StABG. Insbesondere das LABG durchbricht nach seiner grundlegenden Novellierung im Jahr 2009 (GV.NRW. S. 308) die in § 6 Abs. 1 zugrunde-liegende Systematik mehrfach. Zum einen genügt für eine Zuordnung zum zweiten Ein-stiegsamt der Laufbahngruppe 2 hier spezialgesetzlich nur der Mastergrad einer Universität, vgl. § 10 Abs. 1. Abs. 2 Satz 1 LABG. Zum anderen sind die Lehrämter gem. § 5 Abs. 1 Nrn. 1, 2, 5 LABG trotz der Vorbildungsvoraussetzung Master/Universität nicht dem zweiten Einstiegsamt (ehemals h.D.) zugeordnet (vgl. § 25 Abs. 1 LBesG i.V.m. Anlg. 1, BesGruppe A 12 Fn. 1; insges. auch *Wichmann/Langer*, S. 280 f.). Dies führt angesichts der seit 2009 nunmehr für **alle** Lehrämter gleichlangen Vor- und Ausbildung (10 Semester Studium, 18 Monate Vorbereitungsdienst) nicht ganz fernliegend zu der Frage, wie die unterschiedliche Ämterbewertung und damit Zuordnung zu zwei verschiedenen Einstiegsebenen (und Beförderungsmöglichkeiten) noch zu rechtfertigen sind (vgl. dazu *Brinktrine*, GEW-Gutachten 2016, abrufbar unter **www.gew-nrw.de/fileadmin/download/ Recht**; *Gusy*, VBE-Gutachten 2011, abrufbar unter **www.vbe-nrw.de/index.php?con tent-id4865**; a. A. *Pechstein*, PhV-Gutachten, Oktober 2009 n. v.). Dass dies perspektivisch zudem Rekrutierungsprobleme für die „unterbewerteten" Ämter mit sich bringen wird, erscheint nicht unwahrscheinlich.

§ 7 Anforderungen an den Vorbereitungsdienst

(1) [1]Soweit ein Vorbereitungsdienst vorgesehen ist, sollen die Laufbahnbewerberinnen und Laufbahnbewerber diesen im Beamtenverhältnis auf Widerruf ableisten; die für die Ordnung der Laufbahn zuständige oberste Dienstbehörde kann für Gruppen von Laufbahnbewerberinnen und Laufbahnbewerbern in den Rechtsverordnungen nach Absatz 2 oder den Laufbahnverordnungen Ausnahmen zulassen. [2]In einer Rechtsverordnung nach Absatz 2 oder durch Gesetz kann bestimmt werden, dass der Vorbereitungsdienst abweichend von Satz 1 in einem öffentlich-rechtlichen Ausbildungsverhältnis außerhalb eines Beamtenverhältnisses abgeleistet wird, wenn ein öffentliches Interesse dies rechtfertigt. [3]Auf Laufbahnbewerberinnen und -bewerber, die ihren Vorbereitungsdienst in einem solchen öffentlich-rechtlichen Ausbildungsverhältnis ableisten, finden die für die Beamtinnen und Beamten geltenden Vorschriften mit Ausnahme des § 7 Absatz 1 und des § 38 des Beamtenstatusgesetzes und der §§ 44, 63 bis 65, 75 und 79 entsprechende Anwendung, soweit nicht durch Gesetz oder auf Grund eines Gesetzes etwas anderes bestimmt wird. [4]Sie sind zu Beginn der Ausbildung nach § 1 des Verpflichtungsgesetzes vom 2. März 1974 (BGBl. I S. 469, 547) in der jeweils geltenden Fassung auf die gewissenhafte Erfüllung ihrer Obliegenheiten zu verpflichten.

(2) [1]Die für die Ordnung einer Laufbahn zuständige oberste Landesbehörde erlässt für die jeweilige Laufbahn im Bereich der Landesverwaltung und für die der Aufsicht unterstehenden Gemeinden, Gemeindeverbände und sonstigen Körperschaften, Anstalten und Stiftungen des öffentlichen Rechts im Einvernehmen mit dem für Inneres zuständigen Ministerium und dem Finanzministerium zur Ausführung der Bestimmungen nach § 9 Absatz 1 Nummer 1, 2 und 7 und nach Maßgabe der Verordnung nach § 9 Absatz 1 Vorschriften über die Ausbildung und Prüfung der Beamtinnen und Beamten durch Rechtsverordnung. [2]Dabei sollen insbesondere geregelt werden

1. die Voraussetzungen für die Zulassung zum Vorbereitungsdienst,
2. der Inhalt und das Ziel der Ausbildung während des Vorbereitungsdienstes,
3. die Ausgestaltung des Vorbereitungsdienstes und Abweichungen von seiner regelmäßigen Dauer auch hinsichtlich Beurlaubungen und Teilzeitbeschäftigungen,
4. die Art und der Umfang der theoretischen und der praktischen Ausbildung,
5. die Anrechnung von förderlichen Zeiten auf den Vorbereitungsdienst,
6. die Beurteilung der Leistungen während des Vorbereitungsdienstes,
7. die Art und die Zahl der Prüfungsleistungen,
8. das Verfahren der Prüfung,
9. die Berücksichtigung von Leistungen nach Nummer 6 bei der Festlegung der Prüfungsergebnisse,
10. die Prüfungsnoten, die eine nach der Leistung der Kandidatin oder des Kandidaten abgestufte Beurteilung ermöglichen,
11. die Ermittlung und die Feststellung des Prüfungsergebnisses,
12. die Bildung der Prüfungsausschüsse,
13. die Wiederholung von Prüfungsleistungen und der gesamten Prüfung.

[3]Ferner kann für die Einstellung in das Beamtenverhältnis auf Widerruf eine Höchstaltersgrenze festgelegt werden, die sich aus der jeweiligen Höchstaltersgrenze des § 14 Absatz 3 und 6 abzüglich der Dauer des Vorbereitungsdienstes ergibt. [4]§ 14 Absatz 5, 7, 10 und 11 findet entsprechende Anwendung. [5]Sind Ämter einer Lauf-

bahn im Geschäftsbereich mehrerer oberster Landesbehörden vorhanden, bestimmt das für Inneres zuständige Ministerium die für die Ordnung der Laufbahn zuständige oberste Landesbehörde. [6]Besondere fachgesetzliche Regelungen bleiben unberührt.

(3) **Die Rechtsverordnung nach Absatz 2 kann nach Maßgabe der Verordnung nach § 9 Absatz 1 Regelungen zur beruflichen Entwicklung über eine modulare Qualifizierung und zu den Anforderungen an eine berufliche Entwicklung durch ein Studium sowie Anforderungen an einen Laufbahnwechsel nach § 22 Absatz 2 vorsehen.**

I. Allgemeines

1   Die Vorschrift (vormals § 6 a. F.) wurde durch das Dienstrechtsmodernisierungsgesetz 2016 teilweise neu gefasst und ordnet zunächst als Regelfall („sollen") an, dass Laufbahnbewerber zur Ableistung des Vorbereitungsdienstes in ein Beamtenverhältnis auf Widerruf zu berufen sind. Eine solche Berufung ist gem. § 4 Abs. 4 lit. a BeamtStG nicht nur ausdrücklich zulässig (vgl. *v. Roetteken* in v. Roetteken/Rothländer, § 4 BeamtStG Rn. 71: Hauptanwendungsfall), sondern vor dem Hintergrund der Einbeziehung des Vorbereitungsdienstes in die Laufbahn (vgl. § 5 Abs. 1 Satz 2 Halbs. 2) auch grundsätzlich folgerichtig. Erst in den Ausschussberatungen des Dienstrechtsmodernisierungsgesetzes wurde § 7 Abs. 1 Satz 1 dahin geöffnet, in „Ausnahmefällen" (LT-Drs. 16/12136, S. 477) durch Rechtsverordnung die Berufung in das **Probebeamtenverhältnis** zuzulassen, was sich weniger aus § 7 Abs. 1 Satz 1 als aus der Gesamtschau mit § 20 Abs. 3 Satz 3 ergibt. Der amtlichen Begründung zufolge soll der Zugang zu solchen Laufbahnen, in den eine bereits abgeschlossene Berufsausbildung Zugangsvoraussetzung ist (z. B. mittl. feuerwehrtechn. Dienst), dadurch attraktiver für Bewerber werden (vgl. LT-Drs. a. a. O.). Fraglich bleibt, ob § 4 Abs. 3 lit. a BeamtStG eine solche Ausnahme zulässt, da dort der Zweck der Probebeamtenverhältnisses bundesrechtlich vorgezeichnet ist. Dieser „Feststellung der Bewährung" (vgl. *Tiedemann* in Schütz/Maiwald, § 4 BeamtStG Rn. 30) dient ein Vorbereitungsdienst jedenfalls nicht unmittelbar. Man wird allerdings zugestehen müssen, dass der Rechtsstatus eines Probebeamten im Vorbereitungsdienst den Betroffenen jedenfalls keine Nachteile bringt, da – im Gegensatz zum Widerrufsbeamten nach erfolgreicher Prüfung – hier ein Anspruch auf Übernahme nach Bewährung besteht (vgl. auch *Tiedemann* in Schütz/Maiwald, § 4 BeamtStG Rn. 31, 38) und diese deswegen einen Erst-recht-Schluss akzeptieren können (vgl. auch *Schrapper*, ZBR 2016, 391; a. A. wohl *Reich*, § 4 BeamtStG Rn. 9: Bedingungen der lit a) und b) sind „restriktiv" auszulegen). Ebenfalls neu und der Leitidee der besseren Vereinbarkeit von Familie und Beruf zugeordnet ist die in § 64 Abs. 2 ausdrücklich auch für Anwärter eröffnete familienpolitischen Freistellung (vgl. § 64 Rn. 2; vgl. auch Rn. 5). Gem. § 19 Abs. 2 Satz 1 1. Halbs. LVO führen die Widerrufsbeamten die Dienstbezeichnung (nicht: Amtsbezeichnung, da kein Amt verliehen wird) „Anwärter", in einem Vorbereitungsdienst für das zweite Einstiegsamt der Laufbahngruppe 2 die Dienstbezeichnung „Referendar".

II. Einzelheiten

1. Zugang zum Vorbereitungsdienst

2   Für den **Zugang zum Vorbereitungsdienst** ist zu beachten, dass dieser Dienst grundsätzlich auch als **Ausbildungsstätte** i. S. v. Art. 12 Abs. 1 Satz 1 GG zu bewerten ist; für wesentliche Regelungen gilt demnach der Rechtsatzvorbehalt (vgl. BVerwGE 98, 324). Ist seine Ableistung zugleich Voraussetzung für den Zugang zu Berufen außerhalb des öffentlichen Dienstes wie dem des Rechtsanwalts oder der Lehrkraft an Privatschulen (sog. **Monopolausbildungen,** vgl. BVerwG, B. v. 29.6.2015, 2 B 53/14: Lehramt; s. a. *SHBS,*

S. 260) wirkt dies vor dem Hintergrund des Grundrechts der Berufsfreiheit auf die Entscheidungsspielräume der organisierenden Verwaltungen ein. Zugangsbeschränkungen aufgrund von Vornoten oder **Höchstaltersgrenzen** (vgl. BVerwG, a.a.O.; gem. § 7 Abs. 2 Satz 3 – durch das Dienstrechtsmodernisierungsgesetz als vormaliger § 6 Abs. 2 Satz 3 hier eingefügt – sind Höchstaltersgrenzen jetzt grds. auch für den Zugang zum Vorbereitungsdienst möglich) sind hier nicht, kapazitative Engpässe als Zugangshindernisse nur eingeschränkt zulässig (vgl. *SHBS,* S. 260; vgl. auch § 30 Abs. 3 Satz 1 JAG; zum Sonderfall der Ablehnung wegen eines in einem anderen Bundesland bereits weitgehend abgeleisteten Vorbereitungsdienstes vgl. OVG Münster, B.v. 21.1.2013, 6 A 3042/11). Handelt es sich hingegen um eine **intern** ausgerichtete Ausbildung, sind engere Vorgaben zulässig, etwa in § 6 LABG (vgl. insges. BVerfG, NVwZ 2006, 815; s.a. OVG Münster, a.a.O.: Brandreferendariat; zum Anspruch eines Bewerbers auf Dokumentation des Ergebnisses des Auswahlverfahrens vgl. OVG Münster, NVwZ-RR 2010, 159). Soweit charakterliche Mängel des Bewerbers wichtige Gemeinschaftsgüter (staatlicher Erziehungsauftrag; Funktionsfähigkeit der Rechtspflege) gefährden können, darf in Ausnahmen die Berufung in das Beamtenverhältnis verweigert werden (vgl. exemplarisch § 30 Abs. 4, Abs. 5 JAG; einschränkend *Kunig* in v. Münch/Kunig, Art. 33 GG Rn. 25 m.w.N.; zur verweigerten Einstellung als Lehramtsanwärter vgl. OVG Münster, B.v. 29.9.2009, 6 B 1283/09: Vorstrafe wegen Kindesmissbrauchs; zur Nichteinstellung wegen mangelhaftem Konfliktverhalten vgl. OVG Münster, B.v. 12.3.2008, 6 E 151/08). Die Anforderungen an die Verfassungstreue gelten grundsätzlich auch für Widerrufsbeamte, dürfen aber vor dem Hintergrund des verfassungsrechtlichen Verhältnismäßigkeitsgrundsatzes anhand reduzierter Maßstäbe beurteilt werden (vgl. BVerfGE 39, 334; s. auch *Schnellenbach,* § 3 Rn. 20 m.w.N.; wohl anders, wenn der erfolgreich absolvierte Vorbereitungsdienst entgegen § 22 Abs. 4 BeamtStG – ausnahmsweise – zur Probeverbeamtung führt, z.B.gem. § 12 Abs. 2 LVOPol, vgl. auch OVG Münster, B. v. 13.8.2012, 6 B 878/12); bei Monopolausbildungen muss dann ggf. Gelegenheit zur Absolvierung eines Vorbereitungsdienstes außerhalb des Beamtenverhältnisses gegeben werden (vgl. BVerfGE 39, 334). Zur Zulässigkeit **körperlicher Eignungsvoraussetzungen** für den Polizeivollzugsdienst vgl. OVG Münster (B. v. 7.2.2013, 6 E 581/12: Farbensinnstörung) sowie VG Gelsenkirchen (Urt. v. 14.3.2016, 1 K 3788/14: Mindestgrößen; krit. dazu § 110 Rn. 4; allg. zur Voraussetzung der gesundheitlichen Eignung auch für den Vorbereitungsdienst vgl. OVG Münster, B. v. 18.10.2013, 6 B 998/13; OVG Lüneburg, DÖD 2011, 60 m. Anm. *Braun,* RiA 2011, 33; zur Notwendigkeit geschlechterdiff. Bewertung bei körperl. Tests vgl. VG Stade, B. v. 7.5.2015, 3 B 566/15, bzw. bei Mindestgrößen vgl. VG Gelsenkirchen, a.a.O.). Der Dienstherr kann sein Ermessen hinsichtlich des Vorliegens bestimmter Eignungsvoraussetzungen für die Einstellung in den Vorbereitungsdienst (z.B. Mindestkörpergröße) auch **durch Erlass** konkretisieren (vgl. VG Düsseldorf, Urt. v. 2.10.2007, 2 K 2070/07; VG Gelsenkirchen, a.a.O.). Der Versuch, die **Einstellung in den Vorbereitungsdienst** im verwaltungsgerichtlichen Eilverfahren zu erreichen, scheitert i.d.R. an der Unzulässigkeit einer Vorwegnahme der Hauptsache (OVG Münster, IÖD 2014, 11; VG Düsseldorf, B. v. 20.4.2016, 2 L 572/16). Für Lehramtsanwärter ergibt sich ein Einstellungshindernis aus § 5 Abs. 2 Satz 6 OVP, wenn sie in einem anderen Bundesland bereits in ein Prüfungsverfahren eingetreten waren, unabhängig davon, ob dieses noch andauert (vgl. OVG Münster, B. v. 29.7.2015, 6 A 1557/14).

2. Beendigung des Vorbereitungsdienstes

a) Bestehen der Prüfung oder endgültiges Scheitern

Als zweckgebundenes Beamtenverhältnis mit der geringsten Bindungswirkung endet das **3** Widerrufsbeamtenverhältnis im Vorbereitungsdienst gem. § 22 Abs. 4 BeamtStG mit **Zweckerfüllung** (Ablegung der Laufbahnprüfung oder endgültiges Scheitern) ex lege (vgl. auch *v. Roetteken* in v. Roetteken/Rothländer, § 22 BeamtStG, Rn. 98 ff.), sofern landesgesetzlich nichts Abweichendes geregelt ist (vgl. dazu §§ 10 Abs. 2, 12 Abs. 2 LVO-

Pol, wonach mit Bestehen der Laufbahnprüfung eine Ernennung zum Probebeamten folgt). Die Entlassung kraft Gesetzes tritt dabei **unabhängig** vom rechtlichen Bestand der zugrunde liegenden Prüfungsentscheidung ein (vgl. BVerwGE 72, 207; OVG Münster, B. v. 4.3.2013, 6 B 157/13). Die Prüfung muss jedoch zwingend eine **laufbahnrechtlich vorgeschriebene,** den Vorbereitungsdienst abschließende sein; Sonderprüfungen, die lediglich Zulassungsvoraussetzung zur Laufbahnprüfung sind, genügen nicht (OVG Münster, DÖD 2012, 135). In einem **modularisierten Bachelor-Studiengang** (vgl. § 63 Abs. 1 Satz 2 HG) hingegen kann jedoch jede einzelne Modulprüfung den Charakter einer abschließenden Laufbahnprüfung haben (OVG Münster, B. v. 4.3.2012, 6 B 157/13) und – auch mit Blick auf Art. 12 GG – auf eine einmalige Wiederholungsmöglichkeit beschränkt werden (OVG Münster, B. v. 6.9.2013, 6 B 808/13, bestätigt durch BVerwG, B. v. 23.9. 2015, 2 B 73/14 m. w. N.; vgl. aber VG Gelsenkirchen, Urt. v. 18.5.2016, 4 K 4348/14: bei körperl. Leistungsanforderungen nur, wenn sie aktuellen wiss. Erkenntnissen entsprechen). Da Auslöser der beamtenrechtlichen Wirkung des § 22 Abs. 4 BeamtStG ein **tatsächliches Ereignis** ist, bedarf es keiner sofortigen Vollziehbarkeit der Prüfungsentscheidung. Kann die Rechtswirkung der Prüfung nachträglich beseitigt werden, führt dies gleichwohl nicht zu einem „rückwirkenden (fiktiven) Wiederaufleben" des Beamtenverhältnisses auf Widerruf (BVerwG, ZBR 1986, 295; insges. auch *Schnellenbach*, § 6 Rn. 49). Ebenfalls unmaßgeblich für die unmittelbar eintretende Rechtsfolge der Entlassung sind ggf. bestehende Schutzpflichten, z. B. Mutterschutz (vgl. BVerfGE 44, 211; im Gegenzug darf aber eine Ernennung nicht wegen einer laufenden Schutzfrist zurückgestellt werden, vgl. auch § 13 Rn. 9); gleiches gilt für andernorts bestehende Beteiligungserfordernisse (vgl. *v. Roetteken* in v. Roetteken/Rothländer, § 22 BeamtStG Rn. 122, 127). Als weitere Folge ergibt sich schließlich, dass auch bei einer verzögerungsfreien sofortigen Ernennung des erfolgreichen Anwärters zum Probebeamten **keine Umwandlung** gem. § 8 Abs. 1 Nr. 2 BeamtStG, sondern eine – die Mitbestimmungspflicht auslösende – Begründung eines Beamtenverhältnisses gem. § 8 Abs. 1 Nr. 1 BeamtStG vorliegt (vgl. VG Arnsberg, PersV 2012, 35; s. a. *Schnellenbach*, § 3 Rn. 28); eine Ausnahme bildet der Fall des § 12 Abs. 2 LVOPol (vgl. Rn. 2). Rein interne Feststellungen (z. B. Planungsvermerk), die Umwandlung in ein Beamtenverhältnis auf Probe sei beabsichtigt, haben nicht den Charakter einer Zusage gem. § 38 VwVfG (OVG Münster, B. v. 7.10.2014, 6 A 963/13; s. a. dass., B. v. 9.10.2014, 6 A 2486/13); anders dagegen ein zwar unter Bedingungen formuliertes, aber als „Einstellungszusage" bezeichnetes Schreiben (vgl. OVG Münster, RiA 2014, 32).

b) Entlassung aus sonstigen Gründen

4   **Neben** der Entlassung gem. § 22 Abs. 4 BeamtStG kann das Beamtenverhältnis auf Widerruf grundsätzlich auch „jederzeit" gem. § 23 Abs. 4 Satz 1 BeamtStG auf der Grundlage von sachlichen, willkürfreien Erwägungen beendet werden (eigenständiger Entlassungsgrund, vgl. BVerwG, DVBl 1983, 1105; OVG Münster, Urt. v. 19.11.2004, 6 A 1720/02). Die Vorschrift erfordert – trotz insoweit gleichen Wortlauts anders als § 23 Abs. 3 BeamtStG (vgl. § 13 Rn. 10) – zwingend eine Ausübung des Ermessens (vgl. OVG Münster, B. v. 5.8.2010, 6 B 823/10). Der exekutivische Handlungsspielraum wird jedoch durch § 23 Abs. 4 Satz 2 BeamtStG vor dem Hintergrund des **Ausbildungszwecks** (Art. 12 Abs. 1 GG) durch ein Sollenspostulat („Die Gelegenheit zur Beendigung des Vorbereitungsdienstes und zur Ablegung der Prüfung soll gegeben werden") deutlich eingeschränkt (vgl. OVG Münster, B. v. 16.6.2011, 6 B 471/11; OVG Hamburg, NVwZ-RR 2006, 410; auch *Schnellenbach,* § 6 Rn. 50). Dennoch kommt der Widerruf typischerweise in **drei Fallkonstellationen** in Betracht: **(1.)** zunächst erscheint er gerechtfertigt, wenn **gravierende Dienstpflichtverletzungen** auf ein Ausmaß charakterlicher Mängel (oder auch fehlende Treue zur Verfassung, vgl. OVG Münster, B. v. 13.9.2012, 6 B 878/12) beim Anwärter schließen lassen, das – in der Parallele zu den Entlassungsgründen des § 23 Abs. 3 Nrn. 1, 2 BeamtStG – seine Eignung für eine spätere Berufung in das Regelbeamtenverhältnis auf Lebenszeit ausschließt (vgl. OVG Magdeburg, B. v. 17.12.2015, 10 M 10/15 sowie OVG Münster, Urt. v. 19.11.2004, 6 A 1720/02; B. v. 18.4.2004, 6 B 1073/04: Trunkenheitsfahrt – s. a. *Baßlsperger*, PersR 2012, 451 ff.; OVG Münster, B. v. 17.7.2006, 6 A 4200/04: Schikanen gegen andere Anwärter; B. v. 21.11.2014, 6 A 77/14: Strafanzeige gegen Kollegen, um Wechsel des Ausbildungskurses zu erzwingen; B. v. 5.6.2015, 6 362/15 m. zust. Anm. *Keller*, jurisPR-ITR 18/2015 Anm. 4: fremdenfeindliche Hetze in sozialen Netzwerken; VG Düsseldorf, B. v. 9.9.2014, 2 L 1913/14: außerdienstl. gezeigtes Fehlen von Sozialkompetenz; s. aber auch OVG Münster, B. v. 14.7.2016, 6 B 648/16: „nicht qualifizierter" Verstoß gegen dienstl. Weisungen genügt nicht; *dass.*, B v. 16.8.2016, 6 B 656/16: einmaliges persönlichkeitsfremdes Fehlverhalten – Tragen eines bei Rechtsextremen beliebtes Kleidungsstücks – genügt nicht). **(2.)** Ein weiterer Eignungsmangel kann sich – wie in allen anderen Beamtenverhältnissen – aus gesundheitlichen Defiziten ergeben. Kann wegen einer Dienstunfähigkeit der Ausbildungszweck nicht erreicht werden, ist die Entlassung „zwingende Konsequenz" (OVG Münster, B. v. 7.1.2013, 6 A 2371/11). **(3.)** Eine vergleichbare Konstellation ergibt sich schließlich, wenn der Anwärter entweder durch unvertretbar lange (typisch, aber nicht notwendig krankheitsbedingte) Unterbrechungen der Ausbildung (bzw. Prüfung) oder **durchgängig schlechte Leistungen** das Ausbildungsziel mit großer Wahrscheinlichkeit nicht erreicht (vgl. OVG Münster, B. v. 17.3.2014, 6 A 1619/13; B. v. 1.3.2013, 6 B 1453/12; VG Düsseldorf, Urt. v. 18.3.2008, 2 K 2736/07; auch *Schnellenbach*, § 6 Rn. 51) bzw. die Ausbildungsbereitschaft in Frage steht (OVG Münster, B. v. 20.1.2011, 6 A 1527/10). Bei der anzustellenden Prognose darf jedoch nicht schematisch darauf abgestellt werden, ob das Ausbildungsziel in einer abstrakt vorgegebenen Höchstdauer des Vorbereitungsdienstes erreicht werden kann (vgl. OVG Münster, Urt. v. 19.11.2004, 6 A 1720/02). Verstöße gegen die Studienordnung **(Täuschungsversuche)** rechtfertigen dagegen i. d. R. keine beamtenrechtliche Sanktion durch Entlassung, sondern sind prüfungsrechtlich zu ahnden (OVG Hamburg, NVwZ-RR 2006, 410).

Grundsätzlich gilt, dass bei Einstellung bekannte Eignungsmängel nicht mehr als (primärer) Entlassungsgrund herangezogen werden können (vgl. OVG Münster, B. v. 1.2.2016, 6 A 1891/14: Tätowierung; anders, wenn die Einstellung nur aufgrund einer einstw. Anordnung vorgenommen worden war, vgl. OVG Münster, RiA 2014, 32). Die ggf. erforderliche Anordnung der sofortigen Vollziehbarkeit der Entlassungsverfügung gem. § 80 Abs. 2 Nr. 4 VwGO findet ihre Berechtigung u. a. im öffentlichen Interesse an der Funktionsfähigkeit der Verwaltung und dem sparsamen Umgang mit Haushaltsmitteln (vgl. OVG Münster, B. v. 18.4.2004, 6 B 1073/04; VG Potsdam, ZBR 2013, 429, 430). Die Mitbestimmung der Personalvertretung bei der Entlassung gem. § 23 Abs. 4 Satz 1 BeamtStG folgt aus § 72 Abs. 1 Nr. 8 LPVG. Bei der Entlassung eines schwerbehinderten Anwärters ist laut OVG Münster, B. v. 7.1.2013, 6 A 2371/11, keine Beteiligung des Integrationsamtes gem. § 85 SGB IX notwendig.

3. Rechtliche Ausgestaltung des Vorbereitungsdienstes

Der statusrechtlichen Ausgestaltung des Vorbereitungsdienstes als Widerrufsbeamtenver- 5 hältnis kommt aber im Rahmen des Art. 33 Abs. 4, 5 GG kein zwingender Charakter zu; sonstige privat- oder öffentlich-rechtliche Ausgestaltungen sind ebenfalls zulässig (vgl. schon BVerfGE 39, 334; auch *v. Roetteken* in v. Roetteken/Rothländer, § 4 BeamtStG Rn. 73). Dem trägt die Regelung des § 7 Abs. 1 Satz 2 Rechnung. Bedingung ist im Gegensatz zur bisherigen Regelung (§ 6 Abs. 1 a. F.) jedoch neben dem öffentlich-rechtlichen Rahmen (dazu grds. BVerwG, B. v. 17.3.2014, 2 B 45/13) nicht länger der Charakter als Monopolausbildung, sondern ein rechtfertigendes öffentliches Interesse (vgl. auch LT-Drs. 16/10380, S. 341: die Neuregelung soll eine „Attraktivitätssteigerung für bestimmte Ausbildungsgänge" bewirken). Gem. § 7 Abs. 1 Satz 3 werden diese Rechtsverhältnisse durch die Anordnung der entsprechenden Anwendung beamtenrechtlicher Vorschriften den Widerrufsbeamtenverhältnissen weitgehend gleichgestellt. Eine bedeutsame Einschränkung gilt hinsichtlich des Alimentationsprinzips, Vorschriften über Besoldung, Beihilfe und Versorgung gelten explizit nicht. Als wesentlicher Anwendungsfall kann das gem. § 30 Abs. 1 Satz 1 JAG für den jur. Vorbereitungsdienst begründete „öffentlich-rechtlichen Ausbildungsverhältnis zum Land" angesehen werden; vgl. aber auch die VO über das öffentlich-rechtliche Ausbildungsverhältnis für den mittleren feuerwehrtechnischen Dienst (GV. NRW. 2005, S. 645). Da auch die Geltung des § 38 BeamtStG als Vorschrift über den Diensteid durch § 7 Abs. 1 Satz 3 ausdrücklich ausgeschlossen wird, sieht § 7 Abs. 1 Satz 4 hier die im Bereich der Tarifbeschäftigten des öffentlichen Dienstes übliche Verpflichtung vor. Im Kontext der durch das Dienstrechtsmodernisierungsgesetz 2016 erstmals eingeführten Freistellungsmöglichkeit für Anwärter gem. § 64 Abs. 2 (vgl. Rn. 1) zu sehen ist die Ermächtigung gem. § 7 Abs. 2 Satz 2 Nr. 3. Sie ermöglicht vom Wortlaut her, die Ausgestaltung des Vorbereitungsdienstes „auch hinsichtlich Beurlaubungen und Teilzeitbeschäftigungen" zu regeln. Da die Freistellungen selbst bereits unmittelbar gesetzlich geordnet sind, kann der Ermächtigung nur die Bedeutung zukommen, im Hinblick auf den besonderen Zweck des Vorbereitungsdienstes verordnungsrechtliche Einschränkungen („Regelungen") des grundsätzlichen Anspruchs auf Freistellung zu ermöglichen (darauf deutet die amtl. Begründung hin, vgl. LT-Drs. 16/10380, S. 341). Denkbar sind Restriktionen etwa im Hinblick auf die Teilzeitquote oder die zeitliche Lage der Freistellung, um bestimmte unverzichtbare Abläufe im Vorbereitungsdienst zu gewährleisten, z. B. während der Zuweisung zu bestimmten, besonders personalintensiven Ausbildungsphasen oder in der Prüfungszeit.

4. Vorschriften zu Ausbildung, Prüfung und Qualifikation

6   Absatz 2 trägt als Ermächtigungsgrundlage für den **Erlass von Ausbildungs- und Prüfungsvorschriften** dem Umstand Rechnung, dass die Rechtsprechung inzwischen auch im Bereich der beamtenrechtlichen Ausbildung durch Rechtssatz begründete Regelungen fordert (vgl. BVerwGE 98, 324; OVG Münster, IÖD 2000, 50). Ausbildungs- und Prüfungsvorschriften bedürfen danach nicht nur der Qualität eines Gesetzes im materiellen Sinne, ihr Inhalt muss auch den Anforderungen des Art. 80 Abs. 1 Satz 2 GG genügen. Entsprechende Vorgaben enthält § 7 Abs. 2 Satz 2 Nrn. 1–13. Vertretbar, im Hinblick auf § 64 HG u. U. sogar geboten, erscheint jedoch, im Falle eines als Studium ausgestalteten Vorbereitungsdienstes die konkrete Regelung insbesondere von Leistungsnachweisen und Prüfungen wegen der größeren Sachnähe anstelle ausbildungsgestaltender Rechtsverordnungen einer hochschulischen Satzung zu überantworten. Dem Rechtssatzvorbehalt würde auch dadurch genügt. Als Beispiel ist § 28 JAG für die universitären Prüfungen während der Juristenausbildung zu nennen.

7   Gem. § 76 LPVG ist dem **Personalrat** die beratende Teilnahme an Prüfungen und damit auch Laufbahnprüfungen zu gestatten. Die Teilnahme umfasst jedoch keine Beteiligung an der Beratung des Prüfungsergebnisses (vgl. OVG Münster, B. v. 16.4.2008, 1 A 4160/06.PVB). **Prüfungsversagern** kann unter den Voraussetzungen der §§ 15 Abs. 3, 4 Abs. 1 Nr. 5 LVO die Befähigung für eine fachrichtungsgleiche Laufbahn der nächstniedrigeren Laufbahngruppe zuerkannt werden (s. a. § 5 Rn. 7). Wegen der sondergesetzlichen Ermächtigung in § 110 Abs. 2 Satz 2 Nr. 3 gilt § 7 Abs. 2 nicht für den Polizeivollzugsdienst.

8   Mit dem Dienstrechtsmodernisierungsgesetz 2016 neu eingefügt wurde die Verordnungsermächtigung des § 7 Abs. 3. Sie ermöglicht es den die Laufbahn ordnenden obersten Dienstbehörden, insbesondere konkretisierende Vorgaben für die modulare Qualifizierung (§§ 18 Abs. 3 Nr. 2, 21 Abs. 2, 25 LVO) bzw. die Qualifizierung durch Studium (§§ 20 Abs. 3, 26 LVO) zu machen (vgl. auch *Wißmann/Idecke-Lux*, apf 2015, 1; *Schrapper*, ZBR 2016, 397). Diese erweiterte Ermächtigung erscheint wegen des engen sachlichen Zusammenhangs von Ausbildung und Qualifizierung sachgerecht.

§ 8 Erwerb der fachlichen Voraussetzung bei Laufbahnen besonderer Fachrichtungen

(1) ¹Die Einrichtung von Laufbahnen besonderer Fachrichtung setzt voraus, dass die Ausbildungsinhalte eines Vorbereitungsdienstes mindestens gleichwertig durch Kenntnisse und Fertigkeiten aus einer hauptberuflichen Tätigkeit ersetzt werden können. ²Vom Zeitpunkt des Inkrafttretens einer Rechtsverordnung nach § 7 Absatz 2, die den Erwerb der Befähigung durch einen Vorbereitungsdienst vorschreibt, ist die Einstellung solcher Bewerberinnen und Bewerber in die entsprechende Laufbahn mit Vorbereitungsdienst nicht mehr zulässig, die ihre Befähigung nach den Vorschriften über Beamtinnen oder Beamte besonderer Fachrichtung erworben haben. ³Die Rechtsverordnung kann für eine Übergangszeit hiervon abweichen.

(2) ¹Als hauptberufliche Tätigkeit können nur solche Tätigkeiten anerkannt werden, die nach den Grundsätzen der funktionsbezogenen Bewertung gleichwertige Kenntnisse und Fertigkeiten des auszuübenden Amtes vermitteln. ²Nähere Bestimmungen hierzu trifft die Laufbahnverordnung. ³Sie kann insbesondere Regelungen treffen über
1. Art und Umfang der hauptberuflichen Tätigkeit,
2. weitere über § 6 hinausgehende Qualifikationen.

(3) In der Rechtsverordnung nach § 9 können von § 6 abweichende Bildungsvoraussetzungen für den Zugang zur Laufbahn besonderer Fachrichtung Bildung und Wissenschaft geregelt werden.

(4) Für die Laufbahnen besonderer Fachrichtung kann die oberste Dienstbehörde Regelungen nach § 7 Absatz 3 treffen.

I. Regelungszweck

Wegen der großen Bandbreite ihrer Aufgaben benötigen die dienstherrnfähigen Träger **1** öffentlicher Verwaltung neben den Beamten, die durch Vorbereitungsdienst und Prüfung (vgl. § 7) auf die Wahrnehmung typischer Funktionen des öffentlichen Dienstes vorbereitet wurden, auch Bedienstete mit spezifischen Qualifikationen, bei denen die Einrichtung eines Vorbereitungsdienstes nicht wirtschaftlich wäre. Dieser Ausgangslage wird die Einrichtung von Laufbahnen besonderer Fachrichtung gerecht, bei denen das im Rahmen einer vorgängigen **hauptberuflichen Tätigkeit** erlangte Wissen die ansonsten in einem Vorbereitungsdienst vermittelten Kenntnisse und Fähigkeiten ersetzt (vgl. *SHBS*, S. 344; *Wichmann/Langer*, S. 287). Die Praxis vor Inkrafttreten des Dienstrechtsmodernisierungsgesetzes 2016 war jedoch durch eine ausufernde Ausdifferenzierung mit weit über 100 Fachrichtungslaufbahnen gekennzeichnet (vgl. § 5 Rn. 5). Mit § 5 Abs. 3 hat der Gesetzgeber im Dienstrechtsmodernisierungsgesetz den schon von anderen Ländern und dem Bund zuvor beschrittenen Weg einer drastischen Komprimierung des Altbestandes zu nunmehr **vier Fachrichtungen** begangen, die in Verbindung mit den Regelungen zur Laufbahngruppe zu einer gesetzesunmittelbaren Einrichtung führen. Die in § 8 Abs. 1 Satz 1 verwandte, der Vorgängernorm § 11 a. F. entlehnte Begrifflichkeit „Einrichtung von Laufbahnen" offenbart damit ein gesetzgeberisches Missverständnis, weil dafür auf untergesetzlicher Ebene gar kein Raum bleibt.

Der Eingangsformulierung des Absatzes 1 könnte jedoch in einem anderen Kontext re- **2** levant und zutreffend sein. In Verbindung mit der Formulierung, wonach die hauptberufliche Tätigkeit „mindestens gleichwertige" Kompetenzen vermitteln muss, wird nämlich ein **Regel/Ausnahme-Verhältnis** als einschränkende Voraussetzung für die Zulässigkeit der Einrichtung von Fachrichtungslaufbahnen hergeleitet (vgl. *Wichmann/Langer*, S. 286; krit. *Peters* in Schrapper (Hrsg.), Ausbildung für den öffentlichen Dienst, S. 86: „in der Praxis längst überholt"). Mit dem neugefassten § 16 Abs. 1 BBG haben der Bund und mit analogen Regelungen in gleicher Weise die „Reformländer" im Laufbahnwesen (vgl. auch § 7

Rn. 6) darauf verzichtet (vgl. etwa *Peters/Lösch/Grunewald,* ZBR 2009, 1, 2; s.a. *Peters,* a.a.O.). NRW vollzieht mit der Neuordnung des Laufbahnwesens im Dienstrechtsmodernisierungsgesetz 2016 diesen Schritt erkennbar nach. Trotz des Aufgreifens der tradierten Formulierung („mindestens gleichwertig") in § 8 Abs. 1 Satz 1 weist die Systematik insbes. des neuen § 6 Abs. 1 f. jedoch deutlich auf eine Gleichrangigkeit beider Laufbahnkonzepte hin. Gleichwohl ändert sich für die erforderliche Abgrenzung von Regel- und Fachrichtungslaufbahn insoweit nichts, als die Einrichtung einer Laufbahn mit Vorbereitungsdienst im Bereich der von ihr repräsentierten Fachlichkeit eine verdrängende, monopolisierende Wirkung hat. Diese **„Sperrwirkung"** belegt auch der mit dem Dienstrechtsmodernisierungsgesetz eingefügte § 8 Abs. 1 Satz 2. Folglich sind etwa die Einstellung und Verwendung von Bewerbern mit dem fachlichen Schwerpunkt „Wirtschafts- und Sozialwissenschaften" (vgl. Anlage 2 zur LVO) in der Fachrichtungslaufbahn „nichttechnische Dienste" (§ 5 Abs. 3 Nr. 3) dort nicht zulässig, wo das Aufgabenprofil die Befähigungen der Regellaufbahnen „nichttechnischer Verwaltungsdienst" oder „höherer allgemeiner Verwaltungsdienst" erfordert. Ähnliches gilt für das Verhältnis der technischer Regellaufbahnen wie „bautechnischer" oder „feuerwehrtechnischen Dienst" zur Fachrichtungslaufbahn „technische Dienste" bzw. für Veterinäre, soweit die Fachrichtungslaufbahn „Gesundheit" betroffen ist. Ob diese Abgrenzung, die zukünftig mangels konkretisierender Vorgaben im Laufbahnrecht vor allem von den Personalstellen vor Ort zu leisten ist, in der Verwaltungspraxis verlässlich trägt, erscheint nicht zweifelsfrei.

3   Auch für Fachrichtungslaufbahnen gilt gem. § 5 Abs. 2 das Ordnungsprinzip der Laufbahngruppen. Dem neuen Konzept folgend finden sich die jeweiligen Vorbildungsvoraussetzungen nicht mehr bei den Vorgaben für die einzelne Fachrichtungslaufbahn, sondern – für Regel- und Fachrichtungslaufbahnen gebündelt – unmittelbar in § 6 Abs. 1. Da die **Probezeit** zur Laufbahn gehört (arg. e § 5 Abs. 1 Halbs.2: schon der einer Probezeit bei Regellaufbahnen vorgelagerte Vorbereitungsdienst gehört zur Laufbahn), haben auch Fachrichtungslaufbahnbewerber (trotz z.T. mehrjähriger beruflicher Vorerfahrungen, s.u. Rn. 4) eine Probezeit gem. § 13 zu leisten; § 13 Abs. 3 i.V.m. § 5 Abs. 3 Satz 2 LVO lässt hier jedoch **Anrechnungsmöglichkeiten** zu, allerdings beschränkt auf Vortätigkeiten im öffentlichen Dienst (vgl. § 13 Rn. 9). Sind Fachrichtungslaufbahnbewerber zu ernennen, gilt für die zu verleihende **Amtsbezeichnung** § 22 Abs. 3 LBesG. Danach sind Bereichs- oder Fachrichtungszusätze nicht zulässig, was auf den ersten Blick mit der gesetzgeberischen Absicht bei der Bündelung der Fachrichtungen auch korrespondiert. Ein Nachwuchsarzt im Gesundheitsamt ist danach zukünftig nicht mehr zum „Kreismedizinalrat", sondern zum „Kreisrat" zu ernennen, ein Sozialarbeiter statt zum „Stadtsozialinspektor" zum „Stadtinspektor". Kraft Übergangsrecht (§ 86 Abs. 2 Satz 4 LBesG) tragen allerdings alle Beamten, denen noch nach altem Recht eine Amtsbezeichnung („alter" Art) verliehen wurde, diese weiter (vgl. LT-Drs. 16/10380, S. 387 f.). Ob sich diese Regelung insgesamt als sinnvoll erweist, bleibt abzuwarten (vgl. auch § 77 Rn. 1).

II. Anforderungen an die hauptberufliche Vortätigkeit

4   In der aktuellen Neufassung soll § 8 Abs. 2 Satz 1 gewährleisten, dass die **hauptberufliche Tätigkeit** als Surrogat des Vorbereitungsdienstes von ihren Anforderungen her eher den späteren Laufbahnaufgaben – und damit deren besoldungsrechtlicher Bewertung – entspricht. Sprachlich ist dies gleich doppelt missglückt, weil zum einen ein Amt keine Kenntnisse und Fähigkeiten haben kann, sondern dessen Wahrnehmung solche voraussetzt, und zum anderen die Grundsätze der funktionsbezogenen Bewertung (vgl. dazu BVerfGE 70, 251; *Wichmann/Langer,* S. 754 f.; *Battis,* § 17 BBG Rn. 2 f.) als besoldungsrechtliche Regel (vgl. § 19 Abs. 1 LBesG) nur für die Funktionen von Beamten und Richtern gelten. Gleichwohl ist der Vorschrift hinreichend klar zu entnehmen, dass privatwirtschaftliche Vortätigkeiten etwa nach ihrer tariflichen Einstufung dem System der besoldungsrechtlichen Ämterzuordnung „gleichwertig" sein müssen. In diese Richtung zielt auch die Vorgabe des § 16 Abs. 3 Satz 2 LVO, wonach die hauptberufliche Tätigkeit dem durch Ausbildung und Berufswahl geprägten Berufsbild entsprechen muss; eine „unterwertige" Tätigkeit genügt danach nicht. Darüber hinaus ergeben sich aus § 8 Abs. 2 Satz 2 i.V.m. § 16 LVO weitere Anforderungen. So ist für Sozialarbeiter und -pädagogen eine hauptberufliche Vortätigkeit im öffentlichen Dienst vorgeschrieben, vgl. Anlage 3 zu § 55 LVO. Zu nennen ist weiter die **Mindestdauer der Vortätigkeit** von grundsätzlich 24 Monaten für die Laufbahngruppe 1, von 30 Monaten für die Laufbahngruppe 2 (vgl. § 16 Abs. 4 LVO); vielfältige Ausnahmen ergeben sich aus Abschnitt 3 der LVO (z.B. 42 Monate für Akademische Räte gem. § 45 LVO oder gar 48 Monate für Werkstattlehrer gem. § 36 LVO) bzw. der Anlage gem. § 55 LVO (z.B. bei Ärzten nur ein Jahr Tätigkeit nach der Approbation). Ebenfalls zu beachten ist § 16 Abs. 3 Satz 2 LVO, wonach eine hauptberufliche Tätigkeit „den **überwiegenden Teil der Arbeitskraft** beanspruchen", dem durch Ausbildung und Berufswahl definierten Berufsbild entsprechen und „entgeltlich" sein muss (vgl. BVerwG, Urt. v. 25.5.2005, 2 C 20/04; so jetzt auch § 13 Abs. 3 LBeamtVG; s.a. VG Düsseldorf, Urt. v. 11.2.2016, 26 K 1035/15: keine Hauptberuflichkeit bei Tätigkeit als wiss. Hilfskraft). Dies ist zu unterscheiden von der in § 5 Abs. 5 LVO für die Probezeit vorgesehenen Regelungen, wonach nur eine Beschäftigung mit mindestens der Hälfte der regelmäßigen wöchentlichen Arbeitszeit in vollem Umfang berücksichtigt werden darf, unterhälftige Teilzeit hingegen nur gequotelt berücksichtigt werden kann.

Ausweislich der Gesetzesbegründung (vgl. LT-Drs. 16/10380, S. 342) wollte der Gesetz- **5** geber mit der Neuregelung des § 8 Abs. 3 sicherstellen, dass „die bisherigen Laufbahnen besonderer Fachrichtung im Schulbereich wie bisher in der Laufbahnverordnung geregelt werden können". Dieser Gesetzeszweck kann schon deshalb nicht erreicht werden, weil es neben der Fachrichtungslaufbahn „Bildung und Wissenschaft" keine weiteren „Fachrichtungslaufbahnen im Schulbereich" mehr geben kann (vgl. § 5 Rn. 6). Soweit aber eine Ermächtigung geschaffen werden sollte, um besondere Anforderungen an einzelne Ämter oder Ämtergruppen statuieren, genügt bereits § 5 Abs. 4 diesem Zweck vollauf (vgl. § 5 Rn. 6). Der neue **Absatz 4** soll den jeweiligen obersten Dienstbehörde (vgl. § 2 Abs. 1 Satz 1) ermöglichen, unterhalb der Ebene einer Rechtsverordnung durch bloße „Regelungen", also letztlich laufbahnrechtlicher Maßgaben in Gestalt von Personalentwicklungsvorgaben, für die Erfüllung von Beförderungsvoraussetzungen (modulare Qualifizierung und Studium) bzw. die Anforderungen an einen Laufbahnwechsel Vorgaben zu treffen. Für Regellaufbahnbeamte hat dies gem. § 7 Abs. 3 durch Rechtsverordnung zu geschehen und sichert auf diese Weise eine Orientierung an §§ 24 ff. LVO und damit die nötige Einheitlichkeit und Verbindlichkeit für die konkretisierende Einzelentscheidung. Ob dagegen der Zugang zu Beförderungsämtern für Beamte in Fachrichtungslaufbahnen allein auf Grundlage eines behördeninternen Personalentwicklungskonzept zur modularen Qualifizierung als „Regelung" i.S.v. § 8 Abs. 4 außenwirksam gem. § 35 VwVfG verweigert werden kann, erscheint zweifelhaft.

§ 9 Laufbahnverordnung

(1) ¹**Die Landesregierung erlässt unter Berücksichtigung der Erfordernisse der einzelnen Verwaltungen durch Rechtsverordnung Vorschriften über die Laufbahnen der Beamtinnen und Beamten (Laufbahnverordnung).** ²**Dabei sind auch nach Maßgabe der §§ 5 bis 23 insbesondere zu regeln**

1. **die Voraussetzungen für die Einrichtung und Ausgestaltung von Laufbahnen, insbesondere Regelungen zum Befähigungserwerb sowie die Feststellung der bei einem anderen Dienstherrn erworbenen Laufbahnbefähigung,**
2. **Mindestanforderungen an einen Vorbereitungsdienst, insbesondere seine Dauer, seine Kürzung durch Anrechnung und seine Verlängerung sowie seinen Abschluss,**

3. Mindestanforderungen an eine hauptberufliche Tätigkeit,
4. Art, Dauer und Berechnung der Probezeit, ihre Verlängerung und die Anrechnung von Zeiten hauptberuflicher Tätigkeit sowie die Dauer der Mindestprobezeit,
5. Beförderungsvoraussetzungen,
6. die in der Laufbahn regelmäßig zu durchlaufenden Ämter, sowie die davon abweichende vorzeitige Beförderung auf der Grundlage einer Qualifizierung oder eines Studiums,
7. die Voraussetzungen für den Aufstieg in das erste Einstiegsamt der Laufbahngruppe 2 (Laufbahnbefähigung im Wege des Aufstiegs),
8. die Einstellungsvoraussetzungen für andere Bewerberinnen und Bewerber,
9. der Verzicht auf eine erneute Probezeit, die in einem früheren Richter- oder Beamtenverhältnis bereits abgeleistet worden ist,
10. der Verzicht auf das erneute Durchlaufen von Laufbahnämtern, die in einem früheren Richter- oder Beamtenverhältnis bereits erreicht worden sind,
11. die inhaltlichen Anforderungen für die Anerkennung einer Laufbahnbefähigung bei einem Laufbahnwechsel sowie die Ausgestaltung des Laufbahnwechsels,
12. Kosten und Kostenerstattung für eine berufliche Qualifizierung oder ein Studium und
13. Festlegung von Höchstaltersgrenzen für die Einstellung oder Übernahme ins Beamtenverhältnis.

(2) **Absatz 1 und die §§ 5 bis 16 und 19 bis 23 gelten nicht für Beamtinnen und Beamte auf Zeit.**

I. Allgemeines

1   Die Vorschrift enthält die Ermächtigung zur verordnungsrechtlichen Ausgestaltung des Laufbahnwesens. Sie ist dabei – wie Absatz 1 Satz 2 zu Anfang deutlich macht – an die inhaltlichen Vorgaben der §§ 5–23 gebunden, was wiederum Art. 80 Abs. 1 Satz 1 GG und Art. 70 LVerf Rechnung trägt. Vor dem Hintergrund der Kritik durch die Beschlüsse des BVerfG vom 21.4.2015 zur laufbahnrechtlichen Höchstaltersgrenze (ZBR 2015, 304) ist die neu eingefügte Nr. 13 allerdings unverständlich und vermutlich auf ein Redaktionsversehen zurückzuführen, das der sehr dynamischen Entwicklung im Lauf des Jahres 2015 geschuldet ist. Zweifellos erforderlich war aber die Anpassung an die Neukonzeption der Laufbahngruppenstruktur (vgl. insbes. § 9 Abs. 1 Satz 2 Nrn. 5 und 7). Ebenfalls neu ist die Klarstellung, dass auch frühere Richterverhältnisse den Verzicht auf bestimmte Voraussetzungen rechtfertigen (vgl. LT-Drs. 16/10380, S. 342). Die Festlegung von laufbahnrechtlichen Höchstaltersgrenzen nebst Ausnahmen ist nunmehr wegen ihrer Wesentlichkeit für die Einschränkung des Art. 33 Abs. 2 GG auf formell-gesetzlicher Ebene unmittelbar in § 14 Abs. 3 erfolgt (vgl. § 14 Rn. 6).

II. Geltungsausschlüsse

3   Gem. Absatz 2 findet das Laufbahnrecht **keine Anwendung** auf Zeitbeamte, wobei der Gesetzgeber mit dieser Änderung des Wortlauts durch das Dienstrechtsmodernisierungsgesetz (vorher: kommunale Wahlbeamte) eine bereits in der LVO-Novelle v. 28.1.2014 vorgezeichnete Erweiterung des § 1 Abs. 2 LVO aufgreift und nunmehr konsequent weiterführt. Da auch kommunalen Wahlbeamte (§§ 118, 119) eine Untergruppe der Zeitbeamten darstellen (vgl. § 4 Rn. 4), ist mit der Neuformulierung keine wesentliche Änderung verbunden. Der Kreis der sog. **laufbahnfreien Ämter** ist jedoch weiter gezogen. Er bezieht gem. §§ 123 Abs. 1 Satz 1, 124 Abs. 2 Satz 1 die Professoren und Juniorprofessoren mit ein (vgl. auch § 1 Abs. 2 Nr. 1 LVO). Ausdrücklich nicht erwähnt und daher reguläre Laufbahnbeamte sind die sog. politischen Beamten gem. § 37 Abs. 1.
Eine verdrängende Sonderregelung enthält § 110 Abs. 1 Satz 2 für das Laufbahnrecht der Polizeivollzugsbeamten (vgl. auch § 110 Rn. 1). Auf der Vorschrift des § 116 Abs. 4 beruht

die Ermächtigung zum Erlass laufbahnrechtlicher Regelungen für Beamte des feuerwehr-technischen Dienstes (LVOFeu). Der Existenz dieser besonderen Ermächtigungen trägt § 1 Abs. 3 LVO Rechnung. Ergänzungen des § 9 Abs. 1 für den Bereich der Lehrerlaufbahnen finden sich in §§ 3 ff. LABG.

§ 10 Sicherung der Mobilität

(1) [1]**Eine nach dem 1. April 2009 beim Bund oder in einem anderen Land erworbene Laufbahnbefähigung soll als Befähigung für eine Laufbahn vergleichbarer Fachrichtung in Nordrhein-Westfalen anerkannt werden.** [2]**Soweit die Ausbildung bei dem anderen Dienstherrn hinsichtlich der Dauer oder der Inhalte ein erhebliches Defizit gegenüber der Ausbildung in Nordrhein-Westfalen aufweist, das nicht bereits durch die vorhandene Berufserfahrung ausgeglichen ist, kann die Anerkennung vom Ableisten einer Unterweisung oder von Fortbildungsmaßnahmen abhängig gemacht werden.**

(2) **Für die vor dem 1. April 2009 erworbenen Laufbahnbefähigungen trifft die Laufbahnverordnung nähere Regelungen.**

(3) [1]**Die Befähigung für die Laufbahn, in die eingestellt, gewechselt oder von einem Dienstherrn versetzt werden soll, ist von der einstellenden oder aufnehmenden Behörde festzustellen und der Beamtin oder dem Beamten schriftlich mitzuteilen.** [2]**Für den Bereich der Landesverwaltung erfolgt die Feststellung mit Zustimmung der für die Ausgestaltung der neuen Laufbahn zuständigen obersten Dienstbehörde oder der von ihr bestimmten Stelle.** [3]**Die Reglungen des § 14 Absatz 3 des Lehrerausbildungsgesetzes vom 12. Mai 2009 (GV. NRW. S. 308) in der jeweils geltenden Fassung bleiben unberührt.**

(4) [1]**Die Laufbahnbefähigung anderer Bewerberinnen und Bewerber, welche durch den Landespersonalausschuss eines anderen Landes oder des Bundes festgestellt wurde, wird in Nordrhein-Westfalen nicht anerkannt.** [2]**In diesen Fällen ist die Laufbahnbefähigung durch den Landespersonalausschuss des Landes Nordrhein-Westfalen festzustellen.**

I. Allgemeines

Mit dem Dienstrechtsmodernisierungsgesetz 2016 greift der Gesetzgeber die mit der **1** LVO-Novelle v. 28.1.2014 bereits vorgezeichnete Linie zur Regelung von **Laufbahnwechseln** auf (s. a. *Idecke-Lux*, RiA 2014, 112, 117). Bereits mit dem LBG von 2009 musste der Neuordnung der beamtenrechtlichen Gesetzgebungskompetenzen durch die Föderalismusreform I Rechnung getragen werden. In deren Folge war nämlich das auf § 13 Abs. 3 Satz 4 BRRG beruhende Kooperationsverfahren zur Sicherung der bundesweiten Gleichwertigkeit der Laufbahnbefähigungen entfallen (vgl. auch *Peters/Lösch/Grunewald*, ZBR 2009, 1 3 f.; *Hlusiak*, DVP 2010, 310, 313). Mit § 10 Abs. 7 a. F. hatte sich der Gesetzgeber zunächst bei Einstellungen bzw. Versetzung in den Fällen, in denen die Laufbahnbefähigung nach dem 30.3.2009 und außerhalb von NRW erworben wurde, für das Konzept einer Vergleichsprüfung durch die Einstellungsbehörde entschieden, durch die eine bestimmte Laufbahnbefähigung festgestellt werden konnte. Schon in der Vorauflage (§ 10 Rn. 1) war angedeutet worden, dass sich angesichts der bundesweit entstandenen Bandbreite an Laufbahn- und Laufbahngruppensystemen die Frage der Regularien für länderübergreifende Dienstherrnwechsel in besonderem Maße stellen würde (vgl. auch *Holland-Letz/Koehler*, ZBR 2012, 217, 229).

Nunmehr hat der Gesetzgeber die Regelungen für den Laufbahnwechsel weitgehend in **2** das LBG selbst hochgezont, wofür er Doppelungen mit der LVO, etwa im Fall von § 22 und § 11 LVO, in Kauf nimmt (vgl. auch § 22 Rn. 2), um an anderer Stelle dennoch wieder vollständig auf die LVO zu verweisen (vgl. § 10 Rn. 3). Die **Gesamtsystematik der**

§§ 10, 22 ordnet diejenigen Laufbahnwechsel, die sich bei Einstellungen oder Zuversetzungen **von außerhalb** des Geltungsbereichs des LBG ergeben, § 10 zu. Ergibt sich **innerhalb** des Geltungsbereiches (Land, Kommunen und sonstige dienstherrnfähige juristische Personen) die Notwendigkeit eines Laufbahnwechsels (z. B. von der Steuer- in die allgemeine Verwaltung, vom Landes- in den Kommunaldienst oder bei internen Personalentwicklungsmaßnahmen), gilt § 22 i. V. m. § 11 LVO.

II. Einzelheiten

1. Altfälle vor dem 1. April 2009

3   Für die Anwendung der Vorschrift ist zunächst – wie bei der Vorläufernorm des § 10 Abs. 7 a. F. – der Stichtag 1.4.2009 relevant. Er geht auf das Inkrafttreten des LBG 2009 zurück, mit dem der Landesgesetzgeber seine als Folge der Föderalismusreform neugeordneten laufbahnrechtlichen Kompetenzen erstmals wahrnahm (s. a. § 10 Rn. 1). Für die Altfälle verweist Absatz 2 vollinhaltlich auf § 53 LVO, wobei es sich dabei eher um eine Art „Lesehilfe" als eine Ermächtigungsnorm handelt. Dort (§ 53 Abs. 1 LVO) wird im Sinne eines Bestandsschutzes auf das vormalige Regelungskonzept der **„Entsprechung"** von Laufbahnbefähigungen abgestellt. Diese lag gem. § 81 Abs. 3 LVO 1995 vor, wenn Laufbahngruppe und Fachrichtung identisch waren, die Vorbildung gleich und die Ausbildung mindestens wesentlich gleich. Zudem administrativ flankiert durch das Kooperationsverfahren von Bund und Ländern gem. § 13 Abs. 3 Satz 4 BRRG konnte wegen der damit erreichten bundesweiten Homogenität die neue Befähigung der „entsprechenden Laufbahn" **unmittelbar** und ohne weitere Entscheidung erlangt werden. § 53 LVO perpetuiert dieses Konzept und erstreckt es – wie die Vorläufernormen – auch auf Fachrichtungslaufbahnen, vgl. § 53 Abs. 2 LVO.

2. Anerkennung durch Vergleichsprüfung

4   Fällt der Befähigungserwerb für die Herkunftslaufbahn auf einen Zeitpunkt nach dem 1.4.2009, bedarf es einer ausdrücklichen **Anerkennung** als Befähigung im Geltungsbereich des LBG. Nach Absatz 3 führt die Einstellungsbehörde eine Vergleichsprüfung durch, wobei § 10 Abs. 1 Satz 1 bei „vergleichbarer Fachrichtung" die Anerkennung als Regelfall („soll") vorschreibt. Grundlage für die Anerkennung ist die **„vorhandene Berufserfahrung"** (arg. e. § 10 Abs. 1 Satz 2). Haben die Einstellungsbehörden – trotz vorhandener beruflicher Vorpraxis – Zweifel an der **Gleichwertigkeit der Ausbildung** von Herkunfts- und Ziellaufbahn, können eine **Unterweisung** (Nachholen von Ausbildungsinhalten) oder **Fortbildungsmaßnahmen** verlangt werden. Was **Art und Dauer** solcher Maßnahmen angeht, lassen sich dem Gesetz keine Vorgaben entnehmen. Als „Faustformel" kann auf § 12 Abs. 3 LVO 1995 zurückgegriffen werden, wonach die Unterweisungszeit mindestens ein Drittel des jeweiligen Vorbereitungsdienstes umfassen musste. Ein solcher Zeitraum von einem Jahr erscheint gerechtfertigt, da im Hinblick auf die neue Laufbahnbefähigung nur ein „erhebliches Defizit" eine Unterweisungszeit erfordert. Letztlich jedoch muss jede Einstellungsbehörde dies selbst bewerten und eine entsprechende Kompensation anordnen; dies gilt nicht nur für die Dauer, sondern auch für die Inhalte. Die Anordnung einer Unterweisung oder Fortbildung berührt die statusrechtlichen Wirkungen einer Einstellung oder Zuversetzung nicht; der Beamte steht im Dienst des neuen Dienstherrn. Da § 10 – im Unterschied etwa zu § 12 Abs. 3 LVO 1995 – erkennbar keine Prüfung zum Ende der Unterweisung vorschreibt, kann die Einstellungsbehörde daher bei einer defizitären Unterweisung wohl nur mit der Anordnung einer Verlängerung reagieren. Ebenfalls nicht eindeutig geregelt ist die Frage, ob das Anerkennungsverfahren auch für **Fachrichtungslaufbahnen** gelten soll. Zumindest § 10 Abs. 1 Satz 2 könnte auf das Gegenteil deuten, da hiernach die Anerkennung von einem Vergleich der jeweiligen „Ausbildung" die Rede ist; diese kann es begrifflich nur bei Regellaufbahnen geben. Einen syste-

matischen Hinweis hierzu geben Absätze 2 und 4: hiernach sind bei den „Altfällen" (s. o. Rn. 3) Fachrichtungslaufbahnen ausdrücklich einbezogen und für die dritte Kategorie, die Befähigung durch „anderen Erwerb" (§ 10 Abs. 4), findet sich ebenfalls eine ausdrückliche Regelung. Dies deutet darauf hin, dass der Gesetzgeber alle drei Befähigungskategorien, also auch die Laufbahnen besonderer Fachrichtung, erfassen wollte. Ausdrücklich ausgeschlossen vom Anerkennungsverfahren sind dagegen gem. § 10 Absatz 4 Befähigungen **anderer Bewerber**. Die Feststellung einer solchen Befähigung innerhalb des Geltungsbereichs des LBG bleibt dem LPA vorbehalten (vgl. auch § 12 Rn. 4).

3. Zuständigkeit und Verfahren

Bei der **Zuständigkeit für die Anerkennung** der Laufbahnbefähigung ist zu unter- 5
scheiden: alle Behörden von Dienstherrn außerhalb der Landesverwaltung (z. B. Kommunen) entscheiden **selbst und abschließend** über die Anerkennung. Warum der Gesetzgeber hier nicht grundsätzlich die Zuständigkeit der jeweiligen obersten Dienstbehörde gem. § 2 Abs. 1 vorgesehen hat, ist unerklärlich, dürfte jedoch angesichts der tatsächlichen Verwaltungsstrukturen in NRW ohne große Bedeutung bleiben. Landesbehörden, soweit Einstellungs- und Versetzungsentscheidungen auf sie delegiert wurden, entscheiden zwar ebenfalls selbst, unterliegen dabei aber einem **Zustimmungsvorbehalt** des jeweiligen die Laufbahn ordnenden Ministeriums. Dies dient einer gewissen Standardsicherung und Vorsorge gegenüber Miss- bzw. Fehlgebrauch, könnte aber – insbesondere bei den nicht eindeutig zugeordneten Laufbahnen besonderer Fachrichtung – zulasten der Praktikabilität gehen, zumal zweifelhaft bleibt, ob angesichts des klaren Gesetzeswortlauts hier auf § 11 Abs. 3 Satz 1 LVO zurückgegriffen werden kann, wonach bei Fachrichtungslaufbahnen die Zustimmung der jeweiligen obersten Dienstbehörde genügt. Gem. § 10 Abs. 3 Satz 1 a. E. ist das Ergebnis der Anerkennungsprüfung dem Beamten „schriftlich mitzuteilen". Da diese Mitteilung wegen ihres „regelnden" Charakters VA-Qualität hat, bedarf sie gem. § 39 Abs. 1 VwVfG einer Begründung. Rechtsschutz ist in Gestalt der Verpflichtungsklage zu suchen, i. d. R. gem. § 44 VwGO i. V. m. dem Rechtsbehelf gegen die versagte Grundentscheidung (Ernennung/Versetzung). Eine i. S. d. § **10 Abs. 3 Satz 3** verdrängende Sonderregelung für die Feststellung von Lehramtsbefähigungen, die außerhalb von NRW erworben wurden, enthält § 14 Abs. 3, 4 LABG.

§ 11 Anerkennung der Laufbahnbefähigung auf Grund der Richtlinie 2005/36/ EG und auf Grund in Drittstaaten erworbener Berufsqualifikationen

(1) **Die Laufbahnbefähigung kann auch**

1. **auf Grund der Richtlinie 2005/36/EG des Europäischen Parlaments und des Rates vom 7. September 2005 über die Anerkennung von Berufsqualifikationen (ABl. L 255 vom 30.9.2005, S. 22, L 271 vom 16.10.2007, S. 18, L 093 vom 4.4.2008, S. 28, L 33 vom 3.2.2009, S. 49, L 305 vom 24.10.2014, S. 115) die zuletzt durch die Richtlinie 2013/55/EU (ABl. L 354 vom 28.12.2013, S. 132) geändert worden ist oder**

2. **nach Maßgabe des § 7 des Beamtenstatusgesetzes auf Grund einer auf eine Tätigkeit in einer öffentlichen Verwaltung vorbereitenden Berufsqualifikation, die in einem vom § 7 Absatz 1 Nummer 1 Buchstabe c des Beamtenstatusgesetzes nicht erfassten Drittstaat erworben ist,**

anerkannt werden,

(2) [1]**Das Nähere, insbesondere das Anerkennungsverfahren sowie die Ausgleichsmaßnahmen, regelt das für Inneres zuständige Ministerium, für die Laufbahnen der Lehrerinnen und Lehrer das für das Schulwesen zuständige Ministerium, durch Rechtsverordnung.** [2]**Das Berufsqualifikationsfeststellungsgesetz NRW vom 28. Mai 2013 (GV. NRW S. 272) in der jeweils geltenden Fassung findet insoweit keine An-**

wendung. [3]Ergänzende Festlegungen können die Rechtsverordnungen nach § 7 regeln.

(3) **Die deutsche Sprache muss in dem für die Wahrnehmung der Aufgaben der Laufbahn erforderlichen Maße beherrscht werden.**

Übersicht

I. Erwerb der Laufbahnbefähigung durch Unionsbürger/Staatsbürger aus europäischem Wirtschaftsraum/Drittstaaten

1   Im Zuge der Europäisierung und Internationalisierung können nach § 11 bei entsprechender und nachgewiesener Qualifikation **Staatsangehörige der Mitgliedstaaten der Europäischen Union** (Unionsbürger, Art. 17 Abs. 1 EGV) die Laufbahnbefähigung erwerben (vgl. dazu ausführlich *Verleger,* RiA 2016, 111 mit zahlreichen Beispielsfällen für den öffentlichen Dienst; *Verleger,* BayVBl. 2015, 402; *Tabbara,* ZBR 2013, 109; zur Historie *Schotten,* DVBl 1994, 567; *Kathke,* ZBR 1994, 233; *Hölscheidt/Baldus,* NWVBl. 1997, 41; *Kämmerer,* EuR 2001, 27; *Summer,* PersV 2007, 223). Sie können gem. § 7 Abs. 1 Nr. 1a) BeamtStG – wenn sie die nach Landesrecht vorgeschriebene Befähigung besitzen (§ 7 Abs. 1 Nr. 3 BeamtStG; zur notwendigen Verfassungstreue s. § 7 Abs. 1 Nr. 2 BeamtStG) – in ein Beamtenverhältnis berufen werden, sofern nicht ein Ausnahmefall des Ausschlusses von Nichtdeutschen nach § 7 Abs. 2 BeamtStG vorliegt (s. dazu. *Verleger,* BayVBl. 2015, 402). Gleiches gilt nach § 7 Abs. 1 Nr. 1b) u. c) BeamtStG für **Beschäftigte aus vertraglich begünstigten Drittstaaten** (dazu BT-Drs. 16/4027, S. 22; *v. Roetteken* in v. Roetteken/Rothländer, § 7 BeamtStG Rn. 64–72; *Metzler-Müller* in MRSZ, § 7 BeamtStG Erl. 2.2). § 6 Teilhabe- und Integrationsgesetz NRW („Interkulturelle Öffnung der Landesverwaltung") sieht in Reaktion auf gesellschaftliche Entwicklungen das Ziel einer signifikanten Erhöhung des Anteils der Menschen mit Migrationshintergrund im öffentlichen Dienst vor (vgl. zu entsprechenden Möglichkeiten und Grenzen die grundlegende Darstellung von *Ziekow,* DÖV 2014, 765). § 11 Abs. 1 nimmt ausdrücklich Bezug auf die einschlägige Richtlinie 2005/36/EG des EU-Parlaments und des Rates v. 7.9.2005 über die Anerkennung von Berufsqualifikationen (ABl. EG 2005 Nr. L 255, S. 22); dies ist im Sinne eines Verweises auf die jeweils aktuelle Fassung der Richtlinie zu verstehen (vgl. zur RL 2005/36/EG *Karpenstein,* Praxis des EU-Rechts, 2013, Rn. 196 ff. m. w. N.; *Maier/ Rupprecht,* WiVerw 2012, 62). Die letzte entsprechende Änderung der Richtlinie wird im Gesetz angeführt. Im Hochschulbereich gibt es mit § 122 Abs. 1 eine Sonderregelung für die Berufung in ein Beamtenverhältnis. Ausnahmen von § 7 Abs. 1 Nr. 1 und Abs. 2 BeamtStG können für die Berufung von Hochschullehrern und anderen Mitarbeitern des wissenschaftlichen und künstlerischen Personals gem. § 7 Abs. 3 Nr. 2 BeamtStG vom MIK beim Vorliegen wichtiger Gründe zugelassen werden. Dies werden regelmäßig besondere wissenschaftliche oder künstlerische Qualifikationen sein (*Reich,* § 8 BeamtStG Rn. 12).

II. Erwerb der Laufbahnbefähigung durch Staatsbürger aus nicht von § 7 Abs. 1 Nr. 1c) BeamtStG erfassten Drittstaaten

Im Zuge des Anerkennungsgesetzes NRW, welches das Gesetz zur Feststellung der **2** Gleichwertigkeit ausländischer Berufsqualifikationen in NRW (Berufsqualifikationsfeststellungsgesetz NRW v. 28.5.2013, GV. NRW S. 272) beinhaltet, wurde auch § 11 LBG NRW neugefasst. Bei dem Beruf des Verwaltungsbeamten handelt es sich um einen sog. reglementierten Beruf (*Verleger*, BayVBl. 2015, 405). Das Anerkennungsgesetz NRW ist dem Anerkennungsgesetz des Bundes nachgebildet (vgl. zum Anerkennungsgesetz des Bundes *Maier/Ruprecht*, WiVerw 2012, 62; vgl. zur Rechtsgrundlage im Unionsrecht – Richtlinie 2005/36/EG – *Siegel,* Europäisierung des Öffentlichen Rechts, 2012, S. 395 ff.). § 11 schließt vor dem Hintergrund beamtenrechtlicher Spezifika bzw. dem Status eines Beamtenverhältnisses zu Recht die Anwendung des BQFG NRW für das Landesbeamtenrecht aus (§ 11 Abs. 2 Satz 2; s.a. § 14 Abs. 5 S. 1 LABG NRW – im Lehrerbereich gibt es spezialgesetzliche Regelungen). Angesichts der sehr unterschiedlichen, bedarfsorientierten Ausbildungsgänge in den verschiedenen beamtenrechtlichen Laufbahnen passt das Modell des BQFG NRW schon im Ansatz nicht, weil z.B. eine Nachqualifizierung im Berufsektor der Beamten regelmäßig kaum auf einer analogen Berufsausbildung im Ausland aufbauen kann. Das Nachholen einer dann ggf. notwendigen beamtenrechtlichen Vollausbildung entspräche aber nicht Sinn und Zweck der „Anerkennungsregelungen" für ausländische Berufsabschlüsse (vgl. *Verleger*, BayVBl. 2015, 406 – Versagung der Anerkennung, wenn Ausgleichsmaßnahmen faktischer Neuausbildung gleichkommen). Daher ist es im Rahmen der weitergehenden Öffnung des Beamtenrechts für Drittstaatsqualifikationen allein sachgerecht, außerhalb des Rechtsregimes des BQFG NRW spezifische Regelungen für den Beamtenbereich ausschließlich im Beamtenrecht zu treffen. Dies stellt auch sicher, dass nicht unterschiedliche Maßstäbe an den Erwerb der Laufbahnbefähigung gestellt werden.

Durch § 11 Abs. 1 Nr. 2 wird unter bestimmten Voraussetzungen auch **Staatsbürgern** **3** **aus nicht von § 7 Abs. 1 Nr. 1c) BeamtStG erfassten Drittstaaten** über die beamtenrechtliche Norm die grundsätzliche Möglichkeit eröffnet, die Laufbahnbefähigung anerkannt zu erhalten (§ 11 Abs. 1 Nr. 2). In der Gesetzesbegründung heißt es hierzu (vgl. LT-Drs. 16/1188, S. 66): „Vor dem Hintergrund der demografischen Entwicklung und eines sich abzeichnenden Fachkräftemangels sollen im Anwendungsbereich des Landesbeamtengesetzes im Ausland erworbene Berufsqualifikationen, die auf eine Tätigkeit in der öffentlichen Verwaltung vorbereiten, künftig umfassender Berücksichtigung finden können". Durch die Regelung im LBG kann dieser Anspruch aber nur eingeschränkt erfüllt werden. Die Gesetzesbegründung suggeriert zwar, dass mit der Neufassung des § 11 eine „umfassendere Berücksichtigung" im Ausland erworbener Berufsqualifikationen im Beamtenbereich erfolgt und dies zur Berufung in ein deutsches Beamtenverhältnis führen kann; das Gesetz lässt aber demgegenüber – in der Sache durchaus zu Recht – bei nicht von § 7 Abs. 1 Nr. 1c BeamtStG erfassten Staatsbürgern nur eine beschränkte weitere Öffnung für beamtenrechtliche Anerkennungen und die Berufung in das Beamtenverhältnis zu. Nach § 11 Abs. 1 Nr. 2 können nämlich solche etwaige Anerkennungen nur nach **„Maßgabe des § 7 BeamtStG"** erfolgen, so dass auch in dem Rahmen § 7 Abs. 3 Nr. 1 BeamtStG zur Anwendung gelangt, der für nicht unter § 7 Abs. 1 Nr. 1 BeamtStG fallende Staatsbürger ein „dringendes dienstliches Interesse für deren Gewinnung" verlangt. Offenkundig sollen also in solchen Fällen keine von einem möglichen Beamtenverhältnis gänzlich losgelösten abstrakten Anerkennungen/Anerkennungsverfahren erfolgen bzw. verlangt werden können. Eine Verbeamtung muss ernsthaft in Betracht kommen können, damit ein Verfahren auf Anerkennung durchzuführen ist. Folgerichtig wird insoweit nach § 2 der nach § 12 Abs. 2 S. 1 erlassenen „Verordnung zur Anerkennung von Berufsqualifikationen als Laufbahnbefähigung" vom 5. November 2015 (GV. NRW. S. 742) „ein Anerkennungsverfahren nur durchgeführt, wenn die allgemeinen Voraussetzungen für die Begründung des Beamtenverhältnisses erfüllt sind." Eine Anerkennung der Qualifikation begründet in allen Fällen keinen Anspruch auf Einstellung (auch nicht bei EU-Bürgern, vgl. *Verleger*, BayVBl. 2015, 406). An die Erfüllung der gesetzlichen **Voraussetzung des dringenden dienstlichen Interesses i. S. d. § 7 Abs. 3 Nr. 1 BeamtStG** sind relativ hohe Anforderungen zu stellen (vgl. *Reich*, § 7 BeamtStG Rn. 11; *Metzler-Müller* in MRSZ, § 7 BeamtStG Erl. 2.4; *v. Roetteken* in v. Roetteken/Rothländer § 7 BeamtStG, Rn. 91; *B. Hoffmann*, in Schütz/Maiwald, § 7 BeamtStG Rn. 78; *Tabbara*, ZBR 2013, 109, 113). In der Gesetzesbegründung zu § 7 BeamtStG heißt es dazu (BT-Drs. 16/4027, S. 23): „Dringende dienstliche Interessen sind besonders wichtige Interessen, die über die Interessen der jeweiligen Verwaltung, in die die Beamtin oder der Beamte eingestellt werden soll, hinausgehen." Insofern dürfte jedenfalls die **Hürde für Anerkennungsverfahren** ausländischer Berufsabschlüsse von Staatsbürgern, die nicht unter § 7 Abs. 1 Nr. 1 BeamtStG fallen, im Rahmen von § 11 derzeit noch eher hoch sein (vgl. aber für eine Berufung in das Beamtenverhältnis das Beispiel von *Metzler-Müller* in MRSZ, § 7 BeamtStG Erl. 2.4: „Marokkanischer Staatsangehöriger, der für den Polizeidienst bzw. das Ordnungsamt in einer multikulturellen Stadt benötigt wird."; s. a. die Gesetzesbegründung zu § 18 Abs. 1 Nr. 3 BBG, BT-Drs. 17/6260, S. 57; s. a. *v. Roetteken* in v. Roetteken/Rothländer § 7 BeamtStG Rn. 91 u. 92: „Das dringende dienstliche Bedürfnis stellt kein Instrument zur besseren Integration von Ausländern, Ausländerinnen ohne Erwerb der Unionsbürgerschaft dar ... Dringende dienstliche Interessen können vorliegen, wenn es z. B. darum geht, Personen mit besonderen Sprachkenntnissen, einer besonderen Vertrautheit mit den Lebensverhältnissen von Ausländern, Ausländerinnen auch im hoheitsrechtlichen Aufgabenbereich, insbesondere bei der Polizei, im Ordnungsamt, bei der Gewerbeaufsicht oder im Verfassungsschutz einzusetzen."). § 7 Abs. 3 Nr. 1 BeamtStG ist kein (zielgerichtetes) rechtliches Instrument, welches auf die Integration ausländischer Mitbürger abzielt (*B. Hoffmann*, in Schütz/Maiwald, § 7 BeamtStG Rn. 79; *v. Roetteken* in v. Roetteken/Rothländer § 7 BeamtStG Rn. 91 u. 92). Gerade im Polizeibereich kann es sinnvoll sein, verstärkt ausländische Bewerber einzustellen, da diese zu den entsprechenden Lebensverhältnissen und der Kultur regelmäßig einen besseren/einfacheren – auch sprachlichen – Zugang haben, was der Akzeptanz für polizeilichen Maßnahmen dienlich sein kann (*B. Hoffmann*, in Schütz/Maiwald, § 7 BeamtStG Rn. 79).

5   § 11 wirft in der praktischen Umsetzung zahlreiche ungeklärte Fragen auf (vgl. zu typischen praktischen Problemen von Anerkennungsverfahren in Bayern *Verleger*, BayVBl. 2015, 402). Zur Prüfung der (Zulassungs-)Frage für das Anerkennungsverfahren ist z. B. im Zuge der Feststellung eines „dringenden dienstlichen Interesses" i. S. d. § 7 Abs. 3 Nr. 1 BeamtStG bereits u. a. eine (erste) Bewertung der beruflichen Qualifikation des Antragstellers notwendig, die wiederum eigentlich erst im Anerkennungsverfahren intensiv zu prüfen ist, so dass sich die Frage nach der Intensität und tatsächlichen Basis der Ausgangsprüfung und ihrer verfahrensmäßigen Einordnung stellt. Es ist deshalb insgesamt keine sehr gewagte Prognose, dass § 11 vor dem Hintergrund der sehr spezifischen Beamtenausbildung in Deutschland entgegen der Gesetzesbegründung weiterhin eher selten praktisch wird und Probleme aufwerfen kann. Es ist aber vieles im Fluss. Offenkundig will der Gesetzgeber mit § 11 nach außen signalisieren und die Voraussetzungen dafür schaffen, dass auch für die „Berufsgruppe" der Beamten eine verstärkte Ausweitung der Anerkennung ausländischer Qualifikationen stattfindet (ähnlich auch § 18 BBG, § 16 LBG Hamburg). Die Neuregelung ist in jedem Fall ein Schritt zum erleichterten Zugang von Ausländern zur Verbeamtung (vgl. hierzu *Tabbara*, ZBR 2013, 109; siehe zur Rechtslage in Bayern *Verleger*, BayVBl. 2015, 402). Die in der Literatur zuletzt von *Ziekow* untersuchte Fragestellung der „Möglichkeiten und Grenzen der Verbesserung der Chancen von Personen mit Migrationshintergrund im öffentliche Dienst" stellt sich als wichtiges Dauerthema dar (*Ziekow*, DÖV 2014, S. 765; s. a. *Tabbara*, ZBR 2013, 109; s. a. § 6 Teilhabe- und Integrationsgesetz NRW). Eine sinnvolle verbreiterte kulturelle Diversität des öffentlichen Dienstes würde die entsprechenden gesellschaftlichen Entwicklungen aufnehmen, darf allerdings nicht damit befördert werden sein, dass z.B. wichtige beamtenrechtliche Standards – etwa bei der Personaleinstellung am Maßstab des Art 33 Abs. 2 GG – entgegen den verfassungsrechtlichen und beamtenrechtlichen Vorgaben aufgeweicht werden (vgl. dazu *Ziekow*, DÖV 2014, 765, 771). Eine bevorzugte Einstellung von Personen mit Migrationshintergrund analog den Frauenfördervorschriften wäre nicht verfassungskonform und dürfte auch dem AGG und § 9 BeamtStG widersprechen (so auch mit überzeugenden Argumenten *Ziekow*, a.a.O.). Innerhalb des gesetzlichen und verfassungsrechtlichen Rahmens gibt es aber unterhalb problematischer Bevorzugungsregelungen zahlreiche Anknüpfungspunkte für Fördermaßnahmen und Chancenverbesserungen zu Gunsten des betroffenen Personenkreises (z.B. Förderpläne), die der öffentliche Dienst aktiv nutzen sollte und zunehmend nutzt (vgl. dazu *Ziekow*, a.a.O.).

III. Rechtsverordnungen zum Anerkennungsverfahren/Ausgleichsmaßnahmen

Die näheren Einzelheiten, insbesondere zum Anerkennungsverfahren und zu den Aus- **6** gleichsmaßnahmen, werden in einer Rechtsverordnung durch das für Inneres zuständige Ministerium und für die Laufbahnen der Lehrerinnen und Lehrer durch das für das Schulwesen zuständige Ministerium geregelt (§ 11 Abs. 2 Satz 1). Der Verordnungsweg öffnet den Ressorts einen im Verhältnis zu einer gesetzlichen Regelung flexibleren Weg, um z.B. auf bestimmte rechtliche oder tatsächliche Entwicklungen (neue Qualifikationsanforderungen usw.) schnell und flexibel reagieren zu können. Eine entsprechende „Verordnung zur Anerkennung von Berufsqualifikationen als Laufbahnbefähigung" hat das MIK am 5.11. 2015 erlassen (GV. NRW. S. 742). Im Schulbereich ist zuletzt am 11.1.2016 geänderte „AnerkennungsVO Berufsqualifikation Lehramt)" maßgeblich (GV. NRW. S. 23).

IV. Deutsche Sprachkenntnisse

§ 11 Abs. 3 regelt eine Selbstverständlichkeit. Für die dienstliche Tätigkeit eines Beam- **7** ten in Deutschland sind **deutsche Sprachkenntnisse** mindestens in dem Maße erforderlich, wie es die Aufgaben der Laufbahn für eine ordnungsgemäße Wahrnehmung verlangen. Ein solches Erfordernis hat – auch z.B. im Arbeitsrecht – keinen diskriminierenden Charakter (vgl. BAG, NJW 2012, 171; BAG, NZA 2010, 625; *Herbert/Oberrath,* NJ 2011, 8 ff.; *Herbert/Oberrath*, DB 2010, 391; *Mohr*, AP Nr. 8 zu § 3 AGG). Vor dem Hintergrund, dass nach § 23 Abs. 1 VwVfG Deutsch die Amts- und Gerichtssprache ist (s.a. §§ 55 VwGO, 184 GVG), ist die Regelung im LBG folgerichtig, weil ein Beamter ohne Beherrschung der Amtssprache in einem wesentlichen Punkt Basisanforderungen seines Berufes nicht erfüllt. Es muss sichergestellt sein, dass die dienstlichen Aufgaben ordnungsgemäß erledigt werden können, wozu ein bestimmtes Sprachniveau gehört (*Verleger*, BayVBl. 2015, 408: „Es müssen aber gerade bei Beamten wegen der unmittelbaren Anwendung von Rechts- und Verwaltungsvorschriften ein sicheres Verständnis der deutschen Sprache und eine entsprechende kommunikative Umsetzung erwartet werden können."). Das **Erfordernis der Beherrschung der deutschen Sprache** war als allgemeiner Gesichtspunkt der Befähigung ohnehin schon immer zu berücksichtigen (*Kathke,* ZBR 1994, 235 Fn. 29). Die Kenntnisse können durch geeignete Nachweise – z.B. ein persönliches Gespräch, Sprachkurszertifikate – belegt werden (vgl. BT-Drs. 16/7076, S. 104). Dem Dienstherrn steht es frei, bei Zweifeln über die hinreichende Beherrschung der deutschen Sprache ggf. eine mündliche oder schriftliche Prüfung deutscher Sprachkenntnisse durchzuführen bzw. eine erfolgreiche Absolvierung einer Prüfung durch geeignete Institutionen zu verlangen (so auch *Verleger*, BayVBl. 2015, 408). Auch in dem Kontext stellt sich die Frage von Fördermaßnahmen des Staates.

§ 12 Andere Bewerberinnen oder andere Bewerber

(1) Von anderen Bewerberinnen oder von anderen Bewerbern (§ 3 Absatz 1 Satz 2) dürfen die für die Laufbahn vorgeschriebene Vorbildung, Ausbildung (Vorbereitungsdienst oder hauptberufliche Tätigkeit) und Laufbahnprüfung nicht gefordert werden.

(2) Für andere Bewerberinnen und andere Bewerber kann Art und Umfang der zu fordernden Lebens- und Berufserfahrung in der Laufbahnverordnung bestimmt werden.

(3) Die Befähigung anderer Bewerberinnen oder anderer Bewerber für die Laufbahn, in der sie verwendet werden sollen, wird durch den Landespersonalausschuss festgestellt; die Feststellung ist nicht zulässig in den Fällen des § 3 Absatz 1 Satz 2 Halbsatz 2.

I. Regelungszweck

1   Neben dem **Befähigungserwerb** gem. §§ 6 f. (Regellaufbahnen) und §§ 6, 8 (Fachrichtungslaufbahnen) ermöglicht die Vorschrift des § 12 einen für das Laufbahnprinzip (vgl. § 5 Rn. 3) **atypischen Erwerb** der Laufbahnbefähigung allein durch Lebens- und Berufserfahrung. Definitorisch folgt daraus, dass „anderer Bewerber" i. S. v. § 12 Abs. 1 jeder Bewerber außer dem Laufbahnbewerber ist (BVerwGE 71, 330; vgl. auch VG Gelsenkirchen, Urt. v. 14.9.2010, 12 K 1157/10). Als systemsicherndes Korrektiv sieht § 12 Abs. 3 jedoch eine konstitutive Feststellung der Befähigung durch den LPA (§ 97 Abs. 1 Nr. 2) vor (vgl. BVerwG, ZBR 2015, 344, 346: „unverzichtbare Sicherung der laufbahnrechtlichen Anforderungen"). Bei den in § 37 Abs. 1 genannten „politischen" Beamten übt diese Befugnis gem. § 37 Abs. 2 die Landesregierung (durch Kabinettsentscheid) aus. **Mindestaltersgrenzen** (vgl. noch § 45 Abs. 3 LVO 1995) sieht das geltende Recht vor dem Hintergrund höchstrichterlicher Vorgaben (BVerwG, NVwZ 2013, 80; vgl. auch LT-Drs. 16/10380, S. 343) nicht mehr vor, obwohl § 12 Abs. 2 noch eine ausdrückliche, allerdings sprachlich angepasste Regelungsermächtigung für das Verordnungsrecht enthält.

II. Einzelheiten

1. Ausnahmecharakter der Regelung

2   Das Institut des anderen Bewerbers ergänzt als **Ausnahmetatbestand** die ansonsten strikten Zugangsregeln zur Laufbahn und bringt sie damit zusätzlich zur Geltung, indem es in Sonderfällen adäquate Lösungen ermöglicht und dadurch systemimmanente, aber unangemessene Konsequenzen vermeidet (vgl. BVerwG, Urt. v. 23.4.2015, 2 C 35/13; s. a. *Battis,* § 19 BBG Rn. 5; *Wichmann/Langer,* S. 288 f.). Damit muss notwendig eine Anwendungspraxis im Einzelfall einhergehen, die diesem Regel/Ausnahme-Verhältnis erkennbar Rechnung trägt (*Bochmann,* ZBR 2013, 397, 402; *Wißmann,* ZBR 2011, 361, 372; *Pechstein,* ZBR 2009, 20, 23; vgl. aber *Kathke/Eck,* ZBR 2009, 361, 363: das bayerische Dienstrecht relativiert diesen Ansatz inzwischen; krit. dazu *Lorse,* DÖV 2010, 829, 835; *ders.,* ZRP 2010, 119, 121 f.). Dazu muss belegt sein, dass der besondere Befähigungserwerb gem. § 12 auf besonderen dienstlichen Notwendigkeiten beruht und keine geeigneten Laufbahnbewerber zur Verfügung stehen (vgl. *SHBS,* S. 324; *Wichmann/Langer,* S. 288: „Ausnahmeerscheinung"; auch Bayern hält insoweit an einem „besonderen dienstlichen Interesse" fest, vgl. *Kathke/Eck,* ZBR 2009, 361, 363). Hinzu kommt, dass für andere Bewerber die laufbahnrechtliche Höchstaltersgrenze gem. § 14 Abs. 3 nicht gilt (vgl. § 14 Rn. 7) und sie damit auch im beamtenrechtlichen Versorgungssystem, in dem hinreichend lange Dienstzeiten eine spätere Versorgung rechtfertigen, eine Ausnahme bilden. Insgesamt problematisch ist daher eine Personalpraxis, die Verbeamtungen gem. § 12 mit der „Perso-

nalbindung" leistungsstarker Tarifbeschäftigter rechtfertigen will. Eindeutig unzulässig, vgl. § 12 Abs. 3 Halbs. 2, ist die Feststellung der Befähigung, wenn die Anforderungen an einen bestimmten, die Laufbahn prägenden Beruf durch Vorschriften außerhalb des Laufbahnrechts geordnet sind, z. B. bei Ärzten, Apothekern oder Lehrern, vgl. § 3 Abs. 1 Satz 2 Halbs. 2. Dies verhindert, dass spezielle berufsrechtliche Anforderungen unterlaufen werden (vgl. BVerwGE 71, 330; *Battis*, § 19 BBG Rn. 4; *Wichmann/Langer*, S. 289). Gleiches gilt für eine zwingend erforderliche besondere laufbahnmäßige Vorbildung und Fachausbildung, was auf den Polizeivollzugsdienst (vgl. § 110 Rn. 2), aber auch auf Fachrichtungslaufbahnen zutrifft. Weitere Einschränkungen ergeben sich, weil der andere Bewerber nicht über die von §§ 71 Abs. 3 Satz 2 GO, 47 Abs. 1 Satz 3 KrO, 20 Abs. 2 Satz 3 LVerbO, 21 Abs. 1 Satz 2 DSG geforderte **Amtsbefähigung** gem. §§ 1 JAG, 10 Abs. 6 a. F. verfügt. (s. a. § 23 Rn. 2; zur Befähigung „höherer Verwaltungsdienst" vgl. auch *Wichmann/Langer*, S. 142). Umstritten ist, ob ein Beamter mit Laufbahnbefähigung gem. §§ 7 f. die Befähigung für die nächsthöhere Laufbahn als anderer Bewerber erlangen kann (so ausdr. VG Gelsenkirchen, Urt. v. 15.11.2006, 1 K 2055/04; Urt. v. 14.9.2010, 12 K 1157/10; Urt. v. 23.8.2012, 12 K 3435/11), oder ob darin eine Umgehung der Vorschriften über den Aufstieg, vgl. § 23, § 4 Abs. 1 Nr. 3 LVO, liegt (so § 1 Abs. 4 Nr. 2 Verfahrensordnung als Anl. zu § 2 Abs. 1 GO LPA, Bek. v. 23.11.2011, MBl. NRW. 2012, S. 128; OVG Koblenz, NVwZ-RR 1995, 341; wohl auch OVG Münster, NVwZ-RR 1990, 425).

2. Besonderes Feststellungsverfahren

Die Zuerkennung der Laufbahnbefähigung mittels **Feststellung** durch den LPA gem. §§ 12 Abs. 3, 97 Abs. 1 Nr. 2 vermittelt eine konkrete Laufbahnbefähigung, die, von den oben genannten (vgl. Rn. 2) Ausnahmen abgesehen, keinen Einschränkungen unterliegt. Nach allgemeinen laufbahnrechtlichen Prinzipien stehen damit grds. alle Ämter – unter den auch für Laufbahnbewerber geltenden Voraussetzungen – der Laufbahn offen (zum Aufstieg vgl. § 23 Rn. 5). Damit kommt dieser Befähigungserwerb auch „hilfsweise" in Betracht, wenn eine grundsätzlich mögliche Befähigungsfeststellung gem. § 10 aus tatsächlichen oder rechtlichen Gründen einen unangemessenen Aufwand erfordert (vgl. auch *Peters/Lösch/Grunewald*, ZBR 2009, 1, 4). Für das **Verfahren der Feststellung** ist grundsätzlich eine persönliche Vorstellung des Bewerbers beim LPA erforderlich. Anforderungen an das Verfahren ergeben sich aus der als Anlage zu § 2 Abs. 1 GO LPA ergangenen „Verfahrensordnung". Die Entscheidung ist mangels Außenwirkung **kein Verwaltungsakt,** kann aber implizit im Rahmen einer Verpflichtungsklage des Bewerbers gegen die ablehnende Entscheidung des Dienstherrn gerichtlich überprüft werden (vgl. VG Gelsenkirchen, Urt. v. 14.9.2010, 12 K 1157/10). Erfolgt die Ernennung des Bewerbers ohne die vorgeschriebene Mitwirkung des LPA, muss sie gem. §§ 12 Abs. 1 Nr. 4 BeamtStG, 17 Abs. 2 Satz 1 binnen sechs Monaten zurückgenommen werden. Dies gilt auch dann, wenn es wegen der kraft Gesetz (hier: § 3 Abs. 1 Satz 2) feststehenden Unzulässigkeit einer Feststellung gem. § 12 Abs. 3 einer LPA-Befassung gar nicht bedurfte (vgl. BVerwGE 71, 330; s. a. *Schnellenbach*, § 3 Rn. 29).

§ 13 Probezeit

(1) ¹**Eignung, Befähigung und fachliche Leistung sind in einer Probezeit unter Anlegung eines strengen Maßstabs, bei Probezeiten oberhalb von zwölf Monaten wiederholt, zu beurteilen.** ²**Die regelmäßige Probezeit dauert drei Jahre.** ³**Ein Verzicht auf eine Probezeit durch Kürzung und Anrechnung ist mit Ausnahme der Einstellung früherer Richterinnen und Richter und Beamtinnen und Beamter nicht zulässig.**

(2) ¹**Die Probezeit kann bei anderen Bewerberinnen und Bewerbern durch den Landespersonalausschuss gekürzt werden.**

(3) ¹Dienstzeiten im öffentlichen Dienst oder als Lehrkraft an Ersatzschulen und Zeiten einer hauptberuflichen Tätigkeit, die öffentlichen Belangen des Bundes oder eines Landes dient, können auf die Probezeit angerechnet werden. ²Die Zeit einer Tätigkeit, die nach ihrer Art und Bedeutung nicht mindestens einem Amt der betreffenden Laufbahn entsprochen hat, bleibt unberücksichtigt.

(4) Das Nähere regelt die Laufbahnverordnung.

Übersicht

I. Allgemeines

1   Als statusrechtliche Regelung i. S. d. Art. 74 Abs. 1 Nr. 27 GG findet sich die Erforderlichkeit einer erfolgreich absolvierten Probezeit als **Vorbedingung einer Ernennung zum Lebenszeitbeamten** in § 10 BeamtStG. Wegen des andererseits engen Zusammenhangs mit dem landesrechtlich zu ordnenden Laufbahnwesen (vgl. § 5) beschränkt sich das Bundesrecht neben der Grundaussage (Notwendigkeit der Bewährung) auf die Festlegung von Mindest- (6 Monate) und Höchstzeiten (5 Jahre), nicht zuletzt um dienstherrenunabhängige Standards zu setzen (vgl. auch *Zentgraf* in MRSZ, § 10 BeamtStG Erl. 2). Die Regelung von Mindestzeiten ist Ausnahmen auf landesrechtlicher Grundlage zugänglich (vgl. § 10 Satz 2 BeamtStG). In der Folge hat der Landesgesetzgeber mit der Vorschrift des § 13 weitere Einzelheiten normiert, darunter die regelmäßige Dauer (§ 13 Abs. 1 Satz 2) sowie Anrechnungs- und Kürzungsmöglichkeiten. Gegenüber der Fassung des LBG 2009 (§ 14 a. F.) sieht das Dienstrechtsmodernisierungsgesetz 2016 neben der neuen Paragrafennummerierung im Wesentlichen eine sprachliche Neufassung und rechtssystematische Bereinigung (vgl. LT-Drs. 16/10380, S. 343) vor; letztere war u. a. in der Vorauflage (vgl. dort § 14 Rn. 2) angemahnt worden. Die Funktion des neuen Absatzes 4 dürfte eher – wie an anderer Stelle auch – in einem Lesehinweis bestehen. Denn als Ermächtigungsgrundlage ist der Absatz wegen der nunmehr in § 9 gebündelten Regelung überflüssig, im Hinblick auf die geschärften Vorgaben des BVerfG (ZBR 2015, 304: Höchstaltersgrenze) sogar untauglich. Verzichtet hat der Gesetzgeber nunmehr auf den ehemaligen Absatz 5, zumal die Probezeitverlängerung zulässigerweise in § 5 Abs. 8 LVO erschöpfend geregelt ist.

Von der laufbahnrechtlichen Probezeit zu unterscheiden ist die sog. **„Erprobung vor Beförderung"** gem. § 19 Abs. 3 i. V. m. § 7 Abs. 4 LVO vor Übertragung eines höher bewerteten Dienstpostens (vgl. dazu BVerwGE 115, 58; s. a. BVerwGE 126, 333: bei freigestellten Personalratsmitgliedern kann Erprobung durch Prognose der Eignung ersetzt werden; vgl. dazu § 92 Rn. 5). Die Sonderregelung einer Probezeit für das **laufbahnfreie** Professorenamt findet sich in § 122 Abs. 4 (vgl. § 122 Rn. 5 f.).

II. Einzelheiten

1. Laufbahnbezug der Probezeit

Deutlich wird der **Laufbahnbezug der Probezeit** weniger in § 13 selbst als in der mit **2** dem Dienstrechtsmodernisierungsgesetz eingeführten neuen Ermächtigungsnorm des § 9 Abs. 1 Nrn. 4, 9, vor allem aber in § 5 Abs. 1 Satz 1 LVO. Zudem greift § 13 das mit dem Wegfall des Instituts der Anstellung schon mit dem LBG 2009 eingeführte **neue Probe-zeitkonzept** (dazu *Rescher*, NWVBl. 2009, 255, 256 f.) auf, das auf eine zeitliche Differen-zierung nach Laufbahngruppen verzichtet. Im Unterschied zur Vorläufernorm findet sich jetzt in § 13 Abs. 1 Satz 1 die unmittelbar gesetzliche Klarstellung, dass **nur** bei Probezei-ten von mehr als einem Jahr „wiederholt" zu beurteilen ist. Dem korrespondiert als all-gemeine Vorgabe für die Organisation der Probezeit bei allen Dienstherrn § 5 Abs. 1 Satz 4 LVO, wonach der Probebeamte seine Bewährung i.d.R. auf **mehr als einem Dienstposten** unter Beweis stellen soll. Durch die Betonung des **„strengen Maßstabs"** für die Bewährungsfeststellung wird die Bedeutung der Probezeit und damit der Leistungs-gedanke (vgl. *Battis*, § 11 BBG Rn. 3) deutlich gestärkt. Diesem Leitgedanken folgt NRW nicht allein; er ist ein wesentlicher Aspekt der Reformgesetzgebung im Gefolge der Föde-ralismusreform I (vgl. *Battis*, § 11 BBG Rn. 3; *Peters/Grunewald/Lösch*, S. 141 f.: gewissen-haftere Prüfung als bisher; *Kathke/Eck*, ZBR 2009, 361, 363; *Seeck/Rieger*, RiA 2011, 1, 7: strengere Maßstäbe als bisher). Nur scheinbar konkrete, tatsächlich aber redundante und damit überflüssige Vorgaben für die „wiederholt" erforderliche Beurteilung macht der in-soweit neugefasste § 5 Abs. 1 Satz 5 LVO. Hiernach sind **zwei Beurteilungen** erforder-lich, die erste spätestens nach zwölf Monaten, die zweite zum Ende der Probezeit. Ersteres ergibt sich schon aus § 13 Abs. 1, letzteres hingegen bereits aus § 5 Abs. 1 Satz 6 LVO, wonach die Feststellung über die Bewährung „in vollem Umfang" **vor Ablauf der Pro-bezeit** zu erstellen ist.

2. Maßstab der Bewährungsfeststellung

a) Allgemeines

Ziel der Probezeit ist die **Feststellung der Bewährung** (vgl. § 5 Abs. 1 Satz 1 LVO; **3** auch § 11 Abs. 1 Satz 1 Nr. 2 BBG), d.h. die Verifizierung der bei der Einstellung u.a. auf seine Laufbahnbefähigung gestützte Prognose, der Probebeamte entspreche – bei konkreter und einzelfallbezogener Würdigung seiner gesamten Persönlichkeit (vgl. BVerfGE 108, 282: Kopftuch I) – den Anforderungen seiner Laufbahn (s.a. OVG Münster, B. v. 26.9. 2014, 6 A 1767/11). Beurteilt wird die Bewährung am Maßstab des in Art. 33 Abs. 2 GG verorteten Leistungsprinzips, d.h. Aneignung, Befähigung und fachlicher Leistung. Daraus folgt zwingend, dass sich der **Beurteilungsmaßstab** an den **Anforderungen der Lauf-bahn** und nicht denen eines bestimmten Dienstpostens zu orientieren hat (vgl. BVerwGE 106, 263; s.a. BVerwG, NVwZ 2014, 300; OVG Münster, ZBR 2011, 419; dass., NVwZ-RR 2010, 808; VGH Kassel, ZBR 1995, 244; unklar BVerwG, NVwZ-RR 2014, 270 sowie OVG Münster, B. v. 23.12.2010, 1 B 1240/10: Anforderungen des „Dienstpostens" bzw. „Amtes"; zu Besonderheiten bei schwerbehinderten Menschen gem. § 2 SGB IX vgl. Rn. 6). Hierfür können die während der Probezeit (konkret) wahrgenommenen Aufgaben nur Indizwirkung haben. Dies schließt indes nicht aus, dass insbesondere die (Nicht-)Eig-nung für eine konkret beabsichtigte dominante Verwendung – hier: Sportunterricht – der Prüfung der Bewährung maßgeblich zugrunde gelegt wird (vgl. OVG Münster, NVwZ-RR 2010, 808). Von einer Bewährung in der Probezeit ist auszugehen, wenn auf der Grundlage aller bekannten Tatsachen keine vernünftigen, sachlich begründbaren Zweifel bestehen, dass der Probebeamte den Anforderungen der Laufbahn entspricht (Eignung i. w. S., vgl. Rn. 5). In diesem Sinne ist die Feststellung der Bewährung ihrerseits sowohl Wertung wie Prognose (vgl. BVerwGE 106, 263), womit auch schon „nachhaltige" bzw. „berechtigte Zweifel" relevant sind (vgl. OVG Münster, B. v. 23.3.2016, 6 B 6/16; B. v. 23.12.2010, 1 B 1240/10 m. w. N.). Anderes gilt jedoch, soweit die **gesundheitliche Eignung** in Rede steht. Unter Änderung seiner bisherigen Rechtsprechung hat das BVerwG einen neuen, weniger strengen Prognosemaßstab formuliert: ergibt sich auf der Grundlage „aussagekräftiger ärztlicher Stellungnahmen", dass der Bewerber nicht „mit überwiegender Wahrscheinlichkeit" vorzeitig dienstunfähig wird, genügt dies für die Annahme der Eignung – und damit die Bewährungsfeststellung (vgl. BVerwG, NVwZ-RR 2014, 270, 272 f.; dass., NVwZ 2014, 300; insges. auch Rn. 6). Damit verschiebt sich das Beweislastrisiko deutlich weg vom Beamten hin zum Dienstherrn (dazu *Kathke*, RiA 2014, 197, 198; *Rittig*, DÖV 2014, 1054, 1056). In der Folge genügen schon „nachhaltige Zweifel" (hier wegen erheblicher krankheitsbedingter Fehlzeiten) nicht mehr für ein negatives Ergebnis der Bewährungsfeststellung (BVerwG, NVwZ-RR 2014, 270, 272 f.; vgl. auch VGH Mannheim Urt. v. 21.1.2016, 4 S 1082/14). Zu bedenken ist weiter, dass es – insoweit jetzt anders als in den Fällen der charakterlichen oder fachlichen Eignung – auch keiner **Probezeitverlängerung** (s. u. Rn. 11) mehr bedarf, weil bestehende Eignungszweifel hinzunehmen sind und es daher keiner weiteren Klärung mehr bedarf; anderes gilt, wenn der Dienstherr in der Regelprobezeit die bestehenden Erkenntnismöglichkeiten noch nicht ausschöpfen konnte (vgl. VGH Mannheim, a. a. O.).

Aus dem Laufbahnbezug folgt weiter, dass die Verwendungen während der Probezeit **laufbahngerecht** zu gestalten sind, um eine angemessene Sachgrundlage für die Prognose zu haben. **Maßgeblicher Zeitpunkt** für die Relevanz evtl. Eignungsmängel ist der Ablauf der Probezeit (s. a. OVG Münster, B. v. 6.2.2013, 6 B 1207/12 m. w. N.). Dies erscheint vor dem Hintergrund materiellen Rechts (vgl. § 13 Abs. 1 Satz 1: „in einer Probezeit"; § 5 Abs. 1 Satz 6 LVO: Bewährung wird vor Ablauf der Probezeit festgestellt; s.a § 5 Abs. 8 LVO) selbstverständlich, wirkt aber auch bei späteren Rechtsstreitigkeiten, wo es dann nicht auf den Zeitpunkt der letzten Verwaltungs- (Anfechtungsklage) oder gar der letzten gerichtlichen Entscheidung (Verpflichtungsklage) ankommt (BVerwG, NVwZ-RR 2014, 271, 274). Eignungsmängel, die schon bei der Ernennung zum Probebeamten als Hinderungsgründe bekannt waren, sich jedoch in der Probezeit selbst nicht realisierten, dürfen bei der Bewährungsfeststellung nicht mehr geltend gemacht werden (BVerwG, a. a. O; s. a. VG Düsseldorf, Urt. v. 7.12.2010, 2 K 7465/09: Diabeteserkrankung mit Nierenschädigung), es sei denn, der fragliche Mangel konnte sich sachgesetzlich in der Probezeit gar nicht zeigen oder seine Beseitigung war dem Probebeamten ausdrücklich aufgegeben worden (hier: Adipositas – vgl. OVG Münster, ZBR 2011, 419; vgl. auch VG Aachen, Urt. v. 20.3.2012, 1 K 1480/10 m. w. N.).

b) Rechtsform der Bewährungsfeststellung

4 Die Feststellung der Bewährung hat – wie die dienstliche Beurteilung (vgl. *Schnellenbach*, § 11 Rn. 56 m. w. N.) – mangels Regelungscharakters **keine VA-Qualität** (vgl. auch OVG Münster, B. v. 23.3.2010, 6 A 3083/07 – obiter dictum). Darüber hinaus gelten verfahrensmäßig, trotz des insoweit missverständlichen Bezuges in § 92 Abs. 1 Satz 1, nicht zwingend die Regularien für dienstliche Beurteilungen (vgl. VG Düsseldorf, Urt. v. 2.6.2009, 2 K 901/08; s. a. OVG Münster, a. a. O.). Gleichwohl sind Bewährungsfeststellungen vielfach durch Integration in Beurteilungsrichtlinien analogen Verfahrensvorgaben unterworfen (zum Rechtsschutz vgl. Rn. 14).

c) Begriff der Eignung

5 Die **Eignung** umfasst nach gesichertem Begriffsverständnis charakterliche, intellektuelle, physische und psychische Merkmale der Persönlichkeit (vgl. *Kunig* in v. Münch/Kunig, Art. 33 Abs. 5 GG Rn. 26; *v. Roetteken* in v. Roetteken/Rothländer, § 9 BeamtStG

Rn. 223; BVerwG, NVwZ 2014, 300; BVerfG, ZBR 2015, 304, 306: Eignung i. e. S.). Darüber hinaus wird sie – zugleich – auch i. S. eines Oberbegriffs oder einer Synthese der Leistungskriterien verwandt, wenn insgesamt der Bezug der Kriterien des Art. 33 Abs. 2 GG zu den Amtsanforderungen i. S. einer „Eignung für das Amt" in Frage steht, vgl. etwa § 10 Abs. 4 Satz 4 LVO (dazu *Schnellenbach,* § 11 Rn. 18 Fn. 50; *v. Roetteken* in v. Roetteken/Rothländer, § 9 BeamtStG Rn. 220). Für die praktische Handhabung im Rahmen der Bewährungsfeststellung ist das divergierende Begriffsverständnis ohne Belang, solange der jeweilige Ausgangspunkt der Subsumtion klargestellt wird. Wichtige Aspekte der Eignungsbeurteilung sind Fragen der Verfassungstreue (vgl. BVerfGE 39, 334; VGH München, B. v. 2.12.2002, 3 ZB 01.1063; s. a. § 7 Rn. 2) und – aktuell – der Haltung gegenüber anderer Herkunft und Kultur (vgl. OVG Münster, B. v. 5.6.2015, 6 B 326/15 mit zust. Anm. *Keller,* jurisPR-ITR 18/2015 Anm. 4; VG Potsdam, ZBR 2013, 429). Von einer diametral geänderten Einschätzung ist nunmehr beim **Tragen religiös konnotierter Symbole** (Kopftuch) auszugehen (zur bisherigen Rechtslage vgl. *Jülich/Fehrmann,* § 57 Rn. 10; auch VG Gelsenkirchen, Urt. v. 27.2.2008, 1 K 1466/07). Für den Bereich der allgemeinen Verwaltung als Eignungsmangel schon nicht mehr akzeptiert (vgl. etwa VG Düsseldorf, Urt. v. 8.11.2013, 26 K 5907/12; zum unzulässigen Kopftuchverbot gegenüber einer Rechtsreferendarin vgl. VG Augsburg, Urt. v. 30.6.2016, Au 2 K 15.457), galt für Lehrkräfte das explizite Verbot des § 57 Abs. 4 SchulG a. F. Mit seiner „zweiten" Kopftuch-Entscheidung hat das BVerfG (NVwZ 2015, 884; anders noch BVerfGE 108, 282) den Schutzbereich der Bekenntnisfreiheit nun auch für Lehrkräfte klar erweitert (dazu *Traub,* NJW 2015, 1338; *Heinig,* RdJB 2015, 217; krit. *Papier,* RdJB 2015, 213, 215, der die unzureichende Würdigung der Amtsträgereigenschaft moniert; s. a. *Rusteberg,* JZ 2015, 641, 644). Der Landesgesetzgeber hat in der Folge das Schulgesetz (§§ 2 Abs. 8, 57 SchulG) entsprechend geändert (GV. NRW. 2015, S. 499; zum Ganzen *Schrapper,* SchVw NRW 2016, 80).

Die Mehrzahl der Anforderungen an die Eignung ist in Abhängigkeit von der betroffenen Laufbahn (relativ) zu bestimmen (vgl. BVerwG, NVwZ-RR 2014, 270, 273: gesundheitliche Eignung; OVG Münster, IÖD 2010, 161: „charakterliches Anforderungsprofil" für Polizeivollzugsbeamte; vgl. auch dass., B. v. 18.4.2004, 6 B 1073/04; B. v. 21.11.2014, 6 A 76/14: Prahlen mit der Begehung von Straftaten; für den Justizbereich vgl. VGH München, B. v. 17.9.2009, 3 CE 09.1383: Verschweigen eines Sexualdelikts; OVG Münster, B. v. 19.11.2014, 6 A 1896/13: Verschweigen früherer strafrechtl. Ermittlungen). Das Aufbringen großflächiger und beim Tragen der Sommeruniform sichtbarer Körpertätowierungen ist bei einem Polizeibeamten unabhängig vom Motiv ein Eignungsmangel, in Abwägung mit den Interessen des Dienstherrn nicht wegen des Grundrechts auf freie Entfaltung der Persönlichkeit eignungsunschädlich und steht auch der Zulassung zu Eignungstests für die Einstellung in den Polizeidienst entgegen (OVG Münster, B. v. 14.7.2016, 6 B 540/16; dass. NWVBl. 2015, 33; zust. *J.-M. Günther,* NWVBl. 2015, 13; VGH Kassel, NVwZ-RR 2015, 54; vgl. auch *J.-M. Günther,* ZBR 2013, 116 ff.; *Michaelis,* JA 2015, 370; a. A. etwa VG Düsseldorf, Urt. v. 5.8.2014, 2 K 778/14; VG Aachen, ZBR 2013, 139, sowie VG Frankfurt, B. v. 14.2.2002, 9 G 411/02; zum Ganzen auch § 45 Rn. 4).

d) Gesundheitliche Eignung

In der Personalpraxis von großer Bedeutung sind die Fragen der physischen und psychi- **6** schen, d. h. **gesundheitlichen Eignung** (vgl. OVG Münster, B. v. 28.11.2012, 1 B 1166/12: unerlässliche Mindestqualifikation; vgl. dazu insges. auch VGH München, ZBR 2013, 52), die vor dem Hintergrund der angestrebten lebenszeitigen Bindung bewertet werden müssen. Für ihre Feststellung genügt nach nunmehr **geänderter Rechtsprechung** des BVerwG (NVwZ, 2014, 300; bestätigt durch NVWZ-RR 2014, 270; dem folgend OVG Koblenz, NVwZ-RR 2014, 424; OVG Münster, B. v. 10.7.2014, 6 E 300/14; s. a. *Muckel,* JA 2014, 2014) die prognostische Einschätzung, wonach es nicht überwiegend wahrscheinlich ist, dass vom Eintritt einer dauerhaften Dienstunfähigkeit vor Erreichen der gesetzlichen Altersgrenze auszugehen ist. Dies gilt auch im Fall längerer oder wiederkehrender krankheitsbedingter Fehlzeiten während der Probezeit (ausdr. BVerwG, NVwZ-RR 2014, 270, 273; dazu *Kathke*, RiA 2014, 197, 200: Erheblichkeit bei ca. 10 Fehlwochen/Jahr). Daraus ergibt sich eine deutliche Risikoverlagerung: „Lassen sich vorzeitige dauernde Dienstunfähigkeit oder krankheitsbedingte erhebliche und regelmäßige Ausfallzeiten nach Ausschöpfen der zugänglichen Beweisquellen weder feststellen noch ausschließen (‚non liquet‘), so geht dies zu Lasten des Dienstherrn" (BVerwG, a. a. O., S. 272; s. a. VG Minden, Urt. v. 7.4.2016, 4 K 538/11; krit. dazu *Rittig*, DÖV 2014, 1054, 1056; s. a. *Baßlsperger*, PersR 2014, 37; zur Verweigerung einer amtsärztl. Untersuchung vgl. OVG Münster, B. v. 14.7.2016, 6 B 649/16). In der Folge wird auch Bewerbern mit latenten Grunderkrankungen die lebenszeitige Ernennung nicht zu verwehren sein, wenn valide medizinische Einschätzungen zukünftiger – progredienter – Verläufe nicht möglich sind (so zu Recht *v. d. Weiden*, jurisPR-BVerwG 1/2014 Anm. 2). Diese Rechtsprechung ist auch auf Laufbahnen mit besonderen körperlichen Anforderungen zu übertragen (OVG Koblenz, a. a. O.; s. a. *Rittig*, a. a. O., S. 1057).

Die Prognose zur gesundheitlichen Eignung muss grundsätzlich für die Dauer der lebenszeitigen Verbeamtung tragen und nicht nur für die regelmäßige oder im Einzelfall festgesetzte Probezeit, da das Probebeamtenverhältnis gem. § 4 Abs. 3 BeamtStG lediglich ein Durchgangsstadium und damit kein Selbstzweck ist (vgl. etwa OVG Münster, B. v. 21.1.2013, 6 A 246/12; fragwürdig VG Aachen, Urt. v. 20.3.2012, 1 K 1480/10). Demgemäß sieht Nr. 2.1.1 VV zu § 14 eine erneute gesundheitliche Prüfung vor Umwandlung in ein Lebenszeitbeamtenverhältnis nur bei Zweifeln über den Gesundheitszustand vor. Weitergehend stellt das BVerwG (NVwZ-RR 2014, 270, 271) fest, dass eine schon **bei Begründung des Probebeamtenverhältnisses** bekannte Erkrankung nur sehr eingeschränkt der Lebenszeitverbeamtung entgegen gehalten werden kann: „Bei unveränderter Sachlage ist der Dienstherr an seine Bewertung der gesundheitlichen Eignung vor Begründung des Probebeamtenverhältnisses gebunden". Die Prognose kann sich auf bestehende oder frühere Erkrankungen stützen, zudem auf wissenschaftliche Erkenntnisse bzw. Erfahrungswerte, etwa zu Risikofaktoren wie Übergewicht (vgl. OVG Münster; ZBR 2011, 419; dass. B. v. 21.1.2013, 6 A 246/12; insges. *Höfling/Stockter*, ZBR 2008, 17; *Fricke/Schütte*, DÖD 2012, 121, 122 f.; vgl. zur Thematik „Gesundheitliche Eignung und Diskriminierung wegen Behinderung" *Otte*, ZBR 2007, 401). Schwangerschaftsbedingte Fehlzeiten dürfen nicht berücksichtigt werden (vgl. OVG Koblenz, DÖD 2012, 248, 252). Verfahrensmäßig ist zu unterscheiden: die medizinisch-gutachterliche Feststellung einschließlich einer Aussage zu den Folgen eines pathologischen Befundes für die Dienstfähigkeit obliegt dem **Amtsarzt** (arg. e § 34 Abs. 1 Satz 1; s. a. OVG Koblenz, NVwZ-RR 2014, 424), ggf. unter Hinzuziehung eines Facharztes; die rechtsverbindliche Feststellung der (mangelnden) gesundheitlichen Eignung dagegen ist vom Dienstherrn zu treffen (BVerwG, NVwZ-RR 2014, 270, 273; *v. d. Weiden*, a. a. O.; s. a. *Rittig*, DÖV 2014, 1054, 1057: fehlerhaft daher ein Bescheid, der sich mit einem Verweis auf die ärztlichen Feststellungen begnügt). Ebenfalls aufgrund geänderter Rechtsprechung unterliegen die behördlichen Feststellungen zur gesundheitlichen Eignung einer **vollinhaltlichen Gerichtskontrolle;** für einen Beurteilungsspielraum des Dienstherrn ist kein Raum (statt aller BVerwG, NVwZ 2014, 300, 301, f.; ausdr. anders für die Beurteilung der sonstigen Eignungsvoraussetzungen OVG Münster, B. v. 26.9.2014, 6 A 1767/11). Damit ist die Sicherung einheitlicher Entscheidungsmaßstäbe durch **Verwaltungsvorschriften** (hier: PDV 300 für den Polizeibereich) zwar nach wie vor möglich, soweit – laufbahnbezogene – Eignungsstandards formuliert werden. Der Schluss auf die Eignung im konkreten Fall ist gerichtlich jedoch voll überprüfbar, ggf. durch eigens angeordneten Sachverständigenbeweis (so zutreff. VG Berlin, Urt. v. 22.1.2014, 7 K 11/13: Brustimplantate; VG Karlsruhe, Urt. v. 31.7.2014, 2 K 1762/13; vgl. aber OVG Münster, B. v. 10.7.2014, 6 E 300/14: Beweisaufnahme ist nicht zwingend). Eine nur eingeschränkt taugliche Grundlage für gesundheitliche Eignungsprognosen sind am sog. **Body-Mass-Index (BMI)** orientierte Vorgaben (OVG Münster, ZBR 2011, 419; in der Folge auch VGH München ZBR 2013, 52, 54; vgl. insbesondere *Hillebrecht,* ZBR 2011, 84, 91: geeignete Alternativen stehen zurzeit noch nicht zur Verfügung; insges. auch *v. Roetteken,* jurisPR – ArbR 6/2012 Anm. 4). Gleichwohl ist erhebliches Übergewicht (hier: BMI 34,5 kg/m^2 – sog. erstgradige Adipositas) wegen des assoziierten Erkrankungsrisikos nach wie vor eignungsrelevant und rechtfertigt daher auf jeden Fall eine **ärztliche Abklärung** zur Vorbereitung einer Einstellungsentscheidung (OVG Münster, B. v. 8.11.2012, 6 A 1459/12; auch OVG Lüneburg, ZBR 2012, 414). Auch ein BMI Grad II (35–39,9 kg/m^2; sog. zweitgradige Adipositas) rechtfertigt ohne nachvollziehbare medizinische Bewertung des Einzelfalls keinen allgemeinen Schluss auf eine fehlende gesundheitliche Eignung (so BVerwG, B. v. 13.12.2013, 2 B 73/13 unter Hinw. auf seine neue Rspr.; vgl. auch OVG Münster, B. v. 17.2.2014, 6 A 1552/12: PDV 300 erfasst nur Regelfall, nicht atypische Konstellationen; s. a. VG Düsseldorf, Urt. v. 16.9.2015, 2 K 83/15; OVG Lüneburg, DÖD 2012, 254: „tauglicher Indikator"). Im Einzelfall kann eine Adipositas sogar unter den unionsrechtlich vorgeprägten Behinderungsbegriff fallen (vgl. EuGH, NJW 2015, 391), was im Rahmen der hier relevanten Einstellung/Übernahme jedoch ohne Belang ist, solange keine anerkannte Schwerbehinderung vorliegt (BVerwG, NVwZ 2014, 300, 302 f.; s. u.). **HIV-Infektionen** (Aids-Erkrankungen) begründen keine gesundheitlichen Eignungszweifel, da die Immunschwäche zwar nicht therapierbar, inzwischen aber gut zu behandeln ist und bei alltäglichen Sozialkontakten ein Infektionsrisiko für Dritte ausgeschlossen werden kann (vgl. Rd. Erl. des MGEPA NRW v. 26.11.2012, MBl. S. 712; Robert-Koch-Institut, www.rki.de/DE/Content/Infekt/EpidBull/Merkblaetter/Ratgeber_HIV_AIDS; a. A. noch VGH München, NJW 1989, 790; krit. zur Frage obligatorischer HIV-Tests *Lichtenberg/Winkler,* DVBl 1990, 10). Bei **Diabetikern** kann eine langjährige Erkrankung wegen der Folgewirkungen Eignungszweifel begründen; die einschlägigen Richtlinien v. 22.11.1982 sind jedoch zwischenzeitlich außer Kraft getreten (vgl. OVG Münster, B. v. 21.1.2013, 6 A 246/12; B. v. 12.3.2008, 6 A 4819/05; VG Düsseldorf, Urt. v. 7.12.2010, 2 K 7465/09; s. a. OVG Koblenz, NVwZ-RR 2014, 424: diabetes mellitus Typ 1 begründet nicht notw. fehlende Eignung für allg. Verwaltungsdienst). Für **schwerbehinderte Menschen** i. S. v. § 2 Abs. 2 SGB IX, denen im Fall der Einstellung Personen mit einem GdB von mindestens 30 gem. § 2 Abs. 3 SGB IX „gleichgestellt" sind, ergeben sich aus § 13 Abs. 1 LVO insoweit Besonderheiten, als für die körperliche Eignung nur das **„erforderliche Mindestmaß"** verlangt werden darf. Gem. Nr. 4.4.1 RdErl. des IM v. 14.11.2003, zuletzt geändert durch RdErl. v. 9.12.2009 (sog. Fürsorgeerlass) dürfen dabei – trotz Geltung für die gesamte Laufbahn (vgl. Rn. 3) – die Anforderungen auch nur einzelner Dienstposten zugrunde gelegt werden (zum Ganzen jetzt auch BVerwG, NVwZ 2014, 300, 302 f.; s. a. *Baßlsperger,* br 2014, 160). Gem. Nr. 4.4.2 steht die Möglichkeit einer vorzeitigen Dienstunfähigkeit der Ernennung nicht entgegen (entfallen ist das Kriterium, wonach – mit Blick auf § 4 Abs. 1 Satz 1 Nr. 1 BeamtVG – eine mindestens fünfjährige Dienstfähigkeit prognostizierbar sein musste; dazu auch OVG Hamburg, RiA 2009, 87 m. Anm. *Braun,* RiA 2009, 90; OVG Lüneburg, DÖD 2011, 113). Erfüllt die körperliche Beeinträchtigung des Beamten nur die Kriterien des § 2 Abs. 1 SGB IX **(Behinderung),** ist aufgrund „der wesentlichen Unterschiede in Bezug auf den Regelungsgegenstand" eine Gleichbehandlung nicht erforderlich und mit europarechtlichen Vorgaben nicht unvereinbar (BVerwG, NVwZ 2014, 300, 303). Soweit vertreten wird, dass in diesen Fällen unter Ausgleich der Verfassungsvorgaben des Benachteiligungsverbots im Art. 3 Abs. 3 Satz 3 GG einerseits, des Leistungs- und Lebenszeitprinzips gem. Art. 33 Abs. 2, 5 GG andererseits ein modifizierter Eignungsmaßstab i. S. einer **überwiegenden Wahrscheinlichkeit,** mit der sich vorzeitige Dienstunfähigkeit oder längere Fehlzeiten ausschließen lassen, gefunden werden muss (vgl. OVG Lüneburg, DÖD 2011, 113; insges. auch *Fricke/Schütte,* DÖD 2012, 121, 122 S. 125 f.), kann dies dahinstehen, da nach geänderter Rechtsprechung des BVerwG (s. o.) dieser Maßstab nunmehr grundsätzlich anzuwenden ist.

Das **Verschweigen** eines gesundheitlichen Eignungsmangels kann die Rücknahme der Ernennung gem. § 12 Abs. 1 Nr. 1 BeamtStG i. V. m. § 17 Abs. 2 rechtfertigen (VG Düsseldorf, Urt. v. 5.1.2015, 2 K 6231/13; VG Neustadt, B. v. 25.9.2015, 1 L 657/15.NW). Mit

Blick auf Art. 6 GG unzulässig ist die Annahme eines (vorübergehenden) Eignungsmangels bei einer **Schwangeren.** Die Ernennung zur Lebenszeitbeamtin darf nicht bis zum Ende des absoluten Beschäftigungsverbots zurückgestellt werden (BVerfGE 44, 211); eine Verlängerung der Probezeit verbietet sich auch vor dem Hintergrund von § 5 Abs. 6 Satz 1 LVO.

e) Befähigung/fachliche Leistung

7   Als weiteres Kriterium nennt Art. 33 Abs. 2 GG die **Befähigung,** die hier abweichend von der Begrifflichkeit etwa der §§ 3 Abs. 1 Satz 2, 12 Abs. 3 oder § 15 Abs. 1 BeamtStG (vgl. dazu VG Münster, Urt. v. 12.6.2014, 4 K 1690/13) nicht als Laufbahnbefähigung missverstanden werden darf, da diese schon Voraussetzung einer Ernennung zum Probebeamten ist. Zugrunde liegt hier ein weites Begriffsverständnis, etwa i. S. d. § 92 Abs. 1, wonach unter Befähigungen solche Eigenschaften i. S. v. Kenntnissen und Fertigkeiten zu verstehen sind, die für eine dienstliche Verwendung bedeutsam sein können (vgl. BVerfG, ZBR 2015, 304, 306; s.a. BVerwG, Urt. v. 26.9.2012, 2 C 75/10; *Schnellenbach,* § 11 Rn. 17; *v. Roetteken* in v. Roetteken/Rothländer, § 9 BeamtStG, Rn. 303; *Battis,* § 9 BBG Rn. 9; vgl. auch *Peters/Grunewald/Lösch,* S. 147 f.: in der Probezeit ist nicht nur die Erledigung übertragener Aufgaben zu bewerten, sondern auch die erforderliche Fach-, Methoden- und Sozialkompetenz). Ausweislich der Beurteilungsrichtlinien des MIK NRW v. 19.11.2010 sind **Befähigungsmerkmale:** Denk- und Urteilsvermögen, Konzeptionelles Arbeiten, Entscheidungsvermögen, Kommunikations- und Kooperationsfähigkeit, Konfliktfähigkeit und Belastbarkeit. Auch die **soziale Kompetenz** dürfte hier zuzuordnen sein (vgl. *v. Roetteken* in v. Roetteken/Rothländer, a. a. O.; s. a. VG Kassel, B. v. 5.5.2015, 1 L 2196/14.KS: Stimmungsmache gegen Dienstherrn und Vorgesetzte; anders BRL des MIK NRW zu Ziff. 6.2 – Leistungsmerkmal). Der Befähigung ist ein prospektives Moment eigen (vgl. *Schnellenbach,* a. a. O.: tendenziell zukunftsorientiert), im Unterschied zur **fachlichen Leistung.** Letztere ist die **retrospektiv** zu bewertende dienstliche Leistung auf dem jeweiligen Dienstposten, ein nach den Kriterien Arbeitsweise, Arbeitseinsatz und Arbeitserfolg beobachtbares Verhalten (BVerfG, a. a. O.: „Fachwissen, Fachkönnen und Bewährung im Fach"). Die Leistung schafft auch die Grundlage für die Einschätzung von Eignung und Befähigung (vgl. BVerwG, a. a. O.; *Schnellenbach,* § 11 Rn. 16; *Battis,* § 9 BBG Rn. 10).

3. Probezeitdauer/Anrechnung

8   Da § 10 Satz 1 BeamtStG lediglich Vorgaben zu einer Mindest- und Höchstdauer der Probezeit macht, kann § 13 Abs. 1 Satz 2 die „**regelmäßige Probezeit**" landesrechtlich innerhalb dieses Korridors auf drei Jahre festlegen. Als allgemeine Maßgabe gilt dies – im Unterschied zur alten Rechtslage – laufbahn- und laufbahngruppenübergreifend. Die Entscheidung des Gesetzgebers versteht sich vor allem vor dem Hintergrund des Wegfalls der Altersgrenze des 27. Lebensjahres gem. §§ 6 Abs. 1 BRRG, 9 Abs. 1 Nr. 2 LBG a. F. Sie führte trotz kürzerer laufbahnrechtlicher Probezeiten in den damaligen vier Laufbahngruppen – mit faktischer Ausnahme des höheren Dienstes – über die sog. statusrechtliche Probezeit zu einer erst später eintretenden Verfestigung zum Lebenszeitstatus. Die mit Fortfall dieses Korrektivs entstandene Lücke hat die Regelprobezeit des § 13 Abs. 1 Satz 2 geschlossen. In Verbindung mit den Vorgaben des § 13 Abs. 1 Satz 1 zum (strengen) Maßstab der Bewährungsfeststellung (vgl. Rn. 2), der **Gewährleistung der Mindestprobezeiten gem. § 13 Abs. 1 Satz 3** und dem Verzicht auf die tradierte Kürzungsmöglichkeit des § 23 Abs. 4 a. F. (Kürzung wegen bes. Leistungen in Laufbahnprüfung oder Probezeit; irrig hier *Zentgraf* in *MRSZ,* § 10 BeamtStG Erl. 2 a. E.) betont § 13 Abs. 1 die **gestiegene Bedeutung** der Probezeit im Rahmen der Verwirklichung des Leistungsprinzips (vgl. Rn. 2). Von daher konsequenter als die Neuregelung in § 22 Abs. 4 Nr. 1 BBG (vgl. *Peters/Grunewald/Lösch,* S. 29: bei Spitzenleistungen kann noch in der Probezeit befördert werden; die Regelung ist problematisch, weil einer solchen Beförderung schon nach einjähriger Probezeit eine stark präjudizierende, womöglich zusichernde Wirkung für die

Endfeststellung der Bewährung zukommt) hält der Landesgesetzgeber auch an dem **Beförderungsverbot** in der Probezeit fest, ordnet es aber systematisch zutreffender der Vorschrift des § 19 Abs. 2 Satz 1 Nr. 1 zu; zur Ausnahmeregelung des § 19 Abs. 2 Satz 3 vgl. § 19 Rn. 6. Bei **anderen Bewerbern** ergibt sich die Kürzungsmöglichkeit explizit aus § 13 Abs. 2. Zu beachten ist hier der Zuständigkeitsvorbehalt des LPA bzw. gem. § 37 Abs. 2 der Landesregierung. Die von § 13 Abs. 1 Satz 3 mit einem eigenen Absatz abgesetzte Regelung darf nicht zu dem Fehlschluss verleiten, das Verbot eines (vollständigen) Probezeitverzichts gelte hier nicht.

Ebenfalls zu einer Verkürzung von Probezeiten kann die **Anrechnung förderlicher Zei-** 9 **ten** gem. § 13 Abs. 3 führen. Im Gegensatz etwa zum neugefassten § 29 Abs. 2 BLV (vgl. *Peters/Lösch/Grunewald*, S. 155 f.) erkennt der Landesgesetzgeber nach wie vor die Zeiten einer **Tätigkeit in der Privatwirtschaft nicht an,** sondern beschränkt die Anrechnung auf Dienstzeiten im öffentlichen Dienst bzw. an Ersatzschulen (vgl. § 100 Abs. 2 SchulG) oder diesen nahestehende Tätigkeitszeiten (vgl. auch § 1 Rn. 4). Eine Aufzählung der Tätigkeiten, die öffentlichen Belangen i. S. d. § 13 Abs. 3 Satz 1 dienen, findet sich in § 5 Abs. 4 LVO. Aus dem systematischen Zusammenhang insbesondere mit § 5 Abs. 3 LVO folgt, dass diese Aufzählung abschließend gedacht ist und damit den Charakter einer Legaldefinition hat. Die Anrechnung erfolgt nach pflichtgemäßem Ermessen, wobei § 5 Abs. 3 Satz 1 LVO den Ermessensspielraum als **Sollvorschrift** deutlich verengt (vgl. dazu VGH Mannheim, Urt. v. 21.1.2016, 4 S 1082/14). Sie hat auf die „Hauptberuflichkeit" Bedacht zu nehmen, was mit Blick auf § 5 Abs. 5 Satz 1 LVO eine **Beschäftigung mit mindestens der Hälfte der regelmäßigen Arbeitszeit** voraussetzt. Zu beachten ist hierbei, dass für Dienstzeiten im öffentlichen Dienst und an Ersatzschulen tatbestandlich keine Hauptberuflichkeit vonnöten ist, weshalb § 5 Abs. 5 Satz 2 LVO eine Vorgabe für die Anrechnung von Teilzeitbeschäftigungen trifft. Die Äquivalenzformel des § 13 Abs. 3 Satz 2 stellt sicher, dass die **Zielfunktion** den Maßstab für die Berücksichtigungsfähigkeit von förderlichen Zeiten bildet. Dadurch wird insbesondere ausgeschlossen, dass frühere Dienstzeiten in Ämtern mit nicht adäquater Wertigkeit angerechnet werden können. Nicht anrechenbar sind auf der Grundlage eines Arbeitsverhältnisses erbrachte einschlägige Zeiten, wenn sie – so beim berufsbegleitenden Vorbereitungsdienst für **Seiteneinsteiger** gem. § 13 LABG – der Ausbildung dienen (OVG Münster, B. v. 11.5.2016, 6 A 1320/14; B. v. 15.6.2015, 6 A 2533/14) oder inhaltlich nur eingeschränkt vergleichbar sind (VG Köln, Urt. v. 5.11.2014, 3 K 471/14: Lehraufgaben eines wiss. Mitarbeiters im Hinblick auf angestrebtes Lehramt).

Neben der Verkürzungen sind auch **Ausweitungen** der Probezeit möglich, die nicht als 10 „Verlängerung" i. S. d. § 9 Abs. 1 Nr. 4 gelten. Hierbei geht es vor allem um mehrmonatige Ausfallzeiten infolge von Beurlaubung oder Krankheit (vgl. § 5 Abs. 6 LVO), durch die die faktische Bewährungsmöglichkeit verkürzt wird (sog. „Nettoprinzip"; vgl. jetzt auch die Klarstellung in § 21 Abs. 1 Satz 3). Sie werden daher auch nicht vom Zeitlimit des § 10 Satz 1 BeamtStG (5 Jahre) gedeckt, da dieses nur tatsächliche Beschäftigungszeiten zur Bewährungsfeststellung erfasst (*v. Roetteken* in v. Roetteken/Rothländer, § 10 BeamtStG Rn. 25a). Bei Teilzeitbeschäftigungen beschränkt § 5 Abs. 7 LVO die Ausweitung der Probezeit jedoch auf bestimmte Fälle einer unterhälftigen Teilzeit (vgl. dazu auch *v. Roetteken* in v. Roetteken/Rothländer, § 10 BeamtStG Rn. 33). Freistellungen infolge von **Mutterschutzfristen** rechtfertigen nicht zuletzt wegen § 3 Abs. 1 Satz 2 i. V. m. §§ 2 Abs. 1, 24 AGG keine Probezeitausweitungen (vgl. auch OVG Koblenz, DÖD 2012, 248, 251), **Elternzeiten** hingegen schon (vgl. auch *v. Roetteken* in v. Roetteken/Rothländer, § 10 BeamtStG Rn. 29 f.).

III. Rechtsfolgen der Nichtbewährung

1. Verlängerung und Entlassung

Wird das (materielle) Ziel der Probezeit (vgl. Rn. 3) nach Zeitablauf nicht erreicht, bedarf 11 es zunächst einer **expliziten Feststellung der Nichtbewährung** (zur Würdigung einer

Straftat bei der Eignungsfeststellung vgl. BVerwG, B. v. 25.11.2015, 2 B 38/45; zu Offenbarungspflichten VG Minden, B. v. 4.11.2013, 4 L 639/13; s.a. *Ismer/Meßerschmidt/ Bauer*, DÖV 2014, 594). Unterbleibt diese und leitet der Dienstherr binnen angemessener Zeit auch sonst keine Schritte zur Entlassung gem. § 23 Abs. 3 Satz 1 Nr. 2 BeamtStG ein, ist zwar von einer Bewährung auszugehen (vgl. BVerwGE 92, 147; *v. Roetteken* in v. Roetteken/Rothländer, § 4 BeamtStG Rn. 64), die jedoch wegen der Ernennungsnotwendigkeit gem. § 8 Abs. 1 Nr. 2 BeamtStG nicht unmittelbar statusberührend ist. Mit fristgerechter Feststellung der Nichtbewährung ergeben sich für den Dienstherrn zwei Handlungsoptionen (vgl. auch OVG Koblenz, DÖD 2012, 248, 250; zur weiteren Option des Laufbahnabstiegs vgl. Rn. 12), beide durch Verwaltungsakt: **(1.) Verlängerung der Probezeit** gem. § 5 Abs. 8 LVO oder **(2.) Entlassung** gem. § 23 Abs. 3 Satz 1 Nr. 2 BeamtStG, wobei es unabhängig von einer evtl. überschrittenen Höchstdauer der Probezeit allein auf den Probebeamtenstatus ankommt (OVG Münster, B. v. 21.1.2015, 6 A 1344/13; VG Kassel, B. v. 5.5.2015, 1 L 2196/14.KS). Ein Zusammenhang im Sinne einer ausnahmslos zwingenden Reihenfolge bzw. eines Automatismus besteht – auch vor dem Hintergrund des Verhältnismäßigkeitsgrundsatzes – nicht, da die jeweilige Option auf unterschiedlichen Ausgangsvoraussetzungen beruht. Insbesondere für Laufbahnen mit gesteigerten gesundheitlichen Anforderungen (z.B. Polizeidiensttauglichkeit) ist zu beachten, dass vor einer **Entlassung wegen gesundheitlicher Eignungsmängel** gem. §§ 23 Abs. 3 Satz 3 26 Abs. 2 BeamtStG die Übernahme in eine andere Laufbahn geprüft werden muss; die Maßstäbe ergeben sich insoweit aus § 26 Abs. 2 BeamtStG (vgl. *Reich*, § 23 BeamtStG, Rn. 17). Wurde der Regelung zunächst ein „schmaler Anwendungsbereich" attestiert (*Battis*, § 34 BBG Rn. 7 zum insoweit parallelen Bundesbeamtenrecht), dürfte sich dies vor dem Hintergrund der geänderten Rechtsprechung des BVerwG zum Prognosemaßstab (vgl. Rn. 6) spürbar ändern (vgl. nur OVG Koblenz, NVwZ-RR 2014, 424; s.a. *Rittig*, DÖV 2014, 1054, 1057; zum Ganzen auch BVerwG, NVwZ 2015, 439 m. Anm. *Brinktrine;* einschränkend hier OVG Münster, B. v. 19.1.2016, 6 A 2348/14; B. v. 29.6.2016, 6 A 2067/14: sog. „Suchpflicht"). Umso fragwürdiger wird die gesetzgeberische Vorgabe, weil sie den aus Fürsorgeaspekten und fiskalischen Gründen bei Lebenszeitbeamten zutreffenden Grundsatz der „Weiterverwendung vor Versorgung" überträgt und damit den Zweck der Probezeit insoweit denaturiert. Die Eignung des Probebeamten ist an den Maßstäben der von ihm gewählten Laufbahn zu messen, deren Anforderungen wiederum allein vom Dienstherrn zu definieren sind (s. o. Rn. 3). Damit unvereinbar ist eine auf §§ 23 Abs. 3 Satz 2, 26 Abs. 2 BeamtStG gestützte Forderung, nach der ein zum Ende der Probezeit eigentlich gesundheitlich nicht geeigneter Laufbahnbewerber zu übernehmen ist, solange sich im Bereich des Dienstherrn nur eine irgendwie geeignete Verwendung findet (Suchpflicht, s. o.), notfalls in einer anderen Laufbahn (zur – insoweit nicht vergleichbaren – Entlassung aus organisatorischen Gründen vgl. OVG Lüneburg, DÖD 2013, 231). Anzumerken bleibt, dass es in diesen Fällen – im Unterschied zu § 26 Abs. 3 BeamtStG – wohl ohne die Zustimmung des Probebeamten nicht zu einer „Irgendwo-Verbeamtung" kommen kann.

Nach dem Wortlaut des § 5 Abs. 8 Satz 1 LVO ist **innerhalb** der Verlaufs der regelmäßigen oder im Einzelfall durch Kürzung oder Anrechnung festgesetzten Probezeit über die Bewährung zu befinden, wobei grundsätzlich Gelegenheit zum Ableisten der vollständigen Probezeit gegeben werden soll; nach insoweit ständiger Rechtsprechung des BVerwG muss aber zumindest nach Ablauf der Probezeit ohne schuldhafte Verzögerung eine Entscheidung über die Bewährung/Nichtbewährung herbeigeführt werden (vgl. BVerwGE 106, 263; 85, 177; VGH Mannheim, Urt. v. 21.1.2016, 4 S 1082/14; s.a. OVG Münster, B. v. 6.2.2013, 6 B 1207/12). Dabei setzt die Option der Verlängerung denknotwendig eine solche Meinungsbildung voraus, da andernfalls die Entscheidungsgrundlage fehlte. Hinzu kommen muss jedoch die Prognose, dass innerhalb einer Verlängerung auf insgesamt höchstens fünf Jahre (vgl. § 10 BeamtStG i.V.m. § 5 Abs. 8 Satz 1 LVO) die endgültige Bewährungsfeststellung überwiegend wahrscheinlich ist (zu den Besonderheiten bei der Prognose zur gesundheitlichen Eignung s. o. Rn. 3). Lässt sich eine solche Vorhersage auf der Grundlage der Erkenntnisse aus der abgelaufenen Probezeit mit dem notwendigen hohen Maß an Gewissheit (vgl. OVG Münster, B. v. 23.10.2010, 1 B 1240/10: unverrückbare Zweifel) nicht treffen, **muss** eine Entlassung erfolgen (zur Möglichkeit einer Zurruhesetzung und damit Versorgung entlassener Probebeamte gem. § 28 Abs. 2 BeamtStG vgl. auch BVerwG, NVwZ 1990, 770). Entgegen seinem Wortlaut räumt § 23 Abs. 3 Satz 1 Nr. 2 BeamtStG hier nämlich **kein Ermessen** ein (vgl. BVerwG, NVwZ 2014, 370, 372; OVG Münster, a.a.O.; *Brockhaus* in Schütz/Maiwald, § 23 BeamtStG Rn. 134; a.A. wohl *Seeck* in MRSZ, § 23 Erl. 4 a.E.). Anders stellt sich insoweit die Situation bei § 23 Abs. 4 BeamtStG dar, vgl. OVG Münster, B. v. 5.8.2010, 6 B 823/10. Diesem Normverständnis entspricht auch der Wortlaut des § 5 Abs. 8 Satz 1 LVO. Entscheidet sich der Dienstherr nach pflichtgemäßem Ermessen für eine Verlängerung, kommt dem in diesem Zeitraum gezeigten Verhalten des Beamten die ausschlaggebende (nicht: ausschließliche) Bedeutung zu (vgl. BVerwG, NVwZ 1990, 770; OVG Münster, B. 24.6.2015, 6 B 413/15 m.w.N.; vgl. auch dass., B. v. 23.3.2016, 6 B 6/16: rechtswidrige Entlassung, weil Dienstherr Bewährungsurteil ausschließl. auf Verlängerungszeit stützt).

2. Laufbahnabstieg

Vor dem Hintergrund der in die Ausbildung und Probezeit investierten Ressourcen **12** eröffnet § 5 Abs. 8 Satz 4 Halbs. 2 LVO de facto bei Nichtbewährung eine **dritte Handlungsoption.** Bei dienstlichem Interesse können geeignete Bewerber mit ihrer Zustimmung in das nächstniedrigere Einstiegsamt oder die Laufbahngruppe 1 derselben Fachrichtung übernommen werden (sog. **Laufbahnabstieg;** s.a. *Wichmann/Langer*, S. 306). Ein Rechtsanspruch besteht insoweit nicht. Korrespondierende Vorschrift ist § 15 Abs. 3 LVO, die bei Prüfungsversagen eine Ermöglichung des Zugangs zu einem niedrigeren Einstiegsamt vorsieht. Auch wenn § 5 Abs. 8 Satz 4 LVO den (vormals) höheren Dienst – im Gegensatz zu § 15 Abs. 3 LVO – mit einschließt, dürfte diese Option hier faktisch regelmäßig an der Identität der Fachrichtung scheitern.

3. Vorzeitige Beendigung

Eine **vorzeitige Beendigung der Probezeit** zum Zwecke der Entlassung ist erkenn- **13** bar nicht ausgeschlossen, hat aber Ausnahmecharakter (so OVG Münster, B. v. 24.6.2015, 6 B 413/15 m.w.N.). Hier fragt sich jedoch, ob nicht wegen der vom Gesetzgeber gewollten Effektuierung der Probezeit (vgl. Rn. 2), die sich auch im Gebot einer frühzeitigen ersten Beurteilung nach spätestens zwölf Monaten (vgl. § 5 Abs. 1 Satz 5 LVO) manifestiert, eine veränderte Einschätzung dieses Ausnahmecharakters Platz greifen muss. In jedem Fall wird aus den genannten Vorgaben in Verbindung mit der Festsetzung der insgesamt einheitlich langen Regelprobezeit gefolgert werden müssen, dass Verlängerungsentscheidungen gem. § 5 Abs. 8 LVO sorgfältiger abzuwägen sind. Unumgänglich erscheint eine vorzeitige Beendigung, wenn die Bewährung nicht (mehr) vom weiteren Verhalten des Beamten beeinflusst werden kann; maßgeblich sind insoweit die Umstände des Einzelfalls.

4. Sonstige Entlassungsgründe

Neben der Entlassung wegen Nichtbewährung sieht § 23 Abs. 3 Satz 1 Nr. 1 BeamtStG **14** noch eine Entlassungsoption für den Fall vor, dass der Probebeamte durch ein Dienstvergehen gravierende Charaktermängel offenbart (vgl. auch OVG Münster, IÖD 2010, 161; dass., B. v. 11.3.2014, 6 A 157/14: sex. Distanzunterschreitung durch Lehrer). Allerdings indiziert nicht jedes Dienstvergehen eines Probebeamten die Entlassung (vgl. OVG Münster, B. v. 16.1.2015, 6 A 2234/13). Die Entlassungsgründe der Nrn. 1 und 2 des § 23 Abs. 3 Satz 1 BeamtStG stehen als Handlungsoptionen nebeneinander (vgl. OVG Münster, Urt. v. 19.11.2004, 6 A 1720/02). Allerdings darf nach § 23 Abs. 3 Satz 1 Nr. 2 BeamtStG nur ein Verhalten gewürdigt werden, das innerhalb der Probezeit verortet ist. Anderes kann bei § 23 Abs. 3 Satz 1 Nr. 1 BeamtStG gelten, wenn etwa ein disziplinarisch relevantes Verhalten erst während der Probezeit bekannt wird (vgl. insges. *v. Roetteken* in v. Roetteken/Rothländer, § 23 BeamtStG Rn. 244 f.). Während einer **Familienpflegeteilzeit** werden die genannten Entlassungsbefugnisse durch § 67 Satz 3 Nr. i. V.m § 16a FrUrlV deutlich eingeschränkt (vgl. § 67 Rn. 3).

5. Zurruhesetzung gem. § 28 BeamtStG

15   Eine auf den Fürsorgegrundsatz zurückführbare Durchbrechung des Entlassungserfordernisses bei fehlender gesundheitlicher Eignung enthält § 28 BeamtStG. Beruht der Eignungsmangel (Dienstunfähigkeit) auf einer **Dienstbeschädigung** (vgl. zum Begriff *v. Roetteken* in v. Roetteken/Rothländer, § 28 BeamtStG Rn. 23 f.), hat der Probebeamte gem. § 28 Abs. 1 BeamtStG einen Anspruch auf Versetzung in den Ruhestand. Im Unterschied zum Dienstunfall genügt schon eine mittelbare Verbindung von Beschädigung und Dienst (vgl. insges. OVG Münster, Urt. v. 15.9.2005, 1 A 3329/03). Die materielle Beweislast trägt insoweit allerdings der Beamte (BVerwG, NVwZ 1990, 770). Gem. § 28 Abs. 2 BeamtStG „kann" eine Zurruhesetzung auch erfolgen, wenn die Dienstunfähigkeit auf „anderen Gründen" beruht. In diesem Fall ist jedoch gem. § 32 BeamtStG i. V. m. § 4 Abs. 1 Nr. 1 LBeamtVG die Erfüllung der versorgungsrechtlichen Wartezeit zwingende Voraussetzung (vgl. *v. Roetteken* in v. Roetteken/Rothländer, § 28 BeamtStG Rn. 47). Der Zweck der fakultativen Versorgung liegt darin, angesichts besonderer Umstände des konkreten Einzelfalls eine der Fürsorgepflicht entsprechende Entscheidung treffen zu können (vgl. dazu BVerwG, a. a. O.).

IV. Mitwirkung des Personalrats/§ 17 LGG/Rechtsschutz

16   Mit der Neufassung des LPVG vom 5.7.2011 unterfällt neben der Einstellung (§ 72 Abs. 1 Nr. 1 LPVG) gem. § 72 Abs. 1 Nr. 8 LPVG auch die Entlassung von Probeamten der **Mitwirkung der Personalvertretung.** Auch eine unverzüglich im Anschluss an die Laufbahnprüfung erfolgende Ernennung zum Probebeamten ist grundsätzlich keine Umwandlung gem. § 8 Abs. 1 Nr. 2 BeamtStG, sondern eine mitbestimmungspflichtige Einstellung (VG Arnsberg, PersV 2012, 35). Ein Mitwirkungsrecht der **Gleichstellungsbeauftragten** ergibt sich aus § 17 Abs. 1 LGG (grds. dazu OVG Münster, B. v. 16.1.2015, 6 A 2234/13; zur – fehlerhaften – Nichtbeteiligung bei der Ablehnung der Übernahme vgl. OVG Münster, B. v. 17.7.2013, 6 A 2296/11; dto. bei der Entlassung vgl. OVG Münster, NVwZ-RR 2015, 505). Im Unterschied zur personalvertretungsrechtlichen Mitwirkung erstreckt es sich auch auf die Fälle der Umwandlung eines Probe- in ein Lebenszeitbeamtenverhältnis.

Der Beamte selbst kann Rechtsschutz gegen eine Verlängerung bzw. Entlassung durch Anfechtungsklage gem. § 42 VwGO erlangen. Die **Feststellung der Nichtbewährung** hat keine VA-Qualität und wird dabei **implizit** überprüft (zur Reichweite eines behördlichen Beurteilungsspielraums s. a. Rn. 6). Der Dienstherr muss daher ggf. die sofortige Vollziehung seiner Verfügung gem. § 80 Abs. 2 Nr. 4 VwGO anordnen. Da eine zügige Entscheidung aus Fürsorge- und Haushaltsgründen (dazu OVG Münster, NVwZ-RR, 2010, 808: sparsamer Einsatz öffentlicher Mittel) naheliegend ist, dürfte das dazu erforderliche öffentliche Interesse regelmäßig gegeben sein. Rechtsschutz erlangt der Beamte hier gem. § 80 Abs. 5 VwGO (vgl. etwa OVG Münster, B. v. 2.7.2015, 6 B 535/15). Dagegen scheitert vorläufiger Rechtsschutz gem. § 123 VwGO mit dem Ziel einer Übernahme (Umwandlung des Beamtenverhältnisses) in der Regel an der Unzulässigkeit einer Vorwegnahme der Hauptsache (OVG Münster, B. v. 30.3.2009, 6 B 102/09; VGH München, B. v. 27.6.2012, 3 AE 12.734; anders VG Gelsenkirchen, B. v. 6.8.2013, 1 L 974/13). Zum Streitwert einer Klage auf lebenszeitige Verbeamtung vgl. OVG Münster, B. v. 2.7.2015, 2 B 462/15.

§ 14 Einstellung

(1) ¹Eine Ernennung zur Begründung des Beamtenverhältnisses (Einstellung) ist nur in den Einstiegsämtern der Laufbahn zulässig. ²Die Einstiegsämter bestimmen sich nach dem Besoldungsrecht. ³Der Landespersonalausschuss kann Ausnahmen von Satz 1 zulassen.

(2) ¹Soweit im Zuständigkeitsbereich der Ernennungsbehörde in der angestrebten Laufbahn innerhalb der Ämtergruppe mit gleichem Einstiegsamt weniger Frauen als Männer sind, sind Frauen bei gleicher Eignung, Befähigung und fachlicher Leistung bevorzugt einzustellen, sofern nicht in der Person eines Mitbewerbers liegende Gründe überwiegen; ist die Landesregierung die für die Ernennung zuständige Behörde, so ist maßgebend der Zuständigkeitsbereich der obersten Landesbehörde, die den Einstellungsvorschlag macht; Beamtinnen und Beamte in einem Vorbereitungsdienst, der auch Voraussetzung für die Ausübung eines Berufes außerhalb des öffentlichen Dienstes ist, werden bei der Ermittlung der Beschäftigungsanteile nicht berücksichtigt. ²Für die Verleihung laufbahnfreier Ämter gilt Satz 1 Halbsatz 1 und 2 entsprechend; in diesen Fällen treten an die Stelle der Laufbahn die jeweiligen Ämter mit gleichem Endgrundgehalt und gleicher Amtsbezeichnung. ³Weitere Abweichungen von dem gemäß Satz 1 maßgeblichen Bezugsbereich oder in Bezug auf die Vergleichsgruppenbildung regelt die oberste Dienstbehörde durch Rechtsverordnung. ⁴Für Beförderungen gilt § 19 Absatz 6.

(3) Als Laufbahnbewerberin oder Laufbahnbewerber darf in das Beamtenverhältnis auf Probe eingestellt werden, wer das 42. Lebensjahr noch nicht vollendet hat.

(4) Absatz 3 gilt entsprechend bei der Einstellung in das Beamtenverhältnis auf Lebenszeit von Beamtinnen und Beamten anderer Dienstherrn sowie von früheren Beamtinnen und Beamten.

(5) ¹Die Höchstaltersgrenze der Absätze 3 und 4 erhöht sich um Zeiten
1. der Ableistung einer Dienstpflicht nach Artikel 12a des Grundgesetzes,
2. der Teilnahme an Maßnahmen im Sinne des § 34 Absatz 2 der Freistellungs- und Urlaubsverordnung NRW vom 10. Januar 2012 (GV. NRW. S. 2; ber. S. 92) in der jeweils geltenden Fassung,
3. der tatsächlichen Betreuung eines minderjährigen Kindes oder
4. der tatsächlichen Pflege einer oder eines nach § 7 Absatz 3 des Pflegezeitgesetzes vom 28. Mai 2008 (BGBl. I S. 874, 896) in der jeweils geltenden Fassung pflegebedürftigen nahen Angehörigen, deren oder dessen Pflegebedürftigkeit nach § 3 Absatz 2 des vorgenannten Gesetzes nachgewiesen ist.

²In den Fällen des Satzes 1 Nummer 3 und 4 erhöht sich die Höchstaltersgrenze um jeweils bis zu drei Jahre, bei mehreren Kindern oder Angehörigen um insgesamt bis zu sechs Jahre, sofern über einen dementsprechenden Zeitraum keine berufliche Tätigkeit im Umfang von in der Regel mehr als zwei Drittel der jeweiligen regelmäßigen Arbeitszeit ausgeübt wurde.

(6) ¹Schwerbehinderte Menschen und ihnen gemäß § 2 Absatz 3 des Neunten Buches Sozialgesetzbuch – Rehabilitation und Teilhabe behinderter Menschen – (Artikel 1 des Gesetzes vom 19. Juni 2001, BGBl. I S. 1046, 1047) in der jeweils geltenden Fassung gleichgestellte behinderte Menschen dürfen auch eingestellt werden, wenn sie das 45. Lebensjahr noch nicht vollendet haben. ²Absatz 5 findet in diesen Fällen keine Anwendung.

(7) § 7 Absatz 6 des Soldatenversorgungsgesetzes in der Fassung der Bekanntmachung vom 16. September 2009 (BGBl. I S. 3054) in der jeweils geltenden Fassung bleibt unberührt.

(8) ¹Planstelleninhaberinnen und Planstelleninhaber an Ersatzschulen dürfen in das Beamtenverhältnis auch eingestellt werden, wenn sie das 55. Lebensjahr noch nicht vollendet haben. ²Bei Auflösung einer Ersatzschule nach § 111 des Schulgesetzes NRW vom 15. Februar 2005 (GV. NRW. S. 102) in der jeweils geltenden Fassung in den einstweiligen Ruhestand versetzte Planstelleninhaberinnen und Planstelleninha-

ber dürfen eingestellt werden, wenn sie das 60. Lebensjahr noch nicht vollendet haben. [3] Absatz 5 findet in diesen Fällen keine Anwendung.

(9) [1] Eine Höchstgrenze gilt nicht

1. für die Berufung in ein Beamtenverhältnis auf Probe nach § 21 Absatz 1,
2. für den Wechsel aus dem Richterverhältnis in das Beamtenverhältnis und umgekehrt innerhalb des Geltungsbereichs dieses Gesetzes oder
3. für die Einstellung in das Beamtenverhältnis auf Probe im Anschluss an die Beendigung eines Vorbereitungsdienstes, wenn bei dessen Beginn für die Einstellung in das Beamtenverhältnis auf Widerruf eine Höchstaltersgrenze festgelegt war.

[2] Ein Überschreiten der Höchstaltersgrenze ist unbeachtlich, wenn die Laufbahnbewerberin oder der Laufbahnbewerber an dem Tag, an dem sie oder er den Antrag auf Einstellung gestellt hat, das jeweilige Höchstalter nicht vollendet hatte und die Einstellung innerhalb eines Jahres nach der Antragstellung erfolgt.

(10) [1] Weitere Ausnahmen von der jeweiligen Höchstaltersgrenze können zugelassen werden, und zwar

1. für einzelne Fälle oder Gruppen von Fällen, wenn der Dienstherr ein erhebliches dienstliches Interesse daran hat, Bewerberinnen oder Bewerber als Fachkräfte zu gewinnen, zu behalten oder
2. für einzelne Fälle, wenn sich nachweislich der berufliche Werdegang aus von der Bewerberin oder dem Bewerber nicht zu vertretenden Gründen in einem Maß verzögert hat, welches die Anwendung der Höchstaltersgrenze unbillig erscheinen ließe.

[2] Ein erhebliches dienstliches Interesse im Sinne von Nummer 1 liegt insbesondere vor, wenn die Ausnahmeerteilung zur Sicherstellung der Erledigung der öffentlichen Aufgabe erforderlich ist.

(11) Über die Ausnahmen gemäß Absatz 10 entscheidet für die Beamtinnen und Beamten

1. des Landes die oberste Dienstbehörde als Aufsichtsbehörde im Einvernehmen mit dem für Inneres zuständigen Ministerium und dem Finanzministerium,
2. der Landschaftsverbände, des Landesverbandes Lippe und des Regionalverbandes Ruhr das für Inneres zuständige Ministerium als Aufsichtsbehörde,
3. der Gemeinden und der sonstigen Gemeindeverbände die Aufsichtsbehörde, in den Fällen der auf Gruppen bezogenen Ausnahmen nach Absatz 10 Satz 1 Nummer 1 die Bezirksregierung als Aufsichtsbehörde,
4. der der Aufsicht des Landes unterstehenden Körperschaften, Anstalten und Stiftungen des öffentlichen Rechts, mit Ausnahme der Gemeinden und Gemeindeverbände, die Aufsichtsbehörde, bei Lehrerinnen und Lehrern im Einvernehmen mit der Schulaufsichtsbehörde.

(12) Der Abschnitt 5 des Gendiagnostikgesetzes vom 31. Juli 2009 (BGBl. I S. 2529, 3672) in der jeweils geltenden Fassung ist entsprechend anzuwenden auf

1. alle Personen,
   a) die in einem öffentlich-rechtlichen Dienstverhältnis im Anwendungsbereich dieses Gesetzes stehen,
   b) die sich für ein öffentlich-rechtliches Dienstverhältnis beworben haben oder
   c) deren öffentlich-rechtliches Dienstverhältnis beendet ist und
2. alle Dienstherren im Anwendungsbereich dieses Gesetzes.

Übersicht

I. Allgemeines

Ernennungen als wesentliche statusberührende Rechtsakte unterfallen gem. Art. 74 **1** Abs. 1 Nr. 27 GG der konkurrierenden Gesetzgebung, in deren Bereich mit Erlass des BeamtStG gem. Art. 72 Abs. 1 GG eine landesgesetzliche Regelungsbefugnis gesperrt ist (vgl. *Kunig* in v. Münch/Kunig, Art. 74 GG Rn. 112 ff.). In §§ 8, 9 BeamtStG sind folglich die maßgeblichen Voraussetzungen und Kriterien einer Ernennung geregelt; für Bundesbeamte gelten insoweit §§ 9, 10 BBG. Landesgesetzlich verbleibt jedoch Raum für die Regelung nicht der Bundeskompetenz unterliegender laufbahnrechtlicher Aspekte (§ 14 Abs. 1), wobei sich die Vorschrift mit dem Fortfall des § 15 Abs. 1 a.F. durch das Dienstrechtsmodernisierungsgesetz 2016 nunmehr auf den **Ernennungsfall der Einstellung** konzentriert (vgl. LT-Drs. 16/10380, S. 343) und – ohne Rechtsfragen des Ernennungsaktes im eigentlichen Sinne mehr zu regeln – vor allem Standort für einstellungsakzessorische Fragen wie die Frauenförderung (Abs. 2), die Geltung von Höchstaltersgrenzen (Abs. 3–11) sowie die Anwendbarkeit des GenDG (Abs. 12) geworden ist.

II. Merkmale und Funktion der Ernennung

1. Wegfall des Ernennungsfalls „anderes Amt mit anderer Amtsbezeichnung"

§ 8 Abs. 1 Nr. 4 BeamtStG sieht die Notwendigkeit einer Ernennung – optional – auch **2** dann vor, wenn sich das neue Amt lediglich durch die Amtsbezeichnung vom bisherigen unterscheidet. Die bislang übliche – und in § 10 Abs. 1 Nrn. 3, 4 BBG für Bundesbeamte beibehaltene – Koppelung der Veränderung der Amtsbezeichnung mit entweder derjenigen des Endgrundgehaltes oder derjenigen der Laufbahngruppe wurde aufgegeben. Gem. § 8 Abs. 1 Nr. 3 BeamtStG ist zukünftig „im Interesse der Rechtsklarheit" (BT-Drs. 16/4027, S. 23) jede Verleihung eines Amtes mit anderem Grundgehalt (die Aufgabe der bislang üblichen Begrifflichkeit „Endgrundgehalt" ist der Verlagerung der Gesetzgebungskompetenz für das Besoldungsrecht geschuldet; krit. zur Begrifflichkeit *Ziekow*, PersV 2007, 344, 348) ernennungsbedürftig, darunter auch die vormals sog. beförderungsgleichen Maßnahmen (auch „urkundslose" Ernennungen; vgl. schon BVerwG, Urt. v. 12.6.1979, 2 C 19/75; OVG Lüneburg, ZBR 2011, 48) wie die Beförderung eines MinR A 16 zum MinR B 2 oder die Ernennung eines OStD zum LRSD (s.a. *Wichmann/Langer*, S. 157 f.). Dem Landesrecht – notwendig – überlassen bleibt dagegen die Umsetzung der Ernennungsoption des § 8 Abs. 1 Nr. 4 BeamtStG, weil diese ihren wesentlichen Anwendungsfall beim Vollzug des **laufbahnrechtlichen Aufstiegs** findet. Da das Laufbahnrecht jedoch der Gestaltungskompetenz der Länder überlassen ist, konnte bundesgesetzlich nur eine Option geschaffen werden (vgl. BT-Drs. 16/4027, S. 23; wohl a.A. *H. Günther*, RiA 2009, 49, 51). Mit Schaffung des vormaligen § 15 Abs. 1 a.F. sollte dies umgesetzt werden (vgl. auch *Hlusiak*, DVP 2010, 310, 312). Offenbar nicht hinreichend bedacht wurde, dass sich daraus jedoch ein wichtiger **neuer** Anwendungsfall ergeben hatte, nämlich die Ernennungsnotwendigkeit für alle im Versetzungswege erfolgenden Übernahmen von Beamten anderer Dienstherren, soweit diese andere Amtsbezeichnungen führen, da gem. §§ 78 f. dienstherrnbezogene Zusätze zur Grundamtsbezeichnung Teil der Amtsbezeichnung sind. Der ersatzlose Wegfall des vormaligen § 15 Abs. 1 beseitigt diese offenbar ungewollte, wenngleich aus Gründen klarer Dokumentation nicht unsinnige Ernennungsoption; in der Folge wird die Zahl „urkundsloser", d. h. durch formloses Schreiben in der Personalakte dokumentierter Ernennungen (z. B. bei Laufbahnwechseln mit der notwendigen Konsequenz einer neuen Amtsbezeichnung), wieder zunehmen. Allerdings hat der Gesetzgeber zur Klarstellung, dass die ursprünglich allein intendierte Ernennungsnotwendigkeit beim **Aufstieg** fortbesteht, nunmehr in § 23 Abs. 2 einen ausdrücklichen Hinweis auf § 8 Abs. 1 Nr. 4 BeamtStG vorgesehen (vgl. auch LT-Drs. 16/10380, S. 343, 347).

2. Wesensmerkmale der Ernennung

3   Unmittelbare Geltung im Landesbeamtenrecht beanspruchen die **Ernennungskriterien** des § 9 BeamtStG (vgl. auch VG Düsseldorf, B. v. 5.9.2016, 2 L 2866/16: Frauenförderung), die als Trias von Eignung, Befähigung und fachlicher Leistung ihrerseits gem. Art. 33 Abs. 2 GG verfassungsunmittelbar als Leistungsprinzip (*Kunig* in v. Münch/ Kunig, § 33 GG Rn. 14; 26 f.) oder Bestenauslese (*v. Roetteken* in v. Roetteken/Rothländer, § 9 BeamtStG Rn. 29) verbürgt sind (speziell zum Zusammenhang von Alter und Eignung vor dem Hintergrund laufbahnrechtl. Altersgrenzen vgl. BVerfG, B v. 21.4.2015, 2 BvR 1322/12, 1989/1279; s. a. BVerwG, NVwZ 2013, 80). Die Beurteilung der Kriterien des Art. 33 Abs. 2 GG bei der Ernennung hat grundsätzlich unabhängig davon zu erfolgen, ob der Bewerber in ein Beamtenverhältnis auf Probe oder auf Lebenszeit berufen werden soll (vgl. BVerwGE 92, 147; zu Einschränkungen vgl. § 13 Rn. 5 ff.; zum Beamtenverhältnis auf Widerruf vgl. § 7 Rn. 2). Ebenfalls bereits verfassungsunmittelbar durch Art. 33 Abs. 3 Satz 1 GG vorgegeben ist das Negativkriterium des religiösen Bekenntnisses, in § 9 BeamtStG erweitert um die weiteren Negativkriterien Geschlecht, Abstammung, Rasse bzw. ethnische Herkunft, Behinderung, Weltanschauung, politische Anschauungen, Herkunft, Beziehungen oder sexuelle Identität (vgl. *v. Roetteken* in v. Roetteken/Rothländer, § 9 BeamtStG Rn. 29 ff.; *Battis,* § 9 BBG, Rn. 5 ff.; *Schnellenbach,* § 3 Rn. 63). **Verfahrensrechtlich** ist die Ernennung ein statusbegründender und damit nebenbestimmungsfeindlicher (vgl. *Kopp/Ramsauer,* § 36 VwVfG Rn. 3b) Verwaltungsakt, dessen Wirksamkeit der Einwilligung des Adressaten bedarf. Letztere wird durch **vorbehaltlose Entgegennahme** der Urkunde zum Ausdruck gebracht (vgl. BVerwGE 34, 168; *Schnellenbach,* § 3 Rn. 3; vgl. aber BVerwG, ZBR 2015, 344: Vorbehalt ausn. zulässig, wenn Beamter nur so seine Rechtsstellung effektiv verteidigen kann). Eine nachträgliche Rückgabe kann diese Rechtswirkung nicht beseitigen (*Leppek,* ZBR 2010, 397, 399). Darüber hinaus unterliegt die Ernennung – wegen der weitreichenden Folgen ihrer unmittelbar rechtsgestaltenden Wirkung – **strengen Formerfordernissen,** vgl. § 8 Abs. 2 Satz 2 BeamtStG (dazu *Leppek,* ZBR 2010, 397, 399; s. a. *H. Günther,* RiA 2009, 49, 51 f.); die elektronische Form ist – mit qualifizierter Signatur – zulässig (vgl. auch *Battis,* § 10 BBG Rn. 3; *Schnellenbach,* § 3 Rn. 3 Fn. 7). Zur Formulierung des Urkundeninhalts in den verschiedenen Ernennungsfällen wird auf die Verwaltungsvorschriften zu den §§ 8 f. BeamtStG und § 14 (Einstellung) verwiesen. Die **Zusicherung** einer Ernennung bedarf gem. § 38 Abs. 1 Satz 1 VwVfG ihrerseits der Schriftform und kann nicht schon in dem mündlichen Hinweis, die Urkunde liege zur Aushändigung bereit, gesehen werden (vgl. OVG Münster, B. v. 2.11.2011, 6 A 2677/10). Auch sog. Einstellungsschreiben (mit Hinweis auf das erforderliche Vorliegen von Ernennungsvoraussetzungen) kommt – in der Regel – keine zusichernde Wirkung zu (vgl. VG Düsseldorf, Urt. v. 16.9.2015, 2 K 2376/15 m. w. N.; s. a. VG Minden, Urt. v. 18.4.2013, 4 K 2821/12; anders OVG Münster, RiA 2014, 32, sowie dass., B. v. 28.10. 2013, 6 B 1105/13: als „**Einstellungszusage**" bezeichnetes Schreiben mit Bedingungen). Wegen der Bindungswirkung der Ernennungsentscheidung kann die Berufung in ein Beamtenverhältnis auf Probe, Zeit oder Lebenszeit – als unzulässige Vorwegnahme der Hauptsache – nicht im einstweiligen Rechtsschutz erstritten werden (vgl. OVG Münster, B. v. 30.3.2009, 6 B 102/09; anders bei Widerrufsbeamtenverhältnissen, vgl. OVG Münster, B.

v. 4.10.2013, 6 B 1081/13). Die Einstellung unterliegt gem. § 72 Abs. 1 Nr. 1 LPVG der Mitbestimmung, nicht dagegen die mit der Einstellung verbundene Festsetzung der Erfahrungsstufe gem. § 29 Abs. 2 LBesG (BVerwG, NVwZ-RR 2016, 267).

3. Funktion des Einstiegsamtes

§ 14 Abs. 1 verschafft einem zentralen laufbahnrechtlichen Prinzip Geltung, nämlich **4** dem Grundsatz, wonach die abgestuften Ämter einer Laufbahn **regelmäßig zu durchlaufen** sind, vgl. §§ 9 Abs. 1 Nr. 6, 19 Abs. 4 i.V.m. § 7 Abs. 1 Satz 1 LVO. Daneben ist das **Einstiegsamt** gem. § 5 Abs. 2 Satz 1 f. auch relevant zur Festlegung der jeweiligen vorbildungsabhängigen Einstiegsebene im zweigliedrigen Laufbahngruppensystem (vgl. § 5 Rn. 4). Die Bestimmung des jeweiligen Einstiegsamtes ist dem Besoldungsrecht überlassen und findet sich in § 24 LBesG. Gem. § 14 Abs. 1 Satz 3 ist das grundsätzliche Gebot der Einstellung im Einstiegsamt jedoch ausnahmefähig, vgl. § 14 Abs. 1 Nr. 2 LVO, allerdings als gem. § 14 Abs. 2 Satz 1 dem LPA vorbehaltene Kompetenz. Ein noch darüber hinausgehendes Konzept verwirklicht nunmehr § 20 BBG i.V.m. § 25 BLV, indem für Quereinsteiger ohne BPA-Beteiligung eine Einstellung in faktisch jedes Amt der Laufbahn ermöglicht wird. Das Gebot einer fiktiven Nachzeichnung gem. § 25 Abs. 1 Nr. 3 BLV soll jedoch Verwerfungen und eine Benachteiligung interner Karrieren vermeiden (vgl. *Peters/ Lösch/Grunewald*, ZBR 2009, 1, 3; krit. *Battis,* § 20 BBG Rn. 3: anfällig für Patronage).

III. Frauenfördergebot

Trotz des evidenten Spannungsverhältnisses zum gem. § 9 BeamtStG verbotenen Diffe- **5** renzierungskriterium „Geschlecht" enthält § 14 Abs. 2 ein inzwischen weitgehend und ausdrücklich für zulässig erachtetes (OVG Münster, DÖD 2010, 298) **Gebot der Frauenförderung,** das § 7 Abs. 1 LGG ohne inhaltliche Weiterungen aufgreift. Allerdings flankieren die Verfahrensregelungen der §§ 8–10 LGG das Frauenfördergebot bei der Einstellung durch die Pflichtigkeit von Ausschreibungen und gleichstellungssichernde Vorgaben für das Einstellungsverfahren (insbes. Zusammensetzung des Bewerberkreises und der Auswahlkommission). Durch die Interpretation der sog. Öffnungsklausel („. . . in der Person eines Mitbewerbers liegende Gründe") hat die Rechtsprechung das Frauenförderpostulat auf der **Ebene des Hilfskriterienvergleichs** (vgl. § 19 Rn. 35) verortet, wobei allerdings erst „deutliche Unterschiede" eine Entscheidung für den männlichen Mitbewerber rechtfertigen (ständ. Rechtsprechung, vgl. OVG Münster, RiA 2007, 78; s.a. OVG Münster, B. v. 27.11.2007, 6 B 1493/07). Dadurch können grundsätzlich andere zulässige Hilfskriterien (z.B. Beförderungsdienstalter) im Einzelfall den Ausschlag zugunsten eines männlichen Bewerbers geben (vgl. OVG Münster, B. v. 28.3.2011, 6 B 43/11). Insgesamt schwindet nach bisher verbreiteter Ansicht die Abwägungsrelevanz des Kriteriums „Frauenförderung" mit zunehmender Annäherung des Frauenanteils in der maßgeblichen Bezugsgruppe an die 50%-Marke (vgl. insges. *Schnellenbach,* § 3 Rn. 66 m.w.N.; s.a. *Wichmann/Langer,* S. 206 ff.); allerdings stellt die durch das Dienstrechtsmodernisierungsgesetz 2016 erfolgte Neufassung des § 19 Abs. 6 für Beförderungen auf das exakte Erreichen der Parität ab und verortet die Frauenförderung nicht länger im Bereich der Hilfskriterien (vgl. § 19 Rn. 29). Gem. § 14 Abs. 2 Satz 3 wird bei laufbahnfreien Ämtern auf die Gesamtzahl der nach Endgrundgehalt vergleichbaren Ämter desselben Dienstherrn verwiesen. Obwohl laufbahnfrei, gilt für Professorenämter die Sonderregelung des § 120 Abs. 2. Gerade bei Dienstherrn mit kleinem Personalbestand können sich problematische Vergleichsgruppengrößen ergeben. Außerdem läuft die Anwendung dort leer, wo Bewerbungsverfahren mit Ranglisten enden (z.B. im Hochschulbereich bei Berufungsvorschlägen gem. § 38 Abs. 3 HG, vgl. § 120 Rn. 6), so dass mangels **gleichbewerteter** Bewerber die Anwendung von Hilfskriterien für die Auswahlentscheidung gar nicht erst eröffnet wird. Erfolgt die Ernennung im Rahmen einer Beförderung i.S.v. § 19, gilt das Frauenfördergebot nach Maßgabe des § 19 Abs. 6, wobei es hier für die bevorzugte Beförderung der weiblichen Konkurrenz bereits genügt, dass sich eine „im Wesentlichen" gleiche Eignung belegen lässt (vgl. krit. dazu § 19 Rn. 31; s. a. VG Düsseldorf, B. v. 5.9.2016, 2 L 2866/16).

IV. Laufbahnrechtliche Höchstaltersgrenzen

1. Verfassungsrechtlicher Hintergrund der gesetzesunmittelbaren Regelung

6   Durch Gesetz v. 17.12.2015 (GV. NRW. S. 938) hat der Landesgesetzgeber unmittelbar auf die Entscheidungen des BVerfG v. 21.4.2015 (2 BvR 1322/12; 2 BvR 1989/12 = ZBR 2015, 304; vgl. in der Folge auch zahlr. Kammerbeschlüsse, etwa BVerfG-K, B. v. 17.8.2015, 2 BvR 1996/12) reagiert und dessen Kritik an einer fehlenden gesetzlichen Verankerung von **Höchstaltersgrenzen** für die Einstellung in das Beamtenverhältnis (vgl. auch *Bünnigmann*, DÖV 2015, 832; *Schrapper*, ZBR 2016, 397) aufgegriffen. Wurde dieses Fehlen bis dahin mit dem Hinweis toleriert, derartige Regelungen zählten zum Bestand solcher Normen, die „herkömmlicherweise" das Laufbahnwesen gestalten, so dass § 5 a. F. auch insoweit den Voraussetzungen der Art. 80 Abs. 1 Satz 2 GG und Art. 70 LVerf genüge (BVerwGE 133, 143; auch OVG Münster, B. v. 15.11.2011, 6 A 3/11; s. a. die Vorauflage, § 5 Rn. 2), hat das BVerfG dem den Boden entzogen. Ohne Einstellungshöchstgrenzen als solche in Frage zu stellen hält das BVerfG sie für einen schwerwiegenden Eingriff in Art. 12 Abs. 1 GG und grds. auch in Art. 33 Abs. 2 GG, da sie lebensältere Bewerber ohne Rücksicht auf Eignung, Leistung und Befähigung vom Beamtenverhältnis ausschlössen; die pauschale Ermächtigung zur Regelung des Laufbahnwesens genüge den Anforderungen an eine hinreichend bestimmte (gesetzliche) Ermächtigung nicht (BVerfG, a. a. O.). Mit der nunmehr ursprünglich in § 15a a. F. LBG getroffenen und durch das Dienstrechtsmodernisierungsgesetz 2016 in § 14 Abs. 3–11 überführten „Festlegung der **Höchstaltersgrenze** auf **regelmäßig 42 Jahre** werden die Sicherung des Alimentationsprinzips sowie des Lebenszeitprinzips einerseits und die Berufsfreiheit nach Art. 12 Absatz 1 GG sowie die Garantie des gleichen Zugangs zu jedem öffentlichen Amt nach Art. 33 Absatz 2 GG andererseits in ein angemessenes Verhältnis gesetzt und die praktische Konkordanz der betroffenen Rechtsgüter zueinander hergestellt" (LT-Drs. 16/9759, S. 21). Mit ausführlicher Begründung (vgl. LT-Drs. 16/9795, S. 22 ff.) hat der Gesetzgeber die vom BVerfG (a. a. O) aufgezeigte legitime Möglichkeit aufgegriffen, zur Sicherung der Finanzierung des Versorgungssystems mittels Einstellungshöchstgrenzen ein angemessenes Verhältnis von Lebensdienstzeit und Altersversorgung zu gewährleisten (so auch VG Gelsenkirchen, Urt. v. 27.5.2016, 1 K 4814/15; VG Köln, Urt. v. 17.8.2016, 2 K 5340/15; zust. auch *Battis*, Stellungnahme 16/3245; krit. *Schulze*, Stellungnahme 16/3268). Auch vor dem Hintergrund der §§ 1, 10 Satz 3 Nr. 3 AGG (vgl. auch *Bauer/Göpfert/Krieger*, § 10 AGG Rn. 20 ff.) sind diese Altersgrenzen ein legitimes gesetzgeberisches Ziel. Neben der mit der Neuregelung verbundenen – eher geringfügigen – Anhebung der Altersgrenze von 40 auf 42 Jahre wurde zugleich das **Kausalitätserfordernis,** wonach es nicht lediglich auf den zeitlichen Umfang der Verzögerung, sondern deren Kausalität für die verzögerte Einstellung ankam (vgl. dazu noch OVG Münster, B. v. 29.10.2014, 6 A 1842/13; zu den damit verbundenen u. U. schwierigen Beweisfragen vgl. OVG Münster, Urt. v. 17.12.2014, 6 A 2247/12) fallen gelassen. Damit können Unterbrechungen des beruflichen Werdegangs insbes. durch Kindererziehung oder Angehörigenpflege ohne Weiteres und als typische Folge unterstellt werden (vgl. auch LT-Drs. 16/9759, S. 24 f.).

2. Personaler Geltungsbereich (§ 14 Abs. 3–4, 9)

7   Geltung beansprucht die Höchstaltersgrenze gem. § 14 Abs. 3 nur für **Laufbahnbewerber** (vgl. § 3 Rn. 2) bei der Einstellung in das **Beamtenverhältnis auf Probe**. Nicht erfasst sind damit die Inhaber der Ämter von Zeitbeamten und sonstigen laufbahnfreien Ämtern (vgl. § 9 Rn. 3), die nicht zu Probebeamten ernannt werden können (zur Höchstaltersgrenze für Professoren vgl. § 120 Rn. 1). Aber auch andere Bewerber gem. § 12, ob-

wohl Laufbahnbeamte, bleiben außen vor, denn ihr Befähigungserwerb basiert auf einer mehr oder weniger langen Lebens- und Berufserfahrung vor der Ernennung, vormals sogar durch Mindestaltersgrenzen gesichert (vgl. § 45 Abs. 3 LVO 1995). Weitere **Geltungsausschlüsse** finden sich in § 14 Abs. 9, etwa bei Ernennungen in das Probebeamtenverhältnis gem. § 21, das nicht laufbahnrechtlicher Art ist (vgl. § 21 Rn. 4), oder für die Umwandlung des Beamtenverhältnisses auf Widerruf in ein solches auf Probe, sofern der Gesetzgeber von der Ermächtigung des § 7 Abs. 2 Sätze 3f. für die Einstellung in den Vorbereitungsdienst Gebrauch gemacht hat (vgl. § 7 Rn. 2; zu beachten ist, dass Altersgrenzen für sog. Monopolausbildungen nicht statthaft sind, vgl. BVerwG, B. v. 29.6.2015, 2 B 53/14). Eine Erweiterung des Anwendungsbereichs hingegen regelt § 14 Abs. 4, wonach die Altersgrenze des Absatz 3 auch für **Lebenszeitbeamte** gilt, sofern sie **von anderen Dienstherrn** durch „Einstellung" übernommen werden oder **frühere Beamte** sind. Ausdrücklich ausgenommen sind dadurch jedoch Zuversetzungen gem. §§ 15 BeamtStG, 25 Abs. 4, die im Einvernehmen erfolgen und dadurch – im Gegensatz zu den sog. „Raubernennungen" – dem gesetzgeberischen Motiv eines angemessenen Verhältnisses von Dienstzeit und Versorgungslast schon durch die Lastenteilung, vgl. § 95 Abs. 1 LBeamtVG bzw. § 3 Abs. 1 Versorgungslastenteilungs-Staatsvertrag, Rechnung tragen. Nach der ratio legis ebenfalls nicht erfasst ist der Fall der Reaktivierung früherer Beamter gem. §§ 29, 30 BeamtStG (vgl. insges. LT-Drs. 16/9759, S. 24).

3. Legitime Überschreitungen der Höchstaltersgrenze (§ 14 Abs. 5–9)

Im öffentlichen Interesse (vgl. BVerwG, B. v. 3.5.2011, 2 B 68/11) ist es geboten, in den **8** von § 14 Abs. 5–7 benannten **Verzögerungsfällen** die Einstellung trotz Überschreitens des 42. Lebensjahres zuzulassen. Die normierten Tatbestände entsprechen weitgehend den vormaligen Regelungen in § 8 a. F. LVO (vgl. auch LT-Drs. 16/9759, S. 25). § 14 Abs. 5 Satz 1 Nrn. 1–2 trägt der Ableistung von **Pflicht- bzw. Freiwilligendiensten** im Allgemeininteresse Rechnung, indem die Dauer dieser Dienste die Altersgrenze entsprechend erhöht. Absatz 5 Satz 1 Nrn. 3–4 privilegiert **familienbedingte Verzögerungen** des beruflichen Werdegangs, wobei der Regelungszweck der Norm eine **zeitliche Deckelung** der als legitim erachteten Verzögerungen auf höchstens drei Jahre pro Betreuungsfall, bei mehreren Fällen auf insgesamt höchstens sechs Jahre rechtfertigt. Entfallen ist das Tatbestandsmerkmal „Geburt" (so noch § 8 Abs. 2 Satz 1 Nr. 3 a. F. LVO), da der Sachverhalt bereits unter Kinderbetreuung subsumiert werden kann; die anrechenbare Betreuungszeit beginnt mit dem Tag der Geburt. Um eine konzise Definition des **Angehörigenbegriffs** im LBG zu erreichen, hat sich der Gesetzgeber – wie an anderer Stelle auch, vgl. § 64 Rn. 8 – für einen Verweis auf § 7 Abs. 3 PflZG entschieden, bei der **Pflegebedürftigkeit** für die Inbezugnahme von § 3 Abs. 2 PflZG (vgl. dazu im Einzelnen § 64 Rn. 7 f.). Unklarheiten über die Voraussetzungen für eine **„tatsächliche" Betreuung bzw. Pflege** (vgl. auch § 64 Rn. 7) bereinigt nunmehr § 14 Abs. 5 Satz 2. Im „Unterschied zur alten Rechtslage" (LT-Drs. 16/9759, S. 24) ist es unschädlich, wenn ein gleichzeitig noch erwerbstätiger Laufbahnbewerber während des maßgeblichen Betreuungszeitraums „in der Regel", was geringfügige Abweichungen zulässt, mit nicht mehr als Zweidrittel der regelmäßigen Wochenarbeitszeit beschäftigt war. So begrüßenswert die Klarstellung ist, bleibt doch unklar, worauf die gesetzliche Wertung beruht. Denn bei einer insgesamt vergleichbaren Fallgestaltung, bei der Elternzeit gem. § 10 Abs. 1 FrUrlV, hält der Normgeber eine parallele Erwerbstätigkeit sogar noch bei 75 % der Regelarbeitszeit für betreuungsunschädlich.

Unabhängig von konkreten Verzögerungsanlässen können **schwerbehinderte Men- 9 schen** und ihnen gem. § 2 Abs. 3 SGB IX Gleichgestellte noch bis zur Vollendung des **45. Lebensjahres** (zuvor 43. Lebensjahr) eingestellt werden. § 14 Abs. 6 Halbs. 2 schließt jedoch eine **Kumulation** mit den Verzögerungstatbeständen des Absatzes 5 aus. Es ist aber nicht ersichtlich, dass dies einem Betroffenen die Möglichkeit verwehren soll, bei Vorliegen der Voraussetzungen alternativ für eine Verlängerung gem. § 14 Abs. 5 Nrn. 3–4 bis maximal zum 48. Lebensjahr zu optieren. Ist die im konkreten Fall zutreffende Höchstaltersgrenze definitiv überschritten, kann im Fall eines Bewerbungsverfahrens ohne Weiteres von einer Ladung des schwerbehinderten Bewerbers zum **Vorstellungsgespräch** i. S. v. § 82 Satz 3 SGB IX abgesehen werden, ohne einen Ersatzanspruch gem. § 15 AGG auszulösen (vgl. OVG Münster, B. v. 4.8.2014, 6 E 914/13). Besonderheiten ergeben sich gem. § 14 Abs. 8 für sog. **Planstelleninhaber,** deren privatrechtliches Beschäftigungsverhältnis zu Ersatzschulträgern beamtenähnlich ausgestaltet ist, vgl. § 102 Abs. 3 Satz 2 SchulG. Da ihre Versorgung ohnehin vom Land zu übernehmen ist, rechtfertigt sich auch ein deutlich späterer Zeitpunkt (55. Lebensjahr) für die Einstellung in ein Beamtenverhältnis; dieser ist eher davon geleitet, mit mindestens zehn Jahren bis zum Ruhestand noch eine hinreichend lange dienstliche Verwendung zu sichern. Bei „reaktivierten" Planstelleninhabern gem. § 14 Absatz 8 Satz 2 ist wegen der Parallele zu § 35 Abs. 2 Satz 2 (5-Jahres-Frist für Reaktivierungsbegehren) statt vom 55. vom 60. Lebensjahr auszugehen.

10   Einen – verfahrensbedingten – Sonderfall der zulässigen Überschreitung der Höchstaltersgrenze regelt § 14 Abs. 9 Satz 2. Vollendet wird das 42. Lebensjahr mit Ablauf des Tages vor dem entsprechenden Geburtstag. Ist jedoch zuvor ein Antrag auf Einstellung gestellt worden, darf diese binnen eines Jahres nach Antragstellung, also auch noch jenseits der Vollendung des 42. Lebensjahres erfolgen. Die Regelung beruht letztlich auf dem verfassungsrechtlichen Verhältnismäßigkeitsgrundsatz und entlastet den Bewerber angesichts der einschneidenden Wirkung der – tagesscharfen – Altersgrenze in gewissem Umfang vom Verfahrensrisiko. Wird die Jahresgrenze im Verfahrensverlauf jedoch überschritten, kann eine Einstellung nur noch gem. § 14 Abs. 10 Satz 1 Nr. 2 als Ausnahme in Betracht kommen (s. u.); dies setzt einen allein von der Einstellungsbehörde zu vertretenden Verfahrensfehler voraus (vgl. BVerwG, B. v. 29.6.2015, 2 B 53/14).

4. Weitere (Einzel-)Ausnahmen (§ 14 Abs. 10–11)

11   Wegen ihrer Grundrechtsrelevanz war die Ermächtigung für „weitere Ausnahmen" auf richterliche Kritik hin (vgl. BVerwGE 133, 143) bereits im Jahr 2009 auf Verordnungsebene kodifiziert worden (vgl. zunächst § 84 Abs. 2 LVO 1995, sodann § 18 Abs. 2 LVO 2014). Konsequent wird sie nunmehr – ohne inhaltliche Änderungen – gesetzesunmittelbar erfasst (vgl. auch LT-Drs. 16/9759, S. 25). Dabei wird mit der Ausnahmeermächtigung zunächst den Interessen des Dienstherrn (Absatz 10 Satz 1 Nr. 1, Satz 2), insbesondere zur Gewinnung (oder zur Bindung) von spezialisierten (Fach-)Kräften, Rechnung getragen. Eine Verbeamtung wäre hier grds. auch als anderer Bewerber möglich, vom Verfahren eher jedoch ungleich komplizierter (vgl. §§ 12 Abs. 3, 97 Abs. 1 Nr. 2); außerdem ermöglicht § 14 Abs. 10 Satz 1 Nr. 1 auch Gruppenausnahmen. Deutlich als Kompensation der Begrenzung des Art. 33 Abs. 2 GG durch die Höchstaltersgrenze ist der im Bewerberinteresse geregelte Ausnahmetatbestand des § 14 Abs. 10 Satz 1 Nr. 2 angelegt. Andererseits trägt seinem Ausnahmecharakter nur ein Verständnis als „**Härtefallklausel** für ganz außergewöhnlich gelagerte Sachverhalte" (OVG Münster, B. v. 11.7.2013, 6 A 2649/10, s.a. VG Köln, Urt. v. 17.8.2016, 3 K 3698/15) Rechnung. Neben Verzögerungen beim **beruflichen Fortkommen**, deren Ursachen dem Bewerber nicht zurechenbar sind und deren Berücksichtigung „unbillig" wäre, erfasst der Tatbestand auch solche Fälle, in denen es um **verzögernde Verfahrensfehle**r während der Bearbeitung des Antrags auf Einstellung/ Verbeamtung geht (OVG Münster, a. a. O.; vgl. auch dass., Urt. v. 27.7.2010, 6 A 282/08; 6 A 858/08; 6 A 3302/08: Folgenbeseitigungslast; vgl. auch VG Münster, Urt. v. 7.6.2016, 4 K 2032/09 sowie 4 K 2242/09: Verbeamtungsanspruch für Bf. des BVerfG-Verfahrens, aber auch VG Köln, a. a. O.; keine Folgenbeseitigungslast, wenn auch das neue Höchstalter bei Antragstellung schon deutlich überschritten). Die Zuständigkeit für die Erteilung weiterer Ausnahmen variiert gem. § 14 Abs. 11. Rechtsschutz gegen eine Verweigerung kann durch Verpflichtungsklage erlangt werden, wobei maßgeblich die Sach- und Rechtslage zum Zeitpunkt der letzten Gerichtsentscheidung ist (vgl. BVerwG, DÖD 2012, 104). Dies gilt auch für alle höchstalterskritischen Einstellungsbegehren, die unmittelbar **nach** der Entscheidung des BVerfG (a.a.O.) bis zum Inkrafttreten der Neuregelung anhängig gemacht wurden; die Verfahren waren gem. § 94 VwGO bis zum Inkrafttreten der entsprechenden gesetzlichen Regelung auszusetzen (OVG Münster, B. v. 8.10.2015, 6 E 904/15; vgl. auch VG Gelsenkirchen, Urt. v. 27.5.2016, 1 K 4814/15: auch auf Behördenebene durften anhängige Anträge zurückgestellt werden).

V. Analoge Anwendung des Abschnitts 5 des Gendiagnostikgesetzes

1. Notwendigkeit einer Übertragung auf Beamte

Die Festlegung der Anwendung des GenDG (auch) für Beamte, erstmals eingeführt mit **12** dem DRAnpG 2013, war zunächst rechtssystematisch mit § 1 Abs. 3 a.F. an ungewöhnlicher Stelle verortet, denn dort findet sich der persönliche Anwendungsbereich des LBG geregelt, nicht aber die Anwendbarkeit. Mit dem Dienstrechtsmodernisierungsgesetz 2016 wurde dies „aus rechtssystematischen Gründen" (vgl. LT-Drs. 16/10380, S. 343) korrigiert. Mit Blick auf § 9 BeamtStG (Kriterien der Ernennung) ist nunmehr § 14 der zutreffende Standort (vgl. auch § 10 LBG Bremen, § 10 LBG Hamburg). Die ausdrückliche Übernahme der relevanten Regelungen des GenDG – eine analoge Anwendung der §§ 19 ff. GenDG auf öffentlich-rechtliche Dienstverhältnisse der Länder ist angesichts des eindeutigen Gesetzeswortlauts versperrt (*Schwarz* in Kern, § 22 GenDG Rn. 2; *Wiese,* BB 2009, 2199) – auch für das Landesbeamtenrecht ist uneingeschränkt zu begrüßen. Hierin liegt ein Beitrag zur Verhinderung genetischer Diskriminierung im Arbeitsleben und zum Schutz der Menschenwürde (vgl. zu diesen Schutzzwecken *Hahn* in Kern, § 1 GenDG Rn. 8 ff. u. § 19 GenDG Rn. 1 ff.; BT-Drs. 16/3233, S. 22). Kompetenzrechtlich ist es den Ländern nicht verwehrt, entsprechende Regelungen zur Anwendung des GenDG landesgesetzlich einzuführen (*Schwarz* in Kern, § 22 GenDG Rn. 2). § 14 Abs. 12 sieht vor, dass die im Abschnitt 5 des GenDG speziell für das Arbeitsleben festgeschriebenen **Verbote gendiagnostischer Untersuchungen** analog für den Anwendungsbereich des LBG gelten. Da der Abschnitt 7 des GenDG nicht im LBG erwähnt und für analog anwendbar erklärt wird, stehen etwaige Verstöße gegen § 19 Nr. 2 GenDG und § 20 Abs. 1 Nr. 2 GenDG nicht unter der Strafandrohung des § 25 GenDG, wären aber disziplinarrechtlich zu ahnden. Auch die Bußgeldvorschriften des § 26 GenDG, die u.a. Verstöße gegen § 20 Abs. 1 Nr. 1 und Nr. 2 GenDG erfassen, kommen im Zusammenhang mit § 14 Abs. 12 nicht zur Anwendung.

2. Problematik prädiktiver Gesundheitsinformationen

Die Frage sog. **prädiktiver Gesundheitsinformationen** bei der Einstellung von Be- **13** amten – also Informationen zum Risiko noch nicht ausgebrochener Erkrankungen – wird vor dem Hintergrund der wissenschaftlichen Entwicklungen im Medizinbereich immer relevanter (vgl. *König,* Prädiktive Gesundheitsinformationen im Arbeits- und Beamtenrecht und genetischer „Exzeptionalismus", jur. Diss. 2010; *Reuter* in Kern, § 4 GenDG Rn. 6 ff.; vgl. zum Thema „Gendiagnostik im Öffentlichen Dienst" auch die Beiträge von *Kersten,* PersV 2011, 4 ff. und PersV 2011, 84 ff.; siehe ferner *Damm/König,* in: Duttge/Engel/Zoll, 2011, S. 91 ff.; *Nationaler Ethikrat,* Prädiktive Gesundheitsinformationen bei Einstellungsuntersuchungen, S. 9 ff., 16). In der Gesetzesbegründung zu § 19 GenDG heißt es (BT-Drs. 16/10532, S. 37): „Mit den fortschreitenden Möglichkeiten genetischer Untersuchungen könnten Arbeitgeber es als nützlich ansehen, bei Untersuchungen, von denen sie die Einstellung oder Versetzung abhängig machen, ihre bisherigen Erkenntnismöglichkeiten über den Gesundheitszustand der Beschäftigten durch den Einsatz genetischer Untersuchungen zu erweitern. Damit verbunden ist die Gefahr, dass Beschäftigte allein aufgrund ihrer genetischen Eigenschaften oder Veranlagungen nicht eingestellt oder versetzt und somit sozial ausgegrenzt werden."

14   Das GenDG sieht deshalb in den §§ 19 ff. GenDG entsprechende Verbotstatbestände vor. Dies geschieht auch vor dem Hintergrund, dass eine „negative" genetische Disposition vielleicht nie eine Erkrankung oder gesundheitliche Störung verursacht und die Gefahr von Fehlinterpretationen genetischer Untersuchungsergebnisse und Analysen latent vorhanden ist (BT-Drs. 16/10532, S. 37; vgl. zu den sog. Manifestationswahrscheinlichkeiten bei genetischen Krankheiten *Kersten,* PersV 2011, 4 ff.: s. a. VG Darmstadt, NVwZ-RR 2006, 566: Feststellung mangelnder gesundheitlicher Eignung bei Beamtenbewerberin ist nicht rechtmäßig bei 50 % Wahrscheinlichkeit, dass bei dieser die Erbkrankheit Chorea Huntington vorliegt – vgl. zu dem durch das GenDG überholten Urteil ausführlich *Kersten,* a. a. O., und *Nationaler Ethikrat,* Prädikative Gesundheitsinformationen bei Einstellungsuntersuchungen, S. 9 ff., 21; s. a. *Fricke/Schütte,* DÖD 2012, 121, 124; *Schwarz* in Kern, § 22 GenDG Rn. 4). § 14 Abs. 12 schreibt deshalb nunmehr ausdrücklich vor, dass die im am 1.2.2010 in Kraft getretenen GenDG festgelegten Verbote gendiagnostischer Untersuchungen und weiterer Regelungen des 5. Abschnitts des GenDG auch im Bereich des LBG anzuwenden sind. In Abschnitt 5 werden ausweislich der Überschrift die „Genetischen Untersuchungen im Arbeitsleben" geregelt. Genetische Untersuchungen sind demnach grundsätzlich verboten, sofern keine gesetzlich geregelte Ausnahme vorliegt. Zentrale Bedeutung hat der **§ 19 GenDG,** der vorschreibt, dass der Arbeitgeber „von Beschäftigten weder vor noch nach Begründung des Beschäftigungsverhältnisses die Vornahme genetischer Untersuchungen oder Analysen verlangen oder die Mitteilung von Ergebnissen bereits vorgenommener genetischer Untersuchungen oder Analysen verlangen, solche Ergebnisse entgegennehmen oder verwenden" darf (vgl. dazu *Wiese,* BB 2009, 2198, 2199 ff.; *Kersten,* PersV 2011, 85 ff.). Was unter verbotenen „genetischen Untersuchungen oder Analysen" zu verstehen ist, ergibt sich aus den Legaldefinitionen in § 3 Nr. 1 f. GenDG (dazu ausführl. *Kersten,* PersV 2011, 86 ff.; s. a. *Wiese,* BB 2009, 2199; s. a. *Schwarz* in Kern, § 19 GenDG Rn. 22: die Frage nach – unzulässigen – genetischen Untersuchungen kann sich in der beamtenrechtlichen Praxis stellen, vgl. auch VG Ansbach B. v. 14.7.2011, AN 1 E 11.01005: Abklärung einer Androgenresistenz, einem genetisch bedingten Rezeptordefekt). Mit § 19 GenDG wird es Arbeitgebern aber nicht versagt, Krankheiten mit genetischen Ursachen mit traditionellen (nicht-genetischen) Diagnosemethoden festzustellen (vgl. *Fischinger,* NZA 2010, 68; *Kersten,* PersV 2011, 86). Der analog anzuwendende § 19 GenDG verhindert im Bereich des Dienstrechts u. a., dass es bei der Feststellung von Eignung, Leistung und Befähigung nach Art. 33 Abs. 2 GG zu einem „genetischen Leistungswettbewerb" (*Kersten,* a. a. O.) zwischen den Bewerbern um eine Beamtenstelle kommt. Das **Recht auf informationelle Selbstbestimmung,** das auch ein **„Recht auf Nichtwissen"** hinsichtlich einer genetischen Disposition beinhaltet (*Nationaler Ethikrat,* Prädiktive Gesundheitsinformationen bei Einstellungsuntersuchungen, S. 10; *Kersten,* PersV 2011, 7; *Hahn* in Kern, § 1 GenDG Rn. 15), wird ebenfalls durch die Vorschrift geschützt. Der Dienstherr darf von Bewerbern oder bereits im Dienst befindlichen Beamten nicht die Mitteilung auch bereits vorliegender genetischer Untersuchungs- und Analyseergebnisse verlangen bzw. solche Ergebnisse entgegennehmen oder verwenden, § 22 GenDG i. V. m. § 19 Nr. 2 GenDG (vgl. dazu VG Karlsruhe, Urt. v. 31.7.2014, 2 K 1762/13: keine Berücksichtigung der vom Bewerber selbst offenbarten Befunde). Wann ein „Entgegennehmen" i. S. d. Vorschrift vorliegt, kann im Einzelfall zweifelhaft sein: Der Tatbestand ist sicher nicht bereits dadurch erfüllt, dass ein Dienstherr z. B. eine die Information über genetische Untersuchungsergebnisse/Analysen beinhaltende schriftliche Bewerbung oder Bewerbung per Mail „durch Abrufen der E-Mail oder Entgegennahme der postalischen Sendung aus dem Briefkasten rein „körperlich" entgegen" nimmt (so zutr. *Schwarz* in Kern, § 19 GenDG Rn. 44). Es muss vielmehr eine bewusste Kenntnisnahme und der Wille zur aktuellen oder künftigen Berücksichtigung dieser genetischen Informationen bei Personalentscheidungen vorliegen (*Schwarz* a. a. O.; vgl. zur Frage, wann ein Verwenden der Mitteilung von Ergebnissen bereits vorgenommener genetischer Untersuchungen/Analysen i. S. d. § 19 Nr. 2 GenDG vorliegt, *dens.* in Kern, § 19 GenDG Rn. 47). Es ist auch davon auszugehen, dass vor dem Hintergrund der gesetzlichen Wertungen im 5. Abschnitt des GenDG ein allgemeines Fragerecht des Dienstherrn nach genetisch bedingten Erbkrankheiten nicht zulässig sein dürfte (vgl. *Fricke/Schütte*, DÖD 2012, 121, 125; *Schwarz* in Kern, § 19 GenDG Rn. 42; *Wiese*, BB 2009, 2198, 2203). Eine abschließende Klärung dieser speziellen Frage durch die Rechtsprechung steht allerdings – soweit ersichtlich – noch aus.

3. Arbeitsschutzrechtliche Ausnahmen und Diskriminierungsverbot

Bestimmte genetische Untersuchungen sind allerdings nach § 20 Abs. 2 f. GenDG **aus** **15** **Gründen des Arbeitsschutzes** zulässig, etwa um arbeitsplatzrelevante genetisch bedingte Überempfindlichkeiten eines Beschäftigten/Beamten festzustellen (vgl. dazu *Wiese,* BB 2011, 313; *dens.,* BB 2009, 2204; *Schwarz* in Kern, § 20 GenDG Rn. 10 ff., 29 ff.). Da § 20 Abs. 4 GenDG eine entsprechende Anwendung der §§ 7–16 GenDG vorsieht, ist insofern auch der 2. Abschnitt des GenDG im Rahmen des LBG entsprechend anwendbar, wenn ein Fall des § 20 GenDG in Rede steht. Besonders hinzuweisen ist ferner auf die entspr. anzuwendenden §§ 21 Abs. 1 und 22 GenDG, wonach niemand im Arbeitsleben wegen genetischer Eigenschaften benachteiligt werden darf (vgl. dazu *Reuter/Schwarz* in Kern, § 21 GenDG Rn. 7 ff., Rn. 32; *Bayreuther*, NZA 2010, 679, 681). Dieses Diskriminierungsverbot gilt bereits bei der Einstellung in den öffentlichen Dienst, aber auch „beim beruflichen Aufstieg, bei einer Weisung oder der Beendigung des Beschäftigungsverhältnisses" (§ 21 Abs. 1 Satz 1 GenDG) und „unabhängig davon, ob dem Arbeitgeber die genetischen Eigenschaften mit Einwilligung der Beschäftigten bekannt geworden sind" (*Wiese*, BB 2009, 2207). Ein Verstoß führt nach §§ 21 Abs. 2 GenDG i. V. m. § 15 AGG zu einem Entschädigungsanspruch des Betroffenen; ein Einstellungs- oder Beförderungsanspruch wird durch einen Verstoß gegen § 21 Abs. 1 GenDG oder durch einen Verstoß gegen § 19 GenDG nicht begründet (*Schwarz* in Kern, § 19 GenDG Rn. 50).

§ 15 Voraussetzung der Ernennung auf Lebenszeit

Ein Beamtenverhältnis auf Probe ist in ein solches auf Lebenszeit umzuwandeln, wenn die beamtenrechtlichen Voraussetzungen hierfür erfüllt sind.

I. Allgemeines

Die Vorschrift steht in unmittelbarem Bezug zu § 13 Abs. 1 Satz 2, wonach für alle **1** Laufbahngruppen eine Regelprobezeit von drei Jahren gilt. Sie verleiht dem Probebeamten auch nach der Änderung durch das Dienstrechtsmodernisierungsgesetz 2016 mit Ablauf dieser Zeit einen **bedingten (vgl. § 10 BeamtStG) Rechtsanspruch** auf Berufung in das Beamtenverhältnis auf Lebenszeit (vgl. LT-Drs. 16/10380, S. 343).

II. Einzelheiten

Mit der Einräumung des **Anspruchs auf lebenszeitige Ernennung** soll die Entschei- **2** dung für eine Regelprobezeit unterstützt sowie der Entscheidungsspielraum des Dienstherrn auf die „beamtenrechtlichen Voraussetzungen" gem. § 10 BeamtStG und damit auf den Zweck der Probezeit verengt werden (vgl. auch BVerwGE 92, 147; *Battis,* § 11 BBG Rn. 13). Haushaltswirtschaftliche oder sonstige Gründe können eine Ernennung zum Beamten auf Lebenszeit nicht hindern, wenn der Probebeamte sich bewährt hat (vgl. dazu § 13 Rn. 3). Dieses Regelungskonzept hat auch der Vorgängernorm § 9 Abs. 3 Satz 1 LBG a. F. zugrunde gelegen und findet sich aktuell auch in § 11 Abs. 2 Satz 1 BBG, allerdings mit einem entscheidenden Unterschied. Die Altregelung gewährte den Rechtsanspruch zum Ende der Höchstdauer der Probezeit, weil der Dienstherr mit der Verlänge-

rung der Regelprobezeit auf die maximal zulässigen fünf Jahre den ihm vom Gesetz zuge-
standenen Erkenntniszeitraum ausgeschöpft hatte. Diese **Systematik** hat der Gesetzgeber
schon bei der Neuregelung des § 16 Satz 1 a. F. in der LBG-Novelle von 2009 **verkannt,**
als er infolge des Wegfalls der Anstellung und der sog. statusrechtlichen Probezeit bis zum
27. Lebensjahr (vgl. § 13 Rn. 8; s. a. *Hlusiak,* DVP 2010, 310, 311 f.; *H. Günther,* RiA
2009, 49, 51) die einheitliche Regelprobezeit einführte. Denn nach wie vor erlauben § 10
BeamtStG i. V. m. § 5 Abs. 8 Satz 2 LVO eine Verlängerung der Probezeit auf längstens fünf
Jahre. Daraus folgt wiederum, dass der Rechtsanspruch auf Lebenszeitverbeamtung gem.
§ 15 nur greift, wenn **keine Verlängerungsentscheidung** wegen noch ausstehender Bewährung bzw. gem. § 5 Abs. 7 Satz 2 LVO (Teilzeit) getroffen wurde. Dies reduziert seinen
Gehalt im Vergleich zu Altregelung drastisch, weil diese den Anspruch tatsächlich nur noch
von der nicht mehr verzögerbaren Bewährungsfeststellung abhängig machte (bzw. im Fall
des § 11 Abs. 2 Satz 1 BBG aktuell macht).

§ 16 Zuständigkeit und Wirkung der Ernennung

(1) ¹**Die Landesregierung ernennt die Beamtinnen und Beamten des Landes.** ²**Sie
kann die Befugnis auf andere Stellen übertragen.**

(2) ¹**Die Beamtinnen und Beamten der Gemeinden und Gemeindeverbände sowie
der sonstigen der Aufsicht des Landes unterstehenden Körperschaften, Anstalten und
Stiftungen des öffentlichen Rechts werden von den nach Gesetz, Verordnung oder
Satzung hierfür zuständigen Stellen ernannt.** ²**Die Ernennungsurkunde einer kommunalen Wahlbeamtin oder eines kommunalen Wahlbeamten darf erst ausgehändigt
werden, wenn die Wahl nicht innerhalb eines Monats nach ihrer Durchführung nach
den dafür geltenden Vorschriften beanstandet worden ist oder wenn eine gesetzlich
vorgeschriebene Bestätigung der Wahl vorliegt.**

(3) **Die Ernennung wird mit dem Tag der Aushändigung der Ernennungsurkunde
wirksam, wenn nicht in der Urkunde ausdrücklich ein späterer Tag bestimmt ist.**

(4) **Mit der Ernennung erlischt das privatrechtliche Arbeitsverhältnis zum Dienstherrn.**

I. Allgemeines

1   Die Vorschrift regelt mit der **Ernennungszuständigkeit** einen Unterfall der allgemeinen dienstrechtlichen Befugnis des § 2 Abs. 4 und weicht für Landesbeamte wegen der
verfassungsrechtlichen Vorgabe des Art. 58 LVerf vom Zuständigkeitsgrundsatz des § 2
Abs. 2 Satz 1 ab. Darüber hinaus ermächtigt sie zur Ausstellung sog. **Wirkungsurkunden**
und ordnet die Folgen einer Ernennung für ein paralleles Arbeitsverhältnis.

II. Ernennungszuständigkeiten

2   Mit § 16 Abs. 1 wird zunächst rein **deklaratorisch** die Regelung des **Art. 58 LVerf**
aufgegriffen. Die dort eingeräumte Delegationsbefugnis hat die Landesregierung durch
ZustVO v. 27.6.1978 (GV. NRW. S. 286) genutzt und alle Ernennungen in Ämter bis zur
BesGr. B 2, bei Referatsleitungen in Ministerien bis B 3, auf die obersten Landesbehörden
übertragen. Für Beamte des Landtages, gem. § 106 Abs. 1 Satz 1 ebenfalls Landesbeamte,
gilt die Sonderregelung des § 106 Abs. 1 Satz 2, für Beamte des LRH insoweit Art. 87
Abs. 2 LVerf (Präsident, Vizepräsident, Mitglieder des LRH) bzw. § 3 Abs. 3 LRHG (sonstige Beamte). Den obersten Landesbehörden ihrerseits ist durch § 3 ZustVO die Befugnis
eingeräumt, Ernennungen in Ämter bis BesGr. A 16 weiter zu delegieren, wobei mit Absätzen 2 und 3 Sonderregelungen für den Schulbereich und – inzwischen durch § 33 HG
teilweise obsolet – den Wissenschaftsbereich gelten. In der Folge haben die Ressorts ihre

Ernennungskompetenzen – i.d.R. für Ämter bis BesGr. A 15 – auf die nachgeordneten Behörden und Einrichtungen ihres Geschäftsbereichs weiterdelegiert.

Für die Dienstherrn der **mittelbaren Landesverwaltung** gilt gem. § 16 Abs. 2 Satz 1 **3** hinsichtlich der Ernennungsbefugnis nichts anderes als für alle anderen beamtenrechtlichen Entscheidungen gem. § 2 Abs. 2 Satz 1 Nrn. 2, 3, Abs. 4 Satz 2: die Zuständigkeit ergibt sich aus dem jeweiligen Organisationssonderrecht, z.B. dem Kommunalverfassungsrecht. Dass § 16 Abs. 2 Satz 1 im Unterschied zu § 2 Abs. 2 Satz 1 Nr. 3 noch „Verordnungen" erwähnt, dürfte materiell nicht von Belang sein. Nach Kommunalverfassungsrecht ist regelmäßig der Hauptverwaltungsbeamte ernennungszuständig, was jedoch durch Satzungsrecht modifiziert werden kann, vgl. §§ 73 Abs. 2, 3 GO, 49 Abs. 1 Satz 3 KrO (vgl. dazu VG Gelsenkirchen, B.v. 5.8.2009, 12 L 721/09). Im Unterschied zu den übrigen Wahlbeamten gem. § 119 werden die **Hauptverwaltungsbeamten** selbst gem. § 118 Abs. 3 Satz 1, Abs. 10 nicht ernannt. Der Direktor des Landschaftsverbandes vollzieht bei der Ernennung gem. § 20 Abs. 4 Satz 2 LVerbO lediglich einen Beschluss des Landschaftsausschusses (§ 12 LVerbO). Für den großen Bereich der **Hochschulen** mit eigener Rechtspersönlichkeit folgt die Ernennungszuständigkeit aus § 33 Abs. 2 HG, der je nach Personalkategorie dem Präsidenten/Rektor bzw. Vizepräsidenten für den Bereich der Wirtschafts- und Personalverwaltung/Kanzler die Ernennungsbefugnis zuweist.

Für kommunale Wahlbeamte gem. § 119 gilt ausweislich des § 16 Abs. 2 Satz 2 die Besonderheit, dass der Vollzug der Ernennung erst mit Monatsfrist nach der Wahl (§§ 50 **4** Abs. 2 GO, 35 Abs. 2 KrO) erfolgen darf. Damit soll verhindert werden, dass durch die Aushändigung der Urkunde eine Rechtslage verfestigt und damit eine Prüfung der Rechtmäßigkeit des Wahlverfahrens und sonstiger Ernennungsvoraussetzungen durch die zuständigen Stellen (Hauptverwaltungsbeamter gem. §§ 54 GO, 39 KrO oder Kommunalaufsicht) konterkariert wird (vgl. BVerwGE 80, 127; OVG Münster, B.v. 18.9.2000, 15 B 1352/00; insges. auch *Plückhahn* in Held/Winkel, S. 399f.). Der Gesetzgeber hat jedoch bei Übernahme der Altregelung des § 10 Abs. 2 a.F. womöglich übersehen, dass mit dem neuen § 11 Abs. 1 Nr. 3 lit. c BeamtStG (vgl. auch *Hlusiak*, DVP 2010, 310, 313) die Rechtswirkungen der Ernennung wegen Nichtigkeit ausbleiben, sofern der Wahlakt selbst fehlerbehaftet war. Der verbleibende Anwendungsbereich des § 16 Abs. 2 Satz 2 dürfte sich damit auf die nachträgliche aufsichtliche Prüfung sonstiger Ernennungsvoraussetzungen (z.B. das Vorliegen von Amtsbefähigungen, vgl. § 23 Rn. 2; § 12 Rn. 2) verengen.

III. Wirksamwerden der Ernennung

Die Regelung des § 16 Abs. 3 enthält verfahrensrechtlich keine wesentlichen Abwei- **5** chungen von den allgemeinen Vorgaben der §§ 41, 43 VwVfG (vgl. aber *Leppek*, ZBR 2010, 397, 399). Ihr materieller Gehalt ist daher in der ausdrücklichen Gewährung der Befugnis zu sehen, in Erweiterung der Grundregel des § 8 Abs. 2 Satz 1 BeamtStG mittels **Wirkungsurkunde** das Wirksamwerden der Ernennung auf einen Zeitpunkt nach der Aushändigung zu verlegen. Nach dem insoweit klaren Wortlaut des § 16 Abs. 3 a.E. kann der Zeitpunkt des Eintretens der **inneren Wirksamkeit** allein durch die Angabe eines Tagesdatums festgesetzt werden. Die **äußere Wirksamkeit** der Ernennung tritt in jedem Fall mit der Aushändigung der Urkunde ein (vgl. *v. Roetteken* in v. Roetteken/Rothländer, § 8 BeamtStG Rn. 148). Keinerlei Hinweise sind der Norm dahin zu entnehmen, **wie lange** die innere Wirksamkeit nach Aushändigung verzögert werden darf. Aus den weitreichenden Bindungswirkungen der Ernennung und den schon mit der Aushändigung eintretenden Rechtsfolgen (vgl. § 17 Rn. 4; *Battis*, § 12 BBG Rn. 6), denen auch die Anordnung der Wirksamkeit im Zeitpunkt der Aushändigung als Regelfall entspricht, wird man aber folgern können, dass Wirkungsurkunden die innere Wirksamkeit nur solange verzögern dürfen, wie dies durch nicht unübliche, auf klare Sachgründe zurückführbare Hindernisse gerechtfertigt ist. Von einer – rechtswidrigen – Umgehung des § 16 Abs. 3 muss man im Gegenzug ausgehen, wenn mit dem Bewirken der äußeren Wirksamkeit durch Aushändigung Fakten geschaffen werden sollen, ohne dass dafür relevante Vorbedingungen absehbar eintreten. Im Unterschied zu Vor- sind **Rückdatierungen** durch § 8 Abs. 4 BeamtStG ausdrücklich ausgeschlossen; die Ernennung ist „insoweit" unwirksam, d. h. gilt erst ab der Aushändigung (vgl. *v. Roetteken* in v. Roetteken/Rothländer, § 8 BeamtStG Rn. 146).

IV. Kollisionsregel für parallele Arbeitsverhältnisse

6   Mit der Rechtsfolge des § 16 Abs. 4 wird verhindert, dass sich mit der Ernennung – hier i. S. d. Begründung eines Beamtenverhältnisses gem. § 8 Abs. 1 Nr. 1 BeamtStG – aus einem fortbestehenden **Arbeitsverhältnis** ggf. nicht überschaubare kollidierende Rechtspflichten ergeben (vgl. aber auch *Battis,* § 10 BBG Rn. 7: Verhinderung von Missbrauch des Beamtenverhältnisses zu Versorgungszwecken). Nach dem eindeutigen Wortlaut erlischt nur das Arbeitsverhältnis, dessen einer Vertragspartner mit dem neuen Dienstherrn identisch ist (a. A. *Battis,* § 12 BBG Rn. 7 m. w. N.); weitergehende Rechtswirkungen wird man der beamtenrechtlichen Regelung schon wegen der fehlenden Regelungskompetenz für das Arbeitsrecht, das gem. Art. 72 Abs. 3, 74 Abs. 1 Nr. 12 GG der Bundeszuständigkeit unterfällt, nicht zuschreiben können. Auch ein mögliches Verbot der Begründung von parallelen Arbeitsverhältnissen kann § 16 Abs. 4 nicht entnommen werden. So dürfen – einmal ernannte – Beamte, etwa im Rahmen einer Nebentätigkeit gem. § 48 oder einer sog. In-sich-Beurlaubung, durchaus auf arbeitsvertraglicher Basis für den Dienstherrn tätig werden (vgl. auch *Battis,* § 12 BBG Rn. 7).

§ 17 Verfahren und Rechtsfolgen bei nichtiger oder rücknehmbarer Ernennung

(1) [1]In den Fällen des § 11 des Beamtenstatusgesetzes ist die Nichtigkeit festzustellen und dies der oder dem Ernannten oder im Falle des Todes den versorgungsberechtigten Hinterbliebenen schriftlich bekannt zu geben. [2]Sobald der Grund für die Nichtigkeit bekannt wird, kann der oder dem Ernannten jede weitere Führung der Dienstgeschäfte verboten werden; im Fall des § 8 Absatz 1 Nummer 1 des Beamtenstatusgesetzes ist sie zu verbieten.

[3]Das Verbot der Amtsführung kann erst ausgesprochen werden, wenn im Fall
1. des § 11 Absatz 1 Nummer 1 des Beamtenstatusgesetzes die schriftliche Bestätigung der Wirksamkeit der Ernennung,
2. des § 11 Absatz 1 Nummer 2 des Beamtstatusgesetzes die Bestätigung der Ernennung oder
3. des § 11 Absatz 1 Nummer 3 des Beamtenstatusgesetzes die Zulassung einer Ausnahme

abgelehnt worden ist.
[4]Die bis zum Verbot der Führung der Dienstgeschäfte vorgenommenen Amtshandlungen der oder des Ernannten sind in gleicher Weise gültig, wie wenn die Ernennung wirksam gewesen wäre. [5]Die gewährten Leistungen können belassen werden.

(2) [1]In den Fällen des § 12 des Beamtenstatusgesetzes muss die Ernennung innerhalb einer Frist von sechs Monaten zurückgenommen werden, nachdem die dienstvorgesetzte Stelle von der Ernennung und dem Grund der Rücknahme Kenntnis erlangt hat. [2]Vor der Rücknahme ist die Beamtin oder der Beamte zu hören, soweit dies möglich ist. [3]Die Rücknahmeerklärung ist der Beamtin oder dem Beamten und im Falle des Todes den versorgungsberechtigten Hinterbliebenen schriftlich bekannt zu geben. [4]Absatz 1 Satz 2, 4 und 5 gilt entsprechend.

I. Allgemeines

Als Folge der Neuzuweisung der statusrechtsbezogenen Gesetzgebungskompetenzen **1** (vgl. § 14 Rn. 1) findet sich der Regelungskomplex „**Ernennungsfehler**" nunmehr tatbestandlich vollständig in §§ 11, 12 BeamtStG geordnet. Demgemäß bündelt und regelt § 17 die bis 2013 von §§ 13, 14 LBG a. F. erfasste Annexmaterie der Verfahrensfragen, die sich im Anschluss an die Erkenntnis der Nichtigkeit oder Rechtswidrigkeit einer Ernennung stellen.

II. System der Ernennungsfehler

Bis zur Neuregelung der §§ 11, 12 BeamtStG beruhte das System der Ernennungsfehler **2** und ihrer jeweiligen Rechtsfolgen auf der Trias von **(1.) Nichternennung** (Nichtakt), **(2.) nichtiger** und **(3.) rücknehmbarer Ernennung** (vgl. *Leppek,* ZBR 2010, 397, 401 f.). Von Bedeutung ist dabei, dass im Gegensatz zur Nichtigkeit mit ihren ex tunc wirkenden Heilungsmöglichkeiten bei sog. Nichternennungen die schon eingetretenen Rechtsfolgen – selbst im Fall einer erwünschten Korrektur – nicht nachträglich legitimiert werden können. Dies vor Augen hat der Bundesgesetzgeber mit § 11 Abs. 1 Nr. 1 BeamtStG alle formwidrigen, d. h. nicht den Anforderungen des § 8 Abs. 2 BeamtStG entsprechenden Ernennungen als „nichtig" definiert (vgl. auch *Zentgraf* in MRSZ, § 11 BeamtStG Erl. 1). Damit können nunmehr gem. § 11 Abs. 2 Nr. 1 BeamtStG auch **Formfehler** ex tunc geheilt werden. Ausweislich des Wortlauts des § 11 Abs. 1 Nr. 1 BeamtStG („in § 8 Abs. 2 vorgeschriebene(n) Form") werden davon neben den Mindestformulierungen auch die **Urkundenform** und das **Aushändigungserfordernis** erfasst (str.; wie hier *Battis,* § 13 BBG Rn. 3; diff. *H. Günther,* RiA 2009, 49, 53; *Hlusiak,* DVP 2010, 310, 312). Die normensystematisch argumentierende Gegenauffassung (vgl. *Leppek,* a. a. O., S. 402 f.) übersieht, dass auch § 44 Abs. 2 Nr. 2 VwVfG einen (erweiterten) Formbegriff kennt. Wenn man schließlich noch die Vornahme einer bedingten Ernennung – teleologisch vertretbar – als Formwidrigkeit i. S. v. § 8 Abs. 2 BeamtStG versteht, verbleibt als Fall der Nichternennung im Wesentlichen nur noch das Handeln einer **Stelle ohne Dienstherrnfähigkeit** (dazu *Leppek,* a. a. O., S. 404; *Wichmann/Langer,* S. 253 f.; einen weiteren Fall benennt *Hlusiak,* a. a. O., S. 312: Nichternennung auch, wenn ein Statusamt übertragen wurde, das Beamten- und Besoldungsgesetze gar nicht vorsehen; dazu auch VG Gelsenkirchen, Urt. v. 15.4.2008, 12 K 689/07). Ein solches Handeln wird eindeutig nicht von § 11 Abs. 1 Nr. 2 BeamtStG („sachlich unzuständige Behörde", dazu *Wichmann/Langer,* S. 255; *Battis,* § 13 BBG Rn. 5) erfasst und bedarf auch sachlogisch keiner Heilungsmöglichkeit. Ebenfalls sachlogisch „irreparabel" und daher nicht gem. § 11 Abs. 2 BeamtStG heilbar sind nichtige Ernennungen, bei denen eine Amtsunfähigkeit i. S. v. § 45 StGB vorlag oder eine zugrunde liegende Wahl (vgl. auch § 16 Rn. 4) unwirksam war, vgl. § 11 Abs. 1 Nr. 3 lit. b, c BeamtStG. Insgesamt sind die Sanktionen der §§ 11, 12 BeamtStG wegen ihrer spezialgesetzlichen Ausformung eindeutig **enumerativ** (vgl. aber BVerwG, ZBR 2015, 340: Nichtigkeitsfeststellung wegen nachträgl. Fehlens der fehlender Laufbahnbefähigung kann gem. § 44 Abs. 5 VwVfG erfolgen) Eine Beseitigung der Rechtswirkungen der Ernennung etwa durch **Anfechtung** entsprechend §§ 119 ff. BGB kommt daher nicht in Betracht (vgl. OVG Münster, B. v. 5.8.2010, 6 B 823/10).

III. Nichtigkeitsfeststellung

1. Form und Adressaten

Die Feststellung der Nichtigkeit hat nach § 17 Abs. 1 Satz 1 durch schriftlichen Verwal- **3** tungsakt (**feststellender Verwaltungsakt,** vgl. *Kopp/Ramsauer,* § 35 VwVfG Rn. 24, 92a) zu erfolgen. Adressaten sind nach Ableben des Betroffenen die **„versorgungsberechtig-ten Hinterbliebenen"**. Hierunter fallen gem. §§ 20 ff. LBeamtVG neben Witwe bzw. Witwer gem. § 23 LBeamtVG (bzw. an deren Stelle eine gem. §§ 26 f. LBeamtVG unter-haltsberechtigte Person) die hinterbliebenen Waisen gem. § 28 LBeamtVG sowie ggf. wei-tere Sterbegeldberechtigte gem. § 22 LBeamtVG. Problematisch erscheint der damit u. U. weit gezogene Personenkreis insofern, als sich daraus eine (gesonderte) Anfechtungsbefug-nis hinsichtlich der Nichtigkeitsfeststellung und damit eine „Vollzugsaussetzung" gem. § 80 Abs. 1 Satz 2 VwGO ergibt. Sachgerechter wäre es, den Adressatenkreis stärker einzu-schränken und rein versorgungsrechtlich motivierte Rechtsstreitigkeiten getrennt zu halten. Die Nichtigkeit könnte dort implizit überprüft werden.

2. Weitere Rechtsfolgen

4   Mit dem Bekanntwerden der Nichtigkeit hat der Dienstherr gem. § 17 Abs. 1 Satz 2 nach pflichtgemäßem Ermessen über ein **Verbot der Führung der Dienstgeschäfte** zu befinden. Die allgemeine Regelung des § 39 BeamtStG wird hier verdrängt, weil der Nichtigkeitsfall ausweislich des § 39 Satz 2 BeamtStG von ihr nicht erfasst ist (vgl. VG Münster, Urt. v. 5.7.2013, 4 K 1511/12: die Norm „konkretisiert" § 39 Satz 1 BeamtStG). Ermessenserwägungen können sich dabei vor allem aus der Reichweite der Amtshandlun-gen des Betroffenen ergeben. Eine – naheliegende (vgl. auch *Leppek*, ZBR 2010, 397, 405) – Ermessensreduzierung auf Null tritt hier gem. § 17 Abs. 1 Satz 2 Halbs. 2 ein, wenn das Beamtenverhältnis gar nicht erst hätte begründet werden dürfen und deswegen nichtig ist. Andererseits hat der Dienstherr vor der Entscheidung über das Verbot der Amtsführung die in § 11 Abs. 2 BeamtStG angelegten Heilungsmöglichkeiten abzuwarten, was deren ratio legis entspricht, ungewollte Hindernisse für eine korrekte Amtsführung möglichst unbüro-kratisch zu beseitigen. In den letztgenannten Zusammenhang ist auch die Maßgabe des § 17 Abs. 1 Satz 4 einzuordnen, die eine **Wirksamkeitsfiktion** für alle Amtshandlungen vorsieht, die der „Nichtbeamte" im guten Glauben aller Betroffenen vorgenommen hat. Diese Fiktion unterstreicht jedoch auch die Notwendigkeit, nach Bekanntwerden der Nichtigkeit unverzüglich eine Entscheidung über das Amtsführungsverbot herbeizuführen, da sie ihre Berechtigung für die Legitimation u. U. erheblicher Rechtsfolgen von Amts-handlungen allein aus dem Status der Unkenntnis bezieht. Über die **Belassung gewährter Leistungen** (Besoldung, Beihilfe, Trennungsentschädigung, Umzugskosten etc.; anders § 15 Satz 4 BBG: nur „Besoldung", dazu *Leppek*, a. a. O.) ist gem. § 17 Abs. 1 Satz 5 eben-falls nach Ermessen zu entscheiden; angesichts der Wirksamkeitsfiktion des § 17 Abs. 1 Satz 4 hat der Beamte seine „Pflichten" erfüllt, so dass eine Rückforderung von Leistungen durch besondere Umstände des Einzelfalls gerechtfertigt sein muss. Eine § 17 Abs. 1 Satz 5 entsprechende Regelung enthält mit dem Dienstrechtsmodernisierungsgesetz 2016 jetzt auch § 118 Abs. Satz 5 für Bürgermeister und Landräte (LT-Drs. 16/10380, S. 356).

IV. Rücknehmbarkeit

5   Im Interesse einer gestaffelten Sanktion fehlerhafter Ernennungen ermöglicht § 12 BeamtStG in tatbestandlich genau definierten Fällen die Rücknahme der Ernennung (ins-ges. auch *Hilg*, apf 2013, 261). Die allgemeine Regelung des § 48 VwVfG wird dadurch „gänzlich" verdrängt (*Kopp/Ramsauer*, § 48 VwVfG Rn. 43). Obwohl sich insbesondere die Rücknahmewirkung gem. § 12 Abs. 1 BeamtStG (ex tunc; vgl. auch VG Düsseldorf, Urt. v. 5.1.2015, 2 K 6231/13: notw. Folge ist die Hinfälligkeit aller Folgeernennungen) nicht von der Nichtigkeit unterscheidet, liegt der Grund für die unterschiedliche Regelung im tatbestandlichen Anknüpfungspunkt: Nichtigkeitsgründe beruhen auf formalen und damit evidenten Mängeln, Rücknahmegründe bedürfen zu ihrer Feststellung einer einge-henderen Tatsachenermittlung und rechtlichen Würdigung. Eine **unterbliebene Mitwir-kung des LPA** oder einer Aufsichtsbehörde führt nicht (mehr) zur Nichtigkeit der Ernennung (vgl. noch die alte Rechtslage gem. § 11 Abs. 1 Nr. 2 a. F.), sondern löst die obligatorische Rücknahme gem. § 12 Abs. 1 Nr. 4 BeamtStG aus (vgl. insges. auch *Hlusiak,* DVP 2010, 310, 313).

Die **Halbjahresfrist** des § 17 Abs. 2 Satz 1 muss angesichts des Interesses an schneller Her- 6 stellung von Statussicherheit und Rechtsklarheit bei Ernennungen als **Präklusionsfrist** verstanden werden. Angesichts des eindeutigen Wortlauts gilt die Frist – im Gegensatz zu § 48 Abs. 4 Satz 2 VwVfG – auch bei dolosem Verhalten (vgl. § 12 Abs. 1 Nr. 1 BeamtStG). Dem Beschleunigungsgedanken entspricht es weiter, dass die **Gewährung rechtlichen Gehörs** gem. § 17 Abs. 2 Satz 2 schon nach dem Wortlaut („soweit dies möglich ist") nicht zu einer Verzögerung führen soll. Allerdings darf damit auch keine vorschnelle Verkürzung des rechtlichen Gehörs legitimiert werden; Maßstäbe für die Entscheidung lassen sich insoweit der allgemeinen Regelung des § 28 Abs. 2 VwVfG entnehmen. Nach dem eindeutigen Wortlaut des § 17 Abs. 2 Satz 2 führt eine unterbliebene bzw. noch ausstehende Anhörung nicht zu einer Hemmung der Halbjahresfrist (vgl. auch VG Gelsenkirchen, B. v. 5.8.2009, 12 L 721/09). Die Kenntniserlangung setzt nach allgemeinen verfahrensrechtlichen Maßstäben positive Kenntnis aller entscheidungsrelevanten Tatsachen voraus; fahrlässige Unkenntnis genügt nicht (vgl. dazu – krit. – *Kopp/Ramsauer,* § 48 VwVfG Rn. 153 f. m. w. N.). Kenntnis erlangen muss die **dienstvorgesetzte Stelle** gem. § 2 Abs. 2 und 4, bei der nicht notwendig auch die Ernennungsbefugnis liegt (vgl. auch § 16 Rn. 3); im Gegenschluss reicht damit eine Kenntniserlangung durch die Ernennungsbehörde nicht (s. a. OVG Münster, Urt. v. 11.3.1998, 12 A 5987/95). Die „Rücknahmeerklärung" gem. § 17 Abs. 2 Satz 3 ist ein rechtsgestaltender Verwaltungsakt (vgl. *Battis,* § 14 BBG Rn. 2), der innerhalb der Halbjahresfrist des § 17 Abs. 2 Satz 1 gem. § 41 VwVfG bekannt gemacht werden muss. Die Adressaten entsprechen denen der Empfänger der Nichtigkeitserklärung gem. § 17 Abs. 1 Satz 1. Da die Rücknahme schon begrifflich nicht als „Entlassung" i. S. v. § 72 Abs. 1 Nr. 8 LPVG verstanden werden kann, kommt ein **Mitwirkungsrecht der Personalvertretung** nicht in Betracht (vgl. VG Düsseldorf, Urt. v. 5.1.2015, 2 K 6231/13). Analog dem Vorgehen bei Ernennungsnichtigkeit ist gem. § 17 Abs. 2 Satz 4 über ein Verbot der Führung der Dienstgeschäfte zu entscheiden; es gilt die Wirksamkeitsfiktion des § 17 Abs. 1 Satz 4 (vgl. oben Rn. 4) und es ist über eine Belassung der erhaltenen Leistungen zu befinden.

§ 18 Mitgliedschaft im Parlament

[1]**Legt eine Beamtin oder ein Beamter, deren oder dessen Rechte und Pflichten aus dem Beamtenverhältnis wegen einer Mitgliedschaft im Europäischen Parlament, im Bundestag, im Landtag oder in einer gesetzgebenden Körperschaft eines anderen Landes ruhen oder die oder der wegen einer Mitgliedschaft in einer gesetzgebenden Körperschaft eines anderen Landes ohne Besoldung beurlaubt ist, das Mandat nieder und bewirbt sie oder er sich anschließend erneut um einen Sitz im Europäischen Parlament, im Bundestag, im Landtag oder in einer gesetzgebenden Körperschaft eines anderen Landes, so ist die Übertragung eines anderen Amtes mit höherem Endgrundgehalt und die Übertragung eines anderen Amtes beim Wechsel der Laufbahngruppe nicht zulässig. [2]Dies gilt entsprechend für die Zeit zwischen zwei Wahlperioden.**

I. Inkompatibilität von Amt und Mandat

Die Vorschrift regelt beamtenrechtliche Auswirkungen der Mitgliedschaft des Beamten 1 in einem Parlament. **§ 23 BBG** kennzeichnet als Parallelvorschrift in der Gesetzesüberschrift den Regelungsinhalt treffgenauer: **„Beförderungssperre zwischen zwei Mandaten".** Von § 18 erfasst werden Beamte, deren Rechte und Pflichten aus dem Beamtenverhältnis wegen des **Grundsatzes der Inkompatibilität von Amt und Mandat** ruhen. Die entsprechenden Regelungen für Abgeordnete des Bundestages, des Europäischen Parlaments und der Landtage legen fest, dass für den maßgeblichen Zeitraum des politischen Mandats die Rechte und Pflichten aus einem öffentlich-rechtlichen Amtsverhältnis nicht bestehen (vgl. § 5 Abs. 1 AbgG des Bundes, § 8 Abs. 3 EuAbgG, § 23 Abs. 1 AbgG NRW). In dieser Zeit kann die Amts- oder Dienstbezeichnung mit dem Zusatz „a. D." (außer Dienst) geführt werden, vgl. § 5 Abs. 1 S. 3 AbgG des Bundes und § 23 Abs. 1 S. 3 AbgG NRW. Für Beamte auf Widerruf im Vorbereitungsdienst gibt es besondere Regelungen (§ 23 Abs. 2 AbgG NRW). Die Norm stellt sicher, dass keine Umgehung der Inkompatibilität stattfinde (vgl. zu § 23 BBG *Battis*, § 23 BBG Rn. 3). Für Ehrenbeamte findet die Norm keine Anwendung, da nur Beamte mit Dienstbezügen dem Verdikt der Inkompatibilität unterfallen (vgl. z. B. § 23 Abs. 1 S. 1 AbgG NRW; s. a. *Battis*, § 23 BBG Rn. 5).

II. Temporärer Ausschluss einer Beförderung

2   Wegen des **Ruhens der zentralen Rechte und Pflichten** kann der Beamte während der **Ausübung des Landtagsmandats** nicht befördert werden. Die weiteren beamtenrechtlichen Folgen aus der Übernahme oder Ausübung des Mandats sind unbeschadet des § 18 und weiterer Regelungen im LBG (§ 27 Abs. 1, 72 Abs. 2 u. Abs. 3) in § 73 geregelt, der wiederum auf besondere Gesetze und Verordnungen zu Auswirkungen von Mandaten verweist (vgl. § 73 Abs. 1). Es handelt sich dabei u. a. um das AbgG NRW, das EuAbgG und AbgG des Bundes (*Battis*, § 23 BBG Rn. 4). Wenn ein Mandatsverzicht mit dem Wiederaufleben des alten beamtenrechtlichen Status erfolgt und es zu einer erneuten Bewerbung des Betroffenen um einen Sitz in einem der genannten Parlamente kommt, greift die in § 18 normierte **Beförderungssperre** mit entsprechenden Sperrzeiten für eine Beförderung (vgl. dazu *Battis*, § 23 BBG Rn. 3; *Conradi*, ZParl 1976, 118). Die Norm ist insofern nur anzuwenden, wenn kumulativ ein Mandatsverzicht und eine erneute Bewerbung um einen Sitz in den erfassten Parlamenten vorliegt (vgl. für die Rechtslage beim Bund *Battis*, § 23 BBG, Rn. 4). Das **Übertragungsverbot** bezieht sich sowohl auf die **Übertragung eines anderen Amtes mit höherem Endgrundgehalt** als auch auf die **Übertragung eines anderen Amtes mit Wechsel der Laufbahngruppe,** wobei diese Variante durch das neue System der Laufbahngruppen sehr an Bedeutung verlieren wird. Ferner ist eine derartige Beförderung verboten, wenn eine Wahlperiode zu Ende gegangen ist, der Beamte sich wiederum um ein Mandat beworben hat und der Beginn der neuen Wahlperiode noch aussteht. Zu dem Zeitpunkt, wo sicher feststeht, dass der Beamte nicht mehr in der neuen Legislaturperiode ein Mandat erhält, ist er wieder „beförderungsfähig". Die Sperrzeit nach § 18 gilt nicht mehr, wenn ein Beamter in die gesetzgebende Körperschaft eines anderen Landes gewählt worden ist und (schon) durch die Mitgliedschaft bedingt seine Rechte und Pflichten aus dem Beamtenverhältnis ruhen; gleiches gilt, wenn er wegen dieser Mitgliedschaft ohne Besoldung beurlaubt ist. Sofern entgegen § 18 befördert würde, wäre dies rechtswidrig und bei schuldhaftem Verhalten und ein Dienstvergehen der die Maßnahme durchführenden Personen, allerdings nicht nach § 11 BeamtStG nichtig oder nach § 12 BeamtStG rücknehmbar (*Leppek,* ZBR 2010, 397, 405; OVG Koblenz, ZBR 1976, 285).

§ 19 Beförderung

(1) ¹**Beförderungen sind die**

1. **Ernennung unter Verleihung eines anderen Amtes mit höherem Endgrundgehalt und anderer Amtsbezeichnung,**
2. **Ernennung unter Verleihung eines anderen Amtes mit höherem Endgrundgehalt bei gleicher Amtsbezeichnung und**
3. **Ernennung unter Verleihung eines anderen Amtes mit gleichem Endgrundgehalt und anderer Amtsbezeichnung beim Wechsel der Laufbahngruppe.**

²**Amtszulagen gelten als Bestandteile des Grundgehaltes.**

(2) [1]Eine Beförderung ist nicht zulässig

1. während der Probezeit,
2. vor Ablauf eines Jahres seit Beendigung der Probezeit sowie
3. vor Ablauf eines Jahres seit der letzten Beförderung, es sei denn, dass das bisherige Amt nicht zu durchlaufen war.

[2]Innerhalb von zwei Jahren vor Eintritt in den Ruhestand wegen Erreichens der Altersgrenze ist eine weitere Beförderung nicht zulässig. [3]Abweichend von Nummer 2 kann die Beamtin oder der Beamte wegen besonderer Leistungen ohne Mitwirkung des Landespersonalausschusses befördert werden.

(3) [1]Vor Feststellung der Eignung für einen höher bewerteten Dienstposten in einer Erprobungszeit, für die durch Rechtsverordnung nach § 9 und § 110 Absatz 1 eine Dauer von mindestens drei Monaten festzulegen ist, darf die Beamtin oder der Beamte nicht befördert werden. [2]Dies gilt nicht für Beförderungen in Ämter, deren Inhaberinnen oder Inhaber richterliche Unabhängigkeit besitzen, Staatsanwältinnen oder Staatsanwälte, Beamtinnen oder Beamte im Sinne von § 37 oder Wahlbeamtinnen oder Wahlbeamte sind; in den Rechtsverordnungen nach Satz 1 können weitere Ausnahmen für Fälle des Aufstiegs zugelassen werden, wenn diesen eine Prüfung vorausgeht.

(4) Regelmäßig zu durchlaufende Beförderungsämter dürfen mit Ausnahme von Beförderungen auf der Grundlage von § 9 Absatz 1 Satz 2 Nummer 6 zweiter Halbsatz nicht übersprungen werden.

(5) Der Landespersonalausschuss kann Ausnahmen von den Beförderungsverboten (Absatz 2) und vom Verbot der Sprungbeförderung (Absatz 4) zulassen.

(6) [1]Beförderungen sind nach den Grundsätzen des § 9 des Beamtenstatusgesetzes vorzunehmen. [2]Frauen sind bei im Wesentlichen gleicher Eignung, Befähigung und fachlicher Leistung bevorzugt zu befördern, sofern nicht in der Person eines Mitbewerbers liegende Gründe überwiegen. [3]Von einer im Wesentlichen gleichen Eignung, Befähigung und fachlichen Leistung im Sinne von Satz 2 ist in der Regel auszugehen, wenn die jeweils aktuelle dienstliche Beurteilung der Bewerberin und des Mitbewerbers ein gleichwertiges Gesamturteil aufweist. [4]Satz 2 und 3 finden Anwendung, solange im Bereich der für die Beförderung zuständigen Behörde innerhalb einer Laufbahn der Frauenanteil in dem jeweiligen Beförderungsamt entweder den Frauenanteil im Einstiegsamt oder den Frauenanteil in einem der unter dem zu besetzenden Beförderungsamt liegenden Beförderungsämter unterschreitet und der Frauenanteil in dem jeweiligen Beförderungsamt 50 Prozent noch nicht erreicht hat. [5]Ist mit der Beförderung die Vergabe eines Dienstpostens mit Vorgesetzten- oder Leitungsfunktion verbunden, gilt Satz 4 bezogen auf die angestrebte Funktion. [6]Abweichend von Satz 4 ist maßgeblich der Geschäftsbereich der obersten Landesbehörde, die den Beförderungsvorschlag macht, wenn die Landesregierung die für die Beförderung zuständige Behörde ist. [7]Weitere Abweichungen von dem gemäß Satz 4 maßgeblichen Bezugsbereich oder in Bezug auf die Vergleichsgruppenbildung regelt die oberste Dienstbehörde durch Rechtsverordnung.

Übersicht

I. Allgemeines

1 § 19 zählt zu den zentralen Vorschriften des LBG. Eine kaum mehr überschaubare Anzahl von Gerichtsentscheidungen hat das Thema „Beförderungen/Beurteilungen" in unzähligen Fallvariationen zum Gegenstand (*Kenntner*, ZBR 2016, 181; *Schenke*, DVBl. 2015, 137; vgl. zur aktuellen Rechtsprechung in NRW *Kämmerling*, ZBR 2016, 224; *ders.*, RiA 2013, 49). Es ist dabei eine Binsenweisheit, dass „man zwar Prozesse gegen Beurteilungen und auch Konkurrentenstreite, nicht aber das ersehnte Beförderungsamt mit gerichtlicher Hilfe gewinnen kann." (*Stuttmann*, NVwZ 2016, 669; s. a. *Eckstein*, ZBR 2106, 217). Die Anforderungen der Verwaltungsgerichtsbarkeit und des BVerfG an Personalauswahlverfahren und Beurteilungen sind permanent gestiegen und sind selbst für erfahrene Dienstrechtler kaum vorhersehbar (vgl. zur Entwicklung ausführlich *Kenntner*, ZBR 2016, 181). Ausgeschriebene Ämter können teilweise wegen rechtlicher Auseinandersetzungen längere Zeit nicht besetzt werden (vgl. dazu mit Vorschlägen für die Aufhebung von Stellenblockaden *Kenntner*, ZBR 2016, 181; s. auch BVerwG, B. v. 10.5.2016, 2 VR 2.15; *Bracher*, DVBl 2016, 1236). Eine **Rechtmäßigkeits- und Willkürkontrolle durch Gerichte** ist bei der Personalauswahl allerdings wichtig und notwendig, da in der Praxis neben vielen korrekten Verfahren auch durchaus Auswahlverfahren anzutreffen sind, die durch sachfremde Motive und Missachtung von § 9 BeamtStG geprägt sind (vgl. z. B. OVG Münster, NWVBl. 2004, 258; BVerwG, NVwZ 2011, 368). Ein übergangener Bewerber kann sowohl geltend machen, rechtswidrig benachteiligt worden zu sein, als auch rügen, dass ein ausgewählter Konkurrent unzulässig bevorzugt wurde (*Kenntner*, ZBR 2016, 181). Beförderungsentscheidungen müssen aber strikt an den **verfassungsrechtlichen Anforderungen (Art. 33 Abs. 2 GG)** orientiert sein (BVerwG, NVwZ 2011, 368; vgl. zur Bedeutung des Art. 33 Abs. 2 GG bei einem Laufbahnwechsel BVerwG, NVwZ 2013, 80; *Hermann*, LKV 2015, 97). **Ämterpatronage** wird so verhindert oder mindestens stark erschwert (*Grigoleit* in Stern/Becker, Art. 33 GG Rn. 39; OVG Münster, ZBR 2011, 276; BVerwG, Urt. v. 26.1.2012, 2 A 7.09; vgl. zur Ämterpatronage die aktuelle Darstellung von *Mousiol*, Ämterpatronage – Gefahr für die Demokratie, 2013). Beförderungen hängen insofern unmittelbar mit einem **Eckpfeiler des Beamtenrechts** zusammen, nämlich der Vorgabe, dass **Ernennungen nach Eignung, Leistung und Befähigung** zu erfolgen haben (§ 9 BeamtStG). Da diese Kriterien zentraler Gegenstand dienstlicher Beurteilungen nach § 92 sind, determinieren Beurteilungen ganz wesentlich den Ausgang von Beförderungsverfahren und Konkurrentenklagen. Auch die Auswahl zwischen mehreren Beamten für die Teilnahme an einem Lehrgang zum Aufstieg unterliegt den Bestenauslesegrundsätzen in Form dieser drei Essentials, die kumulativ beachtet werden müssen (VG Düsseldorf, Urt. v. 22.7.2013, 13 K 3054/13; *H. Günther*, DÖD 2016, 117, 118; zum Konkurrentenstreit um eine Vorsitzendenstelle am OVG vgl. BVerfG, NVwZ 2016, 764 – vgl. dazu die Anm. von *Stuttmann*, NVwZ 2016, 769; *Kenntner*, ZBR 2016, 181). Im Falle der Besetzung einer kommunalen Beigeordnetenstelle kann aber der Leistungsgrundsatz mit dem verfassungsrechtlichen Demokratieprinzip kollidieren, welches auch auf kommunaler Ebene gilt (VG Gelsenkirchen, B. v. 5.12.2013, 12 L 1212/13, IÖD 2014, 16; s. aber OVG Bremen, B. v. 9.1.2014, 2 B 198/13: Geltung des Art. 33 Abs. 2 GG auch bei der Ernennung von kommunalen Wahlbeamten).

Mit dem **DRModG** wurde die Vorschrift des LBG zur Beförderung an einer zentralen **2** Stelle geändert. Die Norm, die die **Frauenförderung bei Beförderungen** regelt (§ 19 Abs. 6), ist durch das DRModG neugefasst worden. Nach dieser **Neuregelung zur Frauenförderung** ist von einer im Wesentlichen gleichen Eignung von Frauen und Männer als zentraler Ansatzpunkt der Frauenförderung „in der Regel auszugehen, wenn die jeweils aktuelle dienstliche Beurteilung der Bewerberin und des Mitbewerbers ein gleichwertiges Gesamturteil aufweist." Die nach bisheriger ständiger Rechtsprechung für den Beurteilungsgleichstand beim Gesamturteil bei Frauen und Männern (und generell) vorgesehene **sog. Binnendifferenzierung oder qualitative Ausschärfung bei Beurteilungen** (vergleichender Blick auf die Einzelbewertungen der Eignungs- und Befähigungskriterien, ggf. auf nächster Stufe Blick auf vorangegangene Beurteilungen) soll nach dem neuen Frauenförderkonzept des Gesetzgebers künftig bei relevanten Fallgestaltungen auf Ausnahmefälle beschränkt sein (krit. dazu *A. Hoffmann*, in Schütz/Maiwald, § 15 LBG Rn. 45: „juristischer Zündstoff"; vgl. auch die Stellungn. von *Gourmelon* zu § 19 Abs. 6 in der öffentl. Anhörung zum DRModG, LT NRW Stellungn. 16/3524). In der Vergangenheit führte die fest in allen Gerichtsinstanzen etablierte Ausschärfung bei Beurteilungen dazu, dass im Ergebnis „praktisch immer eine Reihung des Bewerberkreises herbeigeführt" wurde (LT-Drs. 16/10380, S. 344; vgl. aus der Rechtsprechung OVG Münster, B. v. 11.9. 2014, 6 B 880/14; OVG Münster, B. v. 1.10.2012, 1 B 691/12; OVG Koblenz, NVwZ-RR 2015, 224). Dem Konzept der Rechtsprechung will der Landesgesetzgeber erklärtermaßen entgegentreten, weil es in Bereichen mit Unterrepräsentanz von Frauen in zu wenigen Fällen zur Annahme einer zur Frauenförderung führenden „gleichen Qualifikation" von Männer und Frauen komme (LT-Drs. 16/10380, S. 344). Ziel des Gesetzgebers, der einen Paradigmenwechsel vollzieht, ist insofern eine effektive Frauenförderung im öffentlichen Dienst zum Abbau von Unterrepräsentanzen in Führungspositionen; das Ausschärfen von Beurteilungen soll massiv begrenzt werden (LT-Drs. 16/10380, S. 344–346; vgl. dazu *Papier/Heidebach*, Mehr Frauen in Führungspositionen des öffentlichen Dienstes durch Fördermaßnahmen – verfassungs- und europarechtliche Bewertung, DVBl 2015, 125; grundlegend *Battis*, Frauenquoten und Grundgesetz, DVBl 1991, 1165). Dies führt in der Folge auch dazu, dass ältere Beurteilungen, auf die die Rechtsprechung bei einem auch nach Ausschärfung von aktuellen Beurteilungen bestehenden Gleichstand in der nächsten Stufe zurückgriff, kaum mehr relevant werden dürften (*A. Hoffmann* in Schütz/Maiwald, § 15 Rn. 45). Auch dies ist vom Gesetzgeber ausdrücklich beabsichtigt (LT Drs. 16/10380, S. 345): „Aus Satz 3 folgt für den Regelfall auch, dass es zur effektiven Umsetzung der Frauenförderung gemäß Art. 3 Abs. 2 Satz 2 GG einer weiteren Ausschärfung, eines Rückblicks auf vorangegangene Beurteilungen oder einer Anwendung der Instrumente gemäß § 2 Satz 2 LVO grundsätzlich nicht bedarf …"). Das Hilfskriterium der Frauenförderung wird nach der Neuregelung des § 19 Abs. 6 eine bisher nicht gekannte praktische Bedeutung erlangen. Dies gilt umso mehr und sogar in noch weiter zugespitzter Form als das ebenfalls zur Novellierung vorgesehene **LGG** auch für die **Konkurrenz von Tarifbeschäftigten und Beamten** um die Übertragung einer höherwertigen Tätigkeit oder eines höherwertigen Dienstpostens oder einer höherwertigen Vorgesetzten- oder Leitungsfunktion § 19 Abs. 6 – trotz sehr grundlegender rechtssystematischer (Status-)Unterschiede zwischen Beamten und Tarifbeschäftigten und divergierenden Bewertungssystemen für die am Arbeitsplatz gezeigten Leistungen/Befähigungen – im Gesetzentwurf in rechtlich äußerst zweifelhafter (im Einzelfall zu Lasten von Beamten ggf. verfassungswidriger) Weise für entsprechend anwendbar erklärt (vgl. § 7 Abs. 4 LGG – Entwurf; vgl. den Gesetzentwurf zur Neuregelung des Gleichstellungsrechts vom 28.6.2016, LT-Drs. 16/12366). Zeugnisse für

Tarifbeschäftigte müssen z. B. wohlwollend abgefasst werden (vgl. *Ruge/Krömer/Pawlak/ Rabe v. Pappenheim*, Lexikon Arbeitsrecht im öffentlichen Dienst 2015, S. 520) und unterliegen nicht z. b. den Quotenvorgaben der LVO für Bestnoten. Die ganz überwiegende Zahl der Zeugnisse für Tarifbeschäftigte im öffentlichen Dienst weist die Bewertungen „gut" oder „sehr gut" auf (*Ruge/Krömer/Pawlak/Rabe v. Pappenheim*, S. 517). Überdies orientiert sich das Zeugnis an den spezifischen Anforderungen des konkreten Arbeitsplatzes (*Ruge/Krömer/Pawlak/Rabe v. Pappenheim*, S. 519), so dass auch insoweit ein erheblicher Unterschied zum Bezugspunkt dienstlicher Beurteilungen für Beamte besteht. Dienstliche Beurteilungen haben gerade nicht die konkrete Funktion bzw. den konkreten Dienstposten als Bezugspunkt für die Leistungsbewertung, sondern die abstrakten Anforderungen des Statusamtes (OVG Münster, B. v. 14.2.2012, 6 A 50/12). Angesichts derart gravierender Unterschiede ist die im LGG-Entwurf vorgesehene Anwendung des § 19 Abs. 6 auf die Konkurrenz von Beamten und Tarifbeschäftigen äußerst problematisch und dürfte nicht mit Art. 33 Abs. 2 GG vereinbar sein.

Es ist zu erwarten, dass vor dem Hintergrund des Art. 33 Abs. 2 GG, auf den sich bisher die Rechtsprechung unmittelbar und stringent stützt, die sehr starke Fokussierung der gesetzlichen Neuregelung auf die Verbesserung von Karrierechancen für Frauen, die spiegelbildlich die künftigen Beförderungschancen von Männer auf längere Zeit sehr deutlich und in einer die Gerechtigkeitsfrage aufwerfenden Art und Weise mindert, die Gerichte sehr intensiv beschäftigen wird, da künftig das eigentliche **Hilfskriterium der Frauenförderung** in der Praxis jetzt sehr häufig den Wettbewerb um eine Beförderung entscheiden wird und praktisch für eine lange Zeit zum **Hauptkriterium** würde. Das BVerfG legt im Falle einer (Gesamturteil-)Pattsituation bei Personalauswahlverfahren im öffentlichen Dienst (bislang) Wert auf einen differenzierten Eignungs- Befähigungs- und Leistungsvergleich unterhalb der Gesamtnote (BVerfG, NVwZ 2013, 1606; s. auch OVG Münster, B. v. 23.2.2010, 6 B 1815/ 09), so dass eine so weitgehende Zurückdrängung des Bestauslesegrundsatzes verfassungsrechtlich „hochrisikobelastet" erscheint (s. auch die eingehende Kritik von *A. Hoffmann*, in Schütz/Maiwald, § 15 LBG Rn. 45). Die sehr problematische gesetzliche Neuregelung wirft neben erheblichen verfassungsrechtlichen Problemen auch zahlreiche Umsetzungsfragen auf und stellt insgesamt starken „juristischen Zündstoff" dar (vgl. *A. Hoffmann* in Schütz/ Maiwald, § 15 Rn. 45 f.; die Neuregelung wird z. B. gravierende Auswirkungen auf bestehende umfangreiche Beförderungsranglisten einiger Landesressorts wie der Finanzverwaltung haben, vgl. dazu Landtag NRW APr 16/1189, S. 12; vgl. andererseits die grundsätzlichen Ausführungen zum Bedarf nach verstärkter Frauenförderung im öffentlichen Dienst von *Papier/Heidebach*, DVBl 2015, 125). Das VG Düsseldorf sieht in einem Beschluss vom 5.9.2016 die Norm als verfassungswidrig an (VG Düsseldorf, 2 L 2866/16).

II. Definition der Beförderung

3   § 19 Abs. 1 definiert, was eine „Beförderung" ausmacht. Nach **§ 72 Abs. 1 Satz 1 Nr. 2 LPVG** unterliegen Beförderungen der **Mitbestimmung** (vgl. dazu im Einzelnen *Cecior* in CVLK, § 72 LPVG Rn. 164 ff.; *Bülow*, § 72 LPVG Rn. 77). Sie sind regelmäßig mit einem Ernennungsakt verknüpft. Die **Ernennung** kann als „Herzstück" des Beamtenrechts bezeichnet werden (*Leppek*, ZBR 2010, 397; *H. Günther*, RiA 2009, 49 ff.). Dies gilt sowohl für die erstmalige Ernennung bei der Begründung des Beamtenverhältnisses (§ 14 Abs. 1) als auch bei Beförderungen. Der Ernennungsbegriff wird durch § 8 BeamtStG vorgeprägt und von § 19 aufgenommen. Der **klassische Beförderungsfall** ist § 19 Abs. 1 Nr. 1, also die Ernennung unter **Verleihung eines anderen Amtes mit höherem Endgrundgehalt** und **anderer Amtsbezeichnung.** Daneben werden die weiteren in § 19 Abs. 1 Nrn. 2–3 aufgeführten beamtenrechtlichen Maßnahmen ebenfalls als Beförderung definiert, was zur Folge hat, dass auch die Vorschriften der LVO zu Beförderungen (Beschränkungen für eine Beförderung/Beförderungsverbote) und die weiteren Einschränkungen in § 19 Abs. 2 Nr. 1–3

einschlägig sind. Für alle in § 19 aufgeführten Beförderungsfälle sind also die **Vorgaben der LVO für Beförderungen** anzuwenden (§ 7 LVO; s. zu Leitungsfunktionen in obersten Landesbehörden § 29 LVO). Die Beförderungsmaßnahmen nach § 19 Abs. 1 Nrn. 1–2 setzen eine Ernennung voraus, die den Anforderungen des § 8 BeamtStG in formeller und materieller Hinsicht genügt (*Leppek,* ZBR 2010, 397 ff.). Die wirksame Ernennung ist von der **Aushändigung einer Ernennungsurkunde** abhängig, die alle Voraussetzungen des § 8 Abs. 2 BeamtStG erfüllt (*Leppek,* ZBR 2010, 397, 398–399; *H. Günther,* ZBR 2011, 225, 235). Da nach § 8 Abs. 4 BeamtStG eine **rückwirkende Ernennung verboten** ist, scheidet auch eine rückwirkende Beförderung aus (vgl. das Beispiel bei *Zentgraf* in MRSZ, § 8 BeamtStG Erl. 6). Die Ernennung muss von der zuständigen Behörde ausgesprochen sein, damit die Beförderung Wirksamkeit entfalten kann. Welche Behörde für Landesbeamte zuständig ist, ist in § 16 Abs. 1 geregelt. Hiernach ernennt die Landesregierung die Beamten des Landes (§ 16 Abs. 1), kann aber die Befugnis auf andere Dienststellen des Landes – regelmäßig die obersten Landesbehörden – übertragen. Dies ist mit § 2 der VO über die Ernennung, Entlassung und Zurruhesetzung der Beamten und Richter des Landes NW vom 25.2.2014 (GV.NRW. S. 199), geschehen. Die obersten Landesbehörden haben entsprechend § 3 dieser VO mit **Delegationsverordnungen** die Ausübung der Befugnisse (teilweise) auf die ihnen nachgeordneten Behörden, Einrichtungen, Landesbetriebe und Gerichte übertragen (vgl. § 16 Rn. 2; aufgelistet bei § 104 Rn. 7).

Für die Kommunen, Kreise und die sonstigen der Aufsicht des Landes unterstehenden **4** Körperschaften, Anstalten und Stiftungen ist die Zuständigkeit in § 16 Abs. 2 geregelt (vgl. § 16 Rn. 3 f.). Sofern eine **unzuständige Behörde** die Ernennung vorgenommen hat, richten sich die Rechtsfolgen nach § 11 BeamtStG und § 17. Eine solche Ernennung ist grundsätzlich nichtig, kann aber u. a. durch eine Bestätigung der Ernennung durch die in Wirklichkeit sachlich zuständige Behörde wirksam werden (§ 11 Abs. 2 Nr. 2 BeamtStG). Um offenbar keine Unklarheiten darüber aufkommen zu lassen, wann ein **Beförderungsfall nach § 19 Abs. 1 Nr. 1–3** vorliegt, der jeweils auf das **Erreichen eines höheren Endgrundgehalts** abstellt, bestimmt § 19 Abs. 1 Satz 2, dass Amtszulagen als Bestandteile des Grundgehalts gelten. Dieser Sachverhalt ist allerdings bereits im LBesG entsprechend geregelt (§ 45 Abs. 2 Satz 2 LBesG), so dass die zusätzliche Normierung im LBG an sich verzichtbar gewesen wäre.

III. Verbot von Beförderungen

1. Probezeit/letzte Beförderung

§ 19 Abs. 2 Satz 1 Nr. 1 schließt **Beförderungen während der Probezeit** grundsätz- **5** lich aus, da dies mit dem Charakter der Probezeit als Zeit der **Bewährung im Eingangsamt** nicht vereinbar wäre. Im Wege des Nachteilsausgleiches nach § 20 ist aber eine Ausnahme möglich (vgl. § 20 Abs. 3 Satz 1); dies gilt aber nach § 20 Abs. 3 Satz 3 nicht während eines Vorbereitungsdienstes, wenn dieser im Beamtenverhältnis auf Probe absolviert wird. Auch eine **Beförderung** vor Ablauf eines Jahres **nach Beendigung der Probezeit** darf grundsätzlich nicht erfolgen, § 19 Abs. 2 Satz 1 Nr. 2. Auch hier ist nach § 20 Abs. 3 eine Ausnahme möglich, wenn nach den dort festgelegten Voraussetzungen ein Ausgleich beruflicher Verzögerungen geboten ist. Eine weitere Ausnahme legt § 19 Abs. 2 Satz 3 für den Fall fest, dass ein Beamter besondere Leistungen gezeigt hat. Er kann dann als besonders leistungsstarker Beamter ausnahmsweise schon vor Jahresfrist nach Beendigung der Probezeit befördert werden (s. § 19 Rn. 7). Eine Beförderung ist ferner nicht zulässig vor Ablauf eines Jahres seit der letzten Beförderung, da dann regelmäßig noch keine gesicherte Grundlage für die Freistellung einer Bewährung im höheren Amt, welches regelmäßig (jedenfalls theoretisch) mit höheren Anforderungen verknüpft ist, vorliegt. Mit § 19 Abs. 2 Satz 1 Nr. 3 wird insoweit ein weiteres Beförderungsverbot festgelegt.

2. Altersbeförderungsverbot / Altersteilzeit

6   Ferner ist in § 7 Abs. 2 Satz 2 LVO geregelt, dass innerhalb von zwei Jahren vor Eintritt in den Ruhestand wegen Erreichens der Altersgrenze „eine weitere Beförderung" nicht zulässig ist. Dadurch sollen u. a. **„Gefälligkeitsbeförderungen"** unterbunden und gleichzeitig sichergestellt werden, dass der Beförderte in Reichweite zum Ruhestand noch genügend Zeit hat, eine hinreichende Leistung im Beförderungsamt zu erbringen (BVerfG, NVwZ 2007, 679 – **sog. Wartefristenbeschluss**). Durch den Begriff „weitere" Beförderung wird deutlich, dass dieser Zeitraum von zwei Jahren allerdings nicht *jegliche* Beförderung in der Endphase der Beamtenkarriere für Beförderungen blockiert, sondern jedenfalls **eine einzige Beförderung** in dieser Phase als zulässig erachtet (VG Düsseldorf, Urt. v. 15.4.2016, 13 K 1850/15; OVG Münster, B. v. 28.1.2013, 6 A 2202/12; *Hlusiak,* DVP 2010, 314; *Tadday / Rescher,* § 20 LBG Erl. 2.6). Das **eingeschränkte Altersbeförderungsverbot** in NRW verstößt nicht gegen das **Verbot der Altersdiskriminierung**. Selbst bei einem landesgesetzlich festgeschriebenen kompletten Beförderungsverbot in den letzten zwei Jahren vor regulärem Eintritt in den Ruhestand wegen Erreichens der Altersgrenze, wird von der Rechtmäßigkeit ausgegangen (vgl. VGH Kassel, LKRZ 2011, 234; BVerfG NVwZ 2007, 679; *Leisner-Egensperger,* ZBR 2008, 9, 13). Das BVerwG hat in einem Urteil vom 17.3.2016 entschieden, dass kein Verstoß gegen das GG vorliegt, wenn sich die Höhe der Beamtenpension nur dann nach dem zuletzt ausgeübten Amt richtet, wenn der Beamte dieses Amt beim Ruhestandseintritt schon zwei Jahre innehatte. Bei der Fristberechnung würde zulässigerweise die Wahrnehmung höherwertiger Aufgaben des letzten Amtes vor letzter Beförderung nicht zählen (BVerwG, Urt. v. 17.3.2016, 2 C 2.15; s. in dem Kontext § 5 Abs. 3 Satz 1 LBesG NRW). In der **Freistellungsphase der Altersteilzeit** ist nicht mehr zu befördern (OVG Münster, B. v. 13.4.2010, 6 B 152/10; OVG Münster, B. v. 26.9.2007, 1 A 4138/06; OVG Lüneburg, DÖD 2012, 21; vgl. § 66 Rn. 5). Gleiches gilt für den Fall einer Beurlaubung nach § 70 Abs. 1 Nr. 2 (*Tiedemann* in Schütz/Maiwald, § 70 LBG Rn. 39). Wenn eine Beamtin aus familiären Gründen beurlaubt ist, kann sie hingegen grundsätzlich nicht von einem Auswahlverfahren für ein Beförderungsamt ausgeschlossen werden (OVG Münster, NWVBl. 2014, 468).

3. Ausnahme wegen besonderer Leistungen

7   § 19 Abs. 2 Satz 3 gibt dem Dienstherrn die Möglichkeit, ausnahmsweise **wegen besonderer Leistungen** direkt nach Ablauf der Probezeit zu befördern. Wegen des Ausnahmecharakters bzw. der Atypik kommt dies nur bei wirklich herausragenden Leistungen (in einer Tätigkeit mit hohen Anforderungen) in Betracht und muss besonders dezidiert vom Dienstherrn begründet werden. Mit Recht ist die Rechtsprechung allgemein sehr kritisch/skeptisch, wenn Personen schon nach sehr kurzer Zeit Bestleistungen attestiert werden (vgl. z. B. OVG Münster, B. v. 6.5.2008, 1 B 1786/07). Ausnahmevorschriften wie § 19 Abs. 2 Satz 3 können z. B. immer auch ein Einfallstor für Ämterpatronage sein.

IV. Erprobungszeit vor Beförderung

8   Das Erfordernis einer **Erprobung vor einer Beförderung** (s. a. § 7 Abs. 4 LVO/§ 8 LVOPol) ist mit höherrangigem Recht vereinbar (OVG Münster, B. v. 14.9.2010, 6 B 923/10). Die Erprobung setzt eine (laufbahnrechtliche) Beförderungsreife voraus (VG Düsseldorf, B. v. 3.5.2013, 26 L 429/13). Es ist Ausfluss des **Leistungsgrundsatzes**, dass die Leistungsfähigkeit vor der endgültigen Schaffung von lebenslangen Beschäftigungsfakten praktisch vom Dienstherrn überprüft wird, um eine (einigermaßen) verlässliche Prognose für eine dauerhafte fachliche und persönliche Leistungsfähigkeit auf einem höherwertigen Posten zu haben. Die Beförderung nicht erprobter Beamter ist dem Dienstherrn in jedem Fall verwehrt (VG Düsseldorf, B. v. 23.2.2010, 13 L 1793/09). Der Beamte muss eine Erprobung durchlaufen und sich nach den Feststellungen des Dienstherrn bewährt haben (VG Düsseldorf, B. v. 16.7.2012, 26 L 854/12; OVG Münster, B. v. 3.2.2011, 6 A 1569/09; vgl. BVerfG, NVwZ 2015, 523: zur Erprobung auf einem Beförderungsdienstposten und der Pflicht des Dienstherrn, Eignungszweifel eindeutig zu kommunizieren und zu dokumentieren). Eine beanstandungsfreie Erledigung der Aufgaben des höherrangigen Dienstpostens gibt wichtige Hinweise darauf, dass der Beförderungsbewerber wirklich mit hoher Wahrscheinlichkeit den Aufgaben des neuen Amtes bzw. den höheren Anforderungen gewachsen ist (OVG Münster, B. v. 3.2.2011, 6 A 1569/09; BVerwG, Urt. v. 25.1.2007, 2 A 2.06). Allerdings muss das **Recht auf gleichen Zugang zu jedem öffentlichen Amt** in der Weise gewahrt sein, dass den sich um ein Beförderungsamt bewerbenden Beamten grundsätzlich bei Wahrung des Leistungsgrundsatzes die Möglichkeit einräumt wird, auf einem höherrangigen Dienstposten nach einer Umsetzung oder Versetzung zum Zwecke der Erprobung eingesetzt zu werden (OVG Münster, NWVBl. 2004, 471; vgl. dazu auch *Schnellenbach*, Konkurrenzen im öffentlichen Dienst, Kapitel 5 Rn. 9 ff.). Es gelten auch bei der Auswahl für einen Beförderungsdienstposten die durch die Verfassung (Art. 33 Abs. 2 GG) vorgegebenen Grundsätze (OVG Münster, B. v. 6.4.2016, 6 B 221/16; vgl. dazu ausführlich *Kenntner*, ZBR 2016, 181, 193 f.; *Bracher*, DVBl 2016, 1236). Bezugspunkt für die Eignungseinschätzung ist nach der aktuellen Rechtsprechung auch hier das (angestrebte) Statusamt, nicht der Dienstposten mit den jeweiligen konkreten Anforderungen (OVG Münster, B. v. 6.4.2016, 6 B 221/16 m. weiteren Nachweisen aus der Rechtsprechung). Wenn ein Beamter bei einem **Auswahlverfahren um einen Beförderungsdienstposten** nicht berücksichtigt wurde und keine Rechtsmittel eingelegt hat, kann er später für die Beförderung nicht berücksichtigt werden, weil ihm im Unterschied zu dem Konkurrenten die laufbahnrechtliche Voraussetzung der Erprobung fehlt (OVG Münster, NWVBl. 2003, 13; VG Düsseldorf, B. v. 23.2.2010, 13 L 1793/09). Regelmäßig ist zur Vermeidung eines Rechtsverlustes vom übergangenen Konkurrenten zu verlangen, durch Einleitung einstweiliger Rechtsschutzmaßnahmen eine Besetzung des Postens durch den Konkurrenten möglichst zu verhindern. Wenn auf dem konkreten Dienstposten allerdings die Vermittlung eines relevanten Erfahrungs- und Kompetenzvorsprungs des ausgewählten Bewerbers ausnahmsweise ausgeschlossen ist, kann ein Bewerbungsverfahrensanspruch bei einer Dienstpostenkonkurrenz verneint werden (OVG Münster, B. v. 6.4.2016, 6 B 221/16; OVG Münster, B. v. 14.3.2014, 6 B 93/14; für den „Normalfall" der Möglichkeit des Erwerbs eines Eignungsvorsprungs auf herausgehobenen Dienstposten – Referatsleitung – besteht sicherbarer Bewerbungsverfahrensanspruch, s. VG Düsseldorf, B. v. 23.8.2013, 13 L 1172/13; OVG Münster, DÖD 2013, 275; vgl. zu Fällen sog. reiner Dienstpostenkonkurrenz VG Düsseldorf, B. v. 27.7.2015, 2 L 2141/15; s. dazu auch *Kenntner*, ZBR 2016, 181; BVerwG, B. v. 10.5.2016, 2 VR 2.15). Wenn hingegen – wie zumeist – die Möglichkeit besteht, dass der ausgewählte Mitbewerber bei vorläufiger Übertragung des streitbefangenen Dienstpostens Fähigkeiten und Kenntnisse erwirbt, die ihm bei erneuter Auswahlentscheidung Wettbewerbsvorteile bringen, ist im Falle von Fehlern beim Auswahlverfahren für die Dienstpostenbesetzung im einstweiligen Rechtsschutzverfahren ein Anordnungsgrund regelmäßig glaubhaft gemacht (OVG Münster, B. v. 6.4.2016, 6 B 221/16; OVG Köln, B. v. 16.3.2015, 19 L 29/15; VG Düsseldorf, B. v. 23.8.2013, 13 L 1172/13; vgl. zur Konkurrenz Statusbewerber/Beförderungsbewerber VG Gelsenkirchen, B. v. 10.4.2015, 12 L 2112/14 – Abweisung des Eilantrags des übergangenen Beförderungsbewerbers, da Dienstpostenübertragungen ohne Statusverbesserung grundsätzl. rückgängig gemacht werden können; vgl. auch *Kenntner*, ZBR 2016, 181, 193; BVerwG, B. v. 10.5.2016, 2 VR 2.15). Das BVerwG hat in einem Beschluss vom 10.5.2016 entschieden, dass bei rechtswidriger Besetzung des Beförderungsdienstpostens mit einem Mitbewerber (rechtswidrige Dienstposteninhaberschaft) dessen Bewährungsvorsprung durch fiktive Fortschreibung der dienstlichen Beurteilung auszublenden ist (BVerwG, B. v. 10.5.2016, 2 VR 2.15; *Kenntner*, ZBR 2016, 181, 193 f.; zustimmend *Bracher*, DVBl 2016, 1236). Das OVG Münster steht dieser Entscheidung des BVerwG aktuell ausdrücklich noch eher skeptisch gegenüber, da die damit verbundenen Folgewirkungen für die große Bandbreite in Betracht kommender unterschiedlicher Fallkonstellationen noch nicht klar sei (OVG Münster, B. v. 14.7.2016, 6 B 653/16; OVG Münster, B. v. 21.6.2016, 1 B 201/16). Während der **Probezeit** erhält der Beamte **keine höhere Besoldung** auf dem regelmäßig funktionshöheren Dienstposten und führt seine bisherige Amtsbezeichnung. Die Beförderungsvoraussetzungen des § 19 Abs. 3 Satz 1 gelten nach § 19 Abs. 3 Satz 2 wegen der Besonderheiten der Ämter nicht für eine Beförderung in Ämter, deren Inhaber richterliche Unabhängigkeit besitzen (Richter/LRH-Mitglieder), und auch nicht für Staatsanwälte, politische Beamte oder Wahlbeamte.

V. Verbot sog. Sprungbeförderungen

9   Die Vorschrift des § 19 Abs. 4 verbietet sog. **Sprungbeförderungen,** da diese mit dem Grundsatz unvereinbar sind, dass Beförderungsämter regelmäßig zu durchlaufen sind (vgl. dazu OVG Münster, B. v. 10.3.2014, 6 A 970/12; s. a. § 7 Abs. 1 Satz 1 LVO). Dies soll u. a. der Durchsetzung des Leistungsprinzips, des Laufbahnprinzips und der Verhinderung von rechtswidriger Ämterpatronage dienen (*Battis,* § 22 BBG Rn. 12). Es soll eine **gewachsene Beamtenlaufbahn** sichergestellt werden, die sich dadurch auszeichnet, dass der qualifizierte Beamte Schritt für Schritt höhere Aufgaben in einem höheren Amt mit höheren Anforderungen übernimmt. Zuvor muss er gezeigt haben, dass er dem jeweiligen niedrigeren Amt über einen maßgeblichen Zeitraum in überdurchschnittlich hohem Maße gewachsen war und das besondere Potential für das höhere nachfolgende Amt hat. Für die bloße Übertragung eines Amts im konkret-funktionalen Sinne – eines Dienstpostens – gilt das Verbot der Sprungbeförderung nicht, weil damit noch kein (Beförderungs-)„Sprung" im relevanten statusrechtlichen Amt verknüpft ist (vgl. zu § 19 Abs. 2 Satz 2 HBG, VGH Kassel, Urt. v. 24.5.2011, 1 B 555/11). Vom Verbot der Sprungbeförderung sind nach § 19 Abs. 4 ausdrücklich ausgenommen sind Beförderungen auf der Basis von § 9 Abs. 1 Satz 2 Nr. 6 2. Halbsatz, also die „vorzeitige Beförderung auf der Grundlage einer Qualifizierung durch ein Studium."

VI. Zulassung von Ausnahmen durch LPA

10   Nach § 19 Abs. 5 wird der LPA autorisiert, von den in Absatz 2 geregelten Beförderungsverboten und vom Verbot der Sprungbeförderungen Ausnahmen zuzulassen. Für die politischen Beamten ist in § 37 Abs. 2 festgelegt, dass statt des LPA die Landesregierung für die Erteilung derartiger Ausnahmen zuständig ist. Dies ist der besonderen Rolle und Bedeutung politischer Beamter geschuldet.

VII. Rechtliche Maßstäbe für Beförderungen

1. Zweck von Beförderungen

11   Eine **Beförderung** dient nicht dazu, in der Vergangenheit vom Beamten gezeigte Leistungen zu „belohnen" oder anzuerkennen, sondern ist **zukunftsgerichtet.** Es geht bei der Beförderung darum, dass dem Beamten die Erfüllung der im neuen Amt zukünftig wahrzunehmenden Aufgaben zugetraut wird **(Eignungsprognose für Zielamt).** Dies ist am Zielamt orientiert zu prüfen. Dienstrechtlich problematisch sind nach Ansicht des BVerwG Beförderungen über ein **Beförderungsranglistensystem,** die mit einer **sog. Topfwirtschaft** im dienstrechtlichen Sinne durchgeführt werden (BVerwG ZBR 2012, 42: Verstoß gegen Leistungsprinzip – vgl. dazu die krit. Anm. von *Lindner,* RiA, 2012, 10, 15; *Kenntner,* ZBR 2016, 181; BVerfG, B. v. 16.12.2015, 2 BvR 1958/13, ZTR 2016, 170 – vgl. dazu *Stuttmann,* NVwZ 2016, 686 ff.; BVerfG, NVwZ 2013, 1603 = NVwZ-RR 2013, 626 – vgl. dazu *Hufen,* JuS 2014, 471; *Vetter,* PersV 2015, 375; *Kathke,* RiA 2014, 245;

Kathke, RiA 2014, 109; *v. Roetteken*, ZBR 2014, 80; *Baßlsperger*, ZBR 2014, 73; *Schnellenbach*, Konkurrenzen im öffentlichen Dienst, S. 44 ff.; *Baßlsperger*, ZBR 2012, 109; *v. Roetteken*, ZBR 2012, 25; *v. Roetteken*, ZTR 2012, 320; vgl. zur Topfwirtschaft BVerfG, Kammerb. v. 7.3.2013, 2 BvR 2582/12, ZBR 2013, 346; OVG Hamburg, ZBR 2013, 388; OVG Weimar, LKV 2013, 43; OVG Münster, B. v. 22.3.2013, 1 B 185/13; VG Gießen, B. v. 18.7.2012, 5 L 908/12.GI). Hierunter versteht man bestimmte Ämter im funktionellen Sinne, die „von Angehörigen verschiedener Besoldungsstufen wahrgenommen (also in einen Topf geworfen) werden können." (*Baßlsperger*, ZBR 2012, 109, 113; vgl. dazu ausführl. *Kathke*, RiA 2014, 245). Dies ermöglicht(e) Beförderungen ohne Wechsel auf eine höherwertige Funktion. Das BVerwG hält allerdings bei einem „sachlichen Grund", der sich aus der Besonderheit der jeweiligen Verwaltung ergeben könne, **Dienstpostenbündelungen** ausnahmsweise für möglich (s. auch OVG Münster, IÖD 2013, 125). Auch im Rahmen der Topfwirtschaft sind unter bestimmten Umständen Zulagen für die Wahrnehmung höherwertiger Tätigkeiten zu zahlen (BVerwGE 150, 216). Das grundlegende Urteil des BVerwG zu Dienstpostenbündelungen hat erhebliche Relevanz für die Praxis, da traditionelle Dienstpostenbündelungen in der sog. „Massenverwaltung" weit verbreitet sind (vgl. z.B. den Fall OVG Koblenz, NVwZ-RR 2015, 224 – das OVG Koblenz hat ausdrücklich keine Bedenken gegen die Topfwirtschaft; vgl. zum Ganzen *Rittig*, DÖV 2016, 330). Dienstpostenbündelungen bieten dem Dienstherrn viele Vorteile (vgl. dazu *Böhm*, ZBR 2016, 145, 149 ff.; *Kathke*, RiA 2014, 245; *Bolay*, VuM 2013, 245, 248). Wenn Dienstposten in bestimmten Verwaltungsbereichen in der Regel mit ständig wechselnden Aufgaben einhergehen, sind gebündelte Dienstposten besonders sinnvoll. Sie erleichtern den Personaleinsatz, weil bei Umsetzungen und Versetzungen nicht stringent auf die Verbindung von Dienstposten und Besoldungsgruppe geachtet werden muss (*Kathke*, RiA 2014, 245; *Bolay*, Verwaltung und Management 2013, 245, 248). Die sich gegen gebündelte Dienstposten richtende Entscheidung des BVerwG findet deshalb besondere Beachtung und hat in Rechtsprechung und Literatur intensive Diskussionen ausgelöst (vgl. VG Stuttgart, Urt. v. 2.3.2016, 7 K 3296/14; OVG Münster, B. v. 22.3.2013, 1 B 185/13, IÖD 2013, 125; OVG Weimar, LKV 2013, 43; OVG Koblenz, ZBR 2014, 57; VG Neustadt a. d. Weinstraße, B. v. 19.7.2013, 1 L 448/13.NW; VG Gießen, B. v. 18.7.2012, 5 L 908/12.GI; VGH Kassel, ZBR 2013, 56; *Vetter*, PersV 2015, 375; *Kathke*, RiA 2014, 245; *v. Roetteken*, ZBR 2014, 80; *Bolay*, Verwaltung und Management 2013, 245; *Lindner*, RiA, 2012, 10; *Baßlsperger*, ZBR 2012, 109, 113; s. a. zur Thematik *v. Roetteken*, ZTR 2012, 320, 326; *v. Roetteken*, ZBR 2012, 25).

Es wäre für die Verwaltungspraxis enorm problematisch, entsprechend dem grundsätzlichen Postulat des BVerwG durchgängig Dienstposten zu bewerten (*Rittig*, Dienstpostenbündelungen in Rechtsprechung, Literatur und Verwaltungspraxis, DÖV 2016, 330; vgl. zu Dienstpostenbewertungen in Recht und Praxis *Schönrock*, ZBR 2015, 238; *Vetter*, PersV 2015, 375; vgl. in dem Kontext zur Frage eines Akteneinsichtsrechts eines Ratsmitglieds in die Dienstpostenbewertungen in einer Gemeindeverwaltung OVG Münster, NVwZ-RR 2013, 730). Beförderungen ohne Funktionswechsel sind insbesondere in großen Behörden oder in Bereichen mit hoher Fluktuation für die personalverwaltenden Stellen mit vielen Vorteilen behaftet (*Rittig*, DÖV 2016, 330; *Baßlsperger*, ZBR 2012, 109, 113). In der Literatur verweist *Rittig* mit Recht auf Folgendes (*Rittig*, DÖV 2016, 330, 337): „Der Abschied von Dienstpostenbündelungen würde in einigen Verwaltungsbereichen den Verlust von langjährig und kostenintensiv qualifizierten und bewährten Spezialisten bedeuten". Wie *Böhm* in einem aktuellen Beitrag aufzeigt, gibt es daneben viele weitere gute Gründe für das Modell der Dienstpostenbündelung (*Böhm*, ZBR 2016, 145, 149 ff.). Der Bundesgesetzgeber und der nordrhein-westfälische Landesgesetzgeber haben deshalb als Konsequenz aus dem Urteil des BVerwG Dienstpostenbündelungen ausdrücklich gesetzlich „abgesichert" (vgl. z.B. § 18 Satz 2 BBesG:" Eine Funktion kann bis zu drei Ämtern einer Laufbahngruppe, in obersten Bundesbehörden allen Ämtern einer Laufbahngruppe zugeordnet werden" – krit. dazu *v. Roetteken*, ZBR 2014, 80, 82 und *Schönrock*, ZBR 2015, 238; vgl.

12

dazu BVerfG, B. v. 16.12.2015, 2 BvR 1958/13, ZTR 2016, 170; BVerfG, einstw. Anordnung v. 9.7.2014, 2 BvR 951/14; BVerfG, ZBR 2013, 346; VG Stuttgart, Urt. v. 2.3.2016, 7 K 3296/14; OVG Koblenz, ZBR 2014, 57; vgl. den Überblick über die gesetzlichen Neuregelungen der Bündelungsbewertungen von *Kathke*, RiA 2014, 109; *Kathke*, RiA 2014, 245; krit. dazu *v. Roetteken*, ZBR 2014, 80, 88 – seiner Ansicht nach verstoßen die Neuregelungen gegen Art. 33 Abs. 5 GG). Mit **§ 19 Abs. 1 Satz 2 LBesG NRW** wird die **Zulässigkeit einer Zuordnung von Funktionen zu mehreren Ämtern** ausdrücklich gesetzlich festgelegt. Ob damit alle Probleme bei gebündelten Dienstposten (vgl. dazu *Lenders*, § 9 BeamtStG Rn. 247 ff.; *Rittig*, DÖV 2016, 330, 331) gelöst sind, ist nicht sicher (vgl. die Kritik zu den gesetzl. Neuregelungen der Bündelungsbewertungen von *v. Roetteken*, ZBR 2014, 80; *v. Roetteken*, ZBR 2016, 151; VG Stuttgart, Urt. v. 2.3.2016, 7 K 3296/14). Es sprechen aber viele Gründe für die Berechtigung und Zulässigkeit von gebündelten Dienstposten (*Vetter*, PersV 2015, 375; *Kathke*, RiA 2014, 245; a. A. *v. Roetteken*, ZBR 2014, 80 f.; VG Stuttgart, Urt. v. 2.3.2016, 7 K 3296/14).

13   Das **BVerfG** hat in einem **Beschluss vom 16.12.2015** zu der seit 2013 in § 18 Satz 2 BBesG geregelten Dienstpostenbündelung entschieden, dass die Norm mit dem GG vereinbar ist, sodass man jedenfalls auch von der Verfassungskonformität der vergleichbaren (Besoldungs-)Regelung in NRW ausgehen kann (BVerfG, B. v. 16.12.2015, 2 BvR 1958/13, ZTR 2016, 170 – vgl. dazu *Rittig*, DÖV 2016, 330, 336: „Mit der vorgenannten Entscheidung des Bundesverfassungsgerichts hat sich der Streit um die Zulässigkeit der Dienstpostenbündelung weitgehend erledigt."; dem BVerfG ebenfalls zustimmend *Böhm*, ZBR 2016, 146; *Hippeli*, NVwZ 2016, 664; vgl. auch die zustimmenden Urteilsanm. zum Beschluss des BVerfG vom 16.12.2015, 2 BvR 1958/13 von *Stuttmann*, NVwZ 2016, 686; kritisch zur Entscheidung des BVerfG vom 16.12.2015 *v. Roettecken*, ZBR 2016, 151; s. a. *v. Roetteken*, ZBR 2014, 80 f.; noch offengelassen zuvor von BVerfG, B. v. 7.3.2013, 2 BvR 2582/12). Eine **Dienstpostenbündelung** ist aber auch nach Ansicht des BVerfG grundsätzlich **für nicht mehr als drei Statusämter zulässig** und nur, wenn für sie ein sachlicher Grund besteht (BVerfG, ZTR 2016, 170; OVG Münster, IÖD 2013, 125; *Lindner*, DVBl 2016, 816). Ist dies der Fall, stehen auch Dienstpostenbündelungen seiner zutreffenden Ansicht nach nicht einer an Art. 33 Abs. 2 GG orientieren Auswahlentscheidung und einer rechtmäßigen dienstlichen Beurteilung entgegen (BVerfG, ZTR 2016, 170): „Auch ohne „spitze" – auf nur eine Besoldungsgruppe bezogene – Dienstpostenbewertung ist es grundsätzlich möglich, dass sich der Beurteiler oder der für die Auswahlentscheidung Zuständige einen Eindruck von dem Schwierigkeitsgrad der mit dem (gebündelt bewerteten) Dienstposten verbundenen Aufgaben verschafft und die im Einzelnen erbrachten Leistungen würdigt." Dies entspricht auch der Ansicht des BVerwG (BVerwG, Urt. v. 17.9.2015, 2 C 27/14; s. a. VG Stuttgart, Urt. v. 2.3.2016, 7 K 3296/14; *Kathke*, RiA 2014, 245, 250). Besonderheiten des gebündelten Dienstpostens sind in der Leistungsbewertung zu berücksichtigen (BVerwG, B. v. 20.6.2013, 2 VR 1.13, BVerwGE 147, 20; VG Stuttgart, Urt. v. 2.3.2016, 7 K 3296/14; *Kathke*, RiA 2014, 245, 250). Zusammenfassend ist davon auszugehen, dass bei Fällen sachlich begründeter „überkommener" Dienstpostenbündelungen bei Beförderungsentscheidungen die „normalen" rechtlichen Grundsätze gelten (vgl. zu diesen Grundsätzen *Schnellenbach*, Konkurrenzen im öffentlichen Dienst, S. 58 ff.; vgl. z. B. OVG Münster, NVwZ-RR 2015, 350: Informationspflichten über Ergebnisse eines Personalauswahlverfahrens bei Beförderungen im Rahmen der Topfwirtschaft; differenzierend und teilweise kritisch v. *Roettecken*, ZBR 2016, 151).

14   Die erforderliche „Eignung" für ein höheres Zielamt besitzt ein Beamter nicht, wenn z. B. von vornherein feststeht, dass er das neue Amt für eine nicht angemessene Zeit ausüben wird. Ein Beamter in der **Freistellungsphase der Altersteilzeit** ist nicht mehr zu befördern (OVG Münster, B. v. 26.9.2007, 1 A 4138/06; OVG Münster, B. v. 13.4.2010, 6 B 152/10; OVG Lüneburg, DÖD 2012, 21). Es besteht zwar in der Freistellungsphase kein förmliches Beförderungsverbot; eine Beförderung wäre aber regelmäßig rechtsmissbräuchlich (vgl. OVG Münster, 1 A 4138/06). Es muss im Beförderungsamt für eine nennenswer-

te Zeit lang eine Dienstleistung erbracht werden; die rein theoretische Möglichkeit, dass eine Freistellungsphase ausnahmsweise abgebrochen wird bzw. abgebrochen werden kann, reicht als Grundlage für eine Befreiung nicht aus (OVG Münster, B. v. 13.4.2000, 6 B 152/10; vgl. auch § 66 Rn. 5). Liegt eine solche **Eignungsbeschränkung** vor, scheitert eine Konkurrentenklage davon Betroffener aus (OVG Lüneburg, DÖD 2012, 21). Aus Fürsorgegründen sollten Beamte auf solche Auswirkungen der Altersteilzeit vorher hingewiesen werden.

2. Rechtsposition von Beförderungskandidaten

Es gibt keinen Rechtsanspruch auf eine Beförderung bzw. auf einen Beförderungsdienst-   **15** posten, allerdings ein Recht darauf, dass vom Dienstherrn eine rechtsfehlerfreie Entscheidung über die Vergabe des Beförderungsamtes/Beförderungsdienstpostens getroffen wird (vgl. dazu *Szalai,* DÖD 2009, 297; vgl. zur Rechtsnatur von Auswahlentscheidungen im Stellenbesetzungsverfahren *Schönrock,* ZBR 2013, 26; s. zur Beförderungsdienstpostenkonkurrenz VG Düsseldorf, B. v. 9.8.2013, 13 L 724/13). Eine **„Bleibeverpflichtung"** bezüglich einer Planstelle, mit welcher ein Dienstherr einen Beamten für eine bestimmte Zeit von Bewerbungen um ein anderes Amt (auch Beförderungsdienstposten und Beförderungsämter) ausschließt, ist mit Art. 33 Abs. 2 GG regelmäßig nicht vereinbar und widerspricht dem Bestenauseleprinzip (OVG Münster, NVwZ-RR 2013, 423: die Kommune hatte einseitig Nachwuchs- und Aufstiegskräfte verpflichtet, zunächst drei Jahre auf bestimmten Dienstposten Dienst zu verrichten und sie insoweit temporär von anderweitigen internen Bewerbungen ausgeschlossen; s. zum unwirksamen Rechtsmittelverzicht im Hinblick auf künftige Beförderungen OVG Münster, B. v. 25.3.2014, 6 B 107/14). Das gesamte Beförderungsrecht wird (theoretisch) vom Ziel der **Leistungsgerechtigkeit** geprägt (*Leisner-Egensperger,* ZBR 2008, 11). Da eine bestimmte Stelle nur einmal vergeben werden kann, kommt es wesensnotwendig zu Konkurrenzsituationen, die nach § 19 Abs. 6 zu entscheiden sind. Wird sein **sog. Bewerbungsverfahrensanspruch** schuldhaft verletzt, steht dem Bewerber unmittelbar aus Art. 33 Abs. 2 GG ein Schadensersatzanspruch zu; zuvor müssen nach § 839 Abs. 3 BGB alle Rechtsmittel zur Schadensabwendung ergriffen worden sein (BVerwG, NJW 2010, 3592; OVG Münster, B. v. 21.1.2013, 6 A 2634/11: Gegenvorstellungen/formlose Rechtsbehelfe reichen nicht zur Anspruchssicherung; *Repkewitz,* RiA 2010, 103; vgl. zum beamtenrechtlichen Bewerbungsverfahrensanspruch *Lindner,* ZBR 2012, 181). Wenn jemand sich allerdings nicht förmlich beworben hat, kann er das Auswahlverfahren später im Rechtswege nicht mehr angreifen (OVG Münster, B. v. 25.7.2013, 6 B 513/13; vgl. zur Verwirkung eines Anspruchs auf Schadensersatz wegen Verletzung eines Bewerbungsverfahrensanspruchs OVG Münster. B. v. 3.6.2014, 6 A 1658/12). Er kann sowohl bei erstmaliger Einstellung einer Person als auch beim pflichtwidrigen Übergehen bereits eingestellter Beamter entstehen. Der **Bewerbungsverfahrensanspruch** vermittelt auch einen Anspruch darauf, „dass die Behörde über eine (Beförderungs-)Bewerbung unter Beachtung der den Beamten schützenden Verfahrensvorschriften entscheidet (vgl. zur Rechtsqualität von Auswahlentscheidungen *Schönrock,* ZBR 2013, 26). Hierzu zählen die nach § 72 Abs. 1 Satz 1 Nr. 2 LPVG i. V. m. § 66 Abs. 1 LPVG erforderliche Zustimmung des Personalrats sowie die gemäß § 17 Abs. 1 LGG i. V. m. § 18 Abs. 1 LGG gebotene Beteiligung der Gleichstellungsbeauftragten (VG Düsseldorf, Urt. v. 3.12.2015, 15 K 7734/13; OVG Münster, B. v. 22.6.2012, 6 B 588/12; vgl. zu den Rechtsfolgen fehlerhafter Beteiligung in Personalangelegenheiten der Beamten *Wieland,* PersR 2012, 397). Der Behörde steht es frei, den Bewerbungsschluss als maßgeblichen Zeitpunkt für das Vorliegen der Beförderungsvoraussetzungen festzulegen (OVG Münster, B. v. 9.7.2012, 6 B 611/12).

Der Dienstherr ist nach der Beförderungsentscheidung nach Art. 33 Abs. 2 GG i. V. m. **16** Art. 19 Abs. 4 GG verpflichtet, alle potentiellen Konkurrenten zu benachrichtigen – die **sog. Konkurrentenmitteilung** – und vor der Ernennung ausgewählter Beamter mindestens noch zwei Wochen zuzuwarten, um die Einreichung einstweiliger Rechtsschutzanträge beim zuständigen Verwaltungsgericht zu ermöglichen (BVerwG, NVwZ 2011, 358; BVerwG, ZBR 2012, 42; OVG Münster, B. v. 5.12.2012, 6 B 1156/12; OVG Münster, B. v. 16.2.2010, 1 B 1483/09; *Munding,* DVBl 2011, 1512, 1518). Gleiches gilt bei (Beförderungs-)Dienstposten, damit übergangene Bewerber ggf. die Konkurrentenbewährung blockieren können (BVerfG, ZBR 2008, 164; VG Düsseldorf, B. v. 7.7.2010, 13 L 718/10; OVG Münster, B. v. 8.10.2009, 1 B 509/09; OVG Münster, B. v. 13.10.2009, 6 B 1232/09; OVG Münster, ZBR 2009, 215; OVG Münster, NVwZ 2010, 28; *Laubinger,* ZBR 2010, 332, 334; *v. Laffert,* ZBR 2012, 76). Auch im Rahmen der Topfwirtschaft – bei gebündelten Dienstposten – besteht trotz des oft großen Aufwands bei Fällen der „Massenbeförderung" eine Informationspflicht des Dienstherrn (vgl. dazu eingehend OVG Münster, B. v. 18.12.2014, 1 B 883/14). Eine Überschreitung der Frist von zwei Wochen zur Rechtsmitteleinlegung führt nicht per se zu einer Verwirkung des materiellen Rechts des übergangenen Bewerbers oder zum Verlust seiner prozessualen Rechtsposition, sofern und solange die strittige Beförderung noch nicht vorgenommen worden ist (OVG Münster, B. v. 24.11. 2015, 1 B 884/15; OVG Münster, B. v. 5.12.2012, 6 B 1156/12 – wenn die Stellenbesetzung noch reversibel ist, kann ein Eilantrag selbst vier Monate nach Mitteilung der Nichtberücksichtigung nicht wegen Verwirkung zurückgewiesen werden; vgl. zur Verwirkung bei Abbruch eines Auswahlverfahrens BVerwG, DVBl. 2015, 647). Es handelt sich gerade nicht um eine normierte prozessuale (Antrags-)Frist (OVG Münster, B. v. 24.11.2015, 1 B 884/15). Die konkrete **Bemessung des Verwirkungszeitraums** hängt von den konkreten Einzelfallumständen ab (OVG Münster, B. v. 24.11.2015, 1 B 884/15: noch keine Verwirkung, wenn nicht innerhalb eines Monats nach Zugang der Konkurrentenmitteilung Eilantrag gestellt wurde). Die **Mitteilung an unterlegene Bewerber** muss nach Ansicht des OVG Münster folgende Voraussetzungen erfüllen (OVG Münster, B. v. 29.7. 2010, 6 B 774/10): „Mit dieser Mitteilung muss der erfolglos gebliebene Konkurrent in den Stand gesetzt werden, seine prozessualen Chancen im Hinblick auf ein Vorgehen gegen die Auswahlentscheidung abschätzen zu können. Dazu genügt es grundsätzlich, wenn der Bewerber erfährt, ob die Auswahl aufgrund eines angenommenen Leistungsvorsprungs oder aufgrund von Hilfskriterien – und welcher – erfolgt ist." (s. a. OVG Münster, B. v. 5.12.2012, 6 B 1156/12; OVG Münster, B. v. 28.3.2011, 6 B 43/11; OVG Münster, B. v. 16.2.2010, 1 B 1483/09; OVG Münster, NWVBl. 2010, 314; OVG Münster ZBR 2010, 315; OVG Münster, B. v. 20.12.2009, 6 A 921/07; BVerfG, NVwZ 2007, 1178; BVerwG, NVwZ 2011, 358, wonach die Mitteilung die „maßgeblichen Erwägungen des Dienstherrn erkennen lassen" muss; s. a. BVerwG, ZBR 2012, 42; *Schenke,* DVBl. 2015, 137, 141; *H. Günther,* RiA 2008, 1; *Schöbner,* BayVBl. 2001, 321; *Kopp/Schenke,* § 42 VwGO Rn. 50; vgl. zur Rechtsnatur der Mitteilung *Schönrock,* ZBR 2013, 26, 29). Das BVerwG verlangt die Wiedergabe „der maßgeblichen Erwägungen des Dienstherrn" für die getroffene Auswahlentscheidung an alle potentiellen Mitkonkurrenten (BVerwG, NVwZ 2011, 358; so auch OVG Münster, B. v. 5.12.2012, 6 B 1156/12; s. a. BVerfG, NVwZ 2007, 1178). In der Praxis beschränkt sich die Mitteilung oft darauf, dass der übergangene Beamte eine Information über seine Nichtauswahl und den Termin, ab welchem der ausgewählte Bewerber befördert oder auf den relevanten (Beförderungs-)Dienstposten versetzt werden soll, erhält. In diesem Fall müssen einem übergangenen Bewerber jedenfalls auf Nachfrage direkt die Gründe für seine Nichtberücksichtigung mitgeteilt werden (*Schenke,* DVBl. 2015, 137, 141; VGH Mannheim, NJW 1996, 2525). In der Konkurrentenmitteilung muss nicht auf die Möglichkeit verwiesen werden, einen Eilantrag bei Gericht einzureichen (OVG Münster, B. v. 16.11.2015, 1 B 694/15). Wenn ein übergangener Bewerber den Erhalt der Konkurrentenmitteilung schlicht bestreitet, ist dies nach Ansicht des OVG Münster in der Regel nicht ausreichend, um die Zugangsvermutung in § 41 Abs. 2 Satz 1 VwVfG NRW zu entkräften (OVG Münster, NVwZ-RR 2015, 230).

3. Auswahlgrundsätze/Rechtliche Rahmenbedingungen

a) Bestenauslese

§ 19 Abs. 6 Satz 1 verweist auf § 9 BeamtStG, wonach sich die **Beförderungsauswahl** 17 an **Eignung, Befähigung und fachlicher Leistung** zu orientieren hat (vgl. dazu VG Düsseldorf, B. v. 5.9.2016, 2 L 2866/16; BVerwG ZTR 2011, 636; BVerfG, NVwZ 2003, 200; BVerwGE 122, 147; *v. Roetteken,* ZBR 2012, 230; *Baßlsperger,* ZBR 2012, 109 f.). Wenn bei einem Bewerber wegen Erkrankungen über längere Zeiträume fundierte Zweifel an der gesundheitlichen Eignung bestehen, kann dies im Einzelfall dazu berechtigen, diesen Bewerber aus einem aktuellen Auswahlverfahren für eine Beförderung auszuschließen (OVG Münster, NVwZ-RR 2014, 970; VG Gelsenkirchen, B. v. 10.7.2014, 12 L 658/14; OVG Münster, B. v. 12.11.2013, 6 B 1226/13; VG Minden, B. v. 23.5.2013, 4 L 258/13). Allein der Umstand, dass ein Polizeibeamter polizeidienstunfähig ist, berechtigt nicht dazu, ihn von einem Beförderungsverfahren auszuschließen (OVG Münster, B. v. 30.4.2015, 6 B 165/15, NJOZ 2015, 1120; OVG Münster, ZBR 2015, 56; BVerfG, PersR 2009, 111). Durch die von § 9 BeamtStG vorgegebene ungeschmälerte Anwendung des Leistungsgrundsatzes sollen das **fachliche Niveau** und die **rechtliche Integrität des öffentlichen Dienstes** gewährleistet werden (BVerwG, NVwZ 2011, 325; vgl. zum Einsatz von Integritätstests im Rahmen von beamtenrechtlichen Stellenbesetzung *Michaelis*, DÖD 2015, 228). Auf sachfremde Gesichtspunkte, die im Einzelnen in § 9 BeamtStG im Wege des Negativausschlusses aufgeführt werden und inhaltlich weitgehend mit den Diskriminierungsverbotstatbeständen des AGG korrespondieren, darf nicht abgestellt werden. Ernennungen sind also ohne Rücksicht auf das Geschlecht, die Abstammung, Rasse, Behinderung, Religion, sexuelle Identität usw. vorzunehmen („verpönte Gesichtspunkte", vgl. *Battis,* § 9 BBG Rn. 1). In der Praxis von Auswahlverfahren relevant ist auch die Frage einer möglichen Altersdiskriminierung nach dem AGG bzw. nach zulässigen unterschiedlichen Anforderungen hinsichtlich des Alters (§ 10 AGG). Eine ungerechtfertigte unterschiedliche Behandlung von Bewerbern wegen ihres Alters kann zu Entschädigungsansprüchen entsprechend benachteiligter Bewerber führen (vgl. z.B. OVG Lüneburg, NVwZ-RR 2012, 733; s.a. *Kathke/Koch,* ZBR 2010, 181 ff.; vgl. auch *Reuter,* Die Auswirkungen des unionsrechtlichen Altersdiskriminierungsverbots auf das deutsche Beamtenrecht, 2015).

Während eines **laufenden Disziplinarverfahrens** darf der Dienstherr von einer an sich 18 möglichen und ggf. auch vorgesehenen und vorbereiteten Beförderung absehen (OVG Münster, B. v. 24.3.2016, 1 B 1110/15; OVG Münster, NVwZ-RR 2016, 63; OVG Münster, B. v. 11.5.2015, 6 A 2112/14, NVwZ-RR 2015, 826; OVG Münster, B. v. 21.7.2014, 6 A 100/14; OVG Münster, B. v. 12.11.2012, 6 B 1055/12; OVG Münster, B. v. 12.12.2011, 6 B 1314/11; OVG Münster, B. v. 4.11.2011, 6 B 1185/11; OVG Münster, B. v. 19.9.2011, 6 B 975/11; VGH Kassel, B. v. 3.12.2015, 1 B 1168/15, Leitsatz in DÖV 2016, 308; VG Düsseldorf, B. v. 1.8.2011, 2 L 984/11; VerfGH Rheinland-Pfalz, DÖD 2015, 264; OVG Weimar, B. v. 16.10.2007, 2 EO 781/06; BVerwG ZBR 1990, 22; *Keller,* Disziplinarrecht, S. 255). Im Regelfall sollte in solchen Fällen nicht befördert werden. Die verfassungsrechtlich garantierte Unschuldsvermutung steht dem nicht entgegen (VerfGH Rheinland-Pfalz, DÖD 2015, 264). Eine andere Verfahrensweise wäre regelmäßig widersprüchlich, da der Dienstherr mit den disziplinarrechtlichen Ermittlungen zu erkennen gibt, dass er einen „Anlass sieht, die Amtsführung oder das persönlichen Verhalten des Beamten zu beanstanden." (OVG Münster, NVwZ-RR 2016, 63; s.a. OVG Münster, B. v. 12.11.2012, 6 B 1055/12; OVG Münster, B. v. 12.12.2011, 6 B 1314/11; Keller, Disziplinarrecht, S. 254 f.). Eine Vorwegbewertung der disziplinarrechtlichen Vorwürfe im Hinblick auf den Schweregrad braucht der Dienstherr nicht vorzunehmen, da schon der Tatbestand eines schwebenden Disziplinarverfahrens ausreicht, den Betroffenen aus dem Kreis der Bewerber um einen Beförderungsdienstposten (zunächst) auszuschließen (OVG Münster, NVwZ-RR 2016, 63). Ein „Beförderungsanspruch" bzw. die Pflicht zur Einbeziehung in ein laufendes Beförderungsverfahren darf aber nicht durch eine missbräuchliche bzw. evident leichtfertige Einleitung eines Disziplinarverfahrens unterlaufen werden (OVG Münster, B. v. 12.12.2011, 6 B 1314/11; OVG Münster, NVwZ-RR 2016, 63; *Keller*, Disziplinarrecht, S. 255). Ein Dienstherr kann gehalten sein, einen Beamten darauf hinzuweisen, dass dieser darauf hinwirken kann, dass bei einem schwebenden Disziplinarverfahren eine Beurteilung unterbleibt, weil sie unzweckmäßig ist (VG Düsseldorf, B. v. 7.5.2014, 2 L 122/14). Erfolgt ein solcher Hinweis nicht, kann der Beamte, der vor dem Hintergrund des laufenden Disziplinarverfahrens eine (im Vergleich zum bisherigen Leistungsbild) „schlechtere" Beurteilung erhält, geltend machen, dass diese Beurteilung nicht zur Grundlage einer (für ihn negativen) Beförderungsentscheidung gemacht werden durfte (VG Düsseldorf, B. v. 7.5.2014, 2 L 122/14). Sofern eine Nichteinbeziehung eines Bewerbers in das Auswahlverfahren (nur) wegen eines gegen diesen Bewerber laufenden Disziplinarverfahrens erfolgt, ist dies von der Behörde zu dokumentieren (VGH Kassel, B. v. 3.12.2015, 1 B 1168/15).

19   Bei Beförderungsverfahren gilt das **Prinzip der Bestenauslese,** die sich am abstrakten Anforderungsprofil eines Beamten des Statusamtes und konkreten Anforderungsprofil der jeweils relevanten Stelle zu orientieren hat (vgl. zum Verhältnis Bestenauslese/Anforderungsprofil *Zeiler*, ZBR 2010, 191; s. a. *v. Roetteken*, ZBR 2012, 230, 231 ff.). Jeder Beförderungsbewerber hat einen Anspruch auf ermessens- und beurteilungsfehlerfreie Entscheidung über seine Bewerbung (BVerwGE 101, 112; BVerfG, NVwZ 2011, 1191; BVerfG, NVwZ 2004, 95). Geklärt ist, dass ein Dienstherr (auch) Bewerbungen berücksichtigen darf (aber nicht muss), die erst nach einem festgelegten **Bewerbungsschluss** eingegangen sind, weil es nur um eine Ordnungsfrist geht (OVG Münster, B. v. 21.2.2013, 6 B 1392/12; OVG Münster, NVwZ-RR 2011, 700; OVG Münster, NVwZ-RR 2003, 52; OVG Münster, B. v. 26.6.2000, 12 B 52/00; BVerwG, B. v. 30.4.2012, 2 VR 6.11; *Schnellenbach,* ZBR 1997, 169). Im Rahmen des Auswahlprozesses hat der Dienstherr sein (weites) Ermessen ordnungsgemäß auszuüben. Die Entscheidung, ob und in welchem Ausprägungsgrad ein spezieller Beamter die für sein Amt und seine Laufbahn erforderliche Befähigung und fachlichen Leistungen aufweist, ist ein dem Dienstherrn vorbehaltener Akt wertender Erkenntnis. Die gerichtliche Nachprüfung beschränkt sich darauf, ob die jeweilige Verwaltung beim Auswahlprozess den anzuwendenden Begriff oder den gesetzlichen Rahmen des Beurteilungsspielraums, in dem sie sich frei bewegen kann, verkannt hat oder ob sie von einem unrichtigen Sachverhalt ausgegangen ist, allgemein gültige Wertmaßstäbe nicht beachtet, sachfremde Erwägungen angestellt oder gegen Verfahrensvorschriften verstoßen hat (BVerwG, Urt. v. 19.12.2002, 2 C 31.01; BVerwGE 133, 1; OVG Münster, Urt. v. 26.2. 2007, 1 A 2603/05). Wenn ein Fehler im Auswahlverfahren kausal für das Auswahlergebnis sein kann und nicht auszuschließen ist bzw. es möglich erscheint, dass der übergangene Bewerber bei ordnungsgemäßem Bewerbungsverfahren ausgewählt worden wäre, rechtfertigt dies eine einstweilige Anordnung nach § 123 Abs. 1 Satz 1 VwGO (BVerfG, DVBl 2002, 1633; OVG Münster, ZBR 2010, 202). Ein geradezu klassischer Fall liegt vor, wenn z. B. der ausgewählte Bewerber gar nicht über die laufbahnrechtlichen Voraussetzungen für die Verleihung des Beförderungsamtes verfügt, wie sie in **§ 29 LVO** für **leitende Funktionen in obersten Landesbehörden** vorgesehen sind (vgl. zu § 42 LVO a. F. VG Düsseldorf, B. v. 8.4.2014, 13 L 1966/13; VG Düsseldorf, B. v. 6.5.2014, 13 L 2227/13; vgl. dazu auch OVG Münster, B. v. 29.4.2015, 6 B 262/15). Fehlen laufbahnrechtliche Voraussetzung bei einem Bewerber, darf ihn der Dienstherr schon auf der ersten Stufe eines Auswahlverfahrens ausschließen (OVG Münster, B. v. 13.5.2015, 1 B 67/15; VG Düsseldorf, B. v. 3.5.2013, 26 L 429/13).

b) Dokumentationspflichten

20   Die **wesentlichen Auswahlerwägungen** müssen **schriftlich im Beförderungsvorgang** fixiert werden (BVerfG, B. v. 25.11.2015, 2 BvR 1461/15, NVwZ-RR 2016, 187; BVerfG, ZBR 2008, 170; BVerwG, ZBR 2010, 414; OVG Münster B. v. 22.7.2016, 6 B

678/16; OVG Münster, B. v. 4.5.2016, 6 B 364/16; OVG Münster, B. v. 22.2.2016, 6 B 1357/15; OVG Münster, B. v. 10.2.2016, 6 B 33/16; OVG Münster, PersV 2013, 76; OVG Münster, ZBR 2011, 276; OVG Münster, ZBR 2009, 276). Die Dokumentation muss nachvollziehbar, aussagekräftig und schlüssig sein (BVerwG, ZBR 2010, 414; OVG Münster, B. v. 22.2.2016, 6 B 1357/15; *v. Roetteken,* ZBR 2012, 237). Sie ist erforderlich, damit die Gerichte die Möglichkeit haben, angegriffene Beförderungsentscheidungen nachvollziehen und beurteilen zu können, ob ein Dienstherr die formellen und materiellen Grenzen seines Beurteilungsspielraums beachtet oder aber überschritten hat (BVerwG, ZBR 2010, 414; OVG Münster, B. v. 22.2.2016, 6 B 1357/15). Außerdem soll der übergangene Bewerber als Betroffener mit der Einsichtnahme in die Dokumentation der zu seinen Lasten ausgefallenen Auswahlentscheidung eine Grundlage haben, auf sachgerechter Basis und nicht ins Blaue hinein darüber entscheiden zu können, ob er gerichtlichen Rechtsschutz in Anspruch nehmen will (OVG Münster, B. v. 22.3.2016, 1 B 185/13). Im Gerichtsverfahren kann der Dienstherr i. d. R. nur noch Ermessenserwägungen ergänzen, nicht aber erstmals grundlegende Auswahlerwägungen rechtswirksam nachtragen (BVerfG, B. v. 25.11.2015, 2 BvR 1461/15; BVerfG, ZBR 2008, 170; BVerwG, ZBR 2010, 414; BVerwG, RiA 2004, 35; OVG Münster, B. v. 22.2.2016, 6 B 1357/15; OVG Münster, B. v. 10.2.2016, 6 B 33/16; VG Düsseldorf, B. v. 13.12.2010, 2 L 1698/10). Würde man grundlegende Nachbesserungen für zulässig erachten, könnten vom Dienstherrn interessenorientiert im Nachhinein Auswahlerwägungen vorgetragen werden, die vielleicht niemals in der entscheidenden Auswahl- und Entscheidungsphase in dieser Form/Tiefe angestellt wurden. Auch für bloße Dienstposten-übertragungen besteht die Dokumentationspflicht, wenn der Dienstherr festgelegt hat, dass die Übertragung aufgrund eines Auswahlverfahrens stattfindet (VG Arnsberg, B. v. 27.3.2014, 2 L 240/14). Soweit es um Wahlbeamte (z. B. kommunale Beigeordnete) geht, gelten die Anforderungen an eine **Dokumentation von Auswahlentscheidungen bzw. der Auswahlerwägungen** ausnahmsweise nicht, da die Besetzungsentscheidung von einem politischen Gremium getroffen wird (VG Münster, B. v. 3.1.2012, 4 L 670/11; OVG Lüneburg, B. v. 22.1.2008, 5 ME 491/07; OVG Münster, NVwZ-RR 2002, 291; das VG Gelsenkirchen hat Zweifel, ob das Bestenausleseprinzip bei kommunalen Beigeordneten anzuwenden ist, vgl. VG Gelsenkirchen, B. v. 5.12.2013, 12 L 1212/13; s. aber OVG Bremen, B. v. 9.1.2014, 2 B 198/13). Es ist naturgemäß dann so, „dass die Wahlentscheidung eines vielköpfigen, aus Personen unterschiedlicher politischer Ausrichtung zusammengesetzten Gremiums, wie es der Rat darstellt, nicht näher begründet werden kann" (OVG Münster, NVwZ-RR 2002, 291; VG Münster, B. v. 3.1.2012, 4 L 670/11). Der Umstand, dass eine formelle Begründung bei der Auswahl eines Wahlbeamten nicht erforderlich ist, hindert die Verwaltungsgerichte aber nicht, bei entsprechenden Anhaltspunkten zu prüfen, ob das Gremium von einem richtigen Sachverhalt ausgegangen ist, gesetzliche Bindungen beachtet hat und ob z. B. unsachliche oder willkürliche Erwägungen angestellt wurden (OVG Münster, NVwZ-RR 2002, 291; OVG Lüneburg, B. v. 22.1.2008, 5 ME 491/07). Diese Grundsätze hat das OVG Münster in einem Beschluss vom 18.12.2015 zur Auswahl eines Amtsleiters einer Kommune durch den Rat und einem entsprechenden Ratsbeschluss noch einmal bekräftigt (OVG Münster, NWVBl. 2016, 152). Eine inhaltliche Überprüfung der Wahlentscheidung ist zwar ausgeschlossen, eine gerichtliche Überprüfung unter den dargestellten Aspekten aber möglich und richtig. Das OVG Münster gab dem Eilantrag der übergangenen Bewerberin um den Amtsleiterposten statt, da dem Rat eine fehlerhafte Beschlussvorlage vorgelegt worden war (OVG Münster, NWVBl. 2016, 152: Die Auswahlentscheidung stützte sich auf ein unzulässiges Anforderungsmerkmal).

c) Bedeutung der Beurteilungen für Auswahlprozess

Die Personalentscheidung über eine Beförderung oder die Besetzung eines (Beförde- **21** rungs-)Dienstpostens hat sich an **leistungsbezogenen Hauptkriterien** zu orientieren, die sich primär in **aktuellen Beurteilungen** manifestieren (vgl. zum Erfordernis der Aktualität der dienstlichen Beurteilung Wolff, ZBR 2016, 7; *Kämmerling,* DÖD 2010, 214; VG

Düsseldorf, B. v. 14.1.2014, 2 L 2018/13: Beurteilung darf zum Zeitpunkt der Auswahlentscheidung nicht älter als 3 Jahre zurückliegen; OVG Münster, NWVBl. 2014, 265: Hinreichende Aktualität einer bis zu 3 Jahre alten Regelbeurteilung; zu relevanten Aktualitätsdifferenzen bei zu vergleichenden Beurteilungen OVG Münster, B. v. 11.10.2013, 6 B 915/13). Sie sind das entscheidende Instrument zur „Klärung einer Wettbewerbssituation" (BVerwG, ZBR 2010, 394; *Lorse,* PersV 2011, 328 ff.; OVG Münster, B. v. 29.11.2013, 6 B 1193/13: Zu Fällen reiner Dienstpostenkonkurrenz). Die Wettbewerbssituation bezüglich der Besetzung von Eingangs- und Beförderungsämtern kann auch im Verhältnis von Beamten zu Tarifbeschäftigten/Seiteneinsteigern entstehen (vgl. OVG Münster, B. v. 31.10.2005, 1 B 1450/05; OVG Lüneburg, B. v. 21.12.2015, 5 ME 196/15; OVG Lüneburg, B. v. 5.3.2014, 5 LA 291/13; vgl. dazu auch *Schnellenbach*, Konkurrenzen im öffentlichen Dienst, S. 87 ff.). Der Dienstherr kann eine Stellenausschreibung sowohl an Beamte als auch an Tarifbeschäftigte richten (BVerfG, DVBl 2012, 900 – m. Anm. von *H. Günther,* DVBl 2012, 903 ff.; VG Düsseldorf, B. v. 15.4.2014, 26 L 381/14; OVG Lüneburg, B. v. 21.12.2015, 5 ME 196/15; OVG Lüneburg, DÖD 2013, 11). Das Bestenausleseprinzip gilt auch hier uneingeschränkt (OVG Münster, B. v. 16.2.2006, 6 B 2069/05; VG Düsseldorf, B. v. 15.4.2014, 26 L 381/14; OVG Lüneburg, B. v. 5.3.2014, 5 LA 291/13). Wenn der Tarifbeschäftigte ausgewählt wird, obliegt es dem Dienstherrn, diesen zum Beamten zu ernennen, wenn keine Ausnahme vom Funktionsvorbehalt im Sinne des Art. 33 Abs. 4 GG vorliegt (BVerfG, DVBl 2012, 900; vgl. dazu die zutreffende Ansicht von *H. Günther,* DVBl 2012, 905: „Für Fallgruppen, in denen der Funktionsvorbehalt strikt zu beachten ist, darf die Verbeamtung des Ausgewählten m. E. nicht nur nicht ausgeschlossen sein, vielmehr muss feststehen, dass sie möglich ist und nach normalem, zu erwartendem Lauf der Dinge erfolgen wird. Der Verfassungsgrundsatz steht nicht zur Disposition eines der Beteiligten."). Im Falle sog. **Seiteneinsteiger aus der Privatwirtschaft** darf der Dienstherr regelmäßig nicht darauf verzichten, von diesem Bewerber ein aktuelles Arbeitszeugnis zu verlangen, da sonst im Verhältnis zum beamteten Bewerber eine inakzeptable Unwucht entsteht (OVG Lüneburg, B. v. 21.12.2015, 5 ME 196/15; OVG Lüneburg, B. v. 5.3.2014, 5 LA 291/13; OVG Lüneburg, DÖD 2013, 11). Dies gilt auch dann, wenn der externe Bewerber aus der Privatwirtschaft auf entstehende „Schwierigkeiten" mit seinem Arbeitgeber hinweist, wenn seine Bewerbung für den öffentlichen Dienst keinen Erfolg hat; ein nach dem Grundsatz der Bestenauslese gebotener Eignungs- und Leistungsvergleich mit dem beamteten Bewerber wäre sonst kaum möglich (OVG Lüneburg, DÖD 2013, 11; s. a. BVerwGE 136, 388). Der sachgerechte und faire Vergleich dienstlicher Beurteilungen, die sowohl Vergleichsgruppenbetrachtungen als auch Quoten für Spitzenbeurteilungen unterliegen, mit Dienstzeugnissen bzw. Arbeitszeugnissen ist allerdings stets schon wegen der sehr großen Systemunterschiede und unterschiedlicher Rahmenbedingungen äußerst problematisch bzw. fragwürdig (vgl. dazu auch § 19 Rn. 2). Dienstzeugnisse sind z. B. arbeitsplatzbezogen und vom sog. Wohlwollensgrundsatz geprägt, so dass die Kompatibilität mit Beurteilungen, die in NRW bei den Bestnoten Quotenvorgaben unterliegen, fraglich ist (vgl. dazu § 19 Rn. 2; s. zum Wohlwollensgrundsatz bei arbeitsrechtlichen Zeugnissen BAG, Urt. v. 11.12.2012, 9 AZR 227/11; das BVerwG hält allerdings auch Arbeitszeugnisse im Quervergleich mit dienstlichen Beurteilungen für grundsätzl. verwertbar, vgl. BVerwG, B. v. 27.4.2010, 1 WB 39.09: „Auch wenn qualifizierte Arbeitszeugnisse daher einer planmäßigen dienstlichen Beurteilung nicht ohne Weiteres und kritiklos gleichgestellt werden können, ist es auf der anderen Seite nicht vertretbar, wie vorliegend geschehen auf die Heranziehung eines Arbeitszeugnisses mit dem Argument zu verzichten, dass ein Vergleich zwischen dienstlichen Beurteilungen und Arbeitszeugnissen schlechterdings unmöglich sei."; s. a. OVG Lüneburg, B. v. 21.12.2015, 5 ME 196/15; OVG Lüneburg, B. v. 5.3.2014, 5 LA 291/13).

22   Die Beurteilungen von Bewerbern sind im Auswahlprozess vergleichend in den Blick zu nehmen und müssen als solches vergleichbar sein, also auf vergleichbaren Beurteilungssystemen etc. beruhen (OVG Münster, B. v. 3.5.2010, 6 B 1603/09: Bewährungsfeststellung

nicht ausreichend; OVG Lüneburg, B. v. 5.3.2014, 5 LA 291/13; BVerwG, B. v. 27.4. 2010, 1 WB 39.09). Auch eine Beurteilung, die dem Beamten bereits bekanntgeben, aber mit ihm noch nicht besprochen wurde, darf im Rahmen eines Auswahlverfahrens verwertet werden (OVG Münster, NVwZ-RR 2015, 304; a. A. OVG Lüneburg, RiA 2013, 262 – vgl. dazu die krit. Urteilsanm. von *Fricke*, RiA 2013, 241). Auf eine noch nicht bekanntge-gebene Beurteilung darf aber vom Dienstherrn für eine Auswahlentscheidung nicht zu-rückgegriffen werden (OVG Münster, DÖD 2013, 218). Formelle und materielle Mängel einer Beurteilung und/oder des Beurteilungsverfahrens wirken sich regelmäßig negativ auf die Rechtmäßigkeit des Personalauswahlverfahrens aus. Erweist sich die Beurteilung eines übergangenen Bewerbers – etwa wegen Nichtangabe und nicht exakter Bestimmbarkeit des Beurteilungszeitraums – als unwirksam, ist sein gerichtlicher Eilantrag erfolgreich (OVG Münster, B. v. 8.6.2012, 6 B 480/12; vgl. aber OVG Münster, ZBR 2010, 206: Wirksamkeit bei Bestimmbarkeit des Beurteilungszeitraums; s. a. OVG Münster, B. v. 27.8.2015, 6 B 649/15: Fehlerhafte Berücksichtigung von Zeiten der Wiedereingliederung beim übergangenen Bewerber). Gleiches gilt z. B. dann, wenn die Vergleichsgruppenbil-dung fehlerhaft war (OVG Münster, B. v. 5.9.2013, 6 B 727/13). Die Bandbreite mögli-cher Fehler bei einer Beurteilung und einem Beurteilungsverfahren ist sehr groß (vgl. dazu die grundlegende Darstellung von *Schnellenbach/Bogdanowitz*, Die dienstliche Beurteilung der Beamten und der Richter, 3. Aufl.). Die Gerichte stoßen auf immer neue Beurtei-lungsfehler oder kreieren diese, in dem immer neue rechtliche und tatsächliche Anforde-rungen an Dienstherrn gestellt werden. Das Bundesverwaltungsgericht hat in einem Urteil vom 17.9.2015 bezüglich Beurteilungsrichtlinien mit einem festgelegten „Ankreuzverfah-ren" ausgeführt, dass das Gesamturteil der dienstlichen Beurteilung im Unterschied zu den Einzelbewertungen regelmäßig einer gesonderten Begründung bedürfe, um erkennbar zu machen, wie es aus den Einzelbegründungen hergeleitet werde (BVerwG, Urt. v. 17.9. 2015, 2 C 27/14). Fehle diese Begründung, sei die Beurteilung regelmäßig rechtsfehler-haft, so dass hierauf eine Personalauswahlentscheidung nicht gestützt werden könne (BVerwG, Urt. v. 17.9.2015, 2 C 27/14). Die **Anforderungen an die Begründung für das Gesamturteil** seien umso geringer, je einheitlicher das Leistungsbild bei den Einzel-bewertungen sei (BVerwG, Urt. v. 17.9.2015, 2 C 27/14; im Anschluss BVerwG, Urt. v. 28.1.2016, 2 A 1.14; OVG Münster, B. v. 22.3.2016, 1 B 14549/15; VG Potsdam, B. v. 1.3.2016, VG 2 L 2001/15; OVG Saarlouis, B. v. 3.2.2016, 1 B 214/15; VG Kassel, B. v. 28.12.2015, 1 L 2099/15.KS; dem BVerwG folgend VG Stuttgart, Urt. v. 2.3.2016, 7 K 3296/14). Wegen der Einzelheiten wird auf die Kommentierung bei § 92 Rn. 5 verwiesen.

Wenn ein unterlegener Bewerber die Rechtmäßigkeit seiner eigenen Beurteilung in Ab- **23** rede stellt, gegen diese aber nicht rechtzeitig mit Rechtsmitteln vorgegangen ist, unterliegt sie im Konkurrentenstreit keiner inzidenten Überprüfung ihrer Rechtmäßigkeit (mehr) (BVerwG, B. v. 23.2.2010, 1 WB 36/09; s. für die Dienstherrnseite OVG Münster, B. v. 8.6.2009, 6 B 767/09). Allein aus der Art der Beurteilung als **Regel- oder Anlassbeur-teilung** leitet die Rechtsprechung noch keine Einschränkung der Vergleichbarkeit ab (OVG Münster, B. v. 9.1.2013, 6 B 1125/12). Eine gegenteilige Betrachtung stieße an praktische Grenzen (OVG Münster, RiA 2009, 140; OVG Münster, B. v. 8.6.2006, 1 B 195/06). Eine Anlassbeurteilung darf aber vorangegangene Regelbeurteilungen nur fort-entwickeln und muss diesen Maßstab unter Beachtung der Richtwerte für Spitzenbeurtei-lungen (§ 8 Abs. 3 LVO) deutlich machen (BVerwG, ZTR 2013, 109). Allgemein sollten im Personalwesen des öffentlichen Dienstes Regelbeurteilungen auch wirklich der Regel-fall sein. Anlassbeurteilungen stehen nämlich oft in einem spezifischen Zusammenhang mit Personalmaßnahmen und bergen erfahrungsgemäß das nicht unbeträchtliche Risiko in sich, „verzerrt" bzw. nicht frei von „voluntativen Momenten" zu sein (*Baßlsperger*, ZBR 2012, 109, 116; vgl. zum Aufeinandertreffen von Regel- und Anlassbeurteilungen OVG Müns-ter, RiA 2009, 140). Außerdem berücksichtigen sie nicht (hinreichend) die gesamte Ver-gleichsgruppe (vor diesem gesamten Hintergrund hat das BVerwG die Anforderungen an eine korrekte Anlassbeurteilung im Beschluss vom 22.11.2012, 2 VR 5.12, konkretisiert).

Anlassbeurteilungen sind aber ein notwendiges Instrumentarium, da Regelbeurteilungen gerade in Zeiten verstärkter Personalwechsel eine Reihe von Fallgestaltungen nicht (allein) erfassen können. Sie sind auch nach Ansicht des BVerwG weiter grundsätzlich zulässig (BVerwG, ZPR 2013, 109). Das OVG Münster hält es im Grundsatz ebenfalls für zulässig, Anlassbeurteilungen zu erstellen und mit Regelbeurteilungen zu vergleichen, wenn sich z.B. aufgrund einer Beförderung nach dem Regelbeurteilungszeitpunkt ein **Bedarf für eine Anlassbeurteilung** ergeben hat (OVG Münster, NVwZ-RR 2011, 609; OVG Münster, RiA 2009, 140; OVG Münster, B. v. 8.6.2006, 1 B 195/06). Der Qualifikationsvergleich muss auf einer hinreichend aktuellen Grundlage basieren (OVG Münster, B. v. 14.9.2010, 6 B 915/10; OVG Münster, ZBR 2010, 133; VG Düsseldorf, B. v. 17.12.2010, 2 L 1588/10; BVerwG, ZTR 2011, 636; BVerwG, NVwZ 2009, 787). Für die **Auswahlentscheidung** ist der **aktuelle Leistungsstand** maßgeblich (OVG Münster, B. v. 2.5.2011, 6 B 286/11; *Wolff*, ZBR 2016, 7). Die Rechtsprechung billigt dem Dienstherrn einen notwendigen Spielraum zu, wenn sie davon ausgeht, dass Beurteilungen durchaus innerhalb eines gewissen Rahmens von unterschiedlicher Aktualität – teilweise mit Abweichungen von mehr als einem Jahr – sein dürfen (OVG Münster, B. v. 19.9.2001, 1 B 704/01; OVG Münster, B. v. 8.6.2006, 1 B 195/06; *Wolff*, ZBR 2016, 7). Würde man immer komplett identische Beurteilungszeiträume verlangen, wäre das gesamte System nicht praktikabel, da häufig Wechsel von Beamten im Behördenstrang erfolgen, so dass wegen unterschiedlicher Beurteilungsstichtage bei den unterschiedlichen Behörden öfter Beurteilungszeiträume bei zu vergleichenden Beamten nicht (komplett) identisch sind und nicht sein können. Zwangsläufige **Unterschiede bei der Aktualität von Regelbeurteilungen von Bewerbern und Anlassbeurteilungen von konkurrierenden Bewerbern** sind deshalb aus Praktikabilitätsgründen hinzunehmen und führen nicht zur Rechtswidrigkeit des Konkurrentenvergleiches, solange im konkreten Einzelfall ein Qualifikationsvergleich auf der Grundlage dieser verschiedenen Beurteilungen ohne eine ins Gewicht fallende Benachteiligung eines Bewerbers nach Bestenauslesegründen möglich bleibt (OVG Münster, B. v. 30.10.2015, 6 B 865/15; OVG Münster, B. v. 26.1.2009, 6 B 1594/08, DVBl 2009, 670: Leitsatz; s.a. OVG Münster, NVwZ-RR 2011, 610; VG Düsseldorf, B. v. 20.1.2012, 13 L 1577/11). Die zu vergleichenden Beurteilungszeiträume müssen nicht gleich lang sein; es müssen aber natürlich jedenfalls hinreichende lange Überschneidungszeiträume vorliegen (OVG Münster, B. v. 30.10.2015, 6 B 865/15). Das OVG Münster hat beim Vergleich von einer Regelbeurteilung mit einer Anlassbeurteilung eine zeitliche Differenz von 16 Monaten (bei übereinstimmendem Beurteilungszeitraum bei den Konkurrenten von 3 Jahren) als (noch) vertretbar angesehen (OVG Münster, RiA 2009, 140; OVG Münster, B. v. 30.9.2015, 6 B 1012/15: Keine Vergleichbarkeit von Beurteilungen in zeitl. Hinsicht, wenn jeweilige Beurteilungszeiträume zu zwei Jahren und fünf Monate auseinanderliegenden Zeitpunkten enden; OVG Münster, B. v. 5.6.2014, 6 B 360/14: Keine Vergleichbarkeit von Beurteilungen in zeitl. Hinsicht, wenn die Enddaten der jeweiligen Beurteilungszeiträume mehr als zwei Jahre und sechs Monate auseinanderfallen; VG Düsseldorf, B. v. 20.1.2012, 13 L 1577/11; s.a. OVG Münster, DÖD 2012, 137). Wenn sich aber Beurteilungszeiträume der zu vergleichenden Bewerber nicht einmal überschneiden, kann auf dieser „Basis" keine rechtmäßige Auswahlentscheidung erfolgen (Münster, DÖD 2013, 218 – die Beurteilungen waren sogar auch noch durch einen Zeitraum von 11 Monaten getrennt). Auch wenn Beurteilungen bei der Konkurrenz von Beamten unterschiedlicher Statusämter wegen unterschiedlicher Beurteilungsstichtage und/oder des Beurteilungszeitraums nicht deckungsgleich sind, schließt dies nicht aus, sie zur Grundlage der Auswahlentscheidung zu machen (OVG Münster, NVwZ-RR 2015, 542). Die Behörde ist bei zu großen zeitlichen Differenzen gehalten, über aktuelle Anlassbeurteilungen für eine Vergleichbarkeit der Beurteilungszeiträume zu sorgen. Sofern einer der Bewerber nach der in den Qualifikationsvergleich eingehenden Beurteilung befördert worden ist, steht dies der Verwertung dieser Beurteilung durch den Dienstherrn nicht zwingend entgegen (OVG Münster, B. v. 19.7.2010, 6 B 677/10; BVerwG, NVwZ 2003, 1398; BVerwG, NVwZ

2003, 1397). Sofern bei einem Beamten aus von ihm nicht zu vertretenden Gründen keine Regelbeurteilung vorliegt, darf man ihn nicht von vornherein aus dem Kreis der Beförderungsbewerber herausnehmen (VG Köln, B. v. 28.4.2009, 19 L 300/09). Der Dienstherr muss dann andere sachgerechte Möglichkeiten finden, diesen Beamten in die vergleichende Bewertung einzubeziehen (VG Köln, B. v. 28.4.2009, 19 L 300/09). Ein „grober Anhalt" dafür, ob eine Beurteilung noch hinreichend aktuell ist, ist der regelmäßige Regelbeurteilungszeitraum von drei Jahren (OVG Münster, B. v. 7.11.2013, 6 B 1034/13; OVG Münster, DÖD 2001, 315; VG Düsseldorf, B. v. 17.12.2010, 2 L 1588/10: 6 Jahre alte Beurteilung nicht hinreichend aktuell).

Bei Beurteilungen besteht oft ein **Gleichstand beim Gesamturteil.** Ist bei einer gan- **24** zen Gruppe von Bewerbern ausnahmslos die Höchstnote vergeben worden, kann dies – insbesondere vor dem Hintergrund der Richtwerte-Vorgaben des § 8 Abs. 3 LVO – auf eine nicht rechtmäßige Beurteilungspraxis hindeuten (OVG Münster, B. v. 29.8.2014, 6 B 788/14; OVG Münster, B. v. 22.1.2014, 6 B 1336/13; OVG Münster, B. 21.3.2013, 6 B 1149/12; BVerfG, NVwZ 2004, 95; OVG Koblenz, DÖD 2013, 91; OVG Münster, B. v. 21.3.2013, 6 B 1149/12; siehe zu möglichen Maßstabsunterschieden bzw. gravierenden Richtsatzüberschreitungen bei Bestnoten VG Düsseldorf, B. v. 11.5.2012, 2 L 445/12). Die **gebotene Anwendung differenzierter Beurteilungsmaßstäbe** wird nämlich in der Praxis regelmäßig zu differenzierten Beurteilungsergebnissen führen (OVG Münster, B. v. 22.1.2014, 6 B 1336/13; OVG Münster, B. 21.3.2013, 6 B 1149/12; VG Gelsenkirchen, B. v. 10.6.2016, 1 L 373/16; BVerfG, NVwZ 2004, 95). Hierauf hat das BVerfG nachdrücklich hingewiesen (BVerfG, NVwZ 2004, 95; OVG Münster, B. v. 22.1.2014, 6 B 1336/13; OVG Münster, B. 21.3.2013, 6 B 1149/12; VG Gelsenkirchen, B. v. 10.6.2016, 1 L 373/16). Ist die Endnote der Konkurrenten gleich, kann trotzdem eine der **Beurteilungen** „höherwertig" sein, weil sie **im höheren statusrechtlichen Amt** mit regelmäßig höheren Anforderungen erfolgte (BVerfG, B. v. 16.12.2015, 2 BvR 1958/13 – vgl. dazu auch *v. Roetteken,* ZBR 2016, 151, 159; BVerfG, B. v. 4.10.2012, 2 BvR 1120/12; BVerfG, NVwZ 2011, 1191; BVerfG, ZBR 2008, 35; OVG Münster, B. v. 15.6.2015, 6 B 451/15; OVG Münster, NVwZ-RR 2015, 542; OVG Münster, NWVBl. 2014, 467; VG Düsseldorf, B. v. 6.5.2014, 13 L 2227/13; OVG Münster, B. v. 28.7.2010, 1 B 345/10; VG Gelsenkirchen, B. v. 25.1.2012, 12 L 998/11; *Kämmerling,* DÖD 2010, 215). Insofern ist die Beurteilung des Beamten mit einem höheren statusrechtlichen Amt regelmäßig als besser einzustufen (BVerfG, B. v. 4.10.2012, 2 BvR 1120/12; s. zu Ausnahmen OVG Münster, NWVBl. 2014, 467). Dies ist auch zu beachten, wenn z. B. ein Qualifikationspatt bei den aktuellen Beurteilungen im gleichen Statusamt auch bei inhaltlicher Ausschöpfung besteht, und bei den vorangegangenen Beurteilungen ein Bewerber diese im höheren Amt als die Mitbewerberin erhalten hat (OVG Münster, B. v. 17.4.2015, 6 B 296/15). Das OVG Münster billigt Dienstherrn im Einzelfall zu, einen solchen automatischen Vorrang nicht anzunehmen, wenn die differierenden Statusämter derselben Funktionsebene zuzuordnen sind und gleichwertige Aufgaben mit vergleichbarer Verantwortung wahrgenommen wurden (OVG Münster, B. v. 28.7.2010, 1 B 345/10; OVG Münster, B. v. 6.8.2009, 1 B 446/09; BVerfG, DVBl 2007, 563 ff.; *Weisel,* DÖD 2012, 193, 194). Diese Ansicht ist aber sehr problematisch und abzulehnen, weil Verzerrungen zu Lasten des im höheren statusrechtlichen Amt befindlichen Beamten entstehen, weil er bei gleicher Funktionsebene im Beurteilungsverfahren am abstrakten Maßstab des höheren Amtes gemessen wird und gemessen werden muss, so dass er bei gleicher Beurteilungsnote regelmäßig doch besser qualifiziert ist bzw. zu gelten hat (vgl. zu Beurteilungen bei gebündelten Dienstposten BVerfG, B. v. 16.12.2015, 2 BvR 1958/13, ZTR 2016, 170). Richtig ist, dass sich eine schematische Betrachtung verbietet und das grundsätzlich zusätzlich zu berücksichtigende Gewicht der in einem höheren Amt erteilten Beurteilung im besonderen Einzelfall (doch) nicht ausschlaggebend sein kann (vgl. auch BVerfG, NVwZ 2011, 1192: „Die grundsätzliche Höhergewichtung der statushöheren Beurteilung schließt nicht aus, dass ein Statusrückstand durch leistungsbezogene Kriterien kompensiert werden kann."). Wenn ein Beamter im **niedrigeren Amt bestbeurteilt** ist und der Konkurrent im um eine Stufe höheren die zweitbeste Note erhalten hat, kann es ermessensfehlerfrei sein, vom Beurteilungsgleichstand auszugehen (OVG Münster, B. v. 19.7.2010, 6 B 677/10; s. a. OVG Münster, B. v. 30.11.2015, 6 B 1080/15; OVG Münster, B. v. 4.8.2010, 6 B 603/10; OVG Münster, ZBR 2009, 104). Das BVerfG hält es dann für vertretbar, zwischen den Bewerbern nach einem leistungsbezogenen Prüfverfahren (hier: „Unterrichtsanalyse mit Beratung") zu entscheiden (BVerfG, NVwZ 2011, 1192). Umgekehrt ist es möglich, die Beurteilung im niedrigeren Amt regelmäßig mit einem um einen Punkt schlechteren Ergebnis in den Quervergleich einzustellen (OVG Münster, ZBR 2009, 104). Eine bei der Vergleichsbetrachtung erfolgte schematische „Abwertung" der Beurteilung im niedrigeren Statusamt um gleich zwei Notenstufen ist regelmäßig nicht plausibel und damit rechtswidrig (VG Düsseldorf, B. v. 3.5.2010, 2 L 412/10).

25   Bei einem **Qualifikationspatt** im Gesamturteil ist zu prüfen, ob sich bei detaillierterem Vergleich der Einzelmerkmale der Beurteilungen ein **Qualifikationsvorsprung** ergibt. Das OVG Münster verlangt in gefestigter Rechtsprechung dann in der Regel eine **sog. qualitative Ausschärfung** der miteinander zu vergleichenden Beurteilungen (OVG Münster B. v. 8.8.2016, 6 B 646/16; OVG Münster, B. v. 2011.2015, 6 B 967/15; OVG Münster, ZBR 2011, 272; OVG Münster, B. v. 25.5.2010, 6 B 187/10; OVG Münster, B. v. 23.2.2010, 6 B 1815/09; OVG Münster, B. v. 15.7.2009, 6 B 487/09; VG Düsseldorf, B. v. 20.3.2013, 13 L 490/13; VG Düsseldorf, B. v. 27.1.2010, 13 L 1639/09; BVerwG, ZTR 2011, 636; vgl. dazu ausführl. *Weisel,* DÖD 2012, 193). Hinsichtlich der **Einzelmerkmale der Leistungs- und Befähigungsbeurteilungen** ist ein **Qualifikationsvergleich** vorzunehmen (vgl. OVG Münster, B. v. 25.5.2010, 6 B 187/10; OVG Münster, DÖD 2012, 201; *Weisel,* DÖD 2012, 195–196). Hierbei darf aber bei Beurteilungen, die sich auf unterschiedliche Statusämter beziehen, nicht ausgeblendet werden, dass sich auch die Beurteilung der Einzelmerkmale auf ein unterschiedliches Statusamt mit höheren Anforderungen im höheren Amt richtet (VG Düsseldorf, B. v. 6.5.2014, 13 L 2227/13). Bei der inhaltlichen Ausschöpfung wird eine (sachgerechte) unterschiedliche Gewichtung der Bewertung der zugrunde liegenden Leistungs- und Befähigungsmerkmale („Faktorisierung") für zulässig gehalten (VG Düsseldorf, B. v. 14.1.2014, 2 L 2015/13; vgl. aber OVG Münster, B. v. 19.8.2013, 6 B 816/13: System, wo es im Vergleich bei 7 Merkmalen nur auf ein Merkmal ankommt, ist zu beanstanden). Eine Beschränkung nur auf die Leistungsmerkmale ist bei einer vergleichenden inhaltlichen Auswertung von Beurteilungen rechtswidrig (VG Düsseldorf, B. v. 27.7.2015, 13 L 1535/15). Unzulässig ist es, im Rahmen der Ausschöpfung einer dienstlichen Beurteilung **Beurteilungsbeiträge** zu berücksichtigen (VG Düsseldorf, B. v. 23.8.2013, 13 L 1172/13). Das BVerfG hat in einem Beschluss vom 4.10.2012 betont, dass an das Vorliegen eines Qualifikationspatts als Voraussetzung für eine grundsätzlich zulässige qualitative Ausschärfung von Beurteilungen strenge Anforderungen zu stellen sind, weil sonst vorschnell der Charakter der Beurteilung als Gesamtbewertung geschwächt werde (BVerfG, ZBR 2013, 126; s. a. die Bedenken von *Weisel,* DÖD 2012, 193 ff. gegen das Konstrukt der Ausschärfung von Beurteilungen und die darin liegende Eigendynamik). Bei freitextlich formulierten Einzelfeststellungen stößt eine vergleichende qualitative Ausschärfung ohnehin sehr schnell an ihre Grenzen (OVG Münster, B. v. 20.12.2013, 6 B 1455/13). Sofern eine qualitative Ausschärfung hinsichtlich der Einzelmerkmale der Beurteilungen auf widersprüchlichen Erwägungen beruht, ist sie mit Rechtsfehlern behaftet (OVG Münster, B. v. 26.6.2013, 6 B 409/13).

26   Wird bei der vergleichenden Betrachtung der Beurteilungsdetails die **Befähigungsbeurteilung** ganz ausgeblendet, ist die Auswahlentscheidung rechtsfehlerhaft, weil § 9 BeamtStG bei Beförderungen auch auf die Befähigung abstellt (VG Düsseldorf, B. v. 27.7. 2015, 13 L 1535/15; VG Düsseldorf, B. v. 27.1.2010, 13 L 1639/09; OVG Münster, B. v. 25.11.2010, 6 B 749/10; s. zur Befähigungsbeurteilung OVG Münster, B. v. 27.9.2005, 6 B 1163/05). Soweit in der Praxis bei qualitativer Ausschärfung teilweise rein mathematisch/schematisch vorgegangen wird, indem man bei den Untermerkmalen die Bepunk-

tungen – oft in tabellarischen Bewerberübersichten – auswertet und auf rechnerischer Basis „entscheidet", ist dies (jedenfalls bei nur geringen Unterschieden) sehr problematisch (VG Düsseldorf, B. v. 27.1.2010, 13 L 1639/09; OVG Münster, B. v. 29.10.2008, 6 B 1131/08). Das OVG Münster hat mit Recht festgestellt, dass der Dienstherr „nicht zu einer system-widrigen arithmetischen Berechnung der Ausprägungsgrade gezwungen" sei; er könne auch eine für angemessen gehaltene Gewichtung der Einzelfeststellungen vornehmen. Es sei seine Sache und Pflicht, bei qualitativer Ausschärfung einer ungerechtfertigten Überbe-wertung nur geringfügiger Unterschiede zu begegnen und Spielräume sachgemäß zu nut-zen (OVG Münster, B. v. 25.11.2010, 6 B 749/10; OVG Münster, DÖD 2012, 201; *Weisel*, DÖD 2012, 196; s. a. OVG Lüneburg, Urt. v. 22.12.2009, 5 MW 187/09; teilw. doch mit mathematischen Betrachtungen OVG Münster, B. v. 14.9.2010, 6 B 915/10). Der Dienst-herr darf – bei nachvollziehbarer Begründung – bei einer Führungsposition davon absehen, dem Hauptmerkmal „Mitarbeiterführung" eine entscheidende Bedeutung beim Querver-gleich zuzumessen (OVG Münster, B. v. 27.9.2010, 6 B 962/10). Das Institut der „Aus-schärfung" ist etabliert, aber insgesamt nicht unproblematisch, da proportional zur Befug-nis/Verpflichtung des Dienstherrn zur Ausschärfung der Einzelfeststellungen „die Bezie-hung der Auswahlentscheidung zu dem abschließenden Eignungsurteil und mithin zu einer zentralen Aussage der dienstlichen Beurteilung gelockert" wird (*Weisel*, DÖD 2012, 191). Daher sollte man bei der praktischen Umsetzung des von der Rechtsprechung vorgegebe-nen Modells im Einzelfall dafür sensibilisiert sein, dass bei der Ausschärfung keine un-gerechten Überbewertungen allenfalls geringfügiger Unterschiede stattfinden (vgl. zu dem Problem *Weisel*, DÖD 2012, 191; OVG Münster, DÖD 2012, 201; OVG Münster, B. v. 25.11.2010, 6 B 749/10).

Der Dienstherr ist gehalten, **Auswahlerwägungen** bzw. den Auswahlvorgang **schrift-** **27** **lich** ausreichend zu dokumentieren; eine **fehlende** oder **unzureichende Dokumenta-tion** führt zur Fehlerhaftigkeit des Auswahlverfahrens (BVerfG, B. v. 25.11.2015, 2 BvR 1461/15; BVerfG, NVwZ-RR 2008, 433; OVG Münster, B. v. 22.2.2016, 6 B 1357/15; OVG Münster, RiA 2015, 22; OVG Münster, ZBR 2011, 275, 276; *Wieland/Seulen*, PersR 2010, 387, 390; VG Düsseldorf, B. v. 9.9.2010, 2 L 1084/10; OVG Münster, B. v. 26.9.2011, 1 B 555/11). Die Wiedergabe wesentlicher Auswahlerwägungen in einem Vermerk oder sonstigen im Stellenbesetzungsverfahren gefertigten Schriftstücken ist ausrei-chend (BVerfG, NVwZ 2007, 1178). Behördeninterne Zuständigkeitsverteilungen müssen regelmäßig aber nicht im Auswahlvorgang dokumentiert werden (OVG Münster, RiA 2015, 22). Die Dokumentation der Auswahlerwägungen kann nicht im gerichtlichen (Eil-)Verfahren mit heilender Wirkung nachgeholt werden (OVG Münster, B. v. 22.2.2016, 6 B 1357/15; OVG Münster, ZBR 2011, 278; OVG Münster, ZBR 2009, 276 – s. auch § 19 Rn. 7).

Wenn auch die qualitative Ausschärfung aktueller Beurteilungen keine Stichentschei- **28** dung ermöglicht, sind **frühere Beurteilungen** vergleichend zu analysieren (OVG Müns-ter, B. v. 2011.2015, 6 B 967/15; OVG Münster, B. v. 16.8.2012, 6 B 720/12; OVG Münster, B. v. 2.5.2011, 6 B 286/11; OVG Münster, B. v. 23.2.2010, 6 B 1815/09; BVerwGE 136, 198; BVerwG, DVBl 2003, 1545 und NVwZ 2003, 1397). Auch sie sind – so das OVG Münster – als leistungsbezogene Kriterien gegenüber Hilfskriterien vorrangig, selbst wenn sie im niedrigeren statusrechtlichen Amt erfolgt sind (OVG Münster, B. v. 23.2.2010, 6 B 1815/09). Es ist zu berücksichtigen, dass die Aussagekraft von Beurteilun-gen proportional zu deren Alter sinkt und sie keine unangemessene Bedeutung mehr be-kommen dürfen (OVG Münster, B. v. 2.5.2011, 6 B 286/11; VG Gelsenkirchen, B. v. 6.10.2003, 1 L 1950/03; BVerwGE 136, 198; BVerwG ZBR 2003, 420). Wenn also der frühere Leistungsstand höher war als der aktuelle Leistungsstand (= negative Entwicklung), lassen die vorhergehenden Beurteilungen bei Beamten – so das OVG Münster – „keine positiven Rückschlüsse auf ihren aktuellen Leistungsstand und ihre künftige Entwicklung zu." (OVG Münster, B. v. 2.5.2011, 6 B 286/11). Erst wenn mit Blick auf vorangegangene Beurteilungen weiter Gleichstand vorliegt, können sachliche Hilfskriterien entscheiden

(OVG Münster, IÖD 2010, 245; OVG Münster, B. v. 23.2.2010, 6 B 1815/09; BVerwG, ZTR 2011, 636; BVerwG, Urt. v. 27.2.2003, 2 C 16.02). Unter dem Gesichtspunkt der Leistungsentwicklung kann es im Einzelfall von Bedeutung sein, ob es signifikante Unterschiede zwischen den Bewerbern unter dem Aspekt der Dauer der Bestnote im Statusamt gibt (VG Düsseldorf, B. v. 5.3.2012, 13 L 1708/11). Es muss im Hinblick auf den Spielraum des Dienstherrn nicht zwingend auf den Zeitpunkt der Erreichung der Bestnote in Bezug auf das Dienst- oder Lebensalter abgestellt werden (VG Düsseldorf, B. v. 5.3.2012, 13 L 1708/11).

d) Allgemeine Hilfskriterien bei Auswahlentscheidungen

29 Der Dienstherr darf (erst) dann auf früher öfter relevante **Hilfskriterien** (etwa Verweildauer im statusrechtlichen Amt, Schwerbehinderung) zurückgreifen, wenn neue und alte Beurteilungen zum Patt führen (BVerwG ZBR 2012, 42; BVerwG, ZTR 2011, 636; OVG Münster, B. v. 23.2.2010, 6 B 1815/09; OVG Münster, DÖD 2010, 298; OVG Münster, B. v. 30.1.2009, 6 A 921/07; OVG Münster, B. v. 27.11.2007, 6 B 1493/07; OVG Münster, NVwZ-RR 2004, 626; BVerwG, Urt. v. 14.5.1996, 2 B 73.96; *Kämmerling,* DÖD 2010, 214; *Battis,* § 9 BBG Rn. 23). **Frauenförderung** kam daher bislang als Hilfskriterium erst stark abgestuft zum Tragen (vgl. zur Zulässigkeit des Hilfskriteriums „Frauenförderung" OVG Münster, DÖD 2010, 298; OVG Münster, NWVBl. 2007, 57; VG Düsseldorf, B. v. 13.12.2010, 2 L 1698/10; zum Nachrang von Hilfskriterien: BVerwG, NVwZ 2003, 1397; OVG Münster, B. v. 23.2.2010, 6 B 1815/09; krit. zur gesetzl. Frauenförderung *Lorse,* PersV 2011, 240 – vgl. demgegenüber OVG Magdeburg, B. v. 6.9.2011, 1 M 118/11). Dies hat den Gesetzgeber veranlasst, einen Paradigmenwechsel vorzunehmen und mit der Neuregelung in § 19 Abs. 6 eine **neue Ausrichtung der Frauenförderung** vorzugeben (vgl. dazu im Einzelnen § 19 Rn. 30 ff.; vgl. LT-Drs. 16/10380, S. 344 f.). Die Rechtsprechung hat zum Hilfskriterium der Schwerbehinderung entschieden, dass eine **Schwerbehinderung** dem Beamten keine vorrangige Auswahl bei Beurteilungsgleichstand zu vermitteln vermag (VG Düsseldorf, B. v. 20.7.2011, 26 L 817/11; OVG Münster, NWVBl. 2007, 57; vgl. zur Frage der Pflicht zur Einladung von schwerbehinderten Menschen zu Einstellungsgesprächen und ihrer Grenzen BAG, NZA 2016, 681). Stattdessen ist dann z. B. wegen des Leistungsbezuges ein **Auswahlgespräch** zulässiges Entscheidungskriterium (VG Düsseldorf, B. v. 16.3.2015, 26 L 3092/14; VG Düsseldorf, B. v. 20.7.2011, 26 L 817/11; s. a. VGH München, NVwZ-RR 2014, 927). Das OVG Münster erwartet, dass von Dienststellen immer (erst) eine Ausschöpfung der Inhalte aktueller und ggf. vorangegangener Beurteilungen vorgenommen wird (OVG Münster, B. v. 23.2.2010, 6 B 1815/09; OVG Münster, B. v. 30.12.2009, 6 A 1921/07). Wenn es danach doch auf Hilfskriterien ankommt, ist der Dienstherr grundsätzlich in den **Grenzen des Willkürverbotes** und des Leistungsprinzips darin frei, welchen sachlichen und als solchen anerkannten Hilfskriterien er ein größeres bzw. ausschlaggebendes Gewicht beimisst, wenn dabei (noch) der **Bestenauslesegrundsatz** gewahrt bleibt (OVG Münster, DÖD 2010, 300; OVG Münster, IÖD 2010, 245; OVG Münster, B. v. 27.11.2007, 6 B 1493/07; OVG Münster, IÖD 2002, 147; VG Düsseldorf, B. v. 13.12.2010, 2 L 1698/10). Eine Bindung an eine starre Rangfolge der Kriterien besteht nicht (OVG Münster, ZBR 2006, 310); allerdings muss der Dienstherr auf eine „einheitliche Linie" achten und darf nicht „nach Belieben" handeln (OVG Münster, IÖD 2002, 147; VG Düsseldorf, B. v. 13.12.2010, 2 L 1698/10; siehe aber OVG Münster, NWVBl. 2007, 57 – Hilfskriterium „Frauenförderung" hat schon von Gesetzes wegen entscheidende Bedeutung). Gesetzliche Wertungen und Vorgaben sind zu berücksichtigen. Das Innehaben eines „herausgehobenen Dienstpostens" im Verhältnis zu Konkurrenten kann im Einzelfall entscheidungserheblich sein (OVG Münster, B. v. 29.7.2013, 6 B 509/13).

e) Bevorzugte Beförderung von Frauen bei Qualifikationsgleichstand, § 19 Abs. 6

§ 19 Abs. 6 Satz 1 bestimmt, dass Beförderungen nach den Kriterien des § 9 Beamt- **30** StG vorzunehmen sind, also auf der Basis von Eignung, Befähigung und Leistung. Gleichzeitig haben Ernennungen nach der in Bezug genommen Norm des BeamtStG ohne Rücksicht auf die dort weiter angeführten „verpönten" Kriterien zu erfolgen. Zu diesen Kriterien zählt auch das Geschlecht, was aber der Frauenförderung bei Beförderungen nicht entgegensteht (*Reich*, § 9 BeamtStG Rn. 11; s. zur grundsätzlichen Zulässigkeit und Notwendigkeit der Frauenförderung im öffentlichen Dienst *Papier/Heidebach*, DVBl 2015, 125). Durch die Frauenförderung soll vom Ansatz her ausschließlich eine **Kompensation geschlechtsspezifischer Nachteile** erfolgen (VG Düsseldorf, B. v. 12.4.2010, 2 L 164/10 – bestätigt durch OVG Münster, IÖD 2010, 245). Allerdings ist in **§ 9 BeamtStG** festgelegt, dass Ernennungen u. a. **ohne Rücksicht auf das Geschlecht** vorzunehmen sind, ohne für die Landesgesetzgebung ausdrücklich einen Vorbehalt festzulegen, dass abweichende gesetzliche Regelungen getroffen werden können. Dies ist aber rechtlich nicht wirklich problematisch. Die landesrechtliche Regelung zur Frauenförderung in NRW ist – jedenfalls in der bis zum 30.6.2016 geltenden Fassung – nach zutreffender Ansicht des OVG Münster eine zulässige Ergänzung des § 9 BeamtStG, welcher insoweit keine Sperrwirkung entfaltet (OVG Münster, DÖD 2010, 298; *v. Roetteken* in v. Roetteken/Rothländer, § 9 BeamtStG Rn. 67). Stellt sich also eine Konkurrenzsituation männlicher/weiblicher Bewerber, ist bei Vorliegen eines Beurteilungsgleichstandes das **Hilfskriterium der Frauenförderung** in den Blick zu nehmen und nur bei Vorliegen eines relevanteren anderen Hilfskriteriums zurückzustellen (OVG Münster, NVwZ-RR 1999, 593; VG Aachen, B. v. 27.11.2009, 1 L 404/09). Eine im Quervergleich geringere Qualifikation einer weiblichen Bewerberin kann allerdings nicht im Wege der Frauenförderung ausgeglichen werden (vgl. VG Gelsenkirchen, B. v. 28.12.2011, 12 L 1073/11; *Kunig* in v. Münch/Kunig, Art. 33 GG Rn. 34 Stichwort „Frauenförderung").

In **§ 19 Abs. 6 Satz 2** ist beim Qualifikationsgleichstand festgelegt, dass der Gesichts- **31** punkt der **Frauenförderung** bei der Beförderung unter den dort näher genannten Umständen zu beachten ist. Bei **„*im Wesentlichen* gleicher Eignung, Befähigung und fachlicher Leistung"** sind bei Unterrepräsentanz Frauen bevorzugt zu befördern, „sofern nicht in der Person eines Mitbewerbers liegende Gründe überwiegen" (§ 19 Abs. 6 Satz 2 letzter Halbsatz). In der Vorfassung der Norm war noch eine *gleiche* Eignung, Befähigung und fachliche Leistung Voraussetzung für die Annahme eines Qualifikationspatts. Unabhängig davon, dass unter Berücksichtigung des Art 3 GG alles dafür gesprochen hätte, weiterhin beim Eingreifen des Frauenfördertatbestandes im Rahmen des § 19 Abs. 6 auf eine **gleiche** Eignung, Leistung und Befähigung abzustellen, erscheint der Gesetzgeber inkonsequent, weil er bei der **Einstellung in den öffentlichen Dienst** (§§ 14 Abs. 2 und 120 Abs. 2) weiterhin darauf abstellt, dass bei Unterrepräsentanz von Frauen diese bei **gleicher** Eignung Leistung und Befähigung bevorzugt einzustellen sind (vgl. auch § 14 Rn. 5 und § 120 Rn. 6). Es hätte bei Zugrundelegung des neuen gesetzgeberischen Ansatzes zumindest rechtssystematisch nahegelegen, die **Frauenförderung bei der Einstellung und die Frauenförderung bei der Beförderung** bezüglich der gesetzlichen Voraussetzungen zu synchronisieren und in beiden Fällen für die Frauenförderung (nur) eine im Wesentlichen gleiche Eignung, Leistung und Befähigung zu verlangen. Stattdessen verweist § 14 Abs. 2 Satz 3 (nur) darauf, dass bei Beförderungen § 19 Abs. 6 gilt. Durch die Neuregelung des § 19 Abs. 6 Satz 2 kann es vorkommen, dass die Frauenförderung schon dann Platz greift, wenn auf Seiten eines männlichen Bewerbers zwar ersichtlich Qualifikationsvorsprünge vorliegen, nur eben keine „wesentlichen". Dies erscheint problematisch, weil dies im Einzelfall dazu führen kann, dass z. B. im konkreten Vergleichsfall (Wettbewerb) eine an sich nicht vorhandene Gleichgeeignetheit nach der Neuregelung zu Gunsten einer Frau per Gesetz fiktiv über das Konstrukt der nur noch erforderlichen „Im Wesentlichen gleichen Eignung" hergestellt wird, um dann im Anschluss auf dieser (neuen) Basis – sozusagen auf 2. Stufe – dann die weitere Frauenförderung eingreifen zu lassen (Gedanke der „Doppelförderung"). Bereits im Rahmen der Sachverständigenanhörung zum DRModG wurde dies teilweise ebenfalls als kritisch angesehen (vgl. Landtag NRW Ausschussprotokoll 16/1189, S. 8–9). Die Rechtsprechung geht z.B. davon aus, dass bei einem Fall von einem Punktwert innerhalb einer Notenstufe abweichenden Gesamturteilen Bewerber im Wesentlichen gleich geeignet sind (VG Düsseldorf, B. v. 22.10.2013, 26 L 1807/13; s.a. zur Frage einer im Wesentlichen gleichen Eignung von Bewerbern BVerwG, NVwZ 2013, 1227; s. zur Einstufung von Leistungsbewertungen als „im Wesentlichen gleich" BVerwG, NVwZ 2013, 1227; nach Ansicht von *v. Rotteken* ist es das Abstellen auf eine „Im Wesentlichen gleiche Eignung" als Ausgangspunkt der Frauenförderung rechtmäßig, vgl. *v. Roetteken*, ZBR 2016, 151, 159).

32   § 19 Abs. 6 Satz 3 ist ebenfalls durch das DRModG neugefasst worden und bestimmt, wann von einer Gleichwertigkeit von Beurteilungen auszugehen ist. Nach der **Neuregelung zur Frauenförderung** ist von einer im Wesentlichen gleichen Eignung von Frauen und Männer „in der Regel auszugehen, wenn die jeweils aktuelle dienstliche Beurteilung der Bewerberin und des Mitbewerbers ein gleichwertiges Gesamturteil aufweist." Damit entfaltet die Norm regelmäßig – so wie vom Gesetzgeber intendiert (LT-Drs. 10/10380, S. 344–345) – beim (Gesamturteils-)Qualifikationsgleichstand eine **Sperrwirkung** für das von der ständigen (auch höchstrichterlichen) Rechtsprechung praktizierte und im Grundsatz bewährte **qualitative Ausschärfen von Beurteilungen** (vgl. dazu die vehemente Kritik an der Neufassung des § 19 Abs. 6 von *A. Hoffmann*, in Schütz/Maiwald, § 15 LBG Rn. 45: „Der Leistungsvergleich würde grob verkürzt und auf einen bloßen Vergleich der Gesamtnote der letzten dienstlichen Beurteilung reduziert. Dies dürfte mit dem Grundsatz der Bestenauslese nach Art. 33 Abs. 2 GG nicht vereinbar sein." – *Hoffmann* bemängelt a.a.O. auch unter Hinweis auf Art. 3 Abs. 2 Satz 2 GG nicht zu Unrecht, dass es für bestimmte Laufbahnen „kein Gebot zur Nachteilsbeseitigung für Männer" gibt; vgl. auch die Stellungnahme von *Gourmelon* zu § 19 Abs. 6 in der öffentl. Anhörung zum DRModG, LT NRW Stellungnahme 16/3524; für eine stärkere Frauenförderung und gesetzliche Maßnahmen in Reaktion auf die Rechtsprechung aber *Papier/Heidebach*, DVBl 2015, 125). Die Ausschärfung von Beurteilungen hatte nach dem – insoweit jedenfalls – zutreffenden Befund von *Papier* in seinem Gutachten für die Landesregierung NRW zur Frauenförderung in der Vergangenheit dazu geführt, dass ein zur Anwendung des Frauenfördertatbestandes führender Qualifikationsgleichstand (zu) selten vorlag (*Papier/Heidebach*, DVBl 2015, 125; vgl. aber einen Fall der Relevanz des Frauenfördertatbestandes OVG Münster, B. v. 11.9.2014, 6 B 880/14). Potentiell hat insoweit die neue Regelung eine sehr hohe praktische und gleichstellungspolitische Bedeutung. Zu dem **Tatbestandsmerkmal der „Gleichwertigkeit"** der zu vergleichenden Gesamturteile heißt es in der Gesetzesbegründung erläuternd (LT-Drs. 16/10380, 345):„ Mit dem Begriff der „Gleichwertigkeit" des Gesamturteils soll die Neuregelung zugleich das Herstellen einer Vergleichbarkeit von aktuellen Beurteilungen auch aus Beurteilungssystemen mit unterschiedlicher Bewertungsskala nach den von der Rechtsprechung entwickelten Grundsätzen erfassen. Der Gesetzgeber geht hierbei davon aus, dass gleichwertige Gesamturteile regelmäßig mit einer im Wesentlichen gleichen Eignung, Befähigung und fachlichen Leistung einhergehen."

33   Während die Kriterien zur Kandidatenauswahl nach der bisherigen Rechtsprechung extrem kleinteilig angelegt wurden, soll dies mithin künftig extrem großteilig geschehen, was einen Paradigmenwechsel darstellt Die Auswirkungen des vom Gesetzgebers für den Regelfall gewollten alleinigen Abstellens auf das Gesamturteil beim Quervergleich von konkurrierenden Frauen und Männer sind enorm, wenn man sich bewusst macht, dass in der Praxis in nicht wenigen Fällen die von der LVO vorgegebenen Quoten/Richtsätze für Bestnoten (vgl. § 8 Abs. 3 LVO) in einer auf eine rechtswidrige Beurteilungspraxis hindeutenden Weise teilweise deutlich überschritten werden, so dass es innerhalb der Gesamtnotenskala nur geringe Differenzierungen gibt (vgl. dazu OVG Münster, B. v. 29.8.2014, 6 B

788/14; OVG Münster, B. v. 22.1.2014, 6 B 1336/13: Abstellen auf das Hilfskriterium der Frauenförderung rechtswidrig, wenn Beurteilungspraxis wegen Häufung von Spitzennoten fehlerhaft; OVG Münster, B. v. 21.3.2013, 6 B 1149/12; VG Düsseldorf, B. v. 11.5.2012, 2 L 445/12; BVerfG, NVwZ 2004, 95; *Lorse*, PersV 2011, 328, 340). Wenn also viele Frauen die Bestnote haben, kann denklogisch bei einer Bewerbung in Zukunft kein Mann mehr besser sein, während er vor der Novelle die Chance hatte, dass er Qualifikationsvorsprünge bei der Binnendifferenzierung oder über ältere Beurteilungen aufweist. Wenn dann in dieser Situation allein die gleichen Gesamtnoten der aktuellen Beurteilungen den Frauenfördertatbestand bei Unterrepräsentanz zur Anwendung kommen lassen, hat dies auf die Beförderungschancen von (bestbeurteilten) Männern auf Jahre durchgreifende und strukturelle negative Auswirkungen (vgl. dazu die Stellungnahme von *Gourmelon* zu § 19 Abs. 6 in der öffentl. Anhörung zum DRModG, LT NRW Stellungnahme 16/3524, S. 1). Die stärkere Durchbrechung des mediokratischen Prinzips durch die Neufassung der Norm ist ein juristischer Schwachpunkt der Gesetzesänderung. Der Gesetzgeber hat die mit der Novelle verbundene **verfassungsrechtliche Problematik der Einebnung von Leistungsunterschieden** (jedenfalls im Grundsatz) durchaus erkannt und sein neues gesetzliches Frauenfördermodell dadurch etwas abgemildert bzw. relativiert, dass auf das Gesamturteil als alleiniger Anknüpfungspunkt für die Frauenförderung **nur im Regelfall** abzustellen ist (§ 19 Abs. 6 Satz 3 1. Halbsatz). In der Gesetzesbegründung heißt es dazu (LT-Drs. 16/10380, S. 345):

„Der Zusatz „in der Regel" trägt zur Wahrung des Prinzips der praktischen Konkordanz um den Anforderungen des Art. 33 Abs. 2 GG Geltung zu verschaffen möglichen Ausnahmefällen Rechnung, in denen im Einzelfall die Regelvermutung des Satzes 3 nicht zutrifft. Erfasst werden damit insbesondere Fälle, in denen zwar ein gleichwertiges Gesamturteil vorliegt, die zu vergleichenden aktuellen dienstlichen Beurteilungen in den Einzelbewertungen aber dennoch so gravierende Unterschiede aufweisen, dass offensichtlich nicht mehr von einer im Wesentlichen gleichen Eignung, Befähigung und fachlichen Leistung ausgegangen werden kann. Um die Rechte der Betroffenen zu wahren, findet in diesen Fällen die Bevorzugungsregelung nach Satz 1 keine Anwendung."

Der Gesetzgeber hat insofern erkannt, dass es zwischen einer Bestbeurteilung im obersten **34** Bereich und einer Bestbeurteilung im untersten Bereich – auch verfassungsrechtlich relevante – gravierende Unterschiede gibt, so dass insbesondere deren Nivellierung durch das alleinige Abstellen auf das Gesamturteil rechtlich nicht tragfähig wäre. Die von der Rechtsprechung praktizierte qualitative Ausschärfung von Beurteilungen bleibt so in einem kleinen Segment auch bei der Novellierung des § 19 Abs. 6 jedenfalls rudimentär erhalten bzw. wird insoweit nicht vom Gesetz „gesperrt". Es wird der Rechtsprechung obliegen, das eingrenzende Tatbestandsmerkmal des Ausnahmefalls nach § 19 Abs. 6 Satz 3 mit weiterem Leben zu füllen (Fallgruppen) und auszuurteilen, wann eben kein automatisch zur Bevorzugung einer weiblichen Konkurrentin führender Regelfall vorliegt. Neben dem (Ausnahme-)Sachverhalt, den der Gesetzgeber erklärtermaßen vor Augen hat, wird sich die naheliegende Frage stellen, ob der Ausnahmefall auch dann anzunehmen ist, wenn z.B. der männliche Bewerber nach den Bewertungen der Einzelmerkmale einer Beurteilung signifikant besser in das Anforderungsprofil der Beförderungsstelle passt und/oder über einen herausragenden dienstlichen Lebenslauf mit Sonderqualifikationen verfügt (vgl. dazu auch von *A. Hoffmann*, in Schütz/Maiwald, § 15 LBG Rn. 45). Es ist auch daran zu erinnern, dass nach bisheriger ständiger Rechtsprechung, die sich an § 33 Abs. 2 GG und § 9 BeamtStG orientiert, eine Auswahlentscheidung erst dann auf nicht leistungsbezogene Auswahlkriterien bzw. Hilfskriterien gestützt werden darf, „wenn keine geeigneten leistungsbezogenen Auswahlkriterien mehr ersichtlich sind oder sinnvoll angewandt werden können" (OVG Münster, B. v. 1.10.2012, 1 B 691/12; OVG Münster, B. v. 11.9.2014, 6 B 880/14; s.a. *A. Hoffmann* in Schütz/Maiwald, § 15 Rn. 45 f.; vgl. ferner *Battis*, Frauenquoten und Grundgesetz, DVBl 1991, 1165 – alle Möglichkeiten zur Prüfung von Leistungsunterschieden (sachgerechte Qualitätsunterschiedsprüfung) zwischen weiblichen und männlichen Bewerbern sind zu nutzen; s.a. OVG Münster, B. v. 1.10.2012, 1 B 691/12: „Je weniger die für die Auswahlentscheidung herangezogenen Kriterien einen Leistungsbezug aufweisen, desto eher büßt die Auswahlentscheidung daher ihre verfassungs- und einfachgesetzliche Legitimation ein."). Das BVerfG hat erst unlängst entschieden, dass ein Abstellen auf Hilfskriterien nicht zulässig ist, wenn beim Konkurrentenvergleich nur auf der Basis von Gesamtnoten der dienstlichen Beurteilungen vorgegangen wurde (BVerfG, NVwZ 2013, 1603). Vor diesem gesamten Hintergrund wird abzuwarten sein, wie die Rechtsprechung die diesbezüglichen und gegenläufigen erheblichen Begrenzungen differenzierter Auswertungen von Beurteilungen durch die nordrhein-westfälische Gesetzesnovelle (verfassungs-)rechtlich bewertet (ablehnend: VG Düsseldorf, B. v. 5.9.2016, 2 L 2866/16). Das vom Gesetzgeber dezidiert gewollte **Ausblenden von gerichtlich anerkannten leistungsbezogenen Kriterien** dürfte schwerlich mit dem **Grundsatz der Bestenauslese** kompatibel sein (VG Düsseldorf, 2 L 2866/16; so auch *A. Hoffmann* in Schütz/Maiwald, § 15 Rn. 45). Möglicherweise werfen Gerichte in dem Kontext die grundsätzliche Frage auf, ob wirklich zweifelsfrei durchgängig belegt ist, dass die Unterrepräsentation von Frauen auf deren faktischer Benachteiligung beruht (bejaht von *Papier/Heidebach*, DVBl 2015, 125, 128; s. a. auch *Papier/Heidebach* in ihrem im Auftrag der Landesregierung erstellten Gutachten „Rechtsgutachten zur Frage der Zulässigkeit von Zielquoten für Frauen in Führungspositionen im öffentlichen Dienst sowie zur Verankerung von Sanktionen bei Nichteinhaltung", LT NRW Vorlage 16/2051; vgl. aber die differenzierte Darstellung von *Czerwick*, DÖV 2010, 869, 875 ff.). Die einen Paradigmenwechsel darstellende Novellierung des § 19 Abs. 6 wird sich – auch insoweit – einer kritischen Prüfung stellen müssen.

35 Da § 19 Abs. 6 Satz 2 richtigerweise wegen entsprechender europarechtlicher Vorgaben und der Rechtsprechung des EuGH daran festhält, dass eine bevorzugte Beförderung von Frauen beim Qualifikationspatt dann nicht stattfindet, wenn „in der Person des Mitbewerbers liegende Gründe überwiegen", dürfte die dazu ergangene Rechtsprechung weiterhin Bedeutung haben (vgl. zur Notwendigkeit der Öffnungsklausel *Boysen*, in v. Münch/Kunig, Kommentar zum GG, Art. 3 GG Rn. 171; s. a. EuGH, Rs. C-409/95- Marschall, Slg. 1997, I-6363; VGH Mannheim, NVwZ-RR 2012, 73). Die Rechtsprechung geht davon aus, dass es für die **Anwendung der sog. Öffnungsklausel** nicht erforderlich ist, dass „sich die Zurücksetzung des Mannes als krasse, besonders schwere Benachteiligung darstellt" (VG Düsseldorf, B. v. 28.5.2010, 13 L 639/10). Es müssen aber immerhin deutliche Unterschiede zu Gunsten des männlichen Mitbewerbers vorliegen (VG Düsseldorf, B. v. 12.4.2010, 2 L 164/10). Ein deutlich **höheres Beförderungsdienstalter eines Mannes** kann danach anerkanntermaßen schon die Frauenförderung überlagern und hat seinerseits keine diskriminierende Wirkung gegenüber einer konkurrierenden Mitbewerberin. Mit einem höherem Dienstalter ist regelmäßig ein größerer Erfahrungsvorsprung verbunden (OVG Münster, ZBR 2006, 310). Der Bezug auf gewonnene Berufserfahrung weist eine gewisse Verbindung zum Leistungsgrundsatz auf und kann folglich den Ausschlag geben, wobei je nach den Umständen die Anforderungen an die Deutlichkeit des Dienstaltersunterschieds differieren (vgl. VG Aachen, B. v. 6.5.2016, 1 L 191/16; OVG Münster, B. v. 30.11.2015, 6 B 1080/15). Jedenfalls bei deutlich höherem Beförderungsdienstalter eines gleich qualifizierten männlichen Stellenbewerbers (Richtwert ist ein Vorsprung von fünf Jahren und mehr) kann die **Öffnungsklausel** des § 19 Abs. 6 Satz 2 Halbsatz 2 anzuwenden sein und die Gleichstellungsklausel als Hilfskriterium zurücktreten (OVG Münster, B. v. 28.3.2011, 6 B 43/11 – es handelt sich aber nach Ansicht des OVG Münster nicht um eine starre Grenze; VG Düsseldorf, B. v. 10.7.2014, 2 L 417/14 – bestätigt durch OVG Münster, B. v. 11.9.2014, 6 B 880/14; VG Düsseldorf, B. v. 25.6.2010, 2 L 582/10; OVG Münster, NWVBl. 2007, 57; OVG Münster, B. v. 27.5.2004, 6 B 457/04; vgl. zur Dienstaltersberechnung bei Urlaub aus familienpolitischen Gründen OVG Münster, ZBR 2006, 310). Ein Dienstaltersvorsprung eines Mannes von nur rund zwei Jahren und vier Monaten ist isoliert nicht relevant zur Überwindung der Verpflichtung des Dienstherrn zur Frauenförderung (OVG Münster, DÖD 2010, 300; s. a. VG Düsseldorf, B. v. 10.7.2014, 2 L 417/14: keine Anwendung der Öffnungsklausel bei Dienstaltersvorsprung des Mannes von nur achteinhalb Monaten). Auch bei einem

Quervergleich von Bewerbern gleichen Geschlechts kann bei Qualifikationsgleichstand das signifikant höhere Dienstalter zulässigerweise das letztlich auswahlentscheidende Kriterium sein (VG Düsseldorf, B. v. 5.3.2012, 13 L 1708/11; OVG Münster, B. v. 12.11.2009, 1 B 1329/09; s. a. VGH Mannheim, PersV 2012, 354).

In welchen Fällen § 19 Abs. 6 Satz 2 und 3 wegen Unterrepräsentanz von Frauen zur **36** Anwendung gelangen, ist in § 19 Abs. 4 Satz 4 geregelt. Entscheidend ist also die Frage, ob im Bereich der für die Beförderung zuständigen Behörde „innerhalb einer Laufbahn der Frauenanteil in dem jeweiligen Beförderungsamt entweder der Frauenanteil im Einstiegsamt oder den Frauenanteil in einem der unter dem zu besetzenden Beförderungsamt liegenden Beförderungsämter unterschreitet und der Frauenanteil in dem jeweiligen Beförderungsamt 50 Prozent noch nicht erreicht hat". Wenn die Obergrenze erreicht ist, erfolgen demnach Auswahlverfahren wieder nach Maßgabe der allgemeinen Regelungen (LT-DRs. 16/10380, S. 345). Die Neufassung der Regelung zur Bestimmung des Prüfmaßstabs für die Unterrepräsentanz ist komplizierter als die Vorgängerregelung, die nur auf das „jeweilige Beförderungsamt" als Bezugspunkt abstellte. In der Literatur wird teilweise prognostiziert, dass es auch im Kontext dieser Neuregelung verstärkt zu Streitfragen kommen wird (*A. Hoffmann*, in Schütz/Maiwald, § 15 LBG Rn. 45). In der Tat wirft die Ermittlung des Geschlechterüberhangs viele Umsetzungsfragen auf. Dies war aber bereits auch bei der Vorgängervorschrift der Fall, wo nach der Rechtsprechung z. B. bei der Ermittlung der Frauenquote bei Lehrerinnen ohne „schulformbezogene" Betrachtung allein auf die Laufbahn abzustellen ist (VG Düsseldorf, B. v. 10.7.2014, 2 L 417/14 − bestätigt durch OVG Münster, B. v. 11.9.2014, 6 B 880/14).

§ 19 Abs. 6 Satz 5 bestimmt, dass über den für anwendbar erklärten Satz 4 die Regelun- **37** gen in Satz 2 und Satz 3 zur Frauenförderung auch gelten, wenn mit der Beförderung die Vergabe eines Dienstpostens mit Vorgesetzten- oder Leitungsfunktionen verbunden ist. Auch mit dieser zusätzlichen Regelung zur Frauenförderung betritt NRW − soweit ersichtlich − Neuland. In der Gesetzesbegründung heißt es dazu (LT-DRs. 16/10380, S. 345 f.):

„Satz 5 der Neuregelung legt darüber hinaus fest, dass es bei der Besetzung von Beförderungsämtern mit gleichzeitiger Übertragung einer Führungsfunktion ebenso Ziel ist, den Frauenanteil auch bezogen auf die Führungsfunktionen in dieser Besoldungsgruppe zu steigern. Wenn Frauen in der Funktion also unterproportional vertreten sind, greift die Frauenförderung gleichermaßen, auch wenn in der maßgeblichen Besoldungsgruppe insgesamt die Zielvorgabe im Rahmen der Frauenförderung bereits erfüllt ist. Bezugspunkt für die Anwendung der Bevorzugungsregelung ist bei dieser Konstellation nicht der Frauenanteil im jeweiligen Statusamt, sondern der Frauenanteil in der Gruppe der zu Besetzung anstehenden Vorgesetzten- oder Leitungsfunktion."

Welche Fallgestaltungen mit dieser weiteren Regelung zur Frauenförderung gemeint sind, hat der Gesetzgeber in der Gesetzesbegründung näher erläutert. Wenn etwa in einem Ministerium eine nach A 16 besoldete Referatsleitung besetzt werden soll und dort der Frauenanteil noch nicht 50 Prozent beträgt, soll diese **zusätzliche funktionsbezogene Frauenförderung** greifen, auch wenn in der Besoldungsgruppe bereits der entsprechende Frauenanteil des Einstiegsamtes erreicht ist (LT-DRs. 16/10380, S. 346). Sobald die Referatsleitungen zu 50 Prozent mit Frauen besetzt sind, erfolgt die Personalauswahl wieder nach Maßgabe der allgemeinen Regelungen. Wie komplex sich die Umsetzung der neuen Regelung darstellt, beleuchten die weiteren Erläuterungen des Gesetzgebers zu § 19 Abs. 6 Satz 5. Man hat nämlich nicht nur das Einstiegsamt zu betrachten, sondern in dem vom Gesetzgeber gebildeten beispielhaften Anwendungsfall der Referatsleitung nach A 16 (zusätzlich) auch die direkt darunterliegenden Beförderungsämter (A 15 und A 14). In der Gesetzesbegründung heißt es dazu (LT-DRs. 16/10380, S. 346):

„Sofern der Frauenanteil in einem der darunterliegenden Beförderungsämter, A 14 oder A 15, den Frauenanteil im Einstiegsamt A 13 überschreitet, sind die Regelungen der Frauenförderung solange anzuwenden, bis der Frauenanteil bei den Referatsleitungen A 16 diesen Frauenanteil erreicht. Maßgeblich ist dann also nicht der Frauenanteil im Einstiegsamt, sondern der höhere Frauenanteil in dem Beförderungsamt, aus dem sich das Potential für die Referatsleitung A 16 speist. Auch hier gilt jedoch für die Anwendung der Frauenförderung die allgemeine Obergrenze von 50 Prozent."

38   Es bleibt abzuwarten, ob sich diese komplizierte funktionsbezogene Frauenfördervorschrift in der praktischen Umsetzung bewährt und rechtlich Bestand hat. Aus verfassungsrechtlicher Sicht erscheint es problematisch, wenn gerade auch vor dem Hintergrund der **Kumulation der Frauenfördervorschriften** (§ 19 Abs. 6 Satz 2 sowie § 19 Abs. 6 Satz 3/§ 19 Abs. 6 Satz 4) die Ausgangsbasis im Regelfall allein das Gesamturteil einer Beurteilung ist (s. a. VG Düsseldorf, B. v. 5.9.2016, 2 L 2866/16). Das bisherige Hilfskriterium der Frauenförderung wird so in praktischer Sicht nach der Novelle in vielen Fällen das Hauptkriterium für die Entscheidung des Wettbewerbs von Frauen und Männern um eine Beförderungsstelle bzw. um die Vergabe eines (Beförderungs-)Dienstpostens mit Vorgesetzten- oder Leitungsfunktionen sein (s. auch die Kritik an einer gruppenspezifischen Betrachtung des Art. 33 Abs. 2 GG im Rahmen von Frauenquoten im öffentlichen Dienst von *Stober*, ZBR 1989, 289, 292). Dies ist allerdings vom Gesetzgeber, dem bei der Novelle der Vorschrift zu Beförderungen die hohen verfassungsrechtlichen Risiken durchaus bewusst waren, so gewollt, um die festgestellten Defizite beim Frauenanteil im öffentlichen Dienst in NRW – gerade auch bei zunehmender Hierarchiestufe – mit großem Nachdruck auszugleichen (LT-Drs. 16/10380, S. 344; s. aber auch *Czerwick*, DÖV 2010, 869). Das VG Düsseldorf geht von einer Verfassungswidrigkeit der Norm aus (VG Düsseldorf, B. v. 5.9.2016, 2 L 2866/16). Das VG Düsseldorf betrachtet in einem Beschluss vom 5.9.2016 § 19 Abs. 6 als verfassungswidrig, weil es dem Land vor dem Hintergrund des BeamtStG für eine solche (weitergehende) Frauenförderregelung an der erforderlichen Gesetzgebungskompetenz fehle (VG Düsseldorf, 2 L 2866/16). Durch die Landesnorm werde die Betrachtung „ob zwischen im Endurteil gleich beurteilten Beförderungsbewerbern ein Qualifikationsunterschied besteht, in einer § 9 BeamtStG widersprechenden Weise verkürzt" (VG Düsseldorf, a. a. O.). Von einer an Art. 33 Abs. 2 GG orientierten Bestenauslese könne bei der Fassung der landesrechtlichen Norm nicht mehr die Rede sein (VG Düsseldorf, a. a. O.). Das VG Arnsberg folgt in einem Beschluss vom 14.9.2016 unter weitgehender Übernahme der Entscheidungsgründe ausdrücklich dem VG Düsseldorf (VG Arnsberg, 2 L 1159/16). Das VG Aachen sieht § 19 Abs. 6 in einem Beschluss vom 16.9.2016 ebenfalls als verfassungswidrig an, stutzt dieses aber stärker auf einen Verstoß gegen Art. 33 Abs. 2 GG (VG Aachen, 1 L 616/16). Kompliziert werden kann die Regelung auch dann, wenn sich die neue Rechtsprechung des BVerwG durchsetzen sollte, wonach Gesamturteile grundsätzlich zu begründen sind. Das Bundesverwaltungsgericht hat in einem Urteil vom 17.9.2015 bezüglich Beurteilungsrichtlinien mit festgelegtem „Ankreuzverfahren" die Ansicht vertreten, dass das Gesamturteil der dienstlichen Beurteilung im Unterschied zu den Einzelbewertungen regelmäßig einer gesonderten Begründung bedürfe, um erkennbar zu machen, wie es aus den Einzelbegründungen hergeleitet werde (BVerwG, Urt. v. 17.9.2015, 2 C 27/14). Fehle dies, sei die Beurteilung im Regelfall rechtsfehlerhaft, so dass eine neue Beurteilung zu erfolgen habe (BVerwG, Urt. v. 17.9.2015, 2 C 27/14). Eine Begründung sei regelmäßig nötig, wenn die maßgeblichen Beurteilungsrichtlinien für die Einzelbewertungen einerseits und für das Gesamturteil andererseits unterschiedliche Bewertungsskalen vorsehen (BVerwG, Urt. v. 17.9.2015, 2 C 27/14; im Anschluss BVerwG, Urt. v. 28.1.2016, 2 A 1.14; OVG Saarlouis, B. v. 3.2.2016, 1 B 214/15). Insofern ist nicht auszuschließen, dass es künftig eine Art **Binnendifferenzierung beim Gesamturteil** gibt. Derzeit ist aber noch nicht genau absehbar, welche Relevanz die dargestellte Entscheidung des BVerwG, welches sich manchmal der potentiellen praktischen Auswirkungen seiner oft innovativen Rechtsprechung nicht immer bewusst zu sein scheint, wirklich in der Praxis entfaltet.

39   § 19 Abs. 6 Satz 6 legt fest, dass in Abweichung von § 19 Abs. 6 Satz 4 in den Fällen, wo die Landesregierung die für die Beförderung zuständige Behörde ist, der Geschäftsbereich der den Beförderungsvorschlag machenden obersten Landesbehörde maßgeblicher Bezugspunkt für die Bestimmung des Frauenanteils in den zu betrachtenden Einstiegs- und Beförderungsämtern ist. Ressortspezifischen Besonderheiten kann in der Weise Rechnung getragen werden, dass über eine Rechtsverordnung die oberste Dienstbehörde Abweichungen von dem nach § 19 Abs. 6 Satz maßgeblichen Bezugsbereich oder hinsichtlich der Vergleichsgruppenbildung festlegt, § 19 Abs. 6 Satz 7.

4. Auswahlverfahren

Bei der Personalauswahl werden auch eignungsdiagnostische Instrumente wie **Personal-** **40** **auswahlgespräche** und **Assessmentcenter-Verfahren (AC-Verfahren)** eingesetzt (vgl. dazu *H. Günther*, DÖD 2016, 117, 118; *H. Günther*, RiA 2013, 57; *Reese/Thiel*, RiA 2015, 145, 150). Dies ist zulässig, wenn diese prüfungsähnlichen Bestandteile hinreichend dokumentiert und gerichtlich überprüfbar sind und als **Kriterium** nur *neben* **die Beurteilungen** – quasi zur Abrundung – treten (BVerwG, DÖD 2012, 16; BVerfG, NVwZ 2011, 1191; OVG Münster, B. v. 16.3.2015, 26 L 3092/14; OVG Münster, DÖD 2010, 119; VG Düsseldorf, B. v. 20.7.2011, 26 L 817/11; OVG Münster, B. v. 6.5.2008, 1 B 1786/07; OVG Münster, NVwZ-RR 2006, 343; OVG Berlin-Brandenburg, LKV 2012, 275; *H. Günther*, DÖD 2016, 117, 125; *Reese/Thiel*, RiA 2015, 145). Wenn kein aktueller Leistungs- und Eignungsvergleich auf der Basis zeitnaher Beurteilungen zwischen den Bewerbern zuvor stattgefunden hat, verletzt ein den Wettbewerb entscheidendes „strukturiertes" Auswahlgespräch den Bewerbungsverfahrensanspruch des übergangenen Bewerbers (OVG Münster, B. v. 16.3.2015, 26 L 3092/14: Bewerbung eines Stadtrechtsdirektors um die Stelle des Fachbereichsleiters Recht in Konkurrenz zu externem Bewerber). Auch wenn ein schwerbehinderter Bewerber nach § 82 Satz 3 SGB IX zu einem Vorstellungsgespräch eingeladen wird, führt dies nicht dazu, dass ein solches Gespräch eine andere – höhere – Bedeutung für die Personalauswahl hat als von der Rechtsprechung allgemein angenommen (OVG Münster, B. v. 16.8.2012, 1 A 1777/10; vgl. zu den Voraussetzungen eines Entschädigungsanspruchs bei Nichteinladung schwerbehinderter Bewerber zum Vorstellungsgespräch: OVG Münster, B. v. 3.1.2011, 1 A 314/09; die Schwerbehinderungsinformation darf nicht in den Bewerbungsunterlagen „versteckt" werden, wenn aus einer Nichteinladung Schadensersatzpflichten gegen öffentlichen Arbeitgeber resultieren sollen, vgl. BAG, NJW 2014, 1612). Gegen das Bestenausleseprinzip wird verstoßen, wenn allein ein Auswahlgespräch Basis für die Auswahl ist (OVG Münster, B. v. 16.3.2015, 26 L 3092/14; VG Gelsenkirchen, B. v. 28.12.2011, 12 L 1073/11; OVG Münster, B. v. 23.3.2010, 6 B 133/10; OVG Münster, B. v. 6.5.2008, 1 B 1786/07; OVG Münster, B. v. 8.9.2008, 1 B 910/08; OVG Münster, NVwZ-RR 2006, 343; OVG Münster, B. v. 23.6.2004, 1 B 455/04). **Auswahlgespräche** oder **AC-Verfahren** – beides nur eine „Momentaufnahme" – dürfen anerkanntermaßen lediglich **zur Abrundung** des zentral aus den dienstlichen Beurteilungen abzuleitenden Leistungs- und Eignungsbildes herangezogen werden (BVerwG, DÖD 2012, 16; OVG Münster, B. v. 16.3.2015, 26 L 3092/14; VG Münster, B. v. 16.1.2013, 4 L 454/12; OVG Münster, B. v. 16.8.2012, 1 A 1777/10; VG Düsseldorf, B. v. 20.7.2011, 26 L 817/11; *Reese/Thiel*, RiA 2015, 145, 150; krit. zur Validität von AC-Verfahren *H. Günther*, DÖD 2016, 117; s. a. *H. Günther*, RiA 2014, 101, 104). Beim Qualifikationsgleichstand können bei Ausübung des weiten Ermessens des Dienstherrn die Ergebnisse eines Auswahlgesprächs bei der letztendlichen Auswahlentscheidung einbezogen werden (OVG Münster, B. v. 8.9.2008, 1 B 910/08; so offenbar auch BVerfG, NVwZ 2011, 1191; vgl. zu den Eignungsfeststellungsverfahren bei Besetzung einer Schulleiterstelle OVG Münster, DÖD 2012, 228; *Lorse*, PersV 2011, 328, 330). Bei **besonders herausgehobenen Dienstposten** mit besonderem Anforderungsprofil kann ein Auswahlgespräch allerdings durchaus ganz besonderes Gewicht haben (OVG Münster, B. v. 26.2.1996, 12 B 3547/95). Auswahlgespräche oder AC-Verfahren müssen in jedem Fall gewisse Qualitätsstandards erfüllen (OVG Münster, B. v. 16.3.2015, 26 L 3092/14; OVG Münster, B. v. 13.5.2004, 1 B 300/04). So müssen z. B. für Bewerber gleiche Rahmenbedingungen vorhanden sein, damit die Chancengleichheit gewahrt ist. Regelmäßig macht dies u. a. einen einheitlichen Frage- und Bewertungsbogen erforderlich (OVG Münster, a. a. O.). Außerdem muss die **Auswahlkommission** die erforderliche Sach- und Fachkunde aufweisen, um die Bewerberleistungen einzeln und im Quervergleich sachgerecht einordnen zu können. Einer Gleichstellungsbeauftragten darf im Einzelfall – muss aber nicht – ein volles Stimmrecht eingeräumt werden, wenn sie an Auswahlgesprächen beteiligt wird (OVG Münster, B. v. 9.1.2013, 6 B 1125/12 – keine Begrenzung durch das LGG). Eine hinreichende **Dokumentation von Auswahlgesprä-**

chen und AC-Verfahren ist erforderlich (BVerfG, NVwZ 2011, 1192; OVG Münster, B. v. 16.3.2015, 26 L 3092/14).

5. Die Rolle des Anforderungsprofils für den Dienstposten

41   Maßstab der an Art. 33 Abs. 2 GG ausgerichteten Beförderungsauswahlentscheidung ist nach der neueren höchstrichterlichen Rechtsprechung primär die **Frage der Eignung eines Laufbahnbeamten für das angestrebte Statusamt,** weniger das Anforderungsprofil für den konkreten Dienstposten. Dies hat das BVerwG in einem umstrittenen Beschluss vom 20.6.2013 klargestellt (BVerwG, B. v. 20.6.2013, 2 VR 1/13, ZBR 2013, 376 – vgl. dazu *v. Roetteken,* ZBR 2016, 151; BVerwG, B. v. 19.12.2014, 2 VR 1/14, IÖD 2015, 38; BVerwG, ZBR 2014, 382; dem BVerwG folgend OVG Münster, B. v. 15.6.2016, 6 B 253/16; OVG Münster, B. v. 17.12.2014, 6 B 1138/14; OVG Münster, RiA 2014, 35; OVG Münster, DÖD 2014, 184; OVG Münster, B. v. 10.10.2014, 6 B 1012/14; VG Düsseldorf, B. v. 10.7.2014, 2 L 417/14; VGH München, NVwZ 2015, 604; OVG Saarbrücken, B. v. 23.7.2014, 1 B 237/14; gegenüber der Entscheidung des BVerwG ausdrückl. skeptisch OVG Berlin-Brandenburg, ZBR 2015, 45; zum Ganzen vgl. *Hermanns,* LKV 2015, 97; mit Recht sehr kritisch zum Beschluss des BVerwG vom 20.6.2013 *Lorse,* ZBR 2014, 289). Das BVerwG will mit seiner geänderten Rechtsprechung die Bestenauslese stärker von dem Anforderungsprofil und dem realen Dienstpostenbezug lösen, was in der Literatur und Verwaltungspraxis zu Recht auf Kritik stößt (*Lorse,* ZBR 2014, 289; *v. Roetteken,* jurisPR-ArbR 1/2014 Anm. 4; zustimmend aber OVG Münster, B. v. 15.6.2016, 6 B 253/16). Bislang war es so, dass die Beförderungsentscheidung sich zentral am aufzustellenden **Anforderungsprofil** orientiert (OVG Münster, B. v. 10.3.2009, 1 B 1518/08; *Reese/Thiel,* RiA 2015, 145; die Festlegung eines Anforderungsprofils im Rahmen einer Stellenausschreibung ist der Mitwirkung des Personalrats entzogen, vgl. *Cecior* in CVLK, § 73 LPVG Rn. 47). Diese Gewichtung ist nach der Entscheidung des BVerwG nicht mehr aufrechtzuerhalten, obwohl nach wie vor vieles für eine **Betonung dienstpostenbezogener Anforderungskriterien** spricht (*Lorse,* ZBR 2014, 289; s. aber die Argumente des OVG *Münster* für eine strikter am Statusamt orientierte Beförderungsauswahl OVG Münster, DÖD 2014, 184; s. auch OVG Münster, B. v. 15.6.2016, 6 B 253/16). Dienstpostenbezogene Kriterien sollen nach Ansicht des BVerwG nur noch zum Tragen kommen, wenn die Wahrnehmung der Dienstaufgaben des ausgeschriebenen Dienstpostens besondere Kenntnisse oder Fähigkeiten voraussetzen, die ein Laufbahnbewerber in der Regel nicht mitbringt und sich auch nicht in angemessener Zeit und ohne unzumutbare Beeinträchtigung der Aufgabenwahrnehmung verschaffen kann (BVerwG, ZBR 2013, 376 – krit. zum Beschluss des BVerwG *v. Roetteken,* jurisPR-ArbR 1/2014 Anm. 4 und *Lorse,* ZBR 2014, 289; BVerwG, IÖD 2015, 38; dem BVerwG folgend OVG Münster, B. v. 15.6.2016, 6 B 253/16; OVG Münster, B. v. 6.4.2016, 6 B 221/16; OVG Münster, RiA 2014, 35; OVG Münster, DÖD 2014, 18). Für den Regelfall geht das BVerwG – etwas sehr lebensfremd und unter völliger Negierung der zwischenzeitlich sehr hohen Spezialisierung von Dienstpostenaufgaben im öffentlichen Dienst – erklärtermaßen davon aus, dass alle Laufbahnangehörigen regelmäßig in der Lage sind, die Aufgaben jedes ihrem jeweiligen Statusamt zugeordneten (Beförderungs-)Dienstpostens auszufüllen oder sich das Nötige schnell und vertieft anzueignen (BVerwG, ZBR 2013, 376; vgl. dazu die überzeugende Kritik von *Lorse,* ZBR 2014, 289). Selbst für eine spezielle Funktion wie die der Gleichstellungsbeauftragten eines Ministeriums mit Stabsstellenfunktion geht das dem BVerwG folgende OVG Münster davon aus, dass hierfür keine besonderen Kenntnisse und Fähigkeiten erforderlich sind, die nicht jede Laufbahnbewerberin mitbringe (OVG Münster, B. v. 17.12.2014, 6 B 1138/14, RiA 2015, 74). Auch eine spezielle motivatorische „Disposition" für die Tätigkeit einer Gleichstellungsbeauftragten, die Teil des speziellen Kompetenzprofils ist, scheint vom Dienstherrn nicht in einem Anforderungsprofil für eine solche Stelle gefordert werden zu dürfen (mit Recht krit. zur Zurückdrängung des Dienstpostenbezugs bei Personalauswahlentscheidungen *Lorse,* ZBR 2014, 289). Damit hat sich die Rechtsprechung unvertretbar weit von dem tradierten Ansatz gelöst, dass der Dienstherr bei Stellenbesetzungen ein großes personalwirtschaftliches und organisatorisches Ermessen hat, das von der Rechtsprechung nur auf wirklich sachfremde Erwägungen und Willkür hin überprüft wird.

Die bisherige sachgerechte Zurückhaltung der Rechtsprechung gegenüber der Organisa- **42** tions- und Personalhoheit des Dienstherrn ist so durch eine ganze Kette von neueren Entscheidungen des BVerwG zu einem übertriebenen Problematisierungsansatz der Rechtsprechung mutiert. Wegen des vom BVerwG besonders betonten Laufbahnprinzips sind spezielle Einengungen des Bewerberfeldes mittels des Anforderungsprofils (etwa wegen unbedingt notwendiger Spezialkenntnisse) künftig stark rechtfertigungsbedürftig und potentielle neue Quelle für zahlreiche Streitigkeiten (BVerwG, IÖD 2015, 38; VGH München, NVwZ 2015, 604). Die bedenkliche Sichtweise des BVerwG hat nicht im Blick, welche hochgradige Spezialisierung gerade in Fachverwaltungen gefragt ist, und erschwert die Personalarbeit enorm. Da das OVG Münster dem BVerwG bei der **Abkehr vom funktionsbezogenen Maßstab als Grundlage für die Eignungseinschätzung** folgt, ist für Behörden in NRW eine gegenteilige Verfahrenspraxis mit hohen Risiken belastet. Ob der Senatsbeschluss des BVerfG zur Dienstpostenbündelung vom 16.12.2015, in dem bei der Bestenauslese keine strikte Orientierung am statusrechtlichen Amt verlangt wird, zu einer Umkehr der Rechtsprechung des BVerwG führt, bleibt abzuwarten (BVerfG, ZBR 2016, 128; vgl. dazu umfassend *v. Rottecken*, ZBR 2016, 151, 157). In einem Beschluss des OVG Münster vom 6.4.2016 zur Besetzung der Stelle des Leiters des Sozialdienstes bei einer Justizvollzugsanstalt heißt es jedenfalls unmissverständlich (OVG Münster, B. v. 6.4.2016, 6 B 221/16): „Denn dieser Eignungseinschätzung liegt ein für die zu treffende Auswahlentscheidung ungeeigneter, weil funktionsbezogener Maßstab zu Grunde. Bezugspunkt der Auswahlentscheidung nach Art. 33 Abs. 2 GG ist nämlich das (angestrebte) Statusamt und nicht die Funktionsbeschreibung bzw. der Dienstposten mit seinen konkreten Anforderungen." Die Festlegung einer Verwendung von 3 Jahren in der Bereitschaftspolizei als Voraussetzung für die Besetzung der Stelle eines dortigen Zugführers entspricht aber z.B. den neuen zweifelhaften Vorgaben der Rechtsprechung (OVG Münster, B. v. 10.10.2014, 6 B 1012/14). Das OVG Münster hält die allgemeine Festlegung einer bestimmten Verwendungsbreite für bestimmte Funktionen (im konkreten Fall: Für sämtliche Funktionen der maßgeblichen gehobenen Führungsebene) mit Recht für zulässig (OVG Münster, B. v. 23.5.2016, 1 A 839/15). Auch das konstitutive Anforderungsmerkmal der „Führungserfahrung" kann im Einzelfall sachgemäß und rechtmäßig sein (OVG Münster, B. v. 15.6.2016, 6 B 253/16). Wie die bisher von den Gerichten akzeptierte Beschränkung auf Bewerber aus bestimmten Dienstbereichen – etwa eines Ministeriums oder des Geschäftsbereiches eines Ministeriums – von diesen künftig gesehen wird, bleibt abzuwarten (vgl. zur bisherigen Rechtsprechung OVG Münster, B. v. 20.1.2004, 6 B 2320/03; *Hermann*, LKV 2015, 97, 100 m. w. N.). Im Hochschulbereich gibt es im Zusammenhang mit Berufungsvorschlägen für eine Professur weiterhin Besonderheiten und eine weiterhin starke Anknüpfung der Auswahl an das spezifische Stellenprofil (OVG Münster, Urt. v. 22.7.2014, 6 A 815/11). Wird von der Berufungskommission z.B. verkannt, dass ein Bewerber doch in einem bestimmten Fachgebiet gemäß des Ausschreibungstextes „ausgewiesen" ist, beruht seine Ablehnung auf defizitären Erkenntnisgrundlagen und ist rechtswidrig (OVG Münster, Urt. v. 22.7.2014, 6 A 815/11 – vgl. dazu die – eine Aushöhlung der Entscheidungskompetenz des Hochschulgremiums konstatierende – verfehlte Kritik von *Groß*, DÖV 2016, 449, 455).

Mängel eines Anforderungsprofils führen weiterhin i. d. R. zu Fehlern im Auswahlver- **43** fahren, weil die Auswahlerwägungen auf einer falschen, sachfremden Grundlage beruhen und der Grundsatz der Bestenauslese verletzt wird (OVG Münster, NWVBl. 2016, 152; BVerfG, NVwZ 2011, 746; BVerfG, NVwZ 2008, 194; VG Düsseldorf, B. v. 1.9.2011, 13 L 928/11; OVG Münster, B. v. 10.3.2009, 1 B 1518/08; OVG Münster, B. v. 17.10.2006, 1 B 1430/06; OVG Münster, B. v. 16.12.2003, 1 B 2117/03). Wenn ein Anforderungsprofil nach Maßgabe der neuen Rechtsprechung des BVerwG ein unzulässiges konstitutives Merkmal aufweist, dieses Merkmal aber bei einem übergangenen Bewerber vom Dienstherrn als erfüllt angesehen wurde, kann er sich nicht erfolgreich auf diesen Mangel des Anforderungsprofils berufen, da er sich nicht zu seinen Lasten ausgewirkt hat (OVG Berlin-Brandenburg, B. v. 23.10.2015,

OVG 7 S 34.15). Man hat zu berücksichtigen, dass mit einem Anforderungsprofil die Zusammensetzung des Bewerberfeldes gesteuert und eingeengt wird (*von der Weiden*, jurisPR-BVerwG 21/2013 Anm. 6; BVerwG, IÖD 2015, 38). Andererseits darf nicht verkannt werden, dass gerade das Verlangen nach postenspezifischen Fähigkeiten im Sinne des öffentlichen Interesses liegt und Kompetenz sicherstellen kann. Das Anforderungsprofil muss sorgfältig erstellt und dokumentiert werden (vgl. *Gourmelon*, DÖD 2010, 61; BVerwG, Urt. v. 3.3.2011, 5 C 16.10). Fehler und Unklarheiten des jeweiligen Anforderungsprofils gehen zu Lasten des Dienstherrn (OVG Münster, B. v. 23.6.2008, 6 B 560/08; VG Münster, B. v. 14.5.2012, 4 L 112/12). Ein **isoliertes Vorgehen gegen eine Stellenausschreibung** und das entsprechende Anforderungsprofil ist nicht möglich (OVG Münster, RiA 2011, 223). Wenn eine Stelle öffentlich ausgeschrieben wird, stellt regelmäßig der **Text der Stellenausschreibung oder –anzeige** die notwendige Dokumentation dar (BVerwG, Urt. v. 3.3.2011, 5 C 16.10). Sofern in der Literatur teilweise eine generelle Ausschreibungspflicht für alle frei werdenden Dienstposten angenommen wird (vgl. *Neuhäuser*, NVwZ 2013, 176), ist dem nicht zu folgen (dagegen z.B. *Kunig* in v. Münch/Kunig, Art. 33 GG Rn. 34).

44   Grundsätzlich besteht bei der **Aufstellung eines Anforderungsprofils** ein weitreichender Ermessensspielraum (OVG Münster, B. v. 16.2.2011, 1 B 1623/10; OVG Münster, DÖD 2006, 104; VG Düsseldorf, B. v. 1.9.2011, 13 L 928/11). Die Gerichte prüfen, ob eventuell rechtsmissbräuchlich vorgegangen wurde (OVG Münster, B. v. 8.10.2010, 1 B 930/10; VG Düsseldorf, B. v. 28.7.2011, 13 L 954/11; VG Düsseldorf, B. v. 1.9.2011, 13 L 928/11). Ein Anforderungsprofil, welches potentielle und über Jahre bewährte (Haus-)Bewerber, auf die ein Posten „gleichsam zugeschnitten ist", von vorne herein ausschließt, ist z.B. regelmäßig rechtswidrig (OVG Münster, NWVBl. 2004, 258). Systematisch ist zwischen **konstitutiven** und **nicht konstitutiven Anforderungsprofilen** zu trennen (OVG Münster, B. v. 14.3. 2014, 6 B 93/14, m.w.N.; OVG Münster, ZBR 2010, 202; OVG Münster B. v. 10.3.2009, 1 B 1518/08; OVG Münster, B. v. 8.9.2008, 1 B 910/08; OVG Münster, B. v. 17.10.2006, 1 B 1430/06; OVG Münster, NWVBl. 2004, 463; *Reese/Thiel*, RiA 2015, 145, 146). Unter **konstitutiven Anforderungsmerkmalen** sind Eignungs- und Befähigungsprofile von Bewerbern angesprochen, welche zwingend vorgegeben sind und anhand objektiv überprüfbarer Kriterien verifizierbar sind, ohne das es auf besondere Wertungsspielräume des Dienstherrn ankäme (OVG Münster, B. v. 15.4.2014, 1 B 195/14; OVG Münster, B. v. 14.3.2014, 6 B 93/14; OVG Münster, B. v. 8.9.2008, 1 B 910/08; OVG Münster, NWVBl. 2004, 463; OVG Koblenz, B. v. 6.2.2012, 10 B 11334/11; *Reese/Thiel*, RiA 2015, 145). Als Beispiel kann die Festlegung einer juristischen Ausbildung (2. Staatsexamen) für den Leiter der Personalabteilung einer großen Behörde dienen (s. auch OVG Münster, RiA 2003, 45 – spezielle Fremdsprachenkenntnisse; VGH München, ZBR 2014: Verhandlungssichere Englischkenntnisse; weitere Fallbeispiele: OVG Koblenz, B. v. 6.2.2012, 10 B 11334/11; VG Gelsenkirchen, B. v. 7.12.2012, 12 L 1304/12; VG Aachen, B. v. 11.10.2012, 1 L 462/12 – wenn Stellenausschreibung für den Dienstposten das zweite jur. Staatsexamen verlangt, reicht ein Masterstudium nicht). Eine Altersbegrenzung kann bei einer Stelle im Polizeibereich und gezielter Verjüngung des Personalbestands in speziellem Bereich zulässiger Teil des konstitutiven Anforderungsprofils sein (OVG Münster, B. v. 5.3.2012, 6 B 12/12). Auch die „Eignung und Bereitschaft zum Führen einer Schusswaffe" für eine Stelle im Bereich der waffentragenden „Finanzkontrolle Schwarzarbeit" fällt darunter (VG Aachen, B. v. 13.2.2012, 1 L 465/11). Auch das Merkmal „Beamtinnen und Beamte des gehobenen nichttechnischen Verwaltungsdienstes, mindestens der Bes.Gr. A 12" ist ein Beispiel aus der Rechtsprechung für ein zulässigerweise aufgestelltes konstitutives Anforderungsprofil (OVG Münster, B. v. 1.3.2016, 6 B 57/16). Gleiches gilt für die Festlegung in einer Kommune, dass sich auf eine Fachbereichsleitung nur Bewerber des höheren Verwaltungsdienstes mindestens der BesGr. A 15 bewerben können (OVG Münster, B. v. 24.9.2015, 6 B 1004/15). Ferner ist das Merkmal „2 Jahre Führungserfahrung" ein zulässiges konstitutives Anforderungskriterium (OVG Münster, B. v. 12.12.2013, 6 B 1147/13 – bejaht bei dem Leiter von Mordkommissionen; s.a. OVG Münster, B. v. 15.6.2016, 6 B 253/16). Das Vorliegen dieser Qualifikationen/

Voraussetzungen ist jederzeit objektiv prüfbar und kann als unabdingbar vorgegeben werden. Wird ein rechtmäßig aufgestelltes Merkmal eines konstitutiven Anforderungsprofils nicht von einem Bewerber erfüllt, führt dies zulässigerweise zum unmittelbaren Ausschluss aus dem Bewerbungsverfahren (OVG Münster, B. v. 15.4.2014, 1 B 195/14).

Demgegenüber sind **nicht-konstitutive Anforderungsprofile** so gestaltet, dass z. B. **45** bestimmte Qualifikationen etwa nur „wünschenswert" sind, also keine zwingende Vorgabe darstellen (OVG Münster, B. v. 8.9.2008, 1 B 910/08). Die Abgrenzung zwischen konstitutiven und nicht konstitutiven Anforderungsmerkmalen ist durch eine entsprechend § 133 BGB am objektiven Empfängerhorizont potentieller Bewerber orientierte Auslegung zu ermitteln (BVerwG, ZBR 2013, 376; OVG Münster, B. v. 15.4.2014, 1 B 195/14). Eine weitere Variante sind Merkmale, deren Vorliegen nicht rein faktenbezogen objektiv feststellbar ist, sondern nur über Einschätzungen im Rahmen der Wertungsspielräume des Dienstherrn erfasst werden können. Sie kommen (erst) zum Tragen, wenn ein Bewerber das konstitutive Anforderungsprofil erfüllt (OVG Münster, B. v. 8.9.2008, 1 B 910/08). Ein **nicht konstitutives Anforderungsmerkmal** ist „diplomatisches Geschick" (OVG Münster, NWVBl. 2004, 463); auch die zunehmend geforderte etwas nebulöse **„interkulturelle Kompetenz",** die nach § 42 Abs. 1 Satz 2 auch bei Personalentwicklungskonzepten thematisch miteinzubeziehen ist, fällt darunter (vgl. dazu § 42 Rn. 4). Sie umfasst sicher eine gewisse Ambiguitätstoleranz, bleibt aber begrifflich/materiell im Ergebnis schwer objektiv konkretisierbar. Hinweise zur Ausfüllung des Begriffs können § 64 Nr. 8 LPVG entnommen werden, der die Mitwirkung des Personalrats an der „Entwicklung der interkulturellen Öffnung der Verwaltung" vorsieht (vgl. dazu die krit. Anm. von *Wahlers,* ZTR 2012, 15, 20: „hilfloser Appell ratloser Politiker"; vgl. zum Begriff *Klein/Lechtermann,* § 64 LPVG Rn. 5; *Welkoborsky* u. a., § 64 LPVG Rn. 10; *Bülow,* § 72 LPVG, Rn. 44 ff.; s. a. *Möltgen,* Pluralisierung erfordert interkulturelle Kompetenz, innovative Verwaltung, H. 11– 12, 2009, 14 ff.). § 2 des Teilhabe- und Integrationsgesetzes NRW kann in dem Kontext ebenfalls zum Versuch der näheren Bestimmung des Begriffes der „interkulturellen Kompetenz" herangezogen werden (s. a. *Bülow,* § 72 LPVG, Rn. 45). Wenn ein Bewerber nicht das konstitutive Anforderungsprofil erfüllt, muss er aus dem Bewerberfeld ausgeschieden werden (OVG Münster, B. v. 23.6.2004, 1 B 455/04); bei Merkmalen des nicht konstitutiven Anforderungsprofils bleibt dem Dienstherrn allerdings ein Spielraum, der allerdings durch den Beschluss des BVerwG vom 20.6.2013 zur abgesenkten Bedeutung von Anforderungsprofilen sehr weitgehend eingeschränkt wurde (BVerwG, ZBR 2013, 376; vgl. dazu die überzeugende Kritik von *Lorse,* ZBR 2014, 289).

Ist ein **Anforderungsprofil** nachweisbar und ohne nachvollziehbaren sachlichen Grund **46** auf den **„Wunschkandidaten"** hin entwickelt worden, was in der Praxis in Einzelfällen durchaus vorkommt, wird dies i. d. R. zur Rechtswidrigkeit einer diesbezüglichen Auswahlentscheidung führen, da das Organisationsermessen sachwidrig ausgeübt wurde (vgl. BVerwG, Urt. v. 26.1.2012, 2 A 7.09: Schadensersatzanspruch wegen zielgerichteten Zuschnitts eines Anforderungsprofils; OVG Münster, B. v. 17.10.2006, 1 B 1430/06; OVG Münster, B. v. 10.3.2009, 1 B 1518/08; OVG Münster, B. v. 8.10.2010, 1 B 930/10). Eine zu enge Fassung des **konstitutiven Anforderungsprofils** birgt nämlich die Gefahr in sich, dass eine Reihe von potentiell geeigneten und qualifizierten Bewerbern um ein öffentliches Amt von vornherein keine Chance erhält, in einen Qualifikationsvergleich einbezogen zu werden (OVG Münster, B. v. 10.3.2009, 1 B 1518/08). Das Anforderungsprofil dient dann bewusst zur **Umgehung der Bestenauslese** (OVG Münster, B. v. 17.10.2006, 1 B 1430/06; OVG Münster, NVwZ-RR 2004, 236; krit. zu immer spezieller werdenden Anforderungsprofilen OVG Koblenz, B. v. 6.2.2012, 10 B 11334/11). Das BVerwG zeigt sich insofern auch zunehmend kritisch gegenüber einer zu starken Rolle des Anforderungsprofils für die Auswahlentscheidung (BVerwG, ZBR 2013, 376; vgl. dazu *Reese/Thiel,* RiA 2015, 145; *Lorse,* ZBR 2014, 289).

Eine Ausschreibung einer Abteilungsleiterstelle in einem Finanzministerium, die sich an **47** Beamte und Tarifbeschäftigte richtet, verstößt nicht gegen Art. 33 Abs. 2 GG (BVerfG,

NVwZ 2012, 368). Anerkannt ist die Möglichkeit, den Bewerberkreis ausschließlich auf Beamte zu beschränken, denen das in Rede stehende Amt im Wege der Beförderung – ggf. nach Erprobungszeit – übertragen werden kann (VG Düsseldorf, B. v. 1.9.2011, 13 L 928/11; OVG Münster, B. v. vom 31.10.2009, 6 B 1235/09). Ein bestimmter, bereits vorliegender beamtenrechtlicher Status kann dabei für die Bewerber um eine Beförderungsstelle – dies ist in der Praxis oft das nächstniedrigere Amt – als Mindestvoraussetzung vorgeschrieben werden, selbst wenn dies potentiell (ebenfalls) geeignete oder u. U. sogar besser geeignete Bewerber mit einem niedrigeren als dem nächstniedrigen Amt (im Verhältnis zur Beförderungsstelle) von vorneherein ausschließt (VG Düsseldorf, B. v. 1.9.2011, 13 L 928/11; BVerfG ZBR 2008, 167). Entscheidend ist, dass eine solche Festlegung einen Leistungsbezug aufweist (VG Düsseldorf, B. v. 1.9.2011, 13 L 928/11).

48   Auf der anderen Seite ist es zulässig, eine Stelle ausschließlich mit **Versetzungs- oder Umsetzungsbewerbern** zu besetzen und dies in das Anforderungsprofil aufzunehmen (BVerwG, NVwZ 2016, 460: Fall reiner Umsetzungskonkurrenz – vgl. dazu die Anm. von *Wittkowski*, NVwZ 2016, 464; BVerfG, B. v. 20.9.2007, 2 BvR 1972/07; OVG Münster, B. v. 16.2.2011, 1 B 1623/10; VG Düsseldorf, B. v. 1.9.2011, 13 L 928/11). Auch eine **behördeninterne Ausschreibung** hält sich regelmäßig im Rahmen des personalwirtschaftlichen Ermessens (BVerwG, NVwZ-RR 2012, 71). Eine frühzeitige Dokumentation der Erwägungen für die Aufstellung des jeweiligen Anforderungsprofils ist gegenüber späteren Einwänden geboten. Im Lehrerbereich ist es zulässig, bei Beförderungsplanstellen, die unterwertig besetzt sind, Beförderungen auf Lehrer im Bereich des jeweiligen Regierungsbezirks zu beschränken (OVG Münster, B. v. 27.8.2012, 6 B 407/12 – anders aber bei Besetzung zusätzlicher freier Beförderungsplanstellen).

6. Abbruch eines Auswahlverfahrens

49   Ein eingeleitetes Auswahlverfahren kann aus sachlichen Gründen zu jedem Zeitpunkt abgebrochen werden (ausführlich dazu *Herrmann*, LKV 2015, 97; *Kämmerling,* RiA 2013, 49, 51; *Sasse,* öAT 2010, 105; BVerfG, NVwZ 2016, 237; BVerwG, B. v. 10.5.2016, 2 VR 2.15; VG Düsseldorf, B. v. 27.7.2015, 2 L 2141/15; OVG Münster, B. v. 20.7.2016, 1 B 628/16; BVerwG, Urt. v. 3.12.2014, 2 A 3.13, ZBR 2015, 196; BVerwG, NVwZ 2013, 955; BVerfG, IÖD 2013, 218; BVerwG, LKV 2013, 222; BVerwG, NVwZ 2012, 1477; BVerfG, NVwZ 2012, 366; BVerfG, B. v. 12.7.2011, 1 BvR 1616/11; BVerfG, ZBR 2008, 94; BVerfG, NVwZ-RR 2009, 344; BVerwGE 101, 112, 115; BVerwG, NVwZ-RR 2002, 47; OVG Münster, B. v. 19.5.2011, 6 B 314/11; OVG Münster, B. v. 14.9.2010, 1 B 1112/10; OVG Münster, B. v. 23.6.2008, 6 B 560/08; VGH München, DÖV 2012, 404). Genügt die konkrete Abbruchentscheidung nicht den Vorgaben der Rechtsprechung und ist rechtswidrig, ist sie unwirksam und das in Gang gesetzte Auswahlverfahren ist ordnungsgemäß fortzuführen (BVerwG, B. v. 10.5.2016, 2 VR 2.15). Eine Neuausschreibung darf in diesem Falle dann nicht erfolgen (BVerwG, B. v. 10.5.2016, 2 VR 2.15). Nach rechtmäßigem Abbruch kann der Dienstherrn im Rahmen seines organisatorischen Ermessens eine neue Entscheidung darüber treffen, ob und in welcher Weise er den relevanten Dienstposten wieder besetzt und z. B. eine neue (ggf. geänderte) Ausschreibung durchführt (OVG Münster, B. v. 16.9.2015, 6 A 1962/14; OVG Koblenz, NVwZ-RR 2015, 862). Er kann sich auch für eine rechtsgleiche Versetzung oder Umsetzung entscheiden (VG Düsseldorf, B. v. 27.7.2015, 2 L 2141/15). Bei rechtmäßigem Abbruch des Auswahlverfahrens entstehen **keine Schadensersatzansprüche** (BVerwG, NVwZ 2013, 955). Dies ist keine unzulässige Entwertung des Bewerbungsverfahrensanspruches und verfassungsgemäß (BVerfG, IÖD 2013, 218). Ein externer schwerbehinderter Bewerber hat in solchen Fällen eines rechtmäßigen Abbruchs – etwa weil der Dienstherr sich zu einer Stellenbesetzung im Wege der Umsetzung entschließt – auch keinen speziellen Schadensersatzersatzanspruch nach dem AGG, wenn er nicht mehr zu einem Vorstellungsgespräch eingeladen wird (VG Koblenz, Urt. v. 22.4.2014, 5 K 56/16) Der Bewerbungsverfahrensanspruch erlischt bei

rechtmäßigem Abbruch (BVerwG, BVerwGE 145, 185; Hermann, LKV 2015, 97, 101). Ein Abbruch darf nicht willkürlich bzw. vorgeschoben sein (BVerwG, Urt. v. 3.12.2014, 2 A 3.13; OVG Münster, B. v. 22.9.2011, 6 A 1617/11; OVG Münster, B. v. 19.5.2011, 6 B 314/11; VG Düsseldorf, B. v. 28.7.2011, 13 L 954/11: geplante Umstrukturierung eines Landesbetriebes rechtfertigt Abbruch eines Auswahlverfahrens und neues Anforderungsprofil für die Leitungsstelle; BVerfG, NVwZ-RR 2009, 344; Herrmann, LKV 2015, 97, 102 f.). Primärrechtsschutz gegen den Abbruch ist nur im Rahmen einstweiligen Rechtsschutzes möglich (BVerwG, Urt. v. 3.12.2014, 2 A 3.13). Eine Aktualisierung des Bewerberfeldes kann ein sachlicher Grund für einen Abbruch eines Auswahlverfahrens sein (BVerwG, Urt. v. 3.12.2014, 2 A 3.13; OVG Münster, B. v. 19.5.2014, 6 B 441/14; krit. dazu Herrmann, LKV 2015, 97, 103). Wenn die Abbruchentscheidung nicht den Vorgaben der Rechtsprechung genügt – etwa weil ein sachlicher Grund nicht belegt ist – ist sie unwirksam und das in Gang gesetzte Auswahlverfahren nach dessen Maßgaben fortzuführen (BVerwG, Urt. v. 3.12.2014, 2 A 3.13). Die **Gründe für den Abbruch eines Auswahlverfahrens** sind – sofern nicht evident aus dem Vorgang ersichtlich – zum Zeitpunkt der Entscheidung in den Akten zu dokumentieren (BVerfG, NVwZ 2016, 237; BVerwG, B. v. 10.5.2016, 2 VR 2.15; BVerwG, NVwZ 2013, 955; BVerfG, B. v. 28.11.2011, 2 BvR 1181/11; BVerfG, B. v. 12.7.2011, 1 BvR 1616/11; VG Münster, Urt. v. 12.1.2012, 4 K 2140/09). Erst die **Dokumentation des erforderlichen sachlichen Grundes** gibt Gerichten die Möglichkeit, die Beweggründe des Dienstherrn für den Abbruch nachvollziehen zu können (BVerfG, NVwZ 2012, 367). Der Abbruch muss i. d. R. allen betroffenen Kandidaten ausdrücklich mitgeteilt werden (BVerwG, NVwZ 2013, 955; BVerwG, NVwZ 2012, 1477).

Ein **anerkennenswerter Abbruchgrund** sind **Gerichtsentscheidungen,** die erhebliche Mängel im Auswahlverfahren festgestellt haben (BVerfG, NVwZ 2016, 237; BVerwG, Urt. v. 29.11.2012, 2 C 6.11; OVG Münster, B. v. 14.9.2010, 1 B 1112/10; s. a. VG Düsseldorf, B. v. 10.2.2010, 2 L 1950/09: Abbruch zur Erweiterung des zu kleinen Bewerberkreises). Nicht jeder einer ordnungsgemäßen Abbruchentscheidung vorangegangener Fehler führt dann in der Folge zu einem Schadensersatzanspruch des nicht ausgewählten Bewerbers (vgl. BVerwG, Urt. v. 29.11.2012, 2 C 6.11; BVerfG, Nichtannahmebeschluss v. 3.7.2013, 2 BvR 1541/11). Auch ein **unklares Anforderungsprofil** kann Abbruchgrund sein (OVG Münster, B. v. 23.6.2008, 6 B 560/08; BVerfG, NVwZ-RR 2009, 344: Abbruch wegen möglicher Privatisierung/Kommunalisierung des relevanten Aufgabenbereichs in naher Zukunft). Die verfahrensrechtliche Rechtsstellung des Rechtsmittelführers besteht mit dem (rechtswirksamen) Abbruch nicht mehr fort (OVG Münster, B. v. 19.5.2014, 6 B 441/14; OVG Münster, B. v. 14.9.2010, 1 B 1112/10; OVG Münster, B. v. 15.5.2006, 6 A 604/05; BVerwGE 101, 112). Eine möglicherweise bereits vor dem Abbruch mitgeteilte, aber noch nicht vollzogene Auswahlentscheidung wird durch den von einem sachlichen Grund geprägten Abbruch zwangsläufig gegenstandslos (OVG Bautzen, DÖD 2005, 116). Der Dienstherr kann von sich aus ein Verfahren abbrechen, wenn er selbst auf Fehler stößt, die einen rechtlich angreifbaren Ablauf des konkreten Auswahlverfahrens nahelegen (OVG Münster, B. v. 14.9.2010, 1 B 1112/10; OVG Münster, B. v. 23.6.2008, 6 B 560/08; VG Gelsenkirchen, B. v. 19.5.2009, 1 L 1079/08). Ein legitimer Abbruchgrund kann auch vorliegen, wenn ein Dienstherr aus rein **organisationspolitischen Gründen** ein Besetzungsverfahren abbricht (OVG Münster, B. v. 5.1.2005, 1 A 2488/03; OVG Münster, B. v. 14.9.2010, 1 B 1112/10; BVerwG, Urt. v. 3.12.2014, 2 A 3.13). Ein Abbruch ist aber unzulässig, wenn er gezielt und willkürlich vorgenommen wird, um einen nicht gewollten Bewerber z. B. auf diesem Weg auszuschalten, indem nach dem Abbruch des alten Verfahrens ein neues Verfahren mit einem vom ungewollten Bewerber/von ungewollten Bewerbern nicht zu erfüllenden Anforderungsprofil eingeleitet wird (OVG Münster, B. v. 14.9.2010, 1 B 1112/10; OVG Münster, RiA 2006, 33; VG Gelsenkirchen, B. v. 19.5.2009, 1 L 1079/08; BVerfG, NVwZ-RR 2009, 344). Ein Bewerber hat nach Ansicht des OVG Münster keine Möglichkeit, isoliert gegen den Abbruch vorzugehen und eine Fortführung des Verfahrens auf der Basis des alten Anforderungsprofils zu verlangen (OVG Münster, B. v. 23.6.2008, 6 B 560/08; s. aber BVerwG,

NVwZ 2012, 368). Wenn er ihm Rahmen des neuen Verfahrens, an das die normalen rechtlichen Maßstäbe anzulegen sind (VG Gelsenkirchen, B. v. 30.6.2011, 12 L 447/11), nicht
zum Zuge kommt, kann er hiergegen vorgehen und den Abbruch des alten Verfahrens inzidenter auf den Prüfstand stellen (OVG Münster, B. v. 23.6.2008, 6 B 560/08; BVerfG NVwZ
2012, 368 – das Gericht tendiert zu einer Fortsetzung des ersten Auswahlverfahrens, das aber
ggf. mit sachlichem Grund abgebrochen werden könne; s. a. OVG Magdeburg, LKV 2015,
140). Das BVerwG geht aber ausweislich eines Beschlusses vom 10.5.2016 davon aus, dass
gegen den Abbruch eines Auswahlverfahrens als solches das Mittel des einstweiligen Rechtschutzes sehr wohl zulässig ist (BVerwG, B. v. 10.5.2016, 2 VR 2.15). In dem aktuellen Beschluss des BVerwG heißt es (BVerwG, 2 VR 2.15): „Ein rechtswidriger Abbruch des Auswahlverfahrens verletzt den grundrechtsgleichen Bewerbungsverfahrensanspruch. Die
Bewerber können bereits diese Maßnahme, obwohl sie nur vorbereitenden Charakter besitzt,
einer gerichtlichen Kontrolle zuführen." Dies muss binnen einer Frist von einem Monat nach
Zugang der Abbruchmitteilung geschehen (BVerwG, Urt. v. 3.12.2014, 2 A 3.13 – BVerw-
GE 151, 14 = ZBR 2015, 196; BVerwG, B. v. 10.5.2016, 2 VR 2.15). Aus einem rechtswidrigen Abbruch folgt regelmäßig kein Anspruch des betroffenen Bewerbers/Rechtsmittel-
führers auf Beförderung (VG Münster, Urt. v. 12.1.2012, 4 K 2140/09).

VIII. Prozessuale Fragen

1. Rechtsschutz

51   Die Zahl beamtenrechtlicher Klagen und Eilanträge nimmt bei Konkurrenzen im öffentlichen Dienst beständig zu (*Schenke*, DVBl. 2015, 137; vgl. dazu ausführlich *Schnellenbach*,
Konkurrenzen im öffentlichen Dienst, 2015; *Kenntner*, ZBR 2016, 181). Wegen des Grundsatzes der sog. **Ämterstabilität** liegt der Schwerpunkt des beamtenrechtlichen Rechtsschutzes um eine (Beförderungs-)Stelle bei **Verfahren nach § 123 VwGO**. Durch den **Eilrechtsschutz** soll die Ernennung eines Konkurrenten verhindert werden (vgl. zu
Besonderheiten bei Besetzung von Stellen eines Schulleiters VG Düsseldorf, B. v. 5.10.2015,
2 L 2049/15: Anspruch des übergangenen Bewerbers richtet sich bezogen auf spätere Besetzung schon grundsätzlich auf Benennung als wählbarer Bewerber). Wird dieser auf eine andere Stelle befördert, hat sich das konkrete Verfahren erledigt; ein schlichtes Austauschen
dieses ursprünglichen Beigeladenen durch den auf einer Beförderungsrangliste nachfolgenden Beamten ist in demselben einstweiligen Anordnungsverfahren nicht möglich (OVG
Münster, NVwZ-RR 2014, 202). Die besonderen Eilverfahren zum beamtenrechtlichen
Konkurrentenschutz dürfen nach Prüfungsmaßstab, Prüfungsumfang und -tiefe nicht hinter
Hauptsacheverfahren zurückbleiben und bleiben es regelmäßig auch nicht (*Kenntner*, ZBR
2016, 181, 192; BVerwG, NVwZ 2011, 325; VGH Kassel, B. v. 23.8.2011, 1 B 1284/11;
BVerwG, NJW 2004, 870; BVerfG, NVwZ 2003, 200; VG Düsseldorf, B. v. 13.12.2010, 2 L
1698/10; OVG Münster, B. v. 5.5.2006, 1 B 41/06; OVG Lüneburg, B. v. 8.6.2011, 5 ME
91/11; *Schenke*, NVwZ 2011, 325). Wegen der **Rechtsschutzmöglichkeit beim BVerfG**
muss auch nach zweitinstanzlicher (Eil-)Entscheidung des zuständigen OVG eine angemessene Zeit mit der Urkundenaushändigung gewartet werden (BVerwG, NVwZ 2011, 358).
Der unterlegene Bewerber hat den Willen, das BVerfG anrufen, der Auswahlbehörde nach
der Rechtsprechung innerhalb von regelmäßig einem Monat mitzuteilen (BVerfG, Nichtan-
nahmebeschl. v. 2.5.2016, 2 BvR 120/16). Ist eine Stelle zu Lasten eines unterlegenen Bewerbers bereits rechtswidrig besetzt worden, verbleibt ihm grundsätzlich – wenn kein Fall der
Rechtsschutzvereitelung vorlag – nur die Möglichkeit, **Schadensersatz** wegen nicht erfolgter oder verspäteter Beförderung zu verlangen bzw. Folgenbeseitigung zu begehren (OVG
Münster, B. v. 4.4.2011, 6 A 1156/08; OVG Münster, Urt. v. 3.9.2009, 6 A 2255/06;
BVerwG, NVwZ 2009, 787; vgl. zum Streitwert bei solchen Klagen OVG Münster, B. v.
26.1.2011, 6 E 349/10; *Kenntner*, ZBR 2016, 181, 196 ff.). Ein Schadensersatzanspruch besteht, wenn der **Bewerbungsverfahrensanspruch** schuldhaft verletzt wurde, dem Beamten

durch die Pflichtverletzung adäquat kausal ein Schaden entstanden ist und er es nicht schuldhaft unterlassen hat, den Schaden durch Gebrauch eines Rechtsmittels abzuwenden (BVerwG, NVwZ 2012, 1477; BVerwG, Urt. v. 11.2.2009, 2 A 7.06; OVG Münster, DÖD 2013, 218; OVG Münster, B. v. 4.4.2011, 6 A 1156/08; OVG Münster, Urt. v. 3.9.2009, 6 A 2255/06; VG Köln, Urt. v. 30.8.2013, 19 K 2029/12; *Kenntner*, ZBR 2016, 181, 196 ff.). Zu beachten ist, dass es bei einer **Auswahlentscheidung über eine ämtergleiche Stellenbesetzung** (reine Umsetzungskonkurrenz) nach einer aktuellen Entscheidung des BVerwG schon an der Klagebefugnis fehlt, da die Besetzung in diesen Fällen (ausnahmsweise) nicht den Vorgaben des Art. 33 Abs. 2 GG unterfällt (BVerwG, NVwZ 2016, 460 – vgl. dazu die Anm. von *Wittkowski*, NVwZ 2016, 464). Ob man allerdings bei willkürlichem Handeln bei einer solchen Umsetzungsentscheidung Rechtsschutz versagen kann, erscheint sehr fraglich (vgl. *Wittkowski*, NVwZ 2016, 465).

Sofern bei einem „normalen" Stellenbesetzungsverfahren bestehende Bewerbungsverfahrensansprüche verletzt wurden, stellen sich Schadensersatzfragen. Ein Widerspruchsverfahren ist vor der Erhebung einer Schadensersatzklage nicht vorgesehen (§ 103 Abs. 1 Satz 1 i. V. m. § 54 Abs. 2 Satz 3 BeamtStG). Der Nachweis, dass bei rechtmäßigem Auswahlverfahren kein anderer Bewerber dem auf Schadensersatz klagenden Beamten hätte vorgezogen werden dürfen, ist eine relativ hohe Hürde (vgl. VG Arnsberg, Urt. v. 18.9.2013, 2 K 2244/11; OVG Münster, B. v. 4.4.2011, 6 A 1156/08; BVerwG, Urt. v. 29.11.2012, 2 C 6.11; vgl. aber BVerwG, NVwZ 2012, 1477: erfolgreiche Klage auf Schadensersatz wegen rechtswidrig unterlassener Beförderung; VG Düsseldorf, Urt. v. 15.4.2016, 13 K 1850/15; VG Gelsenkirchen, Urt. v. 16.8.2013, 12 K 1434/11). Bei der Ermittlung des hypothetischen Kausalverlaufs sind haushaltsrechtliche Vorgaben zu berücksichtigen (BVerwG, DVBl 2015, 1121). Die Ermittlung des hypothetischen Kausalverlaufs bei rechtmäßigem Verhalten des Dienstherrn kann schwierig sein; bei Nichtaufklärbarkeit kann im Einzelfall eine Beweislastumkehr zugunsten des rechtswidrig übergangenen Bewerbers stattfinden (OVG Münster, DÖD 2013, 218). Der **Schadensersatzanspruch wegen unterbliebener/verspäteter Beförderung** ist vor den Verwaltungsgerichten geltend zu machen. Eine **Klage auf isolierte Akteneinsicht** bezüglich eines beamtenrechtlichen Beförderungsverfahrens – etwa im Vorfeld einer beabsichtigten Schadensersatzklage wegen Nichtbeförderung oder der Anfechtung der Beförderung von Konkurrenten – ist nicht zulässig (OVG Münster, ZBR 2015, 428 – das Gericht verweist auf § 44a VwGO). Im eigentlichen Konkurrentenstreitverfahren besteht ein **Recht des übergangenen Bewerbers auf Akteneinsicht** grundsätzlich nur bezüglich der Teile des Besetzungsvermerks, die sich auf ihn und den ausgewählten Beigeladenen beziehen (OVG Koblenz, B. v. 21.3.2016, 10 B 10215/16; vgl. auch *S. Schmid*, Die beamtenrechtliche Konkurrentenklage und Datenschutz, 2015, S. 69 ff.). Behörden sollten darauf achten, dass sie bei Beförderungsrunden nicht alle Beförderungslisten über alle relevanten Besoldungsgruppen, in denen befördert wird, in einer einzigen Verfahrensakte führen. Sie wäre im einzelnen Streitfall nämlich dem Gericht nach § 99 Abs. 1 Satz 1 VwGO von der Behörde vorzulegen und wäre gem. § 100 VwGO grundsätzlich vom Verwaltungsgericht dem Rechtsschutz begehrenden übergangenen Bewerber bzw. seinem Rechtsanwalt zugänglich zu machen, was den Personaldatenschutz nicht vom Verfahren tangierter Personen negativ berühren würde und deshalb zu vermeiden ist (OVG Koblenz, B. v. 21.3.2016, 10 B 10215/16; grundlegend zu den speziellen Datenschutzfragen *S. Schmid*, Die beamtenrechtliche Konkurrentenklage und Datenschutz, 2015, S. 69 ff.). Behörden haben kein Ermessen, welche Akten sie dem Gericht (nur) schicken möchten (*S. Schmid*, a. a. O., S. 70 – vgl. bei besonders geheimhaltungsbedürftigen persönlichen Daten eines erfolgreichen Bewerbers die Hinweise von *Schmid* auf ein sog. In-Camera-Verfahren, a. a. O., S. 73). Das OVG Koblenz vertritt in einem Beschluss vom 21.3.2016 die zutreffende Ansicht, dass dem **Recht auf informationelle Selbstbestimmung der Beigeladenen** dadurch Rechnung zu tragen ist, „dass der Prozessbevollmächtigte des Antragstellers als Organ der Rechtspflege die vertrauliche Behandlung der gefertigten Ablichtungen gewährleistet und sie nach Abschluss des Verfahrens vernichtet" (OVG Koblenz, B. v. 21.3.2016, 10 B 10215/16). Im Verfahren nach § 123 Abs. 1 Satz 1 VwGO hat ein übergangener Bewerber glaubhaft zu machen, dass mit überwiegender Wahrscheinlichkeit die Vergabe der Stelle an den nach § 65 VwGO beizuladenden Mitbewerber zu seinen Lasten rechtsfehlerhaft ist und bei fehlerfreier Durchführung des Auswahlverfahrens eine Auswahl zu seinen Gunsten jedenfalls möglich erscheint (OVG Münster, B. v. 5.5.2008, 1 B 41/06 m. w. N.; VG Düsseldorf, B. v. 1.9.2011, 13 L 928/11).

53   Teilweise werden solche Eilverfahren dadurch praktisch „erledigt", dass die Behörde eine sog. **„Freihalteerklärung"** abgibt, also z. B. erklärt, für den Fall des Obsiegens des übergangenen Bewerbers eine andere Stelle freizuhalten. Diese Praxis wirft teilweise noch ungeklärte Probleme materiell-rechtlicher und prozessualer Art. auf (vgl. *Wieland/Tiedge,* DÖD 2011, 221 ff.; *Hoof,* ZBR 2007, 156; OVG Münster, B. v. 26.11.2015, 1 B 1104/15; OVG Münster, ZBR 2011, 275; VG Düsseldorf, B. v. 30.10.2009, 13 L 1037/09; BVerwGE 106, 129). Das OVG Münster ist der zutreffenden Ansicht, dass eine Behörde über die **Zusicherung der Freihaltung einer Planstelle** nicht einem Eilantrag eines übergangenen Bewerbers die Grundlage entziehen kann (OVG Münster, B. v. 26.11.2015, 1 B 1104/15). Man hat nämlich zu berücksichtigen, dass auch die Besetzung dieser freigehaltenen Stelle gerade nicht „drittanfechtungsfest" ist (OVG Münster, B. v. 26.11.2015, 1 B 1104/15; BVerwG, ZBR 2004, 101; VGH Kassel, ZBR 2013, 56). Geklärt ist, dass ein Dienstherr dann, wenn von einem Eilantrag mehrere Beförderungsstellen umfasst sind, nicht einfach dann nur eine Stelle freihalten und die restlichen Stellen besetzen darf (BVerwG, Urt. v. 22.11.2012, 2 VR 5.12). Nicht befriedigend ist auch die Situation, dass ein korrekt ausgewählter Bewerber bislang ohne Schadensersatzansprüche hinnehmen muss, dass sich seine Beförderung durch erfolglose – und ggf. auch von Anfang an aussichtslose – Konkurrentenklagen verzögert (vgl. dazu *Hoof,* DÖV 2005, 234 ff.; *Rudek,* NJW 2003, 3531). Jedenfalls für Fälle evidenten Rechtsmissbrauchs (z. B. nachweislich gezieltes Blockieren einer Stellenbesetzung trotz Aussichtslosigkeit des Rechtsschutzantrags, um durch Druck auf die Verwaltung, die eine vorgesehene Beförderungsrunde zeitnah umsetzen will, „Kompensation" für Rücknahme des Antrags zu erhalten), sollte eine Schadensersatzforderung des betroffenen ausgewählten Beigeladenen de lege ferenda nicht ausgeschlossen bzw. möglich sein, wenn seine Beförderung nach den Umständen „sicher" war.

54   Wenn aufgrund einer gerichtlichen Beanstandung eine beamtenrechtliche Auswahlentscheidung unter Beachtung der Rechtsauffassung des Gerichts erneut zu treffen ist, weil z. B. eine relevante Beurteilung als fehlerhaft angesehen wurde, bedeutet dies nach Ansicht des OVG Münster grundsätzlich nicht, dass dann eine erneute Beteiligung des Personalrats und der Gleichstellungsbeauftragten verzichtbar ist (OVG Münster, B. v. 22.6.2012, 6 B 588/12). Wie sich allerdings z. B. eine Behörde in dieser Situation verhalten soll, wenn etwa ein Personalrat eine von der Rechtsauffassung des Gerichts abweichende Haltung in der Sache vertritt und die Behörde an der Umsetzung gerichtlicher Vorgaben hindert, bleibt unklar. Man wird in solchen Fällen eine verweigerte Zustimmung als unbeachtlich anzusehen haben, da die Verwaltung zwingend gerichtliche Vorgaben zu beachten hat. Soweit ein laufendes Auswahlverfahren rechtswidrig abgebrochen wird, kann sich eine davon betroffene Person mit dem Mittel des einstweiligen Rechtsschutzes dagegen wehren (BVerwG, B. v. 10.5.2016, 2 VR 2.15; vgl. zu dem Beschluss des BVerwG *Bracher,* DVBl 2016, 1236).

2. Folgen einer Rechtsschutzvereitelung

55   In der Praxis kommt es zuweilen vor, dass der Rechtsschutz übergangener Bewerber nach dem äußeren Eindruck zielgerichtet vereitelt werden soll (vgl. dazu die Darstellung der Fallgruppen bei *Schnellenbach,* Konkurrenzen im öffentlichen Dienst, Anhang 3 Rn. 11; VG Düsseldorf, Urt. v. 3.12.2015, 15 K 7734/13; VG Arnsberg, Urt. v. 16.10.2013, 2 K 2288/11). Hauptfälle sind die Nichtmitteilung einer zu Lasten des übergangenen Bewerbers ausgefallenen Auswahlentscheidung mit anschließender direkter Ernennung des ausgewählten Konkurrenten (VG Düsseldorf, Urt. v. 3.12.2015, 15 K 7734/13 – beim Auswahlverfah-

ren für eine Professur ist die Mitteilung über die Nichtaufnahme in die Berufungsliste noch keine Konkurrentenmitteilung; OVG Münster, Urt. v. 22.7.2014, 6 A 815/11, NJOZ 2014, 1699; s. auch zu Konkurrentenmitteilungen von Universitäten bei Besetzung einer Professorenstelle BVerfG, NVwZ-RR 2014, 329). Es kommt sogar in der Praxis vor, dass von einem Dienstherrn einem Gericht gemachte Zusagen gebrochen werden, eine streitbefangene Ernennung nicht vor einer Eilentscheidung des Gerichts zu vollziehen (so offenbar in dem Fall VG Düsseldorf, Urt. v. 3.12.2015, 15 K 7734/13). Das BVerwG hat am 4.11.2010 entschieden, dass der **Grundsatz der Ämterstabilität** der Aufhebung der Ernennung des ausgewählten Bewerbers einer Klage des übergangenen Bewerbers nicht entgegensteht, wenn er durch missbräuchliche Schaffung schneller Fakten daran gehindert wurde, die Rechtsschutzmöglichkeiten zur Durchsetzung seines Bewerbungsverfahrensanspruches auszuschöpfen (BVerwG, NVwZ 2011, 368; BVerwG, B. v. 3.7.2012, 2 VR 3.12; dem BVerwG folgend: OVG Münster, B. v. 16.11.2015, 1 B 694/15, NWVBl. 2016, 120; VG Arnsberg, Urt. v. 16.10.2013, 2 K 2288/11; OVG Lüneburg, B. v. 8.6.2011, 5 ME 91/11; OVG Münster, B. v. 30.5.2011, 1 A 1757/09; VGH Mannheim, NVwZ-RR 2011, 608; krit. dazu *Schenke*, DVBl. 2015, 137; *Battis*, DVBl. 2013, 673; *Lindner*, ZBR 2012, 181, 182: „wegweisende Entscheidung"; *Herrmann*, NJW 2011, 653; *Muckel*, JA 2011, 479; vgl. zur Kostentragung nach Hauptsacheerledigung, wenn Beigeladener vor Ablauf der Beschwerdebegründungsfrist befördert wurde (Dienstherr): OVG Münster, NVwZ-RR 2010, 703). Die Entscheidung mag rechtsdogmatisch nicht in jeder Weise überzeugend sein (krit. dazu *Schenke*, DVBl. 2015, 1379), hat aber eine wegweisende Bedeutung und setzt unfair agierenden Dienstherrn mit Recht klare Grenzen. Zur **Rechtswegausschöpfung** zählt die **Anrufung des BVerfG** (Eilverfahren nach § 32 BVerfGG – vgl. dazu *Bäcker*, JuS 2013, 119), welches zunehmend das Beamtenrecht stark (mit-)prägt (*Wieland/Seulen*, PersR 2010, 387; *Battis*, DVBl. 2013, 673, 677; BVerfG, ZBR 2010, 196). Das BVerfG hat zwischenzeitlich faktisch in Beamtensachen beim einstweiligen Rechtsschutz die Funktion eines „Superrevisionsgerichts" übernommen (*Battis*, DVBl. 2013, 673, 677; *Schenke*, NVwZ 2011, 326; *Laubinger*, ZBR 2010, 299–301). Eine **Frist von nur zwei Tagen** bis zur **Aushändigung der Urkunde an den Mitbewerber,** um eine Verfassungsbeschwerde zu prüfen/einen Antrag auf einstweilige Anordnung zu stellen, genügt nicht (BVerfG, ZBR 2008, 169; s.a. BVerfG, ZBR 2008, 166; zur Frist von nur einem Tag: BVerfG, ZBR 2010, 197; generell für längere Fristen bei Konkurrentenmitteilungen *Schenke*, DVBl. 2015, 137, 141: Orientierung an Einmonatsfrist des § 42 VwGO). Wegen der Besonderheiten eines Verfahrens vor dem BVerfG wird man hierfür 1 Monat einzuräumen haben (vgl. dazu BVerfG, ZBR 2010, 196; BVerwG, B. v. 8.12.2011, 2 B 106/11; *H. Günther*, RiA 2011, 49, 54). Bei dringenden dienstlichen Bedürfnissen hält das BVerfG Ausnahmen von der an sich im Regelfall notwendigen/angemessenen Wartefrist für denkbar, ohne diese Frist näher zu konkretisieren (BVerfG, ZBR 2010, 197). Das OVG Münster hält eine **Wartefrist von drei Wochen nach Bekanntgabe der zweitinstanzlichen Entscheidung** für ausreichend (OVG Münster, Urt. v. 30.5.2011, 1 A 1757/09 – bestätigt durch BVerwG, B. v. 8.12.2011, 2 B 106/11). Mit einem Monat ist man als Behörde auf der sicheren Seite (in diese Richtung BVerwG, B. v. 8.12.2011, 2 B 106/11; *Schenke*, DVBl. 2015, 137, 141). Wird nicht genug Zeit eingeräumt, wird die Gewährung wirkungsvollen Rechtsschutzes in verfassungswidriger Weise verhindert (BVerfG, ZBR 2008, 169; ZBR 2008, 166; NJW-RR 2005, 998; *v. Roetteken*, ZTR 2008, 522; *Schenke*, NVwZ 2011, 322). Der ausgebootete Bewerber kann dann mit einer **Anfechtungsklage** (kombiniert mit einer Klage auf erneute Entscheidung über die Stellenbesetzung) gegen die (rechtswidrig vorschnelle) Ernennung des Konkurrenten vorgehen (BVerwG, NVwZ 2011, 368; dem BVerwG folgend: VG Arnsberg, Urt. v. 16.10.2013, 2 K 2288/11; OVG Münster, Urt. v. 30.5.2011, 1 A 1757/09; s.a. BVerfG, ZBR 2008, 166; zu den Konsequenzen aus dem Urt. des BVerwG: *Lindner*, NVwZ 2013, 547; *v. Roetteken*, ZBR 2011, 73; *Wieland/Seulen*, PersR 2010, 393 ff.; dies., DÖD 2011, 69; *Schenke*, NVwZ 2011, 321; *H. Günther*, RiA 2011, 49). Die Ernennung ist als Verwaltungsakt mit belastender Drittwirkung anzusehen; er entfaltet gegenüber allen Bewerbern rechtliche Wirkung (BVerwG, NVwZ 2011, 368; OVG Münster, Urt. v. 30.5.2011, 1 A 1757/09; VG Frankfurt a. M., DVBl 2011, 1116 – Leitsatz). Grundrechte unterlegener Bewerber dürfen nicht durch vorzeitige Ernennungen ausgeschaltet werden (BVerwG, NVwZ 2011, 368). Der Entscheidung des BVerwG, (nur) im „pathologischen Ausnahmefall" die Ämterstabilität zurücktreten zu lassen bzw. zu durchbrechen, ist einschränkungslos zuzustimmen (*Schenke*, NVwZ 2011, 323; VG Arnsberg, Urt. v. 16.10. 2013, 2 K 2288/11; OVG Münster, B. v. 13.2.2012, 6 A 51/12). Gleiche Grundsätze haben zu gelten, wenn ein öffentlicher Arbeitgeber und ein eingestellter Bewerber zu Lasten eines Dritten kollusiv zusammenwirken (BAG, Urt. v. 28.5.2002, 9 AZR 751/00) und auch bei der Dienstpostenkonkurrenz zwischen Beamten und Tarifbeschäftigten (OVG Mageburg, B. v. 7.6.2012, 1 M 60/12: Rechtsschutz muss dem Beamten vor arbeitsvertraglicher Verpflichtung des Konkurrenten möglich sein).

3. Konkurrenz Beamte/Tarifbeschäftigte – Rechtsweg

56   Zweifelsfragen können beim Rechtsweg auftauchen, wenn Beamte und Tarifbeschäftigte um eine Stelle konkurrieren. Das OVG Münster hat entschieden, dass in Stellenbesetzungsverfahren hinsichtlich eines öffentlichen Amtes, welches sowohl **Beamten** als auch **Tarifbeschäftigten des öffentlichen Dienstes** übertragen werden kann, ein unterlegener Tarifbeschäftigter das **Arbeitsgericht** anrufen muss, wenn er sich gegen die Vergabe der Stelle an den konkurrierenden Beamten wenden will (OVG Münster, DÖD 2010, 225). Die Streitigkeit ist nicht öffentlich-rechtlicher Art, da die streitentscheidenden Normen ihre Grundlage in den Vorschriften des BGB über den Dienstvertrag finden würden (OVG Münster, DÖD 2010, 225; OVG Koblenz, NZA-RR 1998, 274; BAGE 104, 264). Nur wenn der streitbefangene Posten ausschließlich mit Beamten besetzt werden kann und der Tarifbeschäftigte eine Übernahme in das Beamtenverhältnis anstrebt, sind die Verwaltungsgerichte zuständig (OVG Münster, DÖD 2010, 225; s. zu Auswahlverfahren mit Beamten/Tarifbeschäftigten BVerfG, DVBl 2012, 900). Sofern ein Beamter sich gegen eine zu Gunsten eines konkurrierenden Tarifbeschäftigten getroffene Auswahlentscheidung wendet, ist der Verwaltungsrechtsweg eröffnet (OVG Münster, NVwZ-RR 2004, 771; OVG Münster, DÖD 2010, 227; s.a. OVG Bautzen, B. v 31.3.2015 2 B 135/15; OVG Magdeburg, B. v. 7.6.2012, 1 M 60/12). Bei der Konkurrenzentscheidung zwischen Beamten und Tarifbeschäftigen in einem Personalauswahlverfahren bezüglich der Übertragung einer höherwertigen Tätigkeit oder eines höherwertigen Dienstpostens oder einer höherwertigen Vorgesetzten- oder Leitungsfunktion ist nach dem Entwurf des neuen LGG § 19 Abs. 6 anzuwenden, wenn sich Männer und Frauen in einem Konkurrenzverhältnis befinden (§ 7 LGG-E – vgl. dazu die krit. Anmerkungen bei § 19 Rn. 2).

4. Streitwert/Vollstreckung

57   Der **Streitwert** bei Anträgen auf Erlass einer einstweiligen Anordnung zum Zwecke der Sicherung eines Beförderungsbegehrens im Hauptsacheverfahren bemisst sich nach den §§ 53 Abs. 2 Nr. 1 GKG, 52 Abs. 1, Abs. 6 Satz 4 i. V. m. Satz 1 Nr. 1, Sätze 2 und 3 GKG (OVG Münster, B. v. 13.1.2015, 6 E 1170/14; OVG Münster, B. v. 17.11.2014, 1 E 994/14; OVG Münster, B. v. 11.7.2014, 6 B 1381/13; OVG Münster, B. v. 7.11.2013, 6 B 1034/13; OVG Münster, B. v. 15.4.2014, 1 B 29/14). Maßgeblich für die Festsetzung ist demnach gemäß der Rechtsprechung der mit Beamtenstatussachen befassten Senate des OVG Münster ein Viertel der Summe der für das laufende Jahr zu zahlenden Bezüge **(Grundgehalt der maßgeblichen Besoldungsgruppe);** nicht ruhegehaltfähige Zulagen sind dabei ausgenommen (OVG Münster, B. v. 11.7.2014, 6 B 1381/13; OVG Münster, B. v. 15.4.2014, 1 B 29/14). Das Endgrundgehalt ist allenfalls dann nur noch der Maßstab, wenn vom betroffenen Beamten bereits die höchste Erfahrungsstufe erreicht wurde (OVG Münster, B. v. 17.11.2014, 1 E 994/14). Wenn z.B. die Besetzung von zwei Stellen verhindert werden soll, wird im Regelfall der sich ergebende Streitwert nur einfach anzusetzen sein, weil im Hinblick auf eine Stellenbesetzung normalerweise immer ein im Wesentlichen einheitliches Verfahren durchgeführt wird und Stellenvergaben regelmäßig durch eine einheitliche Auswahlentscheidung erfolgen (OVG Münster, B. v. 2.9.2014, 6 E 723/14; OVG Münster, NVwZ-RR 2012, 663). Wenn ein Gericht zu Gunsten eines übergangenen Bewerbers die Behörde zur Neubescheidung verpflichtet hat, hat dieser als **Vollstreckungsgläubiger** nach Ablauf einer angemessenen Frist einen Anspruch auf Vollstreckung (*Kopp/Schenke,* § 172 VwGO Rn. 6; BVerwG, NVwZ-RR 2002, 314; VG Koblenz, DVBl 2011, 1171 – vgl. dazu *Gärditz,* DVBl. 2011, 1173 ff.).

§ 20 Nachteilsausgleich

(1) Schwangerschaft, Mutterschutz, Elternzeit und die Betreuung von Kindern unter achtzehn Jahren oder die Pflege einer oder eines nach ärztlichem Gutachten pflegebedürftigen Angehörigen dürfen sich bei der Einstellung und der beruflichen Entwicklung nach Maßgabe der Absätze 2 und 3 nicht nachteilig auswirken.

(2) [1]Haben sich die Anforderungen an die fachliche Eignung einer Bewerberin oder eines Bewerbers für die Einstellung in den öffentlichen Dienst in der Zeit erhöht, in der sich die Bewerbung um Einstellung infolge der Geburt oder Betreuung eines Kindes verzögert hat, und hat sie oder er sich innerhalb von drei Jahren nach der Geburt dieses Kindes beworben, ist der Grad der fachlichen Eignung nach den Anforderungen zu prüfen, die zu dem Zeitpunkt bestanden haben, zu dem sie oder er sich ohne die Geburt des Kindes hätte bewerben können. [2]Für die Berechnung des Zeitraums der Verzögerung sind die Fristen nach dem Bundeselterngeld- und Elternzeitgesetz vom 5. Dezember 2006 (BGBl. I S. 2748) in der jeweils geltenden Fassung sowie dem Mutterschutzgesetz vom 20. Juni 2002 (BGBl. I S. 2318) in der jeweils geltenden Fassung zugrunde zu legen. [3]Die Sätze 1 und 2 gelten entsprechend für die Verzögerung der Einstellung wegen der tatsächlichen Pflege einer oder eines nach ärztlichem Gutachten pflegebedürftigen sonstigen Angehörigen.

(3) [1]Zum Ausgleich beruflicher Verzögerungen infolge

1. der Geburt oder der tatsächlichen Betreuung eines Kindes unter achtzehn Jahren oder

2. der tatsächlichen Pflege einer oder eines nach ärztlichem Gutachten pflegebedürftigen Angehörigen

ist eine Beförderung ohne Mitwirkung des Landespersonalausschusses abweichend von § 19 Absatz 2 Nummer 1 und 2 während der Probezeit und vor Ablauf eines Jahres seit Beendigung der Probezeit möglich. [2]Das Ableisten der regelmäßigen Probezeit bleibt unberührt. [3]Satz 1 gilt nicht während eines Vorbereitungsdienstes, wenn dieser im Beamtenverhältnis auf Probe durchgeführt wird.

(4) [1]Die Absätze 2 und 3 sind in den Fällen des Nachteilsausgleichs für ehemalige Beamtinnen und Beamte der Bundespolizei, für ehemalige Soldatinnen und Soldaten nach dem Arbeitsplatzschutzgesetz in der Fassung der Bekanntmachung vom 16. Juli 2009 (BGBl. I S. 2055) in der jeweils geltenden Fassung und dem Soldatenversorgungsgesetz in der Fassung der Bekanntmachung vom 16. September 2009 (BGBl. I S. 3054) in der jeweils geltenden Fassung sowie für ehemalige Zivildienstleistende nach dem Zivildienstgesetz in der Fassung der Bekanntmachung vom 17. Mai 2005 (BGBl. I S. 1346) in der jeweils geltenden Fassung und Entwicklungshelferinnen und Entwicklungshelfer nach dem Entwicklungshelfer-Gesetz vom 18. Juni 1969 (BGBl. I S. 549) in der jeweils geltenden Fassung entsprechend anzuwenden. [2]Dies gilt auch für die Teilnahme an Maßnahmen im Sinne des § 34 Absatz 2 der Freistellungs- und Urlaubsverordnung NRW vom 10. Januar 2012 (GV. NRW. S. 2, ber. S. 92) in der jeweils geltenden Fassung.

I. Grundsatz des Nachteilsausgleichs

Nach § 46 BeamtStG sind **Mutterschutz** und **Elternzeit** zu gewährleisten (vgl. dazu **1** *Baßlsperger,* ZBR 2010, 369). Schon aus dieser Vorschrift kann mittelbar entnommen werden, dass gewährter Mutterschutz und Elternzeit sich nicht negativ auf dienstrechtliche Entscheidungen bzw. auf die berufliche Entwicklung auswirken dürfen (*v. Roetteken* in v. Roetteken/ Rothländer, § 46 BeamtStG Rn. 12). Ein Anspruch auf Beibehaltung des zuvor innegehabten konkret-funktionalen Amtes besteht aber nach dem BeamtStG nicht. Die spezielle Vorschrift des § 20 ist ein (weiterer) **Beitrag zur Vereinbarkeit von Beruf und Familie** i. S. d. Schaffung einer tragfähigen Balance zwischen dienstlichen und familiären Anforderungen. Bei einer schon verfassungsrechtlich gebotenen familiengerechten Personalpolitik im öffentlichen Dienst sind innerhalb des gesetzlichen Rahmens die Nachteile auszugleichen bzw. zu vermeiden, die einer Beamtin/einem Beamten durch die Erfüllung familiärer Anforderungen entstehen (können) (vgl. zu § 46 BeamtStG *v. Roetteken* in v. Roetteken/Rothländer, § 46 BeamtStG Rn. 13; vgl. auch *Tiedemann* in Schütz/Maiwald, § 69 LBG Rn. 9). Regelungsgegenstand ist die Vorgabe, dass sich die in **§ 20 Abs. 1** geregelten Fälle der Schwangerschaft, des Mutterschutzes usw. nicht auf die Einstellung und nachfolgende berufliche Entwicklung nach Maßgabe der Abs. 2 und 3 des § 20 LBG auswirken dürfen. Die zu „schützende" **berufliche Entwicklung** erfasst bereits die Einstellung in den öffentlichen Dienst als solches und die weitere Entwicklung in Form der Ermöglichung einer abweichend von § 19 Abs. 2 Nr. 1 und 2 ohne Mitwirkung des LPA vornehmbaren Beförderung während der Probezeit und vor Ablauf eines Jahres seit Beendigung der Probezeit. Gerade in der Anfangsphase des beruflichen Werdegangs der Beamtin/des Beamten legt das Gesetz Wert auf **sachgerechte kompensatorische Maßnahmen.** Für den Fall der **Ermäßigung der Arbeitszeit** gibt es mit § 69 eine spezielle und insoweit dem § 20 vorgehende Vorschrift, wonach durch eine Arbeitszeitermäßigung das berufliche Fortkommen nicht beeinträchtigt werden darf. **§ 69,** welcher beim speziellen Fall der Ermäßigung der Arbeitszeit ein ausdrücklich so bezeichnetes „**Benachteiligungsverbot**" vorsieht, entspricht nahezu vollständig dem **§ 13 Absatz 4 Satz 1 und 2 LGG** (vgl. zur LGG-Norm a. F. *Burkholz,* § 13 LGG Rn. 26). § 13 Abs. 4 Satz 3 LGG enthält noch eine zusätzliche Regelung, die eine **Benachteiligung bei Teilzeitbeschäftigung** verbietet: „Teilzeitbeschäftigung darf sich nicht nachteilig auf die dienstliche Beurteilung auswirken." Ein weiteres Benachteiligungsverbot ist in **§ 10 Abs. 2 LGG** geregelt, der sich als „spezielle Ausprägung" des Benachteiligungsverbots in **§ 13 Abs. 4 LGG** darstellt (*Burkholz,* § 10 LGG Rn. 18; s. auch LGG-Novelle LT-Drs. 16/12366). Die dienstrechtlichen Vorschriften bleiben davon unberührt, § 10 Abs. 2 Satz 2 LGG; die speziellen beamtenrechtlichen Regelungen zum Nachteilsausgleich bzw. die beamtenrechtlichen Benachteiligungsverbote gehen in den Überschneidungsbereichen dem LGG vor (vgl. *Burkholz,* § 10 LGG Rn. 19). Auf bundesgesetzlicher Ebene ist auf **§ 7 AGG** („Benachteiligungsverbot") zu verweisen. Sowohl landesrechtliche Benachteiligungsverbote als auch z. B. § 25 BBG schließen einen Rückgriff auf § 7 AGG und die Instrumentarien des AGG nicht aus (vgl. *Battis,* § 25 BBG Rn. 1).

2   Mit den Nachteilsausgleichen/Benachteiligungsverboten wird den grundgesetzlichen Anforderungen nach **Art. 3 Abs. 3 Satz 1 GG** (Vermeidung von willkürlichen Benachteiligungen wegen des Geschlechts) und **Art. 6 Abs. 1 und Abs. 4 GG** (Schutz von Ehe und Familie/Schutz und Fürsorge für Mütter) Rechnung getragen. Gleichzeitig werden mit der landesgesetzlichen Norm die Forderung des EuGH zur **Vermeidung mittelbarer Diskriminierungen** (hier speziell von Frauen) und die entsprechenden europäischen Maßgaben beachtet (vgl. zur analogen Rechtslage bei § 25 BBG *Battis,* § 25 BBG Rn. 1 a. E. und Einl. Rn. 31; OVG Münster, ZBR 2007, 421 – dazu krit. *v. Roetteken,* jurisPR-ArbR 24/2007 Anm. 5). Es entsprach zuvor bereits ständiger Rechtsprechung in NRW zu § 78g LBG a. F. und § 85a LBG a. F. und der jeweiligen LVO, dass Elternzeit regelmäßig einer Beförderung nicht entgegensteht; das berufliche Fortkommen soll nicht durch die Geburt eines Kindes oder die Betreuung von Kindern beeinträchtigt werden (OVG Münster, ZBR 2007, 421; OVG Münster, B. v. 14.6.2006, 6 A 1407/04; OVG Münster, B. v. 1.6.2005, 6 B 689/05, DÖD 2006, 127; vgl. zur Zulässigkeit der Laufbahnnachzeichnung wegen Elternzeit OVG Münster, B. v. 24.10.2006, 6 B 1794/06). Mit § 92 Abs. 2 liegt eine Ermächtigung der Landesregierung zum Erlass von Vorschriften zu fiktiven Fortschreibun-

gen dienstlicher Beurteilungen vor. **§ 9 Abs. 1 Nr. 3 LVO** sieht für den Fall der Elternzeit und Beurlaubung aus familiären Gründen ausdrücklich vor, dass in diesen Fällen die Beurteilung fiktiv fortzuschreiben ist. Daneben gibt es mit **§ 6 LVO** eine weitere allgemeine Regelung zum Nachteilsausgleich.

Wie sich aus dem jeweiligen Zusammenhang in § 20 Abs. 1 ergibt (Schwangerschaft/Mutterschutz), fällt unter die Norm nicht jedwede Betreuung „irgendwelcher" Kinder, mag diese auch im Einzelfall in moralischer/ethischer Sicht anerkennungs- und förderungswürdig sein. Dagegen ist eine Eingrenzung auf Abkömmlinge ersten Grades auch nicht gerechtfertigt. Entscheidend ist eine verwandtschaftsrechtliche oder sonst besoldungsrechtlich anzuerkennende Beziehung zu dem zu betreuenden Kind (für § 85a LBG a. F. VG Gelsenkirchen, B. v. 20.1.2009, 1 L 1366/08). Nicht erfasst vom **Kindesbegriff** i. S. d. Norm und vom Nachteilsausgleich wird die Betreuung des (fremden) Kindes einer Verlobten eines Beamten (vgl. VG Gelsenkirchen, B. v. 20.1.2009, 1 L 1366/08). Der Kreis der pflegebedürftigen „Angehörigen" im Sinne der Vorschrift des § 20 Abs. 1 umfasst neben dem Ehegatten und eingetragenen Lebenspartnern u. a. die Eltern, Schwiegereltern und die Geschwister (vgl. auch § 64 Rn. 7; vgl. auch § 6 Abs. 2 LVO).

II. Konkrete Nachteilsausgleichsmaßnahmen

1. Herausnahme aus verschärften Eignungsanforderungen

Es soll nach § 20 Abs. 2 innerhalb eines Zeitraums von drei Jahren nach der Geburt eines Kindes nicht zu Lasten der betroffenen Beamtinnen/des Beamten gehen, wenn sich bei einer durch Geburt oder Betreuung verzögerten Bewerbung die Eignungsanforderungen verschärft haben. Betroffene Bewerber um eine Einstellung haben sich dann nur solchen Eignungsanforderungen zu stellen, denen sie sich zu dem Zeitpunkt hätten stellen müssen, zu dem sie sich ohne die Geburt des Kindes hätten bewerben können. Diese teilweise und temporär begrenzte **Durchbrechung des Leistungsgrundsatzes** erscheint dem Gesetzgeber hinnehmbar bzw. ist unvermeidbar, um eine unmittelbare oder mittelbare Diskriminierung Betroffener zu vermeiden. Die Vorschrift setzt für das Eingreifen des Nachteilsausgleichs bzw. Eingreifen des „begünstigenden Verzögerungsgrundes" (*PWLB*, § 25 BBG Rn. 5) voraus, dass insoweit eine unmittelbare und alleinige Kausalität für die zeitliche Verzögerung der Bewerbung vorliegt (*PWLB*, § 25 BBG Rn. 5; vgl. zur vergleichbaren rechtlichen Situation nach § 6 Abs. 1 Satz 3 LVO NW 1997 BVerwG, NWVBl. 2002, 143). Die materielle Beweislast für einen derartigen Ursachenzusammenhang hat im Zweifel die Einstellungsbewerberin zu tragen (so das BVerwG, NWVBl. 2002, 143, für laufbahnrechtliche Ausnahmen vom Beamten- Einstellungshöchstalter wegen Kinderbetreuungszeiten). Sind in dem fraglichen Zeitraum (noch) andere Verzögerungstatbestände zum Tragen gekommen, kann es an den Tatbestandsmerkmalen in § 20 Abs. 2 Satz 1 „infolge der Geburt oder Betreuung eines Kindes" fehlen.

2. Ausnahmen von Beförderungsverboten

§ 20 Abs. 3 regelt die Möglichkeit, zum **Ausgleich für berufliche Verzögerungen** durch die erfassten Tatbestände (§ 20 Abs. 3 Nr. 1 und Nr. 2) eine **Beförderung während der Probezeit und vor Ablauf eines Jahres seit Beendigung der Probezeit** vorzunehmen, obwohl dem an sich das Beförderungsverbot nach § 19 Abs. 2 Nr. 1 und 2 entgegensteht. Die Vorschrift legt als **Kompensationsmaßnahmen für die beruflichen Verzögerungen** fest, dass der LPA für die Einräumung von Ausnahmen zu den dargestellten Beförderungsverboten nicht mitwirken muss (§ 20 Abs. 3 S. 1); folglich gelten nicht die strengen Vorschriften des LPA für die Gewährung von Ausnahmen (vgl. zum Hintergrund dieser Regelung *Rescher*, NWVBl. 2009, 255). Unberührt von der (Sonder-)Beförderungsmöglichkeit bleibt das Ableisten der regelmäßigen Probezeit, § 20 Abs. 3 Satz 2.

Der Gesetzgeber unterstreicht damit die besondere Bedeutung der Probezeit. Ein Nachteilsausgleich i. S. d. § 20 Abs. 3 Satz 1 kann aber nicht so weit gehen, dass sogar bei der **Ableistung eines Vorbereitungsdienstes in einem Beamtenverhältnis auf Probe** eine Beförderung erfolgen kann. § 20 Abs. 3 Satz 3 schließt für diese Fälle die Geltung des § 20 Abs. 3 Satz 1 zwingend aus. § 20 Abs. 3 wird flankiert von § 6 Abs. 1 und Abs. 2 LVO. Zum Begriff des „sonstigen Angehörigen" vgl. § 64 Rn. 7.

III. Entsprechende Anwendung der Nachteilsausgleichsregelungen

5   § 20 Abs. 4 erklärt die Norm auch für bestimmte weitere Fälle mit einem Bedarf nach Nachteilsausgleich für anwendbar. Es handelt sich „traditionell" um ehemalige Beamte der Bundespolizei, Soldaten, Zivildienstleistende und Entwicklungshelfer. Neuhinzugekommen mit dem Dienstrechtsmodernisierungsgesetz sind die Fälle, in welchen der Bundesfreiwilligendienst oder ein freiwilliges soziales oder ökologisches Jahr abgeleistet wurde. Mit dem Dienstrechtsmodernisierungsgesetz wurden insofern die Anwendungsfälle des § 34 FrUrlV einbezogen und der Nachteilsausgleich ausgeweitet (§ 20 Abs. 4 letzter Satz).

§ 21 Ämter mit leitender Funktion im Beamtenverhältnis auf Probe

(1) ¹**Ein Amt mit leitender Funktion im Sinne des Absatzes 7 wird zunächst im Beamtenverhältnis auf Probe übertragen. ²Die regelmäßige Probezeit beträgt zwei Jahre. ³Die oberste Dienstbehörde kann eine Verkürzung der Probezeit zulassen; die Mindestprobezeit beträgt ein Jahr. ⁴Zeiten, in denen der Beamtin oder dem Beamten eine leitende Funktion nach Satz 1 bereits übertragen worden ist, können auf die Probezeit angerechnet werden. ⁵Beurlaubungszeiten ohne Dienstbezüge, Freistellungszeiten innerhalb einer Teilzeitbeschäftigung und Krankheitszeiten von mehr als drei Monaten gelten nicht als Probezeit. ⁶Für die Berechnung der Probezeit bei einer Teilzeitbeschäftigung gilt die Regelung zur Probezeit in Abschnitt 1 der Laufbahnverordnung entsprechend. ⁷Es ist nicht zulässig, die Probezeit zu verlängern.**

(2) ¹**In ein Amt nach Absatz 1 darf nur berufen werden, wer**
1. sich in einem Beamtenverhältnis auf Lebenszeit oder in einem Richterverhältnis auf Lebenszeit befindet und
2. in dieses Amt auch als Beamtin oder Beamter auf Lebenszeit berufen werden könnte.
²**Eine Richterin oder ein Richter darf in ein Beamtenverhältnis auf Probe nach Absatz 1 nur berufen werden, wenn sie oder er zugleich zustimmt, bei Fortsetzung des Richterverhältnisses auf Lebenszeit auch in einem anderen Richteramt desselben Gerichtszweiges verwendet zu werden.**

(3) ¹**Vom Tag der Ernennung ruhen für die Dauer des Beamtenverhältnisses auf Probe die Rechte und Pflichten aus dem Amt, das der Beamtin oder dem Beamten zuletzt im Beamtenverhältnis oder im Richterverhältnis auf Lebenszeit übertragen worden ist, mit Ausnahme der Pflicht zur Amtsverschwiegenheit und des Verbotes der Annahme von Belohnungen und Geschenken; das Beamtenverhältnis oder das Richterverhältnis auf Lebenszeit besteht fort. ²Dienstvergehen, die mit Bezug auf das Beamtenverhältnis oder das Richterverhältnis auf Lebenszeit oder das Beamtenverhältnis auf Probe begangen worden sind, werden so verfolgt, als stünde die Beamtin oder der Beamte nur im Beamtenverhältnis oder im Richterverhältnis auf Lebenszeit.**

(4) ¹**Der Landespersonalausschuss kann Ausnahmen von Absatz 2 Satz 1 zulassen. ²Befindet sich die Beamtin oder der Beamte nur in dem Beamtenverhältnis auf Probe nach Absatz 1, bleiben die für die Beamtinnen und Beamte auf Probe geltenden Vorschriften des Landesdisziplinargesetzes vom 16. November 2004 (GV. NRW. S. 624) in der jeweils geltenden Fassung unberührt.**

(5) ¹**Mit dem erfolgreichen Abschluss der Probezeit ist der Beamtin oder dem Beamten das Amt nach Absatz 1 auf Dauer im Beamtenverhältnis auf Lebenszeit zu**

übertragen; eine erneute Berufung der Beamtin oder des Beamten in ein Beamtenverhältnis auf Probe zur Übertragung dieses Amtes innerhalb eines Jahres ist nicht
zulässig. ²Wird das Amt nicht auf Dauer übertragen, endet der Anspruch auf Besoldung aus diesem Amt. ³Weitergehende Ansprüche bestehen nicht.

(6) § 19 Absatz 3 Satz 1 findet keine Anwendung.

(7) ¹Ämter im Sinne des Absatzes 1 sind

1. im Landesdienst die

a) der erstmalig als Referatsleiterin oder Referatsleiter in den obersten
Landesbehörden oder den diesen angegliederten Dienststellen eingesetzten Beamtin oder Beamten sowie die mindestens der Besoldungsordnung B 4 angehörenden Ämter der in den obersten Landesbehörden oder den diesen angegliederten Dienststellen tätigen Beamtinnen und Beamten,

b) mindestens der Besoldungsgruppe A 15 oder der Besoldungsordnung B angehörenden Ämter der Leiterinnen und Leiter von Behörden, Einrichtungen und
Landesbetriebe sowie von Justizvollzugsanstalten,

c) der Besoldungsgruppe A 16 oder der Besoldungsordnung B angehörenden Ämter der Leiterinnen und Leiter von Teilen (Abteilungen oder Gruppen) der den
obersten Landesbehörden nachgeordneten Behörden, Einrichtungen und Landesbetriebe,

d) Ämter der Besoldungsgruppe A 16 bei den Polizeibehörden,

e) Ämter der Leiterinnen und Leiter öffentlicher Schulen sowie der Leiterinnen
und Leiter von Zentren für schulpraktische Lehrerausbildung,

f) Ämter der als Leiterin oder Leiter einer Oberfinanzdirektion eingesetzten Beamtinnen oder Beamten, die zugleich Bundesbeamtinnen oder Bundesbeamte
sind, sowie das Amt der Leiterin oder des Leiters der Zentralstelle für die Vergabe von Studienplätzen,

2. im Dienst der Gemeinden und Gemeindeverbände die Ämter der Leiterinnen und
Leiter von Organisationseinheiten, die der Hauptverwaltungsbeamtin oder dem
Hauptverwaltungsbeamten oder einer anderen Wahlbeamtin oder einem anderen
Wahlbeamten oder dieser

oder diesem in der Führungsfunktion vergleichbaren Beschäftigten unmittelbar
unterstehen, sofern in der Hauptsatzung allgemein für diese Ämter die Übertragung auf Probe bestimmt ist und

3. im Dienst der sonstigen der Aufsicht des Landes unterstehenden Körperschaften,
Anstalten und Stiftungen des öffentlichen Rechts die Ämter, die nach Maßgabe
einer von der zuständigen obersten Aufsichtsbehörde zu erlassenden Rechtsverordnung dazu bestimmt werden.
²Bei jeder Beförderung in ein Amt, das von Buchstabe a bis e erfasst wird, ist erneut
eine Probezeit zu leisten. ³Dies gilt nicht, wenn die Beförderung nur darauf beruht,
dass sich die besoldungsrechtliche Zuordnung des Amtes ändert, ohne dass dies mit
einer Änderung der Funktion verbunden ist.

(8) Absatz 1 gilt nicht für die Ämter der Mitglieder des Landesrechnungshofes
nach § 2 Absatz 1 des Gesetzes über den Landesrechnungshof Nordrhein-Westfalen
vom 19. Juni 1994 (GV.NRW. S. 428) in der jeweils geltenden Fassung sowie für die
Ämter, die

1. auf Grund anderer gesetzlicher Vorschriften im Beamtenverhältnis auf Zeit übertragen werden oder

2. in § 37 Absatz 1 genannt sind.

(9) ¹Die Beamtin oder der Beamte führt während ihrer oder seiner Amtszeit nur die
Amtsbezeichnung des nach Absatz 1 übertragenen Amtes. ²Wird das Amt nach Absatz 1 nicht auf Dauer übertragen, darf sie oder er die Amtsbezeichnung nach Satz 1
mit dem Ausscheiden aus dem Beamtenverhältnis auf Probe nicht weiterführen.

(10) Die Beamtin oder der Beamte ist mit

1. der Übertragung eines Amtes nach Absatz 8 bei demselben Dienstherrn oder

2. Beendigung ihres oder seines Beamtenverhältnisses oder Richterverhältnisses auf
Lebenszeit

aus dem Beamtenverhältnis auf Probe nach Absatz 1 entlassen.

I. Allgemeines

2   Erstmals mit dem Gesetz zur Reform des öffentlichen Dienstrechts v. 24.2.1997 (BGBl. I, S. 322) fand das Konzept einer zunächst **vorläufigen Übertragung von herausgehobenen Führungsfunktionen** Eingang in das BRRG (§§ 12a, 12b) und wurde mit dem 9. DRÄG v. 1.6.1999 (GV. NRW. S. 148) als §§ 25a, 25b (a. F.) in das Landesbeamtenrecht übernommen (vgl. zum Ganzen *Schrapper*, DVP 1999, 371 m. w. N.). Mit der Konstruktion als überlagerndes Beamtenverhältnis zog der Gesetzgeber die Konsequenz aus der Rechtsprechung des BVerfG, (BVerfGE 70, 251), das eine Zulagenlösung für die amtslose Übertragung von Führungsfunktionen wegen der unzulässigen Trennung von Amt und Funktion verworfen hatte (vgl. *Battis*, § 24 BBG Rn. 12). Soweit der Landesgesetzgeber Führungsfunktionen nicht lediglich auf Probe, sondern gem. § 25b a. F. auch auf Zeit (10 J.) übertragen wollte, hielt dies einer Überprüfung am Maßstab des Art. 33 Abs. 5 GG (Lebenszeitprinzip) nicht stand (vgl. § 4 Rn. 2). In der Folge hat die LBG-Novelle v. 21.4.2009 – mit geringfügigen Veränderungen – nur noch am Modell der Führungsfunktion auf Probe festgehalten, obwohl der Bundesgesetzgeber mit § 4 Abs. 2 lit. b BeamtStG eine Option auch für landesgesetzliche Führungsfunktionen auf Zeit geschaffen hat. Die Regelung findet ihre Entsprechung u. a. in § 24 BBG und kann als verfassungsrechtlich unbedenklicher (vgl. auch BVerwGE 129, 272) „sinnvoller Beitrag zur Effektuierung des Leistungsprinzips" (*Bochmann*, ZBR 2004, 405, 410 f.; *Gunkel* in Schütz/Maiwald § 21 LBG Rn. 9; krit. nicht aus rechtl., sondern aus funktionaler Sicht *Wichmann/Langer*, S. 121) angesehen werden. Mit dem Dienstrechtsmodernisierungsgesetz 2016 hat § 21 in Absatz 1 und Absatz 7 einige klarstellende Ergänzungen erfahren.

II. Einzelheiten

1. Leitende Funktionen

2   Unter Durchbrechung des Lebenszeitprinzips erlaubt die Vorschrift, die Eignung für eine Leitungsfunktion während der zunächst probeweisen Übertragung des damit verbundenen Amtes festzustellen. Dazu wird ein das (fort-)bestehende Beamtenverhältnis auf Lebenszeit überlagerndes Probebeamtenverhältnis ausdrücklich zugelassen. Abzugrenzen ist die Regelung von der sog. Erprobung vor Beförderung gem. § 19 Abs. 3 i. V. m. § 7 Abs. 4 LVO (vgl. auch § 21 Rn. 7), die im „alten" Statusamt erfolgt.

3   In welchen Fällen der Gesetzgeber eine **„leitende Funktion"** annimmt, ergibt sich weitgehend, jedoch nicht abschließend aus § 21 Abs. 7. Für den **nachgeordneten Bereich** der unmittelbaren Landesverwaltung bilden, mit Ausnahme von Schulleitungen und Leitungen von Zentren für schulpraktische Lehrerausbildung (vormals: Studienseminare), Ämter der Besoldungsgruppe A 15, sofern sie mit der **Leitung einer Behörde** verbunden sind, die „Untergrenze". Wegen der Orientierung auf die Funktion/den Dienstposten (vgl. BVerwGE 129, 272; OVG Münster, Urt. v. 15.3.2006, 6 A 1776/04) ist dabei – wie im Fall des § 26 – ein **dienstrechtlicher** und kein organisationsrechtlicher **Behördenbegriff** zugrunde zu legen. Es genügt eine gewisse Verselbständigung der Organisationseinheit (vgl. § 26 Rn. 9), aus der wiederum entsprechende Führungsaufgaben resultieren. Somit fallen auch die Ämter der Leiter von sog. „Außenstellen" (z. B. Regionalforstämter, vgl. § 1 Abs. 4 Betriebssatzung LB Wald und Holz, MBl. NRW. 2016, 98), „Niederlassungen" (vgl. § 1 Abs. 3 Betriebssatzung LB Straßenbau, MBl. NRW. 2016, 185) oder „Abteilungen" des Landesarchivs (vgl. Errichtungserlass, MBl. NRW 2003, 1496) unter den Tatbestand des § 21 Abs. 7 Satz 1 lit. b. Zwar erfasst Absatz 7 Satz 1 lit. c auch „Teile" von Landesbetrieben, hier jedoch erkennbar als Teile der Binnenorganisation einer äußeren Einheit, die einen geringeren Verselbständigungsgrad („2. Führungsebene", s. u.) aufweisen. Dies rechtfertigt es im Übrigen, die Erprobungsbedürftigkeit hier erst bei einem Amt nach A 16 vorzusehen. In **obersten Landesbehörden** und angegliederten Dienststellen, vgl. etwa § 21 Abs. 3 DSG, werden neben Gruppen- und Abteilungsleitungen auch Referatsleitungen – unabhängig von der Besoldungsgruppe – erfasst, jedoch nur bei „erstmaliger" Verleihung des Amtes. Damit wird dem Umstand Rechnung getragen, dass Referatsleitungsfunktionen i. d. R. bandbreitenbewertet sind (A 16–B 3). Insoweit läuft die mit der Novelle v. 21.4.2009 neu aufgenommene Klarstellung des § 21 Abs. 7 Satz 2, wonach bei jeder Beförderung eine Probezeit zu leisten ist, hier ins Leere. Eine weitere nachträgliche Klarstellung enthält seit dem Dienstrechtsmodernisierungsgesetz 2016 Absatz 7 Satz 3, der ebenfalls einen Verzicht auf eine weitere Probezeit vorsieht, wenn eine Funktion gem. § 21 Abs. 7 lediglich aufgrund einer Neubewertung im Stellenplan „gehoben" wird. Hiervon **nicht** erfasst sind mögliche Änderungen in der besoldungsrechtlichen Zuordnung von Schulleitungsämtern bei veränderter Schülerzahl, da hier auch die zugrundeliegende Funktion betroffen ist („Störfälle", vgl. Rn. 8). In nachgeordneten Landesbehörden können gem. Absatz 7 Satz 1 lit. c nur Ämter der „zweiten Führungsebene" (Abteilungs- oder Arbeitsbereichsleitungen), die mindestens nach Besoldungsgruppe A 16 ausgewiesen sind, auf Probe übertragen werden. Sonstige A-16-Funktionen (z. B. Hauptdezernent) werden von § 21 nicht erfasst. Regelwidrig erscheint dagegen die Regelung in Absatz 7 Satz 1 lit. d (A 16 in Polizeibehörden), da sie keinen zusätzlichen Funktionsbezug hat, sondern nur auf die Besoldungsgruppe abstellt. Die für die unmittelbare Landesverwaltung enumerative Aufzählung wird mit Abs. 7 Satz 1 Nrn. 2 und 3 durchbrochen, um den **andersartigen Organisationsstrukturen der mittelbaren Landesverwaltung** Rechnung zu tragen (vgl. *Schrapper,* DVP 1999, 371, 372). Gem. Absatz 7 Satz 1 Nr. 2 können die **kommunalen Gebietskörperschaften** durch Hauptsatzung entscheiden, ob sie von der besonderen Probezeit gem. § 21 Gebrauch machen. Vorgegeben ist ihnen dabei zum einen, bei einer Entscheidung alle vergleichbaren Ämter gleich zu behandeln. Zudem dürfen nur solche Funktionen erfasst sein, die der „ersten" Führungsebene der Kommune unmittelbar nachgeordnet sind (vgl. auch *Wichmann/Langer,* S. 121.). Insgesamt haben die Gemeinden und Gemeindeverbände in NRW von der ihnen eingeräumten Möglichkeit nur sehr zurückhaltend Gebrauch gemacht (vgl. *Wichmann,* StuGR 10/2000, 25). **Ausgenommen** von der Möglichkeit einer besonderen Probezeit sind gem. § 21 Abs. 8 wegen ihrer besonderen Unabhängigkeit zunächst die Funktionen der Mitglieder des LRH, daneben die sog. „politischen" Beamten gem. § 37, da sie in ihrem Amt ohnehin nur eine eingeschränkte Ämterstabilität genießen sowie diejenigen Funktionen, die nur auf Zeit verliehen werden, vgl. z. B. §§ 21 Abs. 2 DSG, 6 Abs. 1 GPAG, 9 Abs. 6, 17 Abs. 4 FHGöD.

2. Überlagerndes Doppelbeamtenverhältnis

Inhaltlich erlaubt § 21 dem Dienstherrn, bei der Übertragung der genannten Führungs- **4** funktionen die **Eignungsprognose** in einer bis zu zweijährigen Probezeit im Amt zu verifizieren (*Schrapper,* DVP 1999, 371). Im Gegensatz zum Konzept der **Erprobung vor Beförderung** gem. § 19 Abs. 3 i. V. m. § 7 Abs. 4 LVO wird das entsprechende Amt – mit allen Folgeansprüchen – jedoch bereits verliehen. Dies geschieht – im Hinblick auf die Vorgaben des Lebenszeitprinzips – grundsätzlich im Wege eines überlagernden (Doppel-) Beamtenverhältnisses. Bei der Ernennung sollte zur Klarstellung die Fortdauer des Beamtenverhältnisses gem. § 4 Abs. 1 BeamtStG in der Urkunde ausdrücklich festgehalten werden, wobei als Amtsbezeichnung nur die des (höheren) Probeamtes geführt wird, vgl. § 21 Abs. 9 Satz 1. Ebenfalls vor diesem Hintergrund versteht sich § 21 Abs. 2 Nr. 2, wonach der Probeamte alle laufbahnrechtlichen Voraussetzungen für die Amtsübertragung (insbes. Dienstzeiten; Verbot der Sprungbeförderung) erfüllen muss. Ausnahmen lässt § 21 Abs. 4 zu, um besonders qualifizierten Quereinsteigern die sofortige Übernahme von Führungsaufgaben zu ermöglichen. Als (besonderes) Probebeamtenverhältnis gem. § 4 Abs. 3 lit. b BeamtStG erfüllt es einen **engeren Zweck** als die allgemeine laufbahnrechtliche Probezeit und ist von dieser – wie auch § 4 Abs. 3 lit. a BeamtStG zeigt – zu unterscheiden

(vgl. *Schrapper*, DVP 1999, 371; s. a. *v. Roetteken* in v. Roetteken/Rothländer, § 4 Beamt-
StG Rn. 59, 66; dies verkennen *Wichmann/Langer*, S. 122 f.). In der Folge greifen typische
Rahmenbedingungen einer (allg.) Probezeit, vor allem das **Beförderungsverbot** gem.
§ 19 Abs. 2, nicht (*Schrapper*, a. a. O.; a. A. *Gunkel* in Schütz/Maiwald, § 21 LBG Rn. 77;
Wichmann/Langer, a. a. O.). Fraglich ist, ob bei einer danach grds. zulässigen Beförderung
aus einer Führungsfunktion gem. § 21 Abs. 7 in eine nächsthöhere das bisherige Probeamt
bereits lebenszeitig zu übertragen ist. Dafür spricht, dass Beförderungen gem. § 19 Abs. 6
Satz 1 i. V. m. § 9 BeamtStG ohne eine Bewährung im Ausgangsamt kaum vorstellbar sind
und damit das Postulat des § 21 Abs. 5 Satz 1 greift, wonach eine lebenszeitige Übertragung dann zwingend ist. Keine Anwendung kann § 21 nach Sinn und Zweck der Vorschrift finden, wenn die Führungsfunktion lediglich **besoldungsgleich** (A 16-Referent
wird A 16-RefL) übertragen werden soll. Hier läuft die Regelung ins Leere, da ihre auf
Rückholbarkeit des funktionsverbundenen Statusamtes zielende ratio nicht greift (vgl.
Schrapper, a. a. O.). Folglich kann in diesen Fällen die (neue) leitende Funktion sofort und
ohne Probezeit wahrgenommen werden (zumal auch § 19 Abs. 3 hier nicht gilt). Für
Richter gibt es mit § 21 Abs. 2 Satz 2 eine Sonderregelung, die zu Gunsten des Dienst-
herrn die Flexibilität des Einsatzes bei (möglicher) Fortsetzung des Richterverhältnisses auf
Lebenszeit sicherstellt.

3. Probezeitdauer, Verkürzungen und Anrechnungen

5   Die Dauer der Probezeit beträgt grundsätzlich zwei Jahre; sie ist im Unterschied zur allgemeinen laufbahnrechtlichen Probezeit **nicht verlängerbar.** Nicht als „Verlängerung" im
Rechtssinne gilt die Ausweitung der Erprobung um längere, mehr als dreimonatige Freistel-
lungs- bzw. Krankheitszeiten, weil dadurch eine faktische Bewährungsverkürzung kompensiert werden soll. Mit dem Dienstrechtsmodernisierungsgesetz 2016 (vgl. LT-Drs. 16/10380,
S. 347) hat der Gesetzgeber diese – auch zuvor schon gegebene – Parallele zur laufbahnrechtlichen Probezeit nunmehr ausdrücklich aufgegriffen. Mehrmalige Ausfallzeiten sind zu ku-
mulieren (Rechtsgedanke des § 26 Abs. 1 Satz 2 BeamtStG; vgl. *Reich*, § 26 BeamtStG
Rn. 12), wobei jedoch das in § 5 Abs. 7 Satz 3 LVO formulierte allgemeine Prinzip übertragbar ist, wonach nur Zeiten jenseits von drei Monaten zu berücksichtigen sind.
     Analog dem Laufbahnrecht sind allerdings gem. § 21 Abs. 1 Sätze 3 u. 4 **Verkürzungen
und Anrechnungen** zulässig. Letztere kommen nur in Betracht, wenn „eine" der in Absatz 7 enumerativ genannten Funktionen bereits wahrgenommen wurde, ohne dass ein
Amt verliehen werden konnte. Fraglich ist, welchen Grad an Verbindlichkeit eine Funk-
tionsübertragung (faktische Funktionswahrnehmung, vgl. OVG Münster, B. v. 14.4.2011, 6
A 2631/09, z. B. wegen haushaltswirtschaftlicher Besetzungs- oder Beförderungssperren)
erreicht haben muss, um anrechnungsfähig zu sein. Unstreitig dürfte sein, dass die – auch
längere – geschäftsordnungsmäßige Abwesenheitsvertretung nicht ausreicht. Notwendig ist
insoweit nach dem Gesetzeswortlaut („übertragen") ein ausdrücklicher **Organisationsakt.**
Wird eine solche „kommissarische" Amtswahrnehmung angeordnet, ist nicht ersichtlich,
warum zusätzliche Voraussetzungen, etwa ein vollständig zu Gunsten der designierten Füh-
rungskraft abgeschlossenes Personalauswahlverfahren, erfüllt sein müssen. Zum einen setzt
auch das allgemeine Laufbahnrecht in den Fällen der Anrechnung lediglich voraus, dass
eine „nach Art und Bedeutung entsprechende" (Vor-)**Tätigkeit** gegeben ist, die also faktisch wahrgenommen worden sein muss, vgl. etwa §§ 5 Abs. 3, 13 Abs. 3 LVO. Zum anderen lässt es § 21 Abs. 1 – insoweit „großzügiger" als sein bundesrechtliches Pendant § 24
Abs. 1 Satz 4 BBG – sogar ausreichen, dass bereits „eine" (nicht „die") Führungsfunktion
i. S. v. Absatz 7 übertragen worden war (vgl. *Schrapper*, DVP 1999, 371, 372; s. a. *Gunkel* in
Schütz/Maiwald, § 21 LBG Rn. 113). Wegen der klaren Abgrenzung zur Verkürzung
gem. § 21 Abs. 1 Satz 3 und dem damit formulierten deutlichen Unterschied zur Regelung für die (allg.) laufbahnrechtliche Probezeit in § 13 Abs. 1 Satz 3) erfordert die Anrechnung keine Berücksichtigung von Mindestzeiten (vgl. *Schrapper*, a. a. O.; *Wich-*

mann / *Langer,* S. 123f.; a. A. *Schröder,* NWVBl. 2002, 369, 371 mit Hinw. auf die – missverständliche – amtl. Begr. in LT-Drs. 12/3186, S. 42). Dies erscheint wegen der – im Gegensatz zur Verkürzung – klareren tatbestandlichen Vorgabe des Anrechnungsanlasses (eine in Zeiteinheiten bemessene, genau definierte Vortätigkeit) und der Beschränkung auf einen bestimmten Eignungsaspekt (Führungskompetenz) auch gerechtfertigt. Mit Blick auf den Zweck der Erprobung dürften jedoch ganz besondere Gründe für ein Unterschreiten des „Richtwerts" der Mindestprobezeit zu fordern sein (vgl. auch VGH Mannheim, Urt. v. 21.1.2016, 4 S 1082/14: Anrechnungsentscheidung kann grds. erst erfolgen, wenn eine gewisse Erkenntnisgrundlage hinsichtl. einer Bewährung bereits vorhanden ist). Die Entscheidung über die Anrechnung erfolgt nach pflichtgemäßem Ermessen. Zweckwidrig i. S. v. § 40 VwVfG würde dieses Ermessen jedoch gebraucht, wenn die Anrechnungsentscheidung lediglich zu einer „faktischen" Probezeitverkürzung führen soll, weil der Dienstherr erkennbar nicht von einer Bewährung des Beamten ausgeht (vgl. auch *Schröder,* NWVBl. 2002, 369). Eine **Verkürzung** der Probezeit kommt nach allgemeinen laufbahnrechtlichen Grundsätzen in Betracht, wenn Hinweise auf eine **besondere Qualifikation** des Probebeamten vorliegen; dies folgt schon daraus, dass ihr Gegenteil, die Verlängerung, bei Qualifikationsdefiziten greift. Da eine Verkürzungsentscheidung i. d. R. auf – im Vergleich zu § 21 Abs. 1 Satz 4, s. o. – vageren Qualifikationsannahmen beruht, müssen diese Annahmen durch die faktische Amtsausübung bestätigt werden. Schon deshalb erscheint eine zu frühzeitige Entscheidung nicht sachgerecht, wobei das Erfordernis der einjährigen Mindestprobezeit den nötigen Raum gibt. Zudem gilt auch hier, dass die Verkürzung dem Beamten nicht die Bewährungsmöglichkeit „abschneiden" darf. Sofern der Dienstherr in diesen Fällen zur der (vorzeitigen) Erkenntnis gelangt, dass eine Bewährung selbst bei voller Ausschöpfung der Probezeit nicht zu erwarten ist, kann er das Probebeamtenverhältnis gem. § 23 Abs. 3 Nr. 2 BeamtStG nach pflichtgemäßem Ermessen beenden (vgl. auch *Schnellenbach,* § 6 Rn. 42). Denkbar ist auch, dass der Probebeamte mit einem Entlassungsverlangen gem. § 23 Abs. 1 Nr. 4 BeamtStG der drohenden Entscheidung des Dienstherrn zuvor kommt. Gem. § 21 Abs. 5 Satz 1 Halbs. 2 muss vor einem erneuten „Anlauf" eine einjährige Karenzzeit beachtet werden.

4. Rechtsfolgen der Bewährung/Nichtbewährung

Bewährt sich der Beamte, hat er nach dem insoweit klaren Wortlaut des § 21 Abs. 5 Satz 1 **6** Halbs. 1 einen unbedingten **Rechtsanspruch auf lebenszeitige Übertragung** des Führungsamtes (vgl. VG Köln, Urt. v. 30.7.2014, 3 K 6599/13; s. a. Rn. 8). Besondere formale Voraussetzungen sind für die Feststellung der Bewährung nicht einzuhalten; sie hat nicht notwendig den Charakter einer Beurteilung gem. § 92 Abs. 1, ist aber uneingeschränkt rechtsmittelfähig (vgl. VG Düsseldorf, Urt. v. 2.6.2009, 2 K 901/08). Die zuständige oberste Dienstbehörde kann jedoch Vorgaben i. S. eines beurteilungsähnlichen Verfahrens regeln. Im Übrigen lebt das ruhende Lebenszeitbeamtenverhältnis mit dem Probeende wieder auf; 22 Abs. 5 BeamtStG bewirkt die Beendigung des überlagernden Probebeamtenverhältnisses de lege und koppelt dadurch Zweckerfüllung und Bestand. Eine bloße Umwandlung des Probebeamtenverhältnisses gem. § 8 Abs. 1 Nr. 2 BeamtStG würde den Bestand des ruhenden Beamtenverhältnisses auf Lebenszeit ungeklärt lassen. Auch die erneute (endgültige) Übertragung der Führungsfunktion ist eine Beförderung gem. § 19 Abs. 1 Nr. 1 bzw. 2, was notwendig den ausdrücklichen Ausschluss einer redundanten „Erprobung vor Beförderung" gem. § 19 Abs. 3 erfordert, vgl. § 21 Abs. 6. Bei der Urkundengestaltung ist zu berücksichtigen, dass die Beförderung aus dem bisherigen (Lebenszeit-)Amt erfolgt.

Im Fall der Nichtbewährung verbleibt der Beamte – ohne weitergehende Ansprüche, **7** vgl. § 21 Abs. 5 Satz 3 (zur Versorgung vgl. auch § 19 LBeamtVG) – in seinem bisherigen Lebenszeitamt (vgl. OVG Münster, B. v. 11.8.2011, 6 B 895/11) und führt folglich wieder seine alte Amtsbezeichnung, vgl. § 21 Abs. 9 Satz 2. Ist die Frage der Bewährung streitig und daher rechtsmittelbefangen, kann der Beamte den (vorläufigen) Verbleib in der Führungsfunktion nicht durch einstweilige Anordnung erzwingen. Eine effektive Rechtsverfolgung gebietet kein Eilverfahren, sofern nicht der Dienstherr eine sofortige anderweitige Besetzung beabsichtigt (OVG Münster, B. v. 11.8.2011, 6 B 895/11; B. v. 10.10.2011, 6 B 1069/11; zum Anordnungsgrund bei der Ausgangskonkurrenz um eine Führungsfunktion auf Probe vgl. auch VG Karlsruhe, B. v. 19.12.2011, 6 K 1997/11).

5. Störfälle

8   Trotz (festgestellter) Bewährung bei Ablauf der Probezeit kann die lebenszeitige Übertragung scheitern, wenn das auf Probe übertragene (höhere) Statusamt nicht dem Dienstposten entsprochen hat, auf dem sich der Beamte bewährt hat. Denn maßgeblich für die Bewährung ist **die Wahrnehmung der Funktion** (BVerwG, Urt. v. 22.3.2007, 2 C 10/06). Eine typische Fallkonstellation ergibt sich bei **Schulleitungsämtern** (vgl. Absatz 7 Satz 1 lit. e), deren besoldungsrechtliche Zuordnung von der jeweiligen Schülerzahl der zu leitenden Schule abhängig ist und damit das jeweilige Statusamt definiert. Wurde das Probeamt übertragen, ohne dass während der Erprobung – mangels ausreichender Schülerzahlen – die entsprechende besoldungsrechtliche Einordnung gerechtfertigt war, fehlt es an einer Bewährung in einer dem Statusamt adäquaten Funktion (OVG Münster, Urt. v. 15.3.2006, 6 A 1776/04; bestätigt durch BVerwG, a. a. O.). Eine Variante dieser Konstellation liegt vor, wenn die spätere endgültige Bewertung der Funktion durch den Besoldungsgesetzgeber – im Fall einer Neueinrichtung einer Schulform (hier: Sekundarschule) – nicht der zunächst vorgenommenen Statusamtsübertragung entspricht (vgl. VG Minden, Urt. v. 26.2.2015, 4 K 3931/13). Im Gegenzug besteht ein unbedingter Anspruch auf lebenszeitige Übertragung, wenn Statusamt und Funktion während der Erprobung kongruent waren und sich **erst am Ende** der Probezeit durch Schülerschwund ergibt, dass zukünftig an dieser Schule ein entsprechendes Statusamt nicht mehr gerechtfertigt ist. Eine statusadäquate Verwendung kann dann nur durch Versetzung erreicht werden. Fraglich ist, wie die Variante zu bewerten ist, dass sich **während** der Probezeit, z. B. nach einem Schuljahr, die Funktionsbewertung des Schulleitungsamtes ändert. Hier kommt zunächst zum Tragen, dass § 21 Abs. 1 Satz 3 Halbs. 2 mit der einjährigen Mindestprobezeit eine Art „Richtwert" vorgibt (vgl. auch Rn. 5). Zum anderen können – nach pflichtgemäßem Ermessen – die Zeiten der Wahrnehmung „einer" Funktion gem. Absatz gem. § 21 Abs. 1 Satz 4 angerechnet werden. Folglich wäre es nicht zweckwidrig, Zeiten von max. einem Jahr auf einem nicht statusadäquaten, aber ebenfalls gem. Absatz 7 als Führungsfunktion zu qualifizierenden Dienstposten anzurechnen. Dass gem. § 21 Abs. 7 Satz 1 lit. e sämtliche Schulleitungsämter entsprechend qualifiziert sind, spricht zusätzlich für diesen Lösungsansatz.

6. Sonstige Beendigungsgründe

9   Zur Beendigung des Beamtenverhältnisses auf Probe gem. § 4 Abs. 3 lit. b BeamtStG führt neben dem Ablauf der Probezeit auch ein Dienstherrnwechsel, vgl. § 22 Abs. 5 2. Alt. BeamtStG, da das für die Probezeit notwendige Doppelbeamtenverhältnis (vgl. Rn. 4) nur zu dem ursprünglichen Dienstherrn bestehen kann (vgl. auch *v. Roetteken* in v. Roetteken/Rothländer, § 22 BeamtStG Rn. 118). Weiter hinzuweisen ist auf § 23 Abs. 3 Satz 1 Nr. 3 BeamtStG, der eine ermessensdirigierte Entlassung aus dem Probebeamtenverhältnis bei Reorganisationsmaßnahmen zulässt (vgl. auch § 26 Rn. 8). Daneben hat der Landesgesetzgeber mit § 21 Abs. 10 die vom BeamtStG belassenen Spielräume ausgefüllt und weitere gesetzliche Beendigungsgründe geschaffen (vgl. auch *Rescher*, NWVBl. 2009, 255, 257), nämlich die Versetzung in ein mit der Führungserprobung inkompatibles Amt gem. § 21 Abs. 8 sowie, wegen des notwendigen Gleichklangs, die Beendigung des zugrunde liegenden Beamten- oder Richterverhältnisses auf Lebenszeit.

§ 22 Laufbahnwechsel

(1) [1]Ein Laufbahnwechsel in ein statusgleiches Amt einer anderen Laufbahn ist nur zulässig, wenn die Beamtin oder der Beamte die Befähigung für die neue Laufbahn besitzt oder die für die Wahrnehmung der Aufgaben der neuen Laufbahn erforderlichen Fähigkeiten und Kenntnisse nach den Vorgaben des Laufbahnrechts erworben hat. [2]§§ 26 und 29 des Beamtenstatusgesetzes und § 25 bleiben unberührt.

(2) [1]Über den Laufbahnwechsel entscheidet die für die Ordnung der neuen Laufbahn zuständige oberste Dienstbehörde oder die von ihr bestimmte Stelle. [2]Der Laufbahnwechsel nach Absatz 1 ist nicht zulässig, wenn für die neue Laufbahn eine bestimmte Vorbildung, Ausbildung oder Prüfung durch besondere Rechtsvorschrift zwingend vorgeschrieben oder nach ihrer Eigenart zwingend erforderlich ist.

(3) Für den Aufstieg gilt § 23 in Verbindung mit den Regelungen des Laufbahnrechts.

(4) Das Nähere regelt die Verordnung nach § 9.

I. Allgemeines

Die Vorschrift, mit dem Dienstrechtsmodernisierungsgesetz 2016 neu eingefügt, steht in **1** einem engen Regelungszusammenhang mit § 10 und trifft erstmals unmittelbar auf Gesetzesebene Regelungen für Laufbahnwechsel **innerhalb des Geltungsbereichs** des LBG (vgl. auch § 10 Rn. 1). Darin liegt der Unterschied zu § 10, der den notwendigen Erwerb von Laufbahnbefähigungen für die Einstellung oder Versetzung von Beamten von außerhalb Nordrhein-Westfalens zum Gegenstand hat. Auf Ebene des Verordnungsrechts finden sich in § 11 LVO weitgehend inhaltsgleiche Vorgaben für den Laufbahnwechsel. Lediglich die Anforderungen an den nachträglichen Erwerb der Befähigung werden in § 11 Abs. 2 LVO weiterausgeführt als im LBG selbst. Aufgrund der deutlichen Begrenzung der **Fachrichtungslaufbahnen** gem. § 5 Abs. 3 (vgl. § 5 Rn. 5) scheidet hier zukünftig in einer Vielzahl von Fällen im Gefolge einer Zuweisung neuer Funktionen die Notwendigkeit eines Laufbahnwechsels schon begrifflich aus, weil die Offenheit der Fachrichtungsdefinition solche Wechsel umfasst. Schwierigkeiten ergeben sich eher dadurch, dass der Gesetzgeber die Offenheit der Fachrichtung durch die Notwendigkeit der Sonderqualifikation für einzelne Ämter bzw. Ämtergruppen ersetzt hat, vgl. § 5 Abs. 4. Der **Aufstieg** als eine Sonderform des Laufbahnwechsels richtet sich gem. § 22 Abs. 3 nach eigenen Regeln, weil er sich auf den Wechsel der Laufbahngruppe beschränkt bzw. im Sonderfall des § 23 LVO (sog. Spezialisierungsaufstieg) eine vollständige Nachqualifizierung durch ein Studium voraussetzt. Ebenfalls eigenen Regeln vorbehalten bleibt gem. § 22 Abs. 1 Satz 2 (sowie § 11 Abs. 1 Satz 2 LVO) ein Befähigungserwerb als Folge des in § 26 Abs. 1 Satz 3 BeamtStG formulierten Postulats der Weiterverwendung vor Versorgung. Zu dessen Umsetzung regeln §§ 26 Abs. 2 Satz 3, 29 Abs. 2 Satz 2 BeamtStG eine Verpflichtung zu einem zusätzlichen Befähigungserwerb (vgl. *Reich*, § 26 BeamtStG Rn. 19, § 29 BeamtStG Rn. 9). Die hiernach durchzuführende Nachqualifikation erfolgt unabhängig von den Regularien des Laufbahnwechsels gem. § 22 (vgl. auch LT-Drs. 16/10380, S. 347). Gleiches gilt für den gem. § 25 Abs. 4 obligatorischen Befähigungserwerb infolge einer dienstlich notwendigen Versetzung gem. § 25 Abs. 3 (vgl. § 25 Rn. 17).

II. Einzelheiten

Vom Konzept her anders als in § 10 bzw. § 53 LVO (Prinzip der Anerkennung) geht der **2** Gesetzgeber bei Laufbahnwechseln innerhalb des Geltungsbereichs des LBG nunmehr vom grundsätzlichen **Erfordernis eines neuen Befähigungserwerbs** aus. Dieser Paradigmenwechsel war bereits in der Novelle der LVO v. 28.1.2014 angelegt (vgl. auch *Schrapper*,

ZBR 2016, 387; *Idecke-Lux*, RiA 2014, 112, 117). Daher spielt die „Gleichwertigkeit" von Herkunfts- und Ziellaufbahn i. S. v. § 12 Abs. 2 LVO 1995 auch keine Rolle mehr. Die Vorschrift des § 22 Abs. 1 Satz 1 verdeutlicht dies, indem der Besitz der erforderlichen zweiten Befähigung (solche Doppelbefähigungen können von Anfang an gegeben sein, etwa beim Erwerb mehrerer Lehramtsbefähigungen, oder sich durch berufliche Entwicklung nachträglich ergeben, etwa beim Schulaufsichtsdienst gem. § 35 LVO) der Möglichkeit des **Nacherwerbs** gleichgestellt wird. Von hoher Praktikabilität – aber zugleich eine gewisse Relativierung des neuen Konzepts – ist im Bereich des Nacherwerbs § 11 Abs. 2 Satz 1 Nr. 2 LVO (so auch schon § 15 a. F. LVO) die Ermöglichung eines Befähigungserwerbs allein durch die **Anerkennung der bisherigen Berufspraxis,** sofern diese von den Anforderungen her mit den laufbahntypischen Tätigkeiten der Ziellaufbahn vergleichbar ist. Allerdings finden sich in § 22 bzw. § 11 Abs. 2 LVO keinerlei Vorgaben zu **Art und Umfang** von vorgängiger Berufspraxis bzw. von Unterweisung/Qualifikation. Insoweit anders als bei § 10 (vgl. § 10 Rn. 4) müssen nicht erst „erhebliche Defizite" vorliegen, um das Erfordernis einer Nachqualifikation auszulösen. Sofern nicht gem. § 7 Abs. 3 i. V. m. § 11 Abs. 2 Satz 2 LVO eine verordnungsrechtliche Regelung erfolgt, bedarf es einer Entscheidung nach den Umständen des Einzelfalls (zur Zuständigkeit vgl. Rn. 3); Maßstäbe lassen sich insoweit aus § 21 Abs. 2 LVO („Qualifizierungsaufstieg") gewinnen, wo in einer ansatzweise vergleichbaren Situation für eine „exemplarische praktische Einweisung in die Aufgaben der angestrebten Laufbahngruppe" sechs bis sieben Monate „Qualifizierung" zu veranschlagen sind. Klar dagegen ist die Dauer der unmittelbar auf Verordnungsebene geregelten zehnmonatigen **Erprobungszeit,** die sich zwingend an eine vorgängige Zeit der praktischen Wahrnehmung des Dienstpostens anschließen muss, vgl. § 11 Abs. 2 Satz 1 Nr. 3 LVO. Da die Erprobung „erfolgreich" verlaufen muss, also eine abschließende Bewertung für die Personalakte voraussetzt, und auf einem Dienstposten der (neuen) Ziellaufbahn stattfinden muss, bleibt bei einem Scheitern nur die (Rück-)Um- oder (Rück-)Versetzung auf Dienstposten, die mit der alten Befähigung wahrnehmbar sind. Da dies (vor allem) bei kleineren Behörden durchaus problematisch sein kann und der „Erfolg" nicht mit Kriterien (oder einer Prüfung) belegt sein muss (vgl. *Schrapper*, ZBR 2016, 397), wird diese Vorgabe keine übergroße praktische Wirkung erzeugen.

3   Grundsätzlich **zuständig** für die Entscheidung über die Anrechnungsfähigkeit der vorgängigen Berufspraxis – ebenso wie über das Ob und Wie einer ggf. notwendigen Unterweisung – ist gem. § 22 Abs. 2 Satz 1 i. V. m. § 11 Abs. 2 Satz 2 LVO die **laufbahnordnende** oberste Dienstbehörde, was im Interesse der Standardsicherung sachgerecht erscheint. Dem scheint auf den ersten Blick die Zuständigkeitszuweisung des ausführenden VO-Rechts zu widersprechen, wonach bei Fachrichtungslaufbahnen gem. § 11 Abs. 3 LVO „nur" die oberste Dienstbehörde zuständig ist. Dies sind gem. § 2 Abs. 1 Nrn. 2 f. auch kommunale und sonstige Dienstherrn. Begreift man § 11 Abs. 3 LVO nach der Binnensystematik als Zuständigkeitsregelung, die zudem von § 22 Abs. 4 ausdrücklich in Bezug genommen wird, richtet sich die Zuweisung der Entscheidungskompetenz ausschließlich hiernach. Dass damit zugleich die qualitative Gewährleistungsfunktion der Laufbahnbehörde wegfällt, ist angesichts der Weite und damit fachlichen Indifferenz der Fachrichtungslaufbahnen hinnehmbar.

§ 23 Aufstieg

(1) **Der Aufstieg ist auch ohne Erfüllung der Zugangsvoraussetzungen (§ 6) möglich, wenn die für die höhere Laufbahngruppe erforderlichen Kenntnisse und Fähigkeiten vorliegen.**

(2) **Bei einem Aufstieg handelt es sich um eine Ernennung nach § 8 Absatz 1 Nummer 4 des Beamtenstatusgesetzes.**

(3) **Das Nähere regelt die Verordnung nach § 9.**

I. Regelungszweck

Die Vorschrift ermöglicht bei geeigneten Bewerbern nach mehrjähriger dienstlicher Be- **1** währung eine berufliche **Weiterentwicklung über die Laufbahngruppengrenze** hinweg, indem sie die Endgültigkeit des Zuordnungssystems der Einstellungsvoraussetzungen gem. § 6 (Vorbildung) im Interesse erweiterter Handlungsmöglichkeiten der Personalentwicklung relativiert (so ausdrücklich § 19 Abs. 1 LVO; vgl. auch *Wichmann/Langer*, S. 299). Die Entscheidung des Dienstrechtsmodernisierungsgesetzes 2016 für ein zweigliedriges Laufbahngruppensystem (vgl. § 5 Rn. 3) hat eine weitgehende Neufassung der Vorschrift notwendig gemacht (vgl. LT-Drs. 16/10380, S. 347). Schon begrifflich ist ein Aufstieg nunmehr nur noch in einem Fall, nämlich an der Schnittstelle der beiden Laufbahngruppen, möglich (vgl. auch § 19 Abs. 1 LVO). Insbesondere für die berufliche Weiterentwicklung vom ehemaligen gehobenen in den höheren Dienst (jetzt Laufbahngruppe 2) treten an die die Stelle des Aufstiegs – begriffsnotwendig – nunmehr sog. **Beförderungsvoraussetzungen,** vgl. §§ 23–27 LVO (dazu § 5 Rn. 6; s. a. *Schrapper*, ZBR 2016, 397: „unechter" Aufstieg). Auch sie sind qualifikationsgestützt und dienen ebenfalls der Sicherung einer allen erreichbaren Ämtern entsprechenden Befähigung. Mit einer Übergangsregelung macht der Normgeber hier deutlich, dass bei **Aufsteigern nach altem Recht,** denen etwa noch ein Amt gem. A 13 h. D. verliehen worden war, die Beförderungsvoraussetzungen nach Besoldungsgruppe A 14 fingiert werden, vgl. § 24 Abs. 2 Satz 2 LVO.

Die Neuregelung folgt der deutlichen Tendenz der laufbahnrechtlichen Reformgesetzgebung im Bund und Ländern, beim Aufstieg die Notwendigkeit des zusätzlichen Qualifikationserwerbs (so jetzt ausdr. § 20 LVO: „Ausbildungsaufstieg"; vgl. auch *Battis*, § 22 BBG Rn. 34) zu betonen. Sie trägt zugleich der Kritik an Aufstiegsvoraussetzungen wie Mindestalter oder -dienstzeiten Rechnung, die weniger vor dem Hintergrund der Vorgaben des AGG als im Hinblick auf den gem. Art. 33 Abs. 2 GG erforderlichen Leistungsbezug geltend geäußert wurde (vgl. BVerwG, NVwZ 2013, 80; dazu auch *Wichmann/Langer*, S. 299 f.).

II. Formen des Aufstiegs/Sonderregelungen

Der laufbahnrechtliche Aufstieg lässt sich als **vertikaler Laufbahnwechsel** qualifizieren, **2** weil er zum Erwerb der Befähigung nicht für eine gleichwertige (horizontaler Wechsel, vgl. §§ 10, 22, § 11 LVO), sondern für die nächsthöhere Laufbahn derselben Fachrichtung führt (zum Sonderfall des Spezialisierungsaufstiegs gem. § 23 LVO s. u. sowie *Schrapper*, ZBR 2016, 397). Mit ihm verbunden ist grundsätzlich ein **vollwertiger Befähigungserwerb,** vgl. § 4 Abs. 1 Nr. 3 LVO; s. a. § 9 Abs. 1 Satz 2 Nr. 7. Fraglich ist, welche Folgen sich aus dem ersatzlosen Wegfall von § 5 Abs. 3 LVO 1995 ergeben, wonach die „Befähigung zum Richteramt oder zum höheren Verwaltungsdienst" als sog. **Amtsbefähigung** (vgl. *Wichmann/Langer,* S. 142, 299) durch den Aufstieg nicht vermittelt wurde. Dies gilt umso mehr, als §§ 71 Abs. 3 Satz 2 GO, 47 Abs. 1 Satz 3 KrO, 20 Abs. 2 Satz 3 LVerbO, 21 Abs. 1 Satz 2 DSG dieses Erfordernis nach wie vor enthalten und somit die Gründe dafür – zumindest fachgesetzlich – nicht entfallen sind. Folglich ist davon auszugehen, dass die genannten Fachgesetze unverändert von einem „originären" Befähigungserwerb ausgehen, der Aufsteiger und andere Bewerber (vgl. auch § 12 Rn. 2) ausschließt. Gestützt wird diese Auslegung im Übrigen durch § 5 Abs. 4, wonach die „Reichweite" einer Laufbahnbefähigung „durch besondere Rechtsvorschrift" eingeschränkt werden kann.

Schon mit der LVO v. 28.1.2014 (dort zunächst noch laufbahngruppengebunden) hat sich in NRW eine neue, qualifikationsgebundene Konzeption des Aufstiegs durchgesetzt (Ausbildungsaufstieg). Einem **prüfungsfreien Aufstieg** gem. § 40 LVO 1995, bei dem die Privilegierung durch das Erfordernis längerer Dienstzeiten (12 statt 4 Jahre) und eines weitgehenden Durchlaufens der nächstniedrigeren Laufbahn (mind. Amt nach A 12) gerechtfertigt wurde (vgl. auch BayVerfGH, ZBR 2003, 355 mit zust. Anm. *Summer*, ZBR 2003, 359), hat nicht zuletzt das BVerwG (NVwZ 2013, 80) mit dem Verdikt der Unvereinbarkeit solch langer Mindestdienstzeiten mit Art. 33 Abs. 2 GG den Boden entzogen (vgl. insoweit auch die Vorauflage). In der aktuellen Fassung der LVO sehen §§ 19–23 **vier Aufstiegsvarianten** vor, von denen zwei – mit Modifikationen – an den bisherigen Varianten des Regel- und des prüfungserleichterten Aufstiegs orientiert sind. Der „**Ausbildungsaufstieg" gem. § 20 LVO** beinhaltet grds. den Standarderwerb der nächsthöheren Befähigung und geht daher konsequent von deutlich reduzierten Anforderungen an die berufliche Vorerfahrung aus (A 6 als zweites Einstiegsamt der Laufbahngruppe 1, dreijährige Mindestdienstzeit). § 20 Abs. 2 LVO trifft für die Dauer der Ausbildung – wie schon die Vorläuferregelung – unterschiedliche Maßgaben, um den Besonderheiten der Vorbildungsvoraussetzungen bei technischen Laufbahnen (vgl. auch § 15 Abs. 2 LVO) Rechnung zu tragen. Da die Ausbildungsmodalitäten – zumindest für den nichttechnischen Dienst – erkennbar auf Regellaufbahnbewerber zugeschnitten sind, eröffnet § 20 Abs. 4 Satz 3 LVO für Fachrichtungslaufbahnen eine unterhalb der VO-Ebene angesiedelte Festlegung einer „von den Prüfungsanforderungen vergleichbare(n) Qualifizierung"; zu beachten ist dabei die gem. § 20 Abs. 2 Nr. 2 lit. b LVO mindestens zweijährige Dauer. Ob dafür nur die laufbahnordnende oder jede oberste Dienstbehörde – wie in anderen Fällen des Laufbahnwechsels auch – zuständig ist, bleibt unklar. Daneben ermöglicht § 21 LVO für lebensältere, in der Laufbahn schon weiter vorgerückte Beamte (grds. eine mindestens zweijährige Standzeit in einem Amt nach A 9) zusätzlich den sog. **Qualifizierungsaufstieg** (zur Wechselwirkung zwischen längerer Berufserfahrung und daher reduzierten Prüfungsanforderungen vgl. auch *Kämmerer*, ZBR 2008, 325, 337, sowie *Baßlsperger*, ZBR 2008, 339, 349). Er unterscheidet sich durch deutlich reduzierte Theorie- und Praxisanforderungen (mindestens zehnmonatige Qualifzierung mit mindestens dreimonatigem Lehrgangsanteil). Ergänzt werden die vorgenannten Aufstiegsformen durch den mit der LVO v. 28.1.2014 (dort § 33) durch einen **Aufstieg durch Spezialisierung,** vgl. § 23 LVO. Neu ist zunächst, dass mit dem Aufstieg auch ein Wechsel der Fachrichtung verbunden ist. Das Konzept soll den Dienstherrn offenbar ermöglichen, Beamte in Regellaufbahnen durch ein spezialisiertes Bachelor-Studium für eine Karriere in Sonderbereichen der Verwaltung (z. B. Beteiligungsmanagement) zu gewinnen. Ob die recht statischen Voraussetzungen (nach dem Studium zunächst 30 Monate hauptberufliche Tätigkeit ohne Beförderung (!), anschließend noch zusätzlich 10 Monate Erprobung) attraktiv genug sind, bleibt abzuwarten.

3 Einen nur eingeschränkten Befähigungserwerb zur Folge hat der sog. **Verwendungsaufstieg** (vgl. VGH München, B. v. 19.11.2010, 3 CE 10.2068), bislang etwa mit § 7 LVOPol eine Ausnahme in NRW. Mit § 22 sieht nun auch die LVO einen derartigen Aufstieg vor, der nur einen Befähigungserwerb für Ämter bis A 1 zulässt. Er steht in solchen Fällen offen, in denen die Bewerber (ab A 9) schon für ihr Einstiegsamt (A 6) eine höhere als die Mindestqualifikation gem. § 6 Abs. 1 Nr. 2 (z. B. Meister; Techniker) vorweisen mussten. Darüber hinaus ist ein dienstliches Bedürfnis für den Einsatz entsprechend qualifizierter Beamte erforderlich, dass sich folglich aufgaben- und nicht personenbezogen ergeben muss.

4 Von den allgemeinen Vorgaben der LVO können abweichende **laufbahnbezogene Besonderheiten** geregelt sein, etwa gem. §§ 12, 16 LVOFeu hinsichtlich der Einführungszeit, der Höchstaltersgrenzen oder dem als Zulassungsvoraussetzung mindestens erreichten Amt (vgl. § 16 Abs. 4 LVOFeu – Aufstieg schon aus A 11). Strukturell ähnlich, aber im Detail abweichend ist der „Aufstieg" in der Einheitslaufbahn des Polizeivollzugsdienstes (vgl. § 110 Rn. 4) geordnet (vgl. auch OVG Münster, IÖD 2000, 50). Hervorzuheben sind das auch hier grundsätzlich bestehende Zulassungserfordernis, vgl. §§ 13, 19 LVOPol, die abweichenden **Höchstaltersgrenzen,** vgl. § 19 Abs. 1 Satz 1 Nr. 2 LVOPol (als reine VO-Regelung fragwürdig, vgl. BVerf, ZBR 2015, 304; s. a. § 14 Rn. 6; a. A. noch OVG Münster, B. v. 29.3.2012, 6 B 319/12; 6 B 398/12; 6 B 405/12). Das Prüfungserfordernis auch für den Aufstieg in den Laufbahnabschnitt III (h. D.) bildet dagegen keine Besonderheit mehr.

III. Einzelheiten

§ 23 Abs. 1 ermöglicht ausdrücklich einen Befähigungserwerb auch ohne Erfüllung der **5** Zugangsvoraussetzungen gem. § 6. Damit steht der Aufstieg ohne Weiteres auch sog. **anderen Bewerbern** offen, von denen gem. § 12 Abs. 1 die „vorgeschriebene Vorbildung, Ausbildung und Laufbahnprüfung" grundsätzlich, also schon bei Einstellung, nicht verlangt werden kann. Folgerichtig ist auch kein Anwendungsverweis vonnöten; § 47 LVO 1995 konnte entfallen. Der aufstiegsbegründete Befähigungserwerb durch den anderen Bewerber bedarf in der Folge auch keiner erneuten Feststellung gem. § 12 Abs. 3. Davon zu unterscheiden ist der – strittige – Erwerb einer Befähigung für die nächsthöhere Laufbahn derselben Fachrichtung **unmittelbar** durch Feststellung gem. § 13 Abs. 3 (vgl. § 13 Rn. 2).

Dem Konzept des Aufstiegs als Neubeginn in einer neuen Laufbahn trägt § 19 Abs. 1 **6** LVO Rechnung, wonach der Aufstieg in das **Einstiegsamt** der Ziellaufbahn erfolgt. Dies führt beim Aufstieg aus dem Endamt der Laufbahngruppe zum Ernennungsfall des § 8 Abs. 1 Nr. 4 BeamtStG. Wegen des Wegfalls des vormaligen § 15 Abs. 1 a.F. (vgl. § 14 Rn. 2) stellt nunmehr § 23 Abs. 2 die vom BeamtStG vorgesehene landesrechtliche Regelungsoption dar. Erst mit der Übertragung des Einstiegsamtes der Laufbahngruppe 2 laufen für Aufsteiger die Beförderungsdienstzeiten des § 24 Abs. 1 LVO. Beim Wechsel aus dem Endamt A 9 Z in das Einstiegsamt A 9 sind hier gem. § 21 Abs. 1 Satz 4 LBesG die (höheren) Bezüge des alten Amtes zu zahlen. Wegen der insoweit völlig anderen Konstellation bei den sog. Beförderungsvoraussetzungen gem. §§ 24 ff. LVO („unechter" Aufstieg", vgl. *Schrapper*, ZBR 2016, 397) kann dort sofort in das nächsthöhere Amt (A 14) der höheren Einstiegsebene gewechselt werden (vgl. auch § 5 Rn. 4).

Voraussetzung für Laufbahnwechsel gem. § 23 ist die **Aufstiegseignung,** die sich gem. **7** § 19 Abs. 1 LVO durch **„besondere"** Eignung, Leistung und Befähigung (vgl. dazu § 13 Rn. 6 f.) zeigt und in einem Zulassungsverfahren zu beurteilen ist. Eignungszweifel, selbst wenn sie sich erst während des Verfahrens einstellen, rechtfertigen die Rücknahme der Aufstiegszulassung (vgl. VGH München, B. v. 22.4.2002, 3 CS 02.628: dringender Tatverdacht der Körperverletzung). Im Rahmen der Eignung ist ggf. auch die Verfassungstreue des Aufstiegsbewerbers zu hinterfragen (vgl. VGH München, B. v. 2.12.2002, 3 ZB 01.1063). Ausdrückliche **Mindestdienstzeiten** (vgl. nur §§ 20 Abs. 1 Nr. 2, 21 Abs. 1 Nr. 1 LVO) hat der Verordnungsgeber vor dem Hintergrund der Vorgaben des BVerwG (NVwZ 2013, 80, 82) auf den Zeitraum von drei Jahren, d.h. die Spanne eines (Regel-) Beurteilungszeitraums reduziert (vgl. auch BVerwG, NVwZ 2015, 1686). Soweit sie noch bestehen, sind sie formalisierte Eignungsvoraussetzungen und können nicht durch ein erfolgreich bestandenes Zulassungsverfahren substituiert werden (vgl. OVG Münster, B. v. 24.8.2010, 6 B 891/10). **Höchstaltersgrenzen** sind aufgrund der o.g. Rspr. vollständig entfallen (krit. *Wichmann/Langer,* S. 300). Keine Zulassung zum Aufstieg darf erfolgen, wenn für die Ziellaufbahn außerhalb des Laufbahnrechts eine **bestimmte Vor- oder Fachausbildung** vorgeschrieben ist. Dieser Rechtsgedanke des § 3 Abs. 1 Satz 2 Halbs. 2 (vgl. § 3 Rn. 4) ist eine notwendige und daher verallgemeinerungsfähige Einschränkung für den nicht originären Erwerb der Laufbahnbefähigung (vgl. auch *Wichmann/Langer,* S. 299). So ist z.B. kein Aufstieg aus der Laufbahn des mit staatsanwaltlichen Aufgaben betrauten Amtsanwaltes (vgl. § 26 Abs. 1 JustG) zum Staatsanwalt möglich, da hierzu nach § 122 Abs. 1 DRiG die Befähigung zum Richteramt gem. §§ 5 ff. DRiG erforderlich ist.

IV. Rechtsschutz und Verfahrensfragen

Rechtsschutz im Rahmen von Streitigkeiten über die **Aufstiegszulassung** wird dem **8** Bewerber gemäß den Regeln über Beförderungsstreitigkeiten gewährt, obwohl Art. 33 Abs. 2 GG als Grundlage des Bewerberverfahrensanspruchs nicht unmittelbar greift. Denn bei der Zulassung steht nicht der Zugang zu einem öffentlichen (Beförderungs-)Amt gem. Art. 33 Abs. 2 GG im Streit, sondern eine Vorfrage. Allerdings hat das Zulassungsverfahren als zwingende Voraussetzung für die Verleihung eines höheren Amtes „beförderungsähnlichen" Charakter (vgl. BVerwG, NVwZ 2013, 80; OVG Münster, B. v. 5.11.2007, 6 A 1249/06; dass., B. v. 23.3.2010, 6 B 133/10). Daraus folgt weiter die Verpflichtung des Dienstherrn, Mindestanforderungen an eine **Verfahrensdokumentation** zu gewährleisten, um einen effektiven Rechtsschutz zu ermöglichen (vgl. OVG Münster, NVwZ-RR 2010, 159). Ein **Anspruch auf Zulassung zum Aufstieg** besteht ebenso wenig wie ein Anspruch auf Beförderung (vgl. *Battis,* § 22 BBG Rn. 37; *Wichmann/Langer,* S. 300f.). Inhaltlich hat sich das Zulassungsverfahren für den Fall einer Bewerberkonkurrenz vorrangig auf dienstliche Beurteilungen zu stützen (so ausdr. jetzt §§ 20 Abs. 5 Satz 1, 21 Abs. 4 Satz 1 LVO). Bei einem Qualifikationsgleichstand aufgrund des Gesamturteils ist durch Ausschärfung, ggf. unter Heranziehung vorangehender Beurteilungen, auszudifferenzieren. Bewerberinterviews oder sog. **AC-Verfahren** kann bei der Entscheidung nur eine **Abrundungsfunktion** zukommen (vgl. dazu ausführlich § 19 Rn. 21, 26; OVG Münster, DÖD 2012, 201; dass., ZBR 2011, 272; dass., B. v. 25.5.2010, 6 B 187/10; B. v. 23.3.2010, 6 B 133/10; B. v. 23.2.2010, 6 B 1815/09; VG Düsseldorf, B. v. 27.1.2010, 13 L 1639/09; BVerfG, ZBR 2013, 126; BVerwG, ZTR 2011, 636; *Weisel,* DÖD 2012, 193; vgl. auch *Baßlsperger,* ZBR 2011, 217, 224 m.w.N.), wobei der VO-Geber mit dem neuen § 2 Satz 2 LVO eine „Aufwertung" dieser Instrumente gegenüber der Beurteilung versucht. Überträgt der Dienstherr im Rahmen eines anstehenden Aufstiegsverfahrens einen höherwertigen Dienstposten, um dem Beamten die Bewährung zu ermöglichen, kann der übergangene Mitbewerber wegen des drohenden **Bewährungsvorsprungs** des Konkurrenten einen Anordnungsgrund i.S.v. § 123 VwGO geltend machen (vgl. VG Düsseldorf, B. v. 7.7.2010, 13 L 718/10; s.a. *v. Laffert,* ZBR 2012, 76, 77f.). Davon zu unterscheiden ist der Fall einer geschäftsordnungsmäßig vorgesehenen Übernahme eines Dienstpostens, etwa als Krankheitsvertretung.

9   Seit der Neufassung des § 72 Abs. 1 Nr. 2 LPVG durch die Novelle v. 5.7.2011 ist die Zulassung zum Aufstieg **mitbestimmungspflichtig.** Schon zuvor war gem. § 76 LPVG die „beratende Teilnahme" eines Personalratsmitglieds an dem Auswahlverfahren gewährleistet, allerdings ohne Recht auf Teilnahme an der Schlussberatung (vgl. OVG Münster, B. v. 16.4.2008, 1 A 4160/06.PVB). Die Beteiligungsbefugnis der Gleichstellungsbeauftragten folgt aus § 17 LGG (vgl. VG Düsseldorf, B. v. 26.4.2010, 13 L 460/10).

Abschnitt 3. Wechsel innerhalb des Landes

§ 24 Abordnung

(1) [1]Eine Abordnung ist die vorübergehende Übertragung einer dem Amt der Beamtin oder des Beamten entsprechenden Tätigkeit bei einer anderen Dienststelle desselben oder eines anderen Dienstherrn unter Beibehaltung der Zugehörigkeit zur bisherigen Dienststelle. [2]Die Abordnung kann ganz oder teilweise erfolgen.

(2) Beamtinnen und Beamte können, wenn hierfür ein dienstlicher Grund besteht, vorübergehend ganz oder teilweise zu einer ihrem Amt entsprechenden Tätigkeit an eine andere Dienststelle eines Dienstherrn im Geltungsbereich dieses Gesetzes abgeordnet werden.

(3) [1]Aus dienstlichen Gründen können Beamtinnen und Beamte vorübergehend ganz oder teilweise auch zu einer nicht ihrem Amt entsprechenden Tätigkeit abgeordnet werden, wenn ihnen die Wahrnehmung der neuen Tätigkeit auf Grund ihrer Vorbildung oder Berufsausbildung zuzumuten ist. [2]Dabei ist auch die Abordnung zu einer Tätigkeit, die nicht ihrem Amt mit demselben Endgrundgehalt entspricht, zulässig. [3]Die Abordnung nach den Sätzen 1 und 2 bedarf der Zustimmung der Beamtin oder des Beamten, wenn sie die Dauer von zwei Jahren übersteigt.

(4) [1]Die Abordnung zu einem anderen Dienstherrn bedarf der Zustimmung der Beamtin oder des Beamten. [2]Abweichend von Satz 1 ist die Abordnung auch ohne Zustimmung der Beamtin oder des Beamten zulässig, wenn die neue Tätigkeit einem Amt mit demselben Endgrundgehalt auch einer gleichwertigen oder anderen Laufbahn entspricht und die Abordnung die Dauer von fünf Jahren nicht übersteigt.

(5) Vor der Abordnung ist die Beamtin oder der Beamte zu hören.

(6) [1]Die Abordnung zu einem anderen Dienstherrn wird von dem abgebenden im Einverständnis mit dem aufnehmenden Dienstherrn verfügt; das Einverständnis ist schriftlich zu erklären. [2]In der Verfügung ist zum Ausdruck zu bringen, dass das Einverständnis vorliegt. [3]Zur Zahlung der der Beamtin oder dem Beamten zustehenden Leistungen ist auch der Dienstherr verpflichtet, zu dem die Beamtin oder der Beamte abgeordnet ist.

Übersicht

I. Allgemeines

Das **BeamtStG** trifft nur Regelungen bei landesübergreifenden Abordnungen (§§ 13, **1** 14 BeamtStG) und hat es den Ländern überlassen, entsprechende landesinterne Maßnahmen durch die Landesbeamtengesetze zu regeln (BT-Drs. 16/4027, S. 24 zu § 13 BeamtStG; *Baßlsperger*, ZBR 2016, 14, 24). Wegen der Besonderheiten bei einer landesübergreifenden Abordnung wird auf die entsprechenden Kommentierungen zum BeamtStG verwiesen (s. außerdem *Baßlsperger*, ZBR 2016, 14, 24 – der ausführliche und praxisbezogene Beitrag betrachtet außerdem nahezu alle Facetten des Rechtsinstituts der Abordnung). **Abordnungen** sind ein **Instrument der Personalsteuerung und Personalplanung** (*Baßlsperger*, ZBR 2016, 14, 15; *Hebeler/Knappstein*, ZBR 2010, 217; *Bauschke,* ZTR 2005, 338; *Hilg,* ZBR 2006, 109) und stehen im pflichtgemäßen Ermessen des Dienstherrn (VG Düsseldorf, B. v. 29.6.2012, 2 L 857/12). Es handelt sich ihrem Charakter nach um eine **vorläufige Maßnahme,** die dem Dienstherrn die Möglichkeit eröffnet, beispielsweise Personalengpässen zu begegnen (BVerwG, ZBR 1983, 152; vgl. zu steuerlichen Aspekten von Abordnungen (Fahrtkosten) BFH, NZA-RR 2014, 39). Dauerhafte Maßnahmen können nur im Wege der Versetzung vorgenommen werden (VG Aachen, DÖD 2014, 281). Abordnungen dienen u. a. dazu, für einen vernünftigen Einsatz des vorhandenen Personals zu sorgen und z. B. temporäre Arbeitsspitzen in bestimmten Behördenbereichen/Behörden abzufangen oder besondere fachliche Arbeitsbedürfnisse durch an anderer Stelle vorhandenes Fachpersonal (z. B. Beamte mit spezieller wissenschaftlicher Ausbildung) zu erfüllen. Abordnungen helfen insofern – neben Umsetzungen und Versetzungen – dem Dienstherrn, „benötigtes Personal an der organisatorisch richtigen Stelle und zur richtigen Zeit" bereitzustellen (*Hilg,* ZBR 2006, 109; vgl. zu Abordnungen die umfassende Darstellung von *Baßlsperger*, ZBR 2016, 14). Hinzu kommen Aspekte der Personalentwicklung (Abordnung zum Zwecke der Erprobung). Einen Anspruch eines Beamten auf seine Abordnung gibt es grundsätzlich nicht. Das Rechtsinstitut bezieht sich nicht auf Beamte auf Widerruf im Vorbereitungsdienst (*Baßlsperger*, ZBR 2016, 16 m. w. N.). Bei kommunalen Wahlbeamten steht die Eigenart des übertragenen Amtes entgegen (s. aber *Baßlsperger*, ZBR 2016, 14, 15: Abordnung zu Vertretungszwecken in andere Gemeinde nicht ausgeschlossen). Die Abordnung ist abzugrenzen von **Zuweisungen** nach § 20 BeamtStG, die ein Instrument sui generis sind (*Reich,* § 20 BeamtStG Rn. 13; vgl. zu Zuweisungen *Wacker*, DVBl. 2015, 1023; vgl. zur Abgrenzung der Versetzung/Abordnung/Umsetzung zur Zuweisung: OVG Greifswald, DÖD 2012, 35; vgl. zur Umsetzung BVerwG, NVwZ 2012, 1481). Die Zuweisung wird in der Literatur als „abordnungsähnliche Beurlaubung" bezeichnet (*Schnellenbach,* Beamtenrecht, § 4 Rn. 73, S. 105 unter Hinw. auf *Hilg,* ZBR 2006, 109, 116; *Rieger* in MRSZ, § 20 BeamtStG Erl. 1.1.). Von der Versetzung unterscheidet sich die Abordnung dadurch, dass nach Ende der Abordnung eine Rückkehr zur Stammbehörde erfolgt, von der Umsetzung schon dadurch, dass es bei Umsetzungen zu keinem Behördenwechsel kommt (*Baßlsperger*, ZBR 2016, 14, 17). § 24 regelt im Einzelnen die Voraussetzungen für eine Abordnung. Der Gesetzgeber hat mit der aktuellen Dienstrechtsnovelle „zur Klarstellung" den **Begriff der Abordnung** im neuen Absatz 1 **erstmals im LBG definiert** (LT-Drs. 16/10380, S. 347), obwohl schon durch die Rechtsprechung eine feststehende entsprechende Definition entwickelt wurde und § 14 BeamtStG (Abordnung) bereits eine hinreichende Bestimmung des bekannten Rechtsbegriffs der Abordnung ermöglicht (*Baßlsperger*, ZBR 2016, 14, 15; *Rieger* in MRSZ, § 14 BeamtStG Erl. 2; BVerwGE 126, 182ff.). § 24 Abs. 1 ist textlich mit der Definition der Abordnung in § 27 Abs. 1 BBG identisch.

II. Wesen und Auswirkung einer Abordnung

2   Eine Abordnung ist nach § 24 Abs. 1 eine auf dienstlicher Anordnung basierende vorübergehende Übertragung eines anderen Amtes im konkret-funktionalen Sinn bei einer anderen Dienststelle desselben Dienstherrn oder eines anderen Dienstherrn, wobei die Zugehörigkeit zur bisherigen Dienststelle erhalten bleibt. Zu einer Stelle ohne Dienstherrenfähigkeit kann nicht abgeordnet werden (*Reich,* § 14 BeamtStG Rn. 6). Zweigstellen, Außenstellen oder Nebenstellen von Behörden sind keine Dienststelle im Sinne der Abordnung (*Baßlsperger*, ZBR 2016, 14, 17). Die Abordnung kann ganz oder teilweise **(Teilabordnung)** erfolgen (§ 24 Abs. 1 Satz 2); sie ist ein Verwaltungsakt und unter den Voraussetzungen des § 72 Abs. 1 Satz 1 Nr. 6 LPVG (Abordnungsdauer von mehr als drei

Monaten) mitbestimmungspflichtig (vgl. zur Sonderregelung des § 91 LPVG für Lehrkräfte *Cecior* in CVLK, § 72 LPVG Rn. 326; vgl. dazu die Durchführungshinw. – Nr. 18 – des MIK zum LPVG v. 14.3.2013, SMBl. NRW v. 11.4.2013, S. 116, s. a. *Neubert/Sandfort/Larenz/Kochs*, LPVG, § 12 Erl. 1.6.1; vgl. zum Sonderfall einer Mitbestimmungspflicht trotz nur dreimonatiger Umsetzung OVG Münster, ZTR 2007, 515 – vgl. dazu § 25 Rn. 14 f.). Gleichstellungsbeauftragten ist Gelegenheit zur Stellungnahme zu geben (§ 18 Abs. 2 LGG). Die Übertragung einer Nebentätigkeit bei einer anderen Dienststelle des Dienstherrn oder die Zuordnung weiterer Aufgaben zum bisher wahrgenommenen Hauptamt ist keine Abordnung, weil kein Amt (Haupt- oder Nebenamt) übertragen wird (OVG Münster, ZBR 1988, 374; *Reich,* § 14 BeamtStG Rn. 7: „Keine Abordnung ist der zeitweise Einsatz in einem anderen Arbeitsgebiet derselben Dienststelle einschließlich der im Sinn des Personalvertretungsrechts verselbständigten Nebenstellen.").

Durch die Abordnung wird „neben der Stammbeziehung zur Stammbehörde eine Ab- **3** ordnungsbeziehung zur Abordnungsbehörde hergestellt" (*Hilg,* ZBR 2006, 10; *Baßlsperger,* ZBR 2016, 14, 22; *Battis,* § 27 BBG Rn. 5; *Müssig,* ZBR 1990, 109, 113: Doppelstellung). Dies bedeutet, dass z.B. die **Stammdienststelle** weiter für alle den Status des Beamten betreffenden Maßnahmen – etwa Beförderungen/Teilzeitbeschäftigung, Entlassung, Ruhestandsversetzung usw. – zuständig ist, während die **Abordnungsbehörde** (Beschäftigungsbehörde) alle Entscheidungen „im Tagesgeschäft" trifft (Gewährung von Urlaub, Dienstbefreiungen u. Ä.). In der Literatur werden die Entscheidungen der Abordnungsbehörde als „tätigkeitsbezogene Entscheidungen" bezeichnet (vgl. *Hilg,* ZBR 2006, 113; *Kathke,* ZBR 1999, 339 ff.; *Schnellenbach,* § 4 Rn. 48; vgl. zur Zuständigkeit für Nebentätigkeitsgenehmigungen abgeordneter Beamter *Gruber,* RiA 2003, 288). Hierzu zählen auch Nebentätigkeitsgenehmigungen, die aber auf die Dauer der Abordnung zu beschränken sind, weil anderenfalls in die Befugnisse der Stammdienststelle eingegriffen würde (*Baßlsperger,* ZBR 2016, 14, 23). Die Abordnung endet entweder automatisch dadurch, dass der festgelegte Zeitraum abgelaufen ist oder in der Weise, dass bei nicht direkter Fixierung eines Zeitraums eine gesonderte Aufhebungsverfügung hinsichtlich der Abordnung ergeht. Auch das vorzeitige Entfallen des dienstlichen Grundes oder dienstlichen Bedürfnisses führt zu dem Ende einer Abordnung bzw. zu einem entsprechenden Anspruch des Betroffenen auf Rückgängigmachung (*Baßlsperger,* ZBR 2016, 14, 15; *v. Roetteken* in v. Roetteken/Rothländer, HBG, § 25 HBG Rn. 123).

III. Dienstliche Gründe

Nach § 24 Abs. 2 ist für eine statusgleiche Abordnung des Beamten an eine andere **4** Dienststelle des Dienstherrn im Geltungsbereich des LBG das Vorliegen eines **„dienstlichen Grundes"** erforderlich, während § 24 Abs. 1 a. F. hierfür auf ein **„dienstliches Bedürfnis"** abstellte. Es stellt sich deshalb die Frage, ob wegen der geänderten Begrifflichkeiten damit eine zu beachtende Rechtsänderung stattgefunden hat (vgl. insoweit zum analogen gesetzlichen Änderungsprozess der Begrifflichkeiten bei § 27 BBG *Battis,* § 27 BBG Rn. 9 – Battis geht wohl bei den Begrifflichkeiten von nicht grundlegend divergierenden Eingriffsschwellen/Anforderungen aus). In der Literatur finden sich Stimmen, die davon ausgehen, dass die „dienstlichen Gründe" die Festlegung einer „untersten Eingriffsschwelle" darstellen (*H. Günther,* ZBR 1996, 299, 303), während die Rechtsprechung bei dienstlichen Gründen nach § 24 Abs. 2 a. F. zur Annahme erhöhter Anforderungen im Verhältnis zu „dienstlichen Bedürfnissen" tendierte (so offenbar OVG Münster, Beschl. v. 23.4.2014, 6 B 324/14; s. dazu auch VG Düsseldorf, Beschl. v. 4.3.2014, 2 L 1684/13; VG Gera, LKV 2014, 93; *Baßlsperger,* ZBR 2016, 14, 20; *Kathke* in Schütz/Maiwald, § 24 LBG Rn. 39; a. A. bei § 25 VG Minden, Beschl. v. 4.6.2013, 4 L 39/13: keine sachliche Differenz zwischen den Begriffen). Die „mindestens terminologisch missglückte Unterscheidung" (*Schnellenbach,* § 4 Rn. 15; *Baßlsperger,* ZBR 2016, 14, 20) zwischen **„dienstlichen**

Bedürfnissen" und **„dienstlichen Gründen"** führt zu **unnötigen Auslegungsfragen/ Auslegungsschwierigkeiten** hinsichtlich der jeweiligen Eingriffsschwelle bzw. der tatbestandlichen Voraussetzungen (vgl. *Battis,* § 28 BBG Rn. 12; zu den Begriffen vgl. OVG Mannheim, NVwZ-RR 2002, 856). Mit Recht heißt es bei *Baßlsperger* in einem aktuellen Beitrag zu Abordnungen (ZBR 2016, 14, 20): „Die Frage, ob noch „ein dienstliches Bedürfnis" oder schon „ein dienstlicher Grund" gegeben ist, kann wohl keiner praxisgerechten Lösung zugeführt werden. Damit sind „dienstliche Gründe" und „dienstliche Bedürfnisse" einheitlich alle Erfordernisse einer zeit- und sachgerechten Aufgabenerledigung." Im Ergebnis wird man bei den sich überschneidenden Begrifflichkeiten von einer annähernd gleichen Eingriffsschwelle und gleichem Bedeutungsgehalt auszugehen haben (*Battis,* § 28 BBG Rn. 12; *Baßlsperger* ZBR 2016, 14, 20, 26; *Hebeler/Knappstein,* ZBR 2010, 221; VG Minden, Beschl. v. 4.6.2013, 4 L 39/13; in diese Richtung wohl auch VG Düsseldorf, Beschl. v. 4.3.2014, 2 L 1684/13; a. A. VG Gera, LKV 2014, 93; offengelassen von OVG Münster, Beschl. v. 23.4.2014, 6 B 324/14). Die Unterscheidung ist überholt. Man kann jedenfalls nicht davon ausgehen, dass der Landesgesetzgeber von NRW **bei der statusgemäßen Abordnung** mit der Aufnahme der gesetzlichen Definition der Abordnung und der Änderung des bislang erforderlichen „dienstlichen Bedürfnisses" in einen „dienstlichen Grund" eine Verschärfung der Anforderungen vornehmen wollte. Die Gesetzesmaterialien schweigen sich dazu aus. In der Literatur zu § 14 BeamtStG wird mit Recht auch darauf hingewiesen, dass „feinsinnige Unterscheidungen zwischen beiden Begriffen" in der Praxis nicht weiterhelfen und auch das BVerwG insoweit nicht trennscharf unterscheidet (*Rieger* in MRSZ, § 14 Erl. 3.1; BVerwG, Beschl. v. 16.7.2012, 2 B 16/12; s.a. VG Minden, Beschl. v. 4.6.2013, 4 L 39/13; *Baßlsperger,* ZBR 2016, 14, 26). Der Umstand, dass man **bei nicht statusgemäßer Abordnung** nach § 24 Abs. 3 bei der Prüfung dienstlicher Gründe wegen der besonderen Eingriffsintensität (zusätzlich) **einen dringenden Handlungsbedarf** annehmen muss, bedeutet nicht, dass man dieses (Zusatz-)Kriterium nach der Rechtsänderung durch die aktuelle Dienstrechtsnovelle nunmehr im Sinne einer Verschärfung der Anforderungen auf die Prüfung dienstlicher Gründe i. S. d. § 24 Abs. 2 erstrecken muss. Es handelt sich bei § 24 Abs. 2 um die „mildere Form" der Abordnung, sodass eine entsprechend **gestufte Anwendung des weiten Begriffes der dienstlichen Gründe** geboten ist (vgl. zum Begriff des „dienstlichen Grundes" nach § 24 Abs. 2 a.F. OVG Münster, Beschl. v. 23.4.2014, 6 B 324/14; VG Düsseldorf, Beschl. v. 4.3.2014, 2 L 1684/1). Auch die bisherige Rechtsprechung in NRW zum „dienstlichen Bedürfnis" für eine Abordnung dürfte bei der künftigen Rechtsanwendung in dem Rahmen weiterhin relevant bzw. übertragbar sein.

5   Als **dienstliche Gründe** sind demnach solche anzusehen, die die personellen Erfordernisse erfassen, die aus dem generellen Organisationsziel der öffentlichen Verwaltung und dem besonderen Organisationszweck des konkreten Verwaltungsbereiches folgen. Dienstliche Gründe können dabei insbesondere aus der Personallage oder aus den Leistungen, der Eignung oder dem Verhalten des betroffenen Beamten erwachsen (OVG Münster, Beschl. v. 23.4.2014, 6 B 324/14; VG Düsseldorf, Beschl. v. 4.3.2014, 2 L 1684/1; OVG Münster, B. v. 25.2.2010, 1 B 3/10; s.a. OVG Münster, B. v. 26.2.2004, 1 B 162/04; VG Gelsenkirchen, B. v. 24.2.2011, 12 L 21/11; *Rieger* in MRSZ, § 14 Erl. 3.1; *Baßlsperger,* ZBR 2016, 14, 20; *J.-M. Günther/Höwer,* NWVBl. 2012, 174, 175; *Kotulla,* ZBR 1995, 359, 363). Die dienstlichen Gründe werden maßgeblich geprägt durch verwaltungspolitische Entscheidungen, die ihrerseits nur beschränkter gerichtlicher Überprüfung unterliegen (OVG Münster, Beschl. v. 1.7.2014, 6 B 689/14 – zum dienstlichen Bedürfnis). Es handelt sich um einen **unbestimmten Rechtsbegriff,** welcher der vollen gerichtlichen Nachprüfung unterliegt (vgl. insoweit zum dienstlichen Bedürfnis BVerwG, ZBR 1996, 395; BVerwGE 26, 65; BVerwG, Buchholz 237.6 § 31 LBG Niedersachsen Nr. 1). Im Zweifel hat die Behörde das Vorliegen dienstlicher Gründe konkret nachzuweisen (vgl. die Fallbeispiele von *Rieger* in MRSZ, § 14 BeamtStG Erl. 3.1). Soweit *Kathke* der Ansicht ist, bei § 24 Abs. 1 sei ein dienstliches Bedürfnis – nach neuer Rechtslage ein „dienstlicher Grund" – in jedem Fall

gegeben, wenn ein solches dienstliches Bedürfnis für eine Versetzung gegeben wäre, ist dem zuzustimmen (*Kathke* in Schütz/Maiwald, § 24 LBG Rn. 24; *Kathke,* ZBR 1999, 325, 336). Wenn schon für eine Versetzung mit ihrem Dauercharakter ein dienstliches Bedürfnis vorliegt, wird man erst Recht für eine nicht auf Dauer angelegte Abordnung das Vorliegen eines dienstlichen Grundes annehmen können (so auch *Baßlsperger*, ZBR 2016, 14, 20). Wenn die Abordnung erfolgt, um einen erforderlichen Ausgleich für eine aktuelle Über- oder Unterbesetzung einer Dienststelle sicherzustellen, ist sie gerechtfertigt (*Kotulla,* ZBR 1995, 363; BVerwGE 7, 228). Ein Standardfall ist auch die **Abordnung zu Erprobungszwecken.** Wenn sich ein Beamter – so das VG Düsseldorf in einem Beschluss aus dem Jahr 2011 – nach einer Versetzung in einer zentralen Fortbildung der neuen Behörde, die sich als erforderliche Qualifizierung für eine Tätigkeit in dieser Behörde – hier Landeskriminalamt – darstellt, nicht bewährt hat, kann er wieder an seine ursprüngliche Stammbehörde abgeordnet (und später dorthin zurückversetzt) werden (VG Düsseldorf, B. v. 6.1.2011, 2 L 1774/10). Die Aufhebung einer Abordnung folgt insofern den Regelungen für die Abordnung, einschließlich der Anwendbarkeit des § 54 Abs. 4 BeamtStG (VG Aachen, Beschl. v. 30.1.2015, 1 L 713/14). Selbst wenn sich die Abordnung als konzeptionell vorgeschaltete Personalmaßnahme mit dem Ziel einer unmittelbar sich anschließenden Versetzung darstellt – **sog. versetzungsgleiche Abordnung** – ändert dies nichts am Charakter als vorläufige Maßnahme und macht die Abordnung rechtlich nicht etwa zu einer Versetzung (*Baßlsperger*, ZBR 2016, 14, 20; *Kotulla,* ZBR 1995, 364; krit. OVG Münster, ZTR 2007, 515). Gleiches gilt für die Negativvariante, wo ein nicht mehr tragbarer Beamter aus seinem ausgeübten Amt dauerhaft entfernt werden soll und die Abordnung dazu dient, den Abordnungszeitraum dazu zu nutzen, den endgültigen Versetzungsort festzulegen (*Kotulla,* ZBR 1995, 364). Wenn allerdings in einem Konfliktfall bei einem Schulbeamten eine Abordnung zu einer Bezirksregierung für einen Zeitraum von drei Jahren bis zum Ende der Diensttätigkeit des Beamten (Ruhestand) verfügt wird, stellt dies der Sache nach eine dauerhafte Eingliederung dar, für welche allein eine Versetzung das richtige Rechtsinstrument ist (VG Aachen, DÖD 2014, 281). Ein solche Abordnung ist rechtswidrig (VG Aachen, a. a. O.).

Bei einer Abordnungsentscheidung steht dem Dienstherrn **Ermessen** zu (vgl. dazu **6** *Baßlsperger*, ZBR 2016, 14, 22; *Rieger* in MRSZ, § 14 BeamtStG Erl. 3.2). Kommen für die Auswahl für die aus organisatorischen Gegebenheiten notwendige Abordnung mehrere Beamte in Betracht, liegt die **Auswahl des einzelnen Beamten für eine Abordnung** im pflichtgemäßen Ermessen der Behörde. Sofern fachlich zur Erfüllung von dienstlichen Aufgaben eine Abordnung eines Beamten notwendig ist, muss eine Behörde aber nicht in einem ersten Schritt automatisch sämtliche in ihrem Dienst stehenden Beamten in der entsprechenden Laufbahn in die Betrachtung einbeziehen, um einen Ermessensfehler zu vermeiden. Dies hat das OVG Münster in einem Beschluss vom 1.7.2014 klargestellt (OVG Münster, Beschl. v. 1.7.2014, 6 B 689/14 – zustimmend *Baßlsperger*, ZBR 2016, 14, 20; s. zu Auswahlentscheidungen bei Versetzungen OVG Münster, Beschl. v. 25.6. 2015, 1 B 332/15). Soweit das BVerwG davon ausgehe, dass ein Beamter aufgrund seiner Befähigung für eine bestimmte Laufbahn regelmäßig als geeignet anzusehen sei, diejenigen Dienstposten auszufüllen, die seinem Statusamt oder dem nächsthöheren Statusamt zugeordnet sind, beziehe sich dies – so das OVG Münster – allein auf die Bedeutung des Laufbahnprinzips im Rahmen von Auswahlentscheidungen und könne nicht auf Auswahlentscheidungen bei Abordnungen übertragen werden (Beschl. v. 1.7.2014, 6 B 689/14 unter Hinweis auf BVerwG, Beschl. vom 25.10.2011, 2 VR 4.11 – s. auch jetzt BVerwG, Beschluss vom 20. Juni 2013 – 2 VR 1.13 –, BVerwGE 147, 20). Wenn für einen bestimmten Beamten sachliche/fachliche Gründe sprechen, kann er ohne weiteres direkt ausgewählt werden (wenn sich nicht stattdessen jemand anderes primär aufdrängt); es besteht dann nur noch das Entschließungsermessen zur Entscheidung über die Frage, ob trotz dienstlicher Gründe z. B. aus schwerwiegenden privaten Gründen von einer Abordnung abzusehen ist (OVG Münster, Beschl. v. 1.7.2014, 6 B 689/14). Aus Sicht der Praxis ist die Entscheidung des OVG Münster sehr zu begrüßen, weil sonst das wichtige verwaltungspraktische Instrument der Abordnung viel zu schwerfällig und aufwendig werden würde.

7   Ein **dienstlicher Grund für eine Abordnung** kann vorliegen, wenn eine **in der Dienststelle vorhandene Spannungslage** nicht „auf andere Weise als durch Herauslösen einer an dem Spannungsfeld beteiligten Person gelöst werden kann" (OVG Münster, ZBR 2004, 397; OVG Münster, B. v. 13.4.2016, 6 B 293/16; OVG Münster, B. v. 21.12.2015, 6 B 1262/15: Abordnung einer Oberstudiendirektorin; VG Aachen, Beschl. v. 30.1.2015, 1 L 713/14; OVG Münster, Beschl. v. 23.4.2014, 6 B 324/14: Abordnung einer Schuldirektorin wegen Konflikten; VG Aachen, DÖD 2014, 281; OVG Münster, B. v. 14.1.2004, 6 B 2354/03; OVG Münster, NVwZ-RR 2010, 73). Nicht selten sind solche Spannungsfälle in Schulen. Wenn der Schulbetrieb und Schulfrieden beeinträchtigt ist, kann eine Abordnung eines objektiv beteiligten Lehrers für den Dienstherrn das dienstrechtliche Mittel der Wahl sein, um die Situation zu entschärfen (OVG Münster, B. v. 21.12.2015, 6 B 1262/15; OVG Münster, Beschl. v. 23.4.2014, 6 B 324/14; vgl. dazu auch im Kontext des Themas „Kopftuch und Schulfrieden" *Schrapper*, Schulverwaltung 2016, 80). Die Möglichkeiten und Grenzen des Dienstherrn beim Auflösen von dienstlichen Spannungsverhältnissen werden im Rahmen der Kommentierung von § 25 ausführlich dargestellt (vgl. § 25 Rn. 6 f.); sie gelten für eine Abordnung analog. Allerdings ist wegen des vorübergehenden Charakters einer Abordnung gerade in Spannungsfällen der Ermessensspielraum/die Flexibilität des Dienstherrn größer als bei Versetzungen (BVerwG, NVwZ-RR 2005, 644; *Battis*, § 27 BBG Rn. 16; *Müssig*, ZBR 1990, 116). *Battis* spricht wegen des vorübergehenden Charakters einer Abordnung davon, dass der Dienstherr „grundsätzlich eine freiere Hand" hat, sofern die Abordnung im Einzelfall nicht einer Versetzung vorgeschaltet ist (*Battis*, § 27 BBG Rn. 16). Auch eine im Raum stehende Gehorsamsverweigerung und das Laufen eines Disziplinarverfahrens können ein Abordnungsgrund sein (VG Düsseldorf, Urt. v. 19.11.2014, 13 K 7542/13: Abordnung eines Ersten Justizhauptwachtmeisters). Ferner kann sich aus Differenzen mit einem Vorgesetzten eine relevante Spannungslage ergeben, die eine Abordnung eines Beamten rechtfertigt (OVG Münster, B. v. 13.4.2016, 6 B 293/16: Abordnung eines Oberwerkmeisters an eine andere Justizvollzugsanstalt wegen Differenzen mit Vorgesetztem). Entscheidend sind die Einzelfallumstände. Ist ein Beamter „unschuldiges Opfer" des konfliktverursachenden Verhaltens eines Vorgesetzten, wäre es nach ständiger Rechtsprechung ermessensfehlerhaft, den darunter leidenden Beamten abzuordnen, um den Konflikt in der Dienststelle zu lösen (OVG Münster, B. v. 6.4.2016, 6 B 106/16 m. w. N.; vgl. zu Fragen des Mobbings *J.-M. Günther*, ZBR 2015, 404).

8   Wegen der **Fürsorgepflicht des Dienstherrn** sind bei (Ermessens-)Entscheidungen über Abordnungen substantiierte **Anhaltspunkte für eine Gesundheitsschädigung** des betroffenen Beamten angemessen zu berücksichtigen (BVerfG, NVwZ 2005, 926: psychische Erkrankung kann Sofortvollzug entgegenstehen; OVG Münster, DÖD 2008, 230; VGH München, B. v. 11.1.2011, 6 ZB 10.1035; VGH Mannheim, IÖD 2008, 180; *Battis*, § 27 BBG Rn. 16; *H. Günther*, RiA 2006, 67). Es ist z. B. kein genereller Wertungsvorrang des Sofortvollzugs einer Abordnungsverfügung anzuerkennen, wenn andererseits konkrete Belege für die Gefahr einer durch die Abordnung voraussichtlich sich entwickelnden nachhaltigen Verschlechterung des Gesundheitszustandes des Beamten vorliegen (BVerfG, NVwZ 2005, 926; VGH Mannheim, IÖD 2008, 180; s. a. *Kathke*, ZBR 1999, 325, 330). Der Dienstherr ist trotz der für das öffentliche Interesse am Sofortvollzug streitenden Wertungen des § 54 Abs. 4 BeamtStG zur sorgfältigen Abwägung zwischen allgemeinen dienstlichen Interessen und den (gesundheitlichen) Interessen des Beamten verpflichtet (OVG Münster, B. v. 2.5.2011, 6 B 88/11; OVG Münster, NVwZ-RR 2010, 73; BVerfG, NVwZ 2005, 926). Er kann durchaus zum Ergebnis kommen, dass die dienstlichen Interessen trotz starker privater Interessen Vorrang haben, weil es in der Praxis z. B. wegen bestimmter Stellensituationen in der konkreten Abordnungssituation nicht die für einen psychisch erkrankten Beamten „ideale" Abordnungsstelle in unmittelbarer Heimatortnähe gibt

(VGH München, B. v. 11.1.2011, 6 ZB 10.1035; VGH Mannheim, IÖD 2008, 180). Dem persönlichen Wohl und der Gesundheit des betroffenen Beamten ist (nur) im Rahmen des dem Dienstherrn Möglichen und Zumutbaren Rechnung zu tragen. Man wird vor dem Hintergrund des neuen § 76 (Behördliches Gesundheitsmanagement) und der darin zum Ausdruck kommenden Wertungen des Gesetzgebers konsequenterweise künftig auch bei Abordnungsentscheidungen noch stärker (gravierende) Gesundheitsaspekte in den Entscheidungsprozess einbeziehen müssen. Im Grundsatz hat jeder Beamte mit der Möglichkeit der Abordnung/Versetzung zu rechnen und muss sich ggf. bis zu einer gewissen Grenze auf daraus resultierende Härten/Unannehmlichkeiten einrichten (BVerwGE 26, 65, 69). Auch die **Situation enger Familienangehöriger** – etwa eine psychische Erkrankung des Ehepartners – ist in die Abwägung einzubeziehen (BVerwG, ZBR 1996, 395: Psychische Erkrankung der Ehefrau eines Soldaten). Nur schwere psychische oder sonstige gesundheitliche Störungen/Erkrankungen, die durch eine Abordnung des Beamten beim Partner massiv verschlimmert würden, sind relevant (VG Hamburg, B. v. 23.8.2001, 22 VG 3171/2001). Es ist zu prüfen, ob nicht Alternativen zur Versorgung und Betreuung Angehöriger durch den Beamten vorliegen (OVG Bautzen, B. v. 7.7.2010, 2 B 59/10). Entscheidend ist der Einzelfall. Dem Dienstherrn ist zu empfehlen, seine Erwägungen hinreichend zu dokumentieren, um dem Einwand entgegenzutreten, er habe relevante potentielle persönliche Hinderungsgründe nicht in die Entscheidungsfindung einbezogen (BVerfG, NVwZ 2005, 926). Die (dokumentierte) Einbeziehung der Ergebnisse einer nach § 24 Abs. 5 vorzunehmenden Anhörung des Beamten in den Abwägungsprozess ist wichtig.

IV. Abordnungshindernisse

Für **Professoren** gilt bei Abordnungen (und Versetzungen) die **Sonderregelung,** dass 9 sie nur mit ihrer Zustimmung abgeordnet (oder versetzt) werden können, § 123 Abs. 2 Satz 1. Etwas anderes gilt nur bei grundlegenden Umstrukturierungsmaßnahmen (z.B. Auflösung der Hochschule/Hochschuleinrichtung), da dann eine Abordnung (oder Versetzung) ohne Zustimmung möglich ist, § 123 Abs. 2 Satz 2. Für **Personalratsmitglieder** gilt **§ 43 Abs. 1 Satz 1 LPVG**. Eine **Abordnung** – ebenso wie eine Versetzung, Umsetzung, Zuweisung oder Gestellung – ist **gegen deren Willen** nur möglich, wenn sie auch unter Berücksichtigung der Mitgliedschaft im Personalrat aus wichtigen dienstlichen Gründen unvermeidbar ist (vgl. dazu ausführlich *Klein,* Das Recht der Personalvertretung in Nordrhein-Westfalen, Rz. 113 ff.). Hat ein Personalratsmitglied seiner Versetzung zugestimmt, kann die Zustimmung ab dem Zeitpunkt, zu dem die Versetzungsverfügung ihm eröffnet wurde, nicht mehr zurückgenommen werden (BVerwG, ZBR 2000, 307). Liegt keine Zustimmung des Personalratsmitglieds vor, muss für eine wirksame Abordnung eine Zustimmung des Personalrats, dem das Mitglied angehört, vorliegen (§ 43 Abs. 1 Satz 1 LPVG). Grund der Regelung ist der Umstand, dass solche Personalmaßnahmen bezüglich Personalratsmitgliedern eine besondere „Färbung" haben (*Welkoborsky/Herget,* § 43 LPVG Rn. 2; OVG Münster, ZTR 2007, 515; siehe zum Versetzungsschutz *Rehak,* PersV 2012, 9). Der Gesetzgeber will sicherstellen, dass nicht Personalratsmitglieder vor dem Hintergrund ihrer Wahrnehmung des Mandats aus unsachlichen Gründen von solchen Personalsteuerungsmaßnahmen getroffen werden (OVG Münster, PersR 2007, 317; s.a. BVerwG, PersV 2004, 427). Die möglichst ungestörte Amtsausübung durch das Gremium und die Einzelpersonen soll sichergestellt sein (*Welkoborsky u.a.,* § 43 LPVG Rn. 2). Es besteht ein **absolutes Vetorecht des Personalrats** bei der Abordnung eines seiner dies nicht wollenden Mitglieder (VG Gelsenkirchen, B. v. 24.2.2011, 12 L 21/11). Die Personalmaßnahme gegen den Willen des Personalratsmitglieds ist nur mit einer ausdrücklichen Zustimmung des Gremiums möglich, weil es sich hier um ein Beteiligungsverfahren eigener Art handelt, bei welchem mangels entsprechender ausdrücklicher gesetzlicher Regelung keine Zustimmungsfiktion durch reinen Fristablauf möglich ist (VG Gelsenkirchen, a. a. O.). Wird die Zustimmung verweigert, gibt es **kein Zustimmungsersetzungsverfahren;** die Einigungsstelle kann nicht von der Dienststelle angerufen werden. Die Maßnahme ist dann nicht durchführbar (*Welkoborsky u. a.,* § 43 LPVG Rn. 3; *Rehak,* PersV 2012, 9). Sofern im Verhinderungs- oder Ruhensfall für ein Personalratsmitglied ein Ersatzmitglied eintritt, gilt der gesteigerte Schutz auch für dessen eintretendes Ersatzmitglied, da dieses gemäß § 28 LPVG für die Zeit der Ersatzmitgliedschaft in die Rechtsposition eines Personalratsmitglieds rückt (*Kathke* in Schütz/Maiwald, § 24 LBG Rn. 92). Für Bezirks- und Hauptpersonalräte, Gesamtpersonalräte und Mitglieder von Jugend- und Auszubildendenvertretungen (einschließlich der Stufenvertretungen) gilt § 43 LPVG entsprechend (§ 51 Satz 1 LPVG NRW, § 53 i. V. m. § 51 Satz 1 LPVG, §§ 58, 60 Abs. 1 Satz 2 u. Abs. 2 Satz 2 LPVG – bezügl. Wahlvorständen/Wahlbewerbern vgl. § 21 Abs. 1 Satz 3 LPVG). **Mitglieder der Schwerbehindertenvertretung** haben ein gleiches Schutzniveau wie Personalratsmitglieder, § 96 Abs. 3 Satz 1 SGB IX.

10   Ein Dienstherr kann die Abordnung aufheben, wenn das zunächst vorhandene dienstliche Interesse bzw. der dienstliche Grund weggefallen sind (BVerwG, USK 2010, 169; *Kathke,* ZBR 1999, 325, 337). Dies kann z. B. der Fall sein, wenn jemand zum Zwecke der Erprobung auf einen Beförderungsdienstposten abgeordnet war und dann mangelnde Bewährung festgestellt wird (BVerwG, a. a. O.). Das verfolgte Ziel der Erprobung – und damit der Abordnung – ist dann verfehlt, so dass ab dem Zeitpunkt die Grundlage für die Abordnung wegfällt (BVerwG, a. a. O.).

V. Besondere Abordnungen/statusberührende Abordnungen

11   § 24 Abs. 3 entspricht im Wesentlichen der Regelung wie sie § 14 Abs. 2 BeamtStG für eine landesübergreifende Abordnung und die Abordnung in die Bundesverwaltung vorsieht. Insofern ist eine Abordnung „aus dienstlichen Gründen" vorübergehend ganz oder teilweise auch zu einer nicht dem Amt des Beamten entsprechenden Tätigkeit zulässig, wenn dem Beamten die Wahrnehmung der neuen Tätigkeit auf Grund seiner Vorbildung oder Berufsausbildung zuzumuten ist (§ 24 Abs. 3 Satz 1). Es ist sogar möglich, zu einer Tätigkeit abzuordnen, die nicht einem Amt mit demselben Endgrundgehalt entspricht (§ 24 Abs. 3 Satz 2). Beide Abordnungsvarianten bedürfen ab eines Zeitraums von zwei Jahren der Zustimmung betroffener Beamter. An solche Abordnungen sind wegen des Verhältnismäßigkeitsgrundsatzes und des Fürsorgeprinzips höhere Anforderungen zu stellen (vgl. ausführlich zu den Zumutbarkeitsgrenzen *Baßlsperger,* ZBR 2016, 14, 21).

12   Für die Maßnahmen nach § 24 Abs. 3 müssen **„dienstliche Gründe"** streiten. Hierunter fallen auch personenbezogene Gründe (OVG Münster, Beschl. v. 23.4.2014, 6 B 324/14; *Baßlsperger,* ZBR 2016, 14, 20). Das OVG Münster sieht **dienstliche Gründe für eine statusberührende Abordnung** nach § 24 Abs. 3 Satz 2, wenn ein **außerdienstliches Fehlverhalten** von hinreichend beachtlichem Gewicht vorliegt, dass das Vertrauen der Öffentlichkeit und des Dienstherrn erschüttert. Bei der Mitgliedschaft eines Gerichtsvollziehers bei der Rockergruppe „Bandidos" und dortigen Übernahme von „Schatzmeisterfunktionen", sah das OVG Münster diese Voraussetzungen mit Recht als erfüllt an (OVG Münster, NWVBl. 2012, 178 – vgl. dazu die zustimmenden Urteilsanm. von *J.-M. Günther/Höwer,* NWVBl. 2012, 174; s. a. *Attendorn/Baier,* JuS 2013, 158; *Baßlsperger,* ZBR 2016, 14, 21).

VI. Anhörung des Beamten

13   Der Beamte ist vor der Abordnung **anzuhören,** § 24 Abs. 5. Die Vorschrift ist lex specialis zu § 28 VwVfG NRW. Auch ohne diese ausdrückliche beamtengesetzliche Verpflichtung hätte der Dienstherr wegen der **Fürsorge- und Schutzpflicht** vor einer Abordnung eine Anhörung vorzunehmen (*Kopp/Ramsauer*, § 28 VwVfG Rn. 10b). Der Beamte kann so rechtzeitig Bedenken gegen die Abordnung vorbringen oder Wünsche – etwa zum Zeitpunkt/Umständen der Abordnung usw. – äußern. Der Dienstherr wiederum vermeidet etwaige Ermessensfehler, die auf unzureichender Ermittlung der zu berücksichtigenden Tatsachengrundlagen beruhen. Soweit vor der Abordnungsentscheidung eine Anhörung pflichtwidrig nicht erfolgte, wird der darin liegende **Verfahrensmangel** durch die Äußerungsmöglichkeit in einem gerichtlichen Eilverfahren geheilt, § 45 Abs. 1 Nr. 3, Abs. 2 VwVfG NRW (VG Düsseldorf, B. v. 6.1.2011, 2 L 1774/10; vgl. zur Nachholung der Anhörung durch ein gerichtliches Eilverfahren: OVG Münster, B. v. 8.9.2010, 1 B 541/10; krit. zur Heilungsmöglichkeit im gerichtlichen Verfahren *Kopp/Ramsauer*, § 45 VwVfG Rn. 42). Eine solche spätere Nachholung beinhaltet allerdings bezüglich der getroffenen Entscheidung fast wesensnotwendig eine „konservierende Tendenz“, so dass die Heilungsmöglichkeit durchaus mit Recht kritisch gesehen wird (*Kopp/Ramsauer*, § 45 VwVfG Rn. 33).

VII. Rechtsschutz

14 Nach § 54 Abs. 4 BeamtStG haben Widerspruch (falls landesrechtlich vorgesehen) und Anfechtungsklage gegen eine Abordnung keine aufschiebende Wirkung; die Vorschrift gilt nicht nur für Landesgrenzen überschreitende Abordnungen (und Versetzungen), sondern für alle Abordnungen (*Reich,* § 54 BeamtStG Rn. 14). Der Gesetzgeber geht davon aus, dass für die **sofortige Vollziehung einer Abordnungsverfügung** i. d. R. ein ausschlaggebendes öffentliches Interesse spricht, es sei denn für die gegenläufigen Interessen des betroffenen Beamten würden ausnahmsweise gewichtige Gründe sprechen, welche das öffentliche Interesse am Sofortvollzug der Abordnungsverfügung überwiegen (OVG Münster, B. v. 2.5.2011, 6 B 88/11; OVG Münster, NVwZ-RR 2010, 73; VG Düsseldorf, B. v. 27.7.2011, 2 L 763/11; OVG Bremen, NVwZ-RR 2007, 337; vgl. zu den gesetzgeberischen Motiven: *Rieger* in MRSZ, § 54 BeamtStG Erl. 4 a. E.).

15 Es stellt sich die Frage, ob § 54 Abs. 4 BeamtStG auch die Fälle umfasst, wo es z. B. nicht um die zunächst erfolgte Abordnung geht, sondern um die (vorzeitige) Aufhebung dieser Abordnung. Sofern man hierin eine Rückabordnung sieht, hat eine hiergegen gerichtete Klage keine aufschiebende Wirkung. Die Aufhebung kann sich unter Umständen auch als eine nachträgliche Befristung einer zunächst unbefristeten Abordnung darstellen, was ebenfalls unter den § 54 Abs. 4 BeamtStG fällt (vgl. OVG Lüneburg, B. v. 17.6.2009, 5 LA 101/07; zustimmend *Brockhaus* in Schütz/Maiwald, § 24 LBG Rn. 151; s. a. OVG Greifswald, NVwZ-RR 2003, 665). Schließlich dürfte auch bei anderen denkbaren Fallkonstellationen, wo der Dienstherr nicht mehr an der Abordnung festhalten will, der Gesichtspunkt des „actus contrarius“ dafür sprechen, dass auch insoweit § 54 Abs. 4 BeamtStG in der Regel zur Anwendung gelangt und eine Klage gegen die Aufhebung keine aufschiebende Wirkung hat (dem ausdrücklich zustimmend *Baßlsperger*, ZBR 2016, 14, 26; vgl. in dem Kontext zu dem Gesichtspunkt des „actus contrarius“ OVG Greifswald, NVwZ-RR 2003, 665). Wenn ein Beamter einen Antrag auf eine Abordnung gestellt hat oder eine erfolgte Abordnung verlängert wissen will, kann er eine Verpflichtungsklage erheben und Antrag auf einstweiligen Rechtsschutz (§ 123 Abs. 1 VwGO) stellen (*Baßlsperger*, ZBR 2016, 14, 26).

§ 25 Versetzung

(1) **Eine Versetzung ist die auf Dauer angelegte Übertragung eines anderen Amtes bei einer anderen Dienststelle bei demselben oder einem anderen Dienstherrn.**

(2) ¹Beamtinnen und Beamte können in ein anderes Amt einer Laufbahn, für die sie die Befähigung besitzen, versetzt werden, wenn sie es beantragen oder ein dienstliches Bedürfnis besteht. ²Eine Versetzung bedarf nicht ihrer Zustimmung, wenn das neue Amt zum Bereich desselben Dienstherrn gehört, derselben Laufbahn angehört wie das bisherige Amt und mit mindestens demselben Endgrundgehalt verbunden ist; Stellenzulagen gelten hierbei nicht als Bestandteile des Grundgehaltes. ³Vor der Versetzung ist die Beamtin oder der Beamte zu hören.

(3) ¹Aus dienstlichen Gründen können Beamtinnen oder Beamte ohne ihre Zustimmung in ein Amt mit demselben Endgrundgehalt auch einer anderen Laufbahn, auch im Bereich eines anderen Dienstherrn, versetzt werden; Stellenzulagen gelten hierbei nicht als Bestandteile des Grundgehaltes. ²§ 22 bleibt unberührt.

(4) Besitzen die Beamtinnen und Beamten nicht die Befähigung für die andere Laufbahn, haben sie an Maßnahmen für den Erwerb der neuen Befähigung teilzunehmen.

(5) ¹Werden die Beamtinnen und Beamten in ein Amt eines anderen Dienstherrn versetzt, wird das Beamtenverhältnis mit dem neuen Dienstherrn fortgesetzt; auf die beamten- und besoldungsrechtliche Stellung der Beamtinnen und Beamten finden die im Bereich des neuen Dienstherrn geltenden Vorschriften Anwendung. ²Die Versetzung wird von dem abgebenden im Einvernehmen mit dem aufnehmenden Dienstherrn verfügt; das Einverständnis ist schriftlich zu erklären. ³In die Verfügung ist aufzunehmen, dass das Einverständnis vorliegt.

Übersicht

I. Allgemeines

1   § 15 BeamtStG regelt nur die landesübergreifende Versetzung und die Versetzung in die Bundesverwaltung und enthält selbst keine gesetzliche Definition des Begriffs der Versetzung (vgl. zur länderübergreifenden Versetzung *Baßlsperger*, PersV 2015, 289). Das BeamtStG beschränkt sich insofern auf eine Festlegung der Voraussetzungen und Folgen solcher Versetzungsfälle (vgl. dazu *Rieger* in MRSZ, § 15 BeamtStG Erl. 1). Die Versetzung innerhalb eines Landes richtet sich ausschließlich nach dem jeweiligen Landesrecht. Aus Gründen der „Klarstellung" hat der Landesgesetzgeber von NRW nunmehr mit dem **Dienstrechtsmodernisierungsgesetz** analog des Vorgehens bei der Abordnung erstmalig mit dem neuen § 25 Abs. 1 eine **gesetzliche Definition des Begriffes der Versetzung** in das LBG aufgenommen (LT-Drs. 16/10380, S. 347). Der Text entspricht § 28 Abs. 1 BBG. Es handelt sich um die herkömmliche Begriffsbestimmung. Unter einer **Versetzung** eines Beamten versteht das Gesetz eine auf Dauer angelegte Übertragung eines anderen Amtes bei einer anderen Dienststelle desselben oder eines anderen Dienstherrn (zur Abgrenzung zur Abordnung vgl. § 24 Rn. 1). Der Landesgesetzgeber hat mit dem Dienstrechtsmodernisierungsgesetz im Landesbeamtenversorgungsgesetz mit §§ 94 ff. LBeamtVG neue Rege-

lungen zur Versorgungslastenverteilung bei Dienstherrnwechseln innerhalb von NRW getroffen (analog den Regelungen für bund- und länderübergreifende Dienstherrnwechsel,
Versorgungslastenteilungs-Staatsvertrag). Dies betrifft insofern auch Versetzungen (LT-Drs.
16/10380, S. 427). Das Abfindungsmodell (§ 96 LBeamtVG) sieht eine pauschalierte Ab-
findung der erworbenen Versorgungsanwartschaften in Form einer Einmalzahlung des
abgebenden an den aufnehmenden Dienstherrn vor, wobei auf den Zeitpunkt des Dienst-
herrnwechsels abgestellt wird. Die verwaltungspraktische „Abwicklung" von Versetzungen
innerhalb von NRW wird im Falle eines Dienstherrenwechsels somit erleichtert (LT-Drs.
16/10380, S. 6). Dies ist aus der Sicht der Verwaltungspraxis sehr zu begrüßen.

II. Tatbestandsvoraussetzungen für eine Versetzung

1. Begriff der Versetzung

Die Definition der Versetzung stellt bei der Übertragung eines anderen Amtes auf ein **2**
abstraktes Amt im funktionellen Sinne ab, welches unter Fortsetzung des Beamtenverhältnisses an der neuen Amtsstelle ausgeübt wird (*Schönrock*, ZBR 2010, 222, 223). Bei einer
Versetzung handelt es sich um eine „horizontale Personallenkungsmaßnahme", bei welcher
in der Praxis oft gegenläufige Interessen so weit wie möglich miteinander in Einklang gebracht werden müssen (*Hebeler/Knappstein*, ZBR 2010, 217). Versetzungen dienen der Optimierung des Personaleinsatzes (*Gunkel/Hoffmann*, Beamtenrecht in Nordrhein-Westfalen,
S. 258). Auch **Inhaber funktionsbezogener Ämter** können grundsätzlich versetzt werden (VG Gelsenkirchen, Urt. v. 17.2.2012, 12 K 351/09: Kanzler einer FH). Das Gesetz
sieht in § 25 Abs. 2 Satz 1 zwei Varianten vor: die Versetzung auf Antrag oder ohne Zustimmung des Beamten, wenn ein **dienstliches Bedürfnis** besteht. Dem Beamten steht es
frei, seine Versetzung zu einer neuen Amtsstelle innerhalb des Dienstbereichs seines bisherigen Dienstherrn oder zu einem anderen Dienstherrn zu beantragen. Dies kann mangels
besonderer Formvorschrift mündlich oder schriftlich erfolgen. Versetzungen unterliegen
nach § 72 Abs. 1 Nr. 5 LPVG der Mitbestimmung sowohl der abgebenden als auch der
aufnehmenden Dienststelle (vgl. *Rehak*, PersV 2012, 4, 7: „Maßnahme mit personalvertre-
tungsrechtlicher Doppelnatur"; *Welkoborsky u. a.*, § 72 LPVG Rn. 33; *Cecior* in CVLK,
§ 72 LPVG Rn. 289 u. Rn. 308; BVerwG, PersV 1995, 175). Für Lehrkräfte gilt § 91
LPVG als Sonderregelung (vgl. dazu *Cecior*, § 72 LPVG Rn. 297 und § 91 LPVG Rn. 5).
Die Gleichstellungsbeauftragte ist nach § 18 Abs. 2 LGG zu beteiligen; ein allgemeiner
Verzicht einer Gleichstellungsbeauftragten auf eine Beteiligung an personellen Maßnahmen
bezüglich bestimmter Beschäftigtengruppen berechtigt den Dienstherrn nicht, von deren
Beteiligung abzusehen (OVG Münster, DÖD 2015, 319: Versetzung des Kanzlers einer
Hochschule ohne Beteiligung der Gleichstellungsbeauftragten rechtswidrig). Bei der Versetzung von Personalratsmitgliedern ist – wie bei Abordnungen – § 43 Abs. 1 Satz 1 LPVG
zu beachten (vgl. dazu im Einzelnen § 24 Rn. 9; s. a. *Klein*, Das Recht der Personalvertretung in Nordrhein-Westfalen, Rz. 113 ff.).

2. Versetzungsermessen

Der Dienstherr hat bei der Entscheidung ein **Versetzungsermessen** (VG Düsseldorf, **3**
B. v. 7.9.2011, 2 L 1333/11). Bei der Ermessensausübung bewegt er sich im Spannungsfeld
der Pflicht zur Einbeziehung der persönlichen Belange des Beamten (Fürsorgepflicht) und
dienstlicher Bedürfnisse. Wegen des Charakters als **„Kann-Vorschrift"** ist von einem
weitreichenden Ermessensspielraum auszugehen; durch eine gefestigte Verwaltungspraxis können über Art. 3 Abs. 1 GG gewisse (Ermessens-)Bindungen bestehen (VG Düsseldorf, B. v. 31.8.2011, 2 L 1266/11: Versetzungspraxis der Polizei nach standardisiertem
Punktekatalog; vgl. zu Punktesystemen bei Versetzungen BVerwG, B. v. 18.2.2013, 2 B
51.12). Der Beamte hat grundsätzlich keinen Anspruch auf Versetzung; es muss (nur) in

seinem Fall eine ermessensfehlerfreie Entscheidung ergehen (BVerwGE 75, 133, 135). Ein Versetzungsanspruch besteht nur, wenn bei Abwägung aller Umstände allein die Entscheidung richtig ist, eine beantragte Versetzung vorzunehmen (VG Düsseldorf, B. v. 7.9.2011, 2 L 1333/11; VG Düsseldorf, B. v. 31.8.2011, 2 L 1266/11). Beim Vorliegen gewichtiger persönlicher Gründe für eine Versetzung, deren Nichtberücksichtigung sich auch unter strengen Maßstäben als „außergewöhnliche Härte" darstellen würde, kann sich im Einzelfall das Ermessen soweit reduzieren, dass ein Versetzungsanspruch besteht (*Schnellenbach*, § 4 Rn. 12; VG Düsseldorf, B. v. 7.9.2011, 2 L 1333/11). Eine **tendenziell prioritäre Orientierung an dienstlichen Interessen** ist im Regelfall nicht ermessensfehlerhaft, wenn im **Abwägungsprozess** die dienstlichen Interessen letztlich in vertretbarer Weise Vorrang beanspruchen können. Besondere Probleme bei der Wiederbesetzung des Dienstpostens, die absehbar und belegbar bei Versetzung des aktuellen Dienstposteninhabers entstehen würden, sind durchaus gewichtig, dürfen aber vor dem Hintergrund der generellen Personalknappheit und dem weitverbreiteten **Vorliegen von kw-Vermerken** jedenfalls nicht pauschal und unter automatischer Verdrängung persönlicher Belange des Beamten Versetzungsanträgen entgegengehalten werden. Zu den relevanten persönlichen Belangen zählt nämlich auch die berufliche Entwicklung von Beamten, für die gerade eine Versetzung bedeutsam sein kann (VG Gelsenkirchen, Urt. v. 14.7.2010, 1 K 3939/08). Würde man Probleme mit dem Nachersatz für versetzte Beamte immer als durchgreifendes und in der Abwägung dominantes dienstliches Interesse ansehen, wären entgegen dem gesetzgeberischen Willen, der auch Beamten eine gewisse Flexibilität zubilligen möchte, weite Verwaltungsbereiche von der gesetzlich vorgesehenen Möglichkeit einer Versetzung abgekoppelt, da **Wiederbesetzungsprobleme** regelmäßig auftauchen (vgl. zur Relevanz von Wiederbesetzungsproblemen VGH Kassel, Urt. v. 31.3.2010, 1 B 272/10). Wiederbesetzungsprobleme sind im Abwägungsprozess (natürlich) relevant, ohne das Ergebnis der (Ermessens-) Entscheidung über den Versetzungsantrag zu determinieren. Wenn bestimmten Behörden oder bestimmten Bereichen von Behörden Überalterung droht, verfolgt der Dienstherr aber ein anerkennenswertes öffentliches Interesse, wenn er bei Versetzungen zu diesen Behörden im Rahmen der Wahrnehmung seiner Steuerungsaufgaben gezielt auch das (junge) Alter der zu versetzenden (Polizei-)Beamten als Auswahlkriterium in den Blick nimmt (VG Düsseldorf, B. v. 7.9.2011, 2 L 1333/11). Die **Schaffung einer ausgewogenen Altersstruktur** in Behörden und Dienststellen ist auch im Rahmen von Versetzungen im Rahmen einer Gesamtabwägung – neben anderen Zielen – ein legitimes Ziel, welches neben privaten Gründen des Antragstellers in den Abwägungsprozess im Einzelfall entscheidend eingestellt werden kann (VG Düsseldorf, B. v. 7.9.2011, 2 L 1333/11). Für die Entscheidung über eine Versetzung gelten die normalen Grundsätze, die die Rechtsprechung zu Ermessensfehlern entwickelt hat (vgl. dazu *Kopp/Ramsauer*, § 40 VwVfG Rn. 85 ff.).

4　　Bei der Behandlung von Versetzungsanträgen nach § 25 Abs. 2 Satz 1 ist es ermessensfehlerhaft, wenn bei konkurrierenden Versetzungsanträgen **wichtige soziale Aspekte** im Quervergleich nicht oder nicht richtig berücksichtigt werden (VG Gelsenkirchen, B. v. 29.6.2009, 1 L 281/09). Wird zu Gunsten einer kinderlosen Antragstellerin allein auf lange Fahrtstrecken abgestellt, ohne diesen Aspekt mit Kinderbetreuungspflichten konkurrierender Bewerber abzuwägen, ist dies ermessensfehlerhaft (VG Gelsenkirchen, B. v. 29.6.2009, 1 L 281/09). Andererseits sind Dienstherrn z. B. aufgrund von Art. 6 GG nicht gehalten, zum Nachteil öffentlicher Interessen jegliche die Familie eines Beamten betreffende Belastung zu vermeiden und z. B. einen mit familiären Interessen begründeten Versetzungsantrag zu genehmigen, obwohl die Versetzung den Bestrebungen des Dienstherrn zur Verjüngung der Beamtenschaft in der vom Antragsteller gewünschten Behörde entgegenlaufen würde (VG Düsseldorf, B. v. 7.9.2011, 2 L 1333/11; s. a. OVG Münster, NVwZ-RR 2015, 192: Wille eines Bundesbeamten, pflegebedürftige Angehörige zu pflegen bei Versetzungen nicht zwingend zu beachten). Falsche Rechtseinschätzungen einer Dienststelle oder Irrtümer über entscheidungsrelevante Sachverhalte machen i. d. R. eine darauf basierende Ermessensausübung im Rahmen von Versetzungsentscheidungen fehlerhaft (OVG Münster, B. v. 6.8.2010, 6 A 3125/08; VG Gelsenkirchen, B. v. 29.6.2009, 1 L 281/09; VG Münster, Urt. v. 12.11.2010, 4 K 1359/07; VG Düsseldorf, B. v. 19.7.2010, 2 L 955/10). Sieht sich eine Dienststelle z.B. aus unzutreffend angenommenen Rechtsgründen gehindert, eine in ihrem Ermessen liegende Versetzungsentscheidung zu Gunsten des Beamten in Erwägung zu ziehen, liegt ein Ermessensnichtgebrauch vor, der zur Rechtswidrigkeit der Entscheidung führt (VG Düsseldorf, B. v. 19.7.2010, 2 L 955/10; vgl. zu Ermessensfehlern *Kopp/ Schenke*, § 114 VwGO Rn. 14). Im Zweifel ist eine Behörde dafür beweispflichtig, dass sie ihr Ermessen sachgemäß und fehlerfrei ausgeübt hat (OVG Münster, B. v. 6.8.2010, 6 A 3125/08; BVerwG, DVBl 1983, 997; *Kopp/Schenke*, § 114 VwGO Rn. 11). Im Rahmen der Abwägung sind sicher prognostizierbare **persönliche Härten und negative gesund-heitliche Folgen für den Betroffenen** und seine **Familie** einzubeziehen (*Battis*, § 28 BBG Rn. 16 m. w. N.; *Kathke*, ZBR 1999, 325, 330). Es entspricht der Fürsorgepflicht, bei der Ausübung des Versetzungs- oder Umsetzungsermessens u. a. den Blick auch auf etwaige gravierende belastende Folgen für die private Lebensführung zu richten (OVG Münster, Beschl. v. 12.2.2014, 1 B 1507/13; BVerfG, DÖD 2008, 171; BVerwG, NVwZ 2013, 797). Ist ein Beamter z. B. nachweislich stark labil und würde eine Versetzung aller Voraussicht nach zu dauerhaften gesundheitlichen Schäden oder gar zur Dienstunfähigkeit führen, ist ein **Verzicht auf eine Versetzung** ernsthaft zu erwägen und ggf. vorzunehmen (BVerwG, Buchholz 232 § 26 BBG Nr. 11; so schon BVerwG, ZBR 1969, 47; vgl. zu dienstunfallrechtlichen Folgen schockierender Personalgespräche *J.-M. Günther*, ZBR 2015, 404). Eine Versetzung ist im Falle der Auslösung einer damit in wahrscheinlich kausalem Zusammenhang stehenden ernsten Erkrankung u. U. wieder rückgängig zu machen ist (*Schnellenbach*, § 4 Rn. 26). Der Dienstherr kann – etwa im Polizeibereich – bei „koordinierten" landesweiten Versetzungsverfahren eine Auswahl über die Festlegung allgemeiner (Sozial-)Kriterien vornehmen, wenn diese sachgerecht sind (VG Düsseldorf, B. v. 7.9.2011, 2 L 1333/11). Solange die Versetzung noch nicht antragsgemäß verfügt und dem Beamten bekanntgegeben ist, steht es dem Beamten frei, seinen Antrag wirksam zurückzunehmen (*Battis*, § 28 BBG Rn. 11; *Schnellenbach*, § 4 Fn. 34). Soll er ohne Zustimmung versetzt werden, ist er vorher anzuhören, § 25 Abs. 2 Satz 3.

3. Dienstliches Bedürfnis für Versetzung, § 25 Abs. 2 Satz 1

Sofern der Dienstherr Beamte ohne deren Zustimmung in ein anderes Amt einer Lauf- **5** bahn, für die sie die Befähigung besitzen, versetzen will, muss dafür nach § 25 Abs. 2 Satz 1 ein **„dienstliches Bedürfnis"** vorliegen (vgl. zum Begriff VG Düsseldorf, B. v. 27.7.2011, 2 L 763/11; OVG Münster, Urt. v. 21.11.2011, 1 A 2563/09 – vgl. dazu auch die Abweisung der Nichtzulassungsbeschwerde durch BVerwG, B. v. 16.7.2012, 2 B 16/12), während § 25 Abs. 3 für den Fall, dass ein Beamter ohne seine Zustimmung in ein Amt mit demselben Endgrundgehalt auch einer anderen Laufbahn (auch im Bereich eines anderen Dienstherrn) nur aus **„dienstlichen Gründen"** versetzt werden kann. Angesichts der zahlreichen unnötigen Auslegungsfragen und Auslegungsschwierigkeiten, die mit der Verwendung der unterschiedlichen Begrifflichkeiten verbunden sind, wäre es besser gewesen, wenn der Gesetzgeber mit der Gesetzesnovelle auch an dieser Stelle den Begriff des „dienstlichen Bedürfnisses" durch den Begriff des „dienstlichen Grundes" ersetzt hätte (vgl. zu Fragen der Abgrenzung der Begriffe/Problemen im Kontext von Abordnungen: OVG Münster, Beschl. v. 23.4.2014, 6 B 324/14; VG Düsseldorf, Beschl. v. 4.3.2014, 2 L 1684/ 13; VG Gera, LKV 2014, 93; s.a. § 24 Rn. 4 m. w. N.; s. zu der „mindestens terminologisch missglückten Unterscheidung" der Begriffe auch *Schnellenbach*, § 4 Rn. 15; *Baßlsperger*, ZBR 2016, 14, 19). Das VG Minden sieht in einem Beschluss vom 4.6.2013 mit Recht im Rahmen von § 25 keine sachliche Differenz zwischen den dort in den verschiedenen Absätzen (jetzt § 25 Abs. 2 und Abs. 3) verwendeten unterschiedlichen Begriffen (VG Minden, Beschl. v. 4.6.2013, 4 L 39/13). Die Unterscheidung zwischen „dienstlichen Gründen" und einem „dienstlichen Bedürfnis" ist überholt (*Baßlsperger*, ZBR 2016, 14, 26).

Das dienstliche Bedürfnis kann sich aus einem Interesse an der **Wegversetzung,** an der **Hinversetzung** oder aus beidem ergeben (OVG Münster, Urt. v. 21.11.2011, 1 A 2563/09). In die Ermessensabwägung sind aus Fürsorgegründen immer auch die Folgen der Maßnahme für die private Lebensführung des Beamten „mit dem ihnen zukommenden Gewicht … einzustellen" (BVerwG, B. v. 16.7.2012, 2 B 16/12; OVG Münster, B. v. 25.2.2013, 6 A 1730/12: Fahrzeitverlängerung um ca. 35 Minuten bei Versetzung an anderes Gymnasium ohne weiteres zumutbar). Die Bandbreite anerkannter Fälle eines dienstlichen Bedürfnisses für eine Versetzung ist groß (vgl. *Battis*, § 28 BBG Rn. 14). Systematisch kann zwischen **Gründen in der Sphäre des Dienstherrn** und **Gründen in der Person des Beamten** unterschieden werden. Eine Versetzung ist möglich, wenn der Dienstherr zum Ausgleich für Personaldefizite in einer bestimmten Dienststelle einen Beamten dorthin versetzen will oder beabsichtigt, einen **Personalüberhang** an einer Dienststelle abzubauen (vgl. *Hebeler/Knappstein,* ZBR 2010, 217 ff.; OVG Berlin-Brandenburg, ZBR 2009, 101). Ein flexibler und bestmöglicher Personaleinsatz kann ein Beitrag sein, „eine möglichst kostengünstige Verwaltungsaufgabenerfüllung (zu) ermöglichen und (zu) gewährleisten." (*Hebeler/Knappstein,* ZBR 2010, 217; *Koch*, DVBl 2008, 805 f.). Die Versetzung einer in der Probezeit befindlichen Leitenden Gesamtschuldirektorin weg von ihrer leitenden Funktion, in der sie sich in der Probezeit nach § 22 nicht bewährt hat, entspricht z. B. einem dienstlichen Bedürfnis (OVG Münster, B. v. 11.8.2011, 6 B 895/11). Gleiches gilt, wenn ein Lehrer außerdienstlich ein unangemessenes Verhalten gegenüber minderjährigen Kindern zeigt (OVG Münster, B. v. 8.9.2011, 6 B 950/11). In der positiven Variante kann eine Versetzung geboten sein, wenn in einer bestimmten Dienststelle Spezialkenntnisse bzw. ein Beamter mit der speziellen Ausbildung benötigt werden (vgl. OVG Koblenz, DÖD 1984, 203).

6   Die **Lösung von Konflikten zwischen Beschäftigten** innerhalb einer Behörde kann durch Versetzung(en) erfolgen. Eine **Störung der reibungslosen Zusammenarbeit** innerhalb des öffentlichen Dienstes durch innere Spannungen und eine **Trübung des Vertrauensverhältnisses** stellt regelmäßig eine relevante Beeinträchtigung des täglichen Dienstbetriebes dar, so dass der Dienstherr auf eine Abstellung dieses Missstandes hinzuwirken hat (VG Aachen, Urt. v. 20.2.2014, 1 K 1813/11; BVerwG, B. v. 26.11.2004, 2 B 72.04, Buchholz 235 § 9 BDO Nr. 41; OVG Münster, Urt. v. 21.11.2011, 1 A 2563/09; VG Münster, Urt. v. 12.11.2010, 4 K 1359/07). Schon die objektive Beteiligung eines Beamten an dem Spannungsverhältnis kann ein dienstlicher Grund für die Versetzung dieses Streitbeteiligten sein (OVG Münster, B. v. 31.8.2011, 6 B 977/11; OVG Münster, B. v. 20.6.2011, 6 B 506/11; VG Münster, Urt. v. 12.11.2010, 4 K 1359/07; vgl. zur Abordnung OVG Münster, B. v. 4.11.2003, 1 B 1785/03). Im Grundsatz kommt es dabei regelmäßig nicht zwingend darauf an, wie die Konflikte entstanden sind (OVG Münster, B. v. 20.6.2011, 6 B 506/11; OVG Münster, B. v. 4.5.2005, 6 B 469/05; OVG Münster, B. v. 4.9.2008, 6 B 735/08). Konflikten muss nicht (und kann oft auch nicht) bis in jede Verästelung nachgegangen werden (BVerwGE 26, 65; OVG Münster, B. v. 31.8.2011, 6 B 977/11: für eine Abordnung; OVG Münster, ZBR 2004, 397). Der Dienstherr hat aber bei der Auswahl des zu versetzenden Streitbeteiligten jedenfalls bekannte und **objektiv belegte Kausalitätsbeiträge/Verschuldensbeiträge der Beteiligten** für den Konflikt und die Bereinigungsbereitschaft ebenso zu berücksichtigen wie die Interessen der Dienststelle am Verbleib bestimmter Beamter (vgl. OVG Münster, DÖV 1983, 125; BVerwGE 26, 65; *Schrapper*, Schulverwaltung 2016, 80, 83). Das jeweilige Verschulden am Entstehen/Fortbestehen der Spannungen ist in das bis zur Willkürgrenze reichende Ermessen des Dienstherrn zur Versetzung oder Umsetzung einzubeziehen, wobei es einer „ins Einzelne gehenden, abschließenden Klärung der Schuldfrage, die zu weiteren Misshelligkeiten führen könnte" nicht bedarf (*Schnellenbach*, § 4 Rn. 27; OVG Münster, B. v. 31.8.2011, 6 B 977/11; B. v. 8.9.2010, 1 B 541/10; siehe auch BVerwGE 26, 69). Wenn feststeht, dass einer für eine Versetzung vorgesehenen und versetzten Lehrerin die Entstehung einer Konfliktlage an einer Schule nicht vorzuwerfen ist, ist eine auf die Spannungslage gestützte Versetzungsentscheidung rechtswidrig und eine Rückumsetzung vorzunehmen (OVG Münster, Beschl. v. 9.9.2013, 6 B 969/13; *Schrapper*, SchVw NRW 2016, 80, 83). Der Dienstherr muss zur Auflösung einer die Gemeininteressen negativ berührenden Spannungssituation grundsätzlich schnell handeln können, darf aber dabei nicht offenkundig unfair gegenüber einem beteiligten Beamten agieren. Nach zutreffender Ansicht von *Schnellenbach* ist bei mehrpoligen Spannungsverhältnissen eine zu frühzeitige und auf gänzlich unsicherer Basis erfolgende Fokussierung auf einen Beteiligten nicht pflichtgemäß (*Schnellenbach,* § 4 Rn. 27 a. E. unter Hinw. auf VGH München, PersV 2007, 189). Ein unschuldiges „Opfer" des allein schuldhaften Verhaltens anderer Streitbeteiligter darf nicht zur Auflösung des Spannungsverhältnisses versetzt oder umgesetzt werden (ständige Rechtspr.: OVG Münster, B. v. 31.8.2011, 6 B 977/11; B. v. 20.6.2011, 6 B 506/11; B. v. 8.9.2010, 1 B 541/10; B. v. 14.12.2006, 6 A 4624/04; OVG Münster, ZBR 2004, 397; *Schrapper*, SchVw NRW 2016, 80, 83). Der Dienstherr wird die theoretische **Möglichkeit eines „Komplotts"** zu Lasten eines Beteiligten einzubeziehen haben (OVG Münster, Urt. v. 4.11.2003, 1 B 1785/03; OVG Lüneburg, NdsVBl. 2009, 168). Dies führt aber anderseits nicht dazu, dass sich das Nichtvorliegen eines Komplotts/einer Verschwörung als negatives Tatbestandsmerkmal des § 25 Abs. 2 darstellt (OVG Münster, B. v. 24.1.2011, 6 A 382/09, zu § 28 I 1 LBG a. F.).

Bei Schulleitern war zur Konfliktlösung die **Versetzung auf andere Schulleiterpos- 7 ten** bis zum 12. Schulrechtsänderungsgesetz rechtlich nicht bedenkenfrei (vgl. *Niedzwicki,* ZBR 2011, 294 ff.; zur Versetzung eines Schulleiters vgl. OVG Münster, B. v. 31.8.2011, 6 B 977/11). Gleichwohl wurde in der Praxis eine Versetzung außerhalb des Verfahrens nach **§ 61 SchulG** mit Recht als zulässig erachtet und durchgeführt (vgl. die Hinweise von *Niedzwicki,* ZBR 2011, 294, 295 Fn. 6). Mit der vollständigen **Neufassung des § 61 SchulG** durch das 12. SchRÄG (GV. NRW. 2915, S. 499) wurde die Regelung des Absatzes 4 neu eingefügt. Sie sieht nunmehr ausdrücklich vor, dass die Schulaufsichtsbehörde Stellen für Schulleiterinnen und Schulleiter aus dringenden dienstlichen Gründen in Anspruch nehmen kann. In der Folge unterbleibt die Anhörung der Schulkonferenz, der Schulträger ist mit verkürzter Frist anzuhören. In der Gesetzesbegründung heißt es (LT-Drs. 16/8441, S. 50): „Zur Sicherung des Anspruchs auf amtsangemessene Beschäftigung muss für Schulleiterinnen und Schulleiter, die aus unterschiedlichen Gründen statusgleich versetzt werden sollen, die Inanspruchnahme von Stellen – wie bisher im Rahmen des allgemeinen Dienstrechts – zulässig sein." Die Versetzung von Schulleitern ist damit (schul-) gesetzlich abgesichert (s. zu „dringenden dienstlichen Gründen" bei Schulleiterversetzungen LT-Drs. 16/9743).

Eine sog. **Spannungsversetzung** ist nach einem Urteil des OVG Münster aus dem Jahr 8 2011 auch möglich, wenn ein Beamter durch eigenes pflichtwidriges Tun (Verstoß gegen die Pflicht zur Mäßigung und Zurückhaltung bei politischer Betätigung) in ein tiefgreifendes Spannungsverhältnis zu Personen/Gruppen außerhalb der Behörde geraten ist und die davon negativ betroffene Behörde Wert auf ein ungestörtes Verhältnis zu diesen wichtigen Außengruppen – in concreto Abgeordnete des Deutschen Bundestages bzw. eine Fraktion – legt (OVG Münster, Urt. v. 21.11.2011, 1 A 2563/09 – s. dazu auch die Abweisung der Nichtzulassungsbeschwerde durch BVerwG, B. v. 16.7.2012, 2 B 16/12). Es kommt dabei allerdings sehr auf den Einzelfall an. Eine Versetzung ist sicher nicht rechtmäßig, bei der ein pflichtgemäß handelnder Beamter rein zufällig und quasi qua Amt kausal für Spannungen mit Dritten außerhalb der Behörde ist (OVG Münster, Urt. v. 21.11.2011, 1 A 2563/09). Ferner darf sich eine Versetzung nicht ausschließlich als Mittel einer Bestrafung und Disziplinierung darstellen (BVerwG, B. v. 16.7.2012, 2 B 16/12). **Außerdienstliches (Fehl-)Verhalten** kann ebenfalls für den Dienstherrn Veranlassung sein, eine Versetzung zu verfügen (OVG Münster, Beschl. v. 26.8.2013, 6 A 197/12: grenzüberschreitende außerdienstliche Verhaltensweisen eines Lehrers gegenüber einem 11-jährigen Jungen).

III. Umsetzung

1. Rechtsnatur

9 Abzugrenzen von der Versetzung ist die **Umsetzung** (vgl. dazu ausführlich BVerwG, Urt. v. 19.11.2015, 2 A 6.13; BVerwG, NVwZ 2012, 1481; BVerwG, Urt. v. 26.5.2011, 2 A 8.09 – Buchholz 232 § 55 BBG Nr. 16 Rn. 19; BVerwG, NVwZ-RR 2008, 547; BVerfG, NVwZ 2008, 547; vgl. zum Begriff der Umsetzung *Cecior* in CVLK, § 72 LPVG Rn. 311 ff.). Sie findet **innerhalb der bisherigen Beschäftigungsbehörde** statt, was auch mit einem Wechsel des Dienstortes verbunden sein kann, „wenn alter und neuer Dienstposten bei verschiedenen Dienststellen der Beschäftigungsbehörde mit Sitz an verschiedenen Orten angesiedelt sind." (BVerwG, NVwZ 2012, 1481). Eine Umsetzung ist – im Unterschied zur Versetzung – mangels der nicht nach außen gerichteten Rechtswirkungen **kein Verwaltungsakt** (BVerwG, Urt. v. 19.11.2015, 2 A 6.13; BVerwG, NVwZ-RR 2008, 547; BVerwGE 60, 146; *Schnellenbach,* § 4 Rn. 68). Man versteht darunter die dauernde oder zeitweilige Zuweisung eines anderen Dienstpostens innerhalb der Behörde (anderes Amt im konkret-funktionalen Sinne), wobei das statusrechtliche Amt und das abstrakt-funktionelle Amt unberührt bleiben (*Schnellenbach,* § 4 Rn. 62; BVerwG, Urt. v. 19.11.2015, 2 A 6.13; BVerwGE 60, 144; BVerwGE 75, 138; vgl. OVG Münster, ZTR 1999, 383; VG Münster, Urt. v. 12.11.2010, 4 K 1359/07). Wegen dieses Sachverhalts hat der Bundesgesetzgeber eine gesetzliche Regelung für Umsetzungen nicht für erforderlich gehalten und bewusst darauf verzichtet; in die (statusrechtliche/abstrakt-funktionale) Rechtsstellung des Beamten werde schließlich nicht eingegriffen (BT-Drs. 16/7076, S. 108; *Battis,* § 28 BBG Rn. 4; *Hebeler/Knappstein,* ZBR 2010, 222). NRW ist analog verfahren und trifft für Umsetzungen keine spezielle gesetzliche Regelung (vgl. aber z.B. § 28 LBG Brandenburg). Eine spezielle gesetzliche Grundlage für Umsetzungen ist nach Ansicht des BVerwG auch nicht erforderlich (BVerwG, NVwZ 2012, 1481 – dies gilt selbst dann, wenn die Umsetzung mit Dienstortwechsel verknüpft ist; siehe zu Umsetzungen mit Dienstortwechsel BVerfG, NVwZ 2008, 547). Es handelt sich – so das BVerwG in einem Beschluss vom 21.6.2012 – bei Umsetzungen um „Maßnahmen der Organisationsgewalt des Dienstherrn, die nicht dem Vorbehalt des Parlamentsgesetzes unterfallen. Dies gilt unabhängig von den Folgewirkungen für den betroffenen Beamten" (BVerwG, NVwZ 2012, 1481).

10 Nach ständiger Rechtsprechung hat ein Beamter keinen Anspruch auf unveränderte und ungeschmälerte Ausübung des ihm (einmal) übertragenen konkret-funktionellen Amts (Dienstpostens) (OVG Münster, Beschl. v. 11.8.2014, 6 B 834/14; BVerfG, NVwZ 2008, 547; BVerwGE 89, 199 – vgl. dazu *Hofmann,* Archiv PF 1982, 409; BVerwGE 60, 144 – vgl. dazu *Menger,* VerwArch 72, 149; BVerwG, B. v. 26.11.2004, 2 B 72/04, Buchholz 235 § 9 BDO Nr. 41). Der Umzusetzende hat nur einen **Anspruch auf amtsangemessene Beschäftigung** (vgl. dazu BVerwG, Urt. v. 19.5.2016, 2 C 14.15). Der Dienstherr ist aus jedem sachlichen Grund autorisiert, den Aufgabenbereich des Beamten bei Wahrung amtsangemessener Dienstaufgaben zu ändern (BVerwG, NVwZ 2012, 1481; OVG Münster, B. v. 25.2.2013, 6 A 263/12; BVerfG, NVwZ 2008, 547; BVerwG, Buchholz 235 § 9 BDO Nr. 41; *Gunkel/Hoffmann,* Beamtenrecht in Nordrhein-Westfalen, S. 276). Grenze ist regelmäßig nur die Willkür (vgl. OVG Münster, B. v. 25.10.2012, 6 A 2203/11; s.a. OVG Münster, NWVBl. 2013, 25). Umsetzungen mit dem alleinigen Ziel der Bestrafung eines Beamten sind nicht rechtmäßig (VGH Bremen, DÖD 2015, 18). Sie können aber durchaus parallel zu einem laufenden Disziplinarverfahren erfolgen (vgl. den Fall OVG Münster, Beschl. v. 10.6.2015, 6 E 378/15: Umsetzung wegen eines Dienstvorgänge betreffenden Facebook-Eintrags eines Feuerwehrmanns – s. dazu auch Keller, jurisPR-ITR 24/2015 Anm. 4). Vom Beamten ist eine Änderung seines dienstlichen Aufgabenbereiches durch Umsetzung oder andere organisatorische Maßnahmen nach Maßgabe seines statusrechtli-

chen Amtes hinzunehmen (OVG Münster, NWVBl. 2013, 25). In der „**Positivvariante**" **der Umsetzung** gibt es für einen höherwertigen Dienstposten **Umsetzungsbewerber,** deren Auswahl für diesen (höherwertigen) Posten sich an den Kriterien des Art 33 Abs. 2 GG orientiert (OVG Münster, NVwZ-RR 2016, 63; OVG Münster, B. v. 9.6.2016, 6 A 501/15; OVG Münster, B. v. 29.11.2013, 6 B 1193/13). Wenn es aber um eine **ämter-gleiche Besetzung eines Dienstpostens** geht, sind nach der Rechtsprechung des BVerwG die Vorgaben des Art. 33 Abs. 2 GG nicht einschlägig, so dass aus dieser Norm kein Bewerbungsverfahrensanspruch folgt (BVerwG, Urt. v. 19.11.2015, 2 A 6.13). Bei einer solchen „Umsetzungskonkurrenz" fehlt es folglich bei gerichtlichen Schritten eines übergangenen „Umsetzungskonkurrenten" an der Klagebefugnis (BVerwG, Urt. v. 19.11. 2015, 2 A 6.13). Wegen der allgemeinen Gehorsamspflicht (§ 35 Satz 2 BeamtStG) ist Umsetzungsverfügungen Folge zu leisten (BVerwG, NVwZ 2012, 1481; BVerwGE 60, 144, 150; 89, 199, 201; BVerwG, B. v. 8.2.2007, 2 VR 1/07, ZTR 2007, 410; BVerfG, NVwZ 2008, 547). Erforderlich für die Rechtfertigung einer Umsetzung sind „vernünftige Erwägungen des Gemeinwohls" und die Verhältnismäßigkeit im Einzelfall (BVerfG, NVwZ 2008, 547; BVerwG, NVwZ 2012, 1481). Das BVerwG hat hierzu ausgeführt (BVerwG, NVwZ 2012, 1481): „Grundsätzlich gilt, dass die dienstlichen Belange, die der Umsetzung zugrunde liegen, umso gewichtiger sein müssen, je schwerer die Folgen einer Umsetzung für den Beamten sind." Der **Verlust von Leitungsbefugnissen, Einschrän-kungen von Beförderungsmöglichkeiten** und eine etwaige **Absenkung gesellschaft-lichen Ansehens** schränken bei Umsetzungen das Ermessen des Dienstherrn nicht ein (BVerwGE 89, 199, 201 – ausdrücklich gebilligt von BVerfG, NVwZ 2008, 547; BVerw-GE 60, 144, 151; BVerwG, NVwZ-RR 2000, 86; BVerwG, NVwZ 1992, 573, 574; VG Düsseldorf, Urt. v. 19.11.2014, 13 K 7542/13; VG Saarbrücken, B. v. 17.10.2011, 2 L 416/11; VG Gelsenkirchen, B. v. 9.5.2011, 12 L 191/11; OVG Saarlouis, ZBR 1995, 47; *Schnellenbach*, § 4 Rn. 64; zulässig ist z.B. die Umsetzung eines Leiters eines Kabinettrefe-rates nach einer Regierungsneubildung auf einen Referentenposten in anderem Bereich, wenn er besoldungsmäßig noch nicht den Status eines Referatsleiters erreicht hatte). Eine (extrem seltene) Ausnahme kann vorliegen, wenn eine spezielle Leitungsaufgabe übertra-gen wurde und der Dienstherr in einer der Zusicherung gleichkommenden Art und Weise dem Beamten quasi als eine Art „Geschäftsgrundlage" in schutzwürdiger Weise vermittelt hat, dass er entgegen der im Beamtenrecht üblichen Praxis die Funktion für immer beibe-halten darf (BVerwG, NJW 1978, 783; BVerwG, ZBR 1968, 218; *Schnellenbach,* § 4 Rn. 64; *Kotulla,* ZBR 1995, 359, 367). Dies wird in der Praxis kaum jemals vorkommen. Die Personalsteuerungsmöglichkeiten würden bei einer solchen Verfahrensweise ohne Not erheblich und dauerhaft eingeschränkt, bestimmte Beamte ohne durchgreifenden sachli-chen Grund dienstrechtlich privilegiert behandelt. Außerdem wären solche Umsetzungen blockierende Vereinbarungen bzw. Zusicherungen eines Dienstpostens regelmäßig rechts-unwirksam, weil sie im Widerspruch zu grundlegenden Bestimmungen über das Beamten-verhältnis stehen (vgl. zur Frage der Zusicherung bestimmter Funktionen auf Dauer BVerwGE 60, 144: „Eine derartige Vereinbarung, bestünde sie, wäre unwirksam. Der Be-klagte kann sich nicht auf diese Weise der für eine an den Grundsätzen der Sparsamkeit und der Wirtschaftlichkeit ausgerichteten effektiven Verwaltung erforderlichen Organisa-tionsfreiheit und Personalhoheit begeben."; a.A. *Kathke,* ZBR 1999, 329–330). Das BVerwG sieht mit Recht Einschränkungen der Entzugsmöglichkeiten von leitenden Funk-tionen äußerst kritisch bzw. als nahezu ausgeschlossen an (vgl. BVerwG, DÖD 1992, 279, 280 – entgegen BVerwG, NJW 1978, 783). Der Dienstposten ist eben gerade nicht Be-standteil der Rechtsstellung eines Beamten (vgl. dazu *Kotulla,* ZBR 1995, 367; vgl. auch OVG Berlin-Brandenburg, Urt. v. 18.8.2011, OVG 4 B 20.10). Ein **Recht am Amt** gibt es **nicht.** Nur bei ganz „besonders gelagerten Verhältnissen" (BVerwGE 60, 144), kann sich etwas anderes ergeben.

Bei Umsetzungen prüfen die Gerichte nur, „ob die Gründe des Dienstherrn seiner tat-   **11** sächlichen Einschätzung entsprachen und nicht nur vorgeschoben sind, um eine in Wahrheit allein oder maßgebend mit auf anderen Bewegründen beruhende Entscheidung zu rechtfertigen, oder ob sie aus anderen Gründen willkürlich sind" (BVerfG, NVwZ 2008, 547 unter Hinweis auf BVerwGE 89, 199, 202; BVerwG, ZTR 2007, 410; OVG Münster, B. v. 3.2.2010, 6 B 1282/09; B. v. 8.9.2010, 1 B 541/10; vgl. zu politischer Willkür bei Umsetzung in einem Ministerium: OVG Saarlouis, ZBR 1995, 47). Ist eine Umsetzung nach diesen Maßstäben ausnahmsweise rechtswidrig, besteht ein **Anspruch auf eine Rückumsetzung** (OVG Münster, Beschl. 27.2.2014, 6 B 181/14: vorläufige Rückgängigmachung einer Umsetzung auch als gerichtliche Zwischenentscheidung nach § 146 Abs. 2 VwGO möglich; OVG Münster, B. v. 24.4.2012, 6 B 1575/11; VG Düsseldorf, Urt. v. 14.12.2010, 2 K 6908/09; OVG Saarlouis, ZBR 1995, 47). Im Verfahren des vorläufigen Rechtsschutzes wird eine Rückumsetzung auf den alten Dienstposten nur in ganz seltenen Fällen erfolgen, da dies eine die Hauptsache vorwegnehmende einstweilige Anordnung wäre. Diese hat zur Voraussetzung, dass ohne den begehrten Rechtsschutz „schlechthin unzumutbare Nachteile drohen, die ausnahmsweise aus Gründen effektiven Rechtsschutzes (Art. 19 Abs. 4 GG) eine – grundsätzlich der Funktion des vorläufigen Rechtsschutzes widersprechende – Vorwegnahme der Hauptsache verlangen (OVG Münster, B. v. 7.1. 2016, 6 B 1348/15; OVG Münster, B. v. 21.12.2015, 6 B 1337/15; OVG Münster, B. v. 15.12.2014, 6 B 1220/14; OVG Münster, B. v. 7.10.2014, 6 B 1021/14). Es muss also eine ganz extreme Fallgestaltung zu Lasten des umgesetzten Beamten vorliegen (OVG Münster, B. v. 7.1.2016, 6 B 1348/15).

Nur in ganz besonders gelagerten Einzelfällen kann das Ermessen bei der Umsetzungsentscheidung durch die Fürsorgepflicht eingeschränkt sein (BVerfG, NVwZ 2008, 547; s. a. BVerwG, NVwZ 2012, 1481). Normale Unannehmlichkeiten für den Beamten sind nicht relevant; das öffentliche Interesse bestimmt die sehr hohe Hürde für eine persönliche Unzumutbarkeit einer Umsetzung (BVerfG, NVwZ 2008, 547; BVerwG, NVwZ 2012, 1482; BVerwG, NVwZ 2012, 1481; BVerwG, ZTR 2007, 410: Zumutbarkeit der Umsetzung für Regierungsdirektor von Pullach bei München nach Berlin; OVG Münster, B. v. 6.1.2010, 6 B 1494/09: Betreuungsbedarf des Vaters steht nicht entgegen, wenn alternativ Betreuung durch Dritte usw. leistbar). Ermessensfehlerhaft wäre aber z. B. die Umsetzung eines schwerbehinderten Beamten auf einen Dienstposten in einem Gebäude, das – im Unterschied zum bisherigen Arbeitsplatz – nicht behindertengerecht ist oder wo besondere Erschwernisse bestehen (*Kathke,* ZBR 1999, 335).

12   Eine Umsetzung kann wie eine Versetzung dazu dienen, **Spannungsverhältnisse in einer Dienststelle** aufzulösen oder Folge eines gestörten Vertrauensverhältnisses von Vorgesetzten zu einem Beamten sein (OVG Münster, Beschl. v. 7.10.2014, 6 B 1021/14; OVG Münster, Beschl. v. 27.8.2015, 6 A 2141/14: Kölner Archäologiedirektor; VG Gelsenkirchen, Beschl. v. 4.3.2015, 12 L 2087/14 = Der Personalrat 2015, 48; VG Aachen, Urt. v. 20.2.2014, 1 K 1813/11; OVG Münster, B. v. 31.7.2009, 6 A 3481/07; B. v. 8.9.2010, 1 B 541/10; VG Münster, Urt. v. 12.11.2010, 4 K 1359/07; OVG Münster, B. v. 10.11.2004, 1 B 2338/04). Vertrauensverlust in das Führungsverhalten eines Beamten ist in der Praxis ein klassischer Grund für eine Umsetzung (vgl. OVG Münster, Beschl. v. 4.11.2013, 6 A 2890/13). Daneben stehen Probleme innerhalb des Kollegenkreises. Insofern muss es – so das OVG Münster – ein Diensthundeführer hinnehmen, umgesetzt zu werden, wenn sich ihm gegenüber innerhalb einer Diensthundestaffel eine ablehnende Haltung entwickelt hat (OVG Münster, B. v. 31.7.2009, 6 A 3481/07). Die vom Kläger gerügte „Nichtberücksichtigung der Belange des Diensthundes" bei der Umsetzungsentscheidung war wegen einer vom Dienstherrn einbezogenen kynologischen Stellungnahme nicht erheblich (OVG Münster, B. v. 31.7.2009, 6 A 3481/07). Auch mangelnde Leistungen im Außendienst einer Behörde können die Umsetzung in den Innendienst rechtfertigen (VG Gelsenkirchen, Beschl. v. 28.7.2014, 12 L 1003/14). Wenn ein Beamter aufgrund einer Spannungslage umgesetzt wurde, kann er in der Regel die Nachbesetzung seines ehemaligen konkretfunktionalen Amtes im Wege eines gerichtlich geltend gemachten Unterlassungsbegehrens nicht verhindern (VG Gelsenkirchen, Beschl. v. 4.3.2015, 12 L 1/15). Wenn es gegen einen Beamten wegen **Korruptionsverdacht** im Kontext dienstlich veranlasster Überwachungstätigkeiten oder allgemein Ermittlungen gibt, ist seine (vorübergehende) Umsetzung möglich (OVG Münster, B. v. 3.2.2010, 6 B 1282/09). Es handelt sich um eine sachgerechte Maßnahme, die z. B. verhindert, dass auf dem alten Dienstposten Beweise usw. vernichtet oder Zeugen aus dem alten direkten dienstlichen Umfeld beeinflusst werden. Die Umsetzung einer Mitarbeiterin, die entsprechend einer einschlägigen Korruptionsrichtlinie einen Korruptionsverdacht gemeldet hat (kostenfreie angenommene Einladung zweier Mitarbeiter ihrer Abteilung zu einer Show mit Drei-Gänge-Menü), ist evident rechtswidrig und verletzt in vielfacher Hinsicht die Fürsorgepflicht des Dienstherrn (VG Bremen, Urt. v. 8.9.2015, 6 K 1003/14; vgl. zu Korruptionstatbeständen *Schrapper*, DÖD 2012, 49).

2. Amtsangemessener Dienstposten

Eine Umsetzung hat auf **amtsangemessene Posten** zu erfolgen (VG Aachen, Urt. v. **13** 20.2.2014, 1 K 1813/11; VG Köln, Urt. v. 14.1.2011, 19 K 5160/10; BVerfGE 70, 251, 266). Der umgesetzte Beamte muss entsprechend seinem statusrechtlichen Amt beschäftigt werden (vgl. zur Frage, wann die Zuweisung eines höherwertigen Dienstpostens nicht amtsangemessen ist: BVerwG, Urt. v. 19.5.2016, 2 C 14.15). Bei der vorher vorzunehmenden Anhörung muss ihm mitgeteilt werden, „auf welchen Dienstposten er umgesetzt werden soll und wie dieser beschaffen ist, damit er z. B. zu der Amtsangemessenheit des Dienstpostens Stellung nehmen kann" (OVG Münster, B. v. 8.9.2010, 1 B 541/10). Wird z. B. ein nach B 2 besoldeter Beamter auf einen nur nach A 16 bewerteten Dienstposten umgesetzt, kann wegen fehlender Amtsangemessenheit **allgemeine Leistungsklage** erhoben werden (VG Köln, Urt. v. 14.1.2011, 19 K 5160/10 unter Hinw. auf BVerwGE 126, 182). Wenn sich ein Beamter in der ersten Woche auf neuem Dienstposten zunächst (nur) über Lektüre mit dem neuem Fachbereich vertraut machen soll, liegt noch kein Indiz für amtsunangemessene Beschäftigung vor (OVG Münster, B. v. 3.2.2010, 6 B 1282/09).

3. Mitbestimmungspflichtigkeit von Umsetzungen

Eine **Umsetzung** innerhalb einer Dienststelle für eine Dauer von mehr als drei Mona- **14** ten ist **mitbestimmungspflichtig**; gleiches gilt für Umsetzungen innerhalb einer Dienststelle, die mit einem Wechsel des Dienstortes verbunden sind, § 72 Abs. 1 Satz 1 Nr. 5 LPVG (vgl. dazu VG Düsseldorf, ZfPR 2011, 43; *Cecior* in CVLK, § 72 LPVG Rn. 309 ff. u. 319 ff.). Das Einzugsgebiet i. S. d. Umzugskostenrechts gehört dabei zum Dienstort, § 72 Abs. 1 Satz 1 Nr. 5, letzter Halbs. LPVG. Soweit *Klein/Lechtermann* vertreten, „eine nur nominell bis zu drei Monaten befristete Umsetzung" sei mitbestimmungspflichtig, „wenn sie in Wirklichkeit länger andauern soll" (*Klein/Lechtermann*, § 72 LPVG Rn. 21; so auch *Cecior* in CVLK, § 72 LPVG Rn. 309; in diese Richtung bei einer Abordnung auch BVerwG, PersR 1986, 36 – das Ausnutzen des nach Gesetz mitbestimmungsfreien Zeitraums wird im konkreten Fall wegen über den Zeitraum hinausgehender Vorstellungen des Dienstherrn als „rechtsmissbräuchlich" bezeichnet, s. a. *Neubert/Sandfort/Lorenz/Kochs*, § 72 LPVG, Erl. 1.6.1), wird dem nicht gefolgt. Dem allein maßgeblichen Gesetz ist eine Differenzierung in „nominell bis zu drei Monaten befristete Umsetzungen" und „materiell bis zu drei Monaten befristete Umsetzungen" nicht zu entnehmen; auf innere perspektivische personalpolitische Absichten des Dienstherrn kommt es innerhalb des nach Gesetz „pauschal" mitbestimmungsfreien Zeitraums von bis zu drei Monaten nicht an. Zum Schutzzweck der Norm gehört es gerade, dass der durch die Begrenzung der Mitbestimmung auf Zeiträume außerhalb von drei Monaten bestehende Spielraum für flexible Personaleinsätze nicht noch weiter eingeschränkt wird, in dem man ein zusätzliches ungeschriebenes Tatbestandsmerkmal (i. S. v.: Dienstherr muss wirklich von Anfang an eine Umsetzung nur für drei Monate wollen) in die Norm hineininterpretiert.

Nicht gefolgt wird auch der Ansicht, dass es einen **dienstrechtlichen Begriff der 15** „**Umsetzung**" und einen sich davon zu unterscheidenden – offenbar gemeint als niedrig schwelligeren – **Begriff der „Umsetzung" im personalvertretungsrechtlichen Sinne** geben würde (so offenbar OVG Münster, ZTR 2007, 515; s. aber BVerwG, B. v. 3.4.1984, 6 P 3/83). Das BVerwG hat bei einer Versetzung und bei einer Abordnung ausdrücklich nur den dienstrechtlichen/organisationsrechtlichen Begriff einer „Dienststelle" als maßgeblich angesehen; die davon abweichende personalvertretungsrechtliche Festlegung in dem streitrelevanten LPVG wurde für die Abgrenzung der Versetzung/Abordnung und Umsetzung ausdrücklich als Entscheidungsgrundlage abgelehnt (BVerwG, NVwZ-RR 2012, 441, so auch OVG Hamburg, NordÖR, 2013, 25, zustimmend: *Burgholz* in v. Roetteken/Rothländer, § 15 BeamtStG Rn. 126; BVerwG, ZTR 2010, 102; s. a. BVerwG, B. v. 3.4.1984, 6 P 3/83; s. a. BVerwG, DVBl 1987, 1161: „Das Personalvertretungsrecht ist Bestandteil des öffentlichen Dienstrechts" – die dienstrechtlichen Begriffe seien maßgeblich; s. aber auch BVerwG, ZBR 1991, 52; OVG Münster, ZTR 2007, 515: „Die Begriffsbestimmungen und -inhalte des Beamtenrechts sind im Personalvertretungsrecht aber nicht abschließend verbindlich"; OVG Münster, B. v. 2.6.2005, 1 A 3278/03.PVL). Dem BVerwG kann nur zugestimmt werden. Es darf einem durch das prioritäre Dienstrecht geprägten beamtenrechtlichen Rechtsbegriff nicht durch die jeweiligen Personalvertretungsvorschriften eine andere Begrifflichkeit quasi „untergeschoben" werden (BVerwG, Der Personalrat 2016, 46: „Verwendet der Gesetzgeber des Personalvertretungsrechts Begriffe aus dem Dienstrecht, ist mithin grundsätzlich davon auszugehen, dass er sich auf den dienstrechtlichen Begriffsinhalt bezieht."). Dem Ansatz, dienstrechtliche Begriffe unter Hinweis auf einen angeblich „eigenständigen personalvertretungsrechtlichen Gehalt" personalvertretungsrechtlich – wenn auch nur im Ausnahmefall – modifiziert zu definieren (so OVG Münster, ZTR 2007, 515), ist entgegenzutreten (s. auch BVerwG, Der Personalrat 2016, 46; BVerwG, NVwZ-RR 2003, 292). Wenn der Landesgesetzgeber z. B. mit dem dienstrechtlichen Begriff der „Versetzung" oder „Abordnung", der durch das BeamtStG geprägt ist, einen terminus technicus in zwei miteinander auf das Engste verknüpften Landesgesetzen verwendet (LBG/LPVG), ist davon auszugehen, dass den Begriffen rechtsbereichsübergreifend ein identischer sachlicher und rechtlicher Bedeutungsinhalt zukommt und zukommen muss (so auch ausdrücklich das BVerwG, NVwZ-RR 2012, 441, 442: „Verwendet der Gesetzgeber eines Personalvertretungsgesetzes Begriffe aus dem Dienstrecht – wie hier den Begriff der „Abordnung" – spricht eine Vermutung dafür, dass er ihn in seinem dienstrechtlichen Begriff normieren will."; s. auch BVerwG, Der Personalrat 2016, 46; a. A. offenbar *Welkoborsky u. a.,* § 72 LPVG Rn. 36). Auch der fest umschriebene und tradierte dienstrechtliche Begriff der „Umsetzung" ist für das Personalvertretungsrecht (allein) maßgeblich. Vor dem Hintergrund einer äußerst umfassenden Mitbestimmung in NRW – NRW wird als „Mitbestimmungsland Nr. 1" bezeichnet (*Welkoborsky,* PersR 2011, 413) – ist schon kein „Bedarf" erkennbar, festen dienstrechtlichen (Gesetzes-)Begriffen einen zusätzlichen personalvertretungsrechtlichen Inhalt – bezeichnenderweise übrigens regelmäßig nur im Sinne einer (erst) zur Ausweitung der Mitbestimmung führenden Begrifflichkeit – überzustülpen und so an sich dienstrechtlich klar bestimmbare Mitbestimmungstatbestände im Einzelfall unklarer und nolens volens verfassungsrechtlich angreifbarer zu machen. Wenn sich erweist, dass bei „streng dienstrechtlicher Auslegung eines Begriffes … der Personalrat seine vom Gesetz intendierte Aufgabe nicht wirksam wahrnehmen kann" (OVG Münster, B. v. 2.6.2005, 1 A 3278/03.PVL unter Hinw. auf BVerwG, ZBR 1991, 52), ist ggf. eine Änderung des LPVG vorzunehmen, nicht aber eine unterschiedliche Auslegung festgelegter dienstrechtlicher Begriffe – mögen sie gesetzlich ausdrücklich normiert sein oder nicht – durch das nicht dazu autorisierte Personalvertretungsrecht vorzunehmen (s. auch im vorliegenden Kontext die krit. Sicht des BVerwG, Der Personalrat 2016, 46). Eine schleichende Ausweitung der ohnehin bereits äußerst weitreichenden Mitbestimmungsrechte in NRW ist tendenziell verfassungswidrig und auch rechtssystematisch abzulehnen.

IV. Aufoktroyierter Dienstherrnwechsel/Laufbahnwechsel

§ 25 Abs. 3 autorisiert Dienstherrn, bei **Vorliegen „dienstlicher Gründe"** weitrei- **16**
chend auf die Rechtsposition eines Beamten einzuwirken, indem dieser ohne seine Zustimmung in ein Amt mit demselben Endgrundgehalt auch einer gleichwertigen oder anderen Laufbahn versetzt werden kann und dies auch im Bereich eines anderen Dienstherrn
möglich ist (vgl. dazu BT-Drs. 13/3994, S. 32; *Bredendiek/Meier*, NVwZ 1996, 444, 446;
H. Günther, ZBR 1996, 299). Es liegt ein „schwerwiegender Eingriff in das Berufsbild"
und beim Dienstherrnwechsel auch in „die bewusst eingegangene persönliche Bindung des
Beamten zu seinem Dienstherrn" vor (*Bredendiek/Meier*, NVwZ 1996, 444, 446; s. zu § 15
BeamtStG *Baßlsperger*, PersV 2015, 289). Die dafür notwendigen „dienstlichen Gründe"
grenzen sich begrifflich ab vom „dienstlichen Bedürfnis" in § 25 Abs. 2 Satz 1 (vgl. dazu
§ 25 Rn. 5). Es handelt sich um Ausnahmefälle, die vom Beamten eine hohe Flexibilität
verlangen und gerade im Falle einer nicht erteilten Zustimmung die „Geschäftsgrundlage"
des Beamtenverhältnisses in besonderem Maße tangieren. Bei dem **aufoktroyierten**
Dienstherrn- und Laufbahnwechsel sind deshalb wichtige verwaltungs- und verfassungsrechtliche Grundsätze einzuhalten. Der **Gesichtspunkt der Verhältnismäßigkeit**
spielt ebenso eine gewichtige Rolle wie die Beachtung der Grenzen, welche durch Art. 33
Abs. 5 GG gesetzt werden (BT-Drs. 13/3994, S. 32; *Baßlsperger*, PersV 2015, 289; *Breden-
diek/Meier*, NVwZ 1996, 444, 446; *Kathke*, ZBR 1999, 330–331; *Schnellenbach*, § 4
Rn. 31). Im Einzelfall ist zu prüfen, ob eine solche Versetzung wirklich notwendig bzw.
geradezu zwingend ist und sich als **ultima ratio** erweist (*Battis*, § 28 BBG Rn. 14; vgl.
auch für eine länderübergreifende Versetzung *Baßlsperger*, PersV 2015, 289, 290). Vor dem
Hintergrund der in dem Rahmen personalfürsorgerisch besonders kritisch zu sehender
dienstherrnübergreifender Versetzungen und der Versetzung in eine andere Laufbahn, wird
man vom Dienstherrn genaue und konkrete Angaben zu den relevanten dienstlichen
Gründen verlangen können. Stellenzulagen werden nach dem gesetzgeberischen Willen
ausdrücklich von der Garantie des Erhalts des Endgrundgehaltes ausgenommen, so dass
eine verschlechternde Änderung vorliegen kann. Mit § 25 Abs. 3 Satz 2 wurde durch die
aktuelle Dienstrechtsnovelle ein Verweis auf § 22 aufgenommen, um klarzustellen, dass
auch im Rahmen einer Versetzung nach § 25 Abs. 3 Satz 1 in ein Amt mit demselben
Endgrundgehalt auch einer anderen Laufbahn die Vorschriften zum Laufbahnwechsel zu
beachten sind (LT-Drs. 16/10380, S. 347; eine länderübergreifende Versetzung nach § 15
BeamtStG dürfte ohne Zustimmung des Beamten verfassungswidrig sein, vgl. *Baßlsperger*,
PersV 2015, 289).

V. Fortbildungspflicht, § 25 Abs. 4

Falls ein Beamter (noch) nicht die Befähigung für die andere Laufbahn hat, muss er an **17**
entsprechenden **Fortbildungsmaßnahmen** für den Erwerb der neuen Befähigung teilnehmen (vgl. zum Rechtscharakter von Weisungen zur Teilnahme an Qualifizierungsmaßnahmen OVG Münster, B.v. 10.1.2013, 1 B 1197/12). Dies ist sowohl Ausfluss seiner **allgemeinen Beamtenpflichten** (§ 34 Satz 1 BeamtStG), als auch der **Fortbildungspflicht**
nach § 42 Abs. 2 (vgl. dazu § 42 Rn. 5–6). Es soll sichergestellt werden, dass der Beamte in
der neuen Laufbahn sein neues Amt ordnungsgemäß ausfüllen kann. Maßnahmen wie eine
„Umschulung" müssen in concreto objektiv zumutbar sein (*Battis*, § 28 BBG Rn. 20;
Kathke, ZBR 1999, 328; BT-Drs. 13/3994, S. 33). Es ist nicht zwingend erforderlich, dass
die Qualifizierungsmaßnahmen vor der Versetzung stattfinden oder bereits eingeleitet sind
(*Kathke*, ZBR 1999, 328). Mit der Pflicht des Beamten zur (engagierten) Absolvierung von
Fortbildungsmaßnahmen korrespondiert die (Fürsorge-)Pflicht des Dienstherrn, ihm **adä-
quate Qualifizierungsmaßnahmen** unter zumutbaren Bedingungen anzubieten bzw. zu
ermöglichen (*Kathke*, ZBR 1999, 328). Mit der Qualifizierungspflicht geht insofern das

Recht des Betroffenen einher, an diesen Qualifizierungsmaßnahmen teilnehmen zu dürfen. Die Kosten hat der Dienstherr zu tragen.

VI. Auswirkungen der Versetzung zu anderen Dienstherrn

18 Die **Versetzung zu einem anderen Dienstherrn** ist sowohl innerhalb von NRW möglich, als auch zu einem Dienstherrn außerhalb des Anwendungsbereiches des LBG (§ 15 BeamtStG). In der Praxis gibt es sogar zwischen Polizeibeamten angrenzender Bundesländer untereinander persönliche zivilrechtliche Vereinbarungen zu einem Dienststellentausch, die eine erhebliche finanzielle Vergütung vorsehen (LG Köln, NJW-RR 2014, 1012). Das LG Köln hat unverständlicherweise eine solche Vereinbarung über 12.000 Euro für einen Dienststellentausch nach NRW nicht als sittenwidrig/gesetzwidrig angesehen, obwohl ein Dienststellentausch kommerzialisiert und damit quasi ein Handel betrieben wird (LG Köln, NJW-RR 2014, 1012). Für eine Versetzung über die Landesgrenze hinaus ist **§ 15 Abs. 1 BeamtStG** einschlägig, der dazu dem (Landes-)Dienstherrn unter den festgelegten gesetzlichen Voraussetzungen eine entsprechende Berechtigung gibt (vgl. dazu *Reich*, § 15 BeamtStG Rn. 2; vgl. zu Spezialproblemen rechtssystemübergreifender Versetzungen *Summer*, ZBR 2012, 73; *Baßlsperger*, PersV 2015, 289). Durch **§ 25 Abs. 5** wird klargestellt, dass das Beamtenverhältnis in solchen Fällen mit dem neuen Dienstherrn fortgesetzt wird. Eine Unterbrechung findet nicht statt und wäre auch mit Art. 33 GG unvereinbar. Nach rechtswirksamer Versetzung ist für den Beamten das Beamten- und Besoldungsrecht maßgeblich, welches bei dem neuen Dienstherrn einschlägig ist. Mit der Versetzung findet eine **keine Gesamtrechtsnachfolge in die Rechte und Pflichten des vormaligen Dienstherrn** ein (OVG Münster, Urt. v. 16.3.2016, 6 A 190/14; offengelassen von VG Düsseldorf, Urt. v. 25.4.2014, 26 K 226/13). Wenn also z. B. noch Ausgleichsansprüche eines Feuerwehrbeamten gegenüber dem alten Dienstherrn wegen unionswidrig geleisteter Zuvielarbeit bestehen, ist der neue Dienstherr nicht zu deren Erfüllung verpflichtet (OVG Münster, Urt. v. 16.3.2016, 6 A 190/14). Weder aus § 25 Abs. 5 Satz 1 noch aus dem BeamtStG lässt sich nämlich ein die Zahlungspflicht des neuen Dienstherrn begründende Rechtnachfolge herleiten (so das OVG Münster bezüglich § 25 Abs. 4 Satz 1 Halbsatz 1 LBG a. F., OVG Münster, Urt. v. 16.3.2016, 6 A 190/14). In manchen Fällen gibt es zwischen dem alten und dem neuen Dienstherrn Vereinbarungen über die Geltung von Rechtsnormen für den Beamten, die eine gewisse Rechtswahrung oder eine Art Bestandschutz für diesen sicherstellen soll. Eine solche anderweitige **Vereinbarung** zwischen abgebendem und aufnehmendem Dienstherrn dahingehend, dass für den Beamten weiterhin (nur) die Rechtsvorschriften aus seinem alten Amt einschlägig sind, ist angesichts des eindeutigen Wortlauts des § 25 Abs. 5 Satz 1 und mangels Regelung einer derartigen Vereinbarungsmöglichkeit aber ausgeschlossen (vgl. auch für § 15 BeamtStG *Reich,* § 15 BeamtStG Rn. 11). Eine neue Vereidigung ist nur in den Fällen notwendig, wo ein Beamter von außerhalb des Geltungsbereichs des LBG zu einem Dienstherrn in dessen Geltungsbereich versetzt wird (vgl. Nr. 1 Satz 7 VV zu § 38 BeamtStG/§ 46).

19 In § 25 Abs. 4 Satz 2 werden die Regularien für die Durchführung der Versetzung in ein Amt eines anderen Dienstherrn festgeschrieben (vgl. zu den besoldungsrechtlichen Folgen einer systemübergreifenden Zuversetzung *Schrapper*, ZBR 2014, 181, 184 ff.). Um keine Unklarheiten entstehen zu lassen, ist – anders als in § 15 Abs. 3 Satz 1 BeamtStG – insbesondere das **schriftliche Einverständnis des aufnehmenden Dienstherrn** unabdingbare Voraussetzung für die Versetzung (vgl. zum Einverständnis des aufnehmenden Dienstherrn mit der Versetzung ausführlich *Hilg/Baßlsperger*, ZBR 2015, 145). Bei ihrem Fehlen ist die Versetzung unwirksam (BVerwGE 78, 257; BVerwG, NVwZ-RR 2003, 370; *Schnellenbach,* § 4 Rn. 37). Der Umstand, dass ein Beamter nicht gegen den Willen des aufnehmenden Dienstherrn dorthin versetzt werden kann, ergibt sich aus der Sache selbst.

Anderenfalls käme man zu dem absurden Ergebnis, dass sich bei einem aufoktroyierten Dienstherrnwechsel das Aufoktroyieren sowohl auf den Beamten als auch den aufnehmenden Dienstherrn erstrecken würde. Die Versetzung kann von dem zur Aufnahme in Betracht kommenden neuen Dienstherrn aus den verschiedensten sachlichen Gründen – z.B. nach den Maßstäben dieses Dienstherrn nicht hinreichende persönliche/fachliche/gesundheitliche Eignung – abgelehnt werden (vgl. dazu *Kathke*, ZBR 1999, 331; OVG Lüneburg, ZBR 2010, 91; OVG Münster, NVwZ-RR 2002, 362; dass., ZBR 1986, 351). Die **Rechtsnatur des Einverständnisses** wird nicht einheitlich beurteilt. Während *Tadday/Rescher* dem Einverständnis VA-qualität zumessen (§ 25 LBG Erl. 4.; OVG Münster, ZBR 1986, 351), wird von der wohl herrschenden Meinung vertreten, dass es sich um eine öffentlich-rechtliche Willenserklärung bzw. Verwaltungsinternum handele (*Reich*, § 15 BeamtStG Rn. 13; *Hilg/Baßlsperger*, ZBR 2015, 145, 148; *Kathke*, ZBR 1999, 331). Das OVG Münster hat sich bei dem Einverständnis zu einer länderübergreifenden Versetzung nach § 15 Abs. 3 BeamtStG in einem Beschluss vom 5.6.2014 auf den Standpunkt gestellt, dass es sich **um keinen Verwaltungsakt,** sondern um eine **behördliche Verfahrenshandlung** handelt (NVwZ-RR 2014, 693; s.a. BVerwG, ZBR 2005, 128; vgl. *Hilg/Baßlsperger*, ZBR 2015, 145). Das Einverständnis kann unstreitig unter bestimmten Umständen zurückgenommen werden (BVerwG, NVwZ-RR 2005, 343; *Reich,* § 15 BeamtStG Rn. 13; *Rieger* in MRSZ, § 15 BeamtStG Erl. 4.2). Ein Widerruf bzw. Rücknahme der Einverständniserklärung kommt z.B. in Betracht, wenn der zu versetzende Beamte über seine Gesundheit oder seine Laufbahnbefähigung arglistig getäuscht hat (*Rieger*, a.a.O.; *Hilg/Baßlsperger*, a.a.O., S. 148; BVerwG, ZBR 2005, 128).

VII. Rechtsschutz

Nach § 54 Abs. 4 BeamtStG hat eine Anfechtungsklage gegen eine Versetzung keine **20** aufschiebende Wirkung; die Vorschrift gilt nicht nur für Landesgrenzen überschreitende Versetzungen, sondern für alle Versetzungen (*Reich*, § 54 BeamtStG Rn. 14; OVG Münster, NVwZ-RR 2010, 73; vgl. zum Streitwert bei länderübergreifenden Versetzungen OVG Münster, Beschl. v. 3.2.2014, 6 E 706/13: Hälfte des Auffangwertes nach §§ 52 Abs. 2, 53 Abs. 2 Nr. 1 GKG). Der Gesetzgeber will es auf diese Weise Dienstherrn ermöglichen, möglichst direkt Personalmaßnahmen umsetzen zu können und geht davon aus, dass für die **sofortige Vollziehung einer Versetzungsverfügung** i.d.R. ein ausschlaggebendes öffentliches Interesse spricht, es sei denn, für die gegenläufigen Interessen des betroffenen Beamten würden ausnahmsweise gewichtige Gründe sprechen, welche das öffentliche Interesse am Sofortvollzug der Versetzungsverfügung überwiegen. Der betroffene Beamte kann gegen seine Versetzung oder Umsetzung **einstweiligen Rechtsschutz** beantragen und parallel gegen die Maßnahme klagen.

§ 26 Umbildung, Auflösung und Verschmelzung von Behörden

(1) ¹**Wird eine Behörde aufgelöst oder auf Grund eines Gesetzes oder einer Verordnung der Landesregierung mit einer anderen verschmolzen oder in ihrem Aufbau wesentlich verändert, so können die auf Lebenszeit und auf Zeit ernannten Beamtinnen und Beamten dieser Behörden, deren Aufgabengebiet von der Auflösung oder Umbildung berührt wird, in den einstweiligen Ruhestand versetzt werden, wenn eine Versetzung nach § 25 nicht möglich ist.** ²**Die Versetzung in den einstweiligen Ruhestand darf nur innerhalb von sechs Monaten nach Auflösung der Behörde oder nach Inkrafttreten des Gesetzes oder der Verordnung ausgesprochen werden und ist nur innerhalb der Zahl der aus diesem Anlass eingesparten Planstellen zulässig.** ³**In dem Gesetz oder in der Verordnung kann ein anderer Zeitpunkt für den Beginn der Frist bestimmt werden.**

(2) ¹Ist bei Auflösung oder einer wesentlichen Änderung des Aufbaus oder der Aufgaben einer Behörde oder der Verschmelzung von Behörden eine dem bisherigen Amt entsprechende Verwendung nicht möglich, können Beamtinnen und Beamte, deren Aufgabengebiet davon berührt wird, auch ohne ihre Zustimmung in ein anderes Amt derselben Laufbahn mit geringerem Grundgehalt im Bereich desselben oder eines anderen Dienstherrn im Land Nordrhein-Westfalen versetzt werden. ²Das Grundgehalt muss mindestens dem des Amtes entsprechen, das sie vor ihrem bisherigen Amt innehatten.

Übersicht

I. Allgemeines/Normbezogener Optimierungsbedarf

1   Durch die LBG-Novelle von 2009 völlig neu gefasst stellt die Vorschrift landesgesetzlich für den Fall eines Wegfalls von Dienstposten als Folge der **Reorganisation von Behörden** zwei Instrumente bereit, um die personalwirtschaftlichen Folgen auch beamtenrechtlich handhaben zu können. Allerdings erscheint die Neuregelung in mehrfacher Hinsicht wenig gelungen. Zunächst wirft der Normenkomplex des § 26 Abs. 1 Satz 1 i.V.m. § 40 angesichts der Vorschrift des 31 Abs. 1 Satz 1 BeamtStG die Frage nach der (landes-)gesetzlichen Regelungsnotwendigkeit auf (vgl. unten Rn. 5). Weiterhin fragt sich, warum – entgegen der alten Rechtslage – die einer einstweiligen Zurruhesetzung stets vorgängige Versetzung (vgl. auch BT-Drs. 16/4027, S. 30) nunmehr auf Maßnahmen nach § 25 Abs. 2 beschränkt sein soll, wohingegen die sog. statusberührende Versetzung als neuer § 26 Abs. 2 ohne erkennbaren Bezug parallel anzuwenden ist. Dem Charakter der Maßnahme gem. § 31 Abs. 1 BeamtStG, § 26 Abs. 1 als **ultima ratio** (vgl. schon BVerwG, DÖD 1982, 27; s.a. *v. Roetteken* in v. Roetteken/Rothländer, § 31 BeamtStG Rn. 76; *Kathke,* ZBR 1999, 325, 334; *Schönrock,* ZBR 2008, 230, 235) wird dadurch mit einer unnötigen Einschränkung Rechnung getragen. Mit dem Dienstrechtsmodernisierungsgesetz 2016 ist diese unklare Parallelität der Maßnahmen nicht bereinigt worden. Der Gesetzgeber hat sich insoweit auf eine Streichung der Kategorie der „gleichwertigen Laufbahn" in § 26 Abs. 2 beschränkt. Dieser Schritt war als Folge des laufbahnrechtlichen Konzeptwechsels hin zum reinen Befähigungsprinzip und dem damit verbundenen Verzicht auf die „Gleichwertigkeit" im neuen § 11 LVO erforderlich (vgl. § 22 Rn. 2).

II. Unterschiedlichkeit der Kompetenzebenen

1. Dienstherrenbezogene Organisationsmaßnahmen

An **Organisationsänderungen** knüpfen neben § 26 noch weitere beamtenrechtliche **2** Regelungen an verschiedenen Regelungsstandorten an. Insoweit muss die Norm notwendig in einem größeren regelungstechnischem Zusammenhang gesehen werden. Zu unterscheiden ist zunächst zwischen Organisationsmaßnahmen, die den Dienstherrn selbst als juristische Person mit Dienstherrneigenschaft unmittelbar betreffen, und solchen, die sich „lediglich" auf der Organebene (zum „dienstrechtlichen" Behördenbegriff vgl. Rn. 9) auswirken. Im ersten Fall geht es um die statusamtsbezogene Überleitung. Diese ist **bundesrechtlich** in §§ 16 ff. BeamtStG geregelt, soweit es sich gem. § 13 BeamtStG um „landesübergreifende" Auswirkungen von Reorganisationsmaßnahmen handelt, also Maßnahmen unter Beteiligung mindestens zweier Länder und/oder unter Beteiligung des Bundes. Für Maßnahmen **im Geltungsbereich des LBG** hat das Dienstrechtsmodernisierungsgesetz 2016 den Normbestand der §§ 128 ff. BRRG als §§ 126–130 nahezu unverändert inkorporiert (vgl. LT-Drs. 16/10380, S. 357; s.a. § 126 Rn. 2).

2. Landesübergreifende/landesinterne Maßnahmen

Als Folge der neuen Kompetenzordnung nach der Föderalismusreform I muss bei **3** dienstherrenbezogenen Organisationsmaßnahmen jetzt weiter unterschieden werden zwischen **landesübergreifenden** (hier gelten gem. § 13 BeamtStG die §§ 16–18 BeamtStG) und **landesinternen** Maßnahmen (vgl. etwa OVG Münster, ZBR 2011, 54: Personalübergang wegen Verselbständigung der Hochschulen; s.a. OVG Münster, B. v. 28.5.2013, 6 A 632/11; *Lohkamp,* NWVBl. 2007, 325; *Peters,* ZBR 2007, 115; *Epping,* ZBR 2008, 181), bei denen §§ 128 ff. BRRG zunächst fortgalten (vgl. dazu auch *Burkholz* in v. Roetteken/Rothländer, vor §§ 13–19 BeamtStG, Rn. 1–8; § 16 BeamtStG Rn. 4), jetzt aber (vgl. Rn. 2) vollständig in das LBG inkorporiert sind. Bei lediglich landesinternen Auswirkungen kann hier auch unmittelbar durch landesrechtliches **Reorganisationsgesetz** die Überleitung – als Annexregelung – angeordnet werden (VerfGH NW, NVwZ-RR 2010, 705, sowie Urt. v. 23.3.2010, 21/08; 28/08: Kommunalisierungsfolgegesetz; dazu auch BVerwG, ZBR 2012, 202; OVG Münster, NWVBl. 2011, 61, 62: Eingliederungsgesetz Versorgungsverwaltung; vgl. dazu BVerwG, DÖD 2012, 223; *Wolff,* NVwZ 2009, 632; krit. *Höfling/Engels,* NVwZ 2008, 1168; *Henkel,* NWVBl. 2011, 50).

3. Behördenbezogene Organisationsänderungen

Sind von der Organisationsmaßnahme dagegen „nur" Organe (Behörden) eines oder **4** mehrerer Dienstherrn betroffen („dienstherrninterne" Maßnahme, vgl. *Seeck* in MRSZ, § 31 BeamtStG Erl. 1), greifen für die beamtenrechtlichen Folgemaßnahmen bundesgesetzlich § 31 BeamtStG (nur Versetzung in den einstweiligen Ruhestand) und landesgesetzlich §§ 26, 40 (zum Betriebsübergang gem. § 613a BGB vgl. auch *Thüsing/Schorn,* ZTR 2008, 651; *Otto,* in FS für R. Richardi, 2007, S. 317). Einen Sonderfall bildet die Zuweisung gem. § 20 Abs. 2 BeamtStG (vormals § 123 Abs. 2a BRRG), wenn als Folge der Reorganisation die Voraussetzungen des § 2 BeamtStG entfallen. Hier ergeben sich vor allem Probleme, wenn die neue „Beschäftigungsstelle", der der Beamte zugewiesen wurde, als Folge einer Umorganisation kein dem Statusamt korrespondierendes funktionales Amt übertragen kann. In diesem Fall kommen zwar grundsätzlich gem. § 31 Abs. 1 BeamtStG bzw. § 26 Abs. 2 entsprechende Maßnahmen in Betracht (vgl. insoweit auch § 130 Abs. 1 Satz 2 BRRG), die auch das Statusamt berühren können. Sie dürfen jedoch von der neuen „Beschäftigungsstelle" i.S.v. § 20 Abs. 2 BeamtStG kompetenziell nicht getroffen werden (vgl. dazu BVerwG, NVwZ-RR 2008, 268; dazu *Kugele,* jurisPR-BVerwG 4/2008 Anm. 5; *Schönrock,* ZBR 2008, 230).

III. Regelungsgegenstände der Norm

5   Im Unterschied zu § 31 BeamtStG bündelt § 26 **zwei verschiedene** personalwirtschaftliche Instrumente, nämlich die **Versetzung in den einstweiligen Ruhestand** gem. Absatz 1 und die **statusberührende Versetzung** (vgl. zum Begriff BVerwGE 65, 270) in ein **niedrigeres Amt** gem. Absatz 2 (auch „Rückernennung", vgl. *Schweiger,* ZBR 2011, 245, 246). Systematisch wird damit zugunsten des Bündelungseffekts der Regelungskontext der §§ 24ff. (Abordnung und Versetzung) einerseits, der §§ 37ff. (einstweiliger Ruhestand) andererseits gesprengt. Womöglich in diesem Bündelungsbemühen ist dem Gesetzgeber die Regelungsnotwendigkeit des § 26 Abs. 1 Satz 1 etwas aus dem Blick geraten. Der Bund dagegen hat mit § 31 BeamtStG lediglich § 20 BRRG aufgegriffen (vgl. BT-Drs. 16/4027, S. 30, zum – späteren – § 31 BeamtStG), also die Versetzung in den einstweiligen Ruhestand. Statusberührende Versetzungen hingegen finden sich in § 15 BeamtStG nicht ausdrücklich. Sie wären wegen § 13 BeamtStG im Übrigen auch landesintern unbeachtlich und nur durch Landesrecht zu regeln. Im Gegenzug beschränkt sich wohl auch deshalb § 26 tatbestandlich explizit, in der Sache jedoch redundant, auf „Dienstherrn im Land Nordrhein-Westfalen".

6   Insoweit anders als bei der Versetzung in ein niedrigeres Amt gem. § 26 Abs. 2 wird die Versetzung in den einstweiligen Ruhestand **unmittelbar und abschließend** vom Bundesrecht geregelt (vgl. OVG Münster, ZBR 2011, 354: PEMG NRW; s.a. *v. Roetteken* in v. Roetteken/Rothländer, § 31 BeamtStG Rn 13). Daran ändert auch nichts, dass § 31 Abs. 1 Satz 1 BeamtStG – im Gegensatz zu § 26 Abs. 1 Satz 1 – die Gruppe der Beamten auf Zeit nicht ausdrücklich erwähnt. Denn diese ist gem. § 6 BeamtStG mitzudenken (vgl. *v. Roetteken* in v. Roetteken/Rothländer, § 31 BeamtStG, Rn. 21; *Reich,* § 31 BeamtStG Rn. 6). Für das Landesrecht bleibt demnach nur Raum, die von § 31 Abs. 1 Satz 1 BeamtStG eröffneten **„zusätzlichen Voraussetzungen"** zu schaffen. Davon macht das Landesrecht in zweifacher Hinsicht Gebrauch, so dass man den Normzweck hier suchen könnte. Zum einen wird – im Gegensatz zur „Auflösung" – nicht nur die „wesentliche Änderung" sondern auch die „Verschmelzung" nur durch Gesetze im materiellen Sinne zugelassen, sog. Rechtssatzvorbehalt (vgl. auch *v. Roetteken* in v. Roetteken/Rothländer, § 31 BeamtStG Rn. 46, 67). Zum anderen sieht § 26 Abs. 1 Satz 2, 3 eine **Ausschlussfrist** vor. Hier allerdings fragt sich, welcher eigenständige Regelungsgehalt dann § 40 zukommen soll. Zwar existiert ein materielles „Mehr" im Tatbestand des § 26 Abs. 1 Satz 2, 3, nämlich mit der in § 40 nicht erwähnten Erweiterung des Fristbeginns um den Auflösungszeitpunkt der Behörde (sofern dieser durch schlichten Organisationsakt und nicht bereits in einem Gesetz im materiellen Sinne gesetzt wird) sowie der – bedeutsamen (vgl. insoweit die Kritik von *Ziekow,* PersV 2007, 344, 350, am Fehlen dieser Voraussetzung in § 31 BeamtStG) – Einschränkung, dass einstweilige Zurruhesetzungen nur im Rahmen der **eingesparten Planstellen** erfolgen dürfen. Sieht man aber gerade darin den „Daseinsgrund" des § 26 Abs. 1, so fragt sich trotzdem, welche Regelungsnotwendigkeit dann § 40 noch rechtfertigt und was § 26 Abs. 1 Satz 1 (tatsächlich) über § 31 Abs. 1 BeamtStG hinaus regelt.

IV. Regelungszweck der Norm

7   Die beiden in § 26 gebündelten Maßnahmen erlauben einen **schwerwiegenden Eingriff** (*Battis,* § 28 BBG Rn. 19; s.a. *Dillenburger,* NJW 2009, 1115, 1118) in das aus Art. 33 Abs. 5 GG (Lebenszeitprinzip) ableitbare **Recht am (Status-)Amt** sowie den damit verbundenen **Anspruch auf (status-)amtsangemessene Beschäftigung** (vgl. BVerwGE 126, 182: Vivento; E 141, 114: Neuordnung Schulformen; BVerwG, NVwZ-RR 2008, 268; OVG Münster, B. v. 25.2.2013, 6 A 263/12; insbesondere zu § 26 Abs. 2 s.a. *Schwei-*

ger, ZBR 2011, 245, 246 ff.). Diesen Rechten ist auch bei Reorganisationsmaßnahmen zu entsprechen (vgl. VerfGH NW, NVwZ-RR 2010, 705; BVerwG, NVwZ-RR 2015, 619, 621; vgl. auch OVG Münster, Urt. v. 21.2.2011, 1 A 938/09: Geschäftskreis eines Wahlbeamten). Allerdings ist auch die **Funktionsfähigkeit der öffentlichen Verwaltung** ein Verfassungsgut von höchstem Rang (vgl. auch § 126 Rn. 3). Von den zuständigen staatlichen Organen als notwendig identifizierte Organisationsmaßnahmen zur Sicherung dieser Funktionsfähigkeit dürfen nicht dauerhaft durch entgegenstehende Rechtspositionen der betroffenen Beamten blockiert werden (vgl. OVG Münster, ZBR 2011, 54: Hochschulfreiheitsgesetz; so schon OVG Münster, DVBl 1991, 1210). Der Beamte hat insoweit kein Recht auf „unveränderte und ungeschmälerte" Ausübung eines bestimmten Amtes (BVerwG, NVwZ-RR 2008, 268). In diesem Spannungsverhältnis kann nur die strikte Beachtung des Verhältnismäßigkeitsgrundsatzes für den notwendigen und diffizilen Ausgleich zwischen den betroffenen Rechtsgütern sorgen (anschaulich BVerwG, NVwZ-RR 2015, 465). Eine „Instrumentalisierung" der Organisation als „personalwirtschaftliche Steuerungsressource" (*Ziekow,* PersV 2007, 344, 350; vgl. auch *Summer,* Anm. zu VG Schwerin, ZBR 2003, 396) ist jedenfalls mit Art. 33 Abs. 5 GG nur schwerlich vereinbar. Aus gänzlich anderer Sicht ergibt sich die Frage, ob der einzelne Beamte bei organisatorischen Veränderungen einen **Anspruch auf eine einstweilige Zurruhesetzung** (als „reizvolle Maßnahme", so *Götzkes,* DÖD 2009, 273, 274) geltend machen kann. Hierzu fehlt es § 26 jedoch eindeutig am Charakter einer insoweit subjektive Rechte einräumenden Norm (OVG Münster, B. v. 25.2.2008, 6 B 1896/07; vgl. auch OVG Münster, ZBR 2011, 354; dass., B. v. 21.7.2011, 6 A 1545/10, mit dem – im Anschl. an *Götzkes,* DÖD 2009, 273, 274, und VG Aachen, Urt. v. 16.7.2009, 1 K 1885/08 – krit. Hinweis zur Praxis nach dem mittlerweile außer Kraft getretenen sog. PEMG NRW, bei der im Erlasswege contra legem Zurruhesetzungen als Anreize zum Personalabbau ermöglicht wurden).

V. Einzelheiten

1. Regelungsadressaten

Adressaten einer Maßnahme gem. § 26 Abs. 1 können nur Lebenszeit- und Zeitbeamte **8** sein. **Probebeamte** werden nicht erfasst; für sie gilt § 23 Abs. 3 Nr. 3 BeamtStG mit im Wesentlichen gleichen Voraussetzungen wie bei § 31 Abs. 1 BeamtStG (vgl. auch OVG Lüneburg, RiA 2013, 266: Weiterverwendung muss im gesamten Geschäftsbereich des Dienstherrn nachvollziehbar geprüft werden). Hinzuweisen ist auf die Geltung dieser Entlassungsmöglichkeit auch für Probebeamte in einer Führungsfunktion gem. § 4 Abs. 3 lit. b BeamtStG i. V. m. § 21. **Widerrufsbeamte** dürfen mit der Einschränkung des § 23 Abs. 4 Satz 2 BeamtStG ohnehin jederzeit aus sachlichen Gründen entlassen werden; ggf. ist jedoch § 23 Abs. 4 Satz 2 BeamtStG zu beachten. Umstritten ist, ob auch Lebenszeitbeamte in den Fällen des § 31 Abs. 1 BeamtStG gem. § 23 Abs. 1 Nr. 2 BeamtStG zu entlassen sind, wenn sie die gem. § 32 BeamtStG erforderlichen **versorgungsrechtlichen Wartefristen** (vgl. § 4 Abs. 1 LBeamtVG: 5 Jahre) nicht erreichen (so *v. Roetteken* in v. Roetteken/Rothländer, § 31 BeamtStG Rn. 101; a. A. *Lemhöfer,* ZBR 2000, 335, 340). Da der einstweilige Ruhestand gem. § 31 Abs. 1 BeamtStG schon systematisch in die Zurruhesetzungsgründe der §§ 25 ff. BeamtStG eingereiht ist, erschließt sich eine den § 32 BeamtStG verdrängende Sonderstellung der betroffenen Lebenszeitbeamten nicht. Allerdings wird dieser Fallgestaltung im Rahmen der die Verhältnismäßigkeit sichernden Ermessenerwägungen besonderes Gewicht zukommen. Insgesamt von beiden Varianten des § 26 nicht erfasst werden **Professoren und Juniorprofessoren,** vgl. §§ 123 Abs. 2 Satz 2, 124 Abs. 2 Satz 2; die Vorschriften tragen dadurch dem besonderen Recht am (konkreten) Amt dieser Beamtengruppe Rechnung (vgl. zu den dienstrechtlichen Besonderheiten dieser Beamtengruppe VGH München, B. v. 10.10.2008, 3 CS 08.1788).

2. Dienstrechtlicher Behördenbegriff

9   Das Merkmal **„Behörde"** ist, vom organisationsrechtlichen Begriff ausgehend, i. S. eines **„dienstrechtlichen Behördenbegriffs"** erweiternd auszulegen (BVerwGE 81, 27; OVG Münster, DVBl 1991, 1210). Auch wenn die Übertragbarkeit des „verfahrensrechtlichen Behördenbegriffs" gem. § 1 Abs. 4 VwVfG (*Kopp/Ramsauer,* § 1 VwVfG Rn. 51) vereinzelt bestritten wird (*Schnellenbach,* § 4 Rn. 3), lassen sich in der Judikatur kaum Unterschiede feststellen (vgl. auch *Reich,* § 23 BeamtStG Rn 21). Schon eine gewisse „Verselbständigung" der Organisationseinheit führt zur Annahme der Behördeneigenschaft (statt aller OVG Münster, DVBl 1991, 1211); Indizien können sein: **(1.)** das Vorhandensein einer „Dienststellenleitung" (Chefarzt, Schulleiter), **(2.)** ein eigener Stellenplan, **(3.)** eine eigenbetriebsähnliche Organisation oder **(4.)** die sondergesetzliche Zuweisung von Zuständigkeiten. Nichts anderes liegt der Auslegung des § 1 Abs. 4 VwVfG zugrunde (vgl. *Kopp/Ramsauer,* § 1 VwVfG Rn. 51, 53, 55). Demgemäß sind ein formal als „Amt" geführter städtischer Schlachthof (OVG Münster, DVBl 1991, 1210; OVG Lüneburg, B. v. 9.7.1981, 2 A 17/79), eine Landesklinik (BVerwGE 81, 27; vgl. auch *Brockhaus* in Schütz/Maiwald, § 31 BeamtStG Rn. 8), eine Grenzschutzschule (offen gelassen durch OVG Münster, DÖD 1986, 274), eine Niederlassung der Postbank AG (VGH München, IÖD 2003, 75) sowie eine als „Orientierungsstufe" geführte Schule (OVG Lüneburg, NVwZ 2008, 1251) als **Behörden im dienstrechtlichen Sinne** betrachtet worden. Keinerlei Bedeutung hat vor diesem Hintergrund die Kategorisierung nach dem LOG NRW in Behörden, Einrichtungen und Landesbetriebe. Außen- oder Nebenstellen können bei entsprechender Verselbständigung dienstrechtlich Behörde sein (etwa Niederlassungen von Landesbetrieben; vgl. auch VGH München, IÖD 2003, 75: Postbank-Niederlassung); eine parallele Wertung findet sich insoweit in § 1 Abs. 3 LPVG. Umstritten ist, ob kommunale Gebietskörperschaften im Bereich der sog. Kernverwaltung mehrere „dienstrechtliche" Behörden haben können (dagegen *Schnellenbach,* § 4 Rn. 4; *v. Roetteken* in v. Roetteken/Rothländer, § 31 BeamtStG Rn. 31; offengelassen von *Kathke,* ZBR 1999, 325, 327). Da der Tatbestand jedoch nicht nur die Auflösung, sondern auch die wesentliche (Binnen-)Veränderung des Behördenaufbaus erfasst, dürfte dieser Kontroverse nur eingeschränkte praktische Bedeutung zukommen. Wenn der betroffene Organisationsteil einen Verselbständigungsgrad aufweist, der eine Subsumtion unter den dienstrechtlichen Behördenbegriff zumindest nahelegt, ist nämlich zugleich das Merkmal einer wesentlichen Veränderung der Gesamtorganisation erfüllt.

3. Typen von Organisationsänderungen

a) Behördenauflösung

10   Die **Auflösung einer Behörde** ist in Abgrenzung zu den weiteren Tatbestandsvarianten nur bei einem ersatzlosen Wegfall der organisatorischen Struktur gegeben. Damit ist nicht notwendig auch ein Wegfall der bisher wahrgenommenen Aufgaben verbunden (vgl. *Kathke,* ZBR 1999, 325, 332). Typische Fälle sind Aufgabenprivatisierungen, Eingliederungen von Sonderbehörden (hier kommt es i.d.R. nicht zu einer Verschmelzung, vgl. auch *v. Roetteken* in v. Roetteken/Rothländer, § 31 BeamtStG Rn. 65) oder kommunale Neugliederungen. Fallen die bislang wahrgenommenen Fachaufgaben nicht ersatzlos fort, ergibt sich i.d.R. eine durch die Einsparung von Planstellen (§ 26 Abs. 1 Satz 2 a. E.) zu belegende Entbehrlichkeit nur im Bereich des sog. Overheads. Teilauflösungen sind begrifflich denkbar, fallen aber unter das Merkmal „wesentliche Änderung". Im Unterschied zur Verschmelzung gilt für die Auflösung kein Rechtssatzvorbehalt; die entsprechende Organisationsentscheidung ist mangels Außenwirkung kein rechtsbehelfsfähiger Verwaltungsakt gegenüber den betroffenen Beamten (vgl. *v. Roetteken* in v. Roetteken/Rothländer, § 31 BeamtStG Rn. 42).

b) Behördenverschmelzung

Eine **Verschmelzung von Behörden** bedingt im Interesse einer klaren Abgrenzbarkeit   **11**
der Tatbestandsalternativen das völlige Aufgehen von mindestens zwei Organisationsstrukturen in einer gänzlich neuen Behörde (vgl. auch *Tadday/Rescher,* § 26 LBG Erl. 4.1). Eine
Eingliederung genügt insoweit nicht (vgl. Rn. 10). Die Auffassung, bei einer Behördenver-
schmelzung fehle es am für die Versetzung notwendigen Behördenwechsel (vgl. *Kathke,*
ZBR 1999, 325, 332; *Schnellenbach,* § 4 Rn. 31 Fn. 141 – offen gelassen bei VGH München, IÖD 2003, 75), übersieht für den Sonderfall des § 26 Abs. 2, dass hier wegen der
Zuweisung eines anderen Statusamts in jedem Fall eine außenwirksame Einzelfallentscheidung zu treffen ist. Diese bezeichnet das Gesetz selbst als „Versetzung". Behördenver-
schmelzungen stehen schon gem. § 31 BeamtStG unter Rechtssatzvorbehalt, den § 26
Abs. 1 Satz 1 als „Gesetz oder Verordnung" konkretisiert.

c) Aufbau- und Aufgabenänderungen

Bei der dritten Tatbestandsvariante fallen die unterschiedlich weiten Formulierungen in   **12**
den Absätzen 1 und 2 des § 26 ins Auge. Absatz 1 erwähnt – in Anlehnung an § 31 Abs. 1
BeamtStG – nur die wesentliche **Aufbau**änderung, Absatz 2 hingegen zusätzlich die **Aufgaben**änderung, wobei auch hier ein gewisses Ausmaß (Wesentlichkeit) gegeben sein muss.
Sachlich dürfte jedoch kein Unterschied bestehen; auch die Rechtsfolge des § 26 Abs. 2
setzt nämlich einen Wegfall von konkret-funktionalen Ämtern (dazu BVerwGE 62, 129)
voraus (Unmöglichkeit einer entsprechenden (Weiter-)Verwendung). Da dieser Wegfall ein
gewisses Ausmaß haben muss (s. o.), indiziert er eine Aufbauänderung (vgl. auch *Kathke,*
ZBR 1999, 325, 332, der ohne nähere Begründung den „Wegfall größerer Aufgabengebiete" unter Aufbauänderungen subsumiert). Bei „reinen" Aufbauänderungen wird der
Wegfall von Dienstposten i. d. R. nur bei Rationalisierungen eintreten, etwa dem Abbau
von Hierarchieebenen (vgl. auch *v. Roetteken* in v. Roetteken/Rothländer, § 31 BeamtStG
Rn. 47). Hier kommt dem Merkmal der „Wesentlichkeit" schon auf Tatbestandsebene eine
wichtige Filterfunktion zu, um die Kausalität der Organisationsmaßnahme für den Personalabbau – und nicht umgekehrt! – sicherzustellen (vgl. dazu VG Schwerin, ZBR 2003,
395 m. Anm. *Summer*). Keine Änderung von Aufgaben i. S. v. § 26 ergibt sich aus dem **tatsächlichen** Wegfall von Zuständigkeiten (Arbeitsanfall), etwa der „Abwanderung" einer zu
beaufsichtigenden Großanlage. Voraussetzung ist insoweit eine abstrakte Zuständigkeitsän-
derung (BVerwG, ZBR 1981, 311: Schließung eines städtischen zugunsten der Inbetrieb-
nahme eines privaten Schlachthofes). Ein Rechtssatzvorbehalt gilt für im Rahmen des § 26
Abs. 1 wesentliche Aufbauänderungen nicht, obwohl der Wortlaut des § 26 Abs. 1 Halbs. 1
weniger eindeutig ist als das bundesrechtliche Pendant. Es ist aber nicht eindeutig erkennbar, dass der Landesgesetzgeber hier die Kompetenz des § 31 Abs. 1 Satz 2 BeamtStG zu
ergänzenden Regelungen wahrnehmen wollte.

4. Bezug zum Dienstposten

Von der Organisationsmaßnahme **berührt** sein muss das **Aufgabengebiet,** worunter   **13**
das konkret-funktionale Amt (Dienstposten) zu verstehen ist, das im Zeitpunkt der Reorganisation übertragen war (BVerwG, ZBR 1981, 312). Eine Betroffenheit im Nebenamt
genügt nicht (BVerwGE 62, 129: städtischer Veterinär als nebenamtlicher Amtstierarzt).
Das Merkmal „Berührtsein" im Sinne einer Kausalitätsbeziehung dient dem Schutz des
verfassungsrechtlich verbürgten Anspruchs auf das (Status-)Amt, indem es eine besondere
Verknüpfung der Organisationsmaßnahme mit dem Dienstposten schon auf Tatbestandsebene fordert. Es lässt sich aus dem verfassungsrechtlichen Verhältnismäßigkeitsgrundsatz
(auch: Übermaßverbot) herleiten (vgl. BVerwG, NVwZ-RR 2010, 565; OVG Münster,
ZBR 2011, 54). Dem Dienstherrn ist es dadurch verwehrt, lediglich auf der Rechtsfolgenseite im Rahmen seines Ermessens die Betroffenen zu bestimmen (so ausdr. BVerwGE, 62,
129). Abgesehen vom Fall der Auflösung kann problematisch sein, welche Intensität das

„Berührtsein" haben muss, etwa im Bereich sog. **Querschnitts- oder Overheadfunktionen,** die oftmals bloß **mittelbar** vom Wegfall bestimmter Fachaufgaben und damit Fachfunktionen tangiert sind. Vor dem Hintergrund der Funktion als Tatbestandsvoraussetzung sind zumindest eindeutige, quantifizierbare Wechselbeziehungen zwischen den konkreten Amtsaufgaben und der Organisationsmaßnahme zu fordern (zum Ganzen auch *v. Roetteken* in v. Roetteken/Rothländer, § 31 BeamtStG Rn. 69, 75 m. w. N.).

5. Vorrang des Amtserhalts

14   Über das Berührtsein hinaus fordert eine Maßnahme gem. § 26 Abs. 1 die **Unmöglichkeit des Amtserhalts durch Versetzung** als Tatbestandsvoraussetzung (vgl. OVG Münster, DÖD 1986, 274; OVG Lüneburg, NVwZ 2008, 1251). Anders als die Vorgängernorm des § 39 a. F. bezieht § 26 Abs. 1 Satz 1 a. E. ausdrücklich nur Versetzungen gem. § 25 ein, wobei als gravierendste Maßnahme die zustimmungslose Versetzung in eine andere Laufbahn bei einem anderen Dienstherrn gem. § 25 Abs. 2 zu Gebote steht (vgl. § 25 Rn. 16). Das Vorliegen „dienstlicher Gründe" liegt hier auf der Hand, wenn ansonsten der Tatbestand des § 31 Abs. 1 BeamtStG bzw. des § 26 gegeben ist. Die Unmöglichkeit der vorgängigen Versetzung muss der Dienstherr darlegen, wobei die Anforderungen nicht im Sinne einer objektiven Unmöglichkeit überspannt werden dürfen. Andernfalls würde der in § 26 angelegte Interessenausgleich zwischen dem (Status-)Amtserhalt und dem Organisationsermessen negiert. Demgemäß erkennt die Rechtsprechung insoweit einen behördlichen Beurteilungsspielraum an (vgl. OVG Lüneburg, NVwZ 2008, 1251; VG Chemnitz, Urt. v. 12.5.2011, 3 K 731/09; *v. Roetteken* in v. Roetteken/Rothländer, § 31 BeamtStG Rn. 79 f.). Unklar bleibt, warum nunmehr die statusberührende Versetzung gem. § 26 Abs. 2 nicht mehr in den Kanon der vorab zu prüfenden amtserhaltenden Maßnahmen gehört (vgl. auch Rn. 1). Angesichts des gem. § 26 Abs. 1 als Rechtsfolge drohenden vollständigen Amtsverlusts erscheint eine Maßnahme gem. § 26 Abs. 2 – trotz ihrer ebenfalls gravierenden Folgen für den Betroffenen – als milderes Mittel. Im Wege einer systematischen Zusammenschau der Gesamtnorm des § 26 muss demnach, entgegen dem beschränkten Verweis auf Maßnahmen gem. § 25, auch die statusberührende Versetzung zuvor geprüft werden. Weitere Bedingungen ergeben sich noch aus dem Erfordernis des **Wegfallens von Planstellen** gem. § 26 Abs. 1 Satz 2. Durch diese zusätzliche Voraussetzung i. S. v. § 31 Abs. 2 Satz 2 BeamtStG stellt der Landesgesetzgeber sicher, dass der umgängliche Personalabbau bzw. Amtsverlust (objektiv) organisationsfachlich begründet sein muss. Schließlich gewährt auch die Sechs-Monatsfrist gem. § 26 Abs. 1 Satz 2 zusätzlichen Schutz, indem sie neben den **kausalen** Zusammenhang von Organisationsmaßnahme und Stellenwegfall einen engen **zeitlichen** stellt. § 26 Abs. 1 Satz 3 räumt jedoch die Möglichkeit zu abweichender Fristsetzung durch einen veränderten Fristbeginn ein, der jedoch sachlich gerechtfertigt sein muss.

6. Unmöglichkeit der bisherigem Amt entsprechenden Weiterverwendung

15   Folgt für § 26 Abs. 1 die Unmöglichkeit des Amtserhalts aus der Unmöglichkeit einer Versetzung, so resultiert aus § 26 Abs. 2 eine gleichgerichtete Voraussetzung aus der **Unmöglichkeit der entsprechenden Weiterverwendung.** Diese kann sich folglich erst ergeben, wenn alle denkbaren personalwirtschaftlichen Maßnahmen einschließlich solcher gem. § 25 nicht greifen. Dazu zählt auch ein Laufbahnwechsel als Folge einer Versetzung gem. § 25 Abs. 3, wobei eine Pflicht zur Teilnahme an Maßnahmen zum Befähigungserwerb (vgl. § 11 LVO) besteht, vgl. § 25 Abs. 4. Milderes Mittel gegenüber einer Statusabstufung kann auch die – tatbestandlich nicht erfasste – Verwendung in einem höherwertigen Amt sein (BVerwG, NVwZ-RR 2015, 465: Lehrerin mit Lehramt Grund-/Hauptschule A 12 wird nach Schulreform an Realschule Plus, dort Regellehramt A 13, verwandt). Zwar ergibt sich hier kein Beförderungsanspruch, der Dienstherr muss jedoch aus Fürsorgegesichtspunkten eine angemessene Chance zum Erwerb der (höheren) Befähigung geben (BVerwG, a.a.O.).

Die Unmöglichkeit einer adäquaten Weiterverwendung muss auf Tatbestandsseite vorliegen, wobei – analog der Unmöglichkeit der Versetzung bei § 26 Abs. 1 – eine behördliche Einschätzungsprärogative besteht. Demgemäß hat der Dienstherr auch Gründe, die in der Person des betroffenen Beamten liegen (z.B. Eignungsbedenken) an dieser Stelle darzulegen und ggf. auch zu belegen (wohl a.A. *Battis*, § 28 BBG Rn. 19). Erst danach sind Ermessenserwägungen im Hinblick auf die konkrete Maßnahme anzustellen (vgl. auch OVG Münster, DÖD 1986, 274). Ebenfalls vor dem Hintergrund der notwendigen Verhältnismäßigkeit einer statusberührenden Versetzung zu sehen ist die weitere Einschränkung in § 26 Abs. 2 Halbs. 2 (vgl. auch *Burkholz* in v. Roetteken/Rothländer, § 18 BeamtSt Rn. 27). Das hier angesprochene bisherige Amt meint das Statusamt, nicht dagegen das funktionale Amt i.S. einer vormals innegehabten Leitungsfunktion (vgl. VG Braunschweig, Urt. v. 28.6.2005, 7 A 17/05). Dieses Amt muss der Beamte tatsächlich innegehabt haben, was bei Sprungbeförderungen oder nicht regelmäßig zu durchlaufenden Ämtern im Einzelfall zu einem **„Rückfall" über mehrere Besoldungsstufen** führen kann. Allerdings hat der Beamte mit der Neuregelung des § 21 Abs. 1 LBesG (vgl. LT-Drs. 16/10380, S. 365f.) nicht lediglich Anspruch auf eine Ausgleichszulage, sondern auf Zahlung der Dienstbezüge des „alten" Amtes. Zum Anspruch auf Führen der bisherigen Amtsbezeichnung mit dem Zusatz „a.D." verhält sich § 77 Abs. 2 Satz 3, Halbs. 2, Abs. 3 Satz 2.

7. Ermessen

16 Beide nach § 26 möglichen Maßnahmen eröffnen dem Dienstherrn **Ermessen.** Folglich sind Zurruhesetzungen oder statusberührende Versetzungen keine zwingende tatbestandliche Folge der Unmöglichkeit einer Weiterverwendung. Der Dienstherr hat **zusätzliche Ermessenserwägungen** anzustellen, wenn er die entsprechende Rechtsfolge wirksam herbeiführen will (statt aller OVG Münster, DÖD 1986, 274, 275). Wegen des Normzwecks muss er dabei individuellen Belangen aus dem Aspekt der Fürsorgepflicht heraus Rechnung tragen (VG Braunschweig, Urt. v. 28.6.2005, 7 A 17/05), ihnen aber nicht zwingend Vorrang vor fiskalischen Erwägungen geben (vgl. *v. Roetteken* in v. Roetteken/Rothländer, § 31 BeamtStG Rn. 89). Andererseits müssen besondere Erschwernisse (z.B. wegfallende Möglichkeit der chefärztlichen Privatliquidation) ausreichend gewürdigt werden (vgl. BVerwGE 81, 27). Ausdrücklich zulässig ist es, im Rahmen der Ermessenserwägungen auch Auswahlerwägungen mit Blick auf Art. 33 Abs. 2 GG anzustellen (so ausdr. *v. Roetteken* in v. Roetteken/Rothländer, § 31 BeamtStG Rn. 90, 98 m.w.N.; wohl auch OVG Bautzen, ZBR 2011, 212 mit Hinw. auf BVerwG, B. v. 3.3.1981, 7 B 36/81; VG Schwerin, ZBR 395, 396; a.A. wohl *Battis*, § 28 BBG Rn. 19; s.a. *Schweiger*, ZBR 2011, 245, 247).

VI. Personalvertretungsrechtliche Folgen

17 Die Umbildung von „Dienststellen" löst gem. § 73 Nr. 3 LPVG dann ein **Mitwirkungsrecht** der jeweiligen Personalvertretung aus, wenn als Voraussetzung der Maßnahmecharakter i.S.v. § 69 Abs. 1 LPVG bzw. eine Entscheidung der Dienststelle gem. § 65 Abs. 1 Satz 3 LPVG gegeben ist (zur Beschränkung auf die Form der Mitwirkung vgl. *Cecior* in CVLK, § 73 LPVG Rn. 57). Die daraus ggf. resultierenden personalwirtschaftlichen Einzelmaßnahmen gem. § 26 unterliegen – anders als in den Fällen des § 127 (vgl. § 127 Rn. 7) – gesondert der jeweils einschlägigen Mitbestimmung (vgl. *Welkoborsky* u.a., § 73 LPVG Rn. 11; *Rehak*, PersV 2012, 4, 8). Zudem besteht gem. § 65 Abs. 1 Satz 3 LPVG ein Anspruch des Personalrats auf frühzeitige (*Cecior* in CVLK, § 73 LPVG Rn. 56) und fortlaufende Unterrichtung, wenn geplante Organisationsmaßnahmen in der Umsetzung auch zu beteiligungspflichtigen Maßnahmen führen (vgl. dazu *Welkoborsky* u.a., § 65 LPVG Rn. 7ff.).

Abschnitt 4. Beendigung des Beamtenverhältnisses

§ 27 Entlassung

(1) Beamtinnen und Beamte sind zu entlassen, wenn sie bei Übertragung eines Amtes, das kraft Gesetzes mit dem Mandat unvereinbar ist, Mitglied des Europäischen Parlaments, des Bundestages oder des Landtags waren und nicht innerhalb der von der obersten Dienstbehörde gesetzten angemessenen Frist ihr Mandat niederlegen.

(2) Beamtinnen und Beamte sind ferner zu entlassen, wenn sie als Beamtinnen und Beamte auf Zeit ihrer Verpflichtung nach § 4 letzter Satz und § 119 Absatz 2 Satz 4 nicht nachkommen.

(3) ¹Das Verlangen, entlassen zu werden, muss schriftlich erklärt werden. ²Ein Verlangen in elektronischer Form ist nicht zulässig. ³Die Erklärung kann, solange die Entlassungsverfügung der Beamtin oder dem Beamten noch nicht zugegangen ist, innerhalb von zwei Wochen nach Zugang bei der dienstvorgesetzten Stelle, mit Zustimmung der nach § 28 Absatz 1 Satz 1 zuständigen Stelle auch nach Ablauf dieser Frist, zurückgenommen werden.

(4) ¹Die Entlassung ist für den beantragten Zeitpunkt auszusprechen. ²Sie kann jedoch solange hinausgeschoben werden, bis die Beamtin oder der Beamte ihre oder seine Amtsgeschäfte ordnungsgemäß erledigt hat; eine Frist von drei Monaten darf dabei nicht überschritten werden.

Übersicht

I. Inkompatibilität von Amt und Mandat

Abs. 1 legt fest, dass der Dienstherr Beamte zu entlassen hat, wenn sie ihr Mandat beim **1** Europäischen Parlament, Bundestag oder Landtag nicht innerhalb der von der obersten Dienstbehörde gesetzten angemessenen Frist niedergelegt haben, obwohl kraft Gesetzes eine **Unvereinbarkeit von Amt** und diesem **politischem Mandat** besteht (vgl. zum kommunalen Mandat *Werres*, ZBR 2004, 384; OVG Münster, NWVBl. 2002, 464). Regelungen zu Folgen aus der Übernahme oder Ausübung eines Mandats treffen außerdem §§ 18, 73. Das politische Mandat muss nach § 27 Abs. 1 „bei Übertragung des Amtes" – d. h. vor der wirksamen Ernennung nach § 8 Abs. 2 BeamtStG, § 16 Abs. 2 – bereits bestanden haben, damit die Vorschrift zur Anwendung kommt. Die **Regelung zur Entlassung** ist notwendig, da das Beamtenrecht nicht eine Mandatsniederlegung als solches bewirken kann, es aber einer durchgreifenden Reaktionsmöglichkeit des Dienstherrn bei Nichterfüllung der entsprechenden Pflichten bedarf, um dem **Inkompatibilitätsgrundsatz** für das Beamtenverhältnis des Abgeordneten Geltung verschaffen zu können. Verwaltungsbeamte sollen nicht derselben Körperschaft angehören, welcher die Kontrolle über ihre Behörde obliegt; eine Personalunion zwischen Exekutivamt und Abgeordnetenamt soll vermieden werden (BVerwG, B. v. 26.8.2004, 2 B 31/04, Buchholz 11 Art. 137 GG Nr. 2; *Schmidt-Bleibtreu/Hofmann/Hopfauf,* Art. 137 GG Rn. 1). Auf diese Weise sollen Interessenkollisionen und Entscheidungskonflikte vermieden werden (*Schmidt-Bleibtreu/Hofmann/ Hopfauf,* Art. 137 GG Rn. 1). Der Betroffene muss sich folglich entweder für die Ausübung des Mandats oder die Beibehaltung des Amts entscheiden, um die Inkompatibilität aufzulösen (BVerfGE 57, 43, 67; 98, 145, 156).

2 Für die verschiedenen politischen Ebenen gibt es korrespondierende gesetzliche Regelungen, wonach das Mandat unvereinbar mit dem einem Beamten übertragenen Amt ist. Für das **Europäische Parlament** legt § 8 Abs. 3 EuAbgG i. V. m. § 5 Abs. 1 AbgG Bund fest, dass ein Dienstbezüge erhaltender Beamter nicht Mitglied des Europäischen Parlaments sein kann. § 5 Abs. 1 AbgG Bund trifft eine solche Unvereinbarkeitsregelung für **Bundestagsabgeordnete,** die §§ 22, 23 Abs. 1 AbgG NRW regeln dies für **Landtagsabgeordnete.** Es ist in den **Abgeordnetengesetzen** festgelegt, dass für die jeweilige Dauer der Parlamentsmitgliedschaft die Rechte und Pflichten aus dem öffentlich-rechtlichen Dienstverhältnis ruhen; die Pflicht zur Amtsverschwiegenheit und das Verbot der Annahme von Belohnungen und Geschenken gelten aber fort. **Hochschullehrer** dürfen allerdings während ihrer Mitgliedschaft im Bundestag ausdrücklich eine Tätigkeit in Forschung und Lehre sowie die Betreuung von Doktoranden und Habilitanden wahrnehmen, § 9 Abs. 2 Satz 1 AbgG Bund (zur Anrechnung der Hochschultätigkeitsvergütung auf die Abgeordnetenentschädigung vgl. BVerwG, NVwZ 2008, 691). Bei **Beamten auf Widerruf** gibt es es Sonderregelungen (§ 23 Abs. 2 AbgG NRW/§ 5 Abs. 3 AbgG Bund); sie erhalten die Möglichkeit, „trotz" ihrer Mitgliedschaft im Parlament die Laufbahnprüfung abzulegen (*Battis,* § 40 BBG Rn. 6). Soweit sie danach zu **Beamten auf Probe** ernannt werden, ruhen Rechte und Pflichten aus dem Dienstverhältnis (vgl. zur Frage, ob auf Widerrufsbeamte im Vorbereitungsdienst überhaupt § 27 anwendbar ist, *Brockhaus* in Schütz/Maiwald, § 27 LBG Rn. 17). Da das Europawahlgesetz nach § 22 Abs. 2 Nr. 14 EuWG den Verlust der Mitgliedschaft des Abgeordneten im Europäischen Parlament vorsieht, wenn er in eine mit dem Mandat auf Grund gesetzlicher Vorschriften inkompatible Funktion berufen wird, und § 8 Abs. 3 EuAbgG i. V. m. § 5 Abs. 1 AbgG Bund eine solche Inkompatibilität festlegen, ist für diesen speziellen Fall ein Entlassungsverfahren nach dem LBG entbehrlich (vgl. *Tadday/Rescher,* § 27 LBG Erl. 2 a. E.). Die **Niederlegung des Mandats** hat gemäß den dafür einschlägigen Vorschriften zu erfolgen (bei Landtagsmandat: § 5 Nr. 1 LWahlG NRW).

3 Durch die Formulierungen in § 27 Abs. 1 („Der Beamte ist zu entlassen …") wird deutlich, dass Entlassungen in relevanten Fällen zwingend sind bzw. kein Ermessens- oder Billigkeitsspielraum des Dienstherrn vorliegt (vgl. *Brockhaus* in Schütz/Maiwald, § 27 LBG Rn. 2 und 22). Die **obligatorische Entlassung** wegen des inkompatiblen Mandats geschieht durch **Verwaltungsakt** (§ 23 BeamtStG) der für den Beamten zuständigen Stelle. Entlassungen kraft Gesetzes werden in § 22 BeamtStG geregelt und unterliegen nicht der Mitbestimmung (*Cecior* in CVLK, § 72 LPVG Rn. 350; a. A. *Welborsky u. a.,* § 72 LPVG Rn. 43). Die Entlassung nach § 27 Abs. 1 tritt mit dem Ende des Monats ein, in welchem die Entlassungsverfügung dem Beamten zustellt worden ist (§ 28 Abs. 2). Der Beamte muss zuvor eine ihm gesetzte angemessene Frist mit der **Aufforderung zur Mandatsniederlegung** missachtet haben. Die Frist beginnt mit der nach § 105 vorzunehmenden Zustellung der Verfügung. Die Frage, welche Frist „angemessen" ist, lässt sich nicht allgemein beantworten. Die oberste Dienstbehörde wird sich bei der Fristbemessung daran zu orientieren haben, welchen organisatorischen/sonstigen Zeitbedarf ein Abgeordneter im Normalfall benötigt, um in geordneter/vernünftiger Art und Weise unter zusätzlicher Berücksichtigung etwaiger persönlicher Aspekte für die Niederlegung des Mandats benötigt. Eine **Frist von einem Monat** dürfte die **Untergrenze der Angemessenheit** sein (siehe *Zängl* in GKÖD, § 32 BBG Rn. 20; *Battis,* § 32 BBG Rn. 4); sie kann – wenn nicht von vorneherein eine längere Frist gewährt wird – ggf. von der obersten Dienstbehörde angemessen

verlängert werden, wenn sie unverschuldet absehbar nicht eingehalten werden kann (in diese Richtung *Brockhaus* in Schütz/Maiwald, § 27 LBG Rn. 21). Es ist vom „verlängerungswilligen" Diensherrn und betroffenen Beamten darauf zu achten, dass die Frist rechtzeitig verlängert wird. Wenn die ursprünglich gesetzte Frist ohne rechtzeitig wirksame Verlängerung verstrichen ist und es zu keiner wirksamen Mandatsniederlegung gekommen ist, hat der Diensherr den Beamten unverzüglich zu entlassen. Auf der anderen Seite darf dem in der Politik tätigen Beamten keine zu weiträumige Frist eingeräumt werden, da anderenfalls der gesetzliche Auftrag zur Trennung der inkompatiblen Funktionen nicht hinreichend beachtet würde. Es spricht viel dafür, dass als **Obergrenze** für die Mandatsniederlegung **drei Monate** anzusetzen sind (*Battis,* § 32 BBG Rn. 4).

Der Beamte hat nach einer Abgeordnetentätigkeit einen **Anspruch auf Wiederver-**   **4** **wendung** als Beamter. Ein Anspruch auf fiktive Fortschreibung seiner letzten Beurteilung bzw. Nachzeichnung seines fiktiven Werdegangs als Beamter für den Zeitraum seiner Abgeordnetentätigkeit, wie dies z. B. für freigestellte Mitglieder von Personalvertretungen für die Zeit ihrer Personalratsmitgliedschaft vorgesehen ist, besteht nicht (vgl. VGH München, Urt. v. 19.11.2008, 15 B 08.2040, KommunalPraxis Bayern 2009, 107 – bestätigt durch BVerwG, ZBR 2012, 32). Mittelbare „Benachteiligungen", die infolge von verfassungsrechtlichen und einfachgesetzlichen Regelungen über die Unvereinbarkeit von Amt und Mandat – z. B. Art. 137 GG und § 22 AbgG NRW – entstehen, müssen vom Beamten/ Abgeordneten hingenommen werden (BVerwG, ZBR 2012, 32). Das **gesetzliche Benachteiligungsverbot** nach § 2 AbgG NRW gebietet weder ausdrücklich noch im Wege verfassungskonformer Auslegung eine **fiktive Nachzeichnung von Beurteilungen** von Beamten, die Abgeordnete im Landtag waren und in ihre frühere Tätigkeit zurückkehren. Die durch die Inkompatibilität entstehenden Behinderungen für den Werdegang als Beamter werden u. a. durch den **Wiederverwendungsanspruch** (§ 24 AbgG NRW) und **Anrechnungsvorschriften** der Zeit im Landtag auf **laufbahnrechtliche Dienstzeiten** (§ 25 Abs. 4 AbgG NRW) abschließend und ausreichend berücksichtigt. Eine Vergleichbarkeit der Situation von Abgeordneten bei Wiederverwendung als Beamte mit der Situation freigestellter Personalratsmitglieder, für die eine fiktive Fortschreibung der Beurteilung vorzunehmen ist (vgl. dazu § 92 Abs. 2 i. V. m. § 9 Abs. 1 Nr. 4 LVO NRW u. LT-Drs. 16/2904, S. 53), besteht nicht (BVerwG, ZBR 2012, 32).

II. Entlassung von Zeitbeamten

Die **Entlassung eines Beamten auf Zeit** ist nach § 27 Abs. 2 eine Pflicht des Dienst-   **5** herrn, wenn dieser Pflichten nach § 4 letzter Satz und § 119 Abs. 2 Satz 4 nicht nachkommt. § 4 letzter Satz verpflichtet Zeitbeamte – sofern Gesetze/Verordnungen nichts anderes bestimmen – nach Ablauf ihrer Amtszeit das Amt weiterzuführen, wenn sie „unter nicht ungünstigeren Bedingungen für wenigstens die gleiche Zeit wiederernannt werden sollen." Bürgermeister und Landräte fallen nicht darunter, da sie sich nicht zur Wiederwahl stellen müssen (vgl. § 118 Abs. 2 und 10). Die übrigen kommunalen Wahlbeamten (u. a. Beigeordnete und Kreisdirektoren) sind nach § 119 Abs. 2 Satz 4 verpflichtet, das Amt nach der ersten und zweiten Wiederwahl weiterzuführen. Falls diese Beamten auf Zeit, ohne einen wichtigen Grund für ihre Ablehnung zu haben (§ 71 Abs. 5 GO NRW/§ 47 Abs. 2 KrO NRW), die **Weiterführung des Amtes ablehnen,** hat sie der Diensherr mit Ablauf der Amtszeit zu entlassen. Dies setzt die positive Feststellung voraus, dass sich die Arbeitsbedingungen des Betroffenen bei der neuen Amtszeit im Verhältnis zum Ende der ersten Amtszeit nicht verschlechtern würden (vgl. BVerwG, NVwZ 1986, 1019: „Maßgebend ist der Vergleich der Anstellungsbedingungen am Ende der ersten Amtszeit mit denen am Beginn der neuen Amtszeit."). Entscheidend ist ein **einschränkungsloses Beibehalten des innegehabten Status** und der **ursprünglichen Besoldungseinstufung nach Besoldungsrecht** (einschließlich von Zulagen etc.). Zu den relevanten Rahmenbedingungen, die nicht verschlechtert werden dürfen, zählt die Dauer der weiterzuführenden Amtszeit (*Brockhaus* in Schütz/Maiwald, § 27 LBG Rn. 14). Es entspricht der **Fürsorgepflicht,** im Vorfeld einer beabsichtigten Berufung des Beamten in eine weitere Amtszeit die Sach- und Rechtslage dem Beamten zu vermitteln (vgl. *Brockhaus* in Schütz/Maiwald, § 27 LBG Rn. 29). Immerhin droht in Folge einer Entlassung der **Verlust der Versorgung** (BVerwG, NVwZ 1986, 1019). Der Beamte muss sich nicht auf die Verschlechterung der Anstellungsbedingungen berufen, weil ein solcher Sachverhalt schon kraft Gesetzes als ein die Ablehnung der Wiederwahl rechtfertigender Grund gilt (BVerwG, NVwZ 1986, 1019).

III. Das Verlangen nach Entlassung

1. Schriftform

6   § 27 Abs. 3 u. § 27 Abs. 4 haben ihren Bezugspunkt in § 23 Abs. 1 Satz 1 Nr. 4 Beamt-StG. Hiernach sind Beamte zu entlassen, wenn sie die Entlassung in schriftlicher Form verlangen. Der Entlassungsantrag muss für seine Wirksamkeit eindeutig sein und den bestimmten und vorbehaltslosen Willen erkennen lassen, in Kenntnis der einschneidenden Statusveränderung entlassen zu werden (BVerwG, B. v. 7.10.2013, 2 B 14.12 – Zurückweisung der Beschwerde gegen OVG Münster, Urt. v. 5.12.2011, 1 A 1729/09). Ein solches **Recht der Entlassung** auf Antrag steht dem Beamten jederzeit zu und gehört zu den **hergebrachten Grundsätzen des Berufsbeamtentums** (*Reich,* § 23 BeamtStG Rn. 9; *v. Roetteken* in v. Roetteken/Rothländer, § 23 BeamtStG Rn. 105). Diese Entlassungsmöglichkeit hat bei Dienstverhältnissen des Privatrechts ihre Parallele in der „Kündigung". Eine wirksame Entlassung kann nur durch die zuständige Stelle erfolgen (BVerwG, DÖD 2010, 51). In der Praxis erfolgen Entlassungsanträge eines Beamten oft bei grundlegender beruflicher Neuorientierung oder mit der Motivation, einer erwarteten unmittelbar bevorstehenden zwangsweisen Entfernung aus dem öffentlichen Dienst wegen gravierender disziplinarrechtlicher Verstöße zuvorzukommen (vgl. z.B. den Fall VG Aachen, Urt. v. 24.1.2008, 1 K 106/07; OVG Lüneburg, B. v. 23.12.2004, 2 ME 1245/04; OVG Berlin, Urt. v. 29.6.1999, 4 B 11.97; s.a. VGH München, B. v. 9.3.2016, 6 ZB 15.622: Entlassungsantrag vor dem Hintergrund des geplanten Umzugs zur Lebensgefährtin in die Schweiz; *Seeck* in MRSZ, § 23 BeamtStG Erl. 2.4). Der **schriftlich** beim zuständigen Dienstherrn zu stellende **Antrag** bedarf keiner Begründung; aus ihm muss nur das unbedingte und vorbehaltlose Verlangen deutlich werden, entlassen zu werden. Immerhin ist der Entlassungsantrag Grundlage für eine einschneidende Statusveränderung, so dass Zweifel über den Willen des Antragstellers, sich entlassen zu lassen, ausgeschlossen sein müssen (BVerwG, Urt. v. 7.10.2013, 2 B 14.12). Die Erklärung unterliegt dabei der Auslegungsregel des § 133 BGB (BVerwG, Urt. v. 7.10.2013, 2 B 14.12; BVerwG, Urt. v. 24.1.1985, 2 C 12.84). Wegen der Bedeutung eines Entlassungsverlangens und zur Sicherstellung der Beweisbarkeit der Antragstellung durch Beamte oder rechtmäßig von diesen beauftragte Vertreter schließt das Gesetz elektronische Antragstellungen aus, zumal bei schriftlichem Verlangen die **Warnfunktion** und der **Schutz vor Übereilung** höher sind (vgl. LT-Drs. 13/3930, S. 28). § 23 BeamtStG sieht hingegen keinen Ausschluss der elektronischen Form nach § 3a Abs. 2 VwVfG vor, weil nach der Gesetzesbegründung auch bei qualifizierter elektronischer Signatur die Warnfunktion gegeben sei (BT-Drs. 16/4027, S. 27–28). Maßgeblich ist die spezielle **Vorgabe der Schriftform** im LBG NRW; was zur Erfüllung dieser Voraussetzung erforderlich ist, kann § 126 Abs. 1 BGB entnommen werden (eigenhändige Unterschrift usw.). Alternativ ist eine **Erklärung beim Dienstherrn zu Protokoll** möglich, wenn der Beamte es eigenhändig mit seiner Unterschrift versieht (*H. Günther,* ZBR 1994, 197, 202; OVG Berlin, Urt. v. 29.6.1999, 4 B 11.97; *v. Roetteken* in v. Roetteken/Rothländer, § 23 BeamtStG Rn. 146). Ein **Telefax** erfüllt trotz dessen Akzeptanz als rechtswirksames Medium zur Einlegung von Rechtsmitteln und Rechtsbehelfen usw. nicht die Vor-

aussetzungen der Schriftform nach § 27 Abs. 3 (vgl. *v. Roetteken* in v. Roetteken/Rothländer, § 23 BeamtStG Rn. 49; *Lenders*, § 23 BeamtStG Rn. 468).

2. Persönliche Antragstellung/Geschäftsfähigkeit

Im Hinblick auf das **persönliche Recht des Beamten,** sich entlassen zu lassen, schei- **7** det eine rechtsgeschäftliche Vertretung aus (*Brockhaus* in Schütz/Maiwald, § 27 LBG Rn. 36; *H. Günther,* ZBR 1994, 197, 201). Sofern der Beamte nicht mehr (voll) geschäftsfähig ist, kann eine wirksame Antragstellung nur über einen wirksam nach den §§ 1896 ff. BGB bestellten Betreuer oder gesetzlichen Vertreter erfolgen (*v. Roetteken* in v. Roetteken/Rothländer, § 23 BeamtStG Rn. 136; *Brockhaus* in Schütz/Maiwald, § 27 LBG Rn. 36). Ist ein Beamter zunächst unerkannt geschäftsunfähig und stellt sich später die Handlungsunfähigkeit in Form eines psychotischen, die freie Willensbestimmung ausschließenden Zustands heraus, ist der Entlassungsantrag entsprechend § 105 Abs. 2, § 104 Nr. 2 BGB unwirksam (OVG Münster, Urt. v. 2.12.1998, 12 A 3692/97; VGH München, B. v. 9.3. 2016, 6 ZB 15.622). Die auf die Entlassung gerichtete Willenserklärung ist dann nichtig (OVG Münster, Urt. v. 2.12.1998, 12 A 3692/97; VGH München, B. v. 9.3.2016, 6 ZB 15.622). Es dürfte zur Fürsorgepflicht des Dienstherrn gehören, bei **Zweifeln an der Geschäftsfähigkeit** bzw. Indizien für deren Einschränkung oder Fehlen diesen direkt näher nachzugehen. Eine allgemeine, umfassende **Beratungspflicht des Dienstherrn** über die Folgen einer Entlassung mit der Konsequenz, dass eine Verletzung der Pflicht Auswirkungen auf die Wirksamkeit der antragsgemäß erfolgten Entlassung hat, ist hingegen nicht anzuerkennen (VGH München, B. v. 9.3.2016, 6 ZB 15.622; OVG Lüneburg, B. v. 23.12. 2004, 2 ME 1245/04; BVerwGE 34, 168, 173). Jedem Beamten muss klar sein, dass eine Entlassung auf Verlangen unwiederbringlich zum Ende der Stellung als Beamter führt und erhebliche beamten- und versorgungsrechtliche Konsequenzen hat. Selbst ein Unfallruhegehalt nach § 42 LBeamtVG NRW erhält ein auf Antrag entlassener Beamter nicht, da ein solcher Ruhegehaltsanspruch nur entsteht, wenn der Beamte infolge eines Dienstunfalls dienstunfähig wurde und in den Ruhestand getreten ist (VG Düsseldorf, Urt. v. 12.9.2011, 23 K 3310/09). Der Anspruch des auf Antrag entlassenen Beamten ist insofern beschränkt auf die Nachversicherung in der gesetzlichen Rentenversicherung (VG Düsseldorf, Urt. v. 12.9.2011, 23 K 3310/09).

Nur in **extremen Sonderfällen** kann eine **Belehrungs- oder Beratungspflicht** in **8** Betracht kommen; zu nennen sind Fälle einer evident spontanen Antragstellung in heftiger seelischer Erregung und ein offen erkennbarer Irrtum über Antragsfolgen (VGH München, B. v. 9.3.2016, 6 ZB 15.622; OVG Lüneburg, B. v. 23.12.2004, 2 ME 1245/04). Allerdings kann dem u. a. entgegengehalten werden, dass gerade die Rücknahmeoption nach § 27 Abs. 3 Satz 2 derartiges berücksichtigt, wobei allerdings in der Praxis zuweilen die Frist zum Revidieren unüberlegter Entscheidungen viel kürzer und im Extremfall wegen zielgerichteten, schnellsten Handelns der Behörde quasi nicht vorhanden ist (so wie im Fall OVG Lüneburg, B. v. 23.12.2004, 2 ME 1245/04). Man wird daher bei der restriktiv zu behandelnden Frage einer etwaigen ausnahmsweisen Belehrungs- und Beratungspflicht bei Entlassungsanträgen entscheidend auf den Einzelfall abstellen müssen.

3. Rücknahmeoption/Fristen

Ein Antrag wird regelmäßig für einen **bestimmten Entlassungszeitpunkt** gestellt, **9** kann aber auch beinhalten, „zum nächst möglichen Zeitpunkt" entlassen zu werden. Das Gesetz gibt dem Antragsteller für einen begrenzten Zeitraum eine **Rücknahmeoption,** § 27 Abs. 3 Satz 2. Solange die Entlassungsverfügung dem Beamten noch nicht zugestellt wurde, kann das Entlassungsverlangen noch innerhalb von zwei Wochen nach Zugang bei der dienstvorgesetzten Stelle wirksam zurückgenommen werden. Die mit erheblichen Auswirkungen verbundene Entlassungsentscheidung kann vom Beamten nochmals in Ruhe und ggf. unter Einholung von fachlichem (dienstrechtlichen) Rat überdacht und

korrigiert werden. Es gibt aber keine (Fürsorge-)Pflicht des Dienstherrn, auf diese Möglichkeit einer Rücknahme des Entlassungsantrags und die entsprechende Frist etc. hinzuweisen (vgl. zu § 33 Abs. 1 Satz 2 BBG VGH München, B. v. 9.3.2016, 6 ZB 15.622). Es
ist allgemein unbedingt von (ggf. spontan) entlassungswilligen Beamten zu beachten, dass
der **Dienstherr nicht verpflichtet** ist bzw. durch das Gesetz verpflichtet wird, **immer
eine Frist von zwei Wochen wirklich abzuwarten,** bevor er eine beantragte Entlassung verfügt. Das VG Gelsenkirchen hat zu der entsprechenden Frist in 30 Abs. 1 Satz 2
BBG a. F. (jetzt § 33 Abs. 1 Satz 2 BBG) ausgeführt (VG Gelsenkirchen, Urt. v. 28.9.2010,
12 K 5527/08): „Der Dienstherr ist grundsätzlich berechtigt, jedoch nicht verpflichtet, den
Ablauf der Zwei-Wochen-Frist abzuwarten und erst danach die Entlassung zu verfügen.
Aus der Fürsorgepflicht folgt kein Gebot, stets die Frist vor einer Entscheidung über den
Entlassungsantrag abzuwarten." Es ist rechtmäßig, wenn im Ausnahmefall (z.B. bei Beamten, deren Entlassung besonders „begrüßt" wird) sogar schon am Tag der Antragstellung
oder am Folgetag die Entlassung verfügt und zustellt wird (OVG Lüneburg, Beschl. v.
31.10.2013, 5 M 128/13; OVG Lüneburg, B. v. 23.12.2004, 2 ME 1245/04; VG Gelsenkirchen, Urt. v. 28.9.2010, 12 K 5527/08; VG Aachen, Urt. v. 24.1.2008, 1 K 106/07;
OVG Münster, B. v. 11.10.2004, 1 B 1764/04; *H. Günther,* ZBR 1994, 197, 202). Hiermit
muss ein Antragsteller im Einzelfall durchaus rechnen. Nur unter ganz besonderen Umständen zieht das OVG Münster in Betracht, dass die Behörde aus Fürsorgegründen dem
Beamten die Rücknahmemöglichkeit längsten für die Dauer von zwei Wochen zu belassen
hat (OVG Münster, B. v. 11.10.2004, 1 B 1764/04): „Das ist z.B. dann anzunehmen, wenn
der Beamte erkennbar die Bedeutung und Tragweite seines Verhaltens etwa aus Krankheitsgründen nicht zu erkennen vermag, z.B. in einem seine verantwortliche Willensentschließung für Rechtshandlungen dieser Art ausschließenden Zustands seelischen Verwirrt-
seins oder seelischer Erregung den Antrag stellt." In solchen Fällen stellt sich die **Frage
der Geschäftsfähigkeit** des entlassungswilligen Beamten nach § 104 BGB (VG Aachen,
Urt. v. 24.1.2008, 1 K 106/07; VGH München, B. v. 9.3.2016, 6 ZB 15.622). Es muss
nicht unbedingt der sichere Zustand der Geschäftsunfähigkeit vorliegen bzw. erreicht sein,
damit die dargestellten Grundsätze des OVG Münster zur Anwendung gelangen können
(vgl. VG Gelsenkirchen, Urt. v. 28.9.2010, 12 K 5527/08; OVG Münster, B. v. 11.10.
2004, 1 B 1764/04). Der Beamte muss aber „aufgrund seines seelischen Zustandes erkennbar in seiner Steuerungsfähigkeit erheblich eingeschränkt" sein (VG Gelsenkirchen, Urt. v.
28.9.2010, 12 K 5527/08; VG Aachen, Urt. v. 24.1.2008, 1 K 106/07). Die Fürsorgepflicht ist nicht verletzt, wenn es keine Indizien dafür gab, dass sich ein Beamter bei Abgabe eines Entlassungsantrags im Zustand heftiger seelischer Erregung befand (VGH München, B. v. 9.3.2016, 6 ZB 15.622). Die Anforderungen an das Vorliegen solcher Ausnahmetatbestände sind mit Recht sehr hoch. Bei *H. Günther* heißt es dazu in einem Beitrag
zur „Entlassung auf Antrag" anschaulich (ZBR 1994, 204 unter Hinw. auf RGZ 141, 240,
254): „Letztlich sind (nach einer coolen Formulierung des Reichsgerichts) solche Vorgänge
stets … mit Gemütsbewegungen verbunden. Dies berücksichtigend wird ein Dienstherr
nur in wirklichen Extremfällen entweder einen Entlassungsantrag nicht anzunehmen haben
oder wenigsten verpflichtet sein, diesem nicht vor zwei Wochen stattzugeben."

10 Von *Schütz/Maiwald* wird vertreten, dass die **Rücknahme durch einen Bevollmächtigten** erklärt werden könne, da insoweit der für die Entlassung geltende Schutzgedanke
nicht greife (*Brockhaus* in Schütz/Maiwald, § 27 LBG Rn. 46; s. a. *v. Roetteken* in v. Roette-
ken/Rothländer, § 23 BeamtStG Rn. 163; VG Göttingen, Urt. v. 20.3.2002, 3 A 3070/
00). Ein Beamter sollte aber kein rechtliches Risiko eingehen und die Rücknahme immer
höchstpersönlich erklären. Er hat die Möglichkeit, sie derjenigen dienstvorgesetzten Stelle
gegenüber zu erklären, welche gemäß § 2 Abs. 4 für ihn zuständig ist. Die Rücknahme
kann auch unmittelbar bei der eigenen Behörde eingereicht werden; das Gesetz macht keine Vorgaben zur empfangsberechtigten Stelle. Soweit § 27 Abs. 3 Satz 2 beim Fristbeginn
für die Rücknahme auf den **Zugang bei der dienstvorgesetzten Stelle** abstellt, bedeutet dies nicht, dass ausschließlich sie für die rechtswirksame Entgegennahme der Rück-

nahmeerklärung zuständig ist. Hätte der Gesetzgeber anderes gewollt, hätte er eine Beschränkung der Empfangsberechtigung ausdrücklich festlegen müssen (s. a. *v. Roetteken* in v. Roetteken/Rothländer, § 23 BeamtStG Rn. 166). Erst wenn die Entlassungsverfügung zugegangen ist, endet die Rücknahmemöglichkeit. Selbst wenn sie unterzeichnet auf den Postweg gebracht wurde, kann in der Zwischenzeit bis zur Zustellung ein Antrag zurückgenommen werden. Wenn die Zustellung der Entlassungsverfügung und die Rücknahme am selben Tag geschehen, dürfte im Regelfall die Entlassungsverfügung wirksam sein, weil die Rücknahme dann nicht mehr rechtzeitig ist (OVG Berlin, Urt. v. 29.6.1999, 4 B 11.97). Sofern der in der Entlassungsverfügung festgelegte eigentliche Entlassungszeitpunkt vom Zugangszeitpunkt der Entlassungsverfügung abweicht, berührt dies nicht den Fristenlauf, da das Gesetz nur auf den Zugang der Verfügung als solche abstellt. Wenn der Beamte rechtzeitig bei der richtigen Stelle die Rücknahme in der vorgeschriebenen Schriftform und mit dem Mindestinhalt erklärt hat, gilt sein Entlassungsantrag nicht mehr bzw. ist unbeachtlich.

Sofern die **Rücknahmefrist versäumt** wurde, kann die für die Entlassung zuständige **11** Stelle (= die Stelle, die für die Ernennung zuständig wäre, § 28 Abs. 1 Satz 1) im Rahmen ihres Ermessens zustimmen, dass eine spätere Rücknahme gleichwohl Rechtswirkung entfaltet. Die Zustimmung kann sich aber nur auf einen nach Ablauf der Zwei-Wochen-Frist liegenden Zeitraum beziehen, in welchem noch nicht der Zugang der Entlassungsverfügung beim Beamten erfolgt ist, da jegliche Rücknahmeerklärung – ob in der Zwei-Wochen-Frist oder außerhalb der Frist – nur zur „Neutralisierung" des Entlassungsantrags führen kann, wenn die Entlassung durch Zustellung der Entlassungsverfügung noch nicht bewirkt wurde (vgl. *v. Roetteken* in v. Roetteken/Rothländer, § 23 BeamtStG Rn. 169). Selbst wenn also die Behörde eine Zustimmung zum Akzeptieren einer Rücknahmeerklärung auch nach Ablauf der Zwei-Wochen-Frist erteilen würde, würde diese ins Leere laufen, wenn nach den zwei Wochen schon der Zugang der Entlassungsverfügung mit den damit automatisch verbundenen rechtlichen Wirkungen erfolgt ist. Es kommen dann allenfalls Instrumente des VwVfG wie ein **Widerruf der Entlassungsverfügung** usw. in Betracht. Wenn eine Behörde hier aus Fürsorgegründen helfen will, wird sie einen Verfahrensweg finden.

Eine **Anfechtung** eines Entlassungsantrags durch den entlassenen Beamten nach **§ 119 BGB** oder **§ 123 BGB** ist denkbar (vgl. dazu ausführl. *v. Roetteken* in v. Roetteken/Rothländer, § 23 BeamtStG Rn. 173–184; *Seeck* in MRSZ, § 23 BeamtStG Erl. 2.4; *H. Günther*, DÖD 2014, 268, OVG Lüneburg, Beschl. v. 31.10.2013, 5 M 128/13; VG Gelsenkirchen, Urt. v. 28.9.2010, 12 K 5527/08; OVG Münster, B. v. 11.10.2004, 1 B 1764/04; VGH Mannheim, Urt. v. 14.12.1988, 11 S 1689/87; VG Göttingen, Urt. v. 20.3.2002, 3 A 3070/00). Allerdings dürften gerade die Anforderungen an einen beachtenswerten Erklärungsirrtum besonders hoch sein, weil Beamten die Rechtsfolgen eines Entlassungsantrags regelmäßig bewusst sind und ein entsprechender Wille zur Entlassung vorliegt (OVG Lüneburg, Beschl. v. 31.10.2013, 5 M 128/13). Mit den rechtlichen Folgen einer wirksamen Anfechtung eines Entlassungsantrags eines Beamten – insbesondere der Frage der Nichtigkeit einer damit im Zusammenhang stehenden Entlassung auf Antrag – hat sich *H. Günther* in einem Beitrag aus dem Jahre 2014 intensiv befasst (*H. Günther*, DÖD 2014, 268). Wenn ein Dienstherr wegen evident vorliegender Straftaten des Beamten ihm „nahelegt", einem Disziplinarverfahren/einer Strafanzeige mit einem Entlassungsverlangen zuvorzukommen, stellt dies keine widerrechtliche Drohung oder Ähnliches dar (OVG Münster, B. v. 11.10.2004, 1 B 1764/04; OVG Lüneburg, B. v. 23.12.2004, 2 ME 1245/04; OVG Berlin, Urt. v. 29.6.1999, 4 B 11.97; *Battis*, § 33 BBG Rn. 4). Wenn die Handlungsfähigkeit i. S. d. § 12 VwVfG und Geschäftsfähigkeit nach den §§ 104 ff. BGB bei Stellung des Entlassungsantrag nicht vorlag, ist die Entlassung unwirksam (VG Aachen, Urt. v. 24.1.2008, 1 K 106/07; OVG Münster, Urt. v. 2.12.1998, 12 A 3692; *Seeck* in MRSZ, § 23 BeamtStG Erl. 2.4; *H. Günther*, ZBR 1994, 197, 201). Soweit der Beamte durch einen Antrag auf Entlassung und anschließende Rücknahme einen Meinungswechsel dokumentiert hat, hindert dies ihn nicht, zu einem späteren Zeitpunkt wieder in rechtlich beachtenswerter Weise diese Meinung wieder zu ändern. Er kann – bis zur Missbrauchsgrenze – jederzeit erneut seine Entlassung beantragen, da das Entlassungsrecht nach § 23 Abs. 1 Nr. 4 BeamtStG einschränkungslos ist. Der Einwand, eine Gleichstellungsbeauftragte sei nicht beteiligt worden, wird einem Beamten, der seinen Entlassungsantrag bereut, nicht weiterhelfen. Ein etwaiger Verstoß gegen deren (eventuelles) Mitwirkungsrecht wäre nach dem Rechtsgedanken des § 46 VwVfG unbeachtlich, da es sich bei der Entlassung auf Verlangen um eine gebundene Entscheidung handelt (VGH München, B. v. 9.3.2016, 6 ZB 15.622; s. a. in dem Kontext OVG Münster, Urt. v. 18.4.2013, 1 A 1707/11).

IV. Entlassungszeitpunkt

12   Der Dienstherr hat grundsätzlich die Pflicht, eine Entlassung auf Verlangen exakt zum beantragten (Entlassungs-)Zeitpunkt auszusprechen (*Seeck* in MRSZ, § 23 BeamtStG Erl. 2.4). Diese gesetzliche Anforderung nach § 27 Abs. 4 Satz 1 steht dabei wesensnotwendig unter dem Vorbehalt, dass nach normalen Verwaltungsabläufen dieser Termin verwaltungspraktisch möglich ist. Wenn jemand extrem kurzfristig ausscheiden will, muss er es hinnehmen, wenn ausnahmsweise eine **„terminliche Punktlandung"** zu seinem Wunschtermin nicht möglich ist und sich der Entlassungszeitpunkt geringfügig und ohne Verschulen der Verwaltung verzögert (vgl. *Brockhaus* in Schütz/Maiwald, § 27 LBG Rn. 59). Der Dienstherr braucht dem Antrag nur **„nach üblicher Mindestbearbeitungsphase"** zu entsprechen (*H. Günther*, ZBR 1994, 203). Falls der Beamte ohne Nennung eines konkreten Termins beantragt, ihn z. B. zum „nächstmöglichen Zeitpunkt" oder auch „sofort" zu entlassen, ist – wiederum unter Berücksichtigung notwendiger verwaltungspraktischer (Minimal-)Vorlaufzeiten – die **Entlassung so bald wie möglich** auszusprechen. Im Zweifel gilt § 28 Abs. 2. Wegen möglicher negativer Auswirkungen auf den Dienstbetrieb, wenn ein Beamter plötzlich seine Entlassung begehrt und dem Dienstherr keinerlei organisatorische Vorlaufzeiten einräumt, gibt der Gesetzgeber dem Dienstherrn die **Möglichkeit zum begrenzten Hinausschieben der Entlassung,** § 27 Abs. 4 Satz 2. Bis zu einer **Maximalfrist von drei Monaten** kann die Entlassung verschoben werden, bis der Beamte „seine Amtsgeschäfte ordnungsgemäß erledigt hat" (s. a. die analoge Regelung in § 32 Abs. 1 Satz 3). Es liegt im Dienstinteresse, dass sachlich notwendige Abwicklungsarbeiten und z. B. Übergabegespräche mit Amtsnachfolgern oder Vertretungen noch vor dem Ausscheiden des Beamten stattfinden können. Die Anforderungen an die Begründungspflicht sind nicht hoch, da es allgemeiner arbeitsorganisatorischer Erfahrung in Verwaltung/Wirtschaft entspricht, dass beim Ausscheiden eines Mitarbeiters zahlreiche Abwicklungsarbeiten nötig sind. Im Zweifel sind konkrete Amtsgeschäfte zu benennen, die unbedingt noch einer Erledigung durch den Beamten bedürfen. In einem **Spannungs- und Verteidigungsfall** im Sinne von Art. 115a GG kann die Entlassung eines Beamten, die auf seinen Antrag hin erfolgen soll, für Zwecke der Verteidigung hinausgeschoben werden, wenn ein solches Hinausschieben im öffentlichen Interesse liegt und der Personalbedarf nicht auf freiwilliger Basis gedeckt werden kann (vgl. *Seeck* in MRSZ, § 23 BeamtStG Erl. 2.4; s. a. *Reich,* § 57 BeamtStG Rn. 2).

§ 28 Entlassungsverfahren

(1) [1]**Die Entlassung wird von der Stelle verfügt, die nach § 16 Absatz 1 und 2 für die Ernennung der Beamtin oder des Beamten zuständig wäre.** [2]**Die Entlassung bedarf der Schriftform.** [3]**Eine Verfügung in elektronischer Form ist ausgeschlossen.**

(2) **Die Entlassung tritt im Falle des § 23 Absatz 1 Satz 1 Nummer 1 des Beamtenstatusgesetzes mit der Zustellung der Entlassungsverfügung, im Falle des § 27 Absatz 2 mit dem Ablauf der Amtszeit, im Übrigen mit dem Ende des Monats ein, in**

dem die Entlassungsverfügung der Beamtin oder dem Beamten zugestellt worden ist.

(3) ¹Nach der Entlassung besteht kein Anspruch auf Leistungen des Dienstherrn, soweit gesetzlich nichts anderes bestimmt ist. ²Die Amtsbezeichnung und die im Zusammenhang mit dem Amt verliehenen Titel dürfen nur geführt werden, wenn die Erlaubnis nach § 77 Absatz 4 erteilt ist. ³Tritt die Entlassung im Laufe eines Kalendermonats ein, so können die für den Entlassungsmonat gezahlten Dienst- oder Anwärterbezüge der Beamtin oder dem Beamten belassen werden.

I. Zuständige Stelle für Entlassungen/Formerfordernisse

Eine **Entlassung** nach § 23 BeamtStG und § 27 (Entlassungen durch Verwaltungsakt) **1** kann nach § 28 Abs. 1 Satz 1 nur rechtswirksam von der Stelle vorgenommen werden, die nach § 16 Abs. 1, 2 für die Ernennung des jeweiligen Beamten zuständig wäre. Entlassungen kraft Gesetzes nach § 22 BeamtStG werden nicht von der Norm umfasst (vgl. dazu OVG Münster, DÖD 2012, 136). Wegen der hohen Bedeutung einer Entlassung eines Beamten bedarf sie der **Schriftform**, § 28 Abs. 1 Satz 2. Eine Verfügung in elektronischer Form (§ 3a VwVfG) hat der Gesetzgeber von NRW ausgeschlossen (vgl. dazu LT-Drs. 13/3930, S. 28). Die Verfügung über die Entlassung, die den Anforderungen des § 37 VwVfG genügen muss, ist dem Beamten zuzustellen, § 105. Regelmäßig wird auch die **Entlassungsurkunde** ausgehändigt, die aber **keine eigenständige rechtliche Bedeutung** hat. Ihr kommt nur deklaratorischer Charakter zu. Sofern sich nicht bereits aus der Entlassungsverfügung der Entlassungszeitpunkt durch kalendermäßige Bestimmung etc. eindeutig ergibt, greift als Auffangtatbestand § 28 Abs. 2, so dass dann die Entlassung mit dem Ende des Monats eintritt, in welchem dem Beamten die Entlassungsverfügung zugestellt worden ist.

Sofern nicht die zuständige Stelle gehandelt hat, ist zu prüfen, ob die Entlassung als **2** nichtig nach § 44 Abs. 1 VwVfG anzusehen ist oder wegen mangelnder Offenkundigkeit einer fehlenden Zuständigkeit nur eine Rechtswidrigkeit der Verfügung vorliegt (vgl. dazu *Kopp/Ramsauer*, § 44 VwVfG Rn. 10 – Nichtigkeit bei „krasser absoluter sachlicher Unzuständigkeit der Behörde"; *Battis*, § 38 BBG Rn. 2). Dies hängt von den Einzelfallumständen ab. Im Falle der Rechtswidrigkeit ist die Entlassungsverfügung durch **Anfechtungsklage** angreifbar (vgl. OVG Münster, DÖD 2012, 136: Rechtswidrigkeit einer auf § 23 Abs. 4 BeamtStG i. V. m. § 28 gestützten Entlassung eines Anwärters für ein Lehramt bei endgültigem Nichtbestehen einer Zwischenprüfung, da das Ergebnis weder unanfechtbar war noch eine sofortige Vollziehung angeordnet war). Die Behörde hat im Vorfeld der Entlassung eines Beamten auf Probe oder eines Beamten auf Widerruf oder bei Entlassung aus einem öffentlich-rechtlichen Ausbildungsverhältnis gem. § 72 Abs. 1 Nr. 8 LPVG den Personalrat zu beteiligen, falls die Entlassung nicht selbst beantragt wurde (mitbestimmungspflichtig ist der Entlassungsvorgang, vgl. *Bülow*, LPVG NRW, § 72 LPVG Rn. 264). Bei schwerbehinderten Beamten ist nach § 95 Abs. 2 Satz 1 SGB IX die Schwerbehindertenvertretung anzuhören.

Eine Dienststelle hat auch die Befugnis, eine **Aufhebung einer Entlassung** vorzunehmen (*Brockhaus* in Schütz/Maiwald, § 28 LBG Rn. 5). Ein solcher Fall ist in der Praxis **3** selten, da mit dem Wirksamwerden der Entlassung zu einem bestimmten Zeitpunkt die Statusentscheidung regelmäßig Bestand hat und die Zwischenphase bis dahin oft nur kurz ist. Es kommen nach Wirksamwerden der Entlassung allenfalls noch **Anfechtungstatbestände** etc. in Betracht (vgl. BVerwG, NVwZ 1983, 608). Vor der Entlassung ist der Beamte nach § 28 VwVfG anzuhören; die **Anhörungspflicht** ergibt sich bereits aus Fürsorgegründen (*Schnellenbach*, § 6 Rn. 14). Eine Anhörung ist allerdings i. d. R. entbehrlich, wenn die Entlassung selber von dem Beamten selbst beantragt wurde (*Brockhaus* in Schütz/Maiwald, § 28 LBG Rn. 8). Sollten allerdings die in der Folge vom Dienstherrn gesetzten Rahmenbedingungen für die Umsetzung der Entlassung auf Antrag stark vom Antrag abweichen – z.B. gravierende Unterschiede zwischen gewünschtem/gewährtem Zeitpunkt – dürfte eine **Anhörung trotz eigener Antragstellung** durchzuführen sein. Sie kann unter bestimmten Bedingungen bis zum Abschluss eines gerichtlichen Verfahrens nachgeholt werden (vgl. *Schnellenbach*, § 6 Rn. 14 unter Hinw. auf § 45 Abs. 1 Nr. 3 u. Abs. 2 VwVfG; krit. zur Nachholungsmöglichkeit wegen „konservierender Tendenz späterer Nachholung" *Kopp/Ramsauer*, § 45 VwVfG Rn. 33).

II. Entlassungszeitpunkt

4   § 28 Abs. 2 regelt den **Entlassungszeitpunkt.** Sofern ein Beamter gem. § 23 Abs. 1 Nr. 1 BeamtStG entlassen wird, weil er den nach § 38 BeamtStG bzw. § 46 vorgeschriebenen **Diensteid** oder ein an dessen Stelle vorgeschriebenes **Gelöbnis** nicht geleistet hat, tritt die Entlassung direkt mit der Zustellung der Entlassungsverfügung ein. Es handelt sich schließlich beim Diensteid/Gelöbnis um eine **wichtige „Diensteingangspflicht"** eines Beamten; der Dienstherr kann nicht – etwa aus Billigkeitsgründen – von der Entlassung absehen, wenn die Pflichterfüllung vom Betroffenen verweigert wird (*Reich*, § 23 Beamt-StG Rn. 4, 6; *Kohde* in v. Roetteken/Rothländer, § 38 BeamtStG Rn. 14; *Seeck* in MRSZ, § 23 BeamtStG Erl. 2.1). Ein einmaliges **Versäumnis eines Termins zur Eidesableistung** wird noch nicht ausreichend sein, um zwingend eine Entlassung rechtfertigen zu können (*v. Roetteken* in v. Roetteken/Rothländer, § 23 BeamtStG Rn. 33). Der Dienstherr ist im Hinblick auf die gravierenden Rechtsfolgen gehalten, unter Belehrung auf die Folgen dem Beamten die erneute Möglichkeit zu geben, den Eid endgültig zu leisten oder eine endgültige Verweigerung zu erklären (*Zängel* in GKÖD, § 28 BBG Rn. 2). Bei **Zeitbeamten,** die nach § 27 Abs. 2 wegen Nichterfüllung ihrer Pflichten nach § 4 letzter Satz und § 119 Abs. 2 Satz 4 zu entlassen sind, ist der Entlassungszeitpunkt der reguläre Ablauf der laufenden, pflichtwidrig nicht weitergeführten Amtszeit. Für die Entlassung „in den übrigen Fällen" ist als **Auffangtatbestand** festgelegt, dass die Entlassung mit dem Ende des Monats eintritt, in welchem die Entlassungsverfügung dem Beamten zugestellt worden ist. Insofern liegt für alle Fälle der (nur) von § 28 erfassten Entlassungen mittels Verfügung eine Regelung für den Entlassungszeitpunkt vor. Sofern die Entlassung auf Verlangen erfolgt, wird regelmäßig ein bestimmter Zeitpunkt in der Entlassungsverfügung bestimmt sein oder ist eindeutig bestimmbar. Falls dies nicht der Fall ist, tritt die verlangte Entlassung mit dem Ende des Monats ein, in dem die Entlassungsverfügung zustellt wurde (vgl. z.B. den Fall VG Düsseldorf, B. v. 6.1.2015, 2 L 2191/14: Entlassung eines Polizeibeamten in der Probezeit wegen mangelnder Bewährung).

III. Rechtsfolgen der Entlassung

5   Der frühere Beamte **verliert** mit seiner Entlassung seine **Ansprüche auf Dienst- und Versorgungsbezüge,** soweit gesetzlich nichts anderes bestimmt ist. Hierzu zählen auch Fürsorgeleistungen wie etwa Beihilfeansprüche. Soweit sich Ansprüche auf Zeiträume des aktiven Beamtenverhältnisses beziehen, sind sie auch nach Ausscheiden des Beamten noch zu erfüllen. Für den **Entlassungsmonat** gibt es mit § 28 Abs. 3 Satz 3 eine Sonderregelung. Wenn die Entlassung im Laufe des Kalendermonats eintritt – und z.B. nicht erst am Ende des Monats – können dem Beamten die für den Entlassungsmonat gezahlten Dienst- oder Anwärterbezüge belassen werden. Der Beamte ist nach § 8 Abs. 2 SGB VI in der gesetzlichen Rentenversicherung nachzuversichern. Nach der Entlassung dürfen vom früheren Beamten seine **Amtsbezeichnung** und die im Zusammenhang mit dem Amt **verliehenen Titel** nur dann geführt werden, wenn ihm dies nach § 77 Abs. 4 ausdrücklich vom Dienstherrn erlaubt wird (vgl. dazu § 77 Rn. 7). Bestehenbleibende Pflichten entlassener Beamte folgen aus dem BeamtStG (§§ 37 Abs. 6, 42 BeamtStG); bestimmte Rechte bleiben ebenfalls bestehen (vgl. u.a. § 45 BeamtStG, § 86 Abs. 1).

§ 29 Verlust der Beamtenrechte und Wiederaufnahmeverfahren

(1) [1]Endet das Beamtenverhältnis nach § 24 des Beamtenstatusgesetzes, so haben frühere Beamtinnen und Beamte keinen Anspruch auf Leistungen des Dienstherrn, soweit gesetzlich nichts anderes bestimmt ist. [2]Sie dürfen die Amtsbezeichnung und die im Zusammenhang mit dem Amt verliehenen Titel nicht führen.

(2) [1]Im Fall des § 24 Absatz 2 des Beamtenstatusgesetzes haben Beamtinnen und Beamte, sofern sie die Altersgrenze noch nicht erreicht haben und noch dienstfähig sind, Anspruch auf Übertragung eines Amtes derselben oder einer mindestens gleichwertigen Laufbahn wie ihr bisheriges Amt und mit mindestens demselben Endgrundgehalt (§ 25 Absatz 2 Satz 2). [2]Bis zur Übertragung des neuen Amtes erhalten sie die Leistungen des Dienstherrn, die ihnen aus ihrem bisherigen Amt zugestanden hätten.

(3) [1]Ist auf Grund des im Wiederaufnahmeverfahren festgestellten Sachverhaltes oder auf Grund eines rechtskräftigen Strafurteils, das nach der früheren Entscheidung ergangen ist, ein Disziplinarverfahren mit dem Ziel der Entfernung aus dem Beamtenverhältnis eingeleitet worden, so verliert die Beamtin oder der Beamte die ihr oder ihm nach Absatz 2 zustehenden Ansprüche, wenn auf Entfernung aus dem Beamtenverhältnis erkannt wird. [2]Bis zur rechtskräftigen Entscheidung können die Ansprüche nicht geltend gemacht werden.

(4) Absatz 3 gilt entsprechend in Fällen der Entlassung von Beamtinnen und Beamten auf Probe oder auf Widerruf wegen eines Verhaltens der in § 23 Absatz 3 Nummer 1 des Beamtenstatusgesetzes bezeichneten Art.

Übersicht

I. Verlust der Beamtenrechte

§ 29 regelt die Folgen aus einem **Verlust der Beamtenrechte** nach § 24 BeamtStG. **1** Das Beamtenverhältnis wird in solchen Fällen als **Konsequenz einer Strafverurteilung** per Gesetz automatisch beendet und u. U. langjährige überflüssige Disziplinarverfahren vermieden (*Battis*, § 41 BBG Rn. 2; krit.: *Juncker*, ZBR 2009, 289; *Lambrecht*, ZBR 2001, 194 ff.; vgl. zur Rückforderung von Dienstbezügen VG Gelsenkirchen, Urt. v. 15.12.2009, 12 K 3551/05; vgl. zur Beendigung eines Ruhestandsbeamtenverhältnisses wegen Begehung einer vorsätzlichen Straftat während der Amtszeit BVerwG, NVwZ-RR 2013, 888). Die Bestimmung des zwingenden Verlustes der Beamtenstellung kraft Gesetz ist verfassungskonform (VG Münster, Urt. v. 27.2.2009, 20 K 1556/07.O zu § 51 Abs. 1 LBG a. F.; dagegen *Junker*, ZBR 2009, 294 ff.). Ein Beamter ist untragbar, wenn er Straftatbestände i. S. d. § 24 Abs. 1 Satz 1 Nr. 1 und Nr. 2 BeamtStG verwirklicht hat oder ein Fall des § 24 Abs. 1 Satz 2 BeamtStG vorliegt; dem Dienstherrn und der Öffentlichkeit sind keine Beamten zumutbar, die sich in so erheblichem Maße als nicht integer erwiesen haben (*v. Roetteken* in v. Roetteken/Rothländer, § 24 BeamtStG Rn. 13). Hauptanwendungsfall ist § 24 Abs. 1 Nr. 1 BeamtStG, wonach ein Verlust der Beamtenrechte eintritt, wenn ein Beamter wegen einer **Vorsatztat** zu einer **Freiheitsstrafe von mindestens einem Jahr** verurteilt wird (krit. dazu *Juncker*, ZBR 2009, 289, 294: „Dem Strafrichter die disziplinarrechtliche Höchstmaßnahme zu überantworten heißt das Schwert aus der Hand geben, darauf vertrauend, der andere werde es mit gleicher Umsicht schwingen."; s. zur Thematik auch *Lambrecht,* ZBR 2001, 194 ff.). Ein **Strafbefehl** erfüllt nicht die Voraussetzungen eines Urteils i. S. d. Vorschrift. Er ist terminologisch kein „Urteil" und bietet „nicht das Maß an Ergebnissicherheit, das Voraussetzung für die Beendigung des Beamtenverhältnisses kraft Gesetzes ist" (BVerwG, NJW 2000, 3297; *v. Roetteken* in v. Roetteken/Rothländer, § 24 BeamtStG Rn. 30; *Seeck* in MRSZ, § 24 BeamtStG Erl. 3). Wenn exakt durch Urteil zu einem Jahr Freiheitsstrafe rechtskräftig verurteilt wurde, führt das bereits zum Verlust der Beamtenrechte (OVG Münster, RiA 1970, 134; *v. Roetteken* in v. Roetteken/Rothländer, § 24 BeamtStG Rn. 45). Ein Strafverteidiger ist gehalten, den Beamten auf die beamtenrechtlichen Folgen einer Verurteilung hinzuweisen, damit dieser ggf. in Berufung gehen kann, um eine Verurteilung unterhalb der Schwelle zum automatischen Ausscheiden aus dem Beamtenverhältnis zu erreichen (OLG Düsseldorf, NJW-RR 1999, 785). Der Verlust der Beamtenrechte erfolgt auch, wenn jemand wegen mehrerer vorsätzlicher Rechtsverletzungen zu einer **Gesamtfreiheitsstrafe** von mindestens einem Jahr verurteilt wurde (VG Münster, Urt. v. 27.2.2009, 20 K 1556/07.O; VG Frankfurt, DÖV 2002, 532; BVerwG, DÖV 1992, 973; *Hammacher,* DÖD 1985, 81). Diese Rechtsfolge tritt unabhängig davon ein, ob die Strafe zur Bewährung ausgesetzt wird (VG Münster, Urt. v. 27.2.2009, 20 K 1556/07.O; BVerwG, ZBR 1981, 381 – vorgehend OVG Münster, DÖD 1980, 255; *Seeck* in MRSZ, § 24 BeamtStG Erl. 3). Das Strafgericht hat nach § 46 Abs. 1 Satz 2 StGB bei der Festsetzung der schuldangemessenen Strafe die Wirkungen einer automatischen Beendigung des Beamtenverhältnisses zu betrachten (BGH, NStZ-RR 2010, 39; BGH, NStZ 1982, 507; BGH, NStZ 1988, 48 – vgl. dazu *Juncker,* ZBR 2009, 289; *Lambrecht,* ZBR 2001, 196; *Bruns,* JZ 1988, 467). § 24 Abs. 1 Satz 1 Nr. 2 BeamtStG enthält einen **Katalog staatsgefährdender Straftaten,** deren Begehung ebenfalls mit der beamtenrechtlichen Stellung unvereinbar ist. Zur **Korruptionsbekämpfung** ist bei Bestechung des Beamten im Hauptamt festgelegt, dass der Verlust der Beamtenrechte bereits bei der Verhängung einer **Freiheitsstrafe von sechs Monaten** eintritt (vgl. dazu BT-Drs. 16/4027, S. 28; vgl. zu Korruptionsdelikten *Schrapper,* DÖD 2012, 49). Das Beamtenverhältnis endet in allen Fällen des § 24 Abs. 1 Satz 1 BeamtStG mit der Rechtskraft des Urteils, § 24 Abs. 1 Satz 1 letzter Halbs. BeamtStG. Gemäß § 24 Satz 2 gilt Entsprechendes, wenn „die Fähigkeit zur Bekleidung öffentlicher Ämter aberkannt wird oder wenn die Beamtin oder der Beamte aufgrund einer Entscheidung des Bundesverfassungsgerichts nach Artikel 18 des Grundgesetzes ein Grundrecht verwirkt hat". Es handelt sich in der ersten Alternative um eine Nebenstrafe nach § 45 Abs. 2 StGB, die in einem Strafurteil ausgesprochen werden kann; die andere Alternative liegt vor, wenn in einem Verfahren gemäß den §§ 36 ff. BVerfGG hinsichtlich des Beamten wegen seiner Bestrebungen gegen die freiheitlich demokratische Grundordnung eine Verwirkung von Grundrechten vom BVerfG ausgesprochen worden ist. Das BVerfG kann nach § 39 Abs. 2 BVerfGG u. a. dem Beamten auch die Befähigung zum Bekleiden öffentlicher Ämter aberkennen; der Verlust der Beamtenrechte infolge der **Grundrechtsverwirkung** ist hiervon aber unabhängig (vgl. *v. Roetteken* in v. Roetteken/Rothländer, § 24 BeamtStG Rn. 71; *Seeck* in MRSZ BeamtStG Erl. 3.4). Eine Disziplinarklage erledigt sich, wenn es zur Verurteilung i. S. d. § 24 Abs. 1 BeamtStG kommt, weil der Beamte dann die Beamtenstellung kraft Gesetzes verloren hat (VG Münster, Urt. v. 27.2.2009, 20 K 1556/07.O). Gesetzliche Folge ist der **Verlust der Beamtenrechte.** Er bedeutet auch, dass der ehemalige Beamte **keinen Anspruch auf Leistungen des Dienstherrn** mehr hat (primär Dienst- und Versorgungsbezüge), soweit gesetzlich nichts anderes bestimmt ist. Eine solche andere gesetzliche Bestimmung ist § 38 LBeamtVG NRW. Auch ein durch einen Dienstunfall verletzter ehemaliger Beamter hat trotz des Verlustes seiner Beamtenrechte zumindest einen Anspruch nach §§ 38, 33, 34 LBeamtVG NRW auf ein Heilverfahren und einen Unterhaltsbeitrag für die Dauer einer durch den Dienstunfall verursachten Erwerbsbeschränkung, wenn die dafür festgelegten versorgungsrechtlichen Voraussetzungen erfüllt sind (vgl. dazu *B. Hoffmann* in Schütz/Maiwald, § 29 LBG Rn. 18). Es bleibt auch z. B. das Recht des ehemaligen Beamten auf Akteneinsicht

(*B. Hoffmann* in Schütz/Maiwald, § 29 LBG Rn. 9). Auch ein Anspruch auf ein Dienstzeugnis nach § 92 Abs. 3 besteht weiterhin.

Da der ehemalige Beamte das Ansehen des öffentlichen Dienstes geschädigt hat, ist er **2** nicht autorisiert, die **alte Amtsbezeichnung** und den **im Zusammenhang mit dem Amt verliehenen Titel** weiter zu führen, § 29 Abs. 1 Satz 2. Es wäre widersprüchlich und könnte zu einer fortgesetzten Ansehensschädigung des ehemaligen Dienstherrn führen, wenn ausgerechnet dieser Beamte mit seiner sehr unrühmlich beendeten Beamtenlaufbahn öffentlich die Amtsbezeichnung und den im Kontext erworbenen Titel noch verwenden dürfte. Der § 77 Abs. 4 (Erlaubnisvorbehalt zur Führung der Amtsbezeichnung soweit im Kontext des Amts verliehener Titel) ist im vorliegenden Kontext nicht anwendbar, da sich die Norm nur auf Fälle der Entlassung erstreckt, während hier ein Fall des Verlustes der Beamtenrechte durch Gesetz vorliegt. Wie in allen Fällen der Beendigung des Beamtenverhältnisses, enden nach § 56 beim Verlust der Beamtenrechte grundsätzlich alle **Nebenämter und Nebenbeschäftigungen** i.S.d. Vorschrift kraft Gesetzes. Eine nach § 56 davon abweichende mögliche Einzelfallregelung erscheint für Beamte, die nach § 24 BeamtStG ausgeschieden sind, schwer vorstellbar (s.a. *v. Roetteken* in v. Roetteken/Rothländer, § 24 BeamtStG Rn. 80). Nach § 21 Abs. 2 Satz 4 NtV ist die (letzte) dienstvorgesetzte Stelle verpflichtet, die „beteiligten Stellen" über die Beendigung der mit dem (ehemaligen) Amt verbundenen Nebentätigkeit unverzüglich zu unterrichten.

II. Revidierung durch Wiederaufnahmeverfahren

§ 29 Abs. 2 regelt die **Folgen einer Wiederaufnahme** i.S.d. § 24 Abs. 2 BeamtStG. **3** Erfasst werden Wiederaufnahmeverfahren nach einer strafrechtlichen Verurteilung, vgl. §§ 359 ff. StPO (*Seek* in MRSZ, § 24 BeamtStG Anm. 6). Wenn durch ein Wiederaufnahmeverfahren eine zum Verlust der Beamtenrechte führende Entscheidung vollständig oder so revidiert wurde, dass die Voraussetzungen des § 24 Abs. 1 BeamtStG für den Verlust der Beamtenrechte nicht mehr vorliegen, ist der Dienstherr verpflichtet, die vor der Beendigung des Amtsverhältnisses bestehende Rechtsstellung wiederherzustellen **(Folgenbeseitigung)**. Das Beamtenverhältnis gilt dann als nicht unterbrochen, § 24 Abs. 2 letzter Halbs. BeamtStG. Insofern wird dem Beamten per Gesetz wieder die **frühere Rechtsstellung mit Rückwirkung** eingeräumt. Dies ist auch bei der Festlegung der ruhegehaltsfähigen Dienstzeit zu berücksichtigen (*B. Hoffmann* in Schütz/Maiwald, § 29 LBG Rn. 35). Der Beamte darf konsequenterweise auch wieder seine vorherige Amtsbezeichnung führen (*Battis,* § 42 BBG Rn. 2). Sofern im **Gnadenweg** vollumfänglich der Verlust der Beamtenrechte beseitigt worden ist, so gilt von diesem Zeitpunkt an § 24 Abs. 2 BeamtStG entsprechend (§ 30 Abs. 2). Da eine Begnadigung regelmäßig nur für die Zukunft (ex nunc) wirkt und § 30 Abs. 2 die Geltung des § 24 Abs. 2 BeamtStG ausdrücklich nur „von diesem Zeitpunkt an" bestimmt, obwohl eine allgemeine uneingeschränkte Geltung des § 24 Abs. 2 BeamtStG hätte festgelegt werden können, entsteht bei einer Beseitigung des Verlustes der Beamtenrechte im Gnadenwege mit den entsprechenden Folgen (verkürzter Berechnungszeitraum für die spätere Pension usw.) eine „Lücke" im Beamtenverhältnis zwischen dem Zeitpunkt des Verlustes der Beamtenrecht und dem Begnadigungsakt (etwas unklar *Tadday/Rescher*, § 30 LBG Erl. 2.; *v. Roetteken* in v. Roetteken/Rothländer, § 24 BeamtStG Rn. 89: „I.d.R. wirkt die Begnadigung nur in der Zukunft; der Zeitraum zwischen dem Verlust der Beamtenrechte und dem Wirksamwerden des Gnadenaktes zählt nicht zum Beamtenverhältnis"; *Battis,* § 43 BBG Rn. 4). Der Beamte braucht aber auch in diesem Fall nicht erneut eingestellt bzw. ernannt werden (*Battis,* § 43 BBG Rn. 4).

Der Beamte hat gem. § 29 Abs. 2 einen Rechtsanspruch auf zügige (Wieder-)Übertra- **4** gung eines Amtes derselben Laufbahn wie sein bisheriges Amt oder eines Amtes einer mindestens gleichwertigen Laufbahn und mit mindestens demselben Endgrundgehalt. Stellenzulagen gelten dabei nicht als Bestandteile des Grundgehalts (§ 29 Abs. 2 i.V.m. § 25

Abs. 1 Satz 2). Bei Amtszulagen ist hingegen in § 45 Abs. 2 LBesG NRW festgelegt, dass sie unwiderruflich und ruhegehaltfähig sind und als Bestandteil des Grundgehaltes gelten. Es ist davon auszugehen, dass bei der Übertragung des Amtes immer eine Ernennung notwendig ist (*B. Hoffmann* in Schütz/Maiwald, § 29 LBG Rn. 37–38; differenzierend *Battis*, BBG, § 42 BBG Rn. 3). Der Anspruch auf Übertragung des neuen Amtes besteht aber nur, wenn die für den konkreten Beamten jeweils einschlägige Altersgrenze von ihm noch nicht erreicht worden ist und er nach den für ihn maßgeblichen Vorschriften noch dienstfähig ist. Sofern die Pensionsgrenze bereits erreicht ist, ist der Beamte so zu stellen wie er stehen würde, wenn bei ihm nicht der Verlust der Beamtenrechte eingetreten wäre. Er ist zu dem Zeitpunkt zu pensionieren, zu dem er unter normalen Umständen pensioniert worden wäre.

5   § 29 Abs. 2 letzter Halbs. legt fest, dass der Beamte bis zur Übertragung des neuen, gleichwertigen Amtes vom Dienstherrn die Leistungen zu erhalten hat, die ihm aus seinem bisherigen statusrechtlichen Amt zugestanden hätten. Es bestehen insofern diverse Nachzahlungspflichten ab dem Zeitpunkt der Beendigung des Beamtenverhältnisses. Die Vorschrift erfasst insofern nicht nur den Zeitraum zwischen der Aufhebung der Entscheidung, die zunächst zum Ende des Beamtenverhältnisses führte und der Übertragung des neuen, dem bisherigen Amt gleichwertigen Amtes, sondern auch den Zeitraum zwischen dem Verlust der Beamtenrechte und der für den Beamten positiven Entscheidung im Wiederaufnahmeverfahren. Der Dienstherr hat also **Nachzahlungen** ab dem ursprünglichen Ende des Beamtenverhältnisses zu leisten. Es ist zu berücksichtigen, dass mittels des § 29 Abs. 2 letzter Halbs. keine Besserstellung erfolgen darf (vgl. dazu *B. Hoffmann* in Schütz/Maiwald § 29 LBG Rn. 44 a. E.).

Der „**Wieder-Beamte**" muss sich auch gefallen lassen, dass in der Zwischenzeit **erzieltes anderes Einkommen** nach § 12 Abs. 1 Satz LBesG NRW auf Nachzahlungsansprüche angerechnet werden kann. Wenn ein Beamter einen Anspruch auf Besoldung für eine Zeit hat, wo er nicht zur Dienstleistung verpflichtet war, besteht insofern für den Dienstherrn die Möglichkeit, ein in diesem Zeitraum erzieltes anderes Einkommen auf die Besoldung anzurechnen (BVerwG, DVBl 1997, 1005). Nach § 12 Abs. 1 Satz 2 LBesG NRW besteht bezüglich eines im relevanten Zeitraum anderweitig erzielten Einkommens eine entsprechende **Auskunftspflicht betroffener Beamter und Richter** gegenüber ihrem Dienstherrn.

III. Überlagerndes Disziplinarverfahren

6   Von § 29 Abs. 3 werden zwei verschiedene Fallgestaltungen erfasst. Zum einen geht es um ein **eingeleitetes Disziplinarverfahren,** welches gegen einen Beamten genau und nur wegen des konkreten Sachverhalts mit dem Ziel der Entfernung aus dem Dienst eingeleitet wurde, der im Wiederaufnahmeverfahren festgestellt wurde. Zum anderen geht es um ein Disziplinarverfahren, welches mit dem Ziel der Entfernung aus dem Dienst eingeleitet worden ist, weil der Beamte wegen einer ganz anderen Straftat zeitlich **nach dem im Wiederaufnahmeverfahren abgeänderten Strafurteil** rechtskräftig abgeurteilt worden ist. In beiden Fällen legt § 29 Abs. 3 fest, dass der Beamte seine an sich wegen des für ihn positiven Ergebnisses des Wiederaufnahmeverfahrens entstandenen Ansprüche nach § 29 Abs. 2 i. V. m. § 24 Abs. 2 BeamtStG (doch) nicht hat, wenn das Disziplinargericht auf **Entfernung aus dem Dienst** erkennt (§ 10 LDG). Für einen vorübergehenden Zeitraum – Lauf eines Disziplinarverfahrens mit dem Ziel der Entfernung aus dem Dienst – wird die Realisierung der Rechte aus § 29 Abs. 2 ausgesetzt, damit nicht eventuell vorschnell statusrechtliche Fakten in Form der Revidierung des Verlustes der Beamtenrechte produziert werden, nur um dann nach einem Disziplinarverfahren mit rechtskräftiger Entscheidung zur Entfernung des Beamten aus dem Dienst wieder den Status zu verändern.

IV. § 29 Abs. 3 analog für Beamte auf Probe oder auf Widerruf

Der § 29 Abs. 3 wird von § 29 Abs. 4 für entsprechend anwendbar erklärt für Fälle der **7** **Entlassung eines Beamten auf Probe oder auf Widerruf,** wenn von ihm ein Verhalten der in § 23 Abs. 3 Nr. 1 BeamtStG bezeichneten Art gezeigt worden ist, also Handlungen, „die im Beamtenverhältnis auf Lebenszeit mindestens eine Kürzung der Dienstbezüge zur Folge hätten." Hintergrund für diese Regelung sind Sonderregelungen für derartige Beamte im Disziplinarrecht. § 5 Abs. 3 Satz 2 LDG legt fest, dass für die Entlassung von Beamten auf Probe oder auf Widerruf die §§ 23 Abs. 3 Nr. 1 und Abs. 4 BeamtStG gelten, also diese Beamten nicht über das Disziplinarrecht aus dem öffentlichen Dienst entfernt werden können. Über § 29 Abs. 4 i. V. m. Abs. 3 wird insofern eine nach § 23 Abs. 3 Nr. 1 BeamtStG vorgesehene Entlassung einer disziplinarrechtlichen, bei einem Lebensbeamten eingeleiteten Entfernung aus dem Dienst (§§ 5 Abs. 1 Nr. 5, 10 LDG) gleichgestellt (vgl. zur analogen Rechtslage im BBG: *Battis,* § 43 BBG Rn. 5).

V. Rechtsmittel

Wenn einem Beamten entgegen § 29 Abs. 2 ein entsprechendes Amt trotz Vorliegens **8** der gesetzlichen Voraussetzungen nicht bzw. nicht zeitnah verliehen wird, kann der Anspruch beim Verwaltungsgericht mit einer Verpflichtungsklage verfolgt werden. Gegen den Beamten gerichtete Zahlungsansprüche (Rückzahlung) nach § 29 Abs. 3 können vom Dienstherrn wiederum dort mit der Leistungsklage geltend gemacht werden.

§ 30 Gnadenerweis

(1) ¹**Der Ministerpräsidentin oder dem Ministerpräsidenten steht hinsichtlich des Verlustes der Beamtenrechte das Gnadenrecht zu.** ²**Sie oder er kann die Befugnis auf andere Stellen übertragen.**

(2) **Wird im Gnadenwege der Verlust der Beamtenrechte in vollem Umfang beseitigt, so gilt von diesem Zeitpunkt an § 24 Absatz 2 des Beamtenstatusgesetzes entsprechend.**

Übersicht

I. Allgemeines

§ 30 stellt sich als spezielle Ausprägung des in der **Landesverfassung** vorgesehenen all- **1** gemeinen **Begnadigungsrechts des Ministerpräsidenten** dar (Art. 59 Abs. 1 LVerf). Für die besondere Situation des Verlustes der Beamtenrechte (§ 24 BeamtStG) hat der Ministerpräsident die Möglichkeit, die gravierenden Folgen ausnahmsweise ganz abzuwenden oder abzumildern. Er hat mit der Kompetenznorm das Recht zur Korrektur von im Rechtswege zustande gekommener und im Rechtsweg nicht mehr zu ändernder (beamtenrechtlicher) Entscheidungen (BVerfGE 25, 352). Ein Rechtsanspruch des seiner Beamtenrechte nach § 24 BeamtStG verlustig gegangenen ehemaligen Beamten auf einen **Gnadenerweis** besteht nicht (BVerfG, B. v. 26.10.2006, 2 BvR 1587/06; BVerfGE 25, 352; vgl. zur Justitiabilität von Gnadenentscheidungen *Birkhoff/Lemke,* S. 143 ff.; *Heusch* in

Heusch/Schönenbroicher, Art. 59 LVerf Rn. 4 ff.; *Schätzler,* NJW 1975, 1253; vgl. zu Ruhestandsbeamten *Gunkel* in Schütz/Maiwald, § 30 LBG Rn. 33 ff.)

II. Inhalt und Delegation des Gnadenrechts

2   In § 30 werden keine speziellen formellen oder materiellen Voraussetzungen für die Gnadenentscheidung bestimmt. Ein **Ministerpräsident** ist auch nicht an die **Gnadenpraxis des Amtsvorgängers** gebunden (*Schätzler,* NJW 1975, 1253). Ein positiver Gnadenerweis sollte möglichst präzise den (beamtenrechtlichen) Inhalt kennzeichnen. Nach Abs. 1 Satz 2 kann der Ministerpräsident die Befugnis auf „andere Stellen" der Exekutive übertragen. Die **Befugnis zur Ausübung des Gnadenrechts** ist insofern vom Ministerpräsidenten auf „andere Stellen" übertragen worden (Erl. v. 12.11.1951, GV. NW. S. 141, zuletzt geändert mit Viertem Änderungserlass vom 7.9.2000, GV. NRW. S. 674). Neben den **Delegationsregelungen** gilt nach wie vor ein Runderlass zur Vorbereitung von Gnadenentscheidungen aus dem Jahr 1962 (RdErl. des IM v. 14.11.1962 – II A 1–25.115–1048/62). Er legt u. a. fest, dass Gnadengesuche stets beschleunigt zu behandeln und welche persönlichen und wirtschaftlichen Daten des Beamten zu ermitteln sind. Im LDG ist festgelegt, dass es für die Ausübung des Gnadenrechts keine Anwendung findet (§ 2 Abs. 1 letzter Satz LDG). Für bestimmte schwerwiegende Fälle hat sich der Ministerpräsident die Entscheidung in Gnadensachen vorbehalten (vgl. Art. 1 des Erl. v. 12.11.1951, GV. NW. S. 141, zuletzt geändert mit Viertem Änderungserlass vom 7.9.2000, GV. NRW. S. 674); in Art 1 des Erlasses sind insbesondere folgende Fälle aus dem Beamtensektor genannt:

„3. den Verlust oder die Aberkennung der Fähigkeit zur Bekleidung öffentlicher Ämter, wenn der Verurteilte Beamter war,
4. den Amts- und Ruhegehaltsverlust, der als beamtenrechtliche oder amtsrechtliche Folge einer strafgerichtlichen Verurteilung eingetreten ist,
5. Disziplinarmaßnahmen, soweit auf Entlassung, Entfernung aus dem Dienst oder Amt oder auf Aberkennung des Ruhegehalts erkannt worden ist."

3   In der **Entscheidung über ein Gnadengesuch** ist der Ministerpräsident bzw. die im Wege der Übertragung der Befugnis zuständige Stelle sowohl in der Ablehnung als auch in den Modalitäten einer positiven Entscheidung weitestgehend frei und braucht Entscheidungen nicht begründen (BVerwG, NJW 1983, 187; *Schätzler,* NJW 1975, 1252). Es kann z.B. im Gnadenweg zur Milderung der Folgen der aufgrund der Amtsunwürdigkeit verlorenen Rechtsstellung ein Unterhaltsbeitrag gezahlt werden, auch wenn noch kein Anspruch auf Ruhegehalt erdient wurde (vgl. *Battis,* § 43 BBG Rn. 4; vgl. *Schätzler,* NJW 1975, 1250: „diese Milde trägt das Gewand der Fürsorge"). Versorgungsempfänger, die aufgrund eines Gnadenerweises einen Unterhaltsbeitrag erhalten, werden aber von Sonderzahlungen ausdrücklich ausgeschlossen (vgl. § 4 Abs. 1 SZG NRW v. 20.11.2003). Neben der Frage einer Aufhebung oder Abmilderung der wirtschaftlichen Folgen des Verlustes der Beamtenrechte können sich im Gnadenwege Fragen wie die der Wiederverleihung des Rechts auf Führen der früheren Amtsbezeichnung stellen. Eine **Gnadenentscheidung** ist anerkanntermaßen auch **zu Gunsten von Hinterbliebenen** (z.B. Witwe) möglich, wenn es sich um einen verstorbenen früheren Beamten handelt (*Battis,* § 43 BBG Rn. 4).

III. Justitiabilität von Gnadenentscheidungen

4   Die Entscheidung über ein Gnadengesuch unterliegt nicht der gerichtlichen Nachprüfbarkeit, da ein Recht auf Gnadenerweis gerade nicht besteht (BVerfG, NJW 2013, 2414; BVerfG, B. v. 26.10.2006, 2 BvR 1587/06; BVerfG, NJW 2001, 3771; BVerwG, NJW 1983, 187; BVerfGE 25, 352; *Reich,* § 54 BeamtStG Rn. 5; die Frage ist umstritten – vgl.

zum Meinungsstand *Battis,* § 43 BBG Rn. 5 und BVerwG, NJW 1983, 187; *Heusch* in Heusch/Schönenbroicher, Art. 59 LVerf Rn. 4 ff.; *Hörnig,* DVBl 2007, 1328; *Weber,* JuS 1983, 217; *Dorn,* Archiv PF 1988, 151; vgl. zum Streitwert bei Klage auf Gnadenerweis vgl. VGH München, B. v. 13.4.2010, 14 C 10.251). Der Gnadenakt beruht auf der ungeteilten Staatsgewalt, welche dem Ministerpräsidenten in dem Kontext vorbehalten ist; die Justiziabilität würde der **Eigenart des Gnadenrechts** widersprechen (VGH München, Urt. v. 6.7.1979, 137 III 77 – bestätigt durch BVerwG, NJW 1983, 187). Das interne Verfahren von Begnadigungen ist gerade nicht von justizförmigen Garantien geprägt und muss dies auch nicht sein (a. A. *Hörnig,* DVBl 2007, 1328). Art. 19 Abs. 4 GG hat keine Geltung für Gnadenentscheidungen (BVerfG, B. v. 26.10.2006, 2 BvR 1587/06; *Heusch* in Heusch/ Schönenbroicher, Art. 59 LVerf Rn. 4 ff.). Die allgemeinen Grundsätze **„Gnade vor Recht"** oder **„Gnade ist gerichtsfrei"** (BVerfG, NJW 2013, 2414; *Schätzler,* NJW 1975, 1249) gelten für die eigentliche Gnadenentscheidung nach § 30 uneingeschränkt. Lediglich über ein **Petitionsverfahren** kann sich ein ehemaliger Beamter darum bemühen, dass in gewisser Weise eine (parlamentarische) Kontrolle der Behandlung seines Gnadengesuches erfolgt; Gnadenentscheidungen sind anerkanntermaßen petitionsfähig (zustimmend *Gunkel* in Schütz/Maiwald, § 30 LBG Rn. 49; *Kleinrahm/Geller,* Art. 59 LVerf Anm. 7; *Schätzler,* NJW 1975, 1252). Einschätzungen des Petitionsausschusses haben dabei nur empfehlenden Charakter. Selbst wenn man für die Ablehnung von Gnadenerweisen – etwa unter dem Gesichtspunkt der **Willkürkontrolle** und des **Verbots von Diskriminierungen** (vgl. BVerfGE 25, 352 – Sondervotum) – eine gerichtliche Nachprüfbarkeit als verfassungsrechtlich geboten und zwingend ansehen würde (vgl. *Hörnig,* DVBl 2007, 1330 ff.), sind kaum Fälle vorstellbar, wo sich bei Gnadenentscheidungen der sehr weite **Ermessensspielraum des Ministerpräsidenten** so auf null reduzieren würde, dass eine **„Klage auf Gnade"** im Endergebnis materiell erfolgreich sein könnte (so auch *Battis,* § 43 BBG Rn. 5; *Geller-Kleinrahm,* Art. 59 LVerf Anm. 6; BVerfGE 25, 352; *Gunkel* in Schütz/Maiwald, § 30 LBG Rn. 48: Willkürverbot ist aber zu beachten). Wenn es allerdings im Streitfall (nur) darum geht, ob ein Gnadenerweis als solcher bereits durch einen Ministerpräsidenten persönlich erteilt worden ist und somit die Beamtenrechte eines Klägers bereits wiederhergestellt wurden, ist ganz ausnahmsweise eine Feststellungsklage denkbar (BVerwG, NJW 1983, 187). Auch der **Widerruf eines Gnadenerweises** ist **justitiabel,** da durch die Gnadenentscheidung eine Bindung der Exekutive eintritt (BVerfG, NJW 1971, 795).

IV. Revidierung des Verlustes der Beamtenrechte im Gnadenweg

Wie sich aus § 30 Abs. 2 ergibt, ist auch eine **vollständige Beseitigung des Verlustes** **5** **der Beamtenrechte** möglich, so dass die ursprüngliche Rechtsstellung des Betroffenen wieder auflebt und das Beamtenverhältnis als nicht unterbrochen gilt (§ 30 Abs. 2 i. V. m. § 24 Abs. 2 BeamtStG). Die Gnadenentscheidung wirkt regelmäßig ex nunc; Bezugspunkt ist der Zeitpunkt der Bekanntgabe an den Betroffenen. Bei einem vollständigen Gnadenerweis gilt dann das Beamtenverhältnis als nicht unterbrochen. Im Rahmen einer Begnadigung nach § 78 LDG gilt § 30 Abs. 2 entsprechend, wenn die Entfernung aus dem Beamtenverhältnis oder die Aberkennung des Ruhegehalts im Gnadenweg aufgehoben wird (§ 78 Abs. 2 LDG).

§ 31 Ruhestand wegen Erreichens der Altersgrenze

(1) ¹**Beamtinnen und Beamte auf Lebenszeit und auf Zeit treten mit dem Ende des Monats in den Ruhestand, in dem sie die für sie jeweils geltende Altersgrenze erreichen.** ²**Die Altersgrenze wird in der Regel mit Vollendung des 67. Lebensjahres erreicht (Regelaltersgrenze), soweit nicht gesetzlich eine andere Altersgrenze (besondere Altersgrenze) bestimmt ist.** ³**Für Leiterinnen und Leiter und Lehrerinnen**

und Lehrer an öffentlichen Schulen gilt als Altersgrenze das Ende des Schulhalbjahres, in dem das 67. Lebensjahr vollendet wird.

(2) [1]Beamtinnen und Beamte auf Lebenszeit und auf Zeit, die vor dem 1. Januar 1947 geboren sind, erreichen die Regelaltersgrenze mit Vollendung des 65. Lebensjahres. [2]Für Beamtinnen und Beamte auf Lebenszeit und auf Zeit, die nach dem 31. Dezember 1946 geboren sind, wird die Regelaltersgrenze wie folgt angehoben:

Geburtsjahr	Anhebung um Monate	Altersgrenze	Monate
1947	1	65	1
1948	2	65	2
1949	3	65	3
1950	4	65	4
1951	5	65	5
1952	6	65	6
1953	7	65	7
1954	8	65	8
1955	9	65	9
1956	10	65	10
1957	11	65	11
1958	12	66	0
1959	14	66	2
1960	16	66	4
1961	18	66	6
1962	20	66	8
1963	22	66	10
1964	24	67	0

[3]Leiterinnen und Leiter und Lehrerinnen und Lehrer an öffentlichen Schulen treten mit dem Ende des Schulhalbjahres nach Erreichen der jeweiligen Altersgrenze in den Ruhestand.

(3) Beamtinnen und Beamte auf Zeit treten, soweit sie nicht nach § 27 Absatz 2 entlassen werden, ferner mit Ablauf ihrer Amtszeit in den Ruhestand, wenn sie insgesamt eine mindestens zehnjährige ruhegehaltfähige Dienstzeit abgeleistet haben; andernfalls sind sie entlassen.

(4) Wer die Altersgrenze überschritten hat, darf nicht zur Beamtin oder zum Beamten ernannt werden.

(5) [1]Erreichen die in den einstweiligen Ruhestand versetzten Beamtinnen oder Beamte die Altersgrenze, so gelten sie in dem Zeitpunkt als dauernd in den Ruhestand getreten, in dem sie als Beamtinnen und Beamte auf Lebenszeit oder auf Zeit wegen Erreichens der Altersgrenze in den Ruhestand treten würden. [2]Die in den einstweiligen Ruhestand versetzten Beamtinnen oder Beamte auf Zeit gelten auch mit Ablauf der Amtszeit als dauernd in den Ruhestand getreten.

Übersicht

I. Vereinbarkeit der Altersgrenzen mit Europarecht/AGG

§ 31 füllt den bundesrechtlichen Spielraum aus (§ 25 BeamtStG) und legt eine Regelal- **1** tersgrenze (67. Lebensjahr) und schrittweise **Anhebungen gestaffelt nach Geburtsjahrgängen** fest (vgl. dazu ausführl. *Hüttenbrink*, KommJur, 2010, 245; s. a. den Bericht der Bundesregierung zur Anhebung der Altersgrenzen nach §§ 51, 52 BBG, BT-Drs. 17/11450). Die Festlegung eines **altersabhängigen automatischen Ruhestandseintritts** für Beamte ist **keine rechtswidrige Diskriminierung wegen des Alters** und steht im Einklang mit der RL 2000/78/EG und dem AGG (vgl. BGH, NVwZ 2016, 90 – zur Rechtslage in NRW und zur Stufenregelung in § 31 und der Ruhestandsregelung für Polizeivollzugsbeamte; OVG Münster, Beschl. v. 5.6.2015, 6 A 455/15; VG Düsseldorf, Beschl. v. 25.9.2013, 13 L 1412/13; OVG Münster, B v. 21.7.2011, 6 A 808/10; B. v. 30.9.2009, 1 B 1412/09; EuGH, NVwZ 2011, 1248; vgl. zu § 36 Satz 1 Nr. 2 NBG OVG Lüneburg, B. v. 16.3.2011, 5 ME 43/11; VGH Kassel, Beschl. v. 28.10.2013, 1 B 1638/13; VGH Kassel, NVwZ 2014, 246: wirksame Altersgrenze für Richter; VGH Kassel, NVwZ 2010, 140 – vgl. dazu *Rombach*, NVwZ 2010, 102; OVG Mannheim, DVBl 2011, 718; *Summer*, ZBR 2007, 368; *Baßlsperger*, ZBR 2008, 339; *Poguntke*, DÖV 2011, 561, 567–568; *Gärditz*, GPR 2010, 17; *Brockhaus* in Schütz/Maiwald, § 31 LBG Rn. 16–17; vgl. aber *v. Roetteken* in v. Roetteken/Rothländer, § 25 BeamtStG Rn. 39 ff. – *v. Roetteken* geht von der Unvereinbarkeit der Altersgrenzenregelungen für Beamte mit der RL 2000/78/EG u. Art. 21 Abs. 1 der Charta der Grundrechte der EU aus). Der EuGH hat in einem Urt. v. 21.7.2011 zu § 50 Abs. 1 des Hess. LBG (i. d. F. des Gesetzes vom 14.12.2009) und des zwangsweisen Übertritts eines Staatsanwalts in den Ruhestand mit Vollendung des 65. Lebensjahres entschieden, dass die **Richtlinie 2000/78/EG** solchen Regelungen unter bestimmten Bedingungen nicht entgegensteht (EuGH, NVwZ 2011, 1249; VGH Kassel, NVwZ 2014, 246; vgl. zu möglichen Rechtfertigungen von Altersdiskriminierungen ausführl. *Brors*, RdA 2012, 346). Wenn – so der EuGH – ein Beamtengesetz das Ziel habe, „eine ausgewogene Altersstruktur zu schaffen, um die Einstellung und Beförderung von jüngeren Berufsangehörigen zu begünstigen, die Personalplanung zu optimieren und damit Rechtsstreitigkeiten über die Fähigkeit des Beschäftigten, seine Tätigkeit über ein bestimmtes Alter hinaus auszuüben, vorzubeugen, und es die Erreichung dieses Ziels mit angemessenen und erforderlichen Mitteln ermöglicht", widerspreche es nicht der **Antidiskriminierungsrichtlinie** (EuGH, a. a. O.). Es sei nicht unvernünftig und von anerkennenswerten sachlichen Gründen getragen, wenn ein Mitgliedstaat im Hinblick auf die **Schaffung einer ausgewogenen Altersstruktur** Altersgrenzen für Beamte festlege. Die Verlängerungsmöglichkeiten (im Streitfall § 50 Abs. 3 HBG) würden dabei die Strenge des Gesetzes abmildern und seien nicht inkohärent (EuGH, a. a. O.). Die Ausführungen des EuGH sind vordergründig auf den Fall eines Staatsanwalts bezogen, können aber allgemeine Geltung beanspruchen, da u. a. ein gesunder Altersaufbau für die gesamte öffentliche Verwaltung, die Planbarkeit des Ausscheidens von Beamten und Beförderungschancen für den Nachwuchs allgemein für Verwaltungen wichtige und anerkennenswerte Belange sind, welche für die Zulässigkeit von Altersgrenzen im öffentlichen Dienst streiten. Das **BVerwG** sieht nach dem Urteil des EuGH die Rechtslage jedenfalls ausdrücklich als geklärt an (BVerwG, NVwZ 2012, 1052; BVerwG, B. v. 21.12.2011, 2 B 94/11: Altersgrenze von 65 Jahren in § 37 LBG RP rechtmäßig – krit. dazu *v. Roetteken* in v. Roetteken/Rothländer, § 25 BeamtStG Rn. 52b; OVG Koblenz, LKRZ 2011, 269). Das **OVG Münster** hat in einem **Beschluss vom 5.6.2015** für die §§ 31, 32 klargestellt, dass diese **europarechtskonform** und auch **mit § 10 Abs. 1 Satz 1 AGG vereinbar** sind (OVG Münster, Beschl. v. 5.6.

2015, 6 A 455/15; s. a. BGH, NVwZ 2016, 90). Auch die Altersgrenzen für Professoren sind zulässig (OVG Münster, B. v. 21.7.2011, 6 A 808/10; BVerwG, NVwZ 2012, 1052).

II. Eintritt in den Ruhestand bei Erreichen der Altersgrenze

2   Wird die jeweilige Altersgrenze erreicht (Regelaltersgrenze oder besondere Altersgrenze) und liegen zusätzlich die entsprechenden versorgungsrechtlichen Voraussetzungen vor (§ 4 LBeamtVG NRW), erfolgt per Gesetz der Eintritt in den Ruhestand, wenn nicht der Ruhestand nach § 32 hinausgeschoben wird. Wenn ein Beamter nach den entsprechenden gesetzlichen Regelungen mit dem Ende des Monats oder mit Ablauf des letzten Tages des Monats in den Ruhestand tritt, dann tritt nach der Rechtsprechung des BVerwG der Versorgungsfall zeitgleich mit dem Beginn des Ruhestandes am ersten Tag des folgenden Monats ein, mithin nicht „vor" diesem Tag, was um 24 Uhr des Monatsletzten des Vormonats wäre (BVerwG, B. v. 7.12.2015, 2 B 79/14, NVwZ 2016, 394 – vgl. dazu die krit. Anm. von *Heydemann*, NVwZ 2016, 395). Die allgemeine **Regelaltersgrenze von 67 Jahren** gilt nicht, soweit **besondere Altersgrenzen für besondere Beamtengruppen** gesetzlich bestimmt sind, § 31 Abs. 1 Satz 2 letzter Halbs. Gemeint sind damit § 114 (Polizeivollzugsbeamte), § 116 Abs. 3 (Beamte in den Feuerwehren), § 117 Abs. 1 (Justizvollzugsbeamte/Technischer Aufsichtsdienst in untertägigen Bergwerksbetrieben/Vollzugsdienst in Abschiebungshaftvollzugseinrichtungen), obwohl es sich nicht um spezielle Regelungen besonderer Altersgrenzen als solches handelt, sondern der Eintritt in den Ruhestand normiert wird, was aber im Ergebnis eine Altersgrenzenregelung impliziert (vgl. insoweit die Kritik am „unsauberen Wortlaut" von *Hlusiak,* DVP 2010, 316). Der Ruhestand erfolgt mit dem Ende des Monats, in dem der jeweilige Beamte die für ihn geltende Altersgrenze erreicht, § 31 Abs. 1 Satz 1. Bei einem am Monatsersten Geborenen beginnt der Ruhestand bereits mit Ablauf des Vormonats (BVerwGE 30, 167). Die landesrechtliche Regelung ist nicht ganz unproblematisch, weil § 25 BeamtStG nicht auf das Ende des Monats, sondern auf das „taggenaue" Erreichen der Altersgrenze (Tag vor dem Geburtstag) abstellt (*Hlusiak,* DVP 2010, 315). Eine Urkunde über den Eintritt in den Ruhestand hat nur deklaratorischen Charakter, so dass die Zurruhesetzung nicht von deren Aushändigung/vom Aushändigungszeitpunkt abhängt. Personalvertretungen haben nur bei der Weiterbeschäftigung von Beamten über die Altersgrenze hinaus, nicht aber bei Zurruhesetzungen ein Mitbestimmungsrecht. Nach **§ 31 Abs. 1 Satz 3** gilt eine **Sonderregelung für Leiter und Lehrer an öffentlichen Schulen.** Bei ihnen hat der Gesetzgeber nicht (nur) als Altersgrenze auf das tatsächliche persönliche Erreichen des jeweiligen Alters für die Versetzung in den Ruhestand abgestellt, sondern es gilt als Altersgrenze das Ende des Schulhalbjahres, in dem sie das 67. Lebensjahr vollenden (vgl. dazu *Brockhaus* in Schütz/Maiwald § 31 LBG Rn. 23). Nach § 31 Abs. 2 Satz 3 treten sie dann mit Ende des Schuljahres nach Erreichen der jeweiligen Altersgrenze in den Ruhestand; Hintergrund für diese gesetzliche (Sonder-)Regelung sind schulorganisatorische/pädagogische Gründe wie das Vermeiden eines Lehrerwechsels während des Schuljahres/Schulhalbjahres (vgl. dazu BVerfG, NVwZ 1986, 369). Die Erfüllung des besonderen Bildungsauftrags öffentlicher Schulen – vgl. dazu Art. 7 GG und Art. 8 LVerfNRW – erfordert einen möglichst kontinuierlichen Einsatz der Lehrkräfte, was bei einem Ausscheiden mitten in einem Schuljahr/Schulhalbjahr nicht gewährleistet wäre (VG Düsseldorf, Urt. v. 16.2.2016, 2 K 4336/15). Die Vorschrift des § 31 Abs. 1 Satz 3 ist insofern **verfassungsrechtlich unbedenklich** und sowohl mit den hergebrachten Grundsätzen des Berufsbeamtentums als auch mit dem allgemeinen Gleichheitssatz (Art. 3 Abs. 1 GG) in Einklang zu bringen (VG Düsseldorf, Urt. v. 16.2.2016, 2 K 4336/15). Klagen von Lehrern gegen eine Zurruhesetzung entsprechend § 31 Abs. 2 Satz 3 habe keine Aussicht auf Erfolg, wenn sie nur die Norm angreifen. Hinzuweisen ist aber darauf, dass sich in der Verwaltungspraxis von NRW eine zwischen den zuständigen Ressorts abgestimmte Ausnahmeregelung herausgebildet hat, die sachgerecht ist. Lehrkräfte, die zum Zeitpunkt des Erreichens der Altersgrenze konkret gar keinen Dienstposten an „öffentlichen Schulen" i. S. v. § 31 Abs. 1 Satz 3 haben, sondern an Schulämter, Bezirksregierungen etc. abgeordnet sind, scheiden wie alle anderen Beamten auch mit Ablauf ihres individuellen Zurruhesetzungsmonats aus dem Dienst aus (und nicht zum Ende des Schulhalbjahres). Bei diesen Fallgestaltungen fehlen die entscheidenden Argumente der Rechtsprechung für die „Sonderbelastung" von Lehrern (vgl. zu diesen Argumenten bei § 31 Abs. 2 Satz 3 VG Düsseldorf, Urt. v. 16.2.2016, 2 K 4336/15). Die Vorschrift wird also – wie diese **Sonderfälle** zeigen – insoweit funktional und nicht statusrechtlich verstanden. Was eine öffentliche Schule ist, wird in § 6 Abs. 1 i. V. m. Abs. 3, 4 SchulG definiert. Eine mit § 31 Abs. 2 Satz 3 vergleichbare Vorschrift stellt § 123 Abs. 3 für **Professoren** dar, die unter bestimmten Umständen erst mit Ablauf des letzten Monats der Vorlesungszeit in den Ruhestand treten (vgl. zur Wirksamkeit der Altersgrenzen für Professoren VG Gelsenkirchen, Urt. v. 19.2.2010, 12 K 1310/08 – bestätigt durch OVG Münster, B. v. 21.7.2011, 6 A 808/10; OVG Koblenz, Urt. v. 25.2.2011, 2 A 11201/10). Die Altersgrenzen sind auch hinsichtlich der Hochschullehrer rechtmäßig und nicht diskriminierend, da auch im Hochschulbereich eine ausgewogene Altersstruktur die Zusammenarbeit verschiedener Generationen ermöglicht und auf diese Weise den Erfahrungsaustausch sowie Innovationen begünstigt (VG Gelsenkirchen, Urt. v. 19.2.2010, 12 K 1310).

Ebenfalls rechtmäßig sind die Altersgrenzen für Richter (§ 3 LRiG), für die es mit der letzten Novelle des LRiG (endlich) mit § 4 Abs. 3 LRiG auch eine Regelung zum Hinausschieben des Ruhestands in Form eines (bis auf einen Antrag) voraussetzungslosen Anspruchs gibt (gegen die vorherige Abkopplung von Richtern von dieser Möglichkeit *J.-M. Günther*, NWVBl. 2014, 325, 331; zur Rechtmäßigkeit von Altersgrenzen für Richter VGH München, NVwZ-RR 2014, 853; s. a. die Gesetzesbegründung LT-DRs. 16/9520, S. 107). Eine analoge Anwendung des § 32 war nicht möglich (*J.-M. Günther*, NWVBl. 2014, 325; OVG Münster, NVwZ-RR 2012, 444; OVG Münster, NVwZ-RR 2009, 932).

III. Staffelung der Altersgrenzen nach Geburtsjahrgängen

Die **Staffelung der Altersgrenzen nach Geburtsjahrgängen** in § 31 Abs. 2 stellt **3** sich nach den Maßstäben der Verfassung als zulässige und wegen des gebotenen Vertrauensschutzes gebotene Differenzierung dar (BGH, NVwZ 2016, 90; VG Düsseldorf, Beschl. v. 25.9.2013, 13 L 1412/13; *Hüttenbrink*, KommJur, 2010, 246; vgl. BVerfG zu § 208 Abs. 3 u. Abs. 4 LBG Rheinland-Pfalz, ZBR 2008, 411 – so auch das BVerwG in der vorgehenden Entscheidung, ZBR 2007, 307; zum Erfordernis von Übergangsregelungen bei Altersgrenzen BVerfG, NVwZ 1986, 493; *Summer*, PersV 2009, 164; *Riedel*, NWVBl. 2011, 329, 333; krit.: *v. Roetteken*, ZTR 2008, 353). Der Landesgesetzgeber hat bei den Beamten proportional zur Nähe zum Ruhestand auf der Basis der Altregelung deren Interessen am Fortbestand der alten Regelungen höher bei der schrittweisen Heraufsetzung der Regelaltersgrenze gewichtet. Solche **Übergangsregelungen** bei neuen Regelaltersgrenzen tragen dem verfassungsrechtlichen Vertrauensschutz Rechnung und sind verfassungsgemäß (BVerfG, NVwZ 2008, 1233). *Riedel* kritisiert allerdings die konkrete Abstufungsregelung in § 31 Abs. 2 (*Riedel*, NWVBl. 2011, 333): „Der im Jahr 1958 geborene Beamte ist nicht weniger vor übermäßiger Belastung im Alter zu schützen als der zehn Jahre früher geborene." Die Aussage an sich ist nachvollziehbar, berücksichtigt aber nicht hinreichend den Sinn der Abstufungsregelung und die dahinterstehenden Fürsorgeaspekte. Die Abstufungsregelung geht mit Recht davon aus, dass jüngere Beamte – etwa des Jahrgangs 1958 – sich länger auf eine verlängerte Lebensarbeitszeit einstellen können und folglich unter Vertrauensschutzgesichtspunkten weniger schutzwürdig sind als Beamte des Jahrgang 1948, die ohne die Abstufungsregelungen keine hinreichende Vorlaufzeit mehr hätten, sich auf eine Verlängerung ihres Dienstes einzustellen. Die Beamten, die im zeitlichen Kontext der gesetzlichen Neuregelung der Altersgrenzen i.d.R. schon nicht unerhebliche persönliche Dispositionen für einen nahestehenden Ruhestand getroffen haben, sind – auch verfassungsrechtlich – besonders schutzwürdig. Dem trägt der § 31 Abs. 2 in rechtlich nicht zu beanstandender Weise Rechnung (vgl. BGH, NVwZ 2016, 90; VG Düsseldorf, Beschl. v. 25.9.2013, 13 L 1412/13).

IV. Sonderregelung für Beamte auf Zeit/Ernennungsverbot bei Überschreiten der Altersgrenze

1. Sonderregelung für Beamte auf Zeit

4   § 31 Abs. 3 ist eine Sonderregelung für **Beamte auf Zeit.** Für solche Beamte gilt zum Einen die allgemeine Altersgrenzenregelung nach § 31 Abs. 1 Satz 1 und zum Anderen treten sie (alternativ) mit Ablauf ihrer Amtszeit in den Ruhestand, wenn sie nicht nach § 27 Abs. 2 entlassen werden (wegen Verletzung ihrer Verpflichtung nach § 4 Satz 5 und § 120 Abs. 2 Satz 4) und eine **mindestens zehnjährige ruhegehaltfähige Dienstzeit** aufzuweisen haben. Sofern die ruhegehaltfähige Dienstzeit unter der vorgenannten Schwelle liegt und der Beamte nicht für eine neue Amtszeit wiederernannt wird, ist er mit Ablauf der Amtszeit zu entlassen.

2. Ernennungsverbot bei Überschreiten der Altersgrenze

5   § 31 Abs. 4 stellt ein zwingendes Verbot für die Ernennung eines die Altersgrenze überschreitenden Beamten dar. Ist ein Beamter gleichwohl berufen worden, ergeben sich die Rechtsfolgen aus § 23 Abs. 1 Nr. 5 BeamtStG. Der Beamte ist per Entlassungsverfügung zu entlassen; ein Ermessensspielraum besteht für den Dienstherrn nicht (*Reich,* § 23 BeamtStG Rn. 10; *Seeck* in MRSZ, § 23 BeamtStG Erl. 2.5).

V. Sonderregelung für Beamte im einstweiligen Ruhestand

6   Für Beamte, die sich im **einstweiligen Ruhestand** befinden, legt Abs. 5 fest, dass zu dem Zeitpunkt, zu dem dieser Beamte (Lebenszeitbeamter oder Beamter auf Zeit) nach den normalen für ihn geltenden Regularien wegen Erreichens der Altersgrenze aus dem aktiven Beamtenverhältnis in den Ruhestand treten würde, er als dauerhaft in den Ruhestand getreten gilt (§ 31 Abs. 5 Satz 1). Auch nach § 30 Abs. 5 BeamtStG gelten Beamte, die in den einstweiligen Ruhestand versetzt sind, mit Erreichen der gesetzlichen Altersgrenze „als dauernd in den Ruhestand versetzt". Einer besonderen Verfügung durch den Dienstherrn bedarf es zur Erzielung der Rechtswirkung nicht, da die Fiktion der **Umwandlung des einstweiligen Ruhestands in den dauernden Ruhestand qua Gesetz** eintritt. Für einen Beamten auf Zeit wird in Abs. 5 Satz 2 festgelegt, dass er (schon) mit Ablauf seiner Amtszeit als dauernd in den Ruhestand getreten gilt. Rechtsfolge des dauernden Ruhestandes ist der Wegfall der Verpflichtung, sich einer erneuten Berufung in das Beamtenverhältnis zu stellen, wie sie im Rahmen eines (nur) einstweiligen Ruhestands unter bestimmten Rahmenbedingungen besteht (vgl. u.a. § 39).

§ 32 Hinausschieben des Ruhestandeintritts

(1) ¹**Der Eintritt in den Ruhestand kann auf Antrag der Beamtin oder des Beamten um bis zu drei Jahre, jedoch nicht über das Ende des Monats, in dem das 70. Lebensjahr vollendet wird hinaus, hinausgeschoben werden, wenn dies im dienstlichen Interesse liegt. ²Der Antrag ist spätestens sechs Monate vor Eintritt in den Ruhestand zu stellen. ³Im Verlängerungszeitraum ist die Beamtin oder der Beamte auf ihren oder seinen Antrag hin jederzeit in den Ruhestand zu versetzen; die bean-**

tragte Versetzung kann aus zwingenden dienstlichen Gründen um bis zu drei Mona-te hinausgeschoben werden. ⁴Für das Hinausschieben des Ruhestandseintritts nach Satz 1 ist bei den übrigen kommunalen Wahlbeamtinnen und Wahlbeamten im Sinne des § 119 die Zustimmung mit der Mehrheit der gesetzlichen Zahl des betreffenden Wahlgremiums erforderlich.

(2) ¹Wenn dienstliche Gründe im Einzelfall die Fortführung der Dienstgeschäfte erfordern, kann die für die Versetzung in den Ruhestand zuständige Stelle mit Zu-stimmung der obersten Dienstbehörde und der Beamtin oder des Beamten den Ein-tritt in den Ruhestand für eine bestimmte Dauer, die jeweils ein Jahr und insgesamt drei Jahre nicht übersteigen darf, hinausschieben. ²Bei Wahlbeamtinnen und Wahlbe-amten bedarf diese Entscheidung einer Zweidrittelmehrheit der gesetzlichen Mit-gliederzahl des betreffenden Wahlgremiums.

(3) Die Absätze 1 und 2 gelten bei einer gesetzlich bestimmten besonderen Alters-grenze entsprechend.

Übersicht

I. Allgemeines

Mit der Regelung des § 32 hatte der Gesetzgeber 2009 weitgehend „Neuland" betreten **1** und wollte u. a. eine **Flexibilisierung der Altersgrenze** in Form **freiwilliger Verlänge-rung der Lebensarbeitszeit** erreichen (LT-Drs. 14/8176, S. 126; vgl. dazu *Hüttenbrink,* KommJur 2010, 245; *Poguntke,* DÖV 2011, 561; vgl. dazu auch OVG Münster, B. v. 22.4.2013, 6 B 277/13; OVG Münster, B. v. 31.7.2012, 6 B 872/12; OVG Münster, NVwZ-RR 2009, 932). Dies ist bei allen Bundesländern mit vergleichbaren Vorschriften die Motivation des Gesetzgebers (*Hebeler/Spitzlei,* DVBl 2016, 534, 537). Daneben spielt wohl auch eine Rolle, dass Einsparungen bei der Altersversorgung der Beamten erzielt werden (*Hebeler/Spitzlei,* DVBl 2016, 534, 537). Die Norm ermöglicht es, den Ruhe-standseintritt trotz der in § 31 Abs. 1 festgelegten Regelaltersgrenzen und besonderen Al-tersgrenzen im Einzelfall hinauszuschieben. Dies trägt zur **Konformität** des § 31 mit der **Richtlinie 2000/78/EG** bei (*Schrapper/Günther,* Novellierung des Dienstrechts in Nord-rhein-Westfalen – Anpassung vor Reform, NWVBl. 2013, 349, 352; *J.-M. Günther,* NWVBl. 2014, 325; vgl. dazu EuGH, NVwZ 2011, 1249). § 32 ist nach der aktuellen

Rechtsprechung des OVG Münster mit höherrangigem Recht vereinbar; die Europarechtskonformität der §§ 31, 32 ist gegeben (OVG Münster, Beschl. v. 5.6.2015, 6 A 455/15; OVG Münster, B. v. 28.10.2013, 6 B 1181/13; s.a. VG Düsseldorf, Urt. v. 30.1.2015, 13 K 3574/14). Eine analoge Anwendung des § 32 auf Richter ist nicht möglich (*J.-M. Günther*, NWVBl. 2014, 325, 331; OVG Münster, NVwZ-RR 2012, 444; OVG Münster, NVwZ-RR 2009, 932). Die an sich durchaus naheliegenden Analogieüberlegungen, für die auch der Gerechtigkeitsgedanke streitet (vgl. *J.-M. Günther*, NWVBl. 2014, 325, 331; OVG Berlin-Brandenburg, B. v. 12.1.2015, OVG 4 S 46.14; a.A. VGH Mannheim, NVwZ-RR 2014, 853; VGH München, NVwZ-RR 2014, 853), haben zwischenzeitlich ohnehin ihre Grundlage verloren. Für **Richter** gibt es jetzt mit dem zum 1.6.2016 in Kraft getretenen **§ 4 Abs. 3 LRiStaG** eine Spezialvorschrift zum Hinausschieben des Ruhestandseintritts (vgl. dazu LT-Drs. 16/9520, S. 107; siehe zum LRiStaG NRW die ausführlichen Darstellung von *Trierweiler/Baumanns*, NWVBl. 2016, 52 ff. und *M. Klein*, PersV 2016, 164, 166–167). Im Hinblick auf die gebotene Wahrung der richterlichen Unabhängigkeit wird dem Dienstherrn – anders als beim § 32 – im LRiStaG auf der Rechtsfolgenseite aber kein Ermessen eingeräumt (*Trierweiler/Baumanns*, NWVBl. 2016, 52, 53; *M. Klein*, PersV 2016, 164, 166–167; vgl. dazu auch *J.-M. Günther*, NWVBl. 2014, 325, 331; s.a. zum relevanten Aspekt richterl. Unabhängigkeit OVG Berlin-Brandenburg, B. v. 12.1.2015, OVG 4 S 46.14). In materieller Hinsicht ist der Anspruch eines Richters nach § 4 Abs. 3 LRiStaG aus demselben Grund (Schutz richterlicher Unabhängigkeit) voraussetzungslos, worin ebenfalls ein gravierender Unterschied zu § 32 liegt (*Trierweiler/Baumanns,* a.a.O.; *M. Klein*, PersV 2016, 164, 166–167). Die Übergangsregelung des § 4 Abs. 2 Satz 2 LRiStaG ist rechtlich bedenkenfrei (VG Gelsenkirchen, B. v. 5.1.2016, 12 L 6/16 – bestätigt durch OVG Münster, B. v. 28.1.2016, 1 B 62/16; *M. Klein*, PersV 2016, 164, 167). Die in § 32 Abs. 1 Satz 1 vorgenommene Festlegung der maximalen Altersgrenze von 70 Jahren ist kein Verstoß gegen höherrangiges Recht; die Norm steht im Einklang mit dem AGG und der dem AGG zugrundeliegenden Antidiskriminierungsrichtlinie (OVG Münster, Beschl. v. 5.6.2015, 6 A 455/15; OVG Münster, B.v. 3.2.2012, 1 A 882/10; BVerwG, NVwZ 2012, 1052; BVerwG, B. v. 21.12.2011, 2 B 94/11; VG Gelsenkirchen, B. v. 12.4.2011, 1 L 197/11; *Hüttenbrink,* KommJur 2010, 245). Eine **Altersdiskriminierung** liegt nicht vor (OVG Münster, B. v. 3.2.2012, 1 A 882/10). Allerdings beschäftigt § 32 Abs. 1 in einem sehr hohen Maße die Gerichte (vgl. die Zusammenstellung der aktuellen Rechtsprechung zu § 32 bei *J.-M. Günther*, NWVBl. 2014, 325; s.a. die Untersuchung zur Rechtslage beim Hinausschieben des Ruhestands für die 16 Bundesländer von *Hebeler/Spitzlei*, DVBl 2016, 534; *Baßlsperger*, BayVBl. 2015, 729; *Schrapper/Günther*, NWVBl. 2013, 349, 352). Der Gesetzgeber hat nämlich mit dem **DRAnpG 2013** § 32 Abs. 1 analog § 53 Abs. 1 Satz 1 BBG gefasst, so dass es in der Praxis viele Konflikte um die Frage gibt, ob die restriktiveren Normvoraussetzungen erfüllt sind. Das Hinausschieben des Ruhestandseintritts auf Antrag ist seitdem daran gekoppelt, dass dies **„im dienstlichen Interesse"** liegt (vgl. zu den diesbezüglichen Voraussetzungen bei § 32 ausführlich *J.-M. Günther*, Das „dienstliche Interesse" beim Hinausschieben der Altersgrenze nach § 32 Abs. 1 LBG NRW, NWVBl. 2014, 325; s. zum dienstlichen Interesse beim Hinausschieben des Ruhestands auch *Hebeler/Spitzlei*, DVBl 2016, 534, 538; *Baßlsperger*, BayVBl. 2015, 729; *Gaenslen*, ZBR 2014, 371; *Schäfer*, ZBR 2009, 301; *Summer*, PersV 2009, 164, 166–167; *Cecior* in CVLK, § 72 LPVG Rn. 381). Zuvor waren Anträge (schon) zu genehmigen, wenn ein dienstliches Interesse nicht entgegensteht. Das Hinausschieben des Ruhestandseintritts wurde dann mit der Neuregelung 2013 deutlich eingegrenzt (vgl. die Antwort der Landesregierung auf die Kleine Anfrage 329, LT-Drs. 16/996, S. 9). Dies ist eine erhebliche Entfernung vom ursprünglichen Ansatz des Gesetzgebers bei der Dienstrechtsnovelle 2009, es Beamten beim Ruhestand zu ermöglichen, „ein Stück weit" selbst ihre Lebensplanung zu bestimmen (OVG Münster, B. v. 31.7.2012, 6 B 872/12; OVG Münster, DÖD 2012, 206; s.a. die Vorbemerkung der Landesregierung in ihrer Antwort zur Kleinen Anfrage Nr. 329, LT-Drs. 16/613). Die **Gesetzesänderung 2013** stellte insofern bei § 32 einen **Paradigmenwechsel** dar. Entgegen dem ursprünglichen Ansatz der Norm als Instrument der individuellen Lebensarbeitszeitgestaltung wurde die Bedarfseinschätzung des Dienstherrn (allein) entscheidend (*Schrapper*, Die Verwaltung 2013, 445, 447). Aus der bisherigen „negativen Voraussetzung des Fehlens entgegenstehender dienstlicher Gründe " in § 32 Abs. 1 Satz 1 LBG a. F. (OVG Münster, B. v. 31.7.2012, 6 B 872/12) wurde das **Erfordernis des positiven Vorliegens eines dienstlichen Interesses** (§ 32 Abs. 1 Satz 1 n. F.). In dem Zusammenhang heißt es in einem Beschluss des OVG Münster vom 28.10.2013 (OVG Münster, 6 B 1181/13): „Dass davon ausgehend ein dienstliches Interesse im Sinne des § 32 Abs. 1 LBG NRW n. F. von dem Antragsteller nur noch selten darzulegen sein wird, wenn der Dienstherr dessen Vorliegen in Abrede stellt, führt für sich genommen nicht zu Bedenken hinsichtlich der Verfassungsmäßigkeit der Norm." Ein Antrag auf Hinausschieben des Eintritts in den Ruhestand ist nur noch genehmigungsfähig, wenn für eine solche Weiterbeschäftigung des Beamten (zusätzlich) Interessen der Dienststelle streiten, also z. B. die über das Normalmaß hinausgehende Notwendigkeit der Einarbeitung eines Nachfolgers, besondere Personalnot oder die Spezialistenstellung des konkreten Beamten bei problematischer Nachersatzregelung (*J.-M. Günther*, NWVBl. 2014, 325; *Baßlsperger*, BayVBl. 2015, 729; *Gaenslen*, ZBR 2014, 370, 374 ff.).

§ 32 Abs. 1 Satz 1 letzter Halbs. ist damit in gewisser Weise ein **„normatives Nadel-** **2**
öhr" geworden (der instruktive Begriff stammt in dem Kontext von *Schäfer*, ZBR 2009, 301, 302; s. aber pro „normatives Nadelöhr" *Summer*, PersV 2009, 164, 167). Es wundert daher nicht, dass es zwischenzeitlich relativ wenig Anträge nach § 32 gibt (vgl. zu den Fallzahlen im zweiten Halbjahr 2015 den Bericht des MIK „Verschärfungen beim Hinausschieben der Altersgrenze – § 32 Landesbeamtengesetz NRW", Vorlage 16/3778 an den Innenausschuss des Landtags NRW). Im Hinblick auf das ursprüngliche gesetzgeberische Ziel der Norm **(Flexibilisierungsmöglichkeit bei der Altersgrenze)** sollte sie auch nach dem Paradigmenwechsel bei § 32 Abs. 1 Satz 1 mit einem gewissen Augenmaß umgesetzt und die Messlatte an das „Vorliegen eines dienstlichen Interesses" nicht unverhältnismäßig hoch ansetzt werden, da anderenfalls für die Norm kein Anwendungsbereich mehr bleibt (*J.-M. Günther*, NWVBl. 2014, 325; *Baßlsperger*, BayVBl. 2015, 729, 732; *Schrapper/Günther*, NWVBl. 2013, 349, 352; *Schäfer*, ZBR 2009, 301, 304). Mit dem **Dienstrechtsmodernisierungsgesetz** wurde die **Normüberschrift** von § 32 redaktionell angepasst (s. die Gesetzesbegründung LT-Drs. 16/10380, S. 348). An der vorherigen Überschrift („Hinausschieben der Altersgrenze") hatte es Kritik gegeben, da es in § 32 der Sache nach gerade nicht um ein „Hinausschieben der Altersgrenze" geht, sondern um eine **Hinausschieben des Ruhestandseintritts** (*J.-M. Günther*, NWVBl. 2014, 325, 331; *Hlusiak*, DVP 2010, 316; s. a. die von Anfang an zutreffende Normüberschrift beim § 53 BBG). Dem trägt die Neufassung der Normüberschrift Rechnung. Außerdem wurde in § 32 Abs. 1 ein neuer Satz 4 angefügt, welcher eine **ergänzende Regelung für die übrigen kommunalen Wahlbeamten** (§ 119) enthält. Bei ihnen ist für das Hinausschieben des Ruhestandseintritts die **Zustimmung des Rates** erforderlich. Dies entspricht der Systematik der Gemeindeordnung und den in dem Kontext bestehenden Befugnissen des Rates, §§ 71 Absatz 1, 73 Absatz 1 GO NW (vgl. die Gesetzesbegründung LT-Drs. 16/10380, S. 348). Der neue **§ 32 Abs. 1 Satz 4** spiegelt diese kommunalrechtliche Rechtslage wieder. Die Weiterbeschäftigung von Beamten über die Altersgrenze hinaus unterliegt sowohl im Antragsfall nach § 32 Abs. 1 als auch im Falle des § 32 Abs. 2 der **Mitbestimmung**, § 72 Abs. 1 Satz 1 Nr. 10 LPVG (vgl. zu den Prüfgesichtspunkten des Personalrats in solchen Fällen *Cecior* in CVLK, § 72 LPVG Rn. 381). Man kann die Weiterbeschäftigung insofern als Sonderfall einer Einstellung betrachten, „nämlich der erneuten Eingliederung eines Beschäftigten in die Dienststelle" (*Welkoborsky* u. a., § 72 LPVG Rn. 47; vgl. zu den im Rahmen der Mitbestimmung zu beachtenden Aspekten *Cecior* in CVLK, § 72 LPVG Rn. 381a). Im Falle einer berechtigten Ablehnung eines Antrags sind nach der Rechtsprechung gemäß § 46 VwVfG Verfahrensfehler wie die Nichtbeteiligung der Gleichstellungsbeauftragten (vgl. § 17 Abs. 1 Halbsatz 2 Nr. 1, § 18 Abs. 2 und 3 LGG)

unbeachtlich (OVG Münster, B. v. 9.10.2013, 6 B 992/13; VG Düsseldorf, Beschl. v. 18.7.2013, 2 L 522/13; VG Gelsenkirchen, Urt. v. 12.12.2012, 1 K 2919/12). Sie sollten aber natürlich nicht vorkommen.

II. Antrag auf Hinausschieben des Ruhestands

3   § 32 Abs. 1 Satz 1 ermöglicht es, auf Antrag **den Eintritt des Ruhestands** um bis zu drei Jahre hinauszuschieben, wenn dies **im dienstlichen Interesse** liegt und die Verlängerung nicht über das Ende des Monats, in dem das 70. Lebensjahr vollendet wird, hinausreicht. Das Abstellen auf das Monatsende für den maximalen Endpunkt der Dienstzeit orientiert sich an den Bedürfnissen der Praxis der Personalverwaltungen, für die es bei einer Umsetzung des Wechsels eines Beamten von der aktiven Dienstzeit zum Ruhestand am einfachsten ist, wenn der Ruhestand zu einem Monatsersten beginnen kann.

4   Der Beamte muss seinen **Antrag** spätestens sechs Monate vor Eintritt in den (regulären) Ruhestand gestellt haben (§ 32 Abs. 1 Satz 2). Es handelt sich um eine **zwingend zu beachtende Frist** (OVG Münster, B. v. 6.6.2016, 6 B 495/16; s. hinsichtlich § 39 LBG BW VG Karlsruhe, Beschl. v. 8.7.2013, 5 K 1338/13; a. A. bezüglich der gleichlautenden Frist in § 38 Abs. 1 Satz 2 LBG RP VG Neustadt (Weinstraße), Beschl. v. 21.2.2014, 1 L 90/14.NW: keine Statuierung einer Ausschlussfrist für Hinausschiebensanträge; s. zu derartigen Fristfragen auch *Baßlsperger*, BayVBl. 2015, 729, 732). Der Antrag muss fristgerecht der Behörde zugegangen sein (OVG Münster, B. v. 6.6.2016, 6 B 495/16 – s. auch die Vorinstanz VG Gelsenkirchen, B. v. 28.4.2016, 1 L 1037/16; VG Düsseldorf, B. v. 9.3. 2012, 2 L 267/12; *Poguntke*, DÖV 2011, 563). Die Frist ist vorgesehen, damit die zuständige dienstvorgesetzte Stelle für etwaige personelle Dispositionen eine genügende Vorlaufzeit hat und über hinreichend Zeit für eine Antragsprüfung verfügt. Der Zeitraum ist gerechtfertigt, weil sich ggf. zur Abklärung der Genehmigungsfähigkeit eines Antrags die Frage ärztlicher Untersuchungen zur weiteren Dienstfähigkeit stellt (*Brockhaus* in Schütz/Maiwald, § 32 LBG Rn. 9). Im Hinblick auf eine belastbare Einstellungsplanung ist die Frist für Dienststellen eher zu kurz und kann zu Verwerfungen führen, zumal Antragsteller noch jederzeit umdisponieren können (vgl. *Schrapper*, Die Verwaltung 2013, S. 445, 447). In der Phase bis zum Wirksamwerden der Erklärung kann der Antrag, der keine Vorbehalte oder Bedingungen enthalten darf, noch zurückgenommen werden (*Battis,* § 53 BBG Rn. 2; *Brockhaus* in Schütz/Maiwald, § 32 LBG Rn. 8). Da eine besondere Form für den Antrag nicht vorgeschrieben ist, kann er mündlich oder schriftlich gestellt werden. Auf eine schriftliche Antragstellung sollte hingewirkt werden, da von ihr Fristen abhängen und Missverständnisse bei schriftlich fixierten Anträgen eher vermeidbar sind (vgl. *Brockhaus* in Schütz/Maiwald, § 32 LBG Rn. 8). Die **Antragsbewilligung** ist **mitbestimmungspflichtig** nach § 72 Abs. 1 Nr. 10 LPVG (VG Düsseldorf, Urt. v. 30.1.2015, 13 K 3574/ 14; VG Gelsenkirchen, Urt. v. 12.12.2012, 1 K 2919/12; VG Düsseldorf, B. v. 9.3.2012, 2 L 71/12; *Cecior* in CVLK, § 72 LPVG Rn. 381), die **Ablehnung** ist hingegen **nicht beteiligungspflichtig** gem. § 66 Abs. 1 LPVG (VG Gelsenkirchen, Urt. v. 12.12.2012, 1 K 2919/12; VG Düsseldorf, Urt. v. 30.5.2012, 2 K 5068/11; VG Düsseldorf, B. v. 9.3.2012, 2 L 267/12; VG Gelsenkirchen, B. v. 12.4.2011, 1 L 197/11; *Cecior* in CVLK, § 72 LPVG Rn. 381). Bei Leitern einer Dienstelle – zu denen auch z.B. Schulleiter zählen – ist die Antragsbewilligung nach § 72 Abs. 1 Satz 2 LPVG i.V.m. § 8 Abs. 1 Satz 1 LPVG nur mitbestimmungspflichtig, wenn sie es beantragen (VG Düsseldorf, Urt. v. 17.3.2014, 2 K 7705/13). In beiden Fällen, also auch bei der Ablehnung**,** wirkt die **Gleichstellungsbeauftragte** nach § 17 Abs. 1 Satz 2 LGG mit (VG Arnsberg, B. v. 10.11.2015, 2 L 1294/15; VG Düsseldorf, Urt. v. 17.3.2014, 2 K 7705/13; VG Gelsenkirchen, Urt. v. 12.12.2012, 1 K 2919/12; VG Düsseldorf, Urt. v. 30.5.2012, 2 K 5068/11; gegen eine Mitwirkungspflicht der Gleichstellungsbeauftragten bei Ablehnung VG Düsseldorf, Urt. v. 30.1.2015, 13 K 3574/14; s. zu den Folgen einer Nichtbeteiligung einer Gleichstellungsbeauftragten OVG Münster, B. v. 9.10.2013, 6 B 992/13).

Ein **Hinausschieben des Ruhestands nach Eintritt in den gesetzlichen Ruhe-** 5 **stand** ist auch bei rechtzeitiger Antragstellung **nicht möglich,** da eine rückwirkende Statusänderung unvereinbar mit § 8 Abs. 1 Nr. 1, Abs. 4 BeamtStG und § 23 Abs. 1 Nr. 5 BeamtStG wäre (VG Arnsberg, B. v. 10.11.2015, 2 L 1294/15; VG Düsseldorf, Urt. v. 27.3.2015, 2 K 823/14; VG Köln, Gerichtsbescheid v. 21.10.2013, 19 K 4815/12; VG Düsseldorf, B. v. 25.9.2013, 13 L 1412/13; VG Köln, Urt. v. 14.1.2011, 19 K 5073/10; OVG Saarbrücken, B. v. 3.12.2013, 1 B 452/13; *J.-M. Günther,* NWVBl. 2014, 325, 326 m. w. N.). Schon begrifflich ist ein Hinausschieben des Beginns eines Ruhestands nur möglich, solange dieser Ruhestand noch nicht begonnen hat (VG Düsseldorf, Urt. v. 27.3. 2015, 2 K 823/14). *Poguntke* vertritt dagegen die Ansicht, auch nach Ruhestandseintritt könne ein rückwirkendes Hinausschieben der Altersgrenze erfolgen, „wenn durch eine Rechtsschutzversagung oder -erschwerung (z. B. verzögerte Bearbeitung eines Antrags nach § 123 VwGO oder Nichtentscheidung der Behörde trotz Ankündigung rechtzeitiger Entscheidung) eine evidente Verletzung von Art. 19 Abs. 4 GG vorliegt" (*Poguntke,* DÖV 2011, 563 u. a. mit Hinw. auf VG Frankfurt, B. v. 6.8.2009, 9 L 1887/09). Dieser Auffassung kann nicht gefolgt werden. Soweit *Poguntke* sich auf das bekannte Grundsatzurteil des BVerwG zu Ausnahmen von der Ämterstabilität (BVerwG, NVwZ 2011, 368) stützt, wird von ihm verkannt, dass es dort um einen Spezialfall der Konkurrentenklage ging. Das Urteil ist nicht auf jedwede beamtenrechtliche Fallkonstellation zu übertragen, bei der statusrechtliche Fragen berührt sind. Das zielgerichtete Aushebeln von (Rechtsschutz-)Rechten in Konkurrentenstreitigkeiten ist ein aliud im Verhältnis zu einer dilatorischen Behandlung eines Antrags nach § 32 und etwaiger Rechtsschutzanträge. Im Übrigen hat das BVerwG erneut in einem Urteil vom 30.4.2014 betont, dass nach Beginn eines Ruhestands weder die Versetzung in den Ruhestand noch der Grund, auf dem sie beruht, nachträglich geändert werden kann (BVerwG, 2 C 65.11, ZTR 2015, 57; OVG Münster, B. v. 11.2.2016, 6 A 2449/14; VG Düsseldorf, B. v. 25.9.2013, 13 L 1412/13; VG Düsseldorf, B. v. 18.7.2013, 2 L 522/13; *J.-M. Günther,* NWVBl. 2014, 325, 326 m. w. N.). Bei rechtlich zwingend zu genehmigenden, aber nicht vor Ruhestandseintritt genehmigten Anträgen kann sich (nur) die Frage von Schadensersatz stellen (*Hüttenbrink,* KommJur 2010, S. 248, Fn. 27). Insofern ist (kurz) vor Eintritt in den gesetzlichen Ruhestand und Nichtbescheidung eines Antrags nach § 32 Abs. 1 seitens des Antragstellers ein Antrag auf einstweiligen Rechtsschutz geboten, wenn er seiner vorhandenen oder vermeintlichen Rechtsposition nicht verlustig gehen will (VG Köln, Gerichtsbescheid v. 21.10.2013, 19 K 4815/12; vgl. dazu auch VG Saarbrücken, B. v. 3.12.2013, 1 B 452/13; der altersbedingte Ruhestandseintritt wird nicht dadurch aufgeschoben, dass ein rechtzeitiger Antrag auf Hinausschieben des Ruhestandseintritts gestellt, aber noch nicht beschieden wurde, vgl. VGH Kassel, Urt. v. 14.10.2015, 1 A 1203/15).

Der Mindestzeitraum für ein Hinausschieben der Altersgrenze beträgt – ohne dass dies 6 aus dem Gesetz unmittelbar hervorgeht – einen Monat. Man kann dies daraus ableiten, dass nach den Vorschriften zur Altersgrenze regelmäßig der gesetzliche Eintritt in den Ruhestand zum Ablauf eines Monats erfolgt (*Poguntke,* DÖV 2011, 567). Der Dienstherr ist darüber hinaus innerhalb des ihm zustehenden Ermessensspielraums frei, auf einen Antrag hin z. B. für mehrere Monate oder auch direkt für drei Jahre den Ruhestand hinauszuschieben. In der Praxis werden meistens halbjährliche oder jährliche Zeiträume für das Hinausschieben angesetzt. Im Interesse des Erhalts einer gewissen Flexibilität und vor dem Hintergrund häufig komplexer und dynamischer Entwicklungen im Personalbereich kann der Dienstherr z. B. zunächst eine Verlängerung von einem Jahr vornehmen, um auf der Basis der später dann aktuellen Personalsituation erneut über eine weitere Verlängerung oder über eine Ablehnung zu entscheiden, wenn für eine solche Verfahrensweise ein berechtigtes Interesse vorliegt (*J.-M. Günther,* NWVBl. 2014, 325, 328; OVG Münster, NWVBl. 2014, 26; OVG Münster, Beschl. v. 26.3.2014, 6 A 228/14; VG Düsseldorf, B. v. 19.4. 2013, 13 L 444/13 – bestätigt durch OVG Münster, B. v. 22.5.2013, 6 B 463/13). Aus dem Umstand, dass einmal eine Bewilligung einer Verlängerung von einem Jahr erfolgte, erwächst kein Vertrauenstatbestand, dass danach auch eine Anschlussbewilligung erfolgt. Diese Rechtslage sollte von Anfang an Beamten, die einen Antrag nach § 32 gestellt und entsprechend bewilligt bekommen haben, offen kommuniziert werden. Bei Lehrern und Professoren dürfte es vor dem Hintergrund von § 31 Abs. 1 Satz 3, 123 Abs. 3 geboten sein, regelmäßig bei dem Hinausschieben des Ruhestandseintritts auf das Ende des Schulhalbjahres bzw. der Vorlesungszeit abzustellen (vgl. VGH Mannheim, DÖV 2013, 608). Etwaige Unterschriftenlisten von Eltern und Schülern für das Hinausschiebens des Ruhestandseintritts eines Schulleiters stellen regelmäßig schon „angesichts ihrer Unschärfe" für eine solche Personalmaßnahme kein dienstliches Interesse dar (VG Düsseldorf, Urt. v. 17.3. 2014, 2 K 7705/13).

III. Maximalgrenze

7   Die **Höchstdauer für das Hinausschieben des Ruhestands** beläuft sich auf drei Jahre, § 32 Abs. 1 Satz 1. Die Altersgrenze endet nicht automatisch mit dem 70. Geburtstag bzw. dem Tag der Vollendung des 70. Lebensjahres. In der Literatur war schon vor der Änderung der Norm durch das DRAnpG 2013 davon ausgegangen worden, dass die Verlängerung „bis zum Ende des Monats, in dem der Beamte das 70. Lebensjahr vollendet, zulässig ist" (*Poguntke,* DÖV 2011, 563). Dies entspricht der Gesetzeslage. Bei **Hochschullehrern** gelten **Sonderregelungen,** wenn der Zeitpunkt des Erreichens ihrer Altersgrenze in die Vorlesungszeit fällt. Wird in der **Vorlesungszeit** die nach § 32 Abs. 1 maximal mögliche Altersgrenze von 70 Jahren von einem Professor erreicht, tritt dieser nach § 32 Abs. 3 i. V. m. § 123 Abs. 3 erst „mit Ablauf des letzten Monats der Vorlesungszeit in den Ruhestand." Auch unter Berücksichtigung der speziellen Verhältnisse im Bereich der Hochschulen/Forschung sind **Altersgrenzen für Professoren** rechtmäßig (OVG Münster, B. v. 21.7.2011, 6 A 808/10; kritisch zu starren Altersgrenzen bei „rein geistigen Tätigkeiten" *Baßlsperger,* ZBR 2008, 339, 345; vgl. aber EuGH, NVwZ 2011, 1249).

IV. Ermessensausübung/Ermessensdeterminanten

8   Die Vorschrift ist als „Kann-Regelung" ausgestaltet. Die Entstehungsgeschichte der Norm und ihr erkennbarer objektiver Telos sprechen für ein vom Gesetzgeber gewolltes **subjektives Recht des Beamten auf eine ermessensfehlerfreie Entscheidung** über den Antrag auf Dienstzeitverlängerung (*J.-M. Günther,* NWVBl. 2014, 325; *Hebeler/ Spitzlei,* DVBl 2016, 534, 542; *Hüttenbrink,* KommJur 2010, 245; *Poguntke,* DÖV 2011, 561; *H. Schäfer,* ZBR 2009, 301; OVG Münster, B. v. 28.3.2014, 6 B 215/14; OVG Münster, B. v. 13.2.2014, 6 B 1370/13; OVG Münster, B. v. 29.1.2014, 6 B 1324/13; OVG Münster, B. v. 13.8.2012, 6 B 898/12; OVG Münster, DÖD 2012, 206). Bei seiner Entscheidung hat der Dienstherr innerhalb seines Ermessensspielraums sein pflichtgemäßes Ermessen auszuüben, was beinhaltet, auch die Individualbelange des Beamten hinreichend im Entscheidungsprozess zu berücksichtigen (vgl. dazu *Schäfer,* ZBR 2009, 301, 394; OVG Münster, DÖD 2012, 206). Die entsprechende Ermessensentscheidung ist aber erst dann überhaupt zu treffen, wenn das **Hinausschieben des Eintritts in den Ruhestand im dienstlichen Interesse** liegt. Rechtssystematisch wird die Ebene der eigentlichen Ermessensentscheidung über den Antrag erst erreicht bzw. eröffnet, wenn zuvor positiv festgestellt wurde, dass das Hinausschieben des Ruhestands im dienstlichen Interesse liegt bzw. liegen würde, also diese gesetzliche Tatbestandsvoraussetzung für die eigentliche Ermessensentscheidung vorliegt (VG Düsseldorf, B. v. 25.9.2013, 13 L 1412/13; vgl. insoweit bezüglich des früheren Tatbestandsmerkmals „entgegenstehende dienstliche Gründe": OVG Münster, B. v. 31.7.2012, 6 B 872/12; VG Saarlouis, Urt. v. 14.9.2010, 2 K 605/09; OVG Magdeburg, B. v. 14.3.2008, 1 M 17/08; VGH München, B. v. 30.9.3004, 3 CE

04.2583; OVG Koblenz, NVwZ-RR 2005, 52; zur ähnlichen Konstellation bei der Bewilligung von Altersteilzeit BVerwG, NVwZ-RR 2004, 863). Die Feststellung des gesetzlichen Tatbestandsmerkmals des „dienstlichen Interesses" wiederum ist als solches keine Ermessensentscheidung; der Dienstherr entscheidet insoweit ohne Beurteilungsspielraum, ob die Voraussetzung vorliegt (BVerwG, NVwZ-RR 2004, 863). Allerdings werden die dienstlichen Interessen entscheidend durch verwaltungspolitische Entscheidungen und Einschätzungen des Dienstherrn geprägt (OVG Münster, B. v. 13.8.2012, 6 B 898/12). Im Rahmen einer ggf. positiven Bescheidung des Antrags können sich z.B. aus sachlichen Gründen bzw. wegen dienstlicher Interessenlage Modifikationen gegenüber den beantragten Zeiträumen ergeben (*Poguntke,* DÖV 2011, 566; vgl. zu § 55 LBG Rheinland-Pfalz OVG Koblenz, Urt. v. 13.4.2011, 2 A 11447/10).

V. Vorliegen dienstlicher Interessen, § 32 Abs. 1 Satz 1 letzter Halbs.

1. Allgemeine begriffliche Eingrenzung

Die Gesetzesmaterialien sind für die Bestimmung des Begriffs der **„dienstlichen Inte-** 9 **ressen"** i.S.d. § 32 Abs. 1 Satz 1, die als Voraussetzung für die Bewilligung eines Antrags auf Hinausschieben des Ruhestands vorliegen müssen, sehr unergiebig. Der Gesetzgeber legte bei der Dienstrechtsnovelle 2013 nicht näher dar, warum es insoweit überhaupt zur Gesetzesänderung kam. Dies fügt sich ein in eine schon seit längerer Zeit festzustellende und kritikwürdige Tendenz, Gesetzesbegründungen nur noch in knappster Form vorzunehmen. Hintergrund und Zweck der gesetzlichen Regelungen werden oft kaum noch hinreichend dargelegt, obwohl dies geboten wäre (vgl. *Wettach,* Die Gesetzesbegründung in Landtagsdrucksachen, ZG 1994, 364, 365 ff. m.w.N.; anders aber teilw. beim DRModG, vgl. die ausführliche Begründung zu § 19 Abs. 6, LT-Drs. 16/10380, S. 344–346). In der Gesetzesbegründung wurde nur ausführt, dass mit der Änderung „die dienstlichen Belange stärker gewichtet werden" sollen (LT-Drs. 16/1625, S. 83; s. zu den Gesetzesbegründungen zu den mit § 32 vergleichbaren Vorschriften in anderen Bundesländern und beim Bund *Hebeler/Spitzlei,* DVBl 2016, 534, 538). Es handelt sich bei den „dienstlichen Interessen" um einen gerichtlich voll überprüfbaren unbestimmten Rechtsbegriff (OVG Münster, B. v. 6.6.2016, 6 B 495/16). Ansatzpunkt für die begriffliche Eingrenzung ist der Gesetzesauftrag der Behörde und die dort jeweils gegebene personalwirtschaftliche/organisatorische Situation.

Insofern wird das Tatbestandsmerkmal maßgebend durch verwaltungspolitische Ent- 10 scheidungen des Dienstherrn (vor-)geprägt, die ihrerseits gerichtlich nur eingeschränkt überprüfbar sind (OVG Münster, B. v. 6.6.2016, 6 B 495/16; OVG Münster, B. v. 12.9. 2013, 6 B 1065/13). Es besteht eine **Einschätzungsprärogative und Gestaltungsfreiheit des Dienstherrn,** wie er in Erfüllung des gesetzlichen Auftrags die Aufgaben der Verwaltung festlegt und wie er den Einsatz von Personal steuert und organisiert. Letztlich sind die verwaltungspolitischen Überlegungen des Dienstherrn entscheidende und – vorbehaltlich willkürlicher Antragsablehnungen – in der Regel rechtsbeständige Determinanten für die Beantwortung der Frage, ob die Bewilligung eines Antrags nach § 32 Abs. 1 Satz 1 im „dienstlichen Interesse" liegt oder nicht liegt (*J.-M. Günther,* NWVBl. 2014, 325; s.a. *Baßlsperger,* BayVBl. 2015, 729; OVG Münster, B. v. 6.6.2016, 6 B 495/16). Es geht der Sache nach um ein „dienstherrenseitiges und damit öffentliches Interesse" (Schäfer, ZBR 2009, 301, 304 zur vergleichbaren Rechtslage in Mecklenburg-Vorpommern). Man wird zu berücksichtigen haben, dass der Gesetzgeber mit der Festlegung einer festen Altersgrenze ein „fingiertes dienstliches Interesse am Ruhestandsbeginn zum festgelegten Zeitpunkt" dokumentiert hat (so das VG Koblenz, B. v. 31.7.2009, 6 L 823/09.KO zu § 55 I 1 LBG RP; VG Magdeburg, B. v. 7.2.2008, 5 B 18/08). Von daher ist eine gewisse Hürde zu überwinden, damit ein Antrag auf Hinausschieben des Ruhestands positiv bescheidungsfähig ist. Die dienstlichen Belange müssen ein starkes Gewicht haben (*Cecior* in CVLK, § 72 LPVG NRW, Rn. 381; LT-Drs. 16/1625, S. 83). Anhaltspunkte zur Frage des Vorliegens oder Entgegenstehens eines **dienstlichen Interesses** und der Begrifflichkeit konnte man schon der Rechtsprechung zu § 32 Abs. 1 Satz 1 in der Fassung vor dem DRAnPG und entsprechenden Vorschriften in anderen Bundesländern entnehmen (OVG Münster, B. v. 22.4.2013, 6 B 277/13; B. v. 13.8.2012, 6 B 898/12; B. v. 31.7.2012, 6 B 872/12; DÖD 2012, 206; VG Düsseldorf, Urt. v. 30.5.2012, 2 K 5068/11; VG Düsseldorf, Urt. v. 3.4.2012, 2 K 15/12; VG Düsseldorf, B. v. 9.3.2012, 2 L 267/12; VG Düsseldorf, B. v. 9.3.2012, 2 L 71/12; VG Düsseldorf, B. v. 23.9.2011, 26 L 1294/11; VG Köln, Urt. v. 14.1.2011, 19 K 5073/10; VG Minden, Urt. v. 18.11.2010, 4 K 1893/10; OVG Münster, B. v. 29.11.2010, 6 B 1630/10; VG Gelsenkirchen, B. v. 12.4.2011, 1 L 197/11; OVG Hamburg, B. v. 5.6.2012, 1 Bs 98/12, Leitsätze in DÖV 2012, 775; OVG Hamburg, B. v. 30.12.2010, 2 B 241/10; OVG Greifswald, B. v. 19.8.2008, 2 M 91/08; OVG Lüneburg, DÖD 2011, 162; OVG Koblenz, LKRZ 2011, 269).

11 Grundlegende aktuelle Ausführungen zum Begriff des „dienstlichen Interesses" im Rahmen des § 32 Abs. 1 LBG NRW finden sich in einem Beschluss des OVG Münster vom 12.9.2013, der in dem Kontext als Leitentscheidung gilt (OVG Münster, Beschl. v. 12.9.2013, 6 B 1065/13; s. a. OVG Münster, B v. 24.6.2016, 1 B 471/16; OVG Münster, B. v. 6.6.2016, 6 B 495/16; OVG Münster, B. v. 23.7.2014, 6 B 715/14; *J.-M. Günther*, NWVBl. 2014, 325):

„Beim dienstlichen Interesse im Sinne des § 32 Abs. 1 Satz 1 LBG NRW n. F. handelt es sich um einen unbestimmten Rechtsbegriff, dessen Vorliegen grundsätzlich der uneingeschränkten gerichtlichen Nachprüfung unterliegt. Das dienstliche Interesse richtet sich nach dem gesetzlichen Auftrag der Behörde und den dort vorhandenen personalwirtschaftlichen und organisatorischen Möglichkeiten und bezeichnet das Interesse des Dienstherrn an einer sachgemäßen und reibungslosen Aufgabenerfüllung. Auch wenn der Dienstherr über das Vorliegen des dienstlichen Interesses ohne Beurteilungsspielraum befindet, ist der Begriff der dienstlichen Gründe maßgebend durch seine verwaltungspolitischen und -organisatorischen Entscheidungen vorgeprägt, die ihrerseits wiederum nur eingeschränkt gerichtlich nachprüfbar sind. Es ist in erster Linie Sache des Dienstherrn, in Ausübung seiner Personal- und Organisationsgewalt zur Umsetzung gesetzlicher und politischer Ziele die Aufgaben der Verwaltung festzulegen, ihre Prioritäten zu bestimmen, sie auf die einzelnen Organisationseinheiten zu verteilen und ihre Erfüllung durch bestmöglichen Einsatz von Personal sowie der zur Verfügung stehenden Sachmittel sicherzustellen. Bei den personalwirtschaftlichen Entscheidungen kommt dem Dienstherrn eine entsprechende Einschätzungsprärogative und Gestaltungsfreiheit zu, mit der Folge, dass die gerichtliche Kontrolle dieser Entscheidungen auf die Prüfung beschränkt ist, ob die gesetzlichen Grenzen des Organisationsermessens überschritten sind oder von diesem in unsachlicher Weise Gebrauch gemacht worden ist. Ein dienstliches Interesse wird insbesondere dann vorliegen, wenn das Hinausschieben des Ruhestandseintritts nach der Einschätzung des Dienstherrn aus konkreten besonderen Gründen für eine sachgemäße und reibungslose Aufgabenerfüllung notwendig oder sinnvoll erscheint. Dies mag der Fall sein, wenn die Bearbeitung der dem betroffenen Beamten übertragenen (komplexen und schwierigen) Aufgaben gerade durch diesen auch noch zu einem nach seinem regulären Eintritt in den Ruhestand gelegenen Zeitpunkt geboten oder sinnvoll erscheint, etwa weil der Beamte Projekte (mit-)betreut, die erst nach der für ihn geltenden Regelaltersgrenze abgeschlossen werden können, weil die effektive Einarbeitung eines Nachfolgers erforderlich ist oder weil noch kein geeigneter Nachfolger zur Verfügung steht und die Wahrnehmung der gesetzlichen Aufgaben durch die Behörde ausnahmsweise einstweilen nur durch eine Weiterbeschäftigung des betroffenen Beamten sichergestellt werden kann."

Die Verwaltungspraxis sollte sich bei der Bestimmung des dienstlichen Interesses i. S. d. § 32 an dieser Leitentscheidung des OVG Münster orientieren, zumal das Gericht auch in späteren Entscheidungen darauf verweist und die Einzelfälle ausdrücklich an den dort entwickelten Grundsätzen misst (vgl. z. B. OVG Münster, B. v. 6.6.2016, 6 B 495/16; OVG

Münster, Beschl. v. 26.3.2014, 6 A 228/14; OVG Münster, Beschl. v. 28.10.2013, 6 B 1181/13; OVG Münster, Beschl. v. 17.3.2013, 6 B 232/14; s. a. VG Düsseldorf, Urt. v. 30.1.2015, 13 K 3574/14). Dem „Nadelöhr-Charakter" der Vorschrift folgend, werden nachfolgend zunächst Fälle fehlenden dienstlichen Interesses dargestellt, um anschließend Beispielsfälle eines vorliegenden dienstlichen Interesses aufzuführen.

VI. Fehlen eines dienstlichen Interesses

1. Ersetzbarkeit des Beamten/Fehlen besonderer Fachkompetenzen

Das Ausscheiden erfahrener (Spitzen-)Beamter, die auf ihrem Dienstposten wertvolle **12** und qualitativ hochwertige Arbeit geleistet haben, wird immer eine temporäre Lücke hinterlassen und kann zu Schwierigkeiten führen, weil eine zeitnahe adäquate Neubesetzung oft nicht einfach ist. Es ist aber nach ständiger Rechtsprechung grundsätzlich Sache des Dienstherrn, wie er das Ausscheiden anerkannter Leistungsträger innerhalb der Behörde kompensiert (OVG Münster, B. v. 8.6.2015, 6 A 644/15: Studiendirektor im Auslandsschuldienst; VG Düsseldorf, Urt. v. 30.1.2015, 13 K 3574/14: bei der Landesvertretung in Brüssel eingesetzter Ministerialrat hat trotz hoher Kompetenz/Spezialkenntnissen keinen Anspruch aus § 32; VG Düsseldorf, Urt. v. 24.1.2014, 13 K 8553/13: auf Brandschäden spezialisierter Staatsanwalt – s. dazu auch OVG Münster, B. v. 17.3.2014, 6 B 232/14; VG Düsseldorf, B. v. 28.9.2015, 2 L 2745/15: Ersetzbarkeit eines Leitenden Direktors eines Studienseminars). Der Normalfall des regelhaften Eintritts in den Ruhestand bei Erreichen der Altersgrenze und das entsprechende Ausscheiden eines kompetenten Mitarbeiters vermag noch kein dienstliches Interesse an einem Hinausschieben des Ruhestands zu begründen (VG Düsseldorf, Urt. v. 24.1.2014, 13 K 8553/13). Durch ein gezieltes Übergabemanagement können Wissensverluste oft verringert und normale Umstellungsprobleme beherrscht werden (VG Arnsberg, B. v. 10.11.2015, 2 L 1294/15: Fall eines stellv. Schulleiters). Die Ablehnung von Anträgen hat keine diskriminierende Wirkung (VG Köln, Gerichtsbescheid v. 21.10.2013, 19 K 4815/12). Eine gewisse Vakanz nach altersbedingtem Ausscheiden eines Beamten begründet für sich genommen kein dienstliches Interesse an der Weiterbeschäftigung des alten Amtsinhabers, da regelmäßig ein Stellvertreter vorhanden ist (VG Düsseldorf, Urt. v. 17.3.2014, 2 K 7705/13: Rechtmäßig abgelehnter Antrag eines Schulleiters; VG Arnsberg, B. v. 10.11.2015, 2 L 1294/15: Fall eines stellv. Schulleiters). Der pauschale Hinweis auf die Bearbeitung wichtiger Fälle in der Rechtsbehelfsstelle eines Finanzamtes reicht für die Annahme eines dienstlichen Interesses nicht aus, wenn andere Beamte die Fälle übernehmen können (VG Düsseldorf, B. v. 25.9.2013, 13 L 1412/13). Im Polizeibereich dürften in einer Kreispolizeibehörde alle Beamten in der Regel problemlos ersetzbar sein, wenn nicht besondere Fachkompetenzen vorliegen, „die nicht durch einen anderen Funktionsträger ersetzt werden können." (OVG Münster, B. v. 15.1.2014, 6 B 1458/13; OVG Münster, B. v. 12.9.2013, 6 B 1065/13: Leiter des Bezirks- und Schwerpunktdienstes einer Polizeiwache ohne besondere Fachkompetenz; bei Spezialkenntnissen von Polizeibeamten kann ein anderes Ergebnis vorliegen, vgl. OVG Münster, B. v. 28.3. 2014, 6 B 215/14; vgl. dazu *J.-M. Günther*, NWVBl. 2014, 325, 327). Auch wenn ein hoher Bedarf an der Verlängerung des Dienstes von Polizeibeamten vorliegt (vgl. den Erlass des Ministeriums für Inneres und Kommunales des Landes NRW vom 18.3.2016 – 403-42.01.08 : „Maßnahmenpaket der Landesregierung für mehr Innere Sicherheit und bessere Integration vor Ort – Punkt 6: Verlängerung von Lebensarbeitszeit durch das Hinausschieben der Altersgrenze gemäß § 32 LBG NRW") bedeutet dies nicht, dass damit für ersichtlich einsatz- und verwendungseingeschränkte Polizeivollzugsbeamte ein Rechtsanspruch auf Genehmigung eines Antrags nach § 32 besteht (OVG Münster, B. v. 6.6.2016, 6 B 495/16 – der Polizeivollzugsbeamte hatte ein künstliches Knie). Ersetzbar ist auch ein freigestellter Personalratsvorsitzender; an einem Hinausschieben seines Ruhestands zwecks

Fortsetzung seiner Tätigkeit besteht kein dienstliches Interesse (VG Frankfurt, B. v. 18.5. 2015, 9 L 1743/15.F).

2. Eignungsdefizite des Antragstellers (Person/Verhalten)

13   Wenn der Beamte in persönlicher Hinsicht berechtigte und nachhaltige Zweifel aufwirft, ob er im Verlängerungszeitraum – etwa in gesundheitlicher oder fachlicher/persönlicher Sicht – die Anforderungen erfüllen kann, fehlt das dienstliche Interesse an der Verlängerung bzw. stehen sogar dienstliche Gründe entgegen (vgl. *J.-M. Günther*, NWVBl. 2014, 329; *Hebeler/Spitzlei*, DVBl 2016, 534, 539; *Hüttenbrink*, KommJur 2010, 248; *Summer*, PersV 2009, 164, 166; *Brockhaus* in Schütz/Maiwald, § 32 LBG Rn. 14; OVG Münster, B. v. 6.6.2016, 6 B 495/16; a.A. *Tadday/Rescher*, § 32 LBG Erl. 2b; vgl. zur Relevanz von in der Person oder dem Verhalten des Beamten liegenden Gründen für Antragsablehnungen bei § 32 Abs. 1: OVG Münster, B. v. 31.7.2012, 6 B 872/12; OVG Schleswig, B. v. 23.8. 2010, 3 MB 18/10; OVG Bremen, B. v. 30.12.2010, 2 B 241/10; VGH München, B. v. 25.9.2008, 3 AE 08.2500; a.A. VG Freiburg (Breisgau), Urt. v. 10.7.2012, 5 K 751/12 – das Gericht will es in seiner abzulehnenden Entscheidung einem Dienstherrn ernsthaft zumuten, trotz vorangegangener „zuletzt erheblicher Störungen des Dienstbetriebs" durch den Beamten, diesen trotz Erreichens der Altersgrenze antragsgemäß weiter zu beschäftigen; VG Mainz, B. v. 7.8.2015, 4 L 565/15.MZ: kein Hinausschieben des Ruhestands bei Klinikleiter, da unüberbrückbare Differenzen mit Vorstand der Universitätsmedizin). Allein in der Person oder dem Verhalten des Beamten liegende Gegebenheiten können das dienstliche Interesse an der Weiterbeschäftigung ausschließen (OVG Münster, DÖD 2013, 272; OVG Münster, B. v. 31.7.2012, 6 B 872/12; OVG Saarbrücken, B. v. 29.12.2014, 1 B 410/14). Wenn es belastbare Indizien (z.B. lange Krankheitszeiten, Schwerbehinderung) gibt, dass prognostisch ein Beamter den Dienstanforderungen nicht mehr gewachsen ist, kann ein Antrags nach § 32 Abs. 1 abgelehnt werden, da dienstliche Gründe entgegenstehen (OVG Münster, DÖD 2013, 272; OVG Münster, B. v. 29.5.2013, 6 B 201/13; OVG Saarbrücken, B. v. 29.12.2014, 1 B 410/14). Bei Bundesbeamten ist dies in § 53 Abs. 1b Nr. 6 BBG ausdrücklich geregelt. Bei Polizeivollzugsbeamten sind gesundheitsbedingte Verwendungseinschränkungen relevante Hinderungsgründe für das Hinausschieben des Ruhestands (OVG Münster, B. v. 6.6.2016, 6 B 495/16; OVG Münster, B. v. 30.8.2013, 6 B 1032/13; s.a. VG Berlin, B. v. 1.4.2014, 7 L 144.14: kein Hinausschieben des Ruhestands wegen eingeschränkter Feuerwehrdienstfähigkeit). Auch wenn ein Beamter extrem lange vor seinem Ruhestand beurlaubt war, um dann einen Antrag nach § 32 Abs. 1 zu stellen, ist eine Weiterbeschäftigung nicht sinnhaft, weil es hierfür an einem im Dienstbetrieb begründeten Interesse fehlt. Dies hat das VG Köln in einem Beschluss vom 25.4.2014 entschieden (VG Köln, 19 L 407/14 – bestätigt durch OVG Münster, B. v. 12.6.2014, 6 B 566/14). In dem kuriosen Fall hatte der beurlaubte Beamte fast 33 Jahre keinen Dienst mehr als Gemeindeamtsinspektor verrichtet. Die aktuellen dienstlichen Anforderungen dürften kaum von ihm zu erfüllen sein; seine weitere Beurlaubung würde nur seinen persönlichen Interessen dienen (OVG Münster, B. v. 12.6.2014, 6 B 566/14). Auch unzulängliche dienstliche Leistungen und Beiträge zu Spannungen in einer Dienststelle sprechen gegen eine Weiterbeschäftigung (OVG Münster, B. v. 31.7.2012, 6 B 872/12; VGH München, B. v. 25.9.2008, 3 AE 08.2500). *Summer* hat diese Fälle prägnant gekennzeichnet (*Summer*, PersV 2009, 165, 166): „Man sollte an die Fallkonstellation denken, dass ein Beamter seine Verlängerung beantragt, der nach Auffassung seiner Mitarbeiter und vielleicht auch seiner Vorgesetzten schon besser frühzeitig in den Ruhestand getreten wäre." Insofern können und sollten, neben Mängeln bei der fachlichen Leistung, Defizite in der sozialen Kompetenz eine Dienstzeitverlängerung ausschließen.

3. Kw-Vermerke/Ungünstige Altersstrukturen/Notwendiger Verjüngungsprozess

Wenn z. B. **kw-Vermerke** in der Verwaltungseinheit vorliegen – also das Ziel des Stel- **14** lenabbaus verfolgt wird – wird eine Behörde nur bei stark überragenden anderen positiven Aspekten von einem dienstlichen Interesse am Hinausschieben der Altersgrenze ausgehen können bzw. ausgehen, da die Realisierung von kw-Vermerken in der Regel ein entgegenstehender dienstlicher Grund ist (*Hebeler/Spitzlei*, DVBl 2016, 534, 529; VG Minden, Urt. v. 18.11.2010, 4 K 1893/10; VG Düsseldorf, Urt. v. 30.5.2012, 2 K 5068/11; offengelassen von OVG Münster, B. v. 29.11.2010, 6 B 1630/10; *Poguntke*, DÖV 2011, 564). Sofern in einer (Polizei-)Behörde der Ist-Bestand im Bezirksdienst nach aktueller belastungsbezogener Kräfteverteilungsrechnung über der Zielsollstärke liegt, kann ein Verlängerungsantrag abgelehnt werden (VG Düsseldorf, B. v. 18.7.2013, 2 L 522/13).

Gleiches gilt, wenn die Verlängerung nicht mit dem Ziel der **Sicherstellung eines he-** **15** **terogenen Altersaufbaus vereinbar ist** (VG Düsseldorf, Urt. v. 27.3.2015, 2 K 823/14; OVG Münster, B. v. 26.3.2014, 6 A 228/14: Bei dem antragstellenden Regierungsdirektor waren von 91 Beamten der Bezugsgruppe des höheren Vollzugs- und Verwaltungsdienstes 45 Beamte älter als 55 Jahre; OVG Münster, DÖD 2012, 206; VG Köln, Urt. v. 14.1.2011, 19 K 5073/10; VG Düsseldorf, Urt. v. 3.4.2012, 2 K 15/12; VG Düsseldorf, B. v. 23.9. 2011, 26 L 1294/11; *Hebeler/Spitzlei*, DVBl 2016, 534, 539; *J.-M. Günther*, NWVBl. 2014, 325; *Hüttenbrink*, KommJur 2010, 248; *Mahlmann*, ZBR 2007, 330). Eine **überalterte Belegschaft** sinkt ohne den quantitativ und qualitativ angemessenen Input von jüngeren „Nachrückern" in ihrer Leistungsfähigkeit wesensnotwendig ab, weil z. B. in einer wissenschaftlich, pädagogisch und kulturell schnelllebigen Zeit nicht hinreichend durchgehend bis an das berufliche Ausscheiden der jeweils aktuelle Standard zu halten bzw. eine fortwährende Innovation nicht gesichert ist (vgl. auch OVG Koblenz, Urt. v. 13.4.2011, 2 A 11 447/10; OVG Magdeburg, B. v. 14.3.2008, 1 M 17/08; s. a. LVerfG Koblenz, B. v. 2.11. 2006, VGH B 27/06 = VGH A 28/06 unter Hinw. auf BVerwGE 67, 1, 17; 71, 255, 69; siehe zur Nachrückerproblematik auch *Hebeler/Spitzlei*, DVBl 2016, 534, 539; *Summer*, PersV 2009, 164, 167). Es kann eine „Unwucht" in der Altersverteilung beim Personalkörper einer Behörde entstehen, die negativ ist (*Schrapper/Günther*, NWVBl. 2013, 349, 352; in einer früheren Entscheidung zu § 32 a. F. hat das OVG Münster aber ein hohes Durchschnittsalter in einer Polizeidirektion nicht als hinderlich für positive Antragsbescheidung angesehen, vgl. OVG Münster, B. v. 29.5.2013, 6 B 443/13). Auch ein **allgemeines Personalkonzept** bzw. eine **gegenläufige Stellenplanung** kann ein personalwirtschaftlicher Belang sein, der die positive Feststellung eines dienstlichen Interesses am Hinausschieben des Ruhestands ausschließen kann (OVG Münster, B. v. 13.8.2012, 6 B 898/12; VG Gelsenkirchen, B. v. 12.4.2011, 1 L 197/11: Polizei; VG Düsseldorf, B. v. 9.3.2012, 2 L 267/12; OVG Lüneburg, B. v. 16.3.2011, 5 ME 43/11; VG Saarland, Gerichtsbescheid vom 27.10.2009, 2 L 1751/09). Wenn etwa für die vorgesehene Übernahme von Rechtspflegeranwärtern frei werdende Planstellen dringend benötigt werden, sind dies gewichtige Belange des Dienstherrn, die gegen eine Dienstverlängerung des Planstelleninhabers sprechen (OVG Münster, B. v. 29.4.2014, 6 B 457/14; s. zu § 53 BBG OVG Münster, NVwZ-RR 2013, 893; vgl. auch OVG Münster, NVwZ-RR 2013: gegenläufige dienstliche Interessen bei ungünstiger Altersstruktur im höheren Dienst einer Behörde).

4. Alter Urlaub/Überstunden

Oft werden bei Anträgen nach § 32 Abs. 1 aufgelaufener alter Urlaub und Überstunden- **16** abbau ins Feld geführt. Nach der Rechtsprechung handelt es sich (nur) um persönliche Interessen, die insofern nicht zu einem dienstlichen Interesse mutieren (VG Düsseldorf, B. v. 25.9.2013, 13 L 1412/13). Von einem Beamten kann nach der Rechtsprechung grundsätzlich erwartet werden, dass er die Realisierung alten Urlaubs und von Überstunden rechtzeitig vor der absehbaren Altersgrenze plant (VG Düsseldorf, B. v. 6.8.2013, 2 L

673/13 – bestätigt durch OVG Münster, B. v. 9.10.2013, 6 B 992/13; s. a. OVG Münster, B. v. 28.10.2013, 6 B 1181/13 u. die Vorinstanz VG Düsseldorf, B. v. 25.9.2013, 13 L 1412/13). Im Polizeibereich, der vom Auflaufen von sehr hohen Überstundenzahlen geprägt ist, die oft wegen allgemeiner Personalnot kaum hinreichend abzubauen sind, dürften aber solche Planungen für einzelne Beamte sehr schwierig sein. Die Dienstzeitverlängerung ist aber kaum das geeignete und sinnvolle Instrument, um das Problem gegen Ende der Dienstzeit zu „lösen". Ein extensiver Überstundenabbau in verlängerter Dienstzeit widerspricht regelmäßig den dienstlichen Interessen, weil dann ein Beamter für erhebliche Zeiträume gerade faktisch keine Dienste verrichtet (OVG Münster, B. v. 26.10.2011, 6 B 1235/11). Sonderfälle, wo dies aus Fürsorgegründen vom Dienstherrn ausnahmsweise hinzunehmen ist, sind aber denkbar bzw. nicht ausgeschlossen.

5. Wegfall wahrgenommener Aufgaben/Umstrukturierung

17   Wenn vom Beamten wahrgenommene Aufgaben wegfallen oder durch eine konzeptionelle Umorientierung die neu gestaltete Stelle qualitative Anforderungen stellt, die der Beamte nach seiner Qualifikation nicht mehr erfüllen kann, steht dies der positiven Bescheidung über einen Antrag nach § 32 Abs. 1 entgegen (VG Gelsenkirchen, B. v. 24.9.2013, 12 L 1098/13; *Gaenslen*, ZBR 2014, 370, 373; *Poguntke*, DÖV 2011, 265). Dies hat das VG Gelsenkirchen für einen Fall der Neuorganisation des bisher vom ausscheidenden Beamten geleiteten behördlichen Gesundheitsmanagements entschieden (VG Gelsenkirchen, B. v. 24.9.2013, 12 L 1098/13; s. a. VG Freiburg, B. v. 29.9.2010, 1 K 1676/10).

VII. Vorliegen eines dienstlichen Interesses (Einzelfälle)

1. Besondere Spezialistenstellung

18   Die **besondere Spezialistenstellung** eines konkreten Beamten kann bei problematischer Nachersatzregelung (vgl. dazu *Summer*, PersV 2009, 164, 166; *Hebeler/Spitzlei*, DVBl 2016, 534, 539; s. a. *Battis*, § 53 BBG Rn. 2) ein dienstliches Interesse an einem Hinausschieben begründen. Es kommt auf die Einzelfallumstände an. Der Dienstherr hat einen **weiten Beurteilungs- und Organisationsspielraum,** der von den Gerichten anerkannt wird. Behörden dürfen aber nicht sachfremd handeln, in dem sie z. B. sich geradezu aufdrängende dienstliche Gründe für ein Hinausschieben des Ruhestands eines Spezialisten negieren. Die bisherige Rechtsprechung akzeptiert aber meistens die personalpolitischen Begründungen und Organisationserwägungen von Behörden bei Fällen, wo ein dienstliches Interesses an einem Hinausschieben des Altersruhestands verneint wurde (s. § 32 Rn. 14; vgl. auch die Rechtspr. zu analogen Vorschriften anderer Bundesländer: VG Gießen, Urt. v. 15.8.2012, 5 K 127/12.GI; VGH München, B. v. 25.9.2008, 3 AE 08.2500; OVG Magdeburg, B. v. 14.3.2008, 1 M 17/083 AE 08.2500; OVG Koblenz, NVwZ-RR 2005, 52; VG München, B. v. 28.7.2011, M 5 E 11.2506; VG Augsburg, B. v. 6.7.2011, AU 2 E 11.868; VG des Saarlandes, Urt. v. 14.9.2010, 2 K 605/09; VG Wiesbaden, B. v. 25.6.2010, 8 L 551/10.WI; VG Saarkreis, Gerichtsbescheid v. 27.10.2009, 2 L 1751/09; VG München, B. v. 30.9.2009, M 5 E 09.4285; VG Ansbach, Urt. v. 11.12.2007, AN 11 K 07.01 873). Das OVG Münster hat aber in einem Beschluss vom 28.3.2014 dem **Eilantrag eines Kriminalhauptkommissars** stattgegeben, der in einem umfangreichen Verfahren gegen eine kriminelle arabische Großfamilie als Stammsachbearbeiter tätig war (OVG Münster. B. v. 28.3.2014, 6 B 215/14; zustimmend *J.-M. Günther*, NWVBl. 2014, 325, 327 und *Hebeler/Spitzlei*, DVBl 2016, 534, 539). Er alleine verfügte aufgrund monatelanger Telefonüberwachung über Spezialkenntnisse, z. B. zu den in den abgehörten Telefonaten von den überwachten Personen verwendeten Geheimcodes. Der nötige Wissenstransfer an einen anderen Polizeibeamten war bis zum Ende der regulären Dienstzeit nicht möglich. Da bei zu frühem Ausscheiden des Antragstellers der Abschluss der Strafverfahren (Verdachts des Rauschgifthandels) gefährdet war, sah das OVG Münster die Voraussetzungen des § 32 Abs. 1 mit Recht als erfüllt an (OVG Münster. B. v. 28.3.2014, 6 B 215/14; s. aber VG Düsseldorf, Urt. v. 24.1.2014, 13 K 8553/13: kein Fall des § 32 Abs. 1 bei einem auf Brandschadensfälle spezialisierten Staatsanwalt). Als zum späteren Zeitpunkt der Wissenstransfer bzw. eine sachgerechte Übergabe der Dienstgeschäfte bezüglich der strafrechtlichen Verfolgung der arabischen Großfamilie aber erfolgt war, billigte das OVG Münster in gleicher Sache die Ablehnung eines weiteren Hinausschiebens des Ruhestands des Kriminalhauptkommissars durch die Polizeibehörde (OVG Münster, B. V. 23.7.2014, 6 B 715/14).

2. Stelle (eines Brandoberrats) als Nachverwendungsstelle

Das OVG Münster hat es bei einem Brandoberamtsrat als dienstliches Interesse angese-　**19** hen, dass bei seiner Weiterbeschäftigung seine Stelle zeitnah bei konkret nicht ausreichenden Nachverwendungsstellen für eine Nachverwendung im Hinblick auf auslaufende Befristungen für fertig ausgebildete Laufbahnbewerber zur Verfügung stehen würde (OVG Münster, B. v. 13.2.2014, 6 B 1370/13). Das OVG Münster hat in dem Beschluss vom 13.2.2014 herausgestellt, dass bei der Prüfung dienstlicher Interessen an einer Weiterbeschäftigung nicht nur verengt die konkret wahrgenommenen Aufgaben des Beamten zu betrachten sind (OVG Münster, B. v. 13.2.2014, 6 B 1370/13): „Nicht nur die mit dem konkreten Aufgabenbereich des betroffenen Beamten verbundenen Belange sind maßgebend für das dienstliche Interesse. Es besteht auch, wenn sonstige personalwirtschaftliche Belange die Weiterbeschäftigung mit Blick auf die sachgemäße und reibungslose Aufgabenerfüllung der Behörde notwendig oder sinnvoll erscheinen lassen." Dies wird man so zu verstehen haben, dass nach Ansicht des Gerichts die gesamte Stellensituation und sogar künftige Problemstellungen bei Stellen im Einzelfall mit zu betrachten und ggf. zugunsten des Stelleninhabers bei Fällen des § 32 Abs. 1 in die Waagschale zu werfen sind, wenn nicht plausible Gründe dagegen sprechen (OVG Münster, B. v. 13.2.2014, 6 B 1370/13; vgl. dazu *J.-M. Günther*, NWVBl. 2014, 325, 327).

3. Verzögerte Neubesetzung einer Universitätsprofessur

Die besondere Altersgrenze für Universitätsprofessoren (§ 123 Abs. 3) ist rechtlich nicht　**20** zu beanstanden (OVG Münster, B. v. 21.7.2011, 6 A 808/10; s. zu Dienstzeitverlängerungen von Professoren *J.-M. Günther*, NWVBl. 2014, 325, 327; *Poguntke*, DÖV 2011, 561, 565; *Hauke Schäfer*, ZBR 2009, 23). Der Ruhestand kann ebenfalls nach § 31 Abs. 1 hinausgeschoben werden. Das OVG Münster hat bei einem Professor der Sporthochschule Köln in einem Beschluss vom 29.1.2014 entschieden, dass für seine Weiterbeschäftigung ein dienstliches Interesse vorlag. In seinem Fall sei schließlich in einem überschaubaren Rahmen noch keine Nachfolge absehbar gewesen und die Nachteile einer bei regulärem Ausscheiden deshalb notwendigen sog. „Vertretungsprofessur" seien im Verhältnis zur Weiterbeschäftigung größer (OVG Münster, NWVBl. 2014, 224). Mit der Entscheidung hat das Gericht sehr stark und grundlegend in den personalpolitischen Einschätzungsspielraum der Universität eingegriffen und seine zeitlichen Vorstellungen für Neubesetzungen in sehr speziellen wissenschaftlichen Bereichen als maßgeblich angesehen. Dies erscheint problematisch, zumal die Hochschule argumentiert hatte, dass mit der Vertretungsprofessur der wissenschaftliche Nachwuchs gefördert werden sollte und eine Neuausrichtung des Instituts vorgesehen war (die Vorinstanz hatte dementsprechend die Voraussetzungen des § 31 Abs. 1 verneint, vgl. VG Köln, B. v. 30.10.2013, 3 L 1108/13; s. a. zum Spielraum von Universitäten bei der Frage des dienstlichen Interesses bei beantragten Dienstzeitverlängerungen von Professoren *J.-M. Günther*, NWVBl. 2014, 325, 327–328; VG Düsseldorf, B. v. 19.4.2013, 13 L 444/13; OVG Münster, B. v. 26.7.2005, 6 B 1172/05; VGH Mannheim, VBlBW 2014, 26; OVG Greifswald, NVwZ-RR 2009, 23 – vgl. dazu *Hauke Schäfer*, ZBR 2009, 23; OVG Greifswald, B. v. 12.12.2013, 2 L 65/12; OVG Koblenz, IÖD 2007, 40 –

Bedürfnis einer Hochschule nach Innovation steht Dienstzeitverlängerung eines Hochschulpräsidenten entgegen). Wenn im Lehrbetrieb absehbar für lange Zeit keine geeignete Lehrperson für ein spezielles Gebiet gefunden wird bzw. eine entsprechende Prognose vorliegt, dürfte ein dienstliches Interesse für die Weiterbeschäftigung des Stelleninhabers vorliegen (*Baßlsperger*, BayVBl. 2015, 729, 732).

4. Sonderfälle – Besoldungszuschlag bei besonderem öffentlichen Interesse am Hinausschieben des Ruhestands

21   Im Zuge der gebotenen Stärkung der inneren Sicherheit soll die Präsenz der Polizei kurzfristig verstärkt werden. Hintergrund sind die gewalttätigen Übergriffe in der Silvesternacht 2015 in Köln und anderen Orten. Um u. a. kurzfristig die verfügbare Zahl der Polizeibeamten zu erhöhen, wurde mit dem **Gesetz zur Änderung des Landesbeamtenversorgungsgesetzes und des Übergeleiteten Landesbesoldungsgesetzes vom 17.3.2016** (GV. NRW.S. 182) für Beamte, die kurz vor dem Ruhestandseintritt stehen, im Besoldungsgesetz zum 1.1.2016 ein **„Zuschlag bei Hinausschieben des Eintritts in den Ruhestand in besonderen Fällen"** eingeführt (vgl. dazu die LT-Drs. 16/11444). Er beträgt 10 Prozent des Grundgehalts und ist nicht ruhegehaltsfähig. Der Zuschlag wird längsten bis zum 31.12.2019 gewährt. Der Gesetzgeber hat hier **primär Polizeivollzugsbeamte im Fokus.** Erfasst werden aber auch andere Beamte, wenn sie die gesetzlichen Voraussetzungen für den Zuschlag erfüllen (vgl. § 71a Abs. 3 LBesG). In der Gesetzesbegründung heißt es (LT-Drs. 16/11444, S. 11): „Die Gewährung des Zuschlags ist davon abhängig, dass die Beamtin oder der Beamte eine Funktion hat oder übertragen bekommt, die zur Herbeiführung eines im besonderen öffentlichen Interesse liegenden unaufschiebbaren und zeitgebundenen Ergebnisses im Inland wahrgenommen werden muss. Bei einem Hinausschieben des Eintritts in den Ruhestand nach § 32 des Landesbeamtengesetzes ohne das Vorliegen eines besonderen öffentlichen Interesses wird ein Zuschlag nicht gewährt."

Die Entscheidung darüber, ob eine Funktion zur Herbeiführung eines im besonderen öffentlichen Interesse liegenden unaufschiebbaren und zeitgebundenen Ergebnisses im Inland wahrgenommen werden muss, obliegt trifft bei Landesbeamten der jeweiligen Aufsichtsbehörde im Einvernehmen mit dem Finanzministerium (vgl. wegen anderer Beamter § 71a Abs. 3 Nr. 2–4 LBesG; vgl. den Fall OVG Münster, B. v. 6.6.2016, 6 B 495/16). Das FM hat in dem Kontext Durchführungshinweise erlassen (Durchführungshinweise des FM vom 16.6.2016 zum Gesetz zur Änderung des Landesbeamtenversorgungsgesetzes und des Übergeleiteten Besoldungsgesetzes für das Land NRW, Aktenzeichen B 2000 – 39 – IV C/4/B 3000 – 32 – IV C 1). Es ist absehbar, dass der Besoldungsgesetzgeber Anfang 2017 § 71a LBesG modifiziert und auf Dauer unter Verzicht auf die bisherige Anforderung eines „besonderen öffentlichen Interesses" einen allgemeinen Besoldungszuschlag für genehmigte Fälle des § 32 einführt.

VIII. Ruhestandsversetzung im Verlängerungszeitraum

22   Wenn einem Antrag stattgegeben wurde, besteht nach § 32 Abs. 1 Satz 3 für den Beamten die Möglichkeit, sich grundsätzlich jederzeit auch gegen den Willen des Dienstherrn auf Antrag (endgültig) in den Ruhestand versetzen zu lassen. Dies unterstreicht den gesetzgeberischen Ansatz der Norm, in besonderem Maße **den persönlichen Interessen des Beamten bei der Lebensplanung** flexibel Rechnung zu tragen. Es besteht nur die Einschränkung (§ 32 Abs. 1 Satz 3 letzter Halbs.), dass diese Beendigung des Verlängerungszeitraums bei „zwingenden dienstlichen Gründen" um maximal drei Monate vom Dienstherrn hinausgeschoben werden kann. Es kann diesem nicht zugemutet werden, dass ein Beamter, der z. B. ein bestimmtes wichtiges Projekt betreut, von heute auf morgen aus dem – auch im dienstlichen Interesse – verlängerten Dienst ausscheidet. Organisatorische Engpässe, Personalnot

und andere Belastungen können bei besonderem Gewicht ebenfalls die Verzögerung der gewünschten vorzeitigen Beendigung des hinausgeschobenen Ruhestands begründen. Es muss durchgehend ein belegbarer Zusammenhang zwischen der festgelegten Zeitdauer des Hinausschiebens der Versetzung in den Ruhestand im Verlängerungszeitraum mit diesen dienstlichen Gründen bestehen (*Brockhaus* in Schütz/Maiwald, § 32 LBG Rn. 21).

IX. Hinausschieben des Ruhestands auf Betreiben des Dienstherrn

§ 32 Abs. 2 hat die **Interessenlage des Dienstherrn bzw. der Allgemeinheit** be- **23** sonders im Fokus. Dem Dienstherrn wird es ermöglicht, den Ruhestand des Beamten **aus dienstlichen Gründen** hinauszuschieben, wobei allerdings die Zustimmung des Beamten und der obersten Dienstbehörde erforderlich sind (vgl. den Überblick zur entsprechenden Rechtslage in den Bundesländern/beim Bund bei *Hebeler/Spitzlei*, DVBl 2016, 534, 535–536). Nach der Neufassung des § 32 Abs. 1 haben sich insofern die Tatbestände des § 32 Abs. 1 und des § 32 Abs. 2 angenähert. Ein Hinausschieben des Ruhestands auf Antrag und bei Vorliegen eines dienstlichen Interesses (§ 32 Abs. 1) unterscheidet sich insoweit nur noch wenig von einem Hinausschieben des Ruhestands aus dienstlichen Gründen auf Betreiben des Dienstherrn und mit Zustimmung des Beamten (§ 32 Abs. 2). Unterschiede bestehen aber weiterhin beim möglichen Verlängerungszeitraum, denn bei § 32 Abs. 1 kann ein Hinausschieben des Ruhestands direkt für drei Jahre erfolgen (es sind aber ermessensfehlerfrei auch kürzere Hinausschiebungszeiträume entgegen Antrag möglich, vgl. OVG Münster, B. v. 29.5.2013, 6 B 443/13) während nach § 32 Abs. 2 Satz 1 zwar insgesamt bis zu maximal drei Jahren verlängert werden kann, allerdings nur in Einzelschritten von bis zu höchstens einem Jahr. Dem Dienstherrn soll jeweils nach einem solchen **Jahres-Intervall** eine Entscheidung bzw. Prüfung auferlegt werden, ob die dienstlichen Gründe für ein Hinausschieben des Ruhestandes kontinuierlich vorliegen; gleichzeitig hat der Beamte die Option, seine Zustimmung nach dem ersten Intervall zu verweigern. Ein weiterer Unterschied der Normen besteht darin, dass der Beamte bei § 32 Abs. 1 die besondere Option hat, sich in der Phase des hinausgeschobenen Altersruhestands nach Maßgabe des § 32 Abs. 1 jederzeit doch – auch gegen den Willen des Dienstherrn – in den Ruhestand versetzen zu lassen.

Die Entscheidung nach § 32 Abs. 2 obliegt – wie auch bei § 32 Abs. 1 – nach § 36 Abs. 1 **24** der „für die Versetzung in den Ruhestand zuständigen Behörde". Dies ist gem. § 36 Abs. 1 – soweit nicht durch Gesetz, Verordnung oder Satzung etwas anderes bestimmt ist – die Stelle, welche nach § 16 Abs. 1, 2 für die Ernennung des Beamten zuständig wäre. Es muss sich um dienstliche Belange handeln, die es erforderlich machen, dass die Dienstgeschäfte gerade durch den speziellen Beamten fortgeführt werden (*Hüttenbrink*, KommJur 2010, 248). Zur Erfüllung des Tatbestandes ist es regelmäßig notwendig, dass die relevanten Dienstgeschäfte des vor dem Ruhestand stehenden Beamten schon zum Zeitpunkt der Entscheidung nach § 32 Abs. 2 bestanden und speziell von ihm erledigt wurden; es muss um eine Fortführung des Dienstgeschäfts gehen (vgl. *Brockhaus* in Schütz/Maiwald, § 32 LBG Rn. 38). Eine denkbare **Konstruktion der Unentbehrlichkeit eines Beamten** bzw. des „Unentbehrlich-Machens" durch eine Neugestaltung von Aufgaben und Aufgabenbereichen wird als unzulässig erachtet (vgl. *Tadday/Rescher,* § 32 LBG Erl. 5.3; *Brockhaus* in Schütz/Maiwald, § 32 LBG Rn. 38). Hieran würde auch die Zustimmung des Beamten nichts ändern, denn sie wäre nicht geeignet, die tatbestandlichen Voraussetzungen des § 32 Abs. 2 zu modifizieren/abzuschwächen. Zu diesen Voraussetzungen zählt, dass – anders als bei Abs. 1 – nicht persönliche Gründe des Beamten für das Hinausschieben des Ruhestands entscheidend sind, sondern nur objektive „dienstliche Gründe" im Einzelfall (*Brockhaus* in Schütz/Maiwald, § 32 LBG Rn. 43; vgl. zum Verhältnis von § 32 Abs. 1 zu § 32 Abs. 2: *Hüttenbrink,* KommJur 2010, 248). Das **Erfordernis der Einzelfallbetrachtung** ist zwingend, so dass z. B. eine pauschale Regelung des Hinausschiebens des Ruhestandes für Mitarbeiter einer bestimmten personell unterbesetzten Verwaltungseinheit/Behörde nicht den gesetzlichen Anforderungen genügen würde (vgl. *Brockhaus* in Schütz/Maiwald, § 32 LBG Rn. 43).

25   Nach § 32 Abs. 2 Satz 2 gibt es für **Wahlbeamte** wie z. B. kommunale Beigeordnete das gesetzliche Erfordernis, dass die **Entscheidung zum Hinausschieben des Ruhestands** nur mit einer **Zweidrittelmehrheit der gesetzlichen Mitglieder des betreffenden Wahlgremiums** wirksam getroffen werden kann. Ob ein solches Quorum auch für ein Hinausschieben der Altersgrenze von Wahlbeamten nach § 32 Abs. 1 gilt, ist strittig, obwohl es für Abs. 1 keine analoge Regelung gibt. Es dürfte entgegen der Ansicht von *Hüttenbrink* (vgl. *Hüttenbrink*, a. a. O., 249) kaum von einem Redaktionsversehen des Gesetzgebers auszugehen sein. Gegen eine Analogie spricht schon, dass § 32 Abs. 1 grundsätzlich Beamten − auch Wahlbeamten − ein Hinausschieben der Altersgrenze ermöglichen will, falls keine dienstlichen Gründe entgegenstehen. Ein weitergehendes Erschwernis in Form eines $^2/_3$ Quorums würde diesem gesetzgeberischen Willen entgegenlaufen (vgl. *Tadday/Rescher*, § 32 LBG Anm. 5.5). Allerdings ist vor dem Hintergrund der Zuständigkeit des Rates und seiner Befugnisse (§§ 71 Abs. 1, 73 Abs. 1 GO) davon auszugehen, dass ein wirksames Hinausschieben der Altersgrenze von Wahlbeamten nach § 32 Abs. 1 von der Zustimmung des Rates abhängt, wobei eine einfache Mehrheit ausreicht (*Tadday/Rescher*, § 32 LBG Anm. 5.5; a. A. *Hüttenbrink*, KommJur 2010, 249: $^2/_3$ Quorum). Der neu mit der Novelle hinzugefügte Satz 4 des § 32 Abs. 1 spiegelt diese Rechtslage wieder. Die **Wahlzeit** von Wahlbeamten kann als solches nicht über den Weg des Hinausschiebens der Altersgrenze modifiziert werden, da für die Wahlzeit ausschließlich das Kommunalverfassungsrecht bindend ist.

X. Das Verhältnis von § 32 Abs. 1 zu § 32 Abs. 2

26   Die Frage, in welchem Verhältnis § 32 Abs. 1 LBG und § 32 Abs. 2 zueinander stehen, wird von *Hüttenbrink* behandelt (*Hüttenbrink*, KommJur 2010, 248; s. a. *Poguntke*, DÖV 2011, 567). *Hüttenbrink* ist zuzustimmen, dass mangels spezieller Konkurrenzregelung **beide Vorschriften nebeneinander Bedeutung haben** und im Einzelfall in der Person eines Beamten (theoretisch) nacheinander zur Anwendung gelangen können, so dass im Extremfall bei Erfüllung der jeweiligen Tatbestandsvoraussetzungen ein Hinausschieben der Altersgrenze um bis zu maximal sechs Jahre möglich ist (*Hüttenbrink*, KommJur 2010, 248; *Poguntke*, DÖV 2011, 567). Vor dem Hintergrund einer im Unterschied zu § 32 Abs. 1 fehlenden Altersbegrenzung in § 32 Abs. 2 kann bei einer **Kumulation beider Tatbestände** der Fall eintreten, dass ein Beamter über das 70. Lebensjahr hinaus arbeitet (*Hüttenbrink*, KommJur 2010, 248 Fn. 31; zustimmend *Poguntke*, DÖV 2011, 567). In der Praxis wird dies allerdings kaum jemals eintreten und ist deshalb mehr rechtstheoretischer Natur; als Option in extremen Sonderfällen (wichtigste Spezialkenntnisse des Beamten/dienstliche Sondersituation) sollte man als Dienstherr die Möglichkeit der Kumulation der Tatbestände aber kennen.

XI. Geltung für gesetzlich bestimmte besondere Altersgrenzen

27   Nach § 32 Abs. 3 gelten § 32 Abs. 1 u. Abs. 2 bei einer **gesetzlich bestimmten besonderen Altersgrenze** entsprechend. Der Begriff der „besonderen Altersgrenze" wird in § 31 Abs. 1 Satz 2 definiert. Es handelt sich um eine von der Regelaltersgrenze von vollendeten 67 Jahren abweichende gesetzlich bestimmte andere Altersgrenze, wie sie für bestimmte Gruppen von Beamten wegen ihrer besonderen beruflichen Anforderungen oder des beruflichen Umfeldes, in das sie organisatorisch eingebettet sind (z. B. Schulen/Universitäten), im Sinne einer Absenkung oder Sonderregelung festgelegt ist. So gibt es für Leiter und Lehrer an öffentlichen Schulen ebenso spezielle Regelungen (§ 31 Abs. 1 Satz 3) wie für Professoren (§ 123 Abs. 3), um keine organisatorischen/personellen Verwerfungen mitten im Schuljahr oder Semester wegen Ruhestandseintritts zu produzieren. Die

besonderen Altersgrenzen sind rechtmäßig/verfassungskonform (vgl. zur Professorennorm OVG Münster, B. v. 21.7.2011, 6 A 808/10). Die besondere Altersgrenze für Lehrer im öffentlichen Schuldienst ist nur funktional, aber nicht durch das Statusamt gerechtfertigt. Im Einzelfall ist es daher gerechtfertigt, für solche Lehrer, die vom Dienstposten her gar nicht in den originären Schulbetrieb vor Ort eingegliedert sind, sondern z. B. im Wege der Abordnung in der Schulaufsicht sind, trotz des Status die „normale" Altersgrenze für Beamte als einschlägig anzusehen. In diesen Spezialfällen, die in der Praxis in NRW auch entsprechend auf der Basis eines Erlasses des Schulministeriums abgewickelt werden, gibt es für die Anwendung der besonderen Altersgrenze für Lehrer keinen überzeugenden Grund. Wegen besonderer Belastungssituationen gibt es spezielle Altersregelungen für Polizeivollzugsbeamte (§ 114), Beamte der Feuerwehren (§ 116 Abs. 3), Beamte des allgemeinen Vollzugsdienstes und des Werkdienstes bei den Justizvollzugsanstalten, für Beamte des Vollzugsdienstes in Abschiebungshaftvollzugseinrichtungen und für technische Aufsichtsbeamte in untertägigen Bergwerksbetrieben (§ 117). Ein Ruhestand ist hier mit 62 Jahren (z. B. Polizeivollzugsbeamte) bzw. 60 Jahren (Feuerwehrbeamte) vorgesehen. Auch bei diesen Beamtengruppen spielt § 32 eine praktische Rolle (vgl. z. B. VG Gelsenkirchen, B. v. 12.4.2011, 1 L 197/11). Obwohl es eine innere Logik hätte und konsequent wäre, hat der Gesetzgeber darauf verzichtet, bei besonderen Altersgrenzen die zeitlichen Möglichkeiten des Hinausschiebens des Ruhestandes proportional zum Abweichen von der Regelaltersgrenze abzusenken.

XII. Rechtsschutzfragen

Wenn ein Antrag nach § 32 Abs. 1 nicht positiv und/oder absehbar nicht rechtzeitig **28** vom Dienstherr beschieden wird, kann ein **Eilantrag bei Gericht** eingereicht werden, um möglichst durch Gerichtsentscheidung die Zurruhesetzung vorläufig bis zur Hauptsacheentscheidung hinauszuschieben (*Baßlsperger*, BayVBl. 2015, 729, 735; *Hüttenbrink*, KommJur 2010, 247, 248 unter Hinw. auf VG Saarlouis, B. v. 27.10.2009, 2 L 1751/09 und VG Frankfurt a. M., B. v. 6.8.2009, 9 L 1887/09F; OVG Münster, B. v. 29.11.2010, 6 B 1630/10; B. v. 26.5.2009, 1 B 653/09; das VG Düsseldorf hat eine Eilbedürftigkeit bei verbleibenden 10 Monaten bis zum Ruhestand abgelehnt, da in dem Zeitrahmen die Rechtsfragen im Hauptsacheverfahren geklärt werden könnten, vgl. VG Düsseldorf, B. v. 20.5.2015, 13 L 3090/14). Der Grund für diese Möglichkeit des Rechtsschutzes ist, dass ein **Hinausschieben der Altersgrenze nach Eintritt in den Ruhestand** nicht mehr möglich ist (VG Arnsberg, B. v. 10.11.2015, 2 L 1294/15; VG Düsseldorf, Urt. v. 27.3. 2015, 2 K 823/14; VG Würzburg, B. v. 23.1.2014, W 1 E 13.1167; VG Köln, Gerichtsbescheid v. 21.10.2013, 19 K 4815/12; VG Düsseldorf, B. v. 25.9.2013, 13 L 1412/13; OVG Saarbrücken, B. v. 3.12.2013, 1 B 452/13; OVG Hamburg, IÖD 2012, 2; VG Gelsenkirchen, B. v. 12.4.2011, 1 L 197/11; VG Köln, Urt. v. 14.1.2011, 19 K 5073/10; *J.-M. Günther*, NWVBl. 2014, 325, 326 m. w. N.; OVG Magdeburg, B. v. 14.3.2008, 1 M 17/08; a. A. *Poguntke,* DÖV 2011, 563). Im Falle einer angefochtenen und nicht bestandskräftigen Zurruhesetzungsverfügung kann ein Beamter nicht aus einem laufenden Auswahlverfahren um eine Beförderungsstelle mit der Begründung ausgeschieden werden, er sei zur Ruhe gesetzt (VG Berlin, Urt. v. 3.5.2016, 28 K 427.15). Wird ein rechtzeitiger Eilantrag versäumt, ist eine nach Erreichen des Ruhestands eingereichte Klage auf Hinausschieben des Ruhestands ohne Erfolgsaussicht, weil eine rückwirkende Wiederbegründung des aktiven Beamtenverhältnisses – ein nachträgliches Hinausschieben des Ruhestandes würde dem gleichkommen – wegen § 8 Abs. 1 Nr. 1, Abs. 4 BeamtStG und § 23 Abs. 1 Nr. 5 BeamtStG rechtlich nicht zulässig ist (VG Köln, Urt. v. 14.1.2011, 19 K 5073/10; OVG Lüneburg, B. v. 16.3.2011, 5 ME 43/11; OVG Hamburg, IÖD 2011, 246; OVG Magdeburg, B. v. 14.3.2008, 1 M 17/08; offengelassen von OVG Münster, DÖD 2012, 206). Wenn ein Beamter bereits im Ruhestand ist, können sich bei fehlerhafter Bearbeitung eines Antrags nach § 32 Abs. 1 allenfalls Schadensersatzfragen aufgrund einer Verletzung der Fürsorgepflicht stellen (vgl. VG Düsseldorf, Urt. v. 27.11.2015, 13 K 6267/14). Der Streitwert richtet sich nach §§ 52 Abs. 5 Satz 4 i. V. m. Satz 1 Nr. 1, Sätze 2 und 3, 53 Abs. 2 Nr. 1 GKG (OVG Münster, B. v. 5.2.2014, 6 E 1208/13). Die Hürden für erfolgreiche Eilanträge sind bei § 32 hoch, da z. B. immer die Problematik der grundsätzlich nicht zulässigen Vorwegnahme der Hauptsache besteht (vgl. VG Düsseldorf, B. v. 9.3.2012, 2 L 71/12; vgl. zur Problematik und zu Ausnahmen: *Kopp/Schenke*, § 123 VwGO Rn. 13 ff.). In der Praxis der Gerichte gibt es aber in dem Kontext durchaus erfolgreiche Eilanträge (vgl. z. B. OVG Münster, B. v. 23.7.2014, 6 B 715/14; OVG Münster, B. v. 28.3.2014, 6 B 215/14; OVG Münster, B. v. 13.2.2014, 6 B 1370/13; OVG Münster, B. v. 29.1.2014, 6 B 1324/13; OVG Münster, B. v. 29.5.2013, 6 B 443/13; OVG Münster, B. v. 31.7.2012, 6 B 872/12).

§ 33 Dienstunfähigkeit, Antragsruhestand

(1) ¹Bestehen Zweifel über die Dienstunfähigkeit der Beamtin oder des Beamten, so ist sie oder er verpflichtet, sich nach Weisung der dienstvorgesetzten Stelle durch eine Ärztin oder einen Arzt der unteren Gesundheitsbehörde untersuchen und, falls ein Arzt der unteren Gesundheitsbehörde dies für erforderlich hält, auch beobachten zu lassen. ²Gesetzliche Vorschriften, die für einzelne Beamtengruppen andere Voraussetzungen für die Beurteilung der Dienstunfähigkeit bestimmen, bleiben unberührt. ³Die Frist nach § 26 Absatz 1 Satz 2 des Beamtenstatusgesetzes beträgt sechs Monate.

(2) ¹Beantragt die Beamtin oder der Beamte, sie oder ihn nach § 26 Absatz 1 Satz 1 des Beamtenstatusgesetzes in den Ruhestand zu versetzen, so hat die dienstvorgesetzte Stelle nach Einholung eines amtlichen Gutachtens der unteren Gesundheitsbehörde zu erklären, ob sie sie oder ihn nach pflichtgemäßem Ermessen für dauernd unfähig hält, ihre oder seine Amtspflichten zu erfüllen. ²Die nach § 36 Absatz 1 zuständige Stelle ist an die Erklärung der dienstvorgesetzten Stelle nicht gebunden, sie kann auch andere Beweise erheben.

(3) ¹Ohne Nachweis der Dienstunfähigkeit kann eine Beamtin oder ein Beamter auf Lebenszeit oder auf Zeit auf ihren oder seinen Antrag in den Ruhestand versetzt werden

1. frühestens mit Vollendung des 63. Lebensjahres,
2. als schwerbehinderter Mensch im Sinne von § 2 Absatz 2 des Neunten Buches Sozialgesetzbuch – Rehabilitation und Teilhabe behinderter Menschen – (Artikel 1 des Gesetzes vom 19. Juni 2001, BGBl. I S. 1046) in der jeweils geltenden Fassung frühestens mit Vollendung des 60. Lebensjahres.

³Aus dienstlichen Gründen kann bei Leiterinnen und Leitern und Lehrerinnen und Lehrern an öffentlichen Schulen die Versetzung in den Ruhestand bis zum Ende des laufenden Schuljahres hinausgeschoben werden.

I. Verfahren bei Zweifeln über die Dienstunfähigkeit, § 33 Abs. 1

1   § 33 Abs. 1 behandelt die Frage, wie ein Dienstherr bei **Zweifeln über die Dienstunfähigkeit** – gemeint sind gerade auch **Zweifel an der Dienstfähigkeit** – von Amtswegen vorzugehen hat (s. dazu *Lopacki*, ZBR 2014, 153: Die Zweifel beziehen sich „sowohl auf die Dienstunfähigkeit als auch die Dienstfähigkeit des Beamten."). Die „Dienstunfähigkeit" wird in § 26 Abs. 1 Satz 1 BeamtStG definiert (vgl. dazu OVG Münster, B. v. 23.5.2016, 6 A 915/14). Hiernach sind Lebenszeitbeamte in den Ruhestand zu versetzen, „wenn sie wegen ihres körperlichen Zustands oder aus gesundheitlichen Gründen zur Erfüllung ihrer Dienstpflichten dauernd unfähig (dienstunfähig) sind." § 26 Abs. 1 Satz 2 BeamtStG legt fest, dass auch von einer Dienstunfähigkeit ausgegangen werden kann, wenn Beamte krankheitsbedingt innerhalb von sechs Monaten mehr als drei Monate keinen Dienst geleistet haben und

innerhalb einer von den jeweiligen Ländern zu bestimmenden Frist die Dienstfähigkeit nicht wieder voll hergestellt ist (vermutete Dienstunfähigkeit). § 33 Abs. 1 Satz 3 legt hierfür eine Frist von sechs Monaten fest. Die **Begriffe** der **„Dienstfähigkeit"/„Dienstunfähigkeit"** sind **gerichtlich voll überprüfbare Rechtsbegriffe** (VG Düsseldorf, Urt. v. 13.2.2007, 2 K 1924/06). Sie sind spezifisch beamtenrechtlicher Art und stellen nicht isoliert auf die Person des Beamten, sondern auch auf die Bedürfnisse des Dienstherrn – insbesondere die Auswirkungen von erheblichen Erkrankungen auf den Dienstbetrieb – ab (OVG Münster, B. v. 7.3.2013, 6 B 11/13; VG Düsseldorf, Urt. v. 11.9.2008, 13 K 4761/07). Die Feststellung der Dienstunfähigkeit i. S. d. § 26 Abs. 1 Satz 1 BeamtStG orientiert sich nach der neueren Rechtsprechung des BVerwG an den **Anforderungen des abstrakt-funktionellen Amtes** (z. B. Regierungsdirektor), welches vom Beamten bei der Behörde bekleidet wird (BVerwG, NVwZ 2014, 1319 – das VG Gelsenkirchen erweitert die restriktive Rechtsprechung des BVerwG ohne überzeugende Begründung auch auf Fälle des § 26 Abs. 1 Satz 2 BeamtStG, vgl. VG Gelsenkirchen, B. v. 9.6.2016, 1 L 1356/16; BVerwG, B. v. 6.3.2012, 2 A 5.10; OVG Münster, B. v. 23.5.2016, 6 A 915/14; OVG Münster, ZBR 2010, 174; OVG Münster ZBR 2005, 101; *Seeck* in MRSZ, § 26 BeamtStG Erl 2.2.2). Ob der betroffene Beamte die dienstlichen Aufgaben (noch) bewältigen kann, welche ihm von seinem aktuellen konkret-funktionellen Amt (Dienstposten) gestellt werden, ist nicht entscheidend (OVG Münster, B. v. 23.5.2016, 6 A 915/14; OVG Münster, ZBR 2010, 174; VG Köln, Urt. v. 27.10.2010, 19 K 453/09; BVerwG, B. v. 27.11.2008, 2 B 32/08; BVerwGE 105, 267; BVerwG, NVwZ 1991, 476). Es liegt keine Dienstunfähigkeit vor, wenn der Beamte z. B. in seiner Beschäftigungsbehörde auf einem anderen Dienstposten verwendbar ist, welcher seinem Statusamt entspricht (OVG Münster, B. v. 23.5.2016, 6 A 915/14; BVerwG, NVwZ 2009, 1311; OVG Münster, ZBR 2010, 27).

Es müssen (berechtigte) **Zweifel an der Dienst(un)fähigkeit** („Zweifel über die **2** Dienstunfähigkeit") bestehen. Wegen der Gefahr einer Stigmatisierung des Beamten sind die Anforderungen an den Dienstherrn bei einer behördlichen Anordnung zu einer ärztlichen Untersuchung nicht gering. Liegt insoweit ein Mangel bei der Aufforderung zu einer ärztlichen Begutachtung vor, kann dieser nicht später von der Behörde im Behörden- oder Gerichtsverfahren geheilt werden; wegen des Zwecks der Untersuchungsanordnung ist für eine Anwendung des § 45 VwVfG kein Raum (VG Münster, B. v. 20.1.2016, 5 L 866/14; VG Gelsenkirchen, B. v. 25.2.2015, 12 L 1717/14). Die Maßstäbe an die Entscheidung des Dienstherrn zur Überprüfung der gesundheitlichen Situation des Beamten dürfen dabei aber auch nicht übersteigert werden. Die Zweifel dürfen allerdings auch nicht „aus der Luft gegriffen sein", sondern müssen sich auf konkrete tatsächliche Grundlagen/Umstände stützen (BVerwG, NVwZ 2012, 1483; OVG Münster, B. v. 2.8.2011, 6 B 681/11; OVG Münster, NVwZ-RR 2007, 796; OVG Münster, B. v. 9.10.2006, 6 B 1717/06; *Lopacki*, ZBR 2014, 153; s. a. *Schachel* in Schütz/Maiwald, § 33 LBG Rn. 27). Die subjektive Einschätzung des Beamten von seiner eigenen Dienstfähigkeit ist nicht von Bedeutung; auch die ordnungsgemäße Dienstverrichtung steht einer Untersuchungsanordnung nicht per se entgegen (BVerwG, B. v. 26.9.1988, 2 B 132.88). Bei vernünftiger und lebensnaher Einschätzung müssen für die anordnende Behörde Umstände/Indikatoren vorliegen, welche die ernsthafte Besorgnis des Vorliegens der Dienstunfähigkeit begründen (OVG Münster, B. v. 25.1.2013, 6 B 1220/12; vgl. die Auflistung von Indikatoren bei *Lopacki*, ZBR 2014, 153). Trägt z. B. eine Lehrerin „täglich die gleiche Kleidung", lehnt jedwede Fensteröffnungen in Klassenräumen/Lehrerzimmer ab und führt immer „eine Vielzahl diverser Plastiktüten mit sich", liegt ein begründeter Zweifel vor (OVG Münster, B. v. 13.12.2012, 6 B 1323/12). Gleiches gilt z. B. bei einem Staatsanwalt, der sich bis zu 30 mal am Tag die Hände wäscht, keine Türklinken anfasst, und Schwierigkeiten hat, gewaschene Kleidung anzuziehen (vgl. den Fall OVG Münster, B. v. 4.3.2014, 6 A 377/13). Alkoholsucht, Drogen- und Medikamentenabusus können ebenso Indikatoren sein wie z. B. ein Schlaganfall oder eine Krebserkrankung (*Lopacki*, ZBR 2014, 153). Auch die Summe verschiedener Umstände, welche insoliert noch keine Zweifel an der Dienstfähigkeit begründen, kann

Grundlage für eine Entscheidung nach § 33 Abs. 1 Satz 1 sein (*Lopacki*, ZBR 2014, 153, 154). Eine **Überzeugung der Behörde von der Dienstunfähigkeit** muss nicht vorliegen, da die Zweifel über die Dienstfähigkeit gerade durch die amtsärztliche Untersuchung geklärt werden sollen (OVG Münster, NVwZ-RR 2007, 796). Es muss im Rahmen der Untersuchungsanordnung keine Prognose durch den Dienstherrn i. S. d. § 26 Abs. 1 Satz 2 BeamtStG getroffen werden, dass keine Aussicht besteht, dass die Dienstfähigkeit des Beamten innerhalb von sechs Monaten wiederhergestellt ist (VG Düsseldorf, B. v. 23.12.2013, 13 L 1953/13). Die Gründe für eine (mögliche) Dienstunfähigkeit – etwa Mobbinghandlungen oder ein Dienstunfall – sind für die Frage der Berechtigung der Untersuchungsanordnung bzw. Beurteilung der Dienstfähigkeit ohne Bedeutung (OVG Münster, NVwZ-RR 2007, 796; OVG Münster, B. v. 4.11.2013, 6 A 992/13). Bei der Aufforderung, sich zu einem bestimmten Termin zu der amtsärztlichen Untersuchung zu begeben, sind die Vorgaben des § 19 Abs. 2 des Gesetzes über den öffentlichen Gesundheitsdienst des Landes NRW (ÖGDG NRW) zu beachten (vgl. OVG Münster, NWVBl. 2014, 223). Grundsätzlich ist demnach die untere Gesundheitsbehörde am Wohnort der zu begutachtenden Person zuständig (§ 19 Abs. 2 Satz 1 ÖGDG); die Beauftragung der unteren Gesundheitsbehörde am Dienstort ist nur ausnahmsweise möglich (§ 19 Abs. 2 Satz 2 ÖGDG). Eine Nichtbeachtung des § 19 Abs. 2 ÖGDG kann einen Ermessensfehler darstellen und führt zur Rechtswidrigkeit der Untersuchungsanordnung (OVG Münster, NWVBl. 2014, 224; s. a. zur Norm OVG Münster, B. v. 27.7.2016, 6 B 703/16). Aus dem Inhalt der Aufforderung muss der Beamte erkennen können, welcher Vorfall oder welches Ereignis zur Begründung der Aufforderung herangezogen wird. Die Behörde darf insbesondere nicht nach der Überlegung vorgehen, der Adressat werde schon wissen, „worum es geht." (OVG Münster, B. v. 24.9.2015, 6 B 1065/15; OVG Münster, NWVBl. 2014, 223). Die Behörde hat also eine Transparenzpflicht und muss insofern mit offenen Karten spielen. Die Aufforderung muss Angaben zu Art und Umfang der ärztlichen Untersuchung enthalten; die Behörde darf die Bestimmung dieser zentralen Rahmenbedingungen bzw. die Bestimmung der Grundzüge des medizinischen Klärungsbedarfs nicht dem Arzt überlassen (OVG Münster, B. v. 24.9.2015, 6 B 1065/15; vgl. aber VG Düsseldorf B. v. 9.5.2016, 2 L 1559/16 und VG Aachen B. v. 9.8.2016, 1 L 558/16). Wenn eine Behörde in einer Untersuchungsaufforderung nach § 33 Abs. 1 Satz 1 Art und Umfang der angeordneten amtsärztlichen Untersuchung offenlässt, ist diese rechtswidrig (OVG Münster, B. v. 24.9.2015, 6 B 1065/15. Es kann insofern im Vorfeld bei unklarer (Gesundheits-)Lage geboten sein, vor der eigentlichen Untersuchungsanordnung nach § 33 Abs. 1 eine vorbereitende Aufklärung durch den Dienstherrn vorzunehmen, und einen Polizeibeamten zur Vorstellung bei einem Polizeiarzt zu schicken (s. aber VG Düsseldorf, B. v. 20.8.2015, 26 L 2549/15: § 45 BeamtStG bildet für sich allein keine ausreichende Rechtsgrundlage für Aufforderung, sich amtsärztl. Untersuchung zu unterziehen). Ein vorbeugender Rechtsschutz gegen eine sich ggf. erst anschließende Untersuchungsanordnung geht ins Leere (OVG Münster, B. v. 16.3.2015, 6 B 150/15; VG Düsseldorf, B. v. 5.6.2015, 13 L 769/15). Für die Rechtmäßigkeit einer späteren Ruhestandsversetzung wegen Dienstunfähigkeit kommt es nach der Rechtsprechung auf die Sach- und Rechtslage zum Zeitpunkt der letzten Verwaltungsentscheidung an (BVerwGE 146, 347; OVG Münster, B. v. 26.9.2014, 6 A 2006/13; im Streitfall muss ggf. das Verwaltungsgericht klären, ob zum maßgeblichen Zeitpunkt der betroffene Beamte tatsächlich dienstunfähig war, vgl. BVerwG, IÖD 2014, 100; bei einem schwerbehinderten Beamten ist nach Ansicht des VG Düsseldorf die Unmöglichkeit der Übernahme von Vertretungstätigkeiten kein rechtmäßiger Maßstab für die Beurteilung der Dienstunfähigkeit, vgl. VG Düsseldorf, Urt. v. 18.12.2015, 13 K 8/15). Gleiches gilt für die Aufforderung, sich der amtsärztlichen Untersuchung zu stellen. Hat sich der Beamte der Untersuchung gestellt und wird das Gutachten für die Zwangspensionierung verwertet, kann er nicht später mit dem Einwand durchdringen, die eigentliche Untersuchungsanordnung sei rechtswidrig gewesen (BVerwG, NVwZ 2012, 1483; a. A. wohl offenbar OVG Münster, B. v. 1.10.2012, 1 B 550/12).

Regelmäßig können **lang andauernde krankheitsbedingte Fehlzeiten** ein Grund 3
sein, zu prüfen, ob eine Dienstunfähigkeit vorliegt (VG Aachen, B. v. 9.8.2016, 1 L 558/16;
VG Düsseldorf, B. v. 23.12.2013, 13 L 1953/13: dauerhafte Erkrankung von zwei Monaten;
OVG Münster, B. v. 2.8.2011, 6 B 681/11; OVG Münster, B. v. 9.10.2006, 6 B 1717/06;
v. Roetteken in v. Roetteken/Rothländer, § 26 BeamtStG Rn. 39). Sie sind ein gewichtiges,
aber kein zwingendes Indiz für (dauerhafte) Beeinträchtigungen der Dienstfähigkeit. Dies
gilt insbesondere dann, wenn sie das übliche Maß der Alters- und Berufsgruppe (signifikant)
übersteigen (OVG Münster, B v. 9.10.2006, 6 B 1717/06). Selbst wenn das Maß nicht über-
stiegen wird, steht dies der Anordnung einer amtsärztlichen Untersuchung aber nicht als solches entgegen (OVG Münster, B. v. 9.10.2006, 6 B 1717/06). Für die Anordnung **fachpsy-
chiatrischer Begutachtungen** gelten wegen des Eingriffs in den **Kernbereich der
Persönlichkeit** strengere Anforderungen an eine Untersuchungsanordnung (OVG Münster,
NVwZ-RR 2015, 191; OVG Münster, B. v. 2.5.2012, 6 B 222/12; VG Gelsenkirchen, B. v.
25.2.2015, 12 L 1717/14). Die Anordnung muss gerade im Hinblick auf fachpsychiatrische
Untersuchungen Angaben zu Art und Umfang der ärztlichen Untersuchungen enthalten
und nachvollziehbar sein (OVG Münster, NVwZ-RR 2015, 191). Beim Verdacht auf bestimmte psychische Krankheiten kann zu prüfen sein, ob dem Beamten nach § 39 BeamtStG
die Führung der Dienstgeschäfte zu verbieten ist (sog. Zwangsbeurlaubung) (*Metzler-Müller*
in MRSZ, § 39 BeamtStG Erl. 2.1). Anordnungen nach § 33 Abs. 1 und die Versetzung in
den Ruhestand nach § 34 Abs. 1 setzen kein vorher durchgeführtes **Betriebliches Eingliederungsmanagement (BEM)** nach § 84 Abs. 2 SGB IX voraus (OVG Münster, B. v.
15.12.2015, 6 B 1022/15; BVerwG, NVwZ 2014, 1319; OVG Münster, B. v. 23.6.2008, 6 B
626/08; VG Gelsenkirchen, Urt. v. 25.6.2008, 1 K 3679/07; *Baßlsperger,* PersV 2010, 134;
vgl. zur Frage eines Sonderurlaubs während einer Wiedereingliederung VG Gelsenkirchen,
DÖD 2014, 189). Auch die eigentliche Zurruhesetzung wegen Dienstunfähigkeit hat als
Rechtmäßigkeitsvoraussetzung nicht ein zuvor erfolgtes durchgeführtes BEM zur formellen
Voraussetzung. Dies hat das BVerwG in einem grundlegenden Urteil vom 5.6.2014 klargestellt (BVerwG, NVwZ 2014, 1319; OVG Münster, B. v. 7.8.2012, 6 A 2559/11; OVG
Münster, ZBR 2011, 58; OVG Berlin-Brandenburg, NVwZ-RR 2012, 817 – BeckRS
2012, 51867; vgl. zur Rolle des Präventionsverfahrens und BEM im Beamten- und Richterdienstrecht *v. Roetteken,* ZBR 2013, 325 ff. und ZBR 2013, 361 ff.). Der Personalrat ist nach
§ 75 Abs. 1 Nr. 4 LPVG vor der Untersuchungsanordnung anzuhören (VG Düsseldorf, B.
v. 5.6.2015, 13 L 769/15). Der Schutzzweck besteht darin, dass ein Personalrat im Einzelfall
durch eine Stellungnahme vielleicht praktisch bewirken kann, eine Anordnung einer unnötigen amts- oder vertrauensärztlichen Untersuchung zu vermeiden (*Bülow,* § 75 LPVG
Rn. 41). Auf der anderen Seite kann ggf. einem Beamten vom Personalrat vor Augen geführt
werden, dass es für ihn besser ist, einer als rechtmäßig erkannten Anordnung Folge zu leisten
(*Lopacki,* ZBR 2014, 153. 156). Eine Heilung einer unterbliebenen Anhörung scheidet regelmäßig aus (OVG Münster, NVwZ-RR 2012, 692). In der Regel wird die Anordnung
einer amtsärztlichen Untersuchung mit der **Anordnung der sofortigen Vollziehung** verknüpft (§ 80 Abs. 2 Nr. 4 VwGO). Der Erste Senat des OVG Münster geht unter Aufgabe
seiner bisherigen Rechtsprechung seit 2012 davon aus, dass die Anordnung einer amtsärztlichen Untersuchung – mangels Außenwirkung – **kein Verwaltungsakt** ist (OVG Münster,
NVwZ-RR 2013, 198 unter Aufgabe von OVG Münster, B. v. 26.8.2009, 1 B 787/09; vgl.
auch BVerwG, ZBR 2013, 348; BVerwG, NVwZ 2012, 1483 und BVerwG, ZTR 2012, 312
– dem BVerwG ebenfalls folgend OVG Hamburg, B. v. 3.12.2012. 2 B 265/11; a. A. *Metzler-
Müller* in MRSZ, § 36 BeamtStG Erl. 7.2). Das Gericht verweist von einer Untersuchungsanordnung betroffene Beamte auf den **Eilrechtsschutz nach § 123 VwGO** und folgt damit
„zwecks Wahrung der Rechtseinheit" der neuen Rechtsprechung des BVerwG (OVG
Münster, NWVBl. 2014, 223 unter Bezugnahme auf BVerwG, ZBR 2013, 348; OVG
Münster, NVwZ-RR 2013, 198; so auch das OVG Hamburg, B. v. 3.12.2012. 2 B 265/11;
BVerwG, NVwZ 2012, 1483). Eine Untersuchungsanordnung kann nicht bestandskräftig
werden. Sie ist auch nicht mit Mitteln des Verwaltungszwangs durchsetzbar; der Beamte kann

nicht im Wege unmittelbaren Zwangs dem Amtsarzt vorgeführt werden (OVG Bautzen, B. v. 22.6.2010, 2 B 182/10; VGH München, B. v. 12.12.2012, 3 CE 12.2121). Eine unberechtigte Weigerung kann disziplinarrechtlich geahndet werden. Nicht abschließend geklärt ist die Frage, ob § 44a VwGO einer gerichtlichen Vorab-Prüfung einer Untersuchungsanordnung im Vorfeld einer Anfechtung der eigentlichen Verfügung zur Zwangspensionierung entgegensteht (vgl. in dem Kontext BVerwG, NVwZ 2014, 254). Wenn ohne berechtigten Grund vom Beamten eine amtsärztliche Untersuchung verweigert wird, darf dies unter Heranziehung des Gedankens der Beweisvereitelung – § 444 ZPO – zu seinem Nachteil verwertet werden (Rückschluss auf Dienstunfähigkeit), wenn die Untersuchungsanordnung als solches rechtmäßig war (BVerwG, NVwZ 2013, 1619; BVerwG, NVwZ 2012, 1483; BVerwG, ZTR 2012, 312; OVG Münster B. v. 3.8.2015, 6 A 684/14; OVG Münster, NVwZ-RR 2013, 198; OVG Münster, DÖD 2013, 234; OVG Münster, NVwZ-RR 2010, 694). Der Beamte soll es schließlich nicht in der Hand haben, die Klärung seines Gesundheitszustandes erfolgreich vereiteln zu können (*H. Beyer*, NVwZ 2014, 533; VG AAchen, B. v. 27.6.2016, 1 K 2023/14). Das BVerwG verlangt für die Rechtmäßigkeit dieser Anordnung, dass ihr entnommen werden kann, „was konkret ihr Anlass ist und ob das in ihr Verlautbarte die behördlichen Zweifel an seiner Dienstfähigkeit rechtfertigen kann." (BVerwG, NVwZ 2012, 1485; BVerwG, NVwZ 2013, 1619). Eine **Verweigerung zu einer Schweigepflichtentbindung** darf bei Zurruhesetzungsverfahren wegen Dienstunfähigkeit dann nicht zum Anlass für die Anwendung der Beweisregel des § 444 ZPO genommen werden, wenn die geforderte Schweigepflichtentbindung unverhältnismäßig weitgehend war (BVerwG, NJW 2014, 2971). Es ist nicht zulässig, wenn es sich eine Behörde (zu) einfach macht und pauschal von einem Betroffenen verlangt, „sämtliche ihn behandelnden Ärzte – gleich welcher Fachrichtung – von der Schweigepflicht" zu entbinden (BVerwG, NJW 2014, 2971). Wenn der Zugang eines Einladungsschreibens an den Beamten zu dem (nicht wahrgenommenen) amtsärztlichen Untersuchungstermin von diesem bestritten wird und der Zugang nicht aufklärbar bzw. nachgewiesen ist, kann ebenfalls nicht aus der (aus Sicht der Behörde vorliegenden) Verweigerung des Beamten zur Begutachtung auf seine dauernde Dienstunfähigkeit geschlossen werden (BVerwG, NVwZ 2014, 530).

4 Der Beamte hat keinen Anspruch darauf, dass er bei der amtsärztlichen Untersuchung mit höchstpersönlichem Charakter von einer Vertrauensperson – etwa zu Protokollierungszwecken – begleitet wird und kann insoweit auch nicht sein Erscheinen von der **Anwesenheit eines Beistands** abhängig machen (OVG Münster, B. v. 28.7.2014, 6 A 1311/13 – zustimmend VGH München, B. v. 23.2.2015, 3 CE 15.172; OVG Lüneburg, B. v. 2.8.2016, 5 ME 103/16; OVG Koblenz, NVwZ-RR 2013, 972: kein Recht einer beamteten Lehrerin auf psychiatrische Begutachtung im Beisein ihrer Schwester; OVG Hamburg, DÖD 2007, 175; OVG Koblenz, NVwZ-RR 2000, 626; vgl. auch LAG Hamm, Urt. v. 2.11.2006, 8 Sa 1332/05; anders das OLG Hamm zu einer gerichtl. angeordneten Untersuchung durch eine psycholog. Sachverständige in familienrechtl. Sache, OLG Hamm, B. v. 3.2.2015, 14 UF 135/14, FD-ZVR 2015, 367328). Die anderslautende Ansicht des VG Münster in einem Beschluss vom 16.5.2012 ist abzulehnen (VG Münster, IÖD 2012, 146; gegen VG Münster ausdrücklich VGH München, B. v. 23.2.2015, 3 CE 15.172), da z. B. die Begleitperson die Begutachtungssituation beeinträchtigt; die Arbeit des Amtsarztes wird nämlich erschwert, die Untersuchungssituation und das Arztgespräch durch Misstrauen belastet und Ergebnisse ggf. verfälscht, weil sich auch die zu untersuchende Person regelmäßig im Beisein Dritter anders verhalten dürfte (OVG Hamburg, DÖD 2007, 175). Die Anwesenheit dritter Personen während der Exploration und gesamten Untersuchung ist regelmäßig kontraproduktiv (VGH München, B. v. 23.2.2015, 3 CE 15.172; OVG Koblenz, NVwZ-RR 2013, 972). Dies gilt umso mehr, wenn man – wie das VG Münster – sogar davon ausgeht, dass der Beamte die Untersuchung von der **Teilnahme seines Prozessbevollmächtigten** abhängig machen darf (VG Münster, IÖD 2012, 146). Soweit das VG Münster seine Ansicht auf § 14 Abs. 4 Satz 1 VwVfG stützt, verkennt das Gericht schon im Ansatz, dass eine amtsärztliche Untersuchung im Verhältnis zu den dort angeführten „Verhandlungen und Besprechungen" ein aliud ist, weil eine solche Untersuchung schon begrifflich und auch tatsächlich nicht eine „Verhandlung" oder „Besprechung" im Sinne der Vorschrift bzw. des Verwaltungsverfahrensgesetzes ist (vgl. auch OVG Hamburg, DÖD 2007, 175; OVG Koblenz, NVwZ-RR 2000, 626). Dies wird auch deutlich, wenn man sich vergegenwärtigt, dass der Beistand z. B. bei einer Krankheitsanamnese wohl kaum für den Beamten im Sinne des § 14 Abs. 4 Satz 2 VwVfG vortragen kann oder autorisiert wäre, im Rahmen psychiatrischer Untersuchungen und Tests für den Betroffenen zu sprechen.

§ 33 Abs. 1 Satz 2 stellt klar, dass besondere gesetzliche Vorschriften zur Beurteilung der **5** Dienstunfähigkeit von einzelnen Beamtengruppen unberührt bleiben; eine solche Vorschrift ist § 115, der die sog. **Polizeidienstunfähigkeit** regelt. Eine analoge gesetzliche Regelung für den Bereich der Feuerwehr i. S. einer „Feuerwehrdienstunfähigkeit" existiert nicht; gleichwohl gibt es in der Praxis auch für Feuerwehrleute anzuerkennende Besonderheiten bei der Beurteilung ihrer Dienstfähigkeit (vgl. OVG Münster, DÖD 2004, 166; vgl. dazu § 116 Rn. 5).

II. Prüfung der Dienstfähigkeit auf Antrag des Beamten

§ 33 Abs. 2 regelt in Abgrenzung zu § 34 ein auf **Initiative des Beamten** einzuleiten- **6** des Verfahren zur Prüfung der Frage, ob eine Zurruhesetzung wegen Dienstunfähigkeit zu erfolgen hat (vgl. § 26 Abs. 1 Satz 1 BeamtStG). Voraussetzung ist dabei u. a., dass der Beamte eine ruhegehaltsfähige Dienstzeit von mindestens 5 Jahren abgeleistet hat. Dies ergibt sich aus § 41 Satz 2 i. V. m. § 4 LBeamtVG. In der Praxis kann die Berechnung der (Mindest-)Dienstzeit umstritten sein (s. zur Anrechnung von Zeiten im Ersatzschuldienst auf die Dienstzeit einer Lehrerin OVG Münster, Urt. 9.12.2015, 6 A 1228/14). Eine **Mitbestimmung nach § 72 Abs. 1 Satz 1 Nr. 9 LPVG** scheidet bei entsprechenden selbst beantragten Maßnahmen aus (vgl. § 72 Abs. 1 Satz 1 Nr. 9 LPVG; die Einholung eines Amtsarztgutachtens ist aber auch in solchen Antragsfällen anhörungspflichtig nach § 75 Nr. 4 LPVG – vgl. dazu mit Recht kritisch *Cecior* in CVLK, § 72 LPVG Rn. 367). Das Gesetz stellt keine formellen Anforderungen an den Antrag, so dass er formlos erklärt werden kann. Er ist bedingungsfeindlich; nach Zustellung einer stattgebenden Verfügung kann der Antrag nicht mehr zurückgenommen, sondern allenfalls die Willenserklärung wegen Willensmängeln nach §§ 119, 123 BGB angefochten werden (*Schachel* in Schütz/Maiwald, § 33 LBG Rn. 61; VG Saarlouis, Urt. v. 9.10.2012, 2 K 319/11). Ein weiterer Sonderfall einer Nichtwirksamkeit eines solchen Antrags ist eine **fehlende Handlungsfähigkeit/ fehlende Geschäftsfähigkeit des Antragstellers** (§ 12 Abs. 1 Nr. 1 VwVfG NRW/ §§ 104 Nr. 2, 105 Abs. 1 u. 2 BGB) bei Antragstellung (so das VG Aachen, Urt. v. 2.10. 2008, 1 K 1903/05, für einen Entlassungsantrag).

Über den Antrag hat die dienstvorgesetzte Stelle auf der Basis der Ergebnisse eines ein- **7** zuholenden amtsärztlichen Gutachtens der unteren Gesundheitsbehörde nach „pflichtgemäßem Ermessen" zu entscheiden. Der Gesetzgeber hat insofern für den Antragsruhestand bei der amtliche Begutachtung das **„Ein-Arzt-Modell"** festgelegt (vgl. die Gesetzesbegründung zu § 33, LT-Drs. 16/10380, S. 348). Soweit in der Literatur kritisch angemerkt wird, dass Ermessen immer „pflichtgemäß" ausgeübt werden müsse, und der Gesetzgeber insofern eine „Selbstverständlichkeit" beim Antragsruhestand vorschreibe (*Schachel* in Schütz/Maiwald, § 33 LBG Rn. 43), ist dies zwar vor dem Hintergrund der Rechtsprechung des BVerfG zutreffend (vgl. BVerfGE 14, 105, 114; BVerfGE 18, 353, 363), stellt aber nur eine unproblematische Verwendung einer traditionellen verwaltungsrechtlichen Begrifflichkeit dar. Anträge sind schon aus Fürsorgegründen mit der gebotenen Beschleunigung zu bearbeiten, wenn durch eine **sachwidrige Verzögerung der Versetzung in den Ruhestand** Nachteile für den Antragsteller entstehen können (OVG Koblenz, NVwZ-RR 2003, 517). Einem **Schadensersatzanspruch** steht es entgegen, wenn ein

Antragsteller nicht auf erkennbare Verzögerungen seines Zurruhesetzungsverfahrens gegenüber der Behörde – z. B. durch formlose Erinnerungen – reagiert hat (OVG Münster, B. v. 28.6.2011, 6 A 1183/10).

8   Wenn die dienstvorgesetzte Stelle ein amtliches Gutachten der unteren Gesundheitsbehörde eingeholt hat, obliegt ihr eine Entscheidung über die Dienstfähigkeit/Dienstunfähigkeit. Sie orientiert sich in der Regel am Ergebnis des amtsärztlichen Gutachtens, kann aber durchaus davon abweichen (vgl. zu den Anforderungen an derartige ärztl. Gutachten *Lopacki*, ZBR 2014, 153 ff.). Die Behörde hat eine eigenständige Entscheidung zu treffen, die nicht durch das Amtsarztgutachten determiniert ist. Gerade die für die Frage der Dienstunfähigkeit relevanten Auswirkungen einer Erkrankung auf den Dienstbetrieb können oft entscheidend nur vom Dienstherrn abschließend beurteilt werden. Dies gilt gerade in Grenzfällen. Die entsprechende Erklärung wird von der dienstvorgesetzten Stelle gegenüber der zuständigen Stelle abgegeben, die für die Ernennung des Beamten zuständig wäre (§ 33 Abs. 2 Satz 2 i. V. m. § 36 Abs. 1). Die nach § 36 Abs. 1 zuständige Stelle kann wiederum von der Erklärung der dienstvorgesetzten Stelle abweichende Entscheidungen treffen und ggf. ergänzende Untersuchungen veranlassen bzw. „auch andere Beweise erheben" (§ 33 Abs. 2 Satz 2). Sofern der Antrag abschlägig beschieden wird, weil von einer fortbestehenden Dienstfähigkeit ausgegangen wird, steht dem Antragsteller der Klageweg (Verpflichtungsklage) offen.

III. Vorzeitige Zurruhesetzung ohne Nachweis der Dienstunfähigkeit, § 33 Abs. 3

9   In bestimmten Fällen ist **ohne Nachweis der Dienstunfähigkeit** eine **vorzeitige Zurruhesetzung** möglich. Hat der Beamte die Altersgrenze von dreiundsechzig Jahren erreicht, steht es ihm frei, einen **Antrag nach § 33 Abs. 3 Satz 1 Nr. 1** zu stellen, und im Falle der Bewilligung unter Inkaufnahme von Versorgungsabzügen in den Ruhestand zu treten (vgl. § 14 Abs. 3 LBeamtVG NRW). Da es sich um eine „Kann-Bestimmung" handelt, hat der Dienstherr bei der Bescheidung des Antrags einen **Ermessensspielraum** sowohl grundsätzlicher Art als auch bezüglich des Zeitpunktes des ggf. zu bewilligenden Ruhestandes (OVG Münster, B. v. 7.9.2015, 6 A 536/13; OVG Münster, B. v. 10.1.2011, 6 A 202/09). Gleiches gilt für einen **Antrag nach § 33 Abs. 3 Satz 1 Nr. 2;** ihn können schwerbehinderte Menschen frühestens mit Vollendung des sechzigsten Lebensjahres stellen (OVG Münster, B. v. 7.9.2015, 6 A 536/13). Die Norm hat nicht den Zweck, finanzielle Vorteile des Ruhestandes zu sichern (OVG Münster, B. v. 7.9.2015, 6 A 536/13). Insofern ist auch die Versetzung in den Ruhestand im Fall eines Antrags nach § 33 Abs. 3 Satz 1 Nr. 2 nicht zwingend geboten, wenn der Eintritt in die Freistellungsphase der Altersteilzeit im Blockmodell zeitlich mit der Möglichkeit eines Antragsruhestandes zusammenfällt (OVG Münster, B. v. 7.9.2015, 6 A 536/13). Die Antragsaltersgrenze des § 33 Abs. 3 Satz 1 Nr. 2 führt nicht zu einer vorübergehenden Erhöhung der Versorgungsbezüge nach § 17 Abs. 1 BeamtVG (so das VG Aachen zur insoweit ident. Vorgängernorm – VG Aachen, Urt. v. 19.5.2014, 1 K 209/14). Die Anträge nach § 33 Abs. 3 sind wie die Anträge nach § 33 Abs. 2 Satz 1 bedingungsfeindlich und (nur) bis zum Zeitpunkt einer stattgebenden und zugestellten Verfügung des Dienstherrn zurücknehmbar (BVerwG, NVwZ 1997, 581). Ein schwerbehinderter Beamter ist nur derjenige, der einen Grad der Behinderung von mindestens 50 % hat (§ 2 Abs. 2 SGB IX). In der Praxis kann es vorkommen, dass während der Bearbeitung eines Antrags nach § 33 Abs. 3 Satz 1 Nr. 1 ein Verfahren auf Anerkennung einer Schwerbehinderung läuft und vor Stellung eines Antrags nach § 33 Abs. 3 Satz 1 Nr. 2 oder paralleler Antragstellung schon der „versorgungsschädlichere" Antrag nach § 33 Abs. 3 Satz 1 Nr. 1 beschieden wird und eine Zurruhesetzung auf dieser Basis erfolgt (vgl. den Fall VG Düsseldorf, Urt. v. 21.11.2011, 13 K 2262/11; vgl. auch OVG Koblenz, DVBl 2011, 1568). Zurruhesetzungsgründe können aber nach erfolgter Zurruhesetzung nicht „ausgetauscht" bzw. nachträglich geändert werden (BVerwG,

Urt. v. 30.4.2014, 2 C 65.11, ZTR 2015, 57; OVG Münster, B. v. 11.2.2016, 6 A 2449/14; VG Düsseldorf, Urt. v. 30.10.2014, 13 K 3125/14; s.a. VGH München, B. v. 11.4.2016, 3 ZB 14.919). Dies gilt sogar, wenn nach Erreichen der Antragsaltersgrenze und entsprechender Versetzung in den Ruhestand die zuständige Behörde später rückwirkend eine Schwerbehinderung feststellt (BVerwG, ZTR 2015, 57; OVG Münster, B. v. 11.2.2016, 6 A 2449/14; VG Düsseldorf, Urt. v. 30.10.2014, 13 K 3125/14). Diese Rechtslage resultiert daraus, dass ein hohes Interesse an der Rechtsbeständigkeit der Statusentscheidung und an der Rechtsklarheit besteht. Ferner steht einem Wiederaufgreifen auch § 36 Abs. 1 Satz 2 entgegen, wonach die Ruhestandsverfügung nur bis zum Beginn des Ruhestands vom Dienstherrn zurückgenommen werden kann. § 33 Abs. 3 Satz 2 eröffnet dem Dienstherrn die Möglichkeit, im Rahmen der vorzeitigen Versetzung in den Ruhestand diesen (maximal) bis zum Ende des laufenden Schuljahres hinauszuschieben. Hintergrund der Regelung ist der Umstand, dass regelmäßig schulorganisatorische/pädagogischen Gründe dafür sprechen können, Lehrer zum Ende eines Schuljahres oder Schulhalbjahres in den Ruhestand treten zu lassen (s.a. § 31 Abs. 2 Satz 3).

§ 34 Versetzung in den Ruhestand wegen Dienstunfähigkeit

(1) [1]Hält die dienstvorgesetzte Stelle nach Einholung eines amtlichen Gutachtens der unteren Gesundheitsbehörde die Beamtin oder den Beamten für dienstunfähig, so teilt die dienstvorgesetzte Stelle der Beamtin oder dem Beamten oder der Vertreterin oder dem Vertreter unter Angabe der Gründe mit, dass eine Versetzung in den Ruhestand beabsichtigt sei. [2]Die Beamtin oder der Beamte oder die Vertreterin oder der Vertreter kann innerhalb eines Monats gegen die beabsichtigte Maßnahme Einwendungen erheben.

(2) [1]Die Entscheidung über die Zurruhesetzung trifft die nach § 36 Absatz 1 zuständige Stelle. [2]Wird die Dienstfähigkeit der Beamtin oder des Beamten festgestellt, so ist das Verfahren einzustellen. [3]Wird die Dienstunfähigkeit festgestellt, so ist die Beamtin oder der Beamte mit dem Ende des Monats, in dem ihr oder ihm oder der Vertreterin oder dem Vertreter die Verfügung zugestellt worden ist, in den Ruhestand zu versetzen.

(3) [1]Behält die Beamtin oder der Beamte nach der Entscheidung gemäß Absatz 2 Satz 3 wegen eines eingelegten Rechtsmittels Anspruch auf Besoldung, so werden mit dem Ende des Monats, in dem ihr oder ihm oder der Vertreterin oder dem Vertreter die Verfügung zugestellt worden ist, die Dienstbezüge einbehalten, die das Ruhegehalt übersteigen. [2]Hat die Entscheidung gemäß Absatz 2 Satz 3 keinen Bestand, sind die einbehaltenen Beträge nachzuzahlen.

I. Allgemeines

Für den Dienstherrn ist die dauernde Dienstunfähigkeit eines Beamten von besonderer **1** Relevanz, weil er diesen ohne Gegenleistung in Form der Absolvierung des Dienstes ggf. lange vor Erreichen der Regelaltersgrenze zu versorgen hat. § 34 regelt das **Verfahren der Zurruhesetzung,** wenn der Dienstherr den Beamten für dienstunfähig hält (vgl. zur krankheitsbedingten Beendigung von Beamtenverhältnissen *Lopacki*, ZBR 2014, 153; *Baßlsperger*, ZBR 2010, 73 ff.; *Loebel*, RiA 2005, 58). Die Rechtsprechung prüft im Einzelfall sehr kritisch, ob hinreichende (ärztliche) Grundlagen für die Prognose dauernder Dienstunfähigkeit vorlagen bzw. ob zugrundeliegende amtsärztliche Feststellungen Mängel aufweisen. Eine nicht hinreichende medizinische Sachverhaltsaufklärung oder Plausibilitätsdefizite können z.B. solche Mängel sein (vgl. OVG Münster, B. v. 5.9.2013, 6 A 2781/12: zu kurze Dauer eines Anamnesegespräches nach Schlaganfallerkrankung). *Lopacki* hat in einem Beitrag aus dem Jahr 2014 die sich in dem Kontext stellenden grundlegenden Fragen zu den Anforderungen an ärztliche Gutachten bei Versetzungen in den vorzeitigen

Ruhestand behandelt (*Lopacki*, ZBR 2014, 153). Die untersuchenden (Amts-)Ärzte sind in dem Zusammenhang bei der Übermittlung der Untersuchungsergebnisse an die zuständige Behörde von der ärztlichen Schweigepflicht entbunden und machen sich nicht nach § 203 StGB strafbar (vgl. § 203 Abs. 1 Nr. 1 StGB, wonach nur die „unbefugte" Offenbarung von Privatgeheimnissen durch Ärzte strafbewehrt ist – gleiches gilt für den Arzt in seiner Eigenschaft als Amtsträger i. S. v. § 203 Abs. 2 Nr. 1 StGB). **§ 26 Abs. 1 Satz 2 Beamt-StG** erleichtert den Nachweis der Dienstunfähigkeit bei entsprechend langen Krankheitszeiten (Vermutete Dienstunfähigkeit, vgl. dazu *Reich*, § 26 BeamtStG Rn. 7). Nach § 26 Abs. 1 Satz 3 BeamtStG ist von einer Versetzung in den Ruhestand wegen Dienstunfähigkeit abzusehen, „wenn eine anderweitige Verwendung möglich ist" (vgl. dazu OVG Lüneburg, B. v. 16.1.2013, 5 LA 228/12). Dies bedeutet, dass der Dienstherrn eine entsprechende **Suchpflicht** hat (VG Aachen, Urt. v. 26.2.2016, 1 K 1324/14). Wann dies abstrakt der Fall ist, wird durch § 26 Abs. 2 BeamtStG geregelt. Wie das OVG Münster zu der im wesentlichen identischen Norm des § 45 Abs. 3 LBG a. F. (1981) entschieden hat, besteht für den Dienstherrn keine Verpflichtung, personelle oder organisatorische Änderungen vorzunehmen, damit eine **Weiterverwendung** möglich ist (OVG Münster, B. v. 12.12. 2011, 6 A 1248/10; *Seeck* in MRSZ, § 26 BeamtStG Erl. 2.2.6; a. A. VG Düsseldorf, Urt. v. 22.10.2010, 13 K 5027/09). Er hat aber die **sachgerechte Suche nach anderweitiger Verwendung** bzw. einem leidensgerechten Arbeitsplatz schlüssig darzulegen und auf absehbare Zeit voraussichtlich frei werdende und zu besetzende Posten einzubeziehen; maßgeblich ist dabei bei Landesbeamten nicht nur **der gesamte Geschäftsbereich des jeweiligen Landesressorts, sondern der gesamte Bereich des Dienstherrn** (BVerwG, Urt. v. 19.3.2015, 2 C 37.13, NVwZ-RR 2015, 625; vgl. zur Suchpflicht für polizeidienstunfähige Polizeivollzugsbeamte BVerwG, NVwZ 2015, 439; BVerwG, NVwZ 2013, 1619; BVerwG, IÖD 2012, 122; VG Aachen, Urt. v. 26.2.2016, 1 K 1324/14; VG Aachen, Urt. v. 24.7.2015, 1 K 1826/14; VG Aachen, Urt. v. 27.4.2015, 1 K 2261/13; VG Düsseldorf, Urt. v. 30.1.2015, 13 K 8291/13; OVG Münster, B. v. 7.8.2012, 6 A 2559/11; OVG Münster, B. v. 12.12.2011, 6 A 1248/10; OVG Münster DÖD 2009, 312; VG Münster, Urt. v. 5.3.2009, 4 K 1800/07: ggf. ist eine Umschulung und anschl. Einsatz auf anderem Dienstposten zu prüfen; VG Düsseldorf, Urt. v. 6.12.2010, 13 K 2536/10). Die amtliche Gesetzesbegründung zu § 26 BeamtStG enthält keine Beschränkung auf eine Suchpflicht innerhalb des Verwaltungsbereiches, in dem der betroffene Beamte bisher tätig ist (VG Aachen, Urt. v. 26.2.2016, 1 K 1324/14 unter Hinweis auf BT-Drs. 16/4027, S. 28 f.) Grundsätzlich kommen auch Stellen in Betracht, für welche der Beamte umgeschult werden muss (VG Düsseldorf, Urt. v. 18.8.2015, 2 K 9468/13). Im Einzelfall kann bei Erfüllung der Suchpflicht unter Fürsorgegesichtspunkten dabei eine räumliche Begrenzung geboten sein (VG Aachen, Urt. v. 11.7.2014, 1 K 2687/13). Die Erfüllung der „Suchpflicht", die der Umsetzung des Prinzips **„Weiterverwendung vor Versorgung"** dient, darf sich nicht als reine „Alibisuche" darstellen, sondern muss ernsthaft und nachdrücklich durchführt werden (BVerwG, Urt. v. 19.3.2015, 2 C 37.13, NVwZ-RR 2015, 625; VG Aachen, Urt. v. 24.7.2015, 1 K 1826/14; VG Aachen, Urt. v. 27.4.2015, 1 K 2261/13; vgl. zur Suchpflicht *Lopacki*, ZBR 2014, 153, 159). Die Maßstäbe ergeben sich aus einem neuen Urteil des BVerwG vom 19.3.2015 (BVerwG, NVwZ-RR 2015, 625). Es sind konkrete Bemühungen zu belegen und zu dokumentieren, den Beamten möglichst bei einer anderen Behörde im eigenen Geschäftsbereich und im gesamten Bereich des Dienstherrn – bei Landesbeamten also ressortübergreifend – zu verwenden; hierbei haben ggf. auch **intensive dialogische Bemühungen mit anderen Behörden** stattzufinden (VG Aachen, Urt. v. 26.2.2016, 1 K 1324/14; VG Aachen, Urt. v. 24.7.2015, 1 K 1826/14; VG Düsseldorf, Urt. v. 30.1.2015, 13 K 8291/13; vgl. zum Mindestinhalt von gebotenen Suchanfragen für eine Verwendung des Beamten bei anderen Behörden/Ressorts BVerwG, Urt. v. 19.3.2015, 2 C 37.13; s. zu Grenzen der Suchpflicht VG Düsseldorf, Urt. v. 7.6.2016, 2 K 1403/15). Soweit das VG Aachen der Ansicht ist, dass bei der Suche der Anspruch des Betroffenen auf amtsangemessene Beschäftigung faktisch nicht unter dem

Vorbehalt stehen dürfe, dass die Behörde, bei welcher der vakante Dienstposten besteht, der Besetzung zustimmt, erscheint dies – auch unter Berücksichtigung des sog. Ressortprinzips – erheblich zu weitgehend und ist abzulehnen (VG Aachen, Urt. v. 11.7.2014, 1 K 2687/13; wie das VG Aachen *Lopacki*, ZBR 2014, 153, 159). Richtig ist es hingegen, wenn das VG Aachen in einem Urteil vom 26.2.2016 davon ausgeht, dass im Rahmen „der Suche nach einer anderweitigen Verwendung… ein an Artikel 33 Absatz 2 GG orientiertes Stellenausschreibungsverfahren von vorherin zu unterbleiben" hat (VG Aachen, Urt. v. 26.2.2016, 1 K 1324/14; s.a. VGH München, B. v. 29.4.2014, 3 CS 14.273). Die Landesregierung von NRW hat zur Erfüllung der gerichtlichen Vorgaben des BVerwG (BVerwG, NVwZ-RR 2015, 625) für die Suche nach einer geeigneten anderweitigen Verwendung für gesundheitlich angeschlagene Landesbeamte zwischenzeitlich ein umfassendes ressortübergreifendes Konzept entwickelt. Wenn die Dienstunfähigkeit aus der pflichtwidrigen Verweigerung einer ärztlichen Begutachtung resultiert, besteht nach der Rechtsprechung des BVerwG ebenfalls die Suchpflicht (BVerwG, NVwZ 2013, 1619; OVG Münster, B. v. 25.2.2015, 1 A 2111/13). Sie besteht allgemein lediglich dann nicht, „wenn aufgrund des Gesundheitszustandes des Beamten eine anderweitige Verwendung von vornherein ausgeschlossen ist" (VG Düsseldorf, Urt. v. 30.1.2015, 13 K 8291/13; BVerwG, IÖD 2015, 2). Liegt **kein ausreichendes Restleistungsvermögen** vor, kann ohne weitere Suche eine **Zwangspensionierung** erfolgen (VG Aachen, Urt. v. 10.7.2015, 1 K 1376/14; VG Aachen, Urt. v. 27.4.2015, 1 K 2261/13; VG Aachen, Urt. v. 11.4.2016, 1 K 68/14; OVG Münster, B. v. 25.2.2015, 1 A 2111/13; BVerwG, NVwZ 2014, 1319; *Lopacki*, ZBR 2014, 153, 159). Das VG Aachen hat in einer äußerst grenzwertigen Entscheidung bei einem unter Narkolepsie leidenden Beamten eine noch vorhandene (Rest-)Dienstfähigkeit angenommen, wenn man dem Beamten im Dienst „drei feste Schlafpausen a 10 Minuten" zubillige (VG Aachen, Urt. v. 27.4.2015, 1 K 2261/13). Diese aus Sicht der Praxis kuriose Entscheidung dürfte auf einem Missverständnis der Reichweite des Prinzips der „Weiterverwendung vor Versorgung" beruhen (s.a. BVerwG, ZBR 1967, 148). Von einer Versetzung in den Ruhestand soll ferner abgesehen werden, wenn ein Fall der **begrenzten Dienstfähigkeit** vorliegt, § 27 Abs. 1 BeamtStG. Das Rechtsinstitut der begrenzten Dienstfähigkeit ist trotz der verringerten Alimentation verfassungsgemäß (OVG Münster, ZBR 2011, 269; vgl. dazu BVerwG, NVwZ 2014, 957: begrenzt dienstfähige Beamte müssen besser als im gleichen Umfang teilzeitbeschäftigte Beamte besoldet werden – s. dazu die Urteilsanm. von *Wittkowski*, NVwZ 2014, 960ff.). § 71 LBeamtVG legt für den Fall begrenzter Dienstfähigkeit einen Zuschlag fest („Zuschlag bei begrenzter Dienstfähigkeit"). Er wurde in NRW infolge eines Urteils des BVerwG aus dem Jahr 2014 gemeinsam mit dem Mindestbetrag deutlich erhöht (vgl. dazu die Gesetzesbegründung zu § 71 LBeamtVG, LT-Drs. 16/10380). Der Beamte muss für die Annahme begrenzter Dienstfähigkeit i.S.d. § 27 BeamtStG in der Lage sein, unter Beibehaltung des ihm übertragenen Amtes (statusgemäß) seine Dienstpflichten noch während mindestens der Hälfte der regelmäßigen Arbeitszeit erfüllen können. Die Arbeitszeit, die in § 60 i.V.m. der AZVO und verschiedenen Sondervorschriften (etwa für Lehrer) geregelt ist, ist dann entsprechend der begrenzten Dienstfähigkeit herabzusetzen, § 27 Abs. 2 Satz 1 BeamtStG. Generelle Ermäßigungen der zu leistenden Arbeitszeit wegen Alters- oder Schwerbehinderung sind dabei zu berücksichtigen (OVG Münster, ZBR 2011, 269, dem zustimmend *v. Roetteken* in v. Roetteken/Rothländer, § 27 BeamtStG Rn. 29a). Aus Fürsorgegründen ist vom Dienstherrn zu erwarten, dass er frühzeitig den Beamten auf die gravierenden Konsequenzen der Feststellung begrenzter Dienstfähigkeit hinweist.

II. Das Zurruhesetzungsverfahren wegen Dienstunfähigkeit

Sofern die dienstvorgesetzte Stelle auf der Basis eines Gutachtens eines Amtsarztes den **2** Beamten für dienstunfähig hält, hat sie hierüber gem. § 34 Abs. 1 Satz 1 den Beamten unter Angabe von Gründen in Kenntnis zu setzen (zur Abgrenzung von amtsärztlichem Gutachten und Prognoseentscheidung der dienstvorgesetzten Stelle vgl. § 33 Rn. 8; vgl. zu den Anforderungen an ärztl. Gutachten bei Versetzungen in den vorzeitigen Ruhestand *Lopacki*, ZBR 2014, 153 ff.). Die Entscheidung wird aber vom Dienstherrn in eigener Verantwortung getroffen; es ist die Aufgabe der Behörde, aus den medizinischen Einschätzungen und gutachterlichen Feststellungen des Amtsarztes die Schlussfolgerungen zur Beurteilung der Dienstfähigkeit des jeweiligen Beamten zu ziehen (OVG Münster, B. v. 20.6. 2016, 6 A 8/15: Versetzung eines alkoholkranken Beamten in den Ruhestand). Er ist nicht an das amtsärztliche Gutachten gebunden und muss sich sein eigenes Urteil bilden, welches uneingeschränkter gerichtlicher Kontrolle unterliegt (*Lopacki*, ZBR 2014, 153, 160; BVerwGE 133, 297). Die Information über die Entscheidung des Dienstherrn soll es dem Beamten ermöglichen, die Berechtigung der geplanten **Zwangspensionierung** zu prüfen und ggf. gegen die beabsichtigte Maßnahme (qualifizierte) Einwendungen zu erheben, § 34 Abs. 1 Satz 2. In welcher Detailschärfe dem Beamten die Gründe mitzuteilen sind, hängt von den Einzelfallumständen ab. Selbst wenn dem Beamten die zentralen Gründe bereits bekannt sind, dürfte es nicht ausreichen, wenn z.B. im Wesentlichen nur der Wortlaut des § 26 Abs. 1 BeamtStG angeführt wird (vgl. aber *Brockhaus* in Schütz/Maiwald, § 34 LBG Rn. 20). Da in der Praxis zunehmend psychische Probleme die Dienstunfähigkeit begründen (vgl. z.B. VG Düsseldorf, Urt. v. 18.8.2015, 2 K 9468/13; VG Aachen, Urt. v. 10.7.2015, 1 K 1376/14; OVG Münster, B. v. 11.11.2013, 6 A 727/12: Persönlichkeitsstörung bei einer Lehrerin), so dass im Einzelfall die **Geschäftsfähigkeit des Beamten** i.S.d. § 104 BGB tangiert sein kann, ist die Mitteilung bei entsprechendem Anlass (auch) an einen ggf. bereits vorhandenen Vertreter des Beamten zu senden oder schon aus Fürsorgegründen beim Vormundschaftsgericht auf eine Betreuung nach dem Betreuungsgesetz hinzuwirken (vgl. *Tadday/Rescher,* § 34 LBG Erl. 2.1; *Brockhaus* in Schütz/Maiwald, § 34 LBG Rn. 17).

3   Die Mitteilung über eine geplante Zwangspensionierung unterliegt der **Zustellungspflicht** nach § 105, weil durch die Mitteilung die Einwendungsfrist nach § 34 Abs. 1 Satz 2 in Gang gesetzt wird. Der Beamte kann innerhalb eines Monats nach der Zustellung Einwendungen jeder Art gegen die beabsichtigte Maßnahme erheben. Spätere förmliche Rechtsmittel werden durch ein Versäumen dieser Einwendungsfrist und die Nichterhebung von Einwendungen nicht präkludiert; es steht der Behörde frei, aus Fürsorgegründen verspätet vorgetragene Einwendungen noch zu berücksichtigen (*Brockhaus* in Schütz/Maiwald, § 34 LBG Rn. 28). Nach Verstreichen der Monatsfrist kann die zuständige Stelle auf der Basis des dann vorliegenden Sachverhalts eine Entscheidung nach § 34 Abs. 2 Satz 1 über die Zurruhesetzung treffen oder ggf. noch weitergehende Ermittlungen vornehmen und ergänzende ärztliche Untersuchungen einleiten. Entsprechend § 34 Abs. 2 Satz 1 wird die Entscheidung über die Zurruhesetzung von der nach § 36 Abs. 1 zuständigen Stelle getroffen, also von der Stelle, die für die Ernennung des Beamten zuständig wäre (§ 36 Abs. 1, § 17 Abs. 1 und 2). Wenn alle Tatbestandsvoraussetzungen für eine Zurruhesetzung gegeben sind, hat der Dienstherr die Pflicht, den Beamten in den Ruhestand zu versetzen. Für eine Ermessensentscheidung ist dann kein Raum. Für eine förmliche Feststellung der allgemeinen Dienstunfähigkeit ohne Zurruhesetzung – also quasi als Zwischenentscheidung – gibt es keine Rechtsgrundlage (VG Düsseldorf, Urt. v. 13.5.2014, 2 K 1959/14). Sofern sich die (doch vorliegende) **Dienstfähigkeit des Beamten** erweist und eine entsprechende Feststellung erfolgt, ist das Verfahren einzustellen (§ 34 Abs. 2 Satz 2). Wenn hingegen auf der Basis amtsärztlicher Feststellungen die Behörde – ggf. trotz gegenteiliger Einwendungen des Beamten – eine Dienstunfähigkeit feststellt, ist der Beamte „mit dem Ende des Monats, in dem ihm oder seinem Vertreter die Verfügung zugestellt worden ist, in den Ruhestand zu versetzen" (§ 34 Abs. 2 Satz 3). Es handelt sich um eine gebundene Entscheidung; kommt die Behörde zum Ergebnis, dass auf der Basis der gesetzlichen Vorschriften eine Dienstunfähigkeit vorliegt und entspricht dies dem objektiven Sachverhalt, hat sie keinen Beurteilungsspielraum. Ohne Bedeutung ist in dem Zusammenhang, ob die zu der

Zurruhesetzung führende Erkrankung auf einem Dienstunfall i. S. d. § 31 BeamtVG beruht (OVG Münster, NVwZ-RR 2014, 200). Ein Anspruch auf finanzielle Abgeltung von Erholungsurlaub, welcher infolge der zur Zurruhesetzung führenden Erkrankung nicht genommen werden konnte, besteht nicht (VG Düsseldorf, Urt. v. 27.3.2015, 2 K 5036/14) Die Zurruhesetzungsverfügung kann unter den entsprechenden gesetzlichen Voraussetzungen für sofort vollziehbar erklärt werden (VG Köln, B. v. 4.9.2015, 19 L 1597/15: Notwendigkeit der Nachbesetzung zur Sicherung der Funktionsfähigkeit einer Justizvollzugsanstalt). Das öffentliche Interesse an einem effektiven Verwaltungsdienst und einer zeitnahen Nachbesetzung einer Stelle, die einem starken Belastungen unterworfenen Sachgebiet zugeordnet ist, berechtigt zur Anordnung der sofortigen Vollziehung der Zurruhesetzungsverfügung (VG Köln, B. v. 5.2.2014, 19 L 1596/13). Die **Gleichstellungsbeauftragte** ist **geschlechterunabhängig** nach § 18 LGG anzuhören (OVG Münster, Urt. v. 3.2.2015, 6 A 371/12; BVerwG, ZTR 2011, 196). Da es sich um eine gebundene Entscheidung handelt, führt die Nichtbeteiligung aber nicht zur Rechtswidrigkeit der getroffenen Maßnahme (BVerwG, B. v. 20.12.2010, 2 B 39.10; OVG Münster, B. v. 24.2.2010, 6 A 1978/07; *Lopacki*, ZBR 2014, 153, 161). Die entsprechende Verfügung ist gem. § 106 zuzustellen und führt zum maßgeblichen Zeitpunkt (§ 34 Abs. 2 Satz 3) zur **Umwandlung des aktiven Beamtenverhältnisses in ein Ruhestandsbeamtenverhältnis.** Ärztliche Gutachten zur Frage der Dienstunfähigkeit müssen hinreichend und nachvollziehbar begründet sein, um Basis der Feststellung der Dienstunfähigkeit sein zu können (OVG Münster, B. v. 3.2.2012, 1 B 1490/11; zum Begriff der Dienstunfähigkeit vgl. *Loebel,* RiA 2005, 58). Liegen die Voraussetzungen für eine Zurruhesetzung wegen Dienstunfähigkeit vor, hat der Dienstherr diese vorzunehmen und nicht etwa aus Fürsorgegründen eine Entscheidung hinauszuzögern, wenn wenige Monate später der Betroffene z.B. als Schwerbehinderter mit 60 Jahren ohne Abzüge in Pension gehen könnte (OVG Münster, B. v. 12.1.2012, 6 A 142/11).

Eine Zurruhesetzung wegen Dienstunfähigkeit setzt für ihre Wirksamkeit nicht voraus, **4** dass ein **Präventionsverfahren** oder **betriebliches Eingliederungsmanagement** nach § 84 Abs. 1 und 2 SGB IX durchgeführt wurde (BVerwG, NVwZ 2014, 1319; OVG Münster, B. v. 15.12.2015, 6 B 1022/15; VG Aachen, Urt. v. 10.7.2015, 1 K 1376/14; VG Aachen, Urt. v. 27.4.2015, 1 K 2261/13; OVG Münster, ZBR 2011, 58; OVG Münster, Urt. v. 29.10.2009, 1 A 3598/07; OVG Greifswald, B. v. 18.4.2011, 2 L 40/11; OVG Magdeburg, ZBR 2011, 141; OVG Schleswig, Urt. v. 19.5.2009, 3 LB 27/08; krit. zur Anwendbarkeit des BEM auf Beamte *Nokiel*, RiA 2010, 133; a. A. *Baßlsperger,* BEM, 2011, Rz. 380 und Rz. 388 ff. – ein nicht durchgeführtes BEM ist nach Baßlsperger ein Ermessensnichtgebrauch des Dienstherrn; s. a. *Baßlsperger*, PersV 2010, 129 und *v. Roettecken,* ZBR 2013, 361 ff.; zu Mitteilungspflichten an den Personalrat im Rahmen des BEM – Aushändigung von Namenslisten betroffener Personen – s. BVerwG, PersV 2013, 65; BVerwG, RiA 2010, 230; a. A. mit beachtenswerter Begründung VGH München, RiA 2012, 229; ein Recht auf Hinzuziehung eines Rechtsanwalts zum BEM gibt es nicht, vgl. insoweit zum Arbeitsrecht LAG Mainz, NZA-RR 2015, 262). Es handelt sich nämlich nicht um eine zwingende Verfahrensvorschrift; das Vorgehen des Dienstherrn wird durch die Vorschriften des LBG zu den Folgen einer Dienstunfähigkeit der Beamten (allein) gebunden (OVG Münster, ZBR 2011, 58; vgl. in dem Kontext auch BAG, DB 2008, 2091). Aus der Entscheidung des BVerwG sollte aber natürlich – gerade auch vor dem Hintergrund der neuen gesetzlichen Verpflichtung aus § 76 (Behördliches Gesundheitsmanagement) – nicht in der Praxis der Rückschluss gezogen werden, vor der Zurruhesetzung wegen Dienstunfähigkeit sei die Durchführung eines BEM verzichtbar. Die Verpflichtung, ein BEM anzubieten (§ 84 Abs. 2 Satz 1 SGB IX), gilt (auch) bei Beamten (BVerwG, NVwZ 2014, 1319; OVG Bautzen, B. v. 28.7.2015, 2 B 240/14). Das Verhältnis von BEM und dem Verfahren auf Versetzung in den Ruhestand stellt sich so dar, dass die Verfahren bei krankheitsbedingten (längeren) Fehlzeiten in einem zeitlich gestaffelten Stufenverhältnis zueinander stehen (vgl. dazu im Detail OVG Bautzen, B. v. 28.7.2015, 2 B 240/14). Die vorzeitige Zurruhesetzung in Form der

Zwangspensionierung unterliegt bei den erfassten Beamten der Mitbestimmung, § 72 Abs. 1 Satz 1 Nr. 9 LPVG (vgl. zum Zeitpunkt des Entstehens dieser Beteiligungspflicht *Cecior* in CVLK, § 72 LPVG Rn. 369; *Bülow*, § 72 LPVG Rn. 279). Im Falle einer Schwerbehinderung des betroffenen Beamten ist nach § 95 Abs. 2 SGB IX die Schwerbehindertenvertretung umfassend und unverzüglich über eine vorgesehene Zwangspensionierung zu unterrichten und vor der Entscheidung anzuhören.

III. Besoldungsrechtliche Folgen bei Rechtsmitteleinlegung

5   § 34 Abs. 3 regelt für eine bestimmte Fallkonstellation die **besoldungsrechtlichen Folgen** der Feststellung der Dienstunfähigkeit. Sofern wegen des Einlegens von Rechtsmitteln (zunächst) der Besoldungsanspruch weiterbesteht, werden nach der gesetzlichen Regelung die das Ruhegehalt übersteigenden Dienstbezüge zu dem dort festgelegten Zeitpunkt einbehalten (a. A. bei rechtsmissbräuchlicher Zurruhesetzung OVG Münster, B v. 17.4.2013, 1 B 1282/12). Soweit § 34 Abs. 3 Satz 2 festlegt, dass dann, wenn die Zwangspensionierungsentscheidung keinen Bestand hat, die einbehaltenen Beträge dem Beamten nachzuzahlen sind, ist dies überflüssig. Diese Rechtsfolge ergibt sich bereits aus allgemeinen Rechtsgrundsätzen. Sofern der Beamte mit seinen Rechtsmitteln keinen Erfolg hat, verbleiben die einbehaltenen Beträge endgültig beim Dienstherrn. Die **allgemeinen versorgungsrechtlichen Folgen** einer vorzeitigen Versetzung in den Ruhestand wegen Dienstunfähigkeit sind im LBeamtVG NRW geregelt (§ 16 Abs. 2 Satz 1 Nr. 3 BeamtVG); die Versorgungsabschläge halten sich im Rahmen der verfassungsrechtlichen Vorgaben (BVerfG, ZTR 2010, 552). Sofern im Einzelfall die Voraussetzungen des § 4 Abs. 1 LBeamtVG nicht erfüllt sind, endet gem. § 41 das Beamtenverhältnis durch Entlassung statt Eintritt in den Ruhestand. Nach Ansicht des OVG Münster sind in dem Kontext Zeiträume einer Teilzeitbeschäftigung einer dienstunfähig gewordenen Beamtin voll auf die versorgungsrechtliche Wartezeit anzurechnen (OVG Münster, ZBR 2012, 420; s. zur Anrechnung von Zeiten im Ersatzschuldienst auf die Dienstzeit einer Lehrerin OVG Münster, Urt. 9.12.2015, 6 A 1228/14). Im Rahmen der Rechtsmittelverfahren kommt es für die Beurteilung der Rechtmäßigkeit einer Versetzung in den Ruhestand auf die Sach- und Rechtslage im Zeitpunkt der letzten Verwaltungsentscheidung an (BVerwG, NVwZ 2014, 1319; OVG Münster, DÖD 2013, 234; VG Aachen, Urt. v. 10.7.2015, 1 K 1376/14;). Das Gericht hat im Streitfall erforderlichenfalls Beweis zur Frage der Dienstunfähigkeit bezogen auf diesen maßgeblichen Zeitpunkt zu erheben (OVG Münster, DÖD 2013, 234).

§ 35 Wiederherstellung der Dienstfähigkeit

(1) [1]**Die Beamtinnen und Beamten sind verpflichtet, zur Wiederherstellung ihrer Dienstfähigkeit an geeigneten und zumutbaren gesundheitlichen und beruflichen Rehabilitationsmaßnahmen teilzunehmen.** [2]**Diese Verpflichtung gilt auch zur Vermeidung einer drohenden Dienstunfähigkeit.** [3]**Vor der Versetzung in den Ruhestand sind sie auf diese Pflicht hinzuweisen, es sei denn, nach den Umständen des Einzelfalls kommt eine erneute Berufung in das Beamtenverhältnis nicht in Betracht.** [4]**Der Dienstherr hat, sofern keine anderen Ansprüche bestehen, die Kosten für die erforderlichen Maßnahmen nach Satz 1 und Satz 2 zu tragen.**

(2) [1]**Beantragt die Beamtin oder der Beamte nach Wiederherstellung ihrer oder seiner Dienstfähigkeit, sie oder ihn erneut in das Beamtenverhältnis zu berufen, so ist diesem Antrag zu entsprechen, falls nicht zwingende dienstliche Gründe entgegenstehen.** [2]**Der Antrag muss vor Ablauf von fünf Jahren seit Beginn des Ruhestandes und spätestens zwei Jahre vor Erreichen der Altersgrenze gestellt werden.**

I. Allgemeines

Der Grundsatz **„Rehabilitation und Wiederverwendung vor Versorgung"** findet im **1**
LBG seinen Niederschlag. Durch das DRMod wurde entsprechend dem Grundsatz ein neuer § 35 Abs. 1 zu Rehabilitationsmaßnahmen eingefügt. Aus dem Beamtenverhältnis krankheitsbedingt ausgeschiedene Beamte können sich nach Überwindung ihrer Dienstunfähigkeit auf Antrag reaktivieren lassen (vgl. insoweit zu Beamten auf Zeit in *v. Roetteken* in
v. Roetteken/Rothländer, § 29 BeamtStG Rn. 25). Es handelt sich um einen Rechtsanspruch des Beamten, der seine Grundlage in § 29 Abs. 1 BeamtStG hat (vgl. dazu ausführl.
OVG Münster, B. v. 26.9.2012, 6 A 1677/11; s. a. OVG Münster, RiA 2015, 178). Die **Reaktivierung ohne Antrag** – die Reaktivierung auf **Initiative des Dienstherrn** – ist in
§ 29 Abs. 2 BeamtStG geregelt und wird auf der Basis von § 29 Abs. 5 BeamtStG praktisch
durchgeführt (vgl. dazu OVG Münster, B. v. 17.12.2013, 6 B 1249/13; VG Düsseldorf,
7.10.2013, 26 L 1687/13; OVG Münster, B. v. 26.9.2012, 6 A 1677/11; OVG Münster,
ZBR 2010, 176; vgl. dazu *Seeck* in MRSZ, § 29 BeamtStG Anm. 6). Schließlich soll ein wieder dienstfähiger Beamter nicht mehr in den Genuss der in solchen Fällen sachlich nicht
mehr gerechtfertigter Versorgungsbezüge kommen (BVerwG, Ur.t v. 26.3.2009, 2 C 73.08).
Bei einer erneuten Berufung aufgrund wiederhergestellter Dienstfähigkeit gilt nach § 29
Abs. 6 BeamtStG das frühere Beamtenverhältnis als fortgesetzt (vgl. dazu VGH München, B.
v. 20.10.2014, 3 ZB 12.529: Reaktivierung hat nicht die Folge, dass Rechte/Pflichten aus
früherem Beamtenverhältnis rückwirkend fortwirken, also kein Anspruch auf rückwirkende
Zahlung der Differenz höhere Dienstbezüge/Versorgungsbezüge). Eine erneute Berufung in
ein Beamtenverhältnis ist nach § 29 Abs. 3 BeamtStG auch in Fällen begrenzter Dienstfähigkeit möglich (VG Düsseldorf, 7.10.2013, 26 L 1687/13). Bei irreversibler Dienstunfähigkeit
(z. B. Vorliegen einer Querschnittslähmung) oder wenn aussagekräftige privatärztliche Befunde vorliegen, an deren fortgeltender Richtigkeit kein Zweifel bestehen, scheidet ein Verfahren nach §§ 29 Abs. 2 i. V. m. § 29 Abs. 5 BeamtStG aus (OVG Münster, B. v. 17.12.2013,
6 B 1249/13 – s. auch die Vorinstanz VG Düsseldorf, B. v. 7.10.2013, 26 L 1687/13; VGH
München, B. v. 6.2.2012, 3 ZB 09.2554 m. w. N.). § 29 Abs. 2 BeamtStG bezieht sich ausschließlich auf eine Reaktivierung von Amts wegen und begründet keine Rechtsposition des
Beamten im Rahmen eines Antragsverfahrens nach § 29 Abs. 1 BeamtStG i. V. m. § 35 Abs. 2
(OVG Münster, RiA 2015, 178). § 35 Abs. 2 regelt einzelne Voraussetzungen für die Reaktivierung auf Antrag, so dass die Gesetzesüberschrift den eigentlichen Sachverhalt unzurei-
chend bzw. nur rudimentär kennzeichnet (so auch die Kritik von *Knoke* in Schütz/Maiwald,
§ 35 LBG Rn. 1). Nur wenn der Beamte zuvor gerade wegen der Dienstunfähigkeit in den
Ruhestand versetzt worden war, kann der Fall der Wiederberufung nach § 35 Abs. 2 eintreten (vgl. § 29 Abs. 1 BeamtStG). Wenn also jemand wegen Erreichens der Regelaltersgrenze
bei gleichzeitiger Dienstunfähigkeit in den Ruhestand versetzt wurde, scheidet eine Reaktivierung aus (*Reich*, § 29 BeamtStG Rn. 2). Auch der Fall eines wegen Dienstunfähigkeit gemäß § 23 Abs. 1 Nr. 3 BeamtStG entlassenen Beamten fällt nicht unter den Anwendungsbereich des § 29 BeamtStG i. V. m. § 35 Abs. 2 (vgl. zu weiteren Abgrenzungsfällen *v. Roetteken*
in v. Roetteken/Rothländer, § 29 BeamtStG Rn. 30). Bei einer erneuten Berufung gilt das
früher bestehende Beamtenverhältnis als fortgesetzt (§ 29 Abs. 6 BeamtStG). Eine Wiederberufung in ein höheres Statusamt ist ausgeschlossen (*Metzler-Müller* in MRSZ, § 29 BeamtStG

Erl. 2 unter Hinw. auf OVG Münster, ZBR 2010, 176). § 35 gilt grundsätzlich für alle ehemaligen Beamtenverhältnisse, also z. B. auch für Beamte auf Zeit (vgl. *v. Roetteken* in v. Roetteken/Rothländer, § 29 BeamtStG Rn. 25).

II. Rehabilitationsmaßnahmen, § 35 Abs. 1

2   Zur Wiederherstellung der Dienstfähigkeit ist es oft wichtig, Rehabilitationsmaßnahmen durchzuführen. Der durch das **DRModG** neu eingefügte § 35 Absatz 1 entspricht der Regelung des § 46 Absatz 4 BBG und legt u.a. eine Verpflichtung von Beamten fest, an geeigneten und zumutbaren gesundheitlichen und beruflichen **Rehabilitationsmaßnahmen** teilzunehmen (vgl. dazu auch die Gesetzesbegründung LT-Drs. 16/10380, S. 348). Die Frage der Zumutbarkeit hängt dabei sehr stark vom Einzelfall ab. Anhaltspunkte für die verschiedenen Fallgestaltungen können der Rechtsprechung zu § 46 Absatz 4 Satz 4 BBG entnommen werden (vgl. zur Frage eines Wiedereingliederungsanspruches VG Berlin, B. v. 18.2.2013, 7 L 559.12). Die Verpflichtungen für Beamte aus § 35 Abs. 1 Satz 1 und Satz 2, zur Wiederherstellung der Dienstfähigkeit und zur Vermeidung einer drohenden Dienstunfähigkeit durch Teilnahme an Rehabilitationsmaßnahmen beizutragen, gelten auch für noch nicht in den Ruhestand versetzte Beamte, wenn durch die Teilnahme an geeigneten Rehabilitationsmaßnehmen die Dienstfähigkeit wiederhergestellt und eine ansonsten drohende Dienstunfähigkeit potenziell vermieden werden kann. Es muss insoweit nach der ärztlichen Begutachtung **Aussicht auf Wiederherstellung der vollen oder zumindest begrenzten Dienstfähigkeit** bestehen (LT-Drs. 16/10380, S. 348). Der Dienstherr hat mittels der neuen Vorschrift die Aufgaben eines Rehabilitationsträgers entsprechend dem Neunten Buch des Sozialgesetzbuches. Die anfallenden Kosten für Rehabilitationsmaßnahmen sind als Ausfluss der Fürsorgepflicht (LT-Drs. 16/10380, S. 348) vom Dienstherrn zu tragen, § 35 Abs. 1 S. 4. In der Praxis ist dabei manchmal umstritten, ob ggf. anderweitige Ansprüche im Sinne des § 35 Abs. 1 Satz 4 (z.B. Beihilfeansprüche) bestehen (vgl. dazu ausführlich VGH München, B v. 14.11.2014, 14 C 12.2695). Bei der Betrachtung der Kostenfrage ist der gesetzgeberische Wille zu beachten, wonach „die Kostenübernahme für Rehabilitationsleistungen bei Beamten in gleichem Umfang wie bei den sozialversicherungspflichtig Beschäftigten erfolgen soll" (VGH München a.a.O., zu § 46 Abs. 4 Satz 4 BBG). § 35 Abs. 1 Satz 2 legt fest, dass die Beamten vor der Versetzung in den Ruhestand auf ihre aus § 35 Abs. 1 Satz 1 und Satz 2 resultierenden Verpflichtungen ausdrücklich hingewiesen werden müssen. Die Hinweispflicht des Dienstherrn besteht aber naturgemäß in den Fällen nicht, in denen aufgrund der Schwere der Erkrankung die Wiederherstellung der Dienstfähigkeit ausgeschlossen ist und folglich eine erneute Berufung in das Beamtenverhältnis ausscheidet (§ 35 Abs. 1 Satz 3 letzter Halbs.).

III. Antrag auf Reaktivierung

3   Der nicht besonders begründungspflichtige **Antrag auf Reaktivierung** nach § 35 Abs. 2 ist **nicht formgebunden,** kann also auch mündlich gestellt werden (*Reich,* § 29 BeamtStG Rn. 4; a.A. *Battis,* § 46 BBG Rn. 10; *Nokiel/Jasper,* ZTR 2001, 193). Vor dem Hintergrund, dass der **Antrag aber fristgebunden** und vor Ablauf von fünf Jahren seit Beginn des Ruhestands und spätestens zwei Jahre vor Erreichen der Altersgrenze gestellt werden muss (§ 35 Abs. 2 Satz 2), sollte er schon zur besseren Beweisbarkeit der Fristeneinhaltung vom Beamten schriftlich gestellt werden (so auch *v. Roetteken* in v. Roetteken/Rothländer, § 29 BeamtStG Rn. 123). Der Antrag darf nicht an eine Bedingung geknüpft sein (*Nokiel/Jasper,* ZTR 2001, 193, 195; *Battis,* § 46 BBG Rn. 10). Der Beamte muss sich lediglich auf die **wiedererlangte Dienstfähigkeit** berufen. Da § 29 Abs. 3 BeamtStG eine erneute Berufung in ein Beamtenverhältnis auch in Fällen begrenzter Dienstfähigkeit als möglich vorsieht, ohne dies auf § 29 Abs. 2 BeamtStG zu begrenzen, ist auch ein **Antrag auf begrenzte Reaktivierung** – gerichtet auf eine mit dem Umfang der begrenzten Dienstunfähigkeit korrespondierende Teilzeitbeschäftigung – möglich und zulässig (*v. Roetteken* in v. Roetteken/Rothländer, § 29 BeamtStG Rn. 34; s. a. bezügl. § 46 Abs. 6 BBG *Battis*, § 46 BBG Rn. 11). Bei der **Fristenbestimmung des § 35 Abs. 2 Satz 2** handelt es um eine klassische **materielle Ausschlussfrist für den Reaktivierungsanspruch** (OVG Münster, NVwZ-RR 2015, 667; s. zur Relevanz der Frist auch VG Düsseldorf, Urt. v. 27.11.2015, 13 K 6267/14; OVG Münster, DÖD 2010, 255; *Knoke* in Schütz/Maiwald, § 35 LBG Rn. 2; s. a. *v. Roetteken* in v. Roetteken/Rothländer, § 29 BeamtStG Rn. 126). Sie dient dem Schutz des Dienstherrn, dem es nicht zumutbar wäre, sich zeitlich unbegrenzt auf die Rückkehr betroffener Ruhestandsbeamter in den Beamtendienst mit entsprechenden Vorkehrungen (Stellenplan/Funktionen) einstellen zu müssen (OVG Münster, DÖD 2010, 255; OVG Münster, ZBR 2009, 130; BVerwG, NVwZ-RR 2009, 29). Eine „verkappte Altersdiskriminierung" liegt in der Frist nicht (OVG Münster, DÖD 2010, 255). Sie dient dazu, dem Dienstherrn ein gewisses Maß an **Personalplanungs- und Personalkostensicherheit** zu erhalten (OVG Münster, DÖD 2010, 255; *Knoke* in Schütz/Maiwald, § 35 LBG Rn. 2). Überdies wäre es problematisch, noch länger als außerhalb der Frist nicht mehr aktiv Beschäftigte doch dann wieder ihren Dienst verrichten zu lassen, weil sie dann mit einer gewissen Wahrscheinlichkeit von ihrer früheren Tätigkeit fachlich und persönlich „entfremdet" sein können (*Summer* in GKÖD, § 46 BBG Rn. 9; a. A. insoweit *v. Roetteken* in v. Roetteken/Rothländer, § 29 BeamtStG Rn. 114; offengelassen von OVG Münster, DÖD 2010, 255). Eine Reaktivierung nach mehr als fünf Jahren wäre wegen des regelmäßig hohen Nachqualifizierungsbedarfs oft stark problembelastet und kostenintensiv für den Dienstherrn und widerspräche regelmäßig dem öffentlichen Interesse. Der Dienstherr ist nicht von Amts wegen – etwa unter dem Gesichtspunkt der Fürsorgepflicht – verpflichtet, einen Beamten auf diese Antragsfristen hinzuweisen (VG Düsseldorf, Urt. v. 27.11.2015, 13 K 6267/14). Es ist von jedem Beamten zu erwarten, dass er sich diese rechtlichen Kenntnisse verschafft; beachtet er die gesetzlichen Antragsfristen nicht, kann er nicht später Schadensersatz vom Dienstherrn mit der Begründung verlangen, man habe ihn nicht über die Fristen informiert (VG Düsseldorf, Urt. v. 27.11.2015, 13 K 6267/14).

Die **Frist von fünf Jahren** beginnt mit dem Zeitpunkt des Ruhestandseintritts zu lau- **4** fen (vgl. *Knoke* in Schütz/Maiwald, § 35 LBG Rn. 9). Die **Frist von zwei Jahren** (§ 35 Abs. 2 Satz 2) vor Erreichen der Altersgrenze, außerhalb derer der Antrag gestellt werden muss, ist nur gewahrt, wenn außerhalb dieses Zeitraums der Antrag der zuständigen Behörde zugegangen ist (so auch *Knoke* in Schütz/Maiwald, § 35 LBG Rn. 10). Der Antrag braucht aber nicht innerhalb der Frist des § 35 Abs. 2 Satz 2 entschieden zu sein; er muss nur der **zuständigen Behörde** innerhalb dieser Frist zugegangen bzw. zur Kenntnis gebracht worden sein (BVerwG, NVwZ 2001, 436). Dies ist die **Ernennungsbehörde;** es wird auch für zulässig gehalten, den Antrag bei der für den Ruhestandsbeamten zuständigen obersten Dienstbehörde zu stellen (*v. Roetteken* in v. Roetteken/Rothländer, § 29 BeamtStG Rn. 126). Sofern sich ein Beamter gegen die vorangegangene Zurruhesetzungsverfügung mit rechtlichen Mitteln wendet, führt dies als solches nicht zu Modifikationen beim Fristbeginn nach § 35 Abs. 2 Satz 2, so dass ein möglicher Ablauf der Antragsfrist immer in den Blick zu nehmen ist (vgl. dazu *v. Roetteken* in v. Roetteken/Rothländer, § 29 BeamtStG Rn. 117). Falls die Antragsfrist verstrichen ist, kann eine Reaktivierung nur noch von Amts wegen erfolgen (§ 29 Abs. 2 BeamtStG). Sofern ein Beamter seinen Antrag zurücknehmen will, hat er diese Möglichkeit solange, bis über seinen Antrag eine bestandskräftige Entscheidung vorliegt.

IV. Wiederherstellung der Dienstfähigkeit

Dem Antrag auf Reaktivierung ist zu entsprechen, wenn die Dienstfähigkeit wiederherge- **5** stellt ist (§ 35 Abs. 2 Satz 1) und nicht zwingende dienstliche Gründe entgegenstehen (vgl.

dazu *Reich,* ZBR 2014, 245, 246). Die **Wiederherstellung der Dienstfähigkeit** liegt nur vor, wenn sichergestellt ist, dass der Beamte **den gesundheitlichen Anforderungen des zuletzt ausgeübten Statusamtes wieder genügt** (OVG Münster, B. v. 26.9.2012, 6 A 1677/11; OVG Münster, B. v. 2.5.2011, 6 A 2373/10; OVG Münster, ZBR 2010, 176; a. A. *v. Roetteken* in v. Roetteken/Rothländer, § 29 BeamtStG Rn. 39–41 – die Anknüpfung an bisheriges statusrechtliches Amt sei von „wesentlich abgeschwächter" Bedeutung). Es reicht „nicht die Dienstfähigkeit für „(irgend)ein" Amt" (OVG Münster, B. v. 2.5.2011, 6 A 2373/10; B. v. 26.9.2012, 6 A 1677/11; OVG Münster ZBR 2010, 176; vgl. aber auch die nicht unbedenkliche Entscheidung des OVG Münster, IÖD 2012, 218 – hiernach muss nicht das Gesamtspektrum der dem jeweiligen Statusamt zuzuordnenden Aufgaben gesundheitlich wieder voll zu bewältigen sein, um einen Reaktivierungsanspruch bejahen zu können). Zweifel an dem Vorliegen einer wiederhergestellten Dienstfähigkeit gehen zu Lasten des Beamten (VG Minden, B. v. 15.4.2009, 4 L 183/09 – bestätigt durch OVG Münster, DÖD 2009, 314). Eine aktuell bestehende stabile Gesundheitslage reicht als solches nicht aus, um einen Rechtsanspruch auf Reaktivierung geltend machen zu können, wenn nach wie vor z. B. die Gefahr eines Reinfarkts bei dem Beamten besteht (OVG Münster, RiA 2015, 178) Bei dem Beamten liegt die **materielle Beweislast für die wiederhergestellte Dienstfähigkeit** i. S. d. § 29 Abs. 1 BeamtStG i. V. m. § 35 Abs. 2 Satz 1 (VG Düsseldorf, Urt. v. 9.12.2011, 13 K 2812/10). Es reicht im Rahmen des § 35 Abs. 2 nicht aus, wenn der Beamte nur den Anforderungen eines in Aussicht genommenen neuen, andersartigen Amtes genügt, das ggf. geringere gesundheitliche Anforderungen stellt. Ein anderes neues Amt ist nur für eine Reaktivierung von Amts wegen der Maßstab für die Gesundheitsprüfung, § 29 Abs. 2 Satz 1 BeamtStG (vgl. dazu BVerwG, NVwZ 2001, 328; BT-Drs. 13/3994, S. 34; *Seeck* in MRSZ, § 39 BeamtStG Erl. 3.1). Dem Beamten steht nach § 29 Abs. 5 Satz 2 BeamtStG das Recht zu, eine entsprechende ärztliche Untersuchung seiner Person zu verlangen. Dem ist Rechnung zu tragen, sofern nicht besondere Umstände ausnahmsweise dagegen sprechen (*Nokiel/Jasper,* ZTR 2001, 193; OVG Münster, B. v. 7.5.2007, 1 B 385/07). I. d. R. wird eine **amtsärztliche Untersuchung** einzuleiten sein. Der Beamte hat aber keinen subjektiven Anspruch darauf, dass zwingend bezüglich der Frage der Wiederherstellung seiner Dienstfähigkeit ein amtsärztliches Gesundheitszeugnis erstellt wird (*Nokiel/Jasper,* ZTR 2001, 193, 194; VG Düsseldorf, Urt. v. 27.11.2015, 13 K 6267/14).

6　　Der für die Wiedererlangung seiner Dienstfähigkeit beweispflichtige Beamte hat die Option, schon vor eigentlicher Antragstellung eine Klärung der gesundheitlichen Lage über den Dienstherrn herbeizuführen. Wenn feststeht, dass ein beabsichtigter Antrag trotz potentieller Genesung z. B. wegen **widerstreitender dienstlicher Interessen** nicht genehmigungsfähig wäre, geht das Untersuchungsverlangen ins Leere. Es wäre dem Dienstherr nicht zumutbar, unter Einsatz von Kosten usw. ein Verfahren der Gesundheitsprüfung durchzuführen, welches in der speziellen Fallgestaltung ohne Sinn ist, wenn es nachweisbar an anderen Voraussetzungen der Norm zur Reaktivierung fehlt (vgl. insoweit zu § 45 BBG a. F. OVG Münster, B. v. 7.5.2007, 1 B 385/07; a. A. *Reich,* § 29 BeamtStG Rn. 17). Bei unklarer Lage bzw. fehlender „absolut sicherer Aussage", dass ein Antrag nach § 29 Abs. 1 BeamtStG bzw. § 35 Abs. 2 unter jeder denkbaren Betrachtungsweise erfolglos sein wird, ist der Dienstherr gehalten, dem Verlangen nach § 29 Abs. 5 Satz 2 BeamtStG Rechnung zu tragen (*v. Roetteken* in v. Roetteken/Rothländer, § 29 BeamtStG Rn. 66). Das Verlangen des Reaktivierungswilligen nach ärztlicher Untersuchung kann bei (unberechtigter) Weigerung auf dem Gerichtswege verfolgt werden (vgl. OVG Münster, B. v. 7.5.2007, 1 B 385/07).

V. Entgegenstehende zwingende dienstliche Gründe

7　　Sofern feststeht, dass die Dienstfähigkeit im erforderlichen Maße (wieder) vorliegt, ist zu prüfen, ob **zwingende dienstliche Gründe** der Antragsreaktivierung entgegenstehen (§ 35

Abs. 2 Satz 1 letzter Halbs.). Wenn der Dienstherr die beantragte Reaktivierung verhindern will, hat er den Nachweis des Vorliegens entgegenstehender zwingender dienstlicher Gründe zu führen (vgl. dazu *Reich*, ZBR 2014, 245, 247). „Zwingende dienstliche Gründe" sind ein uneingeschränkter gerichtlicher Kontrolle unterliegendes sog. negatives Tatbestandsmerkmal und graduell abzugrenzen z.B. von dem Tatbestandsmerkmal der „öffentlichen Interessen", wie es sich z.B. in § 20 Abs. 2 BeamtStG wiederfindet (vgl. zu den Begrifflichkeiten *Nokiel/Jasper,* ZTR 2001, 193, 195). Der unbestimmte Rechtsbegriff und seine Ausfüllung unterliegen im Einzelfall gerichtlicher Überprüfung (BVerwG, NVwZ-RR 2009, 29; OVG Münster, Urt. v. 30.7.2008, 1 A 3762/06; Urt. v. 10.11.2006, 1 A 777/05; OVG Münster, NWVBl. 2005, 375; *Battis,* § 46 BBG Rn. 10; vgl. zum Streitwert: OVG Münster, B. v. 27.4.2011, 1 A 154/10 – § 52 Abs. 5 Satz 1 GKG, 13-facher Betrag des Endgrundhalts zuzügl. ruhegehaltsfähiger Zulagen). In der Prioritätsskala dienstlicher bzw. öffentlicher Interessen sind „zwingende dienstliche Gründe" im höchsten Bereich angesiedelt (OVG Münster, B. v. 27.4.2011, 1 A 154/10; Urt. v. 10.11.2006, 1 A 777/05 – bestätigt durch BVerwG, NVwZ-RR 2009, 29; BVerwG, NVwZ-RR 2009, 893). Nur wenn die gegen eine Reaktivierung sprechenden dienstlichen Gründe so gravierend sind, dass sie keine andere Möglichkeit als die Ablehnung des Antrages zulassen, sind sie relevant (BVerwG, NVwZ-RR 2009, 29; vgl. die amtl. Begründung zu § 29 BeamtStG, BT-Drs. 16/4027, S. 29*; Seeck* in MRSZ, § 29 BeamtStG Erl. 2; *v. Roetteken* in v. Roetteken/Rothländer, § 29 BeamtStG Rn. 3; OVG Münster, ZBR 2009, 130; OVG Münster, Urt. v. 10.11.2006, 1 A 777/05; s. a. *Reich,* ZBR 2014, 245 ff.); eine Abwägung mit privaten Gründen des Antragstellers ist nicht erforderlich (*Reich,* § 29 BeamtStG Rn. 6). Es muss sich um Gründe handeln, „denen bezogen auf die Aufrechterhaltung und/oder Ordnung des Dienstbetriebs ein erheblich gesteigertes Gewicht zukommt." (OVG Münster, Urt. v. 10.11.2006, 1 A 777/05). Nicht mehr hinnehmbare Schwierigkeiten bei der Schaffung eines geeigneten Dienstpostens für den wieder genesenen Beamten sind relevant, nicht aber eine generelle Haushaltssperre zur Reduktion von Personalkosten (BVerwG, NVwZ-RR 2009, 29). Die **Darlegungs- und ggf. Beweislast** für das Vorliegen von Umständen, die zwingende dienstliche Gründe darstellen (sollen), obliegt – einschließlich personenbezogener Gründe – dem Dienstherrn (OVG Münster, Urt. v. 10.11. 2006, 1 A 777/05; *Reich,* ZBR 2014, 245, 247).

Das BVerwG betrachtet es i. d. R. als nicht relevant, wenn eine Wiederberufung auf Antrag **8** nicht unerhebliche personalorganisatorische und finanzielle Auswirkungen für den Dienstherrn hat, da diese typischerweise mit einer solchen Wiederernennung einhergehen und vorhersehbar seien (BVerwG, NVwZ-RR 2009, 893; BVerwG, NVwZ-RR 2009, 29; zustimmend *v. Roetteken* in v. Roetteken/Rothländer, § 29 BeamtStG Rn. 149; s. aber VGH München, B. v. 12.7.2010, 3 B 09.957). Der Dienstherr muss sich nach Ansicht des BVerwG auf solche steuerbaren Erschwernisse bei der Wiederherstellung der Dienstfähigkeit und Wiederernennung vorsorgend – etwa durch Einrichtung einer Leerstelle – einstellen (BVerwG, NVwZ-RR 2009, 89; OVG Münster, B. v. 27.4.2011, 1 A 154/10; OVG Münster, ZBR 2009, 130; OVG Münster, Urt. v. 10.11.2006, 1 A 777/05; VGH Kassel, NVwZ-RR 1990, 318). Nur wenn **schwerwiegende Beeinträchtigungen der Funktionsfähigkeit des Dienstbetriebes bei einer Wiederernennung** eintreten würden, könne – so das BVerwG – ein wirklich zwingender dienstlicher Grund vorliegen. Zunächst muss der Dienstherr z.B. alle organisatorischen Möglichkeiten zur Schaffung eines geeigneten Dienstpostens ergreifen (BVerwG, NVwZ-RR 2009, 230). Ein **Einstellungsstop** ist für sich allein noch **nicht ein zwingender dienstlicher Grund** (BVerwG, NVwZ-RR 2009, 230; OVG Münster, ZBR 2009, 130). Der Dienstherr könnte sonst für längere Zeit Reaktivierungsansprüche unterlaufen, indem er Reaktivierungsansprüche stellenplanmäßig wegen der Realisierung von Sparzielen nicht berücksichtigt (OVG Münster, ZBR 2009, 130; s. a. OVG Münster, Urt. v. 10.11.2006, 1 A 777/05). Derartiges laufe – so das OVG Münster – dem gesetzgeberischen Willen zuwider (OVG Münster, ZBR 2009, 130): „Wäre der die Reaktivierung erstrebende Beamte infolgedessen darauf beschränkt, dass just zum Zeitpunkt seines Antrags eine (andere) Stelle unbesetzt wäre, so ließe sich unter den tatsächlichen Bedingungen heutiger Personalwirtschaft sein grundsätzlich bestehender Rechtsanspruch auf Wiederberufung realistischerweise überhaupt nicht oder höchsten in ganz seltenen Fällen durchsetzen". Immer wenn ein vom Dienstherrn angeführter Sachzwang zur Ablehnung einer Reaktivierung im Vorfeld steuerbar war bzw. steuerbar gewesen wäre, ist – so das OVG Münster – von einem **grundsätzlichen Vorrang des Reaktivierungsverlangens des Beamten** auszugehen (OVG Münster, ZBR 2009, 130; OVG Münster, Urt. v. 10.11.2006, 1 A 777/05; B. v. 21.12.2011, 6 A 1261/10). Gleichwohl hat auch im Rahmen von § 35 Abs. 2 ein nicht oder nur eingeschränkt justiziabler Einschätzungsspielraum der Verwaltung zu verbleiben (OVG Münster, DÖD 1996, 241). Der Dienstherr trägt für seine etwaigen Einwände gegen die Reaktivierung im Zweifelsfall die volle Beweislast (*v. Roetteken* in v. Roetteken/Rothländer, § 29 BeamtStG Rn. 146; OVG Münster, Urt. v. 30.7.2008, 1 A 3762/06). In der Regel wird es z.B. in kleineren Behördenstrukturen schwerer sein, eine Reaktivierung vorzunehmen. Ist die einzige adäquate und der Fachrichtung eines Beamten entsprechende Stelle dauerhaft anderweitig besetzt, kann dies einer Reaktivierung entgegenstehen, wenn die Situation auch durch zumutbare vorsorgende Maßnahmen nicht vermeidbar gewesen wäre (VGH München, B. v. 12.7.2010, 3 B 09.957). In der Tendenz werden aber nur ganz besondere Fallkonstellationen Reaktivierungsanträgen entgegengehalten werden können, da das OVG Münster mit Recht darauf hinweist, dass der auf Art. 33 Abs. 5 GG zurückzuführende gesetzliche Anspruch des wieder genesenen Beamten ein sehr hohes Gewicht hat (OVG Münster, Urt. v. 10.11.2006, 1 A 777/05). Bei großen Landesbehörden werden i. d. R. genügend Einsatzmöglichkeiten vorliegen. Ob sich die Betrachtung z.B. bei Ministerialbeamten dabei ausschließlich auf das jeweilige Ressort und seinen Geschäftsbereich zu beziehen hat oder auf die Gesamtheit der Ressorts des Dienstherrn Land NRW, ist umstritten (für eine ressortübergreifende Betrachtung: *v. Roetteken* in v. Roetteken/Rothländer, § 29 BeamtStG Rn. 161). Bei Dienstherrn mit kleinerem Personalbestand geht das BVerwG davon aus, dass dort eher nicht mehr hinnehmbare Schwierigkeiten entstehen können, durch organisatorische Änderungen einen geeigneten Dienstposten für einen zu reaktivierenden Ruhestandsbeamten zu schaffen (BVerwG, Urt. v. 13.8.2008, 2 C 41.07).

9   Anerkannt als **Grund gegen eine Wiederernennung** ist z.B. ein **schwerwiegendes Fehlverhalten** des Ruhestandsbeamten, welches dieser ab dem Ruhestand gezeigt hat. Hierunter können z.B. **Straftaten** fallen, falls sie relevant wären, wenn der Beamte im aktiven Dienst wäre (VGH München, Urt. v. 16.7.2009, 3 ZB 08.1401). Auch zwischenzeitlich aufgetretene oder bekanntgewordene gravierende **Eignungsmängel,** wenn sie virulent sind, können in dem Kontext relevant sein (*Nokiel/Jasper,* ZTR 2001, 193, 195; OVG Münster, ZBR 2009, 130; OVG Münster, Urt. v. 10.11.2006, 1 A 777/05; Urt. v. 8.5.1996, 1 A 5669/94). In der Ruhestandszeit durch Fortentwicklung von Anforderungsprofilen entstandene Defizite beim Ruhestandsbeamten können ihm grundsätzlich nicht entgegengehalten werden, da sie durch Qualifizierungsmaßnahmen regelmäßig abgestellt werden können. Allerdings hat man dann, wenn die Lücke zwischen notwendiger fachlicher Eignung und Defiziten des Ruhestandsbeamten trotz umfangreicher Fortbildungsmaßnahmen kaum noch überbrückbar erscheint, also bei gravierenden Eignungsmängeln, dem Dienstherrn das Recht auf Verweigerung der Wiederernennung zubilligen (OVG Münster, ZBR 2009, 130 – bestätigt durch BVerwG, IÖD 2009, 230; OVG Münster, Urt. v. 8.5.1996, 1 A 5669/94).

VI. Umsetzung eines berechtigten Reaktivierungsverlangens

10   Die positive Bescheidung/Umsetzung des Reaktivierungsantrags setzt voraus, dass dabei auch sonstige dienstrechtliche Vorschriften erfüllt sind. Zu nennen sind z.B. die Altersgrenze nach § 25 BeamtStG und die Ernennungsvoraussetzungen des § 7 BeamtStG (vgl. *Reich,* § 29 BeamtStG Rn. 6). Wenn alle dienstrechtlichen Voraussetzungen vorliegen, erfolgt die **Reaktivierung und Ernennung** nach § 8 Abs. 1 Nr. 1 BeamtStG – einschließlich der Aushändigung der Ernennungsurkunde – mit der Folge, dass das frühere Beamtenverhältnis als fortgesetzt gilt, § 29 Abs. 6 BeamtStG. Die Ernennung ist notwendig, da (wieder) ein aktives

Beamtenverhältnis begründet wird (vgl. VG Regensburg, Urt. v. 12.12.2012, RN 1 K 11.360; BVerwG, DVBl ZBR 2010, 45; OVG Münster, Urt. v. 27.4.1011, 1 A 154/10; *Seeck* in MRSZ, § 29 BeamtStG Erl. 7; a.A. *Battis*, § 46 BBG, Rn. 9 und *Reich*, § 29 BeamtStG Rn. 18). Wegen des Charakters des § 29 Abs. 1 BeamtStG als Sonderregelung in Relation zu § 9 BeamtStG gilt trotz eines „Ernennungsfalls" das Bestenausleseprinzip insoweit grundsätzlich nicht (*v. Roetteken* in v. Roetteken/Rothländer, § 29 BeamtStG Rn. 131). Eine solche Reaktivierung ist mitbestimmungspflichtig, **§ 72 Abs. 1 Satz 1 Nr. 1 LPVG;** die Wiederernennung eines Ruhestandsbeamten steht nämlich einer (erstmaligen) Einstellung gleich (*v. Roetteken* in v. Roetteken/Rothländer, § 29 BeamtStG Rn. 194; *Battis,* § 46 BBG Rn. 12).

§ 36 Zuständigkeit, Beginn des Ruhestands

(1) [1]**Die Versetzung in den Ruhestand wird, soweit durch Gesetz, Verordnung oder Satzung nichts anderes bestimmt ist, von der Stelle verfügt, die nach § 16 Absatz 1 und 2 für die Ernennung der Beamtin oder des Beamten zuständig wäre.** [2]**Die Verfügung ist der Beamtin oder dem Beamten mitzuteilen; sie kann bis zum Beginn des Ruhestandes zurückgenommen werden.** [3]**Eine Verfügung in elektronischer Form ist ausgeschlossen.**

(2) [1]**Der Ruhestand beginnt, abgesehen von den Fällen des § 31 Absatz 1 Satz 1 und Absatz 3 und der §§ 38, 115 und § 123 Absatz 3, mit dem Ende des Monats, in dem die Verfügung über die Versetzung in den Ruhestand der Beamtin oder dem Beamten zugestellt worden ist.** [2]**Auf Antrag oder mit ausdrücklicher Zustimmung der Beamtin oder des Beamten kann ein früherer Zeitpunkt festgesetzt werden.**

I. Zuständige Stelle für Zurruhesetzungsverfahren

Der Gesetzgeber hat als **Zuständigkeit für Zurruhesetzungsverfahren** – soweit nicht **1** durch Gesetz, Verordnung oder Satzung etwas anderes bestimmt ist – in § 36 Abs. 1 Satz 1 festgelegt, dass die Stelle die Versetzung in den Ruhestand vornimmt, die entsprechend § 16 Abs. 1 u. Abs. 2 für die Ernennung des Beamten zuständig wäre (vgl. dazu *Knoke* in Schütz/Maiwald, § 36 LBG Rn. 5: „Zuständigkeitsidentität"). Für die sog. **politischen Beamten** i.S.d. § 37 gilt insoweit § 37 Abs. 1, wonach die Zuständigkeit für entsprechende Maßnahmen bei der Landesregierung liegt.

II. Mitteilungspflichten/Form der Mitteilung

Die Verfügung ist nach § 36 Abs. 1 Satz 2 dem Beamten mitzuteilen und formal zuzu- **2** stellen, § 105. Nach § 36 Abs. 1 Satz 3 wird ausdrücklich eine **Verfügung in elektronischer Form ausgeschlossen,** also durch diese Spezialregelung § 3a VwVfG NRW (elektronische Kommunikation) zu Gunsten der strengeren Formvorschrift für nicht anwendbar erklärt. Dies ist wegen der besonderen Bedeutung einer Zurruhesetzungsverfügung schon aus Beweisgründen sachgerecht und hat im Fachrecht Parallelen (vgl. *Kopp/Ramsauer*, § 3a VwVfG Rn. 2c). Neben der **schriftlichen Verfügung** über die Versetzung in den Antragsruhestand oder den Ruhestand wegen Dienstunfähigkeit entspricht es ständiger Verwaltungspraxis, dem betroffenen Beamten (oder Richter) auch eine entsprechende **Urkunde** auszuhändigen. Sie ist – im Unterschied zum Fall der Ernennung, § 8 Abs. 2 BeamtStG – **nicht Wirksamkeitsvoraussetzung für die Zurruhesetzung** (s.a. *Knoke* in Schütz/Maiwald, § 36 LBG Rn. 15). Ihr kommt nur ein „ehrender Charakter" zu (*Tadday/Rescher*, § 36 LBG Erl. 1; *Battis,* § 59 BBG Rn. 3).

Auch nach der Zustellung der Verfügung hat die Behörde nach § 36 Abs. 1 Satz 2 letzter **3** Halbs. die Möglichkeit, die Zurruhesetzungsverfügung noch bis zum Beginn des Ruhestands zurückzunehmen (für eine Anwendung der Norm auch auf einen Widerruf *Knoke* in Schütz/Maiwald, § 36 LBG Rn. 20 m.w.N.). Diese auf den ersten Blick eher unscheinbare

Regelung hat enorme praktische Auswirkungen bzw. kann solche Auswirkungen im Einzelfall haben. Vom Wortlaut her könnte man ihren Regelungsgehalt so verstehen, dass dieser sich darauf beschränkt, festzulegen, dass bis zum Beginn des Ruhestands die Verfügung in jedem Fall – gleich aus welchem Grund – zurückgenommen werden könnte und danach die allgemeinen Grundsätze des Verwaltungsverfahrensgesetzes über die Rücknahme von Verwaltungsakten maßgebend seien. Es handelt sich aber um eine **spezielle beamtenrechtliche Vorschrift,** die nach Beginn des Ruhestandes die allgemeinen Regelungen im VwVfG NRW verdrängt (VG Düsseldorf, Urt. v. 17.6.2008, 2 K 3425/07; vgl. zu § 47 Abs. 1 Satz 2 Halbs. 2 BBG a.F. BVerwG, NVwZ-RR 2008, 193; BVerwG, NVwZ 1997, 581; BVerwGE 19, 284; zur vergleichbaren Rechtslage in Baden-Württemberg vgl. VGH Mannheim, DÖV 2010, 487; vgl. zu § 59 Satz 3 BBG *Battis,* § 59 BBG Rn. 4; *Knoke* in Schütz/Maiwald, § 36 LBG Rn. 17 ff.). Die Bestimmung stellt sich als **Gegenstück zur Ämterstabilität** dar (VG Düsseldorf, Urt. v. 17.6.2008, 2 K 3425/07). Der Gesetzgeber hat eine Wertentscheidung zu Gunsten der Rechtssicherheit und Rechtsklarheit der statusrechtlichen Entscheidung getroffen, so dass **nachträgliche Änderungen des Grundes für den Ruhestand** – z.B. vor dem Hintergrund einer rückwirkender Anerkennung einer Schwerbehinderung – **nicht mehr möglich** sind (OVG Münster, B. v. 11.2.2016, 6 A 2449/14; BVerwG, Urt. v. 30.4.2014, 2 C 65.11, ZTR 2015, 57; VG Düsseldorf, Urt. v. 17.6.2008, 2 K 3425/07; OVG Münster, ZBR 2011, 354; BVerwG, NVwZ-RR 2008, 193; a.A. OVG Koblenz, Urt. v. 22.9.2011, 2 A 10665/11). Wenn der Ruhestand begonnen hat, ist die Versetzung in ihn sowohl hinsichtlich ihrer Rechtsgrundlage als auch als solches nicht mehr zu korrigieren. Jede Versetzung eines Beamten in den Ruhestand kann nur wegen eines bestimmten, im Gesetz festgelegten Grundes vorgenommen werden (BVerwG, Urt. v. 30.4.2014, 2 C 65.11, ZTR 2015, 57; VGH Mannheim, DÖV 2010, 487; BVerwG, NVwZ-RR 2008, 193). Der **Antrag bestimmt den Rechtsgrund,** auf dessen Basis der Beamte in den Ruhestand treten will (VGH Mannheim, a.a.O.). Eine „Anpassung" des einmal „gewählten" Grundes für die Zurruhesetzung an einen sich nachträglich rückwirkend zu Gunsten des Betroffenen geänderten Sachverhalt scheidet aus. Wenn z.B. ein wegen Dienstunfähigkeit bestandskräftig in den Ruhestand versetzter Beamter nachträglich als Schwerbehinderter anerkannt wird, ist wegen der dargestellten „Sperrwirkung" des § 36 Abs. 1 Satz 2 die Änderung in die versorgungsrechtlich für ihn günstigere Variante der Zurruhesetzung als Schwerbehinderter nicht mehr möglich (BVerwG, Urt. v. 30.4.2014, 2 C 65.11, ZTR 2015, 57; VG Düsseldorf, Urt. v. 17.6.2008, 2 K 3425/07; VG Düsseldorf, Urt. v. 31.5.2010, 23 K 485/08; VGH Mannheim, DÖV 2010, 487; vgl. zu einer besonderen Fallgestaltung VG Freiburg (Breisgau), Urt. v. 25.1.2011, 5 K 1000/10; vor Bestandskraft kann sich die Rechtslage anders darstellen, vgl. OVG Koblenz, DVBl 2011, 1568). Alle Beteiligten sind an die Zurruhesetzungsverfügung bzw. deren Grundlage gebunden (BVerwG, Urt. v. 30.4.2014, 2 C 65.11, ZTR 2015, 57; BVerwG, ZBR 2008, 133). Insofern kann eine einmal verfügte (bestandskräftige) Versetzung eines Beamten in den Ruhestand „selbst dann nicht wieder in Frage gestellt werden, wenn sich die Versetzung als rechtswidrig erweisen sollte" (VG Düsseldorf, Urt. v. 17.6.2008, 2 K 3425/07; so schon BVerwGE 19, 284). Auch im Falle eines in den Ruhestand versetzten Beamten, bei welchem die gesetzlichen und tatsächlichen Voraussetzungen gar nicht vorlagen, verbleibt es bei der Zurruhesetzung (BVerwGE 19, 284; OVG Münster, ZBR 1975, 86). Ein Dienstherr sollte einen Beamten, der eine Zurruhesetzung beantragt, aus Fürsorgegründen vorsorglich unbedingt über diese Sach- und Rechtslage informieren. Eine schuldhafte Verletzung einer **Aufklärungspflicht des Dienstherrn,** deren Verletzung eine Schadensersatzpflicht begründen würde, ist in dem Kontext allerdings kaum nachweisbar, zumal es gerade bei wichtigen Entscheidungen eines Beamten mit erkennbaren versorgungsrechtlichen Auswirkungen ganz erhebliche Obliegenheiten seinerseits gibt (vgl. VG Düsseldorf, Urt. v. 31.5.2010, 23 K 485/08). Ist objektiv unklar, aus welchem (Rechts-)Grund bzw. auf welcher Rechtsgrundlage ein Beamter zur Ruhe gesetzt werden will, wird der Dienstherr auf eine Klarstellung hinzuwirken haben (VG Freiburg (Breisgau), Urt. v. 25.1.2011, 5 K 1000/10).

III. Beginn des Ruhestands

§ 36 Abs. 2 trifft eine Regelung für den genauen **Beginn des Ruhestands.** Dieser be- 4
ginnt – außer bei den im Gesetz festgelegten Abweichungen – mit dem Ende des Monats, in
welchem die Verfügung über die Versetzung dem Beamten (oder seinem Vertreter) zugestellt
worden ist. Der Versorgungsfall tritt dann zeitgleich mit dem Beginn des Ruhestands am
ersten Tag des Folgemonats ein, aber nicht vor diesem Tag (BVerwG, NVwZ 2016, 394 –
vgl. dazu die krit. Anm. von Heydemann, NVwZ 2016, 395). Im Gegenschluss ist aus § 36
Abs. 2 Satz 1 als abschließender Norm zu entnehmen, dass ein späterer Zeitpunkt für den
Ruhestandsbeginn als das Ende des Monats, in dem die Verfügung über die Versetzung in
den Ruhestand dem Beamten zugestellt worden ist, (außer in gesetzlich geregelten Abwei-
chungsfällen) nicht festgelegt werden kann. Bei den **Abweichungen** handelt es sich um den
Eintritt in den Ruhestand kraft Gesetzes (§ 31 Abs. 1 Satz 1 u. Abs. 3), um die Festlegung des
Beginns des einstweiligen Ruhestands (§ 38), den einstweiligen Ruhestand bei organisatorischen Veränderungen (§ 40), den Eintritt in den Ruhestand von Polizeivollzugsbeamten
(§ 114) und um den Ruhestandseintritt von Professoren (§ 123 Abs. 3); hier gibt es jeweils
spezifische Regelungen zum Beginn des Ruhestands. Auf Antrag oder mit ausdrücklicher
Zustimmung des von einer Versetzung in den Ruhestand i. S. d. § 36 Abs. 1 betroffenen Beamten ist es dem Dienstherrn nach § 36 Abs. 2 Satz 2 möglich, einen früheren Zeitpunkt
festzusetzen als der Zeitpunkt, den § 36 Abs. 2 Satz 1 bestimmt. Ein späterer Zeitpunkt kann
nicht festgelegt werden (vgl. *Knoke* in Schütz/Maiwald, § 36 LBG Rn. 34). In der Praxis
wird ein **früherer Zeitpunkt für die Zurruhesetzung** als das Monatsende kaum dem
Interesse des Beamten entsprechen, so dass insoweit Antragsfälle eher selten sind. Für dessen
ausdrückliche Zustimmung zu einem vorverlegten Zeitpunkt, der auf Initiative des
Dienstherrn vorgesehen ist, ist folgerichtig eine eindeutige Erklärung des Beamten zu fordern (vgl. VGH Mannheim, Urt. v. 10.3.1997, 4 S 323/95, IÖD 1997, 256). Das Gesetz hat
für die Fallvariante nicht nur eine irgendwie geartete Zustimmung als gesetzliche Voraussetzung festgelegt, sondern gerade auch wegen der status-, besoldungs- und versorgungsrechtlichen Folgen einer solchen Zustimmungserklärung höhere Anforderungen gestellt. Eine aus-
legungsbedürftige Erklärung des Beamten bezüglich eines vom Dienstherrn beabsichtigten
vorverlegten Zeitpunkts als ausdrückliche Zustimmung zu werten, erfüllt z. B. in der Regel
nicht die Voraussetzungen von § 33 Abs. 2 Satz 2 (vgl. in dem Kontext auch VGH Mannheim, Urt. v. 10.3.1997, 4 S 323/95, IÖD 1997, 256). Nur wenn zweifelsfrei der Wille des
Beamten feststeht, zu einem früheren Zeitpunkt in den Ruhestand zu treten, kann eine entsprechende frühere Zurruhesetzung als zum Ende des entsprechenden Monats erfolgen
(VGH Mannheim, a. a. O.).

Die **rechtlichen (Status-)Wirkungen des eingetretenen Ruhestands** des Beamten 5
ergeben sich aus dem BeamtStG, welches eine einheitliche Regelung für den Eintritt oder
Versetzung in den Ruhestand trifft. Nach § 21 Nr. 4 BeamtStG ist in solchen Fällen das
Beamtenverhältnis beendet. Die entsprechenden versorgungsrechtlichen Folgen bzw.
Ansprüche richten sich nach § 41 und den Vorschriften des LBeamtVG (vgl. zur Mindest-
versorgung *Greipl,* ZBR 2012, 238). Die **Ruhegehaltshöhe** bestimmt sich im Regelfall
nach § 16 LBeamtVG, nach einem Ruhestand in der Folge eines Dienstunfalls nach § 42
LBeamtVG oder je nach den Umständen nach § 43 LBeamtVG (erhöhtes Unfallruhegehalt). Für **Polizeivollzugsbeamte und andere Beamtengruppen mit besonders
festgelegten Altersgrenzen** gibt es nach § 56a LBeamtVG einen besonderen einmaligen
Ausgleich. Zunehmend im Fokus war die Frage, ob im Hinblick auf neue Urteile des
EuGH zu Arbeitsverhältnissen auch bei einer Beendigung des Beamtenverhältnisses ein
finanzieller Ausgleichsanspruch des Beamten für **nicht genommenen Erholungsurlaub**
bestehen kann (vgl. dazu ausführl. *Hartmann,* DÖD 2011, 228; *Zeißig/v. Keitz,* ZBR 2011,
119; EuGH, Entscheidung v. 20.1.2009, C 350/06 und C 520/06; OVG Münster, Urt. v.
16.10.2012, 6 A 1581/11). Für den Fall, dass in Folge einer Zurruhesetzung wegen dau-

ernder Dienstunfähigkeit Urlaubstage nicht mehr genommen werden konnten, haben einige Gerichte **Abgeltungsansprüche** von Beamten unter Limitierung auf die in der europäischen Richtlinie vorgesehene Mindesturlaubshöhe von vier Wochen bejaht (OVG Münster, Urt. v. 16.10.2012, 6 A 1581/11; VG Gelsenkirchen, Urt. v. 24.1.2011, 12 K 5288/09; VG Gelsenkirchen, Urt. v. 24.1.2011, 12 K 331/10; VG Düsseldorf, Urt. v. 4.8.2010, 13 K 8443/09; VG Düsseldorf, Urt. v. 25.6.2010, 13 K 696/10), andere haben dies wegen der Besonderheiten des Beamtenverhältnisses abgelehnt (VG Düsseldorf, Urt. v. 4.6.2010, 26 K 3499/09; VG München, Urt. v. 30.3.2011, M 5 K 10.1183; OVG Koblenz, Urt. v. 30.3.2010, 2 A 11321/09; 8656/09). Der **EuGH** hat durch Urteil vom 3.5.2012 (Neidel/Stadt Frankfurt a.M.) die Frage dahingehend entschieden, „dass ein Beamter bei Eintritt in den Ruhestand Anspruch auf eine finanzielle Vergütung für bezahlten Jahresurlaub hat, den er nicht genommen hat, weil er aus Krankheitsgründen keinen Dienstgeleistet hat." (EuGH, NVwZ 2012, 688 mit Anm. von *Stiebert/Pötters,* NVwZ 2012, 690 ff. – Vorlagebeschl. VG Frankfurt, ZBR 2011, 66; vgl. dazu *Thüsing/Stiebert,* ZESAR 2011, 24; OVG Münster, Urt. v. 16.10.2012, 6 A 1581/11). Die Anspruchsentstehung ist nicht mit einer bestimmten Form der Beendigung des Dienstverhältnisses verknüpft, entsteht also z.B. sowohl bei Erreichen der normalen gesetzlichen Altersgrenze als auch bei einer Pensionierung wegen Dienstunfähigkeit. Das OVG Münster folgt in Entscheidungen vom 16.10.2012 und 24.9.2012 ausdrücklich der Rechtsprechung des EuGH und geht bei der Fallkonstellation von einem entsprechenden **Abgeltungsanspruch hinsichtlich des krankheitsbedingt nicht genommenen Mindestjahresurlaubs** aus (OVG Münster, Urt. v. 16.10.2012, 6 A 1581/11; OVG Münster, B. v. 24.9.2012, 6 A 1505/10; OVG Münster, B. v. 24.7.2012, 6 A 1738/10, IÖD 2012, 202; s.a. OVG Bremen, ZBR 2012, 411). Das BVerwG hat in einem Urteil vom 31.1.2013 ebenfalls derartige Abgeltungsansprüche bejaht (BVerwG, Urt. v. 31.1.2013, 2 C 10.12; vgl. dazu § 73 Rn. 5). Der Anspruch auf finanzielle Vergütung für den krankheitsbedingt vor dem Ausscheiden aus dem Dienst nicht genommenen Jahresurlaub ist insofern begrenzt auf die Mindesturlaubshöhe und wird unmittelbar aus Art. 7 Abs. 1 RL 2003/88/EG abgeleitet (OVG Münster, B. v. 24.7.2012, 6 A 1738/10; BVerwG, Urt. v. 31.1.2013, 2 C 1012; s.a. OVG Bremen, ZBR 2012, 411). § 71 Satz 2 hat in Reaktion auf die Rechtsprechung u.a. auch derartige Abgeltungsansprüche zum Gegenstand. Die Landesregierung wird dort autorisiert durch Rechtsverordnung u.a. Einzelheiten der Urlaubsgewährung, aber auch den Umfang einer Abgeltung zu regeln (vgl. dazu § 71 Rn. 5). Ein wegen Krankheit nicht mehr genommener **Schwerbehindertenzusatzurlaub** (§ 125 SGB IX) ist in dem Kontext nicht vom Dienstherrn finanziell abzugelten (OVG Münster, B. v. 13.9.2012, 6 A 489/11; OVG Münster, B. v. 22.8.2012, 1 A 2122/10 – vgl. dazu *v. Roetteken,* jurisPR-ArbR 23/2012 Anm. 1; OVG Münster, NVwZ-RR 2012, 900).

6 An das **Ende des Beamtenverhältnisses** knüpft das LBG weitere Folgen wie z.B. die Beendigung von mit dem Amt verbundener Nebentätigkeit (Nebenämter und Nebenbeschäftigungen), die dem Beamten im Kontext mit seinem (früheren) Hauptamt übertragen worden waren oder die er auf Verlangen, Vorschlag oder Veranlassung seiner dienstvorgesetzten Stelle übernommen hatte, § 56. Im Einzelfall kann anderes bestimmt werden; es kann ein dienstliches Interesse an einer (temporären) Weiterführung des Amtes durch den pensionierten Beamten bestehen. Bestimmte **Rechte und Pflichten** bestehen auch **im Ruhestandsverhältnis.** So legt z.B. § 45 Satz 1 BeamtStG (Fürsorge) ausdrücklich fest, dass der Dienstherr für das Wohl der Beamten und ihrer Familien „auch für die Zeit nach Beendigung des Beamtenverhältnisses zu sorgen" hat. § 86 Abs. 1 gibt dem Beamten „auch nach Beendigung des Beamtenverhältnisses" ein Recht auf Einsichtnahme in seine vollständigen Personalakten. Er hat nach Eintritt in den Ruhestand auf Antrag Anspruch auf ein Dienstzeugnis über die Art und Dauer der von ihm bekleideten Ämter, § 92 Abs. 3 Satz 1. Die alte Amtsbezeichnung darf mit dem Zusatz „außer Dienst (a.D.)" weitergeführt werden, § 77 Abs. 3 Satz 1; für Professoren gilt mit § 123 Abs. 4 eine Sonderregelung, wonach sie ihre Amtsbezeichnung im Rahmen von § 77 Abs. 3 und 4 ohne Zusatz weiterführen dürfen. Für die Ruhestandsbeamten gilt die

Pflicht zur **Amtsverschwiegenheit** (§ 37 Abs. 1 Satz 2 BeamtStG) und die Pflicht, auf Verlangen des Dienstherrn oder des letzten Dienstherrn amtliche Schriftstücke, Zeichnungen, bildliche Darstellungen sowie Aufzeichnungen jeder Art über dienstliche Vorgänge (auch Kopien) herauszugeben (§ 37 Abs. 6 BeamtStG). Ferner haben sie nach § 41 BeamtStG, die sich speziell auf Ruhestandsbeamte und frühere Beamte mit Versorgungsbezügen beziehende Pflicht, bestimmte Tätigkeiten nach Beendigung des Beamtenverhältnisses dem Dienstherrn anzuzeigen (vgl. auch § 52 Rn. 4f.). Der Dienstherr hat diese ggf. zu untersagen (§ 41 Satz 2 BeamtStG). Das **Verbot der Annahme von Belohnungen, Geschenken und sonstigen Vorteilen in Bezug auf das Amt** gilt als nachwirkende Dienstpflicht „auch nach Beendigung des Beamtenverhältnisses" (§ 42 Abs. 1 Satz 1 2. Halbs. BeamtStG). Sog. **„Dankeschön-Vorteile"** an ehemalige Beamte sollen verhindert bzw. als Pflichtenverstoß markiert werden, um so Umgehungstatbestände zu vermeiden (*Kohde* in v. Roetteken/Rothländer, § 42 BeamtStG Rn. 12; vgl. zum beamtenrechtlichen Verbot der Vorteilsannahme ausführlich *Schrapper,* DÖD 2012, 49). Unzulässige Zuwendungen könnten sonst beamtenrechtlich sanktionslos in den Zeitraum nach Beendigung des Beamtenverhältnisses verlagert werden (*Kohde* in v. Roetteken/Rothländer, § 47 BeamtStG Rn. 40). Für aus dem Dienst ausgeschiedene Beamte kommt eine Zustimmung zur Annahme von Belohnungen und Geschenken nur in Betracht, wenn hierbei der Schutzzweck des gesetzlichen Verbotes nicht tangiert wird (BVerfG, NVwZ 2000, 820; *Reich,* § 42 BeamtStG Rn. 8). Es gilt dabei allgemein ein strenger Maßstab. Ein schuldhafter Verstoß gegen die §§ 37, 41 und 42 BeamtStG ist bei Ruhestandsbeamten gemäß § 47 Abs. 2 Satz 1 BeamtStG ein Dienstvergehen, das auch disziplinarrechtlich unter Berücksichtigung der bei Ruhestandsbeamten nur eingeschränkt möglichen Disziplinarmaßnahmen (§ 5 Abs. 2 LDG) geahndet werden kann. Gleiches gilt, wenn sich Ruhestandsbeamte gegen die freiheitlich demokratische Grundordnung betätigen oder an Bestrebungen teilnehmen, die darauf abzielen den Bestand oder die Sicherheit der BRD zu beeinträchtigen, § 47 Abs. 2 Satz 1 BeamtStG. Von der nach § 47 Abs. 2 Satz 3 BeamtStG den Ländern eingeräumten Möglichkeit, durch Landesrecht weitere Handlungen festzulegen, die bei Ruhestandsbeamten und früheren Beamten mit Versorgungsbezügen als Dienstvergehen gelten, hat NRW (bislang) nicht Gebrauch gemacht. Das vorliegende dienstrechtliche Instrumentarium des BeamtStG ist insoweit offensichtlich ausreichend.

§ 37 Einstweiliger Ruhestand

(1) **Die Landesregierung kann jederzeit in den einstweiligen Ruhestand versetzen**
1. **die Chefin der Staatskanzlei und Staatssekretärin oder den Chef der Staatskanzlei und Staatssekretär sowie Staatssekretärinnen und Staatssekretäre,**
2. **Regierungspräsidentinnen oder Regierungspräsidenten,**
3. **die Leiterin oder den Leiter der für den Verfassungsschutz zuständigen Abteilung,**
4. **die Regierungssprecherin oder den Regierungssprecher,**
5. **Polizeipräsidentinnen oder Polizeipräsidenten,**
soweit sie Beamtinnen oder Beamte auf Lebenszeit sind.

(2) **Für die in Absatz 1 bezeichneten Beamtinnen und Beamten entscheidet in den Fällen des § 12 Absatz 3, § 13 Absatz 2, § 14 Absatz 1 Satz 1, § 19 Absatz 5 an Stelle des Landespersonalausschusses die Landesregierung.**

Übersicht

I. Allgemeines

1 § 30 Abs. 1 BeamtStG legt unter **Durchbrechung des Lebenszeitprinzips** fest, dass Beamte jederzeit in den einstweiligen Ruhestand versetzt werden können, wenn von ihnen ein Amt bekleidet wird, bei dessen Ausübung bei ihnen eine fortdauernde Übereinstimmung mit den grundsätzlichen politischen Ansichten und Zielen der Regierung stehen muss. Es handelt sich um **sog. politische Beamte,** die an der **Schnittstelle zwischen Politik und Administration** arbeiten und in § 54 BBG so bezeichnet werden (krit. zum Institut politischer Beamter *Lindner,* Zur politischen Legitimation des Berufsbeamtentums, 2014, S. 13; Lindner, ZBR 2011, 150 u. *Franz,* ZBR 2008, 236; *Wickler,* ThürVBl. 2016, 29, 31–32; *Kugele,* ZBR 2007, 109; *Klieve,* VR 2003, 183; *Brinktrine,* RiA 2003, 15; *Grünning,* VR 1988, 80; vgl. zur Schnittstelle von Regierungsarbeit/Parteifunktion *Schwarz,* NWVBl. 2010, 172). Diesen Beamten kommt die sog. „Transformationsfunktion" zu, das heißt, dass sie im Rahmen der Gesetze entsprechend den Vorgaben der politischen Führung deren legitime Ziele in der Verwaltung umsetzen und die Verwaltung optimal arbeitsfähig erhalten (*Seeck* in MRSZ, § 30 BeamtStG Erl. 2.1; s. zu den grundlegenden Fragen/Problemen bei politischen Beamten *Jasper,* Religiös und politisch gebundene öffentliche Ämter, 2015; *Wickler,* ThürVBl. 2016, 29, 31–32; BVerwGE 52, 33, 35). Das Instrument der Versetzung solcher Beamter in den einstweiligen Ruhestand ermöglicht den politischen Entscheidungsträgern, mit einem Nachfolger eine vertrauensvolle Zusammenarbeit kurzfristig aufzunehmen und schützt sie „im Extremfall vor Obstruktion und Blockade" (*Oldiges/Brinktrine,* DÖV 2002, 944; s. a. *Brinktrine,* RiA 2003, 15). Jeder, der ein solches Amt übernimmt, tut dies freiwillig und in Kenntnis, dass er jederzeit in den einstweiligen Ruhestand versetzt werden kann (OVG Münster, ZBR 1994, 27; *Herrmann,* LKV 2012, 253, 254). Die Bestimmung, welche Ämter den Status „politischer Beamter" erhalten, ist dem Landesrecht vorbehalten (§ 30 Abs. 1 Satz 2 BeamtStG). Regelmäßig werden die Spitzenkräfte der Ministerien, politisch sensible Geschäftsbereiche und politisch wichtige Behörden erfasst (vgl. *Lindner,* ZBR 2011, 153). § 37 legt abschließend fest, welche politiknahen Ämter mit „bürokratischen Schlüsselfunktionen" (*Kugele,* ZBR 2007, 112) erfasst werden. Neben einer grundsätzlichen Kritik, die „politische Beamte als Systemfehler" ansieht (*Lindner,* ZBR 2011, 150; *Lindner,* Zur politischen Legitimation des Berufsbeamtentums, 2014, S. 13: „Mit der Politisierung auch der verbeamteten Leitungsstrukturen in einem Ministerium sind insgesamt Entprofessionalisierungstendenzen verbunden, die angesichts der komplexer werdenden Problem heute besonders prekär sind."), wird in der Literatur aktuell zu Recht die Frage einer (beschränkten) **Geltung des Leistungsprinzips für politische Beamte** intensiv problematisiert (*Franz,* ZBR 2008, 236; *Lindner,* ZBR 2011, 150; *Herrmann,* LKV 2012, 253). Angesichts der enormen gesellschaftlichen Herausforderungen, zu deren kompetenter Bewältigung der öffentliche Dienst in besonderem Maße berufen ist, bedarf es mehr denn je (auch fachlich) hochqualifizierter politischer Beamte. Rechtsprechung und h. M. bezweifeln die grundsätzliche Verfassungsgemäßheit und Berechtigung des etablierten Rechtsinstituts politischer Beamter bisher nicht (OVG Münster, NWVBl. 2004, 145 – bestätigt durch BVerwG, Buchholz 237.7 § 182 NWLBG Nr. 1; BVerfG, NVwZ 2003, 1506; BVerfGE 121, 205; vgl. zur Rechtspr. *Kugele,* ZBR 2007, 109; *PWLB,* § 36 BBG Rn. 3; *Seeck* in MRSZ, § 30 BeamtStG Erl. 2.1; *Battis,* § 54 BBG Rn. 2). Allerdings wird die zunehmende Politisierung fachlicher und rechtlicher Fragen über politische Beamte gerade im Bereich von Landesverwaltungen kritisiert (*Wickler,* ThürVBl. 2016, 29, 31). Das BVerfG hat allerdings entschieden, dass für dieses Rechtsinstitut nur der engste Kreis unmittelbarer Berater der Träger politischer Ämter in Betracht kommt, was man als gewisse Eingrenzung verstehen kann (BVerfGE, NVwZ 2008, 873; *Lindner,* Zur politischen Legitimation des Berufsbeamtentums, 2014, S. 13).

II. Die Festlegung der Ämter für politische Beamte

Neben den klassischen Ämtern (Chef der Staatskanzlei/Staatssekretäre) werden in § 37 **2** die Regierungspräsidenten, der Leiter der für den Verfassungsschutz zuständigen Abteilung des Innenministeriums, der Regierungssprecher und die Polizeipräsidenten als politische Beamte festgelegt. Für den Direktor des Landtags geschieht dies durch § 106 Abs. 2. Die Versetzungsmöglichkeit in den einstweiligen Ruhestand setzt das **Vorliegen eines Lebenszeitbeamtenverhältnisses** voraus, § 37 Abs. 1 letzter Halbs. (s. a. § 30 Abs. 1 Satz 1 BeamtStG). Sofern politische Beamte in einem Beamtenverhältnis auf Probe stehen, greift § 30 Abs. 2 BeamtStG (Dienstherr hat jederzeitiges Entlassungsrecht). Der **Katalog der politischen Beamten** in § 37 unterliegt im Grundsatz keinen rechtlichen Zweifeln (a. A. bezügl. Regierungspräsidenten: *v. Roetteken* in v. Roetteken/Rothländer, § 30 BeamtStG Rn. 52; s. a. *Lindner,* Zur politischen Legitimation des Berufsbeamtentums, 2014, S. 13; *Thiele,* DÖD 1986, 257, 263). Die Festlegung in § 37 Abs. 1 Satz 1 Nr. 5, dass **Polizeipräsidenten politische Beamte** sind, erscheint seit der **Entscheidung des BVerfG zu Führungsfunktionen auf Zeit** (§ 25a a. F.) allerdings nicht ganz zweifelsfrei. Das BVerfG sieht hiernach als politische Beamte nur solche an, die „dem engsten Kreis unmittelbarer Berater der Träger politischer Ämter" zuzuordnen sind (BVerfG, NVwZ 2008, 873). *Lindner* versteht dies als Einengung des Kreises der politischen Ämter und Verschärfung der Anforderungen an die Festlegung eines Amtes als politisches Amt (*Lindner,* ZBR 2011, 152). Als Konsequenz wird von ihm eine (deutliche) Zurückführung des Institutes politischer Beamter gefordert (*Lindner,* ZBR 2011, 152; *Lindner,* Zur politischen Legitimation des Berufsbeamtentums, 2014, S. 13). Schon vor der Entscheidung des Bundesverfassungsgerichts wurde von Teilen der Literatur angezweifelt, ob Polizeipräsidenten wirklich die Voraussetzungen für den Status als politische Beamte erfüllen, da sie nicht so eng der politischen Leitungsebene verhaftet seien (vgl. dazu *Lindner,* ZBR 2011, 160; vgl. auch *v. Roetteken* in v. Roetteken/Rothländer, § 30 BeamtStG Rn. 52; s. a. OVG Berlin-Brandenburg zur Einordnung des Generalstaatsanwalts als politischer Beamter, NVwZ 2003, 882: „Es fehlt an seiner Ansiedlung am direkten Übergang der politischen Instanzen zum Beamtenapparat."). Allerdings wurde und wird dabei teilweise verkannt, dass Polizeipräsidenten doch an einer kritischen **Schnittstelle mit politischem Impetus** arbeiten, weil sie **politische Vorgaben zur Sicherheitspolitik** in operatives Handeln umsetzen müssen (Transformationsfunktion) und hierfür das besondere Vertrauen der politischen Leitungsebene und deren Rückendeckung benötigen (vgl. auch *Herrmann,* LKV 2012, 253; *Seeck* in MRSZ, § 30 BeamtStG Erl. 2.3; vgl. auch die Antwort der Landesregierung auf Frage 3 der Kleinen Anfrage 506 – „Politische Polizeipräsidenten" in Nordrhein-Westfalen – LT-Drs. 16/1240: „Aus Sicht der Landesregierung ist die derzeitige Rechtslage im Hinblick auf die sensible Materie der Sicherheitspolitik und die damit erforderliche gesteigerte vertrauensvolle Zusammenarbeit der Polizeipräsidentinnen und – präsidenten mit dem Minister sachlich gerechtfertigt."; s. a. LT-Drs. 16/4834 – Beschlussempfehlung und Bericht zum dem Gesetzentwurf der FDP – LT-Drs. 16/2336 – „Gesetz zur Entpolitisierung der Polizei"). Berücksichtigt man zudem, dass der Rechtsstatus von Polizeipräsidenten als politische Beamte in NRW seit langem etabliert ist und willkürliche Absetzungen solcher Beamter nicht erkennbar stattgefunden haben, sprechen die gewichtigeren Gründe (noch) für eine Beibehaltung des Rechtsstatus auch dieser speziellen Beamtengruppe als politische Beamte. Ob eventuell zu einem späteren Zeitpunkt Polizeipräsidenten aus dem Katalog des § 37 Abs. 1 gestrichen werden sollten oder müssen, wird von der diesbezüglichen Entwicklung der Rechtsprechung abhängen, die – nicht zu Unrecht – allgemein ein verstärktes Unbehagen gegenüber zunehmend festzustellenden **Politisierungstendenzen der öffentlichen Verwaltung** äußert (BVerfG, NVwZ 2008, 873; *Wickler,* ThürVBl. 2016, 29, 31 ff.; *Lindner,* Zur politischen Legitimation des Berufsbeamtentums, 2014, S. 13; *Herrmann,* LKV 2012, 253).

III. Versetzung in den einstweiligen Ruhestand

3 Bei der Entscheidung zur Versetzung eines politischen Beamten in den Ruhestand hat die Landesregierung **einen weiten Ermessensspielraum,** der allerdings wegen des Gebots der pflichtgemäßen Ausübung des Rechts nicht eine gänzlich grundlose Versetzung bzw. eine Versetzung mit alleinigen Gründen außerhalb der Vertrauensaspekte in den einstweiligen Ruhestand erlaubt (vgl. OVG Münster, Urt. v. 9.10.1973, OVG I A 949/72 – bestätigt durch BVerwG, NJW 1977, 1355: Lebensalter nahe der gesetzlichen Altersgrenze ist für sich allein kein hinreichender Grund für Versetzung politischer Beamter in den einstweiligen Ruhestand). Es muss zumindest ein Umstand vorliegen, der es aus Regierungsicht als vertretbare Einschätzung erscheinen lässt, dass die **fortdauernde Übereinstimmung der Amtsführung mit der entsprechenden politischen Regierungsposition** nicht bzw. nicht mehr gegeben ist (vgl. dazu VGH Mannheim, B. v. 2.5.2016, 4 S 212/16). Die Einschätzungen der Landesregierung sind von Gerichten – soweit es überhaupt einmal zu Gerichtsverfahren kommt (VGH Mannheim, B. v. 2.5.2016, 4 S 212/16) – wegen der anerkannten **Einschätzungsprärogative** und des schwer fassbaren Tatbestands des Vertrauensverlustes nur sehr eingeschränkt überprüfbar (*Kugele*, ZBR 2007, 114; vgl. zur Relevanz uneingeschränkten Vertrauens der Führungsspitze bei einem ministeriellen Abteilungsleiterposten OVG Münster, DÖD 2006, 104; *Herrmann,* LKV 2012, 253). Der **Vertrauensverlust** ist im etwaigen Gerichtsverfahren in dem (nur) erforderlichen Maße zu substantiieren. Das OVG Münster hat die Rahmenbedingungen für die Ermessensentscheidung zur Versetzung in den einstweiligen Ruhestand wie folgt beschrieben (OVG Münster, NWVBl. 2004, 145 – bestätigt durch BVerwG, Buchholz 237.7 § 182 NWLBG Nr. 1; die Verfassungsbeschwerde wurde nicht angenommen, BVerfG, B. v. 8.5.2006, 2 BvR 1072/04; s.a. BVerwGE 19, 332): „Die Amtsführung der politischen Beamten soll in bestmöglicher fortdauernder Übereinstimmung mit den Zielen der ihnen übergeordneten politischen Staatsführung gehalten werden ... Deshalb bedürfen die politischen Beamten jederzeit des vollen Vertrauens ihrer „Vorgesetzten". Dieses Vertrauen kann bereits dann gestört sein, wenn der „Vorgesetzte" Zweifel daran hegt, dass die fachliche und persönliche Eignung des Beamten, seine Amtstätigkeit oder auch sein außerdienstliches Verhalten den höchstmöglichen Grad einer zielstrebigen, wirkungsvollen Zusammenarbeit im Sinne der von ihm verfolgten Politik gewährleistet. Solche Zweifel können auch durch Unwägbarkeiten veranlasst sein, die nicht stets genau zu umreißen sind und deren Offenlegung im Einzelnen nicht immer im Sinn der gesetzlichen Regelung liegt. Der einer Vertrauensstörung zu Grunde liegende Sachverhalt muss also nicht aufgrund tatsächlicher Umstände feststehen."

4 Demnach ist ein von der Landesregierung festgestellter Vertrauensverlust regelmäßig hinreichender, aber auch erforderlicher Grund für die Versetzung in den einstweiligen Ruhestand (vgl. insoweit auch VGH Mannheim, B. v. 2.5.2016, 4 S 212/16). Die **Übereinstimmung mit den politischen Ansichten und Zielen der Landesregierung** muss dabei allerdings nicht durchgängig vorhanden sein; § 30 BeamtStG spricht nur vom Erfordernis der „grundsätzlichen" Übereinstimmung mit den politischen Zielen und Anschauungen der Regierung. In der Praxis spielt aber diese Differenzierung überhaupt keine Rolle, da politische Differenzen in (wichtigen) Detailfragen von der Regierung als grundsätzliche Differenzen mit der Folge des Vertrauensverlustes gewertet werden können (vgl. dazu *Herrmann,* LKV 2012, 253; VGH Mannheim, B. v. 2.5.2016, 4 S 212/16). Das BVerfG betont allerdings völlig zu Recht, dass „auch kritische Beratung der Vorgesetzten" gerade an der **Schnittstelle Politik/Verwaltung** erforderlich ist (BVerfG, NVwZ 2008, 873, 875). Insofern sollte eine loyale kritische (Fach-)Position des politischen Beamten zu politisch relevanten fachlichen Detailfragen an sich nicht zu einem Vertrauensverlust führen (können), tut es aber leider in der Praxis in nicht wenigen Fällen durchaus. Ob es sich bei dem Beamten, der das Vertrauen verloren hat oder nicht mehr in hinreichendem Maße besitzt, um einen (vielleicht sogar herausragenden) Leistungsträger handelte, ist für die Frage der Rechtmäßigkeit der Versetzung in den einstweiligen Ruhestand irrelevant, da solche (an sich wichtige) Aspekte des Leistungsprinzips bei diesen besonderen Beamtenfunktionen von dem Vertrauensaspekt überlagert werden (krit. dazu *Lindner,* ZBR 2011, 155: „Marginalisierung des Leistungsprinzips"; s. a. auch *Herrmann,* LKV 2012, 253 ff.). Der Beamte kann das Vertrauen auch nicht allein (wieder-)herstellen; er ist darauf angewiesen, dass es ihm entgegengebracht wird (*Bracher,* DVBl 2001, 20). Lediglich im Falle evidenter Willkür, die nur ganz selten vorliegt bzw. nachweisbar ist, wird bei einem politischen Beamten ein Rechtsmittel gegen die Versetzung in den einstweiligen Ruhestand erfolgreich sein (vgl. dazu VGH Mannheim, B. v. 2.5.2016, 4 S 212/16).

Die Versetzung in den einstweiligen Ruhestand braucht nicht in besonderer Weise gegenüber dem Betroffenen begründet werden (vgl. *Kugele,* ZBR 2007, 114; BVerwG, ZBR 1992, 284). Die Verfügung braucht insofern auch nicht mit schriftlichen Gründen versehen zu werden, um wirksam zu sein (OVG Münster, Urt. v. 6.5.1998, 12 A 7633/95; *Herrmann,* LKV 2012, 253, 254). Sie spricht quasi für sich selbst, weil durch die Maßnahme erkennbar wird, dass das Vertrauensverhältnis nicht mehr in dem notwendigen Maße vorliegt (OVG Münster, Urt. v. 6.5.1998, 12 A 7633/95). Soweit davon ausgegangen wird, dass der Beamte vor der Versetzung auch nicht gehört werden müsse (*Kugele,* ZBR 2007, 114 unter Hinw. auf BVerwG, ZBR 1992, 284; a. A. *Seeck* in MRSZ, § 30 BeamtStG Erl. 2.6: grundsätzlich besteht Anhörungspflicht), ist dem nicht zu folgen. Ohne **Anhörung** kann die Landesregierung z. B. nicht hinreichend beurteilen, ob unbekannte und ganz ausnahmsweise relevante persönliche Interessen des Betroffenen in die Ermessensentscheidung einzubeziehen sind (vgl. *Battis,* § 54 BBG Rn. 9: Fürsorgepflicht bedingt Anhörung). Derartige individuelle Interessen dürften allerdings so gut wie kaum einmal bei politischen Beamten im Sinne einer rechtlich gebotenen Blockierung der Versetzungsentscheidung zum Tragen kommen (vgl. BVerwG, PersV 1983, 106; BVerwGE 19, 338; OVG Münster, ZBR 1994, 27). Das OVG Münster hat dazu ausgeführt: „Die einer Versetzung in den einstweiligen Ruhestand widerstreitenden persönlichen Interessen eines politischen Beamten sollen nämlich im Allgemeinen nur ausnahmsweise und überhaupt nur dann Bedeutung haben, wenn sie besonders schwer wiegen." (OVG Münster, NWVBl. 2004, 145 unter Hinw. auf BVerwGE 19, 333; BVerwG, PersV 1983, 106). Ein politischer Beamter weiß beim Dienstantritt, worauf er sich einlässt. Wenn die Versetzung in den Ruhestand vom Beamten gewünscht wird, weil er z. B. einer anderen Tätigkeit nachgehen will, ist die Ruhestandsversetzung ermessenswidrig, falls dem Wunsch unter Vorschiebung eines Wegfalls des Vertrauens Rechnung getragen würde (*Battis,* § 54 BBG, Rn. 8; *v. Roetteken* in v. Roetteken/Rothländer, § 30 BeamtStG Rn. 71–72; *Kugele,* ZBR 2007, 114; BVerwGE 123, 175; vgl. zur Frage eines Anspruchs politischer Beamter auf Versetzung in einstweiligen Ruhestand: *Götzkes,* DÖD 2009, 273).

Wenn es sich beim politischen Beamten um einen **Menschen mit Behinderung** handelt, gelten die normalen Beteiligungsvorschriften des SGB IX (vgl. *v. Roetteken* in v. Roetteken/Rothländer, § 30 BeamtStG Rn. 94; anders zur früheren Rechtslage noch BVerwG, PersV 1983, 106). Insofern hat die Landesregierung nach § 95 Abs. 2 SGB IX die Schwerbehindertenvertretung „unverzüglich und umfassend" über die geplante Maßnahme zu unterrichten und sie anzuhören. Der Schwerbehindertenvertretung ist Gelegenheit zur Stellungnahme zu geben; die Stellungnahme ist in den Willensbildungsprozess einzubeziehen. Es besteht aber keine Pflicht, ihr zu folgen (*Cramer/Fuchs/Hirsch/Ritz,* § 95 SGB IX Rn. 11). Dies wäre auch mit § 37 unvereinbar. Werden diese Unterrichtungs- und Anhörungsrechte verletzt und die Beteiligung nicht durchgeführt, ist die Versetzung eines politischen Beamten in den einstweiligen Ruhestand als Verwaltungsakt anfechtbar (vgl. dazu *Cramer/Fuchs/Hirsch/Ritz,* § 95 SGB IX Rn. 13).

IV. Auswahl politischer Beamter

7   Für die **Auswahl politischer Beamter** gilt im Grundsatz das für alle Beamte geltende allgemeine **Leistungsprinzip** (*Herrmann*, LKV 2012, 253; *Franz*, ZBR 2008, 236; *Franz*, *DÖV* 2009, 1141; *Lindner*, ZBR 2011, 154; *Schunke*, S. 189; *Bracher*, DVBl 2001, 21; BVerwGE 128, 329). Im Hinblick auf die **Sonderstellung politischer Beamter** ist aber das Leistungsprinzip in gewissem Maße durch das **Auswahlkriterium des Vertrauens** der amtierenden Regierung zwar nicht automatisch überlagert, aber jedenfalls nicht so zwingend prioritär in seiner Geltung wie bei normalen (Fach-)Beamten (a. A. *Franz*, DÖV 2009, 1142). Dies bedeutet, dass die zentralen „politischen" Kriterien für einen politischen Beamten bei der Auswahlentscheidung ganz besondere und ggf. bei grundsätzlich gleicher (fachlicher/persönlicher) Eignung von Bewerbern entscheidende Bedeutung haben (dürfen) (VG Köln, B. v. 12.8.1987, 15 L 1113/87; *Bracher*, DVBl 2001, 21). Die speziellen Eignungsanforderungen verlangen bereits im Besetzungsverfahren die Berücksichtigung des Vertrauens in die persönliche und politische Loyalität des potentiellen Kandidaten für das Amt (OVG Münster, B. v. 20.11.1998, 12 B 2446/98; BVerwGE 128, 329). In der Literatur wird dies wegen der Auswirkungen auf das beamtenrechtliche Leistungsprinzip zum Teil heftig – zum Teil auch zu heftig – kritisiert, wobei sich die Kritik in der Folge auch grundsätzlich gegen das an sich etablierte Institut des politischen Beamten als solches richtet (*Franz*, DÖV 2009, 1142; *Franz*, Dilettanten im Amt, 2007; *Lindner*, ZBR 2011, 154). Soweit vorgebracht wird, dass bei der Einstellung politischer Beamter die **parteipolitische Verlässlichkeit** die praktisch maßgebliche Rolle spiele, ist dies in gewisser Weise systemimmanent und als solches innerhalb gewisser Grenzen legitim (vgl. *Bracher*, DVBl 2001, 20; *Seeck* in MRSZ, § 30 BeamtStG Erl. 2.5). Es ist zu berücksichtigen, dass letztlich auch ein Minister die politische Verantwortung trägt, falls er einen „ungeeigneten Parteigenossen als politischen Transformator in ein Ministerium holt" (*Kugele*, DÖV 2007, 115). Das OVG Münster hat entschieden, dass der **Grundsatz der Bestenauslese bei der Beamtengruppe der politischen Beamten** von vorneherein **begrenzt** ist (OVG Münster, B. v. 20.11.1998, 12 B 2446/98). Entscheidend sei das Vertrauen der amtierenden Regierung, so dass auch der Leistungsstärkste rechtmäßig aus dem Bewerberkreis ausgeschieden werden könne, wenn er das Vertrauen der amtierenden Regierung nicht genieße. In solchen Fällen komme es – so das OVG Münster – nicht auf einen konkreten Leistungs- und Eignungsvergleich zu Mitkonkurrenten an. Ob das Vertrauen vorliege bzw. ein Vertrauensverlust einer Einbeziehung in den Bewerberkreis entgegenstehe, hänge insbesondere nicht von dem Vorhandensein nachweisbarer Pflichtverstöße des Betroffenen in der Vergangenheit ab (OVG Münster, B. v. 20.11.1998, 12 B 2446/98). Spiegelbildlich zum Versetzungsgrund des Wegfalls des Vertrauens in den bereits im Amt befindlichen politischen Beamten ist demnach schon bei der Einstellung das Vertrauen – unter gewisser (Teil-)Verdrängung der strikten Geltung des Leistungsprinzips – ein zulässiges Auswahlkriterium (OVG Münster, B. v. 20.11.1998, 12 B 2446/98; s. a. OVG Bremen, B. v. 27.7.2009, 2 B 166/09, NordÖR 2009, 364). Der Dienstherr ist aber selbstverständlich nicht von einer möglichst gründlichen allgemeinen Eignungsbewertung entbunden (*Bracher*, DVBl 2001, 21; *Herrmann*, LKV 2012, 253 ff.). Das BVerwG hat für den Bereich des § 50 Soldatengesetz entschieden, dass auch insoweit die Auswahl sich am Bestenausleseprinzip zu orientieren habe: „Objektive Defizite hinsichtlich der an Eignung, Befähigung und Leistung zu stellenden Anforderungen können nicht durch „politisches Vertrauen" kompensiert werden" (BVerwGE 128, 329; zustimmend *Herrmann*, LKV 2012, 253, 254). *Franz* vertritt die Ansicht, dass die Entscheidung auch für § 36 BBG und die landesrechtlich festgelegten politischen Beamten gelte (*Franz*, DÖV 2009, 1143; s. a. OVG Bremen, B. v. 27.7.2009, 2 B 166/09, NordÖR 2009, 364). Angesichts der **spezifischen Auswahlsituation im Soldatenbereich** (z. B. Vorliegen vergleichbarer Beurteilungen für potentielle politische Soldaten), ist die Einordnung der Entscheidung des BVerwG durch *Franz* nicht zwingend und der Beschluss nicht allgemein übertragbar. Allerdings hat sich z. B. das OVG Bremen bei einem Streit um die Besetzung des

Direktors bei der Bremischen Bürgerschaft bei der Betonung des Bestenausleseprinzips in Abgrenzung zum „politischen Vertrauen" ausdrücklich auf diese Entscheidung zu § 50 Soldatengesetz berufen (OVG Bremen, NordÖR 2009, 364). Es bleibt abzuwarten, ob das BVerwG Gelegenheit zur Klärung der Reichweite seiner Entscheidung erhält. Inhaltlich verdient die Kernaussage in der Entscheidung des BVerwG sicherlich Zustimmung.

Es gibt kaum **Konkurrentenklagen bei politischen Beamtenstellen**, da in solchen 8 Fällen regelmäßig kaum Erfolgsaussichten bestehen (Vertrauen ist nicht einklagbar). Hemmschwelle ist zudem, dass es aus Sicht einer Landesregierung regelmäßig bzw. immer als eine Art vertrauenszerstörender Akt gewertet werden dürfte, wenn überhaupt um eine solche Stelle geklagt wird. Selbst bei einer rechtlich „erzwungenen" Einstellung als politischer Beamter im Nachgang einer erfolgreichen Konkurrentenklage dürfte die zeitnahe Versetzung dieses Rechtsuchenden in den einstweiligen Ruhestand in der Praxis die naheezu unausweichliche Folge sein (vgl. dazu auch OVG Münster, B.v. 20.11.1998, 12 B 2446/98). Fälle einer rechtswidrigen Einstellungspraxis bei politischen Beamtenstellen unterliegen daher – kaum überraschend – so gut wie nie gerichtlicher Kontrolle (*Lindner*, ZBR 2011, 155; vgl. aber aus jüngster Zeit VG Berlin, B.v. 9.6.2011, 5 L 149.11; B.v. 7.12.2011, 5 L 335.11 – vgl. dazu ausführlich *Herrmann*, LKV 2012, 253). Dies sollte aber nicht als Freibrief missverstanden werden, sich bei solchen hohen Positionen bei der Auswahl im Einzelfall aus politischen Opportunitätsgründen zu sehr von leistungsbezogenen Gesichtspunkten zu lösen (vgl. auch die entsprechenden appellativen Ausführungen bei *Herrmann*, LKV 2012, 253 ff.).

V. Zuständigkeit der Landesregierung statt LPA

In § 37 Abs. 2 wird festgelegt, dass in bestimmten Fällen statt des an sich zuständigen 9 LPA die Landesregierung über Ausnahmen von den auch für politische Beamte geltenden Laufbahnvorschriften entscheidet. Dies entspricht der Sonderrolle dieser Beamtengruppe, bei der nach § 72 Abs. 1 Satz 2 Halbs. 2 Nr. 1 LPVG auch keine personalvertretungsrechtliche Mitbestimmung stattfindet. Die gesetzlich festgelegte Zuständigkeitsverlagerung auf die Landesregierung erstreckt sich auf die Feststellung der Befähigung anderer Bewerber (§ 12 Abs. 3) und Ausnahmen von der für andere Bewerber geltenden Mindestprobezeit (§ 13 Abs. 2). Auch Ausnahmen von dem Erfordernis, wonach eine Ernennung bei Begründung des Beamtenverhältnisses nur im Eingangsamt der Laufbahn zulässig ist (§ 14 Abs. 1 Satz 1), obliegen der Landesregierung. Ferner ist eine entsprechende Befugnis für Ausnahmen von den für Laufbahnbeamte und andere Bewerber geltenden Beförderungsgrundsätzen vorgesehen (§ 19 Abs. 5).

§ 38 Beginn des einstweiligen Ruhestands

[1]**Der einstweilige Ruhestand beginnt, wenn nicht im Einzelfall ausdrücklich ein späterer Zeitpunkt festgelegt wird, mit dem Zeitpunkt, in dem die Versetzung in den einstweiligen Ruhestand der Beamtin oder dem Beamten bekannt gegeben wird, spätestens jedoch mit dem Ende der drei Monate, die auf den Monat der Bekanntgabe folgen.** [2]**Die Verfügung kann bis zum Beginn des Ruhestands zurückgenommen werden.**

I. Beginn des einstweiligen Ruhestands

Nach § 30 Abs. 3 Satz 1 BeamtStG gelten für den einstweiligen Ruhestand die Vor- 1 schriften über den Ruhestand. Mit dem § 38 werden der **Beginn des Ruhestands** und die Rahmenbedingungen für eine Rücknahme einer entsprechenden Verfügung geregelt. Der einstweilige Ruhestand beginnt regelmäßig mit dem Zeitpunkt, zu dem die Versetzung in diesen Status dem Beamten mitgeteilt wird. Die Mitteilung erfolgt in Form der Verfügung der Landesregierung nach § 37, wobei § 105 (Zustellung) zu beachten ist. Sofern ein Zeitpunkt festgelegt wird, welcher den gesetzlichen Rahmen in § 38 Satz 1 von drei Monaten, die auf den Monat der Bekanntgabe folgen, überschreitet, ist er unwirksam (vgl. zu § 56 BBG *Battis,* § 56 BBG Rn. 2; *Tadday/Rescher,* § 38 LBG Erl. 2). Es fragt sich, ob dann das Konstrukt geltungserhaltender Reduktion anwendbar ist und eine Unwirksamkeit nur bezüglich des die Maximalgrenze überschreitenden Zeitraums angenommen werden kann oder ob man die Festlegung des „späteren Zeitpunkts" insgesamt als unwirksam erachtet und stattdessen den Zeitpunkt der Bekanntgabe als maßgeblich ansieht. Es erscheint vertretbar anzunehmen, dass in einem solchen Fall der einstweilige Ruhestand mit dem Ende der drei Monate beginnt, die auf den Monat der Bekanntgabe der Verfügung folgen (vgl. *Tadday/Rescher,* § 38 LBG Erl. 2).

II. Rücknahme der Versetzung in einstweiligen Ruhestand

2   Die Versetzungsverfügung kann nach § 38 Satz 2 bis zum Beginn des Ruhestandes zurückgenommen werden. Eine **Rücknahme** ist also nur möglich, wenn für die Versetzung ein späterer Zeitpunkt als die Bekanntgabe gegenüber dem Beamten festgelegt wurde. Fehlt eine ausdrückliche Zeitpunktbestimmung, ist der Bekanntgabezeitpunkt allein entscheidend, so dass die Verfügung mit der Bekanntgabe automatisch dauerhafte Wirkung entfaltet. Nachdem der Ruhestand begonnen hat, kann die Versetzung in den Ruhestand nicht nachträglich geändert werden, selbst wenn sich herausstellen sollte, dass die entsprechende Verfügung rechtswidrig ist. Die Vorschrift legt insofern – wie auch z. B. die gleichlautende Vorschrift des § 36 Abs. 1 Satz 2 – ab der verfügten Zurruhesetzung einen **Ausschluss der Anwendbarkeit der §§ 48, 49 VwVfG** fest; es liegt im Hinblick auf die beamtenrechtliche Spezialmaterie ein spezieller Fall der verwaltungsrechtlich vorgeschriebenen Bestandskraft vor (vgl. dazu *Kopp/Ramsauer,* § 48 VwVfG Rn. 43). Eine Vorschrift über die Versetzung in den Ruhestand, die als gesetzliche Sonderregelung eine Rücknahme der Verfügung nur bis zum Beginn des Ruhestands vorsieht, dient u. a. dem allgemeinen Interesse an der Rechtsbeständigkeit der statusrechtlichen Entscheidung und der Rechtsklarheit (OVG Lüneburg, B. v. 9.4.2008, 5 LA 177/07; BVerwG, ZBR 2008, 133). Eine einmal verfügte Versetzung des Beamten in den Ruhestand (auch den einstweiligen) soll nicht wieder in Frage gestellt werden und kann deshalb nicht nach den allgemeinen Vorschriften des Verwaltungsverfahrensgesetzes zurückgenommen oder widerrufen werden (OVG Lüneburg, B. v. 9.4.2008, 5 LA 177/07; BVerwG, ZBR 2008, 133; VG Düsseldorf, Urt. v. 16.1.2009, 13 K 6075/07 – bestätigt durch OVG Münster, ZBR 2011, 354; BVerwGE 19, 284; s. a. *Battis* § 56 BBG Rn. 3). Wer bestandskräftig z. B. in den vorgezogenen Ruhestand versetzt worden ist, kann nicht mehr erreichen, dass er im Wege einer Neubescheidung stattdessen in den einstweiligen Ruhestand versetzt wird (OVG Münster, ZBR 2011, 354). Auch eine Wiederaufnahme nach § 51 VwVfG scheidet aus (BVerwG, ZBR 2008, 133).

§ 39 Wiederverwendung aus dem einstweiligen Ruhestand

Nach Ablauf von fünf Jahren seit Beginn des einstweiligen Ruhestands ist eine erneute Berufung in das Beamtenverhältnis nur mit Zustimmung der Beamtin oder des Beamten zulässig, wenn sie oder er das 55. Lebensjahr vollendet hat.

1   § 39 trifft ergänzende Regelungen zu den §§ 30 Abs. 3 Satz 2, 29 Abs. 2 BeamtStG, die unter bestimmten Voraussetzungen die Möglichkeit der **Wiederverwendung eines Beamten** aus dem einstweiligen Ruhestand vorsehen (vgl. zur Wiederverwendung eines politischen Beamten im einstweiligen Ruhestand BVerwG ZBR 1985, 223). Der Beamte hat

sich der erneuten Berufung bzw. Reaktivierung zu stellen, wenn die entsprechenden Voraussetzungen erfüllt sind; das frühere Beamtenverhältnis gilt bei einer erneuten Berufung als fortgesetzt, § 30 Abs. 3 Satz 2 BeamtStG i. V. m. § 29 Abs. 6 BeamtStG. Nach § 30 Abs. 3 Satz 3 BeamtStG endet der einstweilige Ruhestand „bei erneuter Berufung in das Beamtenverhältnis auf Lebenszeit auch bei einem anderen Dienstherrn, wenn den Beamtinnen oder Beamten ein Amt verliehen wird, das derselben oder einer gleichwertigen Laufbahn angehört wie das frühere Amt und mit mindestens demselben Grundgehalt verbunden ist." Sofern die Voraussetzungen nach dem BeamtStG für eine Wiederverwendung vorliegen, kann der Dienstherr nach § 39 vor Ablauf von fünf Jahren seit Beginn des einstweiligen Ruhestands den Beamten unabhängig vom Alter – ausgenommen bei Erreichen der Pensionsgrenze – ohne seine Zustimmung wiederverwenden; danach ist dies nur mit dessen Zustimmung möglich, wenn er das 55. Lebensjahr vollendet hat. Soweit von *Tadday/Rescher* vertreten wird, dass im Rahmen des § 39 eine zustimmungsunabhängige erneute Berufung des Beamten in das Beamtenverhältnis innerhalb der fünf Jahresfrist nur bei unter 55-jährigen Beamten zulässig sei (*Tadday/Rescher*, § 39 LBG Erl. 1), findet dies im Gesetz keine Grundlage. Innerhalb der Frist von fünf Jahren seit Beginn des einstweiligen Ruhestands können vielmehr auch über 55-jährige Beamte, wenn sie nicht die maßgebliche Pensionsgrenze erreicht haben, erneut in das Beamtenverhältnis berufen werden. Wenn in den einstweiligen Ruhestand versetzte Beamte die **gesetzliche Altersgrenze** erreicht haben, gelten sie nach § 30 Abs. 4 BeamtStG als dauernd in den Ruhestand versetzt. Eine Wiederverwendung i. S. d. § 39 scheidet dann aus.

§ 40 Einstweiliger Ruhestand bei organisatorischen Veränderungen

[1]**Die Versetzung in den einstweiligen Ruhestand darf in den Fällen des § 31 des Beamtenstatusgesetzes nur innerhalb von sechs Monaten nach Inkrafttreten des Gesetzes oder der Verordnung ausgesprochen werden.** [2]**In dem Gesetz oder in der Verordnung kann ein anderer Zeitpunkt für den Beginn der Frist bestimmt werden.**

Die Vorschrift schafft mit der Anordnung einer Sechs-Monats-Frist eine durch § 31 Abs. 1 **1** Satz 2 BeamtStG explizit dem Landesrecht zur Regelung überlassene „zusätzliche Voraussetzungen" für personalwirtschaftliche Maßnahmen im Gefolge von Organisationsänderungen (vgl. OVG Münster, ZBR 2011, 208). Sie soll insbesondere dazu anhalten, die mit einer Umorganisation verbundenen Personalmaßnahmen zügig anzugehen. Die Fristvorgabe hat aber nicht notwendig den Charakter einer Ausschlussfrist (vgl. OVG Münster, a. a. O.). Allerdings hat der Landesgesetzgeber den von § 31 Abs. 1 Satz 2 BeamtStG für das LBG eröffneten Konkretisierungsspielraum bereits durch den mit der LBG-Novelle von 2009 neu gefassten § 26 genutzt (vgl. § 26 Rn. 1). Folglich ergeben sich insoweit redundante Normbefehle, ohne dass dabei ein eigener Regelungsbereich für § 40 erkennbar wäre.

§ 41 Voraussetzung für Eintritt in den Ruhestand

[1]**Für den Eintritt in den Ruhestand gelten die Vorschriften der §§ 27 bis 40.** [2]**Sind die Voraussetzungen des § 4 Absatz 1 des Landesbeamtenversorgungsgesetzes vom 14. Juni 2016 (GV. NRW. S. 310) in der jeweils geltenden Fassung nicht erfüllt, so endet das Beamtenverhältnis statt durch Eintritt in den Ruhestand durch Entlassung.**

Die nach Satz 1 für den Eintritt in den Ruhestand geltenden Vorschriften sind im We- **1** sentlichen die Regelungen zu den verschiedenen Fällen des Eintritts in den Ruhestand (Ruhestand wegen der Altersgrenze/einstweiliger Ruhestand/Ruhestand wegen Dienstunfähigkeit usw.). Wenn die **beamtenversorgungsrechtlichen Voraussetzungen für die Gewährung eines Ruhegehalts** im Einzelfall nicht eingreifen, endet das Beamtenverhältnis durch **Entlassung** (§§ 27, 28). Der § 4 Abs. 1 LBeamtVG bestimmt, dass ein Ruhegehaltsanspruch nur entsteht, „wenn der Beamte

1. eine Dienstzeit von mindestens fünf Jahren abgeleistet hat oder
2. infolge Krankheit, Verwundung oder sonstiger Beschädigung, die er sich ohne grobes Verschulden bei Ausübung oder aus Veranlassung des Dienstes zugezogen hat, dienstunfähig geworden ist."

2   Es handelt sich bei § 4 Abs. 1 Nr. 1 LBeamtVG um die **statusrechtliche Wartezeit,** die eine „Weichenstellung für den Wechsel vom Aktivdienstverhältnis in das Rechtsverhältnis des Ruhestandsbeamten" ist (vgl. *Summer,* ZBR 2007, 289, 291; grundlegend zur Wartezeit und Ruhestand *Baßlsperger,* ZBR 2013, 335; vgl. zur Wartezeitberechnung bei Teilzeitbeschäftigung OVG Münster, DÖD 2012, 225; *v. Roetteken,* jurisPR-ArbR 30/2012 Anm. 6). Die Berechnung der ruhegehaltfähigen Dienstzeit richtet sich nach Maßgabe der §§ 6 ff. LBeamtVG. Wenn keiner der alternativen Tatbestände des § 4 Abs. 1 Nrn. 1 u. 2 LBeamtVG erfüllt ist, endet das Beamtenverhältnis ausweislich § 41 Satz 2 durch Entlassung (vgl. zu den versorgungsrechtlichen Folgen einer Entlassung VG Düsseldorf, Urt. v. 12.9.2011, 23 K 3310/09: kein Unfallruhegehalt). Es ist zweckmäßig, wenn sich eine Ernennungsbehörde bei Zweifeln über die Erfüllung der Wartezeit usw. vor einer Zurruhesetzung bzw. Entlassung mit der für die Versorgung zuständigen Behörde in Verbindung setzt, um eine Klärung herbeizuführen.

Abschnitt 5. Rechtliche Stellung im Beamtenverhältnis

§ 42 Fortbildung und Personalentwicklung

(1) **[1]Der Dienstherr fördert und entwickelt die Eignung, Leistung und Befähigung der Beamtinnen und Beamten auf der Grundlage von Personalentwicklungskonzepten. [2]Dabei sind die Grundsätze der interkulturellen Öffnung der Verwaltung und die Notwendigkeit, interkulturelle Kompetenzen zu entwickeln, in angemessenem Umfang miteinzubeziehen.**

(2) **Beamtinnen und Beamte sind verpflichtet, ihre Kenntnisse und Fähigkeiten zu erhalten und fortzuentwickeln und insbesondere an Fortbildungen in dienstlichem Interesse teilzunehmen.**

(3) **[1]Die Beamtinnen und Beamten haben einen Anspruch auf Teilnahme an für ihre berufliche Tätigkeit förderlichen Fortbildungsmaßnahmen, soweit dienstliche Belange nicht entgegenstehen. [2]Satz 1 gilt entsprechend für Beamtinnen und Beamte, die sich in Elternzeit befinden oder zur Betreuung von Kindern oder Pflege einer oder eines nach ärztlichem Gutachten pflegebedürftigen Angehörigen beurlaubt sind.**

(4) **[1]Die dienstvorgesetzte Stelle ist verpflichtet, ein Personalentwicklungskonzept zu erstellen und dies regelmäßig fortzuentwickeln. [2]Dies kann auch in Form einer Dienstvereinbarung geschehen.**

(5) **Die näheren Anforderungen an Personalentwicklungskonzepte und an Fortbildungsmaßnahmen können die Laufbahnverordnungen regeln.**

Übersicht

I. Allgemeines

Mit der neu gefassten Vorschrift – einschließlich der neuen Gesetzesüberschrift – will der **1** Gesetzgeber die herausragende Bedeutung von **Fortbildung und Personalentwicklung** unterstreichen. „Personalentwicklung" findet erstmals als Begriff und als Aufgabe dienstvorgesetzter Stellen Erwähnung im LBG. In der Literatur war schon seit langem beklagt worden, dass sich Personalentwicklung im Abseits dienstrechtlicher Reformüberlegungen befindet (vgl. *Lorse*, ZBR 2008, 145). In NRW hat insofern mit der Novelle eine dienstrechtliche „Nobilitierung der Personalentwicklung" stattgefunden (der Begriff stammt von *Lorse*, ZBR 2008, 157). Es handelt sich bei der „Personalentwicklung" nicht um einen Rechtsbegriff. Eine wirklich allgemeingültige Definition fachlicher Art hat sich für die (behördliche) „Personalentwicklung" noch nicht durchgesetzt (vgl. zur Begriffsbestimmung *Erdenberger/Klöker*, innovative Verwaltung 3/2016, 25, 26; *Lorse*, ZBR 2008, 145, 152 ff.). **Personalentwicklung** zielt aber anerkanntermaßen jedenfalls darauf ab, das Leistungs- und Lernpotenzial der Beamten zu erkennen, zu erhalten und – korrespondierend mit dem Verwaltungsbedarf – verwendungs- und entwicklungsbezogen zu fördern (vgl. zur Personalentwicklung durch modulare Qualifizierung in NRW *Wißmann/Idecke-Lux*, apf 2015, 1, 4; *Erdenberger/Klöker*, innovative Verwaltung 3/2016, 25, 26). In § 17 Abs. 4 Satz 2 und 3

LVO (Fortbildung und Personalentwicklung) heißt es: „Personalentwicklung zielt als systematischer Prozess darauf ab, die Kenntnisse und Fähigkeiten sowie das Leistungs- und Lernpotential der Beamtinnen und Beamten in Einklang zu bringen mit den Anforderungen und Bedarfen der Verwaltung. Vorgesetzte fördern die Beamtinnen und Beamten beim Erwerb, der Aufrechterhaltung und Weiterentwicklung ihrer dienstlichen Handlungsfähigkeit im Hinblick auf die Anforderungen der Verwaltung." Im Idealfall ist ein Personalentwicklungskonzept u. a. auch ein Baustein gegen Ämterpatronage und das „ancienniitätsorientierte Vordringen in einer Ämterlaufbahn" (*Lorse*, ZBR 2008, 152). Gleichzeitig ist ein solches Personalentwicklungskonzept Bestandteil einer lebensphasen- und familienorientierten Personalpolitik, die mit motivations- und leistungsfördernden Maßnahmen verknüpft ist und auch Verbindungslinien zum behördlichen Gesundheitsmanagement hat (§ 76). Die **Abgrenzung der Personalentwicklung zur Fortbildung** kann man in der Weise umschreiben, dass sich die Fortbildung als Subsystem der Personalentwicklung darstellt (*Meifert*, Strategische Personalentwicklung, S. 4). Nicht zuletzt kann eine vernünftige Personalentwicklung auch ein Mittel bzw. ein Baustein gegen das auch im öffentlichen Dienst vorzufindende Phänomen der sog. „inneren Kündigung" sein (vgl. zur inneren Kündigung und beamtenrechtlichen Einsatzklausel *Steiner*, ZBR 2013, 370).

2 Vor dem Hintergrund der Modernisierungsbestrebungen der öffentlichen Verwaltung und stetig steigenden fachlichen Anforderungen wird mit § 42 Abs. 2 das **Prinzip des lebenslangen Lernens** auch für den öffentlichen Dienst ausdrücklich perpetuiert (vgl. LT-Drs. 14/8176, S. 126; *Rescher*, apf 2009, 167, 170; vgl. zu § 61 Abs. 2 BBG OVG Münster, B. v. 10.1.2013, 1 B 1197/12). Dieses Prinzip ist besonders wichtig, weil der öffentliche Dienst durch starke Verminderung von Neueinstellungen verstärkt aus dem Bestand heraus lebt bzw. leben muss (*Schrapper*, Eildienst LKT NRW, Nr. 6/Juni 2011, S. 226 f.). Umso wichtiger ist neben einer „Bestandspflege" und Weiterentwicklung des Wissens sachgerechte Personalentwicklungskonzepte zu entwickeln, um den zunehmend komplexer werdenden Aufgaben des öffentlichen Dienstes und den Beschäftigteninteressen gleichermaßen gerecht werden zu können (vgl. auch *Gunkel/Hoffmann*, Beamtenrecht in Nordrhein-Westfalen, S. 351: „Die Fortbildung der Beamten steht in unauflöslicher Beziehung zu ihrer Leistungsfähigkeit, insbesondere ihrer Fähigkeit zu flexibler Reaktion auf neue Aufgabenstellungen…").

II. Grundpflichten des Dienstherrn, § 42 Abs. 1

3 Die Norm schreibt dem Dienstherrn vor, die Eignung, Leistung und Befähigung der Beamten auf der Grundlage von Personalentwicklungskonzepten zu fördern und zu entwickeln; § 42 Abs. 1 Satz 1. Die **Förderung der Fortbildung** entspricht auch seiner in § 45 BeamtStG festgehaltenen Fürsorgepflicht (*Reich*, DÖV 2015, 957, 959). Wie sich aus der Zusammenschau von § 42 Abs. 1 Satz 1 mit § 42 Abs. 4 ergibt, handelt sich insoweit nicht nur um einen reinen Programmsatz, sondern eine Rechtspflicht. Soweit es die Fortbildung als einen Teil von Personalentwicklungskonzepten betrifft, ist eine Pflicht des Dienstherrn zur Fortbildung seiner Beamten auch in § 17 LVO festgeschrieben. Dort werden auch die verschiedenen Fortbildungsinhalte und Fortbildungsanlässe detailliert aufgeführt (vgl. § 17 Abs. 1 LVO). Vorgesetzte sollen nach **§ 17 Abs. 3 S. 1 LVO** die dienstliche Fortbildung der Beamtinnen und Beamten unterstützen und deren Entwicklung in der Aufgabenwahrnehmung fördern. Dies gehört zum Anforderungsprofil von Führungskräften. Fortbildungsfragen sind auch ein Inhalt der regelmäßigen **Mitarbeitergespräche,** wie sie als Instrument des Personalmanagements in vielen Behörden eingeführt sind.

4 Der im Rahmen des Gesetzgebungsverfahrens hinzugekommene § 42 Abs. 1 Satz 2 (vgl. LT-Drs. 16/12136, S. 48) greift inhaltlich § 6 des Teilhabe- und Integrationsgesetzes NRW auf („Interkulturelle Öffnung der Landesverwaltung"). Wenn in Reaktion auf gesellschaftliche Entwicklungen z.B. das Ziel einer signifikanten Erhöhung des Anteils der Menschen

mit Migrationshintergrund im öffentlichen Dienst besteht (vgl. zu entsprechenden Möglichkeiten und Grenzen die aktuelle Darstellung von *Ziekow*, DÖV 2014, 765), ist es vom Gesetzgeber konsequent, beamtenrechtlich vorzugeben, die Themen **„interkulturelle Öffnung der Verwaltung und Entwicklung interkultureller Kompetenzen"** bei der Erstellung von Personalentwicklungskonzepten „in angemessenem Umfang" einzubeziehen. Hinweise zur Ausfüllung des Begriffs der „interkulturellen Kompetenz" können § 64 Nr. 8 LPVG und Äußerungen in der entsprechenden Kommentarliteratur entnommen werden (vgl. dazu *Wahlers*, ZTR 2012, 15, 20; vgl. zum Begriff *Klein/Lechtermann*, § 64 LPVG Rn. 5; *Welkoborsky u.a.*, § 64 LPVG Rn. 10; *Bülow*, § 72 LPVG, Rn. 44ff.; s.a. *Möltgen*, Pluralisierung erfordert interkulturelle Kompetenz, innovative Verwaltung, H. 11–12, 2009, 14ff.). § 2 des Teilhabe- und Integrationsgesetz NRW kann in dem Kontext ebenfalls zum Versuch der näheren Bestimmung des Begriffes der „interkulturellen Kompetenz" herangezogen werden (s.a. *Bülow*, § 72 LPVG, Rn. 45). Allerdings fragt es sich, ob es einer speziellen Verankerung der Thematik in § 42 wirklich bedurfte, da es in § 17 Abs. 6 LVO heißt: „In den Personalentwicklungskonzepten ist den Grundsätzen der interkulturellen Öffnung der Verwaltung Rechnung zu tragen." Ferner ist die „interkulturelle Kompetenz" als Inhalt von Fortbildungsmaßnahmen in § 17 Abs. 1 Satz 2 ausdrücklich vorgesehen. Bezüglich der Frage der interkulturellen Kompetenz als Auswahlkriterium bei Personalentscheidungen wird auf § 19 Rn. 45 verwiesen.

III. Pflicht des Beamten zur Fortbildung

Die Regelung in § 42 Absatz 2, welcher die Verpflichtung der Beamtinnen und Beamten enthält, ihre Kenntnisse und Fähigkeiten zu erhalten, fortzuentwickeln und insbesondere an Fortbildungen teilzunehmen, ist mit der Novelle nur sprachlich neu gefasst worden. Die **Fortbildungspflicht** ist für Beamte kein Novum, sondern ist eine immer schon bestehende **allgemeine beamtenrechtliche Pflicht** (*Reich*, DÖV 2015, 957, 958). Es ist ein hergebrachter Grundsatz des Berufsbeamtentums, dass sich Beamte ihrem Beruf mit vollem persönlichen Einsatz zu widmen haben. Hierzu zählt die möglichst permanente Sicherung des Einhaltens aktueller und sich fortentwickelnder beruflicher Standards, die (auch) durch Fortbildungen vermittelt werden. § 42 knüpft an § 34 BeamtStG an (*Schachel* in Schütz/Maiwald, § 42 LBG Rn. 1). § 34 BeamtStG beinhaltet eine Pflicht zur Teilnahme an Maßnahmen der Fortbildung und zum entsprechend engagierten (Lern-)Einsatz (*Reich*, § 34 BeamtStG Rn. 8; *Reich*, DÖV 2015, 957, 958; *Kohde* in v. Roetteken/Rothländer, § 34 BeamtStG Rn. 20; *Metzler-Müller* in MRSZ, § 34 BeamtStG Erl. 2; vgl. zum Begriff der Fortbildung ausführl. *Cecior* in CVLK, § 72 LPVG Rn. 1076–1077). Mit § 42 Abs. 2 wird die allgemeine Fortbildungspflicht landesrechtlich konkretisiert. Die Realisierung wird durch die LVO mit unterstützenden Maßnahme/Vorgaben flankiert, in dem z.B. festgelegt wird, dass bei der **Gestaltung der dienstlichen Fortbildungsmaßnahmen** die besondere Situation von Beamtinnen und Beamten mit Familienpflichten, mit Teilzeitbeschäftigung und Telearbeitsplätzen zu berücksichtigen ist (§ 17 Abs. 5 Satz 1 LVO). Für **Richter und Staatsanwälte** gibt es mit **§ 13 LRiStaG** eine spezielle Norm zur Fortbildungspflicht, die insoweit als lex specialis dem § 42 vorgeht (*Trierweiler/Baumanns*, NWVBl. 2016, 52, 54 – es besteht kein Rechtsanspruch auf Ausrichtung/Teilnahme an konkreter Fortbildung, vgl. *Trierweiler/Baumanns*, a.a.O., unter Hinw. auf die Gesetzesbegründung LT-Drs. 16/9520 S. 108). Der Dienstherr kann Beamte anweisen, an Qualifizierungsmaßnahmen teilzunehmen; er hat dabei einen großen Spielraum (OVG Münster, B. v. 10.1.2013, 1 B 1217/12). Nur wenn gesetzliche Vorgaben zum Zwecke der Qualifizierung nicht erfüllt werden – Erhaltung und Fortentwicklung der Kenntnisse und Fähigkeiten des Beamten – oder sachfremde Motive des Dienstherrn vorliegen (z.B. „Abstrafung" oder aus dem Dienst drängen des Beamten), beanstanden eingeschaltete Gerichte derartige Anweisungen (OVG Münster, B. v. 10.1.2013, 1 B 1217/12). Wird die Fortbildungspflicht i.S.d.

§ 42 Abs. 2 vom Beamten nicht erfüllt, kann dies disziplinarrechtlich geahndet werden und hat negative Auswirkungen auf die dienstliche Beurteilung nach § 92 LBG.

6 Unter die Fortbildungspflicht fällt z.B. eine Pflicht, sich kontinuierlich über neue Rechts- und Verwaltungsvorschriften zu informieren. Daneben sind **fachliche Fortbildungen** in speziellen Bereichen, die das jeweilige Amt prägen, ebenso zu absolvieren wie z.B. **allgemeine Fortbildungen** zu neuen Steuerungs- und Führungsmodellen. Gerade im technischen Bereich ist es wichtig, sich jeweils über den sich ändernden **Stand von Wissenschaft und Technik** kontinuierlich zu informieren, um z.B. als Beamter einer Überwachungsbehörde im Immissionsschutzbereich auf fachlich gleicher Augenhöhe Firmen zu begegnen. Man wird vom Beamten erwarten können, dass teilweise eine **Vor- und Nachbereitung des Lernstoffes** in der Freizeit erfolgt, wenn dies erforderlich ist, um die Lernziele zu realisieren. Die reine **passive Teilnahme an Fortbildungsmaßnahmen** – eine Beschränkung des Engagements auf die reine Anwesenheit („Fortbildung nach Vorschrift") – wird den Anforderungen des § 42 Abs. 2 an Beamte nicht gerecht (*Schachel* in Schütz/Maiwald, § 42 LBG Rn. 3; s.a. *Kathke*, ZBR 1999, 328, zur Pflicht versetzter Beamter zu Qualifizierungsmaßnahmen: „Er hat sich mit ernsthaftem Lerneifer, der auch Vor- und Nachbereitung in der Freizeit umfasst, an der Fortbildung zu beteiligen."; vgl. zu Fortbildungs- und Lernpflichten von Tarifbeschäftigten im öffentlichen Dienst *Richter/Garmisch*, DÖD 2012, 13 ff.). Die Fortbildung hat einerseits die Stoßrichtung, die Anpassung an neue und höhere berufliche Anforderungen zu ermöglichen und andererseits im Einzelfall Perspektiven für höherwertige Tätigkeiten in einem höheren statusrechtlichen Amt zu eröffnen. Daher sind Fortbildungen regelmäßig Basisbestandteile von **Personalentwicklungsprogrammen** und formalisierter Gesprächspunkt bei **Mitarbeitergesprächen**. Die Bedeutung von Fortbildungen spiegelt sich auch in **§ 11 LGG** („Fortbildung") wieder. Der Dienstherr hat für adäquate Fortbildungen zu sorgen (s. dazu § 17 Abs. 1 LVO), die sowohl Maßnahmen zur sog. **Anpassungsqualifizierung** als auch zur **Förderungsqualifizierung** umfassen (*Battis*, § 61 BBG Rn. 14; *Schnellenbach*, § 10 Rn. 25). Die Kosten sind vom Dienstherrn zu tragen (BVerwG, NVwZ 1993, 1194; *Reich*, DÖV 2015, 957, 959; vgl. zur Mitbestimmungspflicht bei Festsetzung abteilungsbezogener Fort- und Weiterbildungsbudgets OVG Münster, NWVBl. 2012, 479). Eine Rückzahlung von Fortbildungskosten bzw. Fortbildungskostenerstattung durch den Beamten – etwa bei einem vom Beamten gewollten Dienstherrnwechsel – sieht das LBG NRW nicht vor (vgl. dazu *Reich*, DÖV 2015, 957 – s. aber Art. 140 BayBG, Fortbildungskostenerstattung; s. zu Rückforderungsvereinbarungen mit Beamten BVerwG, NVwZ 1993, 1193 u. BVerwG, NVwZ 1993, 1194). Die Fortbildung kann über eigene Einrichtungen des Landes und über den „Einkauf" von Fortbildungsleistungen geeigneter privater Dienstleister erfolgen. Bei der Gestaltung der dienstlichen Fortbildungsmaßnahmen ist vom Dienstherrn die besondere Situation der Beamtinnen und Beamten mit Familienpflichten, mit Teilzeitbeschäftigung und Telearbeitsplätzen zu berücksichtigen (§ 17 Abs. 5 LVO).

7 Nach **§ 72 Abs. 4 Nr. 16 LPVG** besteht für den Personalrat hinsichtlich allgemeiner Fragen der Fortbildung und der Auswahl der Teilnehmer an Fortbildungsveranstaltungen ein Mitbestimmungsrecht (der Begriff der „allgemeinen Fragen" der Fortbildung ist weit auszulegen, vgl. *Cecior* in CVLK, § 72 LPVG Rn. 1080 m.w.N.; VG Düsseldorf, Beschl. v. 13.8.2015, 40 K 3717/14.PVL – s. dazu *Janssen*, jurisPR-ArbR 45/2015 Anm. 6; OVG Münster, PersV 2012, 430; *Neubert* u.a., § 72 LPVG, Erl. 4.16.1). Nicht darunter fallen „bloße fachliche Unterrichtungen zur Aufrechterhaltung des beruflichen Wissens und der praktischen Fertigkeiten im Interesse eines geordneten Dienstbetriebes" (*Welkoborsky* u.a., § 72 LPVG Rn. 157; BVerwG, PersR 1992, 147). Wenn ein Ministerium in einem Abstimmungsprozess mit einem privaten Seminaranbieter umfangreich Fortbildungsveranstaltungen auswählt, die es den Beschäftigten des nachgeordneten Geschäftsbereichs auf seine Kosten zur Teilnahme anbietet, indem diese Seminare mit dem Wappenzeichen des Landes gekennzeichnet werden („Wappenseminare"), ist dieser Auswahlvorgang nach einem Beschluss des VG Düsseldorf vom 13.8.2015 eine „allgemeine Frage der Fortbildung" und

mitbestimmungspflichtig (.VG Düsseldorf, Beschl. v. 13.8.2015, 40 K 3717/14.PVL – s. dazu Janssen, jurisPR-ArbR 45/2015 Anm. 6). Neben § 42 Abs. 2, der eine am aktuellen Amt orientierte Fortbildungspflicht festschreibt (*Schachel* in Schütz/Maiwald, § 42 LBG Rn. 5), gibt es weitere spezielle beamtenrechtliche Regelungen zu Qualifizierungspflichten. **§ 115 Abs. 3 Satz 2** sieht für polizeidienstunfähige Polizeivollzugsbeamte den Erwerb von Kenntnissen und Fähigkeiten für eine neue Laufbahn vor, um eine vorzeitige Zurruhesetzung zu vermeiden. Bei einer Versetzung in eine andere Laufbahn (§ 25 Abs. 2) ist ebenfalls die Teilnahme an Qualifizierungsmaßnahmen vorgeschrieben, wenn betroffene Beamte nicht auch die Befähigung für die andere Laufbahn haben, § 25 Abs. 4.

IV. Eingeschränkter Fortbildungsanspruch des Beamten

Die Pflicht des Beamten zur kontinuierlichen Fortbildung korrespondiert mit einem **8** erstmals in das LBG implementierten Anspruch auf Teilnahme an für die dienstliche Tätigkeit förderlichen Maßnahmen (§ 42 Abs. 3). Da ein unbeschränkter **Fortbildungsanspruch** aber sowohl im Hinblick auf die Kosten als auch wegen der Abwesenheitszeiten vom Arbeitsplatz beim Dienstherrn zu Problemen führen würde, steht der Fortbildungsanspruch unter dem Vorbehalt, dass **dienstliche Belange nicht entgegenstehen,** § 42 Abs. 3 letzter Halbs. Zu diesen entgegenstehenden dienstlichen Belangen zählt u. a. auch die regelmäßige Begrenztheit der für Fortbildungen im jeweiligen Haushaltsjahr zur Verfügung stehenden Haushaltsmittel. Dies hat der Gesetzgeber ausdrücklich in der Gesetzesbegründung klargestellt (vgl. die Gesetzesbegründung LT-Drucks. 16/10380, S. 349). Der Fortbildungsanspruch ist aber auch noch in anderer Weise begrenzt. Ausweislich der Gesetzesbegründung ist der Erwerb ergänzender **Qualifikationen für die Wahrnehmung höher bewerteter Dienstposten** nicht von dem Fortbildungsanspruch umfasst (LT-Drucks. 16/10380, S. 349). Der Dienstherr kann aber natürlich gleichwohl im Einzelfall solche Fortbildungsmaßnahmen bewilligen, wenn er dies im Einzelfall als sinnvolle Förder- und Entwicklungsmaßnahme ansieht.

V. Pflicht zur Erstellung/Fortentwicklung von Personalentwicklungskonzepten

§ 42 Absatz 4 beinhaltet eine Verpflichtung der dienstvorgesetzten Stellen, ein Personal- **9** entwicklungskonzept zu erstellen und dies dann auch regelmäßig fortzuentwickeln (vgl. das Praxisbeispiel eines Personalentwicklungskonzeptes von *Schürmann/Herzig*, DÖD 2005, 49). § 17 Abs. 4 LVO enthält (Rahmen-)Vorgaben zu regelmäßigen Inhalten von Personalentwicklungskonzepten. Der Gesetzgeber geht bei Personalentwicklungskonzepten davon aus, dass ein Dienstherr dabei regelmäßig eine enge Abstimmung mit den Personalvertretungen suchen wird. Dies kann so weit gehen, dass in Dienststellen der Wunsch nach einem auch formal gemeinsam mit der Personalvertretung entwickelten und getragenen Konzept entsteht. Daher ist gesetzlich festgelegt, dass optional für ein Personalentwicklungskonzept auch die Form einer Dienstvereinbarung nach § 70 LPVG gewählt werden kann. Allerdings muss dann auch bei den vom Gesetzgeber geforderten Fortentwicklungen des Personalentwicklungskonzeptes immer mit dem damit verbundenen formalen Aufwand jeweils die Dienstvereinbarung modifiziert bzw. ergänzt werden. Die näheren Anforderungen an Personalentwicklungskonzepte (und Fortbildungsmaßnahmen) können die Laufbahnverordnung regeln, § 42 Abs. 5.

Bei der Erstellung von Personalentwicklungskonzepten ist zu berücksichtigen, dass die **10** Rechtsprechung in **Konkurrentenstreitverfahren** kritisch prüft, ob die Anforderungen aus solchen Konzepten auch in der Verwaltungspraxis – etwa bei der Erstellung von Anforderungsprofilen und bei der eigentlichen Auswahlentscheidung für Einstellungen und Beförderungen – auch wirklich immer konkret eingehalten wurden (OVG Münster, Beschl. v. 3.6.2015, 1 B 4/15; OVG Münster, Beschl. v. 13.5.2015, 1 B 67/15; VG Münster, Urt. v. 17.12.2013, 4 K 1228/12; VG Gelsenkirchen, Beschl. v. 2.2.2012, 1 L 1158/11). Geschieht dies nicht, kann eine Auswahlentscheidung genau aus diesem Grund wegen der **Selbstbindung der Verwaltung durch das Personalentwicklungskonzept** rechtswidrig sein. Die neugefasste Vorschrift des § 42, der die Entwicklung von Personalentwicklungskonzepten verlangt, kann also in der Praxis zu einer Erschwerung der ohnehin schwierigen Personalauswahlentscheidungen führen und (neue) juristische Fallstricke beinhalten (vgl. den Fall des VG Gelsenkirchen, Beschl. v. 2.2.2012, 1 L 1158/11). Dessen sollte man sich bewusst sein, wenn die genauen Inhalte eines Personalentwicklungskonzeptes festgelegt werden.

§ 43 Unterrichtung der Öffentlichkeit

Die Leitung der Behörde entscheidet, wer Auskünfte an die Öffentlichkeit erteilt.

Übersicht

I. Allgemeines

1   Behörden professionalisieren zunehmend ihre **Öffentlichkeitsarbeit,** um dem Bild bürgernaher/transparenter Verwaltung gerecht zu werden und die **Informationsbedürfnisse der Presse (Medien)** und der Öffentlichkeit zu befriedigen (vgl. *Blumenkamp,* ZfStrVo 2006, 283; *Weberling,* AfP 2003, 304; *Joerger,* BWVPr 1981, 284; *Schütz,* PersV 1971, 30; *ders.,* DÖD 1968, 205; s. aber *Wewer,* Allheilmittel Transparenz?, Verwaltung und Management 2014, 4 ff.). Der Öffentlichkeitsarbeit in unserer Mediengesellschaft sind u. a. durch das Verbot der **Öffentlichkeitsarbeit vor Wahlen** und z. B. den **Datenschutz/Persönlichkeitsschutz** (auch eigener Beamter) Grenzen gesetzt (vgl. BVerfGE 44, 125; VG Koblenz, LKRZ 2011, 155; VG Frankfurt, B. v. 21.7.2011, 8 L 1521/11.F; OVG Koblenz, NVwZ-RR 2000, 805; BVerwG, NJW 1996, 210 – unzulässige öffentl. Kritik eines NRW-Schulministers an einem Beamten – s. dazu *Hufen,* JuS 1997, 76; VG Frankfurt, B. v. 21.7.2011, 8 L 1521/11.F; vgl. auch den RdErl. d. MIK AZ.401-58.02.05 v. 15.11.2011 „Presse- und Öffentlichkeitsarbeit der Polizei Nordrhein-Westfalen", MBl. NRW 2012, S. 3; vgl. zur Öffentlichkeitsarbeit von Justizbehörden, *Pruggmayer/Möller,* Kommunikation und Recht 2011, 234 ff.). Behördenleitungen und Aufsichtsbehörden sind unverzüglich von fachlich zuständigen Beamten über (potentiell) besonders öffentlichkeitsrelevante Vorgänge – wie z. B. einer Gefangenenentweichung in einer JVA – vollständig und zutreffend zu informieren (OVG Münster, B. v. 30.7.2015, 6 A 1454/13: Rechtmäßiges Verbot der Führung der Dienstgeschäfte für JVA-Leiter wegen unzulänglicher Unterrichtung des Justizministeriums über Flucht eines Gefangenen). Mit der beamtenrechtlichen Vorschrift zur Unterrichtung der Öffentlichkeit wird kein Auskunftsanspruch der Presse und des Rundfunks begründet (*Schütz,* PersV 1971, 31). Dieser hat vielmehr seine Grundlage in den **§§ 4, 26 PresseG NRW** (vgl. dazu *Raabe,* Diss. 2010, S. 172 ff.; *Weberling,* AfP 2003, 304; vgl. zur strittigen Frage verfassungsunmittelbarer Auskunftsansprüche der Presse *Coester-Waltjen* in v. Münch/Kunig, Art. 6 GG Rn. 35 „Informationsanspruch" – siehe dazu auch BVerfG, Beschl. v. 27.7.2015, 1 BvR 1452/13; BVerwG, Urt. v. 20.2.2013, 6 A 2.12; ob nach § 4 I PresseG NRW Unterlagen herauszugeben sind, ist ungeklärt, vgl. OVG Münster, B. v.

21.8.2008, 8 B 913/08; siehe auch VG Düsseldorf, B. v. 4.8.2010, 26 L 1223/10 – Auskünfte zur Duisburger Loveparade). Die **Rechte der Medien** bestehen gegenüber Behörden als solche, nicht aber gegenüber einzelnen Beamten, die aus ihrer Funktion und Befassung mit einer Angelegenheit Auskunft geben könnten. Auskünfte scheiden aus, wenn z. B. **Vorschriften über die Geheimhaltung** entgegenstehen oder durch die Erteilung der eingeforderten Auskünfte ein **überwiegendes öffentliches oder ein schutzwürdiges privates Interesse** verletzt würde (§ 4 Abs. 2 Satz 2 u. 3. Alt. PresseG NRW). Geheimhaltungsvorschriften sind solche, die öffentliche Interessen schützen sollen und sich zumindest auch an auskunftsverpflichtete Behörden richten (OVG Münster, NVwZ-RR 2009, 635). Ein presserechtlicher **Anspruch auf die Bekanntgabe innerlich gebliebener Motive** von Amtsträgern für eine Verwaltungsentscheidung bzw. dienstliches Handeln oder Unterlassen besteht i. d. R. nicht (OVG Münster, NJW 1995, 2741).

Ob Medienvertretern neben presserechtlichen Ansprüchen als normale Bürger Rechts-   **2** ansprüche nach dem Informationsfreiheitsgesetz NRW (IFG NRW) auf Auskünfte und Einsicht in interne Behördenunterlagen vermittelt werden, ist umstritten (vgl. insoweit zum IFG Bund *Schoch,* § 1 IFG Rn. 60; vgl. zum aktuellen Meinungsstand *Schnabel,* NVwZ 2012, 854; *Püschel,* AfP 2006, 401, 407; zu Informationszugangsgesetzen *Schomerus/Tolknitt,* DÖV 2007, 985; *Fluck,* DVBl 2006, 1406; vgl. zum IFG NRW *Bischopink,* NWVBl. 2003, 245). § 4 Abs. 2 Satz 1 IFG NRW sieht vor, dass im Falle besonderer Rechtsvorschriften über den Zugang zu amtlichen Informationen – einschließlich einer Regelung zur Auskunftserteilung – diese den Vorschriften des IFG NRW vorgehen (vgl. *Franßen/Seidel,* § 4 IFG Rn. 526; *Raabe,* S. 207 ff.; VG Düsseldorf, B. v. 4.8.2010, 26 L 1223/10; offengelassen von OVG Münster, B. v. 21.8.2008, 8 B 913/08). Das OVG Münster hält die Vorschriften des Presserechts und des IFG NRW zwischenzeitlich offensichtlich für parallel anwendbar (OVG Münster, Urt. v. 9.2.2012, 5 A 166/19; s. a. *Schnabel,* NVwZ 2012, 854, 858; siehe in dem Kontext auch *Roth,* DÖV 2012, 717; s. zur verfassungsrechtlichen Ableitung von Auskunftsansprüchen der Presse gegenüber Behörden BVerwG, Urt. v. 20.2.2013, 6 A 2.12; offengelassen von BVerfG, Beschl. v. 27.7.2015, 1 BvR 1452/13; vgl. zum Schutz öffentlicher Belange nach § 6 Satz 1 Buchst. a) IFG NRW OVG Münster, NWVBl. 2015, 382). In der Praxis wäre einem Pressevertreter ohnehin über einen Strohmann ein Zugang zu amtlichen Informationen nach dem IFG NRW möglich.

II. Zuständigkeit der Behördenleitung für Auskünfte an die Öffentlichkeit

Die Vorschrift über die **Unterrichtung der Öffentlichkeit** legt fest, dass eine entspre-   **3** chende personelle Autorisierung durch die Behördenleitung erforderlich ist. Ein Dienstposteninhaber hat also nicht qua Funktion und Amt das Recht, sich an die Öffentlichkeit zu wenden, selbst wenn es sich um einen per se „öffentlichkeitswirksamen" (Fach-)Bereich handelt (*Schachel* in Schütz/Maiwald, § 43 LBG Rn. 1; vgl. zur Pflicht eines Beamten zu einem Interview VG Wiesbaden, Urt. v. 22.2.2012, 28 K 1361/10.WI.D). Da jede Äußerung und Auskunft eines Behördenbeschäftigten, die er in amtlicher Eigenschaft gegenüber der Öffentlichkeit abgibt, der Behörde zugerechnet wird, soll nach dem gesetzgeberischen Willen die Behördenleitung solche Auskünfte verantwortlich kanalisieren können. Dies gilt grundsätzlich für Auskünfte aller Art. § 43 ist im Zusammenhang mit den **Verschwiegenheitspflichten von Beamten** über dienstliche Angelegenheiten (§ 37 BeamtStG) zu sehen. Insoweit sind z. B. in Gerichtsverfahren Aussagegenehmigungen des Dienstherrn für Zeugenaussagen seiner Beamten notwendig (vgl. dazu ausführlich BGH, B. v. 31.5.2016, VI ZR 440/14; vgl. § 37 Abs. 3 BeamtStG). Unautorisierte Auskünfte an die Öffentlichkeit werden regelmäßig in Kollision mit diesen grundlegenden Pflichten geraten. Selbst offenkundige und nicht geheimhaltungsbedürftige Tatsachen i. S. d. § 37 Abs. 2 Nr. 2 BeamtStG dürfen von Beamten grundsätzlich nicht ohne spezielle oder allgemeine Genehmigung der Behördenleitung der Öffentlichkeit mitgeteilt werden, „weil der Beamte bei derartigen Auskünften seine amtliche Stellung ins Spiel brächte und dies der Behördenleitung oder der von ihr bestimmten Person überlassen soll" (*Schachel* in Schütz/Maiwald, § 43 LBG Rn. 1; *Schütz*, PersV 1971, 30; differenzierend *Battis*, § 70 BBG Rn. 3; vgl. zur disziplinarrechtlichen Relevanz eines Verstoßes ungenehmigter Öffentlichkeitsarbeit VG Hannover, B. v. 18.11.2010, 18 B 5173/10). Zur Öffentlichkeit zählen traditionelle Medien wie Presse, Funk und Fernsehen, aber auch Internetmedien (vgl. auch Ziff. 2.2 des RdErl. Presse- und Öffentlichkeitsarbeit der Polizei NRW v. 15.11.2011, MBl. NRW. 2012 S. 3; vgl. § 70 BBG: „Auskünfte an die Medien"). I. d. R. gibt es in Behörden eine Festlegung, wer der Presse usw. für Auskünfte zur Verfügung steht. **Pressesprecher** sind qua ihrer Funktion zu Auskünften autorisiert, was aber anderslautende Einzelfallanweisungen durch die Behördenleitung nicht ausschließt. Beamte, die unautorisiert Auskünfte über dienstliche Sachverhalte erteilen, begehen regelmäßig eine Dienstpflichtverletzung. Letztlich ist es eine Frage der jeweiligen Behördenkultur, ob und ggf. welchen Spielraum die Behördenleitung der Fachebene für Öffentlichkeitsarbeit einräumt. Auch an sich „unproblematische" Auskunftserteilungen über **offenkundige Tatsachen** bzw. solche, wo kein besonderes Geheimhaltungsbedürfnis besteht, können untersagt werden. Im Zweifel kann Beamten nur empfohlen werden, sich vor der Erteilung von Auskünften an Medien durch Einholung einer entsprechenden Genehmigung im Einzelfall oder für bestimmte Fallkonstellationen allgemein abzusichern. **Richter** dürfen trotz ihrer richterlichen Unabhängigkeit durch Dienstvorgesetzte auf die Beachtung der Schweigepflicht im Verhältnis zur Presse hingewiesen werden (BGH, DRiZ 1973, 281).

III. „Flucht in die Öffentlichkeit"

4   Sofern Beamte sich von sich aus wegen echter oder vermeintlicher Missstände in der Behörde ungenehmigt an die Öffentlichkeit wenden – sog. **Flucht in die Öffentlichkeit** – wird dies i. d. R. mit **§ 34 BeamtStG** kollidieren (BVerfGE 28, 191 – vgl. dazu *Carsten Bäcker*, Whistleblower im Amt, Die Verwaltung 2015, 499, 515; *Herold*, ZBR 2013, 8; *Tiedemann*, Der Anspruch des Beamten auf Schutz seiner Ehre durch den Dienstherrn, 2004, S. 311 ff.; *Richard Schmid,* JZ 1970, 686; BVerfGE, NVwZ 1990, 762; VGH Mannheim, NJW 1985, 1661; *Battis,* § 61 BBG Rn. 11; *Reich,* § 37 BeamtStG Rn. 3). Auch die **Verschwiegenheitspflicht nach § 37 BeamtStG** kann verletzt werden (vgl. dazu *Sandkuhl* in Hermanns/Sandkuhl, Beamtendisziplinarrecht – Beamtenstrafrecht, 2014, Rn. 98; s. a. § 353b StGB und § 37 Abs. 2 Satz 1 Nr. 3 BeamtStG). Der Beamte hat regelmäßig interne Möglichkeiten wie **Remonstrationen** (§ 36 Abs. 2 BeamtStG) oder die **Einschaltung von Gerichten**, um seine dienstlichen und persönlichen Belange zu verfolgen, (*Reich,* § 37 BeamtStG Rn. 3; *Battis,* § 71 BBG Rn. 3). Ferner gibt es die Möglichkeit der **Beschwerde nach § 103 Abs. 2.** Dem Beamten ist in aller Regel zuzumuten, zunächst diese innerhalb des Rechtssystems und des Behördenapparates liegenden Abhilfemöglichkeiten auszuschöpfen, bevor er ohne Genehmigung der Behördenleitung usw. die Öffentlichkeit bzw. Medien über die erkannten **Missstände in einer Behörde** oder in Bezug auf seine Person unterrichtet (BVerfGE 28, 191; s. zum internen Umgang mit Missständen OVG Münster, B. v. 7.5.2013, 1 A 1400/12). Sondersituationen, wo ein Beamter aus einer besonderen Verantwortungs- und Gewissenssituation heraus ausnahmsweise wegen übergeordneter öffentlicher Interessen bei gravierenden behördlichen Missständen zum sog. **Whistleblower** wird und auch werden „darf", sind durchaus denkbar bzw. nicht ausgeschlossen (BGH, NJW 2003, 979; *Bäcker*, Whistleblower im Amt, Die Verwaltung 2015, 499, 503, 515 ff. – s. dort auch die Nachweise in Fn. 68; grundlegend *Wickler*, Widerstand von Staatsdienern gegen Rechtsbruch in Verwaltung und Justiz, ThürVBl. 2016, 29 ff. u. 61 ff.; *Sandkuhl* in Hermanns/Sandkuhl, Beamtendisziplinarrecht- Beamtenstrafrecht, 2014, Rn. 98; *Herold*, ZBR 2013, 8; BGHSt 20, 342). Man denke hier z. B. an eine bewusste und massive Täuschung der Öffentlichkeit durch eine Behördenleitung/Ministerium in einer die Öffentlichkeit stark berührenden Angelegenheit mit hohem Gefährdungspotential für Menschen und demokratische/rechtsstaatliche Werte (Vertuschungsfall). Wenn ein Beamter dann in Befolgung seines „Gerechtigkeitsauftrags" (*Lindner,* ZBR 2016, 1) die viel (theoretisch) beschworene und für eine funktionierende Demokratie wichtige **persönliche Zivilcourage als Beamter** zeigt, in dem er nach erfolglosen internen Schritten die **Öffentlichkeit als Verbündeten** für das Hinwirken auf ein gesetzmäßiges/verfassungsmäßiges Verhalten gewinnen will, kann sein ungenehmigtes Vorgehen ausnahmsweise rechtmäßig bzw. nicht strafwürdig sein (BGH, NJW 2003, 979; *Bäcker,* Whistleblower im Amt, Die Verwaltung 2015, 499, 503, 515 ff. – s. a. die dortigen Nachweise in Fn. 68; *Wickler,* ThürVBl. 2016, 29 ff. u. 61 ff.; *Lindner,* ZBR 2016, 1; *Herold,* ZBR 2013, 8; BGHSt 20, 342). Ein verwaltungsexternes **Whistleblowing** kann allerdings als **ultima ratio** nur bei extremen Fallgestaltungen zulässig sein und ist mit hohen persönlichen Risiken für den Beamten belastet, weil eine Einschätzung eines komplexen Einzelfalls des Whistleblowing durch Verwaltungsgerichte, Disziplinargerichte oder Strafgerichte schwer prognostizierbar ist und differieren kann (vgl. dazu umfassend *Bäcker,* Die Verwaltung 2015, 499, 503, 515 ff.; *Herold,* ZBR 2013, 8, 1o: „Kommt einer Strafanzeige bereits ultima-ratio-Charakter zu, erfordert eine unmittelbare Einschaltung der Medien … besonders schwere Missstände in der Verwaltung in Form evidenter, besonders schwerer Verfassungsverstöße"; s. a. zum Whistleblowing als Teil des Compliance-Managements *Heuking,* innovative Verwaltung 4/2016, 11; BVerfGE 28, 191, 205). Allgemein ist ein „Widerstand" von Staatsdienern gegen Rechtsbruch in Verwaltung und Justiz wichtig, lässt sich aber regelmäßig in rechtskonformer Weise durch Remonstrationen etc. realisieren (vgl. zur Thematik den luziden Beitrag von *Wickler,* Thür.VBl. 2016, 29 ff. und Thür.VBl. 2016, 61 ff.). In seltenen Fällen kann es manchmal dann zu einem Mobbing gegenüber einem pflichtgemäß remonstrierenden Beamten führen. Dem ist entschieden – auch disziplinarrechtlich – entgegenzutreten, da Remonstrationen für den Rechtsstaat sehr wichtig sind und vom Dienstherrn besondere Fürsorge zu erwarten ist, wenn pflichtwidrig von einem Vorgesetzten die „unbequeme" Pflichterfüllung eines Beamten zum Anlass für gezielte Schädigungen seiner Person genommen wird (vgl. dazu *J.-M. Günther,* ZBR 2015, 404; s. zur Remonstrationspflicht *Lindner,* ZBR 2015, 412). Andererseits kann es auch zu unberechtigten Vorwürfen kommen, so dass der Betroffene wiederum gegen einen Denunzianten vorgehen will. Sofern ein Informant unzutreffende Angaben/Beschuldigungen leichtfertig oder sogar wider besseres Wissen gemacht hat, kann gegen den (ggf. gemeinsamen) Dienstherrn ein Anspruch auf Bekanntgabe des Denunzianten bestehen (*Sandkuhl* in Hermanns/Sandkuhl, Beamtendisziplinarrecht – Beamtenstrafrecht, 2014, Rn. 581–582; BVerwG, NJW 2003, 3217; vgl. zum gutgläubigen Anzeigenerstatter BVerfG, NJW 1987, 1229 und NJW 2001, 3474). Bei Beamten sind im Übrigen (verwaltungs-)politische Äußerungsrechte in der Öffentlichkeit allgemein durch die **Mäßigungs- und Zurückhaltungspflicht** beschränkt (vgl. dazu *Sieweke,* ZBR 2010, 157). Bezüglich des zulässigen Rahmens einer Kritik durch schriftstellerische Betätigung eines Beamten wird auf die Ausführungen bei § 51 verwiesen (§ 51 Rn. 3 a. E.).

IV. Schutz des Beamten vor der Öffentlichkeit

Auf der anderen Seite ist der Dienstherr verpflichtet, seine Beamten nicht ohne rechtfertigenden Grund öffentlich gegenüber der Presse zu kritisieren oder bloßzustellen (vgl. zu ehrverletzenden öffentlichen Äußerungen von Hoheitsträgern über Beschäftigte OVG Münster, Beschl. v. 20.11.2015, 6 A 1963/14; OVG Hamburg, DÖV 2014, 934; OVG Koblenz, NVwZ-RR 2000, 805). Ein Anspruch gegenüber dem Dienstherrn auf Abgabe einer öffentlichen „Ehrenerklärung" wird nur in seltenen Fällen vorliegen (OVG Hamburg, DÖV 2014, 934). Das Interesse an dem **Schutz der Vertraulichkeit von Personalakten und Personaldaten** kann einer Auskunft nach außen entgegenstehen (*Schnabel,*

5

NVwZ 2012, 856; VG Dresden, AfP 2009, 301; s.a. OVG Münster NWVBl. 2012, 480). Beamte haben einen **Anspruch auf Persönlichkeitsschutz** und **Rehabilitation,** falls ihr Dienstherr der Presse gegenüber sie betreffende Sachverhalte vorwerfbar falsch darstellt und sie unberechtigt negativ in die Öffentlichkeit stellt (vgl. dazu BVerfG, DVBl 2012, 99 m. Anm. *Koreng,* DVBl 2012, 102 ff.; VGH München, B. v. 19.7.2013, 3 ZB 08.2979: Kein Anspruch, wenn Beamter bereits durch ein stattgebendes Urteil in der Öffentlichkeit rehabilitiert wurde). Auch unter Zeitdruck und Druck der Öffentlichkeit ist der Dienstherr schon aus Fürsorgegründen gehalten, sich vorschneller öffentlicher Negativ-Bewertungen des dienstlichen Handelns oder Unterlassens von einzelnen Beschäftigten zu enthalten (*Koreng,* DVBl 2012, 102, 103; vgl. zur Prangerwirkung bei berufsbezogenen Medienveröffentlichungen *Frenz,* ZUM 2012, 282). Der Dienstherr darf aber sachlich und objektiv die Presse über ein (öffentlichkeitsrelevantes) Ermittlungsverfahren gegen einen Beamten informieren, um presserechtlichen Ansprüchen gerecht zu werden (*Metzler-Müller* in MRSZ, § 45 BeamtStG Erl. 3; s.a. OVG Lüneburg, DÖD 2013, 144). Aus Fürsorgegründen kann der Dienstherr im Einzelfall nach § 45 Satz 2 BeamtStG verpflichtet sein, einen Beamten gegen unberechtigte öffentliche Vorwürfe Dritter (einschließlich der Medien) in Schutz zu nehmen, wenn sie mit dem Dienst zusammenhängen (*Metzler-Müller* in MRSZ, § 45 BeamtStG Erl. 2.4 a. E. und Erl. 3 – die Pflicht ist aber natürlich nicht auf den Schutz vor unberechtigten öffentlichen Vorwürfen beschränkt, sondern kann auch im rein innerdienstlichen Bereich bestehen; siehe zu Schutzpflichten des Dienstherrn gegenüber seinen Beamten bei ansehensbeeinträchtigender Berichterstattung auch *Frenz,* ZUM 2012, 282 ff.; grundlegend: *Tiedemann*, Der Anspruch des Beamten auf Schutz seiner Ehre durch den Dienstherrn, 2004; VGH München, B. v. 26.3.2013, 3 CE 13.110). Insofern kann z.B. ein Dienstherr verpflichtet sein, mit einer **Presseerklärung** unwahren und ehrenrührigen Vorwürfen in den Medien bezüglich des Verhaltens eines im öffentlichen Dienst Beschäftigten entgegenzutreten und sich schützend vor diesen zu stellen (VGH München, B. v. 26.3.2013, 3 CE 13.110). Dieser Pflicht wird in der Praxis nicht immer hinreichend nachgekommen. Es ist allerdings zu beachten, dass es teilweise auch um höchstpersönliche Rechte geht, die ggf. (nur) von den Betroffenen selbst geltend gemacht werden können (vgl. dazu OVG Saarlouis, DÖD 2014, 39).

6   Die **Persönlichkeitsrechte von Beamten** und das Bestreben der Verwaltungen und Gerichte, serviceorientiert für den Bürger und die Öffentlichkeit zu arbeiten, können ferner durch das **Einstellen von Verwaltungsinformationen in das Internet** in Konflikt geraten (vgl. zur Frage eines Anspruchs auf Zugang zu Telefon- und E-Mail-Verzeichnissen von Behörden und Gerichten *Debus*, NJW 2015, 981; *Schoch*, § 5 IFG Rn. 98; *Schierbaum,* PersR 2010, 268; OVG Münster, NWVBl. 2015, 382; BVerwG, ZTR 2008, 406). Es ist aber in der modernen Informationsgesellschaft, deren Teil die Verwaltung ist, grundsätzlich zulässig und auch regelmäßig vorgesehen, dass eine Behörde den Namen von Beamten, Zuständigkeiten und deren dienstliche Erreichbarkeit im Internet zugänglich macht (BVerwG, ZTR 2008, 406 – kritisch dazu *Schoch*, § 5 IFG Rn. 98; OVG Koblenz, RiA 2008, 78; differenzierend *Debus*, NJW 2015, 981; *Guckelberger*, ZBR 2009, 332; *Battis*, § 71 BBG Rn. 2). Viele **behördliche Organisationspläne** sind zwischenzeitlich im Sinne der Bürgerfreundlichkeit online einzusehen. Der § 12 des IFG NRW bestimmt, dass Geschäftsverteilungspläne und Organigramme nach Maßgabe des Gesetzes allgemein zugänglich zu machen sind. Diese Daten unterfallen in der Regel nicht dem strengen Personalaktenrecht und Personaldatenschutz. Behördenbedienstete haben grundsätzlich keinen Anspruch darauf, von Publikumsverkehr und von der Möglichkeit, postalisch oder elektronisch von außen kontaktiert zu werden, abgeschirmt zu werden (VG Düsseldorf, Urt. v. 5.8.2014, 26 K 4682/13, BeckRS 2014, 54960; VG Leipzig, Urt. v. 10.1.2013, 5 K 981/11; a.A. VG Ansbach, Urt. v. 27.5.2014, AN 4 K 13.01194, BeckRS 2014, 52412; s. dazu m.w.N. *Debus*, NJW 2015, 981; *Schoch*, § 5 IFG Rn. 102 ff.). Etwas anderes gilt, wenn gewichtige legitime Interessen des Beamten – etwa **Sicherheits- und Fürsorgeaspekte** – gegen solche personalisierten Behördenauftritte im Internet sprechen und die administrativen Belange weniger gewichtig sind (BVerwG, ZTR 2008, 406; *Schoch*, § 5 IFG Rn. 106; *Debus*, NJW 2015, 981; *Guckelberger*, ZBR 2009, 332). Man hat z.B. das besondere Konfliktpotential der konkreten Tätigkeit – etwa bei Jobcentern – in die Abwägung zwischen Informations- und Geheimhaltungsinteressen einzustellen (vgl. dazu die umfassende Darstellung von *Debus*, NJW 2015, 981; vgl. zu den zunehmenden Konfliktsituationen und verbalen/körperlichen Angriffen auf Beschäftigte in Behörden *J.-M. Günther*, DVBl 2015, 1147; s.a. §§ 6, 9 IFG NRW; s. zu melderechtlichen Auskunftssperren für den Mitarbeiter eines Sozialreferates VGH München, Urt. v. 2.12.2015, 5 B 15.1423). Angesichts der zunehmenden Angriffe auf Behördenbedienstete können insofern bei bestimmten konflikträchtigen Institutionen Geheimhaltungsinteressen ein hohes Gewicht und Vorrang haben (vgl. dazu *J.-M. Günther*, a.a.O.; s.a. *Debus*, NJW 2015, 981; *Wirtz*, LKRZ 2015, 4 – zur Frage, ob Diensttelefonlisten eines Jobcenters geheim bleiben sollten). Das OVG Münster hat in einem Urteil vom 6.5.2015 einen auf das IFG NRW gestützten Anspruch eines Rechtsanwalts auf Zugang zur vollständigen Telefonliste eines Verwaltungsgerichts verneint (OVG Münster, NWVBl. 2015, 382). Das allgemeine Bekanntwerden der Durchwahlnummern von Richtern und die Möglichkeit zum ungefilterten Anrufen würde – so das OVG Münster – zu einer nicht hinnehmbaren, nachhaltigen Störung der richterlichen Arbeit und gerichtsintern vorgesehener Arbeitsabläufe führen (OVG Münster, a.a.O.). Soweit ein Beamter in seinem kleinen, privaten Kreis von dienstlichen Angelegenheiten berichtet, ist dies keine verbotene „Unterrichtung der Öffentlichkeit" i.S.d. § 43, unterliegt aber natürlich den Beschränkungen/Verboten des § 37 BeamtStG (Verschwiegenheitspflicht).

§ 44 Aufenthalt in der Nähe des Dienstortes

Wenn besondere dienstliche Verhältnisse es dringend erfordern, kann die Beamtin oder der Beamte angewiesen werden, sich während der dienstfreien Zeit erreichbar in der Nähe seines Dienstortes aufzuhalten.

I. Residenzpflicht in Dienstortnähe

Ein Beamter hat **keine allgemeine Pflicht zur Wohnsitznahme am Dienstort** (*Battis*, § 72 BBG Rn. 2; BVerwG, DVBl 1991, 646). Aus § 44 geht im Gegenschluss der an sich selbstverständliche Grundsatz hervor, dass ein Beamter nach Erfüllung seiner Dienstpflichten in der ihm verbleibenden dienstfreien Zeit in seiner Entscheidung über seinen Aufenthaltsort frei ist. Dies ist Ausfluss der Grundrechte auf freie Entfaltung seiner Persönlichkeit (Art. 2 Abs. 1 GG) und auf Freizügigkeit (Art. 11 GG). Der Beamte braucht **in der Freizeit** nicht am Dienstort oder Wohnort zu sein, sondern hat die Handlungsfreiheit, einen Ort seiner Wahl aufzusuchen, der auch weiter entfernt sein kann. Wenn es „besondere dienstliche Verhältnisse dringend" erfordern, autorisiert aber die Vorschrift den Dienstherrn, einen Beamten anzuweisen, sich während seiner dienstfreien Zeit erreichbar **in der Nähe seines Dienstortes** aufzuhalten. Sein prinzipieller Freiraum unterliegt insoweit der Reglementierungsoption des Dienstherrn. Als beamtenrechtliche Residenznormen, die **eine befristete Beschränkung der Bewegungsfreiheit** der betroffenen Beamten **während ihrer Freizeit** ermöglichen, sind sie mit Art. 11 GG vereinbar (*H. Günther*, ZBR 1993, 236). **1**

II. Rufbereitschaft

Mit der Präsenzpflicht ist eine **Rufbereitschaft** verbunden, die in ihrer Eigenart und Intensität hinter einer Heranziehung zum Bereitschaftsdienst, der regelmäßig mit einem Aufenthalt in der Dienststelle verbunden ist, zurücksteht (vgl. zur Abgrenzung Rufbereit- **2** schaft/Bereitschaftsdienst VG Düsseldorf, Urt. v. 20.8.2015, 26 K 3505/14; BVerwG, NVwZ-RR 2009, 525; VG Wiesbaden, NVwZ-RR 1999, 597; BVerwGE 59, 176; zu Präsenzpflichtanordnungen *Weiß,* RiA 1975, 8). Für **Polizeivollzugsbeamte** gibt es auf der Basis des **§ 110 Abs. 3** spezielle Regelungen zur Arbeitszeit, einschließlich Rufbereitschaft. Rufbereitschaft ist arbeitszeitrechtlich Ruhezeit (§ 6 Abs. 2 AZVO – vgl. dazu VG Düsseldorf, Urt. v. 20.8.2015, 26 K 3505/14; vgl. dazu *Wahlers,* ZTR 2010, 343; BVerwG, ZBR 1987, 356; BVerwG, ZfPR 1989, 44). Erfolgt aus der Rufbereitschaft heraus eine Dienstaufnahme, wird diese Zeit (natürlich) als Arbeitszeit gewertet (§ 6 Abs. 2 Satz 1 AZVO). Bei der Rufbereitschaft ist es Beamten regelmäßig möglich, innerhalb der sich aus der geforderten **Dienstortnähe des Aufenthalts** ergebenden räumlichen Grenzen Freizeitinteressen nachzugehen, so das in die individuelle Lebensführung relativ wenig eingegriffen wird (BVerwGE 59, 176). Die Frage der **Erreichbarkeit in der Nähe des Dienstortes** bestimmt sich dabei nicht nur rein räumlich, sondern z.B. auch nach den Verkehrsverhältnissen (verkehrliche Anbindung) usw. (*H. Günther,* ZBR 1993, 235). Der Beamte kann innerhalb des Rahmens der Erreichbarkeit den Aufenthaltsort frei wählen und wechseln, wenn er auf Abruf alsbald den Dienst aufnehmen kann. Die kommunikative Erreichbarkeit wird i.d.R. durch das Mitführen eines (Dienst-)Handys gewährleistet. Die Rufbereitschaftszeit wird zu einem Achtel durch Dienstbefreiung zu anderer Zeit ausgeglichen, wobei die Rufbereitschaft für Polizeibeamte und ihre Folgen nach § 110 Abs. 3 Nr. 3 in einer speziellen **Arbeitszeitverordnung** geregelt werden (zur finanziellen Abgeltung von Ausgleichsansprüchen vgl. VG Minden, Urt. v. 19.4.2010, 4 K 3173/08). Wenn besondere dienstliche Verhältnisse eine Anordnung der Rufbereitschaft erfordern, steht deren Anordnung im Ermessen des Dienstherrn (OVG Münster, NVwZ 1984, 53; vgl. VG Karlsruhe, Urt. v. 22.1.2001, 12 K 2578/00). Er ist gehalten, im Rahmen der Ermessensausübung unter Berücksichtigung der besonderen dienstlichen Verhältnisse die Eingriffe in die Gestaltung der Freizeit des oder der Beamten im geringst möglichen Rahmen zu halten und jeweils die Verhältnismäßigkeit zu prüfen (VG Karlsruhe, Urt. v. 22.1.2001, 12 K 2578/00). Die **Anordnung der Rufbereitschaft** kann sich z.B. auf einzelne Beamte, eine Gruppe von Beamten einer Dienststelle oder auf alle Beamten eines Verwaltungszweiges erstrecken (OVG Münster, NVwZ 1984, 53). Zwischen gleichermaßen geeigneten und zuständigen Beamten ist eine „sachgerechte, fürsorgeorientierte Auswahl" zu treffen (*H. Günther,* ZBR 1993, 235). Im Vorfeld haben betroffene Beamte grundsätzlich einen Rechtsanspruch, angehört zu werden (§ 28 VwVfG). Da es sich bei der Anordnung um einen Verwaltungsakt handelt, sind die Vorschriften des VwVfG anzuwenden (z.B. Begründungspflicht).

3   Wegen des Ausnahmecharakters ist die Anordnung der Rufbereitschaft nur begrenzt möglich und schließt eine dauerhafte Anordnung aus (*Battis,* § 73 BBG Rn. 3; s. aber OVG Münster, NVwZ 1984, 53). Im Übrigen muss eine konkrete Rufbereitschaftsregelung dem **Bestimmtheitsgebot** entsprechen (VG Karlsruhe, Urt. v. 22.1.2001, 12 K 2578/00: Unbestimmtheit einer Rufbereitschaftsregelung im Bereich der Feuerwehr für einen Beamten, sich „in einem räumlichen Bereich aufzuhalten, der es ihm ermöglicht, dass er spätestens 5 Minuten nach seiner Einsatzanforderung abfahrbereit ist"). Der Anordnung nach § 44 ist vom Beamten nachzukommen (§ 35 Satz 2 BeamtStG). Geschieht dies nicht oder nicht vollständig, kann dies zu disziplinarrechtlichen Konsequenzen führen. Gegen eine Anordnung nach § 44 kann einstweiliger Rechtsschutz beim Verwaltungsgericht beantragt werden und eine Klärung im Hauptsacheverfahren erfolgen. Ob gegenüber Beamten im Zwangsurlaub nach § 39 BeamtStG oder bei einer vorläufigen Dienstenthebung nach § 38 Abs. 1 LDG – etwa zur Sicherung der Vernehmungsmöglichkeit – eine Präsenzpflicht auf der Basis des § 44 verlangt werden kann, ist zweifelhaft (vgl. dazu *H. Günther,* ZBR 1993, 235).

III. Personalvertretungsrechtliche Fragen

Die Anordnung einer Präsenzpflicht nach § 44 ist – anders als eine Anordnung, welche **4** die Freiheit in der Wahl der Wohnung beschränkt (§ 72 Abs. 1 Nr. 11 LPVG) – nicht mitbestimmungspflichtig (vgl. *Cecior* in CVLK, LPVG, § 72 Abs. 1 Nr. 11 LPVG Rn. 389; *Bülow*, LPVG, § 72 LPVG Rn. 299; vgl. zur Frage der Mitbestimmung bei der Anordnung von Rufbereitschaft ausführlich *Wahlers*, PersV 2012, 332 ff.; s. a. VGH Kassel, PersV 2012, 182). Die Festlegung von **Grundsätzen für die Anordnung einer Rufbereitschaft und ihre Anordnung** dürfte nach geänderter Rechtsprechung des BVerwG mitbestimmungspflichtig sein (BVerwG, B. v. 4.9.2012, 6 P 10/11 – ArbRB 2012, 340 = PersR 2012, 464; *Bülow*, LPVG, § 72 LPVG Rn. 691; anders noch BVerwG, ZBR 1987, 346 und OVG Münster, B. v. 21.9.1987, CL 3/86; *Welkoborsky* u. a., § 72 LPVG Rn. 106; *Wahlers*, PersV 2012, 332, 337; *Wahlers*, ZTR 2010, 341).

§ 45 Dienstkleidung

[1] **Die Landesregierung erlässt die Bestimmungen über Dienstkleidung, die bei Ausübung des Amtes üblich oder erforderlich ist.** [2] **Sie kann die Ausübung dieser Befugnis auf andere Stellen übertragen.**

Übersicht

I. Zuständigkeit für Dienstkleidungsbestimmungen

Die Vorschrift regelt die **Zuständigkeit für Dienstkleidungsbestimmungen.** Sie be- **1** gründet außerdem die **Pflicht von Beamten** unter Einschränkung ihres Grundrechts auf freie Entfaltung der Persönlichkeit im Dienst **Dienstkleidung (oder eine Amtstracht) zu tragen** und dabei bestimmte Erscheinungsformen zu wahren (vgl. dazu BVerwG, NVwZ-RR 2014, 76; BVerwG, NVwZ-RR 2007, 781 zu § 84 BG RP – krit. wegen Einschränkung der Einschätzungsprärogative des Dienstherrn *Cecior* in CVLK, § 72 LPVG Rn. 980; BVerwG, Urt. v. 15.1.1999, 2 C 11/98; OVG Koblenz, Urt. v. 31.8.2011, 1 B 1413/11; OVG Koblenz, RiA 2006, 35; *J.-M. Günther*, NWVBl. 2015, 13; *J.-M. Günther*, ZBR 2013, 116, 118 f.: sichtbare großflächige Tätowierungen als Eignungsmangel bei Polizisten; *Henrichs*, ZBR 2002, 84; *Pötz*, NZWehr 2003, 245, 251; *J.-M. Günther*, ZBR 2000, 401: Piercings im öffentlichen Dienst; *J.-M. Günther*, Justitia in Verlegenheit, 1995, S. 25: Haarerlass Bundeswehr; vgl. zur Übernahme einer ein Kopftuch tragenden muslimischen Beamtenbewerberin VG Düsseldorf, Urt. v. 8.11.2013, 26 K 5907/12; s. a. zum Thema Lehrerin und Kopftuch *Schrapper*, Schulverwaltung 2016, 80). § 45 autorisiert nur zu solchen Dienstkleidungsbestimmungen, die sich auf eine zur Ausübung des Amtes übliche oder erforderliche Kleidung beziehen, schränkt also den Rahmen von „Kleidungsvorschriften" ein. Jede Ausgestaltung der Grundpflicht zum Tragen von Dienstkleidung muss durch dienstliche Erfordernisse gerechtfertigt sein (BVerwG, NVwZ-RR 2007, 781). Bei **Polizeibeamten** ist die Uniformtragepflicht gerechtfertigt, weil so die **Legitimation für polizeiliche Maßnahmen** nach außen hin kundgetan wird (BVerwG, NVwZ-RR 2007, 781; vgl. auch die Dienstkleidungsordnung der Polizei NRW, RdErl. d. MIK – 405/401-63.01.01 v. 21.1.2014, MBl. NRW 2014 S. 46). Durch die einheitliche Dienstkleidung tritt das Individuum hinter seiner stattlichen Funktion zurück (*Barczak*, LKV 2014, 391). Die Frage des **Einführens einer Kennzeichnungspflicht für Polizeibeamte** in Form des (festen) Anbringens von Namens- oder Nummernschildern auf Uniformen ist in NRW weiter offen und wirft viele Fragen auf (vgl. zur Thematik *Ertl*, DÖV 2016, 23; *Barczak*, LKV 2014, 391; *Barczak*, NVwZ 2011, 852 ff.; s.a. BbGVerfG, LKV 2014, 409). Es spricht viel dafür, dass eine etwaige Kennzeichnungspflicht per Verwaltungsvorschrift in NRW eingeführt werden könnte, wobei eine gesetzliche Regelung stark vorzugswürdig wäre (*Barczak*, LKV 2014, 391; *Barczak*, NVwZ 2011, 854; zweifelnd: *Aden*, Die Polizei 2010, 347, 350; s. zur Kennzeichnungspflicht als Baustein von Polizei-Compliance *Braun/Albrecht*, DÖV 2015, 938, 939; vgl. zur Verfassungsmäßigkeit einer polizeil. Kennzeichnungspflicht VG Potsdam, Urt. v. 8.12.2015, 3 K 3564/13; s.a. LT-Drs. 16/11484 und 16/12361). Die grundsätzliche **Zuständigkeit für den Erlass von Dienstkleidungsvorschriften** liegt bei der **Landesregierung,** welche diese übertragen kann, § 45 Satz 2. Dies ist in NRW erfolgt; die Fachminister sind autorisiert, Dienstkleidungsregelungen zu treffen (Anordnung der Landesregierung über den Erlass von Bestimmungen über die Dienstkleidung der Beamten v. 7.10.59, GV. NRW. S. 159 – SGV. NRW. 20302). Es ist wegen der finanziellen Auswirkungen jeweils die **Zustimmung des FM** erforderlich. Dienstkleidungsregelungen können auch unterhalb der Verordnungsebene als Verwaltungsvorschriften ergehen (BVerwGE 67, 222). Für **Polizeivollzugsbeamte** ist in § 112 Abs. 1 Satz 1 und für **Feuerwehrbeamte** durch den Verweis in § 116 Abs. 2 auf § 112 Abs. 1 Satz 1 festgelegt, dass sie Anspruch auf **unentgeltliche Ausstattung mit der Bekleidung und Ausrüstung** haben, die die besondere Art des Dienstes erfordert. Beamten des neu eingerichteten Abschiebungshaftvollzugsdienstes steht ein solcher Anspruch ebenfalls zu.

II. Begriff der Dienstkleidung

2   Unter **Dienstkleidung** versteht man eine spezielle Kleidung, welche ein Beamter im Dienst oder aus dienstlichen Gründen trägt und mit welcher er als Angehöriger einer bestimmten Verwaltung und/oder als Träger einer bestimmten hoheitlichen Funktion gekennzeichnet wird (*Battis*, § 74 BBG Rn. 2; *Kunz*, RiA 1993, 21). Der Begriff der Dienstkleidung ist von normaler „Berufskleidung" abzugrenzen. Normale **Berufskleidung** kann durchaus vom Arbeitgeber nach den Anforderungen der Tätigkeit in der Auswahl beschränkt sein, wird aber vom Arbeitnehmer nach dem persönlichen Geschmack bestimmt (BAG, Urt. v. 13.2.2003, AZ 6 AZR 536/01). Die Dienstkleidung i.S.d. § 45 unterliegt hingegen strikten Vorgaben zu Farbe, Form und Material etc.; ferner gibt es Festlegungen zum Tragen durch bestimmte Gruppen von Beamten während ihres Dienstes. Es handelt sich um standardisierte Arbeitskleidung, die im Dienst zu tragen ist (*Reich*, § 60 BeamtStG Rn. 6; VG Wiesbaden, NVwZ 2004, 635). **Sinn und Zweck von Dienstkleidung** ist es, die Amtsträger entsprechend kenntlich zu machen und durch ihre Kleidung **Amtsautorität und Neutralität** zu unterstreichen. Zugleich stellt sie sicher, dass die Träger gemäß den Erfordernissen der speziellen Amtstätigkeit über eine funktionale, angemessene Kleidung verfügen. Klassische Dienstkleidung wird z.B. von Polizei- und Feuerwehrbeamten getragen; die für das An- und Ausziehen der Polizeiuniform (sog. Rüstzeit) notwendige Zeit ist keine Arbeitszeit (OVG Münster, NWVBl. 2011, 226 – vgl. dazu § 60 Rn. 3). Eine besondere Form der Dienstkleidung ist die **Amtstracht;** sie wird nur bei bestimmten festgelegten Amtshandlungen und amtlichen Anlässen (z.B. Gerichtsverfahren) getragen (vgl. BVerwGE 67, 222: Robenpflicht für Richter und Staatsanwälte). Abzugrenzen von der Dienstkleidung ist ferner **sog. Schutzkleidung,** also Kleidung, die dazu dient, den einzelnen Beamten davor zu bewahren, gesundheitliche oder sonstige Schäden (etwa Sachschäden an privater Kleidung) zu erleiden.

III. Pflicht zum Tragen

Es gehört zur allgemeinen **Dienstpflicht,** die vorgesehene, übliche und angeordnete 3
Dienstkleidung zu tragen (Tragepflicht von Dienstkleidung). Für Verwendungen im Ausland regelt § 60 Abs. 1 Nr. 3 BeamtStG ausdrücklich die Möglichkeit, aus dienstlichen
Gründen Beamte zur Tragung von Dienstkleidung zu verpflichten. Das Recht und die
Pflicht zum Tragen von Dienstkleidung fallen regelmäßig während der Amtsausübung zusammen (VG Wiesbaden, NVwZ 2004, 635). Da das Tragen der Dienstkleidung an die
Amtsausübung und das Amtsverhältnis gekoppelt ist, endet das Recht zum Tragen von
Dienstkleidung (und die Pflicht) regelmäßig, wenn der Beamte aus dem aktiven Beamtenverhältnis ausscheidet. Zur Frage der Reichweite der allgemeinen Pflicht zum Tragen von
Dienstkleidung (Amtstrachten) kommt es selten zu Gerichtsverfahren (OVG Lüneburg,
PersV 1988, 441; BVerwG, PersV 2011, 139; BVerwG, ZBR 2011, 287; BVerwGE 67,
222). Streitbefangen ist häufiger, ob ein **Uniformträger** in seinem **gesamten äußeren
Erscheinungsbild** (Haare/Piercings/Tätowierungen usw.) den Anforderungen des Amtes
gerecht wird und entsprechende Bewerber überhaupt für den Polizeivollzugsdienst geeignet
sein können (vgl. die Nachweise bei *J.-M. Günther,* NWVBl. 2015, 13; *Michaelis,* JA 2015,
370; *J.-M. Günther,* ZBR 2013, 116; *Baßlsperger,* Der Personalrat 2013, 401; *Windhöfel,*
NWVBl. 2013, 276; *Kunig* in v. Münch/Kunig, Art. 2 GG Rn. 29; *Wichmann/Langer,*
Öffentliches Dienstrecht, S. 407; *Pötz,* NZWehr 2003, 245; *Henrichs,* ZBR 2002, 84; *J.-
M. Günther,* ZBR 2000, 401; OVG Münster, B. v. 21.7.2016, 6 A 1239/16; BVerwG,
NVwZ-RR 2007, 781; BVerwG, NVwZ-RR 2001, 271).

Die **Pflicht zum Tragen von Dienstkleidung** beschränkt in zulässiger Weise die freie 4
Persönlichkeitsentfaltung des Beamten (*J.-M. Günther,* NWVBl. 2015, 13; *Michaelis,* JA
2015, 370; *J.-M. Günther,* ZBR 2013, 118, 119; *Wahlers,* ZBR 2009, 116; *Henrichs,* ZBR
2002, 84; *Pötz,* NZWehr 2003, 245; *J.-M. Günther,* ZBR 2000, 401; s.a. BVerwG,
NVwZ 2014, 1327: Haartracht von Soldaten). Die **Legalitäts-, Neutralitäts-, und Repräsentationsfunktion einer Polizeiuniform** darf nicht durch Piercings oder (sichtbare)
Tätowierungen, die die Toleranz anderer übermäßig beanspruchen, negativ tangiert werden. Bewerber um die Teilnahme an polizeilichen Einstellungstests dürfen ausweislich eines
grundlegenden **Beschlusses des OVG Münster vom 26.9.2014** abgewiesen werden,
wenn sie **großflächige Tätowierungen** (größer als die durchschnittliche Größe eines
Handtellers) in Bereichen haben, die beim Tragen einer Sommeruniform (kurzem Diensthemd) sichtbar sind (OVG Münster, NWVBl. 2015, 33 – zustimmend *J.-M. Günther,*
NWVBl. 2015, 13; s.a. OVG Münster, B. v. 17.2.2016, 6 A 2595/14; VGH Mannheim,
NVwZ-RR 2016, 236; VGH Kassel, NVwZ-RR 2015, 54 – Bestätigung von VG Darmstadt, Beschl. v. 27.5.2014, 1 L 528/14.DA; VG Weimar, NVwZ-RR 2013, 273; *Michaelis,*
JA 2015, 370; *J.-M. Günther,* ZBR 2013, 116, 123; *Baßlsperger,* Der Personalrat 2013, 401;
a. A.: VG Düsseldorf, Urt. v. 5.8.2014, 2 K 778/14; VG Aachen, ZBR 2013, 139; VG
Aachen, B. v. 31.7.2012, 1 L 277/12; VG Köln, ZBR 2013, 141; VG Frankfurt, B. v.
14.2.2002, 9 G 411/02; *Muckel,* JA 2013, 238; *Wichman* in Wichmann/Langer, Öffentliches Dienstrecht, S. 407; **differenzierend:** VG Weimar, NVwZ-RR 2013, 273; OVG
Berlin-Brandenburg, B. v. 29.1.2009, OVG 6 S 38.08; OVG Koblenz, RiA 2006, 35). Diese Rechtsansicht wurde auch zuvor in der Literatur mehrheitlich vertreten (vgl. m. w. N.
J.-M. Günther, ZBR 2013, 116 – zustimmend VGH Mannheim, NVwZ-RR 2016, 236).
Bei nicht sichtbaren (auch großen) Tätowierungen oder sichtbaren kleinen Tätowierungen
kommt es jeweils auf das spezielle Motiv an, also z.B. ob es gewaltverherrlichende Tätowierungen sind und diese neben negativen Rückschlüssen auf das Gedankengut des Trägers
eine Eignung haben, dem Ansehen des Landes zu schaden (OVG Münster, B. v. 21.7.2016,
6 A 1239/15; OVG Münster, B. v. 17.2.2016, 6 A 2595/14 – vgl. auch die Vorinstanz VG
Minden, Urt. v. 1.12.2014, 4 K 1516/14; vgl. auch bezügl. der Eignung zur Ausbildung als
Justizwachtmeisterin VG Berlin, B. v. 22.4.2015, VG 36 L 83/15: Tätowierung eines heu-

lenden Wolfes am Handgelenk nicht per se gewaltverherrlichend). Großflächige, sichtbare Tätowierungen stehen der Zulassung von Bewerbern um die Teilnahme an den Einstellungstests für den Polizeivollzugsdienst entgegen, weil sie (bei Nichtentfernung) einen stabilen Eignungsmangel darstellen (vgl. dazu § 13 Rn. 5 und § 110 Rn. 4; OVG Münster B. v. 14.7.2016, 6 B 540/16; OVG Münster, NWVBl. 2015, 33; VGH Mannheim, NVwZ-RR 2016, 236; *J.-M. Günther,* NWVBl. 2015, 13; *J.-M. Günther,* ZBR 2013, 116 f.). Die sich in solchen extremen Körperbemalungen ausdrückende überzogene Individualität beansprucht die Toleranz einer großen Mehrzahl von Bürgern im Verhältnis zu Vertretern der Staatsgewalt übermäßig und beeinträchtigt zudem in inakzeptabler Art und Weise die Vertrauenswürdigkeit von Polizisten (*J.-M. Günther,* ZBR 2013, 116, 120 f. – dem zustimmend VGH Mannheim, Beschl. v. 27.10.2015, 4 S 1914/15). Die vom VG Aachen vertretenen „Scheinlösung" der Problematik, dass dem tätowierten Polizeibeamten als milderes Mittel doch aufgegeben werden könne, auch im Sommer langärmlige Hemden zu tragen (VG Aachen, ZBR 2013, 139 – zustimmend *Muckel,* JA 2013, 238; s. auch VG Düsseldorf, Urt. v. 5.8.2014, 2 K 778/14), verkennt die verfassungsrechtlich eingeschränkte Position von Beamten/Bewerbern und ist dem Dienstherrn, der auch verfassungsrechtlich geschützte Positionen vertritt, nicht zuzumuten (*J.-M. Günther,* NWVBl. 2015, 13; VG Gelsenkirchen, B. v. 17.5.2013, 1 L 299/13; VG Arnsberg, Beschl. v. 20.8.2014, 2 L 795/14). Dies hat auch das OVG Münster in seinem grundlegenden Beschluss zu großflächigen sichtbaren Tätowierungen von Bewerbern um die Einstellung zur Ausbildung für den Polizeivollzugsdienst sehr überzeugend klargestellt (OVG Münster, NWVBl. 2015, 33). Bei **Tätowierungen von minderer Größe** sind in NRW die entsprechenden landeseinheitlichen **Vorgaben zur Bewertung von Körperschmuck** maßgeblich (Erlass des MIK vom 29.5.2013, AZ 403 – 26.00.07 A – vgl. dazu die Anm. von *J.-M. Günther*, NWVBl. 2015, 13, 17; *Michaelis*, JA 2015, 370, 371–372; vgl. zu dem Erlass auch OVG Münster, NWVBl. 2015, 33; OVG Münster, B. v. 17.2.2016, 6 A 2595/14). Die **Hinweise für die „Körperschmuck-Kommission" beim Landesamt für Ausbildung, Fortbildung und Personalangelegenheiten der Polizei NRW** sind von dem Bemühen getragen, den nicht einfachen Spagat zwischen den Bedürfnissen der Polizei nach einem korrekten und seriösen Erscheinungsbild und dem Grundrecht auf freie Entfaltung der Persönlichkeit zu leisten. Kleinere Tätowierungen können danach auch im sichtbaren Bereich bei Bewerbern um die Einstellung in den Polizeivollzugsdienst akzeptabel sein, wenn nicht wegen des Motivs oder des Ortes der Tätowierung etc. Bedenken bestehen (vgl. zur Zulässigkeit kleinerer sichtbarer Tattoos VG Köln, ZBR 2013, 141; OVG Münster, Beschl. v. 28.5.2013, 6 B 523/14; VG Berlin, Beschl. v. 24.4.2015, VG 36 L 83/15: Ausbildung zur Justizhauptwachtmeisterin; *Michaelis*, JA 2015, 370, 373).

5   Wegen der Grundrechte Betroffener und gewandelten Anschauungen der Gesellschaft besteht im Grundsatz durchaus ein vom Dienstherrn zu beachtender erheblicher Toleranzbereich (BVerwG, NVwZ-RR 2007, 781: Haarlänge bei Polizeibeamten). Bei Bestimmungen zur **Gestaltung der Bart- und Haartracht uniformierter Polizisten** ist zu berücksichtigen, dass diese zwangsläufig deren private Lebensführung beeinflussen, so dass eine hohe Schwelle für den Dienstherrn für Regulierungen vorliegt (BVerwG, NVwZ-RR 2007, 781; s.a. BVerwG, NVwZ 2014, 1327: Haartracht von Soldaten). Erscheinungsbilder uniformierter Beamter, die „unter Berücksichtigung der gesellschaftlichen Anschauungen als unkorrekt oder unseriös anzusehen sind" können vom Dienstherr aber weiterhin trotz großer Liberalisierung untersagt werden (BVerwG, NVwZ-RR 2007, 781). Beamte haben schließlich **Repräsentationsverpflichtungen** und infolgedessen hat die freie Entfaltung der Persönlichkeit im Dienst Grenzen (*J.-M. Günther,* ZBR 2013, 116, 123; *ders.,* ZBR 2000, 401). Wer sich in freier Willensentschließung auf die Seite des Staates stellt oder stellen will und ein Amt bekleiden möchte, muss sich an die – zulässigen – Vorgaben des Staates zum dresscode halten (vgl. zu den zulässigen Einschränkungen der Grundrechte bei Bewerbern um ein öffentliches Amt das Minderheitenvotum von *Jentsch/Di Fabio* und *Mellinghoff* zum Urteil des BVerfG (Kopftuch), BVerfGE 108, 282 – s.

dort Rn. 75 ff.). Allerdings wird der Dienstherr schon vor dem Hintergrund der immer schwieriger werdenden Personalgewinnung und wegen des großen Bedarfs an Polizeibeamten für die Bewahrung der inneren Sicherheit wahrscheinlich künftig in dem Kontext viel mehr Kompromisse machen. Perspektivisch ist z.B. zu erwarten, dass die Regularien der Polizei für die Bewertung von Körperschmuck (weiter) „liberalisiert" werden (müssen).

IV. Verbot des Tragens von Dienstkleidung

Es gibt Fälle, wo gerade **durch das Tragen einer Uniform** in einem nicht originär 6 dienstlichen Zusammenhang – etwa auf einer **Demonstration,** an welcher der Beamte „privat" bzw. in Ausübung seiner Grundrechte teilnimmt – **eine Dienstpflicht verletzt** sein kann (VG Wiesbaden, NVwZ 2004, 635; s.a. BVerfGE 57, 29 f.; BVerfG, NZWehrr 1979, 173). Aus der in manchen Bereichen bestehenden Erlaubnis zum Tragen einer Uniform außerhalb des Dienstes folgt kein automatisches subjektives öffentliches Recht der Uniformträger, die Uniform auch bei Veranstaltungen zur Wahrung und Förderung ihrer Arbeits- und Wirtschaftsbedingungen zu tragen (BVerwGE 76, 30; VG Wiesbaden, NVwZ 2004, 635). Das Recht auf Meinungsäußerung und die spezifische koalitionsmäßige Ausübung des Rechts umfassen nicht die Befugnis des Beamten, diese Rechte gerade in Uniform auszuüben (BVerfGE 57, 29 f.; VGH Kassel, B.v. 31.8.2011, 1 B 1413/11). Eine Dienstpflicht wird ferner verletzt, wenn z.B. einem Polizeivollzugsbeamten nach § 113 Abs. 1 i.V.m. § 39 BeamtStG das Tragen der Dienstkleidung untersagt worden ist und er hiergegen verstößt. Wird Amtskleidung bzw. eine Uniform von jemandem unbefugt getragen, kann eine **Straftat nach § 132a Abs. 1 Satz 1 Nr. 4 StGB** vorliegen. Voraussetzung der Strafbarkeit ist in solchen Fällen, dass „bei Dritten der Eindruck entstehen kann, der Täter sei Träger der durch die Uniform symbolisierten Funktion" (vgl. *Fischer,* § 132a StGB Rn. 22 – aber nicht strafbare Uniformverwendung im Theater/bei „Maskeraden"; vgl. auch BayObLG, NStZ-RR 1997, 135; AG Tiergarten, ZUM-RD 2006, 82).

§ 46 Diensteid

(1) **Die Beamtin oder der Beamte hat folgenden Diensteid zu leisten: „Ich schwöre, dass ich das mir übertragene Amt nach bestem Wissen und Können verwalten, Verfassung und Gesetze befolgen und verteidigen, meine Pflichten gewissenhaft erfüllen und Gerechtigkeit gegen jedermann üben werde. So wahr mir Gott helfe."**

(2) **Der Eid kann auch ohne die Worte „So wahr mir Gott helfe" geleistet werden.**

(3) **Lehnt eine Beamtin oder ein Beamter aus Glaubens- oder Gewissensgründen die Ablegung eines Eides ab, so kann sie oder er an Stelle der Worte „Ich schwöre" die Worte „Ich gelobe" oder eine andere Beteuerungsformel sprechen.**

(4) **In den Fällen, in denen nach § 7 Absatz 3 des Beamtenstatusgesetzes eine Ausnahme von § 7 Absatz 1 Nummer 1 des Beamtenstatusgesetzes zugelassen worden ist, kann an Stelle des Eides ein Gelöbnis vorgeschrieben werden.**

Übersicht

I. Allgemeines

§ 38 Abs. 1 BeamtStG schreibt ausdrücklich das Leisten eines Diensteids vor und über- 1 lässt die weitere inhaltliche Regelung den Ländern (BT-Drs. 16/4027, S. 32; vgl. zur Zulässigkeit/Sinnhaftigkeit landesrechtlicher Regelungen eines Beamteneids mit EU-Formel *Steiner* PersV 2013, 107, 113). Soweit demgegenüber *Reich* nähere landesrechtliche Vorgaben zum Diensteid für unzulässig hält, widerspricht dies u. a. der Gesetzesbegründung zum Gesetzentwurf des BeamtStG und wird mit Recht von der übrigen Literatur – soweit ersichtlich durchgängig – abgelehnt (*Reich,* § 38 BeamtStG Rn. 3; vgl. demgegenüber BT-Drs. 16/4027, S. 32, wo es zur Vorschrift über den Diensteid u. a. heißt: „Alle Beamtinnen und Beamten sind verpflichtet, einen Diensteid mit einer Verpflichtung auf das Grundgesetz zu leisten. Den weiteren Inhalt regelt der jeweilige Landesgesetzgeber"; gegen *Reich* mit überzeugender Begründung u.a.: *Metzler-Müller* in MRSZ, § 38 BeamtStG Erl. 1 und 2). In dem **Diensteid** spiegelt sich das **Amtsethos einer demokratischen Verwaltung** wider (*Ennuschat* in Löwer/Tettinger, Art. 80 LVerf Rn. 6; vgl. zum Diensteid die grundlegende Darstellung von *Seewald,* Die Funktion des Diensteides in Kommunalverwaltungen, 1. Aufl. 2016; vgl. zum Amtseid der Mitglieder der Landesregierung NRW *D.-C. Günther/ J.-M. Günther,* NWVBl. 2003, 205, 207). Durch die Eidableistung soll das **Gewissen des Schwörenden** geschärft werden (*Battis,* § 64 BBG Rn. 5). Jeder Beamte – auch der Ehrenbeamte – hat den Diensteid nach § 46 zu leisten. Die Verpflichtung zum Eid ergibt sich auch aus der Landesverfassung, dessen Art. 80 eine Regelung zum „Amtseid" enthält, die textlich den Abs. 1 und 2 des § 46 entspricht.

II. Die Eidesformel

2   § 46 Abs. 1 legt die Eidesformel fest. Weitergehende gesetzliche Vorschriften über die Form bei der Eidesleistung – etwa das traditionelle **Erheben der Hand beim Schwur** – gibt es nicht (vgl. zum Handgestus beim Schwur *Rossbach* in Heusch/Schönenbroicher, Art. 53 LVerf Rn. 20). Sofern beim Beamten eine Sprachbehinderung vorliegt, kann er über andere Wege – etwa durch die Verwendung der Gebärdensprache – den Eid leisten (*v. Roetteken* in v. Roetteken/Rothländer, § 23 BeamtStG Rn. 29). Der Eid ist ein **Treueeid auf die Grundlagen der staatlichen Gemeinschaft** und beinhaltet zusätzlich das Versprechen gewissenhafter Erfüllung der Amtspflichten. Seinem Zweck nach handelt es sich bei dem Eid um eine ethisch-moralische Selbstbindung (*Rossbach* in Heusch/ Schönenbroicher, Art. 53 LVerf Rn. 5). Das Versprechen, die Verfassung und die Gesetze zu verteidigen, ist Ausdruck der „wehrhaften Demokratie" (*Rossbach* in Heusch/Schönenbroicher, Art. 53 LVerf Rn. 23, unter Hinweis auf *Stern,* Band II, § 30 Abs. 2, 5a). § 46 Abs. 1 Satz 2 beinhaltet eine religiöse Beteuerung, deren Deutung nicht eindeutig ist (*Rossbach* in Heusch/Schönenbroicher, a. a. O., Rn. 24 zum insoweit identischen Wortlaut in § 53 LVerf). Naheliegend erscheint es, die Beteuerung als Bitte um göttliche Hilfe bei der Pflichterfüllung anzusehen; die Beteuerung kann auch als Anrufung Gottes als Zeuge einer „bedingten Selbstverfluchung" für den Fall des Eidbruchs angesehen werden (*Rossbach* in Heusch/Schönenbroicher, Art. 53 LVerf Rn. 23; s. a. BVerfGE 33, 23).

3   Die **Eidesformel** in § 46 Abs. 1 Satz 1 ist mit zwei Ausnahmen unabänderlich. Die Worte „So wahr mir Gott helfe" können nach Abs. 2 auch weggelassen werden, ohne dass dies auf die Wirksamkeit des Eides einen Einfluss hat. Die Befugnis zum Weglassen resultiert aus dem **Grundrecht auf Glaubens- und Gewissensfreiheit** (Art. 4 GG), das nicht hinreichend gewährt wäre, wenn man zur Erlangung einer beamtenrechtlichen Stellung zwingend eine religiöse Beteuerung abgeben müsste (BVerfGE 79, 69). Das Verlangen, einen religiösen Eid auf Gott abzulegen, wäre im Übrigen auch nicht mit **Art. 9 EMRK** vereinbar, denn die von dieser Norm geschützte Gedanken-, Gewissens- und Religionsfreiheit umfasst die Freiheit, einer Religion nicht anzugehören bzw. sie auch abzulehnen (EuGH, NJW 1999, 2957). Eine Pflicht, via Amtseid eine Art Treuebekenntnis zur christlichen Religion abzugeben, wäre damit unvereinbar. Auch die Eidesformel kann nach § 46 Abs. 3 vom Beamten modifiziert werden, indem statt der Worte „ich schwöre" zur Bekräftigung die Worte „ich gelobe" oder eine andere Beteuerungsformel wählt. Eine besondere

Begründung braucht es für die **Abweichung von der traditionellen Schwurformel** nicht (vgl. zur früheren Rechtslage BVerfGE 33, 23 – vgl. dazu *Engelmann*, MDR 1973, 365; BVerfGE 79, 69; *Battis*, § 64 BBG Rn. 4; *Kohde* in v. Roetteken/Rothländer, § 38 BeamtStG Rn. 12; VG Freiburg (Breisgau) ZBR 1974, 360). Das („pauschale") Berufen auf das eigene Gewissen oder den eigenen Glauben ist ausreichend zur Inanspruchnahme des Rechts auf die alternative Beteuerungsformel („ich gelobe") oder eine andere gleichwertige Formulierung. Andere Gründe als Glaubens- und Gewissensgründe sind nach dem Wortlaut des 46 Abs. 3 nicht relevant und geben kein Recht auf eine Ausnahme von Abs. 1. Allerdings geht die Gewissensfreiheit nicht so weit, ganz auf eine **Beteuerungsformel** verzichten zu können. Es ist für diesen Fall eine andere Beteuerungsformel als „ich schwöre" oder „ich gelobe" zu wählen (vgl. *Battis*, § 64 BBG Rn. 4). Statt der Eidesformel können z.B. die Worte „ich beteuere" benutzt werden (BVerfGE 79, 69). Ob der gewählte Text angemessen ist bzw. als hinreichende Beteuerungsformel gewertet werden kann, hängt vom Einzelfall ab. Wenn ein Beamter z.B. ausschließlich eine von seiner speziellen Religionsgemeinschaft speziell vorgegebene und von anerkannten Beteuerungsformeln gravierend abweichende Beteuerungsformel verwenden möchte, werden die gesetzlichen Voraussetzungen nicht erfüllt (vgl. *Reich*, § 38 BeamtStG Rn. 5). Gegen eine kumulative Verwendung einer spezifischen Beteuerung bestehen keine Bedenken, soweit nicht das traditionelle Gelöbnis in seinem Inhalt negativ tangiert oder entscheidend in seinem Inhalt usw. entkräftet oder konterkariert wird. Das **Ableisten eines Eides mit Vorbehalten** ist nicht zulässig (BVerwG, NJW 1987, 3213; BVerwG, NVwZ-RR 1993, 635: Eignungsmangel; in der Lit. wird eine Analogie zu § 116 Satz 2 BGB gezogen, vgl. *Kohde* in v. Roetteken/Rothländer, § 38 BeamtStG Rn. 7). Unabhängig von der Beteuerungsformel ist der sonstige Inhalt des Versprechens durch § 46 vorgegeben und nicht vom Beamten modifizierbar. Sofern ein Eid in fehlerhafter Weise oder nicht vollständig bei einem Beamten abgenommen wurde, führt dies wegen des nicht konstitutiven Charakters des Eides nicht zur Unwirksamkeit der von ihm vorgenommenen Amtshandlungen und stellt auch nicht die ordnungsgemäße Begründung des Beamtenverhältnisses als solches in Frage (*Battis*, § 64 BBG Rn. 5; *Reich*, § 38 BeamtStG Rn. 3; *Heusch* in Heusch/Schönenbroicher, Art. 80 LVerf Rn. 9). Der Eid kann jederzeit nachgeholt werden; ein Eid kann aber nicht bestimmte allgemeine Mängel einer Ernennung kompensieren (*Kohde* in v. Roetteken/Rothländer, § 38 BeamtStG Rn. 7 u. 8).

III. Folgen einer Eides- oder Gelöbnisverweigerung

Wird ein **Eid** trotz Aufforderung zur Eidesleistung und Möglichkeit zur Verwendung **4** einer Beteuerungsformel vom Betroffenen ebenso wie ein Gelöbnis **verweigert,** ist dies **Grund zur Entlassung,** § 23 Abs. 1 Nr. 1 BeamtStG. Sie ist nach § 28 Abs. 1 Satz 1 von der Stelle zu verfügen, welche nach § 16 Abs. 1 u. Abs. 2 für die Ernennung des Beamten zuständig wäre. Eine einmaliges Versäumnis eines Termins zur Eidesableistung wird als solches noch nicht ausreichend sein, um zwingend eine Entlassung zu rechtfertigen (*v. Roetteken* in v. Roetteken/Rothländer, § 23 BeamtStG Rn. 33). Der Dienstherr wird schon aus Fürsorgegründen unter Belehrung über die Folgen dem Betroffenen die erneute Möglichkeit zu geben haben, den Eid endgültig zu leisten oder eine endgültige Verweigerung zu erklären (*Zängel* in GKÖD, § 28 BBG Rn. 2). Die Entlassung ist im Falle einer festgestellten (endgültigen) Verweigerung obligatorisch (*Reich*, § 23 BeamtStG Rn. 4; *Kohde* in v. Roetteken/Rothländer, § 38 BeamtStG Rn. 14; *Brockhaus* in Schütz/Maiwald, § 28 LBG Rn. 44). Wenn ein potentieller Beamter bereits vor der Aushändigung seiner Ernennungsurkunde ernst- und glaubhaft ankündigt, er werde den Amtseid bzw. die Ablegung des Gelöbnisses verweigern, ist von der Ernennung abzusehen (so auch *Tadday/Rescher*, § 46 LBG Erl. 5; a.A. *Battis*, § 64 BBG Rn. 5; VGH München, DVBl 1988, 360). Es wäre dem Dienstherrn nicht zumutbar, jemanden zum Beamten ernennen zu müssen in der sicheren Gewissheit, dass genau dieser Beamte sofort wieder nach § 23 Abs. 1 Nr. 1 BeamtStG zu entlassen wäre. Überdies wäre ein solcher Beamter nicht geeignet für einen Beamtendienst, wenn er sich als Beamter ernennen lassen würde in dem Bewusstsein, dass er wegen Nichterfüllung rechtlicher Grunderfordernisse wie der Ableistung des Amtseids sofort wieder zu entlassen wäre (offengelassen von VGH München, ZBR 1988, 361). Soweit ein Dienststellenleiter oder der sonst zur Abnahme des Eides zuständiger Dienstvorgesetzter seinerseits aus Glaubens- und Gewissensgründen eine **Eidesabnahme** bei einer Person ablehnt, begeht er selbst eine Dienstpflichtverletzung, die disziplinarrechtlich zu ahnden wäre (*Reich,* § 38 BeamtStG Rn. 3).

IV. Erneute Eidesleistung

5 Der bei Begründung des Beamtenverhältnisses zu leistende Dienst- bzw. Amtseid braucht bei kontinuierlichem Dienstverhältnis später nicht erneuert/bekräftigt werden. Ein geleisteter Diensteid sollte aber durchgehend auch gelebt werden; ein formales Berufen auf einen einmal geleisteten Eid vermag nicht von der kontinuierlichen Ausfüllung der darin verkörperten Werte zu entbinden (OVG Koblenz, NVwZ-RR 2005, 476). Wenn ein **Beamtenverhältnis beendet war** und später wird **erneut das Beamtenverhältnis aufgenommen,** ist der **Eid noch einmal zu leisten** (BVerwG, ZBR 1967, 53; *Battis* § 64 BBG Rn. 6; s.a. die VV zu § 38 BeamtStG/§ 46 LBG NRW, MBl. NRW. 2011 S. 68). Sofern ein Beamter nur den öffentlichen Dienstherrn innerhalb des Geltungs- und Anwendungsbereichs des LBG wechselt, ist eine erneute Ableistung des Eides nicht notwendig (*Tadday/Rescher,* § 46 LBG Erl. 1). Gleiches gilt bei einer reinen Statusveränderung, also wenn z.B. ein Beamter auf Probe zum Lebenszeitbeamten ernannt wird (*Battis,* § 64 BBG Rn. 6). Bei der nach Ablauf der Amtszeit erfolgten Wiederwahl eines Wahlbeamten beim selben Dienstherrn braucht der Eid nicht erneut geleistet zu werden, wenn keine Unterbrechung der Dienstzeit eintritt (*Tadday/Rescher,* § 46 LBG Erl. 1; *v. Roetteken* in v. Roetteken/Rothländer, § 23 BeamtStG Rn. 42). Für den Fall, dass ein Beamter in den Richterdienst oder umgekehrt wechselt, wird allerdings wegen der **Besonderheiten des Richtereids** nach § 38 DRiG, der auch für alle Richter im Landesdienst gilt (vgl. § 3 LRiStaG i.V.m. § 38 DRiG), eine erneute Vereidigung als erforderlich angesehen, auch wenn in beiden Fällen der Dienstherr das Land NRW ist (*Heusch* in Heusch/Schönenbroicher, Art. 80 LVerf Fn. 11; *Kohde* in v. Roetteken/Rothländer, § 38 BeamtStG Rn. 17).

§ 47 Befreiung von Amtshandlungen

(1) **Beamtinnen und Beamte sind von Amtshandlungen zu befreien, die sich gegen sie selbst oder Angehörige richten würden, zu deren Gunsten ihnen wegen familienrechtlicher Beziehungen im Strafverfahren das Zeugnisverweigerungsrecht zusteht.**

(2) **Gesetzliche Vorschriften, nach denen Beamtinnen und Beamte von einzelnen Amtshandlungen ausgeschlossen sind, bleiben unberührt.**

I. Allgemeines

1 Es ist Beamten nicht zuzumuten, **Amtshandlungen gegen sich selbst oder Angehörige** vorzunehmen. Diese **Interessenkollision** birgt nämlich die Gefahr in sich, dass der Beamte nicht objektiv und sachgerecht zu handeln in der Lage ist bzw. in überproportional großem Maße das **Risiko von Pflichtverletzungen** (Verstoß gegen §§ 33 Abs. 1 Satz 1 und 34 Satz 2 BeamtStG) besteht. Analog dem Prinzip, dass niemand „Richter in eigener Sache" sein darf (nemo iudex in causa sua), soll auch niemand als „Sachbearbeiter in eigener Sache" handeln (*Wenzel,* DÖV 1976, 411). Amtshandlungen sollen neutral und fair durchgeführt werden und ihre Qualität gewährleistet sein (*Schachel* in Schütz/Maiwald, § 47 LBG Rn. 2). Aus diesem Grund legt § 47 fest, dass Beamte von solchen nachteiligen Amtshandlung zwingend zu befreien sind. Schon der **„böse Anschein"** einer **Befangenheit** bei Ausübung des Dienstes und einer **Parteilichkeit** ist zu vermeiden. Wegen des Verbotscharakters der Vorschrift besteht bei Vorliegen der tatbestandlichen Voraussetzungen ein zwingender rechtlicher Anspruch des Beamten auf eine entsprechende Befreiung (vgl. bezügl. § 65 BBG, *Battis,* § 65 BBG Rn. 2).

II. Befreiung von Amtshandlungen (Tatbestände), § 47 Abs. 1

Welche Angehörigen unter § 47 Abs. 1 fallen, bei denen der Befreiungstatbestand hin- **2** sichtlich gegen sie gerichteter Amtshandlungen eingreift, ergibt sich aus **§ 52 StPO.** Es handelt es sich um folgende Angehörige des Beamten:

1. die Verlobte des Beamten oder die Person, mit der der Beamte ein Versprechen eingegangen ist, eine Lebenspartnerschaft zu begründen;
2. der Ehegatte des Beamten, auch wenn die Ehe nicht mehr besteht;
2a. der Lebenspartner des Beamten, auch wenn die Lebenspartnerschaft nicht mehr besteht;
3. Personen mit denen der Beamte in gerader Linie verwandt oder verschwägert, in der Seitenlinie bis zum dritten Grad verwandt oder bis zum zweiten Grad verschwägert ist oder war.

Da der Dienstherr gerade über entferntere Verwandtschaftsverhältnisse seiner Beamten **3** regelmäßig nicht informiert ist/informiert sein kann und bei Verwaltungshandlungen die Betroffenheit solcher Personen nicht allgemein erkennbar ist, hat der Beamte seine Vorgesetzten über das Vorliegen eines unter § 47 fallenden potentiellen Sachverhaltes frühzeitig proaktiv zu informieren. Tut er dies nicht, ist dies eine Dienstpflichtverletzung. Auf der anderen Seite hat der Dienstvorgesetzte die Pflicht, auf **pflichtgemäße Meldung des Beamten** hin ihn von relevanten Amtshandlungen zu befreien. Tut er dies nicht, kann vom Beamten Eilrechtsschutz auf eine vorläufige Befreiung von der Amtshandlung gesucht werden (*Schachel* in Schütz/Maiwald, § 47 LBG Rn. 3; s. a. zur Klagemöglichkeit *Battis,* § 65 BGB Rn. 3). Wann sich eine **Amtshandlung als nachteilig für den Beamten oder Verwandte** darstellt, ist vom Einzelfall abhängig. Man wird grundsätzlich z. B. alle belastenden Verwaltungsakte als derartige Amtshandlungen anzusehen haben. Vom Sinn und Zweck der Vorschrift her – u. a. Vermeidung von Interessenkollisionen – ist sie weit auszulegen. Mithin wird man generell Amtshandlungen jedweder Art darunter zu verstehen haben, die negative rechtliche und faktische (z. B. wirtschaftliche) Auswirkungen auf den betroffenen Personenkreis haben können bzw. haben. Auch die mögliche Verschlechterung der sozialen Stellung fällt unter die Vorschrift. Es besteht **keine Begrenzung des Anwendungsbereiches auf förmliche Amtshandlungen** nach dem Verwaltungsverfahrensgesetz, so dass z. B. auch ein Handeln auf privatrechtlicher Basis in Erfüllung öffentlicher Aufgaben (z. B. Vertragsabschlüsse im Zusammenhang mit der Durchführung öffentlicher Veranstaltungen usw.) darunterfallen kann. Erfasst werden nahezu alle nennenswerten Mitwirkungsformen des Beamten an der Amtshandlung, also neben der eigentlichen Entscheidung und Unterzeichnung von Vorgängen z. B. vorbereitende Tätigkeiten wie etwa die Ausarbeitung eines Ernennungsvorschlages oder Mitzeichnungen im Dienstwege. § 47 Abs. 1 ist nach seinem Wortlaut („Amtshandlungen *gegen* sie selbst oder Angehörige") **begrenzt auf Amtshandlungen,** welche dem Beamten oder seinen Angehörigen **Nachteile bringen.**

III. Unberührt bleibende gesetzliche Vorschriften, § 47 Abs. 2

4   Bei **vorteilhaften Amtshandlungen** ergeben sich **Unterlassungspflichten** ausschließlich aus anderen Vorschriften (a. A. i. S. e. Einbeziehung in § 47 offenbar trotz eindeutigen Wortlauts *Schachel* in Schütz/Maiwald, § 47 LBG Rn. 7). Unter einem „Vorteil" ist jede spezielle Vergünstigung oder Verbesserung der rechtlichen, wirtschaftlichen oder sozialen Lage zu verstehen (*Wenzel*, DÖV 1976, 411). Die diesbezügliche **Unterlassungspflicht** ergibt sich u. a. aus § 33 Abs. 1 Satz 2 BeamtStG, wonach Beamte ihre Aufgaben unparteiisch und gerecht zu erfüllen haben und ihr Amt zum Wohl der Allgemeinheit zu führen ist. Hiermit ist es unvereinbar, Amtshandlungen vorzunehmen, durch welche sich der Beamte selbst oder seinen Angehörigen einen Vorteil verschafft; das **Prinzip der uneigennützigen Aufgabenwahrnehmung** ist auch Gegenstand der Regelung des § 34 Satz 2 BeamtStG (vgl. dazu *Reich*, § 34 BeamtStG Rn. 10: „Die Uneigennützigkeit verlangt, dass der eigene Vorteil für die Amtsführung ebenso belanglos ist wie der Vorteil, den Verwandte oder Freunde daraus ziehen können"; VG Meinungen, B. v. 11.9.2006, 6 D 60009/03.Me: pflichtwidrige Mitwirkung eines Schulbeamten an einer Stellenbesetzung zugunsten seiner Ehefrau; BVerwGE 43, 42; BVerwG, Urt. v. 22.2.1983, 1 D 31/82: bevorzugte Auftragsvergabe an Familienangehörigen; BVerwG, NVwZ 2000, 1418: Bestellung von Produkten durch Beamten, die er selbst außerdienstlich entwickelt hat; vgl. zu Korruptionsgefahren *Schrapper*, DÖD 2012, 49). Das **Vorteilverschaffen** ist mit der **Pflicht jedes Beamten zu uneigennützigem sowie achtungs- und vertrauenswürdigem Verhalten unvereinbar** und gilt unabhängig davon, ob eine konkrete Gefahr der Schädigung von öffentlichen Interessen besteht (BVerwG, ZBR 2003, 94). Dienstliche und private Interessen sollen nicht miteinander verquickt sein. Uneigennützigkeit (§ 34 Satz 2 BeamtStG) und Unbefangenheit bei der Ausübung des Dienstes sind in jeder Richtung Eckpfeiler und Grundlage sämtlicher dienstlicher Tätigkeit (vgl. *Schrapper*, DÖD 2012, 49, 50). Dies wird auch durch die Vorschriften des VerwVfG NRW deutlich, welches mit § 20 VerwVfG NRW (ausgeschlossene Amtsträger) und § 21 VerwVfG NRW (Befangenheit) umfassende Vorschriften zur Sicherstellung unparteiischer Amtsführung enthält. Unter § 47 Abs. 2 fallen u. a. diese unberührt bleibenden §§ 20, 21 VerwVfG NRW und z. B. § 16 SGB X und § 48 LDG NRW. Die sprichwörtliche **„Vetternwirtschaft"** wird übrigens von § 20 Abs. 5 Nr. 7 VwVfG nicht erfasst, da nur im Verhältnis zu den „Geschwistern der Eltern" diese Befangenheitsnorm greift (*Stelkens/Bonk/Sachs*, § 20 VwVfG Rn. 64 – ggf. greift § 21 VwVfG). Soweit sich bei der Angehörigenstellung Zweifelsfragen ergeben, sind ggf. die familienrechtlichen Normen des BGB heranzuziehen.

Vor §§ 48 ff.

Übersicht

I. Genese des geltenden Rechts

Das aktuelle Nebentätigkeitsrecht in seiner jetzigen Ausformung geht im Wesentlichen auf **1** das 9. DRÄG v. 20.4.1999 (GV. NRW. S. 148) zurück (insges. zur histor. Entwicklung vgl. BVerfGE 55, 207, 228 f.; s. a. *v. Zwehl,* S. 1 ff.; *H. Günther,* ZBR 2012, 187, 189 ff.). Seinerzeit wurden zusätzliche rahmenrechtliche Restriktionen, eingeführt mit dem Zweiten Nebentätigkeitsbegrenzungsgesetz (BGBl. I, 1997, 2294), in das Landesrecht übernommen. Zu nennen sind insbesondere das Befristungserfordernis für Nebentätigkeitsgenehmigungen sowie erweiterte Offenlegungs- und Anzeigepflichten (zum Letzteren etwa *Battis,* VuL 37 (1999), 2; *Engelken,* ZRP 1998, 50; *Badura,* ZBR 2000, 109; insges. auch *Lippert,* PersV 2000, 402). Die Novellierung des LBG als Folge der Föderalismusreform I (dazu *Rescher,* NWVBl. 2009, 255; *Hlusiak,* DVP 2010, 310) im Rahmen des Gesetzes zur Änderung dienstrechtlicher Vorschriften v. 1.4.2009 führte lediglich zu einer veränderten Paragrafen-Nummerierung. Auch die jüngste Änderung durch das Dienstrechtsmodernisierungsgesetz 2016 fällt marginal aus und beschränkt sich zum einen auf die Gleichstellung von Vormundschaft, Betreuung, Pflegschaft und Testamentsvollstreckung mit Ehrenämtern und die daraus folgende – überfällige – Abstufung der Genehmigungspflicht zu einer bloßen Anzeigepflicht. Darüber hinaus wird § 57 Satz 2 Nr. 1 im Sinne aktueller Rechtsprechung nachgeschärft. Für Richter ergibt sich die grundsätzliche Anwendbarkeit der §§ 48 ff. nunmehr aus dem Verweis des § 2 Abs. 2 LRiStaG v. 8.12.2015 (GV. NRW. S. 812; vgl. auch *Trierweiler/Baumanns,* NWVBl. 2016, 52).

II. Rechts- und standespolitische Verortung von Nebentätigkeiten

Schon aus der systematischen Verortung der Vorschriften über Nebentätigkeiten im Ab- **2** schnitt „Rechtliche Stellung im Beamtenverhältnis" wird deutlich, dass dieser Regelungskomplex eine **Konkretisierung der allgemeinen beamtenrechtlichen Pflichten** der §§ 33 Abs. 1 Satz 2, 34 Satz 1 und 3 BeamtStG zum Gegenstand hat. Das Bedürfnis nach einer solchen Konkretisierung erklärt sich vor dem Hintergrund der latenten Interessenkonflikte, die den hier normativ gestalteten Lebenssachverhalten innewohnen. Es handelt sich um ein „Spannungsverhältnis unterschiedlich geprägter Interessen" (*Wichmann/Langer,* S. 436). Aus rechtspolitischer Sicht wird demgemäß zum einen die **Notwendigkeit einer restriktiven Regelung und Handhabung** betont, wobei sich NRW sogar in einer „Vorreiterrolle" wähnt (vgl. LT-Drs. 12/4315 – Große Anfrage Nr. 9). Das andere Ende dieses Spektrums markieren zahlreiche Stimmen in der beamtenrechtlichen Literatur, die u. a. vor einem reinen „Nebentätigkeitsverhinderungsrecht" warnen (vgl. *Gärditz,* ZBR 2009, 145; s. a. *Summer,* ZBR 1988, 1; *Thieme,* DVBl 2000, 146; *Baßlsperger,* ZBR 2004, 369; *Braun,* DÖD 2008, 217, 228: Nebentätigkeiten notwendig wegen der zunehmenden „Lücke von tatsächlichen Lebenshaltungskosten und Gehaltssteigerungen"). Offenkundig auf der Annahme der **Gefahreneignung von Nebentätigkeiten für eine pflichtenkonforme Amtsführung** mit vollem persönlichen Einsatz (§ 34 Satz 1 BeamtStG) bzw. in uneingeschränkter Unparteilichkeit (§ 33 Abs. 1 Satz 2 BeamtStG) beruht die Sicht, das Nebentätigkeitsrecht als besonderen Beitrag zur Sicherung der Funktionsfähigkeit des öffentlichen Dienstes zu werten (BVerwG, Urt. v. 25.1.73, II C 28.66; BVerfGE 55, 207, 228 f., 237; BVerfG, DVBl 2007, 1359, 1361, 1364: Gefahr, durch Nebentätigkeit zum „Diener zweier Herren" zu werden; BVerwG, NVwZ 2015, 442: Sicherung des Vorrangs des Hauptamts; s. a. *Battis,* § 97 BBG Rn. 6; *H. Günther,* ZBR 1986, 97 verweist auf eine entsprechende Entschließung des BT-Innenausschusses, BT-Drs. 10/2542, S. 15). In jedem Fall erkennt die höchstrichterliche Rechtsprechung einen weiten gesetzgeberischen Gestaltungsspielraum bei der Einführung und Ausgestaltung nebentätigkeitsrechtlicher Begrenzungen an (BVerfGE 55, 207, 233; BVerfG, NVwZ 2007, 571, 572 f.; s. a. *H. Günther,* ZBR 2012, 187, 195: aus histor. Perspektive), was insbesondere für die Annahme eines Verstoßes gegen den allgemeinen Gleichheitssatz hohe Hürden errichtet. Daher liegt eine sachgerechte und nicht gleichheitswidrige Restriktion vor, wenn der Gesetzgeber die Übernahme von Nebentätigkeiten dort beschränkt, wo der Anreiz am größten ist (so am Beispiel der „Zweitverwertung" von hauptamtlich erworbenen Kenntnissen bei Aus- und Fortbildungsaktivitäten ausdrücklich BVerfG, NVwZ 2007, 571, 573; vgl. dazu auch neuerdings § 35 Abs. 3 Satz 2 HG, der die Annahme von Vergütungen für wissenschaftliche Veröffentlichungen unabhängig davon zulässt, ob diese im Hauptamt oder in Nebentätigkeit erarbeitet wurden). Drittschützende Wirkung entfaltet das Nebentätigkeitsrecht nicht; insbesondere dient es nicht dem Schutz von Mitbewerbern (BGH, NJW 1994, 2096 m. w. N.). Die **besondere Pflichtenrelevanz** einer regelkonformen Ausübung von Nebentätigkeiten betont auch die Disziplinarrechtsprechung, wenn sie bei Dienstvergehen durch ungenehmigte Nebentätigkeiten a priori keine Maßnahme bis hin zur Entfernung aus dem Dienst ausschließt (BVerwG, Urt. v. 11.1.2007, 1 D 16/05; OVG Magdeburg, Urt. v. 5.6.2012, 10 L 2/12; VG Trier, Urt. v. 10.1.2012, 3 K 1337/11.TR; VG Hannover, Urt. v. 31.5.2012, 18 A 3237/11; s. a. BVerfG – K, B. v. 19.2.2003, 2 BvR 1413/01 m. krit. Anm. *Mayer*, NVwZ 2004, 949; insges. *Baßlsperger*, PersV 2015, 130).

III. Rechtliche Grundlagen

1. Verfassungsrecht

3   Völlig unbehelligt von den dargestellten divergierenden Sichtweisen herrscht Einigkeit über die verfassungsrechtlich verbürgte Befugnis des Beamten, seine Schaffenskraft (angesichts künstlerischer Betätigungen ist eine Beschränkung auf „Arbeitskraft" zu verengend) auch außerhalb des ihm übertragenen (Haupt-)Amtes einzusetzen. Dabei kann dahinstehen, ob ein **Recht auf Nebentätigkeit** schon in Art. 2 Abs. 1 GG oder doch in der spezielleren Verbürgung des Art. 12 Abs. 1 GG gründet, solange nicht dargetan wird, welche unterschiedlichen Rechtsfolgen sich hieraus ergeben (unklar *Kahl*, ZBR 2001, 125; wie hier BVerwG, RiA 2006, 226, 227; BVerwG, NVwZ-RR 2011, 739; OVG Münster, Urt. v. 18.4.2013, 1 A 2093/12 sowie *Battis*, VuL 37 (1999), 4; *Schnellenbach*, § 8 Rn. 13 Fn. 56; zum Ganzen auch *Ehlers*, DVBl 1985, 879, 883). Zudem ist unbestritten, dass die Ausübung von Nebentätigkeiten nur dann dem Schutzbereich der Berufsfreiheit unterfallen kann, wenn sie nach Art und Umfang „berufsmäßig" ausgeübt wird (*Noftz*, ZBR 1974, 212; *Badura*, ZBR 2000, 109, 112: wissenschaftliche Tätigkeiten; vgl. auch BVerwGE 84, 194, 196: Erwerbstätigkeit im Ruhestand). Der Rückgriff auf die allgemeine Handlungsfreiheit als Gewährleistungsgrundlage wird daher jedenfalls nicht grundsätzlich obsolet. Hinzu kommt, dass bei einer verengenden Sicht von Nebentätigkeit als „Verwertung der Arbeitskraft" (s. o.) die ebenfalls potentiell einschlägigen Verbürgungen der Art. 4, 5 GG und ggf. sogar Art. 9 GG aus dem Blick geraten (vgl. *Schnellenbach*, § 8 Rn. 13 Rn. 56).

2. Bundesrechtlicher Rahmen des § 40 BeamtStG

4   Den Rang **nebentätigkeitsrechtlicher Vorgaben als „Statuspflichten"** der Beamten verdeutlicht § 40 BeamtStG. Ansonsten überlässt der Bund – im Unterschied zur früheren rahmenrechtlichen Direktive des § 42 BRRG – die inhaltliche Ausgestaltung des Nebentätigkeitsrechts **weitestgehend** dem Landesgesetzgeber (OVG Koblenz, NVwZ-RR 2011, 536; *H. Günther*, ZBR 2012, 187; *Reich*, § 40 BeamtStG Rn. 1; *Wichmann/Langer*, S. 437; *Kohde* in v. Roetteken/Rothländer, § 40 BeamtStG Rn. 1: „kaum Sperrwirkung"), was insoweit verfassungsrechtlich bedenklich erscheint, als konkurrierende Gesetzgebung ein (auch) inhaltliches Gebrauchmachen von der Gesetzgebungskompetenz impliziert. Die im parlamentarischen Verfahren nochmals abgeänderte Normfassung des § 40 BeamtStG (dazu *Reich*, § 40 BeamtStG Rn. 1) ermöglicht vom Wortlaut her eine dem Tarifbereich angenäherte Konzeption, in der das Genehmigungserfordernis ganz weg-

fallen könnte (wie hier *Kämmerling,* ZBR 2009, 191, 194; *Schnelle/Hopkins,* NVwZ 2010, 1333, 1334 m. w. N.; a. A. wohl *Wichmann/Langer,* S. 437). Eine grundsätzliche Anzeigepflicht wäre in einem solchen Kontext durch einen Verbotsvorbehalt zu ergänzen, um auf die Besorgnis einer Beeinträchtigung dienstlicher Interessen reagieren zu können. Alternativ ermöglicht das BeamtStG aber auch ein dem geltenden Landesrecht entsprechendes Festhalten an der Kombination aus Anzeigepflicht und Genehmigungsvorbehalt (vgl. OVG Koblenz, NVwZ-RR 2011, 536). Die steuernde Vorgabe des § 40 Satz 1 BeamtStG beschränkt sich hier darauf, für landesgesetzliche Ausnahmen von der „grundsätzlichen" Anzeigepflicht einen sachlichen Grund zu fordern. Demgemäß sehen §§ 48 ff. sowie das zu ihrer Konkretisierung ergangene Verordnungsrecht in Bagatellfällen (vgl. die Fiktion einer „allgemeine Genehmigung" in § 7 NtV) bzw. bei privilegierten Nebentätigkeiten (vgl. etwa die Wahrung von Berufsinteressen gem. § 51 Abs. 1 Nr. 4; vgl. auch die Fiktion der „Nicht-Nebentätigkeit" gem. § 2 Abs. 4 NtV) keine Anzeigepflichten vor.

IV. Begriff der Nebentätigkeit

Wollte man dem BeamtStG weitergehende Vorgaben für die landesrechtliche Ausformung **5** des Nebentätigkeitsrechts entnehmen, bedürfte es einer **materiellen** Definition des Tatbestandsmerkmals „Nebentätigkeit". Diese findet sich ganz offenkundig nicht in § 40 BeamtStG, allerdings auch nicht im konkretisierenden Nebentätigkeitsrecht. § 2 NtV (vgl. auch den weitgehend inhaltsgleichen § 97 BBG) beschränkt sich insoweit auf den Hinweis, Nebentätigkeit sei jede nicht vom Aufgabenkreis des Hauptamtes erfasste Aktivität, wobei unter Hauptamt das konkret-funktionale Amt (Dienstposten) zu verstehen ist (BVerwGE 72, 160, 162; OVG Münster, RiA 2001, 199, 200). Darüber hinaus wird der Oberbegriff der Nebentätigkeit untergliedert in das **Nebenamt** (dazu § 49 Rn. 7) und die **Nebenbeschäftigung.** Diese Unterscheidung bezieht ihre Bedeutung daraus, dass eine als Nebenamt ausgeübte Betätigung grundsätzlich genehmigungspflichtig ist, vgl. § 49 Abs. 1 Nr. 2, sofern sie nicht auf Verlangen gem. § 48 Satz 1 (bzw. § 125 Satz 1 bei Professoren) ausgeübt wird.

Dem vom Gesetzgeber belassenen definitorischen Vakuum (dazu *Wank,* NtR, S. 1: keine **6** Legaldefinition existent) und den daraus vorgeblich resultierenden Problemen (statt aller *Summer,* ZBR 1988, 1, mit dem ironischen Versuch der nebentätigkeitsrechtlichen Einordnung der Morgentoilette des Beamten) begegnen Teile der Literatur (vgl. *Baßlsperger,* ZBR 2001, 369, 370 Fn. 16–21 m. w. N.; *Schnellenbach,* § 8 Rn. 3 Fn. 9; *Schnelle/Hopkins,* NVwZ 2010, 1333, wollen inzwischen sogar „h. M." erkennen) mit dem Versuch, den Begriff der Nebentätigkeit – extra legem – auf solche Aktivitäten zu beschränken, die ihrer Art nach **typisch auf Erwerb gerichtet** seien (*Wichmann/Langer,* S. 438 m. w. N.) bzw. denen eine „wirtschaftliche Tendenz" innewohne (*Baßlsperger,* ZBR 2004, 369, 371), um eine Trennlinie zwischen relevanten Nebentätigkeiten und irrelevanten **„Freizeitaktivitäten"** zu ziehen (exemplarisch hier VG Trier, Urt. v. 10.11.2009, 3 K 361/09.TR; vgl. auch VG Magdeburg, Urt. v. 1.12.2011, 8 A 19/10; *Kohde* in v. Roetteken/Rothländer, § 40 BeamtStG Rn. 7, 19, allerdings o. Begr.). Rechtlich geboten ist dieser Versuch einer materiellen Begriffsbestimmung nicht (a. A. wohl *Wichmann/Langer,* S. 438), denn Rechtsfolgen sind davon erkennbar **nicht abhängig.** Dies erweist sich insbesondere an zwei potentiell problematischen Fallgestaltungen. Zum einen folgt ein solcher Bedarf nicht aus § 51 Abs. 2 (a. A. *Baßlsperger,* ZBR 2004, 369, 370), wonach nicht genehmigungspflichtige Nebentätigkeiten bei einer Beeinträchtigung dienstlicher Interessen zu untersagen sind. Eine solche „Nebentätigkeit" i. S. d. Norm ist jedoch nicht **jede** außerhauptamtliche (Freizeit-)Aktivität, sondern nur eine der Katalog-Nebentätigkeiten des § 51 Abs. 1 (das übersieht *Baßlsperger,* a. a. O.), dann allerdings immer, selbst wenn wegen fehlender Entgeltlichkeit keine Anzeigepflicht greift (daher irrig *Gärditz,* ZBR 2009, 145, 149; insges. wie hier *Battis,* § 100 BBG Rn. 1). Zum anderen können ausufernde Freizeitaktivitäten, die sich tatbestandlich nicht in §§ 48 ff. verorten lassen, durchaus eine Verletzung dienstlicher

Pflichten darstellen, etwa der Pflicht zum vollen Einsatz gem. § 34 Satz 1 BeamtStG. Damit kann ein (schuldhaftes) Fehlverhalten disziplinarrechtliche Sanktionen auslösen, solche des Nebentätigkeitsrechts bleiben indes verwehrt. Das Erfordernis einer wirtschaftlichen Tendenz von außerdienstlichen Aktivitäten ist schließlich auch deshalb ungeeignet, weil das Nebentätigkeitsrecht selbst verschiedene typisch „nicht wirtschaftliche" Betätigungen eindeutig als Nebentätigkeit im Rechtssinne klassifiziert. Zu nennen sind etwa § 51 Abs. 1 Nr. 4a (Wahrung von Berufsinteressen etc.) oder der Bereich **öffentlicher bzw. familienrechtlich verorteter Ehrenämter** (Vormundschaften etc.), so (neuerdings) ausdrücklich § 49 Abs. 1 Satz 2 (vgl. § 49 Rn. 13), aber auch § 2 Abs. 4 NtV (hier bedürfte es sonst nicht der Fiktion einer Nicht-Nebentätigkeit). Es bleibt also das für den Rechtsanwender durchaus praktikable Fazit (a. A. wohl *Thieme*, DVBl 2000, 146), dass eine **Nebentätigkeit** grundsätzlich zunächst **jede Betätigung** ist, die **nicht dem Pflichtenkreis des Hauptamtes zugeordnet** werden kann. Die daraus notwendig resultierende Weite potentiell einschlägiger Lebenssachverhalte ist gleichwohl unbedenklich, da nebentätigkeits*rechtlich* immer nur der Sachverhalt relevant ist, der vom Nebentätigkeitsrecht tatbestandlich erfasst wird. Dies ist im Einzelfall immer hinreichend bestimmbar. Einer **apriorischen Differenzierung** aller außerhauptamtlichen Aktivitäten in „echte" und „unechte" Nebentätigkeiten (d. h. sog. „Freizeitaktivitäten" ohne wirtschaftliche Tendenz) bedarf es dazu nicht (instruktiv dazu VG Trier, Urt. v. 10.11.2009, 3 K 361/09.TR: trotz zielführenden rechtlichen Ansatzes bei § 74 Abs. 1 Nr. 1b RP LBG (= § 49 Abs. 1 Satz 1 Nr. 2) wird extra legem die Abgrenzung zu Freizeitaktivitäten versucht; vgl. auch VG Magdeburg, Urt. v. 1.12.2011, 8 A 19/10: aus der dort vorgenommenen pseudorechtlichen Qualifikation als „Freizeitaktivität" ergeben sich erkennbar keine Rechtsfolgen).

7   Im Unterschied zur dargestellten „Abgrenzung" von Nebentätigkeiten und sog. Freizeitaktivitäten ist die der Anwendung des Nebentätigkeitsrechts ebenfalls vorgelagerte Rechtsfrage der **Unterscheidung von Nebentätigkeit und Hauptamt** von großer praktischer Bedeutung. Diese ergibt sich vor allem im Zusammenhang mit der Zulässigkeit von Vergütungen bzw. dem Eingreifen von Abführungspflichten, vgl. § 58 i. V. m. §§ 12 ff. NtV. Das Hauptamt als Bezugspunkt für die Abgrenzung ist das **konkret-funktionale Amt,** auch als Dienstposten bezeichnet (zum Amtsbegriff grds. BVerwGE 60, 144; *Wichmann/Langer,* S. 90 f.). Nur am Maßstab der konkret übertragenen Aufgaben lässt sich ermitteln, ob die „ordnungsgemäße Erfüllung dienstlicher Pflichten" durch eine Nebentätigkeit behindert wird. Gleiches gilt für die Frage, ob ein Widerstreit mit den aus dem konkreten Aufgabenkreis resultierenden dienstlichen Pflichten zu besorgen ist (dazu *H. Günther,* ZBR 1986, 97, 98). Ein Bezug zum konkret-funktionalen Amt lässt sich auch dem Erlöschensgrund des § 49 Abs. 3 Satz 2 entnehmen; mit der Versetzung ändern sich nämlich Dienstposten und Dienstaufgaben, also der Maßstab für die bis dato getroffenen nebentätigkeitsrechtlichen Entscheidungen. Eine anerkannte **Ausnahme** vom herrschenden Verständnis des Hauptamtes als konkret-funktionalem Amt ergibt sich bei Anwärtern/Referendaren als amtslosen Widerrufsbeamten; auch sie können – außerdienstliche – Nebentätigkeiten ausüben (*Schnellenbach,* § 8 Rn. 3 Fn. 12; vgl. auch BVerwG, B. v. 17.3.2014, 2 B 45/13). Gleiches gilt bei Freistellungen, etwa als Urlaub aus familiären Gründen gem. § 64 Abs. 1 oder Elternzeit. Obwohl hier evident kein konkret-funktionales Amt ausgeübt wird, geht der Gesetzgeber gem. § 50 doch erkennbar von der Möglichkeit der Ausübung von Nebentätigkeiten aus (vgl. dazu auch § 50 Rn. 1). Die Anwendbarkeit des Nebentätigkeitsrechts auf **Richter** folgt – mit den Einschränkungen der §§ 41 f. DRiG – aus § 2 Abs. 2 LRiStaG. Für **Ehrenbeamte** hingegen ist das Nebentätigkeitsrecht aufgrund ausdrücklicher Bestimmung in § 107 Abs. 1 Nr. 2 weitgehend unanwendbar.

V. Abgrenzung zum Hauptamt

1. Allgemeines

Eine **inhaltliche Festlegung des Hauptamtes** setzt zunächst voraus, dass die definie- **8** rende Stelle über die Wahrnehmungszuständigkeit (Verbandskompetenz) für die fraglichen Aufgaben verfügt (BVerwGE 49, 184: Tätigkeit eines Beamten der Bundespost an einer (Landes-)Berufsschule). Dies vorausgesetzt kann sie unmittelbar durch Rechtssatz erfolgen (vgl. etwa §§ 35 HG, 18 FHGöD für Hochschullehrer; §§ 62, 113 Abs. 2 Satz 2 u. Abs. 3 Satz 2 GO für Bürgermeister) oder aber durch ausdrückliche bzw. konkludente Entscheidung des Dienstherrn, die dieser kraft seiner **Organisationsgewalt** allgemein (z. B. durch Geschäftsverteilungspläne) oder im Einzelfall trifft (vgl. dazu umfassend BVerwG, DÖD 1982, 87; OVG Münster, RiA 2001, 199, 200; OVG Koblenz, NVwZ 2003, 889, 890 f.; *H. Günther,* ZBR 1986, 97, 99; anschaulich *Wichmann/Langer,* S. 439 sowie *Kohde* in v. Roetteken/Rothländer, § 40 BeamtStG Rn. 11 jeweils m. w. N.). Die Einzelfallregelung kann durch Verwaltungsakt erfolgen (vgl. BVerwGE 59, 38, 40); da lediglich der Dienstposten und damit der Beamte als Amtswalter im Innenrechtsverhältnis betroffen ist, genügt insoweit auch eine innerdienstliche Anordnung. Bei der Ausübung seiner Organisationsgewalt hat der Dienstherr ein weites Ermessen, das lediglich einer Missbrauchskontrolle unterliegt (*Wichmann/Langer,* S. 440; *Köster,* DÖD 2005, 189, 190; vgl. aber OVG Münster, DVP 2002, 524: Fürsorgewidrigkeit der (zusätzlichen) Übertragung einer Werksleitung auf einen Beigeordneten). Auch nachträgliche Änderungen des Zuschnitts eines Dienstpostens sind zulässig (vgl. BVerfG, NVwZ-RR 2008, 74; dazu *Gärditz,* ZBR 2009, 145, 153; a. A. *Wahlers,* ZBR 2006, 221, 227 f.; zu einer zulässigen nachträglichen Änderung wegen veränderter Rechtslage vgl. BVerwGE 59, 38, 40 f.). Als dritte Variante neben einer Zuordnungsentscheidung durch Rechtssatz oder durch Organisationsakt kommt auch die **Entscheidung des betroffenen Amtsträgers** in Betracht, sofern dieser unmittelbar demokratisch legitimiert ist und den Umfang seines Pflichtenkreises – in gewissen Grenzen – selbst konkretisieren kann (so BVerwG, NVwZ-RR 2011, 739 – Beiratstätigkeit eines Bürgermeisters). Im – durchaus nicht seltenen – Einzelfall ist der Aufgabenkreis des Hauptamtes erst durch Auslegung zu ermitteln (dazu statt aller OVG Münster, RiA 2001, 199, 201), wobei im Zweifelsfall die **Vermutung** greift, dass die *wahrgenommene* Aufgabe dem Hauptamt zuzurechnen ist (so ausdr. BVerwG, DÖD 1982, 87, 88; zust. *Wichmann/Langer,* S. 440; *Köster,* DÖD 2005, 189, 190). § 4 Abs. 1 NtV kommt hier insoweit lediglich eine – widerlegliche – Indizwirkung zu (OVG Münster, RiA 2001, 199, 201). Allerdings kann sich in Sonderfällen die Wahrnehmung einer Aufgabe im Wege der Nebentätigkeit als tradierte Besonderheit (BVerwGE 130, 252, 254: Persönliches Behandlungsrecht als Nebentätigkeit Leitender Krankenhausärzte soll als hergebrachter Grundsatz aus Art. 33 Abs. 5 GG folgen; a. A. *H. Günther,* ZBR 2012, 187, 195) oder „atypische" Fallgestaltung" (BVerwGE 59, 38, 40 – ebenfalls zum Liquidationsrecht Leitender Ärzte) darstellen. Führt die Zuweisung neuer Aufgaben zu einer Überschreitung der wöchentlichen Arbeitszeit, erlaubt dies nicht ohne weiteres den Schluss auf eine Nebentätigkeit (vgl. § 48 Rn. 6; s. a. *H. Günther,* ZBR 1986, 97, 100; *Kohde* in v. Roetteken/Rothländer, § 40 BeamtStG Rn. 13). Für Gutachtertätigkeiten kann eine Abgrenzung danach vorgenommen werden, ob der Gutachtenauftrag von dritter Seite erteilt wurde (i. d. R. Nebentätigkeit, es sei denn, es liegt ein Amtshilfeersuchen vor), oder ob die Erstellung von Gutachten eine typische Aufgabe der Dienststelle des Beamten ist (immer Hauptamt, selbst wenn der Beamte persönlich angefragt wurde, vgl. VGH München, ZBR 1982, 119, 120 f.; zum Ganzen *H. Günther,* ZBR 1986, 97, 103; *Kohde* in v. Roetteken/Rothländer, § 40 BeamtStG Rn. 15). Eine spezielle Honorarvereinbarung (z. B. bei Hochschullehrern) kann ein Indiz für eine Nebentätigkeit sein (*H. Günther,* a. a. O.). Die einem Behördenteil gesetzlich zugewiesenen Aufgaben (etwa bei Jugend- oder Gesundheitsämtern) prägen gleichzeitig das Hauptamt der Amtsleitung (*H. Günther,* ZBR 1986, 99); demgemäß ist die amtsärztliche Untersuchung von Beamtenanwärtern keine Nebentätigkeit des Leiters des Gesundheitsamtes (vgl. *SHBS*, S. 421 f.; *H. Günther*, ZBR 1986, 102); im Einzelfall kann sich die Tätigkeit eines städtischen Veterinärs als Amtstierarzt anders darstellen (BVerwGE 62, 129, 133 f.). Die gleiche Tätigkeit kann indes für eine bestimmte Beschäftigtengruppe Teil des Hauptamtes sein, für die übrigen Bediensteten derselben Behörde/Einrichtung eindeutig Nebentätigkeit, so etwa die Mitwirkung an der Staatsprüfung des gehobenen Dienstes, die lediglich für hauptamtlich Lehrende zum Hauptamt zählt, vgl. §§ 18 Abs. 3, 20 Abs. 1 Satz 1 i. V. m. 20 Abs. 7 FHGöD (zur grds. Relevanz einer Nebentätigkeit als Prüfer für die dienstliche Beurteilung vgl. OVG Münster, B. v. 7.3.2016, 6 A 623/14; s. a. § 92 Rn. 21). Typischerweise zum Hauptamt zählt die Betreuung von Anwärtern oder Auszubildenden (*H. Günther*, ZBR 1986, 97, 102; *Schnellenbach*, § 8 Rn. 5). Zur Unterscheidung von Dienstbesprechungen und Fortbildungsaktivitäten wird darauf abgestellt, ob die an Dritte vermittelten Kenntnisse typischerweise im Hauptamt erworben wurden (so VGH München, DÖD 1979, 255, 256). Einschränkend sollte hinzukommen, dass gerade die Vermittlung an den konkret betroffenen Adressatenkreis einen inneren Zusammenhang mit den hauptamtlichen Aufgaben hat, etwa weil die Interessenten aus einer der Fachaufsicht unterliegenden Behörde stammen. Andernfalls würde die gesetzlich gewollte Privilegierung solcher Aktivitäten in § 14 Abs. 1 Nr. 1 NtV systemwidrig konterkariert. Nicht zwingend für die Zuordnung zum Hauptamt ist eine Wahrnehmung der Tätigkeit auf der Grundlage öffentlich-rechtlicher Vorgaben. So kann die Tätigkeit eines kommunalen Wahlbeamten als Geschäftsführer einer GmbH − untergeordneter − Teil seines Hauptamtes sein, da er als Beamter nur überwiegend, nicht aber ausschließlich hoheitliche Aufgaben wahrnehmen muss (*Wichmann/Langer*, S. 441).

2. Gremientätigkeiten

9   Praxisrelevante Abgrenzungsfragen ergeben sich insbesondere im Umfeld der dienstlichen Aktivitäten **kommunaler (Hauptverwaltungs-)Beamter,** wenn diese ihre Anstellungskörperschaft in **Gremien** zu vertreten haben, vgl. etwa §§ 113 Abs. 2 Satz 2, Abs. 3 Satz 3 GO, 15 Abs. 2 Satz 2 Halbs. 2 GkG, 10 Abs. 4 sowie 11 Abs. 3 SpKG (vgl. dazu *OVG Koblenz*, NVwZ 2003, 889; *Wichmann/Langer*, S. 442 ff.; *Kämmerling*, ZBR 2012, 12 ff.; *Schnelle/Hopkins*, NVwZ 2010, 1333, 1337; *Köster*, DÖD 2005, 189; *Beckmann/ Hagmann*, DÖV 2004, 937 ff.). Ähnliche Fragen stellen sich aber ebenso bei der durchaus häufigen Vertretung des Landes durch Ministerialbeamte in Beiräten oder Aufsichtsräten privater Gesellschaften. Eine Zuordnung zum Hauptamt kann, vermittelt durch das Eingreifen von Annahmeverboten bzw. Abführungspflichten, erhebliche finanzielle Konsequenzen zur Folge haben (vgl. nur OVG Koblenz, NVwZ 2003, 889: Rückforderung von ca. 100 000 DM erlangter Sitzungsgelder). Zutreffend wird man danach zu unterscheiden haben, ob die Entsendung in das Gremium an ein bestimmtes Amt, etwa das des Bürgermeisters, anknüpfen **muss.** In diesem Fall ist der Entsendungsbeschluss des Rates eine − durch das Gesetz alternativlos vorgesehene − Erweiterung des konkret-funktionalen Amtes seines Inhabers, also eine Zuweisung der Aufgabe zum Hauptamt (so *Wichmann/Langer*, S. 442; *Köster*, DÖD 2005, 189, 191; *Schnelle/Hopkins*, NVwZ 2010, 1333, 1337 f.; differenzierend *Beckmann/Hagmann*, DÖV 2004, 937, 942). In anderen Entsendungsfällen kann nicht per se auf eine Nebentätigkeit geschlossen werden (vgl. *Köster*, a. a. O.; *Schnelle/ Hopkins*, NVwZ 2010, 1333, 1338), was auch der systematische Vergleich mit § 55 Satz 1 belegt, der nur an solche Nebentätigkeiten in Gremien anknüpft, die ausdrücklich im Interesse des Dienstherrn wahrgenommen werden. Schließlich kommt auch die gewillkürte Entscheidung des Amtsträgers selbst als Zuordnungskriterium in Betracht, wenn er − bei Vorliegen bestimmter Bedingungen − den Pflichtenkreis seines Hauptamtes selbst (mit-) bestimmen darf (vgl. dazu BVerwG, NVwZ-RR 2011, 739). Wie dargelegt, kann das Gewollte ggf. nur im konkreten Einzelfall durch Auslegung ermittelt werden, etwa anhand der Frage, ob zwischen der Gremienvertretung und dem konkret-funktionalen Amt ein besonderer Zusammenhang besteht oder nicht. Gleiches gilt, wenn der Dienstherr dem Wunsch eines Dritten, etwa eines privaten Unternehmens, auf Gremienmitwirkung eines seiner (leitenden) Beamten entsprechen soll (*Wichmann/Langer*, S. 444).

§ 48 Pflicht zur Nebentätigkeit

[1] **Beamtinnen und Beamte sind verpflichtet, auf Verlangen der dienstvorgesetzten Stelle eine Nebentätigkeit (Nebenamt, Nebenbeschäftigung) im öffentlichen Dienst zu übernehmen und fortzuführen, sofern diese Tätigkeit ihrer Vorbildung oder Berufsausbildung entspricht und sie nicht über Gebühr in Anspruch nimmt.** [2] **Durch die Nebentätigkeit dürfen dienstliche Interessen nicht beeinträchtigt werden.** [3] **Ergibt sich eine solche Beeinträchtigung während der Ausübung der Nebentätigkeit, so ist das Verlangen zu widerrufen.**

Übersicht

I. Regelungszweck

Die Vorschrift ermöglicht es der dienstvorgesetzten Stelle (§ 2 Abs. 2), einen Beamten **1** zur erstmaligen Übernahme oder Fortführung einer vormals eigeninitiativen Nebentätigkeit zu verpflichten, soweit es sich um eine Tätigkeit im öffentlichen Dienst handelt. In Anlehnung an kommunalrechtliche Begrifflichkeiten kann man auch von **pflichtigen** im Unterschied zu **freiwilligen** Nebentätigkeiten sprechen (*Wichmann/Langer*, S. 452). Die Notwendigkeit zur Übertragung einer pflichtigen Nebentätigkeit kann sich etwa ergeben, wenn auf diese Weise eine vorübergehende Aufgabenerledigung effizient und sparsam bewirkt werden kann, wenn ein übertragener Dienstposten aus organisatorischen Gründen nicht voll auslastet (*SHBS*, S. 423) oder in konkreten Fällen ein mit dem Dienstposten verbundenes (vgl. dazu die Fälle des § 55 Abs. 1 Satz 1) oder durch Vorbildung erworbenes Spezialwissen des Beamten genutzt werden soll (dazu sowie zur Legitimation der Regelung insbes. BVerfGE 55, 207).

II. Einzelheiten

1. Abgrenzungsfragen

Ein **dienstliches oder besonderes öffentliches Interesse** ist für die Begründung des **2** Verlangens des Dienstherrn an den Beamten nach Übernahme oder Fortführung einer Nebentätigkeit im öffentlichen Dienst erkennbar **nicht erforderlich.** Dies erscheint gleichwohl fraglich, weil § 5 NtV für die in § 52 Abs. 1 genannten niederschwelligeren Anstöße zur Übernahme einer Nebentätigkeit, den Vorschlag und die Veranlassung, eine solche Bedingung statuiert (vgl. auch § 52 Rn. 2). Hier liegt wahrscheinlich ein unbeabsichtigtes Regelungsdefizit vor. Grenzen für ein Verlangen können sich aber aus der Ermessensbindung (§ 40 VwVfG) ergeben. Hiernach muss die als Nebentätigkeit zu übertragende Aufgabe einen inneren Zusammenhang mit den Aufgaben der dienstvorgesetzten Stelle haben, zumal die Aufgabe nur eine solche im öffentlichen Dienst sein darf. Andernfalls wäre die Übertragung nicht mehr vom Ermächtigungszweck gedeckt. Damit stellen sich **Abgrenzungsfragen** mit Blick auf § 4 Abs. 1 NtV, wonach Aufgaben der eigenen Dienststelle nicht übertragen werden „sollen". Allerdings dürfte der von § 4 Abs. 1 NtV ausdrücklich zugestandene Ausnahmefall regelmäßig vorliegen, wenn ein sachlicher Grund für die Ausübung der Ermächtigung gem. § 48 gegeben ist (vgl. zum insoweit bei der Anwendung des § 4 Abs. 1 NtV gegebenen Ermessensspielraum auch OVG Münster, RiA 2001, 199, 201). Die Rechtsprechung folgert im Übrigen aus dem Sachzusammenhang zwischen Hauptamt und pflichtiger Nebentätigkeit, Pflichtverletzungen bei Ausführung der Nebentätigkeit (hier: Veruntreuung von Geldern) seien als **innerdienstlicher** Pflichtverstoß (Pflicht zur uneigennützigen Amtsführung) zu werten (OVG Lüneburg, Urt. v. 19.6.2003, NDH L 6/02). Zu beachten ist weiter, dass eine zusätzlich übertragene Aufgabe nicht notwendig eine Nebentätigkeit sein muss. Kraft Organisationsermessen kann dem Beamten auch ein zweites Hauptamt – etwa die temporäre Leitung einer zusätzlichen Organisationseinheit – übertragen oder sein bestehendes Hauptamt erweitert werden (dazu *Kohde* in v. Roetteken/Rothländer, § 40 BeamtStG Rn. 16; *H. Günther,* ZBR 1986, 97, 101; offen gelassen von OVG Münster, DVP 2002, 524: Übertragung der Werksleitung eines Regiebetriebes auf einen Beigeordneten). Für die Beamtengruppe der **Professoren und Juniorprofessoren** begrenzt § 125 Abs. 1 den Kreis der zu übertragenden Tätigkeiten vor dem Hintergrund des Art. 5 Abs. 3 GG. Vergleichbares gilt wegen Art. 97 GG aufgrund von § 42 DRiG für **Richter,** mangels Verweises in § 122 DRiG jedoch **nicht** für **Staatsanwälte.** Ehrenbeamte hingegen sind vom Anwendungsbereich der Vorschrift nicht ausgenommen, vgl. § 107 Abs. 1 Nr. 2.

2. Rechtsnatur des Verlangens

3   Als **außenwirksame Maßnahme** i.S.v. § 35 VwVfG hat das Verlangen nicht den Rechtscharakter einer innerdienstlichen Weisung (missverständlich insoweit *Tadday/Rescher,* § 48 LBG Erl. 2), sondern ist eindeutig Verwaltungsakt (*SHBS,* S. 423; *Schnellenbach,* S. 168; *Summer,* ZBR 1988, 1, 18), und zwar mit Doppelnatur im Hinblick auf Belastung und Begünstigung, wobei Erstgenannte überwiegen dürfte (vgl. dazu *Kopp/Ramsauer,* § 48 VwVfG Rn. 72). Die Zuständigkeit für den Erlass liegt bei der dienstvorgesetzten Stelle, weswegen die Vorschrift für kommunale Hauptverwaltungsbeamte mangels dienstvorgesetzter Stelle (dazu *Köster,* DÖD 2005, 189, 191) ins Leere läuft. In NRW ist dieser Verwaltungsakt nicht formfrei (zum BBG vgl. aber *Battis,* § 98 BBG Rn. 4). Vielmehr bedarf er gem. § 52 Abs. 2 Satz 1 der Schriftform. Des Weiteren sollte auch die analoge Geltung des § 49 Abs. 3 Satz 1 zumindest durch eine Nebenbestimmung gesichert werden. Darüber hinaus gelten die einschlägigen Regelungen des VwVfG, insbesondere das Anhörungserfordernis gem. § 28 Abs. 1 VwVfG, da der Verwaltungsakt immer mindestens auch belastenden Charakter hat. Gegen ein Verlangen auf Ausübung einer Nebentätigkeit kann der Beamte, etwa wegen der Besorgnis einer übergebührlichen Inanspruchnahme, mit der Anfechtungsklage vorgehen (VGH Kassel, NVwZ-RR 1996, 338), wobei gem. § 104 Abs. 1 Satz 1 kein Vorverfahren stattfindet. Vom Verlangen zu unterscheiden ist die eigentliche **Übertragung** der Nebentätigkeit. Sie kann, muss aber nicht notwendig in die Zuständigkeit der dienstvorgesetzten Stelle fallen. Folglich kann die Übertragung mit dem Verlangen verbunden sein oder von ihm getrennt erfolgen. Je nach Rechtscharakter der verlangten Nebentätigkeit (Nebenamt oder Nebenbeschäftigung) ist die Übertragung z.B. eine innerdienstliche Organisationsmaßnahme oder beruht auf einer privat-rechtlichen Ausgestaltung. Mangels Regelungscharakters entbehrt sie der VA-Qualität (vgl. zum Ganzen *H. Günther,* ZBR 1986, 97, 107 f.; *Schnellenbach,* § 8 Rn. 9).

3. Privilegierung pflichtiger Nebentätigkeiten

Der im Vergleich zur „freiwilligen" Nebentätigkeit anderen Interessenlage bei einer Ne- **4** bentätigkeit auf Verlangen entspricht die Privilegierung des § 52 Abs. 1 Satz 1. Hiernach darf die übertragene Nebentätigkeit regelmäßig auch **während der Arbeitszeit** ausgeübt werden. Dies gilt im Übrigen auch für Nebentätigkeiten auf Vorschlag oder Veranlassung, die sich in § 52 Abs. 1, 2 sowie § 5 NtV finden (dazu § 52 Rn. 2). Wegezeiten für eine Lehrtätigkeit in der Ausbildung (hier Lehrauftrag an der FHöV NRW) zählen als Arbeitszeit (VG Düsseldorf, Urt. v. 4.2.2014, 2 K 6252/12). Ob Nebentätigkeiten auf Verlangen im Umkehrschluss aus § 52 Abs. 1 Satz 1 in der Regel während der Arbeitszeit auszuüben sind (so *SHBS,* S. 425) kann dahinstehen, solange daraus nicht ein – unstreitig nicht bestehender – Anspruch abgeleitet wird. Eine weitere Besserstellung von pflichtigen Nebentätigkeiten ergibt sich bei Regressen, denen der Beamte aus einer auf Verlangen übernommenen Organtätigkeit heraus ausgesetzt sein kann, vgl. § 55. Allerdings wird hier – zusätzlich – eine „im dienstlichen Interesse" übertragene Tätigkeit vorausgesetzt.

4. Öffentlicher Dienst als Rechtsrahmen

Inhaltlich darf es sich bei den nach § 48 zu übertragenden Nebentätigkeiten nur um sol- **5** che **im öffentlichen Dienst** handeln. Gem. § 3 NtV sind dies Tätigkeiten „im Dienst" deutscher Gebietskörperschaften, der juristischen Personen des öffentlichen Rechts (Körperschaften, Anstalten, Stiftungen) oder der von ihnen gebildeten Verbände. Dabei kommt es nicht auf die Art des Beschäftigungsverhältnisses an (BVerfGE 55, 207, 232 ff.; vgl. auch § 57 Rn. 2). Ein weites Verständnis des Begriffs entspricht der Zweckrichtung des Nebentätigkeitsrechts (BVerwG, DÖD 2004, 79; vgl. auch OVG Münster, Urt. v. 26.8.1997, 6 A 1137/96); maßgeblich ist allein die Organisationsform. Ob die Organisation durch Beiträge Privater finanziert wird (z. B. berufsständische Kammern), hat keine Bedeutung (BVerwG, a. a. O.: Wirtschaftsprüferkammer; BVerfG, NVwZ 2007, 571: Steuerberaterkammer); auf die Dienstherrnfähigkeit i. S. v. § 2 BeamtStG kommt es nicht an (a. A. VG Arnsberg, Urt. v. 15.8.2012, 2 K 591/11; offen gelassen bei OVG Münster, Urt. v. 18.4.2013, 1 A 2093/12). Für eine Nebentätigkeit **in den Dienst** (vgl. § 3 Abs. 1 NtV) genommen wird der Beamte nicht nur im Rahmen öffentlich-rechtlich gestalteter Rechtsbeziehungen, etwa beim Nebenamt (vgl. § 2 Abs. 2 NtV sowie § 49 Rn. 7). Die Legaldefinition in § 3 Abs. 1 Satz 2 NtV erfasst auch privatrechtliche Rechtsbeziehungen. Teleologisch bezweckt diese Regelung, ebenso wie die in § 3 Abs. 2 NtV, aber weniger eine Ausweitung der Möglichkeiten, Beamte zu Nebentätigkeiten zu verpflichten. Vielmehr bilden die Vorschriften über Vergütungsverbote (§§ 12 Abs. 1, 14 Abs. 1 NtV) und Abführungspflichten (§§ 13 f. NtV) den Hintergrund, vor dem § 3 Abs. 1 Satz 2, Abs. 2 NtV seine besondere Bedeutung erlangt (vgl. dazu § 57 Rn. 6 f.). Nichts desto trotz greift auch im Rahmen einer nach § 48 Satz 1 übertragenen Nebentätigkeit das Vergütungsverbot ein. Häufig wird sich in diesen Fällen jedoch eine Ausnahme aus §§ 12 Abs. 2, 14 NtV herleiten lassen. Als Besonderheit ist zu beachten, dass zwar die nach § 53, § 15 NtV bestehende Pflicht zur Aufstellung der jährlichen Nebeneinnahmen nicht gilt, der Beamte gleichwohl im Einzelfall gem. § 52 Abs. 4 zur Auskunft verpflichtet werden kann.

5. Vor- und Ausbildungsadäquanz/Überlastungsverbot

Weitere materielle Voraussetzungen neben der Verortung im öffentlichen Dienst sind die **6** **Adäquanz** der übertragenen Tätigkeit im Hinblick auf Vorbildung **oder** Berufsausbildung des Beamten sowie das **Überlastungsverbot,** wobei die erstgenannte Einschränkung auch als benannter Sonderfall einer zu vermeidenden Überlast begriffen werden kann. Das Tatbestandsmerkmal „Vorbildung" knüpft an den entsprechenden laufbahnrechtlichen Begriff an (vgl. §§ 5 Abs. 4, 6). Die Berufsausbildung hingegen umfasst zunächst die zum Erwerb der Laufbahnbefähigung erforderliche „Ausbildung" (vgl. §§ 5 Abs. 4, 7). Damit genügt eine der Laufbahnbefähigung des Beamten adäquate pflichtige Nebentätigkeit insoweit immer den Voraussetzungen des § 48 Abs. 1. Da beide Bildungsvoraussetzungen indes nicht kumulativ, sondern alternativ aufgeführt werden, können über die Laufbahnbefähigung hinaus auch individuelle, etwa durch ein spezifisches Studium erworbene Kenntnisse in die Bewertung einbezogen werden (z. B. bei einem Wirtschaftswissenschaftler, der die Laufbahnbefähigung gem. VAP h. D. erworben hat). **Über Gebühr** wird der Beamte in Abgrenzung zum soeben Gesagten **beansprucht,** wenn ihn die Tätigkeit nicht materiell-inhaltlich (geistig) überbeansprucht, sondern hinsichtlich seines physischen Leistungsvermögens (vgl. zu den Grenzen der Zumutbarkeit für den zu einer Nebentätigkeit Verpflichteten *Battis,* § 98 BBG Rn. 4: Zumutbarkeit). Normative Kriterien lassen sich vor allem aus arbeitszeitrechtlichen Vorschriften gewinnen, die zwar unmittelbar nur für das Hauptamt gelten, gleichzeitig aber den Charakter von Schutznormen für die Grenzen der Arbeitsbelastung insgesamt tragen (*Schnellenbach,* § 8 Rn. 10 m. w. N.). Dabei kann gem. §§ 60 Abs. 1, 61 der zeitliche Rahmen der regelmäßigen wöchentlichen Arbeitszeit durchaus überschritten werden, sofern dies nicht dauerhaft geschieht oder im Einzelfall wegen zwingender dienstlicher Gründe (vgl. § 61 Abs. 1 Satz 1) erforderlich ist. Ggf. kann der Beamte Dienstbefreiung oder Entlastung im Hauptamt verlangen (vgl. zum Ganzen insbesondere BVerwG, DÖD 1982, 87, 88). Er muss den Eintritt einer Überlastung auch nicht abwarten oder vorübergehend hinnehmen, sondern kann sich notfalls im Wege des vorläufigen Rechtsschutzes gegen eine voraussichtlich unangemessene Belastung wehren (OVG Münster, DVP 2002, 524, 525).

III. Widerruf und sonstige Beendigungsgründe

7   Die notwendige Konkordanz von Nebentätigkeit und dienstlichen Interessen als allgemeiner Grundsatz des Nebentätigkeitsrechts und die ggf. erforderliche Sanktion in Form des **Widerrufes** bringen § 48 Satz 2 und 3 zur Geltung (zum Begriff „dienstliche Interessen" vgl. § 49 Rn. 14; vgl. auch VG Aachen, Urt. v. 24.10.2013, 1 K 1718/12: Widerruf einer Bestellung als SAP). Anders als im Fall des Widerrufs einer beantragten Genehmigung greift beim Widerruf des Verlangens nach der Ausübung einer Nebentätigkeit im öffentlichen Dienst **kein Mitbestimmungsrecht** der Personalvertretung gem. § 72 Abs. 1 Nr. 12 LPVG, da schon vom Wortlaut her das Verlangen nicht als Sonderfall der Genehmigung gedeutet werden kann. Außerdem stellt sich die Interessenlage des betroffenen Beamten anders dar, als im Fall von Widerruf oder Versagung einer aus Eigeninitiative beantragten Genehmigung (vgl. OVG Münster, PersV 2003, 111; zust. *Welkoborsky* u. a., § 72 LPVG Rn. 49).

8   Zu beachten ist schließlich, dass eine auf Verlangen übernommene Nebentätigkeit gem. § 56 kraft Gesetz zeitgleich mit der **Beendigung des Beamtenverhältnisses** endet, sofern nicht ausdrücklich – mit der Übertragung der Nebentätigkeit oder später – eine abweichende Regelung getroffen wurde. Selbst ein Nebenamt könnte auf diese Weise von einem Ruhestands- oder ehemaligen Beamten fortgeführt werden, da seine Ausübung kein aktives Beamtenverhältnis bedingt (vgl. vor §§ 48 Rn. 7). Ungeregelt ist dagegen, welche Auswirkungen eine **Versetzung** auf den Fortbestand einer gem. § 48 übernommenen Nebentätigkeit hat, was verwundert, da sich für genehmigte Nebentätigkeiten eine ausdrückliche Regelung in § 49 Abs. 3 Satz 2 findet. Für die in § 6 Abs. 4 Satz 1 lit. b NtV explizit benannten Fälle des **Dienstherrenwechsels** ist die Widerrufspflicht ebenfalls auf eine im „Zusammenhang mit dem Hauptamt" erteilte Genehmigung beschränkt, was sich nicht ohne Weiteres auf den Fall einer Nebentätigkeit aufgrund eines Verlangens gem. § 48 übertragen lässt (vgl. Rn. 2). Hier hilft nur eine entsprechende Nebenbestimmung gem. § 36 VwVfG, die mit dem übertragenden Verwaltungsakt verbunden werden kann und darf. Gleichwohl sollte die aufgezeigte und mit Blick auf § 49 Abs. 3 Satz 2 schwer erkliche Ungereimtheit de lege ferenda beseitigt werden.

§ 49 Genehmigungspflichtige Nebentätigkeit

(1) [1]Die Beamtin oder der Beamte bedarf, soweit sie oder er nicht nach § 48 zur Übernahme verpflichtet ist, der vorherigen Genehmigung

1. zur Übernahme eines Nebenamtes,
2. zur Übernahme einer Nebenbeschäftigung gegen Vergütung, zu einer gewerblichen Tätigkeit, zur Mitarbeit in einem Gewerbebetrieb oder zur Ausübung eines freien Berufes und
3. zum Eintritt in den Vorstand, Aufsichtsrat, Verwaltungsrat oder in ein sonstiges Organ einer Gesellschaft oder eines in einer anderen Rechtsform betriebenen Unternehmens, soweit diese einen wirtschaftlichen Zweck verfolgen, sowie zur Übernahme einer Treuhänderschaft.

[2]Die Wahrnehmung eines öffentlichen Ehrenamtes sowie einer unentgeltlichen Vormundschaft, Betreuung, Pflegschaft oder Testamentsvollstreckung gilt nicht als Nebentätigkeit. [3]Ihre Übernahme ist der dienstvorgesetzten Stelle vor Aufnahme schriftlich anzuzeigen.

(2) [1]Die Genehmigung ist zu versagen, wenn die Nebentätigkeit dienstliche Interessen beeinträchtigen kann. [2]Ein solcher Versagungsgrund liegt insbesondere vor, wenn die Nebentätigkeit

1. nach Art und Umfang die Arbeitskraft der Beamtin oder des Beamten so stark in Anspruch nimmt, dass die ordnungsgemäße Erfüllung ihrer oder seiner dienstlichen Pflichten behindert werden kann,
2. die Beamtin oder den Beamten in einen Widerstreit mit den dienstlichen Pflichten bringen kann,
3. in einer Angelegenheit ausgeübt wird, in der die Behörde oder Einrichtung, der die Beamtin oder der Beamte angehört, tätig wird oder werden kann,
4. die Unparteilichkeit oder die Unbefangenheit der Beamtin oder des Beamten beeinflussen kann,
5. zu einer wesentlichen Einschränkung der künftigen dienstlichen Verwendbarkeit der Beamtin oder des Beamten führen kann oder
6. dem Ansehen der öffentlichen Verwaltung abträglich sein kann.

[3]Die Voraussetzung des Satzes 2 Nummer 1 gilt in der Regel als erfüllt, wenn die zeitliche Beanspruchung durch eine oder mehrere Nebentätigkeiten in der Woche ein Fünftel der regelmäßigen wöchentlichen Arbeitszeit überschreitet. [4]Im Falle einer begrenzten Dienstfähigkeit (§ 27 des Beamtenstatusgesetzes) gilt Satz 3 mit der Maßgabe, dass die herabgesetzte wöchentliche Arbeitszeit zugrunde zu legen ist.

(3) [1]Die Genehmigung ist für jede einzelne Nebentätigkeit zu erteilen und auf längstens fünf Jahre zu befristen. [2]Sie kann mit Auflagen und Bedingungen versehen werden. [3]Die Genehmigung erlischt bei Versetzung zu einer anderen Dienststelle.

(4) Ergibt sich nach der Erteilung der Genehmigung eine Beeinträchtigung dienstlicher Interessen, so ist die Genehmigung zu widerrufen.

Übersicht

I. Allgemeines

1   Mit der Regelung des § 49 bringt der Landesgesetzgeber – in Einklang mit § 40 Satz 2 BeamtStG – zwei wesentliche Strukturprinzipien des Nebentätigkeitsrechts zur Geltung. Dies ist zunächst der **grundsätzliche Erlaubnisvorbehalt** für alle entgeltlich ausgeübten Nebentätigkeiten, zum anderen der weit gefasste, gebundene, also nicht ermessensdirigierte **Verbotsvorbehalt** für alle Fälle einer möglichen Kollision der Nebentätigkeit mit dienstlichen Interessen. Noch deutlicher als im 2009 novellierten Landesrecht kommt dies im neugefassten § 99 BBG zum Ausdruck. Durch das am 30.9.2012 in Kraft getretene „Gesetz zur Stärkung des kommunalen Ehrenamtes und zur Änderung weiterer kommunalverfassungsrechtlicher Vorschriften" (GV. NRW. 2012, S. 436) wurden in § 49 Abs. 1 die neuen Sätze 2 und 3 angefügt, wonach die Übernahme öffentlicher Ehrenämter nicht als Nebentätigkeit gilt, allerdings zuvor anzuzeigen ist. Mit dem Dienstrechtsmodernisierungsgesetz ist die Genehmigungspflicht für die Übernahme von unentgeltlicher Vormundschaft, Pflegschaft, Betreuung und Testamentsvollstreckung entfallen.

II. Genehmigungspflicht

1. Reichweite und Durchbrechungen

2   Allerdings erfährt die Genehmigungspflicht für die Katalogfälle des § 49 Abs. 1 mehrere **Durchbrechungen** mit jeweils unterschiedlicher normativer Verortung. Ausdrücklich benannt sind alle gem. § 48 übertragenen **pflichtigen Nebentätigkeiten,** wobei darunter **nicht** die auf Vorschlag oder Veranlassung (§ 52 Abs. 1, § 5 NtV) der dienstvorgesetzten Stelle übernommenen Aktivitäten fallen, obwohl die Rechtsfolgen weitgehend ähnlich sind (anders daher Art. 82 Abs. 1 Nr. 1 BayBG). Eine weitere Gruppe von Ausnahmefällen findet sich in § 49 Abs. 1 Satz 2 („öffentliche Ehrenämter") und § 2 Abs. 4 NtV, die kraft gesetzlicher Fiktion von der Geltung des Nebentätigkeitsrechts insgesamt und damit auch von der Genehmigungsbedürftigkeit ausgenommen werden (**Nicht-Nebentätigkeiten** – vgl. dazu unten Rn. 13). Besonders relevant im Hinblick auf den Katalog des § 49 Abs. 1 und hier vor allem das „Nebenamt" sind die von § 2 Abs. 4 NtV erfassten Tätigkeiten als Mitglied kommunaler Vertretungen und Ausschüsse (auch sachkundige Bürger und Einwohner gem. § 45 Abs. 4 Nr. 2 GO), ehrenamtlicher Richter und Ehrenbeamter im Feuerschutz. Schließlich gelten **geringfügige,** außerhalb der Arbeitszeit ausgeübte **Nebentätigkeiten** i. S. v. § 49 Abs. 1 Nrn. 1–2 gem. **§ 7 Abs. 1 NtV** als **allgemein genehmigt,** wenn keine Kollision mit dienstlichen Interessen besteht und eine evtl. Vergütung unter 100 € im Monat liegt. Fraglich ist dabei, ob diese finanzielle Grenze auf das Jahr hochgerechnet werden darf, d. h. ob beispielsweise zwei mit je 600 € honorierte Nebentätigkeiten auch als geringfügig gelten. Dafür könnte aus systematischer Sicht sprechen, dass § 15

Satz 1 a. E. NtV für die Pflicht zur Aufstellung von Nebeneinnahmen eine Bagatellgrenze von 1200 € statuiert. Eine solche Auslegung verkennt jedoch den Regelungszusammenhang von § 7 Nrn. 1 und 4 NtV und damit die ratio legis der Norm. Die auf den Monat bezogene Wertgrenze von weniger als 100 € ist eine Folge des „geringen Umfangs" gem. Nr. 1 und kann sich damit nur auf einzelne Nebentätigkeiten beziehen. Somit dürfen sich zwar innerhalb des Jahres mehrere Bagatelltätigkeiten aneinanderreihen, jede einzelne für sich darf jedoch nur unterhalb der Wertgrenze vergütet sein. Darunter fallen auch solche Nebentätigkeiten, für die der Beamte zwar eine (Jahres-)Gesamtverpflichtung eingegangen ist, die sich allerdings problemlos in geringfügige Einzeltätigkeiten aufteilen lassen (z. B. regelmäßiges Austragen von Prospekten etc.). Im Gegensatz dazu unzulässig, weil als Umgehung zu werten, wäre jedoch die Aufteilung der Vergütung für eine einmalige Nebentätigkeit in monatliche „Ratenzahlungen" von jeweils 99 € (so wohl auch *Tadday*, § 7 NtV Rn. 1).

Eine Durchbrechung des Genehmigungserfordernisses, die sich nicht aus der Art der **3** Nebentätigkeit sondern aus dem besonderen Status des betroffenen Beamten ergibt, steht in Zusammenhang mit § 17 KorruptionsbG NRW (GV. NRW. 2005 S. 1, nunmehr entfristet durch Gesetz v. 19.3.2013, GV. NRW. S. 875). Da für **Bürgermeister und Landräte** gem. § 118 Abs. 7 die Aufsichtsbehörde nur in bestimmten Fällen (unklar hier *Plückhahn* in Held/Winkel, GO NRW, S. 364) die Aufgaben der dienstvorgesetzten Stelle wahrnimmt, fehlt es – was nach alter Rechtslage noch umstritten war (vgl. *Köster*, DÖD 2005, 189, 194) – eindeutig am Adressaten eines Genehmigungsantrages. Dieses Dilemma löst § 17 Abs. 1 KorruptionsbG NRW, indem er kommunalen Hauptverwaltungsbeamten eine Anzeigepflicht für Nebentätigkeiten gem. § 49 Abs. 1 gegenüber der kommunalen Vertretungskörperschaft auferlegt (dies übersieht *Erlenkämper* in Articus/Schneider, GO NRW, § 62 Erl. 1.2; zur jährl. Aufstellung der Einnahmen vgl. § 53 Rn. 2).

2. Rechtsanspruch

Liegt keine der dargestellten Ausnahmen vor, dürfen die Katalognebentätigkeiten gem. **4** § 49 Abs. 1 erst **nach Erteilung einer Genehmigung** im Sinne einer rechtlichen Verpflichtung „übernommen" werden (fragwürdig BVerfG – K, B. v. 19.2.2003, 2 BvR 1413/01, wonach eine mehrmonatige Geschäftsführertätigkeit ohne Genehmigung, die auch zwischenzeitl. auch noch untersagt wurde, nicht notwendig ein schweres Versagen im Pflichtenkernbereich darstellt; krit. dazu auch *Mayer*, NVwZ 2004, 949). Geht der Beamte gleichwohl vorab rechtliche Bindungen gegenüber Dritten ein, begeht er ein Dienstvergehen und macht sich im Versagungsfall u. U. auch zivilrechtlich (wegen Nichterfüllung) gegenüber dem Vertragspartner schadensersatzpflichtig. Liegen die tatbestandlichen Voraussetzungen für eine Genehmigung hingegen vor, besteht ein **Rechtsanspruch** auf ihre Erteilung (BVerwGE 60, 254, 255; *Noftz*, ZBR 1974, 209, 212 f.; *Summer*, ZBR 1988, 1, 6; *Battis*, § 99 BBG Rn. 3, 6).

III. Genehmigungspflichtige Betätigungen

1. Bereinigung durch das Dienstrechtsmodernisierungsgesetz 2016

Zum historischen „Ballast" des Nebentätigkeitsrechts gehört die Genehmigungspflicht **5/6** von unentgeltlichen **Vormundschaften, Betreuungen, Pflegschaften und Testamentsvollstreckungen** (krit. dazu auch *Summer*, ZBR 1988, 1, 8). Der Bundesgesetzgeber hatte daraus schon mit dem Dienstrechtsneuordnungsgesetz (vgl. § 97 Abs. 4 BBG; dazu *Battis*, § 97 BBG Rn. 12) Konsequenzen gezogen. Nunmehr hat auch NRW mit dem Dienstrechtsmodernisierungsgesetz die überfällige Rechtsbereinigung vollzogen, eine Gleichstellung mit Ehrenämtern vorgesehen und die Genehmigungs- zu einer Anzeigepflicht abgestuft (s. u. Rn. 13). Die Änderung erfolgt „im Gleichklang mit dem Tarifbereich sowie dem Bund … und den anderen Ländern" und soll „Hindernisse bei der Übernahme ehrenamtlicher Tätigkeiten beseitigen" (LT-Drs. 16/10380, S. 349).

2. Übernahme eines Nebenamtes

7   **Nebenamt** ist ein nicht zum Hauptamt gehörender Kreis von Aufgaben, der aufgrund eines öffentlich-rechtlichen Dienst- oder Amtsverhältnisses wahrgenommen wird, vgl. § 2 Abs. 2 NtV. Schon in der sprachlichen Abgrenzung zu § 3 Abs. 1 BeamtStG (öffentlich-rechtliches Dienst- und Treueverhältnis) wird deutlich, dass mit dem Nebenamt nicht notwendig ein Beamtenverhältnis begründet wird. Es handelt sich vielmehr um ein Dienstverhältnis sui generis (*H. Günther,* ZBR 1986, 97, 98), dessen Übertragung weder einer Ernennung bedarf noch insgesamt Beamten vorbehalten ist (*Kohde* in v. Roetteken/Rothländer, § 40 BeamtStG Rn. 16 m. w. N.). Außerdem muss es nicht notwendig zum selben Dienstherren bestehen (*H. Günther,* ZBR 1986, 97, 98). Allerdings fragt sich dann, ob das in § 22 Abs. 2 BeamtStG vorgesehene „Dienst- oder Amtsverhältnis", dessen Begründung bei einem anderen Dienstherren zur Entlassung kraft Gesetz führen kann, insoweit deckungsgleich ist. Praktisch relevant würde dies etwa im Fall eines Kommunalbeamten werden, der als Prüfer für ein Landesprüfungsamt oder die Fachhochschulen des öffentlichen Dienstes tätig oder gem. § 43 HG Lehrbeauftragter an einer staatlichen Hochschule wird. Schon die nicht unerheblichen Rechtsfolgen lassen Zweifel aufkommen (vgl. auch die ausdr. Negation in § 43 Satz 3 Halbs. 2 HG). Zutreffend dürfte daher das Merkmal „Dienst- und Amtsverhältnis" gem. § 22 Abs. 2 Satz 1 BeamtStG teleologisch zu reduzieren sein auf hauptberuflich wahrgenommene Betätigungen (unklar insoweit *Reich,* § 22 BeamtStG Rn. 6). Unerheblich für die Genehmigungsbedürftigkeit ist, ob das Nebenamt vergütet wird. Anders als § 99 Abs. 1 BBG trennt das Landesrecht nicht ausdrücklich nach entgeltlichen und unentgeltlichen Nebenämtern. Abzugrenzen von der Übertragung eines Nebenamtes sind die Fälle der **Erweiterung des Hauptamtes** (dazu BVerwG, DÖD 1982, 87; s.a. BVerwG, NVwZ-RR 1996, 337) oder der **Übertragung eines zweiten Hauptamtes** (dazu BVerfGE 52, 303; *Battis,* § 97 BBG Rn. 11). Ein zweites Hauptamt kann etwa gegeben sein bei der Verpflichtung eines Schulleiters, eine weitere Schule zu führen oder eines beamteten Arztes, eine zusätzliche Klinikabteilung zu übernehmen. Hier handelt es sich typisch um die (temporäre) Übertragung annähernd gleichwertiger Aufgaben (zum Ganzen *Kohde* in v. Roetteken/Rothländer, § 40 BeamtStG Rn. 16 m. w. N.; s.a. § 48 Rn. 1). Bei der Abgrenzung von nebenamtlicher Übertragung und Erweiterung des Hauptamtes ist zu beachten, dass die Notwendigkeit, eine zusätzliche Aufgabe außerhalb der regulären Arbeitszeit zu erledigen, kein zwingendes Indiz für ein Nebenamt darstellt (BVerwG, DÖD 1982, 87, 88: Besonderer Aufsichtsdienst eines Justizvollzugsbeamten am Wochenende; vgl. auch *H. Günther,* ZBR 1986, 97, 102). Je nach Fallgestaltung entsteht dem Beamten hier jedoch ein Anspruch auf Dienstbefreiung. **Typische Fälle** der Übertragung eines Nebenamtes sind etwa die Zuweisung einer Zusatzaufgabe in der behördeninternen Ausbildung (*H. Günther,* ZBR 1986, 102), z.B. als Arbeitsgemeinschaftsleiter (BVerwGE 40, 104; vgl. auch *Piorreck,* DRiZ 1988, 154), oder die Tätigkeit als Prüfer in der Staatsprüfung der Beamten (*Wichmann/Langer,* S. 450). Lehraufträge an staatlichen Hochschulen sind ebenfalls als Nebenamt ausgestaltet, vgl. § 43 Satz 3 HG, wobei für die Genehmigungspflicht hier § 9 Abs. 1 Satz 3 NtV zu beachten ist (vgl. § 51 Rn. 4). Nebenamtliche Tätigkeiten liegen darüber hinaus vor bei einem technischen Beamten, der auf Veranlassung seines Dienstherrn zusätzlich an einer Berufsschule eingesetzt wird (BVerwGE 49, 184), einem Professor im Richteramt gem. § 16 VwGO, einem Mitglied des Landespersonalausschusses gem. § 97 Abs. 1 oder einem Ministerialbeamten als Regierungskommissar gem. § 11 LRentenbankG (OVG Münster, RiA 2001, 199). Auf (ernannte) **Ehrenbeamte** ist zwar § 49 (im Unterschied zu § 48) nicht anwendbar, vgl. § 107 Abs. 1 Nr. 2; gleichwohl kann in der Berufung eines Beamten in ein Ehrenbeamtenverhältnis die Übertragung eines Nebenamtes liegen, sofern nicht die Ausnahmen des § 2 Abs. 4 NtV eingreifen.

3. Entgeltliche Nebenbeschäftigungen

Hauptanwendungsfall des nebentätigkeitsrechtlichen Erlaubnisvorbehalts ist die **ent-** 8 **geltliche Nebenbeschäftigung.** Die ratio legis dieser umfassenden Genehmigungspflicht erklärt sich aus dem Antagonismus des besonderen Dienst- und Treueverhältnisses mit Pflicht zum vollen Einsatz sowie Alimentationsanspruch einerseits, den Verpflichtungen und daraus resultierenden potentiellen Loyalitätskonflikten aus Rechtsverhältnissen mit wechselseitigen Leistungsbeziehungen andererseits. Versuche einer arbeitsmarktpolitischen Instrumentalisierung hingegen sind als gescheitert zu betrachten, da „dienstliche Interessen" nicht jeden öffentlichen Belang (hier: Eindämmung von Arbeitslosigkeit) umfassen (dazu *Ehlers*, DVBl 1985, 879, 881; s.a. *Battis*, VuL 7 (1982), 12 ff.; *Battis* § 97 BBG Rn. 7 u. § 99 BBG Rn. 3; *Summer*, ZBR 1988, 1). Zu möglichen sozialversicherungsrechtlichen Aspekten von Nebenbeschäftigungen vgl. *Marburger*, RiA 2015, 57; s.a. RdErl. d. FM NRW v. 16.11.2012, MBl. NRW. S. 704.

Der sprachliche und systematische Aufbau des Genehmigungstatbestandes des § 49 9 Abs. 1 Nr. 2 offenbart einige Ungereimtheiten. Anders als im neugefassten § 99 Abs. 1 BBG erschließt sich nicht sofort, ob eine **gewerbliche oder freiberufliche Betätigung** auch im Falle der **Unentgeltlichkeit** genehmigungsbedürftig ist (demgemäß unklar *Tadday/Rescher*, § 49 LBG Erl. 1.3). Andererseits fällt es schon begrifflich schwer, sich eine unentgeltliche gewerbliche oder freiberufliche Tätigkeit vorzustellen, da diese per definitionem eine Gewinnerzielungsabsicht voraussetzt (vgl. § 15 Abs. 2 EStG). Nach verbreiteter Ansicht hat der Gesetzgeber diese Widersprüchlichkeit in Kauf genommen, um Missbrauchs- bzw. Umgehungsmöglichkeiten einen Riegel vorzuschieben (vgl. *Wagner*, NVwZ 1989, 515, 516 f.). Gesetzgebungstechnisch überzeugend erscheint dies nicht. Fraglich ist weiterhin, ob die – unentgeltliche – Mitarbeit bei einem Freiberufler (z.B. Arzt, Apotheker, Steuerberater oder Rechtsanwalt) im Unterschied zur Mitarbeit in einem Gewerbebetrieb tatbestandlich erfasst werden soll. Schließlich verbleibt insofern eine echte Lücke als die **Einbeziehung der Urproduktion** – systemwidrig (vgl. *Summer*, ZBR 1988, 1, 8) – nicht ausdrücklich geklärt wird. Allerdings ist dieses Manko auch beim neugefassten § 99 Abs. 1 BBG festzustellen.

a) Vergütungsbegriff/Gewerbliche Tätigkeit/freie Berufe

Der weitreichende nebentätigkeitsrechtliche **Vergütungsbegriff** umfasst jede Gegen- 10 leistung in Geld oder geldwerten Vorteilen, unabhängig von einem Rechtsanspruch, vgl. § 11 Abs. 1 NtV. Zwar erlaubt § 13 Abs. 3 NtV ausdrücklich das Absetzen von Aufwendungen. Gleichwohl verbleibt eine zugeflossene Geldleistung selbst im Fall eines negativen Saldos eine „Vergütung". Auch pauschalierte Aufwandsentschädigungen sind gem. § 11 Abs. 3 NtV nur sehr eingeschränkt vom Vergütungsbegriff ausgenommen. Die **„gewerbliche Tätigkeit"** beinhaltet die rechtliche Kategorie des Gewerbes, für die – aus guten Gründen – keine Legaldefinition existiert (dazu *Stober/Eisenmenger*, S. 13 f.). Verwaltungspraxis und Gerichte stützen sich auf die überkommene Definition des Gewerbes als auf Dauer angelegte, zur Schaffung und Erhaltung einer Lebensgrundlage und daher in Gewinnerzielungsabsicht ausgeübte Betätigung, die von der Urproduktion und der Ausübung eines freien Berufes abzugrenzen ist (vgl. etwa BFH, Urt. v. 19.8.2009, III R 31/07 m. w. N. – hier: Abgrenzung zur Verwaltung privaten Vermögens). Ihren Niederschlag hat diese Definition etwa in § 6 GewO bzw. §§ 15, 18 EStG gefunden. Tatbestandlich ausdrücklich erfasst wird nicht nur die selbständige Tätigkeit als Gewerbetreibender, sondern auch die **unselbstständige und unentgeltliche Mitarbeit,** um eine Umgehung der Genehmigungspflicht zu unterbinden. Betrieben wird ein Gewerbe mit Einsetzen der ersten Vorbereitungshandlungen, nicht erst mit Erzielen von Umsätzen oder Erlösen (BFH, a. a. O.). Als **freien Beruf** bezeichnet man im Unterschied zum Gewerbe eine selbstständige Tätigkeit, bei der die personale Leistungserbringung im Vordergrund steht (BFH, Urt. v. 15.6.2010, juris-PR-SteuerR, 39/2010: Berufsbetreuerin als Freiberuflerin) und die gem.

§ 18 Abs. 1 EStG insbesondere einen wissenschaftlichen, künstlerischen, schriftstellerischen, unterrichtenden oder erzieherischen Gegenstand hat (s. in dem Kontext auch *Rennert,* DVBl 2012, 593, 594 f.). Ein Studium bzw. eine wissenschaftliche Ausbildung sind indes keine zwingende Voraussetzung. Zum freien Beruf des **Rechtsanwalts** dürfen Beamte gem. § 7 Nr. 10 BRAO wegen des Grundwiderspruchs zwischen Freiberuflichkeit und beamtenrechtlicher Weisungsbindung grundsätzlich **nicht zugelassen** werden; eine bestehende Zulassung ist zu widerrufen, vgl. § 14 Abs. 2 Nr. 5 BRAO (BGH, NJW 2012, 615; auch BVerfG-K, NJW 2009, 3710: Juniorprofessor; VG München, ZBR 2006, 272, 273; *Wichmann/Langer,* S. 468; a. A. *Braun,* DÖD 2008, 217, 223 ff., sowie *Haller,* DÖD 1998, 59, 65 f., für Professoren und wiss. tätige Beamte). Wird umgekehrt ein zugelassener Anwalt zum Beamten ernannt, ist zumindest für die Dauer der Probezeit ein bloßes **Ruhen der Zulassung** vertretbar, vgl. § 47 Abs. 1 Nr. 1 BRAO. Das damit einhergehende Tätigkeitsverbot impliziert, dass der Probebeamte insoweit keine Nebentätigkeitsgenehmigung benötigt, weil er keinen freien Beruf ausübt (vgl. *Huff* in Gaier/Wolf/Säcker, Anwaltliches Berufsrecht, § 47 Rn. 8, 18). Ähnlich wie beim freien Beruf des Rechtsanwalts schließt auch beim (Brand-)Sachverständigen nach Landesbauordnung der Gegensatz von Beamtenpflichten und Unabhängigkeit eine Wahrnehmung als Nebentätigkeit aus (OVG Münster, Urt. v. 5.11.2009, 4 A 268/06). Die Nebentätigkeit eines Rechtsreferendars als Steuerberater dagegen mag (beamtenrechtlich) zulässig sein, kommt jedoch letztlich nicht in Betracht, weil gem. § 57 Abs. 4 StBerG ein Steuerberater nicht nebenbei als Referendar tätig sein darf (FG Münster, Urt. v. 20.7.2011, 7 K 77/11 StB).

b) Urproduktion

11   Zu fragen ist, ob aus nebentätigkeitsrechtlicher Perspektive eine Nebenbeschäftigung in der **Urproduktion** (z. B. als Nebenerwerbslandwirt – der nach zutreffender Ansicht nicht unter § 51 Abs. 1 Nr. 1 fällt, vgl. nur *Dirksmeyer,* ZBR 1986, 326, 327 – oder Helfer im Gartenbaubetrieb des Ehegatten) unberücksichtigt bleiben darf und damit den Rang einer „Freizeitbeschäftigung" einnimmt (so die Konsequenz der h. M., vgl. nur *Battis,* § 99 BBG Rn. 5; *Wagner,* NVwZ 1989, 515, 517 – allerdings zweifelnd mit Hinw. auf *Summer;* a. A. *Summer,* ZBR 1988, 1, 8; s. a. *Dirksmeyer,* a. a. O.). Das wohl herrschende Begriffsverständnis offenbart nicht nur einen – für den Bereich des Nebentätigkeitsrechts – kaum erklärlichen **Wertungswiderspruch,** sondern führt auch zu Problemen in der Rechtsanwendung. So sind z. B. der Betrieb eines sog. Hofladens – und damit auch die dortige Mitarbeit – als gewerbliche Tätigkeit zu bewerten (VG Schleswig, GewArch 1998, 474), der im Sommer verbreitete Direktverkauf von Obst hingegen nicht. Zu bedenken ist, dass dem Gewerbebegriff eine höchst vielfältige, kontextbezogene Funktion zukommt (*Stober/Eisenmenger,* S. 14). Im Zusammenhang des Nebentätigkeitsrechts geht es insoweit (nur) um den Interessengegensatz von hauptberuflicher Pflicht zum vollen Einsatz und nebenberuflicher Bindung. Mit dem Tatbestandsmerkmal des „Gewerbes" wird dabei lediglich bezweckt, besonders „nachhaltige" (vgl. § 15 Abs. 2 EStG) Aktivitäten in jedem Fall – also auch bei Unentgeltlichkeit – zu erfassen. (Gewerbe-)Steuerrechtliche Aspekte oder dergleichen spielen dabei erkennbar keine Rolle. Berücksichtigt man zudem die auf überholten historischen Prämissen (dazu *Summer,* ZBR 1988, 1, 8) beruhende Intention für eine nebentätigkeitsrechtliche Sonderstellung der Landwirtschaft, bleibt nur der Schluss, den Gewerbebegriff des § 49 Abs. 1 Nr. 2 als spezifisch nebentätigkeitsrechtlichen zu betrachten und teleologisch auf die Fälle der Urproduktion zu erweitern.

c) Tätigkeit in Unternehmensorganen

12   Unabhängig von einer evtl. Vergütung genehmigungspflichtig ist schließlich der Eintritt in ein **Organ eines Unternehmens,** das einen wirtschaftlichen Zweck verfolgt. Unerheblich ist, in welcher Rechtsform das Unternehmen betrieben wird (vgl. VG Hamburg, Urt. v. 20.12.2011, 8 K 1101/11 – auch zur Abgrenzung von der Verwaltung privaten Vermögens; differenzierend *Schnellenbach,* § 8 Fn. 77), in wessen Besitz es sich befindet und ob eine Beteiligung der öffentlichen Hand besteht. Eine Besonderheit ergibt sich für die unentgeltliche Tätigkeit in Genossenschaftsorganen, die gem. § 51 Abs. 1 Nr. 5 von der Genehmigungspflicht ausgenommen ist (zu den Gründen vgl. § 51 Rn. 9), wobei die bloße Gewährung von (angemessenen) Sitzungsgeldern unschädlich ist (BVerwGE 40, 11). Beruht der Eintritt des Beamten auf einer Veranlassung oder einem Vorschlag des Dienstherrn, entfällt zwar nicht die Genehmigungsbedürftigkeit, es greift jedoch das Haftungsprivileg des § 55. Übernimmt der Beamte in dem Unternehmensorgan eine neue Funktion, z.B. die des Vorsitzenden, ist nach dem Normzweck auch eine erneute Genehmigung erforderlich, da sich eine womöglich veränderte Lage bei der Bewertung der betroffenen dienstlichen Interessen ergibt (OVG Münster, Urt. v. 8.12.2006, 1 A 3842/05). Die Übernahme einer Treuhänderschaft ist nur im Fall der sog. Wirtschaftstreuhänder genehmigungsbedürftig (vgl. *Tadday/Rescher*, § 49 LBG Erl. 1.4; der Bund hat hier inzwischen auf eine Regelung verzichtet, vgl. *Battis*, § 99 BBG Rn. 5).

IV. Privilegierung von Ehrenämtern

Traditionell enthält § 2 Abs. 4 NtV eine Aufzählung **öffentlicher Ehrenämter,** die   13 kraft gesetzlicher Fiktion nicht als Nebentätigkeit gelten (vgl. auch vor §§ 48 Rn. 6) und somit – durch Fortfall von Anzeige- und Genehmigungs-, aber auch Abführungspflichten (vgl. § 57 Rn. 7) – privilegiert werden. Von daher erschließt sich die Intention der mit Gesetz v. 18.9.2012 (GV. NRW. S. 436; vgl. auch oben Rn. 1) vorgenommenen Erweiterung des § 49 Abs. 1 um die Sätze 2 und 3 nicht unmittelbar. Denn der hier eingeführte Begriff des „öffentlichen Ehrenamtes" scheint zunächst mit der (enumerativen) Aufzählung des § 2 Abs. 4 NtV identisch. Erst der Blick in die gesetzgeberischen Motive enthüllt, dass die Landtagsfraktionen von SPD, GRÜNEN und FDP auch Tätigkeiten in „Gesellschafterversammlungen, Aufsichtsräten etc." (so die Begründung zum Änderungsantrag der Fraktionen SPD/BÜNDNIS 90/DIE GRÜNEN/FDP zum Gesetzentwurf LT-Drs. 16/48, LT-Drs. 16/870, S. 7–8) über den Kanon des § 2 Abs. 4 NtV hinaus von den Restriktionen des Nebentätigkeitsrechts befreien wollten (vgl. auch Erl. d. MIK v. 29.1.2013 – 24 – 42.01.14-02.1, S. 4). Die durch den neuen § 49 Abs. 1 Satz 3 offenbar als „Korrektiv" eingeführte **Anzeigepflicht** „analog zu § 10 NtV" (a. a. O., S. 8) kann im Gegensatz zu ihrem eigentlichen Sinn hier natürlich keine nebentätigkeitsrechtliche Reaktion (etwa gem. §§ 49 Abs. 4, 51 Abs. 2) auslösen. Nach dem Willen des Gesetzgebers soll sie dem Dienstherrn für den Fall der Ausübung eines öffentliches Ehrenamtes i. S. v. § 49 Abs. 1 Satz 2 die Feststellung „mögliche(r) Tatbestände des ‚Ausschlusses von Personen' in Verwaltungsverfahren (§ 20 VwVfG) bzw. der ‚Befangenheit' (§ 21 VwVfG)" ermöglichen (a. a. O.). Zu betonen ist, dass diese jetzt unmittelbar auf Gesetzesebene verankerte „Anzeigepflicht" nunmehr auch für die „Nicht-Nebentätigkeiten" gem. § 2 Abs. 4 NtV gilt.

Offenbar wegen der Parallele zu Ehrenämtern (s. o. Rn. 5/6) hat der Gesetzgeber die familien- bzw. erbrechtlich geprägten Betreuungsformen mit dem Dienstrechtsmodernisierungsgesetz zu Nicht-Nebentätigkeiten deklariert, sofern sie **unentgeltlich** ausgeübt werden. Nebentätigkeitsrechtliche Sanktionen (z. B. Untersagung) kommen damit – trotz Anzeigepflicht – nicht länger in Betracht (s. o.). Unter **Vormundschaft** gem. §§ 1773 ff. BGB ist die Übernahme der Personensorge bei Minderjährigen zu verstehen; sie bedarf der Anordnung durch das Vormundschaftsgericht. Als Unterform der Vormundschaft kann die **Pflegschaft** gem. §§ 1909 BGB angesehen werden. Sie erfasst solche Fälle, in denen ein Fürsorgebedürfnis nur in besonderen Angelegenheiten besteht (vgl. *Diederichsen* in Palandt, Einf. vor § 1909 BGB); gem. § 1915 BGB gelten die Regelungen über Vormundschaften entsprechend. **Betreuung** (früher Vormundschaft über Volljährige) gem. §§ 1896 ff. BGB ist geboten, wenn ein Volljähriger infolge psychischer Krankheit oder körperlicher, seelischer oder geistiger Behinderung seine Angelegenheiten ganz oder teilweise nicht selbst besorgen kann. Auch die Betreuung bedarf der gerichtlichen Anordnung. Eine womöglich

unbeabsichtigte Friktion ergibt sich daraus, dass der nach §§ 1808i, 1835a BGB dem Betreuer zustehende Aufwendungsersatz als Entschädigung pauschaliert wird und damit nebentätigkeitsrechtlich als Vergütung zu werten ist (vgl. § 11 Abs. 3 NtV). Damit ist die Annahme einer unentgeltlichen Betreuung faktisch ausgeschlossen. Nicht von § 49 Abs. 1 Satz 2 erfasst wird die Tätigkeit sog. Berufsbetreuer (§ 1897 Abs. 6 BGB). Dabei kann dahinstehen, ob diese Form der Betreuung als Gewerbe (so BVerwG, GewArch 2008, 301) oder freier Beruf (so BFH, Urt. v 15.6.2010, juris-PR-SteuerR 39/2010) zu qualifizieren ist, da schon die Entgeltlichkeit eine Genehmigungspflicht begründet. Auch die **Testamentsvollstreckung** gem. §§ 2197 f. BGB besteht im Grunde in der Besorgung fremder Angelegenheiten, obwohl der Testamentsvollstrecker nach der gesetzlichen Konzeption – im Rahmen des Willens des Erblassers – ein eigenes Amt ausübt. Seine Pflichten können von der Besorgung bestimmter Einzelmaßnahmen (z.B. Durchführung der Bestattung) bis zur Verwaltung des gesamten Nachlasses reichen. Gem. § 2221 BGB muss eine Testamentsvollstreckung nicht notwendig unentgeltlich sein, so dass dann § 49 Abs. 1 Satz 1 Nr. 2 einschlägig wäre.

V. Beeinträchtigung dienstlicher Interessen

1. Generalklausel

14   Nach der Generalklausel des § 49 Abs. 2 Satz 1 genügt die **Gefahr** einer **Beeinträchtigung dienstlicher Interessen,** um eine beantragte Genehmigung zu versagen. Raum für Ermessenserwägungen besteht nicht. Im Unterschied dazu ist der Widerruf einer erteilten Genehmigung gem. § 49 Abs. 4 erst bei einer **nachweislich eingetretenen** Interessenbeeinträchtigung zulässig. Die Regelbeispiele oder benannten Versagungsgründe der Nrn. 1–6 zeigen auf, wann eine Genehmigung in jedem Fall zu versagen ist, ohne damit eine abschließende Regelung zu treffen (vgl. *Baßlsperger,* ZBR 2004, 369, 373). Insoweit ist ein Rückgriff auf die Generalklausel grundsätzlich denkbar, wegen der Weite der Regelbeispiele jedoch praktisch kaum notwendig. Auch die Maßgabe, dass ein „unbenannter" Versagungsgrund nach Inhalt und Gewicht den Regelbeispielen gleichkommen muss, wird man von daher eher als theoretisch einschätzen können. Der unbestimmte Rechtsbegriff der **dienstlichen Interessen** bezieht sich zunächst auf die sachgerechte und reibungslose Aufgabenerfüllung. Er richtet sich nach dem gesetzlichen Auftrag der konkreten Dienststelle des Beamten und den dort vorhandenen personellen und organisatorischen Möglichkeiten (vgl. § 63 Rn. 8; s.a. BVerwGE 31, 241, 244; E 120, 382; BVerwG, NVwZ 2009, 470; OVG Schwerin, ZBR 2009, 137; OVG Lüneburg, DÖD 2011, 162, 163; OVG Münster, B. v. 12.9.2013, 6 B 1065/13; B. v. 23.7.2014, 6 B 715/14; sehr weitgehend VG München, ZBR 2006, 272, 273). Der sachliche Gehalt eines dienstlichen Interesses oder Belangs steht nicht allgemein fest, sondern ergibt sich aus der Zweck- und Zielsetzung der jeweiligen Regelung und aus ihrem systematischen Zusammenhang (vgl. auch § 63 Rn. 14). Naheliegend können sich dienstliche Interessen daher zunächst aus den Rahmenbedingungen des konkret betroffenen Dienstpostens (vgl. VG Aachen, Urt. v. 19.3.2015, 1 K 2258/13: Schlechtleistung im Hauptamt) und seiner Einbindung in die Dienststelle ergeben. Darüber hinaus belegen aber gerade die Konkretisierungen der dienstlichen Interessen in § 49 Abs. 2 Nrn. 5 und 6, dass auch weitergehende verwaltungspolitische Erwägungen für die Einzelfallentscheidung zugrunde gelegt werden können. Neben der durch Gesetze und innerdienstliche Vorgaben determinierten konkreten Aufgabenerfüllung kann demgemäß auch die Einhaltung beamtenrechtlicher Pflichten Gegenstand dienstlicher Interessen sein (vgl. BVerwGE 84, 299, 302; zum Ganzen auch *H. Günther,* DÖD 1988, 78, 80 f.; *Baßlsperger,* ZBR 2004, 369, 373). Dass andererseits nicht jedes öffentliche Interesse zugleich ein dienstliches Interesse zu begründen vermag, folgt ebenfalls aus dem Gesagten (vgl. BVerwGE 120, 382; so schon *Ehlers,* DVBl 1985, 879, 881 f.: Arbeitsmarktpolitik als untauglicher Belang). **Beeinträchtigt** werden dienstliche Interessen, wenn sie **nachteilig**

betroffen sind, wobei eine Gefahr (Wahrscheinlichkeit) genügt. Diese ist gegeben, wenn „ein vernünftiger Grund" (VGH Mannheim, *Schütz/Maiwald* ES B I 2.6 Nr. 2, dort S. 5f., mit zust. Anm. *Schwerdtner,* RiA 1985, 65), eine „ernstzunehmende Möglichkeit" (OVG Münster, ZBR 2011, 209) bzw. eine „verständige Würdigung der gegenwärtigen Umstände unter Berücksichtigung erfahrungsgemäß eintretender Entwicklungen" (BVerwGE 40, 11, 16; E 60, 254, 256f.; OVG Münster, Urt. v. 13.6.1997, 12 A 5544/95) auf eine nachteilige Betroffenheit hindeutet. Die Beeinträchtigung muss nicht sicher zu erwarten sein, aber auch nicht mit hoher Wahrscheinlichkeit eintreten (vgl. OVG Weimar, Urt. v. 9.6.2010, 2 KO 437/09). Eine ausdrückliche gesetzliche Konkretisierung des Wahrscheinlichkeitsgrades enthält § 6 Abs. 3 Satz 2 NtV für Gutachtertätigkeiten etc., die zwar im Zuständigkeitsbereich der eigenen Behörde angelegt sind, deren Beauftragung jedoch auf eine öffentliche Stelle zurückgeht. Die Annahme einer wahrscheinlichen Beeinträchtigung dienstlicher Interessen unterliegt voller gerichtlicher Kontrolle, eine exekutive Einschätzungsprärogative besteht insoweit nicht (vgl. BVerwGE 120, 382; BVerwG, ZBR 1977, 27; OVG Schwerin, DVBl 2005, 324; OVG Weimar, a.a.O.; *Battis,* § 99 BBG Rn. 7). Davon zu unterscheiden ist – wie oben dargelegt – die Einschätzungsprärogative oder Gestaltungsfreiheit des Dienstherrn bei der Entscheidung, welche Maßgaben in die konkrete Ermittlung des (jeweiligen) dienstlichen Interesses eingehen. Diese Maßgaben werden von ihm in Ausübung seines Organisationsrechts auch durch verwaltungspolitische Erwägungen geprägt. Insoweit ist die gerichtliche Kontrolle auf die Einhaltung der Grenzen des Organisationsermessens beschränkt (vgl. BVerwGE 120, 382; OVG Lüneburg, DÖD 2011, 162, 163 m.w.N.; s.a. OVG Münster, NVwZ-RR 2011, 871).

2. Verbot übermäßiger Inanspruchnahme/Teilzeit

Das **Verbot der übermäßigen Inanspruchnahme** gem. § 49 Abs. 2 Satz 2 Nr. 1   **15** dürfte im praktischen Vollzug die bedeutsamste Schwelle für die Zulässigkeit von genehmigungspflichtigen Nebentätigkeiten sein. Dies liegt nicht zuletzt an der scheinbar vollzugsfreundlichen gesetzlichen Konkretisierung des § 49 Abs. 2 Satz 3, der sog. **Fünftelvermutung** (vgl. auch *Summer,* ZBR 1988, 1, 3: Sicherstellung der „Dienstleistung in Frische"), die auf einer im Jahr 1985 erfolgten Änderung des BRRG beruht (vgl. *Schwandt,* ZBR 1985, 101; *Summer,* a.a.O., S. 6; *H.Günther,* ZBR 2015, 15). Der im Vergleich zum Arbeitsrecht konkrete und enge zeitliche Rahmen für Nebentätigkeiten von Beamten ist auf spezifische Strukturprinzipien des Beamtenrechts zurückzuführen, vor allem den **Grundsatz der Hauptberuflichkeit** und die **Pflicht zum vollen persönlichen Einsatz** (vgl. BVerfGE 55, 207, 241f.). Der etwa in § 99 Abs. 2 Satz 2 BBG ausdrücklich benannte Versagungsgrund des „Zweitberufs" (vgl. auch VGH München, B. v. 5.8.2013, 6 CE 13.1269) weist unmittelbar darauf hin. Vor diesem Hintergrund erklärt sich auch die unterschiedliche Übertragung der Fünftelvermutung auf **Teilzeitbeschäftigte** (vgl. § 63 Abs. 2) einerseits und **begrenzt Dienstfähige** (vgl. § 49 Abs. 2 Satz 4) andererseits. Während bei der Teilzeitbeschäftigung das individuelle Leistungsvermögen und damit korrespondierend die Pflicht gem. § 34 Satz 1 BeamtStG durch die Reduzierung der regelmäßigen wöchentlichen Arbeitszeit nicht tangiert sind, obliegt dem begrenzt dienstfähigen Beamten generell nur noch eine eingeschränkte Dienstleistungspflicht. Aus der zulässigen Belastungsrelation von Hauptberuf und Nebentätigkeit, die durch die Fünftelvermutung konkretisiert wird, ergibt sich damit im Fall des § 27 BeamtStG zwingend eine zeitliche Einschränkung für Nebentätigkeiten. Aus dem Gesagten folgt zugleich, warum bei Teilzeitbeschäftigten weitergehende zeitliche Spielräume pro Woche für Nebentätigkeiten – i.d.R. (vgl. zu der insoweit nach § 91 Abs. 2 Satz 2 BBG ausdr. bestehenden Ausnahmemöglichkeit *Battis,* § 91 BBG Rn. 19) – ausgeschlossen sind. Ihre reduzierte Arbeitszeit vermag die aus dem Grundsatz der Hauptberuflichkeit abzuleitenden Pflichten grundsätzlich nicht zu relativieren (so i.E. BVerfGE 55, 207, 240f.; vgl. auch VGH Mannheim, IÖD 2003, 266).

3. Fünftelvermutung

16   Nur scheinbar vollzugsfreundlich (s. o. Rn. 15) ist die **Fünftelvermutung,** weil sie im Gegensatz zum ersten Anschein keine präzise (relative) Zeitgrenze festlegt und dem Rechtsanwender nur eine ausnahmenoffene Vorgabe („in der Regel") an die Hand gibt. Es besteht nämlich kein fester (minutenscharfer) Zusammenhang zwischen der jeweiligen Wochenarbeitszeit und dem „Fünftel" gem. § 49 Abs. 2 Satz 3 (vgl. BVerfGE 55, 207, 240f.; s. a. *Baßlsperger,* ZBR 2004, 369, 374 mit dem zutr. Hinw., andernfalls führe eine Heraufsetzung der Wochenarbeitszeit stets zu mehr zeitlichen Spielräumen für Nebentätigkeiten; anders wohl *Wichmann/Langer,* S. 460). Begreift man die Fünftelvermutung im zeitlichen Kontext ihrer gesetzlichen Einführung (1985), als die Wochenarbeitszeit 40 Stunden betrug, so lässt sich die zeitliche Regelgrenze für Nebentätigkeiten als **„Orientierungswert"** (*Baßlsperger,* ZBR 2004, 369, 374) bei **acht Wochenstunden** (dazu auch *H. Günther,* ZBR 2015, 15, 19) ansetzen. Die Umstände des Einzelfalls (vgl. OVG Koblenz, Urt. v. 27.9. 2011, 2 A 10781/11: besondere Anfahrtszeiten; aber auch körperliche Belastung, Nachtarbeit etc.) können Abweichungen nach oben wie unten rechtfertigen (*Wichmann/Langer,* S. 461; *Battis,* § 99 BBG Rn. 17). Außerdem ist in Sonderfällen ein anderer als der Wochenmaßstab vorstellbar, wenn sich nach der Art der zeitlichen Belastung die wöchentliche Regelarbeitszeit nicht als geeignete Referenzgröße erweist (so *Schnellenbach,* NVwZ 1985, 327; VG Aachen, Urt. v. 19.3.2015, 1 K 2258/13: „quartalsweise" Betrachtung bei Tätigkeit mit Belastungsspitzen); a. A. wohl *Dirksmeyer,* ZBR 1986, 326, 327f.; s. a. OVG Koblenz, DÖD 2012, 282, 284: Wochenende ist ausdr. mit einbezogen). Allerdings geht bei spezifisch bedingten Abweichungen die Darlegungslast insoweit auf den Beamten über (vgl. *Baßlsperger,* ZBR 2004, 369, 374). Fraglich ist die Anwendung der Fünftelvermutung auf solche Berufsgruppen, die einer abweichenden Arbeitszeitregelung unterliegen. Zu nennen sind hier insbes. **Feuerwehrbeamte,** deren regelmäßige Wochenarbeitszeit gem. § 2 Abs. 1 Satz 1 AZVO Feu 48 Stunden beträgt und damit die europarechtliche Höchstgrenze erreicht (dazu *Wichmann/Langer,* S. 460). Hieraus den Schluss auf eine **generelle Unzulässigkeit** von Nebentätigkeiten zu ziehen (so VG Gelsenkirchen, B. v. 5.1.2016, 12 L 2512/15; s. a. *Wichmann/Langer,* a. a. O.) erscheint angesichts der auch grundrechtlich verbürgten privaten Betätigungsfreiheit (vgl. vor §§ 48 Rn. 3) unverhältnismäßig und überspannt den Schutzzweck arbeitszeitrechtlicher Höchstgrenzen. Insbesondere bei Wechselschichten mit längeren Freiphasen ist kaum nachvollziehbar, warum nicht eine maßvolle Nebentätigkeit mit den Belastungen des Hauptamtes vereinbar sein soll. Letztlich wird es hier einmal mehr auf die Umstände des Einzelfalls ankommen. Als weitere Berufsgruppen sind hier **Lehrer** in Betracht zu ziehen (vgl. VO zu § 93 Abs. 2 Satz 2 SchulG; s. a. BVerwG, ZBR 2013, 129, 130) und **Hochschullehrer** (Lehrverpflichtungsverordnungen). Eine unmittelbare Anwendung der Fünftelvermutung scheidet aus, weil mit dem Tatbestandsmerkmal „regelmäßige wöchentliche Arbeitszeit" eindeutig an das „Normal"-Arbeitszeitrecht angeknüpft wird (so ausdr. BT-Drs. 16/7076, S. 123; auch *Battis,* § 99 BBG Rn. 17). Unklar bleibt jedoch zunächst, warum hier zwischen Lehrern (Anwendung) und Hochschullehrern (keine Anwendung) zu differenzieren sein soll (so aber *Baßlsperger,* ZBR 2004, 369, 374, mit Hinw. auf § 29 Abs. 2 Satz 4 LBG BE; *Schnellenbach,* § 8 Rn. 18 Fn. 92, und *H. Günther,* RiA 2012, 140, 144; *ders.,* ZBR 2015, 15, 18, übersehen, dass für Hochschullehrer mit den Lehrverpflichtungsverordnungen durchaus arbeitszeitrechtliche Regelungen bestehen). Im Übrigen trägt die unmittelbare Nichtanwendbarkeit der Fünftelvermutung wohl kaum den Gegenschluss einer nicht nach Zeiteinheiten zu erfassenden Betätigungsfreiheit (vgl. auch OVG Koblenz, DÖD 2012, 282, 283). Allein zutreffend kommt daher für sämtliche Fälle abweichender Arbeitszeitregelungen nur die **unmittelbare Anwendung** von § 49 Abs. 2 Satz 1 in Betracht, wobei sich Anhaltspunkte einer nachteiligen Betroffenheit dienstlicher Interessen aus der **Übertragung des Rechtsgedankens** aus § 49 Abs. 2 Satz 3 ergeben. Denn auch hier gelten die o. g. Strukturprinzipien des Beamtenrechts und damit letztlich dieselben Erwägungen, die sich etwa bei der

Anwendung der Fünftelvermutung auf – ebenfalls nicht mit der regelmäßigen wöchentlichen Arbeitszeit unterfallende – teilzeitbeschäftigte Beamte exemplarisch aufzeigen lassen (vgl. dazu § 50 Rn. 1). Damit indizieren auch bei (Hochschul-)Lehrern solche Aktivitäten, die zeitlich deutlich mehr als einen (Arbeits-)Tag pro Woche beanspruchen, eine Kollision mit ihrer Pflicht zu vollem persönlichen Einsatz (vgl. OVG Koblenz, a.a.O.; s.a. VGH Mannheim, IÖD 2003, 266: 8 Std. als max. zeitlicher Umfang für die Nebentätigkeit eines Studienrates). Allerdings ist bei der Bewertung der Beanspruchung dem Umstand Rechnung zu tragen, dass hier Arbeitszeiten mangels normativer Vorgabe ggf. unregelmäßiger verteilt sind. Eine schematische, einzelfallunabhängig den Maßstab der Fünftelvermutung übertragende Bewertung der Inanspruchnahme ist daher verfehlt (so auch *Schnellenbach,* § 8 Rn. 18, Fn. 91 m.w.N.). Zur Anwendbarkeit bei Nebentätigkeiten im Rahmen von Elternzeit oder Beurlaubung gem. § 64 vgl. § 50 Rn. 1.

Fraglich ist, ob bei der **Ermittlung der wöchentlichen Höchstbelastung** neben den **17** Katalognebentätigkeiten des § 49 Abs. 1 auch die zeitliche Belastung durch – parallel – ausgeübte **nicht genehmigungspflichtige Nebentätigkeiten** berücksichtigt werden muss. Bestritten wird dies mit dem Hinweis, derartige Belastungen könne die dienstvorgesetzte Stelle anders als durch unzulässige Ausforschung gar nicht kennen (*Summer,* ZBR 1988, 1, 6; *Baßlsperger,* ZBR 2004, 369, 375). Die Gegenansicht verweist darauf, dass zumindest bekannte Nebentätigkeiten nicht außer Ansatz bleiben dürfen (*H. Günther,* DÖD 1988, 78, 84; *Schnellenbach,* § 8 Rn. 18, Fn. 89). De lege lata entschieden hat der Bund diese Kontroverse, indem gem. § 99 Abs. 3 Satz 5 BBG alle Nebentätigkeiten, von denen der Dienstherr durch legitime Selbstauskunft des Beamten (Genehmigungsantrag oder Anzeigepflicht) Kenntnis erlangt, bei der Anwendung der Fünftelvermutung zu berücksichtigen sind (vgl. auch *H.Günther,* ZBR 2015, 15, 16). Der hier zugrunde liegende Rechtsgedanke ist übertragbar und wird in NRW auch von § 10 Abs. 2 Nr. 2 NtV aufgegriffen, wonach der zeitliche Wochenumfang bei anzeigepflichtigen Nebentätigkeiten anzugeben ist. Auf diese Weise vermeidet man einerseits unbestreitbare Vollzugsdefizite, andererseits aber auch eine nicht normgestützte und damit willkürliche Differenzierung zwischen den verschiedenen Formen der Nebentätigkeit.

4. Höhe der Nebentätigkeitsvergütung

Eine weitere Kontroverse betrifft die Frage, ob sich Hinweise für eine übermäßige Inanspruchnahme aus der **Höhe der Nebentätigkeitsvergütung** ableiten lassen (so BVerwG **18** 41, 316, 323; wohl auch OVG Münster, B.v. 13.6.1997, 12 A 5544/95; OVG Koblenz, Urt. v. 27.9.2011, 2 A 10781/11; *Wagner,* NVwZ 1989, 515, 519; a.A. – insbes. für wiss. Betätigungen – *Battis,* VuL 37 (1999), S. 8; *Badura,* ZBR 2000, 109, 111; *Baßlsperger,* ZBR 2004, 376; *Gärditz,* ZBR 2009, 145, 151 f.). Allerdings wird bei exorbitant hohen Vergütungen oftmals eher der Versagungsgrund des § 49 Abs. 2 Satz 3 Nr. 6 (Ansehensschädigung) herangezogen (vgl. BVerwG, RiA 2006, 226; so auch OVG Münster, B.v. 13.6. 1997, 12 A 5544/95; zum Fall hoher Vergütungen durch richterliche Tätigkeit in Schiedsgerichten vgl. auch *Coeppicus,* ZRP 1995, 203). Der hessische Landesgesetzgeber (§ 79 Abs. 2 Satz 6 HBG) und ihm folgend Bayern (Art. 81 Abs. 3 Satz 4 BayBG) sowie der Bund (§ 99 Abs. 3 Satz 3 BBG) haben in dieser Debatte mittels einer gesetzlichen Vorgabe eindeutig Position bezogen (vgl. auch *H. Günther,* RiA 2012, 140). Danach gilt ab einem bestimmten prozentualen Verhältnis von Bezügen und Nebentätigkeitsvergütung eine besondere Prüfpflicht (30 % in Bayern und Hessen) im Hinblick auf eine übermäßige Inanspruchnahme bzw. ein zwingender Versagungsgrund (40 % gem. § 99 Abs. 3 Satz 3 BBG). Hieraus ist zu folgern, dass die Vergütungshöhe grundsätzlich ein geeigneter, im Einzelfall gleichwohl eher grober Indikator für die Grenzen der Belastbarkeit sein kann (vgl. auch Erl. d. JM NRW v. 7.2.2012, wonach – offenkundig an § 99 BBG angelehnt – die Überschreitung der 40 %-Grenze eine Beeinträchtigung dienstlicher Interessen indiziert; dazu VG Aachen, Urt. v. 27.4.2015, 1 K 908/14: Erotikchat). Im konkreten Vollzug wird man die sich hieraus ergebenden Hinweise wohl eher zum Anlass nehmen, den Antragsteller um nähere Konkretisierung des zeitlichen Umfanges seiner geplanten Aktivitäten (vgl. § 6 Abs. 1 Satz 4 Nr. 2 NtV) zu bitten.

5. Sonstige Regelbeispiele

a) Potentieller Pflichtenwiderstreit

19   Die Genehmigungsversagung wegen eines möglichen **Widerstreits mit dienstlichen Pflichten** gem. § 49 Abs. 2 Satz 2 Nr. 2 wird als Gebot verstanden, jeden Anschein eines Loyalitäts- oder Interessenkonflikts zu vermeiden (BVerwGE 60, 254, 258; *Baßlsperger,* ZBR 2004, 369, 375). Unter die dienstlichen Pflichten fallen alle Verhaltensregeln, die sich auf §§ 33 ff. BeamtStG zurückführen lassen. Daher kann auch die Gefährdung der kollegialen Zusammenarbeit in der Dienststelle (*Battis,* § 99 BBG Rn. 10) oder die Pflicht zum Erhalt (dazu *Wichmann / Langer,* S. 462) bzw. zur Wiederherstellung der Arbeitskraft während einer Dienstunfähigkeit (OVG Münster, ZBR 2011, 209) einer Nebentätigkeit im Wege stehen. Zwar führt eine **vorübergehende Dienstunfähigkeit** (Erkrankung) nicht zwingend zu einem Ausübungsverbot für Nebentätigkeiten (vgl. BVerwG, B. v. 17.7.2013, 2 B 27/12; VG Münster, B. v. 23.4.2015, 13 K 1981/14.O; a.A. wohl *v. Zwehl,* S. 83 f. m. w. N.). Allerdings betont die Rechtsprechung die Pflicht zur schleunigen Wiederherstellung der Dienstfähigkeit (BVerwGE 147, 127 m. w. N. s. a. BVerfG – K, B. v. 19.2.2003, 2 BvR 1413/01). So kann der Heilungsprozess schon dann – pflichtwidrig – verzögert werden, wenn die Nebentätigkeit eine ähnliche Anstrengung erfordert wie das Hauptamt (vgl. VGH München, Urt. v. 23.3.2011, 16b D 09.2798: Akquise von Coachings). Zusätzlich in Betracht kommt bei einer Öffentlichkeitswirksamkeit der Nebentätigkeit eine Gefährdung des Ansehens des öffentlichen Dienstes, die eine Versagung bzw. – **vorübergehende** – Untersagung durchaus rechtfertigt (vgl. insbesondere OVG Münster, ZBR 2011, 209: kranke Polizistin als öffentlich auftretende Sängerin; vgl. auch BVerwG, B. v. 21.1.2014, 2 B 88/13; OVG Lüneburg, Urt. v. 11.6.2013; 6 LD 1/13; OVG Koblenz, Urt. v. 28.4.2008, 3 A 11334/07, sowie VG Magdeburg, Urt. v. 1.12.2011, 8 A 19/10: umfangreicher Internethandel während Krankheit). Der Beamte seinerseits muss in diesen Fällen ggf. die Zulässigkeit der Fortsetzung einer im Grunde genehmigten Nebentätigkeit mit dem Dienstvorgesetzten klären (vgl. OVG Koblenz, DÖD 2005, 91). Übt er gleichwohl (in erheblichem Umfang) Nebentätigkeiten aus, kann sogar die dienstbefreiende Wirkung der (privatärztlichen) Krankschreibung entfallen, so dass ein unerlaubtes Fernbleiben (vgl. § 62) vorliegt (vgl. VG Düsseldorf, Urt. v. 4.9.2012, 26 K 6727/10). Ähnliche Erwägungen wie bei der Dienstunfähigkeit sind bei der Ausübung von Nebentätigkeiten während des **Erholungsurlaubs** anzustellen. Der Beamte handelt pflichtwidrig, wenn er, statt sich körperlich und geistig zu regenerieren, den Urlaub für eine umfängliche (Vollzeit-)Nebentätigkeit zweckentfremdet. Ob die Regelvermutung des § 49 Abs. 2 Satz 3 (dazu Rn. 13) jedoch auch auf Urlaubszeiten einschränkungslos übertragbar ist (so aber *v. Zwehl,* S. 85), muss bezweifelt werden, weil sich Regeneration nicht in Wochenstunden messen lässt. Bei der disziplinarischen Bewertung ungenehmigter Nebentätigkeiten betrachtet die Rechtsprechung deren Ausübung während einer Dienstunfähigkeit regelmäßig als Erschwerungsgrund (vgl. BVerwG, Urt. v. 11.1.2007, 1 D 16/06; s. a. OVG Magdeburg, Urt. v. 5.6. 2012, 10 L 2/12; VG Hannover, Urt. v. 31.5.2012, 18 A 3237/11).

20   Auf das Ganze gesehen dürfte es jedoch keine Fallgestaltung geben, die sich eindeutiger und abgrenzbarer unter § 49 Abs. 2 Satz 2 Nr. 2 als unter die Generalklausel des § 49 Abs. 2 Satz 1 subsumieren ließe. Wegen dieser **Redundanz** fehlt es § 49 Abs. 2 Satz 2 Nr. 2 evident an der Eignung als benannter Versagungsgrund oder Regelbeispiel. Dies zeigt sich auch daran, dass § 6 Abs. 3 NtV bei der ausdrücklichen nebentätigkeitsrechtlichen Einordnung von Preisrichter-, Schiedsrichter-, Schlichter- oder Gutachtertätigkeiten im Zuständigkeitsbereich der eigenen Behörde einen Versagungsgrund für gegeben hält, dessen Zuordnung zu § 49 Abs. 2 Satz 2 Nrn. 2–4 aber offensichtlich für beliebig erachtet.

Vor allem aber stellt die Rechtsprechung im konkreten Fall regelmäßig neben dem Widerstreit mit dienstlichen Interessen auch die Einschlägigkeit weiterer Versagungsgründe i. S. v. § 49 Abs. 2 Satz 2 Nrn. 3–6 fest (dazu auch *Baßlsperger,* ZBR 2004, 369, 375):

Zu nennen sind etwa VGH München, *Schütz/Maiwald* ES/B I 2.6 Nr. 12: Privatunter- **21** richt eines Berufsschullehrers für eigene Schüler – zugl. Nr. 3 (dagegen kein Interessenwiderstreit bei Richter als Repetitor, so BVerwG, ZBR 1988, 167); BVerwGE 60, 254: Umsatzsteuerprüfer als Lohnsteuerhelfer – zugl. Nrn. 3, 5; OVG Münster, ZBR 1993, 339: beurlaubte Rechtspflegerin als Aushilfe bei ortsansässigem Notar – zugl. Nrn. 3, 5; VGH München, *Schütz/Maiwald* ES/B I 2.6 Nr. 7: Verkehrspolizist im eigenen Bezirk als Taxifahrer – zugl. Nr. 4 (dagegen kein Interessenwiderstreit bei Polizist als Busfahrer außerhalb des eigenen Bezirks, so OVG Koblenz, ZBR 1993, 383); BVerwG, ZBR 1992, 375: Polizist als Warenhausdetektiv – zugl. Nr. 4; VGH Mannheim, *Schütz/Maiwald* ES/B I 2.6 Nr. 2: städtischer Bauingenieur als Vermesser – zugl. Nrn. 3, 4, 6; OVG Koblenz, ZBR 1993, 340: Polizist als Kontrolleur für Rundfunkgebühren- zugl. Nrn. 3, 4; OVG Schwerin, DVBl 2005, 324: Vollstreckungsbeamter eines Finanzamtes als Makler – zugl. Nr. 6; VG München, ZBR 2006, 272: Finanzbeamter als freier Mitarbeiter bei Rechtsanwalt – zugl. Nr. 6; OVG Münster, Urt. v. 8.12.2006, 1 A 3842/05: Richter als Aufsichtsratsvorsitzender eines kommunalen Energieversorgers – zugl. Nr. 6; OVG Münster, ZBR 2011, 209: kranke Polizistin als Sängerin einer Band – zugl. Nr. 6 – so auch OVG Lüneburg, Urt. v. 11.6.2013, 6 LD/13; OVG Weimar, Urt. v. 9.6.2010, 2 KO 437/09: Bürgermeister als Geschäftsführer einer kommunalen GmbH – zugl. Nr. 4; OVG Koblenz, Urt. v. 27.9.2011, 2 A 10871/11: Amtsarzt als Gutachter für Pflegeversicherung – zugl. Nrn. 1, 3, 4, 5).

b) Vermeidung einer Tätigkeitskonkurrenz

Der Versagungsgrund der **Tätigkeitskonkurrenz** gem. § 49 Abs. 2 Satz 2 Nr. 3 soll **22** ebenfalls Loyalitätskonflikten vorbeugen (*Battis,* § 99 BBG Rn. 12). Diese können sich aus Konkurrenzlagen i. e. S. ergeben (*Wichmann/Langer,* S 462: Beamter bietet privat kostenpflichtige Antragsberatung, die von der Kommune kostenfrei erbracht wird; vgl. auch VGH Mannheim; *Schütz/Maiwald* ES/B I 2.6 Nr. 2: Beamter bietet Dienste als Vermessungsingenieur, die gegen Gebühr auch eine Dienststelle seines Dienstherrn übernimmt; OVG Koblenz, Urt. v. 27.9.2011, 2 A 10781/11: Amtsarzt erstellt privat Gutachten für Pflegeversicherung). Ein Anwendungsfall im Sinne einer Interessenkonkurrenz dürfte auch die von § 6 Abs. 3 NtV explizit erwähnte **Preisrichter-, Schiedsrichter-, Schlichter- oder Gutachtertätigkeit im Zuständigkeitsbereich der eigenen Behörde** sein, wobei der besondere Status des Auftraggebers gem. § 6 Abs. 3 Satz 2 NtV zu einer großzügigeren Beurteilung führen kann. In Betracht kommen aber auch Loyalitätskonflikte, die sich aus der (kollegialen) Einbindung des Beamten in die Behörde ergeben und – im Unterschied zum Versagungsgrund des § 49 Abs. 2 Satz 3 Nr. 4 – nicht die Unbefangenheit der Amtsführung des Beamten selbst beeinträchtigen, sondern die seiner Kollegen. Ein solcher Fall kann sich ergeben, wenn nicht auszuschließen ist, dass aus kollegialer Rücksichtnahme die Amtsführung gegenüber „Kunden" des eine Nebentätigkeit ausübenden Beamten beeinflusst werden kann (VGH Mannheim, *Schütz/Maiwald* ES/B I 2.6 Nr. 2; OVG Schwerin, DVBl 2005, 324, 325). Kritisch zu bewerten ist die Offenheit des Versagungsgrundes, wonach schon die **Möglichkeit einer behördlichen Konkurrenztätigkeit** („tätig … werden kann") genügt. Lässt man dafür gesetzliche Zuständigkeitsregeln abstrakt genügen, wären z. B. Kommunalbeamte wegen der aus Art. 28 Abs. 2 GG, 78 LVerf abzuleitenden kommunalen Allzuständigkeit an der Ausübung einer großen Zahl denkbarer und durchaus nicht unbedingt problematischer Nebentätigkeiten gehindert. Die Vorschrift ist daher einschränkend dahin auszulegen, dass die Behörde zu einer Tätigkeit im relevanten Sektor auch bereit und in der Lage sein muss (so zutreffend *Wichmann/Langer,* S. 463 m. w. N.; vgl. auch OVG Koblenz, Urt. v. 27.9.2011, 2 A 10781/11).

c) Beeinträchtigung der Unparteilichkeit/Unbefangenheit

23   Ganz offenkundig als Verstoß gegen dienstliche Interessen bzw. Pflichten zu identifizieren ist die Ausübung einer Nebentätigkeit, die zur **Beeinträchtigung von Unparteilichkeit oder Unbefangenheit** des Beamten führen kann, vgl. § 49 Abs. 2 Satz 2 Nr. 4. Damit fehlt es auch diesem Versagungsgrund an tatbestandlicher Eigenständigkeit. Seine Existenz verdankt er wohl eher der besonderen Bedeutung der hier explizit erwähnten dienstlichen Pflichten. Gem. §§ 33 Abs. 1 Satz 2, 34 Satz 2 BeamtStG zählen die unparteiische, gerechte und uneigennützige Amtsführung zu den prägenden Anforderungen an das Beamtenverhältnis (vgl. auch *Reich,* § 33 BeamtStG Rn. 4; *Metzler-Müller* in MRSZ, § 33 BeamtStG Erl. 3). Diese Pflichten weisen über eine politische Neutralitätspflicht hinaus und bedeuten eine Absage an jede willkürliche, sach- oder gleichheitswidrige Wahrnehmung der Dienstgeschäfte (dazu auch *Kohde* in v. Roetteken/Rothländer, § 33 BeamtStG Rn. 11). Insoweit besteht auch ein enger Zusammenhang mit dem Verbot der Vorteilsannahme gem. § 42 Abs. 1 BeamtStG; unangemessen hoch vergütete Nebentätigkeiten können sich hiernach als Annahme eines Geschenks erweisen (vgl. BVerwGE 113, 35, 38 f.; *Kohde* in v. Roetteken/Rothländer, § 42 BeamtStG Rn. 20, 23; s. a. § 59 Rn. 4). Gibt es aus der verständigen Sicht des Dienstherrn bestimmbare Anhaltspunkte für eine Beeinträchtigung, genügt dies für eine Verweigerung der Genehmigung. Der Versagungsgrund greift insoweit „weit im Vorfeld möglicher Interessenskonflikte" (*Baßlsperger,* ZBR 2004, 369, 375; vgl. auch OVG Koblenz, Urt. v. 27.9.2011, 2 A 10781/11: Amtsarzt erstellt privat Gutachten für Pflegeversicherung); ein konkreter Nachweis ist nicht zu führen (so auch *Battis,* § 99 BBG Rn. 13).

d) Schutz zukünftiger Verwendbarkeit

24   Dass die nachteilige Betroffenheit „dienstlicher Interessen" i. S. v. § 49 Abs. 2 Satz 1 sich nicht nur aus dem gegenwärtigen Tätigkeitsbereich bzw. allgemeinen Pflichten des Beamten ergeben kann, zeigt der Versagungsgrund des **Schutzes der künftigen Verwendbarkeit** gem. § 49 Abs. 2 Satz 2 Nr. 5. Er soll zunächst die breite Verwendungsfähigkeit, die aus dem Laufbahnprinzip als strukturprägendem Merkmal des Berufsbeamtentums folgt, gegen nachteilige Einflüsse absichern. Insbesondere die zukünftige Verwendung nach einer Um- oder Versetzung kommt hier in Betracht. Interessenkonflikte aus Nebentätigkeiten sollen nicht zu einer Beschränkung der Organisationsgewalt des Dienstherrn führen (so ausdr. BVerwGE 60, 254, 261). Sofern sich der Interessenkonflikt aus einer **künftigen Verwendung in anderen Dienststellen** ergeben soll, wird man aus Gründen der Verhältnismäßigkeit verlangen müssen, dass sich diese Veränderung zum Zeitpunkt der Entscheidung über die Nebentätigkeit bereits anhand objektiver Kriterien (z. B. aus Personalentwicklungskonzepten etc.) erkennen lässt (vgl. *Baßlsperger,* ZBR 2004, 369, 376; zu vage – aber auch nur obiter dictum – VG Düsseldorf, B. v. 21.9.2015, 2 L 2958/15: Polizistin als TV-Komparsin). Ebenfalls von § 49 Abs. 2 Satz 3 Nr. 5 erfasst werden solche Fälle, in denen eine Nebentätigkeit bestimmte besondere Eignungsvoraussetzungen (z. B. körperliche Fitness bei Polizeivollzugs- und Feuerwehrbeamten) für die Verwendung in der Laufbahn gefährden könnte (vgl. auch VG Münster, DÖD 2013, 197, 200: Justizbeamtin im Pforten- und Vorführdienst als Prostituierte mit Internetpräsenz).

e) Verhinderung einer Ansehensschädigung

25   Breiten Raum in der einschlägigen Rechtsprechung nimmt der Versagungsgrund der drohenden **Ansehensschädigung** (§ 49 Abs. 2 Satz 2 Nr. 6) ein. Dabei ist nicht nur auf die Dienststelle oder das konkrete dienstliche Umfeld des Beamten abzustellen (vgl. dazu VG Minden, Urt. v. 21.2.2013, 4 K 1627/12), sondern auf die **gesamte öffentliche Verwaltung** mit ihrer grundgesetzlich verankerten Aufgabenzuschreibung als Staatsfunktion. Schutzgut ist deren Funktionsfähigkeit in ihrer Abhängigkeit vom uneingeschränkten Vertrauen der Öffentlichkeit in ihre Integrität (BVerwG, RiA 2006, 226, 227). Daher kann eine Tätigkeit auch dann versagt werden, wenn andernfalls die behördliche Genehmigung

von Dritten als eine Art „Freisprechung" von bestehenden Vorbehalten (hier Eignungs-zweifel bei Nebentätigkeit eines Polizisten als Busfahrer trotz vorgängiger Verkehrsdelikte) interpretiert werden könnte (vgl. OVG Münster, B. v. 29.4.2011, 6 A 1665/10, sowie – mit etwas veränderter Ausgangslage – VGH München, B. v. 20.4.2012, 3 CS 12.444). Die Sachverhalte, denen eine Eignung zur Ansehensschädigung innewohnt, lassen sich in drei Kategorien gliedern: **(1.) Verletzung des Neutralitätsgebots** (insbes. bei Richtern; vgl. auch *Gruber*, ZRP 2011, 178, 179: Arbeitsrichter in Einigungsstellen gem. BetrVG); hier ist es regelmäßig eine **unangemessen hohe Vergütung** der Nebentätigkeit, die in der Öf-fentlichkeit Zweifel am richtigen beruflichen Selbstverständnis wecken kann (vgl. BVerwG, RiA 2006, 226; OVG Münster, B. v. 13.6.1997, 12 A 5544/95; auch *Coeppicus*, ZRP 1995, 203); **(2.) Ausnutzung von Insiderwissen** (vgl. OVG Schwerin, DVBl 2005, 324: Fi-nanzbeamter als Makler; VG München, ZBR 2006, 272: Finanzbeamter als freier Mitar-beiter bei Rechtsanwalt); **(3.) „Standeswidriges" Verhalten,** wobei – naheliegend – vor allem Beamtengruppen mit hoher „Außenwirkung" (z.B. Polizisten) betroffen sind (vgl. VG Hannover, NJW 1988, 1162: Tätigkeit in Videothek mit fragwürdigem Angebot; VG Düsseldorf, Urt. v. 31.3.2006, 26 K 5383/05: wg. Korruption suspendierter Feuerwehrchef will während des Diszi.-Verfahrens als Zählerableser arbeiten; BVerwG, Urt. v. 11.1.2007, 1 D 16/05: Polizist ist nebenbei im privaten Sicherheitsgewerbe tätig; OVG Münster, ZBR 2011, 209: dienstunfähige Polizistin als Sängerin; OVG Koblenz, Urt. v 18.12.2007, 3 A 11017/07: dienstunfähiger Polizist als Autohändler; OVG Münster, B. v. 29.4.2011, 6 A 1665/10, und VGH München, B. v. 20.4.2012, 3 CS 12.444: wegen Trunkenheitsfahrt bestrafter Polizist als Busfahrer – vgl. zu disziplinarrechtl. Konsequenzen bei Alkoholfahr-ten eines Beamten *Baßlsperger*, PersR 2022, 451ff.; VG Minden, Urt. v. 21.2.2013, 4 K 1627/12: JVA-Beamter als Waffenhändler – dazu aber auch VG Göttingen, Urt. v. 28.8.2013, 1 A 82/12; VG Aachen, Urt. v. 27.4.2015, 1 K 908/14: JVA-Beamtin betreibt Erotikchat). Die Gefahr einer Ansehensschädigung setzt aber nicht voraus, dass die fragliche Nebentätigkeit öffentlich wahrnehmbar oder gar öffentlichkeitswirksam ausgeübt wird (so OVG Münster, B. v. 13.6.1997, 12 A 5544/95; s.a. OVG Münster, B. v. 29.4.2011, 6 A 1665/10: Kenntnis im engen kollegialen – aber außerdienstlichen – Umfeld der Nebenbe-schäftigung genügt; unklar VG München, ZBR 2006, 272, 274; vgl. insges. auch *Mayer*, NVwZ 2004, 949). Vielmehr reicht aus, wenn der Sachverhalt nach der objektiven Fakten-lage geeignet ist, eine Ansehensschädigung herbeizuführen. Allerdings kann die besondere Öffentlichkeitswirksamkeit einer Nebentätigkeit im Einzelfall erst die Gefahr einer Anse-hensschädigung begründen (OVG Münster, Urt. v. 8.12.2006, 1 A 3842/05: exponierte Stellung eines Richters als Aufsichtsratsvorsitzender bei kommunalem Energieversorger; vgl. auch OVG Münster, ZBR 2011, 209). TV-Auftritte von Polizisten in sog. scripted-reality-Formaten sind dann nicht als Ansehensschädigung zu bewerten, wenn die „Rolle" des Beamten darin besteht, außerhalb der fiktiven Handlung sachbezogen zu kommentie-ren (OVG Münster, B. v. 13.4.2016, 6 A 881/15; a.A. *Keller*, jurisPR-ITR 11/2015 Anm. 5: das von der amtl. polizeilichen Öffentlichkeitsarbeit intendierte Bild wird konterkariert; vgl. insges. auch die dienstrechtl. Einschätzung des MIK NRW, LT-Drs. 16/12257). An die Maßstäbe einer Eignung zur Ansehensschädigung in der (öffentlichen) Bewertung der Ne-bentätigkeit stellt die Rechtsprechung keine zu hohen Anforderungen; eine „ernstzuneh-mende Möglichkeit" (OVG Münster, Urt. v. 8.12.2006, 1 A 3842/05) aus der Sicht eines „sachlich denkenden Bürgers" (BVerwGE 84, 194, 202) genügt. „Unsachliche Erwägun-gen" (Vorurteile) hingegen reichen nicht (OVG Münster, B. v. 13.6.1997, 12 A 5544/95; abzulehnen und verfehlt daher VG München, ZBR 2006, 272, 274, wonach die Bestäti-gung des Vorurteils genügen soll, Beamte hätten zu viel Freizeit; nicht unprobl. auch VG Minden, Urt. v. 21.2.2013, 4 K 1627/12: Klischee des „faulen Beamten" wird bedient).

VI. Gegenstand der Genehmigung

26   **Gegenstand der Genehmigung** ist gem. § 49 Abs. 3 Satz 1 **jede einzelne Nebentätigkeit.** Damit soll sichergestellt werden, dass die genehmigende Stelle auf der Grundlage eines möglichst präzisen, abgrenzbaren Sachverhalts eine Entscheidung über die Vereinbarkeit mit dienstlichen Interessen treffen kann. Die Vorschrift steht in einem engen Zusammenhang mit § 52 Abs. 2 sowie § 6 Abs. 1 NtV, aus denen sich die Darlegungslast des Antragstellers ergibt (vgl. § 52 Rn. 3). Außerdem dient die Konkretisierung der Nebentätigkeit als Ansatzpunkt für die gesetzlich zwingende Befristung auf längstens fünf Jahre. Anwendungsprobleme können entstehen, wenn sich „eine" Nebentätigkeit als Summe von – auch zeitlich – durchaus **abgrenzbaren Einzelakten** erweist, etwa bei „Beratungs- und Vortragstätigkeiten", „Hausmeistertätigkeiten" oder „Musikalischen Darbietungen". Die Abgrenzbarkeit der Einzelakte kann hier in der Regel aus dem Rechtsgrund, also der vertraglichen Basis für die außerdienstlichen Aktivitäten, hergeleitet werden, zumal § 6 Abs. 1 Satz 4 Nr. 3 NtV für den Genehmigungsantrag die Angabe des „Auftraggebers" fordert (Beispiel: „Hausmeistertätigkeiten" werden auf der Grundlage mehrerer Verträge für mehrere Gebäudeeigentümer wahrgenommen; „Musikalische Darbietungen" werden von verschiedenen Kunden gebucht). Anders liegen die Dinge bei Betätigungen, die zwar grundsätzlich in rechtliche Einzelakte zerfallen, deren isolierte Betrachtung aber zu kleinteilig und damit als Abgrenzungskriterium ungeeignet ist (Beispiel: „Hundehandel", vgl. OVG Münster, Urt. v. 7.3.2002, 6d A 4364/00.O, oder „Internethandel", vgl. OVG Koblenz, Urt. v. 28.4.2008, 3 A 11334/07; vgl. insoweit auch § 9 Abs. 1 Satz 2 NtV: vertragliche Bindung als Fachautor). In diesen Fällen müssen die gem. § 6 Abs. 1 NtV erforderlichen Angaben (insbesondere Art und Dauer, zeitlicher Umfang in der Woche) für eine Antragsprüfung genügen. Die **Befristung** der Nebentätigkeit auf längstens fünf Jahre ist seit 1999 obligatorisch. Auf diese Weise ist der Dienstherr gehalten, auch bei solchen Nebentätigkeiten, die auf längere Dauer angelegt sind, die Vereinbarkeit mit dienstlichen Interessen in gewissen Abständen zu überprüfen (vgl. *Schnellenbach,* § 8 Rn. 28). Die Bemessung der Frist sollte demgemäß nicht schematisch erfolgen, sondern davon abhängen, welches Gefährdungspotential für dienstliche Interessen einer beantragten Nebentätigkeit innewohnt. Kommt es nach Ablauf einer Frist zu einem „Verlängerungsantrag", genießt der Antragsteller nicht per se schutzwürdiges Vertrauen, weil die zuständige Stelle – auch aufgrund „besserer Rechtskenntnis" – zu einer Neueinschätzung gelangen kann (vgl. VG Minden, Urt. v. 21.2.2013, 4 K 1627/12: Waffenhandel durch JVA-Beamten). Die Zulässigkeit von **Auflagen und Bedingungen** für die Nebentätigkeitsgenehmigung bedurfte einer ausdrücklichen gesetzlichen Zulassung, weil § 36 VwVfG die Aufnahme von Nebenbestimmungen bei **gebundenen Entscheidungen** von einer solchen Zulassung abhängig macht (vgl. auch *Kopp/Ramsauer,* § 36 VwVfG, Rn. 37 ff.). Nebenbestimmungen kommen in Betracht, um durch zeitliche oder räumliche Beschränkungen der Nebentätigkeit (Beispiel: keine Ausübung im örtlichen Zuständigkeitsbereich des Beamten) Konflikte mit dienstlichen Interessen auszuschließen oder – als auflösende Bedingung – eine absehbare Veränderung der Faktenlage (Beispiel: Beamter soll demnächst neues Aufgabengebiet übernehmen, vgl. *Schnellenbach,* § 8 Rn. 28) mit zu berücksichtigen. Vor diesem Hintergrund versteht sich auch § 49 Abs. 3 Satz 2, wonach die **Versetzung zu einer anderen Dienststelle** die Nebentätigkeitsgenehmigung kraft Gesetzes erlöschen lässt. Dabei spielt keine Rolle, dass die Genehmigung ggf. auf einen längeren Zeitraum befristet war, vgl. § 6 Abs. 5 NtV. Bei **Abordnungen** sind die nebentätigkeitsrechtlichen Entscheidungen wegen der größeren Sachnähe und Sachbetroffenheit durch die aufnehmende Stelle zu treffen (vgl. *Gruber,* RiA 2003, 288).

VII. Beteiligung des Personalrats/Rechtsschutz

Gem. § 72 Abs. 1 Nr. 12 LPVG unterliegen die auf § 49 Abs. 2 Satz 1 (Versagung) bzw. **27** Abs. 4 (Widerruf) gestützten Maßnahmen der **Mitbestimmung durch die Personalvertretung.** In der Folge dürfen sie gem. § 66 Abs. 1 LPVG nur mit deren Zustimmung getroffen werden und sind ggf. vor Durchführung gem. § 69 Abs. 1 LPVG zu erörtern (vgl. auch *Baßlsperger*, PersV 2015, 130, 136; zur Beteiligungspflicht der Vorgabe von „Leitlinien zur Genehmigung" vgl. BVerwG, ZfPR 2013, 98 m. Anm. *Hebeler*).

Rechtsschutz gegen eine versagte Genehmigung erlangt der Beamte durch die **Ver- 28 pflichtungsklage.** Spruchreife besteht in jedem Fall, da für Ermessenserwägungen der genehmigungszuständigen dienstvorgesetzten Stelle kein Raum ist. Richtet sich das Rechtsschutzbegehren gegen eine in die Genehmigung aufgenommene Nebenbestimmung, kann diese isoliert angefochten werden (vgl. *Kopp/Ramsauer,* § 36 VwVfG Rn. 85 ff.). Das Erstreiten einer Genehmigung im **Eilverfahren** gem. § 123 VwGO kommt nur ausnahmsweise in Betracht, wenn dem Beamten andernfalls schwere, unzumutbare Nachteile dadurch drohen, dass die Genehmigung zunächst versagt wurde (vgl. dazu OVG Münster, DVP 2002, 524). Solche Nachteile liegen nicht vor, wenn der Beamte sich durch eine vorläufige gerichtliche Entscheidung nur die erforderliche Rechtssicherheit für seine Aktivitäten verschaffen will, etwa um vor einem späteren Disziplinarverfahren geschützt zu sein (OVG Münster, Urt. v. 18.1.2008, 6 B 123/08).

VIII. Widerruf der Genehmigung

Eine zum Zeitpunkt ihrer Beantragung zulässige Nebentätigkeit kann sich durch eine **29** Änderung des zugrundeliegenden Sachverhalts **nachträglich** als rechtswidrig erweisen, wenn keine Vereinbarkeit mit dienstlichen Interessen mehr vorliegt. Eine solche Interessenkollision kann auch lediglich vorübergehend entstehen (vgl. OVG Münster, ZBR 2011, 209: vorübergehende Dienstunfähigkeit). Allerdings muss die Beeinträchtigung dienstlicher Interessen wirklich konkret eingetreten sein; sie darf – im Unterschied zur Sachlage bei der Genehmigungserteilung, vgl. § 49 Abs. 2 Satz 1 – nicht lediglich drohen (unklar BVerwG, NVwZ 2015, 442; zur Zulässigkeit einer „Observation" zur Sachaufklärung vgl. OVG Münster, B. v. 24.9.1998, 12 A 6113/96). Liegen diese Voraussetzungen vor, **muss** die Genehmigung widerrufen werden; Raum für Ermessenserwägungen besteht nicht. Allerdings kann es geboten sein, eine Genehmigung **nur teilweise oder vorübergehend** zu widerrufen (so ausdr. OVG Münster, ZBR 2011, 209). Zwar trägt der Wortlaut des § 49 Abs. 3 Satz 2 dem – im Gegensatz zu § 51 Abs. 2, aber auch § 48 Abs. 1 Satz 1 VwVfG – nicht Rechnung; allerdings dürfte der verfassungsrechtlich verankerte Grundsatz der Verhältnismäßigkeit (hier als Gebot des Interventionsminimums) dem Rechtsanwender gar keine andere Wahl lassen. Im Verhältnis zum Verwaltungsverfahrensrecht stellt sich § 49 Abs. 4 als sondergesetzliches Verfahrensrecht dar, vgl. § 1 Abs. 1 VwVfG. Die zeitliche Beschränkung der Rücknahmebefugnis auf ein Jahr gem. § 48 Abs. 4 VwVfG ist also nicht direkt anwendbar. Gleichwohl ist der zugrunde liegende Rechtsgedanke aus der Wechselseitigkeit des Dienst- und Treueverhältnis gem. § 3 BeamtStG (vgl. dazu *Reich,* § 3 BeamtStG Rn. 3) entsprechend herzuleiten.

§ 50 Nebentätigkeit bei Freistellung vom Dienst

Während einer Freistellung vom Dienst nach §§ 64, 73 Abs. 3 oder der Verordnung nach § 74 Abs. 2 dürfen nur solche Nebentätigkeiten genehmigt werden, die dem Zweck der Freistellung nicht zuwiderlaufen.

I. Regelungsgegenstand

1   Für bestimmte privilegierte Freistellungen, nämlich **Teilzeit und Urlaub aus familiären Gründen** gem. § 64, die Freistellung für **die Mandatsausübung** in der gesetzgebenden Körperschaft eines anderen Landes gem. § 73 Abs. 3 Satz 1 sowie die **Elternzeit** gem. § 74 Abs. 2 i. V. m. §§ 9 ff. FrUrlV ordnet die Vorschrift mit dem Verbot der Zweckwidrigkeit eine zusätzliche Restriktion für die Genehmigung von Nebentätigkeiten an. Als geklärt betrachtet werden kann nunmehr, dass dies auch bei einer Teilfreistellung gilt, weil mit dem Dienstrechtsmodernisierungsgesetz die familienbezogenen Teil- und Vollfreistellungen in § 64 zusammengefasst wurde, was nur den Schluss auf eine Gleichbehandlung zulässt. Es bleibt allerdings weiter zu fragen, warum der Gesetzgeber nicht auch die mit dem DRAnpG 2013 eingefügte und jetzt in § 67 (im Grundsatz) geregelte Familienpflegezeit hier aufführt. Denn all diese in den Anspruchsvoraussetzungen privilegierten Freistellungen haben gemeinsam, dass sie sich als **Durchbrechungen des Grundsatzes der Hauptberuflichkeit** vor allem dadurch rechtfertigen, indem sie dem Beamten die Verfolgung ganz bestimmter, verfassungsrechtlich privilegierter Zwecke ermöglichen sollen. Neben den benannten Versagungsgründen des § 49 Abs. 2 Satz 2 Nrn. 1–6 wird damit ein **weiterer ausdrücklicher Versagungsgrund** statuiert; zu beachten ist dabei, dass § 10 Abs. 2 Satz 4 FrUrlV für die Elternzeit den Versagungsgrund der übermäßigen Inanspruchnahme gem. § 49 Abs. 2 Satz 2 Nr. 1 (und damit die Fünftelvermutung) ausschließt. Im Unterschied zu § 49 Abs. 2 dient § 50 nicht dem Schutz solcher Pflichten, die sich aus dem Hauptamt ergeben (vgl. etwa die Pflichten zu vollem persönlichen Einsatz oder zur unvoreingenommenen Amtsführung). Vielmehr wird die Erfüllung des gesetzlichen Zwecks der Befreiung von den hauptamtlichen Pflichten zusätzlich gesichert, ohne dass darüber hinaus eine Beeinträchtigung dienstlicher Interessen erforderlich wäre (vgl. OVG Münster, B. v. 24.9.1998, 12 A 6113/96: Betrieb einer Tankstelle durch einen beurl. Beamten). Allerdings dient dies im Ergebnis auch der Verhinderung einer Beeinträchtigung der weit verstandenen dienstlichen Interessen i. S. v. § 49 Abs. 2 Satz 1. Daher kann man in der praktischen Anwendung des § 50 diejenigen Vorgaben, die sich aus § 49 Abs. 2 ergeben, grundsätzlich auch auf die Beurteilung einer Zweckwidrigkeit von Nebentätigkeiten übertragen. Zu fragen ist jedoch, ob und inwieweit das Verbot übermäßiger Inanspruchnahme (§ 49 Abs. 2 Satz 2 Nr. 1) und damit die Fünftelvermutung im Fall der Vollfreistellung anwendbar ist, da zeitliche Friktionen mit dem Hauptamt bei einer Beurlaubung schlechterdings ausscheiden. Unter Hinweis auf § 10 FrUrlV wird geltend gemacht, zur Vermeidung eines „Wertungswiderspruchs" hätte eine Orientierung an den während der Elternzeit zulässigen 30 Wochenstunden zu erfolgen, zumal § 10 Abs. 2 Satz 4 FrUrlV den Rückgriff auf § 49 Abs. 2 Satz 2 Nr. 1 ausdrücklich ausschlösse (VG Münster, Urt. v. 20.1.2015, 13 K 3168/13.O). Dies verkennt zunächst die Grenzen einer Übertragung der im Grundsatz nicht für Beamte geltenden und damit anders konfigurierten Elternzeit, was die Regeldurchbrechung des § 10 Abs. 2 Satz 4 FrUrlV erst notwendig macht (vgl. § 76 Rn. 3). Der Schluss von der (verordnungsrechtlichen) Ausnahme auf die (gesetzliche) Regel trägt daher nicht. Näher liegend wäre hier der Hinweis auf die nunmehr in § 14 Abs. 5 Satz 2 vorgesehene Definition, wann ein Kind „tatsächlich" betreut wird, nämlich bei einer Teilzeitbeschäftigung von nicht mehr als 2/3 der regelmäßigen Arbeitszeit (vgl. § 14 Rn. 8). Aber auch hier würde verkannt, dass bei der Beurlaubung gem. § 64 – anders als bei der Elternzeit und auch anders als bei den von § 14 Abs. 5 erfassten Zeiten vor einer Berufung in das Beamtenverhältnis– eine Durchbrechung des Grundsatzes der Hauptberuflichkeit zu rechtfertigen ist. Zu Recht wird darauf hingewiesen, dass bei der Notwendigkeit ausreichender Einkünfte während der Zeiten von Betreuung oder Pflege ja eine Teilzeit gewählt werden könnte (OVG Münster, a. a. O.). Folglich muss die hier gegebene Rechtfertigung für die Durchbrechung des Grundsatzes des Hauptberuflichkeit, nämlich das Verfassungsgebot des Art. 6 Abs. 1, 2 GG, stärker zum Tragen kommen. Die Kehrseite des Privilegs der Freistel-

lung ist somit deren Beschränkung auf den Zweck (OVG Münster, a.a.O.: die Beurlaubung darf nur die Betreuung eines Kindes ermöglichen, keinesfalls aber die Aufnahme einer anderweitigen Erwerbstätigkeit; vgl. auch *Schmiemann* in Schütz/Maiwald, § 50 LBG Rn. 6). Anderes kann schon wegen der deutlich abweichenden Höchstgrenzen der Freistellung (15 Jahre gegenüber 3 Jahren bei Elternzeit) nicht gelten. Eine direkte Übertragung der Fünftelvermutung kommt gleichwohl nicht in Betracht, worauf auch der Rechtsgedanke aus § 70 Abs. 2 Satz 2 hinweist: bei der Vollfreistellung sind zeitliche Friktionen mit dem Hauptamt ausgeschlossen; also steht der Beurlaubungszweck als Beurteilungsmaßstab im Vordergrund. Hierbei kommt es auf die Umstände des Einzelfalls an, wobei eine halbtägige Nebentätigkeit das Prinzip der grundsätzlich persönlichen Kinderbetreuung noch wahrte. Zudem können besondere Bedingungen bei der Nebentätigkeit (z.B. Telearbeit) Abweichungen rechtfertigen (vgl. dazu auch § 49 Rn. 16).

Zu beachten ist, dass die Vorschrift die **genehmigungsfreien Nebentätigkeiten** sprachlich nicht erfasst, was Fragen aufwirft. So ist offen, ob solche Nebentätigkeiten, wenn sie sich als zweckwidrig erweisen, gleichwohl gem. § 51 Abs. 2 unterbunden werden dürfen, ob ihnen mangels Erwähnung in § 50 die Eignung zur Zweckgefährdung schon tatbestandlich fehlt und/oder nur Rücknahme bzw. Widerruf der Freistellung nach allgemeinen verwaltungsverfahrensrechtlichen Grundsätzen zu Gebote stehen (so *Schnellenbach*, § 8 Rn. 41); der Rücknahmegrund dürfte dann nicht aus dem Nebentätigkeitsrecht hergeleitet werden. Das Problem relativiert sich jedoch, weil eine überbordende Intensität (Umschlag ins Gewerbliche) bei an sich genehmigungsfreien Tätigkeiten i.d.R. zu einer Genehmigungsbedürftigkeit führt (vgl. § 51 Rn. 2 ff.).

II. Nebentätigkeit bei sonstigen Freistellungen

Erkennbar erfasst § 50 nicht die Gesamtproblematik der Nebentätigkeit bei Freistellun- **2** gen. Einen vergleichbaren Regelungszweck verfolgt § 70 Abs. 2 Satz 1, wonach ein **Urlaub aus arbeitsmarktpolitischen Gründen** regelmäßig den Verzicht auf die Ausübung bestimmter, vor allem entgeltlicher Nebentätigkeiten voraussetzt (vgl. dazu BVerwG, DÖD 1993, 179; s.a. *Battis*, § 95 BBG Rn. 5: „rigider Nebentätigkeitsverzicht"). Auch hier liegt der Einschränkung des Grundsatzes der Hauptberuflichkeit ein besonderer gesetzlicher Zweck zugrunde, der nicht durch das Ausnutzen der Freistellung für privatnützige Betätigungen unterlaufen werden soll. Die Möglichkeit der Erteilung von Gegenausnahmen gem. § 70 Abs. 2 Satz 2, etwa bei bestimmten sozial erwünschten Aktivitäten (dazu *Battis*, § 95 BBG Rn. 5), stellt mit Blick auf die grundgesetzlich verbürgte Freiheit zur privaten Nutzung der Schaffenskraft des Beamten (vgl. vor §§ 48 ff. Rn. 3) die notwendige Verhältnismäßigkeit der Einschränkung sicher.

Ebenfalls nicht von § 50 erfasst werden Fragen der Ausübung von **Nebentätigkeiten 3 während eines Sonderurlaubs.** Rechtliche Fragen ergeben sich hier vor allem dann, wenn die Freistellung der längerfristigen Ausübung einer außerdienstlichen Tätigkeit dienen soll. Zu unterscheiden sind zunächst die Fälle, bei denen dem Beamten durch den Sonderurlaub ausdrücklich die Ausübung einer bestimmten (anderen hauptberuflichen) Tätigkeit ermöglicht werden soll, vgl. etwa §§ 31 oder 34 Abs. 3 FrUrlV. Gleich zu beurteilen sind die Fälle, in denen der „wichtige Grund" gem. § 34 Abs. 1 FrUrlV gerade darin liegt, dass der Beamte vor dem Hintergrund seiner spezifischen Kenntnisse und auf Veranlassung seines Dienstherrn eine (vollzeitige, auf Privatrecht beruhende) Tätigkeit jenseits seines Hauptamtes übernimmt. Zwar steht für diese Fälle seit längerem schon das Institut der Zuweisung (§ 20 BeamtStG, früher § 123a BRRG) zur Verfügung, gleichwohl gibt es Interessenlagen, die eine Beurlaubung gem. § 34 Abs. 1 FrUrlV vorzugswürdig machen. Die beschriebenen Konstellationen sind nebentätigkeitsrechtlich ohne Belang, weil schon begrifflich keine Nebentätigkeit vorliegt, vgl. § 2 Abs. 3 NtV. Vielmehr wird die auf § 34 Satz 1 BeamtStG fußende Pflicht zum vollen persönlichen Einsatz, deren Schutz auch das

Nebentätigkeitsrecht dient (so ausdr. BVerfGE 55, 207, 240), durch die sonderurlaubs-rechtliche Regelung als lex specialis auf die „neue" Tätigkeit projiziert, gleichsam als Surrogat des Hauptamtes.

4   Anders liegen die Dinge, wenn eine Tätigkeit während der Freistellung gem. § 34 Abs. 1 FrUrlV **nur eigennützig** erfolgen soll. Wie bei den sonstigen Freistellungen wird hier lediglich faktisch kein Hauptamt (vgl. zum Begriff vor §§ 48 ff. Rn. 5) ausgeübt. Die rechtlichen Bindungen aus § 34 Satz 1 BeamtStG dagegen werden nur vorübergehend – im Hinblick auf die konkrete Dienstleistungspflicht – gelockert, so dass begrifflich Nebentätigkeiten möglich bleiben. Dies belegt aus systematischer Sicht auch § 14 Abs. 1 Nr. 7 NtV, der darauf beruht, dass (Neben-)Tätigkeiten während eines unter Wegfall von Leistungen des Dienstherrn gewährten Urlaubs möglich sind. Handelt es sich dabei um Nebentätigkeiten im öffentlichen Dienst, werden diese vom Vergütungsverbot (§ 12 Abs. 1 NtV) und der Abführungspflicht (§ 13 NtV) ausgenommen. Die Möglichkeit zur Ausübung einer solchen Nebentätigkeit kann jedoch in aller Regel kein „wichtiger Grund" i.S.d. § 34 Abs. 1 FrUrlV sein (vgl. BVerwG, NVwZ 1997, 71; *Kämmerling*, ZBR 2009, 191, 193 f.).

§ 51 Nicht genehmigungspflichtige Nebentätigkeit

(1) **Nicht genehmigungspflichtig ist**
1. **die Verwaltung eigenen oder der Nutznießung der Beamtin oder des Beamten unterliegenden Vermögens,**
2. **eine schriftstellerische, wissenschaftliche, künstlerische oder Vortragstätigkeit,**
3. **die mit Lehr- oder Forschungsaufgaben zusammenhängende selbständige Gutachtertätigkeit von Lehrerinnen und Lehrern an öffentlichen Hochschulen, die als solche zu Beamtinnen oder Beamten ernannt sind, und Beamtinnen und Beamten an wissenschaftlichen Instituten und Anstalten außerhalb der öffentlichen Hochschulen,**
4. **die Tätigkeit zur Wahrung von Berufsinteressen der Beamtinnen und Beamten in**
   a) **Gewerkschaften und Berufsverbänden oder**
   b) **Organen von Selbsthilfeeinrichtungen und**
5. **die unentgeltliche Tätigkeit in Organen von Genossenschaften.**

(2) ¹**Durch die Nebentätigkeit dürfen dienstliche Interessen nicht beeinträchtigt werden.** ²**Ergibt sich eine solche Beeinträchtigung, so ist die Nebentätigkeit ganz oder teilweise zu untersagen.**

Übersicht

I. Regelungszweck

1   Die Vorschrift stellt eine wichtige **Ergänzung zu § 49** dar, indem sie einen Katalog näher definierter Betätigungen vom Grundsatz der Genehmigungspflicht freistellt. Dies gilt grundsätzlich unabhängig von der Frage einer entgeltlichen Ausübung, wobei jedoch gerade hier die aus § 10 NtV folgende Anzeigepflicht (vgl. Rn. 10) eine Relativierung bewirkt. Der Grund für die **Privilegierung** der Katalognebentätigkeiten des § 51 ist zum einen in den besonderen grundrechtlichen Verbürgungen zu sehen, auf die sich die erfassten Betätigungen stützen können, namentlich Art. 14, Art. 5 Abs. 1, 3 sowie Art. 9 Abs. 3 GG. Zum anderen beruht sie auf der gesetzgeberischen Einschätzung, wonach es den katalogisierten Fällen typischerweise an Gefährdungspotential für dienstliche Interessen mangelt (vgl. *Battis,* § 100 BBG Rn. 2). Bei der Anwendung der Vorschriften zu beachten sind die **Konkretisierungen,** die der Verordnungsgeber in **§ 9 NtV** vorgenommen hat, insbesondere bei den Merkmalen „Vortragstätigkeit" (§ 9 Abs. 1 Satz 4 NtV) und „Gutachtertätigkeit" (§ 9 Abs. 2 NtV) sowie der dienstlichen Relevanz längerfristiger vertraglicher Bindungen (§ 9 Abs. 1 Satz 2 NtV). Weiterhin von Bedeutung ist die Einschränkung des § 9 Abs. 1 Satz 3 NtV, wonach die grundsätzlich privilegierten Nebentätigkeiten gem. § 51 Abs. 1 Nr. 2 bei „gewerbs- oder geschäftsmäßiger" Ausübung nicht mehr genehmigungsbefreit sind (vgl. auch OVG Koblenz, ZBR 2013, 98: Häufung von Lehraufträgen). Die Parallele zu dem etwa gem. § 99 Abs. 2 BBG benannten Versagungsgrund „Zweitberuf" ist offenbar. Darüber hinaus gilt auch bei genehmigungsfreien Nebentätigkeiten § 52 Abs. 1, der eine Ausübung während der Arbeitszeit i.d.R. unterbindet.

II. Regelungsgegenstände

1. Verwaltung eigenen Vermögens

Unter der Verwaltung **eigenen Vermögens** sind rein sprachlich alle Maßnahmen der   **2** Bestandserhaltung und bestimmungsgemäßen Nutzung von Vermögensbestandteilen (Sachgüter oder Rechte) zu verstehen. Welche Bedeutung der sprachlichen Erweiterung des Tatbestands um die „Nutznießung" offenbar fremden Vermögens zukommt, bleibt vage. Zum Teil wird hier auf „§§ 1649ff. BGB" verwiesen (*Battis,* § 100 BBG Rn. 4; *Schnellenbach,* § 7 Rn. 33), was jedoch abwegig erscheint, da §§ 1650–1663 BGB längst Rechtsgeschichte sind und § 1649 Abs. 2 BGB ein sehr begrenztes elterliches Nutzungsrecht am Kindesvermögen begründet. In der systematischen Gesamtschau des Nebentätigkeitsrechts wird im Übrigen deutlich, dass nicht jedwede – auch entgeltliche – Aktivität genehmigungsfrei wird, sobald das eigene Vermögen ins Spiel kommt. Denn grundsätzlich unterliegt jede entgeltliche, darüber hinaus sogar jede unentgeltliche gewerbliche oder freiberufliche Betätigung der Genehmigungspflicht. Demgemäß ist z.B. die **Führung eines zum eigenen Vermögen gehörenden Betriebes** von der Rechtsprechung nicht als Vermögensverwaltung akzeptiert worden (vgl. OVG Münster, NVwZ-RR 2004, 594). Gleiches gilt für den **Betrieb einer Landwirtschaft** auf eigener Hofstelle (vgl. *Dirksmeyer,* ZBR 1986, 326, 327). Gesellschaftsrechtlich relevante Handlungen (z.B. die Einsetzung eines Geschäftsführers) sollen genehmigungsfreie Verwaltungsmaßnahmen sein, solange der Beamte nicht institutionalisiert (vgl. § 49 Abs. 1 Nr. 3) an der Unternehmensaufsicht mitwirkt (vgl. *Battis,* § 100 BBG Rn. 4; vgl. auch VG Hamburg, Urt. v. 20.12.2011, 8 K 1101/11: die „nichtunternehmerische" Beteiligung als Kommanditist kann bloße Vermögensverwaltung sein). Ob der zeitliche Aufwand – allein – das maßgebliche Abgrenzungskriterium sein kann (so aber *Baßlsperger,* ZBR 2004, 369, 379) erscheint zweifelhaft, da der Grund für die Privilegierung nicht aus dem Bagatellcharakter der Betätigung, sondern seiner grundrechtlichen Sonderstellung folgt. Weiterführend hingegen ist die Erwägung, dass sich auch im Gewerberecht eine parallele Privilegierung der Verwaltung eigenen Vermögens findet (vgl. *Wagner,* NVwZ 1989, 515, 517 m.w.N.; s.a. BVerwG, NVwZ-RR 2012, 208). Dementsprechend können solche Betätigungen nicht mehr als genehmigungsfrei angesehen werden, in denen sich eine **in die Gewerblichkeit umschlagende Erwerbstendenz** offenbart (vgl. auch die Parallele zu § 9 Abs. 1 Satz 3 NtV). Bedeutsam ist etwa, ob die Tätigkeit eher auf „Umschichtung" von Vermögenswerten (Gewerbe) oder auf

„Fruchtziehung aus zu erhaltenden Substanzwerten" (Verwaltung privaten Vermögens) zielt (BVerwG, NVwZ-RR 2012, 208: zur Abgrenzung von Grundstückshandel und Verwaltung eigener Immobilien). Demgemäß kann die Vermietung oder Verpachtung eigener Immobilien von der Privilegierung des § 51 Abs. 1 erfasst werden (so *Baßlsperger,* ZBR 2004, 369, 379; zu eng *Tadday/Rescher,* § 51 LBG Erl. 1.1: gelegentliche Vermietung von Zimmern). Der zeitliche Umfang kann dabei als Hilfskriterium dienen, ebenso der Umstand, ob die Verwaltungstätigkeit nach Art und Umfang bereits eine unternehmerische Organisation erfordert (vgl. *Wagner,* NVwZ 1989, 515, 517; s.a. BFH, Urt. v. 19.8.2009, III R 31/07; VG Magdeburg, Urt. v. 1.12.2011, 8 A 19/10: umfänglicher Internethandel mit privaten Sammlerstücken). Für den praktischen Vollzug ist zu beachten, dass die dienstvorgesetzte Stelle bei Betätigungen i.S.d. § 51 Abs. 1 Nr. 1 mangels Anzeigepflicht auf das Bekanntwerden von Indizien angewiesen ist. Ergeben sich solche Hinweise, kann jedoch vom Dienstherrn mit dem **Auskunftsverlangen** gem. § 52 Abs. 4 weitere Sachaufklärung betrieben werden.

2. Schriftstellerische Tätigkeit

3   Eine **schriftstellerische Tätigkeit** übt aus, wer selbständig gestaltend eigene Gedanken schriftlich darstellt, unabhängig davon, ob es sich um fachliche oder schöngeistige Inhalte handelt (vgl. *Wagner,* NVwZ 1989, 515, 519f.). Fehlt die eigene schöpferische Leistung, weil lediglich Ereignisse bzw. Nachrichten mitgeteilt oder Texte zusammengestellt werden, greift § 51 Abs. 1 Nr. 2 nicht ein. Bei der Erstellung von Fachschrifttum kann die Abgrenzung zu einer wissenschaftlichen Betätigung mitunter schwierig ausfallen. Eine **Herausgeberschaft oder Schriftleitung** ist nicht ohne Weiteres genehmigungsfrei, wie der systematische Vergleich mit § 5 Abs. 1 Nr. 1 HNtV zeigt. Danach gelten diese Betätigungen für Professoren als allgemein genehmigte Nebentätigkeiten, was bei Unterstellung eines einheitlichen, widerspruchsfreien gesetzgeberischen Willens auf die grundsätzliche Genehmigungsbedürftigkeit in allen anderen, von der Ausnahme des § 5 HNtV nicht erfassten Fällen hindeutet (so i.E. wohl auch *Battis,* § 100 BBG Rn. 6). Für die (Eigen-)**Verwertung** schriftstellerischer Aktivitäten wird die Einschlägigkeit von § 51 Abs. 1 Nr. 2 teilweise abgelehnt (vgl. *Wagner,* NVwZ 1989, 515, 519f.). Vor dem Hintergrund der wegen des analogen Gegenstandes übertragbaren verfassungsgerichtlichen Rechtsprechung zum „Werk-" und „Wirkbereich" künstlerischen Schaffens (vgl. nur BVerfGE 30, 173: „Mephisto") ist dies wohl nicht haltbar. Ein **Vertrieb z.B. im Eigenverlag** wird danach für zulässig erachtet werden müssen, wenn die Verbreitungsabsicht und nicht die Erwerbstendenz im Vordergrund steht (abzulehnen ist aber die Ansicht von *Lippert,* NJW 2001, 1188, 1189: Vertrieb ist stets nur Nutznießung eigenen Vermögens). So muss auch die verordnungsrechtliche Konkretisierung in § 9 Abs. 1 Satz 3 NtV verstanden werden, wonach eine „geschäfts- oder gewerbsmäßige Verwertung" genehmigungsbedürftig ist. Allerdings greift bei der Erzielung von Einkünften dann die Anzeigepflicht gem. § 10 NtV. Die nebentätigkeitsrechtliche Privilegierung einer schriftstellerischen Tätigkeit entbindet hinsichtlich der Inhalte dieser Aktivitäten nicht von sonstigen beamtenrechtlichen Pflichten, etwa dem Mäßigungsgebot (§ 33 Abs. 2 BeamtStG) oder der Pflicht zur Amtsverschwiegenheit (§ 37 BeamtStG), die als allgemeine Gesetze auch zulässige Schranken der Meinungsfreiheit darstellen (insbes. zur unzulässigen „Flucht in die Öffentlichkeit" vgl. *Battis,* § 100 BBG Rn. 5; s.a. § 43 Rn. 4).

3. Wissenschaftliche Tätigkeit/Lehraufträge

4   **Wissenschaftlich** ist eine Tätigkeit, die in systematischer und methodisch nachvollziehbarer Weise auf Wahrheitserkenntnis (BVerfGE 47; 327, 368; *Engelken,* ZRP 1992, 50, 51) bzw. den Gewinn neuer Erkenntnisse (BVerfGE 35, 79, 113) gerichtet ist. Vom Wissenschaftsbegriff umfasst werden die Forschung sowie die Lehre als die fundierte Übermittlung der durch Forschung gewonnenen Erkenntnisse (BVerfG, a.a.O.). Zum Wissenschaftsbe-

griff gehört eine **gewisse Offenheit,** die selbst ein unorthodoxes Vorgehen jenseits gefestigter wissenschaftstheoretischer Auffassungen zulässt, solange es nach Inhalt und Form als ernsthafter Versuch zur Ermittlung der Wahrheit begriffen werden kann (BVerfGE 90, 1 m.w.N.). Die Qualifizierung einer Betätigung als wissenschaftlich hängt auch nicht davon ab, ob der ausübende Beamte über eine **wissenschaftliche Vorbildung** verfügt (BVerfG, a.a.O.). Aus dieser Offenheit folgt aber zugleich, dass die Beurteilung der Wissenschaftsqualität nicht allein von demjenigen abhängig sein kann, der Art. 5 Abs. 3 GG für sich reklamiert. Vielmehr können auch Dritte (Behörden oder Gerichte) prüfen, ob die Merkmale des – allerdings weit zu verstehenden – Wissenschaftsbegriffs einschlägig sind (so ausdr. BVerfG, 90, 1; dies verkennt *Engelken,* ZRP 1998, 50, 52, in Bezug auf den Inhalt einer evtl. Anzeigepflicht). Daraus ergeben sich gleichwohl im Einzelfall schwierige Vollzugsfragen, wenn der Dienstherr nicht die höchst problematische Schwelle zur einer inhaltlichen Bewertung oder gar Zensur überschreiten will. Zu beachten ist weiterhin, dass sich aus § 125 Abs. 3 i.V.m. der HNtV bei der wissenschaftlichen Betätigung von beamtetem Personal im Geltungsbereich dieser Normen zahlreiche Besonderheiten ergeben, etwa die allgemeine Genehmigung von bestimmten nebenberuflichen Forschungs- und Entwicklungstätigkeiten, vgl. § 5 Abs. 1 Nr. 2 HNtV (dazu § 125 Rn. 3). Die **Verwertung wissenschaftlicher Erkenntnisse** fällt als Verbreitung grundsätzlich unter die Freiheit der Forschung (BVerfGE 35, 79, 113; vgl. auch neuerdings § 35 Abs. 3 Satz 2 HG, wonach die Annahme von Vergütungen zulässig ist, auch wenn die Erarbeitung im Hauptamt erfolgte). Steht die Entgeltlichkeit der Verwertung jedoch im Vordergrund, stellt sie sich gar als „isolierte" Verwertungshandlung dar, entfällt dieser Schutz (so BVerfG-K, JZ 2007, 519, 520; BVerfG, NVwZ 2008, 74, 75; OVG Koblenz, NVwZ-RR 2013, 381; krit. *Gärditz,* ZBR 2009, 145, 147). In der Folge griffe hier die Genehmigungspflicht gem. § 49 Abs. 1 Nr. 2 i.V.m. § 9 Abs. 1 Satz 3 NtV. Anders liegen die Dinge, sofern sich die Vergütung als bloße Nebenfolge des Publikationswillens (so i.d.R. bei Autorenhonoraren von Fachzeitschriften) erweist (was aber die Anzeigepflicht gem. § 10 NtV auslöst). **Gutachtertätigkeiten** können, auch soweit sie nicht von Hochschullehrern ausgeübt und damit dem § 51 Abs. 1 Nr. 3 unterfallen, wissenschaftliche Tätigkeiten sein. Die Wertungen des § 9 Abs. 2 NtV sind hier allerdings übertragbar, so dass bloße Routinemessungen, Standardanalysen, Befundberichte oder Materialprüfungen mangels eigenständigen wissenschaftlichen Erkenntniswerts nicht erfasst werden (vgl. *Battis,* § 100 BBG Rn. 9). Umstritten ist die Zuordnung von **Lehraufträgen.** Soweit sie von wissenschaftlichen Hochschulen erteilt werden, unterfallen sie, trotz evtl. curricularer Vorgaben, eo ipso der Wissenschaftsqualität der Lehre (BVerfGE 35, 79, 113; dies verkennen *Tadday/Rescher,* § 51 LBG Erl. 1.2; wie hier *Schnellenbach,* § 8 Rn. 34; *Wagner,* NVwZ 1989, 515, 518). Inzwischen höchstrichterlich bestätigt gilt dies auch für Fachhochschulen (vgl. BVerfGE 126, 1; dies verkennend und daher unzutreffend *Schnellenbach,* § 8 Rn. 34 Fn. 175.), darunter auch diejenigen gem. § 1 FHGöD (so schon *Wagner,* a.a.O.; a.A. ohne Begr. *Tadday/Rescher,* § 51 LBG Erl. 1.2). Dem steht auch die Restriktion des § 9 Abs. 1 Satz 4 NtV („Unterricht") nicht entgegen, da diese sich erkennbar nur auf Vortragstätigkeiten beschränkt. Zu beachten ist jedoch, dass auch die Übernahme von Lehraufträgen genehmigungspflichtig i.S.v. § 49 Abs. 1 werden kann, wenn sie häufig und regelmäßig (geschäftsmäßig) für einen bestimmten Auftraggeber (hier: Universität) erfolgt (vgl. OVG Koblenz, DÖD 2012, 282). Werden „Lehraufträge" von außerhochschulischen Bildungsträgern (Akademien, Studieninstituten, Volkshochschul-, Fach- und sonstigen Schulen) erteilt, greift ggf. das Merkmal Vortragstätigkeit, i.d.R. jedoch wegen § 9 Abs. 1 Satz 4 NtV auch die Genehmigungspflicht gem. § 49 Abs. 1 Nr. 1 bzw. 2.

4. Künstlerische Betätigung

Das Wesentliche einer **künstlerischen Betätigung** liegt in der freien schöpferischen **5** Gestaltung, die Eindrücke, Erfahrungen oder Erlebnisse des Künstlers zu unmittelbarer Anschauung bringt. Im künstlerischen Schaffen wirken Intuition, Phantasie und Kunstverstand, nicht notwendig bewusst und rational auflösbar, zusammen (BVerfGE 30, 173). Überschneidungen mit dem Merkmal der schriftstellerischen Betätigung sind bei belletristischen Werken unvermeidlich (vgl. auch BVerfG, a. a. O.). Auf den ästhetischen oder sonst qualitativen Wert bzw. die Kategorisierung eines Produkts künstlerischen Schaffens kommt es nicht an. Demgemäß unterfällt auch die sog. Kleinkunst, sofern sie Ausdruck eines eigenen Gestaltungswillens ist, der Genehmigungsfreiheit (vgl. OVG Lüneburg, B. v. 14.5.2009, 20 ZD 4/09: Hobbyzauberer; so auch *Wagner,* NVwZ 1989, 515, 517; OVG Münster, ZBR 2011, 209: Singen in einer Band, sofern nicht zu reinen Erwerbszwecken; OVG Münster, B. v. 14.9.2015, 6 B 960/15 und VG Düsseldorf, B. v. 21.9.2015, 2 L 2958/15: TV-Komparse nur, wenn die „Rolle" eigene Gestaltungsmöglichkeiten zulässt). Gleiches gilt für den unmittelbaren Beitrag eines Einzelnen zu einer künstlerischen Darbietung durch Gruppen, z. B. in Orchestern, Chören, Kabaretts oder Theatern (a. A. offenbar *Tadday/Rescher,* § 51 LBG Erl. 1.2). Wie bei schriftstellerischen oder wissenschaftlichen Betätigungen sind **Verwertungshandlungen** nur privilegiert, wenn sie im „Wirkbereich" (BVerfGE 30, 173) die unmittelbare Außenvermittlung künstlerischen Schaffens bezwecken (z. B. Organisation einer Ausstellung; gelegentlicher Verkauf eines Einzelstücks; vgl. auch OVG Lüneburg, B. v. 14.5.2009, 20 ZD 4/09: Erhebung eines bloß kostendeckenden Eintrittsgelds). Geschäfts- oder gewerbsmäßige Verwertungshandlungen bedürfen der Genehmigung (vgl. § 9 Abs. 1 Satz 3 NtV).

5. Vortrags- und Gutachtertätigkeit

6   **Vortragstätigkeit** setzt schon sprachlich die im Schwerpunkt mündliche Präsentation eines Sinnzusammenhangs vor einem Auditorium voraus. Irrelevant für die Definition bzw. evtl. Abgrenzungen sind Zeit und Ort des Vortrags (vgl. *Wagner,* DÖD 2007, 106). Aus § 9 Abs. 1 Satz 4 NtV folgt weiter, dass Unterrichtstätigkeiten, also die fortlaufende, curricularen Vorgaben und einem didaktischen Konzept folgende Vermittlung von fachlichen Inhalten (dazu auch *Wagner,* a. a. O.) nicht unter Vortragstätigkeiten fallen, obwohl dies vom Wortsinn her noch möglich erschiene (vgl. auch VG Wiesbaden, Urt. v. 2.7.2013, 28 K 1328/13.WI.D: Vorlesungsreihe mit Abschlussklausur ist genehmigungspflichtig). Daher kommt es hier nicht darauf an, ob man die von der h. M. vorgenommene Reduzierung des Vortragsbegriffs auf den Einzelvortrag (dazu *Wagner,* a. a. O.) für tragfähig hält, zumal eine „Vortragsreihe" offenbar als bloße Summe von „Einzelvorträgen" gewertet wird (so *Schnellenbach,* § 8 Rn. 34). Mit großer praktischer Bedeutung stellt sich hingegen die Frage, ob unterrichtsähnliche Präsentationen, etwa bei der Darstellung eines Sachgebiets in **Fortbildungsveranstaltungen,** als „Vortrag" i. S. v. § 51 Abs. 1 Nr. 2 anzusehen sind, selbst wenn sie nur einmalig erfolgen sollen. Im systematischen Zusammenhang und vor dem Hintergrund der ratio legis der Privilegierungen des § 51 Abs. 1 Nr. 2 wird man dies verneinen müssen. Der Vortragscharakter i. S. d. Norm ergibt sich damit nicht lediglich aus dem formalen Aspekt der (einmaligen) verbalen Präsentation eines Themas; vielmehr muss ein gewisser schöpferischer, gestaltender und nicht lediglich referierender Impetus hinzutreten (so i. E. auch *Battis,* § 100 BBG Rn. 8).

7   Für die Genehmigungsfreiheit von **Gutachtertätigkeiten** kommt es, sofern nicht eine wissenschaftliche Betätigung vorliegt, auf das Vorliegen bestimmter qualifizierender Merkmale in der Person des Gutachters an. Entscheidend ist zum einen die Eigenschaft als **Hochschullehrer** (nicht notwendig Professor), was hochschulrechtlich die Befugnis zur selbständigen Lehre voraussetzt (vgl. § 120 Rn. 4). Darüber hinaus werden beamtete Mitarbeiter außerhochschulischer (forschender) Wissenschaftseinrichtungen erfasst (z. B. Fraunofer-, Helmholtz- und Max-Planck-Gesellschaft bzw. Leibniz-Gemeinschaft, aber auch Ressortforschungseinrichtungen; nicht dagegen naturwissenschaftlich-technische Untersuchungsämter). Zudem muss die Gutachtertätigkeit mit den übertragenen Lehr- oder Forschungsaufgaben in inhaltlicher Beziehung stehen und selbständig erfolgen. Letzteres ist gem. § 9 Abs. 2 NtV nur dann der Fall, wenn der Beamte zumindest wesentliche Teile des

Gutachtens selbst erarbeitet hat. Nach anderer Auffassung erfordert Selbständigkeit auch, dass der Gutachterauftrag dem Beamten persönlich erteilt wurde (*Wagner*, NVwZ 1989, 515, 518). Als nicht privilegiert, weil nicht selbständig erstattet, abzugrenzen sind nach der Legaldefinition des § 9 Abs. 2 Satz 4 NtV solche Gutachten, die sich als Routinemessungen und -erhebungen darstellen und dabei – ohne wissenschaftliche Schlussfolgerungen zu ziehen – lediglich Sachverhalte oder Tatsachen feststellen, zumal hier die notwendigen Untersuchungshandlungen gewöhnlich von Mitarbeitern vorgenommen werden (vgl. zum Ganzen auch *Battis*, § 100 BBG Rn. 9; *Schnellenbach*, § 8 Rn. 35). Grundsätzlich untersagt ist die außerdienstliche Gutachtenerstellung bei **Richtern und Staatsanwälten** (§§ 41 Abs. 1, 122 Abs. 3 DRiG).

6. Wahrung von Berufsinteressen

Auf Art. 9 Abs. 3 GG zurückzuführen ist die Genehmigungsfreiheit von Tätigkeiten zur **8** **Wahrung von Berufsinteressen in Gewerkschaften und Berufsverbänden.** Selbst eine Entgeltlichkeit solcher Aktivitäten bleibt ohne Belang, da die Anzeigepflicht gem. § 10 NtV hier nicht gilt. Inhaltlich ergeben sich jedoch insoweit Grenzen, als die Privilegierung nur einschlägig ist, wenn die fragliche Betätigung einen mitgliedschaftlichen Bezug hat. Daran fehlt es etwa, wenn der Beamte lediglich als Referent eines Fortbildungsseminars für Gewerkschaftsmitglieder eingeladen wurde (so auch *Tadday/Rescher*, § 51 LBG Erl. 1.4.2). Im Unterschied zur Rechtslage im Bund und in vielen Ländern (dazu und zum Begriff der Selbsthilfeeinrichtung vgl. *Fürst*, ZBR 1988, 12; s.a. *Schnellenbach*, § 8 Rn. 36; krit. hierzu *Wagner*, NVwZ 1989, 515, 519) gewährt NRW für Betätigungen im Rahmen von **Selbsthilfeeinrichtungen** das Privileg der Genehmigungsfreiheit **nur** für eine **Mitwirkung in den Organen.** Damit sind nur Betätigungen „in" Selbsthilfeeinrichtungen genehmigungsfrei, nicht „für" diese, wie sie etwa von Werbern, Vertrauensleuten oder dgl. ausgeübt werden (s.a. Antwort der Bundesregierung v. 13.12.2013, BT-Drs. 18/170). Zu beachten ist, dass gem. § 10 NtV – insoweit anders als bei den Tätigkeiten in Gewerkschaften und Berufsverbänden – für **finanziell entgoltene Organmitgliedschaften** die Anzeigepflicht greift.

7. Tätigkeiten in Organen von Genossenschaften

Schließlich sind **Tätigkeiten in Organen von Genossenschaften** von der Genehmi- **9** gungspflicht befreit, soweit sie unentgeltlich wahrgenommen werden. Damit wird die Regelung des § 49 Abs. 1 Nr. 3 partiell durchbrochen, was rein regelungstechnisch etwa in § 99 BBG klarer und anwendungsfreundlicher zum Ausdruck kommt. Der Grund einer Privilegierung von Betätigungen in Genossenschaften soll der gesetzgeberische Wunsch gewesen sein, Beamte zu solchen Aktivitäten zu animieren, um durch deren Engagement die Funktionsfähigkeit vor allem sog. Gemeinnütziger Genossenschaften zu befördern (vgl. dazu BVerwGE 40, 11). Die Vorschrift gilt jedoch für jede genossenschaftliche Organisation, unabhängig von einem wirtschaftlichen Zweck. Der dadurch entstehende Wertungswiderspruch zu § 49 Abs. 1 Nr. 3 und das nicht mehr ganz zeitgemäße Motiv für die Regelung sollten zu einem gesetzgeberischen Überdenken der Regelungsnotwendigkeit veranlassen. Im Übrigen ist Unentgeltlichkeit gegeben, wenn keine Vergütungen (§ 11 NtV) gezahlt werden (so i.E. auch BVerwG, a.a.O.).

III. Anzeigepflicht gem. § 10 NtV

Für den praktischen Vollzug von großer Bedeutung ist die Ergänzung des § 51 Abs. 1 **10** durch die **Anzeigepflicht gem. § 10 NtV,** die ausgelöst wird, wenn der Beamte für die genehmigungsfreie Nebentätigkeit eine Vergütung (§ 11 NtV) anstrebt oder voraussichtlich zu erwarten hat („gegen Vergütung ausüben will"). Kraft Natur der Sache ausgenommen sind lediglich die Verwaltung eigenen Vermögens und die unentgeltliche Tätigkeit in Genossenschaftsorganen. Die Anzeigepflicht entsteht nicht mit, sondern **vor Aufnahme** einer geplanten genehmigungsfreien und voraussichtlich vergüteten Nebentätigkeit. Sie führt damit aber **nicht** zu einem **Verbot mit Anzeigevorbehalt** (so aber *Kohde* in v. Roetteken/Rothländer, § 40 BeamtStG Rn. 21), weil die Ausübung im Unterschied zu genehmigungspflichtigen Nebentätigkeiten eben nicht präventiv verboten ist. Gleichwohl stellt das Unterlassen der Anzeige eine Dienstpflichtverletzung dar (vgl. auch *Baßlsperger*, PersV 2015, 130). Insbesondere im Hinblick auf wissenschaftliche Betätigungen hat die Statuierung der Anzeigepflicht heftige Kritik als Eingriff in das Recht auf informationelle Selbstbestimmung erfahren (vgl. etwa *Ossenbühl/Cornils*, Nebentätigkeit und Grundrechtsschutz, S. 125 ff.; *Badura*, ZBR 2000, 109, 114; *Baßlsperger*, ZBR 2004, 369, 382; *Gärditz*, ZBR 2009, 145, 150), ist inzwischen aber höchstrichterlich bestätigt (vgl. BVerwG, NJW 2007, 3450; zust. *Kugele*, jurisPR-BVerwG 21/2007 Anm. 3; krit. hierzu *Engelken*, DVBl 2008, 117).

1. Umfang der Anzeige/Auskunftspflicht

11 Gem. § 10 Abs. 2 NtV muss die Anzeige **Angaben** zur **Art und Dauer** der geplanten Nebentätigkeit umfassen, zu ihrem **zeitlichen Umfang in der Woche**, zum **Auftraggeber** sowie zur Höhe der zu erwartenden **Vergütung**. Zu fragen ist, bis zu welchem Ausmaß die Anzeige − als Eingriff in die informationelle Selbstbestimmung − inhaltliche Angaben zur „Art" der Nebentätigkeit enthalten muss (sehr restriktiv *Engelken*, ZRP 1998, 50, 52 ff.; s. a. *Badura*, ZBR 2000, 109, 111 ff.). Dabei ist zu bedenken, dass die Angaben des Beamten dem Dienstherrn eine Einschätzung des Gefährdungspotentials für dienstliche Interessen ermöglichen soll und nur als solche überhaupt als grundrechtlicher Eingriff zu rechtfertigen sind. Andererseits kann es nicht Aufgabe des Beamten sein, durch Antizipation dieser Prüfung den Umfang seiner Anzeige selbst festzulegen. Vor diesem Hintergrund müssen Angaben zur „Art der Nebentätigkeit" i. S. v. § 10 Abs. 2 Nr. 1 NtV nur solche sein, die eine Zuordnung zu den Kategorien des § 51 Abs. 1 Nr. 2, 3 oder 4b ermöglichen. Ergibt sich für den Dienstherrn aus dieser Zuordnung − in Verbindung mit den weiteren Angaben gem. § 10 Abs. 2 NtV − ein legitimer („begründeter", vgl. § 100 Abs. 3 BBG) Konkretisierungsbedarf, steht die **ergänzende Auskunftspflicht** (*Battis*, § 100 BBG Rn. 16) gem. § 52 Abs. 4 zur Verfügung (dazu auch § 52 Rn. 3). Die Pflicht, gem. § 10 Abs. 2 Nr. 2 NtV Auskünfte zum zeitlichen Umfang der geplanten Nebentätigkeit zu geben, verdeutlicht die Geltung der sog. **Fünftelvermutung** des § 49 Abs. 2 Satz 3 auch für nicht genehmigungspflichtige Nebentätigkeiten (vgl. auch § 49 Rn. 16). Ergibt sich die Möglichkeit einer entgeltlichen Verwertung erst im Laufe der Ausübung der Nebentätigkeit (z. B. bei Anfertigung eines wissenschaftlichen Manuskripts), entsteht die Anzeigepflicht auch erst zu diesem Zeitpunkt (vgl. *Gärditz*, ZBR 2009, 145, 149), sofern nicht der Beamte von vornherein eine Verwertung beabsichtigt hatte. Einmalige **geringfügige Nebentätigkeiten** (vgl. § 7 NtV) sind wegen des Erst-Recht-Schlusses aus § 7 Abs. 2 NtV trotz Entgeltlichkeit nicht anzuzeigen. Für **wissenschaftliches Personal** gem. § 120 Abs. 1 wird die Grenze der Geringfügigkeit etwas weiter gezogen (vgl. § 125 Rn. 3).

IV. Untersagung der Nebentätigkeit

12 Insoweit § 49 Abs. 4 vergleichbar kann auf Grund von § 51 Abs. 2 die **Ausübung** einer Nebentätigkeit − unabhängig von ihrer Anzeigepflichtigkeit − **untersagt** werden, wenn sich die Gefahr der Beeinträchtigung dienstlicher Interessen zu einer Störung verdichtet hat. Im Unterschied zu § 49 Abs. 4 hat der Gesetzgeber allerdings hier ausdrücklich klargestellt, dass als Interventionsminimum auch eine teilweise Versagung in Betracht kommen kann. Schon vom Wortlaut her unstrittig ist, dass „die Nebentätigkeit" i. S. d. § 51 Abs. 2 Satz 1 **nur eine der Katalognebentätigkeiten** des § 51 Abs. 1 sein kann. Keinesfalls darf die Vorschrift dahin missverstanden werden, eine Handhabe gegen alle nicht genehmigungspflichtigen, außerhalb des Hauptamtes angesiedelten Betätigungen zu bieten. Stören etwa sog. Freizeitaktivitäten (z. B. intensiv betriebener Sport) die dienstlichen Abläufe, ist der Dienstherr in solchen Fällen auf die Androhung oder Einleitung disziplinarischer Schritte zu verweisen. Fraglich ist, ob er mit einer Untersagung gem. § 51 Abs. 2 reagieren darf, wenn sich bereits aus der Anzeige der beabsichtigten Nebentätigkeit Verdachtsmomente für eine Beeinträchtigung dienstlicher Interessen ergeben (unklar *Gärditz*, ZBR 2009, 145, 147, 149). Eine solche **präventive Versagung** würde die erkennbar unterschiedliche Systematik von §§ 49 Abs. 4, 51 Abs. 2 einerseits, § 49 Abs. 2 Satz 1 andererseits unterlaufen. Im Gegenzug wird man es dem Dienstherrn kaum zumuten können, in diesen Fällen den – u. U. klar vorhersehbaren – Eintritt einer Beeinträchtigung erst abzuwarten. Sinnvoll erscheint eine Übertragung der Dogmatik zum polizeirechtlichen Gefahrenverdacht, die ein präventives Eingreifen nur zulässt, wenn die zu befürchtende Störung von einigem Gewicht ist. Ist die dienstvorgesetzte Stelle irrig von einer genehmigungspflichtigen Nebentätigkeit ausgegangen, kann die auf § 49 gestützte Versagung nicht ohne Weiteres in eine Untersagung umgedeutet werden (OVG Münster, B. v. 13.1.2014, 6 B 1221/13: TV-Komparse).

§ 52 Ausübung der Nebentätigkeit, Verfahren, Tätigkeit von Ruhestandsbeamtinnen und Ruhestandsbeamten und früheren Beamtinnen und Beamten mit Versorgungsbezügen

(1) ¹**Nebentätigkeiten, welche die Beamtin oder der Beamte nicht auf Verlangen (§ 48), Vorschlag oder Veranlassung ihrer oder seiner dienstvorgesetzten Stelle übernommen hat, darf sie oder er nur außerhalb der Arbeitszeit ausüben. ²Ausnahmen dürfen nur in besonders begründeten Fällen zugelassen werden, wenn dienstliche Gründe nicht entgegenstehen und die versäumte Arbeitszeit nachgeleistet wird.**

(2) ¹**Anträge auf Erteilung einer Genehmigung (§§ 49, 54) oder auf Zulassung einer Ausnahme (Absatz 1 Satz 2) und Entscheidungen über diese Anträge sowie das Verlangen nach § 48 und nach Absatz 4 bedürfen der Schriftform. ²Die Beamtin oder der Beamte hat die für die Entscheidungen erforderlichen Nachweise, insbesondere über Art und Umfang der Nebentätigkeit sowie die Entgelte und geldwerten Vorteile hieraus, zu erbringen; sie oder er hat jede Änderung unverzüglich schriftlich anzuzeigen.**

(3) **Der Vorschlag und die Veranlassung der dienstvorgesetzten Stelle (Absatz 1 Satz 1) sind aktenkundig zu machen.**

(4) **Die Beamtin oder der Beamte ist auf Verlangen der dienstvorgesetzten Stelle verpflichtet, über Art und Umfang der von ihr oder ihm ausgeübten Nebentätigkeit und die Höhe der dafür empfangenen Vergütung Auskunft zu geben.**

(5) ¹**Der Zeitraum gemäß § 41 Satz 1 des Beamtenstatusgesetzes beträgt für Ruhestandsbeamtinnen und Ruhestandsbeamte oder frühere Beamtinnen und Beamte mit Versorgungsbezügen fünf Jahre, bei Eintritt in den Ruhestand nach § 31 Absatz 1 drei Jahre. ²Ein Verbot nach § 41 Satz 2 des Beamtenstatusgesetzes wird durch die letzte dienstvorgesetzte Stelle ausgesprochen; es endet spätestens mit Ablauf der in Satz 1 genannten Fristen.**

I. Allgemeines

Die Vorschrift bündelt verschiedene, sehr heterogene Regelungsgegenstände. Die **1** Spannbreite reicht von materiellen Eingriffsbefugnissen (Auskunftsverlangen) über grundsätzliche Gestaltungsfragen (Nebentätigkeit während der Arbeitszeit) bis zu Maßgaben zum Verfahren bzw. der Ausfüllung bundesrechtlich dem Landesgesetzgeber belassener Detailfragen.

II. Einzelheiten

1. Nebentätigkeit während der Arbeitszeit

2   Aus § 52 Abs. 1 folgt zunächst eine Selbstverständlichkeit: die Ausübung von **Haupt-amt** und **Nebentätigkeit** ist auch **zeitlich strikt zu trennen.** Bei einem gegenläufigen Verdacht gegen den Beamten (z.B. Fertigung von Fachaufsätzen am dienstlichen PC innerhalb des Dienstes) können die elektronischen Dateien seines dienstlichen PC allerdings nur unter strengen Voraussetzungen durchsucht und beschlagnahmt werden (BVerwG, ZBR 2012, 37; vgl. dazu *Eckstein,* ZBR 2012, 151; *Hasse/Fellmann,* ThürVBl. 2014, 1/34). Die Bedeutung der Vorschrift liegt daher eher in der Feststellung, dass bestimmte Nebentätigkeiten wegen ihres besonderen Nutzens für den Dienstherrn in zeitlicher Hinsicht sogar auf Kosten des Hauptamtes ausgeübt werden dürfen. Im Umkehrschluss aus § 52 Abs. 1 Satz 2 ergibt sich nämlich, dass eine Nachleistung der versäumten Arbeitszeit in diesen Fällen nicht erforderlich ist. Unmittelbar einleuchtend ist dies bei der Übertragung einer **Nebentätigkeit auf Verlangen** gem. § 48, was jedoch auf **Nebentätigkeiten im öffentlichen Dienst** beschränkt ist. Jenseits dessen eröffnet § 52 Abs. 1 Satz 1 für den Dienstherrn die Möglichkeit, die Übernahme von Nebentätigkeiten **vorzuschlagen oder zu veranlassen.** Voraussetzung dafür ist jedoch, dass „ein dienstliches oder ein besonderes öffentliches Interesse an der Ausübung" besteht, vgl. § 5 NtV (enger hier § 101 Abs. 1 Satz 1 BBG, der nur das „dienstliche Interesse" ausreichen lässt). Anders wäre die weitgehende arbeitszeitliche Privilegierung nicht zu rechtfertigen. Darüber hinaus wird der Ausnahmecharakter auch dadurch betont, dass Vorschlag und Veranlassung **aktenkundig** zu machen sind, vgl. § 52 Abs. 3. Dienstliche Interessen müssen einen Bezug zur Aufgabenstellung der Dienststelle des Beamten haben und ergeben sich aus der möglichst sachgerechten und reibungslosen Aufgabenerfüllung (vgl. § 49 Rn. 14; sie sind etwa gegeben bei einer Nebentätigkeit in der Aus- und Fortbildung des eigenen Personals). Im Gegensatz dazu dienen besondere öffentliche Interessen auch außerdienstlichen Allgemeinbelangen; sie müssen allerdings von besonderem Gewicht sein (etwa die Tätigkeit als Wahlhelfer bei öffentlichen Wahlen). Ob zwischen Vorschlag und Veranlassung wirklich sinnvoll unterschieden werden kann (so aber *Tadday/Rescher,* § 52 LBG Erl. 1.2), mag dahinstehen. In beiden Fällen liegt, im Unterschied zum Verlangen gem. § 48, lediglich eine den Beamten **rechtlich nicht bindende Willensäußerung** des Dienstherrn vor (vgl. auch *Battis,* § 101 BBG Rn. 3). Auf eigenen Antrag (vgl. § 52 Abs. 2 Satz 1) kann der Beamte „in besonders begründeten Fällen" die Ausübung einer Nebentätigkeit während der Arbeitszeit begehren. Dabei wird auch zu prüfen sein, ob die versäumte Arbeitszeit überhaupt sinnvoll nachgeleistet werden kann. Zu den Voraussetzungen einer Nebentätigkeit während des Erholungsurlaubs ist auf die Kommentierung zu § 49 zu verweisen (vgl. § 49 Rn. 19).

2. Verfahrensregelungen

3   Der Sicherung einer eindeutigen Entscheidungsgrundlage und eines klar dokumentierten Verfahrens dient das **Schriftformerfordernis** gem. § 52 Abs. 2. Dem Beamten kommt dabei eine umfangreiche Nachweispflicht zu, indem er „die für die Entscheidungen erforderlichen Nachweise" zu erbringen und spätere Änderungen unverzüglich schriftlich anzuzeigen hat. Regelbeispielen ähnlich präzisiert § 52 Abs. 2 Satz 2 diese **Nachweispflicht.** Eine weitere Ergänzung ergibt sich aus § 6 Abs. 1 NtV, der nach dem Vorgesagten nur dahin verstanden werden kann, den **Mindestinhalt der Anzeige** („muss … enthalten") festzulegen. Neben Angaben über Art und Umfang (bzw. Dauer) sowie zu erwartende Entgelte sind dies die Bezeichnung des Auftraggebers und des zeitlichen Umfangs in der Woche. Problematisch erscheint die indifferente, auf Regelbeispiele verweisende gesetzliche Anordnung der Nachweispflicht vor dem Hintergrund des betroffenen Rechts auf informationelle Selbstbestimmung. Aus dieser grundrechtlich geschützten Position ist nicht

nur das Gebot der Verhältnismäßigkeit des Eingriffs, sondern auch die Notwendigkeit seiner Bestimmtheit abzuleiten. Es kann von dem betroffenen Beamten nicht erwartet werden, durch Antizipation der genauen Prüfungskriterien seiner dienstvorgesetzten Stelle das Ausmaß der Anzeige selbst festzulegen (vgl. § 51 Rn. 11). Folglich ist § 52 Abs. 2 Satz 2 verfassungskonform dahin zu interpretieren, dass lediglich die dort bzw. in § 6 Abs. 1 NtV explizit genannten Angaben in der Anzeige enthalten sei müssen. Genügen diese Angaben nicht, um die Gefahr einer Beeinträchtigung dienstlicher Interessen mit der erforderlichen Sicherheit auszuschließen, kann der Dienstherr im Einzelfall auf der Grundlage des § 52 Abs. 4 ergänzende Angaben über Art und Umfang sowie die Vergütungshöhe anfordern. Dieser Regelungszusammenhang ist für die Anwendung der **(ergänzenden) Auskunftspflicht** gem. § 52 Abs. 4 strikt zu beachten. Weder berechtigt sie zur Einholung allgemeiner Auskünfte über das Nebentätigkeitsverhalten noch dürfen Angaben zu genehmigungsfreien und nicht anzeigepflichtigen Nebentätigkeiten eingefordert werden. **Unzulässig** sind daher auch **periodische Abfragen,** mit denen zu der Erklärung aufgefordert wird, im Bezugszeitraum keine Nebentätigkeiten ausgeübt zu haben.

3. Nebentätigkeit von Ruhestandsbeamten

Mit den **Fristbestimmungen** in § 52 Abs. 5 übt der Landesgesetzgeber eine ihm durch **4** § 41 Satz 1 BeamtStG überlassene Befugnis aus. Diese Vorschriften sind nicht im eigentlichen Sinne nebentätigkeitsrechtlich, weil bei **Ruhestandsbeamten** naturgemäß keine hauptamtliche Pflichterfüllung zu sichern ist (vgl. auch *H. Günther,* DÖD 1990, 129, 130; *Baßlsperger,* ZBR 2012, 1). Die in § 41 BeamtStG statuierte Kombination aus Anzeigepflicht und Versagungsermächtigung gegenüber Ruhestandsbeamten und Beamten mit Versorgungsbezügen, vielfach als **„Konkurrenzverbot"** bezeichnet (so *Tadday/Rescher,* § 52 LBG Erl. 4; krit. zu Recht *H. Günther,* a.a.O.; s.a. *Baßlsperger,* a.a.O.), stellt eine verfassungsgemäße Einschränkung der Grundrechte aus Art. 12 Abs. 1, 2 Abs. 1 GG dar (BVerwGE 84, 194, 196 ff.; s.a. OVG Münster, NVwBl. 2016, 295, 300). Sie soll der Verquickung von privaten und dienstlichen Interessen vorbeugen und dient dem Schutz der Integrität des öffentlichen Dienstes bzw. seiner Funktionsfähigkeit (BVerwGE 84, 194, 204; OVG Lüneburg, ZBR 2011, 51, 52; OVG Berlin-Brandenburg, LKV 2011, 425). Ihre präventive Wirkung zielt nach dem ausdrücklichen Willen des Gesetzgebers auch auf aktive Beamte, indem einem Anschein voreingenommener Amtsführung wegen späterer Erwerbsaussichten im bevorstehenden Ruhestand vorgebeugt werden soll (vgl. *Battis,* § 105 BBG Rn. 3 m.w.N.). Die Anzeigepflicht wird ausgelöst durch entgeltliche, aber auch unentgeltliche Aktivitäten (*Kohde* in v. Roetteken/Rothländer, § 41 BeamtStG Rn. 6; *Reich,* § 41 BeamtStG Rn. 2), die – wegen des damaligen Bestehens konkreter Einflussmöglichkeiten – in einem nicht nur unerheblichen Zusammenhang (vgl. BVerwGE 84, 194, 202) mit dem früheren Hauptamt (vormalige Nebentätigkeit zählt nicht zum früheren Hauptamt, vgl. BVerwG, NVwZ 2015, 442) des ehemaligen Beamten (*Kohde* in v. Roetteken/Rothländer, § 41 BeamtStG Rn. 11) stehen. Dabei kommt es allein auf die objektiven Fakten an; Persönlichkeit, Charakter oder Integrität des Betroffenen spielen keine Rolle (BVerwGE, 84, 194, 204; vgl. auch VG Karlsruhe, Urt. v. 23.11.2010, 6 K 2145/10). Ebenso wenig muss sich der Zusammenhang aus einer direkten Entscheidungsbefugnis des ehemaligen Beamten ergeben. Ein nicht unerheblicher Zusammenhang kann im Einzelfall auch bestehen, wenn es sich um ehemalige Vorgesetzte der Entscheidungsträger oder aber um maßgebliche Vor- oder Zuarbeit leistende Beschäftigte handelt (BVerwG, a.a.O., S. 202). Ein relevanter Loyalitätskonflikt ist gegeben, wenn ein pensionierter Richter bei seinem ehemaligen Gericht als Rechtsanwalt tätig werden will (OVG Münster, RiA 2015, 272, 274; dass., B. v. 22.4.2014, 6 B 34/14: ehem. Finanzbeamter als Steuerberater; dazu auch VG Düsseldorf, B. v. 20.5.2016, 13 L 1024/16; sehr streng VGH München, B. v. 20.8.2013, 3 CS 13.1110: ehem. Richter will nur „im Hintergrund" beratend tätig werden). Zur Feststellung einer Besorgnis der Beeinträchtigung dienstlicher Interessen darf nicht ohne weiteres auf das allgemeine nebentätigkeitsrechtliche Begriffsverständnis zurückgegriffen werden. Ansatzpunkt ist nach der ratio legis vielmehr allein die Sicherung der Integrität der Verwaltung (OVG Berlin-Brandenburg, LKV 2011, 425; vgl. auch *Baßlsperger,* ZBR 2012, 1, 5 f.).

5   Ruhestandsbeamte sind auch solche im einstweiligen Ruhestand, frühere Beamte mit Versorgungsbezügen und solche, die nach ihrer Entlassung z. B. Unterhaltsbeiträge beziehen. Ohne diese fortlaufende finanzielle Verbindung zum ehemaligen Dienstherren greift die Vorschrift nicht (vgl. *Reich,* § 41 BeamtStG Rn. 2; s. a. *Baßlsperger,* ZBR 2012, 1, 3 f.). Ist der Beamte wegen Erreichens der Regelaltersgrenze (§ 31 Abs. 1) in den Ruhestand getreten, beträgt die **Frist für die Anzeigepflicht** nur drei Jahre, ansonsten – z. B. bei einer vorzeitigen Zurruhesetzung wegen Dienstunfähigkeit – fünf Jahre (vgl. auch OVG Münster NVwBl. 2016, 295, 300 f.). Regelaltersgrenze i. S. d. Vorschrift sind auch die besonderen Altersgrenzen für bestimmte Beamtengruppen (§§ 115 Abs. 1, 117 Abs. 3, 118 Abs. 1). Zuständig für eine mögliche Untersagung gem. § 41 Satz 2 BeamtStG – aber trotz ausdrücklicher Regelung wohl auch für die Entgegennahme der Anzeige – ist die letzte dienstvorgesetzte Stelle (zum – regelmäßig bestehenden – Interesse an der sofortigen Vollziehung vgl. VGH München, B. v. 20.8.2013, 3 CS 13.1110). Die zeitliche Wirkung einer Untersagungsverfügung darf nicht über die vorgenannten drei bzw. fünf Jahre hinausreichen. Rechtsschutz wird gem. § 126 BRRG, § 63 Abs. 3 BeamtStG durch die Verwaltungsgerichte gewährt. § 18 Abs. 1 KorruptionsbG NRW erstreckt die Anzeigepflicht auch auf ehemalige Arbeitnehmer (vgl. auch LT-Drs. 13/5932, S. 19).

§ 53 Meldung von Nebeneinnahmen

Die Beamtin oder der Beamte legt am Ende eines jeden Jahres ihrer oder seiner dienstvorgesetzten Stelle eine jeden Einzelfall erfassende Aufstellung über Art und Umfang der Nebentätigkeit sowie über die Vergütungen vor, die sie oder er für eine genehmigungspflichtige oder eine nach § 51 Absatz 1 Nummer 2, 3 und 4 Buchstabe b nicht genehmigungspflichtige Nebentätigkeit innerhalb oder außerhalb des öffentlichen Dienstes erhalten hat, wenn diese insgesamt die in der Rechtsverordnung nach § 57 zu bestimmende Höchstgrenze übersteigen.

I. Allgemeines

1   **Erklärungs- und Nachweispflichten** treffen den Beamten nicht nur beim Antrag auf Genehmigung einer Nebentätigkeit (§ 49 Abs. 3, § 6 NtV) oder bei der Abgabe einer Anzeige gem. § 10 NtV. Eine weitere Beschränkung seines Rechts auf informationelle Selbstbestimmung enthält § 53, durch den eine Pflicht zur jährlichen Rechenschaftslegung über ausgeübte Nebentätigkeiten und erhaltene Vergütungen auferlegt wird. Der **rechtfertigende Zweck der Meldepflicht** ergibt sich weniger aus einer evtl. Abführungspflicht, da erkennbar auch solche Nebeneinnahmen zu melden sind, die – weil außerhalb des öffentlichen Dienstes erzielt – keiner Abführungspflicht unterliegen. Vielmehr soll die dienstvorgesetzte Stelle in die Lage versetzt werden, ihre bei Genehmigung oder Anzeige gewonnenen und womöglich nur vorläufigen Erkenntnisse zu Art, Umfang und Vergütung der Nebentätigkeit am Ende eines jeden Jahres zu vervollständigen (vgl. auch *Schmiemann* in Schütz/Maiwald, § 53 LBG Rn. 4). Und anders als die Auskunftspflicht gem. § 52 Abs. 4 bedarf die Meldepflicht keines besonderen Anlasses; der Beamte hat insoweit eine „Bringschuld".

II. Einzelheiten

2   **Adressat der Meldung** ist die dienstvorgesetzte Stelle (§ 2 Abs. 2), deren Aufgaben i. d. R. kraft Zuständigkeitsdelegation die jeweilige Behörden- oder Einrichtungsleitung

wahrnimmt. Für **kommunale Hauptverwaltungsbeamte** (Bürgermeister/Landräte) stellt § 17 Abs. 2 KorruptionsbG NRW (GV. NRW. 2005, S. 8, zuletzt geändert durch Gesetz v. 19.3.2013, GV. NRW. S. 875) ungeachtet der Streitfrage der Dienstvorgesetzteneigenschaft der Kommunalvertretung klar, dass diese Pflicht gegenüber Rat bzw. Kreistag besteht (vgl. auch *Kämmerling*, ZBR 2012, 12, 14; dies verkennt *Erlenkämper* in Articus/Schneider, GO NRW, § 62 Erl. 1.2). Keiner Meldepflicht unterliegen **Ehrenbeamte,** vgl. § 107 Abs. 1 Nr. 2.

Obwohl nicht näher definiert muss als „Jahr" i.S. der Vorschrift das **Kalenderjahr** gel-   3
ten, was die Zusammenschau mit §§ 13, 15 NtV untermauert. Der Begriff der Nebeneinnahmen entspricht dabei dem der Vergütung (*Schmiemann* in Schütz/Maiwald, § 53 LBG Rn. 6). Den Vergütungsbegriff erläutert § 11 NtV, wobei hierunter nicht nur Geldbeträge, sondern auch geldwerte Vorteile (z.B. zur Nutzung überlassener PKW) fallen. Keine Vergütungen sind solche Zahlungen, die als Fahrtkostenersatz bzw. Tage- und Übernachtungsgelder geleistet werden, vgl. § 11 Abs. 2 NtV. Zum Begriff des „Einzelfalls", der mit § 49 Abs. 3 Satz 1 korrespondiert, vgl. § 49 Rn. 26.

Der Meldepflicht unterliegen grundsätzlich alle nach § 49 Abs. 1 genehmigungspflichti-   4
gen (auch allgemein gem. § 7 NtV genehmigte, vgl. unten) sowie alle nach § 10 Abs. 1 NtV anzeigepflichtigen Nebentätigkeiten, soweit Nebeneinnahmen erzielt wurden. Im Gegensatz dazu sind **nicht zu melden: (1.) Unentgeltliche Nebentätigkeiten,** da die Vorschrift nach ihrem Wortlaut eindeutig „Art und Umfang" in einen kumulativen Zusammenhang mit den „Vergütungen" stellt; **(2.) Bagatellnebentätigkeiten,** weil sie trotz Entgeltlichkeit von einer Meldepflicht befreit sind; sie sind gegeben, wenn der Beamte insgesamt nicht mehr als 1.200 €/Jahr an Nebeneinnahmen erzielt hat (**„Höchstgrenze"**), vgl. § 53 a.E. i.V.m. § 15 Satz 1 NtV. Bei wissenschaftlichem Personal gem. § 120 ergibt sich eine abweichende Höchstgrenze von 6000 € für Nebentätigkeiten außerhalb des öffentlichen Dienstes aus § 9 Satz 1 Nr. 2 HNtV. Allerdings sind auch gem. § 7 NtV allgemein genehmigte Bagatellnebentätigkeiten zu melden, wenn der Beamte im Meldezeitraum parallel noch weitere entgeltliche Nebentätigkeiten ausgeübt hat. Gleiches gilt für Nebentätigkeiten, die gem. § 48 auf Verlangen des Dienstherrn übernommen wurden. Diese bleiben nämlich genehmigungspflichtige Nebentätigkeiten; das Verlangen des Dienstherrn als legitimierende Entscheidung tritt lediglich an die Stelle der Genehmigung.

Unklar ist, ob es für die Meldepflicht darauf ankommt, ob die Vergütungen dem Ver-   5
mögen des Beamten zugeflossen sind (Zuflusstheorie), oder ob lediglich ein Rechtsanspruch auf die Zahlung entstanden sein muss (Bilanz- oder Zeitraumtheorie). Der Wortlaut („Vergütungen…, die er … erhalten hat") spricht eindeutig für die Zuflusstheorie (vgl. insoweit auch *v. Zwehl*, S. 59). Allerdings entsteht hier ein Wertungswiderspruch zu § 15 NtV, weil dort erkennbar auf das Entstehen des Rechtsgrundes abgestellt wird, nicht auf den Zufluss. Fraglich ist jedoch, ob niederrangiges Verordnungsrecht zur Korrektur des eindeutigen Wortlautes einer höherrangigen Norm herangezogen werden darf. Ohne eine Klarstellung des Gesetzgebers ist daher davon auszugehen, dass es auf den **Zeitpunkt des Zuflusses** in das Vermögen des Beamten ankommt (a.A. *Tadday/Rescher*, § 53 LBG Erl. 2).

§ 54 Inanspruchnahme von Einrichtungen, Personal oder Material des Dienstherrn

(1) ¹**Die Beamtin oder der Beamte darf bei der Ausübung von Nebentätigkeiten Einrichtungen, Personal oder Material des Dienstherrn nur mit Genehmigung in Anspruch nehmen. ²Sie oder er hat hierfür ein angemessenes Entgelt zu entrichten; das Entgelt kann auch nach einem Hundertsatz der für die Nebentätigkeit bezogenen Vergütung bemessen werden.**

(2) ¹**Die Genehmigung, Einrichtungen des Dienstherrn in Anspruch zu nehmen, um in ihnen außerhalb der allgemeinen Dienststunden mit Personal des Dienstherrn Nebentätigkeiten auszuüben, kann davon abhängig gemacht werden, dass dem Per-**

sonal ein angemessener Anteil an der Vergütung für die Nebentätigkeit gewährt wird. ²Der Anteil ist nach dem Teil der Vergütung zu bemessen, der nach Abzug des durch die Beamtin oder den Beamten entrichteten Entgelts (Absatz 1 Satz 2) verbleibt.

I. Allgemeines

1   Die Vorschrift ordnet für den Fall einer Ausübung von Nebentätigkeiten unter **Rückgriff auf Personal oder Sachmittel** des Dienstherrn ein besonderes Genehmigungserfordernis an. Ein darauf gerichteter Antrag bedarf gem. § 52 Abs. 2 Satz 1 der Schriftform. Eine Genehmigungserteilung hat zu unterbleiben, wenn die Inanspruchnahme öffentlicher Ressourcen dienstliche Interessen (vgl. dazu § 49 Rn. 14) beeinträchtigt, vgl. § 16 Abs. 4 Satz 1 NtV. Besteht eine Abführungspflicht, kann das Verschweigen der Nebentätigkeit und das Unterlassen der Abführung strafrechtlich als Betrug (§ 263 StGB) geahndet werden (BGH, DÖV 1994, 127). Insgesamt trägt die Vorschrift dem Grundsatz Rechnung, dass schon haushaltsrechtlich die unentgeltliche Inanspruchnahme von Personal oder Sachmitteln nicht ohne Weiteres möglich ist, vgl. § 52 Satz 1 LHO. Erfasst werden alle Nebentätigkeiten i.S.v. §§ 49, 51 ohne Rücksicht auf Genehmigungsbedürftigkeit oder Entgeltlichkeit, wobei für unentgeltliche Betätigungen gem. § 17 Abs. 2 NtV Besonderheiten gelten. Darüber hinaus greift die Vorschrift nur, wenn Personal- und/oder Sachmittel des **eigenen Dienstherrn** benutzt werden. Auf Ehrenbeamte sind die Regelungen grundsätzlich nicht anwendbar, vgl. § 107 Abs. 1 Nr. 2.

II. Einzelheiten

2   Nach der Legaldefinition des § 16 Abs. 2 NtV sind **„Einrichtungen"** sächliche Mittel, insbesondere Diensträume und deren Ausstattung (mit Ausnahme von Bibliotheken). Das Merkmal **„Material"** bezeichnet verbrauchbare Sachen und Energie. Schon in der Systematik der Absätze 1 und 2 des § 54 angedeutet, in § 16 Abs. 3 NtV dagegen ausdrücklich klargestellt wird, dass die in § 54 Abs. 1 normierte Inanspruchnahme von Personal nur **während** dessen **regulärer Arbeitszeit** und funktional nur **innerhalb von dessen Dienstaufgaben** erfolgen darf. Wird gleichwohl ein Entgelt gezahlt, greifen die Regeln über die Annahme amtsbezogener Belohnungen gem. § 42 BeamtStG (§ 59), worauf § 16 Abs. 5 Satz 3 NtV – deklaratorisch – hinweist. Danach kann das Annahmeverbot grundsätzlich durch eine Ausnahme durchbrochen werden, an die jedoch strengste Maßstäbe anzulegen sind (vgl. die Verwaltungsvorschriften Nr. 6 zu § 59, MBl. NRW. 2009, S. 352; zum Ganzen auch *Kohde* in v. Roetteken/Rothländer, § 42 BeamtStG Rn. 49). Praktisch sind kaum Anwendungsfälle denkbar.

3   **Angemessen** i.S.d. Vorschrift ist das Entgelt, wenn es angesichts des wirtschaftlichen Nutzens sachlich gerechtfertigt ist und die Grenze der Zumutbarkeit nicht überschreitet (BVerwGE 130, 252, 258). Dies impliziert nicht, dass dem Beamten der eindeutig überwiegende Teil des wirtschaftlichen Vorteils verbleiben soll (BVerfG, NVwZ-RR 2007, 185; OVG Münster, B. v. 5.3.2013, 6 A 2422/11; anders noch BVerwGE 109, 283, 289 f. m.w.N.). Nähere Regelungen trifft § 17 Abs. 1 NtV, wonach das Nutzungsentgelt mindestens kostendeckend („Untergrenze ist die Kostendeckung", so BVerwG, a.a.O.) sein muss, darüber hinaus den besonderen Vorteil berücksichtigen soll, der durch die Inanspruchnahme auf Seiten des Beamten entsteht. Gem. § 17 Abs. 2 Satz 1 NtV gelten **Besonderheiten,** wenn ein besonderes dienstliches oder öffentliches Interesse an der Nebentätigkeit besteht, weil sie als Nebenamt für den eigenen Dienstherren oder als unentgeltliche Nebentätigkeit im öffentlichen Dienst (vgl. § 57 Rn. 7) ausgeübt wird. In diesen Fällen ist – vorbehaltlich einer anderweitigen (Ermessens-)Entscheidung – kein Nutzungsentgelt fällig.

Ist die Nebentätigkeit lediglich unentgeltlich, kann gem. § 17 Abs. 2 Satz 2 NtV auf Entgelt verzichtet werden.

Zur Vereinfachung der Berechnung ermöglicht § 54 Abs. 1 Satz 2 Halbs. 2 eine **Pau-** **4** **schalierung** durch die Bemessung nach Vomhundertsätzen. § 18 Abs. 1 NtV spezifiziert diese Regelung dahin, dass im Regelfall von der bezogenen (Brutto-)Vergütung (OVG Münster, Urt. v. 8.9.2000, 12 A 103/99) für das Personal 10 %, für Einrichtung und Material jeweils 5 % anzusetzen sind. Erweist sich diese Pauschalierung als nicht angemessen, kann gem. § 18 Abs. 2 NtV hiervon abgewichen werden. **Besonderheiten** sind gem. § 18 Abs. 3–6 NtV für ärztliche Nebentätigkeiten bzw. solche in der Krankenversorgung zu beachten (vgl. BVerwGE 130, 252). Dies gilt in einem umfassenderen Sinne auch für die Nebentätigkeiten von wissenschaftlichem oder künstlerischem Personal (vgl. § 125 Rn. 3). **Verfahrensregelungen,** Anordnungen zu Fristen und Fälligkeiten sowie Verzugszinsen bei ausstehenden Nutzungsentgelten enthält § 19 NtV. Zu einer – hier abgelehnten – Verwirkung des Anspruchs vgl. OVG Münster, B. v. 15.9.2014, 6 A 236/13.

§ 55 Ersatzpflicht des Dienstherrn

[1] **Die Beamtin oder der Beamte, die oder der aus einer Tätigkeit im Vorstand, Aufsichtsrat, Verwaltungsrat oder in einem sonstigen Organ einer Gesellschaft, Genossenschaft oder eines in einer anderen Rechtsform betriebenen Unternehmens, die sie oder er auf Verlangen, Vorschlag oder Veranlassung ihrer oder seiner dienstvorgesetzten Stelle im dienstlichen Interesse übernommen hat, haftbar gemacht wird, hat gegen den Dienstherrn Anspruch auf Ersatz des ihr oder ihm entstandenen Schadens.** [2] **Ist der Schaden vorsätzlich oder grob fahrlässig herbeigeführt worden, so ist der Dienstherr nur dann ersatzpflichtig, wenn die Beamtin oder der Beamte auf Verlangen einer oder eines Vorgesetzten gehandelt hat.**

I. Haftungsprivileg bei veranlasster Nebentätigkeit

Eine weitere Privilegierung von Nebentätigkeiten, die im Interesse des Dienstherrn (vgl. **1** dazu § 52 Rn. 2) ausgeübt werden, besteht im **Haftungsprivileg für Organtätigkeiten.** Da der Beamte durch seine Nebentätigkeit zusätzliche Risiken übernimmt, soll er dafür im Innenverhältnis entlastet werden (vgl. *Battis,* § 102 BBG Rn. 2; s. a. *Schmiemann* in Schütz/ Maiwald § 55 LBG Rn. 1). Im Gegenschluss zur Formulierung des § 49 Abs. 1 Nr. 3 ergibt sich, dass ein „Unternehmen" i. S. v. § 55 nicht notwendig einen wirtschaftlichen Zweck verfolgen muss. Fraglich erscheint, ob juristische Personen des öffentlichen Rechts vom Begriff des „in anderer Rechtsform betriebenen Unternehmens" erfasst werden. Andererseits beschränkt sich der Übertragungsgrund des „Verlangens" gem. § 48 auf Tätigkeiten im öffentlichen Dienst, so dass seine ausdrückliche Erwähnung im Tatbestand andernfalls weitgehend ins Leere liefe. Folglich zählen etwa auch Sparkassen zu den Unternehmen i. S. v. § 55. Wird die Nebentätigkeit als Nebenamt übertragen, ergibt sich das Haftungsprivileg unmittelbar aus Art. 34 GG, § 839 BGB, da gem. § 2 Abs. 2 NtV ein öffentliches Amt ausgeübt wird. Die ausdrückliche Erwähnung eines dienstlichen Interesses für die Organtätigkeit ist redundant, da ohne dieses Interesse ein Vorschlag nicht gemacht bzw. eine Veranlassung nicht vorgenommen werden darf, vgl. § 5 NtV (das übersehen *Tadday/ Rescher,* § 55 LBG Erl. 2). Dem Verlangen gem. § 48 ist das Bestehen eines legitimierenden dienstlichen Interesses ohnehin implizit.

II. Ausnahmen

Beruht der zu ersetzende Schaden auf **grob fahrlässigem oder sogar vorsätzlichem** **2** **Handeln,** greift die Ersatzpflicht in Konkordanz mit den allgemeinen Amtshaftungsregeln grundsätzlich nicht. Eine **Ausnahme** gilt, wenn der Beamte auf Verlangen eines Vorgesetzten gehandelt hat. Dies kann aber keine „eindeutige Weisung" sein (so aber *Tadday/Rescher,* § 55 LBG Erl. 1; s. a. *Battis,* § 102 BBG Rn. 4), weil dienstliche Weisungen nur im Hinblick auf die Ausübung des (konkret-funktionellen) Hauptamtes erteilt werden können (vgl. nur *v. Roetteken* in v. Roetteken/Rothländer, § 35 BeamtStG Rn. 129, 140). Daran ändert auch der Umstand nichts, dass der Beamte durch die Nebentätigkeit eine innerdienstliche Verhaltenserwartung erfüllt (vgl. BVerwGE 106, 324). Allerdings kann sich das Verlangen eines Vorgesetzten i. S. v. § 55 Satz 2 als gesellschaftsrechtlich zulässige und damit ebenfalls verbindliche „Anweisung" gegenüber einem entsandten Organvertreter darstellen oder aber auf einer in dem Übertragungsakt ausbedungenen, nicht beamtenrechtlichen Weisungsbefugnis beruhen. Die Remonstrationspflicht des Beamten gem. § 36 Abs. 2 BeamtStG greift dann aber nicht, weil sie nur „dienstliche" Anordnungen erfasst (BVerwG, NVwZ 2009, 187, 189; a. A. *Battis,* § 102 BBG Rn. 4).

§ 56 Beendigung von mit dem Amt verbundener Nebentätigkeit

Endet das Beamtenverhältnis, so enden, wenn im Einzelfall nichts anderes bestimmt ist, auch die Nebenämter und Nebenbeschäftigungen, die der Beamtin oder dem Beamten im Zusammenhang mit ihrem oder seinem Hauptamt übertragen sind oder die sie oder er auf Verlangen, Vorschlag oder Veranlassung ihrer oder seiner dienstvorgesetzten Stelle übernommen hat.

I. Regelungsgegenstand

1   Für alle Fälle, in denen die Übernahme einer Nebentätigkeit durch einen bestimmten Beamten einem bestehenden dienstlichen oder besonderen öffentlichen Interesse entsprochen hatte, schafft § 56 einen **gesetzlichen Beendigungsgrund,** wenn das Hauptamt durch Beendigung des Beamtenverhältnisses endet (vgl. dazu § 21 BeamtStG). Weitere konstitutive Vollzugshandlungen sind nicht erforderlich, (vgl. auch *Schmiemann* in Schütz/Maiwald, § 56 LBG Rn. 1 u. 12). Allerdings verpflichtet § 21 Abs. 2 Satz 4 NtV die (letzte) dienstvorgesetzte Stelle, die „beteiligten Stellen" unverzüglich zu unterrichten. Beruhen die Nebentätigkeit und ihre Beendigungsgründe jedoch zusätzlich – etwa im Falle einer Organmitgliedschaft – auf sonstigen, insbesondere zivilrechtlichen Rechtsvorschriften, gehen diese vor. § 56 erlaubt dann lediglich eine Abberufung des Beamten oder die Kündigung der fraglichen, als Nebentätigkeit ausgeübten Rechtsstellung (vgl. *Battis,* § 103 BBG Rn. 2).

II. Einzelheiten

2   Für das Tatbestandsmerkmal „im Zusammenhang mit seinem Hauptamt" enthält **§ 21 Abs. 1 NtV** eine **Legaldefinition.** Danach besteht ein Zusammenhang, wenn die Nebentätigkeit durch Rechtsvorschrift oder Herkommen mit dem Inhaber eines bestimmten Amtes verbunden ist oder die Übertragung an den Beamten erfolgte, weil er Inhaber des Hauptamtes war. Der letztgenannte Fall liegt u. a. vor, wenn eine Nebentätigkeit gem. § 3 Abs. 2 Nr. 3 NtV im Hinblick auf die dienstliche Stellung des Beamten ausgeübt wird. Bezüglich einer Übertragung auf Verlangen vgl. § 48 Rn. 1, 3, hinsichtlich der Nebentätigkeit auf Vorschlag oder Verlangen vgl. § 52 Rn. 2.

3   Die letzte dienstvorgesetzte Stelle kann den gesetzlichen Beendigungsgrund durch eine **Einzelfallentscheidung** aussetzen. Eine solche Entscheidung darf zur Vermeidung missbräuchlicher Einflussnahmen gem. § 21 Abs. 2 NtV erst in engem zeitlichen Zusammenhang mit der Beendigung des Beamtenverhältnisses erfolgen. Gem. § 21 Abs. 2 Satz 2 NtV sind frühere Zusagen oder Vereinbarungen wirkungslos.

§ 57 Regelung der Nebentätigkeit

[1]Die zur Ausführung der §§ 48 bis 56 notwendigen Vorschriften über die Nebentätigkeit der Beamtinnen und Beamten erlässt die Landesregierung durch Rechtsverordnung. [2]In ihr ist insbesondere zu bestimmen,

1. welche Tätigkeiten als öffentlicher Dienst im Sinne dieser Vorschriften anzusehen sind oder ihm gleichstehen; dabei sollen Tätigkeiten bei Einrichtungen und Unternehmen, die zu mehr als 50 Prozent in öffentlicher Hand sind oder fortlaufend unterhalten werden oder von der öffentlichen Hand zumindest wirtschaftlich beherrscht werden und Vergütungen jedenfalls mittelbar aus Beiträgen der öffentlichen Hand fließen, der Tätigkeit im öffentlichen Dienst gleichgestellt werden,
2. in welchen Fällen von geringer Bedeutung oder bei welcher wiederkehrenden Tätigkeit dieser Art die Genehmigung zur Ausübung der Nebentätigkeit als allgemein erteilt gilt,
3. welche nicht genehmigungspflichtigen oder allgemein genehmigten Nebentätigkeiten der dienstvorgesetzten Stelle unter Angabe von Art und Umfang sowie der voraussichtlich zu erwartenden Entgelte oder geldwerten Vorteile anzuzeigen sind,
4. in welchen Fällen für die Wahrnehmung von Aufgaben, die im Hauptamt erledigt werden können oder für welche die Beamtin oder der Beamte im Hauptamt entlastet wird, eine Vergütung ausnahmsweise zugelassen wird,
5. ob und inwieweit die Beamtin oder der Beamte für eine im öffentlichen Dienst ausgeübte oder auf Verlangen, Vorschlag oder Veranlassung ihres oder seines Dienstherrn übernommene Nebentätigkeit eine Vergütung erhält oder eine erhaltene Vergütung abzuführen hat,
6. unter welchen Voraussetzungen die Beamtin oder der Beamte zur Ausübung von Nebentätigkeiten Einrichtungen, Personal und Material des Dienstherrn in Anspruch nehmen darf und in welcher Höhe hierfür ein Entgelt an den Dienstherrn zu entrichten ist; das Entgelt ist mindestens kostendeckend zu bemessen und soll den besonderen Vorteil berücksichtigen, der der Beamtin oder dem Beamten durch die Inanspruchnahme entsteht; es darf nur entfallen
   a) bei der Wahrnehmung eines Nebenamtes,
   b) wenn die Nebentätigkeit unentgeltlich durchzuführen ist oder
   c) wenn die Kosten von einem Dritten in vollem Umfang getragen werden,
7. das Nähere zu § 54 Absatz 2.

Übersicht

I. Allgemeines

Als **Ermächtigungsgrundlage** für den Erlass von konkretisierendem Verordnungsrecht **1** ist dem weitgehend inhaltsgleichen § 75 a. F. als Vorläufernorm von der Rechtsprechung die Verfassungsgemäßheit für die zentralen Regelungsbereiche der Nrn. 1 und 5 attestiert worden (BVerfGE 55, 207 ff.). Auf der Grundlage dieser Vorläufernorm wurde die NtV vom 21.9.1982 erlassen, zuletzt geändert durch VO vom 27.6.2016 (GV. NRW S. 376); eine weitere Änderung ist für Erl. 2016 zu erwarten (s. u. Rn. 7). Darüber hinaus beruht die HNtV vom 19.12.2014 (GV. NRW. 2015, S. 100) auf § 57 i. V. m. § 125 Abs. 3. Sie stellt sich als eine spezielle Nebentätigkeitsregelung für das wissenschaftliche und künstlerische Personal i. S. d. § 120 dar, vgl. § 1 Abs. 1 Satz 1 HNtV. Gem. § 2 Abs. 1 HNtV sowie

§ 1 Abs. 2 NtV gilt das allgemeine Verordnungsrecht der NtV jedoch für das verbeamtete wissenschaftliche Personal subsidiär. Die Einbeziehung der Richter in den Geltungsbereich wird durch § 2 Abs. 2 Satz 1 LRiStaG legitimiert, wobei aus § 24 NtV gewisse Einschränkungen folgen. Ehrenbeamte werden hinsichtlich Nebentätigkeiten gem. § 107 Abs. 1 Nr. 2 vom Verordnungsrecht insgesamt nicht erfasst, Ruhestandsbeamte nur mit der wesentlichen Beschränkung auf die vor der Zurruhesetzung ausgeübten Nebentätigkeiten, vgl. § 1 Abs. 1 Satz 2 NtV. Praktische Anwendungsfälle können sich bei Ruheständlern insbesondere bei der Deklarierung von noch im aktiven Dienst erzielten Nebeneinnahmen (§ 15 NtV) und – in Verbindung damit – der Abführungspflicht (§ 13 NtV) ergeben.

II. Einzelheiten

1. Begriff des Öffentlichen Dienstes

2   Die Vorschrift enthält im Sinne eines Mindestkataloges zahlreiche inhaltliche Vorgaben zu den Regelungsgegenständen des Verordnungsrechts. Von großer praktischer Bedeutung ist die Definition der als **öffentlicher Dienst** zu verstehenden Tätigkeiten, vgl. § 57 Satz 2 Nr. 1 i. V. m. § 3 NtV. Relevant ist diese Legaldefinition zunächst für pflichtige Nebentätigkeiten gem. § 48, darüber hinaus vor allem für den Regelungskontext der Vergütungsverbote und Abführungspflichten, vgl. §§ 57 Satz 2 Nr. 5 i. V. m. §§ 12 ff. NtV (zum Sonderfall der Abführung von schiedsgerichtlichen Honoraren vgl. *Haberstrumpf*, ZBR 2007, 405). Gerade der letztgenannte Zusammenhang verweist auf die ratio legis des § 57 Satz 2 Nr. 1 bzw. des § 3 NtV, die als Richtschnur angesichts zahlreicher praktischer Einzelfragen und Anwendungsprobleme unverzichtbar ist. In der nebentätigkeitsrechtlichen Leitentscheidung des BVerfG (E 55, 207 ff.) greift das Gericht bestätigend die tradierte Rechtsprechung zum **Verbot der Doppelalimentation** (vgl. nur BVerwGE 41, 316; E 49, 184) auf. Diese beruht auf der Annahme, dass angesichts der **Einheit öffentlicher Kassen** alle aus diesen bewirkte Zahlungen zu einer Mehrfach- bzw. Doppelalimentation führen, wenn der Beamte zusätzlich zu seiner (regulären) Besoldung für Nebentätigkeiten vergütet wird, die sich als Tätigkeit im bzw. für den öffentlichen Dienst darstellen (vgl. auch BVerfG, JZ 2007, 519, 520; BVerwG, NVwZ-RR 2011, 739; OVG Münster, NWVBl. 2013, 437; krit. *Haberstrumpf*, ZBR 2007, 405, 407; ablehnend *Thieme*, DVBl 2001, 1025 ff.; s. a. *Gärditz*, ZBR 2009, 145, 152). Schon § 57 Satz 2 Nr. 1 macht dabei klar, dass der Begriff des öffentlichen Dienstes **weit zu verstehen** ist, nicht zuletzt weil er kraft Fiktion um gleichgestellte Tätigkeiten erweitert werden darf (dazu auch BVerfGE 55, 207, 233 f.).

3   **Unmittelbarer öffentlicher Dienst** ist gem. § 3 Abs. 1 NtV zunächst jede Tätigkeit für juristische Personen des öffentlichen Rechts. Hierbei zählt allein der öffentlich-rechtlichen Status, so dass etwa auch berufsständische Kammern erfasst werden (vgl. BVerfG, NVwZ 2007, 571, 572: Steuerberaterkammer); auf die Dienstherrnfähigkeit i. S. v. § 2 BeamtStG kommt es dabei – wegen der ratio legis der Norm – nicht an (a. A. VG Arnsberg, Urt. v. 15.8.2012, 2 K 591/11 – insoweit nicht bestätigt durch OVG Münster, NWVBl. 2013, 437). Die Exemtion der Religionsgemeinschaften hingegen folgt aus der verfassungsrechtlichen Grundentscheidung der Trennung von Staat und Kirche (vgl. BVerfGE 55, 207, 230 f.). Nicht ganz eindeutig ist die sprachliche Erweiterung der enumerativ in § 3 Abs. 1 Satz 1 aufgeführten juristischen Personen des öffentlichen Rechts um die „**Verbände** von solchen" (so wollen *Wichmann/Langer*, S. 477, dazu auch kommunale Spitzenverbände zählen). Zutreffender mit Blick auf die ratio legis und den systematischen Kontext des § 3 Abs. 1 Satz 1 NtV erscheint es, die öffentlich-rechtliche Rechtspersönlichkeit und damit die „Arbeit- bzw. Dienstgebereigenschaft" als konstitutives Element zu verstehen (so auch BVerfGE, 55, 207, 235; OVG Münster, Urt. v. 17.12.2008, 1 A 2938/07). Dafür spricht auch die Vermutung, dass die Erweiterung um „Verbände" eine unreflektiert tradierte Floskel ist, die auf Nr. 11 NtV 1937 (RGBl. I S. 753) zurückgeht und dort noch einen klarstellenden Sinn hatte. Dieser fehlt in den neueren Regelungen wie § 3

NtV schon deshalb, weil dort etwa Gemeindeverbände explizit erwähnt werden. Weiterhin stellt § 3 Abs. 1 Satz 2 NtV klar, dass als „öffentlicher Dienst" nicht nur die Tätigkeit „im", sondern auch „für" den öffentlichen Dienst zu gelten hat. Dies deckt sich mit dem tradierten Rechtsverständnis und erscheint vor dem Hintergrund des Ziels der Vermeidung von Doppelalimentation nur konsequent (vgl. auch BVerfGE, 55, 207, 234 f.). Auch hier liegt ein weit gefasster Zusammenhang zugrunde, da **verschachtelte Vertragsbindungen** genügen. Anders als bei § 3 Abs. 2 NtV reicht aus, dass der primäre Vertragspartner des „öffentlichen Dienstes", zu dem wiederum der Beamte vertragliche Beziehungen unterhält, Vergütungen aus öffentlichen Kassen erhält (vgl. auch *Zimmerling/Brehm*, RiA 2001, 82 m.w.N.). Für die Notwendigkeit einer (gesellschaftsrechtlichen) Beteiligung der öffentlichen Hand an diesem primären Vertragspartner enthalten die Vorschriften keine Anhaltspunkte (unzutr. daher OVG Münster, DVBl 1997, 1012, das die „Beherrschung" einer privaten Projektgesellschaft durch die öffentliche Hand als Voraussetzung dafür fordert, einen für diese Gesellschaft tätigen Beamten zur Abführung von Nebeneinnahmen heranzuziehen; vgl. auch VGH München, Urt. v. 16.12.1987, 3 B 986/86).

Durch § 3 Abs. 2 NtV wird der Definitionsbereich des Begriffs „öffentlicher Dienst" um **4** **gleichgestellte Tätigkeiten** erweitert. Die Grenzen dieser Gleichstellung sind unter Rückbesinnung auf den dargestellten Gesetzeszweck und strikter Wahrung der Vorgaben der Ermächtigung des § 57 Satz 2 Nr. 1 **einschließlich** des Halbs. 2 (BVerwG, NVwZ-RR 2011, 739) zu ziehen. Demgemäß ist **allen drei Fallgruppen** des § 3 Abs. 2 als Klammer bzw. Leitidee die Rückführbarkeit der Vergütung – wenn auch nur mittelbar – auf eine öffentliche Kasse gemeinsam (so schon BVerfGE 55, 207, 235), was sich § 3 Abs. 2 Nr. 3 NtV allein vom Wortlaut her nicht entnehmen lässt (so ausdr. BVerwG, NVwZ-RR 2011, 739; anders noch OVG Münster, Urt. v. 17.12.2008, 1 A 2938/07 als Vorinstanz). Der Gesetzgeber hat daher mit dem Dienstrechtsmodernisierungsgesetz 2016 in der Ermächtigungsgrundlage selbst nachgebessert (vgl. auch LT-Drs. 16/10380, S. 350). Dies präzisiert das OVG Münster (Urt. v. 18.4.2013, 1 A 2093/12) weitergehend dahin, dass es sich um originäre öffentliche Mittel handeln muss; es genügt nicht, wenn die Nebentätigkeitsvergütung – auch mittelbar – etwa ganz überwiegend aus privaten Teilnehmerbeiträgen (hier: Anwaltsfortbildung) finanziert wird. Im Übrigen stellt sich bei der Anwendung des § 3 Abs. 2 Nr. 1 NtV die Frage, wie sich bei **mittelbaren Beteiligungen** (Schachtelbeteiligungen) ein evtl. Mehrheitsbesitz der öffentlichen Hand ermitteln lässt. Denkbar ist ein rein mathematisches Verfahren, indem man die „öffentlichen" Besitzanteile an Tochterunternehmen im Umfang der Beteiligung der öffentlichen Hand an den Mutterunternehmen quotelt (dazu *Beckmann/Hagmann*, DÖV 2004, 937, 945 f., mit Beispielsrechnungen). Hier könnten sich dann bei einer Tochter öffentliche Anteile von mehr als 50 % ergeben, obwohl nicht alle Mutterunternehmen überwiegend in öffentlicher Hand sind. Dies erscheint als zufällige Folge und damit unbefriedigende Grundlage für eine so weitreichende Entscheidung, wie sie sich aus der Gleichstellung gem. § 3 Abs. 2 NtV für den betroffenen Beamten ergibt. Zutreffender ist daher darauf abzustellen, dass die Rechtfertigung der Gleichstellungsfiktion und damit die Einvernahme eines privaten Unternehmens als „öffentliche Kasse" einen **„beherrschenden" Einfluss** der öffentlichen Hand voraussetzt (so ausdr. BVerwG, NVwZ-RR 2011, 739). Dieser ist im Falle einer mittelbaren (Schachtel-)Beteiligung auf das Tochterunternehmen nur dann übertragbar, wenn sich das Grundkapital der jeweiligen „Mutter" ebenfalls zu mehr als 50 % in öffentlicher Hand befindet. Eine rein rechnerische Addition von (gequotelten) Anteilen, die den maßgeblichen Grund für die Gleichstellungsfiktion ignoriert, genügt demgegenüber nicht (so i.E. auch *Beckmann/Hagmann*, DÖV 2004, 937, 945 f.). Womöglich an Bedeutung verliert diese allein an den Kapitalverhältnissen (und dem Wortlaut des § 3 Abs. 2 Nr. 1 NtV) orientierte Sicht, wenn nach dem erweiterten Gesetzeswortlaut jetzt (so schon OVG Münster, Urt. v. 18.4.2013, 1 A 2093/12) auf die rechtlichen Möglichkeiten einer „Beherrschung" abgestellt wird (hier: auf eine Stiftung kann schon aus Rechtsgründen kein „beherrschender" Einfluss ausgeübt werden).

2. Übernationale Organisationen

5   Ebenfalls problemlos auf die dargestellte ratio legis, die Vermeidung einer Doppelalimentation, zurückzuführen ist die Regelung des § 3 Abs. 2 Nr. 2 NtV. Hiervon werden
Tätigkeiten für **internationale** (OECD oder UNO mit zahlr. Unterorganisationen wie
UNESCO, UNHCR, ILO etc.). sowie **supranationale Organisationen** (EU mit Organen sowie inzwischen zahlreichen sog. Agenturen wie EUROPOL, EUROSTAT, OLAF,
FRONTEX, CEPOL etc.) mit deutscher Beteiligung erfasst, die schon rein quantitativ
zunehmend an Bedeutung gewinnen.

3. Gleichgestellte Tätigkeiten außerhalb des öffentlichen Dienstes

6   Als „stark auslegungsbedürftig" (*Beckmann/Hagmann*, DÖV 2004, 937, 941) erweist sich
die Regelung des § 3 Abs. 2 Nr. 3 NtV. Sie stellt solche Aktivitäten einer Tätigkeit im öffentlichen Dienst gleich, die – was der Hauptanwendungsfall sein dürfte – einem Beamten
„im Hinblick auf seine dienstliche Stellung" übertragen wurden oder aber – obwohl
in privatrechtlichem Rahmen ausgeübt – der „Wahrung von Belangen" einer juristischen
Person des öffentlichen Rechts i. S. v. § 3 Abs. 1 NtV dienen (hierunter fällt etwa die Tätigkeit für kommunale Spitzenverbände). Nunmehr – entgegen bisheriger Rechtsprechung
(etwa OVG Münster, Urt. v. 17.12.2008, 1 A 2938/07) – ist klargestellt, dass auch für die
Fälle des § 3 Abs. 2 Nr. 3 NtV die Maßgabe des § 57 Satz 2 Nr. 1 Halbs. 2 gilt (BVerwG,
NVwZ-RR 2011, 739: Regionalbeirat RWE). Die Gleichstellungsfiktion mit Tätigkeiten
im öffentlichen Dienst setzt danach immer einen Auftraggeber der Nebentätigkeit voraus,
der seinerseits von der öffentlichen Hand beherrscht wird, **und** eine Rückführbarkeit der
Vergütung auf originäre öffentliche Mittel (vgl. OVG Münster, Urt. v. 18.4.2013, 1 A
2093/12; s. a. Rn 4). Im Übrigen erfolgt die Übertragung einer Nebentätigkeit wegen der
dienstlichen Stellung, wenn es erkennbar (VGH Mannheim, DÖV 2011, 243: „wesentliche
Mitursache") nicht auf die individuellen Kenntnisse oder Fähigkeiten einer ganz bestimmten Person ankommt, sondern auf das Innehaben eines bestimmten Amtes (OVG Münster,
a. a. O. – obiter dictum), weil dem Amtsinhaber „typischerweise" bestimmte für die Nebentätigkeit nützliche Qualitäten unterstellt werden. Dabei bedarf die Übertragung der
Nebentätigkeit nicht notwendig einer Veranlassung durch den Dienstherrn; der Beamte
kann sie auch aus eigenem Entschluss übernehmen (vgl. OVG Münster, Urt. v.
17.12.2008, 1 A 2938/07). Das Übertragungsmotiv „dienstliche Stellung" muss ansonsten
nur im Zeitpunkt der Übertragung vorliegen; spätere Änderungen (etwa weil der Beamte
das Amt wechselt oder verliert) sind nur relevant, wenn es zu einem neuen Übertragungsakt kommt (vgl. VGH Mannheim, DÖV 2011, 243).

4. Sonstiges

7   Die weiteren Regelungsvorgaben des § 57 Satz 2 beziehen sich auf Bagatellnebentätigkeiten (vgl. § 7 NtV; vgl. dazu § 49 Rn. 2), Anzeigepflichten (§ 10 NtV; vgl. dazu § 51
Rn. 10), **Vergütungsverbote und Abführungspflichten** (§§ 12 ff. NtV) sowie besondere Ausnahmen von der Abführungspflicht (§§ 12 Abs. 3, 22 NtV; vgl. auch *Köster*, DÖD
2005, 189, 192 f.). Die Höchstgrenze für das Eingreifen der Abführungspflicht wird mit der
für Ende 2016 anstehenden Änderung der NtV auf nunmehr 9.600 € (statt 6.000 €) festgesetzt werden. NRW verzichtet dabei im Unterschied zu den anderen Bundesländern und
dem Bund – seit langem – auf eine Staffelung nach Besoldungsgruppen. Mit der bevorstehenden Neufestsetzung wird der VO-Geber zugleich die lange währende Unklarheit über
die Abführungspflichtigkeit der Sitzungsgelder von Sparkassenverwaltungsräten gem. § 18
SpkG beenden. Gem. § 13 Abs. 1 Satz 2 NtV gelten für diese Vergütungen zukünftig gesonderte Höchstgrenzen, die **neben** die Grenze des Satzes 1 treten. Ausgenommen davon
werden die Fälle sein, in denen ein Hauptverwaltungsbeamter ohne Verwaltungsratsmandat
allein in seiner Funktion als sog. Beanstandungsbeamter gem. § 11 Abs. 3 SpkG und damit

in einer besonderen amtlichen Funktion an der Sitzung teilnimmt. Hervorzuheben ist für die gerade in der kommunalen Praxis äußerst relevanten Fälle der Abführungspflicht, dass ein **Verzicht** des Dienstherrn wegen des zwingenden Charakters der Vorschriften **ausgeschlossen** bleibt (vgl. BVerwG, B. v. 20.12.2011, 2 B 49/11). Im Übrigen könnten die hier relevanten Fälle wegen der Ergänzung des § 49 Abs. 1 um einen Satz 2 durch Gesetz v. 18.9.2012 (vgl. § 49 Rn. 1, 13) an Bedeutung verlieren, was wohl auch der Intention diese Ergänzung entspricht. Weiterhin ist in diesem Zusammenhang anzumerken, dass die gem. § 22 Abs. 1 NtV erforderlichen **„Gründe des öffentlichen Wohls"** nicht lediglich „öffentlichen Gründe" oder „besondere öffentliche Interessen" sein können, wie sich schon systematisch aus dem Vergleich mit §§ 5, 14 Abs. 1 Nr. 3 NtV ergibt. Zusätzlich dürfte eine herausragende Bedeutung des betroffenen öffentlichen Interesses zu fordern sein (vgl. auch Erl. des IM NRW, v. 19.4.2001, III A 4–37.02.43–3832/01). Schließlich ermächtigt § 57 Satz 2 Nr. 6 und 7 zum Erlass von Maßgaben bei der Inanspruchnahme von Personal und Einrichtungen des Dienstherren anlässlich der Ausübung einer Nebentätigkeit (vgl. §§ 16 ff. NtV; s. a. § 54 Rn. 2 f.).

§ 58 Dienstaufgabe als Nebentätigkeit

Übt eine Beamtin oder ein Beamter eine Tätigkeit, die zu ihren oder seinen dienstlichen Aufgaben (Hauptamt, Nebenamt) gehört, wie eine Nebenbeschäftigung gegen Vergütung aus, so hat sie oder er die Vergütung an den Dienstherrn abzuführen.

I. Regelungszweck

Die gesetzestechnisch nicht vollends geglückte Norm soll dem von der höchstrichterlichen Rechtsprechung entwickelten **Verbot der Doppelalimentation** (vgl. BVerfGE 55, 207; BVerwGE 41, 316; E 49, 184; E 106, 324; BVerwG, DÖD 2004, 79, 80; s. a. § 57 Rn. 2 m. w. N.) Geltung verschaffen. Darüber hinaus bildet sie eine – in der Mehrzahl der Landesbeamtengesetze nicht vorhandene (*Schnelle/Hopkins*, NVwZ 2010, 1333, 1337) – positivierte und damit rechtlich eindeutige Grundlage für die Rückforderungsansprüche des Dienstherrn gegenüber dem Beamten (vgl. auch OVG Münster, Urt. v. 21.3.2012, 1 A 2332/09). Ihre praktische Anwendung löst jedoch wegen der Einbeziehung des Nebenamtes in die Definition der „dienstlichen Aufgaben" Fragen aus.   **1**

II. Einzelheiten

1. Ausdrückliche Regelung des Herausgabeanspruches

Nunmehr in § 42 Abs. 1 BeamtStG für den Geltungsbereich des LBG angeordnet ist das tradierte beamtenrechtliche **Verbot der Annahme von Belohnungen** mit Bezug auf das Amt (vgl. auch § 59). Neben dem korruptionspräventiven Hauptzweck der Vorschrift besteht auch ein „innerer Zusammenhang" zum Nebentätigkeitsrecht (vgl. *Kohde* in v. Roetteken/Rothländer, § 42 BeamtStG Rn. 7; s. a. BVerwG, NVwZ-RR 2011, 739; zum Ganzen *Schrapper*, DÖD 2012, 49). Der Hauptzweck folgt auch daraus, dass die Rechtsprechung der missbräuchlichen Auslagerung hauptamtlicher Aufgaben in (vergütete) Nebentätigkeiten entgegengetreten ist, indem sie dem Annahmeverbot gem. § 42 Abs. 1 BeamtStG zugleich einen korrespondierenden Herausgabeanspruch entnommen hat (vgl. insbesondere OVG Koblenz, NVwZ 2003, 889 m. w. N.). Diesen interpretatorischen Umweg erspart § 58 (so ausdr. jetzt BVerwG, NVwZ-RR 2011, 739; vgl. auch VG Minden, Urt. v. 7.4.2011, 4 K 1481/09, bestätigt durch OVG Münster, B. v. 2.9.2013, 6 A 1267/11). Von daher wird der Regelungszweck ganz überwiegend dahin verstanden, quasi von   **2** der Ergebnisseite her solchen Organisationsentscheidungen einen Riegel vorzuschieben, die sich als **rechtswidrige Ausübung organisatorischer Gestaltungsmöglichkeiten** darstellen und – ob bewusst oder in Unkenntnis der objektiven Rechtslage – dem Beamten einen unzulässigen Vorteil in Gestalt einer Doppelalimentation verschaffen (*Noack,* StuGB 1999, 269, 270; *Beckmann/Hagmann,* DÖV 2004, 937, 939; *Köster,* DÖD 2005, 189, 190). Da die als „Auslöser" vorangehende rechtswidrige Organisationsentscheidung oftmals rein faktisch sanktionslos bleiben wird, setzt § 58 am „nervus rerum" (*H. Günther,* ZBR 1986, 97 Fn. 17) an und konterkariert durch die Pflicht zur Herausgabe der erlangten Vergütung den ökonomischen Zweck der Maßnahme.

2. Gremienvertretungen

3   Eindeutige Anwendungsfälle ergeben sich bei den – rechtlich zum Teil umstrittenen (dazu Vor §§ 4 ff. Rn. 7) – gesetzlichen Zuweisungen bestimmter Aufgaben, vor allem **Gremienvertretungen,** ins Hauptamt (vgl. BVerwG, NVwZ-RR 2011, 739: Abführungspflicht bezüglich Vergütung für Beiratstätigkeit in Privatunternehmen mit kommunaler Beteiligung; *Beckmann/Hagmann,* DÖV 2004, 937, 939; *Kämmerling,* ZBR 2012, 12, 16). Dabei ist unerheblich, ob die Auslagerung in eine Nebenbeschäftigung kollusiv zwischen Dienstherrn und Beamten erfolgte. Eine Vertrauensschutz oder die Einrede widersprüchlichen Verhaltens gegenüber dem Herausgabeanspruch begründende Zustimmung des Dienstherrn kann sich daraus schon deshalb nicht ergeben, weil § 58 das in höherrangigem Recht wurzelnde Verbot der Doppelalimentation (s. o. Rn. 1) zur Geltung bringt und insoweit nicht zur Disposition der Beteiligten steht (vgl. insoweit auch BVerwG, B. v. 20.12.2011, 2 B 49/11: auch der korrespondierende Ablieferungsanspruch ist unverzichtbar). Ausgeschlossen ist in diesen Fällen auch eine entsprechende Anwendung der Abführungsfreigrenze des § 13 Abs. 1 NtV, da diese Vorschrift auf vergütungsfähige Nebentätigkeiten zugeschnitten ist. Im Unterschied dazu handelt es sich bei den hier in Rede stehenden Anwendungsfällen um die Wahrnehmung eigentlich hauptamtlicher Aufgaben, die von daher als **Scheinnebentätigkeiten** zu qualifizieren sind. Anderes kann für die Regelungen des § 13 Abs. 3, 4 NtV (Absetzbarkeit von Aufwendungen, Fälligkeit) gelten, deren Analogiefähigkeit unproblematisch ist.

3. Nebenamt als dienstliche Aufgabe

4   Anwendungsprobleme wirft die Vorschrift durch die **Einbeziehung des Nebenamtes** in die Definition der „dienstlichen Aufgaben" auf. Denn anders als beim Hauptamt ist bei einer nebenamtlichen Aufgabenerfüllung das Verbot der Doppelalimentation durch zahlreiche Ausnahmen vom Vergütungsverbot (vgl. § 12 Abs. 2 NtV) bzw. der Abführungspflicht (vgl. § 14 Abs. 1 NtV) durchbrochen. Diese Durchbrechungen finden sich jedoch durchweg auf der Ebene des Verordnungsrechts. Damit stellt sich die Frage, ob § 58 als höherrangige Norm zumindest für nebenamtlich ausgeübte Tätigkeiten im öffentlichen Dienst eine Gegenausnahme statuiert und somit die Ausnahmen vom Vergütungsverbot wieder aufhebt. Praktische Fälle könnten sich z. B. bei der gem. § 14 Abs. 1 Nr. 1 NtV vergütungsfähigen Prüfertätigkeit im Nebenamt ergeben. Schon aus systematischer Sicht, die einen logischen und widerspruchsfreien Gesamtzusammenhang des gesamten Nebentätigkeitsrechts nahe legt, erscheint eine solche Annahme zweifelhaft. Besonders widersinnig wären die durchaus denkbaren Fälle, dass einem nach § 48 ausgesprochenen Verlangen nach Übernahme eines (vergütungsfähigen) Nebenamtes im Anschluss an dessen Ausübung die Geltendmachung des Herausgabeanspruches folgte. Eine wirklich widerspruchsfreie Anwendung ergäbe sich auch nicht in solchen Fällen, in denen ein nicht dem Geltungsbereich des LBG unterfallender und damit auch nicht an das Vergütungsverbot des § 12 NtV gebundener Dienstherr ein finanziell dotiertes Nebenamt übertrüge. Denn das Verhalten eines solchen Dritten unterfiele mit hoher Wahrscheinlichkeit einem anderen landes- bzw. bundesrechtlich statuierten Vergütungsverbot (dies übersehen *Beckmann/Hagmann,* DÖV

2004, 937, 940). Zur Gewährleistung einer konsistenten Anwendung des Normbefehls des § 58 innerhalb des Gesamtgefüges des Nebentätigkeitsrechts bleibt demnach nur seine teleologische Reduktion auf solche als bezahlte **Nebenbeschäftigung** wahrgenommenen dienstlichen Aufgaben, die sich bei richtiger Rechtsanwendung als nicht vergütungsfähiges Nebenamt erweisen. Damit verbleiben allerdings für ein Verständnis der „dienstlichen Aufgaben" i. S. d. § 58 auch als Nebenamt nur wenige sinnvolle Anwendungsfälle.

4. Verfahrensfragen

Die Rückforderung kann durch Leistungsbescheid (auch nach Ausscheiden aus dem Beamtenverhältnis, vgl. BVerwGE 106, 324, 328), aber auch durch Leistungsklage geltend gemacht werden (*Schnellenbach,* § 15 Rn. 74). Gefordert werden kann die Abführung des **Bruttobetrages** der zugeflossenen Vergütung (BVerwG, DÖD 2004, 79, 80). Für den Anspruch auf Ablieferung einer Nebentätigkeitsvergütung hatte das BVerwG die kurze vierjährige **Verjährung** gem. § 197 BGB a. F. – sowohl im Interesse des beamteten Schuldners als auch des Fiskus – angenommen (BVerwG, Urt. v. 31.10.2001, 2 C 61/00; anders OVG Koblenz, NVwZ 2003, 889, 891: 4 Jahre aufgrund § 105a RP LBG). Dies dürfte auf den insoweit wirkungsgleichen Anspruch gem. § 58 mit der Maßgabe übertragbar sein, dass nunmehr die regelmäßige Verjährungsfrist gem. § 195 BGB drei Jahre beträgt (vgl. nur OVG Münster, B. v. 2.9.2013, 6 A 1267/11).   **5**

§ 59   Verbot der Annahme von Belohnungen, Geschenken und sonstigen Vorteilen

Einzelheiten zum Verbot der Annahme von Belohnungen, Geschenken und sonstigen Vorteilen regelt das für Inneres zuständige Ministerium durch Verwaltungsvorschrift.

Übersicht

I. Allgemeines

Als eine der **zentralen Statuspflichten** findet das Verbot der Annahme von amtsbezogenen Vorteilen seine Grundlage nunmehr abschließend in § 42 BeamtStG. Landesgesetzlich verblieben ist mit § 59 eine Ermächtigung des für Inneres zuständigen Ministeriums, für alle Dienstherren im Geltungsbereich des LBG „Einzelheiten" zu regeln. Davon wurde durch **Verwaltungsvorschriften** (VV) zur Ausführung des LBG v. 10.11.2009 (MBl. NRW. S. 532, zuletzt geändert durch VV v. 2.6.2016, MBl. NRW. S. 392) Gebrauch gemacht (für einen bundesweiten Überblick vgl. *Kathke* in Schütz/Maiwald, § 59 LBG Rn. 3 ff.). Im Ver-   **1** gleich zur bisherigen rahmenrechtlichen Vorgabe in § 43 BRRG nimmt das BeamtStG grundlegendere Änderungen des Verbots der Vorteilsannahme auf, welche mittelbar auf das KorruptionsbekämpfungsG v. 13.8.1997 (BGBl. I, 2038) zurückgehen (vgl. auch *Heine* in Schönke/Schröder, Vorbem. 1b zu §§ 331 ff. StGB; *Wolber*, ZfPR 1998, 67). Zu nennen sind insbesondere die Einbeziehung der Drittbegünstigung, daneben auch die Ergänzung der Merkmale „Belohnungen und Geschenke" um das Auffangmerkmal „sonstige Vorteile" (zum Ganzen auch *Schrapper*, DÖD 2012, 49; *Battis*, § 71 BBG Rn. 2). Zudem enthält § 42 Abs. 2 BeamtStG jetzt eine ausdrückliche Normierung des Herausgabeanspruches, den die Rechtsprechung bis dato unmittelbar als „Behaltensverbot" aus dem Annahmeverbot entwickelt hatte (vgl. BVerwGE 115, 389; OVG Münster, Urt. v. 21.3.2012, 1 A 2332/09 m. w. N.). **Völkerrechtlich** ist die Bundesrepublik Deutschland als Unterzeichnerstaat der UN-Antikorruptionskonvention (UNCAC) vom 31.10.2003 (BGBl. III, Nr. 47/2006) verpflichtet, im öffentlichen Sektor für geeignete Maßnahmen zur Bekämpfung der Korruption zu sorgen (vgl. Art. 8 UNCAC; zum Lagebild Korruption NRW vgl. LT-Vorlage 16/4160). Den Rechtsproblemen beim straf- und beamtenrechtlichen Verbot der Vorteilsannahme entsprechen „spiegelbildlich" offene Fragen bei den Verhaltensregeln der Privatwirtschaft (sog. **Compliance**) im Geschäftsverkehr mit der Verwaltung (vgl. *Börner*, GWR 2011, 28; s. a. *Stober*, DVBl 2012, 391; *Passarge*, NVwZ 2015, 252; krit. *Stadler*, DVBl. 2013, 1483). Die Thematik betrifft auch Mitglieder der Bundes- bzw. Landesregierungen (vgl. *Schrapper*, DÖD 2012, 49, 54 f.; zur steuerrechtl. Einordnung *Meier*, RiA 2005, 3 ff.).

II. Normzweck der Vorschrift

2   § 42 Abs. 1 BeamtStG konkretisiert die beamtenrechtlichen „Kernpflichten" (BVerwG, NVwZ 2000, 820) der unparteiischen (§ 33 Abs. 1 Satz 2 BeamtStG) und uneigennützigen (§ 34 Satz 2 BeamtStG) Amtsführung sowie die Pflicht zu achtungs- und vertrauenswürdigem Verhalten (§ 34 Satz 3) als „wesentliche Grundlagen des Berufsbeamtentums" (OVG Münster, IÖD 2002, 186; vgl. auch *Metzler-Müller* in MRSZ, § 42 BeamtStG Erl. 1). Folglich sind Verstöße als „schwere Dienstvergehen" (OVG Münster, a. a. O.; auch BVerwG, ZBR 2013, 257, 260: Regelsanktion ist die Entfernung aus dem Beamtenverhältnis) zu ahnden (vgl. auch Nr. 3.2 VV zu § 59: „disziplinarische Mittel ... sind mit Nachdruck anzuwenden"). Damit einher geht regelmäßig auch eine strafrechtliche Sanktion, da §§ 331, 332 StGB die Bestechlichkeit (passive Bestechung) unter Strafe stellen, ergänzt durch § 335 StGB als Strafschärfung sowie über die Einbeziehung von Unterlassungstaten mittels § 336 StGB. Bedeutsames Schutzgut der rigiden Pflichtenvorgabe und damit Strafgrund der §§ 331 ff. StGB ist nämlich letztlich die **Funktionsfähigkeit der Verwaltung** als wichtiger Teil der Staatsorganisation. Die Gefährdung folgt aus einer Verletzung des Vertrauens der Bürger in die Integrität der Verwaltung und die Sachlichkeit ihrer Entscheidungen (vgl. *Heine* in Schönke/Schröder, Vorbem. 1 zu §§ 331 ff. StGB, § 331 StGB Rn. 3; *Battis*, § 71 BBG Rn. 3; vgl. auch *Stapelfeldt*, HGZ 2011, 211, 212, mit dem Hinweis, die allg. Wahrnehmung der Verbreitung von Amtsträgerkorruption sei deutlich höher als die entspr. Eigenwahrnehmung von Behörden; vgl. auch den Korruptionsindex CPI von Transparency International sowie *Müller*, apf 2011, 193, 194). In Rechtsprechung und Literatur wird eine Anwendungspraxis gefordert, die schon den **„Anschein der Käuflichkeit"** ahndet und damit vermeidet (vgl. BVerwGE 100, 172; VGH Mannheim, NVwZ-RR 2011, 484; *Heine* in Schönke/Schröder, § 331 StGB Rn. 28 m. w. N.; *Börner*, GWR 2011, 28; *Schrapper*, DÖD 2012, 49, 55). Damit in Zusammenhang zu sehen ist die Entbindung von der Verschwiegenheitspflicht gem. § 37 Abs. 2 Satz 1 Nr. 3 BeamtStG bei Vorliegen des Verdachts einer Korruptionsstraftat (vgl. insbes. *Herold*, ZBR 2013, 8, 9 ff.; s. a. *Reich*, § 37 BeamtStG Rn. 9). Eine **Offenbarungspflicht** hingegen ergibt sich wohl nur aus § 12 KorruptionsbG NRW, und zwar beschränkt auf Behördenleitungen. Dem Offenbarungsrecht korrespondierend erkennt die Rspr. auch einen prioritären **Schutz von**

Informanten an, demgegenüber ein auf den Fürsorgegrundsatz gestütztes Auskunftsinteresse des bezichtigten Beamten ggf. zurückstehen muss (vgl. BVerwG, NJW 2003, 3117; allg. zum sog. Whistleblowing vgl. *Abraham,* ZRP 2012, 11, *Passarge,* NVwZ 2015, 252, 254 f.; zur beamtenrechtl. Zulässigkeit des Whistleblowing vgl. *Herold,* ZBR 2013, 8; s. a. § 43 Rn. 4). Kann das korruptive Verhalten nicht öffentlich, sondern nur intern (z. B. durch Mitarbeiter) wahrgenommen werden, soll einem „Autoritäts- und Ansehensverlust" vorgebeugt werden (BVerwGE 113, 495: „Schmieren" eines Vorgesetzten).

III. Einzelheiten

1. Personaler Geltungsbereich

Das Verbot des § 42 Abs. 1 BeamtStG gilt in personeller Hinsicht für alle Beamtengrup- **3** pen (zu Besonderheiten bei kommunalen Wahlbeamten vgl. *Herrmann,* LKV 2012, 537, 541 ff.) einschließlich Ehrenbeamte, vgl. § 107 Abs. 1, sowie ausdrücklich auch für Ruhestandsbeamte (zu entlassenen Beamten vgl. *Kohde* in v. Roetteken/Rothländer, § 42 BeamtStG Rn. 13). Zu beachten ist darüber hinaus, dass die (Weiter-)Geltung des Verbots in bestimmten Fällen des Ruhens der Rechte und Pflichten aus dem Beamtenverhältnis explizit gesetzlich angeordnet wird, etwa bei Führungsfunktionen auf Probe, § 21 Abs. 3, oder bei der Übernahme eines parlamentarischen Mandats, vgl. §§ 23 Abs. 1 Satz 2 AbgG NRW, 5 Abs. 1 des Gesetzes über die Rechtsverhältnisse der Mitglieder des Deutschen Bundestages. Eine gegenständlich (eng) begrenzte Ausnahme regelt neuerdings § 35 Abs. 3 Satz 2 HG für **Professoren,** soweit diese **Vergütungen für Veröffentlichungen** annehmen dürfen, unabhängig davon, ob diese im Hauptamt oder im Rahmen einer Nebentätigkeit erarbeitet wurden (vgl. zu den Motiven LT-Drs. 16/5410, S. 336; s. a. § 125 Rn. 4).

2. Begriff des Vorteils

Mit der Formulierung **„sonstiger Vorteil"** wird deutlich, dass „Belohnungen und Ge- **4** schenke" als Regelbeispiele (*Reich,* § 42 BeamtStG Rn. 4) angesehen werden können. Die sprachliche Angleichung an § 331 StGB stellt insoweit die bisherige Interpretation lediglich klar, wonach auch **Vorteile nichtwirtschaftlicher Art** erfasst werden (vgl. *Kohde* in von Roettken/Rothländer, § 42 BeamtStG Rn. 16). Müßig ist daher eine ins Einzelne gehende Definition der Merkmale „Belohnungen und Geschenke" (vgl. aber *Kohde* in v. Roetteken/Rothländer, § 42 BeamtStG Rn. 17 f., 21 f.); als teilweise überflüssig stellt sich Nr. 4 VV zu § 59 dar, wenn dort Belohnungen und Geschenke als „Vorteil" definiert werden. Ergiebiger ist insoweit Nr. 4.1 VV zu § 59 mit der Feststellung, dass „sonstige Zuwendungen jeder Art" ohne Rücksicht auf den Wert als Vorteil gelten. Folglich muss auch die Annahme von sog. Drittmitteln im Wissenschaftsbereich bzw. das Sponsoring zunächst als Vorteilsannahme gewertet werden (*Heine* in Schönke/Schröder, § 331 StGB Rn. 20a; vgl. auch Rn. 15). Gleiches gilt für geringwertige Werbeartikel oder Erfrischungsgetränke (vgl. *Heine* in Schönke/Schröder, § 331 StGB Rn. 18; *Herrmann/Sandkuhl,* S. 4 f.; so schon BDHE 5, 57). Entscheidend ist allein, dass der Beamte nach beamtenrechtlichen Regeln **keinen Anspruch** auf die Zuwendung hat (BVerwG, NVwZ 2000, 820: Wissenschaftspreis). Demgemäß muss dem Vorteil des Beamten auch nicht notwendig eine Vermögensminderung auf Seiten des Gebers gegenüberstehen (z. B. bei der Vermittlung einer kostenfreien Bürgschaft, vgl. OVG Münster, IÖD 2002, 186) bzw. bei reinen „Gefälligkeiten" (vgl. *Heine* in Schönke/Schröder, § 331 StGB Rn. 18). Gelegentlich diffus verwandt wird der Vorteilsbegriff jedoch bei immateriellen Zuwendungen, wenn etwa jedwede Verbesserung der Lage des Empfängers ausreichen soll (*Zängl* in Weiß u. a., § 42 BeamtStG Rn. 54), z. B. die Befriedigung von Eitelkeit oder Geltungsdrang (so *Kohde* in v. Roetteken/Rothländer, § 42 BeamtStG Rn. 23 unter Hinweis auf RGSt 77, 75, aus dem Jahr 1943!). Derartige „Zuwendungen" müssen einen objektiv messbaren Gehalt haben (vgl.

BGHSt 47, 304; *Heine* in Schönke/Schröder, § 331 StGB Rn. 19; ablehnend daher für einen Fall der privaten Fortsetzung dienstlicher Ermittlungen OLG Zweibrücken, NStZ 1982, 204, mit insoweit zust. Anm. *Geerds,* JR 1982, 384). Unbestritten nachweisbar ist dies jedoch bei verbesserten Karriereaussichten (BGH, NJW 1985, 2654, 2656), sexuellen Gunsterweisen, der Vermittlung von Clubmitgliedschaften oder der Verleihung von Orden (vgl. *Kohde* in v. Roetteken/Rothländer, § 42 BeamtStG Rn. 24 m.w.N.). Auch ein **Rechtsanspruch** des Beamten auf die Zuwendung lässt die Annahme eines Vorteils nicht ohne Weiteres entfallen. Denn solange kein Kontrahierungszwang besteht, kann schon in der Begründung des Rechtsanspruchs und nicht erst in seiner Erfüllung die Gewährung eines Vorteils gesehen werden (so ausdr. BGHSt 31, 264: Schutz einer Umgehung der §§ 331 ff. StGB; vgl. auch OLG Hamburg, StV 2001, 277: „Zuwendung" einer Nebentätigkeit). Hat der Beamte einen rechtlich unbedenklichen, ohne Amtsbezug entstandenen Anspruch, setzt er jedoch seine Amtsstellung zu dessen Durchsetzung ein, kann Nötigung gem. § 240 StGB vorliegen (vgl. *Heine* in Schönke/Schröder, § 331 StGB Rn. 18a).

3. Beispiele für einen „Vorteil"

5   Als „**Vorteil**" hat die Spruchpraxis der Gerichte u.a. bewertet:

1. Einladung zu Großveranstaltungen/Länderspielen im Fußball (BGH, NJW 2008, 3580; s.a. BGH, Urt. v. 8.6.2005, 1 D 3/04);
2. Vergünstigungen bei Privatgeschäften, z.B. Darlehen oder Bürgschaften (OVG Münster, IÖD 2002, 186);
3. Übertragen einer Nebentätigkeit als Berater/Gutachter (BGHSt 31, 264: WestLB-Vorstand; auch OLG Hamburg, StV 2001, 277: Beauftragung eines Chefarztes mit Gutachten als „Gegenleistung" für die „Empfehlung" bestimmter Medizinprodukte);
4. Übernahme der Kosten einer Betriebsfeier (OLG Köln, NStZ 2002, 35);
5. Zuwendung eines wissenschaftlichen Preisgeldes (BVerwG, NVwZ 2000, 820);
6. Überlassung von Gegenständen zum privaten Gebrauch (BVerwGE 73, 71: Lieferwagen zum Möbeltransport);
7. Annahme von Arbeitsleistungen (Renovierung Ferienhaus) oder „günstige" Tauschgeschäfte von bzw. mit Mitarbeitern (BVerwGE 73, 71; E 113, 4);
8. Erbeinsetzungen (BVerwGE 100, 172);
9. Zahlung an Dritten, damit dieser sich bei Verkehrsverstoß als Fahrer ausgibt (BVerwG, ZBR 2013, 257).

Zu ähnlichen und weiteren Beispielen vgl. auch Nr. 4.1 VV zu § 59.

4. Formen der Tathandlung

6   **Tathandlungen** sind zunächst das **Fordern** als aktives, zumindest konkludentes Tun sowie das **Sichversprechenlassen** als reaktive Annahme eines korruptiven Angebots. Hier wird deutlich, dass sich der erstrebte korruptive Vorteil für die Annahme eines Pflichtverstoßes gar nicht einstellen muss (vgl. auch OVG Münster, IÖD 2002, 186: Bitte um Darlehensgewährung reicht; VGH Mannheim, NVwZ-RR 2011, 484: schon „Fordern" kann disziplinarrechtliche Höchststrafe rechtfertigen). Erforderlich ist allein die Kenntnisnahme durch den potentiellen Geber. Die Vollendung einer Vorteilsannahme wird damit weit vorverlegt, ohne dass es sich im Rechtssinne um ein (unechtes) Unternehmensdelikt handelt (vgl. dazu *Hecker* in Schönke/Schröder, § 11 StGB Rn. 47). Die Annahme hingegen ist die – auch konkludent mögliche (vgl. *Battis,* § 71 BBG Rn. 6; *Kohde* in v. Roetteken/Rothländer, § 42 BeamtStG Rn. 31: Beamter veranlasst nicht die sofortige Rücküberweisung eines Geldbetrages auf seinem Konto) – tatsächliche Entgegennahme des Vorteils mit dem Ziel der Verfügungsgewalt für sich oder Dritte. Nicht ausreichend für eine Annahme sind daher die Entgegennahme des Vorteils als Beweismittel oder die fehlende Kenntnis von einer drittbegünstigenden Zahlung (vgl. *Heine* in Schönke/Schröder, § 331 StGB

Rn. 24). Erlangt der Beamte Kenntnis von Umständen, die auf eine unzulässige Vorteilsgewährung deuten, ist er zu **sofortigen Meldung** verpflichtet, vgl. Nr. 6.1 VV zu § 59.

Neben der egoistischen Vorteilsannahme ist auch die **Drittbegünstigung** (altruistische **7** Vorteilsannahme) pflichtwidrig und strafbar. Hier sind die unterschiedlichsten Fallgestaltungen denkbar (vgl. *Kohde* in v. Roetteken/Rothländer, § 42 BeamtStG Rn. 32; s. a. BVerwG, ZBR 2013, 257). Insbesondere kann auch die eigene Anstellungskörperschaft oder Behörde/Einrichtung Dritter i. S. v. § 42 Abs. 1 BeamtStG sein (vgl. etwa OLG Köln, NStZ 2002, 35: Chefarzt lässt auf „Drittmittelkonto" überweisen und bestreitet davon allgemeine Betriebsausgaben; s. a. *Quambusch,* PersV 2008, 56: Spenden an Gemeinde für Ausweisung einer Fläche für Windenergieanlage).

5. Begriff des Amtsbezuges

Ihren Unrechtsgehalt erlangt die Vorteilsannahme durch den **Amtsbezug.** Nach ständi **8** ger Rechtsprechung des BVerwG (vgl. nur BVerwG, Urt. v. 20.2.2002, 1 D 19/01; Urt. v. 8.6.2005, 1 D 3/04) umfasst der Begriff nicht nur Amtshandlungen, sondern auch den weiteren Bereich der **Amtsstellung** und soll damit über die „Diensthandlung" i. S. der strafrechtlichen Vorschriften hinausgehen (vgl. auch *Metzler-Müller* in MRSZ, § 42 BeamtStG Erl. 4). Folglich können sich nach Auffassung des BVerwG Anknüpfungspunkte nicht nur aus dem Dienstposten (konkret-funktionales Amt), sondern auch aus dem abstrakt-funktionalen wie aus dem statusrechtlichen Amt ergeben (vgl. auch OVG Münster, Urt. v. 21.3.2012, 1 A 2332/09 m. w. N.). Letztlich genügte danach die „Zugehörigkeit zum öffentlichen Dienst" (so *Kohde* in v. Roetteken/Rothländer, § 42 BeamtStG Rn. 34). Auch muss der Amtsbezug nicht monokausales Motiv des Gebenden sein. Es reicht, wenn die Amtsstellung zumindest „mitkausal" war, was auch bei privat überlagerten Kontakten noch der Fall sein kann. Nur eine derart weite Auslegung soll der ratio legis des Vorteilsannahmeverbots entsprechen und über die Präventionswirkung des Strafrechts hinaus jeden Anschein einer durch Gefälligkeiten beeinflussbaren Dienstausübung vermeiden (BVerwG, Urt. v. 20.2.2002, 1 D 19/01; BVerwG, ZBR 2013, 257, 258). Die hier auch mittels einer Abgrenzung zu § 331 StGB vorgenommene Definition ist nicht unproblematisch, weil sie die schon im Jahr 1997 erfolgte deutliche Ausweitung der §§ 331, 333 StGB durch Einführung des Merkmals der „Dienstausübung" „unterschlägt". Klares Motiv der strafrechtlichen Verschärfung war die Loslösung vom Erfordernis einer bestimmten Gegenleistung und damit die Ausweitung in korruptive Vorfeldphänomene, sog. „Klimapflege" bzw. „Anfüttern" (vgl. BGH, NJW 2004, 3569: Spenden für Bürgermeisterwahl; vgl. dazu *Dölling,* JR 2005, 519 und unten Rn. 16; insges. auch *Weiß,* PersV 1999, 434, 446 f.; laut *Stapelfeldt,* HGZ 2011, 211, sind 85 % aller Fälle längerfristige, systematisch angebahnte korruptive Beziehungen). Auch die „Dienstausübung" gem. § 331 StGB ist jede Tätigkeit in Wahrnehmung übertragener Aufgaben oder vermöge des übertragenen Amtes (*Heine* in Schönke/Schröder, § 331 StGB Rn. 7). Folglich kann auch das Bewirken einer insgesamt „geneigten", bei Gelegenheit aktivierbaren Amtsführung strafbegründend sein (so BGH, NJW 2008, 3580). Gleichwohl verzichtet die strafgerichtliche Rechtsprechung nicht auf die Feststellbarkeit eines „regelwidrigen Äquivalenzverhältnisses" bzw. eines funktionalen Zusammenhangs zwischen Vorteil und Amtsausübung, sog. „Gegenseitigkeitsverhältnis" (vgl. BGH, NJW 2008, 3580; vgl. auch BGHSt 39, 45; OLG Düsseldorf, Urt. v. 29.4.2015, III-1 WS 429/14: Düsseldorfer OB; *Heine* in Schönke/Schröder, § 331 StGB Rn. 29). Eine Zuwendung, die lediglich allgemein im Hinblick auf die Dienststellung erfolgt, genügt nicht (vgl. *Heine* in Schönke/Schröder, § 331 StGB Rn. 9, 28; *Zwiehoff,* juris PR-ArbR 45/2005 Anm. 2). Allerdings genügt es für die Annahme einer „Gegenseitigkeit", wenn die erwartete Dienstausübung in der Vorstellung der Beteiligten allenfalls grob umrissen ist (vgl. BGH, NStZ 2005, 214) oder sogar nur darin besteht, bei zukünftigen Fachentscheidungen ein „generelles Wohlwollen" an den Tag zu legen (BGH, NJW 2008, 3580).

9   Theoretisch relevant werden die **Differenzen zwischen straf- und beamtenrechtlichem Begriffsverständnis** in zwei Konstellationen: **(1.)** Fälle, in denen der Vorteilsgeber irrig eine Diensthandlung (und demgemäß ein Äquivalent für den gegebenen Vorteil) unterstellt (vgl. BVerwG, NVwZ 2002, 1515: Wohnungsvermittlung). Für die Annahme eines beamtenrechtlichen Pflichtverstoßes genügt, dass die Vorteilsgabe – auch – durch die Dienststellung motiviert war und der Beamte dies erkennt bzw. zulässt. Strafrechtlich kommt man jedoch zu keinem anderen Ergebnis, da das Vortäuschen einer dienstlichen Handlungsfähigkeit, die durch das Innehaben einer Amtsstellung erst plausibel wird, unter den weiten Begriff der Dienstausübung fallen kann (vgl. *Heine* in Schönke/Schröder, § 331 StGB Rn. 10). **(2.)** Fälle, in denen der Bezug zu irgendeiner Form dienstlichen Handelns kaum herstellbar, vielmehr die Zuwendung auch als Respekterweis vor der amtlichen Stellung interpretierbar ist. Praktisch kann dies etwa werden bei Einladungen, die im Hinblick auf die (hohe) **Repräsentationsfunktion** des Beamten erfolgen (z.B. Einladungen zu Länderspielen; vgl. BGH, NJW 2008, 3580; *Heine* in Schönke/Schröder, § 331 StGB Rn. 8, 28; s.a. *Bömer,* GWR 2011, 28, 29, aus der Perspektive des Einladenden). Eine strafrechtliche Sanktion setzt hier im Einzelfall den Nachweis eines (wenn auch vagen) „Gegenseitigkeitsverhältnisses" voraus. Die weitergreifende, nur an das Amt anknüpfende verwaltungsgerichtliche Rechtsprechung macht dagegen zur Vermeidung eines Pflichtverstoßes die Unterstellung einer Zustimmungsfiktion oder eine explizite Regelung (vgl. etwa Nrn. 8.1, 9.1 VV zu § 59) unabdingbar.

10   Dogmatisch ebenfalls nicht befriedigend ist die Einbeziehung des Statusamtes in die Anknüpfungspunkte für einen Amtsbezug (so zuletzt noch OVG Münster, Urt. v. 21.3.2012, 1 A 2332/09 m.w.N.). Denn durch das Statusamt wird (lediglich) die Rechtsstellung des Beamten im (Innen-)Verhältnis zum Dienstherrn definiert. Selbst bei weitester Auslegung des Amtsbezugs muss jedoch eine außenwahrnehmbare Wirkungsmöglichkeit durch das Amt vermittelt werden, was bei einer Anknüpfung am funktionalen Amt unstreitig gegeben ist. In aller Regel dürfte der Statusamtsinhaber zumindest auch ein abstrakt-funktionales Amt inne haben. Grenzfälle sind jedoch denkbar bei Sonderbeurlaubungen für eine privatwirtschaftliche Tätigkeit, wenn die Zugehörigkeit des Vorteilnehmers zum öffentlichen Dienst bekannt ist. Ebenfalls kein funktionales Amt hat der (Status-)Beamte in den Fällen, in denen die Rechte und Pflichten aus dem Statusamt grundsätzlich ruhen, vgl. etwa § 23 Abs. 1 AbgG NRW, § 5 Abs. 1 Satz 1 des Gesetzes über die Rechtsverhältnisse der Mitglieder des Deutschen Bundestages (s. aber auch § 21 Abs. 3). Hier wird jedoch die Fortgeltung der Pflicht aus § 42 Abs. 1 BeamtStG ausdrücklich gesetzlich angeordnet und hat allein die Funktion, nachwirkende Vorteilsgewährungen in Anknüpfung an die vormalige Dienststellung zu unterbinden.

11   Unstreitig besteht ein Amtsbezug bei **Zuwendungen von Kollegen** oder Mitarbeitern etwa zu Geburtstagen oder Jubiläen, soweit nicht – eher selten – eine überlagernde private Beziehung als Motiv der Zuwendung in Betracht kommt (konsequent daher auch die Regelung Nr. 8 VV zu § 59). Weiterhin muss der Amtsbezug nicht notwendig durch das Hauptamt vermittelt werden. Die Vorteilsgewährung kann auch an Nebenämter oder Nebentätigkeiten anknüpfen, die im Zusammenhang mit dienstlichen Aufgaben stehen (vgl. OVG Münster, IÖD 2002, 186: Beiratstätigkeit; vgl. auch Nr. 5 VV zu § 59).

6. Ausschluss der Pflichtwidrigkeit

a) Ausdrückliche Zustimmung

12   Nicht pflichtwidrig ist die Vorteilsannahme, wenn sie mit **Zustimmung** des Dienstherrn erfolgt, vgl. § 42 Abs. 1 Satz 2 BeamtStG (vgl. auch § 333 Abs. 3 StGB). Als Ausnahme von einem grundlegenden Verbot kann sie nur in **Ausnahmefällen** erteilt werden und steht im Ermessen der zuständigen Stelle (BVerwG, NVwZ 2000, 820). Sie ist schriftlich zu erteilen (vgl. Nr. 7.3 VV zu § 59) und gem. § 50 Satz 2 BeamtStG zur Personalakte zu nehmen. Außerdem ist sie grundsätzlich **vor** einer Annahme einzuholen, vgl. Nr. 6 VV

zu § 59. Kann sie ausnahmsweise nicht rechtzeitig herbeigeführt werden, ist die vorläufige Annahme statthaft, sofern der Beamten von einer Zustimmungsfähigkeit ausgehen darf, vgl. Nr. 6.1 VV zu § 59. Die Zustimmung kann für den Einzelfall, aber auch generell erteilt werden (vgl. *Kohde* in v. Roetteken/Rothländer, § 42 BeamtStG Rn. 42). Einen Sonderfall genereller Zulassung bildet neuerdings § 35 Abs. 3 Satz 2 HG, der für die Veröffentlichung wissenschaftlicher Erkenntnisse die Annahme von Vergütungen zulässt, unabhänigig davon, ob diese im Hauptamt oder als Nebentätigkeit erarbeitet wurden (vgl. auch LT-Drs. 16/5410; S. 336). Nahezu selbsterklärend ist im Übrigen die fehlende Zustimmungsfähigkeit im Fall des Forderns (so ausdr. BT-Drs. 16/4027, S. 33; vgl. *Battis,* § 71 BBG Rn. 7). Beim Sichversprechenlassen darf der Beamte es vor Zustimmung nicht zu einer (ggf. konkludenten) Annahme des Angebots kommen lassen. Die Zustimmung ergeht als Verwaltungsakt, regelmäßig unter Auflagen wie der Überlassung der Zuwendung für Behördenzwecke oder der Weiterleitung zugunsten karikativer oder ähnlicher Verwendungen (vgl. BVerwG, NVwZ 2000, 820; vgl. auch Nr. 7.2 VV zu § 59 sowie die Antwort der Bundesregierung auf die Kleine Anfrage 16/13717 – Geschenke an Mitarbeiterinnen und Mitarbeiter der Bundesregierung – BT-Drs. 16/13810, S. 4).

b) Stillschweigende Zustimmung

Von großer praktischer Bedeutung ist neben der ausdrücklichen die **stillschweigende**   **13**
Zustimmung, vgl. Nrn. 6, 8 VV zu § 59. Allerdings sehen Nrn. 8.1 ff. VV zu § 59 rechtssystematisch – trotz anderen Wortlauts – nicht die Fiktion eines Einverständnisses kraft Verkehrssitte oder sozialer Übung vor, was als „stillschweigend" bezeichnet werden könnte. Vielmehr wird eine generelle Zustimmung erteilt (dies verkennt *Kohde* in v. Roetteken/Rothländer, § 42 BeamtStG Rn. 42, wenn er in der stillschweigenden „Duldung" keine ausreichende Zustimmung sehen will), wobei deren Problematik in der Unbestimmtheit der erfassten Fälle liegt. Dies erscheint i. V. m. dem Beweislastrisiko, das der Beamte für die Nichterweislichkeit einer wirksamen Zustimmung trägt, durchaus problematisch (vgl. auch Nr. 6.1 VV zu § 59: bei Unklarheit muss eine Genehmigung beantragt werden). Als Beleg für evidente Unsicherheiten kann schon die Spannbreite herangezogen werden, die bei der Definition der sog. Wertgrenze für geringwertige Aufmerksamkeiten von 5 € (vgl. *Wichmann/Langer,* S. 379; ihnen folgend *Battis,* § 71 BBG Rn. 4: 10 DM seit 1980er Jahren) bis 25 € reicht (äußerst instruktiv insoweit die Stellungnahme der Bundesregierung zur Praxis im Bund vom 21.7.2009, vgl. BT-Drs. 16/13810; insges. auch *Herrmann/Sandkuhl,* S. 13 f.). Erst recht fragwürdig, aber mangels konkreter Regelungen verständlich ist es, aus den für Bundesbeamte ausdrücklich getroffenen und zudem höchst unterschiedlichen Regeln für den Bereich anderer Dienstherren eine entsprechende stillschweigende Zustimmung abzuleiten (so aber *Bömer,* GWR 2011, 28, 30).

Laut Nrn. 8.1 ff. VV zu § 59 können „als **stillschweigend genehmigt**" angesehen   **14** werden:

1. nach allgemeiner Auffassung nicht zu beanstandende geringwertige Aufmerksamkeiten (Kugelschreiber, Kalender, Schreibblocks),
2. Geschenke aus dem Mitarbeiterkreis zu den üblichen Anlässen im herkömmlichen Umfang,
3. eine übliche und angemessene Bewirtung bei allgemeinen Veranstaltungen, an denen der Beamte amtlich oder mit Rücksicht auf die ihm durch das Amt auferlegten gesellschaftlichen Verpflichtungen teilnimmt,
4. eine übliche und angemessene Bewirtung aus Anlass oder bei Gelegenheit dienstlicher Handlungen sowie
5. Vorteile, die allein eine Erleichterung des Dienstgeschäfts bezwecken (z. B. PKW-Abholung vom Bahnhof).

c) Drittmittelvergabe/Sponsoring/Wahlkampfspenden

15   Im Gegensatz zu den Verwaltungsgerichten kommt die Spruchpraxis der Strafgerichte in den beschriebenen Fällen (Rn. 14) schon tatbestandlich nicht zu einer Vorteilsannahme, weil die sog. Sozialadäquanz der Zuwendung das **„regelwidrige Äquivalenzverhältnis"** von Vorteil und Dienstausübung ausschließt (vgl. *Heine* in Schönke/Schröder, § 331 StGB Rn. 29a). Auf gleicher dogmatischer Grundlage beruht die fehlende Strafbarkeit in Fällen der **Drittmittelvergabe** und des **Sponsorings.** Existiert eine explizite hochschulrechtliche Dienstpflicht des Beamten zur Einwerbung von Drittmitteln, vgl. etwa § 71 HG NRW, so besteht bei deren Entgegennahme ein regelgerechtes und gerade kein regelwidriges Äquivalenzverhältnis (vgl. BGH, NJW 2002, 2801; s. a. *Heine* in Schönke/Schröder, § 331 StGB Rn. 29; *Harriehausen,* NStZ 2013, 256, 263 f.). Zum Ausschluss einer Pflichtwidrigkeit gem. § 42 Abs. 1 BeamtStG bedürfte es hier einer ausdrücklichen vorherigen – allgemeinen oder generellen – Zustimmung, da der Amtsbezug der Drittmittelzuwendung unbestreitbar ist. Ob eine solche ebenfalls aus § 71 HG NRW hergeleitet werden kann, ist verwaltungsgerichtlich noch nicht entschieden. Auch für das sog. Sponsoring wird ein Ausschluss der Strafbarkeit gem. § 331 mangels Tatbestandsmäßigkeit angenommen, sofern verfahrensrechtliche Bestimmungen existieren, die für Transparenz, Regelgerechtigkeit und Kontrollierbarkeit sorgen (BGH, NJW 2008, 3580: Sponsoring; mangels solcher Regeln eine Strafbarkeit gem. § 333 StGB bejahend BGH, NJW-Spezial 2011, 537: Schulfotos; dazu *Zöller,* ZJS 2011, 550; s. a. *Heine* in Schönke/Schröder, § 331 StGB Rn. 29b, e; vgl. jetzt auch § 71a HG). Für die Landesverwaltung trifft der RdErl. des MIK NRW v. 28.8.2014 (**„Verhütung und Bekämpfung von Korruption in der öffentlichen Verwaltung"**) – IR 12.02.06 – unter Nr. 4 solche Sponsoring-Regeln. Zudem enthält § 99 SchulG derartige Regeln.

16   Im speziellen Fall von **Wahlkampfspenden für Bürgermeister** beschränkt der BGH die Strafbarkeit nach den §§ 331 ff. StGB indem er den Vorteilsbegriff wegen des **Gebots der Chancengleichheit der Wahlkämpfer** einschränkend auslegt, sofern der um seine Wiederwahl streitende Bürgermeister nicht mehr als eine **an seinen allgemeinen politischen Vorstellungen ausgerichtete Amtsführung** (als „Vorteil") verspricht (vgl. BGH, NJW 2004, 3569 und BGH, NJW 2007, 3446: OB-Wahl Wuppertal – vgl. dazu *Fischer,* § 331 StGB Rn. 28–28b; *Dölling,* JR 2005, 519; *Kargl,* JZ 2005, 503; *Saliger/Sinner,* NJW 2005, 1073; *Korte,* NStZ 2008, 341). Die Grenze zur Strafbarkeit ist dabei in der Praxis sehr fließend, da der BGH mit Recht z. B. bei Wahlkampfspenden „von außergewöhnlicher Höhe" es als regelmäßig naheliegend betrachtet, „dass der Spender nicht nur – straffrei – die allgemeine Ausrichtung der Politik des Wahlbewerbers unterstützen will, sondern sich – strafbar – dessen Gewogenheit auch im Blick auf eigene konkret geplante oder zu erwartende Vorhaben sichern und seine Individualinteressen fördern will." (BGH, NStZ 2008, 33; vgl. dazu die Anm. von *Korte,* NStZ 2008, 341 u. *Beckemper/Stage,* NStZ 2008, 35; s. a. *Fischer,* § 331 StGB Rn. 28). Für die Praxis stellt die „ungewöhnliche Unschärfe der Tatbestandsanwendung" (*Fischer,* § 331 StGB Rn. 28b) eine unbefriedigende Situation dar, welche aber nach Ansicht des BGH nicht zu ändern ist (BGH, NJW 2004, 3569, 3575). Für den parallelen Ausschluss einer Pflichtwidrigkeit gem. § 42 Abs. 1 BeamtStG hat die dargestellte Rechtsprechung des BGH keine unmittelbare Wirkung (zum Verhältnis des § 42 BeamtStG zu den Strafvorschriften nach §§ 331 ff. StGB i. S. e. weitgehenden Unabhängigkeit vgl. *Kohde* in v. Roetteken/Rothländer, § 42 BeamtStG Rn. 9 m. w. N.).

IV. Herausgabe erlangter Vorteile

17   Im Unterschied zu § 43 BRRG enthält § 42 Abs. 2 BeamtStG nunmehr eine explizite Regelung zur Herausgabe des durch die Vorteilsannahme Erlangten (vgl. auch Rn. 1). Sie dient vor allem dem generalpräventiven Zweck, den korruptiven Vorteil nicht beim Beamten zu belassen (vgl. OVG Münster, NVwZ-RR 2009, 5; *Battis,* § 71 BBG Rn. 7). Der Anspruch ist nicht auf die Herausgabe von Geldwerten beschränkt; so kann z. B. auch die

Führung eines Titels unterbunden werden (vgl. *Kohde* in v. Roetteken/Rothländer, § 42 BeamtStG Rn. 66). Voraussetzung ist zunächst, dass der erlangte Vorteil nicht bereits durch Verfall gem. §§ 73 ff. StGB (als Nebenfolge einer Straftat) oder „andere Weise" (z. B. durch einverständliche freiwillige Überlassung) in staatliche Verfügungsgewalt (nicht notw. des Dienstherrn) übergegangen ist. Der Herausgabeanspruch gem. § 42 Abs. 2 BeamtStG ist seiner Natur nach kein Schadensersatzanspruch, so dass der Dienstherr ggf. beide Ansprüche parallel geltend machen kann (vgl. OVG Münster, NVwZ-RR 2009, 5: „geschmierter" Beamter hatte einem Monopolanbieter interne Informationen geliefert, die dieser für überhöhte Forderungen nutzte). Allerdings sind beide Ansprüche funktional in der Weise verbunden, dass der geleistete Schadensersatz auf den Herausgabeanspruch anzurechnen ist. „Erlangtes" i. S. v. § 42 BeamtStG ist nur der Wert des korruptiven Vorteils, der folglich nur einmal abgeschöpft werden kann (OVG Münster, NVwZ-RR 2009, 5; vgl. auch OVG Münster, Urt. v. 21.2.2011, 1 A 1140/09: der „Gegenwert" von Weinpräsenten, die für den Konsum auf einer Betriebsfeier zur Verfügung gestellt wurden, kann nicht mehr herausverlangt werden). Demgemäß können auch die auf das Erlangte bereits entrichteten Steuern abgezogen werden (im Anschluss an BGHSt 47, 260 so ausdr. VG München, Urt. v. 18.12.2007, M 5 K 06.916). Zum Umfang des Herausgabeanspruchs gelten die Regeln der §§ 818 ff. BGB, was die Parallelnorm des § 71 Abs. 2 BBG sogar ausdrücklich klarstellt (vgl. auch *Kohde* in v. Roetteken/Rothländer, § 42 BeamtStG Rn. 63). Herauszugeben sind danach auch mittelbar Erlangtes, gezogene Nutzungen bzw. Ersatzansprüche gegen Dritte.

V. Verjährung des Herausgabeanspruchs

Die Verjährung des Herausgabeanspruchs richtet sich nach den allgemeinen Regeln der §§ 195 ff. BGB. Danach tritt sie regelmäßig drei Jahre nach Kenntnis ein, vgl. § 199 BGB, längstens aber nach zehn Jahren, vgl. § 199 Abs. 4 BGB. Der Herausgabeanspruch kann durch (verwaltungsgerichtliche) Klage oder durch Verwaltungsakt geltend gemacht werden (ständ. Rechtspr., vgl. OVG Münster, Urt. v. 21.2.2011, 1 A 1140/09). Ihm zur Seite steht, obwohl im Gegensatz zu § 76 Abs. 2 a. F. nicht ausdrücklich geregelt, als Hilfsanspruch ein Auskunfts- bzw. Informationsanspruch gegenüber dem Beamten (vgl. nur BVerwGE 115, 389; unklar *Reich*, § 42 BeamtStG Rn. 9). **18**

§ 60 Arbeitszeit

(1) ¹**Die regelmäßige Arbeitszeit darf im Jahresdurchschnitt einundvierzig Stunden in der Woche nicht überschreiten.** ²**Die durchschnittliche Wochenarbeitszeit vermindert sich für jeden gesetzlichen Feiertag, der auf einen Werktag fällt, um die Stunden, die an diesem Tag zu leisten wären.**

(2) ¹**Soweit der Dienst in Bereitschaft besteht, kann die Arbeitszeit entsprechend den dienstlichen Bedürfnissen verlängert werden.** ²**Im wöchentlichen Zeitraum dürfen im Jahresdurchschnitt achtundvierzig Stunden einschließlich Mehrarbeitsstunden nicht überschritten werden.**

(3) ¹**Das Nähere zu den Absätzen 1 und 2 sowie zu § 61 Absatz 1 regelt die Landesregierung durch Rechtsverordnung.** ²**Das gilt insbesondere für Regelungen über**

1. **die Dauer, die Verlängerung und die Verkürzung der regelmäßigen Arbeitszeit,**
2. **dienstfreie Zeiten,**
3. **den Ort und die Zeit der Dienstleistung,**
4. **den Bereitschaftsdienst,**
5. **die Mehrarbeit in Einzelfällen,**
6. **den Arbeitsversuch,**
7. **Langzeitarbeitskonten,**

ferner für Regelungen der Pausen und der Dienststunden in der Landesverwaltung.

I. Festlegung der Regelarbeitszeit

1   Der § 60 wurde durch das **Dienstrechtsmodernisierungsgesetz** geändert und der (nicht abschließende) Katalog der Tatbestände, die durch die Arbeitszeitverordnung (AZVO) im Einzelnen geregelt werden, mit den **„Lebensarbeitszeitkonten"** um einen Punkt erweitert (§ 60 Abs. 3 Nr. 7: Langzeitarbeitszeitkonten). § 60 Abs. 1 Satz 1 bestimmt **41 Stunden als Höchstgrenze** für die **regelmäßige wöchentliche Arbeitszeit;** eine höhere Stundenzahl könnte vom Gesetzgeber festlegt werden (vgl. BVerfG, NVwZ 2008, 668). Um Flexibilität für eine von der regelhaften Fünf-Tage-Woche abweichende Arbeitszeitgestaltung (z. B. Wechselschichtdienste; vgl. auch § 3 Abs. 2 AZVO) zu erlangen, wird die Wochenarbeitszeit im Jahresmittel berechnet. Mit § 60 Abs. 1 Satz 2 wird klargestellt, dass Feiertage nach § 2 Abs. 1 FeiertagsG nicht mitrechnen (vgl. wortgleich § 2 Abs. 2 AZVO). Grundsätzlich sind Samstage und Sonntage arbeitsfrei, vgl. § 3 Abs. 1 AZVO. Ausdrücklich von der Anwendung der AZVO ausgenommen werden die in § 1 Abs. 2 AZVO aufgeführten Beamtengruppen (Lehrer, Hochschullehrer, Fachhochschullehrer und Dozenten, Polizeivollzugs- und Feuerwehrbeamte). Es gibt u. a. spezielle Arbeitszeitregelungen für Polizeibeamte und Feuerwehrbeamte, da es insoweit spezielle dienstliche Anforderungen gibt (vgl. die AZVOFeu v. 1.9.2006, zuletzt geändert durch VO v. 7.9.2015, GV. NRW. S. 682 – die sog. Opt-Out-Regelung, die im Einzelfall einen max. Dienst von 54 Wochenarbeitsstunden ermöglicht, gilt fort; s. zur Rechtswirksamkeit von Opt-Out-Vereinbarungen OVG Münster, B. v. 6.3.2015, 6 A 2272/13; für schichtdienstleistende Feuerwehrbeamte beträgt i. Ü. die zulässige regelmäßige Wochenarbeitszeit gem. § 2 Abs. 1 AZVOFeu 48 Stunden, vgl. dazu Köln, Urt. v. 23.10.2015, 19 K 1752/14; VG Aachen, Urt. v. 28.1.2016, 1 K 2244/14: Opt-Out-Vereinbarung schließt spätere Ansprüche auf Zahlung weiterer Vergütung aus; nach Ansicht des VG Gelsenkirchen verbleibt bei Feuerwehrbeamten mit wöchentl. Arbeitszeit von 48 Stunden kaum Raum für eine Nebentätigkeitsgenehmigung, vgl. VG Gelsenkirchen, B. v. 5.1.2016, 12 L 2512/15). Bei Lehrern ist nur die Unterrichtsverpflichtung mit der zeitlichen Festlegung exakt messbar, so dass die zeitliche Gesamtbelastung, die daneben durch Unterrichtsvorbereitung, Korrekturen, Elternbesprechungen usw. mitbestimmt wird, nur grob pauschalierend geschätzt werden kann (OVG Münster, B. v. 17.2.2014, 6 A 1353/12; BVerwG, DÖD 2016, 15; BVerwG, B. v. 14.12.1989, 2 NB 2.89). Allerdings muss sich auch bei Lehrern bei dieser grob pauschalierenden Betrachtung die abverlangte Arbeitsleistung unter Berücksichtigung der jährlichen Gesamtarbeitszeit im Rahmen der von § 60 Abs. 1 Satz 1 festgelegten 41-Stunden-Woche halten (vgl. dazu OVG Lüneburg, PersV 2015, 380; OVG Münster, B. v. 17.2.2014, 6 A 1353/12; BVerwG, DÖD 2016, 15). Relevant ist das Maß der regelmäßigen wöchentlichen Arbeitszeit insbesondere auch für die Festlegung der sog. Teilzeitquote bei Teilfreistellungen gem. §§ 63 ff. (vgl. § 63 Rn. 5; BVerwG, DÖD 2016, 15), daneben auch für die Bestimmung der zeitlichen Höchstgrenze von Nebentätigkeiten gem. § 49 Abs. 2 Satz 3 (sog. Fünftelvermutung, vgl. § 49 Rn. 16). Sofern in einer Behörde rauchenden Beamten ohne Abzüge bei der Arbeitszeit Raucherpausen gewährt werden, haben nichtrauchende Beamte keinen Anspruch auf eine zusätzliche Vergütung oder Freizeitausgleich im Umfang von Raucherpausen (OVG Münster, B. v. 17.7.2014, 6 A 2681/12). Soweit Beamte z. B. im Rahmen von Zeiterfassungssystemen zielgerichtet Falschbuchungen vornehmen, um sich Freizeit zu erschleichen (Arbeitszeitbetrug), ist dies konsequent disziplinarrechtlich zu ahnden. Es handelt sich um schwere Dienstvergehen, die im Einzelfall eine Entfernung aus dem Dienst bedingen können (VG Münster, Urt. v. 8.1.2014, 20 K 3325/12.O).

II. Bereitschaftsdienst

2   Für den **Bereitschaftsdienst** legt § 60 Abs. 2 Satz 2 fest, dass eine Verlängerung der Arbeitszeit entsprechend den dienstlichen Bedürfnissen erfolgen kann. Hintergrund ist der

Umstand, dass reiner Bereitschaftsdienst **nicht wie ein voller aktiver Dienst** zu werten ist. Bereitschaftsdienst leisten Beamte, die sich auf Anordnung des Dienstvorgesetzten an einer von diesem bestimmten Stelle aufhalten, um im Bedarfsfall die Arbeit aufzunehmen (§ 7 AZVO). Die Norm erlaubt sowohl die Installation von Bereitschaftsdienst als auch die Verlängerung der wöchentlichen Arbeitszeit, wobei die Arbeitszeit in dem festgelegten Bezugszeitraum von zwölf Monaten 48 Stunden im wöchentlichen Zeitraum nicht überschreiten darf. Diese Begrenzung folgt der RL 2003/88/EG; **eine Regelung mit mehr als 48 Stunden** in den maßgeblichen Bezugszeiträumen **ist gemeinschaftswidrig** (EuGH, NJW 2004, 3547; OVG Münster, B. v. 30.4.2014, 1 A 21/14; OVG Münster, DÖV 2006, 347). Rechtswidrige **Überschreitungen der Höchstarbeitszeit** sind **in vollem Umfang auszugleichen,** obwohl Beamte grundsätzlich der Verpflichtung unterliegen, in bestimmtem Umfang (vgl. § 61 Abs. 1 Satz 2) ausgleichslose Mehrarbeit zu leisten (BVerwG, ZBR 2013, 42 – vgl. dazu *Rieger,* ZBR 2013, 237; s. zur Erhebung der Verjährungseinrede OVG Münster, B. v. 30.4.2014, 1 A 21/14; BVerwG, ZTR 2012, 733; BVerwG, NVwZ 2012, 643; OVG Lüneburg, B. v. 4.1.2012, 5 LA 85/10; a. A. OVG Hamburg, ZBR 2012, 130). Nach Ansicht des BVerwG gilt die Pflicht zur begrenzten ausgleichslosen Mehrarbeit nämlich dann nicht, wenn unionsrechtlich festgelegte und verbindliche Höchstgrenzen der wöchentlichen Arbeitszeit rechtswidrig überschritten wurden; in dem Fall ist auch der **Bereitschaftsdienst (ausnahmsweise) wie Vollarbeitszeit** zu rechnen (BVerwG, ZBR 2013, 42; BVerwG, Städte- und Gemeinderat 2011, Nrn. 12, 34; OVG Lüneburg, B. v. 4.1.2012, 5 LA 85/10; anders noch BVerwG, B. v. 10.6.2009, 2 B 26.09). Sind die **Freizeitausgleichsansprüche** nicht realisierbar, besteht ein entsprechender Geldanspruch in Höhe der maßgeblichen Mehrarbeitsvergütung (BVerwG, ZBR 2013, 42; zu Verjährungsfragen in dem Kontext s. VG Düsseldorf, Urt. v. 16.1.2013, 26 K 3241/11). Oft sind aber die Ansprüche von Feuerwehrbeamten wegen eines Ausgleichs für unionwidrig zu viel geleistete Arbeit verjährt (vgl. z.B. OVG Münster, B. v. 28.7.2014, 6 A 755/13; OVG Münster, B. v. 18.3.2014, 6 A 1234/13; VG Düsseldorf, Urt. v. 25.4.2014, 26 K 226/13). Der Bereitschaftsdienst ist abzugrenzen von der **Rufbereitschaft** (§ 6 AZVO), die vorliegt, wenn sich der Beamte auf Anordnung des Dienstvorgesetzten außerhalb der regelmäßigen Arbeitszeit an einer dem Dienstvorgesetzten anzuzeigenden Stelle aufhält, um ggf. auf Abruf die Arbeit aufzunehmen (s. zur Abgrenzung Rufbereitschaft/Bereitschaftsdienst VG Düsseldorf, Urt. v. 20.8.2015, 26 K 3505/14; BVerwG, NVwZ-RR 2009, 525). Die Belastung für den Beamten ist hier geringer, da er sich bei Sicherstellung seiner permanenten Erreichbarkeit grundsätzlich an einem Ort seiner Wahl aufhalten kann, sofern dieser ihm ermöglicht, ggf. in zumutbar kurzer Zeit zur Dienststelle zu fahren. Bei der Rufbereitschaft erfolgt nur eine Anrechnung auf die Arbeitszeit für die Zeiten der Heranziehung zur Dienstleistung (§ 6 Abs. 1 Satz 1 AZVO) und eine teilweise Anerkennung der Stunden zum Zwecke des Freizeitausgleichs oder Gutschrift auf dem Stundenkonto bei flexibler Arbeitszeit (§ 6 Abs. 2 Satz 2 AZVO). Das VG Düsseldorf hat in einem Urteil vom 20.8.2015 für die **Rufbereitschaft von Feuerwehrbeamten** diese Rechtslage nochmals bestätigt (VG Düsseldorf, Urt. v. 20.8.2015, 26 K 3505/14; s. zur Abgrenzung Rufbereitschaft/Bereitschaftsdienst bei der Polizei VG Düsseldorf, Urt. v. 24.9.2015, 2 K 4312/14). Allerdings ist auch **Bereitschaftsdienst** wegen geringerer Belastungen gegenüber der Vollarbeitszeit regelmäßig (nur) **in geringerem Umfang auszugleichen** (OVG Münster, ZBR 2009, 352; VG Köln, Urt. v. 11.12.2009, 19 K 5656/08).

III. Gesetzesgrundlage für Verordnungen zur Arbeitszeit/AZVO

§ 60 Abs. 3 legt in zulässiger Weise fest, dass über eine Rechtsverordnung nähere Einzelheiten zu § 60 Abs. 1 und Abs. 2 sowie § 61 Abs. 1 geregelt werden. Dies ist mit der **AZVO** geschehen (AZVO v. 4.7.2006, GV. NRW. S. 335, zuletzt geändert durch VO vom **3**

21.6.2016, GV. NRW. S. 485). Neu ist die Aufnahme von Langzeitarbeitskonten in den Katalog des § 60 Abs. 3 (§ 60 Abs. 3 Satz 2 Nr. 7). Der Verordnungsgeber hat bei der Ausgestaltung der AZVO eine Gestaltungsfreiheit, mit der es unvereinbar wäre, „wertende und gestaltende Abwägungen des Verordnungsgebers einer vollen gerichtlichen Kontrolle zu unterziehen (vgl. zum Prüfrahmen der Gerichte bei der AZVO: VG Düsseldorf, Urt. v. 14.9.2015, 13 K 6282/14). Eine Verfehlung des gesetzlichen Regelungsauftrages bzw. ein Verstoß gegen höherrangiges Recht liegt bei der AZVO nicht zu Lasten schwerbehinderten Beamter vor, wenn sie ab Vollendung des 55. Lebensjahres und des 60. Lebensjahres keine weitere Verkürzung der bereits für schwerbehinderte Beamte gekürzten Arbeitszeit (vgl. § 2 Abs. 1 Satz 3 AZVO) vorsieht (VG Düsseldorf, Urt. v. 14.9.2015, 13 K 6282/14). Es ist nach einem zutreffenden Urteil des VG Düsseldorf vom 14.9.2015 unbedenklich, dass nach der AZVO die behinderungsbedingte Arbeitszeitreduktion ab dem 55. Lebensjahr durch die altersbedingte Privilegierung sozusagen „aufgezehrt" wird (VG Düsseldorf, Urt. v. 14.9.2015, 13 K 6282/14). Eine Art „Abstandsgebot" zu konkurrierenden Privilegierungstatbeständen gibt es für die AZVO nicht (VG Düsseldorf, Urt. v. 14.9.2015, 13 K 6282/14).

Für bestimmte Beamtengruppen wird in § 1 AZVO festgelegt, dass auf sie die Verordnung keine Anwendung findet (u. a. Professoren, Fachhochschullehrer, Lehrer, Polizeivollzugsbeamte, Beamte des feuerwehrtechnischen Dienstes). Für Professoren/Juniorprofessoren ergibt sich die grundsätzliche Nichtanwendbarkeit der Vorschriften über die Arbeitszeit bereits aus den § 123 Abs. 1 Satz 1, 124 Abs. 2 Satz 1. Nach § 123 Abs. 1 Satz 3 sind Ausnahmen über eine Rechtsverordnung dahingehend möglich, dass bei bestimmten Fallgestaltungen an Hochschuleinrichtungen wegen spezifischer Anforderungen die Vorschriften über die Arbeitszeit doch für anwendbar erklärt werden können. Die Regelung gilt über § 124 Abs. 2 Satz 2 auch für Juniorprofessoren. § 60 ist nicht auf Ehrenbeamte anzuwenden (vgl. § 107 Abs. 1 Nr. 2). Für Polizeivollzugsbeamte und Beamte des feuerwehrtechnischen Dienstes gibt es wegen spezifischer dienstlicher Anforderungen eigene Arbeitszeitregelungen (AZVOPol/AZVOFeu). **Zeiten** für das **An- und Ausziehen der Polizeiuniform (sog. Rüstzeit)** sind nach Ansicht des OVG Münster und der ihm folgenden Instanzgerichte keine Arbeitszeit i. S. v. § 1 AZVOPol (OVG Münster, ArbuR 2011, 35; OVG Münster, NWVBl. 2011, 226 – bestätigt durch BVerwG, B. v. 25.8.2011, 2 B 38.11; OVG Münster, Urt. v. 2.12.2010, 6 A 983/09; s. a. VGH Mannheim, DÖV 2011, 940; VG Gelsenkirchen, Urt. v. 26.9.2014, 1 K 5929/12). Etwas anderes gilt für die (Rüst-)Zeiten, die für das Anlegen und später Ablegen von Einsatzmitteln wie Dienstpistole/Einsatzmehrstock/Handschellen usw. erforderlich sind; es handelt sich nicht um private Verrichtungen, sondern um (anzuerkennende) Arbeitszeit (OVG Münster, NWVBl. 2011, 226; VGH Mannheim, DÖV 2011, 940). Auch Zeiten für die Übergabe und Übernahme von Führungs- und Einsatzmitteln sind Arbeitszeit (VG Gelsenkirchen, Urt. v. 26.9.2014, 1 K 5929/12; VG Düsseldorf, Urt. v. 26.11.2013, 2 K 7657/12 – insgesamt Rüstzeit von ca. 15 Minuten pro Dienstschicht anerkennungsfähig). Der Erlass des MIK „Arbeitszeit – Rüstzeiten im Wachdienst" vom 28.11.2011, der zur Umsetzung der Rechtsprechung des OVG Münster zu Rüstzeiten erfolgte, war nicht nach § 72 Abs. 4 Satz 1 Nr. 1 oder Nr. 2 LPVG mitbestimmungspflichtig (OVG Münster, NWVBl. 2014, 275).

4   In § 1 Abs. 3 AZVO ist festgelegt, dass die Regelungen in der AZVO zum **Arbeitsversuch** für die von der Anwendung grundsätzlich ausgenommenen Personenkreise analog Anwendung finden kann. § 60 Abs. 3 Satz 2 listet in den Nrn. 1–7 bestimmte Punkte (nicht abschließend) auf, die in einer Rechtsverordnung näher zu regeln sind. Die AZVO hat die speziell genannten **Arbeitszeitthemen** aufgegriffen und Detailregelungen getroffen. Gleichgestellte behinderte Beamte (§ 2 Abs. 3 SGB IX) fallen nicht unter Regelungen zur Senkung der Arbeitszeit für Menschen mit Behinderung ab 50 % (so BVerwG, ZBR 2011, 169 zur AZVO des Bundes). Zunehmende Bedeutung hat der sog. **Arbeitsversuch** (§ 60 Abs. 3 Nr. 6 bzw. § 2 Abs. 6 AZVO), der auch ein wichtiges **Instrument beim Betrieblichen Eingliederungsmanagement** (§ 84 Abs. 2 SGB IX) ist (vgl. zum BEM

Baßlsperger, PersV 2010, 129 ff.; s. zum BEM die NRW betreffende Entscheidung BVerwG, NZA-RR 2013, 164: Anspruch des Personalrats, dass einem Mitglied alle Namen der von BEM betroffenen Mitarbeiter (Namenslisten) mitgeteilt werden zuzüglich der Hinweisschreiben der Verwaltung). Erhebliche praktische Bedeutung wird die neu im Gesetz als Arbeitszeitmodell vorgesehene **Einrichtung von Langzeitarbeitskonten** haben (§ 60 Abs. 3 Nr. 7). Sie sind ein Beitrag zur Flexibilisierung der gesamten Lebensarbeitszeit (*Schuster*, RiA 2014, 149). Langzeitarbeitskonten ermöglichen auf Zeitguthabenbasis finanziell abgesicherte längere Freistellungszeiten z.B. für die Wahrnehmung von familiären Pflichten, für die persönliche Weiterbildung oder nach großen Belastungsspitzen (vgl. zu Langzeitarbeitskonten *Böhm*, ArbRB 2015, 19; *Schuster*, RiA 2014, 149, 151 ff.). Sie gelten schwerpunktmäßig als Baustein zur **Verbesserung der Vereinbarung von Familie und Beruf** und erhöhen die Attraktivität des öffentlichen Arbeitgebers im Rahmen der Personalgewinnung. Für die Behörden ist dieses neue Arbeitszeitmodell allerdings mit erhöhtem Verwaltungs- und Kostenaufwand verbunden (*Böhm*, ArbRB 2015, 19). Die in die Zukunft verlagerten Freistellungansprüche erschweren die Personalplanung; auch „Störfälle" sind schwierig abzuwickeln, wenn die Freistellungsphase am Ende der Beamtentätigkeit steht (*Schuster*, RiA 2014, 151). Proportional zur erhöhen Inanspruchnahme von Langzeitarbeitszeitkonten werden aber sicherlich in den Behörden immer effektivere Abwicklungs- und Verwaltungsverfahren für dieses begrüßenswerten Arbeitszeitmodele entwickelt werden. Die „Ansparmodalitäten"/Abwicklungsmodalitäten für Langzeitarbeitskonten usw. werden in der AZVO geregelt.

Festlegungen des Beginns und des Endes der täglichen Arbeitszeit/der Pausen sowie der Verteilung der Arbeitszeit auf die einzelnen Wochentage sind – sofern eine gesetzliche Regelung nicht besteht – mitbestimmungspflichtig, **§ 72 Abs. 4 Satz 1 Nr. 1 LPVG** (nicht mitbestimmungspflichtig ist die Festlegung von Öffnungs- und Besuchszeiten, vgl. *Welkoborsky u. a.,* § 72 LPVG Rn. 105). Ein Personalrat kann nicht von der Dienststelle verlangen, dass ihm zum Zwecke der Wahrnehmung seiner Aufgabe zu überwachen, ob die durch Gesetz, Tarifvertrag und Dienstvereinbarung geregelte Arbeitszeit eingehalten wird, die in der elektronischen Arbeitszeiterfassung gespeicherten Daten unter Namensnennung der jeweiligen Beschäftigten vom Diensttherrn zur Verfügung gestellt werden (BVerwG, B. v. 19.3.2014, 6 P 1/13, NZA 2014, 860 – s. a. die Vorinstanz OVG Münster, B. v. 27.9.2012, 20 A 1500/11, DVBl 2013, 193). Für die Erfüllung seiner Aufgaben reicht es aus, wenn der Personalrat anonymisierte Arbeitszeitlisten erhält (BVerwG, a. a. O. – das BVerwG stellt in seiner Entscheidung auch mit Recht die Persönlichkeitsrechte der Beschäftigten heraus).

§ 61 Mehrarbeit

(1) ¹**Die Beamtin oder der Beamte ist verpflichtet, ohne Entschädigung über die regelmäßige Arbeitszeit hinaus Dienst zu tun, wenn zwingende dienstliche Verhältnisse es erfordern.** ²**Wird sie oder er durch eine dienstlich angeordnete oder genehmigte Mehrarbeit mehr als fünf Stunden im Monat über die regelmäßige Arbeitszeit hinaus beansprucht, so ist ihr oder ihm innerhalb eines Jahres für die über die regelmäßige Arbeitszeit hinaus geleistete Mehrarbeit entsprechende Dienstbefreiung zu gewähren.**

(2) **Ist die Dienstbefreiung aus zwingenden dienstlichen Gründen nicht möglich, so können an ihrer Stelle Beamtinnen und Beamte in Besoldungsgruppen mit aufsteigenden Gehältern für einen Zeitraum von längstens 480 Stunden im Jahr eine Mehrarbeitsvergütung erhalten.**

I. Verpflichtung zur Mehrarbeit/Ausgleich durch Dienstbefreiung

Es gehört zu den Dienstpflichten des Beamten, Mehrarbeit zu leisten, wenn es die **1** dienstliche Situation zwingend erfordert (vgl. zur Mehrarbeit teilzeitbeschäftigter Beamter

BVerwG, NVwZ 2011, 296; s. a. § 69 Rn. 4). Was **Mehrarbeit** ist, ergibt sich aus den **Bestimmungen über die Arbeitszeit** (vgl. § 10 AZVO). Bezüglich Professoren/Juniorprofessoren ist auf den grundsätzlichen Ausschluss der Arbeitszeitregelungen zu verweisen, vgl. §§ 123 Abs. 1 Satz 1/124 Abs. 2 (s. aber § 123 Abs. 1 Satz 2: Geltung der §§ 63–70). **Zwingende dienstliche Verhältnisse** i. S. d. § 61 Abs. 1 Satz 1 liegen vor, wenn in der jeweiligen Situation z. B. wegen besonderer temporärer Arbeitsspitzen eine Dienstleistung über die regelmäßige Arbeitszeit hinaus unabweisbar notwendig ist und eine diesbezügliche Einstellung von mehr (Dauer-)Personal nicht sachlich geboten oder möglich wäre. Es muss immer eine **Ausnahmesituation** im Verhältnis zu den sonst üblichen dienstlichen Verhältnissen vorliegen (vgl. OVG Münster, Urt. v. 5.8.1998, 12 3011/95; s. a. § 88 Satz 1 BBG). Wenn der Beamte dienstlich angeordnete oder genehmigte Mehrarbeit geleistet hat, ist oberhalb eines Rahmens von fünf geleisteten Stunden Mehrarbeit im Monat **innerhalb eines Jahres** entsprechender **Freizeitausgleich für die überschießenden Mehrarbeitsstunden** zu gewähren, § 61 Abs. 1 Satz 2 (vgl. dazu VG Minden, Urt. v. 20.3.2014, 4 K 2025/11 – wenn der Beamte einverstanden ist, kann trotz Ablauf der Jahresfrist Dienstbefreiung gewährt bzw. darauf von ihm geklagt werden). Die Jahresfrist wird von der Rechtsprechung überwiegend nicht als Ausschlussfrist gesehen (VG Düsseldorf, Urt. v. 16.7.2008, 10 K 481/08 – bestätigt durch OVG Münster, B. v. 22.4.2010, 1 A 2265/08; OVG Lüneburg, NVwZ-RR 2014, 201: „Es liefe dem Treueverhältnis zuwider, wenn der Anspruch auf Freizeitausgleich nach Fristablauf entfallen würde."). Zeiten der Rufbereitschaft von Feuerwehrbeamten im Einsatzführungsdienst erfüllen die Voraussetzungen eines Freizeitausgleichsanspruches nach § 61 nicht; Rufbereitschaft ist keine Arbeitszeit (VG Düsseldorf, Urt. v. 20.8.2015, 26 K 3505/14). Soweit eine Verpflichtung besteht, **begrenzte Mehrarbeit ohne Ausgleich** zu leisten, ist dies Ausfluss des zum Dienstherrn bestehenden Dienst- und Treueverhältnisses (vgl. *Battis,* § 88 BBG Rn. 4; *Plog/Wiedow,* § 88 BBG, Rn. 18 f.; vgl. zu Teilzeitbeschäftigten BVerwG, PersR 2011, 142). In der Praxis ist manchmal strittig, ob Mehrarbeit wirklich konkret „angeordnet" wurde. Wenn Beamten z. B. lediglich zusätzliche zeitintensive Aufgaben zugewiesen sind, welche auf dem Dienstposten zu erledigen sind, ist dies nicht mit einer Anordnung zur Mehrarbeit gleichzusetzen, auch wenn die Aufgabenerledigung mit Mehrarbeit verbunden ist (VG Düsseldorf, Urt. v. 17.12.2008, 13 K 5885/07). Die **Anordnung der Mehrarbeit** muss sich grundsätzlich auf konkrete, zeitlich abgegrenzte Mehrarbeitstatbestände beziehen bzw. gerade auf Mehrarbeit abzielen bzw. eine solche zum Gegenstand haben, um im arbeitszeitrechtlichen Sinne wirklich „Mehrarbeit" zu sein (VG Düsseldorf, Urt. v. 21.1.2015, 2 K 5118/13; VG Düsseldorf, Urt. v. 17.12.2008, 13 K 5885/07; VG Gelsenkirchen, Urt. v. 26.8.2009, 1 K 3916/07; OVG Münster, ZBR 2009, 128; BVerwG, ZBR 2003, 383; die bei Opt-Out-Vereinbarungen nach § 5 AZVOFeu begründete Erhöhung der Wochenarbeitszeit stellt im Erhöhungsrahmen keine „Mehrarbeit" dar, vgl. OVG Münster, B. v. 6.3.2015, 6 A 2272/13; vgl. zum Begriff der „Mehrarbeit" *Hoffmann,* RiA 2013, 149, 150 ff.). Es besteht unter den Voraussetzungen des § 72 Abs. 4 Satz 1 Nr. 2 LPVG ein Mitbestimmungsrecht für die Anordnung von Überstunden oder Mehrarbeit sowie hinsichtlich des Ausgleichs von Mehrarbeit. Ein Personalrat hat ungeachtet seiner Überwachungsaufgaben keinen Anspruch auf Einblick in die Arbeitszeitkonten von einzelnen konkreten Beschäftigten (OVG Münster, DVBl 2013, 193 – bestätigt durch BVerwG, NZA 2014, 860).

II. Rechtswidrige Anordnung von Mehrarbeit/Freizeitausgleich

2   Bei **rechtswidriger Anordnung von Mehrarbeit** kann aus dem Grundsatz von **Treu und Glauben** (§ 242 BGB) ein **Anspruch auf Dienstbefreiung** in entsprechender Stundenhöhe entstehen (BVerwG, B. v. 6.7.2010, 2 B 67/09 (2 C 37/10); BVerwG, B. v. 10.6.2009, 2 B 26/09; OVG Münster, ZBR 2009, 128; VG Köln, Urt. v. 11.12.2009, 19 K 5656/08; s. a. VG Düsseldorf, Urt. v. 4.5.2016, 13 K 5760/15). Es müsste im konkreten

Fall unbillig und für den Beamten unzumutbar sein, wenn er keinen Freizeitausgleich bekäme (OVG Münster, ZBR 2009, 128; es kann sich in bestimmten Fallgestaltungen auch die Frage einer Geldentschädigung stellen, vgl. VG Düsseldorf, Urt. v. 4.5.2016, 13 K 5760/15). Der Beamte darf dann nicht schlechter (aber auch nicht besser) gestellt werden, als er stehen würde, wenn die Vorschrift ordnungsgemäß angewendet worden wäre. § 61 Abs. 1 Satz 2 ist insofern in solchen Fällen in einer Weise anzuwenden, welche die beiderseitigen Interessen von Beamten und Dienstherrn zu einem billigen Ausgleich bringt und dabei dem Sinn und Zweck der Arbeitszeitregelung gerecht wird (BVerwG, B. v. 10.6. 2009, 2 B 26/09; BVerwG, ZBR 2003, 383; OVG Münster, ZBR 2009, 352; VG Köln, Urt. v. 11.12.2009, 19 K 5656/08). Regelmäßig ist dies die Gewährung entsprechenden Freizeitausgleichs, wobei z.B. Bereitschaftsdienst – etwa bei der Feuerwehr – in geringerem Umfang auszugleichen ist als voller Dienst (OVG Münster, ZBR 2009, 352; VG Gelsenkirchen, Urt. v. 14.10.2008, 12 K 128/08; anders bei rechtswidriger Überschreitung höchstzulässiger Arbeitszeit, vgl. BVerwG, Städte- und Gemeinderat 2011, Nr. 12, 34; OVG Münster, B. v. 1.3.2012, 6 A 3123/08). Bei **Überschreitungen der höchstzulässigen Arbeitszeit,** wie sie im Bereich der Feuerwehren unter Verstoß gegen Unionsrecht vorgekommen sind, gibt es Besonderheiten beim Ausgleich (vgl. dazu § 60 Rn. 2; *Rieger,* ZBR 2013, 237; BVerwG, NVwZ 2012, 643; OVG Münster, B. v. 1.3.2012, 6 A 3123/08; s. zum Ausgleich von unionswidrig geleisteter Zuvielarbeit bei einem Dienstherrnwechsel OVG Münster, B. v. 28.7.2014, 6 A 755/13; s.a. OVG Münster, B. v. 6.3.2015, 6 A 2272/13; VG Düsseldorf, Urt. v. 25.4.2014, 26 K 226/13). Der **Freizeitausgleich für Zuvielarbeit** ist von einem (rechtzeitigen) **Antrag des Beamten** abhängig, weil z.B. dem Dienstherrn die Möglichkeit gegeben werden muss, sich auf die Verpflichtung zur Gewährung von Freizeitausgleich (rechtzeitig) einzustellen (VG Minden, Urt. v. 30.10.2008, 4 K 2803/07 – bestätigt durch OVG Münster, B. v. 8.6.2009, 1 A 3143/08).

III. Mehrarbeitsvergütung

§ 61 Abs. 2 legt als Grundsatz fest, dass **als Ausgleich** für Mehrarbeit **Dienstbefreiung** **3** (Freizeitausgleich) zu erteilen ist. Nur wenn diese aus **zwingenden dienstlichen Gründen** nicht möglich ist, kommt stattdessen eine **Mehrarbeitsvergütung** unter den dortigen Rahmenbedingungen zum Tragen. Dienstliche Gründe können nur solche aus der Sphäre des Dienstherrn sein. Eine **Erkrankung des Beamten** stellt keinen zwingenden dienstlichen Grund dar, weil er nur dessen persönliche Sphäre betrifft (OVG Münster, B. v. 27.8.2015, 6 A 712/14; VG Düsseldorf, Urt. v. 6.3.2012, 26 K 2249/11). Auch der Umstand, dass ein Lehrer wegen vorzeitigen Eintritts in den Ruhestand nicht mehr die ihm zustehenden Entlastungsstunden in Anspruch nehmen kann, begründet nach Ansicht des VG Gelsenkirchen keinen finanziellen Ausgleichsanspruch für diese nicht mehr realisierbaren Entlastungsstunden (VG Gelsenkirchen, Urt. v. 2.9.2015, 1 K 4906/13). Das VG Düsseldorf hat hingegen in einem Urteil vom 4.5.2016 entschieden, dass einem krankheitsbedingt vorzeitig in den Ruhestand versetzten JVA-Beamten für (krankheitsbedingt) nicht ausgeglichene Überstunden in entsprechender Anwendung des Grundsatzes von Treu und Glauben (§ 242 BGB) eine Geldentschädigung zu zahlen ist (VG Düsseldorf, Urt. v. 4.5.2016, 13 K 5760/15). Hier lagen offenbar besondere Einzelfallumstände vor, weil es sich um über Jahre rechtswidrig auferlegte Überstunden handelte, die im Zuge der dienstlichen Personalsituation in der JVA nicht abgebaut werden konnten (vgl. dazu VG Düsseldorf, Urt. v. 4.5.2016, 13 K 5760/15). **Zwingende dienstliche Gründe** i.S.d. § 62 Abs. 2 sind nur gegeben, wenn eine an sich gebotene Freistellung des Beamten als Ausgleich für geleistete Mehrarbeit zwangsläufig mit einer **nicht unerheblichen Beeinträchtigung** oder **Gefährdung des Dienstbetriebes** verbunden wäre, also die Dienstbefreiung Belange der Allgemeinheit gefährden oder schädigen würde (OVG Münster, ZBR 2011, 52 – zum insoweit gleichlautenden § 72 Abs. 2 Satz 3 BBG a.F. bzw. § 88 Satz 4 BBG; s.a.

VG Aachen, Urt. v. 10.4.2013, 1 U 2129/10; s. in dem Kontext die Praxishinweise von *Braun,* RiA 2010, 225; s. a. *H. Günther,* RiA 2006, 165). Eine aktuelle Personalknappheit stellt nicht automatisch einen „zwingenden dienstlichen Grund" für die Verweigerung einer Dienstbefreiung als Ausgleich für geleistete Mehrarbeit dar. Anderenfalls würde dem Grundsatz nicht Rechnung getragen, dass aus Fürsorgegründen grundsätzlich Freizeitausgleich für geleistete Mehrarbeit vom Dienstherrn geschuldet wird (OVG Münster, ZBR 2011, 52). Wenn ein aktueller – und ggf. hausgemachter und latenter – **Personalengpass** vom Dienstherrn durch organisatorische Maßnahmen wie etwa Versetzungen oder Neueinstellungen beseitigt werden könne, sei vielmehr – so das OVG Münster – eine Situation gegeben, die zu einer Verneinung eines zwingenden dienstlichen Grundes führe, weil unter den heutigen personalwirtschaftlichen Verhältnissen sonst der Ausnahmefall zur Regel würde (OVG Münster, ZBR 2011, 52). Die Hürden für einen Ausgleich von Mehrarbeit in Geld liegen also relativ hoch. Soweit strukturelle Defizite in der Personalausstattung bestehen, wird ein Dienstherr sie nicht auf Dauer durch Mehrarbeit „lösen" können, weil ihm zunehmend der Weg über eine Mehrarbeitsvergütung versperrt wird (vgl. auch BVerwGE 88, 60). Der Dienstherr darf sich nicht auf Dauer darauf einrichten, einen Teil seines Personalbedarfs durch Heranziehung der Beamten zur Mehrarbeit zu decken (BVerwGE 88, 60). Ist ein **Freizeitausgleich aus zwingenden dienstlichen Gründen nicht möglich,** kann für bestimmte Beamte für einen Zeitraum von längstens 480 Stunden im Jahr eine **Mehrarbeitsvergütung** gezahlt werden. Dies macht deutlich, dass darüber hinaus gehende Mehrarbeit ausschließlich durch Freizeit ausgeglichen werden soll. Ferner soll dadurch einem etwaigen Interesse eines Beamten an der Leistung weitgehender Mehrarbeit und an einer dazu führenden Diensteinteilung usw. entgegengewirkt werden (BVerwGE 80, 60). Von der Vorschrift werden nur Beamte mit sog. aufsteigenden Gehältern erfasst (Bes A). Da **Richter** aufgrund ihrer richterlichen Unabhängigkeit keiner festen Arbeitszeitregelung unterliegen, scheidet für sie eine Mehrarbeitsvergütung aus (VG Minden, Urt. v. 5.8.2010, 4 K 3401/09; OVG Münster, B. v. 5.10.2010, 1 A 3306/08; s. a. BVerwG, B. v. 21.9.1982, 2 B 12.82). Die Vergütungshöhe bei in Geld auszugleichender Mehrarbeit ist nicht im LBG geregelt; sie ergibt sich aus der **Verordnung über die Gewährung von Mehrarbeitsvergütung für Beamte** (vgl. dazu den RdErl. d. FM v. 30.9.1974 – B 2135 – 4.1 – IV A 3, MBl. NRW. 1974, S. 1522, geändert durch RdErl. v. 7.4.1976, MBl. NRW. 1976 S. 721; zur Abgeltung von Mehrarbeitsstunden bei teilzeitbeschäftigten Beamten vgl. VG Aachen, Urt. v. 30.10.2012, 1 K 682/10; BVerwG, DVBl 2008, 870; EuGH, Urt. v. 6.12.2007, C-300/06).

§ 62 Fernbleiben vom Dienst

(1) ¹**Die Beamtin oder der Beamte darf dem Dienst nicht ohne Genehmigung fernbleiben. ²Dienstunfähigkeit infolge Krankheit ist auf Verlangen nachzuweisen.**

(2) **Verliert die Beamtin oder der Beamte wegen schuldhaften Fernbleibens vom Dienst ihren oder seinen Anspruch auf Dienstbezüge, so wird dadurch eine disziplinarrechtliche Verfolgung nicht ausgeschlossen.**

Übersicht

I. Ungenehmigtes Fernbleiben vom Dienst

Die Vorschrift legt mit dem **Verbot des ungenehmigten Fernbleibens vom Dienst** 1 eine Selbstverständlichkeit fest. Jeder Beamte hat zum Dienst in seiner Dienststelle (pünktlich) zu erscheinen und Dienst zu verrichten. Besonderheiten ergeben sich für Beamte, die wegen der Struktur ihrer Aufgaben – etwa Polizisten – in weitem Umfang außerhalb der jeweiligen Dienststelle ihren Dienst verrichten und insoweit natürlich „trotzdem" im Dienst sind bzw. diesem nicht fernbleiben (*Schachel* in Schütz/Maiwald, § 62 LBG Rn. 3). Es kommt für die Pflichtenbestimmung i. S. d. § 62 Abs. 1 Satz 1 auf die jeweiligen Arbeitsumstände und dienstlichen Anordnungen usw. an. Wird die Pflicht vom Beamten verletzt, weil er **ungenehmigt bzw. ohne rechtfertigenden Grund dem Dienst fernbleibt,** hat dies regelmäßig **besoldungsrechtliche und dienstrechtliche (disziplinarrechtliche) Konsequenzen** (BVerwG, NVwZ 2000, 445; BVerwG, BayVBl 1995, 217; *H. Günther,* ZBR 1997, 107 u. ZBR 2000, 368; *Summer,* PersV 2004, 416; vgl. zur disziplinarrechtlichen Relevanz des Fernbleibens vom Dienst *Keller,* Disziplinarrecht, S. 315–317). Differenzen mit dem Dienstherrn wegen Dingen wie dem Arbeits- und Einsatzort bzw. der Rechtmäßigkeit einer Versetzung/Umsetzung führen nicht dazu, dass der Beamte einen temporären Rechtfertigungsgrund hätte, den verlangten Dienst nicht an dem für ihn vorgesehenen Arbeitsort abzuleisten. Er kann eine gerichtliche Klärung herbeiführen, ob z.B. die neue Tätigkeit amtsangemessen ist (*Summer,* PersV 2004, 416; vgl. zur Amtsangemessenheit *Schweiger,* ZBR 2011, 245 ff.; OVG Münster ZBR 2013, 90). Ist hingegen der Beamte am Dienstort und formal am vorgesehenen konkreten Arbeitsplatz zur vorgesehenen Zeit im Dienst und verbleibt dort die vorgesehene (Mindest-)Zeit, liegt selbst dann kein „Fernbleiben vom Dienst" vor, wenn eigentlich eine Art **„inhaltliches/ inneres Fernbleiben"** vom Dienst vorliegt, weil der Beamte die Ausführung dienstlicher Verrichtungen – etwa wegen eines Konflikts über eine Umsetzung – verweigert oder schwerpunktmäßig Privates erledigt (*Schachel* in Schütz/Maiwald, § 62 LBG Rn. 3; *Summer,* PersV 2004, 416: „passive Resistenz" – vgl. dazu OVG Münster, ZBR 1992, 388). Die darin liegenden Pflichtverstöße werden von anderen Vorschriften erfasst (§§ 34 Satz 1 u. 3, 35 Satz 2 BeamtStG) und sind nicht besoldungsrechtsschädlich (*H. Günther,* ZBR 2000, 369). Ob ein Fernbleiben vom Dienst anzunehmen ist, wenn sich ein Beamter nicht an den neuen für ihn vorgesehenen Arbeitsplatz in der Behörde begibt, sondern am alten Arbeitsplatz verharrt, wird unterschiedlich gesehen (vgl. *Schachel* in Schütz/Maiwald, § 62 LBG Rn. 3: Kein Fernbleiben vom Dienst; a. A. *H. Günther,* ZBR 2000, 368, 369). Eine möglicherweise auf dem neuen Arbeitsplatz gegebene unterwertige Beschäftigung gibt unstreitig kein Recht, dem Dienst ganz fernzubleiben, da es möglich und ohne weiteres zumutbar ist, den Rechtsweg zu beschreiten (*Schachel* in Schütz/Maiwald, § 62 LBG Rn. 11). Es spricht viel dafür, einen wirksamen Dienstantritt mindestens davon abhängig zu machen, dass sich der Beamten an den für ihn vorgesehenen konkreten Arbeitsplatz begibt. Das allein „irgendwie" physische Anwesendsein auf dem dienstlichen Gelände bzw. altem Arbeitsplatz (vor der Umsetzung) kommt dem Fernbleiben gleich (*Summer,* PersV 2004, 416; *H. Günther,* ZBR 2000, 369; vgl. aber OVG Münster, ZBR 1992, 388; wie hier BVerwG, NVwZ-RR 2003, 660).

Kein ungenehmigtes Fernbleiben liegt vor, wenn der Dienstherr sein **Einverständ-** 2 **nis zum Fernbleiben** individuell oder allgemein für den fraglichen Tag/Zeitraum erteilt hat (u.a. genehmigter Urlaub nach § 71, Sonderurlaub, Zeitausgleich, anerkannter „Brauchtumstag"). Gleiches gilt nach § 62 Abs. 1 Satz 2 im Falle krankheitsbedingter **Dienstunfähigkeit,** wobei es auf die Ursache für eine Erkrankung nicht ankommt (BVerwGE 73, 27; a.A. für Fall rechtsmissbräuchlicher Herbeiführung der Dienstunfähigkeit *Metzler-Müller* in MRSZ, § 34 BeamtStG Erl. 2.1). In § 62 Abs. 1 kommt der Grundsatz zum Ausdruck, „dass wegen Krankheit versäumte Dienstzeit arbeitszeitrechtlich so zu behandeln ist, als habe der Beamte Dienst im vorgesehenen Umfang geleistet" (OVG

Münster, DÖD 2012, 41). Observationen eines Beamten wegen des Verdachts, er könnte entgegen vorgelegten privatärztlichen Attesten doch dienstfähig sein und seine Erkrankung wahrheitswidrig vorspiegeln, kommen nur unter engsten Voraussetzungen in Betracht (OVG Koblenz, ZBR 2013, 356).

II. Fernbleiben wegen Straf- oder Untersuchungshaft

3   Die Festlegung einer Genehmigungspflicht in § 62 Abs. 1 Satz 1 legt keinen rechtlichen Automatismus fest, dass immer nur bei Vorliegen einer formalen Genehmigung des Dienstherrn kein Dienstvergehen wegen Fernbleibens vom Dienst vorliegt. Wenn allerdings keine (vorherige) formale Genehmigung vorliegt, das Fernbleiben aber genehmigungsfähig, schuldlos oder gerechtfertigt ist, hat der Beamte die entsprechenden Sachverhalte so schnell wie möglich dem Dienstherrn mitzuteilen. Zu den an sich klassischen Rechtfertigungsgründen für ein Fernbleiben zählt eine **Straf- oder Untersuchungshaft** (BVerwG, NVwZ-RR 1995, 96; OVG Münster, DÖV 1996, 299; *Schachel* in Schütz/ Maiwald, § 62 LBG Rn. 11; *Summer,* PersV 2004, 416, 418; *H. Günther,* ZBR 1997, 107, 113 ff.). Allerdings bestimmt für diesen Fall § 11 Abs. 2 LBesG Folgendes:

> „(2) Der Vollzug einer Freiheitsstrafe, die rechtskräftig von einem deutschen Gericht verhängt wurde, gilt als schuldhaftes Fernbleiben vom Dienst. Für die Zeit einer Untersuchungshaft wird die Besoldung unter dem Vorbehalt der Rückforderung gezahlt. Die Besoldung ist zurückzuerstatten, wenn die oder der Betroffene wegen des dem Haftbefehl zugrunde liegenden Sachverhalts rechtskräftig zu einer Freiheitsstrafe verurteilt wird."

Soweit der Beamte einen Strafantritt wegen Versäumung pünktlicher Zahlung einer verhängten Geldstrafe vermeiden kann und dies nicht tut, ist ebenfalls ein zum Besoldungsverlust führendes Fernbleiben vom Dienst anzunehmen (*Schachel* in Schütz/Maiwald, § 62 LBG Rn. 11 unter Hinw. auf BVerwG, ZBR 1994, 384; *Metzler-Müller* in MRSZ, § 34 BeamtStG Erl. 2.1; *H. Günther,* ZBR 1997, 114). Eine polizeiliche Vernehmung eines vorläufig festgenommenen Beamten rechtfertigt rechtlich sein Fernbleiben vom Dienst (*Schachel* in Schütz/Maiwald, § 62 LBG Rn. 11). Soweit es um eine Teilnahme eines Beamten an Gerichtsterminen als Zeuge geht, ist z.B. bei Polizeibeamten in von ihnen ermittelten Sachverhalten usw. von vornehrein von einer dienstliche Tätigkeit auszugehen. In anderen Fällen, wo Beamte ohne konkreten Dienstbezug als Zeugen aussagen müssen, kommt eine Dienstbefreiung oder Sonderurlaub in Frage und sollte auch gewährt werden (vgl. *H. Günther,* ZBR 1997, 117).

III. Fernbleiben wegen Streikteilnahme

4   Eine **Teilnahme an Warnstreiks** durch einen im Dienst befindlichen Beamten verletzt § 62 Abs. 1 Satz 1 (VG Düsseldorf, PersR 2011, 167; *Sonntag/Hoffmann,* RiA 2012, 137; *Kutzki,* DÖD 2011, 169, 170). Allerdings hatte das VG Düsseldorf 2010 unter Hinweis auf Entscheidungen des EGMR vom 12.11.2008 und 21.4.2009 (EGMR, ArbuR 2009, 269 u. EGMR, ArbuR 2009, 274) gleichwohl eine Disziplinarverfügung gegen eine Lehrerin wegen Teilnahme am Warnstreik aufgehoben, da die **Europäische Menschenrechtskonvention (EMRK)** angeblich auch **Beamten Streikrechte garantiere** (VG Düsseldorf, PersR 2011, 167; s. a. VG Kassel, ZBR 2011, 386; a. A. VG Osnabrück, ZBR 2011, 389: Kein Streikrecht für beamtete Lehrer – bestätigt durch OVG Lüneburg, ZBR 2013, 57, mit Anm. von *Baßlsperger;* vgl. zur Thematik die ausführliche Darstellung von *M. Schulz,* Zum Streikrecht von Beamten, 2016; *Neuhäuser/Otto,* DVBl 2016, 393; *Pollin,* Das Streikverbot für verbeamtete Lehrer, 2015; *Gooren,* NJW 2014, 2218; *Battis,* Streikverbot für Beamte, 2013; *Di Fabio,* Das beamtenrechtliche Streikverbot, 2012; *Greiner,* DÖV 2013, 623; *Böhm,* PersV 2012, 164; *E. Klein,* Festschrift für Klaus Stern, 2012, 389, 399; *Werres,*

Beamtenverfassungsrecht, 2011, Rn. 239; *Hebeler,* ZBR 2012, 326; *Nokiel,* DÖD 2012, 152; *Polakiewicz/Kessler,* NVwZ 2012, 841; *Baßlsperger,* PersV 2012, 287, 297; *Bitsch,* ZTR 2012, 78; *Kutzki,* DÖD 2011, 169; *Löber,* ArbuR 2011, 76; *Lindner,* DÖV 2011, 305; *Werres,* DÖV 2011, 873, 879 ff.; *Battis,* ZBR 2011, 397; *Gooren,* ZBR 2011, 400; *Lörcher,* PersR 2011, 457; *Lörcher,* ArbuR 2009, 229; *Schaad,* PersR 2010, 466; *Seifert,* KritV 2009, 357). Das Streikrecht stehe auch Beamten zu, es sei denn, sie seien hoheitlich tätig (VG Düsseldorf, PersR 2011, 167). Das **OVG Münster** hat als Berufungsinstanz mit Recht die Dinge anders gesehen (OVG Münster, NWVBl. 2012, 306 – vgl. dazu *Sonntag/Hoffmann,* RiA 2012, 137, wonach durch die Entscheidung „das beamtenrechtliche Koordinatensystem wieder zurechtgerückt" wurde; zustimmend auch *Hebeler,* ZBR 2012, 325 und *Sachs,* NWVBl. 2012, 317). Es gebe – so das OVG Münster in seinem sehr sorgfältig begründeten und dogmatisch überzeugenden Urteil (vgl. auch *Di Fabio,* Das beamtenrechtliche Streikverbot, S. 13) – **kein Streikrecht für Beamte** (OVG Münster, NWVBl. 2012, 306 – vgl. die Revisionszulassung durch das BVerwG, ZTR 2013, 79; s. a. *Lindner,* ZBR 2013, 145, 146 f.; s. a. OVG Lüneburg, ZBR 2013, 57). Der EMRK komme im deutschen Recht keine über den Rang eines einfachen Bundesgesetzes hinausgehende Wirkung zu, so dass das höherrangige Grundgesetz mit den hergebrachten Grundsätzen des Berufsbeamtentums (Art. 33 Abs. 5 GG) und dem Streikverbot entscheidend sei (OVG Münster, NWVBl. 2012, 306; s. a. OVG Lüneburg, ZBR 2013, 57; s. a. *Di Fabio,* a.a.O., S. 19–20). Überdies fehlt es bei Beamten an einem legitimen Streikziel in Form des Abschlusses eines Tarifvertrages (*Michaelis,* JA 2015, 121, 122; OVG Lüneburg, ZBR 2013, 57; *Schubert,* AöR 2012, 92, 96 m. w. N. – s. zum unzulässigen Einsatz von Beamten als „Streikbrecher" BVerfG, NJW 1993, 1379; *Schlenzka,* PersR 2008, 48, 50–51). Das **BVerwG** vertritt hingegen in seinem umstrittenen **Revisionsurteil vom 27.2.2014 zu Streiks durch Beamte** eine andere Rechtsposition als die Vorinstanz OVG Münster (BVerwG, Urt. v. 27.2.2014, 2 C 1.13 = ZBR 2014, 195 mit kritischen Anmerkungen von *Battis; Neuhäuser/Otto,* DVBl 2016, 393; *Wißmann,* ZBR 2015, 294; *Michaelis,* JA 2015, 121, 122; *Buchholtz,* DVBl 2014, 786; *Steinau-Steinrück/Sura,* NZA 2014, 580; *Schaks,* NVwZ 2014, 743; *Kutscha,* Recht und Politik 2014, 206; *Gooren,* NJW 2014, 2218).

Das BVerwG hat zwar dem Grunde nach die Revision zurückgewiesen und ausgeführt, dass das Beamtenstreikverbot ein hergebrachter Grundsatz des Berufsbeamtentums i. S. d. Art 33 Abs. 5 GG sei und bis auf weiteres gelte. Aus der Rechtsprechung des EMRK folge jedoch – so das BVerwG –, die Pflicht, ein **funktionsbezogenes Beamtenstreikrecht** anzuerkennen (BVerwG, ZBR 2014, 195). Die aktuelle Kollisionslage zwischen deutschem Verfassungsrecht und den Vorgaben des Art 11 EMRK müsse behoben werden, wozu der Bundesgesetzgeber vor dem Hintergrund des Art. 33 Abs. 5 GG, Art. 74 Nr. 27 GG berufen und aufgerufen sei (BVerwG, a. a. O.). Bis zu einer bundesgesetzlichen Regelung gelte aber das allgemeine Streikverbot für alle Beamten – einschließlich der disziplinarrechtlichen Sanktionsmöglichkeit bei einem Verstoß – fort (BVerwG, ZBR 2014, 195; BVerwG, NVwZ 2015, 811 – vgl. dazu Hufen, JuS 2016, 88; *Keller,* Disziplinarrecht, S. 349).

In seinem Urteil erwägt das BVerwG (teilweise sehr vage), wie der Bundesgesetzgeber die (angebliche) Kollisionslage lösen könnte (BVerwG, ZBR 2014, 195 – mit Recht äußerst krit. dazu Battis, ZBR 2014, 201, 202: „zum Teil abenteuerliche Mutmaßungen, wie der Bundesgesetzgeber den Konflikt lösen könne"; *Battis/Grigoleit/Hebeler,* NVwZ 2016, 194, 197; *Michaelis,* JA 2015, 121; *Buchholtz,* DVBl 2014, 787; *Wißmann,* ZBR 2015, 294). Im Ergebnis wird ein partielles Beamtenstreikrecht vom BVerwG (künftig nur Streikverbot für Beamte im engeren hoheitlichen Bereich) als „Lösung" des Gesetzgebers angesehen. Dies würde aber ganz erhebliche praktische (Abgrenzungs-)Probleme innerhalb der Beamtenschaft aufwerfen (vgl. *Michaelis,* JA 2015, 121, 125; *Steinau-Steinrück/Sura,* NZA 2014, 580). Das gesamte „austarierte Gegenseitigkeitsverhältnis besonderer Leistungsprivilegien und Loyalitätspflichten in der Beamtenbeziehung" (*Steinau-Steinrück/Sura,* NZA 2014, 580) käme ins Wanken und das Gesamtkonzept des deutschen Berufsbeamtentums würde voraussichtlich mit sehr negativen Auswirkungen für die Gesamtgesellschaft auseinanderbrechen, da der besondere Status in weiten Teilen der Beamtenschaft wegen partieller Streikrechte seine Legitimation verlöre (s. a. die überzeugende Kritik von *Battis*, ZBR 2014, 201; *Wißmann*, ZBR 2015, 294, 296; *Michaelis*, JA 2015, 121, 125). Man mag sich nicht vorstellen, welche Auswirkungen für die staatliche Daseinsvorsorge Kampfmaßnahmen von erheblichen Teilen der Beamtenschaft – der außerhalb des engen hoheitlichen Bereichs agierenden „Randbereichsbeamten" – hätten. Der öffentliche Dienst hat eine fundamentale Bedeutung für ein funktionierendes Gemeinwesen, so dass eine Ausweitung von „Streikberechtigten" von der Folgenseite her verheerend wäre (vgl. *Hufen*, JuS 2014, 670, 672–673). Mit der von gewichtigen Teilen der Literatur mit Recht sehr kritisch aufgenommenen Entscheidung des BVerwG ist das **Streikverbot unter erheblichen Druck** geraten (vgl. die deutliche Kritik von *Battis*, ZBR 2014, 201; *Neuhäuser/Otto*, DVBl 2016, 393; *Wißmann*, ZBR 2015, 294). Das Unverständnis von *Wißmann*, warum das BVerwG „ohne äußeren Zwang (sprich ohne direkte Maßgaben des EGMR) das geschlossene System des Dienstrechts konzeptionell aufgesprengt" hat, wird geteilt (*Wißmann*, ZBR 2015, 294, 297; s. aber auch *Neuhäuser/Otto*, DVBl 2016, 393). In einem nachfolgenden Beschluss vom 26.2.2015 zu einem weiteren Fall einer Lehrerin (aus Schleswig-Holstein) hat das BVerwG – kaum überraschend – seine einmal eingeschlagene Linie beibehalten (BVerwG, NVwZ 2015, 811 – vgl. dazu *Hufen*, JuS 2016, 88; s. a. die Vorinstanz OVG Schleswig, BeckRS 2015, 43474). Das **BVerfG,** das jetzt mit der Thematik befasst ist (BVerfG, 2 BvR 1738/12; 2 BvR 1395/13; 2 BvR 1068/14; 2 BvR 646/15 – das Verfahren 2 BvR 1068/14 betrifft eine (ehemalige) NRW-Lehrerin und richtet sich gegen das Revisionsurteil des BVerwG vom. 27.2.2014, 2 C 1/13), wird hoffentlich dem tradierten beamtenrechtlichen Streikverbot in Deutschland den ihm zukommenden Stellenwert zuweisen (*Wißmann*, ZBR 2015, 294, 301: „Das BVerfG sollte der Versuchung widerstehen, die Aufhebung des Streikverbots als Morgengabe im europäischen Gerichtsverbund darzubringen."; *Battis*, ZBR 2014, 202). Es geht schließlich um nicht mehr und nicht weniger als „um einen Grundpfeiler in der Statik des Öffentlichen Dienstrechts" (*Wißmann*, ZBR 2015, 294; s. a. *Lindner*, Zur politischen Legitimation des Berufsbeamtentums, 2014, S. 12 ff.). Das Streikverbot ist nicht mehr und nicht weniger als ein „Akzeptanz-Anker" für das Berufsbeamtentum (*Lindner*, Zur politischen Legitimation des Berufsbeamtentums, S. 12; *Battis/Grigoleit/Hebeler*, NVwZ 2016, 194, 197). Wer daran rüttelt, muss sich klar sein, dass er mit unabsehbaren (tendenziell stark negativen) Folgen für die gesamte Gesellschaft die **Büchse der Pandora** öffnet. Die dramatischen Folgen sind aus der griechischen Mythologie bestens bekannt. Der VGH Kassel hat in einem Urteil vom 18.11.2014 mit Recht einen Anspruch eines Beamten auf Dienstbefreiung zur Teilnahme an einer gewerkschaftlichen Demonstration anlässlich eines Streiks abgelehnt (VGH Kassel, Urt. v. 18.11.2014, 1 A 2303/11 – Leitsatz in DÖV 2015, 300). Das BVerwG hat die Entscheidung bestätigt (B. v. 30.6.2016, 2 B 3.15).

IV. Nachweis der Dienstunfähigkeit; § 62 Abs. 1 Satz 2

5   Eine **Dienstunfähigkeit** liegt vor, wenn ein Beamter aufgrund seines körperlichen oder geistigen Zustandes außer Stande ist, den ihm übertragenen dienstlichen Aufgaben in zumutbarer Weise nachzukommen (BVerwG, NVwZ 2007, 960). Ein Beamter kann Feststellungsklage erheben, wenn die Frage des berechtigten krankheitsbedingten Fernbleibens vom Dienst streitig ist (OVG Münster, B. v. 4.1.2010, 6 B 1116/09; VG Düsseldorf, Urt. v. 30.6.2010, 2 K 1477/09). Wenn zwischen einem beamteten Lehrer und dem Dienstherrn Streit über die Frage der Dienstfähigkeit bestand und der Lehrer vor diesem Hintergrund trotz amtsärztlich festgestellter Dienstfähigkeit dem Dienst fernbleibt, obliegt es dem Lehrer seinem Dienstherrn anzuzeigen, dass und ab wann aus seiner Sicht wieder seine Dienstfähigkeit vorliegt (BVerwG, Urt. v. 23.6.2016, 2 C 24.14 – zuvor OVG Münster, Urt. v. 4.7.2013, 3 A 1879/11). Diese Pflicht besteht für einen Lehrer auch nach Beginn von

Schulferien, da eine Schulleitung in einer derartigen Fallkonstellation Klarheit haben muss, ob und wann sie für das nächste Schuljahr mit dem Lehrer rechnen kann. Unterlässt der Lehrer gleichwohl die Anzeige der umstrittenen Wiederherstellung seiner Dienstfähigkeit, hat dies nach einer Entscheidung des BVerwG vom 23.6.2016 zu Recht die Bezügeverlustfeststellung zur Folge (BVerwG, Urt. v. 23.6.2016, 2 C 24.14). Der Anspruch auf Besoldung entsteht erst wieder, wenn die Schulleitung korrekt über die auch aus Sicht des Lehrers wieder hergestellte Dienstfähigkeit von diesem informiert wurde (BVerwG, Urt. v. 23.6.2016, 2 C 24.14). Auch wenn von einem Beamten ein krankhafter Zustand selbst in vorwerfbarer Weise verschuldet worden ist (z. B. Alkoholismus/Verletzung bei Risikosportarten), führt dies nicht dazu, deswegen ein ungenehmigtes Fernbleiben vom Dienst anzunehmen (*Battis*, § 96 BBG Rn. 4; BVerwG, Urt. v. 12.10.2006, 1 D 2.05; BVerwG, Buchholz 240 § 9 BBesG Nr. 17; VG Chemnitz, B. v. 22.3.2004, 6 K 1813; vgl. zu Arbeitsverhinderungen wegen Sportverletzungen bei Ausübung von Kampfkünsten wie Hapkido, Hanguldo oder beim Boxen *J.-M. Günther*, SpuRt 2008, 58). Dies ist Folge davon, dass eine „an Gesetz und Recht orientierte, ordnungsgemäß und möglichst fehlerfrei funktionierende Verwaltung (…) vor Störungen durch naturgemäß eintretende oder doch zumindest zu befürchtende Fehlleistungen dienstunfähiger Beamter geschützt werden muss" (BVerwG, RiA 1980, 238).

Nicht ungenehmigt dem Dienst fern bleibt auch der erkrankte Beamte (VG Düsseldorf, **6** B. v. 10.11.2014, 26 L 2169/14), selbst wenn er es versäumt hat, seine Dienstfähigkeit durch **geeignete (Therapie-)Maßnahmen** wieder herzustellen (OVG Schleswig, Urt. v. 10.6.2004, 14 LB 3/03). Es kann dann aber gegen die aus § 34 BeamtStG ableitbare sog. **Gesunderhaltungspflicht** verstoßen worden sein (OVG Münster, NVwZ-RR 1998, 165; vgl. zu den Grenzen OVG Münster, NJW 1990, 2950; *Metzler-Müller* in MRSZ, § 34 BeamtStG Erl. 2.5; *Reich,* § 34 BeamtStG Rn. 7). Aus ihr kann abgeleitet werden, dass der Beamte gehalten ist, während einer Dienstunfähigkeit die Genesung verzögernde oder erschwerende Aktivitäten zu unterlassen bzw. zumutbare Aktivitäten zur Rückerlangung der Gesundheit zu ergreifen (vgl. *Schachel* in Schütz/Maiwald, § 62 LBG Rn. 9; zur Problematik von Nebentätigkeiten während einer Erkrankung vgl. § 49 Rn. 19). Fehlte ein Beamter zunächst pflichtwidrig und tritt dann während des Fernbleibenszeitraums eine (nachgewiesene) Dienstunfähigkeit ein, endet kraft der gesetzlichen Regelung das pflichtwidrige Fernbleiben mit Eintritt der Dienstunfähigkeit; einer besonderen Verwaltungsentscheidung bedarf es in solchen Fällen nicht (BVerwG, Buchholz 240, § 9 BBesG Nr. 17). § 62 Abs. 1 Satz 2 legt fest, dass die krankheitsbedingte Dienstunfähigkeit auf Verlangen nachzuweisen ist. Die genaue **Art des Nachweises** wird nicht im Gesetz bestimmt, sondern durch VV zu § 62 (ärztliche Bescheinigung). Regelmäßig werden **privatärztliche Arbeitsunfähigkeitsbescheinigungen** verlangt, wenn die Erkrankung länger als drei Arbeitstage (vgl. Nr. 1.2 VV zu § 62) andauert. Für Anschlusszeiten sind Folgebescheinigungen notwendig. Nicht anzuerkennen sind Bescheinigungen über eine Erkrankung, die von einem Heilpraktiker ausgestellt werden (vgl. *Tadday/Rescher,* § 62 LBG Erl. 1). Es steht grundsätzlich im Ermessen des Dienstherrn, **bei konkreten Zweifeln den Nachweis der Dienstunfähigkeit** durch **amtsärztliches Attest** oder **Attest eines Polizeiarztes** zu fordern, wobei dies sogar unter bestimmten Umständen – etwa dubioser „Krankheitshistorie" – schon **ab dem ersten Tag des Fernbleibens vom Dienst** geschehen kann (VG Aachen, B. v. 24.2.2016, 1 L 70/16; OVG Münster, RiA 2015, 20 – s. a. die Vorinstanz VG Düsseldorf, B. v. 15.7.2014, 2 L 951/14; VG Düsseldorf, B. v. 10.11.2014, 26 L 2169/14; OVG Münster, Urt. v. 18.2.2004, 6 B 2059/03; s.a. Nr. 1.3 VV zu § 62 für privatärztliche Atteste; BVerwG, *Buchholz* 232 § 73 BBG Nr. 29; im Arbeitsrecht ist keine Begründung erforderlich, vgl. BAG, Urt. v. 14.11.2012, 5 AZR 886/11: § 5 Abs. 1 Satz 3 Entgeltfortzahlungsgesetz berechtigt Arbeitgeber, die Vorlage ärztlicher Bescheinigung über Arbeitsunfähigkeit schon vom ersten (Wochen-)Tag der Erkrankung an zu verlangen). Die Einschaltung des Amtsarztes kann erfolgen, wenn sich berechtigte **Indizien für eine Unrichtigkeit/Ungeeignetheit** vorgelegter **privatärztlicher Bescheinigungen** ergeben (VG Aachen,

B. v. 24.2.2016, 1 L 70/16; VG Düsseldorf, B. v. 10.11.2014, 26 L 2169/14; OVG Münster, Urt. v. 18.2.2004, 6 B 2059/03.; vgl. den Fall einer angeblichen „Berlin-Phobie" eines Polizeibeamten *J.-M. Günther,* Justitia in Nöten, S. 112–114 u. VG Berlin, Urt. v. 11.10.1995, VG 80 A 29.95; *Schachel* in Schütz/Maiwald, § 62 LBG Rn. 15). Der Beamte hat die Pflicht, sich der amtsärztlichen/polizeiärztlichen Untersuchung zu stellen (VG Aachen, B. v. 24.2.2016, 1 L 70/16; OVG Münster, B. v. 21.1.2009, 6 B 1919/08). Bei der entsprechenden **Aufforderung i. S. d. § 62 Abs. 1 Satz 2** an den Beamten handelt es sich – anders als in Fällen des § 33 Abs. 1 – um einen **Verwaltungsakt** i. S. d. § 35 VwVfG NRW (VG Aachen, B. v. 24.2.2016, 1 L 70/16; VG Düsseldorf, B. v. 15.7.2014, 2 L 951/14 – bestätigt von OVG Münster, B. v. 21.8.2014, 5 B 910/14, RiA 2015, 20). Es ist nicht unverhältnismäßig, wenn der Dienstherr festlegt, dass spätestens innerhalb einer Woche nach Bescheidzugang der polizeiärztliche Dienst aufzusuchen ist, damit dieser die Berechtigung der Krankschreibung des Beamten überprüfen kann (VG Düsseldorf, B. v. 15.7.2014, 2 L 951/14 – bestätigt durch OVG Münster, B. v. 21.8.2014, 6 B 910/14, RiA 2015, 20; VG Düsseldorf, B. v. 10.11.2014, 26 L 2169/14). Die zuvorige **Durchführung eines BEM** ist nicht Rechtmäßigkeitsvoraussetzung für einen derartigen Bescheid nach § 62 Abs. 1 Satz 2 (OVG Münster, B. v. 21.8.2014, 6 B 910/14, RiA 2015, 20). Die Einschätzung des mit den besonderen Anforderungen des öffentlichen Dienstes vertrauten und neutralen Amtsarztes hat regelmäßig einen höheren Beweiswert als privatärztliche Bescheinigungen (VG Düsseldorf, B. v. 10.11.2014, 26 L 2169/14; OVG Münster, B. v. 18.2.2004, 6 B 2059/03; OVG Münster, B. v. 10.10.2000, 6 B 4554/00; BVerwG, Urt. v. 9.10.2002, 1 D 3.02; BVerwG ZBR 2001, 297; BVerwG, ZBR 1999, 424; VG Düsseldorf, Urt. v. 30.6.2010, 2 K 1477/09). Allerdings kommt seiner Beurteilung kein unbedingter, sondern nur ein eingeschränkter Vorrang vor einer medizinischen Einschätzung des Privatarztes zu, wenn die medizinischen Beurteilungen des Krankheitsbildes differieren (BVerwG, B. v. 15.2.2010, 2 B 126/09). Der Amtsarzt ist gehalten, sich intensiv mit den vom Privatarzt geltend gemachten Gründen für eine Dienstunfähigkeit auseinanderzusetzen und darzulegen, warum er ihnen ggf. medizinisch nicht zu folgen vermag (BVerwG, DRiZ 2008, 124; BVerwG ZBR 2001, 297; VG Düsseldorf, Urt. v. 30.6.2010, 2 K 1477/09). Außerdem dürfen keine begründeten Zweifel an der **Sachkunde des Amts- bzw. Polizeiarztes** vorliegen (BVerwG, DRiZ 2008, 124; BVerwG, ZBR 2001, 297). Schließlich ist erforderlich, dass die medizinische Begutachtung auf der Basis zutreffender Tatsachengrundlagen erfolgt und in sich stimmig/nachvollziehbar ist (BVerwG, ZBR 2001, 297). Nicht jede behauptete oder vorliegende psychische Störung belässt fernbleibenden Beamten den Besoldungsanspruch. Das OVG Münster hat eine Klage gegen den Verlust der Dienstbezüge abgewiesen, weil bei dem Beamten „gerade die Untherapierbarkeit einer fehlenden Arbeitsmotivation… den Schluss auf Arbeitsverweigerung und schuldhaftes Fernbleiben vom Dienst" erlaubt (OVG Münster, B. v. 11.10.2005, 1 B 452/05; BVerwG ZBR 2003, 276).

V. Verlust des Anspruchs auf Besoldung

7   Rechtsfolge ungenehmigten Fernbleibens vom Dienst ist der **Verlust der dienstlichen Bezüge** für die versäumten Tage oder Teile eines Tages ein (§ 11 Abs. 1 LBesG), wenn beim Beamten schuldhaftes Verhalten vorliegt (vgl. zur gesetzlich Fiktion schuldhaften Fernbleibens vom Dienst in § 11 Abs. 2 Satz 1 LBesG; s. zur Einstellung der Zahlung der Dienstbezüge und zur Anordnung der sofortigen Vollziehung VG Düsseldorf, B. v. 10.11.2014, 26 L 2169/14; *Hebeler/Kersten/Lindner,* Handbuch Besoldungsrecht, S. 182 ff.). Als Relevanzschwelle für ein Fernbleiben vom Dienst mit der Folge des Verlustes von Teilen der Bezüge wird mindestens eine Arbeitsstunde angenommen (*Summer,* PersV 2004, 416, 417; BVerwG, ZBR 1998, 28). Das **Verschulden des Beamten** muss alle Tatbestandsmerkmale der verletzten Rechtsvorschrift umfassen, um die Besoldungssanktion aus-

zulösen (VG Düsseldorf, B. v. 10.11.2014, 26 L 2169/14; OVG Hamburg, Urt. v. 29.2. 2008, 1 Bf 271/05). Es kann im Ausnahmefall ein relevanter Irrtum des Beamten vorliegen, welcher im seltenen Falle der Unvermeidbarkeit schuldhaftes Verhalten ausschließt. Im Streitfall obliegt dem Dienstherrn die Beweislast dafür, dass der Beamte trotz Dienstfähigkeit vom Dienst ferngeblieben ist. Wenn ein Polizeibeamter während privatärztlich bescheinigter Arbeitsunfähigkeit ohne Wissen seines Dienstherrn eine vollschichtige Nebentätigkeit ausübt (im konkreten Fall: Leitung eines Baustoffhandels), bleibt er schuldhaft ungenehmigt dem Dienst fern (VG Düsseldorf, Urt. v. 4.9.2012, 26 K 6727/10). Die **Blockade einer amtsärztlichen Untersuchung** durch den Beamten dadurch, dass er entweder den Termin pflichtwidrig nicht wahrnimmt oder gebotene und zumutbare Mitwirkungshandlungen im Rahmen der amtsärztlichen Untersuchung verweigert, kann als gewichtiges Indiz für die Dienstfähigkeit gewertet werden (*Schachel* in Schütz/Maiwald, § 62 LBG Rn. 17). Die **Rechtsfolge des Verlustes der Dienstbezüge** ergibt sich aus § 11 Abs. 1 Satz 1 LBesG, der Anspruchsverlust ist gem. § 11 Abs. 1 Satz 3 LBesG festzustellen (vgl. zum entsprechenden § 9 ÜBesG NRW VG Düsseldorf, B. v. 10.11.2014, 26 L 2169/14; VG Düsseldorf, B. v. 26.11.2010, 26 L 1713/10; BVerwGE 109, 357). Die **Feststellung über den Verlust der Bezüge** gemäß § 11 Abs. 1 Satz 3 LBesG stellt keine disziplinarrechtliche Maßnahme dar, sondern hat nur disziplinaren Charakter (BVerwGE 113, 105; OVG Münster, ZBR 2000, 104). Ein Bescheid stellt „deklaratorisch als gesetzlich rein besoldungsrechtliche Folge eines Verstoßes gegen die beamtenrechtliche Dienstleistungspflicht den Verlust der Dienstbezüge in der entsprechenden Höhe fest" (BVerwG, B. v. 17.1.2003, 1 DB 18/02, Buchholz 240 § 9 ÜBesG NRW Nr. 24). An die Anordnung der sofortigen Vollziehung eines solchen schriftlichen Bescheides sind keine hohen Anforderungen zu stellen (VG Düsseldorf, B. v. 10.11.2014, 26 L 2169/14). Wegen der regelmäßig in solchen Fällen eintretenden **verschärften Haftung des fernbleibenden Beamten** nach **§ 15 Abs. 2 LBesG i. V. m. §§ 820 Abs. 1 Satz 2, 818 Abs. 4 BGB** wird ein trotzdem anerkennenswerter Fall des **Bereicherungswegfalls** nur ganz selten vorkommen (VG Düsseldorf, B. v. 26.11.2010, 26 L 1713/10; BVerwGE 109, 357). Daneben kann der Beamte disziplinarrechtlich belangt werden, da ein dienstliches Vergehen nach § 47 Abs. 1 BeamtStG vorliegt.

Der temporäre Verlust der Dienstbezüge führt ausweislich der klarstellenden Regelungen **8** in § 62 Abs. 2 nicht zu einer Sperre für zusätzliche disziplinarrechtliche Reaktionen des Dienstherrn (vgl. dazu VG Münster, Urt. v. 23.3.2015, 13 K 2409/14.O). Die Bezugspunkte für die Maßnahmen des Dienstherrn im Besoldungsbereich und im Disziplinarbereich sind unterschiedlich. Sofern in einem verwaltungsgerichtlichen Verfahren die Berechtigung des Verlustes der Bezüge nach § 11 Abs. 1 LBesG wegen schuldhaften Fernbleibens vom Dienst geprüft worden ist, gelten gem. § 23 Abs. 1 LDG die verwaltungsgerichtlichen Feststellungen auch für das Disziplinarverfahren. Gleiches gilt in den Verfahren vor den Disziplinargerichten (§ 56 Abs. 1 Satz 1 LDG); hier wird allerdings für den Fall „offenkundiger Unrichtigkeit" der tatsächlichen Feststellungen des Verwaltungsgerichts im Streit um die Alimentation eine Ausnahme gemacht, vgl. § 56 Abs. 1 Satz 2 LDG.

§ 63 Voraussetzungslose Teilzeitbeschäftigung

(1) **Beamtinnen und Beamten mit Dienstbezügen kann auf Antrag Teilzeitbeschäftigung bis auf die Hälfte der regelmäßigen Arbeitszeit und bis zur jeweils beantragten Dauer bewilligt werden, wenn dienstliche Belange nicht entgegenstehen.**

(2) **Bei der Genehmigung von Nebentätigkeiten gilt § 49 Absatz 2 Satz 3 mit der Maßgabe, dass von der regelmäßigen wöchentlichen Arbeitszeit ohne Rücksicht auf die Bewilligung von Teilzeitbeschäftigung auszugehen ist.**

(3) ¹**Die dienstvorgesetzte Stelle kann auch nachträglich die Dauer der Teilzeitbeschäftigung beschränken oder den Umfang der zu leistenden Arbeitszeit erhöhen, soweit zwingende dienstliche Belange dies erfordern.** ²**Sie soll eine Änderung des**

Umfangs der Teilzeitbeschäftigung oder den Übergang zur Vollzeitbeschäftigung zulassen, wenn der Beamtin oder dem Beamten die Teilzeitbeschäftigung im bisherigen Umfang nicht mehr zugemutet werden kann und dienstliche Belange nicht entgegenstehen. [3]Der Antrag auf Verlängerung der Teilzeitbeschäftigung ist spätestens sechs Monate vor Ablauf der genehmigten Freistellung zu stellen.

Übersicht

I. Allgemeines

1. Entstehungsgeschichte der Vorschrift

1   Die sachlich nicht ganz zutreffende Gesetzesüberschrift ist darauf zurück zu führen, dass der Landesgesetzgeber die seinerzeit im Dienstrechtsreformgesetz v. 24.2.1997 durch Neufassung des § 44a BRRG eröffneten Spielräume für erweiterte landesrechtliche Regelungen der Teilzeitbeschäftigung (dazu *Battis,* § 91 BBG Rn. 2 u. Einl. 22; krit. u. a. *Schnellenbach,* NVwZ 1997, 521; zu der auch nach Erlass des BeamtStG unveränderten Rechtslage vgl. *v. Roetteken* in v. Roetteken/Rothländer, § 43 BeamtStG Rn. 12, 20) nutzte. Durch das 8. DRÄG v. 10.2.1998 (GV. NRW. S. 134) wurde die Möglichkeit der Bewilligung einer reduzierten Beschäftigung von den bis dato erforderlichen arbeitsmarktpolitischen Gründen entkoppelt (vgl. auch *Schrapper,* DVP 1999, 371, 376). Dass diese Form der Teilzeit gleichwohl nicht „voraussetzungslos" ist, ergibt sich schon aus Absatz 1, wonach dienstliche Belange einer Bewilligung nicht entgegenstehen dürfen. Insgesamt werden Teilzeit und Beurlaubung gemeinsam vom Oberbegriff der **Freistellung** (vgl. § 5 Abs. 1 Satz 2 LBeamtVG) erfasst. Die aktuellen Änderungen durch das Dienstrechtsmodernisierungsgesetz 2016 beschränken sich auf geringfügige sprachliche Korrekturen.

2. Verfassungsrechtliche Rahmenbedingungen

2   Teilzeitbeschäftigung gilt inzwischen als **verfassungsrechtlich unbedenkliche Ausnahme** vom Regeltypus des Vollzeitbeamtenverhältnisses (so BT-Drs. 16/4027, S. 33; s. a. OVG Münster, B. v. 26.9.2011, 1 B 555/11). Der rechtspolitische Weg dahin begann mit der 1969 erstmals zugelassenen und familienpolitisch begründeten Teilzeit nur für Beamtinnen und führte schließlich 1997 zu der bereits erwähnten rahmenrechtlichen „Freigabe" in § 44a BRRG (vgl. dazu *Schrapper,* DVP 1999, 371, 376; *Battis/Grigoleit,* ZBR 1997, 237; s. a. *v. Roetteken* in v. Roetteken/Rothländer, § 43 BeamtStG Rn. 6ff.). Gleichwohl auf Gestaltungsgrenzen gestoßen ist der Landesgesetzgeber mit der Einführung einer **Einstellungsteilzeit** (sog. „Zwangsteilzeit" gem. § 78c LBG a. F.; dazu *Schrapper,* a. a. O.; *ders.,* DVP 2001, 356, 358 f.). Darunter versteht man die wiederum arbeitsmarktpolitisch motivierte antragsunabhängige Begründung eines (ggf. nur vorübergehenden) Teilzeitbeamtenverhältnisses ab Einstellung. Die Unvereinbarkeit dieses Modells mit dem **Grundsatz der Hauptberuflichkeit** sowie dem damit verbundenen **Alimentationsprinzip** ist höchstrichterlich entschieden (BVerfGE 119, 247; vgl. auch *v. Roetteken,* jurisPR – ArbR 52/2007 Anm. 2 sowie (krit.) *Wißmann,* ZBR 2011, 181). Allerdings hatte die Landesregierung schon im Jahr 2000 als Reaktion auf die höchstrichterliche Kritik an der hessischen Parallelregelung (vgl. BVerwGE 110, 363) die Anwendung des damaligen § 78c LBG a.F. ausgesetzt (zum Ganzen auch *Wißmann,* a.a.O., sowie zuletzt noch BVerwG, NVwZ 2013, 953) und ihn mit der Novelle des LBG vom 21.4.2009 endgültig gestrichen. Zur unzulässigen Ausgrenzung vollzeitbeschäftigter Bewerber bei der Ausschreibung einer Beförderungsstelle als 75%-Teilzeitstelle vgl. OVG Lüneburg, B. v. 19.9.2013, 5 ME 153/13.

II. Bewilligungsvoraussetzungen

1. Antragstellung und Bewilligungsgegenstand

Die Bewilligung einer Teilzeitbeschäftigung ist – nicht zuletzt als Ausdruck einer ledig- **3** lich konsensual möglichen Einschränkung der Grundsätze der Hauptberuflichkeit und der amtsangemessenen Alimentation – abhängig von einem **Antrag des Beamten** (vgl. (BVerwG, RiA 2015, 269 m.w.N.) und somit ein mitwirkungsbedürftiger Verwaltungsakt (vgl. auch OVG Münster, ZBR 2007, 318). Aus der damit eingeräumten **Dispositionsbefugnis** (vgl. OVG Münster, NWVBl. 1996, 305) folgt, dass der Antrag mindestens Aussagen zum Umfang der Arbeitszeitreduktion und deren Dauer umfassen muss. Formale Erfordernisse (z.B. Schriftform) bestehen hingegen nicht (vgl. OVG Münster, Urt. v. 13.8. 2008, 1 A 157/07: telefonische Antragstellung). Mit Befristungsablauf lebt der Vollzeitbeschäftigtenstatus eo ipso wieder auf. Dies gilt auch, wenn das Fristende in eine zwischenzeitlich bewilligte Elternzeit fällt (OVG Münster, NVwZ-RR 1999, 49). Fraglich bleibt, ob eine **unbefristete Teilzeitbeschäftigung** begehrt werden kann. Zuzugeben ist, dass insoweit aus dem Wortlaut des § 63 Abs. 1 („Dauer") keine unmittelbar zwingenden Vorgaben abgeleitet werden können (so OVG Münster, Urt. v. 13.8.2008, 1 A 157/07: Teilzeitbewilligung „bis auf weiteres"). Allerdings muss dem Hinweis auf die „beantragte Dauer" in § 63 Abs. 1 mindestens entnommen werden, dass **fehlende Angaben** nicht ohne Weiteres in einen Antrag auf unbefristete Teilzeit umgedeutet werden dürfen. Der Beamte kann – und sollte ggf. – in seinem Antrag auch konkrete Vorstellungen zur genauen zeitlichen Verortung seiner verbleibenden Arbeitszeit äußern. Anders als bei der Bewilligung des Grundanliegens ist der Dienstherr hier jedoch deutlich freier in der Berücksichtigung der geltend gemachten Interessen (OVG Münster, B. v. 31.3.2010, 6 B 1734/09). Nach richtiger Ansicht darf die Bewilligung auch hinter den im Antragsbegehren des Beamten geäußerten Vorstellungen zur Teilzeit zurückbleiben, sofern dienstliche Belange dies erfordern (a.A. VG Düsseldorf, B. v. 11.9.2015, 13 L 2791/15; s.a. VG Ansbach, Urt. v. 7.10.2009, AN 11 K 09.01440). Dies folgt unmittelbar aus dem Grundsatz der Verhältnismäßigkeit und beschränkt den Antragsteller nicht in seinen Rechten, zumal er in diesem Fall zwingend vorher zu hören ist (Umkehrschluss aus § 28 Abs. 2 Nr. 3 VwVfG). Zutreffend muss die Teilablehnung nicht – auch nicht mit Blick auf § 63 Abs. 3 Satz 1 – auf **zwingende** dienstliche Belange gestützt werden, da diese besondere Hürde erkennbar (nur) das Vertrauen auf eine bereits bestandskräftige Bewilligung schützen soll (so auch *Battis,* § 91 BBG Rn. 22). Unzulässig ist es dagegen, über die im Antrag bestimmten Grenzen hinaus Teilzeit zu bewilligen, selbst wenn dienstliche Belange (z.B. vorübergehender Personalüberhang, bessere Chancen für Gewinnung von Ersatzkräften) dies nahelegen. Dazu ist der Rekurs auf das Verbot einer Zwangsteilzeit (so VG Ansbach, a.a.O., mit Hinw. auf BVerfGE 119, 247) nicht einmal erforderlich. Schon allgemeine verfahrensrechtliche Grundsätze, wonach allein der Antragsteller den Verfahrensgegenstand definiert, verbieten ein solches Vorgehen (vgl. *Kopp/Ramsauer,* § 9 VwVfG Rn. 9a, § 24 VwVfG Rn. 7, 46;

vgl. insoweit auch § 88 VwGO). Zudem handelt es sich bei der Bewilligung um einen mitwirkungsbedürftigen Verwaltungsakt, so dass eine nicht beantragte weitergehende Entscheidung mangels entsprechender Mitwirkung rechtswidrig ist (vgl. OVG Münster, ZBR 2007, 318 – zur analogen Rechtslage bei Beurlaubungen). Eine **Rücknahme des Antrags** ist bis zur Bekanntgabe der Bewilligung der Teilzeit möglich. Danach endet die aus dem Antragserfordernis resultierende Dispositionsfreiheit des Antragstellers, so dass der (spätere) Zeitpunkt des Eintretens der Bestandskraft hier ohne Bedeutung ist (vgl. BVerwG, DÖD 1997, 250).

2. Antragsberechtigung

4   Antragsberechtigt sind nur **Beamte mit Dienstbezügen,** was gem. der Definition in § 1 Abs. 3 f. LBesG **Anwärtern** den Zugang zur Teilzeitbeschäftigung gem. § 63 verwehrt. Einen anderen Weg geht neuerdings § 64 Abs. 3, der auch Anwärtern – mit gewissen Einschränkungen – (familienbedingte) Teilzeit ermöglicht; gleiches gilt für Familienpflegeteilzeit gem. § 16a Abs. 2 f. FrUrlV (zur analogen Rechtslage im BBG vgl. *Battis,* § 91 BBG Rn. 17). Für **Richter** folgt die Bewilligung von voraussetzungsloser Teilzeit aus § 9 LRiStaG. Der wesentliche Unterschied zur beamtenrechtlichen Regelung liegt im Richterbereich im Rechtsanspruch auf die Bewilligung, sofern nicht dienstliche Gründe dem Antrag entgegenstehen. Die Ausgestaltung als gebundene Erlaubnis soll Folge der durch Art. 97 GG verbürgten richterlichen Unabhängigkeit sein (vgl. etwa BVerwG, DÖD 2006, 220; vgl. auch *Trierweiler/Baumanns,* NWVBl. 2016, 52, 53).

3. Zeitlicher Umfang

5   § 63 Abs. 1 ermöglicht eine Reduzierung der regelmäßigen Arbeitszeit (vgl. dazu § 2 AZVO) bis **höchstens auf die Hälfte.** Nach Auffassung des (damaligen Rahmen-)Gesetzgebers trägt diese Einschränkung dem aus Art. 33 Abs. 5 GG herzuleitenden Grundsatz der Hauptberuflichkeit Rechnung (vgl. BT-Drs. 13/3994, S. 34; s. a. *Battis,* § 91 BBG Rn. 17). Eine sondergesetzliche Durchbrechung enthält § 64 Abs. 1 Satz 2, der – mit gewissen Vorgaben – auch eine **unterhälftige Teilzeit** ermöglicht. Über das Zeitmaß der Hälftigkeit hinaus finden sich in § 63 keine weiteren unmittelbaren Einschränkungen für die konkrete Gestaltung (a. A. wohl *Tadday/Rescher,* § 63 LBG Erl. 1.1: wöchentliche Blockung ist unzulässig; wie hier dagegen *Battis,* § 91 BBG Rn. 20; vgl. grds. dazu auch Gem. RdErl. von IM und FM NRW v. 31.1.2004, MBl. NRW. S. 218 – außer Kraft seit 31.12.2008). Allerdings können sich solche Einschränkungen aus im Einzelfall entgegenstehenden dienstlichen Belangen ergeben. Mit dem Merkmal „regelmäßige Arbeitszeit" (s. a. § 60 Rn. 1) verweist der Tatbestand auf die für den Antragsteller geltende Arbeitszeitregelung als Bezugsmaß. Hier können sich je nach Beamtengruppe (Lehrer, vgl. § 2 VO zu § 93 Abs. 2 SchulG; Hochschullehrer) oder individuellen Merkmalen (vgl. § 2 Abs. 1 Sätze 2, 3 AZVO) unterschiedliche Anknüpfungspunkte ergeben. Zum anderen ist das Maß der regelmäßigen Arbeitszeit gelegentlichen Änderungen unterworfen; deshalb sollte der Bewilligungsbescheid immer auch eine ausdrückliche Feststellung der sog. **Teilzeitquote** enthalten (BVerwG, ZBR 2013, 129, 130). Zu den Rahmenbedingungen einer **Teilzeitbeschäftigung bei Lehrern** vgl. auch § 17 ADO (RdErl. des Ministeriums für Schule und Weiterbildung v. 18.6.2012, ABl. NRW. 07/12; vgl. insges. auch BVerwG, a. a. O.). Gem. § 23 Abs. 1 Satz 2 FrUrlV hat die teilzeitbedingte Minderung der Arbeitszeit Auswirkungen auf die Höhe des Urlaubsanspruchs. Allerdings findet die **Kürzung eines Resturlaubsanspruchs** wegen einer im Folgejahr aufgenommenen Teilzeit keine Rechtsgrundlage in § 23 Abs. 2 FrUrlV (alte und neue Fassung; vgl. OVG Münster, B. v. 9.11. 2015, 6 A 981/14; s. a. OVG Saarlouis, Urt. v. 23.9.2015, 1 A 219/14; anders noch VGH München, B. v. 22.8.2005, 15 ZB 02.1631). Zum Anspruch auf **anteilige Besoldung** statt (niedrigerer) **Mehrarbeitsvergütung** vgl. § 69 Rn. 4.

4. Fehlen entgegenstehender dienstlicher Belange

Wesentliche Voraussetzung der „voraussetzungslosen" Teilzeit (vgl. Rn. 1) ist das **Fehlen** **6** **entgegenstehender dienstlicher Belange,** was als sog. **negatives Tatbestandsmerkmal** vor der auf der Rechtsfolgenseite verorteten Ermessensentscheidung zu prüfen ist (VG Gelsenkirchen, Urt. v. 20.4.2005, 1 K 4320/04; s.a. VGH München, B. v. 21.3.2012, 6 ZB 11.1620). Darunter zu verstehen sind abstrakt **alle organisatorischen und personalwirtschaftlichen Belange,** die das dienstliche Interesse an einer sachgemäßen und reibungslosen Erfüllung der der Verwaltung übertragenen Aufgaben betreffen. Der Bedeutungsgehalt dieser Interessen erschließt sich aus der Zweckbestimmung und dem Ziel der jeweiligen gesetzlichen Regelung sowie deren systematischen Bezügen (ständ. Rechtspr., vgl. nur BVerwG, NVwZ-RR 2009, 214; BVerwGE 132, 243). Als **unbestimmter Rechtsbegriff** unterliegt die konkrete Anwendung der vollen gerichtlichen Überprüfung (BVerwGE 120, 382; OVG Münster, NVwZ-RR 2011, 871). Nur eingeschränkter Kontrolle zugänglich sind dagegen die aus dem Organisationsermessen der Verwaltung resultierenden Erwägungen, aus denen sich der Rahmen für die konkrete Ausgestaltung dienstlicher Belange erst ergibt (BVerwG, a.a.O.; OVG Münster, NVwZ-RR 2011, 871). Dies gilt z.B. für die Erwägung, zur nachhaltigen Stärkung des operativen Bereichs der Polizei den Personalbestand in den einzelnen Dienststellen zu sichern (OVG Münster, B. v. 25.6.2010, 6 A 3336/08; vgl. auch OVG Koblenz, NVwZ-RR 2005, 51). Folglich kann auch einer durch Geschäftsverteilung und Stellenplan getroffenen Entscheidung zur Vollzeitigkeit eines konkreten Dienstpostens nicht entgegen gehalten werden, dieser sei aber **faktisch** teilzeitfähig (OVG Münster, B. v. 30.5.2000, 12 B 199/00). Ebenso ist der in **Ausschreibungen** regelmäßig vorhandene (allgemeine) Hinweis auf die Teilzeitfähigkeit einer Dienstpostens im Einzelfall kein taugliches Indiz für die Berechtigung eines konkreten Begehrens (OVG Münster, B. v. 30.5.2000, 12 B 199/00; B. v. 31.1.2010, 6 A 3354/07). Im Ergebnis wird sich damit die Teilzeitfähigkeit eines Dienstpostens im Rechtsweg nur begrenzt überprüfen lassen (so auch *Battis,* § 91 BBG Rn. 18 m.w.N.) Abweichendes kann sich hier allerdings im Fall einer Teilzeit aus familiären Gründen gem. § 64 aus § 13 Abs. 2 Satz 2 LGG ergeben (vgl. § 64 Rn. 2).

Für die konkrete Entscheidung ist zunächst eine gewisse **Erheblichkeit** der in Frage **7** kommenden entgegenstehenden Belange erforderlich. Auswirkungen, die regelmäßig und generell mit der Bewilligung von Teilzeitbeschäftigung verbunden sind, also **„typische"** **organisatorische Erschwernisse,** genügen nicht (BVerwGE 120, 382: hier noch bezogen auf dringende dienstl. Belange; VG Minden, Urt. v. 7.2.2006, 4 K 827/06, erweitert diese Erheblichkeitsschwelle auf alle dienstl. Belange; so auch *Battis,* § 91 BBG Rn. 18). Sehr fraglich erscheint dagegen, ob diese Schwelle vor dem Hintergrund eines „legislatorischen Interesses" an der Ausweitung von Teilzeitbeschäftigung so hoch anzusetzen ist, dass faktisch nur noch **dringende** dienstliche Belange eine Ablehnung rechtfertigen (so aber VG Minden, Urt. v. 7.2.2006, 4 K 827/06; vgl. auch OVG Münster, B. v. 30.5.2000, 12 B 199/00, das eine „Beschränkung" des Organisationsermessens jedoch explizit auf Gründe der „Familienförderung" stützt; gegenüber einer solchen „teleologischen Reduktion" eher krit. OVG Münster, NVwZ-RR 2011, 871). Auf diese Weise würden die vom Gesetzgeber erkennbar gewollten **Differenzierungen** des Gewichts der dienstlichen Belange in den verschiedenen Entscheidungskonstellationen (vgl. § 63 Abs. 1, sodann § 66 Abs. 1 Nr. 2 und schließlich §§ 63 Abs. 3 Satz 1, 64 Abs. 1 Satz 2) unzulässig nivelliert.

Organisatorischer Bezugsrahmen der dienstlichen Belange ist im Fall der „einfa- **8** chen" Arbeitszeitreduktionen (anders bei Altersteilzeit, vgl. § 66 Rn. 3) die **Dienststelle** (Behörde/Gericht) mit ihren konkreten Aufgaben und organisatorischen Möglichkeiten (BVerwG, DÖD 2006, 220; OVG Münster, B. v. 30.5.2000, 12 B 199/00; vgl. auch OVG Münster, IÖD 2010, 158), wobei ausgelagerte Behördenteile (dazu OVG Koblenz, NVwZ-RR 2005, 51: Polizeiinspektion als Untergliederung eines Präsidiums) nicht genügen. So kann ein **erhöhter Personalbedarf wegen akuter Terrorismusgefahr** einen

Personalmehrbedarf (hier im BKA) auslösen, der auch einem Teilzeitantrag von nur mittelbar betroffenen Beschäftigten entgegensteht (VG Wiesbaden, B. v. 28.10.2003, 8 G 1941/03; anders hier VG Gelsenkirchen, Urt. v. 20.4.2005, 1 K 4320/04, für ein Polizeipräsidium). Demgegenüber stellt die **personelle Unterdeckung** einer Kreispolizeibehörde im Bereich von 2 % gegenüber der Sollstärke keinen entgegenstehenden Belang dar (VG Minden, Urt. v. 7.2.2006, 4 K 827/06). Etwas anderes kann gelten im Fall der **Unterdeckung bei Spezialistenfunktionen,** die durch die generelle Personalausstattung nicht ohne weiteres kompensierbar (VG Minden, a. a. O.; s. a. OVG Münster, B. v. 31.1.2010, 6 A 3354/07) bzw. durch hausinterne Umsetzungen nicht korrigierbar ist (OVG Münster, IÖD 2010, 158). Auch die bei **Führungsfunktionen** sich regelmäßig ergebenden Nachersatzprobleme sind hier zu nennen (OVG Münster, NVwZ-RR 2011, 871: Schulleiterin; OVG Münster, B. v. 16.6.2011, 6 A 1185/10: Konrektor; vgl. auch § 65 Rn. 4). Entgegenstehende Belange können sich schließlich auch aus dem konkret beantragten **Teilzeitvolumen** (vgl. OVG Münster, B. v. 30.5.2000, 12 B 199/00: relativ geringes Teilzeitvolumen macht Gewinnung einer Ersatzkraft aussichtslos; vgl. auch VGH Mannheim, RiA 2007, 276: Beamter will durch geringfügige Teilzeit die Erhöhung der Wochenarbeitszeit auf 41 Std. „neutralisieren"; s. a. VG Ansbach, B. v. 21.8.2007, AN 1 E 07.02043; zu den beiden letztgenannten Entscheidungen s. a. § 66 Rn. 3) oder den Vorstellungen des Antragstellers zur arbeitstäglichen **Verteilung der reduzierten Arbeitszeit** ergeben (vgl. OVG Münster, B. v. 31.3.2010, 6 B 1734/09: Polizistin im Schichtdienst will nur von 08.00–14.00h arbeiten; vgl. auch VG Düsseldorf, B. v. 11.9.2015, 13 L 2791/15; VG Gelsenkirchen, NVwZ-RR 2013, 62).

5. Genehmigungsanspruch und Ermessen

9   Kann der Dienstherr keine durchgreifenden dienstlichen Belange gelten machen, hat der Antragsteller einen **Anspruch auf ermessensfehlerfreie Entscheidung** über sein Begehren, der aus Fürsorgegründen i. d. R. auf eine Bewilligung hinauslaufen wird (zum Rechtsanspruch bei Richtern s. o. Rn. 4; einen sondertatbestandlichen Anspruch auf Teilzeit enthält § 73 Abs. 3 Satz 1 Nr. 1 für bestimmte Mandatsträger). Die Bewilligung selbst ergeht als Verwaltungsakt, der jedoch auch **formlos,** ggf. durch mündliche „Auskunft", erlassen werden kann (vgl. OVG Münster, Urt. v. 13.8.2008, 1 A 157/07). Lassen sich bestehende dienstliche Vorbehalte dadurch beseitigen, dass die Bewilligung hinter den im Antrag konkretisierten Erwartungen zurückbleibt, sollte dies ebenfalls aus Fürsorgegründen – nach Anhörung des Antragstellers – erwogen werden. Sind die entgegenstehenden Belange nach Überzeugung der zuständigen Stelle nicht auszuräumen, ist für eine begünstigende Entscheidung kein Raum; weiterer Ermessenserwägungen bedarf es nicht (OVG Münster, B. v. 16.6.2011, 6 A 1185/10). Keinen besonderen Stellenwert können im Rahmen des § 63 **familienpolitische Belange** beanspruchen, da § 64 insoweit abschließend ist (VG Wiesbaden, B. v. 28.10.2003, 8 G 1941/03; s. a. OVG Lüneburg, RiA 2010, 221: Betreuung eines bereits volljährigen Kindes). Das Begehren nach Teilzeitbeschäftigung zur Ermöglichung physiotherapeutischer/osteopathischer Behandlungen als Patient dürfte nur im besonderen Einzelfall zur Ermessensreduzierung auf Null führen (ablehnend daher OVG Münster, B. v. 13.12.2012, 6 B 1274/12). Zum **Mitbestimmungsrecht** der Personalvertretung bei einer Ablehnung vgl. Rn. 16.

III. Teilzeit und Nebentätigkeit

10   Mit § 63 Abs. 2 macht der Gesetzgeber deutlich, dass trotz reduzierbarer Arbeitszeit der Grundsatz der **Hauptberuflichkeit eine Determinante des Berufsbeamtentums** darstellt (vgl. insbes. VGH Mannheim, IÖD 2003, 266; auch *Schnellenbach,* § 8 Rn. 40). Folglich kann die regelmäßige Arbeitszeit nicht zum Zweck **erweiterter Spielräume für**

Nebentätigkeiten reduziert werden. Die sog. Fünftelvermutung (vgl. § 49 Rn. 15) gilt unabhängig von der tatsächlich bewilligten Arbeitszeitreduktion. Anders als § 91 Abs. 2 BBG oder die entsprechenden Regelungen anderer Länder (zur Rechtslage in Baden-Württemberg vgl. VGH Mannheim, IÖD 2003, 266) sieht das LBG keine ausdrückliche **Verpflichtungserklärung** des antragstellenden Beamten und demgemäß keine Widerrufssanktion vor. Vielmehr wird die Kontrolle der gesetzlichen Beschränkung von Nebentätigkeiten allein auf den Vollzug des Nebentätigkeitsrechts verlagert. Angesichts des darin zum Ausdruck kommenden eindeutigen gesetzgeberischen Willens erscheint es fraglich, Teilzeitbewilligungen gleichwohl mit einer entsprechenden Nebenbestimmung, hier einer Auflage gem. § 36 Abs. 2 Nr. 4 VwVfG, zu flankieren. Im Übrigen würde auch die Sanktion einer nicht befolgten Verzichtsauflage durch Rücknahme gem. § 49 Abs. 2 Nr. 2 VwVfG der Teilzeitbewilligung den Dienstherrn nicht von der Verpflichtung entbinden, den damit notwendig einhergehenden nebentätigkeitsrechtlichen Pflichtverstoß ebenfalls zu unterbinden. Der hier erforderliche Widerruf gem. § 49 Abs. 4 lässt nämlich kein Ermessen zu. Damit wird man im Übrigen dem im Ergebnis „nebentätigkeitsrechtlichen Anliegen" des § 63 Abs. 2 auch effektiver gerecht. Die im teilzeitrechtlichen Nebentätigkeitsverzicht gem. § 91 Abs. 2 BBG mit angelegte Frage einer evtl. Ausnahme (vgl. VGH Mannheim, a. a. O.) stellt sich bei einer Bewilligung gem. § 63 Abs. 1 ebenfalls nicht; ggf. ist darüber im Rahmen der Genehmigung nach § 49 oder einer (Teil-)Untersagung gem. § 51 Abs. 2 Satz 2 zu entscheiden.

IV. Nachträgliche Änderungen der Bewilligung/Störfälle

1. Zwingende dienstliche Belange

Bei **zwingenden dienstlichen Belangen** gewährt § 63 Abs. 3 Satz 1 die Befugnis, in **11** eine schon bestandskräftige Bewilligung teilweise **ändernd** einzugreifen. Die Rechtsprechung sieht darin eine § 49 Abs. 2 Nr. 1 VwVfG verdrängende Spezialregelung (so wohl VG Gelsenkirchen, Urt. v. 22.8.2007, 1 K 1509/05; vgl. auch OVG Münster, Urt. v. 30.7.2008, 1 A 2282/06: vorzeitiger Widerruf von Erziehungsurlaub gem. § 4 ErzUrlVO; jetzt § 9 FrUrlV). Andernfalls ergäbe sich aus § 63 Abs. 3 Satz 1 zumindest der verwaltungsverfahrensrechtlich vorausgesetzte (Teil-)Widerrufvorbehalt. Eine Befugnis und ggf. ein Anspruch auf (vorzeitigen) Widerruf einer bereits bewilligten Teilzeit vor Antritt ist – bei Verdrängung des § 49 VwVfG – der beamtenrechtlichen Widerrufermächtigung durch entsprechende Anwendung zu entnehmen (vgl. insbes. OVG Münster, a. a. O.; s. a. VG Minden, Urt. v. 14.12.2009, 4 K 2893/08: jeweils zum Erziehungsurlaub). Mangels Regelung in § 63 Abs. 3 gilt in jedem Fall neben sonstigen allgemeinen verfahrensrechtlichen Kauteln die Jahresfrist ab Kenntnis der Handlungsnotwendigkeit gem. §§ 49 Abs. 2, 48 Abs. 4 VwVfG. Ein finanzieller Entschädigungsanspruch gem. § 49 Abs. 6 Satz 1 VwVfG scheidet dagegen in aller Regel (vgl. zu evtl. Ausnahmen *Kopp/Ramsauer,* § 49 VwVfG Rn. 82) aus.

Zwingend ist ein dienstlicher Belang, der eine **gravierende Beeinträchtigung** der **12** Funktionsfähigkeit der Verwaltung verhindern soll (OVG Münster, B. v. 30.5.2000, 12 B 199/00). Hier werden besonders hohe Anforderungen an die Darlegung der zu erwartenden Nachteile für den Dienstbetrieb gestellt, und zwar sowohl hinsichtlich ihrer Gewichtigkeit als auch hinsichtlich des Grades ihrer Wahrscheinlichkeit (BVerwG, DÖD 2006, 220). Gegenüber den „normalen" muss zwingenden Belangen einiges Gewicht zukommen (vgl. OVG Münster, NVwZ-RR 2011, 871). Allerdings ist die Gewichtung einer deutlich über das Normalmaß hinausgehenden Bedeutung als Ausfluss des Organisationsermessens nur eingeschränkt gerichtlich prüfbar (OVG Münster, Urt. v. 10.11.2004, 1 A 3477/03). Der Unterschied zu dringenden dienstlichen Belangen (vgl. dazu BVerwGE 120, 382) dürfte vor allem in der Alternativlosigkeit ihrer Wahrung zur Sicherstellung der Aufgabenerfüllung durch die Dienststelle des Beamten liegen. Im Unterschied zur Ablehnung des Ausgangsantrags unterfällt der nachträgliche Eingriff gem. § 63 Abs. 3 Satz 1 **nicht der Mitwirkung der Personalvertretung** (OVG Münster, RiA 1992, 323).

2. Unzumutbarkeit der Fortsetzung der Teilzeit

13 Liegt die **nachträgliche Änderung** oder auch **Aufhebung** einer Teilzeitbewilligung im rechtlich legitimen Interesse des Beamten, weil ein Festhalten am status quo **unzumutbar** ist, und stehen dienstliche Belange nicht entgegen, wird der Ermessensspielraum für eine Entscheidung durch die „Soll"-Vorschrift des § 63 Abs. 3 Satz 2 erheblich eingeengt (vgl. BVerwG, NVwZ-RR 2009, 214; s. a. VGH Kassel, DÖV 2010, 42 (nur Ls.): Ermessensreduzierung; vgl. aber auch OVG Münster, Urt. v. 22.2.2007, 6 A 928/05: i. d. R. **keine** Ermessensreduzierung auf Null). Methodisch weniger gesichert erscheint dagegen die Handhabung der Merkmale „unzumutbar" und „dienstlicher Belang" vor allem in der in § 63 Abs. 3 Satz 2 angelegten **Wechselbeziehung.** Dies zeigt sich an der für die Verwaltungspraxis durchaus problematischen Bandbreite richterlicher Einzelfallbewertungen. Zum Teil beruhen diese Entscheidungen in ihren tragenden Gründen letztlich auf einer isolierten Bewertung nur der „Unzumutbarkeit", wobei – vom Wortlaut sicherlich naheliegend – strengste Voraussetzungen aufgestellt werden. Folglich sollen lediglich schwerwiegende bzw. einschneidende Ereignisse, die zu einer unerwarteten, unvorhersehbaren Änderung der Lebensverhältnisse des Beamten geführt haben, ein legitimes Interesse begründen (vgl. insoweit auch Nr. 6.1 VV zu § 13 LGG). Sehr weitgehend, aber durchaus typisch ist die Forderung, aus dem Festhalten an reduzierter Arbeitszeit müsse sich eine **existenzielle finanzielle Notlage** ergeben (so VG Gelsenkirchen, Urt. v. 22.8.2007, 1 K 1509/05: „Gefährdung des Lebensunterhalts"; vgl. auch VGH Mannheim, NVwZ-RR 2007, 335: plötzlich auftretende finanzielle Notlagen und schwerwiegende persönliche Veränderungen; die Fokussierung auf finanzielle Krisen legt auch BT-Drs. 13/3994, S. 34, nahe). Ergänzt wird diese Interpretation oftmals noch durch die metarechtliche Figur der „Sphärentheorie", die als Risikoverteilungsmaßstab – auch beim Gesetzgeber (vgl. LT-Drs. 12/2124, S. 45) – hohe Plausibilität genießt (vgl. etwa VGH Mannheim, NVwZ-RR 2007, 335; eher krit. hier OVG Münster, Urt. v. 22.2.2007, 6 A 928/05, mit Hinw. auf die begrenzte Tragweite dieses Ansatzes). Daraus resultieren in der konkreten Einzelfallbewertung gelegentlich Überspitzungen, denen – zumeist von Rechtsmittelgerichten – begegnet wird, indem beide Tatbestandsmerkmale in eine **unmittelbare Wechselbeziehung** gestellt werden und den auf Dienstherrnseite einzubringenden dienstlichen Belangen – trotz des ausdrücklichen Wortlauts und der Systematik des § 63 – gerade wegen der notwendigen Äquivalenz zur Unzumutbarkeit auf Beamtenseite ein besonderes Gewicht abverlangt wird. Sie mutieren dadurch faktisch zu dringenden oder gar zwingenden Belangen (vgl. namentlich BVerwG, NVwZ-RR 2009, 214; BVerwG, NVwZ-RR, 2011, 888 sowie OVG Münster, Urt. v. 22.2.2007, 6 A 928/05; s. a. OVG Münster, B. v. 6.12.2012, 1 B 821/12).

3. Notwendigkeit einer Güter-/Interessenabwägung

14 Jede Entscheidung gem. § 63 Abs. 3 Satz 2 beruht auf einer **Güter- bzw. Interessenabwägung** (so ausdr. BVerwGE 132, 243: „Abwägung der entgegenstehenden Interessen des Beamten und des Dienstherrn im konkreten Fall."; s. a. VGH Mannheim, NVwZ-RR 2007, 335: „umfassende Güterabwägung"). Hierbei sind die betroffenen Rechtsgüter notwendig in eine Wechselbeziehung zu bringen und dann nach Ausmaß der Betroffenheit, dem Grad der Beeinträchtigung und insbesondere dem Grundsatz der Verhältnismäßigkeit abzuwägen (vgl. *Larenz,* Methodenlehre, S. 388 f, 396 f.). Die Norm des § 63 liefert dabei insoweit einen unmittelbaren Maßstab, als beamtenseitig ein gewichtiges legitimierendes Interesse (Unzumutbarkeit), behördenseitig dagegen nur ein weniger gravierender Belang („einfache" dienstliche Belange) vorliegen muss (das übersieht BVerwG, RiA 2015, 269, 271: behördliche Gründe müssen den Interessen „zumindest gleichwertig" sein). Allerdings folgt aus der Wechselbeziehung bei der Güterabwägung weiter, dass sich die Unzumutbarkeit nicht nach absolut-abstrakten Maßstäben (Notlage, Unvorhersehbarkeit etc.) bemisst, sondern relativ zum Gewicht des behördenseitigen Gegeninteresses (ähnl. – im Hinblick auf das Merkmal „dienstliche Belange" – auch *Baßlsperger,* ZBR 2001, 417, 428: „niemals absolut, … immer nur relativ"). Liegen etwa im Einzelfall auf Seiten der Dienststelle eher niederschwellige administrative Belange vor, darf die „Unzumutbarkeit" auf Beamtenseite nicht von einer existentiellen Notlage abhängig gemacht werden. Dieses fallbezogene, auf die konkreten Umstände bezogene Vorgehen vermag auch die nötige **Rechtssicherheit im Einzelfall** zu vermitteln, da die Rationalität von Interessenabwägungen nur durch methodisches Vorgehen, nicht aber durch abstrakt definierte Kriterien gewonnen werden kann (vgl. *Larenz,* a.a.O.; s.a. *Kugele,* jurisPR-BVerwG, 6/2009 Anm. 5). Mit diesem Ansatz vollauf vereinbar ist es, wenn z.B. solche Fälle, in denen aus rein **finanziellem Kalkül** eine nachträgliche Änderung von Umfang oder Dauer der Teilzeit/Freistellung angestrebt wird, eine Unzumutbarkeit verneint wird (vgl. dazu BVerwG, Urt. v. 19.5.1988, 2 A 4/87: Vorzeitige Beendigung einer familienpolitischen Beurlaubung, um im Mutterschutz beim 2. Kind volle Bezüge zu erhalten – vgl. aber auch § 64 Rn. 12; VG Gelsenkirchen, Urt. v. 22.8.2007, 1 K 1509/05: Lehrerin begehrt Rückkehr zu höherer Wochenstundenzahl – und damit höhere Besoldung – schon während der Schulferien; s.a. BVerwG, RiA 2015, 269; OVG Münster, ZBR 2008, 357 m. Anm. *Braun,* RiA 2008, 186). Trotz eines dominanten finanziellen Motivs kann sich dennoch – ohne Notlage – eine Unzumutbarkeit ergeben, wenn nach Art eines Wegfalls der Geschäftsgrundlage die vom Beamten durch einseitige Vorleistung „angesparte" Freistellungsphase gem. § 65 wegen einer Dauererkrankung entwertet wird (BVerwG, RiA 2015, 269, 271; OVG Münster, Urt. v. 22.2.2007, 6 A 928/05, bestätigt durch BVerwG, NVwZ-RR 2009, 214; s.a. OVG Münster, B. v. 6.12.2012, 1 B 821/12 – obiter dictum; anders wohl VGH Mannheim, NVwZ-RR 2007, 335). Logisch folgt daraus weiter, dass im Rahmen einer Abwägung keinem Belang eo ipso absolute Geltung zukommt, insbesondere nicht dem Einwand, der beabsichtigten Rückkehr stehe das Fehlen einer Planstelle **ausnahmslos** entgegen (so aber noch Gem.RdErl. des IM und des FM v. 31.1.2004, MBl. NRW. S. 218, Nr. 6.1; offener LT-Drs. 16/ 10380, S. 351: „kann"; s.a. BVerwG, RiA 2015, 269, 271: „fiskalische Interessen oder haushalterische Schwierigkeiten" sind nur ausnahmsweise geeignet). Zutreffend kann dieser Belang im Übrigen allenfalls im laufenden Haushaltsjahr geltend gemacht werden (BVerwGE 132, 243) und wird in der Abwägung gegenüber einem familiär bedingten finanziellen Engpass zurückstehen (vgl. § 64 Rn. 11). Insgesamt ergibt sich nach dem Gesagten: Unzumutbar ist das Festhalten an einer einmal bewilligten Teilzeit grundsätzlich dann, wenn es aus **gewichtigen, nicht willkürlich und aus vordergründigen Interessen herbeigeführten Umständen in der persönlichen Sphäre des Beamten** nicht hingenommen werden muss. Das konkrete Gewicht dieser Umstände folgt aus der **Gegenüberstellung (Abwägung)** mit den einschlägigen dienstlichen Belangen. De lege ferenda sollte die gem. § 63 Abs. 3 Satz 2 erforderliche Interessenabwägung tatbestandlich stärker herausgearbeitet werden. Auf die hier angeregte Interessenabwägung greift die richterliche Spruchpraxis im Übrigen auch zurück, wenn – wie im Fall der familienbedingten Teilzeit gem. § 64 – zwingende Belange „grundsätzlich nicht entgegenstehen" (so VGH Mannheim, RiA 2007, 276), das Begehren sich gleichwohl gegenüber berechtigten Interessen des Dienstherrn als nicht schutzwürdig erweist (Beamter wollte mit geringfügiger Teilzeit die Erhöhung der Wochenarbeitszeit um 2,5 Std. „neutralisieren").

V. Fristfragen bei Verlängerungsanträgen

Die **Sechs-Monatsfrist** für einen Verlängerungsantrag schützt das Interesse des Dienst- **15** herrn an ausreichenden zeitlichen Spielräumen für die Disposition von erforderlichen personalwirtschaftlichen und organisatorischen Maßnahmen. Folglich kann sie das Begehren des Beamten, der die Frist bei seinen zeitlichen Planungen missachtet, insoweit präkludieren (vgl. OVG Münster, NVwZ-RR 1998, 265). Der Dienstherr ist im Rahmen seines Ermessens dagegen nicht gehindert, auch kurzfristiger gestellten Anträgen zu entsprechen (vgl. auch *Tadday/Rescher,* § 63 LBG Erl. 3; *Battis,* § 92 BBG Rn. 10). Ein Anspruch des Beamten auf Berücksichtigung seiner Interessen folgt daraus – auch aus Fürsorgegesichtspunkten – nicht, es sei denn, die Herausbildung einer entsprechenden Ermessenspraxis (Selbstbindung) kann nachgewiesen werden.

VI. Personalvertretungsrechtliche Mitwirkung

16   Soll der Antrag auf Teilzeitbewilligung abgelehnt werden, ist das **Mitbestimmungsrecht der Personalvertretung** gem. **§ 72 Abs. 1 Nr. 13 LPVG** zu beachten. Wird dagegen dem Begehren nur im Hinblick auf die Vorstellungen des Antragstellers zur konkreten zeitlichen Lage seiner reduzierten Arbeitsverpflichtung nicht entsprochen, liegt kein Mitbestimmungsfall vor, da § 72 Abs. 4 Nr. 1 LPVG bei der Festlegung der täglichen Arbeitszeit nur generelle Regelungen erfasst (BVerwG, ZBR 1984, 78). Ebenfalls keine Mitbestimmung ergibt sich bei der **Rückkehr zur Vollzeit** nach Auslaufen (oder störfallbedingtem Abbruch) der Teilzeitbewilligung, obwohl § 72 Abs. 1 Nr. 1 LPVG mittlerweile bei der Rückkehr aus den **Vollfreistellungen** gem. §§ 64 und 70 eine Zustimmung der Personalvertretung vorsieht. Die Sach- und Interessenlage nach der Rückkehr aus einer (bloßen) Teilfreistellung stellt sich anders dar. Zudem scheidet die Annahme einer planwidrigen, zur Analogie berechtigenden Lücke bereits wegen des insoweit eindeutigen Wortlauts der einschlägigen LPVG-Norm aus.

§ 64 Teilzeitbeschäftigung und Urlaub aus familiären Gründen

(1) ¹Einer Beamtin oder einem Beamten mit Dienstbezügen ist auf Antrag, wenn zwingende dienstliche Belange nicht entgegenstehen, Teilzeitbeschäftigung bis auf die Hälfte der regelmäßigen Arbeitszeit oder Urlaub ohne Besoldung zu bewilligen zur tatsächlichen Betreuung oder Pflege von
1. mindestens einem Kind unter 18 Jahren oder
2. einer oder einem nach § 7 Absatz 3 des Pflegezeitgesetzes vom 28. Mai 2008 (BGBl. I S. 874, 896) in der jeweils geltenden Fassung pflegebedürftigen nahen Angehörigen.
²Während der Zeit eines Urlaubs nach Satz 1, § 67 oder § 74 Absatz 2 kann Teilzeitbeschäftigung auch mit weniger als der Hälfte der regelmäßigen Arbeitszeit bewilligt werden, wenn zwingende dienstliche Belange nicht entgegenstehen.

(2) ¹Beamtinnen oder Beamten auf Widerruf, die ihren Vorbereitungsdienst nach dem 31. Dezember 2017 begonnen haben, kann aus den in Absatz 1 genannten Gründen Teilzeitbeschäftigung mit mindestens der Hälfte der regelmäßigen Arbeitszeit bewilligt werden, soweit die Struktur der Ausbildung nicht entgegensteht und den unverzichtbaren Erfordernissen der Ausbildung Rechnung getragen wird. ²Nähere Regelungen trifft die Verordnung nach § 7 Absatz 2.

(3) ¹Urlaub nach Absatz 1 darf auch in Verbindung mit Urlaub nach § 70 Absatz 1 insgesamt die Dauer von 15 Jahren nicht überschreiten. ²Dabei bleiben Zeiten einer unterhälftigen Teilzeitbeschäftigung während einer Elternzeit nach § 74 Absatz 2 und einer Freistellung zur Pflege und Betreuung von Angehörigen nach § 67 unberücksichtigt. ³Der Bewilligungszeitraum kann bei Beamtinnen und Beamten im Schul- und Hochschuldienst bis zum Ende des laufenden Schuljahrs, Semesters oder Trimesters ausgedehnt werden. ⁴Dies gilt auch bei Wegfall der tatbestandlichen Voraussetzungen des Absatzes 1.

(4) ¹Der Antrag auf Verlängerung einer Teilzeitbeschäftigung ist spätestens sechs Monate vor Ablauf der genehmigten Freistellung zu stellen. ²Ein Übergang zur Voll-

zeitbeschäftigung oder eine Änderung des Umfangs der Teilzeitbeschäftigung ist auf Antrag zuzulassen, wenn der Beamtin oder dem Beamten die Fortsetzung der bewilligten Teilzeitbeschäftigung nicht mehr zugemutet werden kann und dienstliche Belange nicht entgegenstehen. [3]Dies gilt entsprechend für eine Verlängerung eines Urlaubs oder eine Rückkehr aus dem Urlaub mit dem Ziel, eine Vollzeit- oder Teilzeitbeschäftigung aufzunehmen.

(5) [1]Während der Zeit des Urlaubs nach Absatz 1 besteht ein Anspruch auf Leistungen der Krankenfürsorge in entsprechender Anwendung der Beihilferegelungen für Beamtinnen und Beamte mit Besoldung. [2]Dies gilt nicht, wenn die Beamtin oder der Beamte berücksichtigungsfähige Angehörige oder berücksichtigungsfähiger Angehöriger einer oder eines Beihilfeberechtigten wird oder Anspruch auf Familienversicherung nach § 10 des Fünften Buches Sozialgesetzbuch – Gesetzliche Krankenversicherung – (Artikel I des Gesetzes vom 20. Dezember 1988, BGBl. I S. 2477, 2482) vom 20. Dezember 1988 in der jeweils geltenden Fassung hat.

Übersicht

I. Allgemeines

Mit dem Dienstrechtsmodernisierungsgesetz 2016 hat der Gesetzgeber das Regelungs- **1** konzept des ehemaligen § 85a LBG a.F. („Teilzeitbeschäftigung und Urlaub aus familienpolitischen Gründen") wieder aufgegriffen und die mit der Novelle von 2009 eingeführte Trennung von Teilzeit- und Beurlaubungsvorschriften rückgängig gemacht. Dies führt nicht nur zu größerer Übersichtlichkeit, sondern beseitigt auch die zwischenzeitlich entstandenen Irritationen über die Geltung der sog. „Störfallklausel" und des Benachteiligungsverbots des § 69 (vgl. auch § 69 Rn. 1). In die Vorschrift als Absatz 1 Satz 2 integriert worden ist auch der ehemalige § 67 a.F. mit den Regelungen zur unterhälftigen Teilzeit.

„Familiäre Gründe" waren vor dem Hintergrund des verfassungsrechtlichen Spannungsverhältnisses von Art. 33 Abs. 5 GG (hier: Grundsatz der Hauptberuflichkeit) und Art. 6 GG der Anlass für die erstmalige Einführung von Teilzeit in das Beamtenrecht im Jahre 1969 (vgl. BVerfGE 121, 241; s.a. *Battis/Grigoleit,* ZBR 1997, 237, 243; *Baßlsperger,* ZBR 2001, 417, 418). Trotz der seit 1997 vollzogenen Rechtsentwicklung zur inzwischen „voraussetzungslosen" Teilzeit (vgl. § 63 Rn. 1) behält § 64 seinen besonderen Stellenwert, da er allein einen (strikten) **Rechtsanspruch auf die Bewilligung** einer Freistellung (vgl. OVG Münster, B. v. 30.5.2000, 12 B 199/00) einräumt, sofern nicht zwingende dienstliche Belange entgegenstehen. Mit der familienpolitischen Freistellung erfüllt der Staat einen Teil seines **Schutzauftrags aus Art. 6 GG** (BVerfGE 121, 241; VGH Mannheim, RiA 2007, 276; s.a. OVG Lüneburg, IÖD 2014, 167: familiäre Belange als Versetzungshindernis). Zu beachten ist daneben die besondere **gleichstellungspolitische Relevanz** der familienbedingten Freistellung, die sich aus ihrer Eignung als Maßnahme zur Förderung einer besseren Vereinbarkeit von Familie und Beruf erklärt, vgl. § 13 Abs. 1 LGG (dazu auch *v. Roetteken* in v. Roetteken/Rothländer, § 43 BeamtStG Rn. 22). Demgemäß – und mit dieser Zielrichtung – verpflichtet § 13 Abs. 2 LGG die Dienstherren zu einer „offensiven" Teilzeitpolitik.

II. Antragsvoraussetzungen, Umfang und Dauer

1. Teilzeit

2   **Antragsberechtigt** (zum Antragserfordernis vgl. VG Düsseldorf, B. v. 11.0.2015, 13 L 2791/15; s. a. § 63 Rn. 3) sind zunächst, wie bei Freistellungen grundsätzlich üblich, **Beamte mit Dienstbezügen,** was Anwärter und Ehrenbeamte ausschließt. Aus § 13 Abs. 3 LGG, der den Anspruch lediglich an den „Beschäftigten"-Status knüpft, ergibt sich insofern nichts Abweichendes, da § 64 bei Beamten als lex specialis vorgeht. Ansonsten bestehen in dieser Hinsicht keine weiteren Voraussetzungen, etwa im Sinne einer Mindestdienstzeit. Mit dem Dienstrechtsmodernisierungsgesetz wird jedoch durch Absatz 2 erstmals (vom Sonderfall des wieder aufgehobenen § 65a a. F. abgesehen) auch **Anwärtern** ab dem 31.12.2017 ein tatbestandlich eingegrenzter, die Ausbildungsbelange wahrender und ermessensabhängiger Teilzeitanspruch eingeräumt. Ausgenommen sind jedoch bundesgesetzlich geregelte Ausbildungsgänge (LT-Drs. 16/10380, S. 351).

    Der **Teilzeitumfang** ist in Konkordanz mit der Grundregel des § 63 und damit vor dem Hintergrund des Grundsatzes der Hauptberuflichkeit auf eine max. 50 % Arbeitszeitreduzierung beschränkt (vgl. § 63 Rn. 5). Allerdings gewährt die nunmehr „integrierte" Regelung des § 64 Abs. 1 Satz 2 gerade auch aus „familiären Gründen" die Möglichkeit einer weitergehenden Reduktion (sog. unterhälftige Teilzeit), wobei jedoch gewisse Einschränkungen zu beachten sind (vgl. Rn. 5). Im Gegenzug darf der Teilzeitumfang 30 Wochenstunden nicht überschreiten, wenn eine Teilzeit gem. § 64 im Rahmen einer **Elternzeit** gem. §§ 15 BEEG, 9 ff. FrUrlV beantragt wird, vgl. § 10 Abs. 1 FrUrlV. Die **Teilzeitdauer** ist grundsätzlich nur davon abhängig, dass die tatbestandlichen Voraussetzungen einer tatsächlichen Betreuung oder Pflege eines Kindes oder nahen Angehörigen vorliegen. Die in § 66 Satz 1 a. F. beim Erstantrag noch vorgesehene Befristung auf höchstens fünf Jahre ist entfallen, obwohl sie ihre Berechtigung daraus bezog, im praktischen Vollzug für die Beteiligten einen Planungsrahmen zu schaffen und zu verhindern, dass überlange Bewilligungszeiträume sich bei der Notwendigkeit einer vorzeitigen Rückkehr wegen der dienstherrnseitig getroffenen Dispositionen als (zusätzliches) Hindernis erweisen konnten. Die Verlängerungsoption ist – nunmehr gem. § 64 Abs. 4 Satz 1 – nach wie vor von einer **sechsmonatigen Antragsfrist** abhängig. Diese Frist schützt die Planungsbedürfnisse des Dienstherrn und steht damit im Einzelfall **zu seiner Disposition.** Gleichwohl wäre es angesichts der ausdrücklichen Fristvorgabe nicht fürsorgewidrig, im Falle einer Fristversäumnis zunächst eine unmittelbar anschließende Verlängerung zu verweigern. Keinen Gestaltungsanspruch gewährt § 64 Abs. 1 hinsichtlich der **konkreten wochentäglichen Lage** der Arbeitszeitreduktion. Deren Festlegung obliegt dem Dienstherrn im Rahmen seines Organisationsermessens, auch wenn familiäre Belange geltend gemacht werden (vgl. VG Düsseldorf, B. v. 11.9.2015, 13 L 2791/15; VG Gelsenkirchen, NVwZ-RR 2013, 62).

2. Beurlaubung

3   Durch die Zusammenfassung in einer Vorschrift ergibt sich die Identität der Antragsvoraussetzungen eo ipso. Hinzuweisen ist darauf, dass – wie bei der Teilzeit – die erstmalige Bewilligungsfrist des § 71 Abs. 1 a. F. (3 Jahre) entfallen ist. Im Unterschied zur Teilzeit sieht der Gesetzgeber bei der Beurlaubung – unabhängig vom Vorliegen der sonstigen Voraussetzungen – eine **Höchstdauer** vor. Sie beträgt gem. Absatz 3, wie bundesweit üblich (vgl. nur § 92 Abs. 1 Satz 2 BBG), statt zwölf jetzt 15 Jahre, nach wie vor unter Einbeziehung auch eines Urlaubs gem. § 70. Nicht berücksichtigt werden dabei nach der Neuregelung des § 64 Abs. 3 Satz 2 – und systematisch konsequent – jedoch Zeiten einer unterhälftigen Teilzeitbeschäftigung. Für Richter gilt nach Änderung des LRiStAG nunmehr ebenfalls das soeben dargestellte Zeitmaß, vgl. § 7 Abs. 2 Satz 1 LRiStaG. Die zeitliche Begrenzung trägt den deutlich gravierenderen Auswirkungen einer Vollfreistellung auf die Strukturprinzipien der Hauptberuflichkeit und des vollen Einsatzes als Korrelat zur Alimentation (vgl. BVerfGE 119, 247) Rechnung. Außerdem beugt sie den negativen Folgen eines durch Urlaubskumulation drohenden minimalen Ruhegehaltsanspruches vor. Folglich kann eine die Höchstdauer überschreitende Verlängerung auch im Einzelfall aus Fürsorgeaspekten nicht in Betracht kommen (VG Ansbach, Urt. v. 1.2.2005, AN 1 K 04.01954). Keine Anrechnung auf die Höchstdauer erfahren Freistellungen durch Elternzeit gem. § 9 Abs. 1 FrUrlV i. V. m. § 15 BEEG. Diese können gem. § 15 Abs. 2 BEEG pro Kind höchstens drei Jahre betragen und sich je nach Fallgestaltung auf weitere zwölf Jahre und mehr aufsummieren (unklar hier LT-Drs. 16/10380, S. 351: max. 18 Jahre).

Eine **Sonderregelung für Lehrer und Hochschullehrer** enthält § 64 Abs. 3 Sätze 3 f.   **4** (vgl. auch § 11 FrUrlV), wobei die Neuregelung – sinnvoll – auch Trimester einbezieht, im Unterschied zur Vorgängerregelung und zu § 70 Abs. 3 Satz 2 aber (ohne nähere Begründung, vgl. LT-Drs. 16/10380, S. 351) nicht mehr auf das Schulhalbjahr, sondern das Schuljahr abstellt. Die Vorschrift versteht sich vor dem Hintergrund der besonderen Arbeitszeitgestaltung dieser Personalgruppe; hiernach werden Schul- oder Semesterferien einbezogen (vgl. etwa BVerwG, B. v. 21.9.2005, 2 B 25/05 m. Anm. *v. Roetteken*, jurisPR – ArbR 49/2005 Anm. 4; s. a. OVG Münster, B. v. 24. 2. 2005, 6 A 4527/02). Die Sonderregelung erlaubt den Bewilligungsbehörden, die Dauer eines beantragten Urlaubs bis zum Ende eines Schuljahres, Semesters oder Trimesters auszudehnen, um einer vom Beamten (aus rein finanziellen Motiven) beabsichtigten Aussparung dieser Zeiten freier Arbeitseinteilung (Schulferien bzw. vorlesungsfreie Zeiten) entgegen zu wirken. Eine solche Aussparung wäre treuwidrig (OVG Münster, ZBR 2007, 318, entgegen LAG Düsseldorf, Urt. v. 11.10.2001, 5 Sa 965/01). Ohne die Ermächtigung in § 64 Abs. 3 würde durch eine Verlängerung vom Antrag des Beamten unzulässig abgewichen, da es sich bei der Bewilligung um einen mitwirkungsbedürftigen Verwaltungsakt handelt (OVG Münster, a. a. O.; anders insoweit § 11 FrUrlV, wo daher in diesen Fällen nur die Ablehnung in Betracht kommt). Wegen § 64 Abs. 3 Satz 4 kann diese „treuwidrige" Urlaubsgestaltung sogar verhindert werden, wenn während der Schul- oder Semesterferien die Voraussetzungen des Absatzes 1 wegfallen. Zu beachten ist schließlich, dass eine mehr als sechsmonatige Beurlaubung ein Personalratsmandat erlöschen lässt (vgl. OVG Münster, NVwZ-RR 2015, 391: hier bezogen auf Elternzeit).

3. Unterhälftige Teilzeit

Eingeführt im Gefolge der Dienstrechtsreformgesetzgebung von 1997 (vgl. § 63 Rn. 1)   **5** ist die **unterhälftige Teilzeit** mit Blick auf die von ihr bewirkte Durchbrechung des Grundsatzes der Hauptberuflichkeit als **„äußerste Grenze"** bezeichnet worden (*Battis/Grigoleit*, ZBR 1997, 237, 243). Eingang in das Landesrecht fand sie mit dem 8. DRÄG v. 10.2.1998 (GV. NRW. S. 134) zunächst als § 85a Abs. 3 (vgl. dazu *Schrapper*, DVP 1999, 371, 376). Damit war klargestellt, dass die Vorschrift ihre Rechtfertigung nur aus ihrer familienpolitischen Zielrichtung beziehen konnte (so auch *Battis/Grigoleit*, ZBR 1997, 237, 243). Im Übrigen ermöglichte die Einführung seinerzeit, dass Beamte im Rahmen eines Erziehungsurlaubs eine Teilzeitbeschäftigung nunmehr auch im Beamtenverhältnis ausüben konnten, ohne ihren Anspruch auf Erziehungsgeld zu gefährden (vgl. *Tiedemann* in Schütz/Maiwald, § 67 (64 neu) LBG Rn. 8). An der Verfassungsmäßigkeit der Norm bestehen inzwischen keine Zweifel mehr (vgl. nur BVerwG, NVwZ-RR 2005, 230). **Besondere Voraussetzung** einer unterhälftigen Teilzeit ist die Einschränkung, dass sie nur **während** eines Urlaubs aus familiären Gründen, einer Freistellung während der Pflege- oder Familienpflegezeit oder einer Elternzeit gem. § 74 Abs. 2 i. V. m. §§ 9 ff. FrUrlV bewilligt werden kann. Damit wird zum einen ihre familienpolitische Rechtfertigung und Zielrichtung klargestellt. Zum anderen bezweckt diese Einschränkung, das spätere Versorgungsniveau wegen der gebotenen anteiligen Kürzung der ruhegehaltfähigen Dienstzeit nicht zu stark absinken zu lassen (krit. zu diesem Aspekt *Battis/Grigoleit*, ZBR 1997, 237, 243), indem die zeitlichen Höchstgrenzen des § 9 Abs. 1 FrUrlV i. V. m. § 15 Abs. 2 Satz 1 BEEG (3 Jahre je Kind) und insbesondere des § 64 Abs. 3 Satz 1 (15 Jahre) auch auf die Teilzeitdauer erstreckt werden. Aber auch die überproportionale Höhe der Personalnebenkosten (insbesondere Beihilfe) ist ein Motiv für die zeitliche Höchstgrenze (vgl. *Tiedemann* in Schütz/ Maiwald, § 67 (64 neu) LBG Rn. 23).

6   Trotz der familienpolitischen ratio der Vorschrift gewährt § 64 Abs. 1 Satz 2 im Unterschied zu Satz 1 **keinen Rechtsanspruch,** sondern gleicht insoweit § 63. Voraussetzung für die Antragsberechtigung ist selbstverständlich der Bezug von Dienstbezügen (s. o. Rn. 2). Dies gilt nach dem klaren Wortlaut auch für eine unterhälftige Teilzeit während der Elternzeit, obwohl letztere gem. § 9 Abs. 1 FrUrlV auch Anwärtern zusteht (a. A. *Tiedemann* in Schütz/Maiwald, § 67 (64 neu) LBG Rn. 17). Wegen des in § 7 Abs. 1 Nr. 1 LRiStaG vorgesehenen Zeitrahmens richterlicher Familienteilzeit (max. 50%) kommt eine unterhälftige Teilzeit (mind. 30%) für **Richter** nach Neufassung des § 14 FrUrlV nunmehr zumindest während der Elternzeit in Betracht (vgl. auch *Trierweiler/Baumanns*, NWVBl. 2016, 52, 53). Einen **zeitlichen Mindestumfang** oder Untergrenzen täglicher Arbeitszeit kennt § 64 Abs. 1 Satz 2 nicht. Allerdings können sich entgegenstehende zwingende Belange ergeben, wenn lediglich eine **zeitliche Minimalpräsenz** am Arbeitsplatz gewährleistet werden kann (vgl. auch VG Ansbach, B. v. 21.8.2007, AN 1 E 07.02 043). Dies ist umso eher der Fall, je mehr sich die geschuldete Dienstleistung zu einem Mindestmaß in arbeitsteilige Abläufe einbinden lassen muss. Kann dem nicht genügt werden, muss von einer faktischen Nichtleistung ausgegangen werden, deren Ablehnung zur Wahrung zwingender Belange geboten ist.

III. Familienpolitische Antragsgründe

7   Als Freistellung nur bei besonderen persönlichen Voraussetzungen ist der Rechtsanspruch auf Bewilligung von der **tatsächlichen Betreuung oder Pflege** eines minderjährigen Kindes bzw. eines pflegebedürftigen nahen Angehörigen abhängig. Unscharf ist der Tatbestand insoweit, als er zwar die Betreuung und Pflege eines Kindes zu erfassen scheint, dies aber für die Betreuung (nicht die Pflege) eines **pflegebedürftigen** sonstigen Angehörigen fragwürdig ist. Aus sprachlicher und tatsächlicher Sicht korrespondiert nämlich der Pflegebedürftigkeit die Pflege; Betreuung, so deutet dieser Zusammenhang an, genügt hier nicht. Tatbestandlich eindeutiger sind hier z. B. §§ 59, 61 Abs. 2 LBeamtVG, als dort nach Kinder**erziehung** und Kinder**pflege** unterschieden wird. Den Bedeutungsgehalt des Adverbs **„tatsächlich"** hat der Gesetzgeber nunmehr im Sinne einer gewissen Mindestintensität der (faktischen) Betreuung klargestellt. § 14 Abs. 5 Satz 2 definiert nämlich in Verbindung mit der Erhöhung der Einstellungshöchstgrenze wegen Kindererziehungszeiten, dass der Annahme einer tatsächlichen Betreuung eine parallele Erwerbstätigkeit nicht entgegensteht, wenn sie einen Zeitumfang von zwei Dritteln der regelmäßigen Arbeitszeit in der Regel nicht überschreitet.

8   Bezugsperson für Betreuungs- oder Pflegeleistungen können **minderjährige Kinder** oder **pflegebedürftige nahe Angehörige** sein, wobei das Gesetz nunmehr ausdrücklich auf die – erweiterte (vgl. *Stüben/v. Schwanenflügel*, NJW 2015, 577, 580) – Legaldefinition in § 7 Abs. 3 PflZG Bezug nimmt und damit die nach altem Recht bestehenden Wertungswidersprüche (vgl. die Voraufl., § 66 Rn. 5) vermeidet. Hiernach sind „Nahe Angehörige" i. S. d. Gesetzes: **(1.)** Großeltern, Eltern, Schwiegereltern, Stiefeltern **(2.)** Ehegatten, Lebenspartner, Partner einer eheähnlichen oder lebenspartnerschaftsähnlichen Gemeinschaft, Geschwister, Ehegatten der Geschwister und Geschwister der Ehegatten, Lebenspartner der Geschwister und Geschwister der Lebenspartner **(3.)** Kinder, Adoptiv- oder Pflegekinder, die Kinder, Adoptiv- oder Pflegekinder des Ehegatten oder Lebenspartners, Schwiegerkinder und Enkelkinder. Zur Auslegung der Kategorie „lebenspartnerschaftsähnliche Gemeinschaften" kann die Begründung der Gesetzesänderung (vgl. BT-Drs. 18/3124, S. 41) herangezogen werden. Erkennbar sind „Kinder" von der Definition des „nahen Angehörigen" erfasst, wodurch sich der materielle Gehalt des § 64 Abs. 1 Satz 1 Nr. darauf reduziert, beim Kindschaftsverhältnis die **Minderjährigkeit** zur weiteren Voraussetzung zu machen. Aus Gleichheitsgründen muss dies über leibliche Kinder hinaus auch für die von § 7 Abs. 3 PflZG erwähnten Schwieger-, Adoptiv- und Pflegekinder gelten. **Betreut** wird das minderjährige Kind, wenn ihm gegenüber zumindest gewichtige reale Elemente der Personensorge (§ 1631 BGB) verantwortlich übernommen werden. Im Falle eines pflegebedürftigen nahen Angehörigen muss die Betreuung vergleichbare Leistungen im tatsächlichen Sinne umfassen, die – in systematischer Abgrenzung zur Pflege (s. u.) – die Intensität einer Pflegeleistung nicht erreichen. Nach dem insoweit eindeutigen Wortlaut genügt die Übernahme einer (rechtlichen) Betreuung gem. §§ 1896 ff. BGB nur, wenn gleichzeitig tatsächliche Betreuungsleistungen erbracht werden. Insgesamt wird für die Inanspruchnahme der privilegierten Freistellung aus familiären Gründen ein weiter Rahmen geschaffen, der letztlich nur auf die durch einen gewissen Verzicht auf Erwerbsarbeit indizierte Vermutung des Erbringens familiärer Zuwendung gestützt ist.

Zur Definition der **„Pflegebedürftigkeit"** kann auf §§ 14 f. SGB XI zurückgegriffen **9** werden, was der durch das Dienstrechtsmodernisierungsgesetz wieder aufgehobene § 65a a. F. durch die Verweisung auf § 7 Abs. 4 PflegeZG (vgl. § 65a Rn. 5) explizit bestätigte. Gem. § 14 Abs. 1 SGB XI ist eine Person als pflegebedürftig anzusehen, wenn sie an einer Krankheit oder Behinderung leidet, die zu einer nicht nur kurzfristigen Hilfsbedürftigkeit bei den Verrichtungen des täglichen Lebens (vgl. dazu § 14 Abs. 4 SGB XI) führt. **Pflege** ist demgemäß die Erbringung von Unterstützungsleistungen, deren der pflegebedürftige Angehörige bedarf. Eine mindestens „erhebliche" Hilfsbedürftigkeit i. S. d. § 15 Abs. 1 Nr. 1 SGB XI (Pflegestufe 1) ist dagegen nicht erforderlich, da das SGB XI mit dieser Voraussetzung einen weitergehenden Zweck verfolgt, nämlich die Regelung der Anspruchsvoraussetzungen für Sozialleistungen. Anders als bundesrechtlich vorgesehen (vgl. § 92 Abs. 1 BBG), muss die Feststellung der Pflegebedürftigkeit nach Landesrecht nicht auf einem ärztlichen Gutachten beruhen, woraus zunächst nur folgt, dass den Antragsteller keine entsprechende Darlegungslast trifft. Dies gilt – im Umkehrschluss – erst Recht, nachdem der Gesetzgeber in dem 2013 seinerzeit neu eingefügten § 65a a. F. (vgl. *Schrapper/Günther*, NWVBl. 2013, 349, 353 ff.) wegen der Analogie zum FPfZG eine Nachweispflicht ausdrücklich statuiert hat und diese nunmehr in § 16a Abs. 5 FrUrlV ausdrücklich beibehält. Gleichwohl kann der Dienstherr bei Zweifeln an der Tatbestandsmäßigkeit des Begehrens im Rahmen der Amtsermittlung gem. § 24 VwVfG (und auf eigene Kosten) ein entsprechendes Gutachten beauftragen. Fraglich ist, ob ein Anspruch auf Teilzeit gem. § 64 daran scheitern kann, dass sich zwei Antragsteller (z. B. Ehegatten oder Lebenspartner) auf denselben Betreuungsanlass (Kind oder sonstigen Angehörigen) beziehen – **Doppelbetreuung** (so wohl *Tadday/Rescher*, § 66 (64 neu) LBG Erl. 2.1 mit Hinw. auf ein in solchen Fällen minderes Gewicht der familienpolitischen Belange gegenüber dem Grundsatz der Hauptberuflichkeit). Der Gesetzgeber hat jedoch den Ausgleich der Belange aus Art. 6 und 33 Abs. 5 GG unmittelbar durch die tatbestandlichen Vorgaben des § 64 vorgenommen. Einer zusätzlichen teleologischen Reduktion bedarf es nicht. Folglich ist allein ausschlaggebend, ob eine „Doppelbetreuung" die Voraussetzungen einer **tatsächlichen Betreuung oder Pflege** erfüllt. Dies hängt maßgeblich von den Umständen des Einzelfalls (Alter des Kindes, Grad der Pflegebedürftigkeit, arbeitstägliche Lage der Freistellung etc.) ab.

IV. Entgegenstehende Belange

Zwingende dienstliche Belange, die allein dem Rechtsanspruch auf Bewilligung ent- **10** gegen gehalten werden können, stellen in der Hierarchie der Dringlichkeit dienstherrnseitiger Interessen die höchste Stufe dar, sowohl hinsichtlich ihrer **Gewichtigkeit** als auch hinsichtlich der **Wahrscheinlichkeit** ihres Eingreifens (BVerwG, DÖV 2006, 220). Zu beachten ist dabei, dass einer Flexibilisierung der Familienteilzeit gem. § 65 als Blockmodell schon „einfache" dienstliche Belange entgegen gehalten werden können (vgl. § 65 Rn. 4). Bezugsrahmen für die geltend gemachten Belange ist die Dienststelle des betroffenen Beamten mit ihren konkreten Aufgaben und organisatorischen Rahmenbedingungen (BVerwG, DÖV 2006, 220; vgl. auch § 63 Rn. 8). Die Wahrung zwingender Belange muss alternativlos sein, um gravierende Beeinträchtigungen für die Funktionsfähigkeit der Verwaltung abzuwenden (OVG Münster, B. v. 30.5.2000, 12 B 199/00). Folglich „stärkt" die Notwendigkeit ihres Vorliegens bei familienbedingten (Teil-)Freistellungen die Rechtsposition der Antragsteller (VGH Mannheim, RiA 2007, 276). Gleichwohl hat die Rechtsprechung (VGH Mannheim, a. a. O.; s. a. VG Ansbach, v. 21.8.2007, AN 1 E 07.02043) die Zurückweisung von familienbedingten Teilzeitanträgen bestätigt, wenn diese wegen des beantragten Minimalumfangs organisatorische Probleme aufwarfen (vgl. auch § 63 Rn. 8). Die Begründung stützt sich dabei erkennbar nicht auf entgegenstehende zwingende Belange (so ausdr. VGH Mannheim, a. a. O. – „... stehen ... grundsätzlich nicht entgegen"). Die gleichwohl erfolgte Zurückweisung des Begehrens beruht vielmehr auf einer im Rahmen der Ermessensbetätigung erfolgenden Abwägung der Interessen der Beteiligten, wobei gegenüber der nur geringfügigen Freistellung auf Beamtenseite die organisatorischen Probleme des Dienstherrn höher veranschlagt werden (vgl. dazu auch VGH München, B. v. 21.3.2012, 6 ZB 11.1620: im Rahmen der Ermessensausübung dürfen auch Belange ohne zwingenden Charakter berücksichtigt werden, allerdings wohl nur zur Beschränkung des begehrten Umfangs). Zu kritisieren ist, dass dieses Vorgehen nur schwerlich mit Wortlaut und Systematik des § 64 (bzw. seiner Parallelen in anderen Ländern) in Einklang zu bringen ist. Andererseits lassen sich bei abstrakt definierten und damit absolut verstandenen zwingenden dienstlichen Belangen nicht immer sachgerechte Einzelfallentscheidungen treffen. Ein vernünftiger, die gesetzgeberisch vorgegebene Hierarchie der dienstlichen Belange einbeziehender Interessenausgleich ist demgegenüber durch **einzelfallbezogene Abwägung** einfacher und überzeugender zu erreichen (vgl. dazu § 63 Rn. 14).

V. Störfälle

11   Im Unterschied zu § 66 a. F. – aber in Einklang mit § 71 Abs. 2 a. F. – enthält § 64 mit Abs. 4 Satz 2 nach der vollständigen Neufassung jetzt (wieder) eine unmittelbare Regelung für **„Störfälle"**, allerdings – im Unterschied zu § 63 Abs. 3 – beschränkt auf einen vom Beamten initiierten Abbruch der Freistellung in ihrer ursprünglich bewilligten Form. Ein Rückgriff auf § 13 Abs. 7 LGG ist damit obsolet. Liegt eine **Unzumutbarkeit der Fortsetzung der Freistellung** vor, wird insoweit auch § 49 VwVfG verdrängt (vgl. § 63 Rn. 13). Davon zu unterscheiden ist jedoch ein Widerruf gem. § 49 Abs. 2 Nr. 3 VwVfG, wenn die Anspruchsvoraussetzungen des § 64 fortfallen (z. B. durch den Tod des bis dahin gepflegten Angehörigen). Im Gegensatz etwa zu §§ 16 Abs. 4 BEEG, 9 Abs. 1 FrUrlV trifft § 64 dazu keine einschlägige, das VwVfG verdrängende Regelung. Gleiches gilt, wenn sich (neue) innerbehördliche Entwicklungen ergeben haben, die nunmehr als zwingende Belange zu Buche schlagen **und** als Änderungen mit Tatsachenqualität (vgl. *Kopp/Ramsauer*, § 49 VwVfG Rn. 46: Änderungen der Haushaltslage oder veränderte Bewertungen vorhandener Tatsachen genügen nicht) gelten können. Zum öffentlichen Interesse als weiterer Voraussetzung vgl. *Kopp/Ramsauer*, § 49 VwVfG Rn. 48. Zulässig ist wohl auch – in entsprechender Anwendung – ein Widerruf der Bewilligung, wenn die Freistellung noch gar nicht angetreten wurde, sofern nur die Bewilligungsbehörde alle maßgeblichen Tatsachen kennt (vgl. OVG Münster, Urt. v. 30.7.2008, 1 A 2282/06, sowie ihm folgend VG Minden, Urt. v. 14.12.2009, 4 K 2893/08, jeweils zur Elternzeit). Zu beachten ist, dass ein gegenüber der Teilzeit gem. § 63 gesteigertes Gewicht der Interessen des Beamten, wie es sich aus dem verfassungsrechtlichen Kontext der Freistellung aus familiären Gründen, nämlich Art. 3 Abs. 2 Satz 2 GG (Beseitigung geschlechtsspezifischer Nachteile), Art. 6 Abs. 1 GG (Schutz von Ehe und Familie) ergibt, bei der Neufassung des § 64 zur Formulierung eines **gebundenen Rückkehranspruchs** („ist" statt „soll") geführt hat (vgl. LT-Drs. 16/10380, S. 351). In der Folge werden haushaltsrechtlich begründete dienstliche Belange (fehlende Stellen) i.d.R. gegenüber einer individuellen familienbedingten Unzumutbarkeit bei der notwendigen Abwägung (vgl. § 63 Rn. 14) zurückstehen, so dass einem Antrag auf Erhöhung des Beschäftigungsumfanges stattzugeben ist (BVerwG, RiA 2015, 269, 271). Anders dagegen stellen sich Situation und Rechtslage dar, wenn die begehrte vorzeitige Rückkehr zur Vollzeit zwar auch einen finanziellen Engpass in einer schwierigen familiären Situation beseitigen soll, der Beamte wegen Dienstunfähigkeit aber gar keine Dienstleistung erbringen kann (vgl. VG Frankfurt, Urt. v. 17.1.2011, 9 K 1342/10.F).

Besonderheiten gelten für den **Abbruch einer Elternzeit** mit dem Ziel einer Inanspruchnahme des finanziell attraktiveren Mutterschutzes, die sich auf Beurlaubungen gem. § 64 übertragen lassen. Nach dem neugefassten § 16 Abs. 3 BEEG (geändert durch das Gesetz zur Vereinfachung des Elterngeldvollzugs v. 10.9.2012, BGBl. I S. 1878), der die Rechtsprechung des EuGH berücksichtigt (*Faber*, ZTR 2012, 689; EuGH, Urt. v. 20.9. 2007, C-116/06; vgl. dazu *Göhle-Sander*, juris-ArbR 17/2008 Anm. 1; ausdr. anders noch OVG Münster, Urt. v. 30.7.2008, 1 A 2282/06; zum Abbruch eines Sabbatjahres vgl. OVG Münster, ZBR 2008, 357 m. Anm. *Braun*, RiA 2008, 186), ist die Unterbrechung von Elternzeit zugunsten eines Eintritts in den Mutterschutz nunmehr zulässig (vgl. dazu näher § 74 Rn. 3). **12**

VI. Beendigung der Freistellung

Die Freistellung endet regelhaft mit Ablauf der in der Bewilligung verfügten Frist. Zu **13** diesem Zeitpunkt hat der Beamte wieder den Status eines Vollzeitbeschäftigten, ohne dass es weiterer Entscheidungen bedarf (vgl. OVG Münster, NVwZ-RR 1999, 49). Insbesondere spielen ggf. fehlende haushaltsrechtliche Bedingungen (z.B. Planstellen) keine Rolle. Gem. § 14 Abs. 2 LGG „soll" sich nach der Rückkehr aus einer Beurlaubung eine Beschäftigung am alten Dienstort oder wohnortnah anschließen. Eindeutig kein Anspruch besteht hingegen auf **Rückkehr auf den bisherigen Dienstposten.** Dieses konkretfunktionale Amt hat der Beamte mit Eintritt in die Beurlaubung verloren (VGH München, ZBR 2010, 203). Folglich besteht bei Rückkehrern kein weitergehenderer Anspruch auf einen bestimmten Dienstposten als bei „aktiven" Beamten und somit kein Erfordernis, Nachteile auszugleichen (VGH München, a.a.O.; OVG Münster, B.v. 20.3.2008, 6 A 3179/05). Vor Fristablauf zu beenden ist die Freistellung, wenn die Voraussetzungen für ihre Bewilligung fortfallen, zumal eine §§ 16 Abs. 4 BEEG, 9 Abs. 1 FrUrlV (hier: Tod des Kindes) entsprechende Regelung fehlt. Mangels spezieller Vorgaben ist insoweit auf § 49 VwVfG zurück zu greifen (s.o.). Im Rahmen des Ermessens ist bei der Festlegung des genauen Zeitpunkts des Widerrufs auf die Umstände des Einzelfalls Rücksicht zu nehmen.

Hinzuweisen ist auf das mit der LPVG-Novelle 2011 erweiterte **Mitbestimmungsrecht 14** der Personalvertretung, die gem. § 72 Abs. 1 Nr. 1 LPVG nunmehr bei der Zuweisung eines Dienstpostens nach Urlaubsrückkehr zu beteiligen ist. Für die Genehmigung von **Nebentätigkeiten** ist § 50 zu beachten. Zur Berechnung des Anspruchs auf Erholungsurlaub bei unterjährig angetretener Freistellung vgl. § 18 Abs. 4 FrUrlV.

VII. Beihilfeanspruch

Im Unterschied zur Beurlaubung gem. § 70 privilegiert § 64 Abs. 5 Satz 1 Beamte im **15** Urlaub aus familiären Gründen durch die Einräumung eines **Beihilfeanspruches,** indem die Voraussetzung des § 1 Abs. 1 BVO (Erhalt von Dienstbezügen) „ausgesetzt" wird. Da dieser Anspruch nur subsidiär gelten soll, greift er − mangels Bedarf − nicht bei berücksichtigungsfähigen Angehörigen gem. § 2 Abs. 1 Nr. 1 b, c BVO oder in Fällen, wo Ansprüche auf Familienhilfe gem. § 10 SGB V bestehen.

§ 65 Teilzeitbeschäftigung im Blockmodell

(1) [1]Wenn dienstliche Belange nicht entgegenstehen, kann Teilzeitbeschäftigung auf Antrag auch in der Weise bewilligt werden, dass während eines Teils des Bewilligungszeitraums die Arbeitszeit bis zur regelmäßigen Arbeitszeit erhöht und diese Arbeitszeiterhöhung während des unmittelbar daran anschließenden Teils des Bewilligungszeitraums durch eine entsprechende Ermäßigung der Arbeitszeit oder durch eine ununterbrochene Freistellung vom Dienst ausgeglichen wird. [2]Der gesamte Bewilligungszeitraum darf höchstens sieben Jahre betragen.

(2) [1]In Fällen von Teilzeitbeschäftigung nach § 64 kann die Ermäßigung der Arbeitszeit oder die ununterbrochene Freistellung auch zu Beginn oder während des Bewilligungszeitraums in Anspruch genommen werden. [2]Der Bewilligungszeitraum wird unterbrochen für die Dauer einer Elternzeit oder einer Familienpflege- oder Pflegezeit. [3]In Fällen von Teilzeitbeschäftigung nach § 67 erfolgt die Ermäßigung der Arbeitszeit während der Pflegephase zu Beginn des Bewilligungszeitraums.

(3) [1]Treten während des Bewilligungszeitraums nach Absatz 1 Umstände ein, welche die vorgesehene Abwicklung unmöglich machen, so ist die Teilzeitbeschäftigung mit Wirkung für die Vergangenheit zu widerrufen

1. bei Beendigung des Beamtenverhältnisses im Sinne des § 21 des Beamtenstatusgesetzes,
2. bei Dienstherrnwechsel oder
3. in besonderen Härtefällen, wenn der Beamtin oder dem Beamten die Fortsetzung der Teilzeitbeschäftigung nicht mehr zuzumuten ist.

[2]Gleichzeitig mit dem Widerruf wird der Arbeitszeitstatus entsprechend der nach dem Modell zu erbringenden Dienstleistung festgesetzt. [3]Zuviel gezahlte Bezüge sind von den Beamtinnen und Beamten zurück zu zahlen, zu wenig gezahlte Bezüge sind vom Dienstherrn nachzuzahlen. [4]Dies gilt nicht, soweit der Ausgleich über Arbeitszeit oder Freistellung bereits erfolgt ist oder die Beamtin oder der Beamte verstirbt. [5]§ 15 des Landesbesoldungsgesetzes vom 14. Juni 2016 (GV. NRW. S. 310) bleibt unberührt. [6]In Fällen des § 64 besteht ein Rückkehranspruch unter den Voraussetzungen des § 64 Absatz 4.

Übersicht

I. Allgemeines

1   Die Vorschrift erweitert den Anwendungsbereich der §§ 63, 64 indem sie als **„Teilzeitblockmodell"** (LT-Drs. 16/10380, S. 351) das Konzept des sog. Sabbatjahrs (auch Sabbatical oder Jahresfreistellung) im Sinne einer weiteren Flexibilisierung fortschreibt. Eingeführt mit dem Dienstrechtsmodernisierungsgesetz 2016 trägt sie dessen „Programm" (Vereinbarkeit von Familie und Beruf durch Flexibilisierung von Arbeitszeit und Freistellungsregelungen weiter verbessern, vgl. LT-Drs. 16/10380, S. 335; zum neuen § 10 LRiStaG vgl. Rn. 4 a. E.) erkennbar Rechnung (krit. dazu mit Blick auf die demograf.

Entwicklung *Schrapper*, Die Verwaltung 46 (2013), 441, 449 f.). Die Idee einer geblockten Teilzeit ist als § 78b Abs. 4 mit dem 8. DRÄG v. 10.2.1998 in das Dienstrecht eingegangen (vgl. *Schrapper*, DVP 1999, 371, 376) und hatte als „Jahresfreistellung" durch die Novelle vom 21.4.2009 in § 64 a. F. eine eigene Reglung gefunden. Die Parallelen zur Neuregelung zeigen sich vor allem auch im aufgegriffenen max. **siebenjährigen Bewilligungszeitraum** gem. § 65 Abs. 1 Satz 2.

II. Ausgestaltung der Blockteilzeit

Deutlich umfänglicher als das Sabbatjahr ermöglicht die **Blockteilzeit** nicht nur eine 2 Vielzahl an Kombinationsmöglichkeiten, sondern auch erhebliche – und damit eher einer Beurlaubung entsprechende – Vollfreistellungen von der Dienstleistungspflicht. Ohne ausdrückliche Klarstellung im Wortlaut erlaubt § 65 Abs. 1 eine Reduzierung der Arbeitszeit um höchstens 50 %, da es sich insoweit lediglich um eine Variante des Grundmodells gem. § 63 Abs. 1 handelt. Darüber hinaus wird deutlich, dass in den Fällen des Absatzes 1 eine Reduzierung (oder Vollfreistellung) immer vorab „erdient" werden muss, so dass **Anspar- und Abbauphase** zu unterscheiden sind. Abweichendes gilt gem. Absatz 2 für die privilegierte Freistellung gem. § 64 (vgl. auch LT-Drs. 16/10380, S. 351); der Gesetzgeber hat hier das mit dem ehemaligen § 65a eingeführte Konzept aufgegriffen. Eine geblockte Teilzeit gem. § 64 kann bei Vorliegen der Voraussetzungen (vgl. § 64 Rn. 5) auch unterhälftig sein. Mit der ausdrücklichen Erwähnung des **„Bewilligungszeitraums"**, dessen Höchstdauer in Anlehnung an das ehemalige Sabbatjahr **sieben Jahre** beträgt, sollen prinzipiell nahezu unbegrenzte Kombinationsmöglichkeiten von erhöhter und anschließend reduzierter Arbeitszeit zu einem einheitlichen, **vorab festzulegenden** Modell verklammert werden. Schon im Antrag auf Bewilligung muss der Beamte also die gewünschten Modalitäten festlegen, auch um seiner Dienststelle eine entsprechende Planung zu ermöglichen (vgl. auch Rn. 4). Gleichzeitig wird – auch in der systematischen Gesamtschau mit § 65 Abs. 3 – deutlich, dass während des Bewilligungszeitraums – trotz variierender Arbeitszeitumfänge – eine Gesamtteilzeitquote und damit eine einheitliche anteilige Besoldung festgesetzt wird. Quasi als **Maximalmodell** kann eine 50%ige Durchschnittsfreistellung bei einem insgesamt siebenjährigen Bewilligungszeitraum zu einer Vollfreistellung von 3,5 Jahren bei 50%-Bezügen führen. Allerdings lässt die Vorschrift – anders als das Sabbatjahr – auch Kombinationen von höherer und geringer Teilfreistellung (Bsp.: 1 Jahr 80 % – 1 Jahr 50 % = 65 % Bezüge) oder Voll- und Teilfreistellung (Bsp.: 2 Jahre 100 % – 2 Jahre 50 % = 75 % Bezüge). Abgesehen von den Fällen des § 65 Abs. 2 i. V. m. § 64 Abs. 1 Satz 2 (unterhälftige. Tz.) muss die jeweilige Arbeitsrate jedoch immer entweder 0 % oder mindestens 50 % betragen (s. o.), wobei der Effekt einer höheren Durchschnittsbesoldung natürlich im Fall einer sich anschließenden unterhälftigen Teilzeit besonders interessant ist. Vom Wortlaut her unklar, vom angestrebten Flexibilisierungszweck jedoch eher naheliegend sind innerhalb des Bewilligungszeitraums auch mehrmalige Wechsel von Anspar- und Abbauphase möglich (Bsp.: 1 Jahr 100 %, 1 Jahr 0 %, 1 Jahr 100 %, 1 Jahr 50 % = 62,5 % Bezüge). Eindeutig erscheint jedoch wegen der – insoweit engeren als in § 66 gewählten (vgl. dazu VG Gelsenkirchen, B. v. 28.11.2013, 1 L 1574/13) – Formulierung „des **unmittelbar** daran anschließenden Teils", dass auch bei solchen Kombinationen innerhalb des Bewilligungszeitraums der Beamte in den Fällen des § 65 Abs. 1 immer zunächst **vorleisten** muss, die sich jeweils „anschließende" Arbeitszeitreduktion also durch Vorarbeit gedeckt ist. Abweichend davon erlaubt § 65 Abs. 2 in den Fällen einer Familienteilzeit, insoweit dem Konzept der Familienpflegezeit gem. § 65a a. F. (vgl. dazu *Schrapper/Günther*, NWVBl. 2013, 349, 353 ff.) nachgebildet, auch eine vorweggehende Freistellung, für die erst in der zweiten Phase des Bewilligungszeitraums „nachgedient" werden muss. Damit sind adäquate Reaktionen durch eine sofortige Freistellungsmöglichkeit bei – auch unvermittelt entstehenden – familiär bedingten Bedarfen möglich. Dem Hinweis in § 65 Abs. 2 Satz 3 auf die insoweit analoge Situation bei einer Familienpflegeteilzeit kommt kein eigener Regelungsgehalt zu.

3   Auch die Blockteilzeit ist eine Form der Teilzeit. Von Belang ist dies zunächst für die **Fortgeltung des Beihilfeanspruchs** während der Freistellungsphase. Dies ergibt sich aus dem zwar anteilig geminderten, aber fortlaufenden Erhalt von Dienstbezügen (vgl. § 1 Abs. 1 BVO). Darüber hinaus darf der Beamte auch während der Freistellungsphase(n) nicht ohne weiteres von **Beförderungskonkurrenzen** ausgeschlossen werden. Die für die Blockfreistellung der Altersteilzeit (§ 66) entwickelte Rechtsprechung, wonach die mangelnde Verfügbarkeit des „Altersteilzeiters" für den Beförderungsdienstposten einen Eignungsmangel darstellt (vgl. § 66 Rn. 5; s. a. OVG Lüneburg, NVwZ-RR 2012, 77 m. w. N.), ist offenkundig nicht direkt übertragbar, da eine Freistellung im Rahmen des § 65 nur zu einer **vorläufigen Nichtverfügbarkeit** führt. Anders liegen die Dinge, wenn die zwar vorübergehende, aber doch längerfristige Absenz (möglich sind bis zu 3,5 Jahre, s. o.) nicht mit einem legitimen Interesse des Dienstherrn an einer sofortigen („umgehenden") Besetzung des (Beförderungs-)Dienstpostens vereinbar ist (OVG Münster, DÖD 2004, 252; vgl. auch VGH München, ZBR 2010, 203, 204; ZBR 2010, 417, 419). Für die Teilnahme an **Regelbeurteilungen** folgt aus dem Grundsatz der Aktualität, dass der Beamte zum Stichtag „im Dienst" sein muss. Allerdings ist eine ggf. anstehende Beurteilung nach Fortfall des Hemmnisses nachzuholen (vgl. etwa Ziff. 3.4 BRL Polizei, RdErl. des IM NRW v. 9.7.2010, MBl. NRW. S. 678) bzw. sogar vorzuziehen (vgl. etwa Ziff. 4.3.2.4 BRL, RdErl. d. MIK NRW v. 19.11.2010, MBl. NRW. S. 847).

III. Entgegenstehende Belange

4   **Entgegenstehende dienstliche Belange** hat der Gesetzgeber im Unterschied zu § 64 a. F. nunmehr eindeutig schon im Tatbestand der Norm als bewilligungsausschließende Voraussetzungen vorgesehen. Fraglich ist jedoch, ob in den Fällen einer Familienteilzeit im Blockmodell nur „zwingende dienstliche Belange" dem Antrag entgegen gehalten werden können. Dafür spricht, dass der Gesetzgeber die Teilzeit aus familiären Gründen auch im Blockmodell erkennbar privilegiert hat (vgl. § 65 Abs. 2). Entscheidender dürfte jedoch sein, dass § 65 lediglich eine mehr Flexibilität schaffende Variante des jeweiligen Grundmodells darstellt, den Grundanspruch des § 64 Abs. 1 (der sogar eine Beurlaubung ermöglicht) nicht tangiert und sich die dienstlichen Belange folglich nur auf die Flexibilisierung beziehen. Zudem regelt die Norm das Gewicht der dienstlichen Belange in Absatz 1 Satz 1 ausdrücklich selbst (anders noch § 64 a. F.) und der Anspruch ist erkennbar – anders als bei § 64 Abs. 1 – auch bei einer Blockung von Familienteilzeit in das **Ermessen** des Dienstvorgesetzten gestellt. Ansonsten ist wegen der Parallelität der Ausgangslage die Übertragung typischer Fallgestaltungen beim Sabbatjahr in gewisser Hinsicht auf § 65 möglich. Nicht verkannt werden sollte dabei, dass der Belang der Sicherstellung eines – auch in qualitativer Hinsicht – durchgängigen Dienstbetriebes in gleichem Maße an Bedeutung gewinnt, wie zusätzliche Individualansprüche auf Flexibilisierung der Arbeitszeit eingeräumt werden. Der Umkehrschluss, dass der Gesetzgeber mit den erweiterten Freistellungsmöglichkeiten der behördlichen Aufgabenerledigung – quasi spiegelbildlich – einen geringeren Rang zuweisen wollte, dürfte verfassungsrechtlich kaum haltbar sein. Wie beim Sabbatjahr muss auch bei der Blockteilzeit insbes. mit Schwierigkeiten für die Behörden gerechnet werden, geeignete Vertretungen während der Freistellung zu organisieren. In der Folge können sich namentlich bei **Führungsfunktionen** (vgl. OVG Münster, NVwZ-RR 2011, 871: Schulleiterin; OVG Münster, B. v. 16.6.2011, 6 A 1185/10: Konrektor) Hindernisse ergeben. Ähnliches gilt für Funktionen, deren drohende Vakanz aufgrund einer **spezifischen Vorbildung oder Erfahrung** nicht durch interne Umsetzungen aufgefangen werden kann (OVG Münster, IÖD 2010, 158). Für **Richter** ist mit der Neufassung des § 10 LRiStG durch das Dienstrechtsmodernisierungsgesetzes 2016 ebenfalls eine Blockteilzeit unter § 65 entsprechenden Bedingungen ermöglicht worden.

IV. Störfälle

Der Übernahme der „Nachleistungs-Konzeption" der Familienpflegezeit (Pflegephase **5** wird in Nachpflegephase „erdient", vgl. *Schrapper/Günther*, NWVBl. 2013, 349, 353) für die Fälle des § 65 Abs. 2 geschuldet ist die besondere, von der allgemeinen teilzeitrechtlichen Störfallklausel des § 63 Abs. 3 (vgl. § 63 Rn. 13) zum Teil abweichende Regelung des § 65 Abs. 3, die den aufgehobenen § 65a Abs. 7 (a. F.) wieder aufgreift (vgl. auch LT-Drs. 16/10380, S. 351). Anders als die arbeitsrechtliche Familienpflegezeit (vgl. insoweit *Schwerdle*, ZTR 2012, 1, 8; s. a. *Marburger*, DÖD 2012, 73, 75) kennt § 65 Abs. 2 nur das Modell der „Finanzierung durch Nacharbeit", so dass für den Fall eines Scheiterns die „Vorfinanzierung" durch den Dienstherrn abgesichert werden muss. In jedem Fall wird klargestellt, dass bei den in § 65 Abs. 3 Satz 1 tatbestandlich aufgeführten Störfällen eine **gebundene Entscheidung** zu erfolgen hat und die Teilzeit **ex tunc** zu widerrufen ist. Eines ausdrücklichen Widerrufsvorbehalts bei der Bewilligung (so noch § 65a Abs. 1 Satz 4 a. F.) bedarf es nicht, da dieser wegen der Ermächtigung in § 65 Abs. 3 nur deklaratorische Wirkung hätte (vgl. auch *Kopp/Ramsauer*, § 36 VwVfG Rn. 25). Eine – nach wie vor – überflüssige Leerformel enthält der erste Halbsatz des Absatzes 3, da für eine gesonderte Prüfung der „Unmöglichkeit der vorgesehenen Abwicklung" kein Raum ist. Die Ziffern 1–3 enthalten nämlich insoweit keine Regelbeispiele, sondern bestimmen abschließend die Fälle der „Unmöglichkeit". Störfälle ergeben sich danach, wenn das Beamtenverhältnis insgesamt (Nr. 1) oder zumindest bei dem vorfinanzierenden Dienstherrn (Nr. 2) endet. Anzumerken ist hier, dass der (überflüssige) Verweis auf die Beendigungsgründe des § 21 BeamtStG nicht zu dem Missverständnis führen darf, nur die im BeamtStG selbst geregelten Beendigungsfälle seien relevant. Das Landesrecht selbst regelt nämlich über §§ 22 ff. BeamtStG hinaus Fälle der Beendigung, etwa in §§ 31 Abs. 3, 118 Abs. 4 Satz 2, 122 Abs. 3 Satz 7 (vgl. dazu auch *Seeck* in MRSZ, § 21 BeamtStG Erl. 6). Der Störfall gem. Nr. 3 (Unzumutbarkeit der Fortsetzung) ist an § 63 Abs. 3 Satz 2 angelehnt, so dass die hierzu entwickelten Maßgaben Anwendung finden (vgl. dazu § 63 Rn. 13 f.). Zu beachten ist jedoch, dass (nur) im Fall einer geblockten Familienteilzeit **kein Ermessen** besteht, wie sich aus dem Verweis in § 65 Abs. 3 Satz 6 ergibt. Die zu treffende Entscheidung folgt aus einer alle Umstände des Einzelfalls würdigenden **Güter- bzw. Interessenabwägung** (vgl. dazu im Einzelnen § 63 Rn. 14). Hier misst die Rechtsprechung zum Sabbatjahr dem Umstand, dass der Beamte einseitig vorgeleistet hat, eine gewisse Bedeutung zu (vgl. OVG Münster, Urt. v. 22.2.2007, 6 A 928/05, bestätigt durch BVerwG, NVwZ-RR 2009, 214); dies dürfte übertragbar sein. Ist die (volle) Freistellung für den Beamten wertlos geworden (langfristige Erkrankung, gravierende Änderung der persönlichen Verhältnisse, finanzielle Notlage, Notwendigkeit eines Dienstherrenwechsels, vgl. auch § 63 Rn. 13), wird sein Interesse auf Nachzahlung der in der Ansparphase anteilig einbehaltenen Besoldung gerichtet sein. Diesem Anspruch trägt § 65 Abs. 3 Satz 4 Rechnung. Soweit Satz 5 einen Übergang des Nachzahlungsanspruches auf die Erben des (verstorbenen) Beamten ausschließt, bleibt abzuwarten, ob diese Regelung angesichts der neueren Rechtsprechung des EuGH zur vergleichbaren Fallgestaltung der Urlaubsabgeltung beim Tod des Beschäftigten (Urt. v. 12.6.2014, Rs. C-118/13; ihm folgend BAG Urt. v. 22.9.2015, 9 AZR 170/14) und der Berücksichtigung in § 19a FrUlV mit der VO-Änderung v. 23.6.2015 (GV. NRW. S. 495) Bestand haben wird.

Die etwas kryptisch geratene Regelung des § 65 Abs. 3 Satz 2 ist dem Umstand ge- **6** schuldet, dass die trotz unterschiedlicher Arbeitszeitanteile in der Anspar- und Abbauphase einheitlich angelegte Blockteilzeit bei einem **rückwirkenden Widerruf** (nachträglich) in (mindestens) zwei unterschiedliche Freistellungsphasen „zerfällt". Diese müssen demgemäß auch nachträglich festgesetzt werden, nicht zuletzt um eine Grundlage für die besoldungsrechtliche Abwicklung zu haben. Sind hier Bezüge überzahlt worden, können sie gem. § 15 Abs. 2 LBesG nach den Regeln der §§ 812 ff. BGB zurückgefordert werden. Lediglich klarstellend ist die Regelung des § 65 Abs. 3 Satz 4, wenn dort ausgeführt wird, dass für die Höhe des Rückforderungsanspruchs auch bedeutsam ist, ob in der Ansparphase durch eine dort erfolgte – auf das Ganze gesehen – überproportionale Dienstleistung bereits ein Teilausgleich der vorfinanzierten Besoldung stattfand.

V. Personalvertretungsrechtliche Folgen

7 Für die personalrechtliche Praxis besonders zu beachten ist, dass der Gesetzgeber § 72 Abs. 1 LPVG nicht im Rahmen des Dienstrechtsmodernisierungsgesetzes 2016 den neugeregelten Freistellungstatbeständen insbes. der §§ 64, 65 angepasst hat. Wird man im Wege der Auslegung die Mitbestimmungsbedürftigkeit einer beabsichtigten Ablehnung einer Blockteilzeit gem. § 72 Abs. 1 Nr. 13 LPVG noch annehmen können, erscheint dies im Fall des § 72 Abs. 1 Nr. 1 LPVG fraglich. Hiernach ist **erneute Zuweisung eines Arbeitsplatzes** nach Beendigung der „Jahresfreistellung" mitbestimmungspflichtig. Einer Übertragung der Mitbestimmungspflicht im Wege der Auslegung steht hier das deutlich andere Regelungskonzept des § 65, das eindeutig auch auf kürzere Freistellungen ausgelegt ist, einerseits, des § 64 a. F. (Sabbatjahr) andererseits entgegen. Im Sinne der Rechtsklarheit bedarf es einer Nachbesserung de lege ferenda. Zur Berechnung des Anspruchs auf Erholungsurlaub bei unterjährig angetretener Freistellung vgl. § 18 Abs. 6 FrUrlV.

§ 66 Altersteilzeit

(1) ¹Beamtinnen und Beamten mit Dienstbezügen kann auf Antrag, der sich auf die Zeit bis zum Beginn des Ruhestandes erstrecken muss, Teilzeitbeschäftigung als Altersteilzeit mit der Hälfte der in den letzten fünf Jahren vor Beginn der Altersteilzeit durchschnittlich zu leistenden Arbeitszeit bewilligt werden, wenn

1. die Beamtin oder der Beamte das 55. Lebensjahr vollendet hat; die Dauer der Altersteilzeitbeschäftigung darf dabei zehn Jahre nicht übersteigen und
2. dringende dienstliche Belange nicht entgegenstehen.

²Ergeben sich bei der Ermittlung des zeitlichen Umfangs der Altersteilzeitbeschäftigung Stundenbruchteile, können diese auf volle Stunden aufgerundet werden, sofern personalwirtschaftliche Belange dies erfordern. ³§ 63 Absatz 2 und 3 gilt entsprechend.

(2) ¹Altersteilzeit kann auch in der Weise bewilligt werden, dass die Beamtin oder der Beamte die bis zum Beginn des Ruhestandes zu erbringende Dienstleistung vollständig vorab leistet und anschließend voll vom Dienst freigestellt wird (Blockmodell). ²Altersteilzeitbeschäftigung mit weniger als der Hälfte der regelmäßigen Arbeitszeit soll nur im Blockmodell bewilligt werden; dabei muss die Beamtin oder der Beamte in der Phase der vorab zu erbringenden Dienstleistung mit mindestens der Hälfte der regelmäßigen Arbeitszeit, im Fall des § 64 Absatz 1 Satz 2 im Umfang der bisherigen Teilzeitbeschäftigung, Dienst leisten.

(3) ¹Die oberste Dienstbehörde kann von der Anwendung der Vorschrift ganz absehen oder sie auf bestimmte Verwaltungsbereiche oder Beamtengruppen beschränken. ²Die oberste Dienstbehörde kann auch allgemein oder für bestimmte Verwaltungsbereiche oder Beamtengruppen vorschreiben, dass

1. Altersteilzeit nur im Blockmodell bewilligt werden darf oder
2. die Altersteilzeitbeschäftigung mit bis zu 65 Prozent der nach Absatz 1 maßgeblichen bisherigen Arbeitszeit zu leisten ist, sofern personalwirtschaftliche Belange dies erfordern.

(4) Während der Zeit einer unterhälftigen Altersteilzeitbeschäftigung besteht Anspruch auf Leistungen der Krankenfürsorge in entsprechender Anwendung der Beihilferegelungen für Beamtinnen und Beamte mit Dienstbezügen.

I. Allgemeines

Altersteilzeit als besondere, ursprünglich **arbeitsmarktpolitisch** motivierte Form der   **1**
Teilfreistellung hat 1999 als § 78d Eingang in das LBG gefunden (vgl. *Schrapper,* DVP 1999,
371, 377; *ders.,* DVP 2001, 356, 359). Die Vorschrift zielt auf eine besoldungs- und versorgungsrechtlich privilegierte (vgl. Rn. 2), grundsätzlich irreversible Reduzierung der Arbeitszeit bis zum Ruhestand ab. Die Teilfreistellung kann gem. § 66 Abs. 2 auch „ge-
blockt" werden. Wegen der finanziellen Auswirkungen hat der Landesgesetzgeber von
Anfang an die Möglichkeit einer Teil- oder Vollaussetzung der Regelung vorgesehen (vgl.
auch *Schrapper,* a. a. O.). Die Dienstrechtsnovelle von 2009 hatte, abgesehen von der Verlängerung der Geltungsdauer, die Vorläufernorm des § 78 a. F. inhaltsgleich übernommen.
Durch das DRAnpG 2013 wurde vor dem Hintergrund der stufenweisen Erhöhung der
Altersgrenze (vgl. § 31 Abs. 2) ausdrücklich sichergestellt, dass auch bei Antritt der Altersteilzeit mit 55 Jahren diese höchstens zehn Jahre andauern kann. Zudem sind die perso-
nalwirtschaftlich motivierten und auf Einsparungen angelegten (vgl. LT-Drs. 16/1625,
S. 84) Handlungsspielräume des § 66 Abs. 3 erweitert worden, indem gem. Nr. 2 der Teil-
zeitumfang statt auf bislang 60 % nunmehr auf 65 % festgesetzt werden kann (vgl. Rn. 2).
Durch Gesetz vom 17.12.2015 (GV. NRW. S. 938; vgl. auch LT-Drs. 16/9759) ist die Altersteilzeit endgültig entfristet worden. Das Dienstrechtsmodernisierungsgesetz 2016 brachte nurmehr geringfügige sprachliche Änderungen.

II. Rechtspolitischer Hintergrund

Mit dem ATG v. 23.7.1996 (BGBl. I S. 1078) und dem TV ATZ v. 5.5.1998 wurden   **2**
seinerzeit auch für den öffentlichen Sektor Förderanreize geschaffen, um ein Modell des
Verzichts älterer Beschäftigter zugunsten von Auszubildenden und Arbeitslosen zu etablie-
ren. Die sog. **Aufstockungsleistungen** des Arbeitgebers gem. § 5 TV ATZ (83 % der
bisherigen Nettoentgelts bei 50 % Arbeitsleistung) konnten im Tarifbereich durch Zuschüs-
se der Bundesagentur für Arbeit (aus ersparten Aufwendungen für die Finanzierung von
Arbeitslosigkeit) kompensiert werden. Die Regelung ist allerdings zum 31.12.2009 ausge-
laufen. Trotz des auf den Beamtenbereich nicht übertragbaren Gesamtkonzepts haben der
Bund und zahlreiche Länder, darunter NRW, entsprechende Regelungen in ihr Dienstrecht
aufgenommen. Durch die ATZV v. 21.10.1998 sind die tariflichen Aufstockungsleistungen
zunächst wirkungsgleich ins Besoldungsrecht übertragen worden. Allerdings verringerte die
durch Art. 9 des DRAnpG vorgenommene Änderung der in Landesrecht übergeleiteten
ATZV (vgl. Art. 1 Nr. 2b DRAnpG) den **Zuschlag** für eine **ab dem 1.1.2013** angetretene Altersteilzeit **auf 80 %;** die Regelung ist mit dem Dienstrechtsmodernisierungsgesetz
als § 70 LBesG inhaltsgleich unmittelbar in das Gesetz überführt worden (vgl. auch LT-Drs.
16/10380, S. 382). Zudem privilegierte § 6 Abs. 1 Satz 3 (a. F.) BeamtVG NRW die Altersteilzeit, indem nicht die anteiligen Dienstzeiten, sondern fiktiv 90% ruhegehaltfähig
waren. Mittlerweile ist dieser Zurechnungssatz **auf 80 % abgesenkt** worden, vgl. § 13
Abs. 1 Satz 3 LBeamtVG (für Altfälle vgl. § 87 Abs. 1 Nr. 6 LBeamtVG). Eine ebenfalls
versorgungsrechtliche Übergangsregelung enthält § 91 Abs. 1 Satz 1 LBeamtVG, wonach
für alle vor dem 1.1.2013 angetretenen Altersteilzeitbeschäftigungen, bei denen die Freistellungsphase spätestens am 1.8.2013 erreicht wird, noch das 65. Lebensjahr als maßgebliche Grenze für Versorgungsabschläge gem. § 16 Abs. 2 LBeamtVG gilt. Insgesamt hat sich
die Altersteilzeit als ein für die Dienstherrn teures, die Bemühungen um Senkung der Ver-
sorgungslasten konterkarierendes Instrument erwiesen (vgl. *Battis,* § 93 BBG, Rn. 3; s. a.
Schrapper, DVP 2001, 356, 359: „Danaergeschenk"; positiver *Wichmann/Langer,* S. 548 f.;
insges, auch LT-Drs. 16/4694). Dass die Altersteilzeit im Tarifbereich gem. § 2 Abs. 4 TV
ATZ schon seit Anfang 2010 keine Anwendung mehr findet, lässt die mehrmalige Verlän-

gerung und nun durch das Gesetz vom 17.12.2015 bewirkte endgültige Entfristung im Beamtenbereich fragwürdig erscheinen (vgl. dazu OVG Münster, B. v. 28.10.2012, 6 B 1112/12: die Ungleichheit zwischen Beamten- und Tarifbereich kann im Rahmen des Ermessens als Ablehnungsgrund herangezogen werden). Für den Landesdienst rechtfertigt sich dies allenfalls durch die inzwischen langjährige Beschränkung der Anwendung auf den Lehrerbereich, der zudem zu Teilkompensationen herangezogen wurde (dazu LT-Drs. 16/1625, S. 4f., 84).

III. Bewilligungsvoraussetzungen

3   Für die **Bewilligung von Altersteilzeit** gilt zunächst die Voraussetzung eines **Mindestalters,** das nach der Neufassung durch das DRAnpG 2013 und trotz der jahrgangsabhängigen Altersgrenze des § 31 Abs. 2 weiterhin mit 55 Jahren erreicht wird. Um die Bedingung, dass sich die Teilzeit (irreversibel) bis zum Zeitpunkt des Eintritts in den Ruhestand erstrecken muss, zu gewährleisten, wird in der Neuformulierung des § 66 Abs. 1 Satz 1 Nr. 1 Halbs. 2 die Höchstdauer der Altersteilzeit auf zehn Jahre beschränkt. Zulässig ist eine nachträgliche Verkürzung, wenn der Beamte entgegen seiner bisherigen Absicht vorzeitig in den Ruhestand eintreten will. Darüber hinaus dürfen **dringende dienstliche Belange** nicht entgegenstehen (vgl. BVerwGE 120, 382; OVG Münster, Urt. v. 18.5.2006, 6 A 3283/04; VG Koblenz, Urt. v. 28.5.2014, 5 K 61/14.KO: keine Blockfreistellung für Schulleitungen), was sich als allgemeine Bewilligungsvoraussetzung auch bei anderen Teilfreistellungen findet (vgl. nur § 63 Rn. 6f.). Vorliegen müssen diese Hindernisse beim Beginn der beantragten Altersteilzeit; den Dienstherrn trifft insoweit die Beweislast (vgl. BVerwG, B. v. 19.3.2013, 2 B 130/11). Sind die entgegenstehenden Belange zwar nicht dringend, aber gleichwohl vorhanden, können sie – zumindest für eine Beschränkung des Antragsbegehrens – im Rahmen der Ermessensbetätigung herangezogen werden (VGH München, B. v. 21.3.2012, 6 ZB 11.1620). Ebenfalls im Rahmen des Ermessens können fiskalische Belange (vgl. etwa OVG Münster, B. v. 25.7.2016, 6 B 667/16: Personalkonsolidierungskonzept) bzw. neuerdings auch die durch Auslaufen der Altersteilzeit für Arbeitnehmer (vgl. Rn. 2) eingetretene Ungleichheit zwischen den Statusgruppen geltend gemacht werden (vgl. OVG Münster, B. v. 29.10.2012, 6 B 1112/12). Ausweislich des § 66 Abs. 1 Satz 1 muss das Ende der bewilligten Altersteilzeit **mit dem Ruhestandseintritt zusammen fallen** (zu den Folgen einer Abgeltung unverbrauchten Urlaubs vgl. BVerwG, Urt. v. 19.11.2015, 2 C 3/15). Dies folgt aus der ursprünglichen arbeitsmarktpolitischen ratio (vgl. Rn. 2). Probleme können sich ergeben, wenn der Antragsteller durch den beantragten Zeitraum deutlich macht, dass er vorzeitig im Wege des Antragsruhestandes (§ 33 Abs. 3) ausscheiden will. Für diesen Fall will es OVG Münster (Urt. v. 12.9.2014, 1 A 1637/12; s.a. dass., Urt. v. 23.5.2014, 1 A 1843/12: jeweils zu § 93 BBG) nicht ausreichen lassen, dass der Beamte zumindest konkludent seine Zurruhesetzung beantragt hat, sondern fordert einen expliziten Antrag.

Personalvertretungsrechtlich besteht eine Beteiligungspflicht nur bei Ablehnungsabsicht, vgl. § 72 Abs. 1 Nr. 13 LPVG. Das Abstellen auf die Durchschnittsarbeitszeit der letzten fünf Jahre soll angesichts der finanziellen Vorteile von Altersteilzeit Missbrauch verhindern. Hat der Beamte frühzeitig einen Bewilligungsantrag gestellt, kann er sich bei einer Veränderung seiner Interessenlage nicht mehr **einseitig** davon lösen, wenn die Altersteilzeit bewilligt wurde, selbst wenn der Dienstherr noch keine organisatorischen Dispositionen getroffen hat (vgl. VG Minden, Urt. v. 2.9.2008, 10 K 647/08). Auch ein schon mit dem Antrag geltend gemachter „Rücknahmevorbehalt" läuft leer, wenn die bestandskräftige Bewilligung erfolgt ist (OVG Münster, B. v. 18.4.2012, 6 B 401/12). Im Gegenzug unzulässig war der Widerruf einer bewilligten Teilzeit im Polizeibereich allein unter Hinweis auf eine veränderte Sicherheitslage (VG Gelsenkirchen, Urt. v. 20.4.2005, 1 K 4320/04). Zu den Auswirkungen der veränderten gesetzlichen Altersgrenze gem. § 31 auf bewilligte Altersteilzeiten vgl. *Luber,* RiA 2011, 104; hier geht der Gesetzgeber davon aus, dass eine vor dem 1.1.2013 angetretene Altersteilzeitbeschäftigung – sofern die Arbeitsphase noch andauert – nachträglich durch Verlängerung an die neuen Altersgrenzen des § 31 Abs. 2 angepasst werden kann, um Abschläge gem. § 16 Abs. 2 LBeamtVG zu vermeiden (vgl. insoweit LT-Drs. 16/2960, S. 2).

IV. Aussetzung/Beschränkung von Altersteilzeit

Wegen der finanziellen Belastungen des Haushalts durch die Altersteilzeit (vgl. auch LT-Drs. 16/1625, S. 84) haben das Land, aber auch kommunale Dienstherrn von der Möglichkeit der vollständigen oder teilweisen **Einschränkung der Anwendung** des § 66 vielfach Gebrauch gemacht (vgl. zuletzt OVG Münster, B. v. 4.8.2015, 6 A 2089/14). Entgegen verschiedentlich geäußerter Bedenken (dazu *Wichmann/Langer,* S. 553 f. m. w. N.) ist dies zulässig und verfassungskonform (vgl. nur OVG Münster, Urt. v. 10.11.2004, 1 A 3477/03: Ausschluss für Staatsanwälte; OVG Münster, NVwZ-RR 2005, 53: Ausschluss für Lehrer vor Vollendung 60. Lebensjahr; OVG Münster, B. v. 29.10.2008, 6 A 3277/05 sowie VG Düsseldorf, Urt. v. 8.11.2012, 13 K 3467/12: in allg. Verwaltung nur bei vorhandenem kw-Vermerk; OVG Münster, B. v. 21.6.2010, 3160/08: Ausschluss für Polizeivollzugsbeamte). Im Landesbereich gilt Altersteilzeit im Wesentlichen nur noch für Lehrer, die vor Inanspruchnahme eine „Vorleistung" in Form des Verzichts auf die Altersermäßigung gem. § 2 Abs. 2 VO zu § 93 Abs. 2 SchulG ab dem 55. Lebensjahr erbringen müssen (vgl. OVG Münster, Urt. v. 20.10.2011, 6 A 2173/09; insges. auch RdErl. MSW NRW v. 29.9.2009, ABl. NRW. S. 519 sowie v. 12.6.2013, ABl. NRW S.357; s. a. LT-Drs. 16/1625, S. 84). **4**

V. Blockmodell/Störfälle

Für den praktischen Vollzug ist bedeutsam, dass es sich bei der Altersteilzeit grundsätzlich um eine Form der Teilfreistellung handelt, so dass hier die allgemeinen Regeln gelten (Bezüge in der Freistellungsphase sind demgemäß steuerlich Versorgungsbezügen nicht „gleichartig", vgl. BFH, Urt. v. 21.3.2013, VI R 5/12); fragwürdig daher OVG Münster, B. v. 17.4.2015, 15 B 143/15: Beschäftigte in Freistellungsphase können ihre Kommune nicht (mehr) in einer Zweckverbandsversammlung vertreten; a. A. wohl OVG Koblenz, NVwZ-RR 2011, 32). Besonderheiten ergeben sich dagegen beim sog. **Blockmodell** gem. § 66 Abs. 2 Satz 1 (zu funktionsbezog. Stellenzulagen im Blockmodell vgl. BVerwG, Urt. v. 28.10.2015, 2 C 15/15; dass., B. v. 11.4.2016, 2 B 92/15/2 C 6/16; s. a. *Blatt,* ZBR 2010, 184). Weil mit Eintritt in die Freizeitphase eine nochmalige dienstliche Verwendung ausgeschlossen ist, kann der Beamte mangels Eignung **nicht mehr befördert** werden (vgl. § 19 Rn. 5, 11 m. w. N.; vgl. VGH München, B. v. 13.12.2013, 3 ZB 09.3245; OVG Münster, B. v. 2.7.2007, 1 A 1920/06); daran ändert sich nichts, wenn er seine Rückkehrbereitschaft in den Dienst „für den Fall einer Beförderung" bekundet (OVG Lüneburg, NVwZ-RR, 2012, 77 m. w. N.). Konsequent entfällt auch ein rechtlich geschütztes Interesse an der Neuerteilung einer Beurteilung (OVG Münster, B. v. 26.9. 2007, 1 A 4138/06; vgl. auch OVG Münster, B. v. 6.12.2012, 1 B 821/12: durch Rechtsänderung nachträgl. entstandene Möglichkeit zum Aufstieg begründet keinen Störfall). Eine insoweit bestehende Ungleichbehandlung zur Altersteilzeit im (reinen) Teilzeitmodell ist sachlich gerechtfertigt (vgl. OVG Münster, B. v. 13.4.2010, 6 B 152/10). Zu haushaltswirtschaftlichen Folgen vgl. *Wichmann/Langer,* S. 560. **5**

Wie jede Blockfreistellung ist auch die Altersteilzeit anfällig für sog. **Störfälle.** § 66 Abs. 1 Satz 3 erklärt insofern zunächst – anders als § 93 BBG (dazu OVG Münster, B. v. 6.12.2012, 1 B 821/12) – durch Verweis die allgemeine teilzeitrechtliche Störfallklausel des **6**

§ 63 Abs. 3 Satz 2 (vgl. § 63 Rn. 13) für anwendbar. Der Verordnungsgeber hatte darauf weiterhin mit der Einfügung eines § 2a ATZV (jetzt als § 70 Abs. 5 LBesG inhaltsgleich unmittelbar ins Gesetz überführt, vgl. Rn. 2) reagiert, wonach bei vorzeitiger Beendigung der Altersteilzeit im Blockmodell ein **finanzieller Ausgleich** für die tatsächlich mehrgeleistete Arbeit zu zahlen ist (dazu BVerwG, Urt. v. 28.1.2016, 2 C 10/15; OVG Münster, B. v. 15.9.2010, 1 A 2284/08); in diesen ist der Altersteilzeitzuschlag einzurechnen (OVG Münster, B. v. 31.7.2012, 1 A 1654/11). Weitere Maßgaben finden sich im Störungsfall-Erlass des FM NRW v. 10.5.2000, ergänzt durch Erlass v. 11.3.2002. Kein Störfall liegt vor, wenn ein nachträglich als Schwerbehinderter anerkannter Beamter wegen der vorzeitigen (und finanziell attraktiveren) Zurruhesetzungsmöglichkeit des § 33 Abs. 3 Satz 1 Nr. 2 eine Verkürzung der bewilligten Altersteilzeit beansprucht (vgl. VG Düsseldorf, Urt. v. 20.9.2011, 2 K 175/11). Bei der Frage der Unzumutbarkeit der Fortsetzung lässt sich die Rechtsprechung davon leiten, dass der Beamte „in Vorleistung" getreten ist und daher im Störfall dieser Vorteil nicht mehr in Anspruch genommen werden könnte (vgl. zuletzt BVerwG, RiA 2015, 269 m. w. N.; s. a. § 63 Rn. 13f.). Insgesamt soll eine (unzumutbare) Härte der Fortsetzung der Altersteilzeit aber nur entgegenstehen, wenn sie **unvorhersehbar** war (vgl. OVG Münster, B. v. 6.12.2012, 1 B 821/12 – obiter dictum; so auch VG Minden, Urt. v. 2.9.2008, 10 K 647/08). Zum Streitwert im Verfahren um Bewilligung von Altersteilzeit vgl. OVG Münster, NVwZ-RR 2013, 664.

§ 67 Familienpflegezeit, Pflegezeit

[1]**Freistellungen im Rahmen der Pflegezeit und Familienpflegezeit sind zu gewähren.** [2]**Die Landesregierung regelt durch Rechtsverordnung die der Eigenart des öffentlichen Dienstes entsprechende Anwendung der Vorschriften des Pflegezeitgesetzes vom 28. Mai 2008 (BGBl. I S. 844, 896) und des Familienpflegezeitgesetzes vom 6. Dezember 2011 (BGBl. I S. 2564) in ihrer jeweils geltenden Fassung auf Beamtinnen und Beamte mit Besoldung.** [3]**Sie trifft insbesondere Regelungen über**

1. **die Voraussetzungen der Inanspruchnahme,**
2. **die Dauer,**
3. **den Entlassungsschutz,**
4. **die Kostenübernahme für ärztliche Bescheinigungen durch den Dienstherrn,**
5. **die Teilzeitbeschäftigung,**
6. **die Fortzahlung von Leistungen des Dienstherrn.**

[4]**Für die Dauer einer vollständigen Freistellung nach dem Pflegezeitgesetz gilt § 64 Absatz 5 entsprechend.**

Übersicht

I. Allgemeines

1　　Im Rahmen der Neukonzeption des Freistellungsrechts durch das Dienstrechtsmodernisierungsgesetz 2016 sind die Freistellungsformen der Pflege- und der Familienpflegezeit in § 67 gebündelt worden. Der Gesetzgeber hat damit das Konzept einer Vollregelung wieder aufgegeben, auf dem noch der durch das DRAnpG 2013 eingeführte § 65a a. F. (vgl. *Schrapper/Günther*, NWVBl. 2013, 349, 353ff.; vgl. zu § 92a BBG auch *Burth*, ZBR 2014,

192, 193 f.; *Badenhausen*, DÖV 2014, 563) beruhte. Auch wegen der vereinfachten Reaktion auf Änderungen der bundesrechtlichen Vorgaben im PflegeZG und FPfZG folgt § 67 jetzt dem bewährten Regelungskonzept des § 74, der die wirkungsgleiche Übertragung von arbeitsrechtlichen Schutzvorschriften, die der Bund aufgrund seiner Kompetenz gem. Art. 74 Abs. 1 Nr. 12 GG erlässt, dem Verordnungsrecht (hier: FRUrlV) zuweist. Eine Ausnahme von diesem Ansatz bildet lediglich § 67 Satz 1, als er den durch das Gesetz zur besseren Vereinbarung von Familie, Pflege und Beruf zum 1.1.2015 (BGBl. I 2014; 2462; s. a. *Stüben/v. Schwanenflügel*, NJW 2015, 5779; *Karb*, ZTR 2015, 427) im PflegeZG und FPfZG verankerten **gebundenen Rechtsanspruch** auf Bewilligung unmittelbar aufgreift (vgl. auch LT-Drs. 16/10380, S. 352).

II. Pflegezeit

Das PflegeZG gewährt im Unterschied zur Familienpflege nach dem FPflZG Ansprüche **2** auf eher kurzzeitige (max. 6 Monate) Teil- und Vollfreistellungen zur Ermöglichung der Pflege (aber auch Sterbebegleitung) naher Angehöriger. § 16 Abs. 1 Nr. 1 FrUrlV enthält zunächst die Übertragung der max. **zweiwöchigen Freistellungsmöglichkeit** gem. § 2 PflegeZG, um auf „akute" Pflegesituationen reagieren zu können. Abweichend von § 2 Abs. 3 PflegeZG folgt dabei aus § 16 Abs. 3 Satz 1 FrUrlV ein Anspruch auf **Fortzahlung der Bezüge** für neun Arbeitstage. Die kurzzeitige Freistellung wird nur für die erforderliche Dauer und nach dem gesetzgeberischen Konzept nur einmal je pflegebedürftigem Angehörigen gewährt (vgl. *Tamm*, PersV 2013, 404, 406). § 16 Abs. 1 Nr. 2 FrUrlV übernimmt die in §§ 3, 4 PflegeZG verortete max. sechsmonatige Pflegezeit (vgl. dazu *Karb*, ZTR 2015, 427; *Tamm*, a. a. O., S. 408 ff.; *Marburger*, DÖD 2009, 1; *Glatzel*, NJW 2009, 1377). Voraussetzung ist eine **Pflegebedürftigkeit naher Angehöriger** gem. § 7 Abs. 3 PflegeZG (vgl. § 64 Rn. 7 f.), die gem. § 16 Abs. 2 Satz 1 FrUrlV durch ärztliche Bescheinigung nachzuweisen ist. Die längerfristige Freistellung erfolgt **ohne Bezüge**, vgl. § 16 Abs. 3 Satz 3 FrUrlV. Sie kann gem. § 16 Abs. 4 FrUrlV auch als unterhälftige Teilzeit genommen werden. Gem. § 16 Abs. 1 Nr. 2 b FrUrlV kommt eine bis zu dreimonatige Vollfreistellung (ohne Bezüge!) auch als „Begleitung der letzten Lebensphase" in Betracht. Im Unterschied dazu gewährt § 33 Abs. 2 FrUrlV für die Sterbebegleitung bei **schwerer unheilbarer Erkrankung eines jüngeren Kindes** eine Freistellungsmöglichkeit unter Erhalt der Bezüge (vgl. dazu auch § 6 Abs. 5 SGB V), wobei die Norm ausweislich des Absatzes 1 Satz 2 von einem engeren Kindesbegriff ausgeht als § 7 Abs. 3 PflegeZG. Insgesamt gilt für die Dauer einer Freistellung wegen Eltern- und Pflegezeit durch Verweis die Privilegierung des § 64 Abs. 5, die einen – mangels Besoldung analogen – **Anspruch auf Beihilfeleistungen** einräumt. Zum Nachteilsausgleich bei Einstellung und beruflicher Entwicklung in Fällen von Elternzeit oder Pflege vgl. § 20 Rn. 1.

III. Familienpflegezeit

Angesichts der Neukonzeption insbes. der §§ 64, 65 dürfte die nun ins VO-Recht verla- **3** gerte Regelung der Familienpflegezeit, vgl. § 16a FrUrlV, eine noch geringere Nachfrage erzeugen, als dies bislang bei § 65a a. F. der Fall war (vgl. insges. auch *Stüben/v. Schwaneflügel*, NJW 2015, 577, 578). Ein „**Mehrwert**" gegenüber einer Freistellung gem. §§ 64, 65 Abs. 2 ergibt sich in dreifacher Hinsicht: **(1.)** Auf eine Bewilligung im Blockmodell besteht – abweichend von § 65 Abs. 2 Satz 2 – gem. § 67 Abs. 1 Satz 1, § 16a Abs. 3 FrUrlV ein **Rechtsanspruch. (2.)** Gem. § 67 Abs. 1 Satz 2 kann Familienpflegezeit (wie auch Pflegezeit) auch von **Anwärtern** („Beamten mit Besoldung") beansprucht werden, ohne dass die Restriktionen des § 64 Abs. 2 gelten. **(3.)** In der Familienpflegezeit für Probe- und Widerrufsbeamte besteht ein „**Entlassungsschutz**", vgl. §§ 16a Abs. 7, 12 FrUrlV. Allerdings taucht in diesem Zusammenhang die Frage auf, warum ein familien- und sozialpolitisch motivierter besonderer Entlassungsschutz von Probebeamten bei § 16a FrUrlV greift, bei den mit gleicher Zielrichtung gewährten Freistellungen gem. § 64 dagegen nicht. Zu beachten ist weiter, dass eine bis zu vierjährige Familienpflegeteilzeit in Konflikt mit der gem. § 10 Satz 1 BeamtStG zulässigen die Höchstdauer der Probezeit (5 Jahre) geraten kann. Bei einer sich abzeichnenden mangelnden Eignung des Probebeamten ist dem Dienstherrn nach dem soeben Gesagten gleichwohl die Entlassung gem. § 23 Abs. 3 Nr. 2 BeamtStG verwehrt. Allein sachlich gerechtfertigt ist hier die Annahme einer auch jenseits der Fünf-Jahres-Grenze noch zulässigen Entlassung, da die Familienpflegezeit hier als Ausweitung der Probezeit (vgl. dazu § 13 Rn. 9) bewertet werden muss. Keinen Entlassungsschutz genießen Widerrufsbeamte, wenn sie während der Familienpflegezeit eine Prüfung endgültig nicht bestehen, da gem. § 12 Abs. 2 FrUrlV der dann einschlägige Entlassungsgrund des § 22 Abs. 4 BeamtStG unberührt bleibt (vgl. dazu auch Bay. VerfGH, ZBR 2012, 203: Grenzen des Entlassungsschutzes von Probe- und Widerrufsbeamten bei Mutterschutz und Elternzeit).

1. Pflege oder Betreuung eines pflegebedürftigen nahen Angehörigen

4   Wie nach der Änderung durch das Dienstrechtsmodernisierungsgesetz 2016 auch für § 64 gültig folgt der Begriff des **„nahen Angehörigen"** gem. § 16a Abs. 5 Satz 3 FrUrlV allein der Definition in § 7 Abs. 3 PflegeZG; zur Begrifflichkeit vgl. § 64 Rn. 7. Die zunächst noch vorhandenen systematischen Brüche durch divergierende Definitionen des Angehörigenbegriffs (vgl. dazu *Schrapper/Günther,* NWVBl. 2013, 349, 353; s.a. *Berger-Delhey,* ZTR 2009, 128) sind damit beseitigt. Die Legaldefinition der **Pflegebedürftigkeit** folgt aus § 7 Abs. 4 PflegeZG i.V.m. §§ 14f. SGB XI. Gem. § 16a Abs. 5 Satz 1 ist die Pflegebedürftigkeit bei einer beabsichtigten Familienpflege in der von § 2a Abs. 4 FPfZG vorgeschriebenen Form **nachzuweisen.** Dies kann durch eine Bescheinigung der Pflegekasse, des medizinischen Dienstes der Krankenversicherung des Pflegebedürftigen oder, bei privat Versicherten, in entsprechender Form geschehen. Erwähnenswert ist hier, dass der Gesetzgeber bei einer Pflegebedürftigkeit außerhalb des § 16a FrUrlV, also bei § 64, auf einen solchen Nachweis verzichtet (vgl. § 64 Rn. 9). Neben dem Angehörigenstatus und der nachgewiesenen Pflegebedürftigkeit ist schließlich für eine Bewilligung erforderlich, dass die Pflege **„in häuslicher Umgebung"** erfolgt. Nach der Gesetzesbegründung soll damit stationäre Pflege ausgeschlossen werden. Die Unterstützung der häuslichen Pflege durch einen ambulanten Pflegedienst ist dagegen ebenso unschädlich wie das Fehlen einer häuslichen Gemeinschaft zwischen pflegender und gepflegter Person (vgl. LT-Drs. 16/1625, S. 85). Mit der Novellierung des FPflZG durch das Gesetz zur besseren Vereinbarung von Familie, Pflege und Beruf (BGBl. I 2014, 2462) ist jetzt – insoweit zum Teil parallel zu § 64 Abs. 1 – auch die (bloße) nichtpflegerische **Betreuung** eines pflegebedürftigen nahen Angehörigen ermöglicht, sofern dieser noch minderjährig ist. Dafür kann die Betreuung auch außerhalb der häuslichen Umgebung erfolgen, also etwa bei längeren Krankenhaus- oder Heimaufenthalten des jungen Menschen (vgl. auch *Stüben/v. Schwanenflügel*, NJW 2015, 577, 579).

2. Dauer und Umfang

5   Neben einer „gewöhnlichen" Teilzeit kann Familienpflegezeit gem. § 65 Abs. 2 Satz 3 auch als Blockmodell mit einer vorweggewährten höheren Zeitermäßigung bewilligt werden; eine im Rahmen des § 65 an sich mögliche Vollfreistellung scheitert jedoch an § 16a Abs. 3 FrUrlV, § 2 Abs.1,5 FPflZG („teilweise"). Zur Absicherung konzipiert § 16a Abs. 3 FrUrlV ein „Nachleistungs"-Konzept, dass § 65a a.F. entlehnt ist (vgl. *Schrapper/Günther*, NWVBl. 2013, 349, 353). In der Folge besteht diese Freistellungsvariante **einheitlich** aus **Pflege- und Nachpflegephase,** obwohl eine Arbeitszeitreduzierung in der Nachpflegephase nicht zwingend ist. Folglich enthält die Vorschrift auch nur für die Pflegephase die Vorgaben, dass die Dauer auf **längstens 24 Monate** beschränkt ist und nur im **Block** (vgl. § 16a Abs. 4 Satz 1 FrUrlV) bewilligt werden kann; eine nachträgliche Verlängerung bis zur Höchstdauer ist möglich. Darüber hinaus muss gem. § 16a Abs. 2 Satz 2 FrUrlV die in der Pflegephase verbleibende wöchentliche Arbeitszeit mindestens 15 Std. betragen. Diese aus § 2 Abs. 1 FPfZG übernommene **Mindestgrenze der Beschäftigung** entspricht § 15 Abs. 7 BEEG und soll u. a. gewährleisten, dass pflegende Bedienstete in einem Mindestumfang im Arbeitsleben verbleiben und dadurch ihre beruflichen Fähigkeiten erhalten und weiterentwickeln (vgl. dazu BT-Drs. 207/11, S. 20). Die genannte Wochenstundenzahl dürfte als feste Untergrenze zu verstehen sein und nicht als jährlicher Durchschnittswert (so aber *Marburger*, DÖD 2012, 73, für den Tarifbereich). Dies folgt schon aus den auch im Übrigen im Beamtenbereich geltenden restriktiveren Regelungen für unterhälftige Teilzeit, vgl. § 64 Abs. 1 Satz 2. Allerdings unterfällt eine im Rahmen des § 16a FrUrlV – ggf. auch mehrfach – bewilligte **unterhälftige Teilzeit** erkennbar **nicht** dem **Gesamtzeitlimit** (15 Jahre) des § 64 Abs. 3 Satz 1.

Wie bei der Blockteilzeit können in der Familienpflegeteilzeit während der Pflegephase **6** somit höhere Bezüge, als sie zeitanteilig zustünden, gewährt werden, die allerdings in der sog. Nachpflegephase „nachfinanziert" werden müssen. Damit hat der VO-Geber die in § 3 Abs. 1 Nr. 1 FPfZG ebenfalls angelegte Option einer Vorfinanzierung (vgl. *Schwerdle*, ZTR 2012, 1, 6) nicht übernommen. Abstrakt formuliert werden die Teilzeitbezüge in der Pflegephase um die Hälfte der Differenz zu den in der Nachpflegephase „an sich" zustehenden Bezügen erhöht. Die erwähnte Nachfinanzierung erfolgt durch die korrespondierende Kürzung der Bezüge in der Nachpflegephase. Zur zusätzlichen „Absicherung" der Vorfinanzierung ist der Bewilligungsbescheid gem. § 16 Abs. 3 Satz 3 FrUrlV – und vor dem Hintergrund des § 36 Abs. 1 VwVfG – mit einem Widerrufsvorbehalt zu versehen. Zur Berechnung des Kürzungsfaktors und damit der **anteiligen Gesamtbesoldung** während der Familienpflegeteilzeit kann damit – insoweit von der Regel des § 9 Abs. 1 LBesG abweichend – nachstehende Formel verwandt werden:

$$Kf = (Az_{(P)} + Az_{(NP)}) : (2\, Az_{(Reg)})$$

(wobei: Kf = Kürzungsfaktor; Az = Arbeitszeit; P = Pflegephase; NP = Nachpflegephase; Reg = Reguläre)

Bspl.: Ein 56 jähriger Beamter reduziert in der Pflegephase auf 50 %, in der Nachpflegephase auf 30 Std./Woche: (20 Std. + 30 Std.) : (2 × 40 Std.) = 0,625.

3. Fortfall der Bewilligungsvoraussetzungen

Im Unterschied zu § 65a Abs. 4 a. F. verzichtet § 16a FrUrlV auf eine Regelung für den **7** Fortfall der Bewilligungsvoraussetzung „häusliche Pflegesituation" sowie den seinerzeitigen zweimonatigen „Übertragungszeitraum" (LT-Drs. 16/1625, S. 86), um sich auf die veränderte Situation z. B. einer kurzfristig notwendig gewordenen dauerhaften stationären Pflege einstellen zu können. Gründe dafür sind nicht ersichtlich. Folglich kommt im Fall einer nicht länger bestehenden Pflegenotwendigkeit nur ein vom Dienstherrn erst zu initiierender Widerruf in Betracht, der im Fall des § 16 Abs. 3 FrUrl durch einen entsprechenden Vorbehalt abzusichern war (s.o.). In den übrigen Fällen muss auf § 49 Abs. 2 Nr. 3 VwVfG zurückgegriffen werden, wobei der Übergang zu einer stationären Pflege wegen der Neufassung des § 2 Abs. 5 FPfZG (s.o.) nicht länger zu einem Wegfall der Bewilligungsvoraussetzungen führt.

§ 68 Informationspflicht

Wird Teilzeitbeschäftigung oder Urlaub ohne Besoldung beantragt, sind die Beamtinnen und Beamten auf die Folgen ermäßigter Arbeitszeit oder langfristiger Urlaube hinzuweisen, insbesondere auf die Folgen für Ansprüche auf Grund beamtenrechtlicher Regelungen.

I. Allgemeines

1   Die Vorschrift hat als § 78 f a. F. bereits 1995 Eingang in das LBG gefunden. Die kritische aufgenommene Trennung der Informationspflicht bei Teilzeit einerseits, Beurlaubung andererseits durch die Novelle von 2009 – im Unterschied zum Bundesrecht (§ 94 BBG) und zu zahlreichen Landesrechten – in zwei ansonsten inhaltsgleiche Vorschriften hat das Dienstrechtsmodernisierungsgesetz 2016 – auch wegen der Neufassung des § 64 – wieder bereinigt. Für die Fälle einer familienbedingten Teilzeit enthält wegen deren gleichstellungsrechtlicher Relevanz auch § 13 Abs. 5 LGG eine entsprechende Verpflichtung. Mit der Informationspflicht bei Freistellungen wird die bereits im allgemeinen **Fürsorgegrundsatz** angelegte **Beratungs- und Belehrungspflicht** (vgl. *Schnellenbach,* § 10 Rn. 16 ff.) konkretisiert und erweitert (vgl. auch OVG Saarlouis, Urt. v. 23.9.2015, 1 A 219/14). Nach ständiger Rechtsprechung (vgl. BVerwG, B. v. 28.1.2016, 2 B 13/15; s. a. OVG Münster, B. v. 7.1.2015, 6 B 1303/14) lassen sich § 45 BeamtStG **allein** keine weitergehenden Beratungspflichten entnehmen, es sei denn, **(1.)** ein solches Vorgehen entspricht einer allgemeinen Verwaltungspraxis, **(2.)** der Beamte sucht ausdrücklich um Rat nach oder **(3.)** der Dienstherr erkennt beim Beamten einen Irrtum in einem bedeutsamen Punkt (vgl. BVerwGE 104, 55; E 123, 175). § 68 hingegen begründet **darüber hinaus** eine explizite Verpflichtung zur Beratung (*Tiedemann* in Schütz/Maiwald, § 68 LBG Rn. 6; vgl. auch *Battis,* § 78 BBG Rn. 9 und § 94 BBG Rn. 2; *Schnellenbach,* § 10 Rn. 18). Im Gegenzug treffen auch den Beamten – auf der Grundlage des beamtenrechtlichen Treueverhältnisses – seinerseits Prüfpflichten, wenn er etwa nach einer erkennbaren Änderung der Leistungsgrundlagen gleichwohl die bisherigen Leistungen (z. B. ungeminderte Bezüge) weiter erhält (vgl. BVerwG, NVwZ-RR 2012, 930).

II. Umfang der Informationspflicht

2   Entgegen dem zu eng gefassten Wortlaut der Vorschrift wird die Beratungspflicht nicht erst durch die Stellung eines Antrags auf Teilzeit- oder Urlaubsbewilligung ausgelöst. Fürsorgekonform muss § 68 dahin ausgelegt werden, dass die Informationspflicht des Dienstherrn bereits eine **sachkundige Antragsvorbereitung** bezweckt (vgl. OVG Saarlouis, Urt. v. 23.9.2015, 1 A 219/14; VG München, Urt. v. 21.12.2004, M 5 K 03.2367; s. a. *Tiedemann* in Schütz/Maiwald, § 68 LBG Rn. 5; allg. auch *Schnellenbach,* § 10 Rn. 19). Dafür spricht auch die in § 13 Abs. 2 Satz 1 LGG vorgesehene **proaktive Informationspflicht,** die gesetzessystematisch zwar durch die Förderung der Vereinbarkeit von Beruf und Familie motiviert ist, sich aber vom Wortlaut her nicht auf eine Freistellung gem. § 64 beschränkt. Inhaltlich soll „insbesondere auf die **Folgen** für Ansprüche" hingewiesen werden. Dies schließt einen Anspruch auf Beratung über die **Optimierung** der individuellen Möglichkeiten, z. B. hinsichtlich einer möglichst langfristigen Freistellung, aus (OVG Münster, DÖD 2003, 146). Umstritten ist das Bestehen einer Beratungspflicht hinsichtlich der Auswirkungen eines Wechsels zur Teilzeitbeschäftigung bzw. längerer Beurlaubungen auf die Berechnung eines Resturlaubsanspruchs (bejahend OVG Saarlouis, a. a. O.; ablehn. VGH München, B. v. 22.8.2005, 15 ZB 02.1631). Der Beamte soll sein Begehren vor allem in Kenntnis der aus einer Arbeitszeitreduzierung folgenden Kürzungen von Besoldung und Versorgung verfolgen können (vgl. auch *Tiedemann in* Schütz/Maiwald, § 68 LBG Rn. 8), daneben ggf. auch laufbahn-, urlaubs- und beihilferechtliche Besonderheiten erkennen. Unverzichtbar ist auch eine **Belehrung** hinsichtlich der rechtlichen Voraussetzungen einer **vorzeitigen Rückkehr** zur Vollzeitbeschäftigung (vgl. insoweit insbesondere § 63 Rn. 13 f.) sowie der damit verbundenen Frage einer sachgerechten Befristung mit Verlängerungsoptionen (vgl. auch *Schnellenbach,* § 10 Rn. 19).

Allerdings darf der Dienstherr mit Blick auf seine Ressourcen der Informationspflicht **3** auch in der Form **allgemein gehaltener Informationen** nachkommen und sich dabei auf die Darstellung der wesentlichen Grundzüge beschränken (*Tiedemann* in Schütz/Maiwald, § 68 LBG Rn. 11; OVG Saarlouis, a. a. O.: keine umfassende Rechtsberatung im Einzelfall). Allgemeine, aber gleichwohl umfängliche Hinweise enthielt der Gem. RdErl. des IM und FM NRW v. 31.1.2004, MBl. S. 218, der aber am 31.12.2008 außer Kraft getreten ist. Darüber hinaus zu erwähnen sind die VV Nr. 4 zu § 13 LGG sowie – zum Tarifbereich – der RdErl. des MSW v. 16.8.2008, ABl. NRW S. 353. Umfangreiche Hinweise für Lehrkräfte an öffentlichen Schulen, die jedoch weitgehend verallgemeinerungsfähig sind, finden sich auch auf dem Bildungsportal des MSW NRW (**www.schulministe-rium.nrw.de/BP/Lehrer/Dienstrecht/Teilzeit**) bzw. den teilweise analogen Informationsangeboten der Bezirksregierung. Unterbliebene bzw. unvollständige Beratungen (vgl. OVG Saarlouis, a. a. O.), aber auch fehlerhafte oder **falsche Informationsformulare** können Schadensersatzansprüche auslösen (vgl. VG München, a. a. O.). Mit Blick auf die erwähnte Rechtsprechung zur Beratungspflicht als Ausfluss des Fürsorgegrundsatzes (vgl. Rn. 1) kommen neben allgemeinen Hinweisen in **begründeten Einzelfällen** auch Einzelhinweise in Betracht, um dem erkennbaren Entstehen von Rechtsirrtümern vorzubeugen (vgl. auch *Tiedemann* in Schütz/Maiwald, § 68 LBG Rn. 7: Beratungsintensität ist auch vom Empfängerhorizont abhängig; weitergehend wohl OVG Saarlouis, a. a. O.). Grenzen einer vertieften Beratung ergeben sich jedoch daraus, dass es grundsätzlich eine Obliegenheit des Beamten ist, sich Kenntnis von den wesentlichen beamtenrechtlichen Rahmenbedingungen und Optionen zu verschaffen (OVG Münster, NVwZ-RR 1998, 265).

§ 69 Benachteiligungsverbot

Die Ermäßigung der Arbeitszeit darf das berufliche Fortkommen nicht beeinträchtigen; eine unterschiedliche Behandlung von Beamtinnen und Beamten mit ermäßigter Arbeitszeit gegenüber Beamtinnen und Beamten mit regelmäßiger Arbeitszeit ist nur zulässig, wenn zwingende sachliche Gründe sie rechtfertigen.

I. Entstehungsgeschichte und Anwendungsbereich

Einen explizit normierten Schutz vor Benachteiligungen aufgrund ermäßigter Arbeits- **1** zeit kennt das LBG seit Einführung eines § 85b durch Gesetz v. 7.2.1995 (GV. NRW. S. 102). Danach mehrfach geändert fand er sich zuletzt in § 78g normiert und wurde mit dem 10. DRÄG v. 17.12.2003 (GV. NRW. S. 814) als „**Benachteiligungsverbot**" bezeichnet. In der Dienstrechtsnovelle von 2009 hat die Norm ihre bis jetzt gültige Paragrafennummerierung erfahren; zudem wurde der ausdrückliche Bezug auf bestimmte Teilzeitformen gestrichen. Mit Blick auf die gleichstellungspolitische Bedeutung ermäßigter Arbeitszeit – aber auch deren faktischer Wirkungen (vgl. *Schrapper*, Die Verwaltung 46 (2013), 441, 450) – findet sich ein analoges und für **dienstliche Beurteilungen** konkretisiertes Verbot in **§ 13 Abs. 4 LGG** (vgl. auch *Burkholz,* § 13 LGG Rn. 18, 26). § 10 LGG enthält darüber hinaus ein auf Auswahlverfahren (*Burkholz,* § 10 LGG Rn. 1) fokussiertes Benachteiligungsverbot hinsichtlich **vorangegangener** Freistellungen, das jedoch hinter § 69 zurücktritt (*Burkholz,* § 10 LGG Rn. 19). Eine allgemeine Pflicht zum **Nachteilsausgleich** (besser: zur Nachteilsvermeidung) in den Fällen, wo die (Teil-)Freistellung der Wahrnehmung von Erziehungs- oder Pflegeverpflichtungen dient, statuiert § 20 (vgl. § 20 Rn. 1).

Inhaltlich wiederholt und konkretisiert § 69 die verfassungsrechtliche Vorgabe des Art. 3 **2** Abs. 1 GG für einen Teilbereich beamtenrechtlicher Arbeitszeitregelungen (vgl. auch *v. Roetteken* in v. Roetteken/Rothländer, § 43 BeamtStG Rn. 30). Mit der Neuregelung des Rechts der Teil- und Vollfreistellungen insbes. in §§ 64, 65 durch das Dienstrechtsmodernisierungsgesetz 2016 ist jeder Zweifel bereinigt, ob das Benachteiligungsverbot auch Vollfreistellungen erfasst (vgl. dazu die Voraufl.; s. a. *Tiedemann* in Schütz/Maiwald, § 69 LBG Rn. 6). Angesichts der evidenten Notwendigkeit eines ausdrücklichen Benachteiligungsverbots gerade für die Fälle der verfassungsrechtlich privilegierten familienpolitischen Beurlaubungen (s. a. Rn. 3) ist dies zu begrüßen.

II. Bezug zum verfassungsrechtlichen Diskriminierungsverbot

3   Die Konkretisierung des Verfassungsgebots aus Art. 3 Abs. 1 GG liegt zunächst in der expliziten **Erweiterung des Kriterienkataloges für Beförderungen** aus § 9 BeamtStG i. V. m. § 19 Abs. 6 im Sinne der Ergänzung eines Negativkriteriums. Ein Teilaspekt findet sich insoweit in § 13 Abs. 4 Satz 2 LGG, der nachteilige Auswirkungen der Teilzeitarbeit auf **dienstliche Beurteilungen** untersagt. Weitergehende **aktive Förderpflichten** des Dienstherrn (z. B. privilegierter Zugang zu Fortbildungen) mit dem Ziel einer Kompensation der zeitlich eingeschränkten Partizipation von Teilzeitbeschäftigten an karriereförderlichen dienstlichen Vorgängen lassen sich § 69 nicht entnehmen (vgl. aber EuGH, Urt. v. 6.3.2013, C-595/12). Für den dienstlichen Alltag wäre jedoch schon viel gewonnen, wenn überflüssige Barrieren für eine gleichberechtigte Teilhabe von Teilzeitbeschäftigten (Terminierung von Dienstbesprechungen, Sicherstellung des Informationsflusses etc.) vermieden würden (vgl. auch *Battis,* § 92 BBG Rn. 5 a. E.).

4   Gerade für die **Beurlaubung aus familiären Gründen** gelten wegen ihres verfassungs- und inzwischen auch stark europarechtlichen Hintergrundes besondere Kauteln. Dem tragen auch § 20 sowie die §§ 10 Abs. 2, 14 LGG Rechnung, darüber hinaus auch § 10 Abs. 5 Satz 1 Nr. 4 LVO, wonach die Freistellung aus familiären Gründen bis zur Dauer von nunmehr drei Jahren als **Dienstzeit** anzurechnen ist. § 5 Abs. 6 LVO hingegen schließt für die Ermittlung der Probezeit (Voll-)Freistellungen oberhalb von drei Monaten aus, was angesichts des Sinn und Zwecks einer Probezeit folgerichtig ist (vgl. auch § 20 Rn. 4; zur Verlängerung einer Probezeit und dem maßgeblichen Zeitraum für die Bewährungsfeststellung vgl. OVG Münster, B. v. 24.6.2015, 6 B 413/15). Einen grundsätzlichen Ausschluss von Beförderungen und demgemäß von Beförderungskonkurrenzen in der Beurlaubung lehnt die Rechtsprechung – im Gegensatz zu vereinzelten behördlichen Darstellungen – zu Recht ausdrücklich ab (OVG Münster, DÖD 2014, 424, 426 m. w. N.). In der Folge hat der Dienstherr eine fehlende Beurteilung als mögliches Beförderungshindernis durch geeignete Maßnahmen zur Qualifikationsfeststellung (fiktive Fortschreibung der letzten Beurteilung vor Beurlaubung) zu kompensieren; auf die Parallele bei der Freistellung von Personalratsmitgliedern ist zu verweisen (vgl. OVG Münster, PersV 2013, 76; OVG Münster, DÖD 2006, 127 m. w. N.). Grenzen ergeben sich jedoch, wenn die Dauer der Freistellung eine belastbare Grundlage für die Fortschreibung ausschließt; die dazu erforderliche Wertung ist einzelfallbezogen (BVerwG, DÖD 2011, 155: 16 Jahre Freistellung schließen fiktive Fortschreibung einer Beurteilung aus). Andererseits soll bei einem ggf. erforderlichen Rückgriff auf das Dienstalter als Hilfskriterium (vgl. § 19 Rn. 25) die Dienstaltersermittlung in Anlehnung an § 10 Abs. 5 Satz 1 Nr. 4 LVO (3 Jahre anrechenbar) durchgeführt werden dürfen (OVG Münster, RiA 2008, 274). Diese Rechtsansicht erscheint mit § 10 Abs. 2 Satz 2 LGG schwerlich vereinbar, zumal § 10 Abs. 2 Satz 3 LGG nicht eingreift, da das Dienstalter nicht „Dienstzeit" i. S. v. § 10 LVO ist. Allerdings kann der Dienstherr bei Dienstpostenkonkurrenzen ermessensgerecht den Bewerberkreis auf sofort oder baldmöglichst verfügbare Bewerber begrenzen (OVG Münster, DÖD 2004, 252; VGH München, ZBR 2010, 203).

III. Weitere Einzelheiten

5   Die Rechtsprechung rekurriert bei der – durchaus weitreichenden – Ausgestaltung des in § 69 enthaltenen Verbots eher selten auf diese Vorschrift (vgl. dazu auch Rn. 2). In der

Auseinandersetzung um die Berechtigung eines Versorgungsabschlags für teilzeitbeschäftige Beamte hat das BVerfG sein abschließendes Verdikt **ausschließlich auf unmittelbares Verfassungsrecht** gestützt, hier Art. 3 Abs. 3 Satz 1 GG als Verbot auch der „mittelbaren Diskriminierung" (BVerfGE 121, 241; vgl. auch *v. Roetteken* in v. Roetteken/Rothländer, § 43 BeamtStG Rn. 49; zur Pflicht auf nachträgl. Neufestsetzung vgl. OVG Hamburg, ZBR 2013, 309). Das BVerwG seinerseits verwarf die seinerzeit vorgesehene verminderte Ruhegehaltfähigkeit von Ausbildungs- und Zurechnungszeiten aufgrund einer mehr als einjährigen (Teil-)Freistellung unter Rückgriff auf das **europarechtliche Gebot** der Nichtbenachteiligung von Teilzeitbeschäftigten, hier verstanden als Gebot der strikt **zeitanteiligen Abgeltung von Teilzeitarbeit** (BVerwGE 136, 165; s.a. OVG Münster, DÖD 2012, 420). Der Landesgesetzgeber hat dieser Entscheidung bereits im DRAnpG 2013 Rechnung getragen (vgl. LT-Drs. 16/1625, S. 75). Ebenfalls auf die genannte europarechtliche Vorgabe (§ 4 Nr. 1 Anhang RiLi 97/81/EG; vgl. dazu auch *v. Roetteken* in v. Roetteken/Rothländer, § 43 BeamtStG Rn. 53 f.) gestützt ist die Entscheidung des OVG Münster zur Nichtanwendbarkeit der Regelungen über die **Vorenthaltung der amtsunabhängigen Mindestversorgung** im Falle von Teilzeitbeschäftigung (OVG Münster, DÖV 2012, 76). Auch hier hat der Gesetzgeber reagiert (vgl. LT-Drs. 16/1625, S. 78). Darüber hinaus leitet das OVG Münster (DÖD 2012, 225) auch die volle und nicht nur anteilmäßige Berücksichtigung von Teilzeit bei der **versorgungsrechtlichen Wartezeit** aus der oben genannten Richtlinie her. Aus Art. 141 EGV i.V.m. der Richtlinie 75/117 EWG wiederum folgt laut BVerwG für Teilzeitbeschäftigte ein Anspruch auf (höhere) **anteilige Besoldung anstelle** bloßer **Mehrarbeitsvergütung,** weil Teilzeitarbeit bis zur Höhe der regelmäßigen Wochenarbeitszeit andernfalls vergleichsweise schlechter besoldet würde (BVerwG, NVwZ-RR 2008, 799, m. Anm. *Kugele,* jurisPR–BVerwG 19/2008 Anm. 4; OVG Münster, DÖD 2009, 41; OVG Münster, NVwZ 2004, 758; keine Ungleichbehandlung hingegen, wenn wegen des geringen Zeitumfangs gar kein Anspruch auf finanziellen Ausgleich entsteht, vgl. BVerwGE 122, 65). Dieser Anspruch steht auch männlichen Teilzeitbeschäftigten zu (OVG Münster, NVwZ-RR 2009, 924). Kein Anspruch ergibt sich dagegen, wenn die Schwelle zur ausgleichspflichtigen Mehrarbeit nicht überschritten wird (BVerwG, NVwZ 2011, 296). Die bisherige Praxis der anteiligen **Kürzung von Resturlaubsansprüchen** bei Übergang von Voll- in die Teilzeitbeschäftigung hat laut OVG Münster in § 23 Abs. 2 FrUrlV keine taugliche Rechtsgrundlage (B. v. 9.11.2015, 6 A 981/14; s.a. OVG Saarlouis, Urt. v. 23.9.2015, 1 A 219/14). Das BAG (Urt. v. 10.2.2015, 9 AZR 53/14 F) führt dies im Arbeitnehmerbereich ausdrücklich auch auf das Diskriminierungsverbot zurück (vgl. auch *Polzer/Kafka*, NJW 2015, 2289, 2290 f.). Bei Lehrern muss – wegen der Gleichbehandlung mit Vollzeitkräften – die Reduzierung der Arbeitszeit grds. auch die außerhalb der Unterrichtstätigkeit wahrzunehmenden **Funktionstätigkeiten** (z.B. EU-Beauftragte, Studien- und Berufsberatung) erfassen (BVerwG, NVwZ 2015, 1775). Kein Reduzierungsanspruch besteht hingegen bei der überproportionalen zeitlichen Belastung von teilzeitbeschäftigten Lehrern durch Klassenfahrten (BVerwGE 122, 65 – in Abgrenzung zu BAGE 98, 368; s.a. OVG Münster, ZBR 2009, 270). Offen gelassen hat das OVG Münster die Frage der Auswirkung des Benachteiligungsverbots auf einen (abgewiesenen) Beförderungsanspruch während der Freistellungsphase der Altersteilzeit (OVG Münster, B. v. 13.4.2010, 6 B 152/10; vgl. dazu auch § 66 Rn. 5).

Einen **eigenen Regelungsgehalt** kann man § 69 Halbs. 2 noch insoweit entnehmen, **6** als eine Differenzierung nur auf **„zwingende"** Sachgründe zurückzuführen sein darf. Damit wird die **Argumentationslast** bei Differenzierungsentscheidungen **erhöht,** da nicht nur bloße sachliche Erwägungen genügen. Vielmehr muss sich die unterschiedliche Behandlung als einzig vertretbare und damit alternativlose Entscheidung darstellen (vgl. insoweit auch § 63 Rn. 12: zwingende dienstliche Belange). Ihre Rechtfertigung findet diese Annahme nicht zuletzt in der Bedeutung von Teilzeitbeschäftigung für die Verwirklichung einerseits des staatlichen Schutzauftrages aus Art. 6 GG (vgl. dazu BVerfGE 121,

241) und andererseits des Gebots der Gewährleistung gleicher beruflicher Chancen für Frauen und Männer (vgl. insoweit auch § 64 Rn. 1).

§ 70 Urlaub aus arbeitsmarktpolitischen Gründen

(1) Beamtinnen und Beamten mit Dienstbezügen kann in Bereichen, in denen wegen der Arbeitsmarktsituation ein außergewöhnlicher Bewerberüberhang besteht und deshalb ein dringendes öffentliches Interesse daran gegeben ist, verstärkt Bewerberinnen und Bewerber im öffentlichen Dienst zu beschäftigen,

1. auf Antrag Urlaub ohne Dienstbezüge bis zur Dauer von insgesamt höchstens sechs Jahren oder
2. nach Vollendung des 55. Lebensjahres auf Antrag, der sich bis auf die Zeit bis zum Beginn des Ruhestandes erstrecken muss, Urlaub ohne Dienstbezüge

bewilligt werden, wenn dienstliche Belange nicht entgegenstehen.

(2) ¹Dem Antrag nach Absatz 1 darf nur entsprochen werden, wenn die Beamtin oder der Beamte erklärt, während der Dauer des Bewilligungszeitraumes auf die Ausübung genehmigungspflichtiger Nebentätigkeiten gegen Vergütung zu verzichten und Tätigkeiten nach § 51 gegen Vergütung nur in dem Umfang auszuüben, wie sie oder er sie bei Vollzeitbeschäftigung ohne Verletzung dienstlicher Pflichten ausüben könnte. ²Ausnahmen von Satz 1 sind nur zulässig, soweit sie dem Zweck der Bewilligung des Urlaubs nicht zuwiderlaufen. ³Eine Rückkehr aus dem Urlaub kann zugelassen werden, wenn der Beamtin oder dem Beamten die Fortsetzung des Urlaubs nicht zugemutet werden kann und dienstliche Belange nicht entgegenstehen.

(3) ¹Urlaub nach Absatz 1 darf auch im Zusammenhang mit Urlaub nach § 64 Absatz 1 die Dauer von 15 Jahren nicht überschreiten. ²Bei Beamtinnen und Beamten im Schul- und Hochschuldienst kann der Bewilligungszeitraum bis zum Ende des laufenden Schulhalbjahres, Semesters oder Trimesters ausgedehnt werden. ³Der Antrag auf Verlängerung eines Urlaubs nach Absatz 1 Nummer 1 ist spätestens sechs Monate vor Ablauf der genehmigten Freistellung zu stellen. ⁴In den Fällen des Absatzes 1 Nummer 2 findet Satz 1 keine Anwendung, wenn es der Beamtin oder dem Beamten nicht mehr zuzumuten ist, zur Voll- oder Teilzeitbeschäftigung zurückzukehren.

(4) ¹Urlaub nach Absatz 1 Nummer 2 kann bereits nach Vollendung des 50. Lebensjahres bewilligt werden. ²Absatz 3 Satz 1 findet Anwendung.

I. Allgemeines

1   Die Vorschrift entspricht bis auf geringfügige Änderungen immer noch dem alten, bis 2009 gültigen § 78e a.F. LBG. Im Unterschied zur Vollfreistellung gem. § 64 knüpft sie nicht vorrangig an eine individuelle Bedarfslage des Antragstellers an, sondern ermöglicht dem Dienstherrn vor dem Hintergrund seiner sozialstaatlichen Verpflichtung aus Art. 20 Abs. 1 GG **arbeitsmarktpolitische Initiativen** (krit. dazu schon *Lecheler*, ZBR 1980, 1, 5; s.a. OVG Münster, B. v. 4.6.2014, 6 A 1562/13). Demgemäß gewährt die Norm im direkten Vergleich zum familiären Gründen gem. § 64 **keinen Rechtsanspruch.** Gleichwohl bedarf es für die Verwirklichung des Normzwecks eines auslösenden Antrags und damit eines individuellen Interesses des Beamten. Der darin angelegte Widerspruch wird noch verschärft, weil es für längerfristige, überjährige Freistellungen ohne personenbezogene (familiäre) Gründe **keine Alternative** zu § 70 gibt. Auch die neuen Freistellungsmöglichkeiten gem. § 65 (Blockteilzeit) erfordern zunächst „Vorleistungen" des Antragstellers. Eine nach § 70 erstrebte Freistellung setzt jedoch eine „genaue Prüfung der konkreten Arbeitsmarktsituation" (*Battis*, § 95 BBG Rn. 3) voraus (vgl. insoweit auch OVG Münster, ZBR 2007, 269). In Zeiten, die zukünftig eher durch **Bewerber-**

mangel gekennzeichnet sein werden, sind damit enttäuschte Erwartungen auf Seiten der Antragsteller unvermeidbar (dazu auch *Tiedemann* in Schütz/Maiwald, § 70 LBG Rn. 16). Der Gesetzgeber hat mit dem Dienstrechtsmodernisierungsgesetz 2016 und der damit einhergehenden Neuordnung der Freistellungsregelungen die Chance verpasst, mit einem geänderten § 70 den überholten bisherigen Normzweck aufzugeben und ein Pendant zu § 63 (Voraussetzungslose Teilzeit) für Beurlaubungen zu schaffen (vgl. auch § 65 Rn. 2).

II. Bewilligungsvoraussetzungen

Der personale Anwendungsbereich der Norm schließt, wie bei §§ 63, 66, Anwärter und **2** Ehrenbeamte aus (vgl. § 63 Rn. 4). Die Ermessensentscheidung über eine Bewilligung setzt darüber hinaus auf Tatbestandsseite zunächst voraus, dass für den **Tätigkeitsbereich des Antragstellers** am Arbeitsmarkt ein **„außergewöhnlicher Bewerberüberhang"** festzustellen ist. Zu definieren ist dieser „Bereich" vor allem durch die laufbahnrechtliche Qualifikation desjenigen, der die Beurlaubung beantragt, da die arbeitsmarktpolitische Zielrichtung nach dem Normzweck gerade durch die **Einstellung von Ersatzkräften** für freizustellende Antragsteller erreicht werden soll (vgl. VG Düsseldorf, Urt. v. 14.5.2013, 2 K 3304/12; dass., B. v. 6.9.2011, 2 L 1342/11: Grundschullehrer; unbestimmter *Tadday/ Rescher*, § 70 LBG Erl. 1: „Bereich im Sinne von Absatz 1 Satz 1 ist ein einzelner Verwaltungsbereich oder auch nur eine einzelne Laufbahn"; s.a. *Tiedemann* in Schütz/Maiwald, § 70 LBG Rn. 12). Ggf. ist der Bedarf auch spezifischer und damit enger zu fassen (z.B. bestimmte Fächerkombinationen im Schulbereich), wobei Wortlaut und ratio der Norm eine eher abstraktere Betrachtung des Tätigkeitsbereichs nahe legen. Ein Bewerberüberhang ergibt sich dabei aus dem Verhältnis von Bewerbern (eher: arbeitsuchend Gemeldeten) zu angebotenen (offenen) Stellen (a.A. VG Düsseldorf, B. v. 6.9.2011, 2 L 1342/11: Bewerberzahl ist mit der Zahl der insgesamt vorhandenen einschlägigen Planstellen zu korrelieren). Die bereichsspezifische Arbeitslosenquote muss dabei **signifikant hoch** sein, d.h. die allg. Quote sehr deutlich übersteigen (vgl. VG Düsseldorf, a.a.O.; s.a. *Battis*, § 95 BBG Rn. 3; noch weitergehend *Tiedemann* in Schütz/Maiwald, § 70 LBG Rn. 15: „außergewöhnliche Arbeitslosigkeit"). Fraglich ist, ob die **räumlichen Grenzen** der „Arbeitsmarktsituation" aus dem Zuständigkeitsbereich des Dienstherrn, einer seiner Behörden (z.B. Regierungsbezirke) oder aber dem Geltungsbereich des LBG (so aber, ohne Begr., VG Düsseldorf, a.a.O.: arbeitsuchende Grundschullehrer in NRW) folgen oder deren Definition gar im Ermessen des jeweiligen Dienstherrn steht (so *Tadday/Rescher*, § 70 LBG Erl. 1; unklar auch *Tiedemann* in Schütz/Maiwald, § 70 LBG Rn. 15). Da der beurlaubte Beamte ein öffentliches Amt zur Nachbesetzung „freimacht", hätte gem. Art. 33 Abs. 2 GG im Grundsatz **jeder Deutsche** mit der entsprechenden Eignung Zugang zu diesem freiwerdenden Amt und könnte daher Bewerber sein; wo er als arbeitsuchend gemeldet ist, wäre demgegenüber unerheblich. Allerdings ist zu bedenken, dass Bewerber für den Dienst bei Dienstherrn in NRW auch die Eignungsvoraussetzungen nach Landesrecht zu erfüllen haben. Dies dürfte, wenn überhaupt, eher bei innerhalb von NRW gemeldeten Bewerbern zu unterstellen sein. Folglich wird für den Abgleich mit den offenen Stellen – schon aus Praktikabilitätsgründen – auf die **landesweiten Bewerberzahlen** zurückzugreifen sein. Einen ersten Anhaltspunkt bei der Recherche gibt, mangels Alternativen, die **Berufsklassifikation KldB 2010** der Bundesagentur für Arbeit (vgl. **www.statistik.arbeitsagentur. de;** zum zulässigen Rückgriff auf die Statistiken der Bundesagentur für Arbeit vgl. OVG Münster, B. v. 4.6.2014, 6 A 1562/13). Liegt ein derart ermittelter außergewöhnlicher Bewerberüberhang vor, wird das dringende öffentliche Interesse an einer arbeitsmarktpolitischen Reaktion – und damit der Beurlaubung – indiziert und bedarf keiner weiteren Begründung. Zu prüfen sind allerdings – als negative Tatbestandsvoraussetzung – entgegenstehende dienstliche Belange (vgl. dazu § 63 Rn. 6ff.).

III. Zeitlicher Rahmen

1. Allgemein

3   Gewährt werden kann bei Vorliegen der genannten Voraussetzungen zunächst ein höchstens sechsjähriger Urlaub, der jedoch durch Folgeanträge auf neuerdings bis zu 15 Jahre verlängerbar ist, vgl. § 70 Abs. 1 Nr. 1 i. V. m. Absatz 3 Satz 1. Für die Ermittlung der **zeitlichen Höchstgrenze** sind allerdings auch Freistellungen gem. § 64 zu berücksichtigen. „Im Zusammenhang" bedeutet dabei nicht eine unmittelbare zeitliche Abfolge der Urlaube (vgl. OVG Münster, ZBR 2007, 269). Analog der Regelung in § 64 Abs. 3 Satz 3 darf die bewilligende Stelle auf der Grundlage von § 70 Abs. 3 Satz 2 bei Lehrern und Hochschullehrern – auch ohne entsprechenden Antrag – den Bewilligungszeitraum ausdehnen und dadurch verhindern, dass der Antragsteller Schul- bzw. Semesterferien von der Beurlaubung ausspart, um sich für diesen Zeitraum die vollen Dienstbezüge zu sichern (vgl. § 64 Rn. 14).

2. Sog. Altersurlaub

4   Neben der zu jedem Zeitpunkt und ohne „Vorleistungen" möglichen Beurlaubung kann gem. § 70 Abs. 1 Nr. 2 sog. **„Altersurlaub"** (*Battis,* § 95 BBG Rn. 1) gewährt werden, wobei diese Etikettierung nicht zu Fehlvorstellungen über die Antragsvoraussetzungen führen darf. Allein die Arbeitsmarktlage (Bewerberüberhang) bleibt entscheidend. Erweitert wird die Möglichkeit des Altersurlaubs noch durch § 70 Abs. 4, der einen Altersurlaub ab dem 50. Lebensjahr ermöglicht. Die Höchstdauer für diesen Sonderfall überschreitet aber – im Gegensatz zur bisherigen Rechtslage – die allgemeine Höchstgrenze nicht mehr. Wird gerade damit auch das Interesse des Beamten an einer möglichst langfristigen Beurlaubung berücksichtigt, so dient der Altersurlaub insgesamt erkennbar dem **Interesse des Dienstherrn** an einer verlässlichen Personalplanung. (vgl. auch VGH München, B. v. 23.10.2003, 3 B 00.693: zwingende „Verzahnung" von Ruhestand und Urlaubsende). Im Altersurlaub ist eine Beförderung nicht mehr zulässig (§ 18 Rn. 6)

5   Über die zeitlichen Höchstgrenzen hinaus lässt die Ausnahmeregelung des § 70 Abs. 3 Satz 4 für den Fall des Altersurlaubs eine (erneute) Bewilligung zu, wenn zwar die verbliebene Zeitreserve überschritten würde, die Rückkehr in den Dienst aber nicht mehr zugemutet werden kann. Dies gilt nach Wortlaut und Systematik auch bei einem Antrag auf Beurlaubung ab dem 50. Lebensjahr gem. § 70 Abs. 4 (OVG Münster, ZBR 2007, 269; s. a. VG Münster, Urt. v. 18.12.2015, 13 K 7505/14). Da nach § 70 Abs. 3 Satz 4 die Höchstgrenzenregelung „keine Anwendung" findet, sind bei Unzumutbarkeit sogar noch Urlaubsbewilligungen möglich, wenn zum Zeitpunkt der Antragstellung die fünfzehnjährige Zeitreserve bereits ausgeschöpft wurde. Festzustellen ist die Unzumutbarkeit durch Abwägung der auf Beamten- und Dienstherrnseite betroffenen Interessen (vgl. OVG Münster, a. a. O.). Diese Interessen müssen für die gesamte Dauer der angestrebten Beurlaubung gelten und können beamtenseitig nicht in den typischen, nach einer längeren Freistellung sich regelmäßig einstellenden Erschwernissen liegen. Vielmehr müssen besondere, untypische Belastungen hinzukommen. Können diese fortwirkenden Belastungen durch Bewilligung von Teilzeitbeschäftigung gemindert werden, entfällt die Unzumutbarkeit. Die fehlende Möglichkeit einer amtsangemessenen Beschäftigung, etwa durch Qualifikationsverluste während der vorangegangenen Freistellungen, ist grundsätzlich durch Maßnahmen der Nach- oder Weiterqualifikation auszugleichen und führt nicht zur Unzumutbarkeit (vgl. zur Gesamtthematik OVG Münster, a. a. O.). Ebenfalls auf eine fehlende Zumutbarkeit zu stützen ist gem. § 70 Abs. 2 Satz 3 der Wunsch zur vorzeitigen Rückkehr aus der Freistellung. Die Regelung entspricht dem Grundtypus der Störfallklausel in § 63 Abs. 3 und ist entsprechend anzuwenden.

IV. Auswirkungen auf Nebentätigkeiten

Mit § 70 Abs. 2 Satz 1 sieht der Gesetzgeber einen „rigiden" (*Battis,* § 95 BBG Rn. 5) **6**
Nebentätigkeitsverzicht vor, der im Unterschied zur Regelung in §§ 64, 50 grundsätzlich die Übernahme vergüteter Nebentätigkeiten ausschließt, sofern sie nicht den Sonderfällen des § 51 (lediglich anzeigepflichtige Nebentätigkeiten) unterfallen (zur Verfassungsmäßigkeit vgl. BVerwG, DÖD 1993, 179; s.a. BVerfG, B.v. 19.11.1997, 2 B 112/97).
Aber selbst Nebentätigkeiten gem. § 51 unterliegen der Einschränkung der sog. Fünftelvermutung (vgl. § 49 Rn. 15 f.; s.a. VGH Mannheim, IÖD 2003, 266). Ausnahmen können gem. § 70 Abs. 2 Satz 2 zugelassen werden, etwa für – vergütete – Aktivitäten mit gemeinnütziger, sozialer oder karitativer Zielrichtung (vgl. *Battis,* § 95 BBG Rn. 5). Ungeregelt bleibt, wie auf einen Verstoß des Beamten gegen seinen erklärten Nebentätigkeitsverzicht zu reagieren ist. In Betracht kommen zunächst eine auf §§ 47 Abs. 1 Satz 2, 34 Satz 3 BeamtStG gestützte Unterlassungsverfügung sowie die Einleitung eines Disziplinarverfahrens. Da die Verletzung der Verzichtserklärung diese gegenstandslos macht, fällt auch eine Bewilligungsvoraussetzung weg, so dass auch ein Widerruf des Urlaubs gem. § 49 Abs. 2 Nr. 3 VwVfG erwogen werden kann. Das erforderliche öffentliche Interesse an dem Widerruf (vgl. dazu *Kopp/Ramsauer,* § 49 VwVfG Rn. 48) folgt aus dem Umstand, dass die arbeitsmarktpolitische Beurlaubung als solche im „dringenden öffentlichen Interesse" erfolgt (vgl. § 70 Abs. 1), dessen Wahrung bei Fortfall einer Genehmigungsvoraussetzung nicht mehr gegeben ist. Im Rahmen der nach § 49 Abs. 2 VwVfG zu treffenden Ermessensentscheidung hat der Dienstherr abzuwägen, ob einen Pflichtenmahnung genügt oder ob der Widerruf nötig wird.

V. Weitere Einzelheiten

Während der Beurlaubung gem. § 70 Abs. 1 Nr. 1 sind **Beförderungen** nicht per se aus **7**
Rechtsgründen ausgeschlossen, werden aber in der Praxis oftmals am Fehlen aktueller, einen Bewerbervergleich ermöglichender Beurteilungen scheitern. Gleiches gilt bei **Bewerbungen auf Beförderungsämter,** wobei im Fall des Altersurlaubs gem. § 70 Abs. 1 Nr. 2 bzw. § 70 Abs. 4 (vgl. Rn. 4) – analog der Situation bei der Altersteilzeit – schon die Eignung fehlen dürfte (vgl. § 66 Rn. 5 u. § 19 Rn. 11; *Tiedemann* in Schütz/Maiwald, § 70 LBG Rn. 39). Zudem kann der Dienstherr eine Berücksichtigung zusätzlich von der Verfügbarkeit des Bewerbers abhängig machen. Zum (fehlenden) Anspruch auf die Rückkehr auf einen bestimmten Dienstposten vgl. § 64 Rn. 13, zur Mitbestimmungsbedürftigkeit der Neuzuweisung eines Dienstpostens sowie zur Berechnung des Anspruchs auf Erholungsurlaub bei unterjährig angetretener Freistellung vgl. § 64 Rn. 14.

§ 71 Erholungsurlaub

[1]**Der Beamtin oder dem Beamten steht jährlich ein Erholungsurlaub unter Fortgewährung der Leistungen des Dienstherrn zu.** [2]**Die Landesregierung regelt durch Rechtsverordnung Einzelheiten der Urlaubsgewährung, insbesondere Dauer und Voraussetzungen der Inanspruchnahme, sowie Voraussetzungen und Umfang einer Abgeltung.**

Übersicht

I. Allgemeines

1   Die Vorschrift greift lediglich die Gewährleistung des § 44 BeamtStG auf, wonach Beamten „jährlicher Erholungsurlaub unter Fortzahlung der Bezüge" zusteht (zur Unbestimmtheit des § 44 BeamtStG vgl. *v. Roetteken* in v. Roetteken/Rothländer, § 44 BeamtStG Rn. 4). Durch das DRAnpG 2013 wurde insbes. Satz 2 neu gefasst, um die notwendige Anpassung an eine in zweierlei Hinsicht geänderte höchstrichterliche Rechtsprechung zu bewirken (vgl. LT-Drs. 16/1625, S. 87, sowie LT-Drs. 16/2904, S. 52 f.). Dies waren zum einen ein Judikat des BAG (NJW 2012, 3465) mit der Feststellung der Unzulässigkeit der Altersstaffelung von Urlaubsregelungen (a. A. noch *Wulfers/Hecht,* ZTR 2007, 475, 478 m. w. N.), zum anderen die geänderte Haltung des BVerwG (ZTR 2013, 128; ihm folgend OVG Münster, Urt. v. 2.4.2013, 6 A 1615/11) zur finanziellen Abgeltung von Urlaubsansprüchen (zu den Einzelheiten vgl. Rn. 5). Die verordnungsrechtliche Reaktion in der FrUrlV erfolgte durch VO v. 15.10.2013 (GV. NRW. S. 573) insbes. durch Änderung des § 18 Abs. 2 FrUrlV sowie einen neu eingefügten § 19a FrUrlV.

II. Bewilligungsvoraussetzungen

2   An § 44 BeamtStG i. V. m. § 71 Satz 1 insoweit anknüpfend gewährt § 17 Abs. 1 FrUrlV auf VO-Ebene einen **Rechtsanspruch auf Erholungsurlaub,** präziser auf eine bestimmte Urlaubsdauer, nicht auf eine bestimmte zeitliche Lage (vgl. auch *Battis,* § 89 BBG Rn. 5.). Dabei entsteht dieser Anspruch i. d. R. erst nach einer sechsmonatigen Mindestbeschäftigungszeit im öffentlichen Dienst, vgl. § 17 Abs. 2 FrUrlV. Die Geltendmachung ist gem. § 39 Abs. 1 Satz 1 FrUrlV antragsabhängig und macht die Urlaubsgenehmigung zu einem mitwirkungsbedürftigen Verwaltungsakt (s. a. VGH Mannheim, ZBR 1986, 334). **Voraussetzung für eine Bewilligung** ist die fortdauernde Sicherstellung der ordnungsgemäßen Erfüllung der Dienstgeschäfte, vgl. § 39 Abs. 2 FrUrlVO. Dazu zählt i. d. R. auch die **Gewährleistung einer Urlaubsvertretung** (vgl. OVG Lüneburg, DÖD 2013, 233). Bei Problemen bei der Festsetzung der zeitlichen Lage eines Erholungsurlaubs kann ein Mitbestimmungsfall eintreten, vgl. § 72 Abs. 4 Satz 1 Nr. 4 LPVG (dazu *Cecior* in CVLK, § 72 LPVG Rn. 877 f.). Wegen des hohen Stellenwerts des Erholungsurlaubs für den Erhalt der Dienstfähigkeit kommt eine **Ablehnung** nur „ausnahmsweise" (vgl. insoweit auch § 40 Abs. 1 Satz 1 FrUrlV) in Betracht. Hinderungsgründe bestehen, wenn eine Dienstleistung gerade während des geplanten Urlaubs „unaufschiebbar" ist (BVerwG, ZBR 2006, 17; s. a. OVG Lüneburg, B. v. 10.12.2009, 5 ME 307/09). Dabei hat der Dienstherr stets Alternativen zu prüfen, die eine Berücksichtigung der beiderseitigen Interessen zulassen (BVerwG, ZBR 2006, 17). Allerdings darf der Beamte beim Streit um die Genehmigung nicht einfach eigenmächtig dem Dienst fernbleiben (vgl. auch *Wichmann/Langer,* S. 528 m. w. N.). Eine weitere Einschränkung der Genehmigungsfähigkeit ergibt sich bei der Verhängung einer allgemeinen, nicht der Mitbestimmung unterliegenden **Urlaubssperre.** Ist dem Beamten das Bestehen von Hinderungsgründen bekannt, handelt er treuwidrig, wenn er eine mehrwöchige Fernreise bucht, bevor er einen Urlaubsantrag stellt (und der Dienstherr diesen nicht in vollem Umfang bewilligen kann, vgl. OVG Lüneburg, a. a. O.). Im Übrigen ist der Beamte gem. § 39 Abs. 1 Satz 2 FrUrlV zur **„rechtzeitigen" Antragstellung** verpflichtet. **Sonderregelungen** zur zulässigen zeitlichen Lage des Urlaubs trifft § 20 FrUrlV für Beamte in der Ausbildung bzw. für **Lehrer** (Erholungsurlaub während der Schulferien;

vgl. dazu auch BVerwG, B. v. 13.1.1983, 2 B 159/81: eine mögliche Verkürzung der Sommerferien wegen der Versetzung in ein anderes Bundesland ist nicht notwendig auszugleichen; vgl. auch OVG Münster, B. v. 25.3.2014, 6 B 335/14: § 22 FrUrlV – Kuranschlussurlaub – auf Lehrer nicht anwendbar). Ähnliches regelt § 121 Abs. 2 für Beamte mit Lehrverpflichtungen an Hochschulen (vgl. § 121 Rn. 3). Bleibt der Beamte ohne genehmigten Antrag dem Dienst fern, begeht er ein Dienstvergehen gem. § 62 Abs. 1 Satz 1. Fragwürdig erscheint jedoch die Annahme, dass auch eine nachträgliche Urlaubsbewilligung diesen Verstoß nicht ex post heilen kann (so noch BVerwG, PersV 1994, 93; s. a. BVerwGE 119, 164). Denn die Verpflichtung zur rechtzeitigen Antragstellung schützt Dispositionsinteressen des Dienstherrn, auf die dieser bei Vorliegen triftiger Gründe verzichten kann (vgl. auch VGH München, B. v. 10.10.2006, 3 ZB 05.2068). Das Risiko trägt insoweit indes allein der Beamte.

III. Zweck der Urlaubsgewährung

Mit der Einräumung eines Urlaubsanspruchs gewährt der Gesetzgeber die Möglichkeit **3** eines **erlaubten Fernbleibens vom Dienst** bei bestehender Dienstfähigkeit unter Fortdauer des Beamtenverhältnisses (vgl. BVerwG, ZBR 1996, 215; *v. Roetteken* in v. Roetteken/Rothländer, § 44 BeamtStG Rn. 6). Im Unterschied zu anderen Freistellungen, etwa gem. § 64 LBG oder §§ 9 ff. FrUrlV (Elternzeit), berührt die zeitlich begrenzte Freistellung durch den Erholungsurlaub den Fortbestand des funktionalen Amtes im abstrakten und konkreten Sinne nicht (vgl. *v. Roetteken* in v. Roetteken/Rothländer, § 44 BeamtStG Erl. 7). In der Folge erfasst der Anspruch auf Fortgewährung von Bezügen auch amtsbezogene Zulagen oder Aufwandsentschädigungen (vgl. *v. Roetteken* in v. Roetteken/Rothländer, § 44 BeamtStG Erl. 34; zur besoldungsrechtlichen Berücksichtigung von planmäßigen Nachtschichten während des Urlaubs vgl. BVerwG, NVwZ-RR 2012, 149).

Die Gewährung von Erholungsurlaub ist Ausdruck des Fürsorgegrundsatzes (vgl. BT- **4** Drs. 16/4027, S. 33) und erfolgt grundsätzlich **zweckgebunden** (vgl. auch § 17 Abs. 1 Satz 2 FrUrlV), wobei die Reichweite der sich daraus ergebenden Verpflichtung streitig ist (vgl. *Battis,* § 89 BBG Rn. 5: Pflicht zur zweckgerechten Nutzung; anders *v. Roetteken* in v. Roetteken/Rothländer, § 44 BeamtStG Rn. 21: Nutzung darf Zweck nicht vollständig zuwiderlaufen). Aus der bloßen Rechtsgewährung gem. § 44 BeamtStG bzw. § 73 sind präzise Grenzen einer adäquaten Urlaubsnutzung kaum abzuleiten (zutreffend *v. Roetteken* in v. Roetteken/Rothländer, § 44 BeamtStG Rn. 20). Letztlich können sich diese nur aus der Pflicht zum „vollen Einsatz" gem. § 34 Satz 1 BeamtStG ergeben, deren Gewährleistung auch der Erholungsurlaub dient. Damit kommt die Annahme einer Dienstpflichtverletzung bei „zweckwidriger" Urlaubsnutzung wohl nur in besonders krassen Fällen in Betracht. Auch die Möglichkeit eines **Urlaubsverzichts** ist vor diesem Hintergrund kaum grundsätzlich zu bestreiten (*v. Roetteken* in v. Roetteken/Rothländer, § 44 BeamtStG Rn. 19; a. A. – ohne Begr. – *Battis,* § 89 BBG Rn. 6 und *Metzler-Müller* in MRSZ, § 44 BeamtStG Erl. 3) und ebenfalls nur in Extremfällen abzulehnen; es dürfte sich aber um Fallgestaltungen eher theoretischer Natur handeln. Hinzu kommt, dass das Antragserfordernis gem. § 39 Abs. 1 Satz 1 FrUrlV eine Mitwirkungsbedürftigkeit der Urlaubsgewährung begründet, über die sich der Dienstherr nicht ohne Weiteres hinweg setzen kann (vgl. auch OVG Münster ZBR 2007, 318, zur Freistellung gem. § 71 a. F. = § 64 neu). In einschlägigen Fällen ist die Problematik ohnehin besser im Mitarbeiter/Vorgesetzten-Verhältnis zu lösen als auf normativer Ebene.

IV. Finanzielle Abgeltung

Die **finanzielle Abgeltung** nicht beanspruchten Urlaubs hat vor dem Hintergrund **5** unionsrechtlicher Vorgaben (vgl. nur EuGH, NVwZ 2012, 688 m. Anm. *Stiebert/Pötters;*

s. a. *Zeißig/v. Keitz,* ZBR 2010, 119) im mittlerweile neu eingeführten § 19a FrUrlV eine verordnungsrechtliche Grundlage. Die im Dienstrecht lange unbestritten zulässige Versagung von Abgeltungsansprüchen beim Ausscheiden aus dem (aktiven) Beamtenverhältnis (vgl. noch BVerwG, ZBR 1963, 87; im Gegensatz dazu schon BAGE 4, 286) hat keinen Bestand mehr (vgl. nur BVerwG, ZTR 2013, 128; OVG Münster, Urt. v. 2.4.2013, 6 A 1615/11; Urt. v. 3.6.2015, 6 A 2326/12). Konnte der Urlaubsanspruch **(1.) krankheitsbedingt** (zu einem Sonderfall vgl. VG Düsseldorf, Urt. v. 27.3.2015, 2 K 5036/14) nicht verwirklicht werden, entsteht gem. § 19a Abs. 1 Satz 1 FrUrlV bei **(2.) der Beendigung des Beamtenverhältnisses** (i. d. R. durch Eintritt in den Ruhestand) ein Abgeltungsanspruch, der keinem Antragserfordernis unterliegt und von Amts wegen abzugelten ist (vgl. auch BVerwG, ZTR 2013, 128). Der die Abgeltung rechtfertigende Rechtsgedanke, dass der (kranke) Beamte ohne eigenes Zutun den Urlaub nicht in Anspruch nehmen konnte, dürfte auch auf solche Fälle übertragbar sein, wo dem Beamten der Urlaub verweigert wird; hier entsteht – über den Wortlaut des § 19a Abs. 1 FrUrlV hinaus – ein unmittelbar europarechtlich begründeter Abgeltungsanspruch (vgl. OVG Münster, Urt. v. 3.6.2015, 2326/12 – allerdings obiter dictum). Vor dem Hintergrund der Entscheidung des BVerwG, dass es auch bei Altersteilzeit im Blockmodell **nur** auf den Ruhestandseintritt ankommt (vgl. Urt. v. 19.11.2015, 2 C 3/15), hat der VO-Geber § 19a Abs. 1 Satz 1 FrUrlV in diesem Sinne nochmals nachgebessert. Für die Annahme des Ruhestandseintritts ist es im Übrigen unerheblich, dass bei vorzeitiger Zurruhesetzung die Möglichkeit einer Reaktivierung besteht (vgl. OVG Münster, B. v. 16.1.2014, 6 A 2855/12).

Abzugelten sind nur solche Urlaubsausfälle, die nicht über die **unionsrechtliche Mindesturlaubsgrenze** von vier Wochen (20 Tagen) hinausgehen (vgl. BVerfG-K, NVwZ 2014, 1160; OVG Münster, B. v. 16.1.2014, 6 A 2855/12); dies bringt § 19a Abs. 1 FrUrlV nunmehr zur Geltung. Abzustellen ist dabei allein auf die tatsächlich im Urlaubsjahr genommenen Urlaubstage; unerheblich bleibt, ob diese Tage aus dem aktuellen Jahr oder unter Rückgriff auf Urlaubsreste beansprucht wurden (vgl. § 19a Abs. 1 Satz 4 FrUrlV); hat der Beamte in einem Urlaubsjahr den unionsrechtlichen Mindesturlaub von 20 Tagen genommen, kann für dieses Jahr kein Abgeltungsanspruch entstehen (OVG Münster, B. v. 13.12.2012, 6 A 528/11 m. w. N.; s. a. dass., Urt. v. 3.6.2015, 6 A 2326/12; B. v. 21.4.2016, 6 A 1116/14) Bei den zeitlich darüber hinausgehenden Urlaubsanteilen (auch Zusatzurlaub für Schwerbehinderte) aufgrund nationalen Rechts greift der Erstattungsanspruch daher nicht (vgl. EuGH, NVwZ 2012, 688; BVerwG, a. a. O.; zur korrespondierenden Frage des zeitl. Umfangs von **Verfallsgrenzen** vgl. unten Rn. 7 und BVerwG, a. a. O.) Sind die genannten Voraussetzungen (Krankheit; Dienstende) nicht gegeben, ist eine finanzielle Urlaubsabgeltung nach wie vor ausgeschlossen (so schon BVerwG, Urt. v. 31.7.1997, 2 B 138/96). Für die Verjährung verweist § 19a Abs. 3 FrUrlV auf die allgemeinen Regeln (3 Jahre), wobei auch hier ein Verjährungsbeginn schon bei Eintritt in eine Freistellungsphase (gem. § 66) wegen des höchstrichterlichen Hinweises in BVerwG, Urt. v. 19.11.2015, 2 C 3/15 (s. o.) keinen Bestand hatte; es kommt allein auf den Ruhestandseintritt an. Zur maßgeblichen Rechtslage bei Verpflichtungsklagen wegen „Altansprüchen" vgl. OVG Münster, B. v. 10.3.2014, 6 A 2680/12.

V. Urlaubsdauer

1. Einzelfragen

6   Die (generelle) **Dauer** des zu gewährenden Erholungsurlaubs bestimmt zunächst § 18 Abs. 2 FrUrlV, der inzwischen – in Einklang mit der Entwicklung der einschlägigen Rechtsprechung – **keine Altersstaffel** mehr vorsieht (vgl. Rn. 1). Grundsätzlich wird die Urlaubsdauer auf der Grundlage von Arbeitstagen (vgl. hierzu auch OVG Münster, B. v. 27.10.2006, 6 A 4983/04: auch Nachtschicht über 0.00h hinweg ist nur ein Arbeitstag) und der Fünf-Tage-Woche ermittelt. Besonderheiten bestehen bei einem unterjährigen

Eintritt in das Beamtenverhältnis ($^1/_{12}$-Regelung, vgl. § 18 Abs. 3 Satz 1 FrUrlV) sowie beim Eintritt in den Ruhestand (vgl. § 18 Abs. 3 Satz 2 FrUrlV), wo der Verordnungsgeber die schon in § 5 Abs. 3 EUV (a. F.) enthaltene **systemwidrige Abweichung** von der $^1/_{12}$-Regelung tradiert (und noch erweitert, indem nicht mehr auf das Erreichen der Altersgrenze, sondern auf den vom Beamten disponierbaren Zeitpunkt des Ruhestandsbeginns abgestellt wird). Weitere Abweichungen ergeben sich gem. § 23 FrUrlV in den Fällen einer andersartigen Lage der regelmäßigen wöchentlichen Arbeitszeit (gilt jedoch nicht für Kürzung von Resturlaubsansprüchen, vgl. Rn. 7 a. E.). Gem. § 19 Abs. 1 Satz 2 FrUrlV soll einer zu weitgehenden **Stückelung der Urlaubsdauer** entgegengewirkt werden. Dies entspricht einem von den Arbeitsgerichten in ständiger Rechtspr. zu § 7 Abs. 2 Satz 1 BUrlG entwickelten Schutzgrundsatz (vgl. etwa BAGE, 17, 263; E 120, 232; s. a. LAG Hamm, Urt. v. 19.3.1982, 11 Sa 1181/81). Streitig ist dabei, ob eine solche Arbeitnehmerschutzvorschrift zur einseitigen Disposition des Beschäftigten steht (ablehnend LAG Düsseldorf, Urt. v. 25.10.2004, 10 Sa 1306/04; bejahend dagegen LAG Hannover, Urt. v. 23.4.2009, 7 Sa 1655/08: bei 11 Einzelurlauben im Urlaubsjahr). Zutreffend wird man von einem – durch das Antragserfordernis, aber auch die Verlegungsregel gem. § 40 Abs. 3 FrUrlV zusätzlich bestärkten – weitgehenden Dispositionsrecht des Beamten ausgehen müssen. Allerdings befugt die in § 19 Abs. 1 Satz 2 FrUrlV angelegte Pflicht zum Schutz des Erholungszwecks den Dienstherrn, in krassen Fällen verweigernd einzuschreiten.

2. Übertragbarkeit/Verfall

Begrenzt wird die Höchstdauer des Urlaubs auch durch die **Verfallsregelung** des § 19 **7** Abs. 2 FrUrlV. Mit Blick auf die einschlägige Rechtspr. des EuGH (NJW 2012, 290; ihm folgend BVerwG, ZTR 2013, 128; OVG Münster, Urt. v. 2.4.2013, 6 A 1615/11; s. a. *Polzer/Kafka*, NJW 2015, 2289) beträgt der Übertragungszeitraum nunmehr 15 Monate nach Ende des Urlaubsjahres. Mit der Verfallsgrenze wird die **Jährlichkeit des Urlaubsanspruchs** (vgl. auch § 17 Abs. 1 FrUrlV) zusätzlich sichergestellt, die im legitimen Interesse des Dienstherrn den Überblick über die Planbarkeit des Dienstes und die Verfügbarkeit der Beamten sichern soll (vgl. BVerwG, DÖV 1978, 11; s. a. OVG Lüneburg, B. v. 17.6.2009, 5 LA 100/07). Dieses wichtige Interesse macht die Verfallsgrenze zu einer absoluten. Sie „sperrt" damit auch die Geltendmachung länger zurückliegender streitiger Urlaubsansprüche (OVG Münster, B. v. 12.5.2003, 6 A 1983/02) und greift unabhängig davon, ob die Verhinderungsgründe in der dienstlichen oder persönlichen Sphäre verortet sind (OVG Münster, B. v. 10.3.2014, 6 A 2680/12; dass., B. v. 21.4.2016, 6 A 1116/14: auch krankheitsbedingt nicht genommener Urlaub verfällt; zur finanziellen Abgeltung vgl. oben Rn. 5). Eine unmittelbar in § 19 Abs. 3 f. FrUrlV verortete Ausnahme bilden die Fälle von Urlaubsrückständen in Verbindung mit Mutterschutz- oder Elternzeiten bzw. Beurlaubungen. Darüber hinaus erkennt die Rechtsprechung – wie bei der finanziellen Abgeltung auf der Grundlage europarechtlicher Vorgaben (vgl. dazu EuGH, NVwZ 2009, 495) – in solchen Fällen, in denen der Beamte wegen einer längeren Dienstunfähigkeit keinen Urlaub nehmen konnte, die Unverfallbarkeit der (Rest-)Urlaubsansprüche bis zur 20-Tage-Grenze an (OVG Münster, B. v. 21.9.2009, 6 B 1236/09; B. v. 10.3.2014, 6 A 2680/12; s. a. OVG Hamburg, ZBR 2013, 313). Einer Form des „indirekten" Verfalls, nämlich der üblichen Praxis der anteiligen **Kürzung von Resturlaubsansprüchen** bei Wechsel von der Voll- in die Teilzeitbeschäftigung, hat das OVG Münster eine Absage erteilt (B. v. 9.11.2015, 6 A 981/14: § 23 Abs. 2 FrUrlV ist keine taugliche Rechtsgrundlage; s. a. OVG Saarlouis, Urt. v. 23.9.2015, 1 A 219/14; zum BBG vgl. *Koehler*, ZfPR 2015, 15). Zuvor schon hatte das BAG (Urt. v. 10.2.2015, 9 AZR 53/14 F) unter Erweiterung der Rechtspr. des EuGH (NZA 2013, 775 – „Brandes"; vgl. dazu *Dassau/Wulfers*, ZTR 2013, 476; insges. auch *Polzer/Kafka*, NJW 2015, 2289) eine derartige Kürzung – auch als Benachteiligung von Teilzeitkräften (vgl. § 69 Rn. 4) – für unzulässig erklärt. Darüber hinaus ist zu Anfang des Jahres 2017 mit einer Ergänzung des § 8 Abs. 1 LBesG (neuer Satz 2) zu rechnen, die eine ansonsten teilzeitübliche anteilige Besoldungskürzung bei nachträglicher Inanspruchnahme des Resturlaubs verhindern soll, allerdings nur bis max. zur Höhe des unionsrechtlichen Mindesturlaubs.

8   Einen Sonderfall der Übertragbarkeit von Erholungsurlaub regelt § 20a FrUrlV, der das **Ansparen zu Zwecken der Kinderbetreuung** zulässt. Voraussetzung ist die offenkundig § 1631 BGB entlehnte „Personensorge" für mindestens ein Kind, das nicht älter als zwölf Jahre ist. Naheliegend sind dies vor dem Hintergrund von §§ 1626, 1754 BGB „nur" leibliche und angenommene Kinder. Fraglich ist, ob diese gegenüber dem Kindesbegriff der §§ 64, 67 deutlich engere Fassung (vgl. § 64 Rn. 8.) wirklich gewollt sein kann, zumal ein Ansparen von Urlaubstagen gegenüber einer vollständigen Freistellung weit weniger ins Gewicht fällt. Im Wege einer systematischen Auslegung sind demnach alle Fälle einer „Betreuung von Kindern" unter zwölf Jahren erfasst worden, die als nahe Angehörige i. S. d. § 64 gelten können.

VI. Personalvertretungsrechtliche Fragen/Widerruf

9   Der **Mitbestimmung** gem. § 72 Abs. 4 Nr. 4 LPVG unterliegt die Aufstellung eines „**Urlaubsplans**" als eine der Koordination der verschiedenen Urlaubswünsche und dem Ausgleich der beteiligten Interessen dienende Maßnahme der Dienststellenleitung (vgl. BVerwGE 91, 343; s. a. OVG Münster; NVwZ-RR 2000, 806; VGH Mannheim, PersR 2000, 431). Davon abzugrenzen ist die Verhängung einer **Urlaubssperre,** die der Sicherung der Erfüllung einer konkret anstehenden Aufgabe dient. Hier wird keine Koordinierung vorgenommen, sondern ein genereller Hintergrund für die Urlaubsgewährung zu bestimmten Zeiten festgelegt. Damit ist ausschließlich die Aufgabenerfüllung als Verantwortung der Dienststellenleitung betroffen (vgl. OVG Münster, a. a. O.; s. a. *Welkoborsky* u. a., § 72 LPVG Rn. 118; a. A. *Krenz,* PersR 2010, 140, 142). Eine Mitbestimmung greift wiederum bei unterschiedlichen Vorstellungen von der „zeitlichen Lage des Erholungsurlaubs". Diese Präzisierung in § 72 Abs. 4 Nr. 4 LPVG trägt – auch im systematischen Vergleich etwa zu § 72 Abs. 1 Nr. 13 LPVG – den Umkehrschluss, dass die **Ablehnung von Urlaubsanträgen,** die sich nicht mit einer ordnungsgemäßen Erfüllung der Dienstgeschäfte vereinbaren lassen (vgl. dazu oben Rn. 2), mitbestimmungsfrei erfolgen kann. Die Beteiligung der Personalvertretung dürfte damit vor allem bei Fragen der **konkreten Dauer** des beantragten Urlaubs eingreifen. Diese können sich bei überlanger Urlaubsdauer stellen, aber auch – wegen § 19 Abs. 1 Satz 2 FrUrlV, vgl. Rn. 4 – bei einer problematischen Stückelung des Jahresurlaubs. Bei Ausübung ihres Mitbestimmungsrechts hat die Personalvertretung nicht vorrangig Individualinteressen, sondern vielmehr die Belange der Gesamtbelegschaft zu wahren (vgl. auch *Krenz,* PersR 2010, 140, 142). Schließlich greift keine Mitbestimmung (arg. e § 72 Abs. 1 Nr. 12 LPVG) bei einem **Urlaubswiderruf** gem. § 40 Abs. 1 FrUrlV (so auch *Krenz,* PersR 2010, 140, 142 – jedoch ohne Begr.). Allerdings sind dem Beamten daraus resultierende „unvermeidbare Mehraufwendungen" nach Maßgabe der § 40 Abs. 1 Sätze 2–4 FrUrlV zu ersetzen. Aufwendungen i. d. S. können auch die Kosten für eine Urlaubsbegleitung sein, deren Urlaubteilnahme nicht auf einer gesetzlichen Unterhaltsverpflichtung beruht (vgl. BVerwG, NJW 1995, 3268). Gem. § 40 Abs. 1 Satz 4 FrUrlV sind Erstattungen von Reiserücktrittsversicherungen etc. anzurechnen.

§ 72 Urlaub aus anderen Anlässen, Mandatsträgerinnen und Mandatsträger

(1) ¹**Die Landesregierung regelt durch Rechtsverordnung die Bewilligung von Urlaub aus anderen Anlässen (Sonderurlaub) und bestimmt insbesondere**
1. die Anlässe für die Urlaubsgewährung,
2. die Dauer des Sonderurlaubs,

3. die Erteilung des Urlaubs (Gewährleistung des Dienstbetriebes, Widerruf, Anrechnung auf den Erholungsurlaub),
4. die Fortzahlung von Leistungen des Dienstherrn.

²Sofern eine oder mehrere Beurlaubungen ohne Dienstbezüge nach Satz 1 30 Tage insgesamt im Kalenderjahr nicht überschreiten, werden für die Dauer dieser Beurlaubungen Beihilfen gewährt.

(2) ¹Stimmen Beamtinnen und Beamte ihrer Aufstellung als Bewerberin oder Bewerber für die Wahl zum Europäischen Parlament, zum Bundestag, zum Landtag, zu der gesetzgebenden Körperschaft eines anderen Landes oder zu einer kommunalen Vertretungskörperschaft zu, so ist ihr oder ihm auf ihren oder seinen Antrag innerhalb der letzten zwei Monate vor dem Wahltag der zur Vorbereitung seiner Wahl erforderliche Urlaub ohne Besoldung zu gewähren. ²Für die Dauer der Beurlaubung werden Beihilfen gewährt.

(3) ¹Zur Ausübung eines Mandats in der Vertretung einer Gemeinde oder eines Gemeindeverbandes oder einer Bezirksvertretung sowie für die Tätigkeit als Mitglied eines nach Kommunalverfassungsrecht gebildeten Ausschusses ist der Beamtin oder dem Beamten der erforderliche Urlaub unter Belassung der Leistungen des Dienstherrn zu gewähren. ²Das gilt auch für die von einer kommunalen Vertretung gewählten ehrenamtlichen Mitglieder von Ausschüssen, die auf Grund eines Gesetzes gebildet worden sind, sowie für Beamtinnen und Beamte, die als Mitglied der Vertretung einer Gemeinde Mitglied eines Regionalrates sind.

I. Allgemeines

Neben Erholungsurlaub gem. § 71 und Urlauben (Freistellungen) insbesondere im Zusammenhang mit elterlichen oder sonstigen familiären Pflichten (Mutterschutz, Eltern- und Pflegezeit, vgl. § 74 Abs. 1, 2) kann bzw. muss ggf. Urlaub „aus anderen Anlässen" (**Sonderurlaub)** gewährt werden. Von der Ermächtigung, die Maßgaben für Sonderurlaub näher festzulegen, ist durch Erlass der FrUrlV v. 10.1.2012 (GV. NRW. S. 2, inzwischen mehrfach geändert) unter **Bündelung der diversen Urlaubsanlässe** Gebrauch gemacht worden (vgl. dort „Teil 6 – §§ 25 ff. FrUrlV – Sonderurlaub). Darüber hinaus schafft § 72 Abs. 2 die Voraussetzungen für einen sog. **Wahlbewerberurlaub** und enthält in Absatz 3 einen weiteren, § 25 FrUrlV insoweit verdrängenden Sonderfall des Sonderurlaubs als **Freistellungsanspruch für kommunale Mandatsträger.** 1

II. Einzelfragen

1. Sonderurlaub

Sonderurlaub wird zunächst für eine Reihe von typisierten Anlässen (vgl. §§ 25–32 FrUrlV) gewährt, darüber hinaus i. S. einer Auffangnorm gem. § 33 FrUrlV aus **„persönlichen Anlässen"** und gem. § 34 FrUrlV **„in besonderen Fällen".** Grundsätzlich wird gem. § 36 Abs. 1 Satz 1 FrUrlV während eines Sonderurlaubs die Besoldung weiter gewährt. Eine bedeutende Ausnahme bilden die Sonderurlaube „in besonderen Fällen" gem. § 34 FrUrlV, wobei § 34 Abs. 4 FrUrlV als Gegenausnahme bei Vorliegen eines gleichzeitigen dienstlichen Interesses an der Beurlaubung die Weitergewährung von Besoldung ganz oder teilweise zulässt. Urlaubsgewährung **ohne Besoldung** führt gem. § 18 Abs. 4 FrUrlV zu einer Kürzung des Erholungsurlaubs um ein Zwölftel für jeden vollen Beurlaubungsmonat sowie gem. § 6 Abs. 1 Satz 2 Nr. 4 LBeamtVG zu einer Nichtberücksichtigung der fraglichen Zeiten als ruhegehaltsfähige Dienstzeit. Darüber hinaus entfällt gem. § 75 Abs. 1 Nr. 1 i. V. m. § 1 Abs. 1 Nr. 1 BVO der Beihilfeanspruch, sofern nicht die Zeitgrenze von insgesamt 30 Tagen gem. § 72 Abs. 1 Satz 2 gewahrt bleibt; zur laufbahnrechtlichen Berücksichtigungsfähigkeit als Probezeit vgl. § 5 Abs. 4 LVO. 2

2. Wahlbewerberurlaub

3   Einen Sonderfall der (Sonder-)Beurlaubung regelt § 72 Abs. 2 als **Wahlbewerberurlaub** unmittelbar und sperrt damit die Anwendung der §§ 25, 26 und 33 FrUrlV (anders noch VG Frankfurt, Urt. v. 10.12.1986, III/V – E 597/86: kurzzeitige Dienstbefreiung unter Weitergewährung der Besoldung ist zulässig). Ein Wahlbewerber für eine der in § 72 Abs. 2 Satz 1 abschließend genannten Wahlen hat für die letzten zwei Monate vor dem Wahltag einen **Rechtsanspruch** auf Wahlvorbereitungsurlaub ohne Bezüge. Dieser Anspruch ist dem Grunde nach für Bundestags- und Landtagsmandate bereits verfassungsrechtlich – vgl. Art. 48 Abs. 1 GG, Art. 46 Abs. 2 Satz 2 LVerf (*Trute* in v. Münch/Kunig, Art. 48 GG Rn. 10) – bzw. für das Europäische Parlament bundesgesetzlich durch § 8 I EuAbgG garantiert. Für die Bewerbung um kommunale Mandate könnte fraglich sein, ob der Anspruch bereits spezialgesetzlich aus §§ 44 Abs. 1 GO, 29 Abs. 1 KrO i. V. m. § 13 Abs. 2 KWahlG abzuleiten ist, oder ob es zu seiner Begründung des Rekurses auf das Beamtenrecht bedarf. Für die erstrebte Rechtsfolge ist dies allerdings irrelevant. Dem § 72 Abs. 2 kommt insoweit auf jeden Fall ein eigener Regelungsgehalt zu, als er die zeitliche Grenze des Urlaubsanspruchs (bis zum Tag vor dem Wahltag) und seine Höchstdauer (max. 2 Monate) festlegt. Innerhalb dieser Grenzen dürfte die Bestimmung der „erforderlichen" Dauer, sofern nicht objektive Begrenzungskriterien vorliegen, wesentlich von der Einschätzung des Antragstellers abhängen (vgl. auch *Trute,* a. a. O.). Soweit der beamtete Wahlbewerber auf die Möglichkeit einer Beurlaubung gem. § 72 Abs. 2 verzichtet, kann er aus dem „Recht auf ungehinderte Mandatsübernahme" gem. Art. 48 Abs. 2 GG (vgl. dazu auch *Trute,* a. a. O., Rn. 11), Art. 46 Abs. 2 LVerf bzw. §§ 44 GO, 29 KrO keinerlei Ansprüche auf Freistellung oder Unterstützung im Wahlkampf ableiten. Er unterliegt uneingeschränkt der Pflicht zur Dienstleistung und zur politischen Mäßigung (vgl. auch BVerwG, NVwZ 1999, 424: unzulässige Nutzung des Diensttelefons für Wahlwerbung). Ausdrücklich kein Hindernis für die Beurlaubung eines kommunalen Wahlbewerbers ist eine voraussichtlich eintretende Inkompatibilität im Fall einer erfolgreichen Kandidatur, vgl. § 13 Abs. 2 KWahlG. Der Bezügeverlust im Wahlbewerberurlaub trägt dem verfassungsrechtlichen Grundsatz der Wahlrechtsgleichheit Rechnung (vgl. – allerdings mit fragwürd. Einschränkung – VG Frankfurt, Urt. v. 10.12.1986, III/V – E 597/86; anders noch Bay. VerfGH, Entsch. v. 17.8.1967, Vf. 119-VII-66; krit. auch *Battis,* § 90 BBG Rn. 7). Gleichwohl gewährt § 72 Abs. 2 Satz 2 in privilegierender Erweiterung von § 72 Abs. 1 Satz 2 für diesen Zeitraum Anspruch auf Beihilfen; gem. § 112 Abs. 2 Satz 1 werden für Polizeivollzugsbeamte entsprechend Leistungen der freien Heilfürsorge gewährt.

3. Wahrnehmung eines kommunalen Mandats

4   Eine weitere gesetzliche Spezialregelung des Sonderurlaubs, die § 25 FrUrlV ausdrücklich verdrängt, sieht Absatz 3 für die **Ausübung eines kommunalen Mandats** vor. Die Notwendigkeit dieser Vorschrift folgt aus dem Bestehen kommunalrechtlicher Freistellungsregelungen, die bei Arbeitnehmern und Beamten die Kollisionslage zwischen Arbeits- bzw. Dienstverpflichtung und Ausübung ihres kommunalen Ehrenamtes auflösen sollen. Für NRW sind dies insbes. §§ 44 Abs. GO, 29 Abs. KrO (vgl. auch § 16 Abs. 1 LVerbO, sowie § 12 Abs. 2 RVRG und § 4a des Gesetzes über den Landesverband Lippe); je nach Fallgestaltung können aber für Beamte im Geltungsbereich des LBG auch die kommunalverfassungsrechtlichen Regelungen anderer Länder einschlägig sein, wenn sie, im Grenzbereich wohnend, dort ein Mandat wahrnehmen. Anders als bei privatrechtlichen Arbeitsverhältnissen bedarf es für das Beamtenrecht einer korrespondierenden Norm, da anders die Kollisionslage zwischen kommunalrechtlichem Freistellungsanspruch und ebenfalls gesetzlich begründeter beamtenrechtlicher Dienstleistungspflicht (statt aller BVerwGE 72, 289, 290) nicht aufgelöst werden kann. Im Rahmen seiner **kommunalrechtlichen Zuständigkeit** regelt der Gesetzgeber in §§ 44 GO, 29 KrO zwei Anspruchsvoraussetzungen:

(1.) die **Mandatsträgerschaft**, die neben Rats- und BV-Mitgliedern auch sachkundige Bürger (§ 57 Abs. 3 GO) und Einwohner (§ 57 Abs. 4 GO) umfasst; **(2.)** den (fachlichen) **Umfang des Mandats,** der alle „mit dem Mandat in unmittelbarem Zusammenhang stehenden Tätigkeiten", d. h. Gremiensitzungen, aber auch vorbereitende Gremien wie Fraktionen (nur bei gewählten Rats- und BV-Mitgliedern, vgl. § 56 Abs. 1 Satz GO), Arbeitskreise; repräsentative Anlässe, z. B. Empfänge (vgl. insges. *Schneider*, RiA 1988, 57 f.; *Wichmann/Langer*, S. 534 f.) einbezieht sowie „auf Veranlassung des Rates" (formeller Ratsbeschluss!) wahrgenommene Tätigkeiten (z. B. stellv. Bürgermeister, § 67 GO), darunter den von § 44 Abs. 2 Satz 3 GO explizit erfassten Fall der Organ- bzw. Gremienvertretung, deren Hauptanwendungsfall die Tätigkeiten gem. § 113 GO darstellen (angesichts dieser 2012 – s. u. – vorgenommenen Klarstellung in §§ 44 GO, 29 KrO hätte der Gesetzgeber spätestens mit dem Dienstrechtsmodernisierungsgesetz 2016 auf die nunmehr endgültig überflüssige Formulierung des § 72 Abs. 3 Satz 2 verzichten können). Nicht erfasst sind hingegen lediglich **mandatsbegleitende** Tätigkeiten wie die persönliche Sitzungsvorbereitung (VGH Mannheim, 1984, 670), aber auch die Wahlkampfvorbereitung (OVG Koblenz, ZBR 2011, 278, 279; vgl. auch Rn. 3), die Teilnahme an Pressegesprächen zur OB-Präsentation (OVG Münster, Urt. v. 11.1.1996, 6 A 1742/95) oder das Abhalten einer Bürgersprechstunde (*Schneider*, a. a. O., S. 58).

Im Rahmen seiner **beamtenrechtlichen Kompetenz** ergänzt der Gesetzgeber durch **5** § 72 Abs. 3 den kommunalrechtlich begründeten Freistellungsanspruch, weil der Privilegierung des kommunalverfassungsrechtlichen öffentlichen Amtes **nicht per se ein Vorrang** gegenüber dem dienstrechtlich begründeten öffentlichen Amt zukommt (vgl. auch VGH München, NVwZ-RR 2014, 320, 321: kein verfassungsrechtl. Vorrang; dies verkennt die amtl. Begr. zur Novelle des § 44 GO, LT-Drs. 16/48, S. 32; unzutreff. daher auch *Schütte*, NWVBl. 2014, 245, 249 sowie VG Gelsenkirchen, B. v. 30.5.2016, 1 L 1270/16; wie hier *Tiedemann* in Schütz/Maiwald, § 72 LBG Rn. 82: „eng auszulegen"). Da Beamte zudem auch noch unter Belassung ihrer Bezüge das von §§ 44 GO, 29 KrO definierte Ehrenamt wahrnehmen dürfen, ist ihr Freistellungsanspruch beamtenrechtlich auf „das Erforderliche" begrenzt, um unnötige Kollisionen von Ehrenamt und Dienstpflicht zu vermeiden (vgl. nur BVerwGE 72, 289, 290; OVG Koblenz, ZBR 2011, 278; OVG Münster, NVwZ-RR 2011, 245; a. A. wohl VG Gelsenkirchen, B. v. 30.5.2016, 1 L 1270/16). Erforderlich ist eine Freistellung danach nur insoweit, als eine direkte (zeitliche) Kollision der beiden Pflichten zu vermeiden ist; es geht nicht darum, das ehrenamtliche Engagement durch Freizeitausgleich zu belohnen (BVerwG, a. a. O.). Jede Freistellung ist grds. anlassbezogen einzeln zu beantragen (s. a. *Wichmann/Langer*, S. 535). Damit unvereinbar sind **pauschale Freistellungen,** etwa durch Deputats- oder Stundenermäßigungen bei Lehrkräften oder Professoren (BVerwG, a. a. O.; VGH München, a. a. O; VGH Mannheim, NVwZ 1984, 670, 671). Ebenfalls eng auszulegen ist daher auch die durch das Gesetz zur Stärkung des kommunalen Ehrenamtes (GV. NRW. 2012, S. 436) eingeführte **Verrechnungsregel** bei flexibler Arbeitszeit gem. § 44 Abs. 2 S. 4 GO, 29 Abs. 2 Satz 4 KrO (dazu *Schütte*, NWVBl. 2014, 245, 248; s. a. *Tiedemann* in Schütz/Maiwald, § 72 LBG Rn. 86 f.). Nach der Gesetzesbegründung (LT-Drs. 16/48, S. 2) soll sie bei Arbeitszeitmodellen gelten, die durch sog. Kernarbeitszeiten den frei verfügbaren Arbeitszeitrahmen begrenzen und damit zu willkürlichen Ergebnissen führen, je nachdem wie weit die konkrete Mandatsverpflichtung in den einen oder anderen Zeitrahmen hineinragt. Angesichts des klaren gesetzgeberischen Motivs und der dargestellten Kollisionslage zwischen kommunalem und dienstrechtlichem öffentlichen Amt besteht kein Anlass zu einer erweiternden Auslegung. Auf Arbeitszeitmodelle ohne Kernarbeitszeiten oder Pflichtstundenmodelle bei Lehrern bzw. Professoren kann die Verrechnungsregel – de lege lata – danach nicht ausgedehnt werden. Eine ebenfalls im Jahr 2012 vorgenommene kommunalmandatsbezogene Erweiterung, die als Sonderregelung des § 26 FrUrlV zu verstehen ist, findet sich in §§ 44 Abs. 3 ff. GO, 29 Abs. 3 ff. KrO für die Teilnahme an kommunalpolitischen Bildungsveranstaltungen.

§ 73 Folgen aus der Übernahme oder Ausübung eines Mandats

(1) **Die beamtenrechtlichen Folgen, die sich aus der Übernahme oder Ausübung eines Mandats im Europäischen Parlament, im Bundestag, im Landtag oder in der Vertretungskörperschaft einer Gemeinde, eines Gemeindeverbandes oder einer sonstigen der Aufsicht des Landes unterstehenden Körperschaft, Anstalt oder Stiftung des öffentlichen Rechts ergeben, werden unbeschadet der Vorschriften der §§ 18, 27 Absatz 1, § 72 Absatz 2 und 3 in besonderen Gesetzen und Verordnungen geregelt.**

(2) **Für eine Beamtin oder einen Beamten, die oder der in die gesetzgebende Körperschaft eines anderen Landes gewählt worden und deren oder dessen Amt kraft Gesetzes mit dem Mandat unvereinbar ist, gelten § 16 Absatz 3 und die §§ 32 bis 34 des Abgeordnetengesetzes des Landes Nordrhein-Westfalen vom 5. April 2005 (GV. NRW. S. 252) in der jeweils geltenden Fassung entsprechend.**

(3) **¹Einer oder einem in die gesetzgebende Körperschaft eines anderen Landes gewählten Beamtin oder Beamten, deren oder dessen Amt mit dem Mandat vereinbar ist, ist zur Ausübung des Mandats auf Antrag**

1. Teilzeitbeschäftigung in der Weise zu bewilligen, dass die Arbeitszeit bis auf 30 Prozent der regelmäßigen Arbeitszeit ermäßigt wird, oder

2. ein Urlaub ohne Leistungen des Dienstherrn zu gewähren;

der Antrag soll jeweils für einen Zeitraum von mindestens sechs Monaten gestellt werden. ²In den Fällen des Satzes 1 ist § 10 Absatz 6 Nummer 4, im Falle der Nummer 2 ferner § 25 des Abgeordnetengesetzes des Landes Nordrhein-Westfalen sinngemäß anzuwenden.

I. Allgemeines

1   Die Vorschrift verweist zum einen (Absatz 1) auf die Regelung (wesentlicher) beamtenrechtlicher Folgen einer Mandatsausübung in Gesetzgebungsorganen der EU, der Bundesrepublik, des Landes NRW sowie in Vertretungskörperschaften von Trägern der mittelbaren Landesverwaltung in **Spezialgesetzen.** Darüber hinaus trifft sie unterschiedliche Regelungen für Beamte im Geltungsbereich des LBG, soweit diese in die Parlamente eines anderen Bundeslandes gewählt werden und differenziert dabei nach dem Kriterium einer nach jeweiligem Landesrecht bestehenden **Inkompatibilität** (Absatz 2) bzw. **Nichtinkompatibilität** (Absatz 3). Mit Ausnahme der auf die Novelle von 2009 zurückzuführenden neuen §§-Nummerierungen beruht die Vorschrift immer noch wesentlich auf der Vorgängernorm des § 60 a. F. LBG, wobei die Absatzfolge durch Zuordnung des ehemaligen § 60 Abs. 2 Satz 2, 3 in einen neuen Absatz 3 geringfügig geändert ist. Im Übrigen hat das Dienstrechtsmodernisierungsgesetz 2016 die kritisierten (vgl. Voraufl., § 75 Rn. 4 f.) Fehlverweise auf das Abgeordnetengesetz korrigiert. Bundesbeamtengesetzlich korrespondiert § 73 mit den Regelungen der §§ 40 Abs. 1, 90 Abs. 3 BBG.

II. Einzelfragen einer Mandatsausübung durch Beamte

1. Grundsätzliche Verweisung ins Abgeordnetenrecht

2   Gem. **Art. 137 Abs. 1 GG** kann die Wahl von Beamten in Vertretungskörperschaften aller drei Ebenen der Staatsorganisation (zur Geltung auf kommunaler Ebene vgl. *BVerfGE* 48, 64; zur Geltung auch für Gemeindeverbände vgl. *Versteyl,* in v. Münch/Kunig, Art. 137 GG Rn. 38) gesetzlich beschränkt werden (vgl. zur Normengenese *Versteyl* in v. Münch/Kunig, Art. 137 GG Rn. 38; s. a. *Battis,* § 40 BBG Rn. 2). Dadurch begründete **Inkompatibilitäten** dienen der Gewährleistung der Gewaltenteilung, indem sie eine Personalunion von exekutivischem Amt und parlamentarischer Kontrollfunktion mitsamt daraus potentiell folgenden **„Entscheidungskonflikten und Verfilzungen"** verhindern (BVerfGE 98, 141;

vgl. auch BVerwG, B. v. 26.8.2004, 2 B 31/04; *Versteyl* in v. Münch/Kunig, Art. 137 GG Rn. 1). Darüber hinaus sind Regelungen, die auf den Beamtenstatus des Mandatsträgers abstellen, unabhängig von ihrem Regelungsort materiell immer als **Statusrecht der Abgeordneten** zu verstehen (BVerfGE 40, 296: Diätenurteil). Folgerichtig verweist das LBG daher die Ordnung der „beamtenrechtlichen Folgen" einer Mandatsübernahme und Mandatsausübung, von Ausnahmen abgesehen, an die einschlägigen „besonderen Gesetze und Verordnungen". In Betracht kommen hier insbesondere §§ 5–9 AbgG, die durch den Verweis in § 8 Abs. 3 EuAbgG auch für Abgeordnete des Europäischen Parlaments gelten, sowie §§ 23–26 AbgG NRW. Danach **ruhen** für die Dauer der Mandatsausübung die **Rechte und Pflichten** aus dem Beamtenverhältnis mit Ausnahme der Verpflichtung zur Amtsverschwiegenheit und des Verbots der Annahme von Belohnungen und Geschenken, vgl. §§ 5 Abs. 1 Satz 1 AbgG, 23 Abs. 1 Satz 1, 2 AbgG NRW (zu Widerrufsbeamten vgl. § 5 Abs. 3 AbgG, § 23 Abs. 2 AbgG NRW). Zu beachten ist, dass § 27 Abs. 1 bei „umgekehrter" Reihenfolge, also Ernennung bei schon vorhandenem Mandat, keine Parallelität durch Ruhen zulässt (vgl. auch § 27 Rn. 1). Eine relevante **Sonderregelung** enthält § 9 Abs. 2 AbgG **für Hochschullehrer** (unklar *Versteyl* in v. Münch/Kunig, Art. 137 GG Rn. 8, der ohne Begr. eine Beschränkung auf Universitätsprofessoren andeutet), die als Mitglieder des Bundestages (oder des EU-Parlaments, vgl. § 8 Abs. 3 EuAbgG) ihr Amt weiter ausüben dürfen, soweit es um die Verwirklichung der durch Art. 5 Abs. 3 GG gewährten Freiheiten geht. Allerdings ist § 9 Abs. 2 Satz 2 AbgG insoweit eine pauschalierende „Verträglichkeitsgrenze" von 25 % zu entnehmen (vgl. BVerwG, NVwZ 2008, 691). Mit Beendigung des Mandats lebt (mindestens) das zuletzt innegehabte statusrechtliche Amt – auf fristgebundenen Antrag (!) – wieder auf, vgl. §§ 6 Abs. 1 AbgG, 24 Abs. 1 AbgG NRW. Fraglich ist, ob der Rückkehrer – analog freigestellten Personalräten – einen Anspruch auf fiktive Fortschreibung dienstlicher Beurteilungen (vgl. § 92 Rn. 10) hat. § 9 LVO als grds. einschlägige Norm enthält insoweit keine Regelung, die Rechtspr. ist indifferent (vgl. BVerwG, DÖD 2011, 155). Zumindest muss der Dienstherr bei einer möglichen Stellenbesetzungskonkurrenz gewährleisten, dass dem ehemaligen Abgeordneten keine Nachteile aus der Mandatswahrnehmung entstehen (BVerwG, a. a. O., S. 157).

Für die Übernahme eines **kommunalen Mandats** ergeben sich aus § 13 KWahlG **differenzierte Inkompatibilitäten.** Absolut ausgeschlossen ist eine Mitgliedschaft im Vertretungsorgan des **eigenen Dienstherrn,** vgl. § 13 Abs. 1 lit. a KWahlG, ansonsten vor allem dann, wenn die Verwendung in Aufsichtsbehörden zu Interessengegensätzen führen kann. Ehrenbeamte sind insoweit nicht betroffen, vgl. § 13 Abs. 5 KWahlG. Gem. § 13 Abs. 3 KWahlG können Beamte, die ein Mandat unbedingt annehmen möchten, eine Inkompatibilität durch den Nachweis der „Beendigung ihres Dienstverhältnisses", worunter Entlassung, aber auch Zurruhesetzung zu verstehen sind, vermeiden.

2. Mandatsbezogene Regelungen im LBG

Ausweislich des § 73 Abs. 1 a. E. finden sich mandatsbezogene Regelungen auch im **3** LBG selbst, so in § 18 (Verbot der Beförderung zwischen 2 Mandaten), § 72 Abs. 2 (Wahlbewerberurlaub) sowie vor allem § 27 Abs. 1 (Entlassung, wenn inkompatibles Amt übernommen wurde). Die letztgenannte Norm erzwingt die Entlassung, wenn trotz einem bereits vorhandenen Mandat die Ernennung in ein Amt erfolgt ist. Eine hier nicht erwähnte, gleichwohl wichtige beamtenrechtliche Regelung enthalten § 48 Abs. 1 Satz 2 (vgl. § 49 Rn. 13) sowie § 2 Abs. 4 Nr. 1 NtV, wonach die Ausübung eines **kommunalen Mandats** nicht als **Nebentätigkeit** gilt.

3. Mandatsausübung in anderen Bundesländern

Absatz 2 und 3 des § 73 enthalten spezielle Regelungen für den Fall der Wahl eines **4** Beamten in das **Parlament eines anderen Bundeslandes.** Sie sind dem Umstand geschuldet, dass der dortige Landesgesetzgeber mangels Gesetzgebungskompetenz keine Folgen für die Rechtsverhältnisse von Beamten i. S. v. § 1 Abs. 1 anordnen kann, die trotz der Kollision von Amt und Mandat eine Ausübung des Mandats ermöglichen. Dabei erfasst § 73 Abs. 2 zunächst die Fälle, in denen das Abgeordnetenrecht des betroffenen Landes eine Inkompatibilitätsregelung auch für Beamte außerhalb des Geltungsbereichs des dortigen Beamtengesetzes vorsieht und erklärt hinsichtlich der Rechtsfolgen das Abgeordnetenrecht für entsprechend anwendbar.

4. Freistellung zur Mandatsausübung

5   Absatz 3 ermöglicht die Mandatsausübung in den Fällen, in denen wie in NRW (vgl. § 1 Abs. 1 AbgG) für Beamte aus dem Geltungsbereich anderer Beamtengesetze keine Inkompatibilität gilt. Dazu wird ein – antragsabhängiger – **unbedingter Rechtsanspruch** entweder auf Teilzeitbeschäftigung mit einer bis zu 70 %-igen Reduzierung (Sonderfall einer unterhälftigen Teilzeit) oder Urlaub ohne Leistungen des Dienstherrn eingeräumt. Zu beachten sind die nebentätigkeitsrechtlichen Restriktionen des § 50. Stellt der Beamte, der Spielräume für die Mandatsausübung erstrebt, jedoch **keinen** solchen **Antrag** auf Teil- oder Vollfreistellung, hat er **keine anderweitigen Rechte** auf uneingeschränkte zeitliche Gewährleistung seiner parlamentarischen Tätigkeit. Vielmehr bestehen seine Dienstpflichten in vollem Umfang fort. Auch hat er sich im Amt jeder politischen Betätigung zu enthalten. Insoweit greifen die Regelungen zur Gewährleistung einer ungehinderten Mandatsausübung (vgl. etwa § 2 AbgG) nicht. Auch besteht kein Anspruch auf Sonderurlaub zur Ausübung eines öffentlichen Ehrenamtes gem. § 25 Abs. 1 Nr. 3 FrUrlV (vgl. zur Thematik umfassend BVerwGE 86, 211; s. a. BVerwG, NVwZ 1999, 424).

§ 74 Mutterschutz, Elternzeit, Arbeitsschutz

(1) [1]**Die Landesregierung regelt durch Rechtsverordnung die der Eigenart des öffentlichen Dienstes entsprechende Anwendung der Vorschriften des Mutterschutzgesetzes auf Beamtinnen.** [2]**Sie trifft insbesondere Regelungen über**

1. **Beschäftigungsverbote und Stillzeiten,**
2. **die Zahlung von Besoldung und Mutterschaftsgeld,**
3. **Arbeitserleichterungen,**
4. **Entlassungsverbote,**
5. **die Unterrichtungspflicht der Beamtin gegenüber dem Dienstherrn,**
6. **die Kostenübernahme für ärztliche Zeugnisse durch den Dienstherrn.**

(2) [1]**Die Landesregierung regelt durch Rechtsverordnung die der Eigenart des öffentlichen Dienstes entsprechende Anwendung der Vorschriften des Bundeselterngeld- und des Elternzeitgesetzes über die Elternzeit.** [2]**Sie trifft insbesondere Regelungen über**

1. **die Voraussetzungen der Inanspruchnahme,**
2. **die Dauer,**
3. **den Entlassungsschutz,**
4. **die Teilzeitbeschäftigung.**

[3]**Für die Dauer der Elternzeit gilt § 64 Absatz 5 entsprechend.**

(3) [1]**Die auf Grund der §§ 18 und 19 des Arbeitsschutzgesetzes vom 7. August 1996 (BGBl. I S. 1246) in der jeweils geltenden Fassung erlassenen Verordnungen der Bundesregierung gelten entsprechend.** [2]**Durch Rechtsverordnung der Landesregierung kann ferner bestimmt werden, dass Vorschriften des Arbeitsschutzgesetzes für bestimmte Tätigkeiten ganz oder zum Teil nicht anzuwenden sind, soweit öffentliche Belange, insbesondere die Aufrechterhaltung oder die Wiederherstellung der öffentlichen Sicherheit, dies zwingend erfordern, und wie in diesen Fällen die Sicherheit und der Gesundheitsschutz bei der Arbeit unter Berücksichtigung der Ziele des Arbeitsschutzes auf andere Weise gewährleistet werden.** [3]**Das Jugendarbeitsschutzgesetz vom 12. April 1976 (BGBl. I S. 965) in der jeweils geltenden Fassung gilt für jugend-**

liche Beamtinnen und Beamte entsprechend. ⁴Soweit die Eigenart des Polizeivollzugsdienstes und die Belange der inneren Sicherheit es erfordern, kann das für Inneres zuständige Ministerium durch Rechtsverordnung Ausnahmen von den Vorschriften des Jugendarbeitsschutzgesetzes für jugendliche Polizeivollzugsbeamtinnen und Polizeivollzugsbeamte zulassen.

I. Allgemeines

Die Vorschrift nimmt vor allem die Verpflichtung des § 46 BeamtStG (vgl. *Reich*, § 46 **1** BeamtStG Rn. 1; vgl. auch § 21 Rn. 1; für Richter vgl. § 71 DRiG) auf und ermächtigt die Landesregierung zur **Übertragung der für Arbeitnehmer geltenden Schutzvorschriften und Freistellungsansprüche** auf das öffentlich-rechtliche Dienstverhältnis der Beamten. Zugleich macht sie unmittelbare gesetzliche Vorgaben für den Mindestinhalt des danach zu erlassenden Verordnungsrechts. Mit der FrUrlV v. 10.1.2012 (GV. NRW. S. 2, zuletzt geändert durch VO v. 21.6.2016 GV. NRW. S. 485) sind die bislang separat geregelten Materien des Mutterschutzes sowie der Elternzeit gemeinsam mit der Pflegezeit, dem Sonder- und dem Erholungsurlaub in einer Rechtsverordnung gebündelt worden. Seit der Neufassung des § 67 durch das Dienstrechtsreformgesetz 2016 ist die Ermächtigung für eine Übertragung der Pflegezeit nicht länger in § 74 geregelt.

II. Mutterschutz

Gem. § 1 MuSchG ist der Anwendungsbereich dieses Gesetzes auf Arbeitnehmerinnen **2** beschränkt (vgl. auch *Buchner/Becker*, § 1 MuSchG Rn. 97 ff.). Daher übertragen §§ 3–8 FrUrlV durch dynamische Verweisung **Kerninhalte des Mutterschutzes** (Beschäftigungs- und Entlassungsverbote, Mitteilungspflichten, Stillzeiten) auf Beamtinnen. Mit dem Erlass dieser Verordnung verzichtet der Verordnungsgeber auf die noch in der Vorgängerregelung (MuSchVB v. 4.7.1968) enthaltenen Vollregelungen zugunsten eines Konzepts weitgehender Verweisungen. Sachlogisch tritt an die Stelle der entgeltbezogenen Vorschriften der §§ 11–14 MuSchG gem. § 4 FrUrlV der Anspruch auf Fortzahlung der Besoldung. Die Regelungen zu den Auswirkungen auf den Erholungsurlaub (§ 17 MuSchG) finden sich wegen des Sachzusammenhangs in Teil 5 der FrUrlV, hier insbesondere die §§ 18 Abs. 3, 19 Abs. 3. Durch § 7 FrUrlV ausdrücklich übertragen wird auch der Regelungsgehalt des § 16 MuSchG, der einen **Freistellungsanspruch für Untersuchungen** bei Schwanger- und Mutterschaft gewährt (zum EU-rechtl. Hintergrund vgl. *v. Roetteken* in v. Roetteken/Rothländer, § 46 BeamtStG Rn. 64). Zum Nachteilsausgleich bei der Inanspruchnahme von Mutterschutz vgl. § 20 Rn. 3 f. (insges. zum beamtenrechtlichen Mutterschutz auch *Marburger*, PersV 1983, 53; *Baßlsperger*, ZBR 2010, 369; zum **Entlassungsschutz** für Probe- und Widerrufsbeamtinnen gem. § 12 FrUrlV vgl. Bay. VerfGH, ZBR 2012, 203; s. a. § 7 Rn. 3: kein Entlassungsschutz bei endgültig nicht bestandener Prüfung).

III. Elternzeit

Im Unterschied zum Elterngeldanspruch, der gem. § 1 BEEG nicht vom Status des **3** Beschäftigungsverhältnisses abhängig ist, erfasst der **Elternzeitanspruch** nach dem BEEG Beamte ausdrücklich nicht, vgl. § 15 Abs. 1 BEEG. Dem Konzept der Übertragung des Mutterschutzes folgend nimmt der Verordnungsgeber durch §§ 9–15 FrUrlV daher die **BEEG-Regelungen** im Wesentlichen in Bezug (vgl. zur relevanten Gesamtthematik umfassend *Baßlsperger*, ZBR 2010, 369, 371 ff.; zum EU-rechtl. Hintergrund vgl. *v. Roetteken* in v. Roetteken/Rothländer, § 46 BeamtStG Rn. 79 ff.; insges. vgl. auch *Fecker/Scheffzek*, NZA 2015, 778). Nennenswerte **Abweichungen** ergeben sich insbesondere bei § 9 Abs. 2

FrUrlV, wonach der in § 15 Abs. 2 Satz 2 BEEG vorgesehene Übertragungsanspruch bis zum achten Lebensjahr nur bis zur Vollendung des dritten Lebensjahrs geltend gemacht werden kann (vgl. auch OVG Münster, B. v. 12.7.2010, 6 A 924/09) sowie durch § 11 FrUrlV für Beamte mit Lehraufgaben (vgl. auch OVG Münster, ZBR 2007, 318). Vor dem Hintergrund der Rechtsprechung des EuGH (Urt. v. 20.9.2007, C-116/06; vgl. auch *Müller-Gallner* in ErfK § 16 BEEG Rn. 9; *Zetl,* ZMV 2012, 36) wurde § 16 Abs. 3 Satz 3 BEEG inzwischen dahin angepasst, dass ein Ausschluss einer **Unterbrechung der Elternzeit wegen des Mutterschutzes** i. V. m. einer neuen Schwangerschaft nicht länger zulässig ist (vgl. Gesetz zur Vereinfachung des Elterngeldvollzuges v. 10.9.2012, BGBl. I S. 1878; dazu *Färber,* ZTR 2012, 689). Allerdings trifft den Beamten eine Pflicht zur rechtzeitigen Mitteilung. Zu den Voraussetzungen einer **vorzeitigen Beendigung wegen eines besonderen Härtefalls** gem. § 16 Abs. 3 Satz 2 BEEG vgl. OVG Münster, Urt. v. 17.12.2014, 6 A 2162/12. Grundsätzlich führen familienbedingte Freistellungen nicht zu einem Ausschluss von Beförderungskonkurrenzen (vgl. OVG Münster, DÖD 2014, 424, 426; zur (ausn.) zulässigen Nichtberücksichtigung einer Bewerberin in Elternzeit bei einer Dienstpostenkonkurrenz vgl. VGH München, ZBR 2010, 417, zu den Auswirkungen einer mehr als sechsmonatigen Elternzeit auf ein Personalratsmandat OVG Münster, NVwZ-RR 2015, 391 (nur Ls.). Die Neufassung von § 74 Abs. 2 Satz 1 Nr. 4 bringt zum Tragen, dass nach europarechtlicher Vorgabe (RiLi 2010/18/EU) Elternurlaub auch als Teilzeiturlaub genommen werden kann (vgl. auch LT-Drs. 16/10380; S. 352); vgl. insoweit auch § 10 FrUrlV.

IV. Arbeitsschutz

4   Durch § 1 ArbSchVO hatte die Landesregierung die nach §§ 18, 19 ArbSchG erlassenen **Arbeitsschutzverordnungen** (dazu *Bantle* in Kittner/Zwanziger/Deinert, Arbeitsrecht, S. 1634 ff.) uneingeschränkt auf den Beamtenbereich übertragen. Zu nennen sind vor allem die ArbeitsstättenVO sowie die BildschirmarbeitsVO. Mit der im Rahmen des Dienstrechtsmodernisierungsgesetzes 2016 vorgenommenen Änderung des § 74 Abs. 3 Satz 1 erübrigt sich dieser Zwischenschritt zukünftig, da das Bundesrecht nunmehr unmittelbar gilt (vgl. LT-Drs. 16/10380, S. 352). Gem. § 74 Abs. 3 Satz 4 zulässige Durchbrechungen des Jugendschutzes sind in NRW aufgrund der lediglich zweigeteilten Laufbahn der Polizei (vgl. § 110 Rn. 2) und dem sich daraus ergebenden höheren Eintrittsalter der Anwärter derzeit nicht erforderlich, könnten sich aber angesichts verkürzter Schulzeiten (sog. G 8) zukünftig wieder als notwendig erweisen.

§ 75 Beihilfen in Geburts-, Krankheits-, Pflege- und Todesfällen

(1) **Beihilfeberechtigt sind**
1. **Beamtinnen und Beamte mit Anspruch auf Besoldung,**
2. **Versorgungsempfängerinnen und Versorgungsempfänger, versorgungsberechtigte Witwen oder Witwer und ihre versorgungsberechtigten Kinder sowie hinterbliebene eingetragene Lebenspartnerinnen oder Lebenspartner,**
3. **frühere Beamtinnen und Beamte mit Anspruch auf einen Unterhaltsbeitrag oder Übergangsgeld nach dem Landesbeamtenversorgungsgesetz und**
4. **frühere Beamtinnen und Beamte auf Zeit während des Anspruchs von Übergangsgeld nach dem Landesbeamtenversorgungsgesetz.**

(2) ¹**Beihilfeberechtigte nach Absatz 1 erhalten für sich, ihrer oder ihren nicht selbst beihilfeberechtigten Ehegattin oder Ehegatten oder eingetragene Lebenspartnerin oder eingetragenen Lebenspartner, wenn sie oder er nicht über ein zur wirtschaftlichen Selbstständigkeit führendes Einkommen verfügt, sowie ihre oder seine nicht selbst beihilfeberechtigten berücksichtigungsfähigen Kinder Beihilfen als Ergänzung zu der aus den laufenden Bezügen zu bestreitenden Eigenvorsorge. ²Soweit die selbst beihilfeberechtigte Ehegattin, der selbst beihilfeberechtigte Ehegatte, die**

eingetragene Lebenspartnerin oder der eingetragene Lebenspartner der Beamtin oder des Beamten als Tarifbeschäftigte oder Tarifbeschäftigter mit weniger als der regelmäßigen wöchentlichen Arbeitszeit beschäftigt ist, erhält die Beihilfeberechtigte oder der Beihilfeberechtigte keinen Ausgleich für die auf Grund der Teilzeitbeschäftigung reduzierte Beihilfe der Ehegattin, des Ehegatten, der eingetragenen Lebenspartnerin oder des eingetragenen Lebenspartners.

(3) Beihilfeberechtigte erhalten Beihilfen zu der Höhe nach angemessenen Aufwendungen für medizinisch notwendige Maßnahmen, deren Wirksamkeit und therapeutischer Nutzen nachgewiesen sind

1. zur Vorbeugung und Linderung von Erkrankungen oder Behinderungen, zur Erhaltung und Wiederherstellung der Gesundheit und Besserung des Gesundheitszustandes (einschließlich Rehabilitation),
2. zur Früherkennung von Krankheiten,
3. in Geburtsfällen,
4. bei nicht rechtswidrigem Schwangerschaftsabbruch, bei nicht rechtswidriger Sterilisation sowie in Ausnahmefällen zur Empfängnisverhütung und bei künstlicher Befruchtung sowie
5. in Pflegefällen.

(4) ¹Beihilfen dürfen nur insoweit geleistet werden, als sie zusammen mit von dritter Seite zustehenden Erstattungen die dem Grunde nach beihilfefähigen Aufwendungen nicht überschreiten. ²Dabei sind insbesondere Ansprüche auf Heilfürsorge, auf Krankenpflege und auf sonstige Sachleistungen sowie Ansprüche auf Kostenerstattung auf Grund von Rechtsvorschriften und auf Grund arbeitsvertraglicher Vereinbarungen in der Höhe zu berücksichtigen, in der sie ohne Verzicht auf Leistungen oder Nichtinanspruchnahme von Leistungen zustehen; Leistungen von Versicherungen können berücksichtigt werden.

(5) ¹Aufwendungen für die Inanspruchnahme von gesondert berechneter Unterkunft und Verpflegung sowie gesondert berechneten ärztlichen oder zahnärztlichen Leistungen im Rahmen von stationären, teilstationären oder vor- und nachstationären Behandlungen sind jeweils nach Abzug folgender Eigenbeteiligungen beihilfefähig:

bei Inanspruchnahme

1. von gesondert berechneten ärztlichen oder zahnärztlichen Leistungen zehn Euro täglich für höchstens 30 Tage im Kalenderjahr,
2. von gesondert berechneter Unterkunft und Verpflegung 15 Euro täglich für höchstens 30 Tage im Kalenderjahr.

²Aufwendungen, die durch die Inanspruchnahme von Krankenanstalten ohne Versorgungsvertrag nach dem Fünften Buch Sozialgesetzbuch entstehen, sind nur in der Höhe beihilfefähig, wie sie in der am Behandlungsort nächstgelegenen Klinik der Maximalversorgung entstehen würden. ³Hiervon sind als Eigenbeteiligung für die Beihilfeberechtigte oder den Beihilfeberechtigten und ihre oder seine berücksichtigungsfähigen Angehörigen jeweils 25 Euro täglich für höchstens 30 Tage im Kalenderjahr in Abzug zu bringen.

(6) Beihilfeberechtigte können je Kalenderjahr, in dem Aufwendungen entstehen, zu einer vertretbaren – den Familienstand, die Anzahl der Kinder und die Besoldungsgruppe berücksichtigenden – pauschalen Selbstbeteiligung an den Aufwendungen (Kostendämpfungspauschale) herangezogen werden.

(7) ¹Beihilfen werden als Prozentsatz der beihilfefähigen Aufwendungen (Bemessungssatz) oder als Pauschalen (Zuschuss) gezahlt. ²Der Bemessungssatz beträgt für Beihilfeberechtigte mindestens 50 Prozent, für Ehegattinnen und Ehegatten, eingetragene Lebenspartnerinnen und Lebenspartner sowie Versorgungsempfängerinnen und Versorgungsempfänger höchstens 70 Prozent, für berücksichtigungsfähige Kinder und eigenständig beihilfeberechtigte Waisen höchstens 80 Prozent. ³Sind zwei oder mehr Kinder berücksichtigungsfähig, beträgt der Bemessungssatz für die oder den Beihilfeberechtigten 70 Prozent, bei mehreren Beihilfeberechtigten jedoch nur bei einer oder einem von ihnen. ⁴In besonderen Härtefällen kann eine Erhöhung des Bemessungssatzes vorgesehen werden; dies gilt nicht, wenn die oder der Beihilfebe-

rechtigte für sich und ihre oder seine berücksichtigungsfähigen Angehörigen für ambulante und stationäre Krankheits- und Pflegefälle keinen ausreichenden Versicherungsschutz nachweisen kann.

(8) [1]Das Finanzministerium regelt das Nähere durch Rechtsverordnung. [2]Darin können unabhängig von der Notwendigkeit und Angemessenheit der Aufwendungen unter Beachtung der Grundsätze beamtenrechtlicher Fürsorge Bestimmungen getroffen werden

1. hinsichtlich der Berücksichtigungsfähigkeit von Angehörigen der oder des Beihilfeberechtigten im Sinne des Absatzes 2,
2. hinsichtlich des Inhalts und des Umfangs der Beihilfeleistungen
   a) durch die Einführung von Höchstgrenzen,
   b) durch die Beschränkung auf bestimmte Indikationen,
   c) durch die Beschränkung oder den Ausschluss von Aufwendungen für Untersuchungen und Behandlungen nach wissenschaftlich nicht allgemein anerkannten oder unwirtschaftlichen Methoden,
   d) durch die Beschränkung oder den Ausschluss von Aufwendungen für Behandlungen außerhalb des Wohnortes, Beförderungen, ärztliche und zahnärztliche (einschließlich implantologische) und kieferorthopädische sowie funktionsanalytische und funktionstherapeutische Leistungen, psychotherapeutische Leistungen, Heilpraktikerleistungen, die Beschäftigung von Pflege- und Hauspflegekräften, für stationäre Pflege, stationäre Rehabilitationsmaßnahmen, stationäre Müttergenesungskuren oder Mutter-/Vater-Kind–Kuren, ambulante Kur- und Rehabilitationsmaßnahmen, nicht verschreibungspflichtige oder verschreibungspflichtige Arzneimittel, unwirtschaftliche oder unwirksame Arzneimittel, Medizinprodukte sowie Heil- und Hilfsmittel,
   e) durch Regelungen zur Feststellung der wirtschaftlichen Selbstständigkeit der Ehegattin oder des Ehegatten oder eingetragenen Lebenspartnerin oder Lebenspartners,
   f) durch die Beschränkung oder den Ausschluss von Beihilfen zu Aufwendungen, die in Ländern außerhalb der Mitgliedstaaten der Europäischen Union entstanden sind,
   g) in Todesfällen,
3. über die Höhe der Kostendämpfungspauschale und
4. hinsichtlich des Verfahrens über die Verwendung einer elektronischen Gesundheitskarte, wobei der Zugriff der Beihilfestellen auf Daten über die in Anspruch genommenen Leistungen und deren Kosten zu beschränken ist.

(9) [1]Kostendämpfungspauschale und Eigenbehalte nach Absatz 5 Satz 1 und 3 sowie Eigenbehalte, die durch die Begrenzung von zahntechnischen Leistungen entstehen, dürfen die Belastungsgrenze von 2 Prozent der Jahresdienstbezüge oder Jahresversorgungsbezüge nach beamtenrechtlichen Vorschriften oder Grundsätzen nicht übersteigen. [2]Bei der Ermittlung der Jahresbezüge ist der Bruttobetrag maßgebend. [3]Variable Bezügebestandteile, kinderbezogene Anteile im Familienzuschlag sowie Renten aus der gesetzlichen Rentenversicherung und einer zusätzlichen Alters- und Hinterbliebenenversorgung der oder des Beihilfeberechtigten bleiben außer Ansatz.

Übersicht

I. Allgemeines

Der Dienstherr ist nach § 45 BeamtStG zur **Fürsorge** verpflichtet; die Beihilfe dient der   **1**
konkreten Erfüllung (BVerfG, NVwZ-RR 2012, 49; BVerfGE 106, 225; BVerfG, NJW
1991, 743; *Metzler-Müller* in MRSZ, § 45 BeamtStG Erl. 2.2). Das **Beihilfensystem** zählt
aber **nicht zu den hergebrachten Grundsätzen des Berufsbeamtentums** (BVerwG,
ZBR 2011, 95). Der **Gesetzgeber** muss nach dem Rechtsstaatsprinzip und Demokratie-
gebot bei der näheren Ausgestaltung der die Alimentation ergänzenden Fürsorge im Falle
von Krankheit, Pflegebedürftigkeit oder Tod des Beamten und seiner Angehörigen **mindestens die tragenden Strukturprinzipien selber regeln** (BVerwGE 121, 103;
BVerwG, NVwZ-RR 2009, 895; BVerwG, DÖD 2010, 231; s. a. OVG Münster, Urt. v.
8.6.2010, 1 A 1328/08; OVG Münster, Urt. v. 24.1.2011, 1 A 527/08). Das Gesetz muss
bei beamtenrechtlichen Beihilfen festlegen, welche Risiken erfasst, nach welchen
Grundsätzen Leistungen erbracht, bemessen oder ausgeschlossen werden und welche
zweckidentischen Leistungen und Berechtigungen Vorrang haben (BVerwG, DÖD 2010,
231; s. zum Gesetzesvorbehalt bei Leistungsausschlüssen BVerwG, NVwZ 2012, 1635).
Die Grenzen zwischen formellem Gesetz und Verordnung dürfen dabei nicht verwischt
werden (OVG Münster, Urt. v. 8.6.2010, 1 A 1328/08). § 75 erfüllt diese Voraussetzungen
und bildet die Rechtsgrundlage (§ 75 Abs. 8) für die Beihilfeverordnung (BVO vom
5.11.2009, GV. NRW. S. 601, zuletzt geändert durch VO vom 1.12.2015, GV. NRW.
S. 844; s. a. VVzBVO vom 15.9.2014, MBl. NRW. S. 529). Immer wieder ist aber in der
Praxis fraglich, ob bestimmte Rechtsvorschriften in der BVO wirklich vom Gesetz gedeckt
sind (vgl. zur Frage der Vererblichkeit von Beihilfeansprüchen im Todesfall bzw. der Beihilfeberechtigung nach § 14 BVO VG Düsseldorf, Urt. v. 26.1.2016, 26 K 5888/14; vgl. zu
etwaigen Schadensersatzpflichten von Beamten des FM wegen Erlasses nicht von der gesetzl. Rechtsgrundlage gedeckter Beihilfevorschriften auf Verordnungsebene OVG Münster, DVBl 2016, 447). Wenn gegen einen Beihilfebescheid nach § 103 Abs. 1 Satz 2 Widerspruch nur in dem Umfang eingelegt wurde, in welchem die mit dem Beihilfeantrag
begehrte Erstattung über der festgesetzten Beihilfe(-summe) liegt, darf im Widerspruchsverfahren nicht zu Lasten des Beihilfeberechtigten die bereits zugestandene Erstattung zu
seinem Nachteil geändert („verbösert") werden (OVG Münster, NVwZ-RR 2013, 745).
Beihilferechtliche Streitigkeiten sind nach ständiger Rechtsprechung grundsätzlich nach der
Sach- und Rechtslage zum Zeitpunkt des Entstehens der Aufwendungen, für welche die
streitbefangenen Beihilfen verlangt werden, zu beurteilen (OVG Münster, B. v. 19.1.2015,
1 A 878/13). Zu **beihilferechtlichen Detailfragen** wird auf die **Spezialliteratur zum
Beihilfenrecht von NRW** verwiesen (*Mohr/Sabolewski,* Beihilfenrecht NRW, Loseblatt-
kommentar in der jeweils aktuellen Fassung, letzter Stand: 104. Ergänzungslieferung Mai
2016).

II. Beihilfeberechtigte/Beihilfeberechtigung

In § 75 Abs. 1 wird der **Kreis Beihilfeberechtigter** enumerativ aufgezählt. Neben dem   **2**
Beamten, der einen Anspruch auf Besoldung (§ 3 LBesG) haben muss, sind Versorgungsempfänger, versorgungsberechtigte Witwen/Witwer und versorgungsberechtigte Kinder,
frühere Beamte und frühere Beamte auf Zeit Beihilfeberechtigte. Beihilfeberechtigt sind
seit 2009 auch hinterbliebene eingetragene Lebenspartner nach dem LPartG, § 75 Abs. 1
Nr. 2 letzte Altern. (vgl. auch BVerwG, NVwZ 2011, 499; s. a. EuGH, NVwZ 2013, 132).
Nach Abs. 2 Satz 1 erhält ein Beihilfeberechtigter für sich und einen selbst nicht beihilfeberechtigten eingetragenen Lebenspartner unter den dort genannten Voraussetzungen Beihilfe (vgl. zur verfassungskonformen beihilferechtlichen Ungleichbehandlung im Verhältnis
zu nicht ehelichen Lebensgemeinschaften: OVG Münster, B. v. 29.8.2012, 1 A 916/11).

Daneben sind der nicht selbst beihilfeberechtigte Ehegatte sowie nicht selbst beihilfeberechtigte berücksichtigungsfähige Kinder Gegenstand des Beihilfeanspruchs des Beihilfeberechtigten. Die **Verdrängung beamtenrechtlicher Beihilfeansprüche** für Aufwendungen des Ehegatten/eingetragenen Lebenspartners im Hinblick auf eine eigene Beihilfeberechtigung dieser Personen ist mit dem System des Beihilferechts konform, wenn eine (annähernd) inhaltliche Gleichwertigkeit vorliegt (VG Arnsberg, ZBR 2010, 355). § 75 Abs. 2 Satz 2 legt fest, dass in Fällen eines aufgrund von Teilzeitbeschäftigung reduzierten eigenen Beihilfeanspruchs eines tarifbeschäftigten Ehegatten oder eingetragenen Lebenspartners diese Reduktion nicht über einen Beihilfeanspruch des Beihilfeberechtigten für diesen teilzeitbeschäftigten Ehegatten/eingetragenen Lebenspartner ausgeglichen werden darf (vgl. in dem Kontext BVerfG, NVwZ-RR 1999, 453).

3   Ein **Beihilfeanspruch** ist trotz seiner höchstpersönlichen Natur (doch) **vererblich** (so neuerdings: BVerwG, DÖD 2010, 230; BVerwG, ZBR 2012, 264; VG Düsseldorf, Urt. v. 26.1.2016, 26 K 5888/14; OVG Münster, Urt. v. 14.8.2013, 1 A 1481/10). § 14 Abs. 2 BVO legt zudem fest, dass Erben, wenn sie nicht unter § 14 Abs. 1 BVO fallen, (ebenfalls) Beihilfen zu den Aufwendungen erhalten, die dem verstorbenen Beihilfeempfänger entstanden sind. Dies ist kein erbrechtlicher Anspruch der Erben im zivilrechtlichen Sinne, sondern ein kraft ausdrücklicher beihilferechtlicher Regelung ihnen zustehender eigenständiger Beihilfeanspruch (OVG Münster, Urt. v. 26.11.2009, 1 A 1447/08; OVG Münster, DÖD 1982, 181). Es bestehen aber erhebliche Bedenken, ob diese Regelung wirklich eine hinreichende gesetzliche Grundlage hat (VG Düsseldorf, Urt. v. 26.1.2016, 26 K 5888/14). § 75 Abs. 1 regelt nämlich die Frage der Beihilfenberechtigung, ohne Regelungen darüber zu treffen, wer denn in Abweichung von dem oder den Erben im Falle des Todes eines bis dahin Beihilfeberechtigten beihilfenberechtigt ist (VG Düsseldorf, Urt. v. 26.1.2016, 26 K 5888/14). Insofern dürfte es – so das VG Düsseldorf in einem Urteil vom 26.1.2016 – an einer Ermächtigungsgrundlage fehlen, solche Regelungen zur Beihilfeberechtigung im Todesfall dann (nur) auf Verordnungsebene vorzunehmen (VG Düsseldorf, Urt. v. 26.1.2016, 26 K 5888/14). Das Gericht sieht § 14 BVO als nichtig an und weist mit Recht darauf hin, dass der ggf. als (gesetzliche) Rechtsgrundlage in Betracht zu ziehende § 77 Abs. 8 Nr. 2g a. F. (identisch mit dem aktuellen § 75 Abs. 8 Nr. 2g) nur zu Verordnungsregelungen hinsichtlich des Inhalts und Umfangs der Beihilfeleistungen in Todesfällen autorisiert, nicht aber zur Regelung der Beihilfeberechtigung bei Todesfällen als solches (VG Düsseldorf, Urt. v. 26.1.2016, 26 K 5888/14). Es könne dann – so das VG Düsseldorf – nur auf der Basis erbrechtlicher Anspruchsgrundlagen vorgegangen werden (VG Düsseldorf, Urt. v. 26.1.2016, 26 K 5888/14).

III. Festlegung der Beihilfetatbestände (medizinisch notwendige Maßnahmen)

4   In § 75 wird der **Begriff der Krankheit,** der Bezugspunkt für beihilfefähige „medizinisch notwendige Maßnahmen" i. S. d. § 75 Abs. 3 ist, nicht ausdrücklich geregelt. Insofern ist sinngemäß der **sozialversicherungsrechtliche Krankheitsbegriff** anzuwenden, welchen das BSG entwickelt hat (OVG Münster, Urt. v. 24.1.2011, 1 A 527/08; BVerwG, B. v. 4.11.2008, 2 B 19.08; BVerwGE 65, 87). Mithin muss ein regelwidriger, vom Leitbild des gesunden Menschen abweichender Zustand des Körpers oder Geistes vorliegen, welcher der ärztlichen Behandlung bedarf oder – zugleich oder ausschließlich – zur Arbeitsunfähigkeit führt; der Betroffene muss in seinen Körperfunktionen beeinträchtigt sein (BSGE 100, 119; OVG Münster, Urt. v. 24.1.2011, 1 A 527/08). Es wird in § 77 Abs. 3 auch nicht näher umschrieben, welche **Aufwendungen „medizinisch notwendig"** sind (vgl. dazu OVG Münster, Urt. v. 15.3.2016, 1 A 120/15; VG Münster, Urt. v. 6.1.2015, 5 K 1816/14; OVG Münster, B. v. 23.4.2012, 1 A 1382/10; BVerwGE 133, 65). Das OVG Münster prüft das Tatbestandsmerkmal nach folgenden Kriterien (OVG Münster, Urt. v.

24.1.2011, 1 A 527/08, mit Hinw. auf BVerwG, NVwZ-RR 2008, 713): „Ob Aufwendungen aus Anlass einer Krankheit dem Grunde nach notwendig und damit beihilfefähig sind, beurteilt sich im Allgemeinen danach, ob die jeweilige Krankheitsbehandlung medizinisch geboten ist. Dies richtet sich in aller Regel nach der Einschätzung des behandelnden Arztes, weil dieser über die erforderliche Sachkunde verfügt. Maßgeblich ist dabei eine ex-ante-Betrachtung der anstehenden Behandlung, da eine „Erfolgsabhängigkeit" dem Beihilferecht fremd ist." Die Spiegelstriche in § 75 Abs. 3 kennzeichnen die von Beihilfeansprüchen umfassten „Risiken" (vgl. den Anhang zur LT-Drs. 14/8889, S. 6). Bei Maßnahmen der künstlichen Befruchtung ist allerdings nach § 75 Abs. 3, 4. Spiegelstrich nur ausnahmsweise ein Beihilfeanspruch gegeben. Soweit die Beihilfeverordnung für nicht verheiratete Paare die Beihilfefähigkeit für solche Maßnahmen von vorneherein ausschließt (§ 8 Abs. 4 BVO), ist sie rechtmäßig und verstößt nicht gegen höherrangiges Recht (OVG Münster, B. v. 29.8.2012, 1 A 916/11; s. a. BVerfGE 117, 316 zu analogen Fragestellungen bei gesetzlicher Krankenversicherung).

IV. Begrenzung der Beihilfen/Eigenbeteiligungen

§ 75 Abs. 4 Satz 1 legt fest, dass Beihilfen nur in dem Rahmen geleistet werden dürfen, **5** dass zusammen mit von dritter Seite zustehenden Erstattungsleistungen im Ergebnis die beihilfefähigen Aufwendungen nicht überschritten werden. Es soll nicht zu **Übererstattungen** kommen (vgl. dazu BVerfG, NJW 1991, 743). Die jeweiligen Ansprüche, deren Realisierung zusammen mit den Beihilfen nicht die beihilfefähigen Aufwendungen überschreiten dürfen, sind in § 75 Abs. 4 Satz 2 aufgeführt. Solche begrenzenden Regelungen der Beihilfe sind verfassungsgemäß (so zur analogen Rechtslage beim Bund *Battis,* § 80 BBG Rn. 6). Soweit § 75 Abs. 5 Eigenbeteiligungen bei stationären, teilstationären oder vor- und nachstationären Behandlungen vorsieht, ist dies ebenfalls (verfassungs-)rechtlich zulässig. Der Dienstherr ist insofern nicht verpflichtet, die Beihilfevorschriften so auszugestalten, dass für Beamte die Wahl des Krankenhauses durchgehend wirtschaftlich neutral ausfällt (VG Köln, 25.8.2014, 19 K 6963/12). Wenn die medizinisch notwendigen Maßnahmen in den Kliniken der Maximalversorgung nicht ,gleichwertig' erbracht werden können, kann eine „teurere" Klinik mit dem notwendigen Standard ausnahmsweise (voll) beihilfefähig sein (vgl. BVerwG, Urteil vom 22.1.2009, 2 C 129/07; BVerwG, Beschluss vom 19.8.2009, 2 B 19/09; s. a. OVG Münster, B. v. 29.6.2016, 1 A 1661/15).

V. Kostendämpfungspauschale

Besonders im Fokus der Gerichte steht die in § 75 Abs. 6 u. § 75 Abs. 9 geregelte sog. **6** „Kostendämpfungspauschale" (*Köster,* DÖD 2008, 121), die in besonderem Maße die Belange der Beamten negativ tangiert. Durch das **BVerwG** ist allerdings entschieden, dass die **Kostendämpfungspauschale** die **Grenze zur Verfassungswidrigkeit** (entgegen anderslautenden Entscheidungen des OVG Münster) **nicht überschreitet** (OVG Münster, Urt. v. 18.7.2007, 6 A 3764/06 – aufgehoben durch BVerwG, NVwZ 2008, 1129; s. a. BVerwG, ZBR 2010, 88; OVG Münster, B. v. 28.12.2007, 1 A 758/07 – aufgehoben durch BVerwG, ZBR 2011, 96). Das OVG Münster dürfe nicht – so das BVerwG – eine von ihm angenommene Verfassungswidrigkeit der Kostendämpfungspauschale über die Nichtanwendung belastender Beihilfevorschriften „lösen" und quasi die Anwendung belastender Beihilferegelungen sperren (BVerwG, ZBR 2011, 96). Stattdessen müssten betroffene Beamte einen solchen, auf höhere Alimentation zielenden Anspruch mit einer **Feststellungsklage auf verfassungsmäßige (Gesamt-)Alimentierung** gegen das Land geltend machen (BVerwG, ZBR 2011, 96; BVerwG, NVwZ 2008, 1129; s. a. zur amtsangemessenen Alimentation BVerfG, B. v. 17.11.2015, 2 BvL 19/09 u. a.; BVerfG, NJW 2015, 1935

– vgl. dazu die krit. Würdigung von *May* in Schütz/Maiwald, § 80 LBG Rn. 70–71; VerfGH NRW, ZBR 2014, 315; VG Gelsenkirchen, NWVBl. 2014, 196; BVerfG, NVwZ 2012, 357; BVerwG, ZBR 2012, 264 und BVerfG, NVwZ-RR 2012, 49; vgl. zur immer mehr schwindenden amtsangemessenen Alimentation von Beamten *Bamberger,* ZBR 2008, 361; s.a. *Knopp,* LKV 2012, 149 ff.; vgl. auch zur mangelhaften Alimentierung die Vorlagebeschlüsse an das BVerfG vom OVG Münster v. 9.7.2009, 1 A 373/08, 1 A 1416/08, 1 A 1525/08, 1 A 1695/08). Das OVG Münster folgt zwischenzeitlich – ausdrücklich (nur) „zur Wahrung der Rechtseinheit" – dem BVerwG und weist Klagen gegen die Kostendämpfungspauschale regelmäßig ab (OVG Münster, Urt. v. 9.5.2011, 1 A 1508/07; OVG Münster, Urt. v. 8.6.2010, 1 A 1328/08; VG Düsseldorf, Urt. v. 6.8.2010, 2 K 3551/09).

VI. Bemessungssätze für Beihilfen

7   Das früher in der BVO verortete **System der persönlichen Bemessungssätze** der Beihilfe für den Beihilfeberechtigten und seine Angehörigen – und der Pauschalen (Zuschuss) – hat mit § 75 Abs. 7 eine gesetzliche Grundlage. Es wird ergänzt durch eine **Härtefallregelung** in § 75 Abs. 7 Satz 3, die eine ausnahmsweise Erhöhung von Bemessungssätzen in Härtefällen ermöglicht; sie gilt nur, wenn ausreichender Versicherungsschutz des Beihilfeberechtigten bzw. seiner berücksichtigungsfähigen Angehörigen vorliegt. Die Härtefallregelung soll gerade nicht dazu dienen, selbst verursachte Lücken im Versicherungsschutz zu kompensieren. Das OVG Münster leitet darüber hinaus aus der **Fürsorgepflicht** ab, dass in Sonderfällen eine Härtefallreglung zu Gunsten besonders betroffener Beamter zu erfolgen hat (OVG Münster, Urt. v. 12.9.2014, 1 A 1602/13, ZBR 2015, 48 – chronisch kranker Beamter benötigte in sehr hohem Maße von der Beihilfe ausgeschlossene verschreibungspflichtige Medikamente). Der Herleitung eines solchen allgemeinen Härtefallanspruchs stehe **§ 77 Abs. 9** nicht entgegen (OVG Münster, Urt. v. 12.9.2014, 1 A 1602/13, ZBR 2015, 48). Die **Untergrenze des Bemessungssatzes** beträgt 50 % der beihilfefähigen Aufwendungen, § 75 Abs. 7 Satz 2; er erhöht sich je nach Familienstand (familienstandsbezogener Beihilfebemessungssatz unter Berücksichtigung des LPartG) auf die gesetzlich vorgesehenen höheren Sätze. Soweit Aufwendungen nicht gedeckt sind, steht es dem Beihilfeberechtigten frei, diesbezüglich sich und seine Angehörigen bei einer **privaten Krankenversicherung** abzusichern. Die krankheitsbedingten Aufwendungen müssen allerdings in Krankheitsfällen nicht mittels einer beihilfekonformen Krankenversicherung bzw. ergänzende Beihilfen vollständig gedeckt werden; von Beihilfen nicht erfasste Kosten müssen auch nicht vollständig versicherbar sein (BVerfG, NVwZ-RR 2012, 49; BVerfGE 106, 225). Der Beihilfeberechtigte kann ein anerkennenswertes Interesse an der Feststellung eines künftig bestehenden Beihilfebemessungssatzes seiner Ehefrau – z.B. im Vorfeld geplanter Elternzeit – haben und ggf. Feststellungsklage erheben (VG Arnsberg, ZBR 2010, 355). Im Allgemeinen ist der Dienstherr nicht aus Fürsorgegründen verpflichtet, einen Beamten über den Inhalt von Beihilfebestimmungen und für ihn günstige Krankenversicherungsbedingungen zu beraten; die Regelungen der BVO NRW sind nämlich allgemein zugänglich (OVG Münster, B.v. 6.8.2012, 6 A 3015/11).

VII. Ermächtigung zum Erlass der BVO

8   **§ 75 Abs. 8** stellt die verfassungsrechtlich **notwendige Ermächtigungsnorm für die BVO** und die diese ergänzenden Verwaltungsvorschriften dar (BVO vom 5.11.2009, GV. NRW. S. 601, zuletzt geändert durch VO vom 1.12.2015, GV. NRW. S. 844; s.a. VVzBVO vom 15.9.2014, MBl. NRW. S. 529). Dabei wird vom Gesetzgeber nicht nur pauschal die Möglichkeit der Verordnungsregelung vorgesehen, sondern im Einzelnen bestimmt, welche (zentralen) Regelungspunkte die BVO hat bzw. haben kann (vgl. zum zu-

lässigen Ausschluss der Aufwendungen für Medizinprodukte VG Köln, Urt. v. 31.1.2014, 19 K 6349/12). Die **Eingrenzung von Indikationen** durch die BVO ist grundsätzlich rechtmäßig (vgl. OVG Münster, RiA 2015, 43). Auch andere Einschränkungen wie z. B. die Festlegung, dass in der gesetzlichen Krankenversicherung versicherte Ehepartner unter bestimmten Umständen nach § 3 Abs. 3 BVO keine Beihilfe erhalten, sind rechtmäßig (OVG Münster, B. v. 5.9.2013, 1 A 2486/11). Bei einer unangemessenen Beschneidung der Beihilfepflicht stellt sich aber die Frage der Fürsorgepflichtwidrigkeit (OVG Münster, RiA 2015, 43; s. a. BVerwG, ZBR 2014, 42 – wesentliche Einschränkungen der Beihilfestandards bedürfen gesetzlicher Regelung). In der BVO werden neben inhaltlichen Regelungen zu beihilfefähigen Aufwendungen auch **Antragsfristen** geregelt. Beihilfen müssen z. B. nach § 13 Abs. 3 BVO innerhalb eines Jahres nach Entstehen der Aufwendungen (§ 3 Abs. 5 Satz 2 BVO), spätestens jedoch ein Jahr nach der ersten Ausstellung der Rechnung beantragt werden (Ausschlussfrist) (vgl. dazu *Voßschmidt,* RiA 2006, 61). Nur beim Vorliegen eines entschuldbaren Versäumnisses (vgl. § 13 Abs. 3 Satz 2 BVO) kann sich trotz Versäumens der Jahresfrist etwas anderes ergeben.

In einem Gerichtsverfahren um einen Beihilfeanspruch ist das Finanzministerium (auf **9** Antrag) verpflichtet, Akten vorzulegen, die einen ministeriellen Erlass einer Änderungsverordnung zur BVO betreffen, wenn dies für den Streitgegenstand relevant sein kann (OVG Münster, NVwZ-RR 2011, 965).

VIII. Überforderungsklausel

§ 75 Abs. 9 soll Beihilfeberechtigte vor **finanziellen Überforderungen** durch die **10** Kombination des Ansatzes der Kostendämpfungspauschale und verschiedener Eigenbehalte (§ 75 Abs. 5 Satz 1 u. 3: Eigenbehalte wegen Limitierung zahntechnischer Leistungen) schützen, in dem eine (maximale) **Belastungsgrenze** von 2 v. H. der Jahresdienstbezüge oder Jahresversorgungsbezüge festgelegt wird (vgl. dazu OVG Münster, Urt. v. 12.9.2014, 1 A 1602/13; OVG Münster, Urt. v. 9.6.2010, 1 A 1328/08). Dies entspricht der verfassungsrechtlichen Fürsorgepflicht (OVG Münster, Urt. v. 12.9.2014, 1 A 1601/13, ZBR 2015, 48). Die Belastungsgrenze ist aber nicht abschließend zu verstehen und steht folglich nach Ansicht des OVG Münster nicht einer Einbeziehung der Aufwendungen für nicht verschreibungspflichtige Arzneimitteln entgegen, wenn entsprechende **Härtefälle** vorliegen (OVG Münster, Urt. v. 12.9.2014, 1 A 1601/13, ZBR 2015, 48). Die in der Norm zur Belastungsgrenze genannten Parameter (Kostendämpfungspauschale und gewisse Eigenanteile) können wegen des Fürsorgeprinzips nach Ansicht des OVG Münster keine Ausschließlichkeit für sich beanspruchen (OVG Münster, Urt. v. 12.9.2014, 1 A 1601/13, ZBR 2015, 48 – das OVG Münster hat besonders Chroniker im Blick). Gegen eine Eigenbeteiligung bei gleichzeitiger Festlegung einer solchen maximalen Belastungsgrenze bestehen als solches keine Bedenken (BVerfG, NVwZ-RR 2012, 49 – zur Eigenbeteiligung gem. Art. 96 LBG Bayern).

§ 76 Behördliches Gesundheitsmanagement

(1) **Gesundheitsmanagement ist die strategische Steuerung und Integration der gesundheitsrelevanten Maßnahmen und Prozesse in der Behörde.**

(2) **¹Die oberste Dienstbehörde erstellt ein Rahmenkonzept für das Gesundheitsmanagement und entwickelt dieses regelmäßig fort. ²Für die in § 2 Absatz 2 Satz 1 Nummer 2 und 3 genannten Beamtinnen und Beamten erstellt die dienstvorgesetzte Stelle das Rahmenkonzept.**

(3) **¹Jede Behörde entwickelt in diesem Rahmen ihr eigenes Konzept oder einen Katalog zum Behördlichen Gesundheitsmanagement. ²Für Schulen handelt die zuständige obere Schulaufsichtsbehörde. ³Dabei sollen insbesondere gesundheitsbelas-**

tende Faktoren identifiziert werden sowie Möglichkeiten diesen zu begegnen. [4]Gesundheitsrelevante Maßnahmen des Arbeits- und Gesundheitsschutzes, der Personal- und Organisationsentwicklung, der Gesundheitsförderung sowie der Mitarbeiterführung sollen aufeinander abgestimmt werden.

I. Allgemeines

1   Der Gesetzgeber hat mit § 76 **das behördliche Gesundheitsmanagement** (im Folgenden: BGM) normiert, obwohl an sich hierfür im LBG kein zwingender Regelungsbedarf bestand, da der Dienstherr schon nach allgemeinen beamtenrechtlichen Grundsätzen im Rahmen des Dienst- und Treueverhältnisses für das Wohl der Beamtinnen und Beamten und ihrer Familien zu sorgen hat vgl. zur Verantwortung des Dienstherrn für die Gesundheit des Beamten *Kathke,* DÖD 2016, 173). Ausweislich der Gesetzesbegründung soll angesichts des demografischen Wandels, der eine besondere Herausforderung für das Personalmanagement ist (*Schrapper*, Die Verwaltung 2013, 445), die **Fürsorgeverpflichtung des Dienstherrn** mit der Gesetzesvorschrift ein „neues Gesicht" erhalten (LT-Drs. 16/10380, S. 353). Sicher trägt die auch programmatischen Inhalt habende Vorschrift dazu bei, dass nun flächendeckend in öffentlichen Dienststellen dem Thema mehr Raum und (hoffentlich mehr) Haushaltsmittel gewidmet werden (vgl. zur ökonomischen Sinnhaftigkeit einer Investition in ein BGM *Balikcioglu*, NZA 2015, 1424: „Für jeden in das BGM investierten Euro kommen in Deutschland zwischen 1,60 und 2,70 Euro zurück"). Die **gesetzliche Regelung zum BGM** ist sehr sinnvoll, wenn man z.B. berücksichtigt, dass sich neben dem Durchschnittsalter der Beschäftigten die Stressoren im öffentlichen Dienst (und der Gesellschaft) in den letzten Jahren stark erhöht und die psychischen Erkrankungen – insbesondere Fälle des sog. Burnouts und sonstiger psychischer Erkrankungen – auch im öffentlichen Dienst signifikant zugenommen hat und generell dort die Krankheitsquoten besonders hoch sind (*J.-M. Günther*, ZBR 2015, 404; *J.-M. Günther*, DVBl 2015, 1147; *Kersten*, PersV 2015, 204; s.a. *Balikcioglu*, NZA 2015, 1424; *Richter*, NWVBl. 2013, 474, 479; *Matyssek*, Bundesgesundheitsblatt 2012, 205). Laut Bericht der Landesregierung NRW zur **Erhebung des Krankenstands in der Landesverwaltung** (ohne Schulbereich) betrug im Jahr 2014 der durchschnittliche Krankenstand der Beschäftigten (Quote der Krankheitstage) insgesamt 7,46 Prozent. Dies ist sicher u.a. auch eine Folge des durch Haushaltskonsolidierungszwänge bedingten Personalabbaus und immer kürzerer Innovationszyklen/Umorganisationen/Umstrukturierungen mit den damit einhergehenden psychosozialen Belastungen. Manchen Entwicklungen im Öffentlichen Dienst kann insofern gesundheitsschonend nur mit einer zen-buddhistischen Grundhaltung begegnet werden. Das Arbeitsschutzgesetz sieht nicht umsonst sog. Gefährdungsbeurteilungen – auch bezüglich psychischer Belastungen am Arbeitsplatz – vor (§ 5 Arbeitsschutzgesetz). Auch die in der Gesellschaft festzustellenden Autoritäts- und Respektserosionen im Verhältnis zu Amtsträgern sind neben Arbeitsüberlastung Faktoren, die deren Gesundheit negativ beeinträchtigen (vgl. dazu im Einzelnen *J.-M. Günther*, DVBl 2015, 1147). Auch der sog. Präsentismus, d.h. die Anwesenheit im Dienst trotz Krankheit, ist zunehmend ein Phänomen, das im Kontext von betrieblichen Maßnahmen zur Gesundheitsförderung zu thematisieren ist.

2   Neben dem **Ziel des Erhalts der Arbeits- und Beschäftigungsfähigkeit** soll das BGM nach der Gesetzesbegründung auch ein **Baustein zur Attraktivität des Landes NRW als Arbeitgeber** sein und wird auch deshalb plakativ in einer eigenen Norm des LBG speziell geregelt (LT-Drs. 16/10380, S. 353). Das BGM setzt zum einen auf die **Eigenverantwortung des Einzelnen und die Förderung der individuellen Gesundheitskompetenz,** nimmt aber gerade auch den Dienstherrn und die Führungskräfte in die Pflicht. Es geht allerdings zu weit, wenn sich z.B. eine leitende Beamtin im Bibliotheksdienst einer Universität in ihr Dienstzimmer nach eigenem Gusto ein privates Laufband stellt und dem Entfernungsbegehren des Dienstherr entgegenhält, bei dem Laufband handele es sich nicht um ein Sportgerät, sondern um die Teilkomponente eines sogenannten

„dynamischen Arbeitsplatzes" (vgl. den Fall VG Trier, Urt. v. 12.1.2016, 1 K 3238/15.TR). Das VG Trier wies die Klage der Beamtin gegen die zwangsweise Entfernung des Laufbandes aus dem Dienstzimmer zu Recht ab. Das Vorhandensein von Sportgeräten in einem Dienstzimmer stehe der effektiven Wahrnehmung der Dienstleistungspflichten und der Pflicht der Beamtin zum vollen persönlichen Einsatz für den Beruf entgegen (VG Trier, Urt. v. 12.1.2016, 1 K 3238/15TR).

Neben den Beschäftigten als allgemeine Bezugsgruppe des BGM sind die Führungskräf- **3** te für ein erfolgreiches BGM von ganz besonderer Bedeutung. Der **Umgang der Füh-rungskräfte mit erkrankten Mitarbeitern und der eigenen Gesundheit** ist im vor-liegenden Kontext ein nicht unbedeutender Baustein der **Qualität eines Führungsstils** und sinnvollerweise auch Gegenstand von Aus- und Fortbildungsprogrammen (*Richter*, NWVBl. 2013, 474, 480; *Meixner*, Macht Führung krank? Gesundheitsmanagement be-ginnt im Team, PersV 2013, 255). Deren Selbstachtsamkeit und die Achtsamkeit der Füh-rungskräfte im Hinblick auf die eigenen Mitarbeiter und Kollegen sind wichtige Kompo-nenten für ein gutes Arbeitsklima in einer Behörde. Man sollte deshalb den § 76 immer auch in einem Zusammenhang mit § 42 sehen. Wie **Führungsverantwortung** wahrge-nommen wird, wirkt sich stark auf die Gesundheit und das Wohlbefinden der Beschäftigten aus. Schlechte, nicht wertschätzende Führung kann für die betroffenen Mitarbeiter ein krank machender Faktor sein und zu einem Burnout beitragen oder zu einer sog. „inneren Kündigung" führen (vgl. zu Einzelfällen krankmachender Führung bzw. „schockierenden" Personalgesprächen *J.-M. Günther*, ZBR 2015, 404; *Meixner*, PersV 2013, 255; s. zum Ge-sundheitsmanagement als Führungsaufgabe in der öffentliche Verwaltung *Matyssek*, Bun-desgesundheitsblatt 2012, 205; *Richter*, NWVBl. 2013, 474, 479; vgl. zum Phänomen der inneren Kündigung im öffentlichen Dienst und ihren Ursachen *Steiner*, ZBR 2013, 370). In der Literatur wird deshalb vom wichtigen Ziel eines „gesundheitsgerechten Führungs-verhaltens" gesprochen (*Matyssek*, Bundesgesundheitsblatt 2012, 205; s.a. *A. Neumann*, Gesund führen – Führungskräfte sind Treiber für ein wirkungsvolles BGM, BPUVZ 2015, 326; *Meixner*, PersV 2013, 255; s.a. *Meister-Scheufelen*, DÖV 2012, 16, 18).

II. Definition des BGM

§ 76 Abs. 1 enthält eine sehr allgemein gefasste Definition des BGM. In der Literatur **4** wird mit Recht darauf hingewiesen, dass „die Ziele eines Gesundheitsmanagements so vielfältig sind wie die Literatur dazu" (vgl. den die Verhältnisse in NRW einbeziehenden Beitrag zum Gesundheitsmanagement von *Richter*, NWVBl. 2013, 474). Es geht der Sache nach um die **Prävention vor krankmachenden Faktoren** und die **Unterstützung ge-sundheitsfördernder Faktoren.** Dabei findet die Gesundheitsförderung in einer systemi-schen und verstetigten Vorgehensweise statt (*Meister-Scheufelen*, DÖLV 2012, 16). „Das Büro als Bewegungsraum" ist sicher ein erster Anknüpfungspunkt (*Remmers*, Personalmaga-zin 05/2016, S. 56). In der Praxis stellen sich die einzelnen Instrumente des BGM, die weit über klassische gesundheitsfördernde Sportangebote (z.B. Walking- und Laufgruppen, Rü-ckenschule, Hapkido), Yoga, Massagen, Gesundheitstage, Stressmanagement, Ergonomie am Arbeitsplatz und Foodcoaching hinausgehen, und auch einen präventiven Ansatz zur Erhaltung der Leistungsfähigkeit und der individuellen Gesundheitskompetenz haben, als wesentlich komplexer dar (vgl. dazu den umfassenden Überblick zu den Instrumenten und pathogenetischen und salutogenetischen Ansätzen behördlichen Gesundheitsmanagements von *Richter*, NWVBl. 2013, 474; s.a. *Meister-Scheufelen*, DÖV 2012, 16; OVG Berlin-Brandenburg, Beschl. v. 8.11.2012, OVG 62 PV 2.12). Die gesundheitsrelevanten Maß-nahmen erstrecken sich auch auf Handlungsfelder wie z.B. Personalentwicklung, Organisa-tion und Führung, weil sie ebenfalls eine große Bedeutung für die Gesundheit haben (s. zur Personalentwicklung und den Verbindungslinien zum Gesundheitsmanagement § 42 Rn. 1). Der neue § 35 Abs. 1 (gesundheitliche und berufliche Rehabilitationsmaßnahmen) ist ebenfalls im Kontext des § 76 zu sehen.

III. Erstellung von Rahmenkonzepten/Umsetzung in Behörden

5 In § 76 Abs. 2 S. 1 wird eine Verpflichtung der obersten Dienstbehörden zur Erstellung und regelmäßigen **Fortentwicklung von Rahmenkonzepten für das BGM** gesetzlich fixiert (vgl. zu einem solchen Rahmenkonzept in Form einer Dienstvereinbarung *Berning/Schmitt-Königsberg*, ZfPR 2014, 42, 45; mit sehr vielen Hinweisen/Anregungen zur Erstellung eines BGM-Rahmenkonzeptes: Bundesinnenministerium, Ressortarbeitskreis Gesundheitsmanagement (Hrsg.), „Eckpunkte für ein Rahmenkonzept zur Weiterentwicklung des Betrieblichen Gesundheitsmanagements (BGM) in der Bundesverwaltung", 2014 – vgl. dazu ausführlich *Haas*, Der Personalrat 2016, 36). Hieran knüpft wiederum § 76 Abs. 3 S. 1 an, der den einzelnen Behörden auferlegt, auf Basis des einschlägigen Rahmenkonzepts das behördenspezifische Konzept oder einen Maßnahmenkatalog zu entwickeln. Wirklich wirkungsvolle BGM-Konzepte sind für die Spezifika einer behördlichen Organisationseinheit maßgeschneidert. Bei Beamten der Gemeinden und Gemeindeverbände wird das Rahmenkonzept durch die durch das Kommunalverfassungsrecht bestimmte Stelle erstellt, bei Beamten der sonstigen der Aufsicht des Landes unterstehenden Körperschaften, Anstalten und Stiftung des öffentlichen Rechts durch die durch Gesetz oder Satzung bestimmte Stelle (§ 76 Abs. 2 S. 2 i. V. m. § 2 Abs. 2 Nr. 2 u. 3).

6 Die Entwicklung des konkreten BGM geschieht unter Berücksichtigung des jeweils einschlägigen Rahmenkonzeptes in den Behörden vor Ort. Allgemein sollten die jeweiligen behördlichen Strukturen, Prozesse und Arbeitsbedingungen beim BGM in den Mittelpunkt der Aktivitäten gerückt werden, da sie einen zentralen Faktor für die Mitarbeitergesundheit darstellen. Hierbei geht es auch um Umsetzungsfragen wie etwa die Zurverfügungstellung möglichst arbeitsplatznaher Angebote, die Arbeitszeitanrechnung bei der Teilnahme an behördlich organisierten Gesundheits- und Sportkursen und um Dienstbefreiungen. Auch Haftungsfragen und Fragen des Dienstunfallrechts sind dabei zu klären. Eine besondere Herausforderung ist es, die in § 76 Abs. 3 S. 4 aufgeführten **Handlungsfelder eines ganzeinheitlichen Gesundheitsmanagements** sinnvoll miteinander zu verzahnen und aufeinander abzustimmen (vgl. dazu *Richter*, NWVBl. 2013, 474). Eine wichtige Rolle spielt dabei neben dem Arbeitsschutz auch das **Betriebliche Eingliederungsmanagement** nach § 84 Abs. 2 SGB IX (vgl. dazu § 33 Rn. 3; vgl. zum BEM *Reich*, ZBR 2014, 245; *v. Roetteken*, ZBR 2013, 325 ff. u. ZBR 2013, 361 ff.; zu personalvertretungsrechtl. Fragen beim BEM vgl. *Baden*, PersR 2013, 436).

7 Die Personalvertretungen, denen das LPVG beim Arbeits- und Gesundheitsschutz auch eine spezielle Rolle zuweist (§ 77 LPVG), werden sinnvollerweise schon bei der Entwicklung des BGM eng eingebunden (vgl. dazu *Berning/Schmitt-Königsberg*, ZfPR 2014, 42, 43). Ob das Konzept für ein BGM der **Mitbestimmung nach § 72 Abs. 4 S. 1 Nr. 7 LPVG** (Maßnahmen zur Verhütung von Dienst- und Arbeitsunfällen und sonstigen Gesundheitsschädigungen einschließlich Maßnahmen vorbereitender und präventiver Art; vgl. dazu OVG Münster NZA-RR 2016, 445) unterliegt, ist bisher nicht eindeutig geklärt und hängt stark vom Einzelfall ab (vgl. dazu *Cecior* in CVLK, § 72 LPVG Rn. 954a–954d; s. dazu BVerwG, RiA 2013, 182 – s. dazu *Kohte*, jurisPR-ArbR 27/2014 Anm. 1 u. *Faber/Nitsche*, PersR 2014, Nr. 9, 22). Es bestehen Abgrenzungsprobleme, weil Bezugspunkt der Mitbestimmungsnorm grundsätzlich nur „arbeitsbedingte Gesundheitsgefahren" sind, viele Maßnahmen eines BGM aber in erster Linie dem allgemeinen Wohlbefinden und der persönlichen Fitness dienen (*Cecior* in CVLK, § 72 LPVG Rn. 954a u. Rn. 954c; nach einer Entscheidung des BVerwG zu § 75 Abs. 3 Nr. 11 BPersVG reicht für die Mitbestimmung „im Sinne eines effizienten Gesundheitsschutzes ein kausaler Bezug zur Arbeitswelt aus", vgl. BVerwG, RiA 2013, 182 – so auch die Vorinstanz OVG Berlin-Brandenburg, Beschl. v. 8.11.2012, OVG 62 PV 2.12). Die Literatur spricht sich beim BGM im Zweifel für eine eher „großzügige Handhabung der Mitbestimmung" aus (*Cecior* in CVLK, § 72 LPVG Rn. 954a u. Rn. 954c). Der Gesetzgeber von NRW sollte **personalvertretungsrechtliche Unsi-**

cherheiten beim BGM schon im Ansatz vermeiden. Es wäre konsequent und sinnvoll, für das BGM einen speziellen Mitbestimmungstatbestand einführen, wie er z. B. im Land Baden-Württemberg vorgesehen ist (§ 72 Abs. 2 Nr. 8 LPVG BW). Wenn ein BGM eingeführt wurde, ist auf allen Ebenen eine regelmäßige **Evaluation** der Wirksamkeit aller Maßnahmen anhand relevanter Kennzahlen geboten, damit möglichst passgenaue Angebote erfolgen können und ein qualitätsorientierter Fortentwicklungsprozess des BGM stattfindet (*Richter*, NWVBl. 2013, 474, 481; *Meister-Scheufelen*, DÖV 2012, 16, 19). Hiervon geht auch der Gesetzgeber aus (LT-Drucks. 16/10380, S. 353). Je besser evaluiert wird, umso besser kann man in der Folge das BGM bedarfsgerecht und zielgruppenspezifisch gestalten.

§ 77 Führung der Amtsbezeichnung

(1) [1]Die Landesregierung setzt die Amtsbezeichnung der Beamtinnen oder der Beamten fest, soweit sie diese Befugnis nicht durch andere Behörden ausüben lässt. [2]Die Amtsbezeichnung der Beamtinnen und Beamten der Gemeinden, der Gemeindeverbände und der Sparkassen wird von den obersten Dienstbehörden festgesetzt. [3]Andere gesetzliche Vorschriften bleiben unberührt.

(2) [1]Die Beamtin oder der Beamte führt im Dienst die Amtsbezeichnung des ihr oder ihm übertragenen Amtes. [2]Sie oder er darf sie auch außerhalb des Dienstes führen. [3]Sie oder er hat jedoch keinen Anspruch auf Anrede mit der Amtsbezeichnung. [4]Nach dem Übertritt in ein anderes Amt darf die Beamtin oder der Beamte die bisherige Amtsbezeichnung nicht mehr führen; in den Fällen der Versetzung in ein Amt mit geringerem Endgrundgehalt (§ 26) gelten Absatz 3 Satz 2 und 3 entsprechend.

(3) [1]Ruhestandsbeamtinnen und Ruhestandsbeamte dürfen die ihnen bei Eintritt in den Ruhestand zustehende Amtsbezeichnung mit dem Zusatz „außer Dienst (a. D.)" und die ihnen im Zusammenhang mit dem Amt verliehenen Titel weiterführen. [2]Wird ihnen ein neues Amt übertragen, so erhalten sie die Amtsbezeichnung des neuen Amtes; gehört dieses Amt nicht einer Besoldungsgruppe mit mindestens demselben Endgrundgehalt (§ 15 Absatz 2 des Beamtenstatusgesetzes) an wie das bisherige Amt, so dürfen sie neben der neuen Amtsbezeichnung die des früheren Amtes mit dem Zusatz „außer Dienst (a. D.)" führen. [3]Ändert sich die Bezeichnung des früheren Amtes, so darf die geänderte Amtsbezeichnung geführt werden.

(4) [1]Einer entlassenen Beamtin oder einem entlassenen Beamten kann die Erlaubnis erteilt werden, die Amtsbezeichnung mit dem Zusatz „außer Dienst (a. D.)" sowie die im Zusammenhang mit dem Amt verliehenen Titel zu führen. [2]Die Erlaubnis kann zurückgenommen werden, wenn die frühere Beamtin oder der frühere Beamte sich ihrer als nicht würdig erweist. [3]Entsprechendes gilt bei Verlust der Beamtenrechte.

(5) Die Amtsbezeichnungen werden in männlicher und weiblicher Form geführt.

Übersicht

I. Allgemeines

Bei der **Amtsbezeichnung** handelt es sich um einen **Teil der Kennzeichnung des** 1 **Statusamtes,** das ferner durch die **Zugehörigkeit zu einer Laufbahn und Laufbahn-**

gruppe und durch das **Endgrundgehalt der Besoldungsgruppe** (amtsgemäße Besoldung) bestimmt wird (BVerwGE 65, 270; 69, 303, 306). Weil Amtsbezeichnungen zu den **hergebrachten Grundsätzen des Berufsbeamtentums** zählen (BVerfGE 62, 374; *Leppek*, Beamtenrecht, S. 149), wäre eine ausschließliche Kodierung der (statusrechtlichen) Rechtsstellung durch „bloße Ziffern- und/oder Buchstabenfolgen" nicht rechtmäßig (*Summer*, PersV 1993, 342, 345). Eine Amtsbezeichnung dient der Durchschaubarkeit der öffentlichen Verwaltung und trägt dem Leistungsgrundsatz Rechnung, so dass eine zu weitgehende Nivellierung in Form gleicher Amtsbezeichnungen bei erheblichen qualitativen Ausbildungs- und Qualifikationsunterschieden/Stellenanforderungen mit Art. 33 Abs. 5 GG unvereinbar wäre (vgl. BVerfG, NJW 1984, 915; vgl. dazu *Battis*, RdJB 1984, 166; BVerfG, NJW 1984, 912: zur Amtsbezeichnung von Hochschullehrern). Nach § 22 Abs. 1 LBesG werden die Zuordnung der Ämter der Beamten zu den Besoldungsgruppen A und B und die Amtsbezeichnungen in den Landesbesoldungsgruppenordnungen A und B geregelt (die Landesbesoldungsordnung A und die Landesbesoldungsgruppe B sind Anlagen 1 und 2 des LBesG). Durch die neue Struktur des Laufbahnrechts ergeben sich bezogen auf die Amtsbezeichnungen z.B. bei Fachrichtungslaufbahnbewerbern verschiedene Änderungen für die Praxis, die zwar in gewisser Weise vom Gesetzgeber konsequent sind, deren Sinnhaftigkeit wegen der Reduktion/Nivellierung der Aussagekraft der Amtsbezeichnung aber zu hinterfragen ist (vgl. dazu näher § 8 Rn. 3: Ein bisheriger „Kreismedizinalrat" wird künftig (nur) die Amtsbezeichnung „Kreisrat" erhalten, vgl. § 22 Abs. 3 LBesG). Viel problematischer ist der Umstand, dass es wegen des Wegfalls des Verzahnungsamtes nach der Neugestaltung des Laufbahnrechts von NRW dazu kommt, dass an der Nahtstelle A 13 Beamte des g.D. und des h.D. die gleiche Amtsbezeichnung tragen. Nach Nr. 9 der Anlage 17 führen nämlich alle bisherigen Oberamtsräte, also ehemalige Beamte nach A 13 g.D., künftig die Bezeichnung Rat/Rätin mit dem entsprechenden Dienstherrenzusatz, so dass sie von der Amtsbezeichnung her nicht von den gleich bezeichneten Beamten des h.D. A 13 zu unterscheiden sind. Es müssen erhebliche Zweifel angemeldet werden, ob dies mit Art. 33 Abs. 5 GG und der Rechtsprechung zu den Anforderungen an Amtsbezeichnungen – insbesondere des Bundesverfassungsgerichts – in Einklang steht (vgl. BVerfG, NJW 1984, 915; vgl. dazu *Battis,* RdJB 1984, 166; BVerfG, NJW 1984, 912: zur Amtsbezeichnung von Hochschullehrern). Die darin liegende Nivellierung berücksichtigt nicht die Vorgaben des BVerfG an wirklichkeitsgerechte und aussagekräftige Amtsbezeichnungen (BVerfG, NJW 1984, 915). Die Einebnung ist mit dem in Art 33 Abs. 5 GG verankerten Leistungsgedanken unvereinbar und abzulehnen (vgl. dazu BVerfG, NJW 1984, 915). Amtsbezeichnungen dürfen – ebenso wie Dienstbezeichnungen- nicht von Unbefugten verwendet werden, **§ 132a Abs. 1 Nr. 1 StGB** (vgl. BGHSt 36, 277). Die **strafrechtliche Definition einer „Amtsbezeichnung"** folgt der beamtenrechtlichen Definition, die auf die in Besoldungsordnungen festgelegten (förmlichen) Bezeichnungen für öffentliche Ämter abstellt (BGHSt 26, 267; BGHSt 36, 277; OLG Dresden, NJW 2000, 2519). Eine wahrheitswidrige Verwendung von Funktionsbezeichnungen wie „Sachbearbeiter"/„Dezernent" ist aber als solches straflos (*Fischer*, § 132a StGB Rn. 5), kann aber natürlich disziplinarrechtlich geahndet werden, wenn es sich um einen Beamten handelt.

II. Die Festsetzung der Amtsbezeichnungen/Zusätze

2   Nach § 77 Abs. 1 Satz 1 setzt die Landesregierung die Amtsbezeichnungen fest, soweit sie diese Befugnis nicht durch andere Behörden ausüben lässt. Nach § 77 Abs. 1 Satz 2 werden die Amtsbezeichnungen der Beamten der Gemeinden, der Gemeindeverbände und der Sparkassen von den obersten Dienstbehörden festgesetzt. Die Festsetzung hat unter Berücksichtigung der Vorgaben des § 78 zu erfolgen. Dies ist geschehen u.a. mit der **Anordnung über die Festsetzung von Zusätzen zu den Grundamtsbezeichnungen** vom 29.7.1992, zuletzt geändert durch Artikel 8 der Verordnung vom 2. Dezember 2014

(GV. NRW. S. 870). Festgesetzt sind ferner u. a. die Amtsbezeichnungen für Beamte der Landwirtschaftskammern, der Akademie für öffentliches Gesundheitswesen, und für Beamte der Hochschulen des Landes NRW (jeweils abgedruckt im SGV. NRW. unter 20303; bezüglich der Beamten der Handwerkskammern s. § 3 HwkV).

III. Das Führen der Amtsbezeichnung

Der Beamte hat im Dienst die Amtsbezeichnung des ihm übertragenen Amtes zu füh- **3** ren, ohne dabei jedoch im Innenverhältnis des öffentlichen Dienstes oder im Verhältnis zu Bürgern, Unternehmen usw. einen Anspruch darauf erheben zu können, mit der Amtsbezeichnung angeredet zu werden, § 77 Abs. 2 Sätze 1 u. 3 (VGH Mannheim, ZBR 1976, 256; *Rifai*, NVwZ 2009, 816; zu weiteren Aspekten vgl. *Steinbach*, DÖD 1973, 162; *Schütz*, DÖD 1970, 41). Soweit *Battis* annimmt, die **Verpflichtung zum Führen der Amtsbezeichnung** gelte nur, wenn dies angeordnet sei oder der Übung in der Behörde entspreche (so *Battis*, § 86 BBG Rn. 7), ist dem nicht zu folgen. § 77 Abs. 2 Satz 1 legt apodiktisch fest, dass der Beamte die Amtsbezeichnung des ihm übertragenen Amts führt, ohne dass es weiterer Umsetzungsakte im Sinne von Anordnungen oder der Entwicklung einer „Übung" in der Dienststelle usw. bedarf. Außerdem trägt eine Amtsbezeichnung im Interesse der Öffentlichkeit u. a. zur **Durchschaubarkeit der Verwaltung** bei (BVerfG, NJW 1984, 916; s. a. *Summer*, PersV 1993, 342, 344). Mit *Tadday/Rescher* ist von einer gesetzlichen Pflicht zum Führen der Amtsbezeichnung auszugehen (*Tadday/Rescher*, § 78 LBG Erl. 7). Im **Privatbereich** (außerhalb des Dienstes) ist der Beamte über § 77 Abs. 2 Satz 2 autorisiert, die Amtsbezeichnung zu führen, wenn er dies möchte; eine Verpflichtung besteht insoweit natürlich nicht.

IV. Das Führen akademischer Grade/staatlich verliehener Titel

Neben der Amtsbezeichnung dürfen **akademische Grade und staatlich verliehene** **4** **Titel** geführt werden (vgl. § 69 Abs. 2 HG; Gesetz über Titel, Orden und Ehrenzeichen vom 26.7.1957, zuletzt geändert durch Gesetz v. 19.2.2006, BGBl. I 2006, 334; vgl. zum Führen von Diplomgraden der Verwaltungsfachhochschulen durch Beamte *Ebel*, VR 1986, 73; vgl. zu „Verschleierungen der Amtsbezeichnung" durch Führen akademischer Grade *Rifai*, NVwZ 2009, 817). Kein akademischer Grad oder gar Titel ist die Bezeichnung „Professor"; es gilt § 77 Abs. 2. Einen Rechtsanspruch darauf, dass z. B. ein an der Verwaltungsakademie erworbenes Diplom auf dem Türschild erscheint, besteht nicht (OVG Münster, ZBR 1985, 224; s. a. BVerwGE 73, 296: Keine Berechtigung eines Beamten (Soldaten), im Schriftverkehr den Titel „Betriebswirt (VWA)" zu führen). Es besteht keine Pflicht von Dienstbehörde und Bediensteten, die Beamten mit akademischem Grad anzusprechen (*Rifai*, NVwZ 2009, 816). Das Grundrecht auf freie Entfaltung der Persönlichkeit legt Behörden und Dritten keine eigenen Handlungspflichten in Form von bestimmten Anredepflichten auf (BVerwGE 73, 296). Auch ein beamteter Vorgesetzter kann nicht von seinen Mitarbeitern verlangen, mit seinem Doktorgrad angesprochen zu werden (VGH München, BayVBl. 1989, 25; *Zimmerling*, MDR 1997, 224). Der Doktorgrad ist nicht Namensbestandteil, sondern nur Namenszusatz, vgl. §§ 5 Abs. 2 Nr. 3 PAuswG, 4 Abs. 1 Satz 2 Nr. 3 PaßG. Im Einzelfall kann allerdings ein provozierendes „Weglassen" des Doktorgrades gleichwohl gegen allgemeine Beamtenpflichten verstoßen. Sofern wiederum eine Behörde in einer allgemeinen Geschäftsanweisung vorschreibt, dass Doktorgrade in amtlichen Schreiben anzugeben sind, andere akademische Grade (z. B. Diplom- oder Magistergrade) aber nicht, ist dies nach zutreffender Ansicht des VG Minden rechtswidrig (VG Minden, Urt. v. 13.8.2003, 4 K 2451/02). Der Dienstherr darf nicht (in dieser Weise) in das in § 69 HG verbriefte **Recht zur Führung akademischer Grade** eingreifen und den Gleichheitssatz verletzen (VG Minden, Urt. v. 13.8.2003, 4 K 2451/02 – zustimmend: *Rifai*, NVwZ 2009, 819). Auch das Führen von Berufsbezeichnungen wie etwa „Arzt" oder „Ingenieur" ist dem Beamten erlaubt (*Battis*, § 86 BBG Rn. 5; s.a. OVG Münster, ZBR 1985, 224). Wenn ein Beamter in ein anderes Amt übertritt, darf er die bisherige Amtsbezeichnung nach § 77 Abs. 2 Satz 3 erster Halbs. nicht mehr führen; die alte Amtsbezeichnung würde nicht mehr das aktuelle Amt abbilden. Sofern ein Beamter in ein Amt mit geringerem Endgrundgehalt versetzt wird (§ 26), darf er neben der neuen Amtsbezeichnung die Amtsbezeichnung des alten Amtes mit dem Zusatz „außer Dienst (a.D.)" führen (§ 77 Abs. 2 Satz 4 i.V.m. § 77 Abs. 3 Satz 2 u. 3). Die Folgen disziplinarrechtlicher Rückstufungen auf Amtsbezeichnungen sind in § 9 Abs. 1 Satz 2 LDG geregelt. Sofern sich die Amtsbezeichnung des alten Amtes ändert, ist der Beamte zur Führung der geänderten Amtsbezeichnung berechtigt.

V. Amtsbezeichnungen bei Ruhestandsbeamten

5   Bei **Beendigung eines Beamtenverhältnisses** durch Eintritt oder Versetzung in den Ruhestand (einschließlich einstweiligen Ruhestands) endet nicht das Recht, die ehemalige Amtsbezeichnung und den im Kontext des Amts verliehenen Titel weiterzuführen. Der Beamte muss nur den **Zusatz „außer Dienst (a.D.)"** verwenden, § 77 Abs. 3 Satz 1. Von der Möglichkeit wird in der Praxis regelmäßig Gebrauch gemacht. Es ist standesrechtlich bei Rechtsanwälten nicht zu beanstanden, wenn ein Rechtsanwalt auf Rechtsanwaltsbriefbögen den Zusatz „Stadtdirektor a.D." anführt (Anwaltsgericht Hamm, NJW-RR 2000, 793; OLG Karlsruhe, GRUR 1992, 180). Hingegen legt das Steuerberatergesetz in § 43 Abs. 2 Satz 2 StBerG fest, dass der „Hinweis auf eine ehemalige Beamteneigenschaft ... im beruflichen Verkehr" unzulässig ist" (vgl. dazu OLG Karlsruhe, Urt. v. 22.8.2012, 4 U 90/12: unzulässiger Zusatz „Vorsitzender Richter a.D." bei Steuerberater; s.a. *Gehre/Koslowski*, Steuerberatungsgesetz, § 43 StBerG Rn. 23: unzulässiger Zusatz „Regierungsdirektor a.D.").

6   § 77 Abs. 3 Satz 2 u. 3 legen fest, dass bei der Übertragung eines neuen Amtes auf den Beamten dieser bei einer im Verhältnis zum früheren Amt vorliegenden Divergenz nach unten neben der neuen Amtsbezeichnung die alte (statusrechtlich höherwertige) Amtsbezeichnung (bei Änderungen ggf. in geänderter aktueller Fassung) mit dem Zusatz „außer Dienst (a.D.)" verwenden darf. Eine Sonderregelung gilt für die Weiterführung der Amtsbezeichnung „Professor" im Ruhestand, vgl. § 123 Abs. 4 Satz 1.

VI. Sonderregelung zu Amtsbezeichnungen bei entlassenen Beamten

7   § 77 Abs. 4 erstreckt sich ausschließlich auf Beamte, die „entlassen" worden sind, also nach **§ 22 BeamtStG** entweder kraft Gesetzes entlassen wurden oder nach **§ 23 BeamtStG** durch Verwaltungsakt aus dem Dienst ausgeschieden sind. Beamte, bei denen ein **Verlust der Beamtenrechte nach § 29** erfolgt ist oder bei denen nach § 10 LDG eine **Entfernung aus dem Beamtenverhältnis** vorgenommen worden ist, kann keine Erlaubnis nach § 77 Abs. 4 nicht erteilt werden. Der Gesetzgeber will dem Dienstherrn bei entlassenen Beamten ein Steuerungsinstrument an die Hand geben, um zu verhindern, dass keine ehemaligen Beamte die Amtsbezeichnung weiterführen, die z.B. nur kurze Zeit überhaupt Beamter waren oder sich Pflichtverletzungen haben zu Schulden kommen lassen, ohne das die Schwelle zur Entfernung aus dem Beamtenverhältnis nach § 10 LDG erreicht worden wäre. Daraus, dass der Dienstherr nach § 77 Abs. 4 Satz 2 eine erteilte Erlaubnis zurücknehmen kann, wenn sich der frühere Beamte als nicht würdig erweist, kann zwanglos geschlossen werden, dass bereits bei der Erlaubniserteilung die Frage der **„Würdigkeit" des Beamten** relevant ist. Der Dienstherr hat bei der Ausgangsentschei-

dung bzw. Rücknahmeentscheidung ein sehr weites Ermessen. Im Zweifel haben die persönlichen Interessen des ehemaligen Beamten an seiner alten Amtsbezeichnung hinter dem Interesse des Dienstherrn daran, dass das Ansehen des öffentlichen Dienstes gewahrt bleibt, zurückzutreten.

VII. Geschlechtergerechte Amtsbezeichnungen

§ 77 Abs. 5 gibt eine Rechtslage wieder, die sich z.B. auch aus den Landesbesoldungs- **8** ordnungen A und B ergibt, wo die Amtsbezeichnungen in weiblicher und männlicher Form aufgeführt werden (vgl. zur weiblichen Form der Amtsbezeichnung „Amtmann" RdErl. des FM v. 4. Juli 1986, SMBl. NRW. 20320).

§ 78 Zusatz zur Amtsbezeichnung

¹Eine Amtsbezeichnung, die herkömmlich für ein Amt verwendet wird, das eine bestimmte Befähigung voraussetzt und einen bestimmten Aufgabenkreis umfasst, darf nur einer Beamtin oder einem Beamten verliehen werden, die oder der ein solches Amt bekleidet. ²Die Amtsbezeichnung der Beamtinnen und Beamten der Gemeinden, der Gemeindeverbände und der sonstigen der Aufsicht des Landes unterstehenden Körperschaften, Anstalten und Stiftungen des öffentlichen Rechts darf nicht zu einer Verwechselung mit einer Amtsbezeichnung für Beamtinnen und Beamte des Landes führen. ³Sie soll einen auf den Dienstherrn hinweisenden Zusatz enthalten. ⁴Einer Amtsbezeichnung für Beamtinnen und Beamte des Landes darf sie nur nachgebildet werden, wenn die Ämter nach ihrem Inhalt gleichwertig sind.

§ 78 Satz 1 regelt eine Selbstverständlichkeit, nämlich den Umstand, dass eine her- **1** kömmlich für ein Amt verwendete Amtsbezeichnung mit entsprechenden Befähigungsvoraussetzungen und Aufgabenstellungen nur dann Beamten verliehen werden darf, wenn sie ein solches Amt bekleiden. Die Norm bezieht sich auf alle von § 2 BeamtStG erfassten Ämter in NRW, wo also Dienstherr das Land, eine Gemeinde, ein Gemeindeverband oder sonstige Körperschaft, Anstalt oder Stiftung des öffentlichen Rechts ist. Die Sätze 2 und 3 erfassen die Amtsbezeichnungen von Beamten der vorgenannten Dienstherrn mit Ausnahme des Landes NRW. Die Beamten der Gemeinden und Gemeindeverbände und der sonstigen der Aufsicht des Landes unterstehenden Körperschaften, Anstalten und Stiftungen des öffentlichen Rechts dürfen nur solche Amtsbezeichnungen haben, die nicht mit den Amtsbezeichnungen des Landes verwechselt werden können. Hierfür gibt Satz 3 die Richtung vor, indem das Gesetz für den Regelfall („soll") einen auf den jeweiligen Dienstherrn hinweisenden Zusatz vorschreibt. Dies geschieht in der Praxis etwa beim Amt nach A 13 h. D. mit der Bezeichnung „Städtischer Rechtsrat" oder „Kreisrechtsrat". Solche und vergleichbare Bezeichnungen berücksichtigen zudem die Vorgabe nach § 78 Satz 3, dass nur bei Gleichwertigkeit eine Amtsbezeichnung der Amtsbezeichnung für Landesbeamte nachgebildet werden darf. Diese **Vorgabe für Zusätze zur Amtsbezeichnung** verhindert, dass die Wertigkeit einer Bezeichnung für Landesbeamte dadurch in der Öffentlichkeit absinkt, dass u. U. nicht sachlich angemessene „Nachbildungen" im kommunalen Bereich usw. suggerieren, sie entsprächen der statusrechtlichen Einordnung entsprechender Landesbeamter, obwohl z.B. die kommunale statusrechtliche Position des jeweiligen Amtes vielleicht unterhalb des Landesbeamten liegt, aus dessen Amtsbezeichnung die Bezeichnung des Kommunalbeamten abgeleitet wird. In der Praxis hat sich ein mit § 78 konformes System der Verwendung der jeweiligen Grundamtsbezeichnungen mit entsprechenden nicht verwechslungsfähigen und die Gleichwertigkeit des Amts mit dem Amt der jeweiligen Landesbeamten berücksichtigenden Zusätzen etabliert.

§ 79 Leistungen des Dienstherrn

(1) ¹Die Beamtin oder der Beamte erhält Leistungen des Dienstherrn (Besoldung, Versorgung und sonstige Leistungen) im Rahmen der darüber erlassenen besonderen Bestimmungen. ²Aus Anlass der Vollendung einer fünfundzwanzigjährigen, einer vierzigjährigen und einer fünfzigjährigen Dienstzeit im öffentlichen Dienst kann der Beamtin oder dem Beamten eine Jubiläumszuwendung gewährt werden. ³Das Nähere regelt die Landesregierung durch Rechtsverordnung.

(2) Sonstige Leistungen sind Kostenerstattungen und Fürsorgeleistungen, soweit sie nicht zur Besoldung und nicht zur Versorgung gehören.

(3) § 15 Absatz 2 des Landesbesoldungsgesetzes vom 14. Juni 2016 (GV. NRW. S. 310) in der jeweils geltenden Fassung gilt entsprechend für sonstige Leistungen.

Übersicht

I. Allgemeines

1   Die Vorschrift entspricht bis auf die neue Bestimmung zu Jubiläumszuwendungen (§ 79 Satz 2 u. 3) im Wesentlichen der Vorgängerregelung. Allerdings wurden mit dem DRModG die Absätze 3–5 des alten § 80 mit redaktionellen Änderungen in das LBeamt-VG übernommen, wo jetzt die Versorgungszuständigkeit zentral geregelt wird (vgl. LT-Drs. 16/10380, S. 353; s. a. die Gesetzesbegründung zu § 57 LBeamtVG, LT-Drs. 16/10380, S. 408). Der Gesetzgeber hat zur Absicherung der Pensionen am 27.1.2016 das Gesetz zur Errichtung des Pensionsfonds des Landes NRW verabschiedet (PFoG). § 79 ist eine **Ausprägung des Alimentationsgrundsatzes.** Die Besoldung ist aber außerdem geprägt vom Leistungsprinzip und vom Sozialstaatsprinzip (*Hebeler/Kersten/Lindner*, Handbuch Besoldungsrecht, S. 95). Jeder Beamte (einschließlich Familie) hat einen **Anspruch auf amtsangemessene Besoldung und Versorgung** (BVerfG, B. v. 17.11.2015, 2 BvL 19/09 u. a.; BVerfG, NJW 2015, 1935; VerfGH NRW, ZBR 2014, 315; VG Gelsenkirchen, NWVBl 2014, 196; BVerfG, NVwZ 2012, 357: Professoren-Besoldung; *Lindner*, BayVBl. 2015, 801; *Stuttmann*, NVwZ 2015, 1007; *Hebeler*, ZBR 2015, 289; *Hartmann*, NWVBl 2014, 211; *Schwarz*, NWVBl. 2014, 205; *Lindner*, ZBR 2014, 9; *Wild*, DÖV 2014, 192; *Sachs*, NWVBl 2013, 309; *Battis*, PersR 2012, 197; s. a. die ausführliche Darstellung von *May* in Schütz/Maiwald, § 80 LBG Rn. 14, 21 ff.; s. a. BVerfG, NVwZ 2007, 679; BVerfGE 99, 300, 314; BVerwGE 131, 20; vgl. zur verringerten Alimentation bei begrenzter Dienstfähigkeit OVG Münster, ZBR 2011, 269; *Schnellenbach,* § 10 Rn. 8 ff.; *Linke*, NVwZ 2007, 902; *Lindner*, ZBR 2007, 221). Der Dienstherr hat Beamten und ihren Familien die **Mittel für einen Lebensunterhalt** zur Verfügung zu stellen, der **nach dem jeweiligen Dienstrang,** der mit dem Amt verbundenen Verantwortung und der Bedeutung des Berufsbeamtentums für die Allgemeinheit angemessen ist (vgl. dazu *May* in Schütz/Maiwald, § 80 LBG Rn. 15). Beamte müssen über ein Nettoeinkommen verfügen, welches ihre **rechtliche und wirtschaftliche Unabhängigkeit gewährleistet** und über die Befriedigung der Grundbedürfnisse hinaus **einen dem Amt angemessenen Lebenszuschnitt** ermöglicht (BVerfG, B. v. 17.11.2015, 2 BvL 19/09 u. a.; BVerfG, NJW 2015, 1935; VerfGH NRW, ZBR 2014, 315; BVerwG, Urt. v. 20.3.2008, 2 C 78/07; BVerfGE 114, 258, 287 f.; BVerfGE 117, 330, 351; vgl. zur familiengerechten Besoldung *Pechstein,*

ZBR 2000, 289). Auch Unterhaltspflichten müssen hinreichend berücksichtigt werden (BVerfGE 81, 363, 378; E 99, 300, 316; BVerwG, Urt. v. 13.11.2008, 2 C 16.07; 2 C 21.07). Eine **Zwangsteilzeitbeschäftigung** neu eingestellter Beamter verletzt in jedem Fall das Alimentationsprinzip (BVerwG, DVBl 2000, 1136; BVerfGE 119, 247; BVerwG, PersV 2011, 473; s. dazu auch § 63 Rn. 2, 3). Bei begrenzter Dienstfähigkeit muss eine amtsangemessene Besoldung gewährt werden; es ist nicht rechtmäßig, wenn der begrenzt dienstfähige Beamte (nur) wie ein teilzeitbeschäftigter Beamte zeitanteilig besoldet wird (BVerwG, NVwZ 2016, 137). Eine allgemeine **„Alimentation nach Kassenlage"** ist verfassungswidrig (*Wolff*, DÖV 2003, 494, 498; *Linke*, NVwZ 2007, 905; vgl. im allgemeinen Kontext auch OVG Münster, Urt. v. 14.11.2012, 1 A 1579/10: systematisch bei Lehrern abgefragter/erklärter Verzicht auf Reisekosten bei Studienfahrten ist wegen Fürsorgepflichtverletzung unbeachtlich). Eine zu geringe Alimentation von Beamten in NRW war Gegenstand der Rechtsprechung des VerfGH NRW (VerfGH NRW, ZBR 2014, 315). Eine Amtsangemessenheit der Besoldung liegt nicht mehr vor, „wenn die finanzielle Ausstattung der Beamten greifbar hinter der allgemeinen Einkommensentwicklung zurückbleibt" (BVerwG, Urt. v. 20.3.2008, 2 C 78/07; BVerfGE 117, 372, 388; BVerfG, DVBl 2007, 1435, 1438; BVerwGE 117, 305, 309). Dies war bei dem **BesVersAnp NRW 2014** der Fall, wie der VerfGH NRW in einem Urteil vom 1.7.2014 feststellte (VerfGH NRW, ZBR 2014, 315; Kyrill-A. Schwarz, NWVBl. 2014, 205). In der Literatur wird dies rückblickend als „krisenhafte Entwicklung" der Beamtenbesoldung in NRW bezeichnet, die zu einem Zerwürfnis zwischen der Landesregierung und weiten Teilen der Beamtenschaft geführt hat (vgl. *May* in Schütz/Maiwald, § 80 Rn. 118). Dem hat der Gesetzgeber in der Folge Rechnung getragen und das BesVersAnpG 2013/2014 geändert, um die Amtsangemessenheit der Besoldung herzustellen (Gesetz zur Änderung des BesVersAnpG 2013/2014 v. 11.11.2014, GV. NRW. S. 734). Neben der Besoldung und Versorgung werden von der Norm auch **sonstige Leistungen** erfasst. Für diese wird durch § 79 Abs. 3 auch die Regelung des § 15 Abs. 2 LBesG für anwendbar erklärt. Rückforderungen richten sich also nach den Vorschriften des BGB über ungerechtfertigte Bereicherung, soweit gesetzlich nichts anderes bestimmt ist.

II. Besoldung/Versorgung/Jubiläumszuwendungen/ Sonstige Leistungen

Der Dienstherr ist nach § 79 Abs. 1 u. 2 verpflichtet, auf der Basis der jeweiligen Bestimmungen (u. a. LBesG/LBeamtVG/LBG) Besoldung, Versorgung und sonstige Leistungen an den Beamten zu erbringen. Besoldung und Versorgung sind gleichrangige Elemente des Alimentationsprinzips (*May* in Schütz/Maiwald, § 80 LBG Rn. 34; vgl. zum Alimentationsprinzip *Lindner* in Hebeler/Kersten/Lindner, Handbuch Besoldunglsrecht, § 12 Rn. 65 ff.). Das **Besoldungsrecht in NRW** wurde mit dem **DRAnpG** neu strukturiert und einem Systemwechsel unterzogen, da u. a. auf das Alter als Kriterium der Besoldungsbemessung nicht mehr abgestellt wird (vgl. dazu ausführlich *Schrapper*, ZBR 2014, 181). Das bisher über Art. 125a Abs. 1 Satz 1 GG in Nordrhein-Westfalen fortgeltende Besoldungsgesetz des Bundes wurde in das Landesrecht übernommen und ist anschließend in bestimmten Punkten geändert worden (z. B. die Umstellung der Grundgehaltstabellen mit aufsteigenden Gehältern von Dienstalters- bzw. Lebensaltersstufen auf Erfahrungsstufen – vgl. dazu *Schrapper*, ZBR 2014, 181). Insofern richtete sich die Besoldung der dem LBG unterfallenden Beamten zunächst nach dem ÜBesG NRW. Mit dem DRModG würde der Übergangszustand beendet, so dass sich in NRW jetzt die Besoldung nach dem neuen LBesG richtet. Die Versorgung, die in ihren Grundzügen zu den hergebrachten Grundsätzen des Berufsbeamtentums gehört (BVerfGE 70, 69), wird durch das LBeamtVG geregelt. In § 57 LBeamtVG werden auch die zentralen Regelungen zur Zuständigkeit für die Festsetzung und der Zahlung der Versorgungsbezüge getroffen. § 79 Abs. 1 Satz 2 legt fest, dass

Beamten wieder zu den maßgeblichen Zeitpunkten Jubiläumszuwendungen gewährt werden können. Die Ergänzung in § 79 Abs. 1 Satz 3 stellt die Verordnungsermächtigung für die Regelung der Einzelheiten dieser wiedereingeführten Leistungen des Dienstherrn zu den dienstlichen Jubiläen dar (LT-Drs. 16/12136, S. 477). Die Neuregelung entspricht einer langjährigen Forderung der Gewerkschaften.

Unter „**sonstige Leistungen**" fallen nach § 79 Abs. 2 Kostenerstattungen und Fürsorgeleistungen (z. B. Reisekostenerstattungen/Umzugskostenvergütungen oder Beihilfen nach § 75), soweit sie nicht bereits von der Grundalimentation (Besoldung/Versorgung) erfasst sind. Wenn bei einer Gesamtschau aller Leistungen durch Leistungskürzungen oder Leistungsstreichungen usw. eine zu niedrige Alimentation in Betracht kommt, besteht die Möglichkeit zur Klage (OVG Münster, Urt. v. 9.5.2011, 1 A 1508/07 unter Hinw. auf BVerwG, ZBR 2008, 391 u. BVerwG, ZBR 2011, 96; *Bamberger*, ZBR 2008, 361). Im Hinblick auf die Durchnormierung des Beihilferechts dürften schon rechtsdogmatisch jedenfalls im Beihilfebereich Ansprüche auf zusätzliche Leistungen, die allein auf der Fürsorgepflicht gründen, grundsätzlich im Sinne einer Sperrwirkung ausgeschlossen sein (s. aber für den Bereich von Aufwandsentschädigungen BVerwG, Urt. v. 24.1.2013, 5 C 12.12). Zu den sonstigen Leistungen sind auch die Leistungen zu zählen, die der Dienstherr z. B. für Landesbedienstete bei Erfüllung entsprechender Voraussetzungen zur **Rechtsschutzgewährung in Straf- und Zivilsachen** erbringt (so auch *May* in Schütz/Maiwald, § 80 LBG Rn. 188). Es muss nach den entsprechenden Richtlinien u. a. um ein Strafverfahren oder Zivilverfahren gehen, das mit einer dienstlichen Tätigkeit in unmittelbarem Zusammenhang steht (vgl. den Gem. RdErl. d. IM und FM v. 7.7.2008, Rechtsschutz für Landesbeschäftigte, MBl. NRW. 2008 S. 376, zuletzt geändert durch Gem. RdErl. d. IM und FM v. 18.11.2013, MBl. NRW. 2013 S. 532). Es entspricht dann der Fürsorge des Dienstherrn, die **Kosten der Rechtsverteidigung** seines Beamten zu übernehmen (BVerwG, NJW 1985, 1041; VGH Kassel, NVwZ-RR 2013, 931; vgl. zur beamtenrechtl. Fürsorgepflicht und Rechtsschutzkosten *Häde*, BayVBl. 1999, 673). Allerdings werden in NRW z. B. Zahlungen des Dienstherrn zur Rechtsverteidigung in Strafsachen, die einen dienstlichen Kontext haben, zunächst nur als Vorschuss oder Darlehen gewährt. Im Falle einer Verurteilung müssen die Leistungen zurückgezahlt werden. Um insoweit vorläufige Leistungen vom Dienstherr zu erhalten, kann auch bei dessen Weigerung einstweiliger Rechtsschutz nach § 123 VwGO beim Verwaltungsgericht beantragt werden (OVG Bautzen, DÖD 2011, 264). Für die Gewährung dienstrechtlichen Rechtschutzes ist kein Raum, wenn es um Strafbarkeitsvorwürfe geht, die sich als **Straftaten zum Nachteil des Dienstherrn** darstellen würden, wenn sie sich bestätigen (VG Greifswald, Urt. v. 19.11. 2015, 6 A 435/14; VGH Kassel, NVwZ-RR 2013, 931). Ein Beamter kann nicht erwarten, dass die dem Dienstherrn obliegende Fürsorgepflicht (§ 45 BeamtStG) bei Fällen eingreift, wo es um die Ahndung eines gegen die Interessen des Dienstherrn gerichteten (strafbaren) Verhaltens geht (VGH Kassel, NVwZ-RR 2013, 931; s. zur parallelen Fragestellung bei Arbeitnehmern *Bergwitz*, Anspruch auf Ersatz von Strafverteidigungskosten, NZA 2016, 203). Dem Beamten hier Beistand leisten zu müssen, wäre absurd und gegen das öffentliche Interesse gerichtet.

III. Zurückzahlung zuviel gezahlter Bezüge, § 79 Abs. 3

4   **Zuviel geleistete Besoldung** ist zurückzuzahlen (VG Gelsenkirchen, Urt. v. 14.3. 2011, 12 K 1789/09; vgl. zur Strafbarkeit der Annahme von Vollzeitbezügen trotz Teilzeit AG Düsseldorf, FD-ArbR 2016, 380028). Die Rückforderung erfolgt nach den Vorschriften zur Besoldung und ist in § 15 Abs. 2 LBesG NRW speziell geregelt (die öffentlich-rechtlichen Rückerstattungsnormen sind auch anzuwenden, wenn Ernennung nichtig, vgl. *May* in Schütz/Maiwald, § 80, Rn. 39; vgl. zur Rückforderung von Bezügen ausführlich *Hebeler/Kersten/Lindner*, Handbuch Besoldungsrecht, S. 197 ff.) Auch bei Kostenerstattun-

gen und Fürsorgeleistungen (sonstige Leistungen) kann es zu **Überzahlungen/nicht berechtigten Leistungen an Beamte** kommen (*Schnellenbach,* § 15 Rn. 29 ff.; *Grundmann,* ZBR 1999, 154; VG Düsseldorf, Urt. v. 13.12.2011, 2 K 8712/10). Die Rückforderung solcher Beträge hat gem. § 79 Abs. 3 ebenfalls nach **§ 15 Abs. 2 LBesG NRW** zu erfolgen, der für solche Fälle für analog anwendbar erklärt wird und auf die **§§ 812 ff. BGB** verweist (vgl. dazu *Grundmann,* ZBR 1999, 154; *Heubel,* VR 1989, 360; OVG Münster, ZBR 1984, 185). Die Verweisung auf § 15 Abs. 2 LBesG NRW erfolgt dabei als dynamische Bezugnahme; die Besoldungsnorm ist „in der jeweiligen Fassung" anzuwenden. Die Vorschrift des § 814 BGB (Zahlung in Kenntnis der Nichtschuld) findet aber auf den öffentlich-rechtlichen Erstattungsanspruch, insbesondere auf die Rückforderung von Versorgungsbezügen, keine Anwendung (OVG Münster, B. v. 9.11.2015, 6 A 500/13; OVG Münster, NVwZ-RR 2014, 65; BVerwG, NVwZ 2002, 854). Allerdings kann ein Rückforderungsverlangen in Widerspruch zu früherem Verhalten stehen, so dass im Ausnahmefall **§ 242 BGB** (Treu und Glauben) den Anspruch des Dienstherrn begrenzen kann (OVG Münster, B. v. 9.11.2015, 6 A 500/13). Im Verhältnis zu anderen Normen, die auch eine Erstattung im Kontext der Rücknahme eines Verwaltungsaktes regeln (vgl. u.a. §§ 48 ff. VwVfG NRW), stellt sich § 79 Abs. 3 als (vorrangige) Spezialnorm dar. Parallel zu Rückforderungsansprüchen können bei gleichem Ausgangssachverhalt Schadensersatzansprüche des Dienstherrn bestehen (BVerwG, DÖD 1992, 173). Rückforderungsansprüche des Dienstherrn richten sich gegen die Erben (Nachlassverbindlichkeit), wenn sie vor dem Tod eines Beamten entstanden sind.

§ 15 Abs. 2 Satz 2 LBesG bestimmt außerdem eine Modifikation der anwendbaren bürgerlich-rechtlichen Vorschriften, indem der Tatbestand des § 819 BGB dahin ausgeweitet wird, dass auch die Erkennbarkeit des Mangels des rechtlichen Grundes bei Offensichtlichkeit der an sich von § 819 BGB vorausgesetzten allein tatbestandlichen positiven Kenntnis gleichsteht (dazu krit. *Grundmann,* ZBR 1999, 154). Wenn die mangelnde Rechtsgrundlage für eine Zahlung des Dienstherrn (objektiv) offensichtlich ist, haftet der Beamte verschärft (VG Aachen, Urt. v. 26.8.2010, 1 K 129/10; VG Minden, Urt. v. 23.1.2008, 4 K 3820/06; OVG Münster, NWVBl. 2001, 189). Er kann sich dann nicht auf einen nicht von Amts wegen zu berücksichtigenden **Wegfall der Bereicherung** nach § 818 Abs. 3 BGB berufen. Ein **offensichtlicher Mangel im Rechtsgrund** für die Zahlung liegt vor, wenn der Beamte die im Verkehr erforderliche Sorgfalt in ungewöhnlich hohem Maße außer Acht gelassen hat, als er die rechtsgrundlose Leistung empfangen hat (OVG Münster, B. v. 23.8.2013, 1 A 1726/13; BVerwG, Urt. v. 26.4.2012, 2 C 4/11; VG Minden, Urt. v. 23.1.2008, 4 K 3820/06; OVG Münster, NWVBl. 2001, 189; BVerwG, ZBR 1985, 196). Wenn ein Beamter z.B. ohne erkennbaren Grund höhere Leistungen erhält, darf er sich nicht ohne weiteres auf die Rechtmäßigkeit dieser Zahlungen verlassen (BVerwG, Urt. v. 26.4.2012, 2 C 4/11). Der Maßstab für die **verschärfte Haftung** orientiert sich dabei auch an den individuellen Kenntnissen und Fähigkeiten des Beamten, wobei Vor- und Ausbildung zu berücksichtigen sind (OVG Münster, B. v. 29.5.2015, 1 A 1727/13; OVG Münster, B. v. 23.8.2013, 1 A 1726/13; OVG Münster, NWVBl. 2001, 189; OVG Münster, Urt. v. 2.8.2001, 1 A 3262/99; vgl. VG Minden, Urt. v. 23.1.2008, 4 K 3820/06 – das Gericht verweist auf Ausbildung des Klägers an FHöV). Für Besoldungen ist anerkannt, dass Beamte ihr eigenes statusrechtliches Amt nebst besoldungsrechtlicher Einstufung und das Grundgehalt, den Familienzuschlag und ihnen zustehende Zulagen kennen bzw. kennen müssen, also zumindest **besoldungsrechtliches Basiswissen** haben (OVG Münster, B. v. 23.8.2013, 1 A 1726/13; VG Gelsenkirchen, Urt. 14.3.2011, 12 K 1789/09; VG Düsseldorf, Urt. v. 24.4.2009, 13 K 2854/08; s.a. BVerwG, Urt. v. 29.4.2004, 2 A 5/03). Sie müssen mehr tun als eine rein „optische Aufnahme etwa des Inhalts von Besoldungs- oder Versorgungsmitteilungen, Überweisungsträgern oder sonstigem Informationsmaterial" (*Schnellenbach,* § 15 Rn. 42; s. aber BVerwG, Buchholz 240 § 12 BBesG Nr. 31). Vergleichbares gilt für die sonstigen Leistungen i.S.v. § 79 Abs. 2. Beamte dürfen z.B. nicht „blind" auf die Richtigkeit von Beihilfefestsetzungen vertrauen; gerade in Bereichen sog.

„Massenverwaltungen" müssen auch etwaige Fehler handelnder Bediensteter einkalkuliert werden (OVG Münster, B. v. 29.5.2015, 1 A 1727/13). Kompliziertere Nachberechnungen können aber regelmäßig nicht verlangt werden (*Schnellenbach,* § 15 Rn. 46: „lediglich augenfällige arithmetische Fehler oder Widersprüche dürfen ihm (dem Beamten) nicht entgehen"). Soweit Unklarheiten bestehen, kann vom Beamten erwartet werden, sich bei der anweisenden bzw. auszahlenden Stelle durch Rückfragen rechtliche Klarheit zu verschaffen (BVerwG, Urt. v. 29.4.2004, 2 A 5/03). Die Beweislast für das Vorliegen aller Tatsachen, welche die verschärfte Haftung begründen, liegt beim Dienstherrn (BVerwG, Urt. v. 29.4.2004, 2 A 5.03).

5   Soweit Zahlungen unter dem Vorbehalt des rückwirkenden Wegfalls des Leistungsgrundes erfolgen (z.B. Abschlagszahlungen), tritt bei Wegfall des Rechtsgrundes eine **verschärfte Haftung** nach **§ 820 Abs. 1 BGB i.V.m. § 818 Abs. 4 BGB** ein, so dass ein Berufen auf den Wegfall der Bereicherung nach § 818 Abs. 3 BGB in aller Regel beim Vorliegen solche administrativer Vorbehalte ausscheidet (BVerwG, B. v. 3.2.2009, 2 B 29/08, 2 B 29/08 (2 PKH 1/08), Buchholz 240 § 12 BBesG Nr. 33 – Bestätigung von OVG Münster, Urt. v. 4.3.2008, 21 A 983/06; OVG Münster, B. v. 13.10.2011, 1 A 1925/09; BVerwG, B. v. 20.3.1998, 2 B 128.97; vgl. aber BVerwGE 95, 94; *Grundmann,* ZBR 1999, 154; 155; vgl. zu gesetzesimmanenten Vorbehalten *Schnellenbach,* § 15 Rn. 57). Der **Mangel des rechtlichen Grundes** ist bei Überzahlungen häufig offensichtlich (vgl. z.B. den Fall des VG Minden, Urt. v. 6.7.2015, 4 K 4019/13; VG Düsseldorf, Urt. v. 27.6.2014, 13 K 7879/13). Es gehört z.B. zum Grundwissen jedes Polizeibeamten, dass die Voraussetzungen einer Wechselschichtzulage dann nicht mehr vorliegen, wenn nicht mehr ständig durchgehend Dienst (Wechselschicht) geleistet wird, sondern nur noch der weniger belastende Schichtdienst (OVG Münster, B. v. 31.7.2014, 1 A 650/12; VG Düsseldorf, Urt. v. 12.9.2014, 13 K 8963/13). Das rechtsgrundlos Erlangte ist dann an den Dienstherrn herauszugeben. Soweit keine verschärfte Haftung vorliegt, kann es bei Erhebung der entsprechenden Einrede auf die **Frage einer Entreicherung** ankommen. Sofern sich ein Beamter durch falsche Angaben unberechtigte Beihilfen usw. verschafft, kommt neben dem Herausgabeanspruch nach § 79 Abs. 3 i.V.m. § 15 Abs. 2 LBesG ein Schadensersatzanspruch gegen ihn in Betracht (vgl. *May* in Schütz/Maiwald, § 80 LBG Rn. 115: Realkonkurrenz von Herausgabeanspruch und Schadensersatzanspruch des Dienstherrn; s. a. BVerwG, DÖD 1992, 173). Nicht erfasst von § 79 Abs. 3 werden Dienstherrnansprüche auf Herausgabe von widerrechtlich erlangten Belohnungen und Geschenken, da hierfür mit § 42 Abs. 2 Satz 2 BeamtStG eine Spezialnorm besteht.

6   Im Einzelfall kann nach **§ 15 Abs. 2 Satz 3 LBesG** vom Dienstherrn aus Billigkeitsgründen mit Zustimmung der obersten Dienstbehörde oder der von ihr bestimmten Stelle von einer an sich bestehenden Rückforderung ganz oder teilweise abgesehen werden, wenn Überzahlungen in der überwiegenden behördlichen Verantwortung liegen (OVG Münster, NWVBl. 2015, 103; OVG Münster, B. v. 31.7.2014, 1 A 650/12; VG Minden, Urt. v. 6.7.2015, 4 K 4019/13; VG Düsseldorf, Urt. v. 12.9.2014, 13 K 8963/13; VG Düsseldorf, Urt. v. 27.6.2014, 13 K 7879/13; VG Düsseldorf, Urt. v. 17.6.2014, 26 K 9255/12; VG Gelsenkirchen, IÖD 2014, 170; BVerwG, NJW 1983, 2042; BVerwGE 109, 357; OVG Münster, OVG B. v. 2.5.2013, 1 A 2045/11). Dies soll nach dem gesetzgeberischen Willen zur Einzelfallgerechtigkeit beitragen. Eine entsprechende Prüfung und Entscheidung hat von Amts wegen zu ergehen (BVerwG, Urt. v. 26.4.2012, 2 C 4/11, RiA 2013, 232; VG Düsseldorf, B. v. 26.11.2010, 26 L 1713/10; BVerwGE 109, 357). Das BVerwG hat in einem Urteil vom 26.4.2012 zu derartigen **Billigkeitsentscheidungen** ausgeführt (BVerwG, Urt. v. 26.4.2012, 2 C 4/11): „Ein Rückforderungsbescheid darf nicht ergehen, ohne das eine Billigkeitsentscheidung getroffen worden ist." Der Dienstherr muss also in jedem Fall Billigkeitserwägungen anstellen. Die vorgesehene Einräumung von Ratenzahlungen macht eine Billigkeitsentscheidung nicht obsolet, da diese nicht den materiellen Rückforderungsanspruch berühren. Eine Entscheidung nach § 15 Abs. 2 Satz 3 LBesG kann dann natürlich auch darin bestehen, dass festgestellt wird, dass keine (Billig-

keits-)Gründe für einen vollständigen Verzicht auf eine Rückforderung oder eine Ermäßigung des Rückforderungsanspruchs vorliegen. Das VG Düsseldorf vertritt die Ansicht, dass die Mitverantwortung einer Behörde aber nur dann im Rahmen der Billigkeitsentscheidung im Sinn einer Forderungsabsenkung oder eines Forderungsverzichts zu berücksichtigen ist, wenn der Empfänger entreichert ist (VG Düsseldorf, Urt. v. 17.6.2014, 26 K 9255/12). Sei der Vermögenszuwachs noch vorhanden, gebe es keinen Grund dafür, dem Beamten aus Billigkeitsgründen einen Teil der überzahlten Bezüge zu belassen (VG Düsseldorf, Urt. v. 17.6.2014, 26 K 9255/12).

Die **Billigkeitsentscheidung,** die sich als Ermessensentscheidung darstellt, soll dem **7** Einzelfall Rechnung tragen und die formale Strenge des Besoldungs- und Versorgungsrechts auflockern; auch der im öffentlichen Recht geltende **Grundsatz von Treu und Glauben** ist bei der Höhe der Geltendmachung des Zahlungsanspruches und der Festlegung der Modalitäten zu berücksichtigen (BVerwG, Urt. v. 26.4.2012, 2 C 4/11; BVerwG, NJW 1983, 2042; OVG Münster, Urt. v. 2.8.2001, 1 A 3262/99; VG Gelsenkirchen, Urt. v. 10.10.2011, 12 K 2163/09). Ein **Mitverschulden der Behörde** kann eine **Forderungsabsenkung** bedingen (BVerwG, Urt. v. 26.4.2012, 2 C 15/10 u. 2 C 4/11), muss es aber nicht notwendigerweise (OVG Münster, Urt. v. 2.8.2001, 1 A 3262/99). Wenn die Überzahlung überwiegend in der behördlichen Verantwortung liegt, wird regelmäßig für die Absenkung eine Größenordnung von mindestens 30 Prozent angesetzt (VG Düsseldorf, Urt. v. 27.6.2014, 13 K 7879/13; BVerwG, Urt. v. 26.4.2012, 2 C 4.11). Auf der anderen Seite kommt eine Reduzierung eines Rückforderungsbetrages dann eher nicht in Betracht, wenn z.B. der Beamte pflichtwidrig (offenkundig) besoldungsrelevante Änderungen in seinen persönlichen Verhältnissen der Behörde nicht mitgeteilt hat (VG Gelsenkirchen, Urt. v. 6.5.2014, 12 K 4704/12). Bei der Frage, wie sich die Geltendmachung der Forderung auf die Lebensumstände des Beamten auswirkt und ob dies eine Billigkeitsentscheidung bedingt, ist auf den Zeitpunkt der Rückabwicklung abzustellen (BVerwGE 109, 357; VG Aachen Urt. v. 26.8.2010, 1 K 129/10; *Schnellbach,* § 15 Rn. 69). Wenn eine Billigkeitsentscheidung nach § 15 Abs. 2 Satz 3 LBesG rechtsfehlerhaft ist, hat dies die **Rechtswidrigkeit der Rückforderungsentscheidung** insgesamt zur Folge (VG Minden, Urt. v. 6.7.2015, 4 K 4019/13; VG Düsseldorf, Urt. v. 27.6.2014, 13 K 7879/13; BVerwG, Urt. v. 26.4.2012, 2 C 4.11). Vor diesem Hintergrund sollte in der Praxis immer im Bescheid über die Rückforderung dokumentiert werden, dass man sich mit der Vorschrift auseinandergesetzt hat und ggf. warum an der vollen Forderungshöhe festgehalten wird. Nur so entgeht man dem Einwand, dass man sich pflichtwidrig entgegen der höchstrichterlichen Rechtsprechung nicht mit § 15 Abs. 2 Satz 3 LBesG auseinandergesetzt hat. Die **Verjährung** bei Rückforderungen richtet sich **nach den BGB-Vorschriften** (BVerwG, Urt. v. 26.4.2012, 2 C 4/11; BVerwG, NVwZ-RR 2002, 203; *Schaller,* RiA 2003, 23–24). Die Verjährung analog § 195 BGB (3 Jahre) beginnt aber erst in entsprechender Anwendung des § 199 BGB ab positiver Kenntnis des Dienstherrn von den anspruchsbegründenden Umständen und der Person des Schuldners an zu laufen (VG Gelsenkirchen, Urt. v. 14.3.2011, 12 K 1789/09; BVerwG, B. v. 20.8.2009, 2 B 24/09 und BVerwG, USK 2010, 204). Entscheidend ist die **Kenntnis des zuständigen Bediensteten der verfügungsberechtigten Behörde,** also der Behörde, die die Entscheidungskompetenz über den Rückforderungsanspruch hat (VG Düsseldorf, Urt. v. 12.9.2014, 13 K 8963/13; BVerwG, Urt. v. 26.4.2012, 2 C 4/11 : es kommt auf die Kenntnis der für die Geltendmachung von Rückforderungen zuständigen Stelle innerhalb der Behörde an; s. a. BVerwG, Urt. v. 26.4.2012, 2 C 15.10; VG Gelsenkirchen, Urt. v. 14.3.2011, 12 K 1789/09; BVerwG, B. v. 20.8.2009, 2 B 24/09 und BVerwG, NJW-RR 2009, 1471). Eine andere Alternative des Verjährungsbeginns ist nach § 199 Abs. 1 Satz 2 BGB der Fall, wo der Dienstherr die Kenntnis ohne grobe Fahrlässigkeit hätte erlangen müssen (vgl. *May* in Schütz/Maiwald, § 80 LBG Rn. 366). Ein Leistungsbescheid vermag die Verjährung zu hemmen (§ 53 VwVfG). Ungeachtet einer Verjährung kann der Dienstherr (zunächst) einen Anspruch geltend machen, da die Verjährung nur bei **Erhebung der Einrede der Verjährung durch den Beam-**

ten juristische Wirkung entfaltet (vgl. zur Frage, ob der Dienstherr aus Fürsorgegründen u. U. gehalten ist, den dies nicht erkennenden Beamten auf den Verjährungsaspekt hinzuweisen s. *May* in Schütz/Maiwald, § 80 LBG Rn. 377; s. dazu auch Summer, ZBR 2004, 389). Auf der anderen Seite ist es dem Dienstherrn bei den Ansprüchen von Beamten und Hinterbliebenen nach § 79 Abs. 1 und 2 nicht verwehrt, seinerseits die Verjährungseinrede zu erheben, selbst wenn es sich um (erkennbare) gravierende Falschberechnungen handelt (OVG Münster, B. v. 13.10.2014, 3 A 107/12 – Witwenversorgung auf Basis von A 13 statt richtigerweise auf Basis von A 15; OVG Münster, B. v. 30.4.2014, 1 A 21/14; BVerwG, ZBR 1992, 312 u. BVerwGE 66, 156). Nur im **Ausnahmefall eines qualifizierten Fehlverhaltens des Dienstherrn,** wo die Einrede der Verjährung durch den Dienstherrn eine **unzulässige Rechtsausübung** wäre, kann sich ein anderes Ergebnis ergeben (BVerwGE 66, 156; OVG Münster, B. v. 13.10.2014, 3 A 107/12; OVG Münster, B. v. 30.4.2014, 1 A 21/14). Das qualifizierte Fehlverhalten muss dabei nicht notwendig schuldhaft sein, aber sich als treuwidrig erweisen, weil der Beamte „veranlasst worden ist, verjährungsunterbrechende oder … verjährungshemmende Schritte zu unterlassen." (OVG Münster, B. v. 30.4.2014, 1 A 21/14). Nicht jede Falschberechnung des Dienstherrn macht insofern die Einrede der Verjährung fehlerhaft (OVG Münster, B. v. 13.10.2014, 3 A 107/12). Von der materiellen Verjährung einer Rückforderung des Dienstherrn ist die **Verjährungsfrist für die Vollstreckung** eines unanfechtbaren Rückforderungsbescheides zu unterscheiden; sie beträgt 30 Jahre (§ 53 Abs. 2 Satz 1 VwVfG).

IV. Rechtsmittel/Rechtsweg

8   Werden die Rückforderungen vom Dienstherrn statt einer Aufrechnung z. B. mit laufenden Bezügen per Leistungsbescheid geltend gemacht werden, kann der Beamte Widerspruch einlegen (§ 103 Abs. 1 Satz 2). Dieser hat gem. § 80 Abs. 1 VwGO aufschiebende Wirkung. Die Voraussetzungen für die Anordnung einer sofortigen Vollziehung durch den Dienstherrn werden nur sehr selten vorliegen bzw. zu begründen sein (vgl. dazu May in Schütz/Maiwald, § 80 LBG Rn. 340–341). Eine drohende Privatinsolvenz könnte z. B. eine solche Anordnung nach § 80 Abs. 2 Nr. 4 VwGO rechtfertigen. Bei bestimmten Fallgestaltungen kann der vorläufige Rechtsschutz auch über ein Verfahren nach § 123 Abs. 5 VwGO erfolgen (vgl. dazu *Hebeler/Kersten/Lindner,* Handbuch Besoldungsrecht, S. 243 ff. – z. B. gegen die Aufrechnung von Rückforderungsansprüchen mit laufenden Bezügen; s. a. VG Oldenburg, NVwZ-RR 2006, 135). Der Dienstherr hat im Übrigen die Möglichkeit, seine Forderung durch Leistungsklage geltend zu machen (vgl. dazu *May,* a. a. O., Rn. 342–343 – *May* verweist mit Recht darauf, dass für Behörden regelmäßig der Weg über den Leistungsbescheid günstiger ist, weil im Falle der Rechtskraft eine „Eigenvollstreckung" durch die Behörde möglich ist). Sofern Besoldungsansprüche eines Beamten – etwa zur Absicherung eines Darlehens – abgetreten worden sind, ändert dies nichts an deren öffentlich-rechtlichem Charakter. Auch in diesen Fällen sind die Ansprüche vom Zessionar gegen den Dienstherrn im Verwaltungsrechtsweg geltend zu machen (BGH, NVwZ 2013, 1630).

§ 80 Pflicht zum Schadensersatz

(1) ¹**Ansprüche nach § 48 des Beamtenstatusgesetzes verjähren in drei Jahren von dem Zeitpunkt an, in dem der Dienstherr von dem Schaden und der Person des Ersatzpflichtigen Kenntnis erlangt hat, ohne Rücksicht auf diese Kenntnis in zehn Jahren von der Begehung der Handlung an. ²Hat der Dienstherr einer oder einem Dritten Schadensersatz geleistet, so tritt an die Stelle des Zeitpunktes, in dem der Dienstherr von dem Schaden Kenntnis erlangt, der Zeitpunkt, in dem der Ersatzanspruch der oder des Dritten dieser oder diesem gegenüber vom Dienstherrn anerkannt oder dem Dienstherrn gegenüber rechtskräftig festgestellt wird.**

(2) **Leistet die Beamtin oder der Beamte dem Dienstherrn Ersatz und hat dieser einen Ersatzanspruch gegen eine Dritte oder einen Dritten, so geht der Ersatzanspruch auf die Beamtin oder den Beamten über.**

Übersicht

I. Allgemeines

Bei den von § 80 i. V. m. § 48 BeamtStG erfassten Schäden, die u. a. wegen Arbeitsver- **1** dichtung, permanenten Umorganisationen und Personalknappheit zunehmen, handelt es sich sowohl um sog. **Eigenschäden des Dienstherrn** als auch um mittelbare Schäden, die darin bestehen, dass **durch Beamte Dritten Schäden zugefügt** wurden (Fremdschäden), für die der Dienstherr einzustehen hat (vgl. zur Haftung des Beamten gegenüber dem Dienstherrn die ausführliche Darstellung von *Beckmann*, 2002; für den umgekehrten Fall von Schadenersatzansprüchen Beamter gegen Dienstherrn vgl. *Repkewitz*, RiA 2010, 103; vgl. zur Amtshaftung auch *H. Günther*, RiA 2012, 247). Für solche Regressfälle legt § 80 eine **Verjährungsfrist** von drei bzw. zehn Jahren fest. Zu Gunsten des haftenden Beamten ist ein Anspruchsübergang für den Fall vorgesehen, dass der Dienstherr einen Ersatzanspruch gegen einen Dritten hat (§ 80 Abs. 2). Bei der Einordnung der Vorschriften zum Schadensersatz des Beamten sollte man immer berücksichtigen, dass die Schwelle der Haftung und die zahlreichen weiteren Voraussetzungen auch den wichtigen Zweck haben, die **Entschlusskraft und Verantwortungsfreude des Bediensteten** zu stärken (VG Minden, Urt. v. 12.12.2008, 10 K 235/08). In Zweifelsfällen sollte man sich dessen als Dienstherr bei komplexen Abwägungsentscheidungen bewusst sein.

II. Fristbeginn

Als **Fristbeginn** für die Dreijahres-Frist zur Geltendmachung des Regressanspruches **2** gegen einen Beamten ist der Zeitpunkt festgelegt, zu welchem der Dienstherr von dem Schaden und der Person des Ersatzpflichtigen Kenntnis erlangt. Nur wenn beide Informationen dem Dienstherr kumulativ vorliegen, beginnt der Lauf der Frist. Ohne Rücksicht auf die Kenntnis des Dienstherrn verjähren die Regressansprüche in zehn Jahren ab dem Begehen der pflichtwidrigen dienstlichen Handlung oder Unterlassung. Auch im dienstrechtlichen Haftungsrecht gilt der Grundsatz, dass die **Verjährung nur auf Einrede des betroffenen Beamten** zu berücksichtigen ist (BVerwGE 87, 263, 265). In der Praxis kann zweifelhaft sein und ist oft umstritten, wann die konkrete Verjährungsfrist zu laufen begonnen hat. Wenn das Gesetz als Bezugspunkt von der „Kenntniserlangung" des Dienstherrn vom Schaden und der Person des Ersatzpflichtigen spricht, reicht ein „Kennenmüssen" nicht aus (BVerwGE 81, 301). Für den **Fristenlauf** ist es aber ausreichend, wenn dem Dienstherr ein Sachverhalt so konkret bekannt wurde, dass ein Schadensersatzanspruch gegen den speziellen Beamten „mit einigermaßen sicherer Aussicht auf Erfolg" geltend gemacht werden kann (BVerwGE 81, 301, 304; BVerwG, NJW 1996, 2175). Alle Einzelheiten des Schadens müssen noch nicht überblickt werden. Es fragt sich, ob es bei der

Fristbestimmung auf die konkrete Kenntnis der speziellen Personen ankommt, die für die Durchsetzung von Regressansprüchen gegen Beschäftigte zuständig sind. Dies sind regelmäßig die Beschäftigen der Personalreferate und (soweit vorhanden) die Mitarbeiter in speziellen Justitiariaten in einer Behörde. Das BVerwG setzt hingegen an einer anderen Stelle an (BVerwG, NJW 1989, 2638; BVerwGE 100, 280; so auch OVG Münster, Urt. v. 30.10.2007, 6 A 2100/06). Es kommt nach seiner Ansicht nur auf die **Kenntnis der Behördenbediensteten** an, die die **Fachaufsicht** haben. Selbst wenn sie nicht mit der eigentlichen Regressdurchführung betraut sind, sei bereits ihr Kenntnisstand maßgeblich für den Beginn des Fristenlaufs, da es sonst – so das BVerwG – vom Zufall abhängt, wann die eigentliche Stelle zur Durchsetzung der Schadensersatzansprüche die Informationen über das potentielle Bestehen von Schadensersatzansprüchen bekommt (BVerwG, NJW 1989, 2638; dagegen *Beckmann*, ZBR 2004, 113; der BGH stellt bei Regressansprüchen von Sozialversicherungsträgern bei Fristenlauf hingegen mit guten Gründen auf die Kenntnis der für den Regress zuständigen Organisationseinheit ab, vgl. BGH, NJW 2012, 2644). Auch wenn die Auffassung des BVerwG nicht in jeder Hinsicht überzeugt (vgl. dazu *Beckmann*, ZBR 2004, 113), sollte man sich in der Praxis vorsorglich bei „engen" Fristfällen immer ihr orientieren und sie bei einem Wettlauf zur Vermeidung einer unmittelbar drohenden Verjährung zum Maßstab nehmen. Wenn an sich bestehende **Regressansprüche des Dienstherrn** durch Organisationsfehler bei der Fristenwahrung oder aus anderen Gründen vorwerfbar verjähren, kann das wiederum zu neuen Regressansprüchen gegenüber den wiederum dafür Verantwortlichen führen.

3   Nimmt der Dienstherr den Beamten wegen des Schadens eines Dritten in Anspruch, welchem der Dienstherr aufgrund eines Fehlverhaltes des Beamten Schadensersatz leisten musste, gelten ebenfalls die Fristen des § 80 Abs. 1 Satz 1. Bezugspunkt für den Verjährungsbeginn ist hier der Zeitpunkt, zu dem der Dienstherr gegenüber dem Dritten dessen Schadensersatzanspruch anerkannt hat oder der Zeitpunkt, wo dieser rechtskräftig festgestellt wird. Die Anerkennung des Anspruches des Dritten muss dabei nicht innerhalb eines gerichtlichen Verfahrens erfolgt sein, um regressfähig zu sein.

III. Anspruchsübergang

4   § 80 Abs. 2 legt fest, dass dem zum Regress gegenüber dem Dienstherrn verpflichteten Beamten Ersatzansprüche des Dienstherrn gegen Dritte per Gesetz übertragen werden. Insofern kann der Beamte diese ihm übertragenen Forderungen direkt bei dem Dritten – etwa einem weiteren Schädiger oder z.B. einer Versicherung – geltend machen, ohne dass es etwa einer Abtretungserklärung durch den Dienstherrn bedarf.

IV. Vorsatz/Grobe Fahrlässigkeit

5   Die Voraussetzungen für einen Regress gegen einzelne Beamte oder eine Mehrzahl von Beamten sind in **§ 48 BeamtStG** geregelt (vgl. dazu *H. Günther*, RiA 2012, 247). Die Nachweislast für die Voraussetzungen des Schadensersatzanspruchs liegt beim Dienstherrn (VG Gelsenkirchen, Urt. v. 10.12.2013, 12 K 226/12). Für eine Haftung muss dem Beamten **Vorsatz oder grobe Fahrlässigkeit** zur Last fallen. Das Verschulden bezieht sich nur auf die verletzte Pflicht; eine Erstreckung des Verschuldens auf den aus der Pflichtverletzung resultierenden Schaden ist für die Haftung nicht Voraussetzung (BVerwG, NJW 1999, 3727; *Metzler-Müller* in MRSZ, § 48 BeamtStG Erl. 3.3; *Battis*, § 75 BBG Rn. 8). Bei der Frage, ob Vorsatz oder grobe Fahrlässigkeit vorliegt, ist auf die entsprechenden, anerkannten **zivilrechtlichen Definitionen** abzustellen (BVerwG, NJW 1980, 1246; VG Minden, Urt. v. 16.4.2009, 4 K 1835/08). **Vorsatz** liegt vor, wenn ein Beamter bewusst und gewollt einen pflichtwidrigen Sachverhalt realisiert, der auch in einem Unterlassen einer gebotenen Amtshandlung oder realen Handlung bestehen kann (BVerwGE 70, 296, 299).

Grobe Fahrlässigkeit ist anzunehmen, wenn von dem Beamten die im Verkehr erfor- **6**
derliche Sorgfalt in einem besonders schweren Maße verletzt worden ist, er also das nicht
beachtet hat, was jedem in vergleichbarer Lage hätte ohne weiteres einleuchten müssen
(BVerwGE 19, 248; BVerwG, B. v. 6.8.2009, 2 B 9/09; B. v. 22.11.2006, 2 B 47/06; VG
Gelsenkirchen, Urt. v. 13.12.2011, 12 K 1876/08; OVG Münster, Urt. v. 24.5.2006, 1 A
5105/04; B. v. 21.4.2010, 6 A 957/07; VG Köln, Urt. v. 7.4.2006, 27 K 3699/05). Entlas-
tend können Arbeitsüberlastung und dienstliche Überforderung sein oder z.B. ein eilbe-
dürftiges Handeln in besonderer Gefahrenlage sowie allgemeine Organisationsmängel in
der Behörde (*Schnellenbach*, § 9 Rn. 25; *Metzler-Müller* in MRSZ, § 48 BeamtStG Erl. 3.3;
OVG Koblenz, NVwZ-RR, 2004, 366). Fehlbetanken dienstlicher Dienstfahrzeuge mit
falschem Kraftstoff ist ein haftungsrechtlicher Klassiker und i.d.R. grob fahrlässig (VG
Minden, Urt. v. 16.4.2009, 4 K 1835/08; VG Düsseldorf, Urt. v. 9.6.2006, 2 K 1340/06;
OVG Lüneburg, NJOZ 2013, 1553; OVG Lüneburg, Nds.VBl. 2008, 177; OVG Koblenz,
NVwZ-RR 2005, 556). Das Liegenlassen eines dienstlichen Notebooks in einer U-Bahn
ist regelmäßig grob fahrlässig (VG Minden, Urt. v. 7.10.2008, 10 K 135/08; wegen Fallbei-
spielen s. *Schnellenbach*, § 9 Rn. 26 und *Metzler-Müller* in MRSZ, § 48 BeamtStG Erl. 3.3;
s.a. *Kohde* in v. Roetteken/Rothländer, § 48 BeamtStG Rn. 39). Gleiches gilt für das Abhandenkommen eines Generalschlüssels einer Fachhochschule, wenn eine sorgfältige Kontrolle und Aufbewahrung des Dienstschlüssels nicht erfolgte, dies aber gerade und besonders bei einem Generalschlüssel angezeigt ist (VG Gelsenkirchen, Urt. v. 13.12.2011, 12 K
1876/08). Auch der Verlust von Schulschlüsseln durch Lehrer und deren Haftung beschäftigt immer wieder die Rechtsprechung (vgl. dazu ausführlich *Jörg-M. Günther*, ZBR 2014,
337). Wenn ein Polizeibeamter eine im Eigentum seines Dienstherrn stehende Aktentasche
mit polizeilichen Einsatzmitteln während der Nacht hinter dem Fahrersitz eines Dienst-
kraftfahrzeugs belässt, das offen zugänglich auf einem Privatgrundstück steht, handelt er
grob fahrlässig (OVG Münster, B. v. 9.7.2014, 6 A 1096/14; s.a. *Jörg-M. Günther*, ZBR
2014, 337, 340). Es ist allgemein bekannt, dass sichtbare Aktentaschen im Fahrzeugraum
Aufbrüche provozieren, weil in ihnen Kriminelle Wertgegenstände vermuten (*Jörg-M. Günther*, ZBR 2014, 341; OVG Münster, B. v. 9.7.2014, 6 A 1096/14). Im Falle eines sog.
Rechtsanwendungsverschuldens, wo also gesetzliche Vorschriften falsch angewendet
oder ausgelegt werden, sind die Einzelfallumstände entscheidend. Die Anforderungen an
einen Schuldvorwurf sind in solchen Fällen nicht gering (vgl. *Metzler-Müller* in MRSZ,
§ 48 BeamtStG Erl. 3.3 unter Hinw. auf BGH, Urt. v. 8.10.1992, III ZR 220/90). Man
kann aber von einem Beamten eine sorgfältige Arbeitsweise bei der juristischen Meinungsbildung und tatsächlichen Prüfung erwarten, welche die einschlägige Rechtsprechung und
Literatur auswertet (vgl. dazu ausführlich *Metzler-Müller* in MRSZ, § 48 BeamtStG Erl.
3.3; vgl. auch OVG Lüneburg, RiA 2012, 222). Er hat sich auch in seinem Arbeitsgebiet
fortwährend fortzubilden (§ 42 Abs. 2).

V. Kausalität des Fehlverhaltens für Schaden

Das **Fehlverhalten** muss **für den Schaden kausal** gewesen sein (vgl. z.B. OVG Müns- **7**
ter, B. v. 5.10.2010, 6 A 246/08: Abhandenkommen eines sichergestellten Geldbetrages). In
Fällen, wo die Ursache eines Schadens und der Grad des Verschuldens nicht zu bestimmen
ist, stellt sich die Beweislastfrage. Grundsätzlich hat der Dienstherr, der Schadensersatzfor-
derungen gegen einen Beamten geltend macht, den Nachweis der Erfüllung der Voraussetzungen des § 80 i.V.m. § 48 BeamtStG zu führen (VG Gelsenkirchen, Urt. v. 10.12.2013,
12 K 226/12). Bei alleiniger Beherrschung des konkreten Gefahrenbereichs spricht analog
des Rechtsgedankens des § 280 BGB viel dafür, dass der Beamte sich zur Vermeidung des
Schadensersatzanspruchs entlasten muss (VG Minden, Urt. v. 12.12.2008, 10 K 235/08).
Dabei dürfen die Anforderungen an die **Beweisführung des Beamten** bzw. die Anforderung an seine Entlastung nicht überspannt werden (VG Minden, Urt. v. 12.12.2008, 10 K

235/08). Sofern es um eine schwerwiegende vorsätzliche Pflichtverletzung (z. B. Untreue) geht, welche sich in immer wiederkehrenden Einzelhandlungen manifestiert, sind wiederum an die jeweilige **Beweispflicht des Dienstherrn** nicht zu hohe Anforderungen zu stellen, wenn es um den Nachweis der Einzelumstände der konkreten jeweiligen Einzeltat geht (VG Aachen, Urt. v. 18.12.2008, 1 K 365/07 – bestätigt durch OVG Münster, B. v. 14.3.2011, 1 A 366/09; siehe auch BVerwG, NWVBl. 1998, 475: Beweiserleichterungen für Dienstherrn bei Beamtenhaftung wegen Kassenfehlbeträgen über längeren Zeitraum). Für den Haftungsgrund braucht es nicht unbedingt konkreter Feststellungen, an genau welchem Tag ein Beamter wie viel Geld tatsächlich veruntreut hat (VG Aachen, Urt. v. 18.12.2008, 1 K 365/07). Bezüglich des Schadensumfangs gelten die zivilrechtlichen Regelungen (BVerwG, NVwZ 1990, 1171). In Förderfällen, wo von Beamten z. B. Mittel des Bundes zweckentfremdet werden, ist das Land nach dem Grundgedanken der Drittschadensliquidation zur Geltendmachung des Ersatzanspruchs nach § 48 Satz 1 BeamtStG i. V. m. § 80 Satz 1 berechtigt (VG Gelsenkirchen, Urt. v. 22.2.2013, 12 K 1564/10).

VI. Mitverschulden des Dienstherrn

8   Dem Dienstherrn kann im Einzelfall ein **Mitverschulden i. S. d. § 254 BGB** zur Last fallen. Er kann aber grundsätzlich darauf vertrauen, dass seine Beamten ihre Aufgaben ordnungsgemäß durchführen und z. B. Gelder korrekt einnehmen und verwalten. Eine völlige durchgängige „Überwachung" von Beamten oder ein völlig ausgeklügeltes Kontrollsystem ist nicht erforderlich, um bei Fehlverhalten von Beamten dem Einwand eines Mitverschuldens des Dienstherrn wirksam begegnen zu können. Nur bei festgestellten und bekannten Unregelmäßigkeiten und einer anschließender Nichtreaktion des Dienstherrn kann ein zur Minderung des Ersatzanspruches führendes Organisationsverschulden vorliegen (OVG Münster, Urt. v. 10.2.2000, 12 A 739/97; OVG Münster, NWVBl. 2000, 343; OVG Münster, DÖD 1990, 277; *Samianer*, ZBR 1993, 33, 47; *Schnellenbach*, § 9 Rn. 40). Ein anerkennenswertes Mitverschulden des Dienstherrn wird nur in ganz seltenen Fällen vorliegen. Wenn ein später beanstandetes Verhalten, das zu einer Schadensersatzforderung führt, lange Zeit von Dienstvorgesetzten gebilligt wurde, kann dies im Einzelfall der Annahme einer zum Schadensersatz verpflichtenden schuldhaften Dienstpflichtverletzung ausnahmeweise entgegenstehen (VG Gelsenkirchen, Urt. v. 10.12.2013, 12 K 226/12).

VII. Gesamtschuldnerische Haftung der Beamten

9   Nach § 48 Satz 2 BeamtStG haften Beamte gesamtschuldnerisch, wenn sie den Schaden gemeinsam herbeigeführt haben (zur Haftung von Nebentätern gegenüber dem Dienstherrn vgl. *Metzler-Müller* in MRSZ, § 48 BeamtStG Erl. 5; vgl. zur Rechtsnatur des Ausgleichsanspruchs unter den Beamten *H. Günther*, ZBR 2013, 194). Die Voraussetzungen einer gemeinschaftlich begangenen unerlaubten Handlung i. S. d. § 830 Abs. 1 Satz 1 BGB müssen dabei nicht vorgelegen haben (*Metzler-Müller* a. a. O.). Insoweit zieht das Beamtenrecht bei der Haftung eine Parallele zum § 421 BGB (*Reich*, § 48 BeamtStG Rn. 7). Ob der Dienstherr bei der **Auswahl des Gesamtschuldners** frei ist und sich nach Belieben für einen Bediensteten entscheiden kann (so *Reich*, a. a. O.) oder sich an den Verursachungsbeiträgen/Grad des Verschuldens zu orientieren hat, weil **Fürsorgegesichtspunkte** zu beachten sind (VG Gelsenkirchen, Urt. v. 10.12.2013, 12 K 226/12; OVG Münster, NVwZ 1992, 597; OVG Münster, DÖD 1990, 277; *Schnellenbach*, § 9 Rn. 41), ist umstritten (vgl. *Battis*, § 75 BBG Rn. 210; *Kohde* in v. Roetteken/Rothländer, § 48 BeamtStG Rn. 80; *Schnellenbach*, § 9 Rn. 41; *Simianer*, ZBR 1993, 47). Das OVG Münster fordert unter dem Gesichtspunkt der Fürsorgepflicht vom Dienstherrn eine **Ermessensentscheidung;** er könne grundsätzlich beliebig auswählen, müsse aber nach Art und Maß des Ver-

ursachungsbeitrags/des Verschuldens prüfen, welchen Bediensteten er auf welchen Anteil des Schadens in Anspruch nimmt (OVG Münster, NVwZ 1992, 598; *Metzler-Müller,* a. a. O.; *Beckmann,* ZBR 2004, 117; *Zetzsche,* ZBR 2004, 130). Dem wird z. T. entgegengehalten, dass die beamtenrechtliche Haftungsgrundlage keine Modifikation der Grundsätze des § 421 BGB enthält, der es gerade in das uneingeschränkte Belieben des Gläubigers stellt, welchen der Schuldner er wie in Anspruch nimmt (*Reich,* § 48 BeamtStG Rn. 7; s. a. *Meyer,* RiA 1991, 62; s. a. VG Gelsenkirchen, Urt. v. 22.2.2013, 12 K 1564/10). Dieser Ansicht ist zu folgen; es findet sonst eine Verlagerung des dauerhaften Schadensrisikos auf die öffentliche Hand statt, obwohl eine besondere Schutzbedürftigkeit eines mindestens grob fahrlässig einen Schaden verursachenden Bediensteten nicht erkennbar ist. Schon die Begrenzung auf grobe Fahrlässigkeit und Vorsatz ist eine **Haftungsprivilegierung des Beamten,** so dass es nicht unbillig ist, bei der gesamtschuldnerischen Haftung den Spielraum des Dienstherrn bei der konkreten Auswahl des in Anspruch zu nehmenden Gesamtschuldners und der Höhe nicht unter Fürsorgegesichtspunkten einzuschränken (*Reich,* § 48 BeamtStG Rn. 7 a. a. O.; *Meyer,* RiA 1991, 62).

In der Praxis werden Behörden allerdings gut beraten sein, sich bei normalen Fallum- **10** ständen (noch) an der bisherigen Rechtsprechung zu orientieren (OVG Münster, NVwZ 1992, 598; *Beckmann,* ZBR 2004, 117; vgl. auch die Betonung von Fürsorgeaspekten bei Schadensersatzansprüchen des Dienstherrn durch BVerwG, ZBR 1999, 278; *Zetzsche,* ZBR 2004, 132 ff.). Bei **existenzbedrohenden Schadenshöhen** ist vom Dienstherrn eine angemessene Forderungsreduktion unter Fürsorgegesichtspunkten zu prüfen (OVG Münster, Urt. v. 20.11.2002, 8 A 940/02; *Beckmann,* ZBR 2004, 114 ff.; *Zetzsche,* ZBR 2004, 130; in diese Richtung wohl auch *Schnellenbach,* § 9 Rn. 42). Die Einzelheiten und Maßstäbe sind dabei umstritten (vgl. *Beckmann,* ZBR 2004, 114 ff.; *Zetzsche,* ZBR 2004, 132 ff.; vgl. zum Zinsaufwand als Schadensposten BVerwG, Urt. v. 19.12.2002, 2 C 27/01; Urt. v. 19.7.2001, 2 C 42.00; BVerwG, ZBR 1989, 61; *Schnellenbach,* § 9 Rn. 35).

VIII. Mitbestimmung

Die Geltendmachung von Schadensersatzansprüchen gegen Beschäftigte, zu denen in **11** dem Kontext auch nach den Einzelfallumstände Ruhestandsbeamte zählen können (vgl. OVG Münster, NWVBl. 2016, 33; VG Gelsenkirchen, Urt. v. 27.6.2012, 1 K 1500/12; s. a. *Welkoborsky u. a.,* § 72 LPVG Rn. 147; dagegen u. a.: *Cecior* in CVLK, § 72 LPVG Rn. 1025; s. a. OVG Hamburg, B. v. 9.10.1979, Bs PH 4/79), ist mitbestimmungspflichtig nach **§ 72 Abs. 4 Satz 1 Nr. 11 LPVG,** wenn Betroffene dies beantragen (§ 72 Abs. 4 Satz 2 LPVG). Er ist insoweit rechtzeitig darüber zu unterrichten, dass eine solche Maßnahme gegen ihn vom Dienstherrn beabsichtigt ist, damit er entscheiden kann, ob er einen Antrag auf eine personalvertretungsrechtliche Beteiligung stellt (vgl. *Cecior* in CVLK, § 72 LPVG Rn. 1196). Die Mitbestimmungsregelung findet nach der aktuellen Rechtsprechung des OVG Münster auch auf Ruhestandsbeamte Anwendung, wenn sich der Anspruch auf eine Dienstpflichtverletzung zu Zeiten vor dem Ruhestand bezieht und der Ruhestandsbeamte die Mitbestimmung des Personalrats beantragt (OVG Münster, NWVBl. 2016, 33– das OVG verweist u. a. darauf, dass § 5 Abs. 1 Satz 1 LPVG den Begriff des Beschäftigten verwendet, ohne zwischen aktiven und ausgeschiedenen Beschäftigten zu differenzieren; s. a. OVG Weimar B. v. 12.6.2014, 2 ZKO 968/10). Hierdurch wird auch z. B. vermieden, „dass ausgeschiedene und aktive Beschäftigte, deren Inanspruchnahme als Gesamtschuldner (vgl. § 48 Satz 2 BeamtStG) beabsichtigt ist, personalvertretungsrechtlich unterschiedlich behandelt werden" (OVG Münster, NWVBl. 2016, 33). Ansprüche außenstehender Dritter gegen einen Beschäftigten fallen nicht unter § 72 Abs. 4 Satz 1 Nr. 11 LPVG (*Cecior* in CVLK, § 72 LPVG Rn. 1015; *Welkoborsky u. a.,* § 72 LPVG Rn. 147). Ebenfalls von der Norm nicht umfasst werden Rückforderungsansprüche wegen der Zuvielzahlung von Bezügen oder sonstiger Leistungen des Dienstherrn (z. B. Beihilfen) (*Bülow,* LPVG NRW,

§ 72 LPVG Rn. 959; *Welkoborsky u. a.,* § 72 LPVG Rn. 147; BVerwG, RiA 2006, 277). Wenn der Dienstherr Ansprüche nach § 80 gelten machen will, muss er den Beschäftigten rechtzeitig davon in Kenntnis setzen. Dieser kann dann die Personalratsbeteiligung beantragen; schon unter Fürsorgegesichtspunkten sollte man als Dienstherr Beschäftigte auf das Antragsrecht hinweisen (OVG Münster, ZBR 1983, 239; *Metzler-Müller* in MRSZ, § 48 BeamtStG Erl. 6.1; *Cecior* in CVLK, § 72 LPVG Rn. 1021).

12   Das Antragsmodell soll wegen der Persönlichkeitsrechte sicherstellen, dass Betroffene selbst entscheiden, ob die Schadensersatzproblematik selbst mit dem Dienstherrn geklärt wird oder das personalvertretungsrechtliche Gremium einbezogen werden soll (vgl. dazu BVerwG, ZTR 2010, 434; *Cecior* in CVLK, § 72 LPVG Rn. 1196; *Ilbertz,* ZfPR online 2010, Nr. 9, Anm. 6; *Vogelsang,* ZTR 2011, 472, 476; s. a. *Rehak,* ZfPR 2013, 121). Gerade bei Ansprüchen der unteren Größenkategorie wird es oft dem Interesse des zu Schadensersatz Verpflichteten entsprechen, die Angelegenheit diskret und möglichst einvernehmlich mit der Dienststelle zu bereinigen (BVerwG, ZTR 2010, 434). In der Praxis ist es manchmal umstritten, zu welchem Zeitpunkt das „Geltendmachen" des Anspruches durch den Dienstherrn vorliegt. Der Ersatzanspruch wird geltend gemacht, wenn dem Beamten kundgegeben wird, dass man gegen ihn einen Ersatzanspruch für gegeben hält (*Cecior* in CVLK, § 72 LPVG Rn. 1021). Hierbei bedarf es (noch) nicht einer genau bezifferten Zahlungsaufforderung oder der Absichtserklärung, den Anspruch durch einen Leistungsbescheid oder eine Klage erforderlichenfalls durchzusetzen (BVerwG, ZTR 2010, 434; BVerwG, B. v. 24.4.2002, 6 P 4.01).

IX. Rechtsnatur des Schadensersatzanspruchs/Rechtsweg

13   Der **Schadensersatzanspruch des Dienstherrn** gegen den Beamten ist **öffentlich-rechtlicher Natur** (BVerwG, NVwZ 1996, 182, 183; s. auch zur Rückgriffshaftung bei „Pseudo-Beamten" BVerwG, NJW 1996, 2175; *Metzler-Müller* in MRSZ, § 48 BeamtStG Erl. 2). Bei der Pfändung solcher Geldforderungen ist § 850 f Abs. 2 ZPO über § 48 Abs. 1 Satz 1 VwVG NRW anwendbar; § 48 Abs. 1 Satz 3 VwVG NRW steht dem nach der Rechtsprechung des OVG Münster in einem Beschluss vom 12.9.2013 nicht entgegen (OVG Münster, B. v. 12.9.2013, 6 A 2832/12). Bei Forderungen nach § 80 i. V. m. 48 BeamtStG ist ausschließlich der **Verwaltungsrechtsweg** gegeben, § 54 BeamtStG (vgl. BGH, NVwZ 2009, 928; BVerwG, NVwZ 1996, 182). Wenn es allerdings um einen Regressanspruch des Dienstherrn gegen den Beamten wegen Amtspflichtverletzung geht (Rückgriff nach Art. 34 Satz 2 GG), kann dieser Anspruch auf Ersatz des entstandenen Fremdschadens/gezahlten Schmerzensgeldes an einen Dritten wegen Art. 34 Satz 3 GG nicht durch Leistungsbescheid geltend gemacht werden (*v. Roetteken* in v. Roetteken/ Rothländer, § 48 BeamtStG Rn. 128; OVG Münster, DÖD 2011, 157). Die Entscheidung beim Innenregress ist – so das OVG Münster – in solchen Amtshaftungsfällen den ordentlichen Gerichten vorbehalten, weil der „Amtswalter beim Innenregress bei einer Beitreibung im Weg der Verwaltungsvollstreckung schlechter gestellt wäre, als wenn er dem Geschädigten (hier: der Schülerin) unmittelbar gehaftet hätte" (OVG Münster, DÖD 2011, 157).

§ 81 Übergang eines Schadensersatzanspruchs auf den Dienstherrn

[1]**Werden Beamtinnen und Beamte, Versorgungsberechtigte oder deren Angehörige körperlich verletzt oder getötet, geht ein gesetzlicher Schadensersatzanspruch, der diesen Personen infolge der Körperverletzung oder der Tötung gegen Dritte zusteht, insoweit auf den Dienstherrn über, als dieser**

1. **während einer auf der Körperverletzung beruhenden Aufhebung der Dienstfähigkeit oder**
2. **infolge der Körperverletzung oder der Tötung**

zur Gewährung von Leistungen verpflichtet ist. [2]Ist eine Versorgungskasse zur Gewährung der Leistung verpflichtet, geht der Anspruch auf sie über. [3]Der Übergang des Anspruchs kann nicht zum Nachteil der Verletzten oder der Hinterbliebenen geltend gemacht werden.

Übersicht

I. Allgemeines

Es handelt sich bei § 81 um einen **gesetzlichen Forderungsübergang** (Legalzession), **1** wie er sich auch z.B. im Versicherungs- und Sozialversicherungsrecht findet (§ 86 VVG, § 116 SGB X). Der Schädiger soll nicht auf Kosten des geschädigten Dienstherrn oder von Versorgungskassen haftungsrechtlich entlastet werden, wenn der Dienstherr an geschädigte Beamte, Versorgungsberechtigte oder deren Angehörige aufgrund des Schadensfalls zur Gewährung von Leistungen gesetzlich verpflichtet ist (BGH, ZBR 1989, 368; *Groß*, DAR 1999, 337, 344; *Battis*, § 76 BBG Rn. 2; *Klinkhardt*, ZBR 1986, 133, 134; *May* in Schütz/ Maiwald, § 82 LBG Rn. 9, 10 – der liquidationsfähige Schaden wäre sonst nach der Differenztheorie entsprechend vermindert; s. zu analogen Aspekten bei § 86 VVG *Dirk-C. Günther*, Der Regress des Sachversicherers, S. 3 ff.). Der Forderungsübergang soll eine ansonsten denkbare doppelte Entschädigung des Geschädigten vermeiden. Er ist begrenzt auf die vom Dienstherrn zu gewährenden Leistungen (z.B. bei Verletzung: Beihilfen gem. § 75, Fortzahlung der Bezüge bei Dienstunfähigkeit). Einem Übergang des Schadensersatzanspruchs eines geschädigten Beamten nach §§ 7 Abs. 1, 18 Abs. 1 StVG, § 823 Abs. 1 BGB, § 115 Abs. 1 Satz 1 Nr. 1 VVG auf den Dienstherrn nach § 76 BBG steht nach der Rechtsprechung des BGH nicht der § 46 Abs. 2 BeamtVG entgegen (BGH, NJW 2013, 2351 – es handelte sich um einen Verkehrsunfall unter Beteiligung zweier Beamter auf einem Militärgelände, d.h. außerhalb des allgemeinen Straßenverkehrs). Wegen der vergleichbaren Rechtslage kann man dies auf das Landesrecht von NRW übertragen. § 55 Abs. 2 LBeamtVG steht insofern z.B. bei einem vergleichbaren Verkehrsunfall und anderen vergleichbaren Fallgestaltungen unter Zugrundelegung der dargestellten Rechtsprechung des BGH einem Übergang der Ansprüche des geschädigten Beamten nach § 81 ebenfalls nicht entgegen. Entscheidend für die Anspruchsentstehung ist bei § 81 (nur) die **schadensbedingte Leistungspflicht des Dienstherrn,** nicht ob de facto die Leistungen ganz oder teilweise (bereits) an den Leistungsempfänger erbracht wurden (vgl. *Battis*, § 76 BBG Rn. 6). Der Dienstherr wird schon direkt mit dem Schadensfall bzw. zum Zeitpunkt des schadensstiftenden Ereignisses Inhaber der entsprechenden Forderungen aus dem Forderungsübergang (BGH, Urt. v. 10.1.2012, VI ZR 96/11). Der Beamte ist folglich unmittelbar gehindert, über den Anspruch in irgendeiner Weise – etwa in Form einer Abtretung oder eines Vergleichs – (wirksam) zu verfügen. Maßgeblich für die Verjährung sind die §§ 194 ff. BGB; durch den beamtenrechtlichen Rechtsübergang werden die zivilrechtlichen Verjährungsfristen nicht berührt (vgl. zu § 87a a. F. BBG: BGH, Urt. v. 10.1.2012, VI ZR 96/11).

II. Übergang des Schadensersatzanspruchs

1. Die ursprünglich gegenüber dem Schädiger Anspruchsberechtigten

2 Voraussetzung für den **Übergang eines Schadensersatzanspruches** nach § 81 ist, dass ein „Beamter", „Versorgungsberechtigter" oder ein „Angehöriger" des Beamten körperlich verletzt oder getötet wurde. „Beamte" sind Beamte i. S. d. LBG und BeamtStG (Lebenszeitbeamte, Probe- und Zeitbeamte, Beamte auf Widerruf usw.). § 7 Abs. 3 LMinG legt fest, dass für die Mitglieder der Landesregierung die Vorschrift entsprechend gilt. Das LBeamtVG bestimmt, wer zu den **„Versorgungsberechtigten"** zählt, also u. a. Ruhestandsbeamte und Hinterbliebene (vgl. §§ 4 ff., §§ 20 ff. LBeamtVG). Durch das Gesetz zur Gleichstellung der eingetragenen Lebenspartnerschaft mit der Ehe im Besoldungs- und Versorgungsrecht vom 24.5.2011 (GV. NRW. S. 271) wurden erstmalig auch **eingetragene Lebenspartner** von der Norm erfasst. Das BVerfG hat in einem Beschluss vom 19.6.2012 das Erfordernis einer Gleichbehandlung von Ehe und eingetragener Lebenspartnerschaft beim Familienzuschlag herausgestellt (BVerfG, ZBR 2013, 31), was als Bestätigung der Verfahrensweise des Gesetzgebers von NRW gewertet werden kann. In dem neugefassten LBesG und BeamtVG werden eingetragene Lebenspartnerschaften sowohl beim Familienzuschlag als auch generell entsprechend den gesetzlichen Vorgaben gleichgestellt. Eingetragene Lebenspartnerschaften werden auch von § 75 (Beihilfe) erfasst, so dass z.B. Beihilfeleistungen an einen verletzten eingetragenen Lebenspartner eines Beamten, die auf einem in § 81 geregelten Sachverhalt basieren, bei Erfüllung der gesetzlichen Voraussetzungen vom Dienstherrn beim Schädiger geltend gemacht werden können. Zu den **„Angehörigen"** i. S. d. § 81 Satz 1 gehören die **Angehörigen des Beamten,** bei denen der Dienstherr im Verletzungs- oder Tötungsfall Leistungen erbringen muss.

2. Kongruenz Schadensereignis/Leistungen des Dienstherrn

3 § 81 legt in Satz 1 Nr. 1 und Nr. 2 zwei unterschiedliche Tatbestände als Bezugs- und Begrenzungspunkte für den Forderungsübergang fest. Zum einen wird der Fall einer Aufhebung der Dienstfähigkeit erfasst, wenn dieser auf der Körperverletzung durch den Dritten beruht und der Dienstherr in der Zeit Leistungen erbringen muss (Fortzahlung der Besoldung), ohne einen Gegenwert in Form der Ableistung des Dienstes zu erhalten (ersatzfähig sind die Bruttobezüge, vgl. *Battis*, § 76 BBG Rn. 8). Zum anderen geht es um die Gewährung von Leistungen durch den Dienstherrn, die infolge der Körperverletzung des Beamten oder seiner Tötung zu erbringen sind (§ 81 Satz 1 Nr. 2). In beiden Fällen muss jeweils ein **Kausalzusammenhang** (zeitlicher und sachlicher Zusammenhang) **zwischen dem Schadensereignis** und der (dadurch) entstehenden **Leistungsverpflichtung des Dienstherrn** bestehen (BGH, Urt. v. 17.12.2002, VI ZR 271/01; BGH, ZBR 1989, 368).

4 Die Leistungsverhinderung des Beamten muss in Variante 1 medizinisch auf der verursachten Körperverletzung „beruhen"; ein Forderungsübergang findet nicht statt, wenn der verletzte Beamte in unmittelbarem zeitlichen Zusammenhang etwa mit einem Unfall durch eine ganz andere Krankheit als die durch den Unfall bewirkte dienstunfähig wird und die unfallbedingte Krankheit nicht mit kausal ist **(mangelnde Kongruenz).** In der Praxis können sich erhebliche Abgrenzungsschwierigkeiten ergeben, weil sich u. U. medizinische Ursachen für die Dienstunfähigkeit, die durch einen Schadensfall bedingt sind und allgemeine konstitutionelle Ursachen/andere Ursachen überschneiden. Bei Variante 2 müssen die Leistungen gerade „infolge" der Körperverletzung oder Tötung zu gewähren sein, so dass z.B. nicht unfallbedingte Heilmaßnahmen eines unfallbedingt in den vorzeitigen Ruhestand versetzten Beamten vom Schädiger nicht zu tragen sind (BGH, ZBR 2003, 166; *Battis,* § 76 BBG Rn. 5). Auf der anderen Seite sind auch „Kann-

Beihilfen", d.h. Beihilfeleistungen, die im Rahmen der (positiven) Ermessensausübung anlässlich des Schadensfalls an den verletzten Beamten zur Wiederherstellung seiner Gesundheit geleistet werden, kongruent (*Battis,* § 76 BBG Rn. 9). Gesetzliche Schadensersatzansprüche des Beamten/Versorgungsberechtigten und deren Angehörigen, die über die im Verhältnis zum Dienstherrn/der Versorgungskasse entstandenen Leistungsansprüche hinausgehen bzw. nicht mit ihnen kongruent sind, werden ebenso wenig von § 81 erfasst wie (höchstpersönliche) **Schmerzensgeldansprüche** nach § 253 Abs. 2 BGB (vgl. zu § 76 BBG *Battis,* § 76 BBG Rn. 9; OLG Hamm, VersR 1994, 1356; *Klinkhard,* ZBR 1986, 134).

3. Erfasste Schadensersatzansprüche gegen Dritte

Von § 81 werden nur **gesetzliche Schadensersatzansprüche** gegen Dritte **wegen 5 Körperverletzung oder Tötung** erfasst (vgl. zum vergleichbaren § 87a BBG a.F. *Marburger,* PersV 1977, 217ff.). Hierzu zählen u.a. **Ansprüche aus unerlaubter Handlung** nach §§ 823ff. BGB und **Ansprüche aus Gefährdungshaftung** (z.B. Halterhaftung: § 7 StVG). Soweit Ansprüche aus einem Vertrag resultieren, greift der Forderungsübergang nicht (a.A. bei einem Sonderfall ärztlicher Haftung BGH, NJW 1983, 1374; OLG Köln, VersR 2004, 189). Der Dienstherr oder die Versorgungskasse scheiden als Schuldner des übergegangenen Anspruchs aus, da sie nicht als „Dritter" i.S.d. § 81 gelten (vgl. zur analogen Situation nach BBG: *Battis,* § 76 BBG Rn. 4). Es wäre befremdlich, wenn auf den Dienstherrn Rechtsansprüche übergehen würden, die in der Person seines eigenen Beamten gegen genau diesen Dienstherrn selbst entstanden sind (vgl. zur Begrenzung von Ansprüchen Geschädigter aus Dienstunfällen gegen andere öffentlich-rechtliche Verwaltungsträger § 55 Abs. 2 LBeamtVG – s. in dem Kontext OLG Hamm, DVBl 2012, 722; s.a. BGH, NJW 2013, 2351).

Unter Heranziehung der Wertungen des § 86 Abs. 3 VVG und weiterer sozialrechtlicher 6 Regelungen (§ 116 Abs. 6 SGB X) sind Ersatzansprüche des Beamten gegen Familienangehörige, mit denen er bei Eintritt des Schadens in häuslicher Gemeinschaft lebt, vom Forderungsübergang auf den Dienstherrn auszunehmen **(sog. sozialrechtliches Angehörigenprivileg),** es sei denn, diese Person hat den Schaden vorsätzlich verursacht (vgl. dazu BGHZ 43, 72; BGHZ 66, 104; *Battis,* § 76 BBG Rn. 4 a.E.; *Jahnke/Vatter,* NJW 2016, 1477, 1479; s.a. zu dem allgemeinen Rechtsgedanken ausführlich BGH, NJW 2009, 2062; vgl. allgemein zum Angehörigenprivileg auch *D.-C. Günther,* VersR 2009, 816). Soweit teilweise vertreten wird, bei potentiellen Rückgriffsfällen eines Dienstherrn könnten sogar **Partner einfacher nichtehelicher Lebensgemeinschaften** unter das „Angehörigenprivileg" fallen, ist dies abzulehnen (so aber OLG Nürnberg, NZV 2009, 287 zu Art. 96 a.F. LBG Bayern; allgemein besteht im Sozialversicherungsrecht die Tendenz zur Erweiterung des Haftungsausschlusses auf nichteheliche Lebensgemeinschaften, vgl. OLG Köln, NJW-Spezial 2012, 395; BGH, BeckRS 2013, 04308). Der BGH hat allerdings in einem Urteil vom 5.2.2013 entschieden, dass analog § 116 Abs. 6 Satz 1 SGB X das Familienprivileg für Partner einer nichtehelichen Lebensgemeinschaft beim Anspruchsübergang auf Sozialversicherungsträger gilt (BGH, VersR 2013, 520; vgl. dazu *Jahnke/Vatter,* NJW 2016, 1477, 1479; *Kampen,* NJW 2016, 1046; gegen eine analoge Anwendung des Angehörigenprivilegs auf Partner nichtehelicher Lebensgemeinschaften D.-C. Günther, VersR 2009, 816). Für das Beamtenrecht liegt es (im Unterschied zum Sozialversicherungs- und Versicherungsrecht) näher, ausschließlich auf einen engen, auf das Familienrecht abstellenden Angehörigenbegriff abzustellen, wie er Gegenstand von zahlreichen beamtenrechtlichen Normen ist (vgl. z.B. §§ 47 Abs. 1, 64 Abs. 1 Satz 1 Nr. 2 und § 64 Abs. 5 Satz 2). Im Rahmen des § 81 gilt insofern bezüglich nichtehelicher Lebenspartner das Angehörigenprivileg weder unmittelbar noch analog.

III. Schadensersatzhöhe bei Todesfall

7   Wenn ein Beamter zu Tode gekommen ist, bestimmt sich die Höhe der übergangsfähigen gesetzlichen Schadensersatzansprüche nach den §§ 843, 844 BGB und den zu leistenden Zahlungen – z. B. Beihilfeleistungen – an die Hinterbliebenen. Die Zahlungen sind von dem Schadensersatzpflichtigen bis zu dem Zeitpunkt zu leisten, zu dem der Beamte voraussichtlich eines natürlichen Todes gestorben wäre (BGH, NVwZ 1986, 507). Falls keine belastbaren individuellen Anhaltspunkte für den voraussichtlichen Todeszeitpunkt vorliegen, wird im Rahmen des § 844 Abs. 2 Satz 1 BGB regelmäßig auf die vom Statistischen Bundesamt herausgegebenen „Sterbetafel" abzustellen sein (vgl. *Sprau* in Palandt, § 844 BGB Rn. 13; OLG Hamm MDR 1998, 1414; vgl. Statistisches Bundesamt, Statistisches Jahrbuch 2012, S. 38 – Sterbetafel). Der geschätzte Zeitpunkt des natürlichen Todes ist im Falle einer streitigen Auseinandersetzung mit dem Schädiger in dem Urteil kalendermäßig anzugeben (BGH, NVwZ 1986, 507).

IV. Mitverschulden des Geschädigten

8   Dem Dienstherrn oder der Versorgungskasse, auf die nach § 81 Satz 2 bei Leistungsgewährung ebenfalls entsprechend die Ansprüche übergehen, kann ein **Mitverschulden des Geschädigten** (§ 254 Abs. 1 BGB) bzw. eine **Verletzung seiner Obliegenheit zur Schadensminderung** (§ 254 Abs. 2 Satz 1 BGB) anspruchsmindernd vom Schädiger entgegengehalten werden (BGH, NJW 2010, 927). Soweit sich im Einzelfall die Zuständigkeit zur Schadensminderung – etwa des Erwerbsschadens – weitgehend auf den Dienstherrn verlagert hat, kann ausnahmsweise diesem eine Verletzung seiner eigenen Obliegenheiten analog § 254 BGB anspruchsmindernd entgegengehalten werden (BGH, NJW 2010, 927: zu späte Verwendung des unfallbedingt eingeschränkt polizeidienstfähigen Beamten im Innendienst).

9   Bei **Verkehrsunfällen mit Kraftfahrzeugen** sind die wechselseitigen Verschuldens- und Verursachungsbeiträge nach § 17 Abs. 1 StVG relevant; sie bestimmen den Umfang der Legalzession auf den Dienstherrn (vgl. Brandenburgisches OLG, Urt. v. 23.6.2011, 12 U 270/08). Ein geschädigter Beamter, der mit einem Dienstkraftrad einen Unfall erleidet, muss sich bei Fehlen von Verschulden nach § 823 BGB oder vermutetem Verschulden nach § 18 StVG nicht die **einfache Betriebsgefahr** anspruchsmindernd zurechnen lassen, sodass sich die auf den Dienstherrn übergegangene Forderung aus dem Unfall nicht durch Gesichtspunkte der Betriebsgefahr reduziert (BGH, NJW 2010, 927 – zustimmend *Looschelders,* VersR 2010, 272; BGH, VersR 1963, 380; *Battis,* § 76 BBG Rn. 13).

V. Die Schutzklausel, § 81 Satz 3

10   Die Vorschrift legt fest, dass dem Geschädigten/Hinterbliebenen **keine Nachteile aus der Legalzession** erwachsen dürfen. Beihilfeansprüche sollen z. B. dadurch nicht negativ tangiert werden (vgl. dazu § 3 Abs. 4 Satz 2 BVO). Die „**Schutzklausel**" (so *Battis* zu § 76 Satz 3 BBG, § 76 BBG Rn. 14) des § 81 Satz 3 erfasst neben der Beihilfe alle Ansprüche des Verletzten/seiner Hinterbliebenen, denen die beamtenrechtlichen Ansprüche ungeachtet des Anspruchsübergangs ungeschmälert zustehen sollen. Es entspricht ständiger Rechtsprechung, dass in Fällen, wo z. B. bei einem Schadensereignis trotz daraus resultierender Beihilfeleistungen des Dienstherrn an den Beamten (oder dessen Hinterbliebenen) diesem/diesen ein (Rest-)Schaden verblieben ist und der Schädiger – etwa wegen Mitverschuldens des Beamten an einem Unfall – nur für einen Teil des Schadens haften muss, das sog. **Quotenvorrecht des Beamten** eingreift (BGHZ 22, 136 ff.; BGH, ZBR 1997, 400; OLG Brandenburg, Schaden-Praxis 2012, 6–7). Der Beamte kann mit Vorrang vor dem

Dienstherrn seinen sog. Restschaden aus der Haftungsquote des Schädigers liquidieren (BGHZ 22, 136). Nur derjenige Teil des Schadensersatzanspruchs, welcher nach Deckung des Schadens des Beamten verbleibt, geht auf seinen Dienstherrn über (BGHZ 22, 136; BGH, ZBR 1997, 400; OLGR Celle 2000, 298; *Battis* § 76 BBG Rn. 14).

VI. Mitwirkungspflichten bei Realisierung zedierter Ansprüche

Die Realisierbarkeit der übergegangenen Ansprüche hängt oft von der **Mitwirkung des** **11** **geschädigten Beamten, Versorgungsempfängers oder deren Angehörigen** ab (*Summer,* PersV 1987, 446). Der Beamte/Versorgungsberechtigte hat die (Neben-)Pflicht aus seinem Dienstverhältnis bzw. ehemaligen aktiven Dienstverhältnis, den Dienstherrn in zumutbarem Rahmen bei der Rechtsverfolgung übergegangener Ansprüche zu unterstützen (*Summer,* a.a.O.; *May* in Schütz/Maiwald, § 82 LBG Rn. 13–14). *Summer* kennzeichnet dies mit dem Begriff **„öffentlich-rechtliches Zessionarrechtsverhältnis"** (*Summer,* PersV 1987, 446, 447). Die **Mitwirkungspflicht** beinhaltet eine frühzeitige Information über den Schadensfall, den Schädiger und ggf. – insbesondere bei Verkehrsunfällen – über hinter dem Schädiger stehende Versicherungen. Wegen des nach § 115 Abs. 1 Nr. 1 VVG bestehenden Direktanspruchs gegen die Autoversicherung des Gegners ist dies wichtig. Der Beamte (ggf. Angehörige) ist gegenüber dem Dienstherrn jederzeit – soweit zumutbar und sachlich berechtigt – z.B. zu **Auskünften zum Schadenssachverhalt** und zur **Vorlage von (Original-)Unterlagen** verpflichtet. Je nach den Einzelfallumständen und Verletzungsfolgen können weiterreichende Mitwirkungshandlungen des Verletzten erforderlich und von diesem geschuldet sein (*Summer,* PersV 1987, 446, 447 ff.). All dies kann aber nur innerhalb der Zumutbarkeit erfolgen. In jedem Fall können diejenigen Handlungen verlangen werden, die für eine sachgerechte Anspruchsverfolgung ohne Forderungsübergang – also in eigener Sache – angezeigt wären. Dies schließt ärztliche Untersuchungen usw. ein.

Die Nichterfüllung von Mitwirkungspflichten durch den Beamten kann disziplinarrecht- **12** lich geahndet werden. Außerdem kann der Dienstherrn geschuldete Mitwirkungshandlungen öffentlich-rechtlich durch Bescheid geltend machen (vgl. *May* in Schütz/Maiwald, § 82 LBG Rn. 17; *Summer,* a.a.O.). Bei schuldhafter Verletzung der Mitwirkungspflicht kommen Schadensersatzsprüche des Dienstherrn in Betracht (*Summer,* PersV 1987, 446, 449 ff.). Bei pflichtwidrig nicht mitwirkenden Angehörigen scheiden naturgemäß disziplinarrechtliche Instrumentarien aus. Bei ihnen kommt eine **Zurückhaltung von etwaigen laufenden Leistungen** (z.B. im Falle eines Todes als Folge eines Dienstunfalls: Leistungen nach § 49 LBeamtVG) als Reaktion in Betracht und alternativ oder kumulativ eine Klage auf Mitwirkung vor dem Verwaltungsgericht (vgl. *May* in Schütz/Maiwald, § 82 LBG Rn. 16, 18). Ein etwaiges Zurückbehaltungsrecht kann nur außerhalb der pfändbaren Teile von Besoldung, Versorgung und anderen Leistungen erfolgen.

§ 82 Ersatz von Sachschäden

(1) [1]**Sind in Ausübung des Dienstes Kleidungsstücke oder sonstige Gegenstände, die üblicherweise im Dienst mitgeführt werden, beschädigt oder zerstört worden oder abhandengekommen, so kann dafür Ersatz geleistet werden.** [2]**Das Zurücklegen des Weges nach und von der Dienststelle gehört nicht zum Dienst im Sinne des Satzes 1.** [3]**Anträge auf Gewährung von Sachschadenersatz sind innerhalb einer Ausschlussfrist von drei Monaten zu stellen.**

(2) [1]**Ersatz kann auch geleistet werden, wenn bei der ordnungsgemäßen Wahrnehmung von Rechten oder bei der Erfüllung von Pflichten nach dem Landespersonalvertretungsgesetz vom 3. Dezember 1974 (GV. NRW. S. 1514) in der jeweils geltenden Fassung oder dem Neunten Buch Sozialgesetzbuch ein Schaden im Sinne des Absatzes 1 eingetreten ist.** [2]**Absatz 1 Satz 2 gilt entsprechend.**

I. Sachschaden des Beamten in Ausübung des Dienstes

1   Die Vorschrift ist eine Ausprägung der Fürsorge- und Schutzpflicht des Dienstherrn (§ 45 BeamtStG). Voraussetzung für die Ersatzleistung des Dienstherrn gegenüber einem Beamten (einschließlich der Ehrenbeamten nach § 5 BeamtStG, § 107) ist ein **Eintritt von Sachschäden** bei dem Beamten, die **im Rahmen der „Ausübung des Dienstes"** entstanden sind, § 82 Abs. 1 Satz 1. Soweit durch eine Landtagsfraktion im Kontext des Gesetzgebungsverfahrens zum Dienstrechtsmodernisierungsgesetz vorgeschlagen wurde, zusätzlich für Schmerzensgeldansprüche von im Dienst verletzten Beamten gegen Dritte in einem neuen § 83a eine Übernahme durch den Dienstherrn vorzusehen, weil in der Praxis solche im dienstlichen Kontext entstandene Ansprüche oft nicht privat gegen oft insolvente Schädiger zu realisieren sind, fand sich hierfür keine Mehrheit, obwohl es für eine solche gesetzliche Reglungen gute Argumente gibt (vgl. den Gesetzentwurf LT Drs. 16/9578-LBG NRW; s.a. das Ausschussprotokoll des Innenausschusses Apr 16/1199, S. 8 ff.). Der Bund beabsichtigt hingegen mit § 78a BBG (Zahlung durch den Dienstherrn bei Schmerzensgeldansprüchen) eine Norm für Schmerzensgeldansprüche verletzter Beamter einzuführen (vgl. BT-DRs. 18/8517). Die Gesetzesbegründung lautet (BT-DRs. 18/8517, S. 28): „Daher ist bei rechtskräftig festgestellten, aber nicht erfolgreich vollstreckbaren Schmerzensgeldansprüchen eine Vorleistung durch den Dienstherrn geboten. Aus Fürsorgegründen sollen Beamtinnen und Beamte, die im Dienst oder auf Grund ihrer dienstlichen Stellung Opfer von Gewalt werden, mit der Durchsetzung solcher Ansprüche nicht allein gelassen werden. Die Regelung soll nach dem Gleichheitsgrundsatz nicht nur für den Polizeivollzugsdienst, sondern für alle Beamtinnen und Beamten gelten. Die Ausgestaltung als Sollvorschrift bringt zum Ausdruck, dass bei Vorliegen der Voraussetzung ein Zahlungsanspruch gegen den Dienstherrn besteht, es sei denn, dass ein atypischer Ausnahmefall vorliegt." Diese Erwägungen erscheinen überzeugend. Der Landesgesetzgeber von NRW sollte mit der nächsten Dienstrechtsnovelle dem Bund folgen und eine vergleichbare Norm zu Übernahme von Schmerzensgeldansprüchen für NRW einführen. Hierbei kann man dann auf die Erfahrungen des Bundes mit der neuen Norm zurückgreifen.

Von § 82 werden sog. Fremdschäden nicht erfasst. Raum für eine Leistung des Dienstherrn im Rahmen des § 82 ist im Übrigen nur dann, wenn der Beamte seinen Schaden nicht anderweitig – etwa von einer Versicherung – ersetzt bekommt. Wann eine Sache „beschädigt oder zerstört" ist, lässt sich in Zweifelsfällen unter Einbeziehung entsprechender strafrechtlicher Bestimmungen und Definitionen (§ 303 StGB) entscheiden; der Begriff des „Abhandenkommens" (z.B. Diebstahl/Verlieren einer Sache) findet sich wiederum in § 935 BGB, so dass die entsprechenden Kommentierungen und die diesbezügliche Rechtsprechung herangezogen werden können (*Tiedemann* in Schütz/Maiwald, § 83 LBG Rn. 22). Anerkannt ist, dass sog. „Abnutzungsschäden" nicht als „Beschädigung" einer Sache nach § 82 ersatzfähig sind (*Tiedemann* in Schütz/Maiwald, § 83 LBG Rn. 22). Zwischen dem schädigenden Ereignis und den dienstlichen Verrichtungen des Beamten muss ein unmittelbarer räumlicher und zeitlicher Zusammenhang vorliegen (OVG Münster, Urt. v. 11.3.2009, 6 A 3481/05; BVerwG, NVwZ-RR 2008, 411; OVG Münster, DÖD 1994, 168; BVerwG, NJW 1995, 271). Der Beamte ist regelmäßig im Dienst, wenn er im Dienstgebäude oder auf einer Dienstreise/Dienstgang innerhalb der Dienstzeit seinen Dienst verrichtet (BVerwG, NVwZ-RR 2008, 269). Der Schaden muss durch **eine äußere Einwirkung** herbeigeführt worden sein (s.a. die ebenfalls u.a. auf eine äußere Einwirkung abstellende Definition des Dienstunfalls in § 36 Abs. 1 Satz 1 LBeamtVG NRW). Ungeachtet der Anlehnung des § 82 an das Unfallfürsorgerecht entsteht der Ersatzanspruch für Sachschäden unabhängig davon, ob in der maßgeblichen Situation der Schadensentstehung auch die Gefahr von körperlichen Schäden bestand bzw. sich eine solche Gefahr neben dem Sachschaden realisiert hat (OVG Bautzen, ZBR 2011, 424; VGH Mannheim, Urt. v. 8.1.1991, 4 S 2321/88). Sofern Sachschäden durch einen Dienstunfall verursacht worden sind, richtet sich gem. § 38 LBeamtVG der Ersatz dieser Schäden nach § 82 Abs. 1 Satz 1 und 3. Im Einzelfall kann sich ein Anspruch des Beamten auf Schadensersatz auch aus der allgemeinen **Fürsorgepflicht des Dienstherrn für seine Beamten** als solches ergeben (vgl. dazu VG Düsseldorf, Urt. v. 2.4.2014, 10 K 4033/13, bestätigt durch OVG Münster, B. v. 13.7.2016, 1 A 1194/15 – kein Anspruch auf Ersatz von Schäden an Dielenboden/Teppich, die Diensthund im Haus des Diensthundeführers verursacht hat; s. aber VG Münster, Urt. v. 17.4.2015, 5 K 3212/13: Haftung aus der Fürsorgepflicht für Verletzung der Verkehrssicherungspflicht bezüglich instabilem Baum auf Behördenparkplatz – vgl. zur Haftung für Bäume *J.-M. Günther*, Baumschutzrecht, Rn. 76 ff.; s.a. OVG Saarlouis, ZBR 2004, 231). Was zum Dienst gehört, wird von einschlägigen Vorschriften (z.B. des Reisekostenrechts) mitbestimmt. Hieraus ergibt sich z.B., wann eine **Dienstreise** beginnt bzw. was als **Dienstantritt** anzusehen ist. § 82 Abs. 1 Satz 2 stellt klar, dass die Wege von und zu der Dienststelle keinen Dienst darstellen. Die **Fahrt zum Arbeitsplatz** ist regelmäßig eine Privatfahrt, bei der beim Entstehen von Schäden (Wegeunfall) keine Ersatzleistungen vom Dienstherrn verlangt werden können. Wird allerdings vom Heimatort aus eine entsprechend genehmigte **Dienstreise** mit eigenem PKW angetreten, können erlittene Sachschäden ersatzfähig sein. Sofern es auf einem **Behördenparkplatz** durch Verletzung der Verkehrssicherungspflicht für einen Baum zu einem Schaden am PKW eines Beamten kommt, kann sich aus der **Verletzung der Fürsorgepflicht** des Dienstherrn (§ 45 BeamtStG) ein Schadensersatzanspruch ergeben (VG Münster, Urt. v. 17.4.2015, 5 K 3212/13; OVG Saarland, ZBR 2004, 231; *Schnellenbach*, § 10 Rn. 45). Derartige Ansprüche aus dem Gesichtspunkt der Fürsorge heraus werden ausnahmsweise anerkannt, wenn sonst die Fürsorgepflicht in ihrem Wesenskern verletzt wäre (OVG Münster, B. v. 22.5.2009, 1 A 2/08; BVerwG, DÖD 2000, 86). § 82 Abs. 1 Satz 1 stellt bei der Festlegung ersatzfähiger Schadensgegenstände auf „Kleidungsstücke" und – als Auffangtatbestand – auf **sonstige Gegenstände** ab, die **„üblicherweise im Dienst mitgeführt"** werden. Dies führt zu Zweifelsfragen. Unstreitig erfasst werden Gegenstände, die der Beamte unmittelbar zu der Dienstausübung benötigt. Mit umfasst werden ferner Gegenstände, die bei dienstlicher Tätigkeit gewöhnlich mitgeführt werden (OVG Münster, Urt. v. 11.3.2009, 6 A 3481/05). Hierzu zählen z.B. eine Uhr oder ein Füllfederhalter. Ein finaler Zusammenhang zwischen beschädigten oder abhanden gekommenen Sachen und der Wahrnehmung dienstlicher Aufgaben oder gar eine Anordnung der dienstlichen Verwendung durch den Dienstherrn wird nicht für einen Anspruch aus § 82 vorausgesetzt (OVG Münster, Urt. v. 11.3.2009, 6 A 3481/05; *Tiedemann* in Schütz/Maiwald, § 83 LBG Rn. 17). Eine **Einschränkung** bezüglich der **Ersatzfähigkeit ist für besonders hochwertige Sachen** zu machen, da diese normalerweise nicht im Dienst mitgeführt werden (OVG Münster, Urt. v. 11.3.2009, 6 A 3481/05, unter Hinw. auf OVG Münster, DÖD 1994, 168). Es kommt dann darauf an, welches Dienstgeschäft wahrgenommen wurde und wie sich der sachliche Zusammenhang mit dem abhanden gekommenen oder beschädigten hochwertigen Gegenstand darstellt. Bei der Frage der Hochwertigkeit ist nicht auf den Anschaffungs-, sondern den **Zeitwert zum Schadenszeitpunkt** abzustellen (OVG Münster, Urt. v. 11.3.2009, 6 A 3481/05). Beim Abhandenkommen einer hochwertigen privaten Digitalkamera eines Lehrers auf einer Abschlussfahrt bejahte das OVG Münster einen Ersatzanspruch, da der Lehrer seit 15 Jahren die Verantwortung für die bebilderte Abschlusszeitung trug und eine angemessene Dienstkamera nicht zur Verfügung stand (OVG Münster, Urt. v. 11.3.2009, 6 A 3481/05). Angesichts der sehr weiten Verbreitung von (z. Teil sehr hochwertigen) **Mobiltelefonen/iPhones** ist davon auszugehen, dass ihr Mitführen im Dienst durch Beamte zwischenzeitlich völlig üblich ist, so dass die Anwendung des § 82 auf sie nicht ausgeschlossen ist (so auch *Tiedemann* in Schütz/Maiwald, § 83 LBG Rn. 18; vgl. dazu schon VG Köln, Urt. v. 16.9.2002, 19 K 2488/00). Für dieses Ergebnis spricht auch, dass Mobiltelefone/iPhones z. B. auch bei der vom Dienstherrn vielfältig geförderten Vereinbarkeit von Familie und Beruf oft eine wichtige Rolle spielen, weil so z. B. die permanente Erreichbarkeit bei besonderen familiären Anforderungssituationen gesichert ist.

II. Bestimmung der Reichweite ersatzfähiger Schäden

2   Beim Schadensumfang kann sich die Frage der **Abgrenzung von unmittelbaren und mittelbaren Schäden** ergeben. Nach der Rechtsprechung sind primär nur die unmittelbaren Sachschäden ersetzbar. Im Falle eines Reifenschadens eines im Dienst benutzten privaten Kraftwagens bedeutet dies z. B., dass nur der beschädigte einzelne Reifen einen Ersatzanspruch begründet und die Kosten für einen weiteren Reifen, der nach der Empfehlung des Herstellers aus Sicherheitsgründen (Sicherstellung gleicher Profiltiefe) ebenfalls zu erneuern ist, selbst zu tragen sind (VG Gelsenkirchen, Urt. v. 11.11.2009, 12 K 2532/08). Die Rechtsprechung trennt **Sachschäden** von **Sachfolgeschäden,** bei denen der Dienstherr ein weites Ermessen hat (OVG Münster, RiA 2009, 45). Grundsätzlich können auch Sachfolgeschäden ersatzfähiger Schaden im Sinne des § 82 sein (vgl. zu Sachfolgeschäden BVerwGE 95, 98; OVG Münster, RiA 2009, 45: Zur Frage des Schadensersatzes für Verlust des Schadensfreiheitsrabattes bei Vollkaskoversicherung bei dienstlichem Einsatz von Privatauto). Bei dienstlich eingesetzten Privatfahrzeugen wird beim Unfall die Selbstbeteiligung als Schaden ersetzt. Es ist aber wegen der gezahlten Wegstreckenentschädigung nach Ansicht des OVG Münster nicht ermessensfehlerhaft, wenn der weitere Schaden in Form des Verlustes von Schadensfreiheitsrabatten nicht vom Dienstherrn getragen wird (OVG Münster, RiA 2009, 45; vgl. zur Frage des Schadensersatzes wegen merkantilen Minderwerts VGH München, ZBR 2013, 51 – verneint). Dass es zu nicht vollständig abgedeckten Schäden kommen könne, führe – so das OVG Münster – nicht zu einer unangemessen einseitigen Besserstellung des Dienstherrn und sei als systemgerecht hinzunehmen (OVG Münster, RiA 2009, 45; vgl. dazu ausführlich *Tiedemann* in Schütz/Maiwald, § 83 LBG Rn. 44 ff.). Perspektivisch führt diese Rechtslage – wenn der Dienstherr an dem System festhält – in der Praxis zu einem für den Dienstherrn sehr ungünstigen teilweisen **Rückzug des Einsatzes von Privatfahrzeugen von Beamten für den Dienst.** Bei solchen Rahmenbedingungen (der Verlust eines Schadenfreiheitsrabattes ist für den betroffenen Beamten gravierend) sinkt nach den Erfahrungen der Praxis deren Bereitschaft zum Einsatz von Privatfahrzeugen, zumal die vom Dienstherrn gezahlte pauschale Wegstreckenentschädigung (§ 6 Abs. 1 LRKG) durch erheblich gestiegene Kosten der Kraftfahrzeugunterhaltung immer realitätsferner wird.

3   Im Übrigen kommt es für die Bestimmung der Schadenshöhe auf den jeweiligen **Zeitwert** von derartigen (vergleichbaren) Gegenständen an, wobei in aller Regel ein sog. Abzug „neu für alt" stattzufinden hat. Zunächst wird sich aber im Einzelfall die Reparaturfrage stellen, die wiederum in der ersatzfähigen Höhe begrenzt ist durch den jeweiligen Zeitwert der beschädigten Sache (vgl. dazu näher *Tiedemann* in Schütz/Maiwald § 83 LBG Rn. 30).

III. Ausschlusstatbestände

4   Sofern der Beamte **vorsätzlich** zur Schadensentstehung beigetragen hat, ist eine Ersatzleistung von vorneherein ausgeschlossen. **Grobe Fahrlässigkeit** führt i. d. R. dazu, dass je nach den Umständen ermessensfehlerfrei eine Ersatzleistung abgelehnt oder stark beschränkt werden kann. Die Gerichte urteilen teilweise sehr streng. So wurde vom OVG

Münster einem Sportlehrer, der doppelt fehlsichtig war und dessen Brille im Sportunterricht einen Kratzer bekommen hatte, wegen grober Fahrlässigkeit ein Ersatzanspruch versagt, weil er statt einer Sportbrille eine herkömmliche Brille getragen hatte (OVG Münster, Urt. v. 21.4.2010, 6 A 307/10; VG Arnsberg, Urt. v. 18.1.2006, 2 K 580/04). In der Praxis sollten im Rahmen des § 82 **Schäden vom Dienstherrn mit Augenmaß geprüft** werden. Bei **leichter Fahrlässigkeit** wird i. d. R. ein Schaden voll ersetzt. Um frühzeitig Klarheit über mögliche Ansprüche auf Ersatzleistungen zu schaffen legt § 82 Abs. 1 Satz 3 fest, dass Anträge auf Gewährung von Sachschadensersatz innerhalb einer vom Gesetzgeber ausdrücklich so bezeichneten **Ausschlussfrist von drei Monaten** zu stellen sind. Bezugspunkt für den Fristenlauf ist das Schadensereignis bzw. die Kenntnis vom Schadensereignis. Bei einem (unbemerkten) Diebstahl kann dies z. B. auseinanderfallen. Mit Ablauf der Ausschlussfrist ist der Anspruch entsprechend dem vom Gesetzgeber gewollten Charakter der Frist automatisch erloschen. Für den Antrag auf Leistungen nach § 82 gibt es keine (gesetzliche) Formvorgabe, so dass eine mündliche Antragstellung beim Dienstherrn ausreichend und rechtswirksam ist. Dies schließt verwaltungsinterne Vorgaben – etwa ein verwaltungsseitig entwickeltes Antragsformular für Anträge nach § 82 zu verwenden – nicht aus (vgl. *Tiedemann* in Schütz/Maiwald, § 83 LBG Rn. 62). Der Beamte hat einen Anspruch auf ermessensfehlerfreie Entscheidung über seinen Antrag. Obwohl in § 82 Abs. 1 Satz 1 nur die Rede davon ist, dass der Dienstherr Ersatz leisten „kann", verdichtet sich dies regelmäßig zu einem Rechtsanspruch, wenn die gesetzlichen Voraussetzungen für eine Schadensersatzleistung durch den Dienstherrn im Einzelfall vorliegen. Alles andere wäre mit der Fürsorgepflicht des Dienstherrn unvereinbar.

IV. Sachschadensersatz an besondere Funktionsträger, § 82 Abs. 2

Der Landesgesetzgeber hat in § 82 Abs. 2 festgelegt, dass die Regelung des § 82 Abs. 1 **5** Satz 1 auch dann gilt, wenn solche Schäden bei der Ausübung bestimmter Funktionen eingetreten sind. Erfasst werden zum einen Tätigkeiten „bei der ordnungsgemäßen Wahrnehmung von Rechten oder bei der Erfüllung von Pflichten nach dem Landespersonalvertretungsrecht". Wenn es also z. B. bei Personalratsmitgliedern (§ 42 LPVG) oder Mitgliedern der nach § 54 LPVG zu errichtenden Jugend- und Auszubildendenvertretung im Zusammenhang mit ihrer Tätigkeit zu entsprechenden Sachschäden kommt, sollen diese ebenfalls nach den Vorgaben des § 83 Abs. 1 Satz 1 zu ersetzen sein. Gleiches gilt für die Vertrauenspersonen der schwerbehinderten Menschen (§ 96 SGB IX). Auch in diesen Fällen des § 82 Abs. 2 Satz 1 sind aber Schäden von der Ersatzpflicht ausgenommen, die im Rahmen des Zurücklegens des Weges nach und von der Dienststelle eintreten (§ 82 Abs. 2 Satz 2 i. V. mit § 82 Abs. 1 Satz 2). Die Regelung des § 82 Abs. 2 enthält aber eine Unklarheit, die lege ferenda beseitigt werden sollte. Die Norm verweist im ersten Satz auf einen Schaden im Sinne des Absatzes 1 und erklärt in Abs. 2 Satz 2 die entsprechende Geltung des § 82 Abs. 1 Satz 2. Hingegen wird demgegenüber in § 82 Abs. 2 die Regelung der Ausschlussfrist des § 82 Abs. 1 Satz 3 nicht in Bezug genommen, so dass deren Geltung sehr fraglich sein dürfte. Da nicht angenommen werden kann, dass der Gesetzgeber den von § 82 Abs. 2 speziell erfassten Personenkreis bzw. die erfassten Tätigkeiten besser stellen will als die Fälle der Dienstausübung i. S. d. § 82 Abs. 1, sollte § 82 Abs. 2 Satz 2 dahingehend ergänzt werden, dass auch ausdrücklich § 82 Abs. 1 Satz 3 für entsprechend anwendbar erklärt wird, will man nicht bei der Ausschlussfrist rechtliche Unterschiede und Rechtsunsicherheiten riskieren. Eine Gerichtsentscheidung zu der dargelegten Problematik liegt – soweit ersichtlich – noch nicht vor. Soweit § 96 Abs. 3 für Mitglieder des Landespersonalausschusses auf § 82 verweist, bestehen an dem Eingreifen der Ausschlussfrist keine Zweifel, da dort eine entsprechende Anwendung des (gesamten) Absatzes 1 von § 82 vorgesehen ist. Eine vergleichbare Regelung ist § 46 Abs. 4 Satz 1 LDG. Hiernach findet

§ 82 Abs. 1 entsprechende Anwendung, wenn ein Beamtenbeisitzer in Ausübung oder infolge der Tätigkeit als Mitglied einer Kammer für Disziplinarsachen einen Sachschaden erleidet.

§ 83 Personalakten – allgemein

(1) [1]Für jede Beamtin und jeden Beamten ist eine Personalakte zu führen. [2]Sie kann in Teilen oder vollständig automatisiert geführt werden. [3]Die Personalakte kann nach sachlichen Gesichtspunkten in Grundakte und Teilakten gegliedert werden. [4]Teilakten können bei der für den betreffenden Aufgabenbereich zuständigen Behörde geführt werden. [5]Nebenakten (Unterlagen, die sich auch in der Grundakte oder in Teilakten befinden) dürfen nur geführt werden, wenn die personalverwaltende Behörde nicht zugleich Beschäftigungsbehörde ist oder wenn mehrere personalverwaltende Behörden für die Beamtin oder den Beamten zuständig sind; sie dürfen nur solche Unterlagen enthalten, deren Kenntnis zur rechtmäßigen Aufgabenerledigung der betreffenden Behörde erforderlich ist. [6]In die Grundakte ist ein vollständiges Verzeichnis aller Teil- und Nebenakten aufzunehmen. [7]Wird die Personalakte nicht in Schriftform oder vollständig automatisiert geführt, legt die personalverwaltende Stelle jeweils schriftlich fest, welche Teile in welcher Form geführt werden und nimmt dies in das Verzeichnis nach Satz 6 auf.

(2) [1]Zugang zur Personalakte dürfen nur Beschäftigte haben, die im Rahmen der Personalverwaltung mit der Bearbeitung von Personalangelegenheiten beauftragt sind, und nur soweit dies zu Zwecken der Personalverwaltung oder der Personalwirtschaft erforderlich ist; dies gilt auch für den Zugang im automatisierten Abrufverfahren. [2]Satz 1 gilt entsprechend für Beauftragte des Dienstherrn, soweit sie zur Wahrnehmung besonderer Belange an Personalentscheidungen zu beteiligen sind. [3]Zugang zur Personalakte haben ferner die mit Angelegenheiten der Innenrevision beauftragten Beschäftigten, soweit sie die zur Durchführung ihrer Aufgaben erforderlichen Erkenntnisse anderenfalls nur mit unverhältnismäßigem Aufwand oder unter Gefährdung des Prüfzwecks gewinnen könnten.

(3) [1]Nicht Bestandteil der Personalakte sind Unterlagen, die besonderen, von der Person und dem Dienstverhältnis sachlich zu trennenden Zwecken dienen, insbesondere Prüfungs-, Sicherheits- und Kindergeldakten. [2]Kindergeldakten können mit Besoldungs- und Versorgungsakten verbunden geführt werden, wenn diese von der übrigen Personalakte getrennt sind und von einer von der Personalverwaltung getrennten Organisationseinheit bearbeitet werden. [3]§ 35 des Ersten Buches Sozialgesetzbuch – Allgemeiner Teil – (Artikel I des Gesetzes vom 11. Dezember 1975, BGBl. I S. 3015) in der jeweils geltenden Fassung und die §§ 67 bis 78 des Zehnten Buches Sozialgesetzbuch – Sozialverwaltungsverfahren und Sozialdatenschutz – in der Fassung der Bekanntmachung vom 18. Januar 2001 (BGBl. I S. 130) in der jeweils geltenden Fassung bleiben unberührt.

(4) [1]Der Dienstherr darf personenbezogene Daten über Bewerberinnen und Bewerber, Beamtinnen und Beamte und ehemalige Beamtinnen und Beamte nur erheben, soweit dies zur Begründung, Durchführung, Beendigung oder Abwicklung des Dienstverhältnisses oder zur Durchführung organisatorischer, personeller und sozialer Maßnahmen, insbesondere auch zu Zwecken der Personalplanung und des Personaleinsatzes, erforderlich ist oder eine Rechtsvorschrift dies erlaubt. [2]Fragebogen, mit denen solche personenbezogenen Daten erhoben werden, bedürfen der Genehmigung durch die zuständige oberste Dienstbehörde.

Übersicht

I. Bestandteile und Gliederung von Personalakten

Für jeden Beamten ist nach § 83 Abs. 1 Satz 1 eine Personalakte zu führen (vgl. auch   1
§ 50 Satz 1 BeamtStG); zur Personalakte gehören alle den Beamten betreffenden Unterlagen, soweit sie mit dem Dienstverhältnis in einem unmittelbaren inneren Zusammenhang stehen (§ 50 Satz 2 BeamtStG). Mit dem neben dem Satz 1 **durch das DRAnpG 2013** eingefügten neuen § 83 Abs. 1 Satz 2 wird Behörden die Möglichkeit eröffnet (Kann-Regelung), **Personalakten in Teilen oder vollständig automatisiert** zu führen. In der Gesetzesbegründung bei erstmaliger Einführung dieser Regelung heißt es (LT-Drs. 16/1625, S. 87): „Die Regelung ermöglicht die Einführung der digitalisierten Personalakte und entspricht der bundesrechtlichen Regelung in § 106 BBG. Aufgrund der fortschreitenden Digitalisierung in nahezu allen Lebensbereichen haben bereits mehrere Behörden entsprechenden Bedarf angemeldet." Die Neuerung ist im Zuge der Modernisierungsbestrebungen tendenziell durchaus zu begrüßen. In deutlichem Widerspruch zu der beamtenrechtlichen „Kann-Regelung" sieht aber § 9 Abs. 3 Satz 1 des neuen Gesetzes zur Förderung der elektronischen Verwaltung in NRW (E-Government-Gesetz NRW, EGovG NRW; vgl. zu dem Gesetz *Idecke-Lux,* NWVBl. 2016, 265) Folgendes vor: „Die Behörden des Landes *sollen* spätestens ab dem 1. Januar 2022 ihre Akten elektronisch führen." Da das **EGovG NRW** allgemein von „Akten" spricht, sind auch Personalakten erfasst, so dass bei gleichem Regelungsgegenstand mit der „Soll-Regelung" ein deutlicher Widerspruch zur „Kann-Regelung" in § 83 Abs. 1 Satz 2 besteht. Dies muss als rechtssytematisch misslungen bezeichnet werden und wirft die naheliegende Frage auf, ob hier die beamtenrechtliche Spezialregelung – wofür vieles spricht – vorgeht. Der Gesetzgeber, der diese widersprüchliche Gesetzeslage produziert hat, sollte hier für eine Klarstellung sorgen.

Mit einer **elektronischen Aktenführung** können maßgebliche Vorteile verbunden sein, insbesondere eine schnellere und effizientere Bearbeitung und dezentrale Zugriffsmöglichkeiten (*Herfs-Röttgen,* NZA 2013, 478, 481; vgl. auch die Begründung zum EGovG NRW LT-Drs. 16/10379, S. 57ff.). Andererseits stellen sich bei einer Umstellung auf digitale Akten zahlreiche Fragen und Probleme (vgl. *Grundmann/Greve,* NVwZ 2015, 1726, 1730; OVG Münster, B. v. 5.4.2016, 1 B 203/16). Mit der **Digitalisierung von Personalakten** sind z.B. **besondere datenschutzrechtliche Anforderungen/Probleme/Risiken** verbunden (vgl. zur elektronischen Personalakte *Engelien-Schulz*, UBWV 2014, 270; *Herfs-Röttgen*, NZA 2013, 478; *Franz,* PersR 2011, 193; *Reich,* PersV 2011, 58ff.; *Gola,* RdV 2008, 135ff.; OVG Münster, B. v. 5.4.2016, 1 B 203/16; OVG Schleswig, B. v. 27.7.2016, 2 MB 11/16; vgl. auch die Begründung zum EGovG NRW LT-Drs. 16/10379, S. 58). Während z.B. in traditionellen Akten ärztliche Gutachten in verschlossenen Umschlägen aufzubewahren sind, wird man analoge Verfahrensweisen auch bei elektronischen Personalakten zu realisieren haben. Außerdem ist technisch und rechtlich sicherzustellen, dass bei einer elektronischen Personalakte keine missbräuchlichen und im Verhältnis zu schriftlichen Personalakten schwerer nachzuvollziehenden und zu beweisenden (nachträglichen) Änderungen usw. erfolgen können (Manipulierungsschutz/Sicherung der Beweisfunktion einer Personalakte). Die **Integrität der Daten/digital erfassten Dokumente** muss jederzeit gesichert sein. Es handelt sich insofern beim Personalaktenrecht um sog. berichsspezifisches Datenschutzrecht, dass auch vor dem Hintergrund der neuen **Datenschutz-Grundverordnung der EU** (VO der EU 2016/679 v. 27.4.2016) erhalten bleibt (vgl. zur Datenschutz-Grundverordnung Schantz, NJW 2016, 1841). Man muss sich bei Personalakten der Gefahr bewusst sein, dass allgemein bei automatisierter Verarbeitung von Personaldaten „die Multifunktionalität der Verwendung den nahtlosen Übergang von der Personalverwaltung zur Personalkontrolle" ermöglicht (*Cecior* in CVLK, § 72 LPVG Rn. 609; *Herfs-Röttgen*, NZA 2013, 478, 481). Schon bei der Umwandlung einer Papierpersonalakte in eine rein elektronisch geführte Personalakte muss sichergestellt und dokumentiert werden, dass wirklich alle in der Personalakte enthaltenen Unterlagen komplett und in lesbarer Form übernommen werden (OVG Münster, B. v. 5.4.2016, 1 B 203/16). Bei massenhaften Umstellungsprozessen können in der Personalpraxis bei Personalakten viele Fehler passieren (vgl. den insoweit sehr instruktiven Fall OVG Münster, B. v. 5.4.2016, 1 B 203/16). Ein besonderes **Risiko für die Persönlichkeitsrechte** liegt in den erweiterten Verknüpfungsmöglichkeiten bei digitalisierter Personalaktenführung. Übrigen stellt sich die Frage, wie man mit elektronischen Personalakten verfährt, wenn z. B. Personalakten im Rahmen von Personalmaßnahmen einer höheren Dienstbehörde „vorzulegen" sind; man kann hier an das zeitlich begrenzte Einräumen von Leserechten usw. an die höhere Behörde denken. Es fragt sich auch, wie z. B. einem Verwaltungsgericht bei einer Konkurrentenklage die digitalen Personalakten vorzulegen sind (vgl. die Problemdarstellung von *Berlit*, NVwZ 2015, 197; *H. Müller*, NZS 2014, 929). Auch die **Archivierung** ist besonders zu regeln (*Herfs-Röttgen*, NZA 2013, 478, 482). Die zu erwartende zunehmende Digitalisierung von Personalakten wird und muss mit der parallelen Entwicklung entsprechender Instrumente zur Sicherstellung der besonderen datenschutzrechtlichen Standards und der **Sicherstellung der Beweis- und Dokumentationsfunktion** solcher Personalakten verbunden sein. Im Übrigen wurde im Zuge des DRAnpG mit § 83 Abs. 1 Satz 7 auch auf Landesebene eine Vorschrift entsprechend dem § 106 Abs. 2 Satz 5 BBG eingeführt, da sich in der Praxis durchaus Mischformen ergeben können, also Personalakten nicht vollständig in Schriftform oder vollständig automatisiert geführt werden (sog. Hybridakten). Für solche Fälle ist schon aus Gründen der Transparenz die gesetzgeberische Vorgabe von präzisen schriftlichen Festlegungen der jeweiligen Verfahrensweise durch die personalverwaltende Stelle geboten. Der NRW-Gesetzgeber hat für diese Festlegungen zu **Hybridakten** auch analog der Regelung im BBG (§ 106 Abs. 2 Satz 5 letzter Halbs. BBG; vgl. zum Sinn der Regelung *Battis,* § 106 BBG Rn. 1) die Aufnahme der konkreten Festlegungen in das Verzeichnis nach § 83 Abs. 1 Satz 6 bestimmt.

2   § 83 Abs. 1 Satz 3 trifft eine nähere Regelung dahingehend, dass sich die Personalakte in Grundakte und Teilakte gliedern kann und unter den dort geregelten Umständen (§ 83 Abs. 1 Satz 5) auch Nebenakten geführt werden dürfen. Nicht erlaubt sind sog. **„geheime Personalakten"** oder **„Schwarze Personalakten"** (*Richter/Gamisch,* DÖD 2011, 177; *Streit,* DÖD 1992, 269, 272; *Richter/Lenders,* S. 18). Hieran muss immer wieder erinnert werden. Die Grundakte hat ein vollständiges Verzeichnis aller Teil- und Nebenakten zu enthalten (§ 83 Abs. 1 Satz 6). Arbeitsunterlagen eines Beurteilers in Form persönlicher Aufzeichnungen, vorbereitende Berichte usw. gehören i. d. R. nicht zur bzw. in die Personalakte (*Richter/Gamisch,* DÖD 2011, 177, 178; BVerwG, NVwZ-RR 2006, 556; BVerwGE 62, 135 – mit krit. Anm. *Wiese,* DVBl 1982, 193 ff.). Die Personalakten sollen „ein möglichst lückenloses Bild der Entstehung und Entwicklung des Dienstverhältnisses als historischen Geschehensablauf" vermitteln (BVerwGE 62, 135; BVerwGE 15, 3). Deren Sinn und Zweck ist es ferner, ein **Bild von der Persönlichkeit des Beamten** zu vermitteln, um dem Dienstherrn dessen sachgemäßen Einsatz im Rahmen der Personalplanung zu ermöglichen (*Burkholz* in v. Roetteken/Rothländer, § 50 BeamtStG Rn. 26). Der Beamte hat einen Rechtsanspruch darauf, dass die Personalakten vollständig sind. Zu Unrecht vom Dienstherrn vernichtete Teile einer Personalakte sind grundsätzlich – soweit möglich – wiederherzustellen (BVerwGE 62, 135). Das Gebot der **Aktenvollständigkeit und Aktenwahrheit** durchzieht das gesamte Personalaktenrecht (BVerwG, ZBR 2001, 398; *Metzler-Müller* in MRSZ, § 50 BeamtStG Erl. 2; *Grundmann/Greve,* NVwZ 2015, 1726; s. zum Personalaktenrecht im öffentlichen Dienst *F. Müller,* öAT 2014, 200; OVG Münster, B. v. 5.4.2016, 1 B 203/16). Akten (und besonders Personalakten) sind ordnungsgemäß unter Beachtung des Datenschutzes zu führen (*Grundmann/Greve,* NVwZ 2015, 1726). Wenn eine Personalakte von Personalverantwortlichen eigenmächtig etwa durch zielgerichteten Austausch von Seiten durch abgeänderte und zurückdatierte Seiten gefälscht wird, um eigene Fehler zu vertuschen und mögliche Regressansprüche abzuwehren, stellt dies ein sehr schweres Dienstvergehen und regelmäßig eine Urkundenfälschung (§ 267 Abs. 1 StGB) dar (BVerwG, ZBR 2002, 398). Die Führung von Personalakten stellt sich aber nicht als dritt-

bezogene Amtspflicht zum Schutz von anderen Einstellungskörperschaften dar, so dass diese keine Amtshaftungsansprüche gelten machen können, wenn in den Akten eines von ihnen übernommenen Beamten keine Hinweise auf ihn als low performer oder auf erhebliche Krankheiten vorhanden sind (*Wichmann/Langer,* S. 484). Unterlagen über erfolglos gebliebene Bewerbungen eines Beamten gehören ausnahmslos in die Personalakte, da sonst kein lückenloses Bild über seine dienstliche Laufbahn vorliegt. Außerdem kann ein Beamter so z.B. dokumentieren, dass er sich um eine Verwendungsbreite bemüht hat, die nach § 29 LVO für Leitungsfunktionen bei obersten Landesbehörden wichtig ist. Ein Anspruch auf Entfernung von Disziplinarvorgängen aus einer Personalakte besteht grundsätzlich nicht; weder das Recht auf informationelle Selbsbestimmung aus Art. 1 Abs. 1 GG und Art. 2 GG noch die Fürsorgepflicht des Dienstherrn gebieten eine solche Maßnahme (OVG Münster, B. v. 20.7.2015, 6 A 1427/15, NVwZ-RR 2015, 825 – s. aber 88 Abs. 1 S. 1 Nr. 2). Bei **Gesundheitsdaten** (z.B. Gesundheitszeugnisse/ärztliche Gutachten) ist eine offene Aufbewahrung in der Personalakte auszuschließen (vgl. dazu BAG, NJW 2007, 794; vgl. *Lopacki,* PersV 2013, 12). Es hat zum **Persönlichkeitsschutz in der Personalakte** eine geschützte Aufbewahrung im verschlossenen Umschlag stattfinden und jede Einsichtnahme ist gemäß den einschlägigen Verwaltungsvorschriften zu dokumentieren (vgl. VV zu § 50 BeamtStG/§§ 84–90 LBG, 2.4; *Kunz,* ZBR 1992, 162).

II. Zugang zu Personalakten

Personalakten sind hochsensibel und müssen besonders vor einer Einsichtnahme Unbe- **3** fugter geschützt werden, was bei zunehmender Digitalisierung besonders hohe Anforderungen stellt (vgl. dazu *Reich,* PersV 2011, 58 ff.). § 83 Abs. 2 begrenzt den **Kreis der Zugangsberechtigten zu Personalakten;** er beschränkt sich auf die mit der Bearbeitung von Personalangelegenheiten im Rahmen der Personalverwaltung beauftragten Beschäftigten, die zudem nur im Rahmen der Zweckbindung der Personalaktendaten das Zugangsrecht ausüben dürfen. Aus der Fürsorgepflicht des Dienstherrn folgt, dass der Kreis der mit Personalakten Beschäftigten so eng begrenzt wie möglich zu halten ist (BVerwGE 75, 17). Eine Personalakte „ist (auch) praktischer Datenschutz" (*Richter/Lenders,* S. 14). Auch Teilakten, Auszüge und einzelne Angaben dürfen – je nach Grad ihrer Schutzwürdigkeit – nicht ohne dienstlichen Grund anderen Beschäftigen (insbesondere Vorgesetzten) zur Kenntnis gegeben werden, da die Persönlichkeitsrechte eine restriktive Handhabung des Umgangs mit Personalaktendaten erfordern (BVerwGE 75, 17). Es ist organisatorisch sicherzustellen, dass unzuständige Sachbearbeiter – mögen sie auch allgemein mit Personalsachen befasst sein – nicht Zugang zu Personalakten außerhalb ihres Zuständigkeitsbereiches haben (*Kunz,* ZBR 1992, 162). Für **Gleichstellungsbeauftragte** hat das OVG Münster entschieden, dass sie nicht generell vom Zugang zu Personalakten ausgeschlossen sind bzw. ausgeschlossen werden können (OVG Münster, NWVBl. 1995, 13 – zustimmend *Wichmann/Langer,* S. 484; *Kathke,* ZBR 2004, 185, 188). Sie stellten sich als Teil der Behörde dar und würden auf dem Gebiet der Personalangelegenheiten eine Querschnittsaufgabe wahrnehmen. Allerdings geht das Gericht mit Recht davon aus, dass für die Gleichstellungsbeauftragte Akteneinsichtsrechte usw. stark begrenzt sind. Als **Beauftragte des Dienstherrn** habe sie nur insoweit Zugang, als sie zur Wahrnehmung besonderer Belange an Personalentscheidungen zu beteiligen ist (OVG Münster, NWVBl. 1995, 13). Deshalb wird regelmäßig, statt einer die Persönlichkeitsrechte besonders tangierenden Einsicht in Personalakten, eine Information durch den Dienstherrn über bestimmte Daten ausreichend sein und muss auch ausreichend sein (in diesem Sinne OVG Münster, NWVBl. 1995, 13; *Kathke,* ZBR 2004, 188). Der **Geheimschutzbeauftragte** ist autorisiert, auf der Basis der geltenden Sicherheitsrichtlinien Personalakten einzusehen bzw. Personaldaten zu erhalten, wenn dies zu seiner Aufgabenerfüllung konkret unabweisbar ist (vgl. *Tadday/Rescher,* § 84 LBG Erl. 3.1.). Die **Innenrevision** hat ein aufgabenbezogenes Zugangsrecht, § 83 Abs. 2

Satz 3. Der **Personalrat** hat ohne Einwilligung des betroffenen Beamten kein (uneinge-schränktes) Einsichtsrecht in Personalakten (*Lopacki*, PersV 2009, 169; auch nicht in einzel-ne Arbeitszeitkonten, vgl. OVG Münster, DVBl 2013, 193); allerdings hat man ihm **einge-schränkte Auskunftsrechte** zuzubilligen, wenn er seine Aufgabe sonst in concreto – etwa bei einem Mitbestimmungsverfahren – nicht sachgerecht wahrnehmen könnte (*Lopacki*, PersV 2009, 171). Wegen der Einzelheiten wird auf die Kommentierung zu § 87 Abs. 2 verwiesen.

III. Abgrenzung Personalakten/Sachakten

4   § 83 Abs. 3 stellt klar, dass sich bestimmte Akten (insbesondere Prüfungs-, Sicherheits- und Kindergeldakten) als Sachakten darstellen und insofern nicht Bestandteile der Perso-nalakten sind. Sie dienen „besonderen, von der Person und dem Dienstverhältnis sachlich zu trennenden Zwecken" (§ 83 Abs. 3 Satz 1). Kindergeldakten dürfen unter den festge-legten Voraussetzungen (§ 83 Abs. 3 Satz 2) mit Besoldungs- und Versorgungsakten ver-bunden werden.

IV. Erhebung personenbezogener Daten durch den Dienstherrn

5   § 83 Abs. 4 hat einen nahezu identischen Regelungsgehalt für die Erhebung personen-bezogener Daten von Bewerbern, Beamten und ehemaligen Beamten wie der § 29 Abs. 1 Satz 1 DSG für die Verarbeitung solcher Daten. Sowohl bei der Erhebung als auch bei der Verarbeitung besteht eine strikte Zweckbindung bzw. Vorgabe einer Erforderlichkeitsprü-fung. Sofern eine Rechtsvorschrift die spezielle Erhebung/Verarbeitung erlaubt, steht deren Zulässigkeit per se fest (§ 83 Abs. 4 Satz 1). Wegen der datenschutzrechtlichen Bedeutung müssen Fragebögen zur Erhebung personenbezogener Daten von der zuständigen obersten Dienstbehörde genehmigt werden (§ 83 Abs. 4 Satz 2). Der Gesetzgeber geht von einer Rechtmäßigkeits- und Zweckmäßigkeitskontrolle durch die Aufsichtsbehörde aus.

§ 84 Beihilfeakten

[1]**Unterlagen über Beihilfen sind stets als Teilakte zu führen.** [2]**Diese ist von der üb-rigen Personalakte getrennt aufzubewahren.** [3]**Sie soll in einer von der übrigen Perso-nalverwaltung getrennten Organisationseinheit bearbeitet werden; Zugang sollen nur Beschäftigte dieser Organisationseinheit haben.** [4]**Die Beihilfeakte darf für andere als für Beihilfezwecke nur verwendet oder weitergegeben werden, wenn die oder der Beihilfeberechtigte und die oder der bei der Beihilfegewährung berücksichtigte An-gehörige im Einzelfall einwilligen, die Einleitung oder Durchführung eines im Zu-sammenhang mit einem Beihilfeantrag stehenden behördlichen oder gerichtlichen Verfahrens dies erfordert oder soweit es zur Abwehr erheblicher Nachteile für das Gemeinwohl, einer sonst unmittelbar drohenden Gefahr für die öffentliche Sicher-heit oder einer schwerwiegenden Beeinträchtigung der Rechte einer anderen Person erforderlich ist.** [5]**Die Sätze 1 bis 4 gelten entsprechend für Unterlagen über Heilfür-sorge und Heilverfahren.**

Übersicht

I. Allgemeines

Beihilfedaten sind **hochsensible persönliche Daten** und unterliegen besonderem 1
Schutz. Ein unsachgemäßer und leichtfertiger Umgang mit solchen Daten kann zu sehr
schwerwiegenden Nachteilen für Betroffene führen (*Streit*, DÖD 1992, 269, 272). Die
Behandlung dieser Daten unterfällt dem Schutzbereich des (auch) jedem Beamten zustehenden **Grundrechts auf informationelle Selbstbestimmung** (OVG Münster, RiA
2006, 46; BVerfG, DVBl 1988, 530; *Werres*, ZBR 2001, 429, 432; s. a. Art. 4 Abs. 2 Satz 1
LVerf). § 84 enthält deshalb zum Umgang mit Beihilfeakten spezielle Regelungen. Zentrale
gesetzliche Vorgabe ist das sog. **Abschottungsgebot.**

II. Aktenführung in Beihilfeangelegenheiten

§ 84 Satz 1 schreibt vor, dass Beihilfeakten immer als **Teilakten** geführt werden müssen, 2
also eine **Trennung von den „normalen" Personalakten** zwingend ist. Nach § 84
Abs. 1 ist die Beihilfeakte als Teilakte in das Verzeichnis aller Teil- und Nebenakten aufzunehmen. Die Beihilfeakten sind nicht nur getrennt zu führen, sondern auch von der Personalakte **getrennt aufzubewahren,** § 84 Satz 2. Diese verwaltungsintern notwendige Son-
derbehandlung soll verhindern, dass eine zielgerichtete oder zufällige Einsichtnahme in
Beihilfeakten durch Personen erfolgt, die dazu nicht autorisiert sind, also insbesondere solche in der nicht mit Beihilfebearbeitung befassten übrigen Personalverwaltung.

§ 84 wird ergänzt durch § 89 Abs. 2, wonach Personalaktendaten i. S. d. § 84 „automati- 3
siert nur im Rahmen ihrer Zweckbestimmung und nur von den übrigen Personaldateien
technisch und organisatorisch getrennt verarbeitet und genutzt werden" dürfen. Im Übrigen sind bei der **Aufbewahrung** unter Geheimhaltungsaspekten **besondere Sicherheits-
anforderungen** zu gewährleisten, also z. B. ein Verschluss in hinreichend gegen Öffnung
abgesicherten, abzuschließenden Schränken mit festgelegten personalisierten Öffnungsbe-
fugnissen (z. B. auch individualisierte Zugangscodes). Auch beim Aktentransport (z. B.
Umzug) ist eine Abschottung von Beihilfeakten durch Verschluss in verschließbaren Ak-
tencontainern sicherzustellen (vgl. *Battis*, § 108 BBG Rn. 4).

III. Organisatorische/personelle Vorgaben für die Beihilfebearbeitung

Das **Abschottungsgebot** wird zudem durch § 84 Satz 3 umgesetzt; die Beihilfebearbei- 4
tung hat in einer Organisationseinheit stattzufinden, die von der übrigen Personalverwaltung getrennt ist. Dies bedeutet, dass grundsätzlich ein Beihilfesachbearbeiter nicht
zugleich im Rahmen der normalen Personalverwaltung tätig sein darf (Prinzip der personellen Trennung), damit nicht seine Informationen aus der Beihilfebearbeitung in Personalentscheidungen bzw. solche Entscheidungen vorbereitenden Maßnahmen einfließen.
Die Personalverwaltung soll nicht um persönliche Verhältnisse des Beamten wissen, die für
das Dienstverhältnis grundsätzlich ohne Bedeutung sind. Allerdings hat der Gesetzgeber das
Prinzip der personellen Trennung im Hinblick auf kleine Verwaltungseinheiten nicht
absolut aufgestellt, sondern als **„Soll-Vorschrift"** ausgestaltet. Das Gesetz nimmt Rücksicht darauf, dass eine verwaltungsorganisatorische Trennung der Bereiche manchmal aus
strukturellen Gründen in kleineren Verwaltungseinheiten nicht möglich ist. Die Schutz-
funktion der Vorschrift wird dadurch nicht unerheblich gemindert (vgl. dazu *Streit*, DÖD
1992, 272). In diesen Fällen ist besonders darauf zu achten, dass das **Abschottungsgebot**
weitestmöglich beachtet und jedwede Möglichkeit genutzt wird, auch bei geringen Beihil-
feantragszahlen z. B. durch Teilzeitarbeit eines Bearbeiters doch eine Beschränkung der
Sachbearbeitung auf Beihilfeanträge und außerhalb der allgemeinen Personalverwaltung
liegende Aufgaben vorzunehmen. Sofern ein unmittelbarer Dienstvorgesetzter mit der Bei-

hilfefestsetzung eines Beamten befasst ist, ist dies jedenfalls dann rechtswidrig, wenn dieser Vorgesetzte für die dienstliche Beurteilung des Beamten zuständig ist (offengelassen vom VGH München, Urt. v. 29.12.1992, 3 B 91.3436). Das Gebot der Trennung der Organisationseinheiten „Beihilfebearbeitung" und „übrige Personalverwaltung" nach § 84 Satz 3 autorisiert als solches eine Behörde nicht, ein „Outsourcing" der Beihilfebearbeitung außerhalb der eigenen Behörde an Dritte vorzunehmen (OVG Münster, RiA 2006, 46; OVG Münster, Urt. v. 23.9.2003, 15 A 2053/98; s.a. OVG Mannheim, ZBR 2002, 368; *Werres*, ZBR 2001, 429 u. ZBR 2002, 369). Es bedarf für ein Outsourcing der Beihilfebearbeitung einer speziellen gesetzlichen Grundlage, die mit § 91 vorliegt (vgl. zur Einschaltung geeigneter Stellen außerhalb des öffentlichen Dienstes für die Beihilfebearbeitung § 91 Abs. 5).

IV. Verwendung und Weitergabe von Beihilfedaten und -akten

5   Die **Verwendung und Weitergabe von Beihilfedaten** für andere als für Beihilfezwecke ist nach § 84 Satz 4 an strenge Voraussetzungen geknüpft (vgl. zur Weitergabe von Daten aus „Akten im polizeiärztlichen Dienst" Ziff. 4 des RdErl. des MIK – 403.63.22.06 – v. 31.1.2012, MBl. NRW. Nr. 6 v. 29.2.2012, S. 112). Ebenso wie § 87 Abs. 2 erlaubt die Vorschrift eine Verwendung und Weitergabe der Daten und Akten immer dann, wenn die **Einwilligung** des betroffenen Beamten und etwaiger beihilfeberechtigter Angehöriger vorliegt. Ihm selbst steht ein grundsätzlich unbeschränktes Akteneinsichtsrecht in seine Beihilfeakten zu, einschließlich von Daten einer getrennt lebenden Ehefrau (vgl. VG Bayreuth, Urt. v. 16.3.2007, B 5 K 05.876).

6   **Verwaltungsgerichte** haben allgemein nach **§ 99 Abs. 1 VwGO** die Möglichkeit zur Anforderung verfahrensrelevanter (Beihilfe-)Akten bei Behörden. Mit § 87 Abs. 2 liegt eine spezielle Vorschrift vor, die bei Verfahren um Beihilfen auf Anforderung die Übersendung an das Verwaltungsgericht legitimiert. Zivilgerichte können gemäß **§ 142 ZPO** bei einer zuständigen Beihilfestelle Beihilfeakten beiziehen (OLG München, Urt. v. 29.4.2011, 10 U 4208/10). Zu den behördlichen Verfahren, zu denen erforderlichenfalls Beihilfeakten zur Verfügung zu stellen sind, zählen in erster Linie **Widerspruchsverfahren** (vgl. BVerwG, Buchholz 237.8 zu § 102a RHP LBG). Auch **Disziplinarverfahren** fallen darunter; in deren Rahmen sind zusätzlich ggf. vom betroffenen Beamten auch bei ihm selbst befindliche Beihilfeunterlagen (Belege) nach § 26 LDG herauszugeben (so OVG Koblenz, LKRZ 2008, 426 zur insoweit vergleichbaren beamten- und disziplinarrechtlichen Situation in Rheinland-Pfalz). Im Übrigen ermöglicht die Ausnahmeregelung, dass die Widerspruchsbearbeitung und gerichtliche Vertretung in Beihilfesachen auch solchen Behördenbeschäftigten übertragen werden kann, die nicht der Beihilfestelle zugewiesen sind (BVerwG, Buchholz 237.8 zu § 102a RHP LBG).

7   Die Nutzung oder Übermittlung von Beihilfedaten ist nach § 84 Satz 4 ferner zulässig, soweit es zur Abwehr erheblicher Gefahren für das Gemeinwohl oder einer sonst unmittelbar für die öffentliche Sicherheit drohenden Gefahr erforderlich ist. Im Hinblick auf das höhere Schutzniveau von Beihilfedaten in Relation zu allgemeinen Personalaktendaten müssen statt „erheblicher Beeinträchtigungen des Gemeinwohls" (§ 87 Abs. 2 Satz 1) als Voraussetzung für eine Auskunftserteilung an Dritte bei § 84 „erhebliche Nachteile für das Gemeinwohl" vorliegen – dies ist eine höhere Schwelle (vgl. zur vergleichbaren Rechtslage bei § 111 BBG/§ 108 BBG: BT-Drs. 16/7076, S. 127; *Battis*, § 111 BBG Rn. 5). Nur aus dringenden sachlichen Gründen ist die Einsicht in Beihilfeakten außerhalb der Beihilfestelle zulässig (BVerwG, Buchholz 237.8 zu § 102a LBG Rheinland-Pfalz). Denkbar sind Informationen aus der Beihilfeakte über (lebens-)gefährliche ansteckende Krankheiten (offene Tuberkulose oder Ähnliches; gefährliche Tropenkrankheiten), über die der Beamte trotz Ansprache durch den Dienstherrn stark gefährdete Kontaktpersonen im beruflichen und sonstigen Umfeld ersichtlich nicht informiert (*Tadday/Rescher*, § 85 LBG Erl. 2). Der Beamte sollte in einem solchen Fall im Rahmen der Fürsorgepflicht von seinem Dienstherrn

informiert werden, dass auch ohne seine Einwilligung gefährdeten Kontaktpersonen der Krankheitssachverhalt zur Kenntnis gebracht wurde (BT-Drs. 12/544, S. 17). Da es auch bei freier Heilfürsorge und Heilverfahren um sensible höchstpersönliche Daten geht, hat das Gesetz für diese Unterlagen ein analoges Schutzniveau wie bei Beihilfeakten festgelegt. § 84 Satz 5 erklärt insoweit die Vorschriften der Sätze 1–4 für entsprechend anwendbar.

§ 85 Anhörung

¹Die Beamtin oder der Beamte ist zu Beschwerden, Behauptungen und Bewertungen, die für sie oder ihn ungünstig sind oder ihr oder ihm nachteilig werden können, vor deren Aufnahme in die Personalakte zu hören, soweit die Anhörung nicht nach anderen Rechtsvorschriften erfolgt. ²Die Äußerung der Beamtin oder des Beamten ist zur Personalakte zu nehmen.

Anhörungsrechte gehören zu den Grundsätzen einer rechtsstaatlichen Ordnung und **1** sind verfassungsrechtlich geboten. Eine Anhörung Betroffener dient dem **Schutz der materiellen Grundrechte,** welche jeweils in der Sache tangiert sind bzw. tangiert sein können (*Kopp/Ramsauer*, § 28 VwVfG Rn. 3). § 85 legt für Personalakten ein spezifisches Anhörungsrecht fest, welches auch allgemein aus der Fürsorgepflicht (§ 45 BeamtStG) ableitbar ist (*Battis*, § 78 BBG Rn. 9; BVerfGE 8, 356; 44, 249). Als **Spezialregelung zu § 28 VwVfG** geht § 85 dem VwVfG vor, so dass § 28 Abs. 2, 3 VwVfG nicht ergänzend anwendbar sind (so für § 90 S. 2 BBG a. F. *Kunig*, ZBR 1986, 257).

II. Anhörungspflicht

Bevor der Dienstherr Beschwerden über den Beamten oder Behauptungen und Bewer- **2** tungen, welche für diesen negativ sein können, in dessen Personalakte aufnimmt und aus diesen (ggf. negative) Schlussfolgerungen gezogen werden, hat er den Beamten anzuhören. Die Ergebnisse sollen dazu dienen, auf einer breitgefächerten und zutreffenden Entscheidungsgrundlage darüber zu befinden, ob die Beschwerden, Behauptungen und Bewertungen wirklich zur Personalakte gelangen sollen/müssen. Das **Anhörungsrecht** vermittelt aber als solches keinen Rechtsanspruch, dass nach durchgeführter Anhörung eine Aufnahme der Unterlagen in die Personalakte unterbleibt. Von einer Aufnahme in die Personalakte sollte im Regelfall abgesehen werden, wenn sich zeigt, dass erhebliche Zweifel an der Begründetheit oder Richtigkeit der Beschwerden oder Behauptungen begründet sind. Der Beamte kann erwarten, dass der Dienstherr gar nicht erst zweifelhafte „Erkenntnisse" zur Personalakte nimmt, wenn deren nachfolgende „Entfernbarkeit" nach § 88 nicht unwahrscheinlich ist. Letztlich entscheiden die Einzelfallumstände. Bei potentiell brisanten Beschwerden und Behauptungen kann es im Rahmen eines Abwägungsprozesses ausnahmsweise auch bei Restzweifeln über deren Richtigkeit bzw. Schwierigkeiten bei kurzfristiger aktueller Beweisbarkeit usw. durchaus einmal im Einzelfall geboten sein, die Vorgänge (zunächst) doch zu den Akten zu nehmen, wenn und soweit sie ein hinreichendes (Mindest-) Maß an Plausibilität haben. Die Rechte des betroffenen Beamten sind über das **Recht zur Gegenäußerung** (§ 85 Satz 2) und über § 88 **(Entfernung von Personalaktendaten)** gewahrt. Es erscheint richtig und auf die Rechtslage in NRW übertragbar, wenn *Battis* für § 112 BBG auf Folgendes hinweist (*Battis*, § 109 BBG Rn. 2 a. E.): „Das zutreffend angewandte Anhörungsrecht kann den Rückgriff auf die nachträgliche Entfernung gemäß § 112 erübrigen, die zudem die Vollständigkeit der Personalakte einschränkt." *Schnellenbach* verweist mit Recht darauf, dass die Möglichkeit zur Gegenäußerung in keiner Weise dazu verleiten darf, „die Anhörung zu vernachlässigen" (*Schnellenbach*, § 12 Rn. 43).

Das Anhörungsrecht erstreckt sich nur auf Beschwerden, Behauptungen und Bewertun- **3** gen, die sich – bei objektiver Sicht – **ungünstig oder nachteilig auswirken können.**

Dies dürfte bei **Beschwerden** immer anzunehmen sein, da z. B. eine Häufung von (berechtigten) Beschwerden über einen Beamten ein (widerlegbares) Indiz und ggf. Beleg für pflichtwidriges Verhalten ist und negative Auswirkungen auf dessen dienstliche Beurteilungen haben kann. Bei **Behauptungen** kommt es bei der Frage, ob sie für den Beamten ungünstig sind, jeweils auf den konkreten Inhalt an. Bei der Prüfung, ob die Behauptung nachteilige Wirkungen haben kann, ist zu berücksichtigen, dass für das Entstehen des Anhörungsrechts **das theoretische Potential für negative Auswirkungen** schon ausreichend ist („nachteilig werden können"), also solche Wirkungen nicht sicher eintreten müssen. Bei **„Bewertungen"** vertreten *Tadday/Rescher* die zutreffende Ansicht, dass sie generell immer nachteilig sein könnten, weil sie trotz vielleicht positiven Inhalts durch einen Quervergleich mit gleich strukturierten Bewertungen für andere Beamte im Ergebnis sich als nachteilig erweisen könnten (*Tadday/Rescher*, § 86 LBG Erl. 2). Zu Beurteilungsbeiträgen und z. B. vorbereitenden Stellungnahmen ist ein Beamter regelmäßig nicht zu hören (BVerwGE 62, 135; BT-Drs. 12/544, S. 18; *Schnellenbach*, § 12 Rn. 40). Die Frage, ob Beschwerden, Behauptungen und Bewertungen wirklich in concreto ungünstig oder nachteilig sein können und ein Anhörungsrecht vermitteln, ist gerichtlich nachprüfbar (*Battis*, § 109 BBG Rn. 4). Sofern eine nach § 85 vorgeschriebene Anhörung ausblieb, ist sie nachzuholen. Der Verstoß gegen § 85 kann im Einzelfall einen Anspruch auf (beamtenrechtlichen) Schadensersatz begründen oder zu einem Amtshaftungsanspruch (Art. 34 GG, § 839 BGB) führen (*Schnellenbach*, § 12 Rn. 42).

III. Recht auf Gegenäußerung

4 § 85 Satz 2 legt fest, dass eine Äußerung des Beamten zwingend zur Personalakte zu nehmen ist. Der Betroffene hat ein **Recht auf eine Gegenäußerung,** die aus einer ganz oder teilweise anderen Darstellung des Sachverhalts, Ergänzungen und Ähnlichem bestehen kann. Hierbei gelten trotz möglicherweise großer objektiver und/oder persönlicher Betroffenheit die normalen Anforderungen an einen Beamten dahingehend, u. a. durch eine möglichst **sachliche Diktion** die Pflicht zu achtungs- und vertrauenswürdigem Verhalten einzuhalten (§ 34 Satz 3 BeamtStG). Es ist dabei Aufgabe des Dienstherrn, erforderlichenfalls (sachlich) auf eine Versachlichung hinzuwirken (*Schnellenbach*, § 12 Rn. 34).

§ 86 Akteneinsicht

(1) **Die Beamtin oder der Beamte hat, auch nach Beendigung des Beamtenverhältnisses, ein Recht auf Einsicht in seine vollständige Personalakte.**

(2) [1]**Einer oder einem Bevollmächtigten der Beamtin oder des Beamten ist Einsicht zu gewähren, soweit dienstliche Gründe nicht entgegenstehen.** [2]**Dies gilt auch für Hinterbliebene, wenn ein berechtigtes Interesse glaubhaft gemacht wird, und deren Bevollmächtigte.** [3]**Für Auskünfte aus der Personalakte gelten die Sätze 1 und 2 entsprechend.**

(3) [1]**Die personalaktenführende Behörde bestimmt, wo die Einsicht gewährt wird.** [2]**Soweit dienstliche Gründe nicht entgegenstehen, können Auszüge, Abschriften, Ablichtungen oder Ausdrucke gefertigt werden; der Beamtin oder dem Beamten ist auf Verlangen ein Ausdruck der zu ihrer oder seiner Person automatisiert gespeicherten Personalaktendaten zu überlassen.**

(4) [1]**Die Beamtin oder der Beamte hat ein Recht auf Einsicht auch in andere Akten, die personenbezogene Daten über sie oder ihn enthalten und für ihr oder sein Dienstverhältnis verarbeitet oder genutzt werden, soweit gesetzlich nichts anderes bestimmt ist; dies gilt nicht für Sicherheitsakten.** [2]**Die Einsichtnahme ist unzulässig, wenn die Daten der oder des Betroffenen mit Daten Dritter oder geheimhaltungsbedürftigen nichtpersonenbezogenen Daten derart verbunden sind, dass ihre Trennung**

nicht oder nur mit unverhältnismäßig großem Aufwand möglich ist. [3]**In diesem Fall ist der Beamtin oder dem Beamten Auskunft zu erteilen.**

Übersicht

I. Das Akteneinsichtsrecht

Das **Akteneinsichtsrecht des Beamten** gehört zu den **hergebrachten Grundsätzen** **1** **des Berufsbeamtentums** (vgl. *Battis,* § 106 BBG Rn. 3). Es basiert auf dem Prinzip, dass zwischen dem Beamten und seinem Dienstherrn Offenheit und Klarheit herrschen muss (BVerwGE 36, 134). § 86 Abs. 1 Satz 1 räumt Beamten das Recht ein, seine kompletten Personalakten einzusehen, also auch Beiakten/Teilakten/Nebenakten. Es erstreckt sich auch auf eine E-Mail einer Vorgesetzten an die Personalstelle, in welcher erhebliche Auffälligkeiten in der dienstlichen Tätigkeit einer Beamtin beispielhaft dargestellt werden (ob der Anspruch aus § 86 Abs. 1 oder § 86 Abs. 4 Satz 1 resultiert, kann dabei offenbleiben – vgl. insoweit zu § 110 BBG OVG Münster, B. v. 7.1.2015, 1 B 1260/14). Disziplinarvorgänge und Vorermittlungsakten zählen ebenfalls darunter (BVerwG, NJW 1989, 1942; *Sandkuhl* in Hermanns/Sandkuhl, Beamtendisziplinarrecht- Beamtenstrafrecht, 2014, Rn. 576 ff.). Da auch ein **pensionierter Beamter** oder **ein früherer Beamter** schützenswerte Rechtspositionen hat, die er ggf. durch eine Akteneinsicht verifizieren oder stützen möchte, endet ein Akteneinsichtsrecht nicht mit Beendigung des (aktiven) Beamtenverhältnisses. Wenn es sich aber um einen ehemaligen „Beamten" handelt, dessen Beamtenstellung wegen einer festgestellten nichtigen Ernennung von Anfang an unwirksam ist (§ 11 BeamtStG, § 18 Abs. 1) oder dessen Ernennung mit Rechtskraft zurückgenommen wurde (§ 12 BeamtStG, § 17 Abs. 2), besteht anerkanntermaßen kein Akteneinsichtsrecht (*Streit,* DÖD 1992, 272, Fn. 41).

Die Einsichtnahme in Akten kann **bei offensichtlichem Missbrauch des Rechts** **2** bzw. der belegbaren Gefahr eines Missbrauchs (Aktenmanipulation, Entnahme von Aktenteilen) verwehrt oder auf Einsichtnahme in Kopien beschränkt werden. Eine korrekte Akteneinsicht durch einen Beamten kann von diesem bis zur Grenze rechtsmissbräuchlicher Ausübung wiederholt ausgeübt werden (BVerwGE 36, 134). Ein Begehren z.B. nach monatlicher Akteneinsicht wäre allerdings – wenn dazu kein besonderer rechtlicher/tatsächlicher Anlass besteht – als rechtsmissbräuchliche Rechtsausübung zu werten und könnte zurückgewiesen werden. Auf der anderen Seite ist der Dienstherr nicht autorisiert, schriftliche Anträge auf Akteneinsicht jeweils zur Personalakte zu reichen oder in anderer Weise festzuhalten, da eine solche Dokumentation bei Bekanntwerden als verkappte Schranke bei Geltendmachung solcher Basisrechte von Beamten wirken könnte.

Besteht im Grundsatz ein Akteneinsichtsrecht, dann gilt dies regelmäßig ohne Ein- **3** schränkungen. Dies bedeutet, dass sich die Einsicht auf die vollständigen Personalakten erstreckt. Allerdings gibt es aus anzuerkennenden, gewichtigen Gründen **Ausnahmen** für Fallgestaltungen, wo z.B. eine Einsichtnahme in **psychiatrische Gutachten** einem (psychisch erkrankten) Beamten schaden könnte oder **Persönlichkeitsrechte Dritter** betroffen sind. Wenn sich bestimmte Informationen nicht in Akten oder einer Datei befinden, kann die Fürsorgepflicht des Dienstherrn eine unmittelbare und selbständige Rechtsgrundlage für den Beamten sein, ihn über die **Identität eines Denunzianten** aufzuklären, wenn dieser Informant seine Angaben gegenüber dem Dienstherrn über eine angebliche Bestechlichkeit des Beamten leichtfertig oder wider besseres Wissen gemacht hat (BVerwG, NWVBl. 2003, 340).

II. Akteneinsicht durch Bevollmächtige/Hinterbliebene

4   Der Beamte kann nach § 86 Abs. 2 Satz 1 Dritten eine **Vollmacht zur Einsichtnahme** in seine Personalakte erteilen, die grundsätzlich vom Dienstherrn als Legitimation akzeptiert werden muss, soweit nicht im Einzelfall „dienstliche Gründe entgegenstehen". Da das Gesetz nur allgemein von einer „Bevollmächtigung" spricht, kann sich diese neben **Rechtsanwälten** auf **sonstige Dritte** erstrecken, die möglicherweise persönlich nicht in hinreichendem Maße bei der Einsichtnahme und in der Folge den Personaldatenschutz wahren bzw. keine Garantie für einen ordnungsgemäßen Umgang mit den Akten und ihrem Inhalt bieten. Es ist zu berücksichtigen, dass teilweise Personalakten auch Daten über Dritte enthalten und Informationen, die nur für den Dienstgebrauch bestimmt sind. Der Gesetzgeber hat deshalb festgelegt, dass im Einzelfall das Akteneinsichtsrecht durch Bevollmächtigte ausgeschlossen werden kann. Dies sollte aber nur erfolgen, wenn es gewichtige objektive Indizien dafür gibt, dass z.B. **Vertraulichkeitshinweise an den Bevollmächtigten** (vgl. Nr. 4 der VV des MIK zu § 87 LBG) voraussichtlich nicht oder nicht hinreichend beachtet werden. Bei einem bevollmächtigten Rechtsanwalt werden vor dem Hintergrund der diesen betreffenden Berufspflichten (Verschwiegenheitspflicht) und seiner Stellung als Organ der Rechtspflege Beschränkungen kaum begründbar sein können (vgl. zu Rechten/Pflichten von Rechtsanwälten bei Akteneinsicht *Dahns*, NJW Spezial 2011, 510: „Als Organ der Rechtspflege genießt der Anwalt grundsätzlich das Vertrauen, keinen Missbrauch mit der Kenntnis von Akteninhalten zu treiben und die Integrität der Akten zu gewährleisten"). Ein Rechtsanspruch eines Rechtsanwalts darauf, dass ihm die Personalakten zur Einsichtnahme in seiner Kanzlei zur Verfügung gestellt werden, besteht nicht (OVG Münster, DÖD 1980, 144; *Schnellenbach,* § 12 Rn. 34). Allgemein ist es allerdings auch nicht unzulässig, einem Rechtsanwalt Akten zur Einsicht in der Kanzlei zu überlassen (für das Akteneinsichtsrecht nach § 29 VwVfG, *Kopp/Ramsauer,* § 29 VwVfG Rn. 40a). Bei Personalakten sollte dies aber – selbst wenn man einen solchen Weg für zulässig hält – schon wegen des **Risikos eines Aktenverlustes** unterbleiben. (Original-)Personalakten sollten nur in seltenen Fällen eine Behörde verlassen. Soweit eine Bevollmächtigung vorliegt, behält der Beamte neben dem Bevollmächtigten sein Recht auf Akteneinsicht und kann nicht auf das Akteneinsichtsrecht seines Bevollmächtigten verwiesen werden (*Kopp/Ramsauer,* § 29 VwVfG Rn. 20). Die gesamten vorstehenden Ausführungen gelten auch für das bei glaubhaft gemachtem berechtigtem Interesse nach § 86 Abs. 2 Satz 2 bestehende **Akteneinsichtsrecht Hinterbliebener und deren Bevollmächtiger.** Gleiches gilt für Auskünfte aus der Personalakte, da nach § 86 Abs. 2 Satz 3 die Sätze 1 u. 2 entsprechend gelten.

III. Ort der Einsichtnahme/Aktenkopien usw.

5   Der **Ort der Einsicht** wird i.d.R. der **Dienstort des Beamten** sein, sodass die Akteneinsicht in den Amtsräumen der aktenführenden Behörde erfolgt. Bei erheblicher Entfernung beider Orte voneinander kann ein Antrag gestellt werden, die Personalakten an den Beschäftigungsort zu versenden. Durch § 86 Abs. 3 Satz 1 wird aber klargestellt, dass die aktenführende Behörde den Ort der Einsichtnahme bestimmt, also insoweit das Dispositionsrecht hat. Der Beamte hat demgemäß keinen Anspruch darauf, dass seine Personalakten zu einem für ihn möglichst ohne besonderen Aufwand erreichbaren Ort geschafft werden (vgl. VGH München, NVwZ-RR 1989, 423). Der Dienstherr kann im Wege der Bitte um Amtshilfe die Akten an eine Behörde senden, die sich am Wohnort des Beamten befindet, um diesem dort die Einsichtnahme zu ermöglichen (*Battis*, § 110 BBG Rn. 8). Eine Herausgabe an den Beamten zur Mitnahme der Personalakten, um sie zu Hause anzusehen, scheidet in jedem Fall aus (OVG Münster, OVGE 18, 81; *Schnellenbach,* § 12

Fn. 136; *Battis,* § 110 BBG Rn. 8). Die Personalakte ist grundsätzlich an dem Ort einzusehen, an welchem sie verwaltet wird (*Kunz,* ZBR 1992, 162). Soweit *Tadday/Rescher* die Ansicht vertreten, dass die Akteneinsicht nicht dadurch unbillig erschwert werden dürfe, „dass sie nur unter Aufwendung von erheblichen Reisekosten realisiert werden kann" (*Tadday/Rescher,* § 87 LBG Erl. 3.; so auch *Richter/Lenders,* S. 105), wird dem nicht gefolgt (s. a. VGH München, NVwZ-RR 1989, 423). Eine Beachtung derartiger Kostenaspekte ist bei eher selten geltend gemachten Akteneinsichtsrechten und steuerlicher Absetzbarkeit etwaiger Anreisekosten nicht geboten (s. a. *Schnellenbach,* § 12 Fn. 136, der mit Recht *Golas* These in RiA 1994, 8 „Die Akte reist und nicht der Beamte" für „überzogen" hält – a. A. *Richter/Lenders,* S. 105; s. a. *Battis,* § 110 BBG Rn. 8). Lediglich bei besonderen Randbedingungen (z. B. nicht mobiler schwerbehinderter Beamter in entfernter Außenstelle), kann es die Fürsorgepflicht gebieten, dem Akteneinsicht begehrenden schwerbehinderten Beamten sprichwörtlich und real entgegenzukommen und z. B. einen Beschäftigten mit der Personalakte zu ihm zu schicken. Kopien, Abschriften usw. können im Kontext der Akteneinsicht gefertigt werden, wenn dem dienstliche Gründe nicht entgegenstehen (§ 86 Abs. 3 Satz 2 Halbs. 1). § 86 Abs. 3 Satz 2 Halbs. 2 vermittelt Beamten einen Rechtsanspruch auf (kostenlose) Erstellung und Überlassung eines Ausdrucks der zu ihrer Person automatisiert gespeicherten Personalaktendaten.

IV. Recht zur Einsichtnahme in „andere Akten" mit personenbezogenen Daten

Nach § 86 Abs. 4 werden vom Einsichtnahmerecht auch (andere) Akten/Unterlagen erfasst, die zwar nicht im engeren Sinne Personalakten i. S. d. § 50 Satz 2 BeamtStG sind, gleichwohl aber personalbezogene Daten enthalten, welche im Zusammenhang mit dem Dienstrechtsverhältnis verarbeitet oder genutzt werden (vgl. *Battis,* § 110 BBG Rn. 7: „personenbezogene Sachaktendaten"). Wenn „die fragliche Sachakte künftig auf keinen Fall mehr für das Dienstverhältnis des Beamten verwendet werden kann, besteht kein Akteneinsichtsrecht" (OVG Münster, NVwZ-RR 2015, 387). Zu solchen Akten i. S. d. § 86 Abs. 4 zählen u. a. die in § 83 Abs. 3 aufgeführten Akten **mit Ausnahme von Sicherheitsakten,** welche ausdrücklich nach § 86 Abs. 4 Satz 1 letzter Halbs. von Einsichtnahmen ausgenommen sind (vgl. zum Begriff der Sicherheitsakten in Abgrenzung zu Personalakten: BVerwGE 55, 186). Man wird die Vorschrift auch als eine Art **Auffangvorschrift** verstehen können, die im weitesten Sinne Vorgänge mit Sachaktenqualität umfasst, so dass z. B. auch **Gesprächsprotokolle mit personenbezogenen Daten** darunter fallen können, wenn sie in unmittelbaren Zusammenhang mit einem Dienstverhältnis stehen (vgl. zum gleichlautenden Art. 107 Abs. 2 BayBG VG München, B. v. 5.2.2015, M 5 E 14.4380). Das OVG Münster hat in einem Beschluss vom 7.1.2015 zur mit § 84 Abs. 4 nahezu identischen Vorschrift des § 110 Abs. 4 BBG entschieden, dass insoweit der materielle Aktenbegriff maßgeblich sei (OVG Münster, NVwZ-RR 2015, 387). Daher habe eine Beamtin auch ein **Akteneinsichtsrecht in die E-Mail einer Vorgesetzten** an das Personalreferat, in welcher gravierende Auffälligkeiten bezüglich der dienstlichen Arbeitsweise der Beamtin angeführt werde. Es komme für das Akteneinsichtsrecht in die E-Mail – so das OVG Münster – „nicht darauf an, ob das in Rede stehende Schreiben ein isoliertes Schriftstück oder eine E-Mail ohne Einbindung in eine Akte im wohl üblichen Sinne ist." (OVG Münster, NVwZ-RR 2015, 387). Dieses erweiterte Normverständnis des OVG Münster trägt dem Schutzzweck des Akteneinsichtsrechts eines Beamten Rechnung und trägt dazu bei, dass nicht über moderne Kommunikationswege Rechte Betroffener in der Praxis unterlaufen werden. Es spricht insofern viel dafür, die angeführte Entscheidung des OVG Münster auch bei der Anwendung des § 86 Abs. 4 Satz 1 zu berücksichtigen. Das Einsichtnahmerecht wird ferner durch § 86 Abs. 4 Satz 2 u. 3 beschränkt. Statt einer Einsichtnahme ist nur ein **Recht auf Auskunftserteilung** gegeben, wenn bei den relevanten

6

Akten die eigenen Daten nicht oder schwer trennbar mit Daten Dritter und geheimhaltungsbedürftigen nichtpersonenbezogenen Daten verknüpft sind (z.B. bei einem Besetzungsbericht für eine Richterstelle, vgl. BVerwGE 67, 300; s.a. VG München, B. v. 5.2.2015, M 5 E 14.4380). Der Umfang der gesetzlich vorgeschriebenen Auskunftserteilung orientiert sich einerseits am berechtigten Auskunftsinteresse des Beamten und andererseits an der Interessensphäre des Dritten bzw. am öffentlichen Interesse (*Schnellenbach*, § 12 Rn. 28). Es hat eine sorgfältige Abwägung stattzufinden.

§ 87 Vorlage und Auskunft

(1) ¹**Ohne Einwilligung der Beamtin oder des Beamten ist es zulässig, die Personalakte für Zwecke der Personalverwaltung oder Personalwirtschaft der obersten Dienstbehörde oder einer im Rahmen der Dienstaufsicht weisungsbefugten Behörde vorzulegen. ²Das Gleiche gilt für Behörden im Bereich desselben Dienstherrn, soweit die Vorlage zur Vorbereitung oder Durchführung einer Personalentscheidung notwendig ist. ³Ärztinnen und Ärzten, die im Auftrag der personalverwaltenden Behörde ein medizinisches Gutachten erstellen, darf die Personalakte ebenfalls ohne Einwilligung vorgelegt werden. ⁴Für Auskünfte aus der Personalakte gelten die Sätze 1 bis 3 entsprechend. ⁵Soweit eine Auskunft ausreicht, ist von einer Vorlage abzusehen.**

(2) ¹**Auskünfte an Dritte dürfen nur mit Einwilligung der Beamtin oder des Beamten erteilt werden, es sei denn, dass die Abwehr einer erheblichen Beeinträchtigung des Gemeinwohls oder der Schutz berechtigter, höherrangiger Interessen der oder des Dritten die Auskunftserteilung zwingend erfordert. ²Inhalt und Empfänger der Auskunft sind der Beamtin oder dem Beamten schriftlich mitzuteilen.**

(3) **Vorlage und Auskunft sind auf den jeweils erforderlichen Umfang zu beschränken.**

Übersicht

I. Allgemeines/Struktur der Norm

1   Mit § 87 liegt (ebenfalls) eine **bereichsspezifische Regelung zum Datenschutz** vor, die im Rahmen ihres Anwendungsbereiches dem Landesdatenschutzgesetz vorgeht (OVG Münster, B. v. 9.7.2015, 6 B 602/15; OVG Münster, RiA 2006, 46; OVG Münster, Urt. v. 23.9.2003, 15 A 2053/98; vgl. aber zu § 102 Abs. 1 Satz 2 LBG a.F. *Hüpers*, JZ 2004, 462; zum beamtenrechtlichen Datenschutz auf Bundesebene vgl. BVerwGE 118, 10; *Gola*, NVwZ 1993, 552). Diese Personalaktendaten genießen einen besonderen Vertrauensschutz (OVG Münster, B. v. 9.7.2015, 6 B 602/15: Zur Frage der Übermittlung von Gesundheitsdaten eines Polizeibeamten an Fahrerlaubnisbehörde). In § 87 Abs. 1 wird systematisch getrennt zwischen der Regelung einer **Vorlage der Personalakten** an entsprechend „pri-

vilegierte" Behörden und Stellen und der **Erteilung von Auskünften** aus der Personalakte **ohne Aktenübersendung.** Bevor eine Personalakte auf der Basis des § 87 Abs. 1 Sätze 1–3 übersendet wird, hat nach § 87 Abs. 1 Satz 5 eine Prüfung zu erfolgen, ob nicht stattdessen eine Auskunftserteilung ausreichend ist bzw. die Übersendung der Personalakte bezogen auf das Informationsbedürfnis der grundsätzlich empfangsberechtigten Behörde oder Stelle durch Auskünfte ersetzbar ist. Die **Notwendigkeitsprüfung** soll sicherstellen, dass Personalakten erst ab einer gewissen Schwelle den tatsächlichen und rechtlichen „Schutzraum" der eigenen Dienststelle verlassen. Die Bestimmungen sind auf Vertrauensschutz angelegt und sollen gewährleisten, dass besonders schutzwürdige Daten des Beamten soweit wie möglich nicht den Bereich des jeweiligen Dienstherrn verlassen, da grundsätzlich nur hier das höchstmögliche Maß an Datensicherheit erzielbar ist (OVG Münster, RiA 2006, 46; OVG Koblenz, ZBR 2002, 368). Sie dürfen nur bei Erfüllung der engen rechtlichen Vorgaben des Personalaktenrechts nach außen gegeben werden. Nicht von § 87 erfasst ist der „Datenfluss zwischen Grund- und Teilakte oder Grund- und Nebenakte" (*Tadday/Rescher,* § 88 LBG Erl. vor Erl.1).

Sofern eine Auskunftserteilung nicht ausreicht, bedeutet dies nicht zwangsläufig, dass die **2** gesamte Personalakte übersandt werden kann. Es verbleibt die Prüfung durch die übergeordnete Behörde als ersuchende Stelle, ob ggf. die Übersendung einer Teil- oder Nebenakte ausreichend ist. Auch die Stelle, von der die Personalakten angefordert werden, hat parallel solche Prüfungen vorzunehmen. Von der ersuchenden Behörde ist seitens der ersuchten Behörde eine substantiierte Begründung für die **Erforderlichkeit der Aktenanforderung/Aktenauskunft** zu verlangen (vgl. zu § 90a BGB a. F. *Streit,* DÖD 1992, 273). Eine nur teilweise Vorlage einer Grundakte durch die nachgeordnete Behörde erscheint allerdings ohne Abstimmung mit der übergeordneten Behörde problematisch. Im Konfliktfall ist auf die Befugnisse der übergeordneten Behörde abzustellen (vgl. zu § 111 BBG BT-Drs. 16/7076, S. 127). Der nachgeordneten Behörde steht es frei, förmlich ihr Remonstrationsrecht wahrzunehmen, § 36 Abs. 2 BeamtStG (*Schnellenbach,* § 12 Fn. 168). Sofern eine **Auskunftserteilung** ausreicht, um dem Informationsbedürfnis der übergeordneten Behörde zu genügen, ist von der personalaktenführenden Behörde der Rahmen der Auskünfte unter Notwendigkeitsgesichtspunkten zu prüfen, § 87 Abs. 3. Die Auskünfte sind auf den erforderlichen Umfang zu beschränken.

II. Zulässigkeit der Vorlage an andere Behörden

1. Oberste Dienstbehörde/Weisungsbefugte Behörden (Dienstaufsicht)

Es ist gemäß § 87 Abs. 1 Satz 1 zulässig, auch **ohne Einverständnis des Beamten** sei- **3** ne Personalakte für Zwecke der Personalhaltung oder Personalwirtschaft der **obersten Dienstbehörde** vorzulegen. Gleiches gilt für die Vorlage an eine im Rahmen der Dienstaufsicht **weisungsbefugte Behörde.** Diese Rechtslage ergibt sich aus den (Weisungs-)Befugnissen und der hierarchischen Positionierung dieser Behörden im Verwaltungsaufbau. Um Personalvorgänge aus dem nachgeordneten Bereich prüfen zu können oder Entscheidungen zu treffen, werden die entsprechenden Personalakten von übergeordneten Behörden regelmäßig als Prüf- und Entscheidungsgrundlage – auch um die Aufsichtspflichten gegenüber den nachgeordneten Behörden ordnungsgemäß erfüllen zu können – benötigt und können jederzeit per Weisung angefordert werden (die Annahme einer Amtshilfe scheidet insofern aus, vgl. *Kopp/Ramsauer,* § 4 VwVfG Rn. 15). Wie sich aus dem Wortlaut des § 87 Abs. 1 Satz 1 ergibt, braucht die oberste Dienstbehörde dabei nicht zwingend weisungsbefugt im Rahmen der Dienstaufsicht zu sein, um in zulässiger Weise Personalakten vorgelegt zu bekommen; es wird dort lediglich auf den Status als oberste Dienstbehörde abgestellt (vgl. auch *Battis,* § 111 BBG Rn. 3).

2. Vorlage an Behörden desselben Dienstherrn, § 87 Abs. 1 Satz 2

4   Die bisherige Regelung, die die Vorlage von Personalakten an andere Behörden desselben Geschäftsbereiches zugelassen hat (soweit zur Vorbereitung/Durchführung einer Personalentscheidung notwendig), wurde durch das DRModG geändert. Die alte Regelung hatte außerdem für Behörden eines anderen Geschäftsbereiches desselben Dienstherrn dasselbe festgelegt, soweit diese an einer Personalentscheidung mitzuwirken haben (z.B. FM und MIK bei bestimmten Beförderungen). Mit der **Neufassung des § 87 Abs. 1 Satz 2 durch das DRModG** sind die Möglichkeiten zur Vorlage von Personalakten erweitert wurden, weil sie jetzt allen „Behörden desselben Dienstherrn" vorgelegt werden können, wenn dies zur Vorbereitung oder Durchführung einer Personalentscheidung notwendig ist. In der Gesetzesbegründung heißt es dazu (LT-Drs. 16/10380, S. 354): „Gegenüber der bisherigen Regelung ist Satz 2 geändert worden. Es soll eine Grundlage dafür geschaffen werden, dass die Personalakte auch an Behörden im Bereich desselben Dienstherrn übersandt werden darf. (z.B. im Rahmen des Projekts „Vorfahrt für Weiterbeschäftigung" auch an das LaFin, auch wenn der Beamte nicht im Geschäftsbereich des FM tätig ist.). Die bisher fehlende Einsichtnahmemöglichkeit in diesen Fällen schränkte die von § 26 BeamtStG vorgesehene Übertragung eines Amtes im Bereich desselben Dienstherrn gegen den Willen des Beamten ein." Mit der Neuregelung sind sowohl die bisherigen Fälle zulässiger Aktenvorlage erfasst als auch die Fallgestaltungen, die für den Gesetzgeber Anlass für die Gesetzesänderung waren. Bei den „Personalentscheidungen" i.S.d. § 87 Abs. 2 Satz 2 handelt sich in der Mehrzahl um Fälle der beabsichtigten Versetzung oder Abordnung. Auch im Falle einer Bewerbung des Beamten in einen anderen Geschäftsbereich desselben Dienstherrn besteht – auch in seinem eigenen Interesse – der Bedarf nach einer Befugnis zur Vorlage von Personalakten an die potentielle neue Beschäftigungsbehörde. Weiterhin ist es so, dass Personalakten im Rahmen von Bewerbungen an andere Dienstherrn – z.B. bei der Bewerbung eines Landesbeamten beim Bund – nur mit Einwilligung des wechselwilligen Beamten dem potentiellen neuen Dienstherrn vorgelegt werden dürfen.

5   Die Vorlage von Personalakten an andere Behörden und Gerichte aufgrund einer anderen speziellen oder allgemeinen Rechtsgrundlage bleibt von § 87 Abs. 1, der beim Behördenbegriff und den speziellen Regelungen keiner erweiternden Auslegung zugänglich ist, unberührt (OVG Münster zu § 102 Abs. 1 lit. d LBG a.F., RiA 2006, 46). So fordern z.B. in Konkurrentenstreitverfahren Gerichte nach **§ 99 Abs. 1 Satz 1 VwGO** Personalakten der Beteiligten an (vgl. dazu *Schmid*, Die beamtenrechtliche Konkurrentenklage und Datenschutz, 2015; *Lopacki*, DÖD 2004, 237; OVG Saarlouis, B.v. 25.6.1991, 1 W 71/9: kein Beschwerderecht Beigeladener; s.a. § 13 Abs. 1 Satz 1 des Gesetzes über den Verfassungsgerichtshof NRW i.V.m. § 99 Abs. 1 Satz 1 VwGO und § 16 Abs. 1 des Gesetzes über den Verfassungsgerichtshof NRW). Bei besonders schutzwürdigen Belangen kann ausnahmsweise die oberste Dienstbehörde die Personalaktenvorlage ganz oder teilweise nach § 99 Abs. 2 Satz 2 VwGO verweigern (OVG Saarlouis, B.v. 25.6.1991, 1 W 71/9; *Kopp/Schenke*, § 99 VwGO Rn. 12; *Lopacki*, DÖD 2004, 237). Dem **LPA** steht nach § 101 Abs. 2 ein Recht auf Vorlage relevanter Personalakten zu.

3. Landesrechnungshof

6   Umstritten ist, ob und ggf. auf welcher Rechtsgrundlage z.B. der **LRH** von Behörden die Vorlage von Personalakten verlangen kann (vgl. VG Kassel, B.v. 30.7.2004, 1 G 3053/03; VG Wiesbaden, NVwZ-RR 1999, 550; *Schwarz*, DÖD 2010, 68; *Lopacki*, DÖD 2009, 269). § 87 autorisiert eine Behörde zu einer Personalaktenvorlage nicht, da eine Vorlage an den LRH weder im Rahmen von Personalentscheidungen notwendig ist, noch der LRH an Personalentscheidungen mitwirkt (vgl. zur parallelen Rechtslage in Hessen: VG Kassel, B.v. 30.7.2004, 1 G 3053/03). Allerdings vermittelt **§ 95 Abs. 1 LHO** als lex specialis dem LRH ein **Aktenvorlagerecht,** das bei zwingender Prüfnotwendigkeit Personalakten umfasst (vgl. auch VG Wiesbaden, NVwZ-RR 1999, 550: zur Vorlage von Personalakten an den BRH; BVerwG, NJW 1989, 2961; BVerfG, DVBl 1997, 481: Prüfrechte des LRH bezüglich Patientenakten einer Uni; zur Vorlage von Teilen einer Personalakte an LRH: VG Kassel, B.v. 30.7.2004, 1 G 3053/03; s. in dem Kontext auch *Lopacki*, DÖD 2009, 269, 272: „Das Erfordernis einer wirksamen Kontrolle hat Vorrang gegenüber dem Schutz von Personalakten, die einen besonderen Vertrauensschutz genießen."). Das **Prüfrecht des LRH** umfasst die pflichtgemäß unter Berücksichtigung der Persönlichkeitsrechte Betroffener zu treffende Entscheidung der Prüfbehörde, ob vollständige Personalakten oder nur Teilakten oder Auszüge aus den Akten für die Prüfungen angefordert werden (VG Wiesbaden, NVwZ-RR 1999, 550; s.a. OVG Münster, NJW 1988, 2496; OVG Lüneburg, DVBl 1984, 837). Die prüfende Behörde kann selbst bestimmen, welche Akten in welchem Umfang Prüfgegenstand sind (*Lopacki*, a.a.O.). Dies entspricht der Rolle des LRH als Prüfbehörde und verletzt nicht Persönlichkeitsrechte Betroffener, da der LRH dem Personaldatenschutz/Wahrung strikter Vertraulichkeit verpflichtet ist.

4. Petitionsausschuss/Parlamentarischer Untersuchungsausschuss/andere Ausschüsse

Da Personalakten eine Vielzahl persönlicher Daten enthalten, ist eine Vorlage von sol- **7** chen Akten an parlamentarische Gremien äußerst kritisch zu sehen und überschreitet schnell die Schwelle zur rechtswidrigen Verletzung von Persönlichkeitsrechten betroffener Beamter (*Herbeck*, DVBl 2015, 471, 477). Für den **Petitionsausschuss** kann aber ein **Personalaktenvorlagerecht** in Betracht kommen (Art. 41a Abs. 2 Satz 1 LVerf), wobei aber Persönlichkeitsrechte im Kern verletzt werden, wenn ihm uneingeschränkt persönliche Daten zugänglich gemacht werden, ohne dass dies für die Petitionserledigung zwingend erforderlich ist (OVG Münster, NJW 1988, 2496). Vollständige Personal- und Disziplinarakten dürfen an einen Petitionsausschuss i.d.R. nicht herausgegeben werden (OVG Münster, a.a.O.). Die **Abwägung des Personaldatenschutzes mit Informationsinteressen des Petitionsausschusses** kann zur notwendigen Reduktion preiszugebender Daten führen, sodass ggf. nur ein „Aktentorso" vorzulegen ist. In welchem Rahmen **parlamentarische Untersuchungsausschüsse** ein Recht auf Personalaktenvorlage haben, ist ebenfalls strittig (*Lopacki*, DÖD 2009, 269ff.; *Herbeck*, DVBl 2015, 471, 477; VG Bremen, ZBR 1989, 30; VerfG Hamburg, NVwZ 1996, 1201). Auch hier hat eine sehr sorgfältige Abwägung und Erforderlichkeitsprüfung stattzufinden, weil **Grundrechte der jeweiligen Beamten** betroffen sind; entscheidend sind die Einzelfallumstände. In jedem Fall sind im Falle der Aktenüberlassung vom Ausschuss besondere Formen des Diskretionsschutzes zu wählen, der strikt einzuhalten ist. In der Literatur werden große Zweifel geäußert, ob in politisch geprägten parlamentarischen Untersuchungsausschüssen allgemein die notwendigen Geheimhaltungsstandards wirklich in der Praxis eingehalten werden, und in sehr deutlicher Form Missstände bei parlamentarischen Untersuchungsausschüssen kritisiert (vgl. den sehr luziden Beitrag von *Trips-Hebert*, ZRP 2012, 199). Unproblematisch und unstreitig sind die Informationsrechte des Unterausschusses „Personal" des Haushalts- und Finanzausschusses, wenn es um stellenplanrelevante Personalmaßnahmen der Landesregierung geht (vgl. dazu *Graf*, Ausarbeitung 14/0631 des Parlamentarischen Beratungs- und Gutachterdienstes des Landtags NRW).

III. Personalaktenweitergabe an beauftragte Ärzte (Gutachter)

Behörden sind autorisiert, Ärzten, die in ihrem Auftrag medizinische Gutachten anferti- **8** gen, erforderlichenfalls Personalakten zur Verfügung zu stellen, § 87 Abs. 1 Satz 3. Dies sind i.d.R. Amtsärzte. Die Regelung dient dem öffentlichen Interesse an einer sachgerechten Gutachtenerstellung auf hinreichender Basis und ist vor dem Hintergrund **ärztlicher**

Schweigepflichten verfassungskonform (vgl. zur Schweigepflicht des Amtsarztes *Baßlsperger,* PersV 2011, 404). Allerdings ist immer zu prüfen, ob nicht **Teile der Personalakte** ausreichen. Da **Beihilfevorgänge** Teilakte der Personalakten sind, stellt sich ferner die Frage, ob diese ebenfalls dem Amtsarzt ohne Einwilligung des Beamten vorgelegt werden dürfen. Auf den ersten Blick spricht hierfür, dass es sich auch um Teile der Personalakte handelt und ein unmittelbarer Zusammenhang mit ärztlichen Gutachten besteht, da Beihilfeakten die Krankheitsgeschichte wiederspielen. Einer an sich medizinisch naheliegenden **Weitergabe von Beihilfeakten an begutachtende Ärzte** steht aber das **Abschottungsgebot für Beihilfeakten** und das Fehlen einer entsprechenden ausdrücklichen Rechtsgrundlage für eine solche Weitergabe von Beihilfeakten entgegen. Etwas anderes kann nur gelten, wenn die Voraussetzungen des § 84 Satz 4 vorliegen, also z. B. die zusätzliche Weitergabe der Beihilfeakten an den Amtsarzt zur Abwehr erheblicher Gefahren für das Gemeinwohl oder einer sonst drohenden Gefahr für die öffentliche Sicherheit erforderlich ist. Eine Weitergabe von Beihilfeakten an begutachtende Ärzte ist aber natürlich zulässig, wenn eine Einwilligung des Betroffenen vorliegt.

IV. Einsichtnahme in Personalakten durch Personalrat

9   Ob ein **Personalrat** einen Anspruch auf Einsicht in Personalakten hat, ist eine in der Praxis zuweilen strittige Frage (*Lopacki,* PersV 2009, 168). Eine entsprechende Spezialvorschrift für Personalvertretungen gibt es nicht (*Lopacki,* a. a. O.). Gleichwohl machen Personalräte teilweise geltend, dass sie alle den personalvertretungsrechtlich relevanten Entscheidungen der Dienststelle zugrundeliegenden Unterlagen – mithin auch Personalakten und z. B. Beurteilungen – einsehen müssten, um ihrem gesetzlichen Auftrag gerecht werden zu können. Eine solche Ansicht verkennt, dass eine Einsichtnahme in Personalakten **höchstpersönliche Rechte des Beamten** berührt und nur auf der Basis einer Autorisierung durch beamtenrechtliche oder spezialgesetzliche Regelungen oder mit Zustimmung des Betroffenen gestattet ist (*Lopacki,* PersV 2009, 168; OVG Münster, DÖV 2011, 779 (Leits.): kein Anspruch der Personalvertretung, Personalakten eines zugewiesenen Beamten einzusehen; vgl. zu Arbeitszeitkonten OVG Münster, DVBl 2013, 193). Der allgemeine Informationsanspruch von Personalvertretungen begründet kein unbeschränktes Einsichtsrecht in Personalakten. Wenn ein Dienstherr dies nicht beachtet, kann der betroffene Beamte dagegen wegen Verletzung seiner Persönlichkeitsrechte gerichtlich vorgehen (BVerwGE 38, 336). Dies gilt umso mehr, als mit **§ 65 Abs. 3 LPVG** eine spezielle Vorschrift vorliegt, die eine Einsichtnahme durch Mitglieder des Personalrats in Personalakten oder in Sammlungen von Personaldaten ausdrücklich nur **mit Zustimmung des Beamten** für zulässig erachtet. Eine stillschweigende oder mutmaßliche Billigung durch den Beamten ist nicht ausreichend; die Zustimmung muss mündlich oder schriftlich vor der Einsichtnahme gegenüber dem Dienststellenleiter erklärt werden und kann auch in eingeschränkter Form erfolgen (*Lopacki,* PersV 2009, 168, 170). Die konkrete Bestimmung der einsichtsberechtigten Mitglieder des Personalrats obliegt allein dem Beamten. Wenn die Gefahr besteht, dass es zu einer nicht sachgerechten Nutzung der Personaldaten kommt oder besonderer Geheimhaltungsbedarf „in sensiblen Bereichen staatlicher Aufgabenwahrnehmung" besteht (z. B. Verfassungsschutz), kann ausnahmsweise der Dienstherr berechtigterweise die Einsichtnahme verweigern (*Lopacki,* PersV 2009, 168, 172).

10   Eine Aushändigung von Personalakten an Mitglieder des Personalrates oder die Zurverfügungstellung einer kompletten Kopie ist auch bei Bestehen eines Einsichtsrechts unzulässig. Ohne Zustimmung des Beamten sind Auskünfte aus der Personalakte zulässig, wenn sie bei strengem Maßstab für die Aufgabenerfüllung des Personalrats auch unter Berücksichtigung der Persönlichkeitsrechte Betroffener unabdingbar sind. **Listenmäßig aufgeführte Personaldaten** dürfen im Rahmen entsprechender Beteiligungsverfahren aber ohne Zustimmung Betroffener vom Personalrat eingesehen werden, § 65 Abs. 3 Satz 1 letzter

Halbs. LPVG (s. zur zulässigen Übermittlung von Personalaktendaten in Listenform an Personalräte: BVerwG, B. v. 23.1.2002, 6 P 5.01; *Gola,* NJW 1999, 3757; *Lopacki,* PersV 2009, 168, 171).

V. Auskünfte aus Personalakten an Dritte

Nach § 87 Abs. 2 dürfen Auskünfte aus den Personalakten an Dritte grundsätzlich nur **11** erteilt werden, wenn der Beamte eingewilligt hat. Auch dann hat die Behörde zu prüfen, ob eventuell andere rechtliche oder tatsächliche **Gründe gegen eine Auskunftserteilung** sprechen. Unter den eng geregelten Voraussetzungen dürfen ausnahmsweise ohne Einwilligung des Betroffenen an Dritte Auskünfte erteilt werden. Unter einem „Dritten" versteht das Gesetz sowohl private Personen als auch Behörden, welche nicht zu den in § 87 Abs. 1 speziell aufgeführten Behörden zählen. Sofern eine Behörde in einem Gerichtsverfahren, bei dem es auf den Inhalt von Personalakten ankommt, von einem Rechtsanwalt vertreten wird, ist dieser nicht „Dritter" (VG Ansbach, B. v. 4.4.2006, AN 11 K 04.00371). Der Empfänger der Auskünfte und der Inhalt der erteilten Auskunft sind dem Beamten schriftlich mitzuteilen, § 87 Abs. 2 Satz 2. Auskünfte über ihn sollen nicht sozusagen am Beamten vorbei an Dritte erteilt werden, ohne dass dies in irgendeiner Form dokumentiert und für ihn virulent würde. Die **Pflicht zur Dokumentation** von mündlichen Auskünften an Dritte hält die Behörde an, auf die grundsätzlich erforderliche Einwilligung zu achten. Bei schriftlichen Auskünften kann die Behörde entscheiden, wie sie ihrer Mitteilungspflicht Genüge tut. Sie kann z.B. in einem Anschreiben an den Beamten den Inhalt einer schriftlich erteilten Auskunft an Dritte in indirekter Rede zusammenfassend wiedergeben und den Empfänger benennen. Die Zurverfügungstellung einer Kopie der erteilten schriftlichen Auskunft dürfte hingegen am praktikabelsten sein, um dem gesetzlichen Informationsanspruch des Beamten Genüge zu tun. Parallel dazu ist eine Durchschrift zur Personalakte zu nehmen, da diese den Beamten betreffende Unterlage mit dem Dienstverhältnis in einem unmittelbaren inneren Zusammenhang stehen dürfte, § 50 Satz 2 BeamtStG (vgl. zur Abgrenzung von Unterlagen, die zur Personalakte zu nehmen oder nicht zu nehmen sind *Metzler-Müller* in MRSZ, § 50 BeamtStG Erl. 3).

Eine **Auskunftserteilung an Dritte ohne Einwilligung** des Beamten ist nach § 87 **12** Abs. 2 Satz 1 u.a. möglich, wenn sie zur „Abwehr einer erheblichen Beeinträchtigung des Gemeinwohls" zwingend erforderlich ist. Diese Schwelle ist niedriger als das Erfordernis der „Abwehr erheblicher Gefahren für das Gemeinwohl", wie es in § 84 Satz 4 vorgesehen ist, wenn Beihilfeakten anderweitig verwendet oder weitergeben werden sollen. Die Vorschrift autorisiert aber z.B. in der Regel nicht dazu, Gesundheitsdaten, die innerdienstlich anlässlich einer vom Dienstherrn angeordneten polizeiamtsärztlichen Untersuchung eines Polizeibeamten erlangt wurden, ohne Einwilligung des Betroffenen an die Fahrerlaubnisbehörde zu übermitteln, zumal polizeiamtsärztliche Feststellungen für den Straßenverkehr nur begrenzt aussagekräftig sind (OVG Münster, B. v. 9.7.2015, 6 B 602/15). Die Vorschrift gilt auch für Ruhestandsbeamte (OVG Münster, B. v. 9.7.2015, 6 B 602/15). In der zweiten Variante ist nach § 87 Abs. 2 Satz 1 eine einwilligungsunabhängige Auskunftserteilung erlaubt, wenn der „Schutz berechtigter, höherrangiger Interessen des Dritten" dies zwingend erfordert. **Titulierte Zahlungsansprüche** von Gläubigern gegen den Beamten fallen z.B. darunter (vgl. zur vergleichbaren BBG-Norm BT-Drs. 12/544, S. 20; s.a. *Schnellenbach,* § 12 Fn. 168; vgl. zu § 107 lit. d Hess. LBG VG Gießen, Urt. v. 12.3.2001, 10 E 2529/00, RDV 2004, 35 – rechtliches Interesse auf Beauskunftung „bei begehrten Pfändungs- und Überweisungsbeschlüssen …, aber auch schon bei schon vollstreckbaren Titeln"; siehe allgemein in dem Kontext den RdErl. d. Finanzministeriums v. 2.3.2012 „Verfahren für die Überprüfung der finanziellen Verhältnisse der Beamtinnen und Beamten sowie der Arbeitnehmerinnen und Arbeitnehmer in der Landesverwaltung NRW", MBl. NRW. S. 162). Die Rechtsverfolgung muss unmittelbar von begehrter Auskunft abhängen.

Keinesfalls unter die Vorschrift fallen **Anfragen von Versicherungen oder Gewerkschaften** z.B. nach den Namen und Adressen neu eingestellter Beamter, um mit ihnen wegen des Abschlusses von Versicherungen oder eines Gewerkschaftsbeitritts in Kontakt treten zu können (*Schnellenbach*, § 12 Fn. 168). **Auskunftsersuchen zu Forschungszwecken** usw. können nur unter äußerst eingeschränkten Voraussetzungen und kaum jemals bei „laufenden Personalakten" in Betracht kommen (vgl. *Battis*, § 111 BBG Rn. 5; vgl. die eindrucksvolle Fallschilderung von Kramer, KJ 2009, 316; s. in dem Kontext OVG Münster, Urt. v. 10.8.2015, 8 A 2410/13 – zur Frage eines aus dem IFG Bund abgeleiteten Anspruchs eines Journalisten auf Einsichtnahme in Studie eines Ministeriums über dessen NS-Vergangenheit und seiner damaligen Bediensteten). Wenn schon generell bei Behördenakten ein Akteneinsichtsrecht aus wissenschaftlichen Interessen grundsätzlich nicht herleitbar ist (*Bayer*, JuS 1989, 191; *Kopp/Ramsauer*, § 29 VwVfG Rn. 10; BVerfG, NJW 1986, 1243; BVerwG, NJW 1986, 1277; vgl. zum Konflikt Wissenschaftsfreiheit versus Persönlichkeitsschutz OVG Koblenz, NJW 1984, 1135), was nicht ganz verständlich erscheint, gilt dies umso mehr bei sensiblen Personaldaten. Bei kritischen historischen Studien zum Verhalten von Beamten in zurückliegender Zeit – etwa zu Verstrickungen in der NS-Zeit – ist nach einem Urteil dem OVG Münster vom 10.8.2015 bei den auf dem IFG Bund beruhenden Einsichtnahmerechten von Journalisten eine sorgfältige Abwägung unter Berücksichtigung des Personalaktenrechts vorzunehmen und bezüglich noch lebender früherer Bediensteter einer Behörde (kein Informationszugang) und bereits verstorbener früherer Bediensteter (Informationszugang) zu differenzieren (OVG Münster, Urt. v. 10.8. 2015, 8 A 2410/13).

13   Kein rechtliches Interesse liegt auch darin begründet, dass jemand für private gerichtliche Auseinandersetzungen mit einem Beamten Informationen über disziplinarrechtliche Ermittlungen erhalten möchte, um eine von ihm vorbereitete „flankierende" Strafanzeige wegen Prozessbetruges gegen den Beamten mit Hinweis auf dessen angebliche Persönlichkeitsdefizite zu untermauern (VG Gießen, RDV 2004, 35 – bestätigt durch VGH Kassel, B. v. 8.4.2003, 10 ZU 1281/01). Selbst wenn ein rechtliches Interesse eines Dritten an einer Auskunftserteilung vorliegt, muss die Behörde nicht zwingend eine Auskunft erteilen. § 87 Abs. 2 stellt sich als Zulässigkeitsregelung zur Auskunftserteilung dar, die als solche nicht ausschließt, dass bei einer Abwägung wegen der **Fürsorgepflicht für den eigenen Beamten** eine Auskunft (doch) nicht erteilt wird. Die Behörde hat einen weiten Ermessensspielraum, innerhalb dessen das Geheimhaltungsinteresse des eigenen Beamten bzw. die grundsätzliche Pflicht zur Wahrung des Amtsgeheimnisses mit dem (berechtigten) Auskunftsinteresse des Dritten abzuwägen ist (VG Gießen, RDV 2004, 35).

VI. Prüfung von Informationsbeschränkungen (Erforderlichkeit)

14   In § 87 Abs. 3 wird expressis verbis die Vorgabe aufgestellt, dass die Vorlage von Personalakten und die Auskunftserteilung sich jeweils auf den erforderlichen Umfang zu beschränken haben. Das **Persönlichkeitsrecht des Beamten** macht es notwendig, in jedem Einzelfall seitens der ersuchenden Behörde und der personalaktenführenden Behörde in einem umfassenden **Abwägungsprozess** zu prüfen, ob die Informationsinteressen eventuell auf niedrigerer Stufe (als der zunächst vielleicht pauschal anvisierten höchsten Stufe) erfüllt werden können. Die Übersendung vollständiger Personalakten wird nach dem anzulegenden Maßstab nur nach gründlicher Prüfung unter Beachtung des Verhältnismäßigkeitsprinzips erfolgen können und darf nicht pauschal vorgenommen werden, weil z.B. der Verwaltungsaufwand bei der Trennung von Aktenbestandteilen höher ist. Hieran muss in der Praxis immer wieder erinnert werden.

§ 88 Entfernung von Personalaktendaten

(1) [1]Unterlagen über Beschwerden, Behauptungen und Bewertungen, auf die die Tilgungsvorschriften des Disziplinarrechts keine Anwendung finden, sind,

1. falls diese sich als unbegründet oder falsch erwiesen haben, mit Zustimmung der Beamtin oder des Beamten unverzüglich aus der Personalakte zu entfernen und zu vernichten oder
2. falls sie für die Beamtin oder den Beamten ungünstig sind oder ihr oder ihm nachteilig werden können, auf Antrag der Beamtin oder des Beamten nach zwei Jahren zu entfernen und zu vernichten. Dies gilt nicht für dienstliche Beurteilungen.

[2]Die Frist nach Satz 1 Nummer 2 wird durch erneute Sachverhalte im Sinne dieser Vorschrift oder durch die Einleitung eines Straf- oder Disziplinarverfahrens unterbrochen. [3]Stellt sich der erneute Vorwurf als unbegründet oder falsch heraus, gilt die Frist als nicht unterbrochen.

(2) [1]Mitteilungen in Strafsachen, soweit sie nicht Bestandteil einer Disziplinarakte sind, sowie Auskünfte aus dem Bundeszentralregister sind mit Zustimmung der Beamtin oder des Beamten nach zwei Jahren zu entfernen und zu vernichten. [2]Absatz 1 Satz 3 und 4 gilt entsprechend.

Übersicht

I. Allgemeines (Personalaktenwahrheit/Vollständigkeitsprinzip)

Die Personalakten müssen sowohl vollständig als auch richtig sein (OVG Münster, ZBR **1** 2010, 208; *Schnellenbach*, § 12 Rn. 18). Sie sollen ein möglichst lückenloses Bild über die gesamte dienstliche Laufbahn des Beamten sicherstellen (BVerwGE 50, 301; E 15, 3). Der Grundsatz der **Vollständigkeit von Personalakten** und der Grundsatz der **Personalaktenwahrheit** können in einen Konflikt miteinander geraten. Während sich nach früherer Rechtsprechung regelmäßig das Vollständigkeitsprinzip durchsetzte und bei zu Unrecht aufgenommenen ungünstigen Personalaktendaten nur ein Berichtigungsanspruch bestand, hat nach § 88 Abs. 1 Satz 1 Nr. 1 die Personalaktenwahrheit prioritäre Bedeutung (vgl. zum Vollständigkeitsprinzip BVerwG, NJW 1989, 1942; BVerwGE 15, 3; E 50, 301; *Schnellenbach*, § 12 Rn. 18, 19; vgl. auch *Battis*, § 112 BBG Rn. 9). Eine solche gesetzliche Regelung leitet sich u. a. aus der Fürsorgepflicht nach § 45 BeamtStG ab (s. a. BT-Drs. 11/7390, S. 14; *Battis*, § 112 BBG Rn. 2). Mit dem **Dienstrechtsmodernisierungsgesetz** wurde der Absatz 2 der Norm geändert. Statt auf Verordnungsebene werden in § 88 Abs. 2 nunmehr die Tilgungsfristen gesetzlich geregelt. Dies soll nach der Gesetzesbegründung „zur Vereinheitlichung, Vereinfachung und besseren Verständlichkeit" beitragen (LT-Drs. 16/10380, S. 354). Die neue Vorschrift zur Entfernung von Mitteilungen in Strafsachen ist textlich identisch mit § 112 Abs. 2 BBG.

II. Vorrang von Tilgungsvorschriften des LDG

2 § 88 Abs. 1 ist nur anwendbar auf Unterlagen über Beschwerden, Behauptungen und Bewertungen, auf welche die **Tilgungsvorschriften des Disziplinarrechts** keine Anwendung finden. **§ 16 Abs. 3 LDG** hat insoweit Vorrang; Eintragungen in der Personalakte über Verweis, Geldbuße, Kürzung der Dienstbezüge und Kürzung des Ruhegehalts sind bei Eintritt des Verwertungsverbotes von Amts wegen zu vernichten (§ 16 Abs. 3 Satz 1 LDG). Auf **Antrag des Beamten** unterbleibt die Entfernung oder erfolgt eine gesonderte Aufbewahrung, § 16 Abs. 3 Satz 4 LDG. Der Verbleib in der Akte kann z.B. dazu dienen, „auch in Zukunft falschen Vorstellungen (Spekulationen) über den Charakter der Disziplinarmaßnahme entgegenzutreten" (*Urban/Wittkowski*, § 16 BDG Rn. 23). Der Antrag ist fristgebunden (§ 16 Abs. 3 Satz 5 LDG). Nach § 16 Abs. 3 Satz 2 LDG verbleiben das Rubrum und der Tenor einer abschließenden gerichtlichen Entscheidung, mit welcher auf eine Zurückstufung erkannt wurde, auch bei Eintritt des Verwertungsverbots in der Personalakte. In § 16 Abs. 5 LDG wird schließlich festgelegt, dass auf die Entfernung und Vernichtung von Disziplinarvorgängen, die (nur) zu einer missbilligenden Äußerung geführt haben, § 88 Abs. 1 Satz 1 Nr. 2, Sätze 2 und 3 Anwendung findet. In solchen Fällen beginnt die Frist mit der Bekanntgabe der missbilligenden Äußerung (§ 16 Abs. 5 letzter Halbs. LDG). Missbilligende Äußerungen, die ihre Grundlage in der Geschäftsleitungs-, Weisungs-, und Aufsichtsbefugnis des Dienstherrn haben, sind i.d.R. nach der Definition in § 6 Abs. 1 LDG z.B. Zurechtweisungen, Ermahnungen oder Rügen (vgl. dazu *Battis*, § 77 BBG Rn. 3; OVG Koblenz, NVwZ-RR 1995, 342; VGH Mannheim, IÖD 1994, 89). Wenn sie nicht ausdrücklich als Verweis bezeichnet worden sind, stellen solche Missbilligungen keine Disziplinarmaßnahmen dar (§ 6 Abs. 1 Satz 2 LDG).

III. Beschwerden/Behauptungen/Bewertungen

3 Eine genaue Abgrenzung zwischen einer Beschwerde, einer Behauptung und einer Bewertung kann schwierig sein, da sich – etwa bei einer Dienstaufsichtsbeschwerde – die drei Anknüpfungspunkte für einen Entfernungsanspruch in der Verwaltungspraxis nahtlos überschneiden können. I.d.R. ist eine präzise Einordnung aber nicht notwendig, wenn sich die Unterlagen auf einen Sachverhalt beziehen, der jedenfalls unter eine der drei Varianten fällt. Eine **Beschwerde** i.S.d. § 88 Abs. 1 Satz 1 hat i.d.R. den Charakter einer Dienstaufsichtsbeschwerde, mit welcher regelmäßig von außerhalb der Dienststelle stehenden Personen (i.d.R. Bürger) gerügt wird, dass ein Beamter seine Dienstpflichten nicht ordnungsgemäß erfüllt habe. Regelmäßig wird eine unbegründete Dienstaufsichtsbeschwerde nur in der Dienstaufsichtsbeschwerdeakte verbleiben bzw. zu verbleiben haben (vgl. dazu OVG Berlin-Brandenburg, NVwZ-RR 2011, 244). Der Begriff der „Beschwerde" ist nicht auf förmliche Dienstaufsichtsbeschwerden beschränkt, sondern erfasst Beschwerden jeder Art. Hierunter fallen z.B. auch Beschwerden von Beamten und Tarifbeschäftigten über Beamte, wobei allerdings i.d.R. die Schwelle zur Hereinnahme solcher Beschwerden in die Personalakten in der Praxis eher gering ist. Die aktenmäßige Behandlung solcher Beschwerden liegt im weitreichenden Ermessen des Dienstherrn (*Schnellenbach*, § 12 Rn. 1; BVerwGE 15, 3).

4 Eine „Behauptung" ist eine Aussage über einen tatsächlichen Sachverhalt, der aber nicht abschließend festgestellt ist. Die **Behauptungen** können vom Dienstherrn aufgestellt worden sein oder auf Feststellungen anderer Behörden basieren, die dem Dienstherrn übermittelt wurden (*Tadday/Rescher*, § 89 LBG Erl. 1.1.). Tatsachenbehauptungen sind einer Überprüfung auf ihre Richtigkeit mit den Mitteln des Beweises zugänglich (BGH, NVwZ 1997, 1037; BGHZ 132, 13). Für eine **Bewertung** ist kennzeichnend, dass ein Werturteil über bestimmte Sachverhalte getroffen wird, dessen Richtigkeit naturgemäß nicht dem normalen (Wahrheits-)Beweis zugänglich ist, aber sehr wohl daraufhin überprüft werden

kann, ob z. B. die Wege zu dem Bewertungsergebnis und die fachlichen Qualifikationen des Bewertenden den allgemein anerkannten Standards entsprechen und die sachlichen/tatsächlichen Bewertungsgrundlagen (Ausgangssachverhalte) zutreffend sind. Letztlich gehen auch Bewertungen und Werturteile auf Tatsachen zurück (BVerwGE 60, 245).

IV. Unrichtigkeit der Vorgänge, § 88 Abs. 1 Satz 1 Nr. 1

Die Beschwerden, Behauptungen und Bewertungen müssen nachweisbar bzw. objektiv **5** unbegründet oder falsch sein, damit die Voraussetzungen für eine Entfernung und Vernichtung der entsprechenden Unterlagen aus der Personalakte vorliegen, § 88 Abs. 1 Nr. 1. Die Norm ist eine Handlungsanweisung für die Behörde, bei Anhaltspunkten für **unbegründete oder falsche Personalaktendaten** tätig zu werden. Hat sich z. B. eine schriftliche Missbilligung (§ 6 Abs. 1 LDG NRW) als unbegründet erwiesen, weil eine Beamtin ihren wegen Personalengpassen angeordneten Dienst in einer anderen Dienststelle zwar vermeintlich pflichtwidrig nicht antrat, aber für den Zeitraum nachweislich dienstunfähig erkrankt war, ist die Ermahnung nach § 88 Abs. 1 S. 1 Nr. 1 aus der Personalakte zu entfernen (VG Aachen, Urt. v. 2.3.2015, 1 K 2369/13). Gleiches kann z. B. auch der Fall gelten, wenn für einen dem Beamten nachteiligen Vermerk mit (Be-)Wertungen bezüglich einer dienstlichen Beurteilung keine Rechtsgrundlage vorhanden ist (VG Düsseldorf, Urt. v. 12.5.2010, 10 K 2747/08). **Beurteilungen** selbst unterliegen auch § 88 Abs. 1 Nr. 1. Der Satz 2 des § 88 Abs. 1 Nr. 2 („Dies gilt nicht für dienstliche Beurteilungen") erfasst nämlich nicht § 88 Abs. 1 Nr. 1 (OVG Münster, RiA 2002, 87 m. w. N. – zu § 102e Abs. 1 Satz 1 Nr. 1 a. F. LBG; *Schnellenbach/Bodanowitz,* Die dienstliche Beurteilung, Rn. 343 u. Fn. 239a; so auch VG Düsseldorf, Urt. v. 12.5.2010, 10 K 2747/08 zur Parallelnorm zu § 89, dem § 112 Abs. 1 Satz 1 BBG; OVG Berlin-Brandenburg, B. v. 3.5.2007 4 N 47.04; OVG Schleswig, Urt. v. 28.4.1995, 3 L 807/94). Wenn eine Beurteilung aufgehoben worden ist oder aufgehoben werden muss, ist sie – auch wenn „nur" Verfahrensfehler zur Rechtswidrigkeit führen – „unbegründet oder falsch" und muss grundsätzlich aus der Personalakte entfernt bzw. vernichtet werden (OVG Münster, RiA 2002, 87; VG Düsseldorf, Urt. v. 12.5.2010, 10 K 2747/08; vgl. zur Frage, ob urkundliche Berichtigung der Beurteilung ausreichend sein kann OVG Koblenz, B. v. 21.4.1999, 2 A 12876/98). Allerdings kann ein Entfernungsanspruch mangels Rechtsschutzbedürfnis ins Leere gehen, wenn die „falsche" Beurteilung – etwa kurz vor Pensionierung – nicht mehr als Grundlage einer künftigen, die Beamtenlaufbahn des Beurteilten betreffenden Personalentscheidung dienen kann (OVG Berlin-Brandenburg, B. v. 3.5.2007, 4 N 47.04). Sofern es dazu gekommen ist, das zu Unrecht – etwa weil die Rechtslage falsch eingeschätzt wurde oder schlicht aus Versehen – eine Beurteilung aus der Personalakte entfernt worden ist, besteht die Pflicht, sie weitest möglich wiederherzustellen (*Schnellenbach,* Die dienstliche Beurteilung, Rn. 344 unter Hinw. auf BVerwG, Buchholz 236.11 § 1a SLV Nr. 4).

Sofern nicht genau verifizierbar ist, ob die Unterlagen über Beschwerden, Behauptungen und Bewertungen unbegründet oder falsch sind, ist ein Entfernungsanspruch bzw. **6** Anlass zur Entfernung nicht gegeben. Die **materielle Beweislast für die Unrichtigkeit** liegt beim Beamten (*Battis,* § 112 BBG Rn. 5; VG Hamburg, Urt. v. 30.7.1999, 20 VG 1544/99). *Tadday/Rescher* weisen darauf hin, dass u. U. in Personalakten Gerichtsurteile und Beschlüsse aufgenommen werden, die in den Gründen Tatsachenfeststellungen/Zitate zu Lasten eines Beamten enthalten können, die nicht zutreffend sind. Dies sei vor dem Hintergrund der Rechtskraft solcher Entscheidungen hinzunehmen, eine Entfernung solcher gerichtlicher Entscheidungen abzulehnen (*Tadday/Rescher,* § 89 LBG Erl. 1.1 a. E.). Dem ist zu folgen, da anderenfalls z. B. rechtskräftige und im Ergebnis (Tenor) richtige Entscheidungen mit dienstrechtlicher Relevanz wegen Teilmängeln in den Urteilsgründen sachwidrig nicht in einer Personalakte verbleiben könnten. Es ist aber in solchen Fällen zu erwägen, evident falsche und schädliche Feststellungen (außerhalb der Tenorierung) schon von Amts wegen zu „schwärzen" oder zu „weißen" (vgl. zur Teilentfernung von Personaldaten durch Schwärzung BVerwG, ZBR 2000, 129). Aus dem Vorhandensein einer **Schwärzung oder Weißung** dürfen keine negativen Schlussfolgerungen zu Lasten des Beamten gezogen werden (BVerwG, ZBR 2000, 129).

V. Sonderfall einer Personenstandsänderung

7   Fraglich ist, ob ein Rechtsanspruch einer Beamtin/eines Beamten besteht, dass bei gravierenden **Änderungen beim Personenstand** die Personalakten komplett auch für den Zeitraum vor der Personenstandsänderung an den aktuellen Personenstand angepasst werden, also z.B. auch eine rückwirkende Anpassung der in der Personalakte enthaltenen Urkunden an die aktuelle Namensänderung zu erfolgen hat. Geklagt hatte ein ehemals dem weiblichen Geschlecht zugehöriger Beamter, der unter Hinweis auf das **Transsexuellengesetz** (§ 5 Abs. 1 TSG) die Tilgung aller Hinweise in den Personalakten auf seinen früheren weiblichen Vornamen und sein früheres Geschlecht verlangte. Das OVG Münster hat ein **Recht auf Umschreiben der Personalakten** mit Recht verneint (OVG Münster, ZBR 2010, 208 – zustimmend *Schnellenbach,* § 12 Fn. 76; VG Hannover, Urt. v. 12.2. 2010, 2 A 5587/08, BeckRS 2010, 47442; vgl. zu Benachteiligungsverboten aufgrund Transsexualität/Intersexualität *Mallmann,* PersR 2011, 20 ff.; s. a. in dem Kontext OLG Schleswig, B. v. 17.4.2014, 2 W 25/14: Keine Namenslöschung im Handelsregister für einen als Mann geborenen Geschäftsführer nach Geschlechtsumwandlung). Das OVG Münster ließ offen, ob die Behörde unterhalb der erfolglos begehrten Aktenanpassung zu speziellen **Schutzmaßnahmen** verpflichtet war. Dies ist allerdings gerade in solchen Fällen wegen des Bedürfnisses nach besonderem Persönlichkeitsschutz zu bejahen. Die Behörde hatte nach der Namensänderung der Beamtin richtigerweise eine neue Akte für den Beamten angelegt und den Personenkreis mit Zugriffsrecht auf die Akte sehr eng begrenzt, um dem Schutzbedürfnis des ehemals weiblichen Beamten Rechnung zu tragen.

VI. Einholung der Zustimmung des Beamten

8   Die Behörde hat den Vorgang **von Amts wegen** zu prüfen und in Kontakt mit dem betroffenen Beamten zu treten, um in Erfahrung zu bringen, ob dieser einer nach § 88 Abs. 1 Nr. 1 gebotenen **Personalaktendatenentfernung** in seiner Sache zustimmt. Die **Zustimmung** ist vorher einzuholen (*Schnellenbach,* § 12 Fn. 82). Eine Zustimmung ist nicht selbstverständlich, da Fallkonstellationen denkbar sind, bei denen der Beamte – etwa wegen möglicher Schadensersatzansprüche gegen den Dienstherrn oder Dritte – auf einen Verbleib der (Beweis-)Unterlagen in den Personalakten Wert legt. Sofern er nicht mit der Entfernung einverstanden ist bzw. seine Zustimmung ausdrücklich verweigert, dürfen die Unterlagen nicht entfernt werden. Es stellt sich dann die Frage, ob die Behörde gehalten ist bzw. es ihr erlaubt ist, in den Personalakten Vermerke über die Unrichtigkeit der nicht entfernungsfähigen, als unrichtig erkannten Personalaktendaten aufzunehmen. Wegen des Grundsatzes der Personalaktenwahrheit ist von einer Pflicht zur Dokumentation von Fehlern der Personalakten auszugehen, da ein schutzwürdiges Interesse des Beamten auf Nichtdokumentation nicht aus § 88 und sonstigen Vorschriften ableitbar ist.

VII. Entfernung und Vernichtung der unrichtigen Unterlagen

9   Sofern der Beamte der **Entfernung der Vorgänge** aus seiner Personalakte zustimmt und alle Voraussetzungen des § 88 Abs. 1 Satz 1 Nr. 1 oder Nr. 2 vorliegen, sind die Unterlagen unverzüglich ersatzlos kumulativ zu entfernen und zu vernichten (vgl. zum Anspruch auf Entfernung von Unterlagen über Verwaltungsermittlungen aus einer Personal-

akte *Sandkuhl* in Hermanns/Sandkuhl, Beamtendisziplinarrecht-Beamtenstrafrecht, 2014, Rn. 580). Dies soll verhindern, dass entfernte Aktenvorgänge verbotswidrig doch „prophylaktisch" z. B. für potentielle künftige Konfliktfälle mit dem Beamten an anderer Stelle aufbewahrt werden. Sofern zu entfernende und entfernte Unterlagen doch nicht vernichtet worden sind, können diese später dem Beamten nicht entgegengehalten werden. Der Dienstherr darf sich nicht die „Früchte" aus dem Gesetzesverstoß nutzbar machen (Rechtsgedanke des „fruit of the poisonous tree"). Im Übrigen würde die verbotswidrige Aufbewahrung zu vernichtender Unterlagen gegen das **Verbot der Führung geheimer Nebenakten** verstoßen (vgl. zur rechtswidrigen Verwendung nicht in den Personalakten befindlicher Unterlagen zur Begründung schriftl. Missbilligung VG Würzburg, Urt. v. 11.3.2009, W 1 K 08.2062). Nach dem Sinn und Zweck des § 88 ist außerdem zu verlangen, dass über entfernte Personalaktendaten nicht mittelbar über Vermerke bezüglich des Entfernungs- und Vernichtungsprozesses inhaltliche Informationen letztlich in der Akte (doch) verbleiben, da sonst der Entfernungsanspruch gesetzwidrig konterkariert wird.

VIII. Antrag des Beamten, § 88 Abs. 1 Satz 1 Nr. 2

§ 88 Abs. 1 Satz 1 Nr. 2 hat – anders als Abs. 1 Nr. 1 – einen **Antrag des betroffenen**　**10** **Beamten** zur Voraussetzung, so dass eine **Tilgung nicht von Amts wegen** erfolgt bzw. zu erfolgen hat. Bezugspunkt sind Vorgänge in der Personalakte, die für den Beamten ungünstig sind und ihm nachteilig werden können und auf zulässige Art und Weise Gegenstand der Personalakten geworden sind. Es wird in der Literatur mit Recht kritisiert, dass hier mit dem Antragserfordernis ein Wertungswiderspruch im Verhältnis zum Disziplinarrecht vorliegt. Während im Disziplinarrecht gem. § 16 Abs. 3 LDG nach Eintritt des Verwertungsverbotes die Eintragung einer Disziplinarmaßnahme von Amtswegen zu entfernen und zu vernichten sind, bedarf es für eine niederschwelligere Missbilligung eines Antrags (vgl. die Kritik von *Kuhl*, Das neue Disziplinarrecht in NRW, 2013, 46; *Keller*, Disziplinarrecht, S. 248–249). Wird vom betroffenen Beamten ein Antrag i. S. d. § 88 Abs. 1 Satz 1 Nr. 2 versäumt, bleibt eine schriftliche Missbilligung in der Akte und kann z. B. in Beförderungsverfahren nach dem Bestenausleseprinzip nachteilig sein (Kuhl, a. a. O.).

Von § 88 Abs. 1 Satz 1 Nr. 2 werden – anders als bei Abs. 1 Satz 1 Nr. 1 – begründete　**11** und wahre Beschwerden, Behauptungen und Bewertungen erfasst. Dies gilt aber ausdrücklich nach § 88 Abs. 1 Satz 2 dann nicht, wenn diese Bestandteile dienstlicher Beurteilungen sind. Wenn also bei einer Beurteilung z. B. die Feststellung erfolgt, der Beamte habe nicht die Eignung zur Übernahme einer Referatsleitung, ist kein Entfernungs- und Vernichtungsanspruch gegeben (vgl. *Battis*, § 112 BBG Rn. 6). Erfasst werden aber **allgemeine negative Äußerungen des Dienstherrn** über den Beamten, etwa Hinweise auf fehlerhafte Leistungen und Pflichtwidrigkeiten, wenn sie noch nicht die Stufe zur Ergreifung formeller disziplinarrechtlicher Prüfungen und Maßnahmen erreicht haben. Es reicht aus, dass sich die Unterlagen potentiell als nachteilig für den weiteren beruflichen Werdegang des Beamten erweisen können (zustimmend *Keller*, Disziplinarrecht, S. 248). Im Hinblick auf den **Resozialisierungsgedanken** sieht das Gesetz unter bestimmten Umständen eine **Tilgung aus der Personalakte** vor (so auch *Keller*, Disziplinarrecht, S. 248). Solche Unterlagen sind dann auf Antrag des Beamten nach zwei Jahren zu entfernen und zu vernichten, wobei dieser Zeitraum nur der Mindestverweildauer der Unterlagen in den Personalakten bezeichnet und der Beamte auch längere Zeit danach – vorbehaltlich einer Verwirkung – jederzeit die Entfernung beantragen kann. Nach § 88 Abs. 1 Satz 3 wird aber die vorgenannte Tilgungsfrist in bestimmten Fällen unterbrochen. Falls innerhalb der Zweijahresfrist neue Sachverhalte i. S. d. § 88 Abs. 1 Satz 1 Nr. 2 auftreten oder ein Straf- oder Disziplinarverfahren gegen den Beamten eingeleitet wird, beginnt die Frist von zwei Jahren erneut zu laufen. Wenn sich der erneute Vorwurf als unbegründet oder falsch herausstellt, was auch hinsichtlich etwaiger Inhalte von Disziplinar- und Strafverfahren gilt, dann gilt der Lauf der Zweijahresfrist als nicht unterbrochen (§ 88 Abs. 1 Satz 4). Folgerichtig ist der Dienstherr gehalten, die unzutreffenden neuen Personalaktendaten von Amts wegen zu entfernen und zu vernichten (vgl. auch *Battis,* § 112 BBG Rn. 7).

12   Soweit in der Literatur darauf hingewiesen wird, dass die Geltendmachung des Begehrens nach Entfernung und Vernichtung von Unterlagen i. S. d. § 88 Abs. 1 Satz 1 Nr. 2 wegen der dann ggf. sichtbaren **Lücken in einer paginierten Personalakte** gut überlegt sein müsse, weil dies bei den jeweiligen Personalverantwortlichen Anlass für „Spekulationen und Gerüchte" geben könne, ist dies im Grundsatz durchaus zutreffend (*Tadday/ Rescher,* § 89 LBG Erl. 2.2). Es ist aber daran zu erinnern, dass schon vor dem Hintergrund des der Vorschrift zugrundeliegenden Resozialisierungsgedankens eine solche Verhaltensweise der Personalverantwortlichen – wenn sie für den Beamten im Einzelfall nachteilige Wirkungen entfaltet – pflichtwidrig wäre (vgl. dazu auch BVerwG, ZBR 2000, 129). Dies gilt auch für Entfernungen nach § 88 Abs. 1 Satz 1 Nr. 1.

IX. Entfernung von Mitteilungen in Strafsachen

13   Mit dem **Dienstrechtsmodernisierungsgesetz** wurde der Absatz 2 von § 88 neu gefasst. Statt im Gesetz auf die Einzelregelungen auf Verordnungsebene zu verweisen und hierfür eine gesetzliche Grundlage zu bieten, werden dort nunmehr die Tilgungsfristen gesetzlich geregelt. Dies entspricht dem Vorgehen des Bundes, dessen Regelung zur Entfernung von Unterlagen wie Mitteilungen in Strafsachen (soweit nicht Bestandteil einer Disziplinarakte) und Auskünfte aus dem Bundeszentralregister (§ 112 Abs. 2 BBG) mit der neuen gesetzlichen Vorschrift des § 88 Abs. 2 textidentisch ist. Die Normen dienen dem Resozialisierungsgedanken (*Battis,* § 112 BBG Rn. 8). Da der Beamte ausnahmsweise ein schützenswertes Interesse daran haben kann, dass eine Tilgung unterbleibt, macht das Gesetz entsprechende Maßnahme von seiner Zustimmung abhängig.

X. Rechtsschutz

14   Wenn der Dienstherr nach einer vom Beamten initiierten Prüfung zum Ergebnis kommt, dass die entsprechenden Unterlagen über Beschwerden, Behauptungen und Bewertungen nicht unbegründet oder falsch sind, kann von diesem (allgemeine) **Leistungsklage** erhoben werden, wenn er die Einschätzung des Dienstherrn nicht teilt (*Schnellenbach,* § 12 Rn. 59 u. Fn. 228; *Battis,* § 112 BBG Rn. 5). Der Rechtsweg steht auch offen, wenn z. B. die Voraussetzungen des § 88 nicht vorliegen, aber Vorgänge in die Personalakten aufgenommen wurden, die nicht hätten aufgenommen werden dürfen (BVerwGE 50, 301; *Schnellenbach,* § 12 Rn. 59 und Fn. 228: „Fraglos ist ein Vorgang, der seinem Inhalt nach nicht zur Personalakte gehört, daraus ohne weiteres von Amts wegen wieder zu entfernen (und u. U. in eine Sachakte einzufügen)"). Hier gebietet es die **Fürsorgepflicht des Dienstherrn** (§ 45 BeamtStG), solche Vorgänge auszusondern (BVerwGE 50, 301).

§ 89 Verarbeitung und Übermittlung von Personalaktendaten

(1) [1]**Personalaktendaten dürfen in Dateien nur für Zwecke der Personalverwaltung oder der Personalwirtschaft verarbeitet werden.** [2]**Ihre Übermittlung ist nur nach Maßgabe des § 87 zulässig.** [3]**Ein automatisierter Datenabruf durch andere Behörden ist unzulässig, soweit durch besondere Rechtsvorschrift nichts anderes bestimmt ist.**

(2) **Personalaktendaten im Sinne des § 84 dürfen automatisiert nur im Rahmen ihrer Zweckbestimmung und nur von den übrigen Personaldateien technisch und organisatorisch getrennt verarbeitet werden.**

(3) **Von den Unterlagen über medizinische oder psychologische Untersuchungen und Tests dürfen im Rahmen der Personalverwaltung nur die Ergebnisse automati-**

siert verarbeitet werden, soweit sie die Eignung betreffen und ihre Verarbeitung dem Schutz der Beamtin oder des Beamten dient.

(4) **Beamtenrechtliche Entscheidungen dürfen nicht ausschließlich auf Informationen und Erkenntnisse gestützt werden, die unmittelbar durch automatisierte Verarbeitung personenbezogener Daten gewonnen werden.**

(5) [1]**Bei erstmaliger Speicherung ist der oder dem Betroffenen die Art der über sie oder ihn gemäß Absatz 1 gespeicherten Daten mitzuteilen, bei wesentlichen Änderungen ist sie oder er zu benachrichtigen.** [2]**Ferner sind die Verarbeitungsformen automatisierter Personalverwaltungsverfahren zu dokumentieren und einschließlich des jeweiligen Verwendungszweckes sowie der regelmäßigen Empfängerinnen oder Empfänger und des Inhalts automatisierter Datenübermittlung allgemein bekanntzugeben.**

Übersicht

I. Allgemeines

In den Personalabteilungen der Behörden werden zunehmend manuelle Verfahren durch **1** elektronische oder IT-gestützte Verfahren der Personalverwaltung ersetzt (vgl. zur elektronischen Personalakte *Franz,* PersR 2011, 193; *Reich,* PersV 2011, 58; *Gola,* RDV 2008, 135). Mit dem DRAnpG 2013 wurde im LBG erstmalig Behörden auch die Möglichkeit eröffnet, **Personalakten in Teilen oder vollständig automatisiert** zu führen. „Automatisiert" i. S. d. § 89 geschieht eine Datenverarbeitung, wenn dies mit programmgesteuerten Geräten erfolgt (OVG Münster, B. v. 29.1.2007, 1 A 151/06. PVL; OVG Münster, RiA 1991, 301). Eine solche **Verarbeitung von Personalaktendaten** ist mit latenten **Gefährdungen des Persönlichkeitsrechts** verbunden (*Streit,* DÖD 1992, 269, 272). Mit § 89 wird deshalb **spezifisches Datenschutzrecht** geregelt. § 2 Abs. 3 LDSG stellt klar, dass Spezialnormen zur Verarbeitung personenbezogener Daten – § 89 zählt hierzu – Vorschriften des LDSG vorgehen (*Reich,* PersV 2011, 59; *Gola,* NVWZ 1993, 552; *Burkholz* in v. Roetteken/Rothländer, § 50 BeamtStG Rn. 10; s. a. zur analogen Rechtslage beim Bund *Gola/Schomerus,* § 32 BDSG Rn. 6; BVerwG, NWVBl. 2003, 340 zu § 102 Abs. 1 Satz 2 LBG NRW a. F.). Das Landesdatenschutzrecht wird dann und soweit verdrängt, wie das jeweilige LBG Datenschutzrecht speziell umsetzt (*Gola,* NVwZ 1993, 553). Allgemeine Datenschutzbestimmungen können allenfalls zum Zuge kommen, wenn es z. B. um Beamtendaten in Sachakten geht (*Gola/Schomerus,* § 32 BDSG Rn. 6; vgl. zur Abgrenzung Personalakten/Sachakten *Schnellenbach,* § 12 Rn. 6 ff.). Auch in dem Kontext gibt es beamtenrechtliche Regelungen (vgl. z. B. § 86 Abs. 4) und andere Spezialvorschriften, so dass allgemeines Datenschutzrecht nur eingeschränkt anwendbar sein kann (*Gola,* NVwZ 1993, 552 ff.). Soweit § 89 **Begrifflichkeiten des allgemeinen Datenschutzrechts** verwendet (z. B. „Verarbeitung von Daten"), gelten die **Definitionen des LDSG.** Durch das DRModG wurde die Norm sprachlich an § 3 Abs. 2 LDSG angepasst (vgl. die Gesetzesbegründung LT-Drs. 16/10380, S. 354). Da es sich bei der Datenverarbeitung nach § 3 Abs. 2 Satz 1 LDSG um den Oberbegriff handelt, der u. a. nach § 3 Abs. 2 Satz 2 Nr. 7 LDSG die Nutzung von Daten beinhaltet – aber eben auch noch weitere Komponenten in § 3 Abs. 2 Satz 2 Nr. 1–6 LDSG – war es wenig sinnhaft, in den verschiedenen Absätzen des § 89 neben der Datenverarbeitung speziell die Nutzung anzuführen. Der Gesetzgeber hat dies erkannt und korrigiert.

II. Verarbeitung/Nutzung von Personalaktendaten (Zweckbindung)

2   In § 89 Abs. 1 Satz 1 wird für Personalaktendaten, die in Dateien verarbeitet und genutzt werden, festgelegt, dass dies nur zum Zwecke der Personalverwaltung oder der Personalwirtschaft geschehen darf (s. a. § 50 Satz 4 BeamtStG). Aus dem **Grundsatz der Zweckbindung** folgt, dass auch eine **Löschung von Daten** zu erfolgen hat, wenn für sie kein entsprechender zweckgerichteter Bedarf für Zwecke der Personalverwaltung oder der Personalwirtschaft mehr besteht, z.B. bei Beendigung des Beamtenverhältnisses (vgl. *Battis*, § 114 BBG Rn. 4; vgl. BT-Drs. 12/544, S. 21; *Schnellenbach*, § 12 Rn. 54). Eine Verwendung einzelner Personalaktendaten als Grundlage einer behördeninternen Beurteilungskonferenz dient solchen „Zwecken der Personalverwaltung" (OVG Saarlouis, NVwZ-RR 2000, 450).

III. Übermittlung von Personalaktendaten

3   Die Übermittlung der Personalaktendaten mit Hilfe der Informationstechnik unterliegt nach § 89 Abs. 1 Satz 2 der Beschränkung, dass dies nur bei Vorliegen der Voraussetzungen des § 87 für die Vorlage von Personalakten und Auskünften an vorgesetzte Dienstbehörden, an Behörden desselben oder eines anderen Geschäftsbereiches und an Ärzte, zulässig ist. Wenn die gesetzlichen Voraussetzungen des § 87 erfüllt sind, kann die Übermittlung von Personalaktendaten sowohl in Papierform als auch in elektronischer Form an die entsprechenden Stellen erfolgen. Ein **Datenabruf in automatisierter Form durch andere Behörden** ist nach § 89 Abs. 1 Satz 3 unzulässig, es sei denn, durch besondere Rechtsvorschriften ist etwas anders bestimmt. Es bedarf für solche Verfahren einer ausdrücklichen Erlaubnisnorm, die mindestens den Charakter einer Rechtsverordnung haben muss. Bei einem ungeregelten automatisierten Abruf würde die personalaktenführende Behörde gewissermaßen die Kontrolle hinsichtlich „ihrer" Personalaktendaten verlieren (*Kathke* in Schütz/Maiwald, § 90 LBG Rn. 24). Eine Erlaubnisnorm, die einen automatisierten Datenabruf legitimiert, ist z.B. **§ 57 Abs. 4 Satz 5 LBeamtVG,** der die Übermittlung von Versorgungsdaten von Versorgungsberechtigten der Hochschulen regelt. Diese Norm legt auch für ihren Anwendungsbereich ausdrücklich fest, das insofern § 89 Absatz 1 Satz 2 und 3 nicht gelten. Das Nähere über Art, Umfang und Behandlung der zu übermittelnden und zu verarbeitenden personenbezogenen Daten wird von der jeweiligen Hochschule in einer Ordnung festgelegt, § 57 Abs. 4 letzter Satz BeamtVG.

IV. Abschottungsgebot

4   In § 89 Abs. 2 wird bezüglich Beihilfedaten/Daten zur freien Heilfürsorge/Heilverfahren festgelegt, dass sie in automatisierter Form nur unter der Voraussetzung verarbeitet und genutzt werden dürfen, dass sie von den übrigen Personaldateien technisch und organisatorisch abgeschottet werden (Abschottungsgebot). Dies ist bei sensiblen Gesundheitsdaten besonders wichtig, da es schon allgemein „kein weiter Schritt von der Digitalisierung der Akte zum Personalprofil ist" (*Gola*, RDV 2008, 135). Wenn z.B. im Vorfeld einer möglichen einzelnen Beförderung oder Beförderungsrunde quasi auf Knopfdruck Beihilfedaten über Kandidaten zur Verfügung stünden bzw. keine klare technische und organisatorische Trennung der Daten vorläge, würde dies massiv und verfassungswidrig in die Persönlichkeitsrechte Betroffener eingreifen. Dies soll durch § 89 Abs. 2 verhindert werden.

Wie die **Abschottung** zu erfolgen hat, wird im Gesetz nicht festgelegt. In der Literatur 5
wird es mit Recht für ausreichend erachtet, dass statt einer idealen „Hardware-Insellösung"
die jeweilige Anwendungssoftware getrennt läuft (*Schnellenbach,* § 12 Fn. 209). Soweit in
dem Kontext die **Rolle der Systemadministratoren** problematisiert wird (*Kathke,* in
Schütz/Maiwald, § 90 LBG Rn. 29), trägt die VV 7.1 zu § 90 a. F. dem Rechnung („Maßnahmen zur Funktionsbeschränkung der Systemadministration" sind vorzusehen). In der
Praxis sind Verstöße von Systemadministratoren gegen das Personalaktengeheimnis/Ab-
schottungsgebot bislang nicht bekannt geworden bzw. nicht Gegenstand veröffentlichter
Urteile. Gleichwohl verdient die Einschätzung von *Schnellenbach* uneingeschränkt Zustimmung, das es wichtig sei, „dass sich die (entsprechend eingeführten und laufend geschulten)
Systemadministratoren Sinn und bindende Wirkung der Abschottungsvorgabe stets als rich-
tungsweisend vor Augen halten." (*Schnellenbach,* § 12 Fn. 209).

V. Daten medizinischer/psychologischer Untersuchungen und Tests

§ 89 Abs. 3 legt fest, dass bei medizinischen und psychologischen Untersuchungen und 6
Tests im Rahmen der Personalverwaltung nicht die Einzeldaten automatisiert verarbeitet
und genutzt werden dürfen. Erlaubt ist dies lediglich bezüglich der Ergebnisse der Untersuchungen, sofern die Eignung des Beamten betroffen ist und ihre Verarbeitung und Nutzung seinem Schutz dient. Die Voraussetzungen müssen kumulativ gegeben sein. Insofern
ist es z. B. möglich, das Ergebnis arbeitsmedizinischer Untersuchungen, die dazu dienen,
etwa im Rahmen eines BEM einen Arbeitsplatz möglichst behindertengerecht zu gestalten,
im Rahmen der Personalverwaltung in automatisierter Form zu speichern und auszuwer-
ten. In den Gesetzesmaterialien zum § 114 Abs. 3 BBG, der textlich weitestgehend § 89
Abs. 3 entspricht, werden in dem Kontext als Beispiel für einen Schutzbedarf Angaben
über eine „Tropentauglichkeit" des Beamten genannt (BT-Drs. 12/544, S. 21). Ferner wird
dort ausgeführt, dass ärztliche Unterlagen und Daten in selbständigen und abgeschotteten
Systemen des ärztlichen Dienstes in automatisierter Form verarbeitet werden dürfen (BT-
Drs. 12/544, S. 21). Gleiches gilt auch für die dortige Nutzung solcher Daten (*Schnellenbach,* § 12 Rn. 55).

VI. Die zulässige (Daten-)Basis
beamtenrechtlicher Entscheidungen, § 89 Abs. 4

§ 89 Abs. 4 bestimmt, dass Personalentscheidungen nicht allein auf der Basis von Daten 7
getroffen werden dürfen, welche unmittelbar durch automatisierte Verarbeitung personenbezogener Daten gewonnen wurden. Automatisiert erstellte Datenbankauswertungen können wesensnotwendig keine umfassende Gesamtwürdigung eines Personalvorgangs und der
Persönlichkeit des Beamten darstellen bzw. ersetzen. Gerade die **automatisierte Verarbeitung personenbezogener Daten** beinhaltet das Risiko, dass Daten z. B. in einen unzulässigen Kontext gesetzt werden oder ein wichtiger individueller Kontext in den „nack-
ten" und durch notwendige Formalisierung verkürzten Daten nicht abgebildet wird
(Gefahr sog. Kontextverlustes), er aber bei einer umfassenden Auswertung und Gesamtwürdigung der herkömmlichen Personalakte offensichtlich wäre (vgl. dazu *Streit,*
DÖD 1992, 275; BT-Drs. 12/544, S. 21). Daher legt § 89 Abs. 4 im Hinblick auf die Gefahr von Fehlbeurteilungen und Fehlentscheidungen bei einer Personalentscheidung fest,
dass der automatisierten Verarbeitung von Personalaktendaten nur eine reine **Hilfs- und
Unterstützungsfunktion** zukommen darf (s. a. zur nahezu identischen Norm § 114 BBG
Battis § 114 BBG, Rn. 8). Automatisierte Daten erweisen sich ihrem Wesen nach oft als
verkürzte Informationen, die in einem stark formalisierten Verfahren erhoben wurden
(*Kathke* in Schütz/Maiwald, § 90 LBG Rn. 34). Das kann zu einem falschen oder unvoll-

ständigen Leistungs- und Persönlichkeitsbild von Betroffenen führen. Gerade erfahrene Personalsachbearbeiter lesen in Personalakten bei einer individuellen Gesamtwürdigung eines Werdegangs und der Leistungen einer Person oft auch erkenntnisvertiefend zwischen den Zeilen und gelangen (eher) zu einer gerechten und ausgewogenen Gesamteinschätzung eines individuellen Leistungs- und Persönlichkeitsbildes, was bei einer Entscheidung (z. B. Stellenbesetzungen oder Beförderungen) allein auf der Grundlage automatisierter Datenverarbeitung bezüglich personenbezogener Daten so nicht möglich ist. Nach bestimmten Vorgaben automatisiert erstellte Datenbankauswertungen dürfen dies nicht ersetzen (vgl. auch BT-Drs. 16/7076, S. 127).

VII. Mitteilung über erstmalig gespeicherte Daten/ wesentliche Änderungen

8   § 89 Abs. 5 sieht im Sinne der Schaffung von Transparenz/Kontrolle vor, dass einem betroffenen Beamten bei **erstmaliger Speicherung von Personalaktendaten** über diesen Sachverhalt **Mitteilung** zu machen ist. Er ist über die Art der über ihn gespeicherten Personalaktendaten zu informieren. Ihm ist z. B. mitzuteilen, aus welchen Informationsrubriken der Datenbestand besteht (Name, Personalnummer usw.) und wie sich die Informationstiefe darstellt. Gleiches gilt bei wesentlichen Änderungen hinsichtlich der ihn betreffenden Speichervorgänge usw. (Benachrichtigungspflicht).

9   Was eine **„wesentliche Änderung"** darstellt, hängt vom Einzelfall ab. Durch die Einschränkung der Benachrichtigungspflicht auf „wesentliche" Vorgänge dürften nur Änderungen erfasst sein, die in besonderem Maße die datenmäßige „Geschäftsgrundlage" verändern, weil z. B. wesentlich mehr und strukturell andere Daten als bisher erfasst werden oder neue Verknüpfungen von Daten etc. durch Einführung eines neuen Systems möglich sind. Gerade die Überführung von Alt-Systemen in neue technische Umgebungen wird oft mit einer „wesentlichen Änderung" i. S. d. § 89 Abs. 5 Satz 1 verbunden sein. Erfasst wird auch der erfahrungsgemäß sicher seltenere Fall, dass sich der Datenumfang erheblich verringert. Der Dienstherr ist im Zweifelsfall gut beraten, eine Benachrichtigung auch bei Änderungen unterhalb der ganz sicheren Schwelle einer „wesentlichen" Änderung vorsorglich vorzunehmen. Die Mitteilungspflichten sollen gerade dazu dienen, dass die elektronische Verarbeitung und Nutzung von Personaldaten offenkundig ist und so eher von Beamten akzeptiert wird (*Schnellenbach*, § 12 Rn. 57). Nur durch die Information über die über ihn geführten Datensätze kann der Betroffene von seinen diesbezüglichen Kontrollmöglichkeiten selbst oder mittels eines Datenschutzbeauftragten Gebrauch machen (*Schnellenbach*, § 12 Rn. 57). § 89 Abs. 5 Satz 2 sieht vor, dass die Verarbeitungs- und Nutzungsformen automatisierter Personalverwaltungsverfahren zu dokumentieren und einschließlich des jeweiligen Verwendungszweckes und der regelmäßigen Empfänger und des Inhalts automatisierter Datenübermittlung allgemein bekanntzugeben sind. Dies sollte in einer Diktion erfolgen, die auch den versierten EDV-Fachmann abstellt (vgl. *Kathke* in Schütz/ Maiwald, § 90 LBG Rn. 39). Als Formen der „allgemeinen Bekanntgabe" können das traditionelle „Schwarze Brett" in der Dienststelle, eine schriftliche Hausmitteilung oder/ und Hinweise im etwaigen behördeninternen Intranet (Elektronisches Schwarzes Brett) dienen.

VIII. Mitbestimmung

10   Die „Einführung, Anwendung, wesentliche Änderung oder wesentliche Erweiterung von automatisierter Verarbeitung personenbezogener Daten der Beschäftigten außerhalb von Besoldungs-, Gehalts-, Lohn-, Versorgungs- und Beihilfeleistungen sowie Jubiläumszuwendungen" ist mitbestimmungspflichtig, **§ 72 Abs. 3 Nr. 1 LPVG** (vgl. zum Perso-

nalinformationssystem „PersIM" OVG Münster, B. v. 29.1.2007, 1 A 151/06.PVL; VG Köln, B. v. 14.2.2007, 34 K 2149/06.PVL; zur Mitbestimmungspflicht des Einstellens von Beschäftigtendaten in das Internet OVG Münster, PersR 2000, 456 – s. a. *Schierbaum,* PersR 2010, 268 ff.). Unter einer „Einführung" dürfte bereits die grundlegende „Systementscheidung" für die automatische Personaldatenverarbeitung zählen (vgl. *Welkoborsky u. a.,* § 72 LPVG Rn. 75; vgl. zu den Begriffen „Einführung"/"Änderung" automatisierter Datenverarbeitung i. S. d. § 72 Abs. 3 Nr. 1 LPVG OVG Münster, PersR 2000, 456; *Cecior* in CVLK, § 72 LPVG Rn. 636, 638; VGH München, PersV 2011, 108). Als bereichsspezifische Datenschutznorm dient dieser Mitbestimmungstatbestand den Kollektivbelangen an der hinreichenden Sicherstellung der jeweiligen „informellen Selbstbestimmung" (*Klein/ Lechtermann,* § 72 LPVG Rn. 46; *Cecior* in CVLK, § 72 LPVG Rn. 614; OVG Münster, PersV 1990, 28).

§ 90 Aufbewahrung

(1) [1]Personalakten sind nach ihrem Abschluss von der personalaktenführenden Behörde fünf Jahre aufzubewahren. [2]Personalakten sind abgeschlossen,

1. wenn die Beamtin oder der Beamte ohne Versorgungsansprüche aus dem öffentlichen Dienst ausgeschieden ist, mit Ablauf des Jahres der Vollendung der gesetzlichen Altersgrenze, im Falle der Weiterbeschäftigung über die gesetzliche Altersgrenze hinaus mit Ablauf des Jahres, in dem das Beschäftigungsverhältnis geendet hat; in den Fällen des § 24 des Beamtenstatusgesetzes und des § 10 des Landesdisziplinargesetzes jedoch erst, wenn mögliche Versorgungsempfängerinnen oder Versorgungsempfänger nicht mehr vorhanden sind,
2. wenn die Beamtin oder der Beamte ohne versorgungsberechtigte Hinterbliebene verstorben ist, mit Ablauf des Todesjahres oder
3. wenn nach der verstorbenen Beamtin oder dem verstorbenen Beamten versorgungsberechtigte Hinterbliebene vorhanden sind, mit Ablauf des Jahres, in dem der letzte Anspruch auf Versorgungsbezüge erloschen ist.

(2) [1]Unterlagen über Beihilfen, Heilfürsorge, Heilverfahren, Unterstützungen, Erholungsurlaub, Erkrankungen, Umzugs- und Reisekosten sind fünf Jahre nach Ablauf des Jahres, in dem die Bearbeitung des einzelnen Vorgangs abgeschlossen wurde, aufzubewahren. [2]Unterlagen, aus denen die Art einer Erkrankung ersichtlich ist, sind unverzüglich zurückzugeben, wenn sie für den Zweck, zu dem sie vorgelegt worden sind, nicht mehr benötigt werden; dies gilt nicht für Unterlagen über Beihilfen, soweit sie in einem elektronischen Verfahren gespeichert werden.

(3) Versorgungsakten sind zehn Jahre nach Ablauf des Jahres, in dem die letzte Versorgungszahlung geleistet worden ist, aufzubewahren; besteht die Möglichkeit eines Wiederauflebens des Anspruchs, sind die Akten mindestens dreißig Jahre aufzubewahren.

(4) [1]Die Personalakten sind nach Ablauf der Aufbewahrungsfristen den zuständigen Archiven anzubieten. [2]Die nicht übernommenen Personalakten sind zu vernichten.

(5) [1]Auf Mikrofilm übernommene Personalakten dürfen vorzeitig vernichtet werden, jedoch frühestens drei Jahre nach Ablauf des Jahres, in dem das Beschäftigungsverhältnis geendet hat. [2]Für die Aufbewahrung und für die Vernichtung von Mikrofilmen gelten die Absätze 1 bis 4 entsprechend.

Übersicht

I. Allgemeine Aufbewahrungsregelung für Personalakten

1   § 90 Abs. 1 legt die allgemeine Aufbewahrungsfrist für Personalakten fest und bestimmt als Bezugspunkt für den Fristbeginn den Abschluss der Personalakten. Wann Personalakten abgeschlossen sind, wird im Einzelnen in § 90 Abs. 1 Satz 2 Nrn. 1–3 definiert. Die **allgemeine Aufbewahrungsfrist für Personalakten** beträgt fünf Jahre, § 90 Abs. 1 Satz 1. Für den Fall des Ausscheidens eines Beamten ohne Versorgungsansprüche aus dem öffentlichen Dienst beginnt nach § 90 Abs. 1 Satz 2 Nr. 1 der Lauf der Aufbewahrungsfrist mit Ablauf des Jahres der Vollendung der sich aus § 31 ergebenden gesetzlichen Altersgrenze, im Falle der Weiterbeschäftigung über die gesetzliche Altersgrenze hinaus mit Ablauf des Jahres, in dem das Beschäftigungsverhältnis geendet hat. Für den Fall eines Verlustes der Beamtenrechte durch ein Strafgerichtsurteil (§ 24 BeamtStG) und der Entfernung aus dem Dienst nach § 10 LDG wird der Fristbeginn modifiziert. Die maßgebliche Frist beginnt dann, wenn mögliche Versorgungsempfänger nicht mehr vorhanden sind, also keine Ansprüche auf Hinterbliebenenversorgung – auch nicht im Gnadenwege – mehr geltend gemacht werden können (vgl. für das BBG *Battis,* § 113 BBG Rn. 4). Dies erklärt sich daraus, dass wegen nicht auszuschließender erfolgreicher Wiederaufnahmeverfahren nach § 24 Abs. 2 BeamtStG/§§ 68 ff. LDG die Personalakten evtl. noch benötigt werden könnten (*Kathke* in Schütz/Maiwald, § 91 LBG Rn. 48).

2   Sofern der Beamte ohne versorgungsberechtigte Hinterbliebene verstorben ist, beginnt die Aufbewahrungsfrist für dessen Personalakten mit dem Ablauf des Todesjahres, § 90 Abs. 1 Satz 2 Nr. 2. Sofern der verstorbene Beamte von versorgungsberechtigten Hinterbliebenen überlebt wurde, beginnt die Frist mit Ablauf des Jahres zu laufen, in welchem der letzte Versorgungsanspruch Hinterbliebener erloschen ist, § 90 Abs. 1 Satz 1 Nr. 3. Bei der Feststellung der Versorgungsberechtigung sind neben den „Muss-Leistungen" auch „Kann-Leistungen" zu berücksichtigen (BT-Drs. 12/544, S. 21; *Kathke* in Schütz/Maiwald, § 91 LBG Rn. 52). Für Versorgungsfälle, wo die Fristen nicht (sicher) ermittelt werden können, sollte analog der Regelung des § 113 Abs. 1 Satz 3 BBG der § 90 de lege ferenda ergänzt werden.

II. Kürzere Aufbewahrungsdauer für spezielle Unterlagen, § 90 Abs. 2

3   Eine spezielle Aufbewahrungsfrist gilt nach § 90 Abs. 2 für Unterlagen über Beihilfen, Heilfürsorge und Heilverfahren (§§ 84, 112 Abs. 2/§ 33 LBeamtVG NRW). Sie sind als Teilakten zu führen (vgl. z. B. § 84 Abs. 1 Satz 1) und nur fünf Jahre nach Ablauf des Jahres, in dem die Bearbeitung des einzelnen Vorgangs zum Abschluss kam, aufzubewahren. Gleiches ist festgelegt für Einzelvorgänge über Unterstützungen, Erkrankungen, Erholungsurlaub, Trennungsgeld, Umzugs- und Reisekosten. Insofern sind bei den Aufbewahrungsfristen diese (Einzel-)Vorgänge unabhängig von dem Abschluss der Personalakten zu betrachten. Im Hinblick auf die hohe Sensibilität von Unterlagen zu Erkrankungen und der Art von Erkrankungen ist in § 90 Abs. 2 Satz 2 festgelegt, dass sie unverzüglich zurückzugeben sind, wenn der Vorlagezweck entfällt. Nach § 90 Abs. 2 Satz 2 letzter Halbs. besteht hingegen keine Pflicht zur Rückgabe von Unterlagen über Beihilfen, soweit sie in einem elektronischen Verfahren gespeichert sind. Diese Vorschrift bzw. das vorgegebene Verfahren verletzt bezüglich eingereichter Beihilfeunterlagen nicht Grundrechte von Antragstellern (etwa Art. 14 GG) (vgl. VG Köln, B. v. 1.6.2011, 19 L 469/11). Man kann nämlich in einer vorbehaltslosen Übersendung von Rechnungsduplikaten eine konkludente Aufgabe der Eigentumsrechte sehen (VG Köln, B. v. 1.6.2011, 19 L 469/11).

III. Längere Aufbewahrungsdauer für Versorgungsakten, § 90 Abs. 3

Für Versorgungsakten gibt es wesensnotwendig längeren Aufbewahrungsbedarf, und **4** folglich eine grundsätzliche Aufbewahrungsfrist von zehn Jahren nach Ablauf des Jahres, indem die letzte Versorgungszahlung geleistet worden ist. Sie wird für den Fall modifiziert, dass die (ernsthafte) Möglichkeit eines Wiederauflebens des Anspruchs besteht; 30 Jahre werden insoweit als Aufbewahrungsfrist festgeschrieben.

IV. Archivierung von Akten oder Vernichtung/ Sonderregelung für Mikrofilme

Nach § 90 Abs. 5 sind die Akten nach Ende der Aufbewahrungsfrist von Amts wegen zu **5** vernichten, wenn sie zuvor den zuständigen Archiven angeboten worden sind, und diese Archive die Akten nicht übernehmen wollen. Die Entscheidung, ob eine bestimmte Akte archivwürdig ist oder nicht, obliegt allein dem zuständigen Archiv (§ 2 Abs. 6 ArchivG). Nach § 4 Abs. 5 Satz 1 ArchivG hat das zuständige Archiv innerhalb von sechs Monaten über die Archivierung zu entscheiden; geschieht dies nicht, „entfällt die Pflicht zur Aufbewahrung". Die (Personal-)Akten sind dann zu vernichten.

Für auf Mikrofilm übernommene Personalakten gibt es ebenfalls eine Sonderregelung; **6** sie dürfen vorzeitig vernichtet werden, allerdings nicht früher als drei Jahre nach Ablauf des Jahres, in welchem das Beschäftigungsverhältnis sein Ende gefunden hat. Die Aufbewahrungsfristen für Personalakten auf Mikrofilm entsprechen den regulären Aufbewahrungsfristen für Personalakten, § 90 Abs. 5 Satz 2.

§ 91 Übertragung von Aufgaben der Personalverwaltung

(1) **¹Der Dienstherr kann Aufgaben der Personalverwaltung zur Durchführung auf eine personalverwaltende Stelle eines anderen Dienstherrn übertragen. ²Die Aufgabenübertragung kann sich auf die Durchführung von Widerspruchsverfahren und die Vertretung des Dienstherrn in gerichtlichen Verfahren erstrecken. ³Der Dienstherr darf die zur Aufgabenerfüllung erforderlichen Personalaktendaten an die personalverwaltende Stelle übermitteln.**

(2) **Die mit der Durchführung beauftragte personalverwaltende Stelle handelt in Vertretung des die Aufgabe übertragenden Dienstherrn.**

(3) **Für die mit der Durchführung beauftragte personalverwaltende Stelle gelten die Regelungen der §§ 83 bis 90 sowie § 50 des Beamtenstatusgesetzes entsprechend.**

(4) **Die Absätze 1 bis 3 gelten entsprechend für die Tätigkeit der kommunalen Versorgungskassen gemäß Gesetz über die kommunalen Versorgungskassen und Zusatzversorgungskassen im Land Nordrhein-Westfalen.**

(5) **¹Der Dienstherr kann sich zur Erfüllung seiner Verpflichtungen im Rahmen der Beihilfebearbeitung nach § 75 auch geeigneter Stellen außerhalb des öffentlichen Dienstes bedienen und diesen die zur Beihilfebearbeitung erforderlichen Daten übermitteln. ²Die beauftragte Stelle darf die Daten, die ihr im Rahmen der Beihilfebearbeitung bekannt werden, nur für diesen Zweck verarbeiten. ³§§ 84 und 89 Absatz 2 sowie § 11 des Datenschutzgesetzes Nordrhein-Westfalen in der Fassung der Bekanntmachung vom 9. Juni 2000 (GV. NRW. S. 542) in der jeweils geltenden Fassung gelten entsprechend.**

I. Übertragung von Personalverwaltungsaufgaben an personalverwaltende Stellen eines anderen Dienstherrn, § 91 Abs. 1–3

1   § 91 Abs. 1 liefert die notwendige gesetzliche Grundlage, Aufgaben der Personalverwaltung (z.B. Berechnung und Zahlung von Besoldung/Versorgung oder Reisekosten/Trennungsentschädigung/Beihilfen) auf eine personalverwaltende Stelle eines anderen Dienstherrn zu übertragen (vgl. dazu die Gesetzesbegründung zur Vorgängervorschrift § 102h LBG a.F., LT-Drs. 14/3979, S. 166). Eine Dienststelle ist damit autorisiert, Personalaktendaten in dem beauftragten Rahmen einer anderen Dienststelle ohne Zustimmung des Beamten zur Durchführung der vereinbarten (Teil-)Aufgaben der Personalverwaltung zu übermitteln, § 91 Abs. 1 Satz 3 (vgl. dazu *Funke*, DÖD 2013, 252 – Darstellung eines Praxisbeispiels aus NRW). Da es vielfach sinnvoll sein kann, die Durchführung von Widerspruchsverfahren (§ 103 Abs. 1 Satz 2) und Vertretung des Dienstherrn in Gerichtsverfahren durch die sachbearbeitende Stelle vorzunehmen, legt § 91 Abs. 1 Satz 2 fest, dass sich die Aufgabenübertragung optional hierauf (mit-)erstrecken kann. Nach § 91 Abs. 2 vertritt die beauftragte personalverwaltende Stelle (nur) den beauftragenden Dienstherrn. Da § 91 Abs. 3 festschreibt, dass bei der Aufgabenübertragung für die beauftragte Stelle sowohl § 50 BeamtStG als auch die §§ 83 bis 90 entsprechend gelten, gilt das maßgebliche Personalaktenrecht/der Personaldatenschutz usw. uneingeschränkt.

II. Übertragung von Personalverwaltungsaufgaben an kommunale Versorgungskassen/Zusatzversorgungskassen, § 91 Abs. 4

2   § 91 Abs. 4 greift mit dem Gesetz über die kommunalen Versorgungskassen und Zusatzversorgungskassen im Land NRW (VKZVKG) eine bereits zuvor bestehende gesetzliche Sonderregelung auf, die eine Übertragung von einzelnen Aufgaben der Personalverwaltung von den Mitgliedern auf die kommunalen Versorgungskassen normiert hatte (§ 2 Abs. 1 und Abs. 2 VKZVKG). Mit § 91 Abs. 4 wird wiederum klargestellt, dass für die Tätigkeit der kommunalen Versorgungskassen im Rahmen der Übernahme von personalverwaltenden Aufgaben der Mitglieder § 91 Abs. 1 bis 3 entsprechend gelten.

III. Beihilfebearbeitung durch Stellen außerhalb des öffentlichen Dienstes, § 91 Abs. 5

3   § 91 Abs. 5 ermöglicht es, das sich bei der Beihilfebearbeitung Dienstherrn auch geeigneter Stellen außerhalb des öffentlichen Dienstes bedienen und ihnen erforderliche Daten übermitteln können. Hiermit wird den Forderungen der Rechtsprechung nach einer gesetzlichen Grundlage für ein solches **Outsourcing der Beihilfebearbeitung** Rechnung getragen (VG Münster, Urt. v. 23.9.2003, 15 A 2053/98; *Werres*, ZBR 2001, 429). Durch die Festlegung der entsprechenden Anwendung der §§ 84 und 89 Abs. 2 (Abschottungsgebot usw.) sowie § 11 DSG auf diese Form der Beihilfebearbeitung durch private Dienstleister wird sichergestellt, dass **keine Absenkung gesetzlicher Datenschutzniveaus** erfolgt. Der Dienstherr hat verschiedene Pflichten zur Sicherstellung des Personaldatenschutzes beim privaten Dienstleister; er bleibt für die Einhaltung des DSG und anderer Vorschriften zum Datenschutz verantwortlich (§ 11 Abs. 1 DSG). Insofern bedarf es beim Outsourcing der Beihilfebearbeitung an private Dienstleister sorgfältiger Vertragsgestaltungen und der Regelung von (datenschutzrechtlichen) Prüfmaßnahmen des Dienstherrn. Er muss dem Dienstleister konkrete Vorgaben zur Einhaltung der nach LBG/BeamtStG einschlägigen Vorgaben zum Personaldatenschutz machen, die ihrerseits in der Praxis hinreichend überwachbar sind und konkret jedenfalls stichprobenartig durchgängig regelmäßig

überwacht werden müssen. § 91 Abs. 5 Satz 2 legt fest, dass der private Dienstleister die ihm im Rahmen der Beihilfebearbeitung bekannt gewordenen Daten nur zu diesem Zweck verarbeiten darf (Zweckbestimmung). Dieser Grundsatz ergibt sich u. a. auch aus den nach § 91 Abs. 5 Satz 3 für anwendbar erklärten §§ 84, 89 Abs. 2. Der einschränkungslos anwendbare § 84 (Beihilfeakten) sichert durch das **Abschottungsgebot** auch beim Outsourcing die notwendigen gesetzlichen Schutzstandards.

§ 92 Dienstliche Beurteilung, Dienstzeugnis

(1) ¹**Eignung, Befähigung und fachliche Leistung der Beamtin oder des Beamten sind mindestens vor Ablauf der Probezeit dienstlich zu beurteilen.** ²**Sie sollen ferner in regelmäßigen Zeitabständen und anlässlich einer Versetzung beurteilt werden; die obersten Dienstbehörden bestimmen die Zeitabstände und können Ausnahmen für Gruppen von Beamtinnen und Beamten zulassen.** ³**Die Beurteilungen sind mit einem Gesamturteil abzuschließen und sollen einen Vorschlag für die weitere dienstliche Verwendung enthalten.** ⁴**Sie sind zu den Personalakten der Beamtin oder des Beamten zu nehmen.** ⁵**Der Beamtin oder dem Beamten ist Gelegenheit zu geben, von ihrer oder seiner Beurteilung vor Aufnahme in die Personalakten Kenntnis zu nehmen und sie mit der oder dem Vorgesetzten zu besprechen.** ⁶**Eine Gegenäußerung der Beamtin oder des Beamten ist ebenfalls zu den Personalakten zu nehmen.** ⁷**Das Nähere regeln die Laufbahnverordnungen.**

(2) ¹**Die Landesregierung wird ermächtigt, Vorschriften über eine fiktive Fortschreibung dienstlicher Beurteilungen zu treffen.** ²**Sofern in den Fällen des Satzes 1 die Verleihung eines höherwertigen Amtes von einer Erprobung oder einer Probezeit abhängig ist, kann in der Rechtsverordnung vorgesehen und können nähere Regelungen dazu getroffen werden, dass eine Erprobung oder Probezeit für dieses Amt als erfolgreich abgeleistet angesehen werden kann, wenn sich die Beamtin oder der Beamte in der tatsächlich wahrgenommenen Funktion, die von ihren Anforderungen dem Beförderungsamt vergleichbar ist, bewährt hat und dies festgestellt wurde.**

(3) ¹**Der Beamtin oder dem Beamten wird beim Nachweis eines berechtigten Interesses und nach Beendigung des Beamtenverhältnisses auf ihren oder seinen Antrag ein Dienstzeugnis über Art und Dauer der von ihr oder ihm bekleideten Ämter erteilt.** ²**Das Dienstzeugnis muss auf Verlangen der Beamtin oder des Beamten auch über die von ihr oder ihm ausgeübte Tätigkeit und ihre oder seine Leistungen Auskunft geben.**

Übersicht

I. Allgemeines

Dienstliche Beurteilungen sind sehr häufig isoliert oder bei Konkurrentenstreitigkeiten **1** (Inzidentkontrolle) Gegenstand von Gerichtsverfahren. Sie werfen eine Vielzahl rechtlicher und verwaltungspraktischer Fragen auf und sind alles andere als „rechtsrisikofrei" (*Nokiel*, DÖD 2013, 282, 291; vgl. dazu grundlegend *Schnellenbach/Bodanowitz*, Die dienstliche Beurteilung der Beamten und der Richter; *Bieler/Lorse*, Die dienstliche Beurteilung; *Wolff*, ZBR 2016, 7; *Nokiel*, DÖD 2013, 284; *Lorse*, ZBR 2013, 295; *Schnellenbach*, ZBR 2003, 1; *Riotte/Kunz*, NWVBl. 2002, 8; *Leppin*, NVwZ 2007, 1241; *Willems*, NWVBl. 2001, 121; *Riecker*, ZBR 1997, 180). Dienstliche Beurteilungen sind kein Verwaltungsakt (BVerwG, Urt. v. 17.3.2016, 2 A 4.15). Sie können gleichwohl nur unter den Voraussetzungen des analog anzuwendenden § 48 VwVfG von einer Behörde nach Anhörung des Betroffenen aufgehoben werden (BVerwG, Urt. v. 17.3.2016, 2 A 4.15). Den sich bei der Gesamtthematik „Beurteilungen" stellenden Fragen kann im Rahmen der Kommentierung von § 92 bei einem Kurzkommentar nicht in allen Details vollständig nachgegangen werden. In gewisser Weise stellt die Suche nach einem gerechten und angemessenen Beurteilungssystem die **„Quadratur des Kreises"** dar (vgl. *Lamprecht*, NJW 2013, 440). Die Judikatur zu Beurteilungen und ihrer Rolle bei Konkurrentenstreitverfahren ist kaum noch überschaubar. Man ist in der Praxis angesichts der oft schwer prognostizierbaren Rechtsprechung bis hin zum BVerfG auch bei größtem Bemühen um Befolgung der zahlreichen gerichtlichen Vorgaben manchmal geneigt, einen gewissen Fatalismus bei Beurteilungsverfahren an den Tag zu legen. In der Praxis gibt es sogar offenbar Computerprogramme, die prüfen, ob angekreuzte Ausprägungsgrade bei Einzelkompetenzen im Hinblick auf das Gesamturteil plausibel sind (vgl. den Fall BVerwG, B. v. 24.9.2013, 2 B 42.13). Das Gesamturteil muss sich aus den zuvor festgelegten Einzelmerkmalen entwickeln und darf nicht vorher feststehen und wird erst dann durch die nachfolgende Bewertung der Einzelmerkmal „plausibel" unterlegt (VG Düsseldorf, Urt. v. 12.9.2014, 13 K 7254/13; BVerwG, B. v. 24.9.2013, 2 B 42.13). Unter Punkt VI werden ausgewählte Standardthemen bei Beurteilungsverfahren dargestellt, die erfahrungsgemäß hohe praktische Bedeutung haben (zur Vertiefung wird auf das Standardwerk zu dienstlichen Beurteilungen von *Schnellenbach/Bodanowitz* verwiesen; s. a. *Schnellenbach*, Beamtenrecht in der Praxis, S. 282 ff. – § 11 „Beurteilungen"; *Schnellenbach*, Konkurrenzen im öffentlichen Dienst, Anhang 2; *Wolff*, ZBR 2016, 7; *Nokiel*, DÖD 2013, 284).

2 **Eignung, Leistung und Befähigung** sind die durch die Verfassung vorgegebenen Maßstäbe, an Hand derer Bewerber für ein öffentliches Amt im Rahmen der **Bestenauslese** zu messen sind (Art. 33 Abs. 2 GG). Hieran orientiert sich der vorgeschriebene zentrale Inhalt dienstlicher Beurteilungen (§ 92 Abs. 1 Satz 1). Der bei ihrer konkreten Erstellung zu Grunde zu legende abstrakte Maßstab hat sich nicht an der konkreten Funktion bzw. dem konkreten Dienstposten zu orientieren, sondern nur am jeweiligen Statusamt und den sich daraus abgeleiteten Anforderungen, weil sie sonst als Mittel der Bestenauslese ungeeignet wären (OVG Münster, B. v. 14.2.2012, 6 A 50/12; OVG Münster ZBR 2007, 267). Auch die Leistungen auf gebündelten Dienstposten können nach Ansicht des BVerfG in einem Beschluss vom 16.12.2015 zuverlässig beurteilt werden (vgl. BVerfG, B. v. 16.12. 2015, 2 BvR 1958/13, ZTR 2016, 170): „Auch ohne „spitze" – auf nur eine Besoldungsgruppe bezogene – Dienstpostenbewertung ist es grundsätzlich möglich, dass sich der Beurteiler oder der für die Auswahlentscheidung Zuständige einen Eindruck von dem Schwierigkeitsgrad der mit dem (gebündelt bewerteten) Dienstposten verbundenen Aufgaben verschafft und die im Einzelnen erbrachten Leistungen würdigt." Dies entspricht der Auffassung des BVerwG (BVerwG, Urt. v. 17.9.2015, 2 C 27/14; s. a. OVG Berlin-Brandenburg, B. v. 22.11.2013, OVG 6 N 88.12). Besonderheiten des gebündelten Dienstpostens sind in der Leistungsbewertung zu berücksichtigen (BVerwG, B. v. 20.6.2013, 2 VR 1.13, BVerwGE 147, 20; *Rittig*, DÖV 2016, 330, 336–337). Beurteilungen sind Grundlage für Beförderungsentscheidungen nach § 19 und für die Frage, ob sich jemand in der Probezeit bewährt hat, so dass die Voraussetzungen für eine Lebenszeitverbeamtung vorliegen (vgl. § 10 BeamtStG i. V. m. § 16; s. a. § 9 BeamtStG).

3 Die gesetzlichen Grundlagen für Beurteilungen, die mit § 92 Abs. 2 durch das DRAnpG 2013 erweitert wurden, sind seit je her knapp gefasst. Mit dem **Dienstrechts-**

modernisierungsgesetz wurde keine grundlegende Änderung vorgenommen. Lediglich zur Klarstellung wurde **in § 92 Abs. 1 ein neuer Satz 7** eingefügt, wonach Laufbahnverordnungen das Nähere regeln. Insofern liegt damit für diese speziellen (Detail-)Regelungen in den Laufbahnverordnungen eine hinreichende gesetzliche Grundlage vor. Ein Parlamentsgesetz ist für diese speziellen Bestimmungen, die flexibel auf ressortspezifische Bedürfnisse und Erfordernisse eingehen können, nicht notwendig (vgl. zum beamtenrechtlichen Regelungsbedarf auf Gesetzesebene in Abgrenzung zur Verordnungsebene BVerfG, BVerfGE 139, 19). Eine ganz zentrale (Regelungs-)Bedeutung kommt in der Praxis den jeweiligen **Beurteilungsrichtlinien (BRL) der Landesressorts** zu, die in dem jeweiligen Behörden- und Organisationsrahmen gleichmäßig anzuwenden sind (OVG Münster, B. v. 5.10.2010, 6 A 210/10; *Schnellenbach,* § 11 Rn. 5; *Willems,* NWVBl. 2001, 121). Sie sind nahezu ausnahmslos im Ministerialblatt für das Land NRW veröffentlicht (vgl. z.B. die aktuellen Richtlinien für die dienstliche Beurteilung der Beamtinnen und Beamten im Bereich der Polizei vom 29.2.2016, MBl. NRW. 2016 S. 226). Maßgebend ist aber nach der Rechtsprechung neben den Beurteilungsrichtlinien auch „die in ständiger Praxis geübte, wenn auch unter Umständen von den Richtlinien abweichende Handhabung, wenn sie vom Richtliniengeber gebilligt oder zumindest geduldet wird." (OVG Münster, B. v. 5.2.2014, 6 B 10/14 unter Hinweis auf OVG Münster, B. v. 27.12.2007, 6 A 1603/05). Den Gerichten ist insofern mit Recht eine **einheitliche Verwaltungspraxis** wichtig, da sonst Gerechtigkeitsdefizite entstehen. BRL (und jeweilige Änderungen) sind nach § 72 Abs. 4 Satz 1 Nr. 15 LPVG mitbestimmungspflichtig (vgl. dazu *Ramm,* ZfPR 2011, 17 u. *Cecior* in CVLK, § 72 LPVG Rn. 1062ff., 1066). Die Beurteilung selbst unterliegt – natürlich – keiner Mitbestimmung (*Cecior* in CVLK, § 72 LPVG Rn. 1063). Maßgeblich für die Beurteilung ist jeweils die Fassung der am Beurteilungsstichtag geltenden Beurteilungsrichtlinien (OVG Münster, B. v. 3.11.2011, 6 B 1173/11; BVerwG, B. v. 15.11.2006, 2 B 32/06; BVerwG, DÖD 2001, 38). Verfahrensfehler können zur Fehlerhaftigkeit einer Beurteilung führen, so dass in der Verwaltungspraxis größte Sorgfalt bei der Verfahrensabwicklung geboten ist (vgl. aber OVG Münster, IÖD 2014, 12 – keine Relevanz von Verfahrensfehlern wenn Auswirkung auf Beurteilungsergebnis ausgeschlossen). Auf die Durchführung der in den BRL vorgesehenen **Beurteilungsgespräche** kann vom Betroffenen wirksam (ausdrücklich oder konkludent) verzichtet werden (OVG Münster, B. v. 12.12.2011, 6 A 2667/11). § 92 Abs. 1 Satz 7 ist die erforderliche gesetzliche Rechtsgrundlage dafür, dass in den Laufbahnverordnungen – insbesondere der LVO (§ 8, 13 Abs. 3 LVO) – nähere Bestimmungen zu Beurteilungen und Beurteilungsverfahren erfolgen (s. bezüglich der fiktiven Fortschreibung dienstlicher Beurteilungen auch die Ermächtigung durch § 92 Abs. 2 Satz 1 – s. insoweit § 9 LVO).

II. Beurteilungspflicht, Beurteilungsformen, Beurteilungsverfahren

§ 92 Abs. 1 legt fest, dass mindestens vor Ablauf der Probezeit ein Beamter dienstlich zu **4** beurteilen ist; eine Pflicht zur wiederholten Beurteilung von Probezeitbeamten – ausdrücklich „unter Anlegung eines strengen Maßstabs" – ergibt sich bereits aus § 13 Abs. 1 Satz 1 (vgl. § 13 Rn. 2). Durch § 92 Abs. 1 Satz 2 wird vorgegeben, dass Beurteilungen regelmäßig zu erfolgen haben (Regelbeurteilungen) und Versetzungen Anlass für eine (Versetzungs-)Beurteilung sind. Die **Regelbeurteilungszeiträume** – grundsätzlich drei Jahre (§ 8 Abs. 1 Satz 2 LVO) – werden von den obersten Dienstbehörden entsprechend der Ermächtigung durch § 92 Abs. 1 Satz 2 letzter Halbs. bestimmt. Daneben gibt es **Anlassbeurteilungen** (teils als „Bedarfsbeurteilungen" bezeichnet), also Beurteilungen, die außerhalb der regelmäßigen Beurteilungsstichtage wegen eines besonderen Anlasses (etwa wegen einer Bewerbung um ein Beförderungsamt und Fehlens einer hinreichend aktuellen Regelbeurteilung) zu erstellen sind (vgl. zum Beurteilungszeitraum bei Anlassbeurteilungen OVG Münster, B. v. 3.11.2011, 6 B 1173/11; s.a. OVG Münster, ZBR 2009, 314:

Regel- und Anlassbeurteilung sind trotz unterschiedlicher Beurteilungszeiträume vergleichbar, wenn keine daraus resultierende gewichtige Benachteiligung entsteht). Anlassbeurteilungen dürfen die Feststellungen und Bewertungen zur Eignung, Leistung und Befähigung aus Regelbeurteilungen grundsätzlich nur fortentwickeln (VG Minden, B. v. 3.11.2014, 4 L 508/14; BVerwG, ZTR 2013, 109). Es können sich Bewertungsunterschiede bei Regel- und Anlassbeurteilungen ergeben, weil Anlassbeurteilungen außerhalb eines die komplette Vergleichsgruppe erfassenden Beurteilungsverfahrens erstellt werden und insoweit nicht im vollständigen Quervergleich mit allen Beamten des relevanten Statusamtes erfolgen (VG Köln, Urt. v. 18.2.2011, 19 K 7449/09; vgl. dazu *Schnellenbach,* § 11 Rn. 15). Es ist deshalb kein zwingender Widerspruch, wenn eine relativ zeitnah nach der Anlassbeurteilung erfolgende Regelbeurteilung nach unten abweicht (VG Köln, Urt. v. 18.2.2011, 19 K 7449/09). Ungeachtet dessen hält die Rechtsprechung – durchaus i. S. d. Praxis der Personalverwaltungen – an der **Vergleichbarkeit von Regel- und Anlassbeurteilungen bei Auswahlentscheidungen** mit Recht grundsätzlich fest (OVG Münster, B. v. 9.1.2013, 6 B 1125/12; OVG Münster, NVwZ-RR 2011, 609; *Schnellenbach,* § 11 Rn. 15). Der Dienstherr hat aber ggf. für einen „praxisgerechten Ausgleich" zu sorgen, wenn eine Anlassbeurteilung – etwa wegen zu weit reichenden Aktualitätsvorsprungs – zu einer ins Gewicht fallen Benachteiligung eines Konkurrenten mit Regelbeurteilung führen würde (OVG Münster, NVwZ-RR 2011, 609; vgl. zu Grenzen akzeptabler Differenzen bei Beurteilungszeiträumen OVG Münster, ZBR 2009, 273; s. zu den Aktualitätsanforderungen bei Beurteilungen ausführl. *Wolff,* ZBR 2016, 7 ff.). Anlassbeurteilungen dürfen eine vorangegangene Regelbeurteilung nur fortentwickeln (BVerwG, ZTR 2013, 109; krit. zu dem vom BVerwG propagierten „Fortentwicklungsgebot" *Schnellenbach/Bodanowitz,* Die dienstliche Beurteilung, Rn. 251b). Bei allen Beurteilungen sind die Vorgaben der LVO zu beachten. Bei der Beurteilung der Leistung schwerbehinderter und ihnen gleichgestellter Menschen ist gem. § 13 Abs. 3 LVO die behinderungsbedingte Minderung der Arbeits- und Einsatzfähigkeit zu berücksichtigen (vgl. dazu VG Düsseldorf, B. v. 19.5.2015, 13 L 2381/14). Der Anwendungsbereich bezieht sich nur auf quantitative Leistungsminderungen, da die Berücksichtigung behinderungsbedingter qualitativer Leistungsmängel zu einer unberechtigten Bevorzugung eines schwerbehinderten Menschen führen würde (VG Düsseldorf, B. v. 19.5.2015, 13 L 2381/14; VG Düsseldorf, Urt. v. 23.5.2014, 13 K 7118/12; BVerwG, Urt. v. 23.5.2014, 2 C 72.85).

5   Beurteilungen müssen mit einem **Gesamturteil** abschließen – in aller Regel ein Punktwert – und sollen einen Vorschlag für die weitere dienstliche Verwendung enthalten, § 92 Abs. 1 Satz 3. Das OVG Münster hat 2014 klargestellt, dass bei Beurteilungen die in den allermeisten Fällen erfolgende **Verwendung von Punktwerten** rechtmäßig ist (OVG Münster, B. v. 27.10.2014, 6 A 2721/13; OVG Münster, B. v. 25.8.2014, 6 A 1297/13). Das Gesamturteil soll nach dem gesetzgeberischen Ansatz dazu dienen, einen Vergleich von Beurteilungen bei der Bestenauslese vorzunehmen zu können (vgl. dazu *v. Roetteken,* ZBR 2012, 230, 233). Das BVerwG hat in einem Urteil vom 17.9.2015 bei einem Bundesbeamten und Beurteilungsrichtlinien mit einem festgelegten „Ankreuzverfahren" entschieden, dass das Gesamturteil der dienstlichen Beurteilung im Unterschied zu den Einzelbewertungen regelmäßig einer gesonderten Begründung bedürfe, um erkennbar zu machen, wie es aus den Einzelbegründungen hergeleitet werde. Fehle diese Begründung, sei die Beurteilung im Regelfall rechtsfehlerhaft, so dass eine neue Beurteilung zu erfolgen habe (BVerwG, Urt. v. 17.9.2015, 2 C 27/14). Eine Begründung sei in der Regel insbesondere dann nötig, wenn – wie im entschiedenen Fall – die maßgeblichen Beurteilungsrichtlinien für die Einzelbewertungen einerseits und für das Gesamturteil andererseits unterschiedliche Bewertungsskalen vorsahen. Im Übrigen seien die **Anforderungen an die Begründung für das Gesamturteil** umso geringer, je einheitlicher das Leistungsbild bei den Einzelbewertungen sei (BVerwG, Urt. v. 17.9.2015, 2 C 27/14; im Anschluss BVerwG, Urt. v. 28.1.2016, 2 A 1.14; OVG Saarlouis, B. v. 3.2.

2016, 1 B 214/15). Ob dieses neue Urteil des BVerwG auf die in NRW gängigen Beurteilungsverfahren und Beurteilungsrichtlinien einschränkungslos anzuwenden bzw. zwingender Maßstab ist, erscheint sehr fraglich, zumal sich die Frage stellt, warum es einer Behörde nicht möglich sein soll, auf Verlangen des beurteilten Beamten erst im weiteren Verfahren bzw. erst im Streitfall das Gesamturteil näher zu begründen/zu plausibilisieren. Allerdings wird die Entscheidung des BVerwG zunehmend in der beamtenrechtlichen Rechtsprechung wiedergegeben, wobei eine abschließende Positionierung zu der vom BVerwG vertretenen neuen Rechtsposition bislang ganz oft nicht erfolgt (OVG Münster, B. v. 22.3.2016, 1 B 14549/15; VG Potsdam, B. v. 1.3.2016, VG 2 L 2001/15; OVG Saarlouis, B. v. 3.2.2016, 1 B 214/15; VG Kassel, B. v. 28.12.2015, 1 L 2099/15.KS; dem BVerwG folgend VG Stuttgart, Urt. v. 2.3.2016, 7 K 3296/14). Hintergrund ist der Umstand, dass auch das BVerwG jedenfalls dann keine Begründung des Gesamturteils als notwendig erachtet, wenn in concreto eine andere Note nicht in Betracht kommt, „weil sich die vergebene Note – vergleichbar einer Ermessensreduzierung auf Null – geradezu aufdrängt" (BVerwG, Urt. v. 17.9.2015, 2 C 27/14 – vgl. dazu *Wieland*, Der Personalrat 2016, 42, 43). Dies ist in der Praxis meistens der Fall. Auf die Auseinandersetzung mit der **Begründungsforderung des BVerwG für das Gesamturteil** kommt es dann überwiegend nicht an. Ein neues Urteil des BVerwG vom 28.1.2016 zeigt aber, dass das BVerwG in den Fällen, wo sich kein klarer Notenschwerpunkt bei der Bewertung der Einzelmerkmale der Leistungsbewertung ergibt, eine Begründungspflicht für das Gesamturteil annimmt (BVerwG, Urt. v. 28.1.2016, 2 A 1.14). Sofern sich Beurteilungen also an der Nahtstelle zwischen zwei Beurteilungsnoten bewegen, und z.B. auch noch zwei verschiedene Bewertungsskalen für die (Einzel-)Bewertungen der Leistungen einerseits und die Bewertungen der Befähigungsmerkmale andererseits vorliegen, wird man künftig wohl gut beraten sein, das Gesamturteil mit einer tragfähigen Begründung zu unterlegen (vgl. in dem Zusammenhang die Fallgestaltung, die dem VG Potsdam zur Entscheidung vorlag: VG Potsdam, B. v. 1.3.2016, VG 2 L 2001/15). Sofern unterschiedliche Bewertungsskalen bei Beurteilungsrichtlinien bzw. bei Beurteilungsbögen innerhalb eines Beurteilungsvorgangs vorliegen, dürfte es sich ferner empfehlen, diese im Hinblick auf die neue Rechtsprechung des BVerwG zu vereinheitlichen, um dem Einwand zu begegnen, allein aus der Unterschiedlichkeit der Bewertungssysteme ergebe sich ein Begründungsbedarf für das Gesamturteil.

Wegen des oft vorliegenden Gleichstands bei Gesamturteilen verschob sich der **Quer- 6 vergleich von Beurteilungen** zunehmend hin zur sog. qualitativen Ausschärfung von Beurteilungen, bei der die Untermerkmale von Beurteilungen der Konkurrenten vergleichend betrachtet werden (BVerwG, ZTR 2011, 636; OVG Münster, ZBR 2011, 272; OVG Münster, B. v. 25.5.2010, 6 B 187/10; vgl. dazu § 20 Abs. 6 Rn. 21–22). Vor dem Hintergrund des neuen **§ 19 Abs. 6 LBG,** der aus **Gründen der Frauenförderung** gerade darauf abzielt, der Rechtsprechung bei gleichen Gesamturteilen den tradierten und etablierten Weg zur Binnendifferenzierung regelmäßig abzuschneiden (vgl. LT-DRs. 16/10380, S. 344–346; vgl. dazu die sehr krit. Bewertung der Gesetzesänderung von *A. Hoffmann* in Schütz/Maiwald, § 15 LBG Rn. 45), ist eine gravierende Änderung der Beförderungspraxis zu erwarten, die prognostisch die Gerichte stark beschäftigen wird (vgl. dazu § 19 Rn. 30 f.). Die Gleichstellungsbeauftragte ist bei den eigentlichen Beurteilungen nicht zu beteiligen, da es sich bei der Erstellung einer Beurteilung trotz eines gebotenen weiten Verständnisses vom Begriff der „personellen Maßnahme" im Sinne von § 17 LGG nicht um eine solche handelt (VG Düsseldorf, B. v. 11.2.2011, 13 L 1746/10). Allerdings wirkt sie an BRL mit. Außerdem ist ihre Teilnahme an der Beurteilerkonferenz (an allen Beurteilerkonferenzen) zwingend. Die Nichtteilnahme der Gleichstellungsbeauftragten an der Beurteilerkonferenz stellt einen durchgreifenden Rechtsmangel für ein Beurteilungsverfahren dar und macht alle entsprechenden Beurteilungen rechtlich angreifbar.

III. Aufnahme der Beurteilung in Personalakten/ Rechte des Beurteilten

7   Vor dem Hintergrund des § 50 BeamtStG, wonach zur Personalakte alle Unterlagen gehören, die mit dem Dienstverhältnis eines Beamten in einem unmittelbaren inneren Zusammenhang stehen, hätte es der ausdrücklichen Verpflichtung in § 92 Abs. 1 Satz 4, **Beurteilungen zur Personalakte** zu nehmen, nicht bedurft. Soweit § 92 Abs. 1 Satz 5 verlangt, dass vor einer Aufnahme einer Beurteilung in die Personalakte diese dem Beamten zur Kenntnis zu geben ist, ist es ausreichend, sie dem Beamten zum Lesen zu geben. Dies ist eine Form der Kenntnisnahme und ermöglicht dem Beamten u. a. eine Beurteilung seiner (vorgesehenen) Beurteilung dahingehend, ob z. B. eine Besprechung mit dem Vorgesetzten wegen Rückfragen, Einwänden usw. „geboten" bzw. sinnvoll ist. Einer **Aushändigung einer Kopie der Beurteilung** bedarf es zur Erfüllung der Pflicht aus Abs. 1 Satz 5 deshalb nicht (a. A. *Tadday/Rescher,* § 93 LBG Erl. 6; a. A. auch *Schnellenbach,* § 11 Rn. 29). Unabhängig davon sollte im Sinne von Transparenz eine Kopie zur Verfügung gestellt werden. Auch die fiktive Fortschreibung einer dienstlichen Beurteilung ist natürlich nach § 92 Abs. 1 Satz 5 dem Beamten bekannt zu geben, auch wenn es insoweit an einer ausdrücklichen Regelung im LBG und der LVO fehlt (VG Münster, B. v. 13.5.2014, 4 L 52/14).

8   Es gibt keine Verpflichtung des Dienstherrn zur **Anhörung des Beamten** vor oder während des eigentlichen Beurteilungsprozesses, also vor oder während der Erstellung der ihn betreffenden Beurteilung (OVG Münster, B. v. 16.2.2010, 1 B 1483/09). Soweit *Schnellenbach/Bodanowitz* unter Hinweis auf die Fürsorge- und Schutzpflicht des Dienstherrn fordern, dass dieser auf dem Beamten Gelegenheit zur Stellungnahme dann ausnahmsweise geben muss, bevor er in einer dienstlichen Beurteilung aus einem Sachverhalt ungünstige Schlüsse ableitet (*Schnellenbach/Bodanowitz, Die dienstliche Beurteilung,* Rn. 316), wird dem nicht gefolgt. Angesichts der Rechtsschutzmöglichkeiten gegen dienstliche Beurteilungen besteht kein Anlass für eine solche Maßnahme. Außerdem ist die Annahme einer solchen Anhörungspflicht problematisch, weil oft nur schwer zwischen „ungünstigen Schlüssen aus einem Sachverhalt" und unter keinen Umständen der Anhörung zugänglichen Werturteilen zu unterscheiden sein wird. Das ohnehin komplexe Beurteilungsverfahren würde ohne nachhaltigen Mehrwert schwieriger und rechtlich noch angreifbarer. Die gängigen BRL schreiben aber zumindestens ein Beurteilungsgespräch eingangs des Verfahrens vor.

9   Ein Widerspruchsverfahren findet für Beurteilungen nicht statt, da dieser Sachverhalt nicht vom Katalog in § 103 Abs. 1 S. 2 erfasst wird, obwohl dies sinnvoll wäre. Es bleibt außergerichtlich nur das Mittel eines formlosen **Antrags auf Abänderung der Beurteilung** (VG Düsseldorf, Urt. v. 23.5.2014, 13 K 7118/12). Sofern ein Beamter mit der Beurteilung nicht einverstanden ist, kann er sich formlos beim Dienstherrn um eine Abänderung bemühen und ggf. nach § 92 Abs. 1 Satz 6 eine **Gegenäußerung** abgeben, die zwingend zur Personalakte zu nehmen ist. Da **kein Widerspruchsverfahren** vorgesehen ist, bleibt oft in der Praxis unklar, wann eine konkrete Beurteilung in Bestandskraft erwächst. Dies hätte der Gesetzgeber vermeiden können, wenn er mit dem Dienstrechtsmodernisierungsgesetz – was sinnvoll gewesen wäre – auch für dienstliche Beurteilungen (wieder) das Widerspruchsverfahren eingeführt hätte. Beurteilungen können stattdessen nach aktueller Rechtslage mit den damit verbundenen Rechtsunsicherheiten bis zu der oft sehr schwammigen Grenze der Verwirkung mit einer Klage – oft im Rahmen einer Konkurrentenklage – angegriffen bzw. zur Überprüfung gestellt werden (vgl. dazu OVG Münster, B. v. 20.12.2013, 1 B 1329/13; OVG Münster, B. v. 15.3.2012, 1 A 1885/10; vgl. OVG Münster, B. v. 4.7.2011, 6 A 1343/10). Die **Verwirkung** der Möglichkeit des juristischen Vorgehens gegen Beurteilungen ist Ausfluss des allgemeingültigen Grundsatzes von Treu und Glauben; sie bildet einen Anwendungsfall des „venire contra factum proprium"

(Verbot widersprüchlichen Verhaltens) (OVG Münster, B. v. 20.12.2013, 1 B 1329/13). Nach Ansicht des OVG Münster tritt bei Beurteilungen eine Verwirkung ein, „wenn der beurteilte Beamte während eines – nach den Umständen des Einzelfalles zu bemessenden – längeren Zeitraums unter Verhältnissen untätig geblieben ist, unter denen vernünftigerweise etwas zur Rechtswahrung unternommen zu werden pflegt, so dass bei dem Dienstherrn der Anschein erweckt worden ist, der Beamte werde nicht mehr gegen die Beurteilung vorgehen" (OVG Münster, B. v. 4.7.2011, 6 A 1343/10; VG Düsseldorf, B. v. 15.10.2015, 2 L 2760/15; s. a. *Schnellenbach/Bodanowitz,* Die dienstliche Beurteilung, Rn. 437 f.; zu weitgehend OVG Magdeburg, B. v. 23.1.2014, 1 L 138/13: Zeitintervall bei Regelbeurteilungen ist Maßstab für Verwirkung). Die in **§ 58 Abs. 2 Satz 1 VwGO** genannte Jahresfrist kann grundsätzlich als **Anhaltspunkt für eine Verwirkung von Beurteilungen** herangezogen werden (VG Düsseldorf, B. v. 15.10.2015, 2 L 2760/15; VG Köln, Urt. v. 27.10.2014, 15 K 3361/13). Wenn jemand erst 20 Monate nach Beurteilungseröffnung gegen sie vorgeht, obwohl diese in vorangegangenen Gerichtsverfahren bereits von Relevanz war und keine Einwände gegen sie erhoben worden sind, liegt in jedem Fall eine Verwirkung vor (OVG Münster, NVwZ-RR 2011, 208). Der Beamte kann kumulativ oder alternativ zur Gegenäußerung direkt **Klage gegen die Beurteilung** erheben (vgl. BVerwG, NVwZ 2009, 1314; s. a. § 103 Rn. 3–4). Nach der Rechtsprechung erwachsen dienstliche Beurteilungen nicht in Bestandskraft, so dass es grundsätzlich unschädlich ist, wenn Einwendungen nicht in unmittelbarem zeitlichen Anschluss an das Beurteilungsverfahren/Bekanntgabe der Beurteilung geltend gemacht werden (BVerwG, B. v. 23.2.2010, 1 WB 36.09; OVG Münster, B. v. 13.10.2010, 6 B 1001/10). Statt direkt gegen die Beurteilung zu klagen, kann der Beamte sie (später) auch rechtlich angreifen, indem er die Beurteilung im Rahmen eines Personalauswahlverfahrens und eines anschließenden Konkurrentenstreitverfahrens einer **inzidenten Rechtmäßigkeitsprüfung** zuführt (OVG Münster, B. v. 13.10.2010, 6 B 1001/10, Leits. in NVwZ-RR 2011, 208). Die Möglichkeit des nicht zeitnahen, aber rechtswirksamen Vorgehens gegen eine Beurteilung ist im Einzelfall allerdings – wie dargestellt – u. a. durch Verwirkung begrenzt (VG Düsseldorf, B. v. 15.10.2015, 2 L 2760/15; BVerwG, B. v. 23.2.2010, 1 WB 36.09; OVG Münster, B. v. 20.12.2013, 1 B 1329/13; OVG Münster, NVwZ-RR 2011, 208; OVG Münster, B. v. 4.7.2011, 6 A 1343/10; OVG Magdeburg, ZBR 2013, 177; *Schnellenbach/Bodanowitz,* Die dienstliche Beurteilung, Rn. 437).

IV. Fiktive Fortschreibung dienstlicher Beurteilungen, § 92 Abs. 2

Mit **§ 92 Abs. 2** hat der Gesetzgeber auf der Basis der von der Rechtsprechung entwi-   **10** ckelten Grundsätze eine allgemeine **gesetzliche Regelung zur fiktiven Fortschreibung von Beurteilungen** eingeführt. So hatte z. B. das OVG Münster 2012 entschieden, dass die Beurteilung eines zum Zwecke der Kinderbetreuung beurlaubten Beamten während dieses Zeitraums fiktiv fortzuschreiben ist (OVG Münster, B. v. 5.10.2012, 1 B 681/12). Das Gesetz ermächtigt in § 92 Abs. 2 Satz die Landesregierung, Vorschriften über eine fiktive Fortschreibung dienstlicher Beurteilungen zu treffen. Dies ist mit **§ 9 LVO NRW** umgesetzt worden. § 9 LVO bestimmt die Anwendungsfälle fiktiver Nachzeichnung und regelt Umsetzungsdetails; neben den klassischen Fällen (Freistellung wegen Personalratstätigkeit/Vertrauensperson der schwerbehinderten Menschen/Beurlaubungen nach § 34 der Freistellungs- und Urlaubsverordnung NRW/Elternzeit und Beurlaubung aus familiären Gründen), sind jetzt auch Fälle von Beurlaubungen zur Ausübung einer gleichwertigen hauptberuflichen **Tätigkeit bei Fraktionen des Europäischen Parlaments, des Deutschen Bundestages oder der Landtage** erfasst (§ 9 Abs. 1 Nr. 1 LVO). Hintergrund war der Umstand, dass hier die Rechtsprechung die Gefahr von sog. **Gefälligkeitsbeurteilungen** sieht und Fraktionen auch nicht über eine Dienstherrnfähigkeit i. S. d. § 1 verfügen, so dass sie nach zutreffender Ansicht des VG Düsseldorf keine rechtwirksamen Beurteilungen erstellen können (VG Düsseldorf, B. v. 14.10.2008, 13 L 909/08; OVG Berlin-Magdeburg, NVwZ-RR 2011, 534; VG Magdeburg, B. v. 5.3.2007, 5 B 409/06). Mit der Neuregelung in § 9 Abs. 1 Nr. 1 LVO wird dem Rechnung getragen. Der Bundesgesetzgeber hat hingegen mit § 33 Abs. 2a BLV bei entsprechenden Fallgestaltungen Fraktionen zur Erstellung von Beurteilungen für dorthin beurlaubte Bundesbeamte autorisiert, was in der Literatur von *H. Günther* mit Recht sehr deutlich kritisiert wird (vgl. *H. Günther*, ZBR 2015, 121).

11   Hauptanwendungsfall der fiktiven Fortschreibungen einer Beurteilung ist die **Laufbahnnachzeichnung freigestellter Mitglieder eines Personalrats** (vgl. dazu BVerwG, ZBR 2014, 391; BVerwG, NVwZ-RR 2011, 371; BVerwG, NVwZ 2007, 344; BVerwG, DVBl. 1998, 191; OVG Münster, B. v. 15.11.2012, 6 A 1534/11; OVG Münster, PersV 2008, 262 und PersV 2008, 131; OVG Münster, PersV 2005, 271; OVG Lüneburg, B. v. 16.12.2015, 5 ME 197/15; OVG Koblenz, PersV 2013, 72; *Hebeler*, ZfPR 2015, 118; *Zimmerling*, ZfPR 2014, 26; *Schnellenbach/Bodanowitz,* Die dienstliche Beurteilung der Beamten und Richter, Teil B, Rn. 222a ff.; s. zur Bekanntgabe VG Münster, B. v. 13.5.2014, 4 L 52/14). Generell ist bei der fiktiven Fortschreibung einer Beurteilung – ausgehend von dem konkreten Leistungsstand der regulären letzten dienstlichen Beurteilung bei gleichzeitiger Annahme einer gleichbleibenden Leistungsentwicklung – „das Leistungsbild des freigestellten Beamten an der Leistungsentwicklung vergleichbarer Kollegen zu messen und entsprechend einzuordnen" (OVG Münster, B. v. 15.11.2012, 6 A 1534/11 unter Hinw. auf BVerwG, NVwZ-RR 2011, 371; *Hebeler*, ZfPR 2015, 118; *Zimmerling*, ZfPR 2014, 26). Hierbei ist nach zutreffender Ansicht des OVG Münster nicht zu verlangen, dass der Dienstherr eine quasi mathematische Berechnung der fiktiven Leistung des Freigestellten bei seiner Einstufung im Vergleich zu anderen Beamten vornimmt (OVG Münster, B. v. 15.11.2012, 6 A 1534/11). Eine andere Sichtweise wäre weder hinreichend praktikabel noch mit dem Wesen der Laufbahnnachzeichnung als pauschalierendes Beurteilungskonstrukt, das durch hypothetische Elemente geprägt ist, vereinbar (vgl. auch BVerwG, ZBR 2014, 391; BVerwG, NVwZ-RR 2011, 371). Nicht zulässig ist es, bei einer regulären Beurteilung z.B. eine Tätigkeit im Lehrerrat wertend – im konkreten Fall positiv – in die dienstliche Beurteilung einzubeziehen, weil dies gegen §§ 7 Abs. 1 LPVG, 69 Abs. 4 Satz 4 SchulG verstößt (OVG Münster, ZBR 2013, 68). Auch für die Vertrauenspersonen der schwerbehinderten Menschen kann bei einer längeren vollständigen Freistellung eine fiktive Laufbahnnachzeichnung analog der Verfahrensweise bei freigestellten Personalratsmitgliedern erfolgen (vgl. OVG Münster, B. v. 29.10.2012, 6 B 1108/12). Gleiches gilt bei Fällen, wo z.B. eine Beamtin zum Zwecke der Kinderbetreuung beurlaubt wurde (OVG Münster, PersV 2013, 76 – BeckRS 2012, 58322).

12   Der Gesetzgeber hat für Fälle mit Bedarf nach fiktiver Fortschreibung einer dienstlichen Beurteilung mit **§ 92 Abs. 2 Satz 2** auch die Möglichkeit eröffnet, dass über nähere Vorschriften in einer Rechtsverordnung im Falle einer **Beförderung in ein höherwertiges Amt** eine etwaig hierfür erforderliche Erprobung oder Probezeit auch in der ausgeübten Tätigkeit – statt in der entsprechenden konkreten höheren Funktion beim Dienstherrn – eröffnet werden kann. Diese ausgeübte Tätigkeit muss dann von den Anforderungen her mit dem Beförderungsamt vergleichbar sein und eine Bewährung festgestellt werden, § 92 Abs. 2 Satz 2, vorletzter und letzter Halbs. (vgl. dazu die Gesetzesbegründung LT-Drs. 16/2904, S. 53). Dies dürfte u.a. vor dem Hintergrund der Rechtsprechung des BVerwG erfolgt sein, wonach es bei freigestellten Personalratsmitgliedern zur Erlangung eines höherwertigen Dienstpostens mit dem **Erfordernis einer Erprobung/Probezeit** nicht zwingend geboten ist, dass die Aufgaben des höherwertigen Dienstpostens tatsächlich zunächst zu Erprobungszwecken wahrgenommen werden müsse, um die Eignung für den höher bewerteten Dienstposten festzustellen (BVerwG, NVwZ 2007, 34; vgl. dazu die Urteilsanm. von *Kugele*, jurisPR-BVerwG 2/2007 Anm. 2; *Baden*, PersR 2007, 63; dem BVerwG folgend OVG Münster, PersV 2010, 350). Für freigestellte Personalratsmitglieder – so das BVerwG – könne und müsse es ggf. vor dem Hintergrund des Benachteiligungsverbotes

Modifikationen hinsichtlich des Erprobungserfordernisses geben. Sofern eine „belastbare Prognose" zur Eignung für den entsprechenden Beförderungsposten auch auf Grund anderer Erkenntnisse und ohne Aufgabe der Freistellung und Durchführung einer (an sich für den konkreten Posten etwaig notwendigen) Erprobungszeit möglich sei, könne das Beförderungsamt übertragen werden (BVerwG, NVwZ 2007, 34; OVG Münster, PersV 2010, 350). Das Benachteiligungsverbot könne aber keinesfalls einen Dispens davon vermitteln, dass das Anforderungsprofil des zur Erprobung vorgesehenen Dienstpostens (Kenntnisse/Fähigkeiten/Erfahrungen) zu erfüllen ist (BVerwG, a. a. O.). Die auf § 92 Abs. 2 Satz 2 basierenden Regelungen in **§ 9 Abs. 4 LVO** zur Übertragung eines höherwertigen Amtes, welches von einer Erprobung oder Probezeit abhängig ist, tragen der Rechtsprechung und den Bedürfnissen der Praxis Rechnung. Bei der konkreten Umsetzung ist aber immer auch aus Gleichbehandlungsgründen besonders darauf zu achten, dass eine in den Anwendungsfällen bei dem relevanten Personenkreis zu vermeidende Benachteiligung nicht im konkreten Fall in eine **unzulässige Bevorteilung** umkippt (vgl. OVG Münster, B. v. 23.5.2016, 1 A 839/15: Keine fiktive Fortschreibung der Laufbahn in der Weise, dass bei freigestelltem Personalratsmitglied besondere Verwendungsbreite festgestellt wird, die bei vorlag). Dies ergibt sich für Personalratsmitglieder aus § 7 Abs. 1 LPVG, gilt aber als Grundsatz für alle Fallgestaltungen fiktiver Nachzeichnung (vgl. dazu OVG Münster, B. v. 23.5.2016, 1 A 839/15; vgl. zur Frage einer unzulässigen Begünstigung eines freigestellten Personalratsmitglieds bei der fiktiven Nachzeichnung auch BVerwG, B. v. 23.12.2015, 2 B 40.14). Nicht umsonst verlangt z. B. § 9 Abs. 4 letzter Satz LVO, dass die Prognose hinsichtlich der Eignung des Beamten für das Beförderungsamt auf sämtliche Erkenntnisse zu stützen ist, die auch für dienstliche Beurteilungen verwertet werden; insbesondere sind auch die dienstlichen Anforderungen und Leistungen bis zum Beginn der Beurlaubung oder Freistellung einzubeziehen. Dies kann durchaus zu einer negativen Prognose führen. Fiktive Nachzeichnungen von Beurteilungen, die nach den Erfahrungen der Praxis wegen ihres oft sehr wohlwollenden Ansatzes so gut wie nie streitbefangen sind, und die Prognose für eine Eignung für ein Beförderungsamt und entsprechende Bewährungsfeststellungen nach § 92 Abs. 2 S. 2 i. V. m. § 9 Abs. 4 LVO dürfen kein „Selbstläufer" sein. Abschließend ist darauf hinzuweisen, dass nach Ansicht des BVerwG die gesetzlich oder im Verordnungswege ausdrücklich geregelten Fälle/Fallgestaltungen fiktiver Fortschreibungen von Beurteilungen nicht abschließend sind. Für Sonderfälle kann bzw. muss dieses allgemein anerkannte Rechtsinstitut ebenfalls herangezogen werden (vgl. BVerwG, B. v. 10.5.2016, 2 VR 2.15: Ausblenden eines etwaigen Bewährungsvorsprungs bei rechtswidriger Dienstposteninhaberschaft im Wege fiktiver Fortschreibung dienstlicher Beurteilung; so auch das von *Kenntner* vorgeschlagene Konzept, vgl. *Kenntner*, ZBR 2016, 181, 193).

V. Gerichtlicher Rechtsschutz/Fristen/ Prüfrahmen für Verwaltungsgerichte

Beurteilungen können als solche von Betroffenen im Wege der Klage vor dem Verwal- **13** tungsgericht unmittelbar angegriffen werden oder im Rahmen von Konkurrentenklagen inzidenter zur Überprüfung durch das Verwaltungsgericht gestellt werden. Das OVG Münster begrenzt die **Möglichkeit zur späten Geltendmachung von Einwänden gegen eine Beurteilung** nur durch den **Gesichtspunkt der Verwirkung** (OVG Münster, B. v. 20.12.2013, 1 B 1329/13; OVG Münster, B. v. 13.10.2010, 6 B 1001/10; vgl. zur Verwirkung in Konkurrentenstreitverfahren OVG Münster, B. v. 5.12.2012, 6 B 1156/12). Wegen der damit verbundenen Unsicherheiten in der Praxis der Personalverwaltungen bei der Beantwortung der Frage, wann in concreto wirklich nach den nicht einheitlichen Maßstäben der Rechtsprechung eine Verwirkung vorliegt, wäre der Gesetzgeber gut beraten, im Beamtenbereich jedenfalls für Beurteilungen wieder das Widerspruchsverfahren

einzuführen (vgl. dazu auch die krit. Anmerkungen gegen den Wegfall des Widerspruchsverfahrens bei § 103 Rn. 3). Die **verwaltungsgerichtliche Überprüfung einer Beurteilung** ist eingeschränkt und erstreckt sich nur darauf, ob der Dienstvorgesetzte den anzuwendenden Rahmen, in dem er sich frei bewegen kann, verkannt hat, ob er von einem
unrichtigen Sachverhalt ausgegangen ist, allgemeingültige Wertmaßstäbe nicht beachtet,
sachfremde Erwägungen angestellt oder gegen Verfahrensvorschriften verstoßen hat (OVG
Münster, B. v. 7.10.2013, 6 A 1180/11; BVerwGE 124, 356; OVG Münster, B. v. 5.6.2012,
1 B 368/12; OVG Münster, ZBR 2011, 311; OVG Münster B. v. 14.10.2009, 6 B 1399/
09; vgl. dazu ausführl. *Schnellenbach*, Konkurrenzen im öffentlichen Dienst, Anhang 2,
Rn. 105 ff.). Der Dienstherr muss aber im Streitfall darlegen, in welcher plausiblen und
auch nachvollziehbaren Art und Weise er sich sein Werturteil über den Beamten gebildet
hat (OVG Münster, B. v. 10.7.2013, 1 B 44/13: Plausibilierungsbedarf bei dem Vorwurf
eines Führungsversagens). Der Beurteilungsspielraum erfasst auch „bereits die Phase der
Materialsammlung, in der die Grundlagen der dienstlichen Beurteilung festgestellt werden." (OVG Münster, B. v. 5.6.2012, 1 B 368/12; BVerwGE 62, 135). Wegen des großen
Beurteilungsspielraums des Dienstherrn ist gerade die **Einhaltung von Regularien bei
Beurteilungsverfahren** sehr oft im gerichtlichen Fokus, so dass personalverwaltende Stellen in der Praxis hierauf besonders zu achten haben (vgl. die umfassende Verfahrensfehler-
quellendarstellung bei *Schnellenbach*, Konkurrenzen im öffentlichen Dienst, Anhang 2
Rn. 110 ff.; vgl. z. B. den Fall VG Gelsenkirchen, B. v. 31.1.2014, 1 L 1494: Bei einer Behörde hatte die Gleichstellungsbeauftragte nicht an der Beurteilerbesprechung teilgenom-
men, was die späteren Beurteilungen als Grundlage für Beförderungen unverwertbar machte). Wenn aber (nur) Fehler im Beurteilungsverfahren vorliegen, bei denen ausgeschlossen
ist, dass sie sich auf das Ergebnis der streitbefangenen Beurteilung ausgewirkt haben, ist die
Beurteilung nicht rechtswidrig (OVG Münster, IÖD 2014, 12). Sofern sich eine Beurteilung im verwaltungsgerichtlichen Verfahren als rechtswidrig erweist und aufzuheben ist,
muss in der Regel das gesamte Beurteilungsverfahren bezüglich des Beurteilten wiederholt
werden (OVG Münster, B. v. 23.4.2014, 6 B 101/14). Es können sich aber im Einzelfall
aus der Art des Fehlers Ausnahmen ergeben (OVG Münster, B. v. 23.4.2014, 6 B 101/14).
Auch nach einer bestandskräftigen Entlassung eines früheren Beamten oder Richters kann
ein berechtigtes Interesse in Form eines Rehabilitierungsinteresses bestehen, dass eine angegriffene Beurteilung aufgehoben bzw. die Rechtswidrigkeit vom Gericht festgestellt wird
(OVG Münster, B. v. 7.6.2016, 1 E 397/16). Dies ist z. B. der Fall, wenn eine Verletzung
der persönlichen Ehre des (ehemaligen) Beamten/Richters durch die Beurteilung im konkreten Fall ernsthaft in Betracht kommt (OVG Münster, B. v. 7.6.2016, 1 E 397/16).

VI. Ausgewählte Standardthemen/
Fehlerquellen bei Beurteilungsverfahren

1. Vergleichsgruppengröße/Dienstpostenbündelung/Notenabsenkung nach
Beförderung/Quotierung nach § 8 Abs. 3 LVO

14   Nach § 8 Abs. 3 Satz 1 LVO soll der **Anteil der Beamten einer Vergleichsgruppe**
bei der besten Note 10 v. H. und bei der zweitbesten Note 20 v. H. nicht überschreiten.
§ 12 Abs. 3 Satz 2 LVO lautet: „Ist die Anwendung dieser Richtwerte wegen einer zu geringen Zahl der einer Vergleichsgruppe zuzuordnenden Beamtinnen und Beamten nicht
möglich, sind die Beurteilungen in Anlehnung an diese Richtwerte entsprechend zu differenzieren". Das Bestreben zur **Richtsatzeinhaltung** darf aber nicht dazu führen, dass eine
im Einzelfall ergebnisrichtige Beurteilung eines Beamten unterbleibt (OVG Münster, ZBR
2007, 267; s. zum Erfordernis, dass der Leistungsbewertung das gesamte Notenspektrum zu
Grunde zu legen ist OVG Münster, B. v. 17.4.2014, 6 B 47/14). Es muss also im Sinne der
Einzelfallgerechtigkeit möglich sein, dass es zu Über- und Unterschreitungen der Richt-

sätze kommt (*Schnellenbach*, § 11 Rn. 50). Auf der anderen Seite können Beurteilungsverfahren angreifbar sein, wenn ganzen Gruppen von Beamten ausnahmslos die Höchstnote erhalten; dies kann nach der Rechtsprechung auf eine nicht rechtmäßige Beurteilungspraxis hindeuten (VG Gelsenkirchen, B. v. 21.7.2016, 1 L 449/16; OVG Münster, B. v. 21.3.2013; OVG Koblenz, DÖD 2013, 91; BVerfG, NVwZ 2004, 95). Eine Art „Synchronisierung" der Anzahl vorliegender Beförderungsstellen mit zu vergebenden Spitzennoten (Beförderungsstellenzahl determiniert Anzahl der Spitzennoten im relevanten Zeitraum), um aus Praktikabilitätsgründen keine Auswahlverfahren durchführen zu müssen, ist rechtswidrig (VG Arnsberg, B. v. 13.12.2012, 13 L 913/12; OVG Münster ZBR 2013, 266 mit Anm. von *Lorse;* dem OVG Münster folgend OVG Lüneburg, NVwZ-RR 2013, 928). Nach gängigen BRL wird von Vergleichsgruppen aus mindestens 30 Personen in derselben Besoldungsgruppe ausgegangen, was in Behörden nicht immer Realität ist. Um Richtsatzwerte ordnungsgemäß anwenden zu können, ist es grundsätzlich erforderlich, dass eine Vergleichsgruppe für den Beurteiler noch überschaubar, aber auch hinreichend groß und homogen ist (BVerwG, DÖV 2006, 345). Bei 30 Personen wird dies angenommen. In den gängigen BRL wird für den Fall der Unterschreitung festgelegt, dass dann bei der Festlegung der Gesamtnote eine Differenzierung angestrebt wird, welche sich an dem durch die Richtsätze vorgegebenen Rahmen anlehnt (s. a. § 8 Abs. 3 Satz 2 LVO). Das OVG Münster hält Unterschreitungen der Vergleichsgruppengröße (im konkreten Fall 17 Beamte statt 30) und eine dann vorzunehmende **„Orientierung an den Richtsätzen"** im Grundsatz für zulässig (OVG Münster, B. v. 10.6.2010, 6 A 534/08 – a. A. die Vorinstanz VG Düsseldorf, B. v. 4.1.2008, 13 K 3715/05; s. aber VG Düsseldorf, B. v. 2.7.2010, 13 L 452/10: bei 10 Personen Anlehnung an Richtsätze möglich; VG Düsseldorf, Urt. v. 11.8.2006, 13 K 2207/04: Anlehnung an Richtsätze bei 5 Personen nicht möglich). In diesen Fällen bedarf der Grundsatz, dass die nur als Anhaltspunkte zu verstehenden Richtsätze im Einzelfall nicht die Zuordnung des jeweils zutreffenden Gesamturteils verhindern dürfen (OVG Münster, B. v. 10.6.2010, 6 A 534/08; OVG Münster, ZBR 2007, 267), besonderer Beachtung. Zur Schaffung hinreichend großer Vergleichsgruppen besoldungsgruppenübergreifend auf die **Funktionsgruppe** abzustellen (BVerwG, DVBl 2006, 641), was möglich ist (§ 8 Abs. 2 Satz 2 LVO), kann zu Friktionen wegen der Tendenz/Gefahr führen, dass sich bessere Noten bei Beamten im höheren Statusamt (überproportional) häufen bzw. die Vergleichsgruppe nicht hinreichend homogen ist (zum letzten Aspekt vgl. BVerwG, B. v. 25.10.2011, 1 WB 51.10; krit. zu Beurteilungen für Funktionsebenen auch *Schnellenbach,* § 11 Rn. 50; s. zu Beurteilungen auf sog. gebündelten Dienstposten BVerfG, B. v. 16.12.2015, 2 BvR 1958/13; OVG Berlin-Brandenburg, B. v. 22.11.2013, OVG 6 N 88.12). Zulässig ist es in bestimmten Fällen, wenn eine einheitliche Vergleichsgruppe aus Beamten mit demselben Statusamt, aber verschiedenen Laufbahngruppen gebildet wird; Voraussetzung ist die Vergleichbarkeit ihrer dienstlichen Tätigkeiten (so das OVG Münster für Beamte des LRH mit Prüftätigkeiten: OVG Münster, B. v. 27.11.2014, 6 B 810/14). Ein Richtliniengeber darf intervenieren, wenn in seinem Geschäftsbereich von nachgeordneten Behörden der gebotene strenge Maßstab an Bestbeurteilungen nicht (hinreichend) gewahrt wird (OVG Münster, B. v. 1.9.2011, 6 A 1828/10; s. zu gravierenden Richtsatzüberschreitungen, die ein Beurteilungsverfahren rechtsfehlerhaft machen können, VG Gelsenkirchen, B. v. 10.6.3026, 1 L 373/16; VG Düsseldorf, B. v. 11.5.2012, 2 L 445/12). Vor dem Hintergrund, dass nach der Rechtsprechung eine zu große Häufung von Bestnoten auf eine unrechtmäßige Beurteilungspraxis hindeutet, wird man sogar eine **Interventionspflicht der obersten Dienstbehörde** anzunehmen haben. Die **gebotene Anwendung differenzierter Beurteilungsmaßstäbe** wird regelmäßig zu differenzierten Beurteilungsergebnissen führen (OVG Münster, B. v. 22.1.2014, 6 B 1336/13; OVG Münster, B. v. 21.3.2013, 6 B 1149/12; VG Gelsenkirchen, B. v. 10.6.3026, 1 L 373/16; BVerfG, NVwZ 2004, 95). Schließlich ist es noch ein in der Praxis häufiger vorkommender Fall, dass sich beförderte Beamte bei der ersten Beurteilung im neuen Statusamt über eine Abwertung um eine oder zwei Notenstufen beschweren. Hier wird von ihnen verkannt, dass sie sich am neuen Statusamt mit höheren (abstrakten) Anforderungen messen lassen müssen (OVG Münster, B. v. 10.2.2014, 6 B 1141/13). Selbst bei einer Absenkung um zwei Notenstufen sieht sich dann der Dienstherr nach der zutreffenden Rechtsprechung des OVG Münster keinem erhöhten Begründungsaufwand ausgesetzt (OVG Münster, B. v. 10.2.2014, 6 B 1141/13). Dienstpostenbündelungen stehen einer an Art. 33 Abs. 2 GG orientieren Auswahlentscheidung und einer rechtmäßigen dienstlichen Beurteilung nicht entgegen (BVerfG, ZTR 2016, 170; BVerwG, Urt. v. 17.9.2015, 2 C 27/14; s. a. VG Stuttgart, Urt. v. 2.3.2016, 7 K 3296/14; *Kathke*, RiA 2014, 245, 250; s. dazu auch § 19 Rn. 11f.). Besonderheiten des gebündelten Dienstpostens sind in der Leistungsbewertung zu berücksichtigen (BVerwG, B. v. 20.6.2013, 2 VR 1.13, BVerwGE 147, 20; VG Stuttgart, Urt. v. 2.3.2016, 7 K 3296/14; *Kathke*, RiA 2014, 245, 250).

2. Rolle des Endbeurteilers/Notenabsenkung durch Endbeurteiler/(Beurteilungs- bzw. Bewerbungs-)Konkurrenten

15   In den Beurteilungsrichtlinien der Landesressorts und Beurteilungsregelungen in den Kommunen etc. ist in aller Regel ein zweistufiges Verfahren mit einem Erst- und einem Zweitbeurteiler vorgesehen. Der **Endbeurteiler** ist bei sehr großen Behörden in der Regel nicht regelmäßig in Kontakt mit allen einzelnen Beamten, so dass in Beurteilungsverfahren zuweilen Beurteilungen mit dem Argument angegriffen werden, der Endbeurteiler kenne den zu Beurteilenden gar nicht. Dies führt aber regelmäßig nicht zur Rechtswidrigkeit der Beurteilung, da es für Erst- und Endbeurteiler aus der Sache heraus differenzierte Anforderungen gibt. Bei den **Erstbeurteilern** ist es nach der Rechtsprechung notwendig, dass deren Urteil sich grundsätzlich auf „eine in zeitlicher und quantitativer Hinsicht ausreichende Anzahl eigener Arbeitskontakte stützen" kann und „die durch Dritte vermittelte Kenntnis nicht prägende Grundlage für die Erstbeurteilung bilden darf" (VG Düsseldorf, Urt. v. 10.3.2013, 2 K 2040/12; VG Düsseldorf, Urt. v. 13.7.2010, 2 K 3753/09). Bei einem Wechsel von Abteilungsleitern einer großen Behörde kann es im Einzelfall rechtskonform sein, wenn sich der neue Erstbeurteiler die **nicht aus eigener Anschauung vorliegenden Informationen** bei den früheren Vorgesetzten einholt, da z. B. ein pensionierter (ehemaliger) Vorgesetzter nicht als Erstbeurteiler in Frage kommt (OVG Münster, B. v. 30.10.2015, 6 B 865/15; VG Düsseldorf, B. v. 1.6.2011, 13 L 453/11; s. a. OVG Münster, B. v. 19.11.2015, 6 B 1121/15). Selbst wenn ein Beurteiler die dienstlichen Leistungen des zu Beurteilenden überhaupt nicht aus eigener Anschauung kennt, kann er bei Erfüllung der von der Rechtsprechung für diese Fälle aufgestellten Anforderungen eine wirksame Beurteilung erstellen (vgl. BVerwG, NVwZ 2015, 526; OVG Münster, NWVBl. 2015, 464). Es sind dann Beurteilungsbeiträge einzuholen, damit eine aussagekräftige Tatsachengrundlage für den neuen Erstbeurteiler vorliegt (OVG Münster, B. v. 19.11.2015, 6 B 1121/15; OVG Münster, NWVBl. 2015, 464; vgl. dazu *Nokiel*, DÖD 2013 284, 287). Ein Beurteilungsbeitrag ist in der Regel nicht isoliert anfechtbar (OVG Münster, NVwZ-RR 2014, 199). Auch ein bereits in den Ruhestand getretener früherer Vorgesetzter kann einen Beurteilungsbeitrag abgeben und ist ggf. hierfür heranzuziehen (OVG Münster, ZBR 2014, 283 – Leitsatz; BVerwG, IÖD 2013, 146). Der Beurteiler ist nicht an die in den Beurteilungsbeiträgen enthaltenen Werturteile in einer Weise gebunden, dass er sie „fortschreitend" übernehmen muss (OVG Münster, B. v. 17.2.2015, 6 A 180/14; OVG Münster, NVwZ 2016, 332: Abweichungen müssen nachvollziehbar begründet werden; VG Düsseldorf, B. v. 23.12.2013, 13 L 1543/13). Er kann sich aber einen Beurteilungsbeitrag zu eigen machen, ohne dass dies besonders begründet werden muss (BVerwG, Urt. v. 17.3.2016, 2 A 4.15). Nur bei Abweichungen des Beurteilers von Beurteilungsbeiträgen ist er gehalten, dies nachvollziehbar zu begründen (BVerwG, Urt. v. 17.3.2016, 2 A 4.15). Wenn freitextliche Beurteilungsbeiträge unterschiedlicher Beurteiler vorliegen, welche nicht an einem erkennbaren (gemeinsamen) Bewertungssystem orientiert sind, muss der zentrale Beurteiler eine Klärung des jeweiligen Bedeutungsinhalts der Beiträge – etwa durch dezidierte Nachfragen – durchführen, wenn er sich auf diese Beiträge stützen will (OVG Münster, NWVBl. 2015, 464).

Beim Endbeurteiler sind aber auf der Basis der gängigen Beurteilungsrichtlinien die **16** Maßstäbe allgemein anders, weil von ihm regelmäßig nicht (in Beurteilungsrichtlinien) verlangt wird (und z.B. bei Behörden wie den Regierungspräsidien mit tausenden Mitarbeitern nicht verlangt werden kann), dass er jeden Beamten grundsätzlich durchgängig persönlich bzw. aus eigener Anschauung kennt (OVG Münster, ZBR 2014, 426). Ein Endbeurteiler muss/darf sich ggf. im Rahmen eines Beurteilungsverfahrens für die Endbeurteilung die Erkenntnisse über den zu beurteilenden Beamten auf andere Weise verschaffen (OVG Münster, B. v. 19.2.2016, 6 A 2596/14; VG Düsseldorf, Urt. v. 7.10.2011, 13 K 3962/11; s. a. zur notwendigen Dokumentation bei der Verwendung von Erkenntnissen Dritter durch einen Beurteiler OVG Münster, B. v. 19.12.2012, 1 A 7/11). Wird eine relevante Tätigkeit im Beurteilungszeitraum – etwa eine umfassende dienstliche Dozententätigkeit – nicht berücksichtigt, liegt ein Defizit der Beurteilung vor (OVG Münster, B. v. 26.6.2014, 6 B 294/14).

Bei Beurteilungsverfahren senkt der Endbeurteiler oft zur Einhaltung der Richtsätze **17** Noten herab. Die **Entscheidung des Endbeurteilers zur Notenabsenkung** muss plausibel und für außenstehende Dritte nachvollziehbar sein (OVG Münster, NVwZ-RR 2015, 306; OVG Münster, Urt. v. 31.5.2007, 1 A 2601/05, AE 2007, 258; OVG Münster, ZBR 2006, 390; OVG Münster, ZBR 2001, 338; OVG Münster, NWVBl. 2002, 351). Die sog. **Abweichungsbegründungen** sind – kaum erstaunlich – immer wieder Gegenstand von Gerichtsverfahren (OVG Münster, B. v. 19.2.2016, 6 A 2596/14; OVG Münster, NVwZ-RR 2015, 306; OVG Münster, ZBR 2014, 426). Endbeurteiler kommen in dem Kontext in schwierige Situationen und Konflikte, weil einerseits die Rechtsprechung eine zu gute und undifferenzierte Notenvergabe kritisiert, andererseits von den Endbeurteilern mit den oft sehr zahlreichen Mitarbeitern beim pflichtgemäßen Bemühen um die Einhaltung strenger Beurteilungsmaßstäbe möglichst plausible Gründe für eine Notenabweichung nach unten verlangt (vgl. zu den Anforderungen an die Plausibilität OVG Münster, NVwZ-RR 2015, 306; s. a. OVG Münster, B. v. 19.2.2016, 6 A 2596/14). Dabei zeigt die Rechtsprechung des OVG Münster durchaus ein gewisses Verständnis für die Nöte der Verwaltungspraxis (OVG Münster, NVwZ-RR 2015, 306): „Angesichts der Vielzahl der im Bereich der Polizei regelmäßig abzufassenden Beurteilungen dürfen die allgemeinen Begründungsanforderungen und auch die Anforderungen an die Abweichungsbegründungen insoweit nicht überspannt werden." Insofern akzeptiert die Rechtsprechung auch im Grundsatz einzelfallübergreifende allgemeine Erwägungen, die sich „wegen ihrer fallübergreifenden Relevanz ebenso zwangsläufig in ähnlicher oder gleicher Wortwahl auch in den Beurteilungen anderer Beamter" wiederfinden (OVG Münster, ZBR 2014, 428; OVG Münster, B. v. 19.2.2016, 6 A 2596/14). Wenn ein Endbeurteiler aber eine Note ausschließlich unter Hinweis auf den von ihm vorzunehmenden **Quervergleich innerhalb einer leistungsstarken Gruppe** absenkt, ist dies nach der Rechtsprechung des OVG Münster als Begründung nicht ausreichend, wenn im konkreten Einzelfall gewichtige Gründe – z.B. zwei Beurteilungsbeiträge mit der Höchstnote bei bestimmten Submerkmalen – gegen eine weitreichende Absenkung sprechen (OVG Münster, B. v. 13.7.2009, 19 L 334/09; s. a. OVG Münster, B. v. 19.2.2016, 6 A 2596/14; OVG Münster, DÖD 2008, 208 u. ZBR 2006, 390). Generell ist es problematisch, einzelfallübergreifende Erwägungen nur pauschal als Begründung für eine Absenkung anzuführen, wie es in der Praxis immer noch häufig geschieht (z.B. „Die Absenkung erfolgte im Rahmen des Quervergleichs mit den Beamten im gleichen statusrechtlichen Amt"). Das OVG Münster verlangt regelmäßig spezifiziertere Begründungen (OVG Münster, Urt. v. 31.5.2007, 1 A 2601/05, AE 2007, 258; OVG Münster, ZBR 2006, 391; OVG Münster, B. v. 13.12.1999, 6 A 3593/98; OVG Münster Urt. v. 13.2.2001, 6 A 2966/00; VG Köln, B. v. 13.7.2009, 19 L 334/09). Fehlerhaft kann eine Beurteilung sein, wenn der Endbeurteiler das Gesamturteil absenkt, ohne dies mit einer entsprechenden **Absenkung der Submerkmale** zu verbinden, weil dann regelmäßig die Beurteilung nicht mehr plausibel erscheint (OVG Münster, ZBR 2006, 390). Die **Grundsätze für Abweichungsbegründungen** hat das OVG Münster in einem Beschluss vom 10.6.2010 zusammengefasst (OVG Münster, B. v. 10.6.2010, 6 A 534/08):

„Nach der Rechtsprechung des Senats wird der mögliche Inhalt einer Abweichungsbegründung zwar nicht ausschließlich, jedoch ausschlaggebend von dem Grund bestimmt, der den Endbeurteiler zu einer abweichenden Beurteilung veranlasst. Liegt dieser in einer anderslautenden Bewertung des individuellen Leistungs- und Befähigungsprofils des beurteilten Beamten, z.B. in Bezug auf Äußerungen zu Einzelmerkmalen, so muss dies der Wahrheit gemäß in der Abweichungsbegründung deutlich werden. Die Abweichungsbegründung muss sich in diesem Fall auf die individuellen Besonderheiten des Einzelfalls beziehen, also insoweit konkret und singulär sein. Liegt der Grund für die Abweichung hingegen vorrangig in einzelfallübergreifenden Erwägungen, z.B. in Ansehung einer zu wohlwollenden oder zu strengen, vom allgemeinen Beurteilungsmaßstab abweichenden Grundhaltung des Erstbeurteilers oder in einem allgemeinen Quervergleich unter Berücksichtigung der Richtsätze, so muss die Abweichungsbegründung anders ausfallen, nämlich diesen Aspekt in den Mittelpunkt stellen."

18   Wenn einzelfallübergreifende Erwägungen den Ausschlag für die Abweichung gegeben haben, kann dies eine Herabsetzung der Einzelmerkmale bedingen (OVG Münster, ZBR 2006, 390: Gesamturteil muss plausibel sein). Die Absenkung in Einzelmerkmalen muss dann aber nicht zwingend linear erfolgen (vgl. OVG Münster, B. v. 15.7.2011, 6 A 637/11; OVG Münster, B. v. 16.6.2011, 6 A 2569/10; OVG Münster, B. v. 19.4.2011, 6 B 35/11). Bei allem ist zu berücksichtigen, dass ein Beurteiler nach substanziierten Einwänden eines beurteilten Beamten in einem Gerichtsverfahren die Beurteilung – und die Notenabsenkung – entsprechend weiter zu plausibilisieren hat (OVG Münster, NVwZ-RR 2015, 306; OVG Münster, NVwZ-RR 2015, 110). Dies ist ein allgemeiner Grundsatz für Beurteilungen (OVG Münster, B. v. 24.6.2013, 6 A 2201/12). Er gilt in besonderem Maße für eine nicht lineare Absenkung, so für den Fall, dass die Absenkung nicht für jedes Beurteilungsmerkmal um den gleichen Wert erfolgt ist (OVG Münster, B. v. 19.2.2016, 6 A 2596/14).

19   Sofern ein Endbeurteiler schon im Ansatz Notenabsenkungen dadurch in weitem Maße vermeiden will, dass er durch vorherige konkrete (Einzel-)Weisungen bzw. feste Vorgaben für die Notenverteilung in einer bestimmten konkreten Vergleichsgruppe macht und so die **Unabhängigkeit der Erstbeurteiler** einzuschränken versucht, ist dies unzulässig (OVG Münster, B. v. 28.7.2016, 6 B 779/16; VG Gelsenkirchen, B. v. 10.6.2016, 1 L 373/16; OVG Münster, B. v. 13.11.2009, 6 A 1350/07; OVG Münster, Urt. v. 19.10.2009, 1 K 1194/07; vgl. zur Abgrenzung zulässiger und nicht zulässiger „Einflussnahme" OVG Münster, ZBR 2014, 139). Die mit der **Zweistufigkeit des Beurteilungsverfahrens** bezweckten Ziele wären dann nicht erfüllt bzw. konterkariert (vgl. *Willems,* NWVBl. 2001, 127; OVG Münster, B. v. 13.12.1999, 6 A 3593/98). Die allgemeine Maßstabbildung in der Beurteilungskonferenz als solches fällt aber nicht darunter; die Grenzen zu einer nicht zulässigen Einflussnahme können in der Praxis fließend sein. Zulässig ist es, wenn ein Endbeurteiler im Vorfeld einer Beurteilerbesprechung von den Erstbeurteilern kurze separate schriftliche Begründungen für Prädikatsvorschläge fordert (OVG Münster, ZBR 2014, 426). Sofern ein Beamter befördert worden ist, kann dies trotz gleichem Dienstposten und gleichem Leistungsniveau bei der folgenden Beurteilung zu einer **Notenabsenkung** führen, weil sich der Beamte (abstrakt) an den strengeren Anforderungen des höheren Amts messen lassen muss (OVG Münster, B. v. 4.8.2010, 6 B 603/10; VG Köln, Urt. v. 12.12.2011, 19 K 2357/11; *Schnellenbach,* § 11 Rn. 17). (Vorgegebene) Pauschalabsenkungen in dem Sinne, dass das Ergebnis der ersten Beurteilung im höheren Amt maximal 3 Punkte (bei einem 5 Punkte-System) sein darf, sind fehlerhaft (OVG Münster, B. v. 15.7.2010, 6 B 368/10).

20   In der Praxis kann es Personalkonstellationen geben, bei denen sich die Frage des Ausschlusses von (Erst-)Beurteilern stellt, weil sie als befangen zu gelten haben. Die gilt ins-

besondere für Konkurrenten um eine ausgeschriebene Stelle. Bei einer solchen Situation darf ein an sich nach dem Verwaltungsaufbau usw. zur Beurteilung vorgesehener Beamter wegen **Befangenheit** nicht tätig werden, weil die offenkundige Möglichkeit besteht, aus dem Ergebnis der von ihm zu fertigenden Beurteilung des Konkurrenten einen Vorteil zu ziehen (VG Berlin, B. v. 30.11.2012, 28 L 405.12; s. a. OVG Münster, DÖD 1997, 43; zur Frage, ob ein Beamter derselben − oder sogar einer niedrigeren Besoldungsgruppe als der zu Beurteilende − von der Mitwirkung bei der Beurteilungserstellung ausgeschlossen ist s. OVG Münster, RiA 2006, 79). Ferner kann im Einzelfall − etwas wegen vorangegangener heftiger dienstlicher Konflikte oder Indizien für Mobbing − die Frage der Besorgnis der fehlenden Unvoreingenommenheit eines Beurteilers auftauchen (vgl. zu schlechtem Führungsverhalten und Mobbing *J.-M. Günther*, ZBR 2015, 404). Die subjektive Besorgnis eines zu Beurteilenden, der Beurteiler sei voreingenommen, ist aber nicht ausreichend, eine dienstliche Beurteilung fehlerhaft zu machen (OVG Münster, B. v. 7.10.2013, 6 A 1180/11; OVG Münster, B. v. 24.7.2012, 6 A 2803/11). Da Konflikte in der ständigen dienstlichen Zusammenarbeit aber naturgemäß entstehen können, sind sie per se ebenso wenig zwingender Anhaltspunkt für eine Voreingenommenheit wie ein ungünstiges Beurteilungsergebnis (OVG Münster, B. v. 7.10.2013, 6 A 1180/11; OVG Münster, B. v. 4.12.2013, 6 A 1429/13). Sofern ein beurteilter Beamter in der Vergangenheit Kritik − auch wiederholte − an einem Vorgesetzten geübt hat, lässt dies nicht den (automatischen) Rückschluss zu, dass dieser Vorgesetzte als Beurteiler befangen ist (OVG Münster, B. v. 4.12.2013, 6 A 1429/13). Es müssen vielmehr im Einzelfall ganz konkrete Anhaltspunkte belegbar dafür vorliegen, dass ein Beurteiler „nicht willens oder in der Lage ist, den Beamten sachlich und gerecht zu beurteilen, wobei sich die Voreingenommenheit aus der Beurteilung selbst, aber auch aus dem Verhalten des Beurteilers in Angelegenheiten des zu beurteilenden Beamten oder diesem gegenüber ergeben kann" (OVG Münster, B. v. 7.10.2013, 6 A 1180/11; OVG Münster, B. v. 4.12.2013, 6 A 1429/13). Dies kann z. B. der Fall sein, wenn zurückliegende Kontroversen mit dem Beurteiler den Rahmen eines normalen Konfliktes verlassen haben (OVG Münster, B. v. 7.10.2013, 6 A 1180/11).

3. Beurteilungsgrundlagen

Beurteilungen müssen eine tragfähige Tatsachengrundlage haben und vorhandene Er- **21** kenntnisquellen ausschöpfen (BVerwG, NVwZ-RR 2013, 54; OVG Münster, B. v. 10.7.2013, 1 B 44/13; OVG Münster, B. v. 15.2.2013, 1 A 2851/11). Sie müssen plausibel sein (vgl. zur Plausibilität beim Werturteil „mangelnde Teamfähigkeit" OVG Münster, B. v. 2.5.2013, 1 A 772/12). Grundsätzlich sollen sich Beurteiler aus eigener Anschauung ein Urteil über die Leistungen des Beamten bilden können. Sie können sich aber Kenntnisse über Eignung, Leistung und Befähigung − z. B. durch Berichte/Beurteilungsbeiträge − von (anderen) Vorgesetzten verschaffen, wobei ein Minimum an eigenen, originären Beurteilungsgrundlagen und Arbeitskontakten vorhanden sein muss (OVG Münster, B. v. 15.2. 2013, 1 A 2851/11; VG Düsseldorf, Urt. v. 13.7.2010, 2 K 3753/09; OVG Münster, B. v. 12.12.2011, 6 A 2667/11; OVG Münster, PersR 2008, 41). Ein unmittelbarer Dienstvorgesetzter scheidet insofern nicht von vornherein als Beurteiler aus, nur weil er zum Beurteilungszeitpunkt erst $4\frac{1}{2}$ Monate im Amt ist (OVG Münster, B. v. 5.6.2012, 1 B 368/12). Er muss dann umfassende Erkundigungen einholen und intensiv Material auswerten (Arbeitsprodukte des Beamten usw.) (vgl. OVG Münster, B. v. 5.6.2012, 1 B 368/12; VG Düsseldorf, B. v. 15.10.2015, 2 L 2760/15). Die von Dritten eingeholten Informationen müssen von solchem Umfang und solcher Detailtiefe sein, „dass ein plastisches und zutreffendes Bild von den Leistungen und Befähigungen des zu Beurteilenden gezeichnet wird, welches den Beurteiler ohne weiteres in die Lage versetzt, das Fehlen aus eigener Anschauung gewonnener Erkenntnisse auszugleichen" (OVG Münster, RiA 2011, 127). An die Feststellungen und Bewertungen in eingeholten Beiträgen ist der Beurteiler nicht im Sinne einer „fortschreibenden Übernahme" gebunden, sondern kann aus triftigen Gründen von ihnen abweichen (OVG Münster, NVwZ 2016, 332; BVerwG, NVwZ-RR 2013, 55; OVG Münster, RiA 2011, 127). Unklarheiten über Wertmaßstäbe usw. hat er zuvor durch Rückfragen zu klären (OVG Münster, RiA 2011, 127). Es ist allerdings nicht in das Ermessen gestellt, **ob** der (entscheidende) Beurteiler einen Beurteilungsbeitrag berücksichtigt (OVG Münster, NVwZ 2016, 332; OVG Münster, B. v. 17.2.2015, 6 A 180/14; BVerwG, NVwZ-RR 2013, 55; BVerwG BeckRS 2004, 21791; s.a. VG Düsseldorf, B.v. 8.2.2013, 13 L 1407/12: Pflicht zur Einholung eines Beurteilungsbeitrags über Abordnung von zwei Monaten). Wenn der ganz überwiegende Beurteilungszeitraum von einem Beurteilungsbeitrag erfasst wird, entsteht erhöhter Begründungsbedarf, wenn der Beurteiler im Gesamtergebnis als auch in den Hauptmerkmalen jeweils um einen Punkt nach unten abweicht (OVG Münster, DÖD 2014, 11; VG Düsseldorf, Urt. v. 4.11.2014, 2 K 687/14 – zulässige Abweichung z.B. bei Maßstabsverkennung des Beitragsverfassers; s.a. OVG Münster, NVwZ 2016, 332). Eine **Bindung an Beurteilungsbeiträge** in der Weise, dass die in den Beiträgen sich widerspiegelnden Werturteile quasi fortschreibend übernommen werden müssten, besteht allerdings nicht (OVG Münster, B. v. 17.2.2015, 6 A 180/14). Krankheiten sind bei Beurteilungen unter dem Gesichtspunkt „Eignung" nur dann zu berücksichtigen, wenn sie sich auf die dienstlichen Tätigkeiten des Beamten in nennenswertem Maße mehr als nur kurzfristig auswirken (vgl. dazu VG Düsseldorf, B. v. 11.2.2011, 13 L 1746/10). Wenn der Dienstherr im Beurteilungsverfahren keine Kenntnis von bestimmten behinderungsbedingten Einschränkungen hat und auch nicht ohne weiteres haben konnte, ist die Beurteilung, die die dem Dienstherrn ansonsten bekannten Einschränkungen berücksichtigt, nicht fehlerhaft (OVG Münster, B. v. 9.9.2013, 6 A 223/13; vgl. zur Pflicht des Dienstherrn, sich mit einer Schwerbehinderung bei Beurteilungen erkennbar auseinanderzusetzen VG Düsseldorf, Urt. v. 23.5.2014, 13 K 7118/12; vgl. zu dienstlichen Beurteilungen von Menschen mit Behinderung *Lorse*, Behindertenrecht 2014, 7). Liegt eine **Schwerbehinderteneigenschaft** vor, ist sie bei der Beurteilung zu berücksichtigen, was auch zu dokumentieren ist (VG Düsseldorf, Urt. v. 23.5.2014, 13 K 7118/12; vgl. zur Beteiligung der Schwerbehindertenvertretung *Lorse*, Behindertenrecht, 7, 11). **Zeiten einer Wiedereingliederung** dürfen bei einer dienstlichen Beurteilung nicht berücksichtigt werden, weil sie der schrittweisen Heranführung des Beamten an den früheren Umfang seiner dienstlichen Tätigkeit dienen und insofern erst das Ziel der Wiederherstellung voller Dienstfähigkeit verfolgen (OVG Münster, NVwZ 2016, 332; OVG Münster, Urt. v. 23.5.2014, 1 A 1946/12; VG Hannover, Urt. v. 31.3.2016, 13 A 4794/15). Wenn sich aber die gesundheitliche Konstitution eines Beamten allgemein auf seine dienstlichen Leistungen oder seine Einsetzbarkeit negativ auswirkt, können krankheitsbedingte Umstände in die Beurteilung einfließen (VG Hannover, Urt. v. 31.3.2016, 13 A 4794/15; im Falle einer festgestellten Schwerbehinderung gibt es aber Besonderheiten, vgl. § 13 Abs. 3 LVO). Die Frage der **Einbeziehung einer Nebentätigkeit bei der dienstlichen Beurteilung** – etwa als Mitglied einer Prüfungskommission – ist in hohem Maße von den Einzelfallumständen abhängig (vgl. dazu *Schnellenbach/Bodanowitz*, Die dienstliche Beurteilung, Rn. 349 u. 358; OVG Münster, B. v. 7.3.2016, 6 A 623/14). Eine Nebentätigkeit kann im Einzelfall durchaus geeignet sein, „das Bild von der dienstlichen Leistung und Befähigung des Beamten mit zu prägen. Ein verallgemeinerungsfähiger beurteilungsrechtlicher Grundsatz, eine nebenamtliche Tätigkeit stets bei der dienstlichen Beurteilung zu berücksichtigen, besteht jedoch nicht." (OVG Münster, B. v. 7.3.2016, 6 A 623/14; s. dazu auch vor §§ 48ff. Rn. 8). Die **fiktive Fortschreibung vergangener Beurteilungen** muss eine belastbare Tatsachengrundlage haben (BVerwG, ZBR 2012, 32: keine Fortschreibung zulässig, wenn letzte Beurteilung vor 16 Jahren). Nach **§ 9 Abs. 3 LVO** ist eine fiktive Fortschreibung in der Regel auf zwei Beurteilungszeiträume zu beschränken und erfolgt unter Betrachtung des letzten Beurteilungszeitraumes.

VII. Anspruch auf Dienstzeugnis, § 92 Abs. 3

Ein Dienstzeugnis soll Beamten beim beruflichen Fortkommen helfen und ist grundsätz- **22** lich – anders als eine Beurteilung – zur Information potentieller künftiger Arbeiter/neuer Dienstherrn bestimmt (BVerwG, BayVBl. 1991, 315; *Reus/Mühlhausen*, ZBR 2012, 117; *Müssig*, ZBR 1992, 136, 140). Die Vorschrift vermittelt dem Beamten einen rechtlichen Anspruch auf ein Dienstzeugnis durch den (aktuellen oder letzten) Dienstvorgesetzten, wenn ein berechtigtes Interesse vorliegt oder nach Beendigung des Beamtenverhältnisses (zur Verwirkung des Anspruchs vgl. *Reus/Mühlhausen*, a.a.O.). Eine Beendigung liegt u.a. vor, wenn der Beamte entlassen ist, seine Beamtenrechte verloren hat oder sich im Ruhestand befindet (vgl. *Battis*, § 85 BBG Rn. 4). Auf welche Art das Beamtenverhältnis sein Ende gefunden hat, ist insoweit irrelevant (*Müssig*, ZBR 1992, 137). Schon zuvor ist es einer Behörde möglich, einen Antrag auf Zeugniserteilung zu bearbeiten und ggf. schon vor dem Ausscheidenszeitpunkt das Dienstzeugnis auszuhändigen; ein Rechtsanspruch darauf besteht aber nicht (vgl. *Battis*, § 85 BBG Rn. 4; *Müssig*, a.a.O.). Der Anspruch auf ein Dienstzeugnis ist jeweils durch einen Antrag geltend zu machen.

Der Beamte hat die Option, entweder ein sog. **einfaches Dienstzeugnis** (nur Darstel- **23** lung von Art und Dauer des bekleideten Amtes, § 92 Abs. 3 Satz 1), zu beantragen oder ein sog. **qualifiziertes Zeugnis** (Auskunft auch über die ausgeübte Tätigkeit und Leistungen, § 92 Abs. 3 Satz 2). Beim qualifizierten Zeugnis sind insofern auch Angaben über die jeweiligen konkreten Tätigkeiten/Dienstposten des Beamten zu machen und über seine fachliche Qualifikation und Befähigung. Ein berechtigtes Interesse muss vom Beamten (konkret) nachgewiesen werden. Es kann im Einzelfall z.B. vorliegen, wenn der Beamte für Bewerbungen im Kontext eines (ernsthaft) beabsichtigten Wechsels in die Privatwirtschaft ein solches Zeugnis benötigt. Der Dienstherr sollte darauf achten, dass nicht nur ein pauschal vorgetragenes „berechtigtes Interesse" vorliegt, das in Wirklichkeit nur darin besteht, auf dem Umweg über ein dienstliches Zeugnis zielgerichtet spätere Beurteilungen mit strengen Vergleichsgruppenbetrachtungen im eigenen Sinne unter Hinweis auf den (wohlwollenden) Dienstzeugnisinhalt unberechtigt positiv zu beeinflussen. Solche Fälle eines verdeckten „unberechtigtes Interesses" an einem Dienstzeugnis kommen in der Praxis vor. Man sollte als Dienstherr derartige missbräuchliche Zielsetzungen immer auch als einen denkbaren Hintergrund für Anträge auf ein Dienstzeugnis im Fokus haben und ggf. solche Anträge kritisch hinterfragen. Der Dienstherr hat bei wohlwollendem Ansatz auch das Informationsinteresse eines künftigen Arbeitgebers in den Blick zu nehmen und ist beim Dienstzeugnis zur Wahrheit verpflichtet (vgl. BVerwG, Urteil vom 23.11.1995, 2 A 2/94, *Buchholz* 232, § 42 BBG Nr. 21; *Müssig*, ZBR 1992, 136, 140 u. 142: „Spannungsfeld zwischen Wahrheits- und Fürsorgepflicht"). Wird entgegen § 92 Abs. 3 ohne Sachgrund kein Dienstzeugnis erteilt, kann Verpflichtungsklage erhoben werden (OVG Münster, DÖV 1976, 170); ist das Zeugnis unzutreffend, ist die Leistungsklage auf Erteilung eines zutreffenden Zeugnisses zu erheben (*Battis*, § 85 LBG Rn. 7; a.A. *Müssig*, ZBR 1992, 136, 145: Verpflichtungsklage). Im Hochschulbereich ist fraglich, ob z.B. Vertretungsprofessoren einen Anspruch auf ein Dienstzeugnis haben. Sofern sie ihre Vorlesungstätigkeit usw. in einem öffentlich-rechtlichen Dienstverhältnis absolviert haben, ist es nach Ansicht des VG Düsseldorf geboten, sie insoweit Beamten gleichzustellen und ihnen bei Erfüllung der sonstigen Voraussetzungen einen Anspruch auf ein Dienstzeugnis in analoger Anwendung des § 92 Abs. 3 zuzubilligen (VG Düsseldorf, Urt. v. 1.7.2011, 10 K 2164/11).

§ 93 Beteiligung der Spitzenorganisationen

(1) ¹**Die Entwürfe allgemeiner beamtenrechtlicher Regelungen werden den Spitzenorganisationen der zuständigen Gewerkschaften und Berufsverbände mit einer**

angemessenen Frist im Rahmen der vertrauensvollen Zusammenarbeit zur Stellungnahme zugeleitet. ²Die Stellungnahmen sind auf Verlangen zu erörtern. ³Die Spitzenorganisationen können weiterhin verlangen, dass ihre Vorschläge, die in Gesetzentwürfen keine Berücksichtigung finden, mit Begründung und einer Stellungnahme der Landesregierung dem Landtag mitgeteilt werden.

(2) ¹Jede Spitzenorganisation und das für Inneres zuständige Ministerium sowie das Finanzministerium kommen regelmäßig zu gemeinsamen Gesprächen über allgemeine Regelungen beamtenrechtlicher Verhältnisse zusammen; ist ein anderes Ministerium für eine solche Regelung zuständig, ist dieses hinzuzuziehen. ²Beide Seiten können aus besonderem Anlass ein solches Gespräch verlangen, das innerhalb eines Monats stattzufinden hat.

(3) ¹Spitzenorganisationen im Sinne der Absätze 1 und 2 und des § 53 des Beamtenstatusgesetzes sind die für den Bereich des Landes gebildeten Zusammenschlüsse von Gewerkschaften und Berufsverbänden, die für die Vertretung der Belange von Beamtinnen und Beamten im Sinne des § 3 des Beamtenstatusgesetzes erhebliche Bedeutung haben. ²Ihnen stehen die Gewerkschaften und Berufsverbände gleich, die keinem solchen Zusammenschluss angehören, aber die sonstigen Voraussetzungen des Satzes 1 erfüllen.

Übersicht

I. Allgemeines

1   Durch die Beteiligung nach § 93 soll Beamten ermöglicht werden, über die Spitzenorganisationen auf die rechtlichen Rahmenbedingungen des Beschäftigungsverhältnisses Einfluss nehmen zu können (vgl. zur Beteiligung der Spitzenorganisationen der Gewerkschaften nach § 53 BeamtStG/ § 118 BBG ausführl. *Baßlsperger,* PersV 2012, 287; *Lorse,* ZBR 2011, 361; *Reich,* § 53 BeamtStG Rn. 1; s. a. *Süllwold,* ZBR 1993, 153; *Jekewitz,* Der Staat 34, 79; OVG Saarbrücken, B. v. 21.10.2014, 1 B 285/14). Als entsprechende bundesrechtliche Vorgabe sieht **§ 53 BeamtStG** die Beteiligungspflicht (nur) für gesetzliche Regelungen vor; die Vorschrift statuiert den Mindeststandard (*Burkholz* in v. Roetteken/Rothländer, § 53 BeamtStG Rn. 24; *Rieger* in MRSZ, § 53 BeamtStG Erl. 2). Der Umstand, dass und wie § 93 die Vorschrift näher ausgestaltet, begegnet keinen durchgreifenden Bedenken (*Burkholz* in v. Roetteken/Rothländer, § 53 BeamtStG Rn. 24). Die Vorschrift dürfte vor dem Hintergrund der Entscheidung des BVerwG zu der vom EuGH für Menschenrechte aufgeworfenen Themas der Streikrechte für Beamte eher weit auszulegen sein, damit aktuelle Defizite der gewerkschaftlichen Beteiligung möglichst in gewissem Maße kompensiert werden (so das OVG Saarbrücken, B. v. 21.10.2014, 1 B 285/14; BVerwG, Urt. v. 27.2.2014, 2 C 1/13; EMRK, NZA 2010, 1425; EMRK, NZA 2010, 1423; *Lorde,* ZBR 2012, 361, 368). Die Mitwirkung der Spitzenorganisationen beschränkt nicht die parlamentarische Verantwortung der Gesetzgebungsorgane (*Baßlsperger,* PersV 2012, 287; *Lorse,* ZBR 2012, 361, 368). Im Rechtsweg lassen sich die entsprechenden Beteiligungsansprüche eher schwer (prozessual) durchsetzen (*Umbach,* ZBR 1998, 8; *Süllwold,* ZBR 1993, 153; vgl. OVG Münster, ZBR 1993, 151; OVG Münster, NJW 1994, 389; OVG Weimar, Entsch. v. 23.9.1996, 2 EO 808/96; *Baßlsperger,* PersV 2012, 287, 295 ff.; vgl. zu den Rechtsschutzmöglichkeiten ausführl. *Burkholz* in v. Roetteken/Rothländer, § 53 BeamtStG Rn. 49 ff.; *Rieger* in MRSZ, § 53 BeamtStG Erl. 2; *Lemhöfer* in PWLB, § 53

BeamtStG Rn. 8). Das federführende Ministerium hat den Landtag nach einer Vereinbarung mit der Landesregierung zu informieren, wenn die Anhörung von Spitzenorganisationen usw. zu Vorhaben der Landesrechtsetzung eingeleitet wird (vgl. LT-Drs. 16/1724, S. 3 ff.).

II. Beteiligung der Spitzenorganisationen, § 93 Abs. 1

Der Begriff der „beamtenrechtlichen Regelungen" in § 93 Abs. 1 Satz 1 ist grundsätz- **2** lich umfassend zu verstehen und nicht auf das LBG beschränkt. Unter § 93 fallen quasi alle Regelungen, die beamtenrechtliche Bezüge und Auswirkungen (auch) auf Beamte haben, also z.B. Regelungen des Reise- und Umzugskostenrechts, Disziplinarrechts, Besoldungsrechts oder Landespersonalvertretungsrechts (*Tadday/Rescher,* § 94 LBG Erl. 1). Nicht darunter fallen Regelungen, die sich – wie die Aufstellung des Landeshaushalts und der Stellenpläne – nur mittelbar auf die Rechtsverhältnisse der Beamten auswirken (*Baßlsperger,* PersV 2012, 287, 291). Der Regelungsbegriff als solcher erstreckt sich neben den jeweiligen **Gesetzen/Rechtsverordnungen** auch auf sich daraus ableitende Richtlinien. Ob hingegen **Runderlasse von grundsätzlicher Bedeutung** zu den Rechten und Pflichten von Beamten unter die Vorschrift fallen, erscheint zweifelhaft (bejahend *Tadday/Rescher,* § 94 LBG Erl. 1; s.a. *Lorse,* ZBR 2012, 361, 363; gegen eine enge Auslegung des Begriffs „beamtenrechtlicher Regelungen" *Süllwold,* ZBR 1993, 153). Aus § 93 Abs. 1 Satz 3 ergibt sich, dass der Gesetzgeber primär Gesetze im Bereich des Beamtenrechts im Fokus der Beteiligung der Spitzenorganisationen hatte; Regelungen weit unter der Gesetzes- und Verordnungsebene – Runderlasse – dürften von der Beteiligungspflicht nicht erfasst sein (siehe in dem Kontext: BVerwG, B. v. 10.1.2006, 6 P 10/04; a.A. *Baßlsperger,* PersV 2012, 287, 290). In der Praxis werden Entwürfe grundlegender beamtenrechtlicher Runderlasse unabhängig von der (ungeklärten) Frage der Rechtspflicht vielfach bereits den Spitzenorganisationen zugeleitet, so dass es insoweit sehr selten zum Gerichtsverfahren kommt (vgl. aber OVG Münster, ZBR 1993, 151 – das OVG hat die Frage der Beteiligungspflicht hinsichtlich des Runderlasses nicht entschieden).

Liegt ein Entwurf einer allgemeinen beamtenrechtlichen Regelung vor, ist er den Spit- **3** zenorganisationen im Rahmen der vertrauensvollen Zusammenarbeit schriftlich oder auf elektronischem Weg zuzuleiten. Dies gilt noch nicht für einen internen sog. **Referentenentwurf,** der erst noch weiterer ressortübergreifender Abstimmungen bedarf (*Burkholz,* in v. Roetteken/Rothländer, § 53 BeamtStG Rn. 26; *Rieger* in MRSZ, § 53 BeamtStG Erl. 2; vgl. zum Zeitpunkt der Beteiligung der Spitzenorganisationen auch *Lorse,* ZBR 2012, 361, 364). Wenn aber ein zwischen den Ressorts abgestimmter Gesetzentwurf vorliegt und das Einbringen in den Landtag erfolgen soll, fällt der Entwurf unter § 93 Abs. 1 Satz 1. Den Spitzenorganisationen ist eine **angemessene Frist zur Stellungnahme** zuzugestehen; die Länge der Frist hängt von der Komplexität der Materie und dem Rechtsstatus der Regelung ab (vgl. dazu *Baßlsperger,* PersV 2012, 287, 292). Außerdem ist zu berücksichtigen, dass auch die innerverbandliche Willensbildung Zeit benötigt (*Burkholz* in v. Roetteken/Rothländer, § 53 BeamtStG Rn. 32). Bei Gesetzesvorhaben sind längere Fristen einzuräumen, um eine sachgerechte Beratung regelmäßig komplexer Beamtenrechtsmaterien zu ermöglichen. Wenn ein den Spitzenorganisationen bereits zugeleiteter Gesetzentwurf vor Einbringung in den Landtag gravierend noch geändert wird, ohne das die Änderungen einem Petitum der Spitzenorganisationen entsprechen, ist von einer erneuten – inhaltlich auf die Modifikation des Gesetzentwurfs beschränkten – Beteiligungspflicht nach § 93 auszugehen (vgl. *Burkholz* in v. Roetteken/Rothländer, § 53 BeamtStG Rn. 24; *Lorse,* a.a.O.). Für Regelungen unterhalb der Gesetzesebene gilt bei vergleichbarer Fallkonstellation eine analoge Pflicht. Sofern den Vorschlägen der Spitzenorganisationen bei Gesetzentwürfen nicht oder nicht vollständig gefolgt wird, kann von diesen gegenüber den zuständigen Ressorts verlangt werden, dass gewerkschaftliche Vorschläge nach Maßgabe des

§ 93 Abs. 1 Satz 4 dem Landtag mitgeteilt werden. Es ist damit sichergestellt, dass der Landtag die Stellungnahmen zur Kenntnis nimmt und sich mit ihnen auseinandersetzt. I. d. R. erfolgt ohnehin durch das Landesparlament bei Gesetzgebungsverfahren zum Beamtenrecht eine Anhörung der Gewerkschaften und Berufsverbände in den jeweiligen Landtagsausschüssen.

III. Regelmäßige Gespräche mit Spitzenorganisationen, § 93 Abs. 2

4   § 93 Abs. 2 schreibt vor, dass ein regelmäßiger Gesprächskontakt zwischen den für beamtenrechtliche Regelungen primär zuständigen Ressorts (MIK und FM) und den Spitzenorganisationen stattzufinden hat. Letztlich ist die Gesetzesvorgabe eine Perpetuierung des im LPVG festgelegten Grundsatzes der vertrauensvollen Zusammenarbeit mit Vertretungen der Beschäftigteninteressen (vgl. zum Grundsatz vertrauensvoller Zusammenarbeit OVG Münster, PersR 2005, 240). Es wäre mit § 93 nicht vereinbar, wenn eine Landesregierung die Spitzenorganisationen mit vollständig erstellten und kurz vor der Einbringung in den Landtag stehenden beamtenrechtlichen Gesetzesvorhaben „überrascht". Der Sachverstand der Spitzenorganisationen – gerade was die potentiellen praktischen Auswirkungen neuer beamtenrechtlicher Regelungen betrifft – soll von Anfang an in fachliche Prozesse einfließen können. Literaturstimmen, wonach häufig die Beteiligung der Spitzenorganisationen als „lästige Pflicht abgetan" werde (*Süllwold*, ZBR 1993, 153), können insofern nicht bestätigt werden. Es gibt sogar gegenläufige Stimmen – etwa von *Lorse* – die z. B. gerade vor einem Zuviel an Kooperation mit Gewerkschaften warnen (ZBR 2012, 361, 373): „Beide Partner der Beteiligung haben stattdessen begonnen, durch den schrittweisen Aufbau einer Vereinbarungsarchitektur unterhalb der gesetzlichen oder verordnungsrechtlichen Ebene neue Wege hin zu einem kooperativen Staatenmodell zu beschreiten. Es handelt sich hierbei um ein dienstrechtliches Tauschgeschäft, in dem verstärkter Akzeptanzgewinn im Bereich allgemeiner beamtenrechtlicher Regelungen durch eine antizipierte Berücksichtigung gewerkschaftlicher Forderungen bei der Formulierung dienstrechtlicher Leitvorstellungen erkauft wird." Ob dem Befund von *Lorse* in dieser Allgemeinheit und Diktion zu folgen ist, kann unterschiedlich gesehen werden. Zutreffend ist jedenfalls seine Position, dass das Dienstrecht primär von den für das Dienstrecht primär zuständigen Ressorts, den übrigen Landesressorts und dem Landesparlament geprägt werden sollte.

IV. Definition der Spitzenorganisationen, § 93 Abs. 3

5   § 93 Abs. 3 definiert die zu beteiligenden Spitzenorganisationen als für den Bereich des Landes gebildete Zusammenschlüsse von Gewerkschaften und Berufsverbänden, welche für die Vertretung von Beamtenbelangen i. S. d. § 3 BeamtStG (Beamtenverhältnis) „erhebliche" Bedeutung haben. Insofern ist erforderlich, dass diese Organisationen einen Landesverband NRW haben, was bei allen großen Gewerkschaften etc. der Fall ist. Kleine gewerkschaftliche Splittergruppen, reine Fachorganisationen usw., deren Beteiligung die Praktikabilität von Beteiligungsverfahren in Frage stellen würde (vgl. zum Begriff der „Spitzenorganisationen" BVerwGE 56, 308; BVerwG, ZBR 1980, 186), sind nicht erfasst (vgl. dazu *Burkholz* in v. Roetteken/Rothländer, § 53 BeamtStG Rn. 43; *Rieger* in MRSZ, § 53 BeamtStG Erl. 1). Vor dem Hintergrund, dass in NRW die traditionellen Gewerkschaften und Berufsverbände eine dominante Stellung haben, spielt im Rahmen der Umsetzung des § 93 die Abgrenzungsfrage keine praktische Rolle (krit. zum Begriff der Spitzenorganisationen *Lorse,* ZBR 2012, 361, 369). Bei der Abgrenzung wäre u. a. auf Faktoren wie die Mitgliederzahl und die prozentuale Repräsentanz bei Dienstherrn im Verhältnis zur Gesamtzahl der Beamten und des Gesamtpersonals abzustellen (vgl. dazu

BVerwG, ZBR 1980, 186). Feste Grenzen, ab wann genau eine „erhebliche Bedeutung" vorliegt, lassen sich dabei schwer abstrakt festlegen. Gewerkschaften und Berufsverbände, welche mangels speziellem Zusammenschluss nicht die Voraussetzungen an eine Spitzenorganisation nach § 93 Abs. 3 Satz 1 erfüllen, werden vom Gesetz diesen gleichgestellt, sofern sie im Übrigen die Voraussetzungen des § 93 Abs. 3 Satz 1 erfüllen (§ 93 Abs. 3 Satz 2).

V. Rechtsfolgen fehlender Beteiligung/Rechtswegfragen

Sofern eine Beteiligung der Spitzenorganisationen trotz Beteiligungspflicht nicht erfolgte, führt dieser Mangel im Vorfeld des eigentlichen Rechtssetzungsverfahrens nicht zur Nichtigkeit des entsprechenden Gesetzes oder der entsprechenden Verordnung (vgl. OVG Saarbrücken, B. v. 21.10.2014, 1 B 285/14; BVerwG, Urt. v. 23.2.2012, 2 C 76.10; OVG Münster, B. v. 7.3.2013, 6 A 93/12; BVerwGE 59, 48; *Baßlsperger,* PersV 2012, 287, 295; *Burkholz* in v. Roetteken/Rothländer, § 53 BeamtStG Rn. 48; a.A. *Umbach,* ZBR 1998, 8, 13). Die übergangenen Spitzenorganisationen können ihre Rechte beim Verwaltungsgericht einklagen (*Burkholz* in v. Roetteken/Rothländer, § 53 BeamtStG Rn. 49; BVerwGE 59, 48). Sofern die Beteiligung im Hinblick auf die zeitlichen Abläufe noch in Betracht kommt, steht der Weg der allgemeinen Leistungsklage offen, ansonsten kann allgemeine Feststellungsklage nach § 43 Abs. 1 VwGO auf Feststellung der Verletzung der Beteiligungspflicht erhoben werden (vgl. *Baßlsperger,* PersV 2012, 287, 295; *Rieger* in MRSZ, § 53 BeamtStG Erl. 1; OVG München, NJW 1994, 1673). Auch einstweiliger Rechtsschutz ist möglich (OVG Saarbrücken, B. v. 21.10.2014, 1 B 285/14). Soweit eine Anerkennung als Spitzenorganisation im Streit ist, kann eine Feststellungsklage eingereicht werden (BVerwG, ZBR 1980, 186). **6**

§ 94 Errichtung Landespersonalausschuss

[1] **Zur Wahrnehmung der Aufgaben nach § 97 wird ein Landespersonalausschuss errichtet.** [2] **Er übt seine Tätigkeit innerhalb der gesetzlichen Schranken unabhängig und in eigener Verantwortung aus.**

I. Gesetzliche Pflicht zur Errichtung eines LPA/Bedeutung

Nach § 94 Satz 1 besteht **für den LPA** eine **Errichtungspflicht.** Der LPA ist eine wichtige **behördenähnliche Institution,** die selbstverantwortlich und unabhängig Aufgaben der öffentlichen Personalverwaltung wahrnimmt. Die Aufgaben sind im Einzelnen in § 97 festgelegt. Durch seine besondere Stellung und Zusammensetzung ist der LPA ein Instrument zur Sicherstellung der Einhaltung des verfassungsrechtlich vorgegebenen Leistungsgrundsatzes und der Objektivierung der Personalverwaltung (vgl. bezügl. des BPA *Battis,* § 119 BBG Rn. 3; vgl. zum bayr. LPA: *Scholle/Sturm,* ZBR 2008, 24; s.a. *H. Günther* ZBR 2010, 302 u. DÖD 2007, 265). Er ist auch ein Mittel gegen die Praktizierung von Ämterpatronage (*Wickler,* Thür.VBl. 2016, 29, 34). Eine **einheitliche Handhabung beamtenrechtlicher Ausnahmevorschriften und Sicherung von Beamtenrechtsstandards** ist eine der wesentlichen Zielsetzungen solcher Ausschüsse (*H. Günther,* ZBR 2010, 302, 303). Sie zählen zu den „Stillen im Lande" (*H. Günther,* DÖD 2007, 265), sind aber von besonderer Bedeutung und haben eine „Schutzwallfunktion" (*Wickler,* Thür.VBl. 2016, 29, 34). Ein LPA ist gerade aktuell besonders wichtig, weil durch die immer stärker festzustellende „Flexibilisierung" von Laufbahnregelungen die Missbrauchsanfälligkeit bei beamtenrechtlichen Ausnahmevorschriften und der Verlust der Maßstabsgleichheit bei der Behandlung personeller Angelegenheiten gerade in großen Verwaltungsbereichen angestiegen ist (*H. Günther,* ZBR 2010, 302, 304; *Scholle/Sturm,* ZBR 2008, **1**

24). Ein solches Gremium mit unabhängigen sachkundigen Mitgliedern ist so regelmäßig ein gut geeignetes **Korrektiv gegen Ämterpatronage,** Absenkung traditioneller Leistungsstandards für Beamte und ähnliche Phänomene. Die **qualitätsfördernde Präventivwirkung** eines solchen Gremiums ist nicht zu unterschätzen; sie ist auch ein Mittel, um einer (möglichen) personellen Klientelpolitik entgegenzuwirken (*Lorse,* DÖV 2010, 835; *Wickler,* Thür.VBl. 2016, 29, 34).

II. Institutionelle Unabhängigkeit des LPA, § 94 Satz 2

2 Der LPA ist nicht einem Ministerium unterstellt oder ein Teil desselben; er ist nur **an Recht und Gesetz gebunden.** Gleiches gilt für seine Mitglieder (§ 96 Abs. 1 Satz 1). Insofern ist durchaus eine gewisse Vergleichbarkeit des Kollegialorgans und seiner Mitglieder mit der richterlichen Unabhängigkeit vorhanden (*Scholle/Sturm,* ZBR 2008, 24, 25). Die im MIK eingerichtete Geschäftsstelle führt nach Weisung des Vorsitzenden die laufenden Geschäfte des LPA (vgl. § 1 der GO des LPA vom 23.11.2011, MBl. NRW. 2012 S. 128). Der **Leiter der Geschäftsstelle** ist der nach dem Geschäftsverteilungsplan des IM für Grundsatzfragen des Laufbahnrechts zuständige Referatsleiter (§ 1 Abs. 2 GO LPA). Nach § 102 Abs. 2 sind die Beschlüsse des LPA für die beteiligten Verwaltungen bindend; sie haben aber keine Außenwirkung und können folglich nicht isoliert von betroffenen Bewerbern oder Beamten angefochten werden (vgl. dazu § 102 Rn. 2). Es wird nämlich nicht unmittelbar durch den LPA das Rechtsverhältnis zum Dienstherrn geregelt (BVerwGE 31, 345). Das Bundesrecht schreibt die Installation solcher Ausschüsse nicht vor. Sofern aber durch Landesrecht eine solche unabhängige Stelle, zu denen ein LPA zu zählen ist (*Zentgraf* in MRSZ, § 12 BeamtStG Erl. 2.6; *Reich,* § 12 BeamtStG Rn. 6; *H. Günther,* ZBR 2010, 302, 303), bei Ernennungen mitzuwirken hat und dies unterblieben ist, legt § 12 Abs. 1 Nr. 4 BeamtStG fest, dass die Ernennung mit Wirkung für die Vergangenheit zurückzunehmen ist (vgl. zur Frage der Nachholung der Mitwirkung *v. Roetteken* in v. Roetteken/Rothländer, § 12 BeamtStG Rn. 143 ff.; *Scholle/Sturm,* ZBR 2008, 24, 26).

§ 95 Zusammensetzung

(1) **Der Landespersonalausschuss besteht aus 14 ordentlichen und 14 stellvertretenden Mitgliedern.**

(2) **Je ein Mitglied und die Stellvertreterin oder der Stellvertreter werden durch das für Inneres zuständige Ministerium, das Finanzministerium, das Justizministerium, das für Schulwesen und das für Soziales zuständige Ministerium sowie durch die Präsidentin oder den Präsidenten des Landesrechnungshofs bestimmt.**

(3) **¹Die übrigen acht ordentlichen Mitglieder und ihre Stellvertreterinnen oder Stellvertreter werden von der Landesregierung auf Vorschlag des für Inneres zuständigen Ministeriums auf die Dauer von vier Jahren berufen, davon zwei ordentliche und zwei stellvertretende Mitglieder auf Grund einer Benennung durch die Landesorganisationen der kommunalen Spitzenverbände und sechs ordentliche und sechs stellvertretende Mitglieder auf Grund einer Benennung durch die Spitzenorganisationen der zuständigen Gewerkschaften im Lande. ²Für jedes zu berufende Mitglied und deren Stellvertreterinnen oder Stellvertreter müssen je drei Beamtinnen oder Beamte benannt werden.**

(4) **Die ordentlichen Mitglieder und ihre Stellvertreterinnen oder Stellvertreter müssen Beamtinnen oder Beamte der in § 1 bezeichneten Dienstherren sein.**

(5) **¹Die den Spitzenorganisationen der zuständigen Gewerkschaften im Lande zustehenden Sitze werden nach dem d'Hondt'schen Höchstzahlenverfahren verteilt. ²Dabei sind die Zahlen der Mitglieder, die Beamtinnen oder Beamte der in § 1 bezeichneten Dienstherren sind, zugrunde zu legen.**

(6) **Vorsitzende oder Vorsitzender des Landespersonalausschusses ist das von dem für Inneres zuständige Ministerium bestimmte Mitglied.**

§ 95 regelt die Einzelheiten der Zusammensetzung des aus 14 ordentlichen Mitgliedern **1** und weiterer 14 stellvertretenden Mitgliedern bestehenden LPA. Das **Verfahren zur Mitgliedschaft im LPA** ist insofern gesplittet, als nach § 95 Abs. 2 auf der einen Seite fünf Mitglieder von den dort genannten Ressorts und ein Mitglied vom LRH bestimmt werden und auf der anderen Seite acht weitere Mitglieder nach § 95 Abs. 3 auf Vorschlag des IM und der Landesregierung berufen werden. Die Berufung von zwei der Mitglieder erfolgt aufgrund einer Benennung durch die Landesorganisationen der kommunalen Spitzenverbände, die übrigen sechs Mitglieder werden durch die Spitzenorganisationen der zuständigen Gewerkschaften benannt. Die **heterogene Zusammensetzung des LPA** spiegelt die verschiedenen Interessen des Landes als Dienstherr und die Interessen der Beschäftigten wieder, so dass bei Entscheidungen regelmäßig ein breitgefächerter Erfahrungs- und Wissenshorizont vorliegt. Wichtige Interessen betroffener Gruppierungen werden so bei beamtenrechtlichen Entscheidungen des Ausschusses nicht außer Acht gelassen. Außerdem wird über die Zusammensetzung dem Gedanken einer gewissen Transparenz Rechnung getragen; die ständigen Mitglieder sichern außerdem eine gewisse **Kontinuität der Arbeit des LPA** (vgl. zu diesem Aspekt für den BPA *Battis,* § 121 BBG Rn. 2).

Die Berufung in das Gremium erfolgt für vier Jahre. Nach § 95 Abs. 4, der insoweit auf **2** § 1 verweist, müssen alle ordentlichen Mitglieder einschließlich ihrer jeweiligen Stellvertreter Beamte des Landes, der Gemeinden und Gemeindeverbände sowie der sonstigen der Aufsicht des Landes unterstehenden Körperschaften, Anstalten und Stiftungen des öffentlichen Rechts sein. Für die von den **Spitzenorganisationen der Gewerkschaften zu benennenden Mitglieder** trifft § 95 Abs. 5 für die Verteilung der Sitze eine spezielle Regelung. Die Sitze werden unter den Gewerkschaften nach dem **d'Hondtschen Höchstzahlenverfahren** verteilt, wobei nach § 95 Abs. 5 Satz 2 die Mitgliederzahlen der bei den jeweiligen Dienstherren tätigen Beamten zugrunde zu legen sind. Bei **Verwendung des d'Hondtschen Höchstzahlverfahrens** teilt man die gegenüberzustellenden Mitgliederzahlen der Gewerkschaften nacheinander durch eine aufsteigende Reihe natürlicher Zahlen (1 2 3 4 5 ...). Die sich daraus ergebenden Bruchzahlen bezeichnet man als „Höchstzahlen". Sie wiederum werden absteigend nach ihrer Größe geordnet, so dass sich daraus die Besetzung der sechs auf die Gewerkschaften entfallenden Sitze im LPA ergeben. Für den eher theoretischen Fall, dass die Sitze nicht mehr ausreichen, um bei gleichen Höchstzahlen alle entsprechenden Spitzenorganisationen mit dieser Mitgliederzahl mit einem Sitz zu bedenken, erfolgt eine Losentscheidung (*Tadday/Rescher,* § 96 LBG Erl. 2). Den **LPA-Vorsitz** führt immer **das vom IM bestimmte Ausschussmitglied,** § 95 Abs. 6. Seine einzelnen Aufgaben/Befugnisse ergeben sich aus der **Geschäftsordnung des LPA** (GO des LPA v. 23.11.2011, MBl. NRW. S. 128). Gleiches gilt für die Mitglieder des Ausschusses. Sofern es um die **Angelegenheiten von Richtern und Staatsanwälten** geht, gibt es Sonderregelungen für die Zusammensetzung des LPA in **§ 2 Abs. 2, 3 LRiStaG,** um den Besonderheiten der Justiz Rechnung zu tragen.

§ 96 Unabhängigkeit, Ausscheiden der Mitglieder

(1) [1]**Die Mitglieder des Landespersonalausschusses sind unabhängig und nur dem Gesetz unterworfen.** [2]**Sie üben ihre Tätigkeit innerhalb dieser Schranken in eigener Verantwortung aus.** [3]**Die berufenen ordentlichen Mitglieder und ihre Stellvertreterinnen oder Stellvertreter scheiden aus dem Landespersonalausschuss außer durch Zeitablauf (§ 95 Absatz 3) oder durch Beendigung des Beamtenverhältnisses zu einem der in § 1 bezeichneten Dienstherren nur unter den gleichen Voraussetzungen aus, unter denen Mitglieder einer Kammer oder eines Senats für Disziplinarsachen wegen rechtskräftiger Verurteilung im Strafverfahren oder im Disziplinarverfahren ihr Amt verlieren; § 39 des Beamtenstatusgesetzes findet keine Anwendung.**

(2) **Die Mitglieder des Landespersonalausschusses dürfen wegen ihrer Tätigkeit weder dienstlich gemaßregelt noch benachteiligt werden.**

(3) [1] **§ 82 Absatz 1 gilt entsprechend, wenn ein Mitglied des Landespersonalausschusses in Ausübung ihrer oder seiner Tätigkeit im Landespersonalausschuss einen Schaden erleidet.** [2] **Erleidet ein Mitglied des Landespersonalausschusses in Ausübung oder infolge ihrer oder seiner Tätigkeit im Landespersonalausschuss einen Unfall, so gelten die Vorschriften des Landesbeamtenversorgungsgesetzes über die Unfallfürsorge entsprechend.**

I. Persönliche Unabhängigkeit der LPA-Mitglieder

1   Neben der in § 94 Satz 2 festgelegten **institutionellen Unabhängigkeit des LPA** wird in § 96 Abs. 1 Satz 1 u. 2 die **persönliche Unabhängigkeit aller seiner Mitglieder** festgeschrieben. Sie sind nur dem Gesetz unterworfen und unterliegen nicht den Weisungen ihres Dienstherrn bzw. der Organisationen, von denen sie nach § 95 Abs. 3 benannt worden sind. Bei der Berufung von Mitgliedern ist darauf zu achten, dass es zu ihrem Selbstverständnis gehört, im LPA tatsächlich unabhängig zu handeln (*H. Günther,* ZBR 2010, 302, 307). Sofern die sachliche oder persönliche Unabhängigkeit beeinträchtigt wird, kann vom betroffenen Mitglied vor den Verwaltungsgerichten **Rechtsschutz** begehrt werden (vgl. zum BPA *Battis,* § 121 BBG Rn. 2). Neben dem Recht auf Unabhängigkeit besteht eine Pflicht der Mitglieder zum entsprechenden unabhängigen Handeln, so dass ihnen eventuell im Einzelfall direkt/indirekt erteilte Weisungen nicht beachtet werden dürfen (*Battis,* § 121 BBG Rn. 3). Die persönliche Unabhängigkeit der Mitglieder wird dabei durch § 96 Abs. 2 geschützt. Eine **dienstliche Maßregelung oder Benachteiligung** wegen der Tätigkeit als Mitglied des LPA ist verboten (§ 96 Abs. 2). Nicht expressis verbis im LBG geregelt ist der denkbare Fall einer **Bevorzugung wegen der LPA-Tätigkeit.** Eine solche unsachliche Bevorzugung ist bereits nach allgemeinen beamtenrechtlichen Grundsätzen untersagt; gleichwohl erscheint es geboten, analog dem Beispiel anderer Länder ein entsprechendes Verbot von Bevorzugungen auch ausdrücklich vorzusehen (vgl. z. B. § 95 Abs. 2 LBG Sachsen).

2   Der Sicherung der Unabhängigkeit der LPA-Mitglieder dienen auch die **restriktiven Vorschriften zum Ausscheiden der Mitglieder.** Neben dem Fall des turnusmäßigen Ablaufes der Mitgliedschaft (vier Jahre) von nach § 95 Abs. 3 berufenen Mitgliedern scheidet ein Mitglied u. a. nur aus, wenn es nicht mehr in einem Beamtenverhältnis zu einem in § 1 bezeichneten Dienstherrn steht. Es ist dann eine rechtliche Grundvoraussetzung für die Mitgliedschaft weggefallen. Sofern in der Amtszeit lediglich ein Wechsel vom ursprünglichen Dienstherrn zu einem anderen Dienstherrn i. S. d. § 1 stattfindet, liegt ein Grund für ein Ausscheiden aus dem LPA nicht vor; es ist kontinuierlich ein Beamtenverhältnis i. S. d. § 95 Abs. 4 gegeben. Im Übrigen muss ein Mitglied nach § 96 Abs. 1 Satz 3 außer im Fall der freiwilligen Niederlegung des Amtes nur ausscheiden, wenn es zu einer rechtskräftigen Verurteilung in einem Strafverfahren oder Disziplinarverfahren kommt. Der Gesetzgeber hat dabei ferner festgelegt, dass für die Ausschusstätigkeit der § 39 BeamtStG, der Verbote zum Führen der Dienstgeschäfte regelt, nicht anzuwenden ist (§ 97 Abs. 1 letzter Halbs.). Eine solche Bestimmung dient ebenfalls dem Schutz der persönlichen Unabhängigkeit (vgl. für den BPA *Battis,* § 122 BBG Rn. 7). Die Regelung führt aber zu dem etwas merkwürdig anmutenden Ergebnis, dass theoretisch ein Beamter, dem im Hauptamt das Führen der Dienstgeschäfte z. B. vor dem Hintergrund laufender strafrechtlicher Ermittlungen untersagt wurde, zunächst ungehindert seine Tätigkeit im LPA fortführen kann. Zur Wahrung des Renommees des LPA wird sich allerdings im Normalfall ein verantwortungsvolles Mitglied des Ausschusses schon von sich aus für den Zeitraum von gegen ihn gerichteten strafrechtlichen Ermittlungen oder gravierenden Verwaltungsermittlungen einer Ausschusstätigkeit enthalten und den Vertretungsfall eintreten lassen.

II. Schadens- und versorgungsrechtliche Absicherung

§ 96 Abs. 3 legt fest, dass Ausschussmitglieder schadens- und versorgungsrechtlich bei **3** ihrer Tätigkeit abgesichert sind, indem der § 82 Abs. 1 für entsprechend anwendbar erklärt wird und das Gesetz bei Unfällen im Kontext der Ausschusstätigkeit auf die Vorschriften des Landesbeamtenversorgungsgesetzes verweist. Dies sind die §§ 35 ff. LBeamtVG NRW.

§ 97 Aufgaben

(1) **Der Landespersonalausschuss entscheidet darüber, ob**

1. **in Einzelfällen oder allgemein Ausnahmen zugelassen werden**
   a) **nach § 13 Absatz 2 Satz 2, § 14 Absatz 1 Satz 1, § 19 Absatz 5, § 21 Absatz 4,**
   b) **im Landesdisziplinargesetz nach § 8 Absatz 4 Satz 4 und Absatz 5 Satz 3, § 9 Absatz 3 Satz 2 und Absatz 4 Satz 3 sowie § 10 Absatz 6 Satz 1 Halbsatz 2,**
   c) **von Vorschriften der Verordnungen nach § 9 Absatz 1 und § 110 Absatz 1, soweit diese die Entscheidung dem Landespersonalausschuss vorbehalten, und**
2. **andere Bewerberinnen oder Bewerber die erforderliche Befähigung besitzen (§ 12 Absatz 3).**

(2) **¹Der Landespersonalausschuss wirkt mit bei der allgemeinen Anerkennung von Prüfungen. ²Er kann Vorschläge zur Änderung beamtenrechtlicher Vorschriften und ihrer Handhabung machen.**

(3) **¹Die Landesregierung kann dem Landespersonalausschuss durch Rechtsverordnung weitere Aufgaben übertragen. ²Der Landespersonalausschuss kann nach Maßgabe der Rechtsverordnung solche Aufgaben durch einen von ihm zu bestellenden Ausschuss wahrnehmen lassen, dessen Mitglieder nicht dem Landespersonalausschuss angehören müssen. ³Für diesen Ausschuss gilt § 94 Satz 2, für seine Mitglieder § 96 Absatz 1 Satz 1 und 2, Absatz 2 und 3 entsprechend.**

(4) **Über die Durchführung der Aufgaben hat der Landespersonalausschuss die Landesregierung jeweils zum Ablauf des in § 95 Absatz 3 Satz 1 genannten Zeitraums zu unterrichten.**

Übersicht

I. Aufgabenkatalog des LPA, § 97 Abs. 1

Die **Zuständigkeiten des LPA** für die Zulassung von **Ausnahmen im Einzelfall 1** oder **allgemeinen Ausnahmen** sind in § 97 (nochmals) aufgeführt; bereits durch die in Abs. 1 Nr. 1 u. 2 angeführten Regelungen (§ 13 Abs. 2 Satz 2 usw.) werden die Zuständigkeiten des LPA für diese Fälle festgelegt, ohne allerdings – wie in § 97 – expressis verbis die Kompetenz des LPA für die Zulassung allgemeiner Ausnahmen zu regeln. Die Entscheidungsbefugnis des LPA erstreckt sich neben den in § 97 Abs. 1 Nr. 1b) (wiederholend) aufgelisteten Zuständigkeiten des LPA für Ausnahmeerteilungen im Bereich des Disziplinarrechts (Abkürzung von befristeten Beförderungsverboten usw.) auf folgende Sachverhalte im LBG:

1. Verkürzung der Probezeit anderer Bewerber (§ 13 Abs. 2 Satz 2)

2. Zulassung einer Ausnahme von dem Erfordernis, dass eine Ernennung zur Begründung des Beamtenverhältnisses nur im Einstiegsamt der Laufbahn zulässig ist (§ 14 Abs. 1 Satz 1)

3. Zulassung einer Ausnahme von den Beförderungsverboten nach § 19 Abs. 2 und vom Verbot der Sprungbeförderung (§ 19 Abs. 4)

4. Zulassung einer Ausnahme von dem Erfordernis nach § 21 Abs. 2 Satz 1, dass jemand nur aus einem Beamtenverhältnis auf Lebenszeit oder einem Richterverhältnis auf Lebenszeit heraus in ein Amt mit leitender Funktion auf Probe berufen werden kann und in dieses neue Amt auch als Beamter auf Lebenszeit berufen werden könnte.

2   Daneben ergeben sich nach § 97 Abs. 1 Nr. 1 lit. c Zuständigkeiten zur **Erteilung von Ausnahmen von Laufbahnverordnungen,** die auf der Grundlage des § 9 Abs. 1 erlassen wurden und für Ausnahmen von Vorschriften der Laufbahn der Polizeivollzugsbeamten (§ 110 Abs. 1). Allgemein muss es sich um eher „ungewöhnliche Sonderfälle" handeln, damit vom LPA Ausnahmen für Einstellungen und Beförderungen erteilt werden können (vgl. § 1 Abs. 3 Satz 1 der Anlage zu § 2 Abs. 1 GO LPA, Verfahrensordnung). Eine zentrale Aufgabe des LPA ist auch die Prüfung, ob **„andere Bewerber"** (§ 12 Abs. 3) die **erforderliche Befähigung** besitzen. Die entsprechende Zuständigkeit ist bereits in § 12 Abs. 3 festgeschrieben und wird von § 97 Abs. 1 Nr. 2 aufgegriffen. Eine Ausnahmeregelung durch den LPA scheidet nach § 12 Abs. 3 letzter Halbsatz aber für Fälle des § 3 Abs. 1 Satz 2 Halbsatz 2 aus. Der LPA hat auf Antrag der zuständigen Dienststelle, die den dafür in der Verfahrensordnung vorgesehenen Weg und die entsprechenden Anforderungen zu beachten hat, zu prüfen, ob andere Bewerber die „erforderliche Befähigung durch Lebens- und Berufserfahrung innerhalb oder außerhalb des öffentlichen Dienstes erworben" haben (§ 3 Abs. 1 Satz 2 Halbsatz 1). Die Anträge können nur vor dem Hintergrund einer entsprechenden konkreten Verwendungsabsicht gestellt werden, um zulässig zu sein. Es liegt in der Entscheidung des Dienstherrn eines Beamten, ob er in dessen Angelegenheit und ggf. zu welchem Zeitpunkt er eine den Vorgaben der **Verfahrensordnung des LPA** (vgl. § 1 Abs. 1 u. Abs. 2 Verfahrensordnung LPA) entsprechende Vorlage an den LPA macht und eine Ausnahmegenehmigung beantragt. Irgendwelche Rechtsansprüche bzw. Schadensersatzansprüche eines Beamten – etwa weil eine Behörde nicht zügig eine Ausnahme für ihn beantragt hat – bestehen nicht (vgl. OVG Bautzen, B. v. 23.11.2011, 2 A 328/09). Die LVO trifft ebenfalls Regelungen zur Zuständigkeit des LPA in bestimmten Fällen (§§ 4 Abs. 2 Satz 2, 14 Abs. 2 LVO).

II. Beurteilungsspielraum des LPA

3   Der LPA hat bei der Entscheidung bezüglich „anderer Bewerber" und generell einen **Beurteilungsspielraum** (VG Gelsenkirchen, Urt. v. 14.9.2010, 12 K 1157/10: „Die gerichtliche Prüfung beschränkt sich darauf, ob der Landespersonalausschuss den anzuwendenden Begriff der durch Lebens- und Berufserfahrung erworbenen Befähigung oder den gesetzlichen Rahmen, in dem er sich bewegen kann, verkannt hat, von einem unrichtigen Sachverhalt ausgegangen ist, allgemeingültige Wertmaßstäbe nicht beachtet oder sachfremde Erwägungen angestellt hat."). Das VG Gelsenkirchen hat eine Entscheidung des LPA als rechtswidrig angesehen, wonach ein bereits im Dienst befindlicher Beamter nicht „anderer Bewerber" sein kann (VG Gelsenkirchen, Urt. v. 14.9.2010, 12 K 1157/10; Urt. v. 15.11. 2006, 1 K 2055/04; s. a. BVerwG, ZBR 1986, 338). Die Prüfung und Entscheidung des LPA hat sich in dem für „andere Bewerber" gesetzlich vorgegebenen Rahmen zu bewegen, d. h. nach § 12 Abs. 3 letzter Halbs. i. V. m. § 3 Abs. 1 Satz 2 Halbs. 2, dass die Laufbahnbefähigung nicht attestiert werden kann, wenn es um die Wahrnehmung solcher Aufgaben geht, „für die eine bestimmte Vorbildung, Ausbildung oder Prüfung durch besondere Rechtsvorschrift zwingend vorgeschrieben ist oder nach ihrer Eigenart zwingend erforderlich ist." (vgl. dazu auch § 3 Rn. 4). Klassisches Beispiel einer Nichtöffnung für „andere

Bewerber" sind die Lehrämter nach § 3 Lehrerausbildungsgesetz, für die das Lehrerausbildungsgesetz spezifische gesetzliche Anforderungen aufstellt. Zum Rechtsschutz gegen Beschlüsse des LPA vgl. § 102 Rn. 2.

III. Mitwirkungs- und Vorschlagsrechte des LPA, § 97 Abs. 2

Nach § 97 Abs. 2 besteht ein **Mitwirkungsrecht des LPA** bei der **allgemeinen An-** 4 **erkennung von Prüfungen.** Insofern ist er im Rahmen des Anerkennungsverfahrens zu beteiligen; ein etwaiges negatives Votum des LPA kann aber eine Entscheidung über eine Anerkennung nicht blockieren. Im Regelfall dürfte allerdings kaum über Voten des LPA hinweggegangen werden. Im Hinblick auf die Kompetenzen und praktischen Erfahrungen des LPA hat der Gesetzgeber festgelegt, dass das Gremium der Landesregierung **Vorschlä-** **ge zur Änderung beamtenrechtlicher Vorschriften** und ihrer praktischen Handhabung machen kann, § 97 Abs. 2 Satz 2. Das Vorschlagsrecht ist demnach auf Vorschläge zur Modifikation geltenden Rechts bzw. einzelner Rechtsvorschriften beschränkt und erstreckt sich z. B. nicht auf einen Vorschlag für eine komplette Neuregelung für ein beamtenrechtliches Sachgebiet.

IV. Aufgabenerweiterung durch Rechtsverordnung/ Ausschussbildung, § 97 Abs. 3

§ 97 Abs. 3 autorisiert die Landesregierung den Aufgabenkatalog des LPA durch 5 **Rechtsverordnung** zu erweitern. Da die gesetzliche Grundlage für die Art und den Umfang der weiteren Übertragung von Aufgaben keine Vorgaben enthält, können durchaus Aufgaben im Range der bereits ausdrücklich im Gesetz übertragenen Aufgaben zusätzlich übertragen werden. Nach Maßgabe der Rechtsverordnung können diese weiteren Aufgaben durch einen vom LPA zu bestellenden **Ausschuss** wahrgenommen werden. Hintergrund ist offenbar die Erwägung des Gesetzgebers, dass primär die ausdrücklich in § 97 Abs. 1 u. Abs. 2 festgelegten Aufgaben zu erfüllen sind, so dass der LPA bezüglich neuer Aufgaben ggf. in der Weise zu entlasten ist, dass diese durch einen zu bestellenden speziellen Ausschuss, dessen Mitglieder nicht dem LPA angehören müssen (aber können), wahrgenommen werden können. Die rechtliche Stellung des (Unter-)Ausschusses und seiner Mitglieder hinkt nicht hinter der des LPA zurück (§ 97 Abs. 3 letzter Halbs., § 95 Satz 2, § 97 Abs. 1 Satz 1 u. 2, Abs. 2 u. 3). Dies ist konsequent und richtig.

V. Unterrichtungspflicht gegenüber der Landesregierung, § 97 Abs. 4

Die in § 97 Abs. 4 festgelegte **Unterrichtungspflicht des LPA gegenüber der Lan-** 6 **desregierung** über seine Aufgabenerfüllung im Referenzzeitraum (§ 95 Abs. 3 Satz 1) erfüllt der LPA durch einen **Bericht an die Landesregierung.** Grundlage sind die Inhalte eines von der Geschäftsstelle zu erstellenden Geschäftsberichts, welcher dem LPA zu dem Zweck vorgelegt wird, Unterlage für die Information der Landesregierung zu sein (vgl. § 10 GO LPA).

§ 98 Geschäftsordnung

Der Landespersonalausschuss gibt sich eine Geschäftsordnung.

Die gesetzliche Autorisierung für den LPA, sich eine Geschäftsordnung (GO) zu geben, 1 ist Ausfluss der in § 94 Satz 2 festgelegten Unabhängigkeit des Gremiums. Die **GO des LPA vom 23.11.2011** (einschließlich Verfahrensordnung) ist im Ministerialblatt veröffentlicht (MBl. NRW. 2012 S. 128/SMBl. NRW. 20304). In der GO werden u.a. die Befugnisse und Aufgaben des Vorsitzenden, der Mitglieder und der Geschäftsstelle im Einzelnen näher bestimmt und das Verfahren geregelt. In § 7 Abs. 1 GO LPA wird betont, dass der LPA über die Zulassung beamtenrechtlicher Ausnahmen oder die Zuerkennung der Befähigung eines anderen Bewerbers für eine Laufbahn „unter Würdigung der Gesamtumstände des Einzelfalls in freier Überzeugung" entscheidet. Die **Verfahrensordnung des LPA** enthält neben reinen Verfahrensregelungen materielle Hinweise für die Anforderungen an die Begründetheit von Anträgen auf Abweichungen von Regelvorschriften, so dass die antragstellenden oder einen Antrag beabsichtigenden Behörden eine Orientierung über die Maßstäbe und Prüfgesichtspunkte des LPA erhalten (vgl. z.B. § 1 Abs. 3 Verfahrensordnung LPA). Unabhängig von Hinweisen in der Verfahrensordnung hat die **geübte Praxis des LPA** eine nicht zu unterschätzende Vorwirkung auf Dienstbehörden, die sich an den dortigen Usancen und Maßstäben orientieren und ihre Ausnahmeantragspraxis darauf abstellen können und auch sollten (*H. Günther,* DÖD 2007, 266).

§ 99 Verfahren

(1) ¹**Die Sitzungen des Landespersonalausschusses sind nicht öffentlich.** ²**Er kann jedoch Beauftragten beteiligter Verwaltungen und anderen Personen die Anwesenheit bei der Verhandlung gestatten.**

(2) **Die Beauftragten der beteiligten Verwaltungen sind auf Verlangen zu hören.**

(3) ¹**Beschlüsse werden mit Stimmenmehrheit gefasst.** ²**Zur Beschlussfähigkeit ist die Anwesenheit von mindestens zehn Mitgliedern erforderlich.** ³**Bei Stimmengleichheit entscheidet die Stimme der oder des Vorsitzenden.**

I. Grundsatz der Nichtöffentlichkeit, § 99 Abs. 1

1   Wegen des vertraulichen Charakters individueller beamtenrechtlicher Angelegenheiten ist gesetzlich die **Nichtöffentlichkeit der Sitzungen** des LPA festgelegt. Beauftragten der beteiligten Verwaltungen und anderen Personen (z.B. Sachverständigen) kann jedoch vom LPA im Einzelfall bei der Verhandlung die Anwesenheit gestattet werden. Nach der GO LPA kann deren Teilnahme auf Teile einzelner Tagesordnungspunkte beschränkt werden (§ 5 Abs. 2 letzter Satz GO LPA). Eine Gestattung allein durch den Vorsitzenden ist nicht ausreichend, da § 99 Abs. 1 Satz 2 ausdrücklich auf den LPA abstellt, während an anderer Stelle bei den Befugnissen usw. auf den Vorsitzenden expressis verbis abgestellt wird (§ 100 Abs. 1; § 99 Abs. 3 Satz 2). Da § 99 Abs. 1 nur die Anwesenheit bei der Verhandlung regelt, ist eine Gestattung der Anwesenheit Dritter bei der Beschlussfassung nicht erlaubt. Vor dem Hintergrund, dass die Mitglieder der Geschäftsstelle des LPA ohnehin Kenntnis von grundsätzlich allen Vorgängen des LPA erhalten und qua Amt der Verschwiegenheit unterliegen, bedarf es für ihre Teilnahme an den Sitzungen keiner gesonderten Gestattung.

II. Anhörungsrecht beteiligter Verwaltungen/Beschlussfassung

2   § 99 Abs. 2 billigt den Beauftragten der beteiligten Verwaltungen ein **Anhörungsrecht** zu und unterstreicht damit die rechtsstaatlichen Strukturen des LPA. Gleichzeitig ist die Installation des Anhörungsrechts, das mündlich in der Verhandlung wahrgenommen werden kann, ein Beitrag, um die Akzeptanz von Beschlüssen des LPA zu erhöhen und sicherzustellen, dass sie auf einer umfassenden und richtigen Tatsachengrundlage getroffen werden.

3   Die Einzelheiten der Beschlussfassung regelt § 99 Abs. 3. Auch im LPA gilt das **demokratische Mehrheitsprinzip.** Ein Beschluss wird mit einfacher Mehrheit der Mitglieder gefasst. Für die Beschlussfähigkeit ist eine Mindestanzahl von zehn Mitgliedern festgeschrieben, damit nicht im Einzelfall in wichtigen Angelegenheiten Minderheitenmeinung zu entsprechenden, nicht die Mehrheit des LPA repräsentierenden Beschlüssen führen. Im Falle einer **Patt-Situation** gibt nach § 99 Abs. 3 Satz 2 die **Stimme des Vorsitzenden** den Ausschlag. In welcher Form die Beschlüsse zu fassen sind, ist nicht gesetzlich vorgeschrieben.

§ 100 Verhandlungsleitung, Geschäftsstelle

(1) **Die oder der Vorsitzende des Landespersonalausschusses leitet die Verhandlungen.**

(2) **Zur Vorbereitung der Verhandlungen und Durchführung der Beschlüsse bedient sie oder er sich der für den Landespersonalausschuss im für Inneres zuständigen Ministerium einzurichtenden Geschäftsstelle.**

Die Vorschrift legt für die Verhandlungen des LPA die **Verhandlungsleitung durch 1 den Vorsitzenden** fest, so dass dieser die damit verbundenen Befugnisse erhält. Nach § 95 Abs. 6 ist Vorsitzender das von dem für Inneres zuständigen Ministerium bestimmte Mitglied; bei Richterangelegenheiten im LPA führt das vom JM benannte Mitglied den Vorsitz, § 2 Abs. 3 Satz 4 LRiStaG. Die **Vertretungsfrage** bei einer **Verhinderung des Vorsitzenden** durch Krankheit, andere wichtige dienstliche Termine etc. wird in § 100 nicht gesondert geregelt. Aus § 95 Abs. 2, der für jedes Mitglied die Berufung eines Stellvertreters vorschreibt, folgt aber, dass im Falle der Verhinderung jedes Mitglieds – ergo auch des Vorsitzenden – der entsprechende Stellvertreter zum Einsatz kommt. Dieser leitet dann in Vertretung des Vorsitzenden als temporärer Vorsitzender die jeweilige Verhandlung des LPA.

Die beim für Inneres zuständigen Ministerium eingerichtete **Geschäftsstelle des LPA 2** hat die Aufgabe, die geschäftsmäßige Abwicklung der Sitzungen und Durchführung der Beschlüsse vorzunehmen. Hierzu zählt die Vorbereitung der Verhandlungen und die spätere Bekanntmachung und Mitteilung von Beschlüssen an die antragstellende Stelle oder die Landesregierung usw., also alle laufenden Geschäfte des LPA. Dies geschieht nach Weisung des jeweiligen LPA-Vorsitzenden bzw. seines Vertreters. Die Geschäftsstelle wird wiederum geleitet von dem für Grundsatzfragen des Laufbahnrechts zuständigen Referatsleiter in dem für Inneres zuständigen Ministerium (vgl. § 1 Abs. 2 GO LPA).

§ 101 Beweiserhebung, Amtshilfe

(1) ¹**Der Landespersonalausschuss kann zur Durchführung seiner Aufgaben in entsprechender Anwendung der Verwaltungsgerichtsordnung Beweise erheben.** ²**Er darf Zeuginnen oder Zeugen, Sachverständige und Beteiligte nicht beeidigen.**

(2) **Alle Dienststellen haben dem Landespersonalausschuss unentgeltlich Amtshilfe zu leisten und ihm auf Verlangen Auskünfte zu erteilen und Akten vorzulegen, soweit dies zur Durchführung seiner Aufgaben erforderlich ist.**

§ 101 Abs. 1 ermächtigt den LPA zur **Beweiserhebung.** Hiernach gelten für das Ver- 1 fahren vor dem LPA die entsprechenden Vorschriften der VwGO analog. Es handelt sich um die §§ 96–98 VwGO; § 98 VwGO legt fest, dass auf die Beweisaufnahme die §§ 358-344 und 450–494 ZPO anzuwenden sind, soweit die VwGO nicht abweichende Vorschriften enthält. Anders als beim BPA ist beim LPA das **Recht zur Vereidigung** von Zeugen/Sachverständigen/Beteiligten ausdrücklich **ausgeschlossen.** Dies ist unbedenklich, da die Pflicht zur wahrheitsgemäßen Aussage unabhängig von einer Vereidigung besteht und falsche Angaben schon allgemein dienstrechtlich bzw. disziplinarrechtlich sanktioniert werden können. Als Zeugen geladene Beamte haben erforderlichenfalls eine **Aussagegenehmigung** ihres Dienstherrn einzuholen (§ 37 Abs. 3 BeamtStG).

2   § 101 Abs. 2 ist eine Ausprägung der bereits in Art. 35 Abs. 1 GG festgelegten Pflicht für alle Behörden, einander unmittelbar Rechts- und Amtshilfe zu leisten. Der Geltungsbereich der spezifischen Vorschrift zu der **Amtshilfe,** die dem LPA zu leisten ist (einschließl. einer Pflicht zur Auskunftserteilung/Aktenvorlage), gilt nicht bundesweit, sondern nur im Rahmen des Geltungsbereiches des LBG NRW. Sofern der LPA darüber hinausgehende Amtshilfe aus anderen Bundesländern oder vom Bund bzw. Bundesbehörden benötigt, kann er sich aber auf **Art. 35 Abs. 1 GG** („Alle Behörden des Bundes und der Länder leisten sich gegenseitig Rechts- und Amtshilfe.") stützen. Die einzelnen Voraussetzungen der Amtshilfe und ihre Begrenzungen sind in den Verwaltungsverfahrensvorschriften geregelt (vgl. §§ 4–8 VwVfG NW).

§ 102 Beschlüsse

(1) ¹**Beschlüsse des Landespersonalausschusses, die allgemeine Bedeutung haben, sind bekanntzumachen.** ²**Das Nähere regelt die Geschäftsordnung.**

(2) **Soweit dem Landespersonalausschuss eine Entscheidungsbefugnis zusteht, binden seine Beschlüsse die beteiligten Verwaltungen.**

I. Bekanntgabe von allgemein bedeutsamen LPA-Beschlüssen

1   Sofern Beschlüsse über den Einzelfall hinausreichen und bestimmte Fallgruppen bzw. Fallgestaltungen betreffen oder auf eine allgemeine Rechtslage hinweisen, sind sie von allgemeiner Bedeutung und allgemein bekanntzumachen. Hierfür ist das Ministerialblatt das zentrale Veröffentlichungsmedium. Daneben kommen im Einzelfall weitere Formen der Veröffentlichung in Betracht: Nach § 9 Abs. 2 Satz 2 GO LPA kann insofern der LPA im Einzelfall kumulativ eine andere Form der Veröffentlichung beschließen. Der klassische Fall von Beschlüssen des LPA von allgemeiner Bedeutung ist die Zulassung allgemeiner Ausnahmegenehmigungen im Sinne von § 97 Abs. 1 Nr. 1.

II. Bindungswirkung von LPA-Beschlüssen

2   Die Entscheidungen, die der LPA im Rahmen seiner Entscheidungsbefugnisse nach § 97 trifft, sind nach dem gesetzgeberischen Willen für die beteiligten Verwaltungen bindend (§ 102 Abs. 2) und prägen folglich deren Entscheidungen gegenüber den davon Betroffenen. Die antragstellenden Verwaltungen können gegen die Beschlüsse des LPA keine Rechtsmittel einlegen, auch wenn sie z. B. im Einzelfall die Sorge haben, in einem etwaigen anschließenden Gerichtsverfahren mit dem Beamten zu unterliegen. Den Verwaltungen fehlt wegen der gesetzlich festgelegten Bindungswirkung die Klagebefugnis gegen die verwaltungsinternen Entscheidungen des LPA (vgl. für den BPA *Battis,* § 123 BBG Rn. 7). Entscheidungen des LPA sind auch von Beamten, deren konkreter Einzelfall Entscheidungsgegenstand sind, nicht isoliert anfechtbar, da sie keine eigenständige Außenwirkung im Verhältnis zu einem Bewerber um ein Amt im öffentlichen Dienst oder zu einem Beamten haben. Die **Beschlüsse des LPA** unterliegen aber anerkanntermaßen im Rahmen einer Klage gegen die von der Dienstbehörde in der Folge getroffenen Regelung der **Inzidentkontrolle durch die Verwaltungsgerichte** (VG Gelsenkirchen, Urt. v. 23.8.2012, 12 K 3435/11; VG Gelsenkirchen, Urt. v. 14.9.2010, 12 K 1157/10; vgl. zum BPA: BVerwGE 31, 345; BVerwGE 36, 188; *Scholle/Sturm,* ZBR 2010, 24, 25). Ist eine Entscheidung des LPA in einer Einzelpersonalie rechtswidrig, schlägt dies auf die Entscheidung des jeweiligen Dienstherrn durch (VG Gelsenkirchen, Urt. v. 23.8.2012, 12 K 3435/11).

Es besteht aber nur eine **eingeschränkte Überprüfbarkeit von Beschlüssen des LPA,** wenn es z.B. um die Befähigungsfeststellung sog. anderer Bewerber geht, da hier ein auch von den Verwaltungsgerichten anzuerkennender und anerkannter Beurteilungsspielraum vorliegt (s. aber die kritisch zu sehende Entscheidung VG Gelsenkirchen, Urt. v. 23.8.2012, 12 K 3435/11; VG Gelsenkirchen, Urt. v. 14.9.2010, 12 K 1157/10; OVG Magdeburg, B. v. 15.6.2007, 1 L 62/07; s.a. BVerwGE 84, 102). Gerichte können nicht selbst z.B. eine begehrte Befähigung für eine Laufbahn zuerkennen, auch wenn das Gericht von einem entsprechenden anzuerkennenden rechtlichen und tatsächlichen Sachverhalt ausgeht; die Befugnis steht nur dem LPA zu (VG Gelsenkirchen, Urt. v. 23.8.2012, 12 K 3435/11; VG Gelsenkirchen, Urt. v. 14.9.2010, 12 K 1157/10; vgl. dazu auch § 97 Rn. 2–3).

Abschnitt 6. Rechtsweg

§ 103 Verwaltungsrechtsweg, Vorverfahren, Beschwerden

(1) ¹Für Klagen der Beamtinnen und Beamten, Ruhestandsbeamtinnen und Ruhestandsbeamten, früheren Beamtinnen und Beamten und der Hinterbliebenen aus dem Beamtenverhältnis findet ein Widerspruchsverfahren nicht statt. ²Dies gilt nicht für Maßnahmen, denen die Bewertung einer Leistung im Rahmen einer berufsbezogenen Prüfung zugrunde liegt, sowie für Maßnahmen in besoldungs-, versorgungs-, beihilfe-, heilfürsorge-, reisekosten-, trennungsentschädigungs- und umzugskostenrechtlichen Angelegenheiten.

(2) ¹Die Beamtin oder der Beamte kann Anträge und Beschwerden vorbringen; hierbei hat sie oder er den Dienstweg einzuhalten. ²Der Beschwerdeweg bis zur obersten Dienstbehörde steht offen. ³Richtet sich die Beschwerde gegen die unmittelbare Vorgesetzte oder den unmittelbaren Vorgesetzten (§ 2 Absatz 5), so kann sie bei der nächsthöheren Vorgesetzten oder dem nächsthöheren Vorgesetzten unmittelbar eingereicht werden. ⁴Die Beamtin oder der Beamte kann jederzeit Eingaben an den Landtag unmittelbar richten.

I. Grundsätzliche Abschaffung des Vorverfahrens, § 103 Abs. 1

Im Zuge des Bürokratieabbaugesetzes II (BAG II 2007) wurde für beamtenrechtliche **1** Streitigkeiten in NRW das Widerspruchsverfahren nach § 68 Abs. 1 Satz 1 VwGO für Verwaltungsakte im Grundsatz abgeschafft (vgl. dazu *Palmen/Schönenbroicher*, NVwZ 2008, 1173, 1178; krit. dazu *Repkewitz/Waibel*, NVwZ 2010, 813). Für Klagen von Beamten, Ruhestandsbeamten, früheren Beamten und der Hinterbliebenen aus dem Beamtenverhältnis ist **kein Widerspruchsverfahren** mehr vorgesehen, § 103 Abs. 1 Satz 1. Die ursprünglich befriste Norm gilt nach dem Willen des Gesetzgebers jetzt dauerhaft.

Das Vorverfahren findet nach § 103 Abs. 1 Satz 2 **nur noch** ausnahmsweise **bei Leis- 2 tungsbewertungen im Rahmen berufsbezogener Prüfungen** (vgl. dazu LT-Drs. 14/ 4199, S. 8) und bei **Entscheidungen der wirtschaftlichen Dienstfürsorge** statt. Es entspricht nämlich den Erfahrungen jahrelanger Praxis, „dass das Widerspruchsverfahren ein effizientes Instrument ist, um Meinungsverschiedenheiten im Bereich der wirtschaftlichen Dienstfürsorge verfahrensökonomisch zu erledigen" (LT-Drs. 14/4199, S. 10). Nach Abs. 1 Satz 2 gibt es also bei Maßnahmen in besoldungs-, versorgungs-, beihilfe-, heilfürsorge-, reisekosten-, trennungsentschädigungs- und umzugskostenrechtlichen Angelegenheiten weiter ein Widerspruchsverfahren (vgl. zum erforderlichen Widerspruchsverfahren bei einer besoldungsrechtlichen Klage eines Hochschulprofessors und der zuständigen Behörde: VG Münster, Urt. v. 28.12.2015, 5 K 2215/14). Bei einem solchen **Massengeschäft mit gewisser Fehlerquote** ist die fortbestehende Möglichkeit der schnellen und kostengünstigen Bereinigung über Widerspruchsverfahren ganz besonders sachgerecht (vgl. *Eck* in Schütz/Maiwald § 103 LBG Rn. 8).

II. Kritik am Wegfall der Vorverfahren

In der Praxis sprechen – entgegen *Palmen/Schönenbroicher*, die das Widerspruchsverfahren **3** polemisch dem „Obrigkeitsstaat" zuordnen (*Palmen/Schönenbroicher*, NVwZ 2008, 1173, 1178), dessen positive Effekte ausblenden und an der Abschaffung entscheidend mitgewirkt haben – mehrheitliche Gründe dafür, mindestens für dienstliche Beurteilungen Widerspruchsverfahren wiedereinzuführen (mit Recht krit. zur weitgehenden Abschaffung des Widerspruchsverfahrens im Beamtenrecht *Repkewitz/Waibel*, NVwZ 2010, 813; *Holzner* DÖV 2008, 217, 218; *Steinbeiß-Winkelmann*, NVwZ 2009, 686 ff.; *Rüssel*, NVwZ 2006, 523, 524). Es könnte so z. B. vermieden werden, dass Beamte sich lange Zeit nach Erhalt einer als rechtswidrig empfundenen Beurteilung gegen diese – etwa im Kontext eines Konkurrentenstreits um eine Beförderungsstelle – (plötzlich) wenden, was in der Praxis zu großen (Beweis-)Problemen und rechtlichen Unsicherheiten führen kann. Das OVG Münster begrenzt diese Möglichkeit zur späten Geltendmachung von Einwänden gegen eine Beurteilung nur durch den **Gesichtspunkt der Verwirkung** (OVG Münster, B. v. 20.12.2013, 1 B 1329/13; OVG Münster, B. v. 13.10.2010, 6 B 1001/10; vgl. zur Verwirkung in Konkurrentenstreitverfahren OVG Münster, B. v. 5.12.2012, 6 B 1156/12). Wegen der Einzelheiten zur Verwirkung der Möglichkeit des juristischen Vorgehens gegen Beurteilungen wird auf § 92 Rn. 13 verwiesen.

4   Durch ein **Widerspruchsverfahren für dienstliche Beurteilungen** würde (wieder) frühzeitig für alle Beteiligten deutlich, ob eine Beurteilung akzeptiert wird bzw. bestandskräftig ist. Der Verzicht auf ein so **bewährtes Instrument vorgerichtlicher Streitklärung** führt in der Praxis zu unnötigen Schwierigkeiten. Teilweise haben Gerichte in Bundesländern mit analoger Gesetzeslage die Ansicht vertreten, ein Beamter habe nach Abschaffung des obligatorischen Vorverfahrens noch kein Klagerecht gegen eine Beurteilung, wenn er nicht zuvor einen Antrag auf Abänderung seiner Beurteilung gestellt habe (VG Berlin, Urt. v. 24.4.2007, 28 A 28.07, aufgehoben durch OVG Berlin-Brandenburg, OVGE Berlin 29, 85 – die Nichtzulassungsbeschwerde wurde zurückgewiesen durch BVerwG, B. v. 23.6.2009, 2 B 66/08; s. a. die Parallelentscheidung BVerwG, ZBR 2009, 341). Dies wurde u. a. aus der beamtenrechtlichen Treuepflicht abgeleitet (VG Berlin, Urt. v. 24.4.2007, 28 A 28.07). Durch das BVerwG ist geklärt, dass ein Beamter, der sich gegen seine Beurteilung wenden will, in Ländern mit abgeschafftem Widerspruchsverfahren immer unmittelbar Klage einreichen kann (BVerwG, ZBR 2009, 341). Er hat aber die **Wahlmöglichkeit,** (zunächst) vorgerichtlich Einwendungen zu erheben (BVerwG, a. a. O.). Diese Option begründet „nicht als weitere materielle Sachurteilsvoraussetzung eine Sperre gegen eine Klage unmittelbar gegen die Beurteilung" (BVerwG, a. a. O.; zustimmend: *Repkewitz/Waibel*, NVwZ 2010, 813). Letztlich zeigen diese Gerichtsverfahren, dass die beamtenrechtliche Praxis sehr wohl einen entsprechenden Bedarf für die **Wiedereinführung von Widerspruchsverfahren in beamtenrechtlichen Streitigkeiten** – insbesondere bei Beurteilungen – sieht. Das Beamtenrecht in NRW sollte vom Wegfall der Widerspruchsverfahren komplett ausgenommen werden. Man sollte zu mindestens – in Anlehnung an das allgemeine Rechtsschutzmodell in Bayern in Beamtenangelegenheiten (Art. 15 Abs. 1 BayAGVwGO) – in NRW für Beurteilungen ein **fakultatives Widerspruchsverfahren** einführen (s. dazu grundlegend *Zagejewski*, Das fakultative Widerspruchsverfahren, S. 78 ff.; vgl. zur Zulässigkeit eines solchen Modells *Holzner,* DÖV 2008, 217, 222; *Rüssel,* NVwZ 2006, 527; *Repkewitz/Waibel,* NVwZ 2010, 813, 814; *Eck* in Schütz/Maiwald, § 104 LBG Rn. 8). Das DRModG hat leider an der seit 2009 bestehenden Rechtslage festgehalten und zählt beurteilungsrechtliche Angelegenheiten weiterhin nicht zu Maßnahmen im Sinne des § 103 Abs. 1 Satz 2.

III. Anträge/Beschwerden

1. Rechtsnatur/rechtlicher Rahmen (§ 34 BeamtStG)

5   Beamte haben nach § 103 Abs. 2 Satz 1 jederzeit das Recht, auf dem Dienstweg **Anträge und Beschwerden** vorzubringen. Hierbei steht ihnen auch der Beschwerdeweg bis zur obersten Dienstbehörde offen, § 103 Abs. 2 Satz 2. Dieses Recht des Beamten ist unabhängig von den ihm zustehenden Rechtsmitteln der Klage, Anträgen auf einstweiligen Rechtsschutz und – soweit zulässig – der Erhebung von förmlichen Widersprüchen. Man kann bei § 103 Abs. 2 von einem „besonderen beamtenspezifischen Petitionsrecht" sprechen (*Tadday/Rescher*, § 104 LBG Erl. 2; so auch *Battis* § 125 BBG Rn. 3). Teilweise wird dies auch als **„Dienstpetition"** gekennzeichnet (*Eck* in Schütz/Maiwald, § 103 LBG Rn. 13). Der Sache nach geht es (nur) um Angelegenheiten, die einen Dienstbezug haben. Es handelt sich bei Anträgen und Beschwerden nicht um förmliche Rechtsbehelfe; sie können nicht einen Widerspruch ersetzen (*Battis,* § 125 BBG Rn. 7). Die Begrifflichkeiten „Anträge und Beschwerden" sind nicht eng oder förmlich aufzufassen, sondern umfassen **alle Arten der Eingaben eines Beamten,** die mit seinem Rechtsverhältnis zum öffentlichen Dienstherrn im Zusammenhang stehen. Anträge zielen i. d. R. darauf ab, dass der Dienstherr antragsgemäß eine bestimmte, den Beamten betreffende Maßnahme trifft. Sie kann dabei sowohl rein dienstrechtlichen Charakter haben als auch eine rein organisatorische Maßnahme sein. Beschwerden haben hingegen i. d. R. ihren Bezugspunkt regelmäßig in der Vergangenheit und können sich sowohl als **Fachaufsichtsbeschwerde** als auch als **Dienstaufsichtsbeschwerde** darstellen (vgl. zu Dienstaufsichtsbeschwerden *Becker-Kavan,* DÖD 2000, 273; *Thieme,* DÖD 2001, 77). Die Einordnung einer Beschwerde in eine dieser beiden Kategorien wird dabei nicht von der etwaigen Kennzeichnung einer Beschwerde durch den Beamten als „Fachaufsichtsbeschwerde" oder „Dienstaufsichtsbeschwerde" bestimmt, sondern vom materiellen Gehalt bzw. Anknüpfungspunkt der Beschwerde. Die für die Bearbeitung von Beschwerden zuständige Stelle hat jeweils eine entsprechende sachliche Einschätzung vorzunehmen. In der Praxis stellen sich viele Beschwerden, die als „Dienstaufsichtsbeschwerde" vom Beschwerdeführer bezeichnet werden, in Wirklichkeit als Fachaufsichtsbeschwerde dar. Die Wahrnehmung der Rechte aus § 103 Abs. 2 ist unabhängig davon, wie der Betroffene sein Anliegen bezeichnet, wenn nur deutlich wird, dass er eine Befassung der für Eingaben zuständigen Stelle mit seinem Anliegen anstrebt. Da das Gesetz keine Vorgaben förmlicher Art macht, können Anträge und Beschwerden sowohl **mündlich** als auch **schriftlich** gestellt bzw. vorgebracht werden. In der Praxis ist die Schriftform vorzugswürdig. Eine Eingabe nach § 103 Abs. 4 unterliegt keiner Frist, so dass sie sich auch auf Vorgänge beziehen kann, bei denen speziell vorgesehene Rechtsmittelfristen bereits verstrichen sind.

Bei der Formulierung einer Eingabe hat ein Beamter die rechtlichen **Vorgaben des** **6** **BeamtStG** insoweit zu wahren, als er verpflichtet ist, in möglichst sachlicher Form sein Anliegen vorzubringen und z. B. nicht beleidigend zu werden. Sein Verhalten muss selbst bei größter persönlicher Betroffenheit oder der Hinnahme von echten oder vermeintlichen Ungerechtigkeiten in einer Dienststelle inhaltlich und von der Diktion her die **Pflicht zu achtungs- und vertrauenswürdigem Verhalten** erfüllen, § 34 BeamtStG. Dabei sollte aber der Maßstab andererseits nicht zu kleinlich sein, wenn man berücksichtigt, dass z. B. Anträge und Beschwerden auch der wichtigen **Verwaltungskontrolle** dienen, so dass z. B. eine oberste Dienstbehörde ein hohes Interesse an Informationen zu Missständen hat und folglich eine gewisse Toleranz gegenüber zugespitzten Formulierungen eines empörten Beschwerdeführers haben sollte (vgl. zu dem wichtigen Aspekt der Verwaltungskontrolle *Battis,* § 125 BBG Rn. 3). Kritik darf im Rahmen der Ausübung der Rechte aus § 103 Abs. 2 durchaus mit einer gewissen Vehemenz und polemischen Schärfe geäußert werden, wenn sie im Kern eine sachliche Grundlage hat, nicht im engeren Sinne beleidigend usw. formuliert wird und keinen verleumderischen Charakter hat (vgl. dazu ausführlich BVerwG, NVwZ-RR 2006, 485; vehement abzulehnen ist die „liberale" Position des OLG Celle, Urt. v. 27.3.2015, 31 Ss 9/15: Im „Kampf um das Recht" dürfen in Dienstaufsichtsbeschwerden nach Ansicht des OLG Celle Richter auch als „Lügner" und „Kriminelle" betitelt werden). Wenn ein Beamter von seinem Beschwerderecht Gebrauch macht und dabei weder wider besseres Wissen handelt oder bei Verletzung von Sorgfaltspflichten unwahre Behauptungen aufstellt, Vorgesetzte oder Kollegen diffamiert oder vorsätzlich gegen Strafvorschriften verstößt, sind also Beschwerden zulässig. Sie können dann regelmäßig nicht Grundlage eines Disziplinarverfahrens gegen den Beamten wegen des Beschwerdeinhalts sein (BVerwG, NVwZ-RR 2006, 485; *Wickler,* ThürVBl. 2016, 29, 38).

2. Dienstweg

7   Für die Anträge und Beschwerden ist vorgeschrieben, dass der **Dienstweg** einzuhalten ist, § 103 Abs. 2 Satz 2 Halbs. 2. Unter Dienstweg versteht man ein Vorgehen, wonach Beamte einen bestimmten Verfahrensweg einhalten müssen, der immer beim unmittelbaren Vorgesetzten beginnt und sich hierarchisch fortsetzt (Dienstweggebot). Bei unterschiedlichen Behörden bestimmt sich der Dienstweg nach der jeweiligen organisationsrechtlichen Regelung bzw. den Regelungen der einschlägigen Dienst- und Fachaufsicht. Aus dem entsprechenden Über- und Unterordnungsverhältnis bestimmt sich der einzuhaltende Dienstweg. Wird der Dienstweg nicht eingehalten, kann dies ein disziplinarrechtlich relevanter Pflichtenverstoß sein; objektiv liegt dann jedenfalls ein Dienstvergehen vor (*Battis*, § 125 BBG Rn. 6). Die für die Behandlung von Anträgen und Beschwerden zuständige Stelle hat sich auch bei Nichteinhaltung des Dienstweges mit den Eingaben des Beamten materiell zu befassen und sie zu bescheiden. Eine besondere Form der Nichteinhaltung des Dienstweges ist die sog. **„Flucht in die Öffentlichkeit"** (vgl. dazu näher § 43 Rn. 4). In diesem Fall wendet sich ein Beamter wegen Missständen etc. in seinem dienstlichen Bereich direkt oder jedenfalls ohne ausgeschöpften Dienstweg an öffentliche Medien und gerät in Konflikt mit seinen Geheimhaltungspflichten. Im Regelfall ist eine solche Flucht in die Öffentlichkeit dem Beamten wegen dieses **Dienstwegprinzips** und im Hinblick auf § 43 (§ 37 BeamtStG) untersagt. Ihm ist regelmäßig zuzumuten, zunächst die innerhalb des Rechtssystems und des Behördenapparates liegenden Abhilfemöglichkeiten auszuschöpfen, bevor er ohne Genehmigung der Behördenleitung usw. die Öffentlichkeit über die erkannten echten oder vermeintlichen Missstände in einer Behörde oder in Bezug auf seine Person unterrichtet (vgl. BVerfGE 28, 191). Es kann aber Ausnahmefälle geben (vgl. dazu § 43 Rn. 4). Zu den prioritären Möglichkeiten des Beamten zählt der Weg über § 103 Abs. 2. Die zuständige Behörde, deren Entscheidung der Beamte beantragt hat, ist verpflichtet den Eingaben nachzugehen und sie einer sachlichen Prüfung zu unterziehen, über deren Ergebnis der Beamte informiert wird. Im Hinblick auf den Charakter solcher Eingaben bzw. die fehlende Verwaltungsaktsqualität einer ablehnenden Entscheidung gibt es gegen eine Zurückweisung von Eingaben/Beschwerden kein eigenständiges Rechtsmittel (*Battis*, § 125 BBG Rn. 8). Es steht dem Beschwerdeführer aber frei, wegen der Zurückweisung wiederum eine Beschwerde gegen die handelnden Personen der Beschwerdestelle bei der übergeordneten Behörde zu erheben, was in der Praxis durchaus geschieht. In § 103 Abs. 2 Sätze 3 u. 4 werden vom Dienstwegprinzip sachliche Ausnahmen festgelegt. Wenn sich die **Beschwerde gegen den unmittelbaren Vorgesetzten** richtet, kann der Beamte sie direkt beim nächsthöheren Vorgesetzten einreichen.

§ 103 Abs. 2 Satz 4 stellt klar, dass es dem Beamten unbenommen bleibt, jederzeit Eingaben an den Landtag unmittelbar zu richten. Der Klarstellungsbedarf erwächst daraus, dass anderenfalls der Eindruck entstehen könnte, durch die spezielle beamtenrechtliche Regelung des Beschwerderechts werde eine abschließende Regelung für Beamte und etwaige (unzulässige) Einschränkung von deren Petitionsrechten (Art. 17 GG) vorgenommen (vgl. zum Petitionsrecht von Beamten in eigener privat-dienstlicher Sache *Schönenbroicher* in Schönenbroicher/Heusch, Landesverfassung Nordrhein-Westfalen, Artikel 41a Rn. 7). Auch bei Eingaben an den Landtag hat der Beamte zu beachten, dass er grundsätzlich an seine Geheimhaltungspflichten gebunden ist und die Norm z.B. nicht bedeutet, dass sich ein Beamter unter Offenbarung von Dienstgeheimnissen außerhalb eines formalisierten Petitionsverfahrens an einen Landtagsabgeordneten oder eine Landtagsfraktion wenden darf. Auch im Rahmen eines Petitionsverfahrens, das ein Beamter beschreitet, können sich im Einzelfall Fragen der Pflicht zu Wahrung von Dienstgeheimnissen stellen (vgl. *Schönenbroicher* in Schönenbroicher/Heusch, Landesverfassung Nordrhein-Westfalen, Artikel 41a Rn. 7 und S. 335 Fn. 29; s. zur Thematik des Whistleblowers usw. § 43 Rn. 4). Man wird auch – jedenfalls im Regelfall – erwarten können, dass ein Beamter zunächst alle verwaltungsinternen Beschwerdemöglichkeiten ausschöpft, bevor er sich an den Landtag wendet und so unter Umständen in gewisser Weise seine eigene Dienststelle beim Landtag „vorführt" (so mit Recht *Schönenbroicher* in Schönenbroicher/Heusch, Landesverfassung Nordrhein-Westfalen, Artikel 41a, S. 335 Fn. 29).

§ 104 Vertretung bei Klagen aus dem Beamtenverhältnis

[1]**Bei Klagen aus dem Beamtenverhältnis wird der Dienstherr durch die dienstvorgesetzte Stelle vertreten. [2]Für Klagen aus dem Beamtenverhältnis von Beamtinnen und Beamten des Landes kann die oberste Dienstbehörde durch Rechtsverordnung eine andere Vertretung bestimmen.**

I. Klagevertretung, § 104 Satz 1

1. Klagen aus dem Beamtenverhältnis

Die Vorschrift zur Vertretung des Dienstherrn regelt ausschließlich die Frage, welche **1** Stelle den Dienstherrn bei Klagen vertritt, die aus dem Beamtenverhältnis resultieren und für welche insoweit die Verwaltungsgerichte nach **§ 54 BeamtStG** zuständig sind (s. in dem Kontext auch den Vertretungserlass NRW vom 1.7.2011, MBl. NRW. S. 246 i. d. F. vom 2.2.2012, MBl. NRW. S. 59, zuletzt geändert am 3.4.2014, MBl. NRW. 2014 S. 186). Die **örtliche Zuständigkeit des jeweiligen Verwaltungsgerichts** bestimmt sich nach **§ 52 Nr. 4 VwGO**. Um eine „**Klage aus dem Beamtenverhältnis**" i. S. d. § 54 BeamtStG und § 104 handelt es sich, wenn die Klage ihre Grundlage in einem bereits entstandenen oder erst angestrebten Beamtenverhältnis hat (*Reich*, § 54 BeamtStG Rn. 2; *Schnellenbach,* ZBR 1992, 259). Ein Bezug zu einem konkreten Beamtenverhältnis – aktuell oder ehemals bestehend oder im Bestehen begriffen bzw. angestrebt seiend – muss vorhanden sein (*Burkholz* in v. Roetteken/Rothländer, § 54 BeamtStG Rn. 14). Klagen, die sich auf eine Ernennung als Beamter bzw. auf die Begründung eines Beamtenverhältnisses richten, fallen in den Anwendungsbereich (*Rieger* in MRSZ, § 54 BeamtStG Erl. 2). Erfasst werden auch alle **Klagen des Dienstherrn gegen Beamte;** dies ist z. B. bei einer Leistungsklage gegen den Beamten auf Schadensersatz gem. § 48 BeamtStG i. V. m. § 80 wegen unmittelbarer Schädigung des Dienstherrn der Fall (BGH, VersR 2010, 790; BVerwG, NVwZ 1999, 77; BVerwG, NVwZ 1996, 182; *Reich*, § 54 BeamtStG Rn. 5) oder bei einer Klage wegen überzahlter Besoldung. Bei Schadensersatzansprüchen nach den Beamtengesetzen sind Rückgriffe auf deliktsrechtliche Anspruchsgrundlagen des BGB nicht zulässig (BGH, VersR 2010, 790). Die Fallgestaltungen, bei denen wiederum eine anderweitige Rechtswegzuweisung – nämlich zu den Zivilgerichten – vorliegt, sind z. B. Rückgriffsansprüche des Dienstherrn wegen seiner Schädigung durch eine Amtspflichtverletzung des Beamten gegenüber Dritten (vgl. dazu OVG Münster, DÖD 2011, 157; BGH, ZBR 1994, 153; *Schnellenbach,* § 9 Rn. 55; *Schnellenbach,* ZBR 1992, 257; *Burkholz* in v. Roetteken/Rothländer, § 54 BeamtStG Rn. 11). Sie werden von § 104 nicht erfasst.

2. Einstweilige Rechtsschutzverfahren

Obwohl in § 104 nur vom rechtstechnischen Begriff „Klagen" die Rede ist, werden an- **2** erkanntermaßen auch einstweilige Rechtsschutzverfahren (u. a. § 123 VwGO) und Beiladungsfälle nach § 65 VwGO von der Vertretungsregelung erfasst (*Battis* zu § 127 BBG Rn. 2; *Eck* in Schütz/Maiwald, § 104 LBG Rn. 2; *Burkholz* in v. Roetteken/Rothländer, § 54 BeamtStG Rn. 13). Gleichwohl sollte der Gesetzgeber hier für Klarheit sorgen und expressis verbis diese weiteren, neben Klagen im rechtstechnischen Sinne vom Tatbestand erfassten zusätzlichen Fälle aufführen. Soweit in einigen Zuständigkeitsverordnungen von Landesressorts, die auf der Basis des § 104 Satz 2 erlassen wurden, ausdrücklich die Vertretung des Landes durch nachgeordnete Behörden auch für Verfahren des einstweiligen

Rechtschutzes festgelegt wurde (z. B. § 5 II 2 BeamtDiszZustV MKULNV v. 18.10.2008, zuletzt geändert durch VO v. 21.6.2011, GV. NRW. S. 307), hat dies rein klarstellenden Charakter und steht der nach aktueller Gesetzeslage notwendigen erweiternden Auslegung des Begriffes „Klagen" in § 104 im Sinne „verwaltungsgerichtlicher Verfahren" nicht entgegen.

3. Bestimmung der dienstvorgesetzten Stelle(n)

3   Die Bestimmung der konkreten **dienstvorgesetzten Stelle** hängt davon ab, wer der Dienstherr ist – der „Beamte steht nicht im Dienst einer bestimmten Behörde oder Verwaltungsstelle, sondern im Dienst eines Dienstherrn" (*Tadday/Rescher,* Vorbem. 2 zu § 1 LBG; s. a. *Eyermann,* § 78 VwGO Rn. 15). Der Dienstherr ergibt sich aus der dienstrechtlichen Stellung des Beamten bei einer Institution mit Dienstherrenfähigkeit nach § 2 BeamtStG. Die Frage nach dem jeweils zuständigen Dienstherrn wird in aller Regel ohne Schwierigkeiten zu beantworten sein. Welches die jeweils zur Vertretung berufene „dienstvorgesetzte Stelle" in concreto ist, ergibt sich für **Landesbeamte** aus **§ 2 Abs. 2 Satz 1 Nr. 1.** Hiernach ist die oberste Dienstbehörde Dienstvorgesetzter, soweit durch Gesetz oder Verordnung nichts anderes bestimmt ist. Für **Gemeindebeamte/Beamte in Gemeindeverbänden** ist nach **§ 2 Abs. 2 Satz 1 Nr. 2** „die durch das Kommunalverfassungsrecht bestimmte" Stelle Dienstvorgesetzter. Nach **§ 73 Abs. 2 GO** ist der Bürgermeister Dienstvorgesetzter der Bediensteten der Gemeinde, nach **§ 49 Abs. 1 Satz 1 KrO** der Landrat Dienstvorgesetzter der Bediensteten des Kreises. Der Direktor des Landschaftsverbandes ist Dienstvorgesetzter der **Beamten des Landschaftsverbandes,** § 20 Abs. 4 Satz 1 LVerbO; die für ihn dienstvorgesetzte Stelle ist wiederum der Landschaftsausschuss. Dienstvorgesetzte Stelle für **Beamte der sonstigen der Aufsicht des Landes unterstehenden Körperschaften, Anstalten und Stiftungen des öffentlichen Rechts** ist nach **§ 2 Abs. 2 Nr. 3** die durch Gesetz oder Satzung bestimmte Stelle.

4   Je nach den Einzelfallumständen bzw. den von dem Beamten geltend gemachten Rechtsansprüchen kann z. B. in Fällen der Abordnung oder Versetzung eine tiefer gehende Prüfung der zur Vertretung bei Klagen zuständigen Stelle notwendig sein, weil ggf. zwei Dienstherrn alternativ in Betracht kommen können (vgl. *Eck* in Schütz/Maiwald, § 105 LBG Rn. 10). Wird der falsche Dienstherr (Rechtsträger) verklagt, dann ist die Klage mangels passiver Prozessführungsbefugnis unzulässig (*Kopp/Schenke,* § 78 VwGO Rn. 1).

4. Das Rechtsträgerprinzip

5   Bei der Erhebung von verwaltungsgerichtlichen (Anfechtungs- und Verpflichtungs-) Klagen und Anträgen auf einstweiligen Rechtsschutz gilt bei der Bezeichnung des Gegners das **sog. Rechtsträgerprinzip** (§ 78 Abs. 1 Nr. 1 VwGO; zur pass. Prozessführungsbefugnis bei allg. Leistungs- und Feststellungsklagen vgl. *Kopp/Schenke,* § 78 VwGO Rn. 2). Ein verwaltungsgerichtliches Verfahren ist gegen die Körperschaft, deren Behörde in der streitbefangenen Sache gehandelt hat, zu richten. Soweit der durch das ab 1.1. 2011 geltende **Justizgesetz NRW** weggefallene § 5 Abs. 2 Satz 1 AG VwGO NRW (vgl. Art. 2 Nr. 28 des Gesetzes zur Modernisierung und Bereinigung von Justizgesetzen im Land NRW vom 26. Januar 2010, GV. NRW. S. 30; vgl. dazu *Desens,* NVwZ 2013, 47) demgegenüber das Behördenprinzip vorsah, ist anzumerken, dass dies nach § 5 Abs. 2 Satz 2 AG VwGO für Klagen i. S. d. § 52 Nr. 4 VwGO (Beamtenrecht) ausdrücklich nicht galt (*Wahlhäuser,* NWVBl. 2010, 466). In landes- oder kommunalbeamtenrechtlichen Streitigkeiten hat sich also durch das Justizgesetz NRW keine Änderung hinsichtlich der Geltung des Rechtsträgerprinzips ergeben (OVG Münster, Urt. v. 21.2.2011, 1 A 938/09).

II. Bestimmung einer anderen Vertretungsregelung, § 104 Satz 2

1. Auflistung der Vertretungsregelungen

Nach § 104 Satz 2 ist die jeweilige oberste Dienstbehörde autorisiert, die Vertretung **6** durch Rechtsverordnung abweichend von Satz 1 des § 104 zu bestimmen. Dies ist in NRW in weitreichendem Umfang in **Zuständigkeitsverordnungen (Delegationsverordnungen) der Landesressorts** und des **LRH** geschehen:

1. Verordnung über beamtenrechtliche und disziplinarrechtliche Zuständigkeiten im Geschäftsbereich der Ministerpräsidentin (Beamten- und Disziplinarzuständigkeitsverordnung MP – BeamtDiszZustVO MP) vom 10. Dezember 2010 (GV. NRW. 2010 S. 662)
2. Verordnung über beamtenrechtliche und disziplinarrechtliche Zuständigkeiten im Geschäftsbereich des Ministeriums für Klimaschutz, Umwelt, Landwirtschaft, Natur- und Verbraucherschutz (Beamten- und Disziplinarzuständigkeitsverordnung MKULNV – BeamtDiszZustV MKULNV) vom 18. Oktober 2008 (GV. NRW. S. 640, zuletzt geändert durch VO vom 21. Juni 2011 – GV. NRW. S. 307; ber. S. 723)
3. Verordnung über beamtenrechtliche Zuständigkeiten im Geschäftsbereich des Finanzministeriums (Beamtenzuständigkeitsverordnung FM – BeamtZustV FM) vom 15. Januar 2015 (GV. NRW. S. 106)
4. Verordnung über beamten- und disziplinarrechtliche Zuständigkeiten im Geschäftsbereich des für Inneres zuständigen Ministeriums vom 23. Januar 2012 (GV. NRW. S. 25)
5. Verordnung zur Übertragung beamten-, versicherungs- und disziplinarrechtlicher Zuständigkeiten und Befugnisse im Geschäftsbereich des Ministeriums für Innovation, Wissenschaft, Forschung und Technologie (Zuständigkeitsverordnung MIWFT – ZustVO MIWFT) vom 17. Mai 2010 (GV. NRW. 2010 S. 282), zuletzt geändert durch VO vom 29. Juni 2016 (GV. NRW. S. 525)
6. Verordnung über beamtenrechtliche und disziplinarrechtliche Zuständigkeiten im Geschäftsbereich des Ministeriums für Wirtschaft, Energie, Industrie, Mittelstand und Handwerk (Beamten- und Disziplinarzuständigkeitsverordnung MWEIMH – ZustVO MWEIMH) vom 22. August 2013 (GV. NRW. S. 556)
7. Verordnung über richter- und beamtenrechtliche Zuständigkeiten sowie zur Bestimmung der mit Disziplinarbefugnissen ausgestatteten dienstvorgesetzten Stellen im Geschäftsbereich des Justizministeriums (Beamten- und Disziplinarzuständigkeitsverordnung JM – ZustVO JM) vom 4. Dezember 2007 (GV. NRW. S. 652; zuletzt geändert durch VO vom 11. Februar 2016 (GV. NRW. S. 108)
8. Verordnung über beamtenrechtliche und disziplinarrechtliche Zuständigkeiten im Geschäftsbereich des für den Schulbereich zuständigen Ministeriums vom 17. April 1994 (GV. NRW. S. 198), zuletzt geändert durch VO vom 9. November 2013 (GV. NRW. S. 29)
9. Verordnung über beamtenrechtliche und disziplinarrechtliche Zuständigkeiten im Geschäftsbereich des Ministeriums für Bauen, Wohnen, Stadtentwicklung und Verkehr (Beamten- und Disziplinarzuständigkeitsverordnung MBWSV – ZustVO MBWSV) vom 31. Januar 2013 (GV. NRW. S. 38)
10. Verordnung über beamtenrechtliche und disziplinarrechtliche Zuständigkeiten im Geschäftsbereich des Ministeriums für Arbeit, Integration und Soziales (Zuständigkeitsverordnung MAIS – ZustVO MAIS) vom 26. Mai 2008 (GV. NRW. S. 471), zuletzt geändert durch die VO zur Änderung der Zuständigkeitsverordnung MAGS vom 26. März 2012, GV. NRW. S. 156)
11. Verordnung über beamtenrechtliche und disziplinarrechtliche Zuständigkeiten im Geschäftsbereich des Ministeriums für Gesundheit, Emanzipation, Pflege und Alter des Landes NRW (Zuständigkeitsverordnung MGEPA – ZustVO MGEPA) vom 24. April 2012 (GV. NRW. S. 172)
12. Verordnung über beamtenrechtliche und disziplinarrechtliche Zuständigkeiten im Geschäftsbereich des Ministeriums für Familie, Kinder, Jugend, Kultur und Sport (Beamten- und Disziplinarzuständigkeitsverordnung MFKJKS – BeamtDiszZustVO MFKJKS) vom 20. März 2013 (GV. NRW. S. 197)
13. Verordnung über beamtenrechtliche und disziplinarrechtliche Zuständigkeiten im Geschäftsbereich des Landesrechnungshofs (Beamten- und Disziplinarzuständigkeitsverordnung LRH – BeamtDiszZustV LRH) vom 9. Dezember 2009 (GV. NRW. 2010 S. 16).

2. Zuständigkeitsvorbehalte der obersten Dienstbehörden

Mit den Rechtsverordnungen ist die Vertretungsfrage in verbindlicher Form festgelegt. **7** Um bei besonders bedeutsamen Verfahren ausnahmsweise doch trotz einer Zuständigkeitsübertragung tätig sein zu können, haben einige Ressorts sich in den Verordnungen vorbehalten, im Einzelfall die Vertretung an sich zu ziehen (vgl. z. B. § 1 Abs. 3 BeamtDiszZustV MKULNV; § 1 Abs. 2 BeamtDiszZustV MIK). Ohne einen solchen Vorbehalt könnte die oberste Dienstbehörde nur über ihre Aufsichtsrechte (Weisungen) Einfluss auf den Verfahrensgang nehmen und wäre nicht Partei des gerichtlichen Verfahrens. Die oberste Dienstbehörde hat ganz unabhängig von der allgemeinen Zuständigkeitsübertragung die Möglichkeit, im Einzelfall eine andere Behörde (nur) zu bevollmächtigen, die oberste Dienstbehörde in einer konkreten verwaltungsgerichtlichen Rechtssache zu vertreten.

III. Ordnungsgemäße Behördenvertretung vor Gericht (§ 67 VwGO)

8   In allen Fällen der originären Zuständigkeit oder Vertretungsbefugnis via Bevollmächtigung muss die handelnde Behörde vor Gericht ordnungsgemäß nach Maßgabe des **§ 67 VwGO** vertreten sein. Bei einem Verfahren vor dem OVG oder BVerwG bedeutet dies z.B., dass dann, wenn die Behörde von der **Vertretungsbefugnis nach § 67 Abs. 4 Satz 4 VwGO** Gebrauch macht – Vertretung der Behörde durch „Beschäftigte mit Befähigung zum Richteramt", **sog. Behördenprivileg** – auch wirklich in der Praxis ein Beschäftigter mit der entsprechenden Qualifikation den Schriftsatz unterschreibt (BVerwG, NVwZ 2005, 827; *Kopp/Schenke,* § 67 VwGO Rn. 36). Es reicht nicht aus, dass der Schriftsatz von ihm gefertigt worden ist, weil dann keine ordnungsgemäße Vertretung (nach außen) vorliegt (*Kopp/Schenke,* a.a.O.). Wenn also („nur") ein Behördenleiter ohne Befähigung zum Richteramt ein von einem Volljuristen seiner Behörde weisungsgemäß gefertigtes Rechtsmittelschreiben an ein OVG oder an das BVerwG unterschreibt und sendet, liegt keine wirksame Vertretung der Behörde vor (BVerwG, NVwZ 2005, 827 – zustimmend *Kopp/Schenke,* § 67 VwGO Rn. 36; BVerwG, B.v. 1.10.1998, 8 B 167/98 – Buchholz 310 § 67 VwGO Nr. 92). Das OVG Münster vertritt insoweit zum Vertretungszwang eine sehr strikte Linie, die unbedingt zu beachten ist (vgl. nur OVG Münster, B.v. 18.2.2013, 6 A 2244/12). Eine Heilung der fehlenden Postulationsfähigkeit scheidet nach Ablauf der jeweils relevanten prozessualen Fristen aus.

9   Im Übrigen gelten für Behördenvertreter bei der Frage einer Wiedereinsetzung – z.B. wegen verspätet eingelegter Berufung durch Fehler beim Fristenmanagement – keine strengeren, aber auch eben keine geringeren Anforderungen als an Rechtsanwälte (OVG Münster, B.v. 9.12.2009, 12 A 2310/08; BVerwG, B.v. 14.2.1992, 8 B 121.91, Buchholz 310 § 60 VwGO Nr. 176; OVG Saarlouis, NVwZ-RR 2005, 448; s.a. OVG Koblenz, NVwZ-RR 2004, 700).

§ 105 Zustellung

Verfügungen und Entscheidungen, die der Beamtin oder dem Beamten oder der oder dem Versorgungsberechtigten nach den Vorschriften dieses Gesetzes mitzuteilen sind, sind zuzustellen, wenn durch sie eine Frist in Lauf gesetzt oder Rechte der Beamtin oder des Beamten oder der oder des Versorgungsberechtigten durch sie berührt werden.

I. Allgemeines

1   § 105 regelt, bei welchen beamtenrechtlichen Fallgestaltungen eine Verfügung und Entscheidung durch **Zustellung** bekanntgegeben werden muss. Die Zustellung stellt sich als besondere Form der Bekanntgabe eines Verwaltungsakts dar; erst mit der Bekanntgabe bzw. zum Zeitpunkt der Bekanntgabe wird der Verwaltungsakt gegenüber dem betroffenen Beamten wirksam, § 43 Abs. 1 Satz 1 VwVfG. Ein reines „Bekanntwerden" ist dabei als solches nicht ausreichend (*Kopp/Ramsauer,* § 43 VwVfG Rn. 34, § 41 VwVfG Rn. 7). Es muss gegenüber dem jeweiligen Beamten ein **Bekanntgabewillen der Behörde** vorhanden sein, so dass z.B. die nachweisbar nur versehentliche Absendung einer Verfügung durch nicht autorisierte Verwaltungspersonen nicht zu deren Wirksamkeit führt (*Kopp/*

Ramsauer, § 41 VwVfG Rn. 7). Gleiches gilt für die Bekanntgabe des Entwurfs eines Verwaltungsakts oder die informatorische Vorabübermittlung des Verwaltungsakts an den Beamten durch ein Telefax (*Kopp/Ramsauer,* § 41 VwVfG Rn. 6a). § 106 schreibt die besondere **Form der Bekanntgabe** vor, um sicherzustellen, dass bei zentralen beamtenrechtlichen Entscheidungen/Vorgängen keine Unklarheiten entstehen und alle Beteiligten gerade bezogen auf Fristenabläufe und Rechtsmittel eine beweiskräftige Tatsachengrundlage haben. Unnötige Streitpunkte zum Zeitpunkt des Zugangs einer u. U. gravierend in die Rechtsposition des Beamten eingreifenden Entscheidung werden auf diesem formellen Weg weitestgehend ausgeschaltet bzw. sollen ausgeschaltet werden. Fristabläufe werden durch förmliche Zustellungen klar bestimmbar und Rechtsunsicherheiten vermieden. Eine wirksame Bekanntgabe fehlt, wenn § 105 trotz zustellungsbedürftiger Verfügung/Entscheidung im Einzelfall nicht beachtet wurde und Heilungsmöglichkeiten bei der mängelbehafteten Zustellung ausscheiden bzw. gar keine Zustellung erfolgte.

II. Zustellungsbedürftige Entscheidungen/Verfügungen

Nach § 105 zustellungsbedürftig sind ausschließlich Entscheidungen und Verfügungen, **2** die dem Beamten oder Versorgungsberechtigten nach den Vorschriften des LBG mitzuteilen sind und welche entweder eine Frist in Lauf setzen oder durch welche Rechte des Beamten oder Versorgungsberechtigten berührt werden. Ausdrückliche oder mittelbare Zustellungsvorgaben aus anderen Gesetzen – z. B. § 17 Abs. 3 Satz 2 BeamtStG (Zustellung der Übernahmeverfügung bei Umbildung einer Körperschaft) – bleiben von § 105 unberührt. Für die nach § 103 Abs. 1 Satz 2 vorgesehenen Widerspruchsverfahren gelten diejenigen Vorschriften der VwGO zur Form der Bekanntgabe (§ 73 Abs. 3 Satz 2 VwGO). Die Zustellung erfolgt insoweit „immer nach dem (Bundes-)VwZG" (*Kopp/Schenke,* § 73 VwGO Rn. 22a; s. a. *Engelhardt/App,* VwZG, Rn. 9 zur Einführung in das VwZG). Von der Zustellungspflicht nach § 105 werden nur Verwaltungsakte umfasst, die einen Fristenlauf in Gang setzen oder wo alternativ Rechte des Beamten oder Versorgungsberechtigten berührt sind. I. d. R. werden diese Voraussetzungen alternativ oder kumulativ vorliegen, wenn der Gesetzgeber für bestimmte Fälle die Mitteilungspflicht hinsichtlich bestimmter Verfügungen und Entscheidungen vorschreibt. In die Rechtsstellung von Beamten eingreifende Verwaltungsakte, die also seine Rechte berühren, sind regelmäßig justiabel und lösen schon insoweit entsprechende (Rechtsmittel-)Fristen aus. Einen eigenständigen Anwendungsbereich hat die Alternative des „Berührtseins von Rechten" des Beamten oder Versorgungsberechtigten regelmäßig nur für die Fälle begünstigender Verwaltungsakte (vgl. *Battis,* § 128 BBG Rn. 4; für eine weitergehende Anwendbarkeit der Alternative *Eck* in Schütz/Maiwald, § 105 LBG Rn. 16 u. 17).

Verfügungen und Entscheidungen, die Beamten nach Vorschriften des LBG mitzuteilen **3** und wegen des zusätzlichen Vorliegens der weiteren Voraussetzungen des § 105 zuzustellen sind, sind u. a. folgende:

1. § 10 Abs. 3 Satz 1 (Schriftliche Mitteilung über Feststellung der Laufbahnbefähigung bei Erwerb der Laufbahnbefähigung außerhalb von NRW)
2. § 17 Abs. 1 Satz 1 u. Abs. 2 Satz 3 (Feststellung der Nichtigkeit einer Ernennung/ Rücknahme einer Ernennung)
3. § 28 Abs. 2 (Zustellungsbedürftigkeit der Entlassungsverfügung)
4. § 34 Abs. 2 Satz 3 (Versetzung dienstunfähiger Beamter in den Ruhestand)
5. § 36 Abs. 1 Satz 2 (Versetzung in den Ruhestand)
6. § 38 Satz 1 (Versetzung in den einstweiligen Ruhestand)

Teilweise ist bereits direkt die Zustellung in der Norm, die Grundlage für eine mitzutei- **4** lende Verfügung oder Entscheidung ist, vorgeschrieben bzw. wird vorausgesetzt (vgl. § 28 Abs. 2). Die Pflicht zur Zustellung aus § 105 ist dann nur deklaratorischer Art. In Fällen, wo man die gesetzliche Festlegung einer Pflicht zur Zustellung ebenfalls erwarten könnte, weil es sich dann regelmäßig um Maßnahmen von besonderer Relevanz handelt – wie etwa bei einer Versetzung (§ 25 LBG) oder Abordnung eines Beamten (§ 24 LBG) oder beim Widerruf einer Nebentätigkeitsgenehmigung – sieht das LBG dies nicht ausdrücklich vor. Es steht aber dem Dienstherrn frei und ist zu empfehlen, bei solchen potentiell konfliktträchtigen Einzelfällen trotzdem im Einzelfall eine förmliche Zustellung zu wählen.

III. Zustellung nach dem Landeszustellungsgesetz

5   Die nach § 105 vorzunehmende Zustellung richtet sich nach den **Vorgaben des Landeszustellungsgesetzes** (§ 1 LZG). Der Behörde stehen verschiedene Zustellungsarten zur Verfügung, aus denen sie eine Auswahl treffen kann (§ 2 Abs. 3 LZG – vgl. §§ 3–5 LZG). Für Zustellungen an Beamte, Ruhestandsbeamte und sonstige Versorgungsberechtigte gibt es eine **spezielle Regelung**, die für diesen Adressatenkreis u. a. eine alternative Form der Zustellung ermöglicht **(§ 11 Abs. 2 LZG).** Sofern der Beamte, Ruhestandsbeamte oder sonstige Versorgungsberechtigte bereits einen **Bevollmächtigten** hat, ist gem. § 7 Abs. 1 Satz 2 LZG die Zustellung im Falle der erfolgten Vorlage einer schriftlichen Vollmacht an den Bevollmächtigten vorzunehmen. Sofern sich eine formgerechte Zustellung des Dokuments nicht nachweisen lässt oder unter Verletzung zwingender Zustellungsvorschriften erfolgte, gibt es **Heilungsmöglichkeiten.** Das Dokument gilt dann als in dem Zeitpunkt zugestellt, indem es dem Empfangsberechtigten nachweislich zugegangen ist, § 8 LZG. Die **Beweislast** für den nachweislichen Zugang beim Beamten oder dessen Bevollmächtigten liegt beim Dienstherrn. In der Praxis kann der Nachweis z. B. als geführt angesehen werden, wenn der Betroffene z. B. fristgerecht Widerspruch bei einer dem Widerspruch zugänglichen Maßnahme (§ 103 Satz 2) eingelegt hat, ohne den Mangel zu rügen (*Engelhardt/App*, § 8 VwZG Rn. 10). Scheidet in concreto eine Heilungsmöglichkeit aus bzw. sind die Voraussetzungen für eine Heilung nicht vom Dienstherrn nachweisbar, ist der beamtenrechtliche Verwaltungsakt unwirksam (vgl. *Battis*, § 128 BBG Rn. 6).

Abschnitt 7. Besondere Beamtengruppen

§ 106 Beamtinnen und Beamte des Landtags

(1) ¹Die Beamtinnen und Beamten des Landtags sind Beamtinnen und Beamte des Landes. ²Die Ernennung, Entlassung und Zurruhesetzung der Beamtinnen und Beamten des Landtags werden durch die Präsidentin oder den Präsidenten des Landtags im Benehmen mit dem Landtagspräsidium vorgenommen. ³Oberste Dienstbehörde und dienstvorgesetzte Stelle der Beamtinnen und Beamten des Landtags ist die Präsidentin oder der Präsident des Landtags.

(2) Die Direktorin oder der Direktor beim Landtag kann jederzeit in den einstweiligen Ruhestand versetzt werden, soweit sie oder er Beamtin oder Beamter auf Lebenszeit ist.

(3) § 37 Absatz 2 gilt mit der Maßgabe, dass an die Stelle der Landesregierung die Präsidentin oder der Präsident des Landtages tritt.

I. Ernennung, Entlassung und Zurruhesetzung von Beamten des Landtags

Aus § 106 Abs. 1 Satz 1 ergibt sich (klarstellend), dass auch die **Beamten des Landtags** **1** Beamte des Landes sind, mithin also den für Landesbeamte geltenden Vorschriften des LBG und BeamtStG unterliegen. Die Ernennung, Entlassung und Zurruhesetzung der Beamten des Landtags wird gemäß ihrer Sonderstellung in Satz 2 dahingehend geregelt, dass diese Befugnisse dem **Präsidenten des Landtags** im Benehmen mit dem Landtagspräsidium zustehen. Teilweise ergeben sich diese Befugnisse bereits aus der Landesverfassung. Nach **Art. 39 Abs. 2 LVerf** hat der Landtagspräsident u. a. das Recht zur Ernennung der Beamten; aus der Verfassung wird über den Wortlaut hinaus abgeleitet, dass sich die Kompetenz auch auf die Beförderung, Entlassung und Zurruhesetzung erstreckt (*Thesling* in Heusch/Schönenbroicher, Art. 39 LVerf Rn. 5). Wegen der Spezialregelung im LBG sind die diesbezüglichen verfassungsrechtlichen Fragen nicht von praktischer Relevanz, da insoweit dem Präsidenten des Landtags die Rechte auf jeden Fall zustehen. Das Benehmen mit dem Landtagspräsidium geschieht in der Weise, dass das Präsidium des Landtags angehört wird, die Letztentscheidung aber beim Präsidenten des Landtags verbleibt (*Thesling* in Heusch/Schönenbroicher, Art. 39 LVerf Rn. 5; s. a. *Brockhaus* in Schütz/Maiwald, § 107 LBG Rn. 7).

§ 106 Abs. 1 Satz 3 legt fest, dass für die Beamten des Landtags oberste Dienstbehörde **2** und dienstvorgesetzte Stelle i. S. d. § 2 der Landtagspräsident ist. Ihm steht das Recht der Ernennung zu und er ist für die beamtenrechtlichen Entscheidungen über die persönlichen Angelegenheiten der Landtagsmitarbeiter zuständig. Hierbei ist er an die Vorschriften des öffentlichen Dienstrechts gebunden.

II. Besondere Regelung für den Direktor beim Landtag, § 106 Abs. 2

Die Regelung in § 106 Abs. 2 basiert auf § 30 BeamtStG, der die Länder autorisiert, die **3** Ämter von politischen Beamten festzulegen. Allerdings stellt die Vorschrift im BeamtStG darauf ab, dass es sich um ein Amt handeln muss, bei dem es im Rahmen der Ausübung auf die fortdauernde Übereinstimmung mit den grundsätzlichen politischen Ansichten und Zielen der „Regierung" ankommt. Die Leitung des Landtags ist aber nicht gleichzusetzen mit der Landesregierung. Das **OVG Münster** hat aber zur Vorgängervorschrift mit Billigung durch das BVerwG entschieden, dass der **Regierungsbegriff** erweiternd verstanden werden müsse; er umfasse auch oberste, „unmittelbar von der Volksvertretung legitimierte Exekutivfunktionen", mithin auch die Landtagsverwaltung in NRW (OVG Münster, NWVBl. 2004, 145 – bestätigt durch BVerwG, *Buchholz* 237.7 § 181 LBG NW Nr. 1; OVG Münster, NWVBl. 2000, 379; BVerfG, NVwZ 2003, 1506; s. a. *Grigoleit,* ZBR 1998, 131; krit. *Oldiges/Brinktrine,* DÖV 2002, 950; BVerwG, RiA 2003, 33: Direktor der Bremischen Bürgerschaft – krit. dazu *Brinktrine,* RiA 2003, 15).

4   In der Literatur wird u. a. von *Oldiges/Brinktrine* bezweifelt, dass ein Landtagsdirektor wirklich nach den relevanten bundesrechtlichen Maßstäben die **Voraussetzungen für einen politischen Beamten** erfüllt (*Oldiges/Brinktrine,* DÖV 2002, 943; s. a. *Traulsen,* VBlBW 2012, 208, 209; *Lindner,* ZBR 2011, 160; *Reich,* § 30 BeamtStG Rn. 6). Dabei wird aber der Bezugspunkt der politischen Loyalitätspflicht des Landtagsdirektors verkannt. Sie bezieht sich – entgegen der Darstellung von *Oldiges/Brinktrine* – gerade nicht auf die Landesregierung in Form des Kabinetts, sondern (nur) auf den Präsidenten des Landtags, der aber gerade seinerseits nach Ansicht des OVG Münster den „erweiterten Regierungsbegriff" erfüllt (OVG Münster, NWVBl. 2004, 145 – bestätigt durch BVerwG, *Buchholz* 237.7 § 181 LBG NW Nr. 1; s. a. BVerfG, NVwZ 2003, 1506). Teilweise geht deshalb die Kritik ins Leere (vgl. zum aktuellen Meinungsstand *Traulsen,* VBlBW 2012, 208 ff.). Nach den Maßstäben der bisherigen Rechtsprechung bestehen an der Rechtmäßigkeit von § 106 Abs. 2 keine durchgreifenden Zweifel. Der Landtagsdirektor kann bei Erfüllung der Voraussetzungen des § 37 Abs. 2 jederzeit in den einstweiligen Ruhestand versetzt werden. Einer (expliziten) Begründung bedarf es nicht, da sich der allein zulässige Grund für eine solche beamtenrechtliche Maßnahme (vgl. § 30 Abs. 1 Satz 1 BeamtStG) schon aus der Maßnahme selbst automatisch ergibt (vgl. zur umstrittenen, aber in NRW – soweit ersichtlich – bislang nicht praktisch gewordenen Frage einer Begründungsbedürftigkeit der Zurruhesetzung politischer Beamter *Traulsen,* VBlBW 2012, 209 ff.; für eine Begründungspflicht bei der Versetzung des Landtagsdirektors des Landtags von Baden-Württemberg in den einstweiligen Ruhestand: VG Stuttgart, Urt. v. 2.12.2011, 1 K 2568/11 – unveröffentlicht). § 106 Abs. 3 legt fest, dass für die Versetzung des Landtagsdirektors in den einstweiligen Ruhestand statt der Landesregierung der Präsident des Landtags zuständig ist. Diese Regelung ist notwendig, da anderenfalls in verfassungsrechtlich unzulässiger Weise von der Landesregierung in die Personalhoheit des Parlaments eingegriffen werden könnte und das Prinzip der Gewaltentrennung verletzt würde.

§ 107 Ehrenbeamtinnen und Ehrenbeamte

(1) **Für Ehrenbeamtinnen und Ehrenbeamte gelten die Vorschriften dieses Gesetzes mit folgenden Maßgaben:**

1. **Ehrenbeamtinnen und Ehrenbeamte können jederzeit verabschiedet werden. Sie sind zu verabschieden, wenn die sonstigen Voraussetzungen für die Versetzung einer Beamtin oder eines Beamten in den Ruhestand oder in den einstweiligen Ruhestand gegeben sind; es gilt jedoch keine Altersgrenze.**
2. **§ 16 Absatz 3, §§ 24, 25, 32 Absatz 2, §§ 49 bis 54, 57, 60, 61, 75 und 79 finden keine Anwendung. Hauptberufliche Beamtinnen oder Beamte dürfen nach Erreichen der Altersgrenze nicht zur Weiterführung ihrer bisherigen Amtsaufgaben in ein Ehrenbeamtenverhältnis berufen werden.**

(2) **¹Im Übrigen regeln sich die Rechtsverhältnisse der Ehrenbeamtinnen und Ehrenbeamten nach den besonderen für die einzelnen Gruppen der Ehrenbeamtinnen und Ehrenbeamten geltenden Vorschriften. ²Für die Mitglieder eines von der Vertretung einer Gemeinde oder eines Gemeindeverbandes gewählten Ausschusses, die in**

dieser Eigenschaft zu Ehrenbeamtinnen oder Ehrenbeamten zu ernennen sind, nimmt die Aufsichtsbehörde der Gemeinde oder des Gemeindeverbandes die Befugnisse der dienstvorgesetzten Stelle wahr.

Übersicht

IV. Der besondere Status von Ehrenbeamten

Bei **Ehrenbeamten,** die regelmäßig das Amt neben ihrer hauptberuflichen Tätigkeit **1** ausüben, handelt es sich um eine **besondere Form eines (echten) Beamtenverhältnisses,** auf welches allerdings die hergebrachten Grundsätze des Berufsbeamtentums nicht ohne weiteres anwendbar sind (*Reich*, § 5 BeamtStG Rn. 1; BVerfG, NZA 2008, 962; a. A. offenbar *Tiedemann* in Schütz/Maiwald, § 108 LBG Rn. 4). Anzuwenden ist aber das BeamtStG und – mit Modifikationen – das LBG. Ehrenbeamte nach § 107 bzw. § 5 BeamtStG erhalten **keine Dienstbezüge** und haben **keinen Anspruch auf Pension** (§ 79 gilt nach § 107 Abs. 1 Nr. 2 nicht für Ehrenbeamte); allerdings können ihnen im Falle eines Dienstunfalls Ansprüche nach dem für Ehrenbeamte geltenden § 35 LBeamtVG zustehen (Heilverfahren, Ersatz von Sachschäden, ggf. Unterhaltsbeitrag; *Zentgraf* in MRSZ, § 5 BeamtStG Erl. 1). Die Abgrenzung zu einer nur ehrenamtlichen Tätigkeit (etwa als ehrenamtlicher Richter; Schiedsmann) besteht darin, dass ein Ehrenbeamter in einem echten Ehrenbeamtenverhältnis zu einem Dienstherrn steht, also eine konkret-funktionale Amtsstelle besetzt. Als Ehrenbeamter kann berufen werden, wer unentgeltlich Aufgaben i. S. d. § 3 Abs. 2 BeamtStG unentgeltlich wahrnehmen soll, **§ 5 Abs. 1 BeamtStG.** Es handelt sich also um hoheitsrechtliche Aufgaben oder „solche Aufgaben, die aus Gründen der Sicherung des Staates oder des öffentlichen Lebens nicht ausschließlich Personen übertragen werden dürfen, die in einem privatrechtlichen Arbeitsverhältnis stehen". In NRW gibt es verschiedene Fälle des Ehrenbeamtentums; zu verweisen ist u. a. auf **§ 62 KrO** (Mitglieder des Kreisausschusses), **§ 11 FSHG** (Leiter der Freiwilligen Feuerwehren, sog. Wehrführer und ihre Stellvertreter), **§ 39 Abs. 7 Satz 3 GO** (Ortsvorsteher, wenn für das Gebiet seiner Ortschaft mit der Erledigung bestimmter Geschäfte der laufenden Verwaltung beauftragt).

Aufgrund der **Sonderrolle von Ehrenbeamten** ist es landesrechtlich geboten, entspre- **2** chend der Autorisierung durch § 5 Abs. 2 BeamtStG für diese Beamtengruppe – wie durch § 107 Abs. 1 geschehen – Abweichungen „von den für Beamtinnen und Beamte allgemein geltenden Vorschriften" vorzunehmen. Das BeamtStG gestattet aber besondere landesrechtliche Regelungen nur in engem Rahmen (*v. Roetteken* in v. Roetteken/Rothländer, § 5 BeamtStG Rn. 23 ff.). Soweit das BeamtStG neben § 5 BeamtStG weitere spezifische Vorschriften zu Ehrenbeamten enthält, sind Abweichungen dem Landesgesetzgeber verwehrt (*v. Roetteken* in v. Roetteken/Rothländer, § 5 BeamtStG Rn. 24). Insofern gelten für alle Ehrenbeamte § 22 Abs. 2 Satz 2 BeamtStG und § 8 BeamtStG (vgl. zur Ernennung § 8 Abs. 2 Nr. 1 BeamtStG; vgl. dazu *v. Roetteken* in v. Roetteken/Rothländer, § 8 BeamtStG Rn. 17), ohne das eine abweichende landesrechtliche Regelung möglich wäre. Die Auflistung der Vorschriften des LBG, die laut § 107 Abs. 1 Nr. 2 keine Anwendung auf Ehrenbeamte finden, beachtet diese Rechtslage ebenso wie die Regelung in § 107 Abs. 1 Nr. 1 zur Beendigung des Ehrenbeamtenverhältnisses.

Ehrenbeamte können nach § 107 Abs. 1 Nr. 1 Satz 1 **jederzeit verabschiedet** werden. **3** Wenn die sonstigen Voraussetzungen für die Versetzung eines Beamten in den Ruhestand oder in den einstweiligen Ruhestand vorliegen, sieht die gesetzliche Regelung vor, dass die Ehrenbeamten zu verabschieden sind (§ 107 Abs. 1 Nr. 1 Satz 2). Aus der gesetzlichen Formulierung („Sie sind zu verabschieden…") folgt, dass der Dienstherr bei Vorliegen der gesetzlichen Voraussetzungen keinen Spielraum bei der Frage der Verabschiedung hat. Die **Verabschiedung** geschieht durch Verfügung (Verwaltungsakt). Im Übrigen können die Entlassungstatbestände des BeamtStG eintreten (§§ 22, 23 BeamtStG), sofern sie nicht in Widerspruch zur besonderen Stellung des Ehrenbeamten stehen bzw. ausdrücklich ausgeschlossen sind (z. B. § 22 Abs. 2 Satz 2 BeamtStG).

II. Katalog nicht auf Ehrenbeamte anzuwendender Normen des LBG

4   § 107 Abs. 1 Nr. 2 Satz 1 enthält einen Katalog der nicht auf Ehrenbeamte anzuwendenden Normen. Es handelt es sich um Regelungen zum Wirksamkeitszeitpunkt von Ernennungen, zu Abordnungen, Versetzungen, zum zeitlich begrenzten Hinausschieben des Ruhestands aus dienstlichen Gründen, zum Nebentätigkeitsrecht, zur Arbeitszeit, zur Mehrarbeit, und zu Beihilfen, Besoldung/Versorgung und sonstigen Leistungen. Diese auf Berufsbeamte abstellenden Regelungen – wie etwa das Nebentätigkeitsrecht oder das Recht der Versorgung – passen nicht zum Status der Ehrenbeamten. Die Aufzählung ist nicht abschließend bzw. kann nicht im Gegenschluss so verstanden werden, dass alle nicht in § 107 Abs. 1 Nr. 2 Satz 1 genannten Vorschriften für Lebenszeitbeamte auf Ehrenbeamte anzuwenden sind. Es gibt weitere Vorschriften, die der Sache nach nicht auf Ehrenbeamte angewendet werden können. Da dies z. B. bei den Regelungen zum Laufbahnrecht evident ist, brauchte der Gesetzgeber solche Vorschriften (§§ 5 ff.) nicht expressis verbis in den Ausschluss-Katalog in § 107 aufnehmen.

III. Umwandlungsverbot, § 107 Abs. 1 Nr. 2 Satz 2

5   Um zu verhindern, dass in der Praxis die Vorschriften über die Zurruhesetzung von Berufsbeamten umgangen werden, hat der Gesetzgeber in § 107 Abs. 1 Satz 1 Nr. 2 Satz 2 vorgeschrieben, dass hauptberufliche Beamte nach Erreichen der für sie geltenden Altersgrenze nicht zur Weiterführung ihrer bisherigen Amtsaufgaben in ein Ehrenbeamtenverhältnis berufen werden dürfen. In dem Kontext ist auch auf § 5 Abs. 2 BeamtStG zu verweisen. Das **Umwandlungsverbot des § 5 Abs. 3 BeamtStG** dahingehend, dass ein Ehrenbeamtenverhältnis nicht in ein Beamtenverhältnis anderer Art umgewandelt werden kann und vice versa auch ein solches Beamtenverhältnis nicht in ein Ehrenbeamtenverhältnis, wird in § 107 – im Unterschied zu einigen anderen Bundesländern – mit Recht nicht (deklaratorisch) aufgegriffen (vgl. *Eck* in Schütz/Maiwald, § 108 LBG Rn. 27). In der Zusammenschau mit § 107 Abs. 1 Nr. 2 Satz 2 wird deutlich, dass sowohl Bundes- als auch Landesgesetzgeber richtigerweise besonderen Wert auf eine strikte Trennung der unterschiedlichen Arten der Beamtenverhältnisse Wert legen.

IV. Sonderregelungen, § 107 Abs. 2

6   Durch § 107 Abs. 2 Satz 1 wird vom Gesetz deutlich gemacht, dass sich die Rechtsverhältnisse der Ehrenbeamten neben dem durch das BeamtStG/LBG gesetzten Rahmen nach den besonderen für die einzelnen Gruppen von Ehrenbeamten geltenden Vorschriften richten. Je nach den Spezifika der unterschiedlichen Ehrenbeamtenverhältnisse kann es also zu unterschiedlichen Detailregelungen kommen, die sich an den jeweiligen Erfordernissen orientieren. Für den speziellen Fall, dass Mitglieder eines von der Vertretung einer Gemeinde oder eines Gemeindeverbandes gewählten Ausschusses, die in dieser Eigenschaft als Ausschussmitglieder zu Ehrenbeamten zu ernennen sind, zu Ehrenbeamten ernannt wur-

den, trifft § 107 Abs. 2 Satz 2 eine besondere Regelung zur dienstvorgesetzten Stelle. Die Aufsichtsbehörde der Gemeinde – dies ist bei kreisfreien Städten die jeweilige Bezirksregierung (§ 120 Abs. 2 GO), bei kreisangehörigen Städten der Landrat (§ 120 Abs. 1 GO) – oder die jeweilige Aufsichtsbehörde des Gemeindeverbandes nehmen die Befugnisse der dienstvorgesetzten Stelle wahr.

§ 108 Beamtinnen und Beamte des Landesrechnungshofs

[1]Für die Beamtinnen und Beamten im Geschäftsbereich des Landesrechnungshofs gelten die Vorschriften dieses Gesetzes, soweit im Gesetz über den Landesrechnungshof nichts anderes bestimmt ist; § 39 des Beamtenstatusgesetzes gilt jedoch nicht für die Präsidentin oder den Präsidenten und die anderen Mitglieder des Landesrechnungshofs. [2]Oberste Dienstbehörde und dienstvorgesetzte Stelle der Mitglieder und der anderen Beamtinnen und Beamten im Geschäftsbereich des Landesrechnungshofs ist die Präsidentin oder der Präsident des Landesrechnungshofs.

Übersicht

I. Allgemeines

Nach Art. 87 LVerf ist der Landesrechnungshof (LRH) eine selbständige (ministerial- **1** freie), nur dem Gesetz unterworfene oberste Landesbehörde mit umfassenden Prüfrechten (*Schönenbroicher,* in Heusch/Schönenbroicher Art. 87 LVerf Rn. 1: Institutionelle Garantie der Rechnungsprüfung; vgl. zur Stellung der Landesrechnungshöfe *Seyfried,* S. 63; *Breuer/Emenet,* NWVBl. 2001, 457; *Bertrams,* NWVBl. 1999, 1 ff.; s. a. *Grupp,* NWVBl. 1992, 265; VerfGH NRW, Entsch. v. 13.12.2011, 11/10 – vgl. dazu *Tuschl,* NWVBl. 2012, 165). Eine genaue Einordnung in die Trias der Staatsgewalten ist kaum möglich (vgl. *Stern,* Staatsrecht II, S. 447). Die Frage, ob der LRH selbst zu den obersten Landesorganen i. S. v. Art. 75 Nr. 2 LVerf zählt, ist weiter umstritten (offengelassen vom VerfGH NW, Entsch. v. 13.12.2011, 11/10; BVerfGE 92, 130). Den Beamten des LRH kommen in Bezug auf die geprüften Behörden usw. keine Weisungsrechte oder richterliche Entscheidungsbefugnisse zu; sie können nur „kritisieren und monieren" (*Bertrams,* NWVBl. 1999, 1). Gegenüber der Presse hat der LRH nach bedenklicher Ansicht des OVG Münster sehr weitreichende Auskunftsverpflichtungen nach § 4 PresseG NRW über Prüfmitteilungen (OVG Münster, DVBl 2013, 322). Schützenswert seien allerdings – so das OVG Münster – das Beratungsgeheimnis und der Entscheidungsprozess (OVG Münster, a. a. O.).

II. Sonderregelungen für Beamte des LRH

Im Hinblick auf die verfassungsrechtlich abgesicherte besondere Stellung des LRH und **2** seiner Mitglieder trifft § 108 **Sonderregelungen für die Beamten des LRH.** Eine uneingeschränkte Anwendung aller Vorschriften des LBG würde in Widerspruch zu den Vorschriften des Gesetzes über den LRH stehen (LRHG). § 108 löst diesen Widerspruch, indem das LBG für die Beamten im Geschäftsbereich des LRH nur gilt, soweit es nicht anderweitige Regelungen im LRHG gibt. Hierzu zählen u. a. die §§ 3–5 LRHG. In § 5 LRHG wird festgelegt, dass es sich bei dem Präsidenten des LRH und den anderen Mitgliedern des LRH um Lebenszeitbeamte handelt, die „nur dem Gesetz unterworfen" sind und **richterliche Unabhängigkeit** genießen (vgl. dazu *Blasius*, VR 1990, 124 ff.; *Bertrams*, NWVBl. 1999, 1, 3). Diese Sonderstellung ist kein Privileg, sondern eine Absicherung der Ausübung der Kontrollfunktion des LRH (*Bertrams*, a. a. O.). Durch die Verordnung über die Ernennung, Entlassung und Zurruhesetzung von Beamtinnen und Beamten im Geschäftsbereich des LRH vom 9. Januar 1973 (GV. NRW. S. 49, zuletzt geändert durch Artikel 21 des Zweiten Befristungsgesetzes vom 5. April 2005, GV. NRW. S. 274), welche die entsprechenden Befugnisse auf den Präsidenten des LRH überträgt (zu den Beteiligungspflichten von MIK und FM ab bestimmten Besoldungsgruppen, vgl. § 1 Abs. 2 dieser VO), wird die **unabhängige Stellung des LRH** auch in personeller Hinsicht gestärkt. Der Präsident, der Vizepräsident und die übrigen Mitglieder des LRH werden gemäß § 3 Abs. 1 LRHG vom Landtag ohne vorherige Aussprache gewählt und von der Landesregierung ernannt. Das Personalauswahlrecht des Parlaments dient der Stärkung der Unabhängigkeit gegenüber der Landesregierung (*Schönenbroicher*, in Heusch/Schönenbroicher, Art. 87 LVerf NRW Rn. 16). Ein nicht ausgewählter Bewerber kann vor dem Verwaltungsgericht gegen die Ernennung eines Konkurrenten wegen Fehlern des Wahlverfahrens oder Nichterfüllung der gesetzlichen Voraussetzungen im Eilverfahren vorgehen (*Schönenbroicher*, in Heusch/Schönenbroicher, Art. 87 LVerf NRW, Rn. 20 unter Hinw. auf VG Potsdam, B. v. 22.12.2006, 2 L 745/06). Bei Beförderungsverfahren im LRH, die sich auf Prüfungsbeamte des LRH beziehen, ist es zulässig, bei Beurteilungen die Vergleichsgruppe nicht nach dem technischen Dienst und nichttechnischen Dienst bzw. den entsprechenden Laufbahnen zu differenzieren (OVG Münster, B. v. 27.11.2014, 6 B 810/14). Die Orientierung an der gemeinsamen Funktion der Prüfbeamten – der LRH bezeichnete dies als eine Art „Prüferlaufbahn" – ist nach zutreffender Ansicht des OVG Münster nicht rechtswidrig, zumal sie ständiger Praxis des LRH entspricht und einheitlich gehandhabt wird (OVG Münster, B. v. 27.11.2014, 6 B 810/14).

III. Ausschluss der Anwendbarkeit des § 39 BeamtStG, § 108 Satz 1 letzter Halbs.

3   Der Umstand, dass die Beamten eines Rechnungshofes nur dem Gesetz unterworfen sind, stellt sich als Ausnahme von der allgemeinen Weisungsgebundenheit von Beamten dar (*Battis*, § 62 BBG Rn. 6; *Grupp*, NWVBl. 1992, 267). Die **Weisungsfreiheit bezüglich der Prüftätigkeit** besteht sowohl intern als auch extern. Es ist wegen der **richterähnlichen Stellung von Mitgliedern des LRH** konsequent, dass in § 108 Satz 1 letzter Halbs. das Verbot der Führung der Dienstgeschäfte nach § 39 BeamtStG (sog. Zwangsbeurlaubung) für die Präsidentin und die anderen Mitglieder des LRH für nicht anwendbar erklärt wird. § 5 Abs. 1 Satz 3 LRHG stellt auch im Übrigen bezüglich dieser Beamten des LRH auf die Vorschriften für Richter ab, so dass z. B. eine Versetzung eines Mitglieds des LRH gegen seinen Willen nicht möglich ist. Für sonstige Beamte des LRH und dessen Geschäftsbereich, also solche, die nicht zu den „Mitgliedern" des LRH im Rechtssinne zählen, ist grundsätzlich (nur) das allgemeine Beamtenrecht anzuwenden; die Anwendung des Beamtenrechts erfolgt insoweit grundsätzlich ohne Einschränkungen (*Brockhaus* in Schütz/Maiwald, § 109 LBG Rn. 26 und Rn. 89).

IV. Der Präsident des LRH als oberste Dienstbehörde/ dienstvorgesetzte Stelle, § 108 Satz 2

4   § 108 Satz 2 bestimmt den Präsidenten des LRH zur obersten Dienstbehörde und dienstvorgesetzten Stelle der Mitglieder und der anderen Beamten im Geschäftsbereich des LRH. Die Beschäftigten der Rechnungsprüfungsämter unterstehen insofern der Dienst- und Fachaufsicht des LRH.

§ 109 Polizeivollzugsdienst

(1) **Für die Polizeivollzugsbeamtinnen und Polizeivollzugsbeamten gelten die Vorschriften dieses Gesetzes, soweit nachstehend nichts anderes bestimmt ist.**

(2) ¹**In das Beamtenverhältnis auf Probe darf eingestellt werden, wer das 40. Lebensjahr noch nicht vollendet hat.** ²**§ 14 Absatz 4, 5, 7 und 9 bis 11 gilt entsprechend.**

(3) ¹**In das Beamtenverhältnis auf Widerruf darf eingestellt werden, wer das 37. Lebensjahr noch nicht vollendet hat.** ²**§ 14 Absatz 5, 7, 10 und 11 findet entsprechende Anwendung.**

(4) **Welche Beamtengruppen zum Polizeivollzugsdienst gehören, bestimmt das für Inneres zuständige Ministerium im Einvernehmen mit dem Finanzministerium durch Rechtsverordnung.**

Übersicht

I. Allgemeines

Nach § 1 Abs. 1 gilt für alle Beamten des Landes, also u. a. auch für die Polizeivollzugs- **1** beamten, das LBG, sofern das BeamtStG keine anderweitige Regelung enthält. Durch § 109 Abs. 1 wird insofern nur klarstellend geregelt, dass auf alle Polizeivollzugsbeamten das LBG anzuwenden ist, soweit nicht in den §§ 110–115 etwas anderes bestimmt ist. Die Sonderregelungen resultieren aus den besonderen dienstlichen Anforderungen und Rahmenbedingungen für Polizeivollzugsbeamte, denen durch spezifische Bestimmungen zu den Laufbahnen, zur Arbeitszeit, zur Dienstkleidung, zur Heilfürsorge und zum Ruhestand usw. Rechnung getragen wird. Die neuen Regelungen in § 109 Abs. 2 und 3, die schon vor dem DRModG Bestandteil des LBG in einer eigenständigen Norm waren (§ 110a), sind erstmalig mit dem Gesetz zur Neuregelung der Höchstaltersgrenzen für die Einstellung in eine Beamtenverhältnis in NRW und zur Entfristung der Alterszeitregelung vom 17.12.2015 (GV. NRW. S. 938) eingefügt worden und auch mittelbare Folge der Entscheidung des BVerfG vom 21.4.2015 zu Höchstaltersgrenzen (BVerfG, B. v. 21.4.2015, 2 BvR 1322/12, 2 BvR 1989/12, VR 2015, 283 – vgl. dazu die zustimmenden Urteilsanm. von *Pernice-Warnke*, VR 2016, 9; vgl. zu Fragen der Folgenbeseitigung im Zusammenhang mit rechtswidrig nicht erfolgter Übernahme in ein Beamtenverhältnis wegen Überschreitens der alten Höchstaltersgrenze VG Münster, Urt. v. 7.6.2016, 4 K 2032/09). § 109 Abs. 2 und 3 legen in Abgrenzung zu § 14 Abs. 1, der eine Höchstaltersgrenze von 42 Jahren vorsieht, wegen der **Besonderheiten des Polizeivollzugsdienstes** eigenständige (niedrigere) Höchstaltersgrenzen für die Einstellung in ein Beamtenverhältnis in dieser Laufbahn fest. Die spezielle Norm für die Einstellung in den Polizeivollzugsdienst zieht insofern die Folgerungen daraus, dass mit höherem Alter die erhöhten Anforderungen an die körperliche und geistige Leistungsfähigkeit sowie an die seelische Belastbarkeit als besondere Eignungsanforderungen im Polizeivollzugsdienst in der Regel nicht mehr so optimal zu erfüllen sind. Eine solche typisierende Betrachtung ist zulässig und wird im Übrigen vom Gesetzgeber in der ausführlichen Gesetzesbegründung (zum alten § 110a) auch durch entsprechendes Datenmaterial über die Zunahme von (dauerhaften) Verwendungseinschränkungen proportional zum Lebensalter von Polizeivollzugsbeamten belegt (vgl. LT-Drs.

16/9759, S. 26–27). In der Gesetzesbegründung heißt es zur Zulässigkeit der besonderen Eignungsanforderung außerdem (LT-Drs. 16/9759, S. 26): „Ein solches eignungsrelevantes Kriterium ist das Lebensalter, wenn Beamtinnen und Beamten mit Überschreiten einer bestimmten Altersgrenze typischerweise den Anforderungen eines Amtes nicht mehr voll umfänglich genügen. Das Alter betrifft in diesen Fällen die physischen Fähigkeiten der Beamtinnen und Beamten und dient als Indikator für deren Tauglichkeit zu amtsangemessenen, funktionsgerechten Leistungen. Die besonderen Höchstaltersgrenzen für die Einstellung in ein Beamtenverhältnis im Polizeivollzugsdienst müssen eng an die gesundheitliche Eignung der Polizeivollzugsbeamtinnen und -beamten geknüpft werden und sind daher im Vergleich zu anderen Beamtengruppen, insbesondere der allgemeinen inneren Verwaltung, nach besonderen Maßstäben zu beurteilen."

2   § 109 Abs. 2 und 3 korrespondiert mit § 114, der auch für den Eintritt in den Ruhestand von Polizeivollzugsbeamten eine besondere Altersgrenze festlegt (62. Lebensjahr). Sie beruht darauf, dass das für die Dienstausübung erforderliche Leistungsvermögen und damit die Dienstfähigkeit der Beamtinnen und Beamten typischerweise bereits vor Erreichen der allgemeinen Altersgrenze durch verschiedene Umstände (Schicht- und Bereitschaftsdienste, allgemein höhere körperliche Beanspruchungen, hohe seelische Belastungen) bei zulässiger typisierender Betrachtung nicht mehr gegeben ist (vgl. dazu § 114 Rn. 2; OVG Münster, NWVBl. 2004, 58; BVerfG, NVwZ 2008, 1233). Die **Festlegung einer niedrigeren Höchstaltersgrenze für die Einstellung in den Polizeivollzugsdienst** ist insofern im Gesamtsystem der gesamten Regelungen für die Laufbahn von Polizeivollzugsbeamten in sich stimmig und konsequent. In der Gesetzesbegründung (zur Vorgängerregelung – § 110a – heißt es in dem Kontext in der LT-Drs. 16/9759, S. 27): „Eine angemessene Dienstzeit ist für das Lebenszeitprinzip sowie das Alimentationsprinzip ausschlaggebend. Durch die begründete besondere Ruhestandsaltersgrenze im Bereich der Polizei und den damit verbundenen früheren Eintritt in den Ruhestand wird das Verhältnis zu den besonderen Höchstaltersgrenzen für die Einstellung in ein Beamtenverhältnis in ein ausgewogenes Verhältnis zwischen Lebensdienstzeit und Ruhestandszeit und damit zwischen aktiver Beschäftigungszeit und Versorgungsansprüchen gewährleistet (vgl. Beschluss des BVerfG vom 21. April 2015, 2 BvR 1322/12 sowie 2 BvR 1989/12 Rn. 80)."

3   Die besonderen Höchstaltersgrenzen für die Einstellung in den Polizeivollzugsdienst haben insofern das gesetzgeberische Ziel, dass die Leistungsfähigkeit über einen längeren Zeitraum dem Dienstherrn zur Verfügung steht, was naturgemäß bei jüngeren Bewerbern eher der Fall ist. In der Gesetzesbegründung (zur Vorgängerregelung § 110a) heißt es (LT-Drs. 16/9759, S. 27):"Die Zeitspanne, in der Polizeivollzugsbeamtinnen und -beamte für körperlich anspruchsvolle Aufgaben zur Verfügung stehen, wird maßgeblich vom Einstiegsalter bestimmt. Eine Höchstaltersgrenze für die Einstellung in den Polizeivollzugsdienst trägt somit dazu bei, die Einsatzbereitschaft und Funktionsfähigkeit der Polizei sicherzustellen." Hintergrund ist auch der Umstand, dass die Polizei immer genug jüngere Beamte zur Verfügung haben muss, um bei der Polizeiarbeit alle körperlich anspruchsvollen Aufgaben in hinreichender Personalstärke wahrnehmen zu können. Derartige **Aspekte der körperlichen Leistungsfähigkeit** erkennt auch das BVerfG bei sog. **„Einsatzberufen"** (Polizei, Feuerwehr, Militär) als Legitimation für besondere Höchstaltersgrenzen ausdrücklich an; das Alter betreffe in diesen Fällen die physischen Fähigkeiten des Beamten und dient als Indikator für dessen Tauglichkeit zu amtsangemessenen, funktionsgerechten Leistungen in den Einsatzberufen (BVerfG, B. v. 21. April 2015, 2 BvR 1322/12 und 2 BvR 1898/12). An der Rechtmäßigkeit der speziellen Altersgrenzen für Polizeivollzugsbeamte bestehen insofern keine Zweifel. Die Berechnung, wann das jeweilige Lebensalter bzw. die Höchstaltersgrenze nach § 119 Abs. 2 und 3 erreicht ist, richtet sich nach den Vorschriften des BGB (§§ 187 Abs. 2 Satz 2, 188 BGB). Danach wird das 40. bzw. 37. Lebensjahr mit Ablauf des Tages vollendet, der dem jeweiligen Geburtstag vorausgeht. Sind Personen am Ersten eines Monats geboren, wird das insoweit für die Normanwendung maßgebliche Lebensjahr mit Ablauf des Vormonats vollendet.

II. Einstellung in das Beamtenverhältnis auf Probe

Für die Einstellung in das Beamtenverhältnis auf Probe wird durch § 109 Abs. 2 für Poli- **4** zeivollzugsbeamte ein **besonderes Höchstalter des nicht vollendeten 40. Lebensjahres** festgelegt. Angesichts der zahlreichen sachlichen Gründe, die für die Berechtigung dieser besonderen Höchstaltersgrenze sprechen, und die der Gesetzgeber offenbar ganz bewusst in der Gesetzesbegründung umfassend als Bestandteil eines Abwägungsprozesses dokumentiert hat, ist von der **Verfassungsmäßigkeit der neuen Regelung** auszugehen. In dem Zusammenhang ist auch darauf hinzuweisen, dass das BVerfG und die Literatur dem Gesetzgeber bei der Ausgestaltung von Höchstaltersgrenzregelungen einen Gestaltungsspielraum zubilligen (BVerfG, B. v. 21. April 2015, 2 BvR 1322/12 und 2 BvR 1898/12; *Reuter*, Die Auswirkungen des unionsrechtlichen Altersdiskriminierungsverbots auf das deutsche Beamtenrecht, 2015, S. 99). Eine Überschreitung dieses Gestaltungsspielraums durch den Gesetzgeber von NRW ist bei den Höchstaltersgrenzen nicht erkennbar. Die **Laufbahnverordnung der Polizei NRW** nimmt für die Einstellung in den Polizeivollzugsdienst Bezug auf die Höchstaltersgrenzen im LBG (vgl. § 3 Abs. 1 Nr. 1 LVOPol NRW).

In § 109 Abs. 2 S. 2 ist eine entsprechende **Anwendung von Regelungen des § 14** **5** festgeschrieben; die dort geregelten umfangreichen **Erhöhungs- und Ausnahmetatbestände** können nämlich für alle Beamte relevant sein, so dass schon aus Gleichbehandlungsgründen für die Einstellung in den Polizeivollzugsdienst eine solche Anwendbarkeitserklärung geboten war. Wegen der Einzelheiten wird insoweit auf die Kommentierung des § 14 verwiesen. Die vorgeschriebene analoge Geltung des § 14 Absatz 9 soll gewährleisten, dass im Falle einer Verlängerung des grundsätzlich drei Jahre dauernden Vorbereitungsdienstes die Einstellung in das Beamtenverhältnis auf Probe für die Laufbahn des Polizeivollzugsdienstes weiterhin möglich ist (vgl. in dem Kontext zur gleichen Rechtslage beim alten § 110a die LT-Drs. 16/9759, S. 28).

III. Einstellung in das Beamtenverhältnis auf Widerruf

Da es eine notwendige Vorlaufzeit (dreijährige Ausbildung) gibt, bis nach erfolgreicher **6** Prüfung im Polizeivollzugsdienst eine Einstellung als Beamter auf Probe erfolgen kann, wird auch insoweit für das Beamtenverhältnis auf Widerruf im Polizeibereich eine besondere Höchstaltersgrenze festgelegt. Das 37. Lebensjahr darf zum Einstellungszeitpunkt noch nicht vollendet sein, § 109 Abs. 3 Satz 1. Aufgrund des Gleichbehandlungsgrundsatzes wird in § 109 Absatz 3 Satz 2 auf die angeführten Ausnahmetatbestände der Höchstaltersgrenze in § 14 verwiesen, die somit für den Polizeivollzugsdienst auch bei der Einstellung in das Beamtenverhältnis auf Widerruf entsprechende Anwendung finden (LT-Drs. 16/9759, S. 28). Auch insoweit wird wegen der Einzelheiten auf die Kommentierung des § 14 verwiesen.

IV. Ermächtigung für Rechtsverordnung, § 109 Abs. 4

Mit § 109 Abs. 4 wird das für Inneres zuständige Ministerium autorisiert, im Einver- **7** nehmen mit dem FM auf der Ebene von Rechtsverordnungen festzulegen, welche Beamtengruppen zum Polizeivollzugsdienst gehören. Die Vorschrift geht zurück auf § 99 Abs. 2 BRRG, den die Vorläufernorm des § 109 Abs. 4 (§ 185 Abs. 2 a. F. LBG) entsprechend übernommen hatte. Im engeren Sinne ist von dieser Ermächtigung nie Gebrauch gemacht worden, was ein bezeichnendes Licht auf deren Notwendigkeit wirft. Im Rechtssinne ist Beamter im Polizeivollzugsdienst, wer die entsprechende Laufbahnbefähigung besitzt (zum Erwerb vgl. § 110 Rn. 1) und ein Amt gem. § 2 Abs. 3 der Laufbahnverordnung der Polizei (LVOPol v. 4.1.1995, zuletzt geändert durch VO v. 6.11.2011, GV. NRW. S. 555) verliehen bekommen hat.

§ 110 Laufbahn, Arbeitszeit

(1) ¹Die Laufbahn der Polizeivollzugsbeamtinnen und Polizeivollzugsbeamten ist eine Einheitslaufbahn. ²Das für Inneres zuständige Ministerium erlässt im Einvernehmen mit dem Finanzministerium durch Rechtsverordnung besondere Vorschriften über die Laufbahn der Polizeivollzugsbeamtinnen und Polizeivollzugsbeamten; in der Verordnung sind insbesondere zu regeln

1. die Voraussetzungen für die Einstellung in den Polizeivollzugsdienst,
2. die Festlegung von Höchstaltersgrenzen für die Zulassung zur Ausbildung für den Laufbahnabschnitt III des Polizeivollzugsdienstes unter Berücksichtigung der Dauer der Ausbildung und der besonderen Anforderungen des höheren Polizeivollzugsdienstes an die Eignung, Befähigung und fachliche Leistung,
3. der Erwerb der Befähigung für den Laufbahnabschnitt II und III sowie
4. die in § 9 Absatz 1 Nummer 2, 4 bis 6, 9 und 10 genannten Regelungsinhalte.

(2) ¹Das für Inneres zuständige Ministerium erlässt im Einvernehmen mit dem Finanzministerium zur Ausführung der Bestimmungen der Laufbahnverordnung durch Rechtsverordnung Vorschriften über die Ausbildung und Prüfung der Polizeivollzugsbeamtinnen und Polizeivollzugsbeamten. ²Dabei sind insbesondere zu regeln

1. das Ziel, der Inhalt und die Ausgestaltung der Ausbildung für den Laufbahnabschnitt II und III,
2. das Verfahren für die Auswahl der Beamtinnen und Beamten, die zur beruflichen Entwicklung in den nächsthöheren Laufbahnabschnitt zugelassen werden sollen sowie
3. die in § 7 Absatz 2 Satz 2 Nummer 5 bis 13 genannten Regelungsinhalte.

(3) Das für Inneres zuständige Ministerium erlässt durch Rechtsverordnung besondere Bestimmungen über die Arbeitszeit der Polizeivollzugsbeamtinnen und Polizeivollzugsbeamten, insbesondere über

1. die Dauer, die Verlängerung und die Verkürzung der regelmäßigen Arbeitszeit und der Dienstschichten,
2. unregelmäßige Arbeitszeiten,
3. den Bereitschaftsdienst und die Rufbereitschaft,
4. dienstfreie Zeiten,
5. die Pausen, die Arbeitszeiteinteilung und die Dienststundenregelung.

(4) Der Wechsel des Laufbahnabschnitts stellt einen Ernennungstatbestand nach § 8 Absatz 1 Nummer 4 des Beamtenstatusgesetzes dar.

I. Polizeivollzugsdienst als Einheitslaufbahn

1   Die Vorschrift sieht zunächst für den Polizeivollzugsdienst eine Ausnahme von der Grundregel des § 5 Abs. 2 Satz 1 vor. Durch die Ausgestaltung als **Einheitslaufbahn** findet das grundlegende Gestaltungsprinzip der Laufbahngruppen keine Anwendung. Unabhängig von der Vorfrage, ob das Laufbahngruppenprinzip als Gewährleistungsbestandteil der hergebrachten Grundsätze gem. Art. 33 Abs. 5 GG gelten kann (vgl. § 5 Rn. 2), sind angesichts der grundsätzlichen Bedeutung des § 5 Abs. 2 Satz 1 für das Laufbahnwesen abweichende Konzepte ausdrücklich gesetzlich zuzulassen (vgl. auch *SHBS*, S. 325 f.). Zweck der abweichenden Gestaltung ist die Konzeption des Polizeivollzugsdienstes als grundsätzlich einheitlicher, auf die polizeiliche Einsatztätigkeit ausgerichteter Werdegang (vgl. OVG Münster, NWVBl. 2004, 58). In der Folge ist etwa die Bewertung der Dienstfähigkeit nicht am jeweiligen abstrakten-funktionalen Amt, sondern an den Anforderungen aller Ämter der Laufbahn orientiert (BVerwG, DÖD 2006, 79; vgl. insoweit aber auch BVerfG, NVwZ 2009, 389; insges. dazu § 115 Rn. 1). Mit der Ausgestaltung als Einheitslaufbahn stehen den Polizeivollzugsbeamten grundsätzlich alle Ämter der Laufbahn offen, vgl. § 2 Abs. 6 LVOPol. Dieses Grundprinzip erfährt jedoch durch die gem. § 2 Abs. 1 LVOPol vorgesehene Einteilung in insgesamt **drei Laufbahnabschnitte,** denen (noch) die Laufbahngruppenbezeichnungen des „mittleren", „gehobenen" und „höheren" Dienstes gem. § 2 Abs. 2 LVOPol zugeordnet werden, eine gewisse Relativierung (vgl. OVG Münster, a.a.O.: drei untereinander offene Abschnitte). Daher findet sich auch § 110 Abs. 2 Satz 2 Nr. 2 selbst eine Regelung zu dem einer Einheitslaufbahn an sich systemfremden Aufstieg, nunmehr in Einklang mit der neuen Laufbahngruppenstruktur (vgl. § 5 Rn. 4; s. a. *Schrapper,* ZBR 2016, 397) beschränkt auf den Laufbahnabschnitt III und als „berufliche Entwicklung" bezeichnet. Allerdings soll dieser „Aufstieg" im rechtlichen Rahmen der Einheitslaufbahn nicht die Ausnahme von der Regel, sondern eine „ebenbürtige Alternative" darstellen (OVG Münster, IÖD 2000, 50). Besondere **Höchstaltersgrenzen** für die Zulassung zum Polizeivollzugsdienst sind immer schon, auch i. S. v. § 10 AGG, als legitim erachtet worden (vgl. nur OVG Münster, B. v. 29.3.2012, 6 B 319/12; 6 B 398/12; 6 B 405/12). Mit der Neuregelung durch § 14 Abs. 3–11 (vgl. § 14 Rn. 6) als Folge eines verfassungsgerichtlichen Verdikts (BVerfG, ZBR 2015, 304) sind nun auch die vormaligen Sonderregelungen der LVOPol (zur Einstellung) auf Gesetzesebene in § 109 Abs. 2 f. geordnet. Die neu eingefügte Ermächtigung des § 110 Abs. 1 Nr. 2 lässt insoweit „lediglich" für die **Zulassung zur Ausbildung** für den Laufbahnabschnitt III (= „Aufstieg") eine mit Maßgaben versehene verordnungsrechtliche Regelung zu (vgl. § 19 Abs. 1 Satz 1 Nr. 2 LVOPol: 40 Jahre; dazu VG Düsseldorf, B. v. 18.4.2016, 2 L 872/16). Ob diese Delegation auf die VO-Ebene angesichts der höchstrichterlichen Vorgaben (vgl. BVerfG, ZGR 2015, 304) Bestand hat, ist fragwürdig. Insgesamt ist die Qualifizierung des Regelungsinhalts des § 110 als „angebliche Einheitslaufbahn" nachvollziehbar (*Pechstein,* ZBR 2009, 20, 28), zumal das laufbahnrechtliche Grundprinzip der Zusammenfassung aller Ämter, die eine gleiche Vor- und Ausbildung voraussetzen, auch im Polizeivollzugsdienst erst durch die Bildung von **Laufbahnabschnitten** erreicht wird (vgl. OVG Münster, IÖD 2000, 50). Für die konkrete Rechtsanwendung relevante Unterschiede bestehen jedoch insoweit, als z. B. bei der Beurteilung der Befähigung schon im Rahmen der Einstellung strengere Maßstäbe anwendbar sind, weil der Dienstherr – wegen des Charakters als Einheitslaufbahn – eine berufliche Entwicklung über den jeweiligen Laufbahnabschnitt hinaus als Regelfall berücksichtigen darf (vgl. OVG Münster, NWVBl. 2004, 58). Von besonderer praktischer Bedeutung ist die Festlegung der Voraussetzungen für die Einstellung in den Polizeivollzugsdienst (§ 110 Abs. 1 Satz 2 Nr. 1 i. V. m. § 3 Abs. 1 LVOPol). Bewerber für den Polizeivollzugsdienst müssen insbes. polizeidiensttauglich sein (vgl. dazu OVG Münster, B. v. 28.11.2012, 1166/12 m. w. N.; zu Fragen der Überschreitung des BMI z. B. VG Düsseldorf, Urt. v. 16.9.2015, 2 K 83/15; OVG Münster, B. v. 17.2.2014, 6 A 1552/12; BVerwG, B. v. 13.12.2013, 2 B 37/13; vgl. zur Mindestgröße von Polizeivollzugsbeamten VG Gelsenkirchen, Urt. v. 14.3.2016, 1 K 3788/14; vgl. insges. § 7 Rn. 2).

Schließlich ist für die Tragweite der Grundentscheidung des § 110 Abs. 1 Satz 1 von **2** Bedeutung, dass § 137 Nr. 2 – insoweit abweichend vom auch für Einheitslaufbahnen geltenden Grundsatz des § 14 Abs. 1 Satz 1 (Einstellung im Einstiegsamt der Laufbahn) – den sog. **Direkteinstieg** in den Laufbahnabschnitt III ausdrücklich ermöglicht. Mit dem Dienstrechtsmodernisierungsgesetz 2016 hat der Gesetzgeber in der Sonderermächtigung des § 137 Nr. 2 durch Teilstreichungen dem Umstand Rechnung getragen, dass durch die Praxis der sog. zweigeteilten Laufbahn in NRW der Direkteinstieg in den Laufbahnabschnitt II der Regelfall ist (vgl. § 11 Abs. 1 LVOPol). Mit der Neufassung des § 137 Nr. 2, soweit sie den Verweis auf § 10 Abs. 1 Satz Nr. 4 a. F. durch denjenigen auf § 7 Abs. 1 ersetzt, wird jedoch – womöglich unbeabsichtigt – nicht mehr auf die Notwendigkeit eines mindestens zweijährigen Vorbereitungsdienstes als Bedingung für den Direkteinstieg verwiesen, sondern (lediglich) auf den Umstand, dass ein solcher Vorbereitungsdienst in der Regel im Widerrufsbeamtenverhältnis abzuleisten ist. Dies ist regelungstechnisch vollkommen überflüssig, aber auch unschädlich, da § 18 Abs. 1 Nr. 2 LVOPol für den Direkteinstieg die Befähigung zum Richteramt oder zum höheren allgemeinen Verwaltungsdienst (alternativ) fordert und damit wegen § 15 Abs. 1 Satz 1 Nr. 2 LVO die Mindestdauer des Vorbereitungsdienstes in Übereinstimmung mit der bisherigen Rechtslage gewährleistet ist. Eine Ausschreibungs- und Einstellungspraxis, die den Zugang hier a priori auf Juristen verengt, ist rechtswidrig (VG Köln, Urt. v. 14.1.2011, 19 K 4687/10). Ein Polizeivollzugsbeamter, der auf eigene Initiative hin die zweite juristische Staatsprüfung abgelegt hat, kann sich für eine Einstellung gem. § 18 LVOPol bewerben; ein Anspruch, als Lebenszeitbeamter direkt zur Qualifikation für den Laufbahnabschnitt III zugelassen zu werden, besteht nicht (OVG Münster, B. v. 31.10.2014, 6 B 1236/14).

II. Erlass von laufbahnbezogenem Verordnungsrecht

3   Abweichend von § 9 Abs. 1 Satz 1 wird gem. § 110 Abs. 1 Satz 2 zum Erlass laufbahnrechtlicher Vorschriften allein das für Inneres zuständige Ressort ermächtigt. Dies erklärt sich aus der begrenzten Reichweite des Regelungsgegenstandes; ein Einvernehmensvorbehalt des FM ist jedoch zu beachten. In der Sache ergeben sich Abweichungen von der allgemeinen laufbahnrechtlichen Verordnungsermächtigung aus den Besonderheiten des Polizeivollzugsdienstes und dem Rechtscharakter als Einheitslaufbahn, vgl. insbesondere § 110 Abs. 1 Satz 2 Nr. 4. So steht etwa der Polizeivollzugsdienst für **andere Bewerber** gem. § 12 nicht offen.

4   Analog § 7 Abs. 2 trägt § 110 Abs. 2 als sondergesetzliche Ermächtigung dem Rechtssatzvorbehalt für Ausbildungs- und Prüfungsvorschriften Rechnung. Allerdings kann das hinsichtlich der Festsetzung bestimmter **Eignungsvoraussetzungen** (hier: Mindestkörpergröße; Farbsichtigkeit) eingeräumte Ermessen des Dienstherrn auch durch Erlass konkretisiert werden (PDV 300; dazu auch LT-Drs. 16/1794; zum Ganzen OVG Münster, B. v. 7.2.2013, 6 E 581/12; VG Düsseldorf, Urt. v. 2.10.2007, 2 K 2070/07; zu – ggf. strengeren – Anforderungen an die charakterliche Eignung von Widerrufsbeamten vgl. OVG Münster, B. v. 18.4.2004, 6 B 1073/04; B. v. 26.8.2005, 6 B 1389/05; B. v. 17.7.2006, 6 A 4200/04). Das VG Gelsenkirchen (Urt. v. 14.3.2016, 1 K 3788/14) hält die für die Polizei vorgeschriebene **Mindestgröße** von 168 cm für männliche Bewerber nicht für tragfähig. Diese geltende Einstellungsgrenze beruhe auf einer nicht ausreichenden Befassung mit aktuellem statistischem Material und werde nicht ausreichend zu den Tätigkeitsanforderungen eines Beamten im Polizeivollzugsdienst in Beziehung gesetzt (insges. auch VGH Kassel, B. v. 30.12.2015, 1 B 2109/15; s.a. VG Stade, Urt. v. 26.3.2015, 12 A 120/14: Notwendigkeit geschlechterdiff. Festlegung). Hiermit dürfte das Gericht aber in kaum vertretbarer Weise die erfahrungsbasierte fachliche Einschätzungsprärogative des Dienstherrn verkürzen. Polizeibewerber müssen mit Recht „Größe zeigen". Sie dürfen bei den berufsbezogen nicht auszuschließenden körperlichen Auseinandersetzungen nicht bereits durch eine zu geringe Körpergröße im Nachteil sein; es geht auch um die Abwehr von Gefahren für Leib und Leben. Demgemäß befindet der VGH Kassel (B. v. 30.12.2015, 1 B 2109/15): „Denn die Erforderlichkeit der Mindestkörpergröße wurde nachvollziehbar mit den Aufgaben eines Polizeibeamten/einer Polizeibeamtin begründet, insbesondere mit der Erforderlichkeit, polizeilich geschulte Hebeltechniken zum Ausgleich körperlicher Unterlegenheit anwenden zu können, was eine gewisse körperliche Mindestgröße voraussetzt." Die Entscheidung über den jeweiligen Schwellenwert obliegt dem Dienstherrn, der lediglich an der Festlegung einer evident überhöhten Mindestgröße gehindert ist, was bei 1,68 cm für männliche Bewerber nicht der Fall sein dürfte. Eine einschlägige Entscheidung des OVG Münster liegt noch nicht vor. Zuzustimmen ist VG Gelsenkirchen (Urt. v. 18.5.2016, 4 K 4348), soweit es präzise und unmissverständliche Leistungsanforderungen für die (modularisierte) Laufprüfung von Anwärtern verlangt. Soweit das Gericht aber die konkrete Zeitvorgabe für die Ausdauerprüfung (3000 m in 13 Min.) bemängelt und eine sportwissenschaftliche Absicherung verlangt, wird der Einschätzungsspielraum des Dienstherrn ebenfalls unvertretbar verengt. Das OVG Münster hatte 2014

bei dieser Teilprüfung „3000-Meter-Lauf" kein derartiges „Problem" gesehen (B. v. 15.10. 2014, 6 A 208/14). Hinsichtlich der Frage eignungsschädlicher Tätowierungen insbes. bei Vollzugsbeamten vgl. § 45 Rn. 3-4. Neben den speziellen Eignungsanforderungen gelten für die potentiellen Polizeibeamten die allgemeinen Eignungsvoraussetzungen, also z. B. das Erfordernis der charakterlichen Eignung. Falsche Angaben bezüglich polizeilicher, staatsanwaltschaftlicher oder gerichtlicher Ermittlungen in eigener Sache können dazu führen, einen Bewerber von einer Einstellung in den Polizeivollzugsdienst rechtmäßig auszuschließen (OVG Münster, B. v. 18.10.2013, 1 B 1131/13). Die Nichterwähnung der Ausbildung für den mittleren Polizeivollzugsdienst (Laufbahnabschnitt I) in § 110 Abs. 2 Satz 2 Nr. 1 ist darauf zurückzuführen, dass NRW Direktbewerber nur noch für den Laufbahnabschnitt II einstellt (sog. zweigeteilte Laufbahn). Zugang zu diesem **Direkteinstieg** haben auch Bewerber, die die Bildungsvoraussetzung des § 11 Abs. 1 Nr. 3 LVOPol als beruflich Qualifizierte i. S. d. §§ 2 ff. BerufsbildungshochschulzulassungsVO (GV. NRW 2010, S. 160) erworben haben (vgl. OVG Münster, DÖV 2011, 165). Das **Zulassungsverfahren** ist hinsichtlich der Dokumentation der Auswahlergebnisse so zu gestalten, dass dem Gebot der Gewährung effektiven Rechtsschutzes Rechnung getragen werden kann (vgl. OVG Münster, NVwZ-RR 2010, 159).

Mit § 110 Abs. 3 ist eine sondergesetzliche, die Regelung des § 60 Abs. 3 verdrängende 5 Ermächtigung für arbeitszeitrechtliche Regelungen vorgesehen, die mit besonderen Vorgaben (unregelmäßige Arbeitszeiten, Rufbereitschaften) den spezifischen Anforderungen des Polizeivollzugdienstes gerecht werden soll (vgl. auch *Brockhaus* in Schütz/Maiwald, § 111 (110 neu) LBG Rn. 88 ff.). Der VO-Geber ist angehalten, die zum 31.12.2015 außer Kraft getretene Regelung zu novellieren (vgl. auch VG Münster, Urt. v. 26.4.2016, 4 K 518/14). Der mit dem Dienstrechtsmodernisierungsgesetz neu eingefügte Absatz 4 trägt dem Wegfall des § 15 Abs. 1 a. F. (vgl. § 14 Rn. 2) Rechnung und stellt klar, dass auch in den Fällen des Wechsels in den nächsthöheren Laufbahnabschnitt – ohne Änderung der Besoldungsgruppe – ein Ernennungsfall vorliegt (vgl. auch LT-Drs. 16/10380, S. 355).

§ 111 Gemeinschaftsunterkunft, Verpflegung

[1]Polizeivollzugsbeamtinnen und Polizeivollzugsbeamte sind auf Anordnung verpflichtet, in einer Gemeinschaftsunterkunft zu wohnen und an einer Gemeinschaftsverpflegung teilzunehmen. [2]Diese Verpflichtung kann Polizeivollzugsbeamtinnen und Polizeivollzugsbeamten, die Beamtinnen und Beamte auf Lebenszeit oder verheiratet sind oder in einer Lebenspartnerschaft leben, nur für besondere Einsätze oder Lehrgänge oder ihre oder seine Aus- und Weiterbildung in der Bereitschaftspolizei auferlegt werden.

I. Gemeinschaftsunterkunft/Gemeinschaftsverpflegung

Im Hinblick auf die **Besonderheiten des Polizeivollzugsdienstes** mit spezifischen 1 dienstlichen Anforderungen kann dienstlich angeordnet werden, dass Polizeivollzugsbeamte in einer **Gemeinschaftsunterkunft** zu wohnen und dort an der **Gemeinschaftsverpflegung** teilzunehmen haben. Hiermit ist zwar eine nicht unerhebliche Einschränkung der grundgesetzlich geschützten **Rechte aus Art. 2 Abs. 2 und Art. 11 Abs. 2 GG** verbunden; das Gesetz stellt aber eine **zulässige Einschränkung** dieser Grundrechte dar (vgl. in dem Kontext VGH München, IÖD 1993, 161). Für die Verpflichtungsmöglichkeit nach § 111 sprechen sachliche Gründe in Form der Sicherstellung der Einsatzbereitschaft und der Erleichterung der dienstlichen Organisation von Polizeiarbeit und Polizeiausbildung. **§ 27 Abs. 1 Nr. 5 Bundesmeldegesetz (BMG)** legt fest, dass eine Meldepflicht nach § 17 Abs. 1 und 2 BMG für eine Person nicht begründet wird, die für eine Wohnung im Inland gemeldet ist, und eine „Gemeinschaftsunterkunft…bezieht, um Dienst …bei der Bundes- oder der Landespolizei zu leisten, sofern die Unterkunft für nicht länger als zwölf Monate bezogen wird."

II. Beschränkung der Anordnungsbefugnisse des Dienstherrn

2   Im Hinblick auf den grundgesetzlich verbürgten **Schutz von Ehe und Familie** und den zunehmend analogen **Schutz von Lebenspartnerschaften nach dem LPartG** schränkt § 111 Satz 2 die aus § 111 Satz 1 resultierenden Befugnisse des Dienstherrn bzw. die besonderen Residenzpflichten des Beamten ein (vgl. zur gebotenen Gleichstellung der Ehe mit Homo-Ehen BVerfG, NVwZ 2012, 1304). Verheiratete oder in Lebenspartnerschaft lebende Beamte unterliegen einer angeordneten Verpflichtung zum Wohnen in einer Gemeinschaftsunterkunft und der Teilnahme an der Gemeinschaftsverpflegung nur beschränkt. Ihnen kann die Verpflichtung nur für besondere Einsätze oder Lehrgänge oder im Rahmen der Aus- und Weiterbildung in der Bereitschaftspolizei auferlegt werden. Gleiches gilt nach § 111 Satz 2 für Polizeivollzugsbeamte, die bereits den **Status von Lebenszeitbeamten** erreicht haben (vgl. zur Frage der Mitbestimmungspflichtigkeit von Anordnungen nach § 111 *Cecior* in CVLK, § 72 LPVG Rn. 392). Im Gegenschluss ergibt sich aus der Vorschrift, dass die Verpflichtung nach § 111 Satz 1 einem nicht verheirateten und nicht in einer Lebenspartnerschaft i. S. d. LPartG stehenden Polizeivollzugsbeamten auf Probe oder auf Widerruf grundsätzlich ohne Einschränkungen auferlegt werden kann. Im Einzelfall kann es im Hinblick auf die Fürsorgepflicht des Dienstherrn aber auch bei solchen Lebensverhältnissen unter außergewöhnlichen Umständen ausnahmsweise einen Anspruch geben, nicht in Gemeinschaftsunterkünften einquartiert zu werden.

§ 112 Dienstkleidung, Freie Heilfürsorge

(1) [1]**Polizeivollzugsbeamtinnen und Polizeivollzugsbeamte haben Anspruch auf unentgeltliche Ausstattung mit der Bekleidung und Ausrüstung, die die besondere Art des Dienstes erfordert.** [2]**Das Nähere regelt das für Inneres zuständige Ministerium im Einvernehmen mit dem Finanzministerium.**

(2) [1]**Polizeivollzugsbeamtinnen und Polizeivollzugsbeamte haben Anspruch auf freie Heilfürsorge, solange ihnen Besoldung zusteht, Elternzeit oder Pflegezeit nach der auf Grund des § 74 Absatz 2 zu erlassenden Rechtsverordnung oder Urlaub nach § 72 Absatz 1 Satz 2 oder § 72 Absatz 2 gewährt wird.** [2]**Dies gilt auch während einer Beurlaubung nach § 64 Absatz 1 in Verbindung mit Absatz 2, sofern die Beamtin oder der Beamte nicht Anspruch auf Familienversicherung nach § 10 des Fünften Buches Sozialgesetzbuch hat.** [3]**Die Heilfürsorge umfasst alle zu Erhaltung oder Wiederherstellung der Polizeidienstfähigkeit notwendigen und angemessenen Aufwendungen des Landes.** [4]**Das Nähere, insbesondere über den Umfang der freien Heilfürsorge und die Angemessenheit der Aufwendungen des Landes, regelt das für Inneres zuständige Ministerium im Einvernehmen mit dem Finanzministerium durch Rechtsverordnung.**

I. Unentgeltliche Ausstattung mit Bekleidung/Ausrüstung, § 112 Abs. 1

1   Mit der Vorschrift wird eine **Rechtspflicht des Landes** zur unentgeltlichen Ausstattung der Polizeivollzugsbeamten mit derjenigen Bekleidung und Ausrüstung begründet, die die besondere Art des Dienstes erfordert. Die Erforderlichkeitsprüfung ist zwingend und an den Besonderheiten des Dienstes auszurichten, wobei den Gerichten nur eine eingeschränkte Überprüfung des Beurteilungsspielraums zukommt (OVG Münster, RiA 2000, 144: Feuerwehrdienstbekleidung). Das MIK hat nähere Regelungen zur Dienstkleidung getroffen (vgl. die Dienstbekleidungsordnung der Polizei NRW, RdErl. des MIK v. 8.4. 2011, MBl. NRW S. 136; vgl. zum Bekleidungszuschuss Rd. Erl. des IM v. 2.8.1996, MBl. NRW S. 1410 – vgl. dazu OVG Münster, B. v. 5.5.2014, 3 A 1062/13). Der Dienstherr ist berechtigt, umfassende Vorgaben zum äußeren Erscheinungsbild seiner Beamten beim Tra-

gen von Dienstkleidung zu machen (vgl. *J.-M. Günther*, NWVBl. 2015,13; *Michaelis*, JA 2015, 370; *J.-M. Günther*, ZBR 2013, 116 – s. dazu näher § 45 Rn. 3–5).

II. Anspruch auf freie Heilfürsorge, § 112 Abs. 2

Wegen der besonderen gesundheitlichen Gefahren und wegen des körperlichen Einsat- **2** zes in ihrem Dienst haben Polizeivollzugsbeamte mit § 112 Abs. 2 Satz 1 einen Rechtsanspruch auf **freie Heilfürsorge,** solange ihnen Besoldung zusteht. Das **erhöhte Berufsrisiko** wird auf diese Weise berücksichtigt. Da diese Gesichtspunkte **nicht für die Familienmitglieder** gelten, entstehen insoweit für diese nur **Beihilfeansprüche** gem. § 75. Der Anspruch auf freie Heilfürsorge besteht zusätzlich auch für die Elternzeit gem. § 9 Abs. 1 FrUrlV i. V. m. § 15 Abs. 1 BEEG und während eines Urlaubs nach § 72 Abs. 1 Satz 2 oder § 72 Abs. 2 (Sonderurlaub, Mandatsträger). In § 112 Abs. 2 LBG (freie Heilfürsorge) wurde mit dem DRAnpG als Konsequenz bzw. Folgeänderung der mit § 16 FrUrlV Anfang 2012 (GV. NRW. 2012, S. 2) ins Beamtenrecht übertragenen Pflegezeit ein (weiterlaufender) Anspruch von Polizeivollzugsbeamten auf freie Heilfürsorge aufgenommen.

Ferner wird der Urlaub aus familiären Gründen (§ 64) erfasst; dies gilt aber nur, wenn **3** der Beamte keinen Anspruch auf Familienhilfe gem. § 10 SGB V hat. Der Anspruch auf Heilfürsorge umfasst alle zur Erhaltung oder Wiederherstellung der Polizeidienstfähigkeit notwendigen und angemessenen Aufwendungen, § 112 Abs. 2 Satz 2. Die Polizeivollzugsbeamten erhalten die Leistungen der freien Heilfürsorge grundsätzlich als Sachleistungen. Freie Heilfürsorge gehört ebenso wenig wie die Beihilfe zu den hergebrachten Grundsätzen des Berufsbeamtentums; das System kann grundsätzlich jederzeit ohne Berührung des Art. 33 Abs. 5 GG geändert werden (BVerfG, B. v. 15.12.2009, 2 BvR 1978/09; BVerwG, NVwZ-RR 2004, 508; *Brockhaus* in Schütz/Maiwald, § 113 LBG Rn. 52). Allerdings ist die Freie Heilfürsorge ein Eckpfeiler bei den relevanten Rahmenbedingungen für den Polizeidienst und sollte nicht gravierend zum Nachteil dieser für die innere Sicherheit fundamental wichtigen Beamtengruppe geändert werden. Das Nähere zur freien Heilfürsorge wird durch die auf Basis des § 113 Abs. 2 Satz 3 erlassenen **Polizei- Heilfürsorgeverordnung** geregelt (FHVOPol vom 9.12.2009, GV. NRW. 2009, S. 812). Dort finden sich u. a. auch Festbetragsregelungen, die öfter – z. B. bei Hörhilfen – streitbefangen sind (vgl. dazu VG Köln, Urt. v. 19.9.2014, 19 K 4069/13). Ob trotz fehlender vorheriger Kostenübernahmeerklärungen des Dienstherrn die Kosten für Klinikaufhalte vom Land zu tragen sind, ist öfter Klagegegenstand (VG Düsseldorf, Urt. v. 20.11.2007, 2 K 598/07; OVG Münster, B. v. 27.8.2010, 6 A 3271/08; B. v. 11.5.2010, 6 A 6/09). Bei der **Gewährung freier Heilfürsorge** ist aber die **vorherige Anerkennung** (§ 6 Abs. 2 Satz 1 FHVOPol) kein bloßes Ordnungserfordernis, sondern im Regelfall eine sachlich-rechtliche Voraussetzung für die Gewährung freier Heilfürsorge (VG Aachen, Urt. v. 7.1.2014, 1 K 900/11; OVG Münster, B. v. 11.5.2010, 6 A 6/09; B. v. 13.1.1992, 6 A 3369/91). Ohne die erforderliche Voranerkennung – so das OVG Münster – ist ein Anspruch selbst dann nicht gegeben, wenn seitens des Dienstvorgesetzten bei rechtzeitiger Einschaltung eine Kostenübernahme erklärt worden wäre (OVG Münster, B. v. 11.5.2010, 6 A 6/09). Das **Erfordernis der Voranerkennung** dient dem Interesse des Dienstherrn an einer möglichst kostenbewussten medizinischen Betreuung der Polizeivollzugsbeamten und dem Erhalt entsprechender Steuerungs- und Prüfmöglichkeiten des Dienstherrn (VG Düsseldorf, Urt. v. 20.11.2007, 2 K 598/07). Nur im **Falle einer dringenden Versorgung bzw. akuten Behandlungsbedürftigkeit** i. S. d. § 6 Abs. 2 Satz 2 FHVOPol braucht keine vorherige Kostenübernahmeerklärung des Dienstherrn eingeholt zu werden; sie kann dann nachträglich erfolgen.

Die Heilfürsorge umfasst nach § 112 Abs. 2 Satz 3 (nur) alle zur **Erhaltung oder Wie- 4 derherstellung der Polizeidienstfähigkeit** notwendigen und angemessenen Aufwendungen des Landes (vgl. dazu BVerwG, Urt. v. 28.4.2016, 5 C 32.15). Die „**Polizei-dienstfähigkeit**" ist dabei abzugrenzen von der „**Polizeidiensttauglichkeit**", wie sie für die Einstellung in den Polizeivollzugsdienst vorausgesetzt wird (OVG Münster, Urt. v. 26.3.2015, 6 A 1443/14). An die Polizeidiensttauglichkeit werden insofern strenge Anforderungen gestellt; sie können im Rahmen der Freien Heilfürsorge regelmäßig nicht zur Anwendung gelangen bzw. nicht als Argument für einen Anspruch auf Freie Heilfürsorge bei strittigen Maßnahmen herangezogen werden, da § 113 ausdrücklich nur auf die geringeren Anforderungen der Polizeidienstfähigkeit abstellt (vgl. OVG Münster, Urt. v. 26.3.2015, 6 A 1443/14 – der Sache nach ging es um die Kosten für Implantate bei einem zahnlosen Kiefer eines Polizeibeamten). Das BVerwG hat in einem Urteil vom 28.4.2016 entschieden, dass die rechtlichen Begrenzungen der freien Heilfürsorge in NRW mit höherrangigem Recht in Einklang stehen und gerade in dem Rahmen kein Anspruch auf lückenlose Erstattung jeglicher Aufwendungen in Krankheitsfällen besteht (BVerwG, Urt. v. 28.4.2016, 5 C 32.15 – kein Anspruch auf freie Heilfürsorge für Medikament gegen erektile Dysfunktion). Der Wesenskern der beamtenrechtlichen Fürsorgepflicht wird durch die Begrenzungen nicht verletzt (BVerwG, Urt. v. 28.4.2016, 5 C 32.15 – Bestätigung von OVG Münster, Urt. v. 27.11.2014, 6 A 2662/12).

§ 113 Untersagen des Tragens der Dienstkleidung

(1) **Polizeivollzugsbeamtinnen und Polizeivollzugsbeamten, denen nach § 39 des Beamtenstatusgesetzes die Führung der Dienstgeschäfte verboten ist, kann auch das Tragen der Dienstkleidung und Ausrüstung, der Aufenthalt in den Polizeiunterkünften und die Führung dienstlicher Ausweise oder Abzeichen untersagt werden.**

(2) **Absatz 1 gilt auch für die vorläufige Dienstenthebung auf Grund des Landesdisziplinargesetzes.**

1   Das Tragen der Dienstkleidung kann nach § 113 Beamten unter bestimmten Voraussetzungen vom zuständigen Dienstherrn bzw. der zuständigen Dienststelle untersagt werden (vgl. die Übersicht zu übertragenen beamtenrechtlichen Zuständigkeiten bei § 104 Rn. 7). Es wäre mit dem Verbot der Führung der Dienstgeschäfte (§ 39 BeamtStG) – sog. Zwangsurlaub – schwer vereinbar, wenn es keine zusätzliche rechtliche Möglichkeit geben würde, für diese Zeit des Amtsführungsverbots davon betroffenen Beamten das Tragen der Dienstkleidung und Ausrüstung zusätzlich untersagen zu können. Daher sieht § 113 Abs. 1 dies als „Kann-Regelung" vor und erstreckt sie zusätzlich auf die Möglichkeit, dem zwangsbeurlaubten Polizeivollzugsbeamten den Aufenthalt in den Polizeiunterkünften und die Führung dienstlicher Ausweise und Abzeichen zu untersagen. Das Verbot der Führung der Dienstgeschäfte, für das es nach § 39 Abs. 1 Satz 1 BeamtStG zwingende dienstliche Gründe gegeben muss, erlischt nach § 39 Satz 2 BeamtStG, wenn nicht bis zum Ablauf von drei Monaten gegen den Beamten ein Disziplinarverfahren oder ein sonstiges auf Rücknahme der Ernennung oder auf Beendigung des Beamtenverhältnisses gerichtetes Verfahren eingeleitet worden ist. Gegen das flankierende Untersagen des Tragens der Dienstkleidung während der vorübergehenden Suspendierung kann einstweiliger Rechtsschutz beim VG beantragt werden (OVG Münster, B. v. 27.10.2006, 6 B 2063/06). Im Regelfall wird bei einer Suspendierung nach § 39 BeamtStG als flankierende Maßnahme das Tragen der Dienstkleidung nach § 113 untersagt werden und ermessensfehlerfrei untersagt werden können. Wenn dem Betroffenen die Amtsführung temporär verboten ist, ist in dieser Zeit ein Grund für das Tragen der Dienstkleidung nicht erkennbar bzw. wird ein Tragen von Dienstkleidung regelmäßig dem dienstlichen Interesse widersprechen. Im Regelfall wird sehr selten ein schutzwürdiges Interesse auf Gewährung vorläufigen Rechtsschutzes gegen das Untersagen des Tragens der Dienstkleidung bestehen (OVG Münster, B. v. 27.10.2006, 6 B 2063/06). Verstößt ein Polizeivollzugsbeamter gegen ein Verbot des Tragens der Dienstkleidung, kann dies ein selbstständiges Dienstvergehen und sogar eine

Straftat nach § 132a StGB darstellen (*Kohde* in v. Roetteken/Rothländer, § 39 BeamtStG Rn. 54). Da die **vorläufige Dienstenthebung nach § 38 LDG** in ihren Wirkungen einen vergleichbaren Charakter wie eine Suspendierung nach § 39 BeamtStG hat und bei einer solchen Maßnahme ähnliche Zielsetzungen vorliegen (Abwehr von Gefahren durch Amtsausübung des betroffenen Beamten), ist § 113 Abs. 1 auf diese Fälle entsprechend anzuwenden (§ 113 Abs. 2).

§ 114 Eintritt in den Ruhestand

(1) **Polizeivollzugsbeamtinnen und Polizeivollzugsbeamte auf Lebenszeit treten mit Ende des Monats, in dem sie das 62. Lebensjahr vollenden, in den Ruhestand.**

(2) [1]**Die Altersgrenze nach Absatz 1 verringert sich um ein Jahr für 25 Dienstjahre, die im Wechselschichtdienst abgeleistet wurden.** [2]**Wechselschichtdienst sind Zeiten, in denen die Beamtin oder der Beamte ständig nach einem Schichtplan (Dienstplan) eingesetzt ist, der einen regelmäßigen Wechsel der täglichen Arbeitszeit in Wechsel-schichten (wechselnde Arbeitsschichten, in denen ununterbrochen bei Tag und Nacht, werktags, sonntags und feiertags gearbeitet wird) vorsieht.** [3]**Die Beamtin oder der Beamte hat die Zeiten nachzuweisen.**

(3) **Ohne Nachweis der Dienstunfähigkeit können Polizeivollzugsbeamtinnen und Polizeivollzugsbeamte auf Lebenszeit auf Antrag frühestens mit Vollendung des 60. Lebensjahres in den Ruhestand versetzt werden.**

Übersicht

I. Besondere Altersgrenze für Polizeivollzugsbeamte

Abweichend von § 31 Abs. 1 Satz 1 gibt es für den Polizeivollzugsdienst mit § 114 **1** Abs. 1 eine besondere Altersgrenze für Lebenszeitbeamte, die zwar nicht expressis verbis in der Norm als solche genannt wird, sich aber aus der altersmäßigen Festlegung des Eintritts in den Ruhestand (mittelbar) ergibt (vgl. dazu krit. *Hlusiak*, DVP 2010, 316). Polizeivoll-zugsbeamte treten schon mit Vollendung des 62. Lebensjahres in den Ruhestand. Das Le-bensjahr ist vollendet mit Ablauf des letzten Tages des dem Geburtstag vorhergehenden Monats; wenn jemand z.B. am ersten Tag eines Monats geboren worden ist, dann tritt er folglich mit dem Ende des dem Tag der Geburt, an welchem er 62 Jahre alt wird, voraus-gehenden Monats in seinen Ruhestand (BVerwG, ZBR 1969, 21).

Die **vorgezogene Altersgrenze** berücksichtigt die besonderen Belastungen, die mit **2** dem Polizeivollzugsdienst regelmäßig verbunden sind (Schicht- und Bereitschaftsdienst-dienst, allgemein höhere körperliche Beanspruchungen) und sich im Alter verstärkt negativ in Form von größeren Verschleißerscheinungen usw. realisieren bzw. realisieren können (BGH, NVwZ 2016, 90; OVG Münster, NWVBl. 2004, 58; BVerwG, ZBR 2007, 307 – vgl. dazu BVerfG, NVwZ 2008, 1233; vgl. zu Verwendungs-Altersgrenzen bei SEK-Beamten OVG Berlin-Brandenburg, Urt. v. 18.8.2011, OVG 4 B 20.10). Die Altersgrenze für Polizeivollzugsbeamte ist mit höherrangigem Recht (Art. 4 Abs. 1 RL 2000/78/EG) vereinbar und verstößt nicht gegen das AGG (vgl. dazu § 31 Rn. 1; siehe zu den zulässigen

Altersgrenzen für Polizeibeamte in NRW BGH, NVwZ 2016, 90; BVerwG, ZBR 2007, 307 u. BVerfG, NVwZ 2008, 1233; *Brockhaus* in Schütz/Maiwald, § 115 LBG Rn. 10). Einen anerkennenswerten Vertrauensschutz für aktiv beschäftigte Beamte dahingehend, dass die für sie bei Diensteintritt geltenden Altersgrenzen für den Eintritt in den Ruhestand nicht später zu ihren Lasten angehoben werden, gibt es nicht (BVerfGE 71, 255, 272; BVerwG ZBR 2007, 307). Allerdings sind regelmäßig Übergangsregelungen geboten, um Härten abzufedern bzw. Beamten bei grundlegenden Änderungen der Altersgrenze eine gewisse Vorlaufzeit einzuräumen, damit sie ihre weitere Lebensplanung/Ruhestandsplanung auf die Gesetzesänderung einstellen können. Ein plötzliches Heraufsetzen der Altersgrenze wäre eine Verletzung des schützenswerten Vertrauens der betroffenen Beamten der jeweilig besonders berührten Jahrgänge. Für Polizeibeamte gab es deshalb bei der Reform 2009 für die inzwischen etablierte Altersgrenzenregelung eine Übergangsbestimmung, derer es nunmehr nicht mehr bedarf.

II. Sonderregelung für langjährigen Wechselschichtdienst, § 114 Abs. 2

1. Verringerung der Altersgrenze

3   Für Polizeivollzugsbeamte im langjährigen Wechselschichtdienst, der durch die **dauernde Umstellung des Arbeits- und Lebensrhythmus** sowie den damit verbundenen gesundheitlichen und sozialen Auswirkungen besonders belastend ist, gibt es eine Sonderregelung (vgl. dazu OVG Münster, B. v. 29.1.2014, 6 A 2207/12). Diese besonderen Belastungen/Erschwernisse durch polizeiliche Wechselschichtdienste werden dadurch berücksichtigt, dass sich nach Abs. 2 „die Altersgrenze nach Abs. 1" – ausdrücklich geregelt ist aber in Abs. 1 keine Altersgrenze, sondern der „Eintritt in den Ruhestand" (krit. wegen des „unsauberen Wortlauts" des gleichlautenden § 115 Abs. 2 Satz 1 a.F. *Hlusiak*, DVP 2010, 316) – bei denjenigen Beamten um ein Jahr verringert, die 25 Dienstjahre im durch § 114 Abs. 2 Satz 2 gesetzlich definierten Wechselschichtdienst abgeleistet haben. Beim gesetzlichen Merkmal der Ununterbrochenheit (wechselnde Arbeitsschichten, in den „ununterbrochen" bei Tag und Nacht, werktags, sonntags und feiertags gearbeitet wird) handelt es sich wegen des Ausnahmecharakters der Vorschrift nicht lediglich um einen „definitorischen Nebenaspekt", der mittels einer erweiternden Auslegung überwunden werden könnte (OVG Münster, B. v. 29.1.2014, 6 A 2207/12; VG Minden, Urt. v. 20.12.2012, 4 K 1126/12). Liegt nicht exakt eine solche Form einer Wechselschicht vor, kann keine Anerkennung von Dienstzeiten im Wechselschichtdienst nach dieser Norm erfolgen (VG Minden, Urt. v. 20.12.2012, 4 K 1126/12). Ein früherer Eintritt in den Ruhestand nach dieser Vorschrift um zweimal ein Jahr scheidet aus, weil es nicht möglich ist, in Kombination mit der Ausbildungszeit einen solchen langen Wechselschichtdienst zu absolvieren. Die gesetzliche Definition des Wechselschichtdienstes in § 114 Abs. 2 Satz 2 deckt sich mit der Definition in § 20 Abs. 1 EZulV, der lediglich als Zusatzvoraussetzung hat, dass die in Wechselschicht arbeitenden Beamten „dabei in je fünf Wochen durchschnittlich mindestens 40 Dienststunden in der dienstplanmäßigen oder betriebsüblichen Nachtschicht leisten". Daher kann auch zum Verständnis des Gesetzes auf die Rechtsprechung zu § 20 Abs. 1 EZulV zurückgegriffen werden (vgl. VG Minden, Urt. v. 20.12.2012, 4 K 1126/12; s.a. OVG Berlin-Brandenburg, Urt. v. 18.12.2009, 4 B 11.08). Eine Herabsenkung der Altersgrenze für bestimmte, besonders durch den (Wechselschicht-)Dienst belastete Beamte ist im Verhältnis zu den übrigen Polizeivollzugsbeamten rechtmäßig und sachgerecht (BVerwG, ZBR 2007, 307).

4   Wie in einigen anderen Bundesländern – etwa Niedersachsen und Rheinland-Pfalz – sollte der NRW-Gesetzgeber aber de lege ferenda ebenfalls besonderen Belastungen ausgesetzte **Beamte der Spezialeinsatzkommandos, des Mobilen Einsatzkommandos und der Polizeihubschrauberstaffel** in die Regelung des § 114 Abs. 2 einbeziehen, wie dies 2003 schon einmal Gegenstand von Diskussionen im Landtag war (vgl. Plenar-Prot. 13/108 v. 17.12.2003, S. 10722). Diese Beamtengruppen sind besonderen physischen und psychischen Belastungen ausgesetzt, die eine frühere Altersgrenze als die „normale" Regelaltersgrenze für Polizeivollzugsbeamte rechtfertigen (vgl. dazu BVerwG, ZBR 2007, 307 zu § 208 LBG Rheinland-Pfalz). Eine nur langjährige Tätigkeit im Bereitschaftsdienst (Rufbereitschaft) würde hingegen eine gesetzliche Neuregelung im Sinne einer Erweiterung des § 114 Abs. 2 um diesen Tatbestand sachlich nicht rechtfertigen, da die Belastungen schon in ihrer Intensität nicht mit Wechselschichtdiensten usw. vergleichbar sind (vgl. zum Belastungsunterschied BVerwG, ZBR 2007, 307; BVerfG, NVwZ 2008, 411).

2. Nachweispflicht des Beamten für abgeleistete Wechselschichtdienste

Die entsprechende Nachweispflicht für abgeleisteten **Wechselschichtdienst** trifft nach § 114 Abs. 2 Satz 3 den Beamten (vgl. zu den Anforderungen an einen anzuerkennenden „Wechselschichtdienst" i. S. d. § 114 OVG Münster, B. v. 22.1.2014, 6 B 1453/13; s. a. VG Aachen, Urt. v. 10.3.2016, 1 K 2403/14; VG Düsseldorf, Urt. v. 30.7.2013, 2 K 6570/11). Der Wechselschichtdienst muss nicht während der gesamten Zeit tatsächlich ausgeübt worden sein, um im Rahmen des § 114 Abs. 2 relevant zu werden. Entscheidend ist nach der Rechtsprechung, dass ein ständiger Einsatz des Beamten nach einem entsprechenden Schichtplan vorlag (VG Aachen, Urt. v. 10.3.2016, 1 K 2403/14; VG Düsseldorf, Urt. v. 30.7.2013, 2 K 6570/11; VG Gelsenkirchen, Urt. v. 27.6.2012, 1 K 64/12; VG Münster, Urt. v. 29.11.2012, 4 K 2610/11; s. zu dem Merkmal des „ununterbrochenen" Arbeitens bei Tag und Nacht i. S. d. § 114 Abs. 2 S. 2 OVG Münster, B. v. 29.1.2014, 6 A 2207/12; VG Minden, Urt. v. 20.12.2012, 4 K 1126/12). Der exakte Nachweis der entsprechenden durchgehenden faktischen Dienstleistung im Wechseldienst wird von § 114 Abs. 2 Satz 3 nicht für die Berechnung der Zeiten des Wechselschichtdienstes verlangt (VG Aachen, Urt. v. 10.3.2016, 1 K 2403/14: „Nicht hingegen ist gefordert, dass darüber hinaus zusätzlich die konkrete, tatsächlich durchgängige Leistung von Wechselschichtdienst erfolgen muss, um in den Genuss der Verringerung der Altersgrenze zu gelangen."). Die Festlegung der Nachweispflicht in § 114 Abs. 2 Satz 3 erscheint nach wie vor sehr bedenklich, weil vom Dienstherrn eigentlich erwartet werden kann, durchgängig über die entsprechenden (Einsatz-)Informationen hinsichtlich seiner Beamten zu verfügen und diese auch an geeigneter Stelle dauerhaft (für ihn) abzuspeichern. *Schütz/Maiwald* weisen mit Recht darauf hin, dass es für Polizeivollzugsbeamte praktische Probleme bereiten kann, über einen derart langen Zeitraum akribisch die jeweiligen Nachweise über geleistete Wechselschichtdienste zu sammeln (*Brockhaus* in Schütz/Maiwald, § 115 LBG Rn. 32; s. a. OVG Münster, B. v. 23.5.2013, 6 A 2929/12; VG Aachen, Urt. v. 10.3.2016, 1 K 2403/14; VG Düsseldorf, Urt. v. 30.7.2013, 2 K 6570/11). In jedem Falle dürfen die Anforderungen an den vom Beamten zu erbringenden „Nachweis" der 25 Jahre im Wechseldienst keinesfalls überhöht werden, will der Dienstherr nicht gegen seine Fürsorgepflicht verstoßen (VG Düsseldorf, Urt. v. 30.7.2013, 2 K 6570/11; VG Aachen, Urt. v. 10.3.2016, 1 K 2403/14).

Einen exakten Beleg über tatsächlich geleistete Dienstzeiten im Schichtdienst und die Vorlage von Dienstplänen über 25 Jahre dürfte nicht zu verlangen sein (VG Aachen, Urt. v. 10.3.2016, 1 K 2403/14; VG Düsseldorf, Urt. v. 30.7.2013, 2 K 6570/11; vgl. VG Köln, DÖD 2010, 90; s. in dem Kontext aber VG Minden, Urt. v. 20.12.2012, 4 K 1126/12). Wenn schon der Gesetzgeber solche Nachweise dem Beamten zumutet, ist der Dienstherr gehalten, seinen Beamten dabei in Erfüllung der Fürsorgepflicht durch Zurverfügungstellung von Nachweisen aus den Personalakten und ggf. auch weiteren Akten, die unmittelbare oder mittelbare Angaben über geleistete Wechselschichtdienste enthalten (Besoldungsvorgänge zur Gewährung einer Wechselschichtzulage nach § 20 Abs. 1 EZulV), aktiv und bereitwillig zu unterstützen (s. a. *Brockhaus* in Schütz/Maiwald, § 115 LBG Rn. 31–32, 34; VG Düsseldorf, Urt. v. 30.7.2013, 2 K 6570/11; VG Köln, DÖD 2010, 90). Der Beamte kann vom Akteneinsichtsrecht nach § 86 Gebrauch machen. Wenn ein Beamter über 25

Dienstjahre die sog. große Wechselschichtzulage erhalten hat, „spricht alles dafür, dass er auch die Vergünstigung des § 114 Abs. 2 LBG NRW für sich beanspruchen kann" (OVG Münster, B. v. 23.5.2013, 6 A 2929/12; VG Aachen, Urt. v. 10.3.2016, 1 K 2403/14). Letztlich erscheint die Festlegung der Nachweispflicht durch den betroffenen Beamten im Gesetz als Fremdkörper und mit dem Fürsorgeprinzip schwer vereinbar, weil der Dienstherr von seinen Polizeivollzugsbeamten Angaben und Nachweise zu Sachverhalten verlangt, die ihm selber regelmäßig vollständig bekannt sind bzw. bekannt sein müssen. § 114 Abs. 2 Satz 3 sollte ersatzlos gestrichen oder die Nachweispflicht durch eine Glaubhaftmachung ersetzt werden. Leider ist dies mit der aktuellen Novelle des Dienstrechts durch das Dienstrechtsreformgesetz nicht geschehen. Es ist zu erwarten, dass die Rechtsprechung in der Zukunft die Anforderungen an die **Mithilfe des Dienstherrn bei der Erfüllung der Nachweispflicht** richtigerweise noch weiter hochschrauben wird.

III. Antragsruhestand bei Polizeivollzugsbeamten, § 114 Abs. 3

7   § 114 Abs. 3 legt fest, dass in Modifikation des für die übrigen Beamten geltenden § 33 Abs. 3 Nr. 1 ein dienstfähiger Polizeivollzugsbeamter frühestens mit Vollendung des 60. Lebensjahres auf Antrag in den Ruhestand treten kann (Antragsruhestand). Insoweit wird konsequenterweise auch für den **Antragsruhestand** eine besondere **vorgezogene Altersgrenze für Polizeivollzugsbeamte** festgelegt. Wenn sich der Beamte durch seinen Antrag auf einen bestimmten Antragstatbestand festgelegt hat und dann später bei schon entsprechend (mit Versorgungsabschlägen) eingetretenem Ruhestand rückwirkend – etwa wegen später festgestellter Schwerbehinderung – einen anderen Ruhestandsstatus (ohne Versorgungsabschläge) erreichen will, ist dies nicht möglich (OVG Hamburg, NVwZ-RR 2013, 377). Nach dem Beginn des Ruhestandes kann nämlich weder die Versetzung in den Ruhestand noch der Grund, auf welchem sie beruht, durch Widerruf, Rücknahme oder Wiederaufgreifen des Verfahrens im Nachhinein geändert werden (BVerwG, ZBR 2008, 133; BVerwG, ZTR 2015, 57). Die zuständige Behörde ist an den einmal eingetretenen Grund der Versetzung in den Ruhestand gebunden (BVerwG, a. a. O.). Hingegen kann vor Bescheidung des Antrags auf Versetzung in den Ruhestand der Antrag noch rechtsverbindlich zurückgenommen werden.

8   Der Dienstherr hat bei der Bescheidung des Antrags ein Ermessen. Wenn gewichtige dienstliche Gründe dem Antragsruhestand des konkreten Beamten zum beantragten Zeitpunkt entgegenstehen, ist der Antrag abzulehnen. Entscheidend sind die Einzelfallumstände, wobei der Dienstherr aus Fürsorgegesichtspunkten gehalten ist, dem Beamten dann zum frühestens möglichen Zeitpunkt – d. h. nach Wegfall entgegenstehender dienstlicher Gründe – den Antragsruhestand auf entsprechend modifizierten Antrag hin zu ermöglichen. Obwohl allgemein bekannt sein dürfte, dass ein Antragsruhestand mit nicht unerheblichen **Versorgungsabschlägen** verbunden ist, sollte der Dienstherr immer ausdrücklich auf solche Folgen hinweisen (vgl. § 16 Abs. 2 Satz 1 Nr. 2 LBeamtVG NRW).

9   Im LBeamtVG NRW werden die besonderen Belastungen von Polizeibeamten (und Feuerwehrbeamten) zusätzlich dadurch berücksichtigt, dass sie bei Erreichen der besonderen Altersgrenze neben dem Ruhegehalt einen in einer Summe zu zahlenden einmaligen Ausgleich in Höhe des Fünffachen der Dienstbezüge des letzten Monats – aktuell gedeckelt auf insgesamt max. 4091 Euro – erhalten, § 56a LBeamtVG NRW. Dieser Betrag verringert sich um jeweils ein Fünftel für jedes Jahr, das über die besondere Altersgrenze hinaus abgeleistet wird, § 56a Abs. 1 Satz 2 LBeamtVG NRW. § 56a LBeamtVG NRW kommt aber nur zur Anwendung bei automatisch kraft Gesetzes wegen der Altersgrenze eintretendem Ruhestand; beim Antragsruhestand entsteht kein Anspruch auf die Ausgleichszahlung (VG Gelsenkirchen, Urt. v. 11.3.2011, 3 K 3310/09). Dies hat das OVG Münster in einem Urteil vom 10.4.2013 klargestellt (OVG Münster, Urt. v. 10.4.2013, 3 A 1550/12; s. a. BVerwG, ZBR 2014, 133). Wenn ein Beamter durch einen Dienstunfall in den Ruhestand

versetzt werden muss, entsteht ebenfalls kein Anspruch auf die Ausgleichszahlung, da der Fall nicht von der Norm erfasst ist (BVerwG, ZBR 2014, 133).

IV. Hinausschieben des Ruhestandeintritts auf Antrag

Polizeivollzugsbeamte können – wie alle übrigen Beamte – einen Antrag auf Hinaus- **10** schieben des regulären Ruhestandeintritts stellen. Die allgemein für das Hinausschieben der Altersgrenzen von Beamten geltenden Vorschriften – § 32 Abs. 1 u. Abs. 2 – gelten nach § 32 Abs. 3 bei einer gesetzlich bestimmten besonderen Altersgrenze entsprechend (vgl. zu § 32 *J.-M. Günther*, NWVBl. 2014, 32; vgl. zu den §§ 31, 32 LBG a. F. *Hüttenbrink*, KommJur 2010, 245 ff. u. *Poguntke*, DÖV 2011, 561; *Rescher*, NWVBl. 2009, 258; VG Gelsenkirchen, B. v. 12.4.2011, 1 L 197/11). Insoweit würde bei maximaler Ausschöpfung der gesetzlichen Verlängerungsmöglichkeiten nach § 32 Abs. 1 Satz 1 der Ruhestand mit dem Ende des Monats eintreten, in welchem der Polizeivollzugsbeamte sein 65. Lebensjahr vollendet. Der Antrag muss spätestens sechs Monate vor regulärem Eintritt in den Ruhestand gestellt werden, § 32 Abs. 1 Satz 2. Das Hinausschieben des Ruhestandeintritts muss nach **§ 32 Abs. 1 Satz 1** nunmehr **„im dienstlichen Interesse liegen"** (vgl. dazu § 32 Rn. 9–11, 18 f.; ausführlich dazu *J.-M. Günther*, Das „dienstliche Interesse" beim Hinausschieben der Altersgrenze nach § 32 Abs. 1 LBG NRW, NWVBl. 2014, 32; s. a. *Baßlsperger*, BayVBl. 2015, 732). Es kann ermessensgerecht sein, wenn der Dienstherr dabei bei einem Polizeibeamten zunächst nur über einen Hinausschiebenszeitraum von einem Jahr befindet (OVG Münster, NWVBl. 2014, 26).

Eine Verlängerung der Lebensarbeitszeit eines Polizeibeamten liegt nicht im dienstlichen **11** Interesse bzw. widerspricht diesem, wenn z. B. dadurch entgegen einem Personalkonzept die funktionsgerechte Besoldung anderer Polizeibeamter temporär blockiert würde (VG Gelsenkirchen, B. v. 12.4.2011, 1 L 197/11 – nach A 12 BBesO besoldeter Kläger war entgegen Personalkonzept auf A 11 BBesO-Posten eingesetzt; OVG Münster, B. v. 13.8.2012, 6 B 898/12). Gleiches gilt, wenn der Personal-Ist-Bestand bei einem Bezirksdienst über der Zielsollstärke liegt (VG Düsseldorf, Beschl. v. 18.7.2013, 2 L 522/13). Die Bearbeitung organisierter Kriminalität durch besonders spezialisierten Kriminalhauptkommissar kann hingegen ein dienstliches Interesse nach § 32 Abs. 1 begründen (OVG Münster, Beschl. v. 28.3.2014, 6 B 215/14 – zustimmend *J.-M. Günther*, NWVBl. 2014, 32 u. ihm folgend *Baßlsperger*, BayVBl. 2015, 732). Nach der Rechtsprechung fehlt ein dienstliches Interesse bei nur normaler Fachkompetenz eines Polizeibeamten, die durch anderen Funktionsträger problemlos ersetzt werden kann (vgl. OVG Münster, Beschl. v. 15.1.2014, 6 B 1458/13; OVG Münster, Beschl. v. 12.9.2013, 6 B 1065/13; VG Düsseldorf, Beschl. v. 6.8.2013, 2 L 673/13). Bei alledem sollte aber auch im Polizeibereich die Vorschrift nicht gänzlich leer laufen und die Hürde des „dienstlichen Interesses" nicht zu hoch gelegt werden, weil sonst die Vorschrift leerläuft (*J.-M. Günther*, NWVBl. 2014, 32; *Baßlsperger*, BayVBl. 2015, 732). Aktuell besteht aber ein besonderes öffentliches Interesse an Verlängerungsanträgen, vgl. § 32 Rn. 21.

Bei der Frage einer Gewährung des Hinausschiebens des Ruhestandeintritts hat der Dienstherr immer die **Besonderheit der Polizeidienstfähigkeit** in den Blick zu nehmen (vgl. zum Begriff der Polizeidienstfähigkeit/Polizeidiensttauglichkeit ausführl. OVG Münster, B. v. 28.11.2012, 1 B 1166/12). Er hat ggf. im Rahmen der Entscheidungsfindung eine polizeiärztliche Untersuchung zu veranlassen, um sicherzustellen, dass prognostisch bis zum Ende des hinausgeschobenen Ruhestands die Voraussetzungen der Polizeidienstfähigkeit (weiterhin) vorliegen werden (vgl. *Brockhaus* in Schütz/Maiwald, § 115 LBG Rn. 46). Wenn gesundheitsbedingte Verwendungseinschränkungen beim Polizeibeamten vorliegen, fehlt regelmäßig das dienstliche Interesse (OVG Münster, Beschl. v. 30.8.2013, 6 B 1032/13; OVG Münster, DÖD 2013, 272; *Baßlsperger*, BayVBl. 2015, 732). Eine Schwerbehinderung mit der Folge erheblicher Ausfallzeiten bedingt dabei keine andere Betrachtungsweise, da nur die objektive Beeinträchtigung dienstlicher Belange der Maßstab ist und die Gesundheitsprognose entscheidend ist (OVG Münster, DÖD 2013, 272). Ist die Dienstzeit verlängert worden, kann in diesem Verlängerungszeitraum vom Polizeibeamten seinerseits jederzeit beantragt werden, ihn nun (doch) in den Ruhestand zu versetzen. Nur bei „zwingenden dienstlichen Gründen" kann die beantragte Ruhestandsversetzung um bis zu maximal drei Monaten hinausgeschoben werden, §§ 32 Abs. 3 i. V. m. Abs. 1 Satz 3, 114 Abs. 1. Es müssen beim Dienstherrn schwerwiegende Gründe vorliegen, eine unverzügliche Beendigung des Verlängerungszeitraums nicht bzw. nur mit Verzögerung vorzunehmen (vgl. *Hüttenbrink,* KommJur 2010, 245 ff.).

V. Hinausschieben des Ruhestandeintritts zur Fortführung der Dienstgeschäfte

12   Nach § 32 Abs. 3 i. V. m. Abs. 2, § 114 Abs. 1 kann auch bei Polizeivollzugsbeamten mit ihrer Zustimmung und der Zustimmung der obersten Dienstbehörde (MIK) der Eintritt in den Ruhestand zur Fortführung der Dienstgeschäfte hinausgeschoben werden, wenn im Einzelfall dienstliche Gründe die Fortsetzung der Dienstgeschäfte gerade durch ihn erfordern (Einzelfallprüfung). Durch das Erfordernis der Zustimmung der obersten Dienstbehörde wird deutlich, dass diese Fallgestaltung Ausnahmecharakter hat. Entsprechende Verfügungen dürfen folgerichtig nur für jeweils ein Jahr erfolgen; insgesamt darf das hierauf gestützte Hinausschieben des Ruhestands drei Jahre nicht übersteigen. Die Zuständigkeit für die Versetzung in den Ruhestand liegt nach § 36 Abs. 1 Satz 1 bei der Stelle, die nach § 16 Abs. 1 u. 2 für die Ernennung des Polizeibeamten zuständig wäre. Die Weiterbeschäftigung von (Polizeivollzugs-)Beamten über die Altersgrenze hinaus unterliegt nach § 72 Abs. 1 Satz 1 Nr. 10 LPVG wegen „der erneuten Eingliederung in die Dienststelle" (*Welkoborsky/Herget,* § 72 LPVG Rn. 47; *Cecior* in CVLK, § 72 LPVG Rn. 380) der Mitbestimmung, wenn es sich um Beamtenstellen bis einschließlich der Besoldungsgruppe B 2 handelt (§ 72 Abs. 1 Satz 2 Nr. 2 LPVG). Für den normalen Eintritt in den Ruhestand nach § 114 Abs. 1 gibt es keinen Raum für eine Beteiligungspflicht des Personalrats, da es sich um einen Übertritt kraft Gesetzes handelt, der nicht durch den Personalrat beeinflussbar und folglich auch nicht mitbestimmungspflichtig ist bzw. sein kann (*Brockhaus* in Schütz/Maiwald, § 115 LBG Rn. 13).

VI. Rechte und Pflichte nach Beendigung des aktiven Polizeidienstes

13   Beim Eintritt in den Ruhestand bestehen – wie bei den übrigen Beamten – bestimmte Pflichten und rechtliche Bindungen für den ehemals aktiven Polizeibeamten fort. Die Verschwiegenheitspflicht nach § 37 BeamtStG gilt ebenso weiter wie das Verbot der Annahme von Belohnungen, Geschenken und sonstigen Vorteilen gemäß § 42 BeamtStG (vgl. dazu *Schrapper,* DÖD 2012, 49 ff.). Wegen der Einzelheiten wird auf die Kommentierung zu § 36 verwiesen (§ 36 Rn. 6).

§ 115 Dienstunfähigkeit

(1) **Die Polizeivollzugsbeamtin oder der Polizeivollzugsbeamte ist dienstunfähig, wenn sie oder er den besonderen gesundheitlichen Anforderungen für den Polizeivollzugsdienst nicht mehr genügt und nicht zu erwarten ist, dass sie oder er die volle Verwendungsfähigkeit innerhalb von zwei Jahren wiedererlangt (Polizeidienstunfähigkeit), es sei denn, die auszuübende Funktion erfordert bei Beamtinnen und Beamten auf Lebenszeit diese besonderen gesundheitlichen Anforderungen auf Dauer nicht mehr uneingeschränkt.**

(2) **Vor der Zurruhesetzung einer Polizeivollzugsbeamtin oder eines Polizeivollzugsbeamten wegen Dienstunfähigkeit ist ein amtliches Gutachten der unteren Ge-**

sundheitsbehörde oder ein Gutachten einer beamteten Polizeiärztin oder eines beamteten Polizeiarztes einzuholen.

(3) ¹Wird die Polizeivollzugsbeamtin oder der Polizeivollzugsbeamte polizeidienstunfähig, so soll sie oder er, falls nicht zwingende dienstliche Gründe entgegenstehen, in ein Amt einer anderen Laufbahn bei einem der in § 1 bezeichneten Dienstherren versetzt werden, wenn die sonstigen Voraussetzungen des § 25 erfüllt sind. ²Soweit die Polizeivollzugsbeamtin oder der Polizeivollzugsbeamte für die neue Laufbahn die Befähigung nicht besitzt, hat sie oder er die ihr oder ihm gebotene Gelegenheit wahrzunehmen, die ergänzenden Kenntnisse und Fähigkeiten nach Maßgabe der Rechtsverordnungen zu den §§ 7 und 9 zu erwerben. ³§ 26 Absatz 1 Satz 3 und Absatz 2 des Beamtenstatusgesetzes bleiben unberührt.

Übersicht

I. Polizeidienstunfähigkeit, § 115 Abs. 1

§ 115 Abs. 1 enthält eine **besondere Regelung zur Dienstunfähigkeit von Polizei-** 1 **beamten,** da an diese Beamtengruppe berufsbedingt besondere gesundheitliche Anforderungen zu stellen sind, die oberhalb der allgemeinen Dienstfähigkeit liegen **(Polizeidienstfähigkeit).** Die allgemeine Dienstunfähigkeitsregelung des § 26 BeamtStG findet auf Polizeibeamte keine Anwendung. Nach § 115 Abs. 1 Halbs. 1 liegt eine Polizeidienstunfähigkeit vor, wenn wegen physischer oder psychischer Defizite die besonderen gesundheitlichen Anforderungen des Polizeidienstes nicht mehr (hinreichend) erfüllt werden können und nicht zu erwarten ist, dass von dem Betroffenen die volle Verwendungsfähigkeit innerhalb von zwei Jahren wiedererlangt wird. Durch das OVG Münster ist geklärt, „dass Polizeidienstfähigkeit i. S. d. § 115 Abs. 1, Halbs. 1 LBG NRW die Einsetzbarkeit des Polizeibeamten zu jeder Zeit, an jedem Ort und in jeder seinem statusrechtlichen Amt entsprechenden Stellung voraussetzt" (OVG Münster, B. v. 1.9.2011, 6 A 1003/11; OVG Münster, B. v. 13.9.2012, 1 A 644/12 – Leitsätze in NVwZ-RR 2013, 59; vgl. zum gleichlautenden § 194 Abs. 1 Halbs. 1 LBG NRW a. F. OVG Münster, Urt. 27.4.2016, 6 A 1235/14; OVG Münster, B. v. 27.4.2010, 6 A 224/08; OVG Münster, ZBR 2009, 347; BVerwG, ZBR 2005, 308; vgl. zur Polizeidienstfähigkeit und zur 2012 neu gefassten PDV 300 auch die LT-Drs. 16/1794 vom 7.1.2013; die Implantation einer Hüft-Totalendoprothese führt zur Polizeidienstunfähigkeit i. S. d. § 4 BPolGB, so das OVG Münster, Beschl. v. 28.11.2013, 1 A 2374/13; vgl. auch OVG Münster, B. v. 2.2.2015, 6 A 1558/14: Bei fehlendem Stereosehen – „Raumsinn" – liegt keine Polizeidienstfähigkeit vor, da u. a. keine Befähigung zum Führen und Benutzen von Waffen). Er muss also den gesundheitlichen Anforderungen sämtlicher Ämter der Laufbahn des Polizeivollzugsdienstes genügen (VG Minden, Urt. v. 10.9.2015, 4 K 2457/14; BVerwG, ZBR 2005, 308; vgl. auch § 109 Rn. 1; vgl. auch *Baßlsperger,* Polizeidienstunfähigkeit, PersV 2013, 164). Die gesundheitliche Eignung für die Ableistung von Wechselschichtdienst ist dabei eingeschlossen (vgl. OVG Münster, NWVBl. 2004, 58). Bestehen daran Zweifel, kann eine Überprüfung solcher Verwendungseinschränkungen bzw. der Verwendungsfähigkeit durch den Dienstherrn veranlasst werden (OVG Münster, B. v. 6.4.2016, 6 B 106/16; OVG Münster, B. v. 16.3.2015, 6 B 150/15; VG Köln, B. v. 9.9.2015, 19 L 2169/15). Ist z. B. das Hörvermögen eines Polizeivollzugsbeamten erheblich beeinträchtigt (Schwerhörigkeit), bedeutet ein möglicher Ausgleich des defizitären Hörvermögens durch ein Hörgerät nicht, dass eine Polizeitauglichkeit vorliegt (OVG Münster, Urt. 27.4.2016, 6 A 1235/14). Selbst wenn eine Gesundheitseinschränkung dem Dienstherrn schon bei der Einstellung bekannt war oder jedenfalls hätte bekannt

sein müssen, schließt dies nicht aus, später die Polizeidienstfähigkeit nach § 115 Abs. 1 festzustellen (OVG Münster, B. v. 2.2.2015, 6 A 1558/14). Der Dienstherr kann allgemein
nach längeren krankheitsbedingten Ausfallzeiten eine Vorstellung des Polizeibeamten beim
Polizeiarzt verlangen, um die Polizeidienstfähigkeit überprüfen zu lassen und um gleichzeitig im möglichen Vorfeld eines Verfahrens nach § 33 Abs. 1 Grundlagen für eine entsprechende Entscheidung zur Einleitung eines Verfahrens auf Feststellung der Dienstunfähigkeit
zu haben (OVG Münster, B. v. 6.4.2016, 6 B 106/16; OVG Münster, B. v. 16.3.2015, 6 B
150/15; vgl. in dem Kontext auch BVerwG, Urt. v. 30.5.2013, 2 C 68/11). Der Personalrat ist (auch) in solchen Fällen nach § 75 Abs. 1 Nr. 4 LPVG anzuhören (OVG Münster, B.
v. 6.4.2016, 6 B 106/16).

2   Die Anforderungen an die Polizeidienstfähigkeit werden nicht durch § 115 Abs. 1
2. Halbs. eingeschränkt. Die dortige Formulierung („es sei denn, die auszuübende Funktion erfordert bei Beamten auf Lebenszeit diese besonderen gesundheitlichen Anforderungen auf Dauer nicht mehr uneingeschränkt") ist keine Einschränkung des Tatbestands, sondern eine Rechtsfolgenbeschränkung (OVG Münster, B. v. 13.9.2012, 1 A 644/12,
NVwZ-RR 2013, 59; OVG Münster, B. v. 1.9.2011, 6 A 1003/11; OVG Münster, B. v.
27.4.2010, 6 A 224/08; OVG Münster, IÖD 2005, 247). Sie ermöglicht es dem Dienstherrn, einen nicht mehr voll polizeidienstfähigen (Lebenszeit-)Beamten mit dem Polizeidienst zugeordneten Funktionen zu betrauen, die geringere Anforderungen als die volle
Polizeidienstfähigkeit erfordern (OVG Münster, B. v. 1.9.2011, 6 A 1003/11; OVG Münster, ZBR 2009, 347). Der Beamte kann so ausnahmsweise trotz Polizeidienstunfähigkeit
im Polizeidienst belassen werden (**Grundsatz der „Weiterverwendung vor Versorgung");** Voraussetzung ist aber das **Vorliegen der allgemeinen Dienstfähigkeit** (OVG
Münster, B. v. 20.1.2016, 6 A 2630/14; OVG Münster, ZBR 2009, 347; BVerwG, ZBR
2005, 308). Es handelt sich um Funktionen, zu deren Wahrnehmung die allgemeine
Dienstfähigkeit ausreichend ist. In aller Regel wird dafür nur der körperlich weniger bean-
spruchende **polizeiliche Innendienst,** insbesondere in der Verwaltung, in Betracht kommen (OVG Münster, NWVBl. 2004, 58). Wegen des stetig steigenden Altersdurchschnitts
und damit einhergehender Verwendungseinschränkungen ist das „Kontingent" solcher
Posten im Innendienst sehr beschränkt (OVG Münster, Beschl. v. 22.1.2015, 6 B 1022/14;
OVG Münster, B. v. 11.4.2012, 6 B 196/12; s. a. *Cecior* in CVLK, § 72 LPVG Rn. 189:
„Gegen eine Verwendung im polizeilichen Innendienst wird sich der Dienstherr entschei-
den dürfen, wenn geeignete Innendienstposten knapp sind, was erfahrungsgemäß häufig
der Fall sein wird."). Das BVerwG nimmt in solchen Fällen eine **Suchpflicht des Dienst-
herrn** an (BVerwG, NVwZ 2015, 439; vgl. zu den Grenzen der Suchpflicht VG Minden,
Urt. v. 10.9.2015, 4 K 2457/14; OVG Münster, B. v. 20.1.2016, 6 A 2630/14; keine
Suchpflicht bei Entscheidung über anderweitige Verwendung im Polizeivollzugsdienst, vgl.
OVG Münster IÖD 2016, 182). Bei der anzustellenden Verwendungsprognose steht dem
Dienstherrn ein (weites) Organisationsermessen zu (OVG Münster, B. v. 20.1.2016, 6 A
2630/14; vgl. zu § 194 Abs. 1 Halbs. 2 a. F. LBG OVG Münster, NWVBl. 2004, 58). Die
Einschätzung der Verwendungsbreite des jeweiligen Beamten im polizeilichen Innendienst,
die dienstlichen Gegebenheiten und Erfordernisse in der jeweiligen Polizeibehörde und
grundsätzliche personalwirtschaftliche Überlegungen bilden – ohne abschließend zu sein –
den Rahmen für die von weitem Ermessen geprägte Entscheidung des Dienstherrn (OVG
Münster, B. v. 27.4.2010, 6 A 224/08). Im Grundsatz ist er gehalten, nach einer anderweitigen Verwendung zu suchen (vgl. BVerwG, NVwZ 2015, 439; VG Minden, Urt. v.
10.9.2015, 4 K 2457/14; BVerwG, DÖD 2009, 281 zu § 45 Abs. 3 a. F. LBG; s. a. OVG
Münster, NVwZ-RR 2010, 731; OVG Münster, DÖD 2009, 312). Dies entspricht auch
der Fürsorgepflicht des Dienstherrn für seine Polizeivollzugsbeamten. Dies geht aber nach
der Rechtsprechung nicht soweit, dass der Dienstherr z. B. eine Pflicht hätte, zu Gunsten
eines polizeidienstunfähigen schwerbehinderten Beamten einen Dienstposten im Polizeivollzugsdienst erst zu schaffen oder durch Umsetzung freizumachen, der die besonderen
gesundheitlichen Anforderungen des Polizeivollzugsdienstes auf Dauer nicht uneinge-

schränkt erfordert (OVG Münster, B. v. 27.4.2010, 6 A 224/08; s.a. OVG Münster, B. v. 13.11.2006, 6 B 2086/06; bei Zurruhesetzung eines dienstunfähigen schwerbehinderten Polizeibeamten nach § 34 ist kein zuvor durchgeführtes BEM notwendig, vgl. OVG Münster, B. v. 15.12.2015, 6 B 1022/15). Auch solchen Beamten kann grundsätzlich im Einzelfall durchaus ein **Laufbahnwechsel nach § 115 Abs. 3** bei Vorliegen der gesetzlichen Voraussetzungen zugemutet werden (OVG Münster, B. v. 27.4.2010, 6 A 224/08). Die Suchpflicht nach einem Posten im Innendienst entfällt auch dann, wenn feststeht, dass der Beamte krankheitsbedingt voraussichtlich keinerlei Dienst mehr leisten kann oder erhebliche Fehlzeiten zu erwarten sind (BVerwG, Beschl. v. 6.11.2014, 2 B 97/13; VG Minden, Urt. v. 10.9.2015, 4 K 2457/14). Die Suchpflicht für eine Weiterverwendung nach § 115 Abs. 1 Satz 2 geht nicht soweit, dass sie im gesamten Bereich des Dienstherrn erfolgen muss (OVG Münster, B. v. 20.1.2016, 6 A 2630/14; OVG Münster, B. v. 21.12.2015, 6 A 2131/14). Das OVG Münster betont mit Recht in einem Beschluss vom 20.1.2016 (OVG Münster, B. v. 20.1.2016, 6 A 2630/14) Folgendes: „Vielmehr verlangen die Besonderheiten des Polizeivollzugsdienstes, wie etwa der Umstand, dass der Polizeivollzugsbeamte im Falle seiner Weiterverwendung ggf. über viele Jahre nur in einem kleinen Ausschnitt vollzugspolizeilicher Tätigkeit eingesetzt werden kann und der ihm gleichwohl zu Gute kommende Belastungsausgleich für Polizeivollzugsbeamte, ein weit gefasstes Ermessen des Dienstherrn." Hiermit sei eine Ermesseneinschränkung in Form der Annahme einer diesbezüglichen Pflicht zur landesweiten Suche unvereinbar; ein Polizeibeamter – gerade auch, wenn er jünger ist – müsse zudem bei Verlust seiner Polizeidienstfähigkeit auch mit einem Laufbahnwechsel durchaus rechnen und sich darauf einstellen (OVG Münster, B. v. 20.1.2016, 6 A 2630/14). Die Anordnung eines Laufbahnwechsels nach § 115 Abs. 3 hat insofern keine zuvor vorgenommene und dokumentierte vergebliche landesweite Suche nach einer anderweitigen Verwendungsmöglichkeit im polizeilichen Innendienst zur Voraussetzung (OVG Münster, B. v. 20.1.2016, 6 A 2630/14; OVG Münster, B. v. 21.12.2015, 6 A 2131/14).

II. Prüfung der Dienstunfähigkeit durch ärztliche Untersuchung, § 115 Abs. 2

Der Dienstherr hat bei Zweifeln an der Polizeidienstfähigkeit von Beamten diese prüfen **3** zu lassen, §§ 33 Abs. 1, 115. Hierbei ist der Runderlass des MIK v. 24.5.2012 „Polizeiamtsärztliches Gutachten zur Feststellung der Polizeidienstfähigkeit" zu beachten (MBl. NRW. S. 592); gleiches gilt für die PDV 300, Stand 2012 (s.a. in dem Kontext den RdErl. des MIK v. 31.1.2012, Akten im polizeiärztlichen Dienst). Bei schwerbehinderten Beamten bedarf es keiner Beteiligung des Integrationsamtes (OVG Münster, NVwZ-RR 2013, 59). Wegen der besonderen gesundheitlichen Anforderungen an Polizeibeamte ist der Maßstab für einen berechtigten **Zweifel an der Dienstfähigkeit** nicht zu hoch anzusetzen (s.a. § 33 Rn. 2, 3). Gibt es Indizien für erhebliche gesundheitliche Probleme, die die volle Einsatzfähigkeit des Polizeibeamten in Frage stellen und voraussichtlich nicht innerhalb von zwei Jahren therapiert sind, stellt sich die Frage der Polizeidienstunfähigkeit, die durch ein Gutachten des Amtsarztes oder beamteten Polizeiarztes zu klären ist (OVG Münster, B. v. 1.9.2011, 6 A 1003/11; zu den Anforderungen an die Anordnung zur Untersuchung vgl. BVerwG, NVwZ 2012, 1483; vgl. auch § 33 Rn. 3). Nach einer längeren Erkrankung ist es auch zulässig, **im Vorfeld einer (formellen) Überprüfung der Polizeidienstfähigkeit und/oder allgemeinen Dienstfähigkeit,** den Beamten auf seine (Wieder-)Verwendungsfähigkeit untersuchen zu lassen (OVG Münster, B. v. 4.4.2016, 6 B 198/16). Wenn eine Behörde davon ausgeht, dass eine allgemeine Dienstunfähigkeit bei einem Polizeibeamten vorliegt, haben Maßnahmen zur eigenständigen Feststellung der Polizeidienstunfähigkeit keinen Sinn (VG Düsseldorf, Urt. v. 13.5.2014, 2 K 1959/14). Ein Polizeibeamter hat sich einer Untersuchung seiner Polizeidienstfähigkeit zu stellen (VG Düsseldorf, B. v. 9.9.2015, 2 L 2998/15). Eine unberechtigte Weigerung, sich gemäß der

Anordnung des Dienstherrn ärztlich untersuchen zu lassen, ist gegen den Polizeibeamten verwertbar (Gedanke der Beweisvereitelung) (BVerwG, NVwZ 2012, 1483; BVerwG, ZTR 2012, 312; OVG Münster, NVwZ-RR 2013, 198; s. a. § 33 Rn. 3). Die Verfahrensweise bei der Beauftragung und Erstellung polizeiärztlicher Gutachten zur Polizeidienstfähigkeit ist durch Runderlass geregelt (RdErl. d. Ministeriums für Inneres und Kommunales − 403.63.24.01 − v. 24.5.2012, MBl. NRW. 2012, S. 592). Ein Polizeiarzt kann eine Prognose vollständiger dauernder Dienstunfähigkeit nur auf einer gesicherten Basis stellen, also z. B. nach einem hinreichend langen Anamnesegespräch (OVG Münster, B. v. 5.9.2013, 6 A 2781/12). Nach **§ 72 Abs. 1 Satz 1 Nr. 9 LPVG** unterliegt die **Feststellung der Polizeidienstunfähigkeit** der Mitbestimmung, wenn sie nicht selbst vom Betroffenen beantragt wurde (vgl. dazu *Cecior* in CVLK, § 72 LPVG Rn. 374). Ferner ist der Personalrat nach **§ 75 Abs. 1 Nr. 4 LPVG** bei der Anordnung von amts- und vertrauensärztlichen Untersuchungen zur Feststellung der Arbeits- und Dienstfähigkeit anzuhören (vgl. dazu OVG Münster, NVwZ-RR 2012, 692). Die Durchführung eines BEM (§ 84 Abs. 2 Satz 1 SGB IX) ist für die Feststellung der Polizeidienstunfähigkeit keine (formelle) Rechtmäßigkeitsvoraussetzung (OVG Münster, Urt. 27.4.2016, 6 A 1235/14). Sofern der Dienstherr beabsichtigt, einen ausweislich entsprechender ärztlicher Gutachten nicht mehr polizeidienstfähigen Beamten i. S. d. § 115 wegen Polizeidienstunfähigkeit in den Ruhestand zu versetzen, ist nach Auffassung des OVG Münster auch bei männlichen Beamten nach §§ 17 Abs. 1 Satz 1, 18 Abs. 2 Satz 1 u. 2 LGG die **Gleichstellungsbeauftragte** zu beteiligen (OVG Münster, B. v. 22.6.2010, 6 A 699/10, Leits. in NVwZ-RR 2010, 731; OVG Münster, B. v. 24.2.2010, 6 A 1978/07). Geschieht dies nicht, sei eine entsprechende Zurruhesetzungsverfügung rechtswidrig (OVG Münster, B. v. 24.2.2010, 6 A 1978/07; OVG Münster, B. v. 14.5.2012, 6 A 888/11). Das BVerwG war stattdessen der Auffassung, dass entgegen der Ansicht des OVG Münster nach dem **Rechtsgedanken des § 46 VwVfG** die fehlende Anhörung der Gleichstellungsbeauftragten bei vorzeitiger Versetzung in den Ruhestand wegen dauernder Dienstunfähigkeit nicht zur Rechtswidrigkeit der getroffenen Maßnahme führte, da es sich um **gebundene Entscheidungen** handelt (BVerwG, ZTR 2011, 196 − zu OVG Münster, B. v. 24.2.2010, 6 A 1978/07).

III. Versetzung in ein Amt einer anderen Laufbahn, § 115 Abs. 3

4   Ein nach § 115 Abs. 1 **polizeidienstunfähiger,** aber **noch allgemein dienstfähiger** Beamter soll in ein Amt einer anderen Laufbahn bei einem der in § 1 bezeichneten Dienstherren versetzt werden, § 115 Abs. 3 Satz 1 (vgl. z. B. OVG Münster, B. v. 11.4. 2012, 6 B 196/12: Laufbahnwechsel bei Übergewicht mit Krankheitswert und psychischer Problematik; VG Köln, B. v. 22.8.2014, 19 L 1254/14; vgl. zum Streitwert bei Feststellung der Polizeidienstfähigkeit zur Vorbereitung eines Laufbahnwechsels OVG Münster, NVwZ-RR 2013, 624: § 52 Abs. 2 GKG). Der Versetzung dürfen dann nach der gesetzlichen Vorschrift keine zwingenden dienstlichen Gründe entgegenstehen und die sonstigen Voraussetzungen des § 25 (Versetzung) müssen erfüllt sein. Hat ein Dienstherr zunächst von dem polizeidienstunfähigen Beamten keinen Laufbahnwechsel verlangt, sondern ihn in seinem Interesse in einer dem Polizeivollzugsdienst zugeordneten Funktion mit geringeren gesundheitlichen Anforderungen beschäftigt, um eine mögliche Wiederherstellung der Polizeidienstfähigkeit abzuwarten, steht dies bei fortbestehender Polizeidienstunfähigkeit einem später verfügten Laufbahnwechsel und entsprechender Versetzung nicht entgegen (so das OVG Münster zu § 194 Abs. 3 LBG a. F., B. v. 13.11.2006, 6 B 2086/06). Es ist auch zulässig, wenn primär nur solche Beamte mit Verwendungseinschränkungen in Bezug auf den Polizeivollzugsdienst auf Innendienstposten eingesetzt werden, bei denen entweder nur vorübergehende Verwendungseinschränkungen bestehen oder für die wegen der unmittelbaren zeitlichen Nähe zum Ruhestandseintritt ein Laufbahnwechsel mit dem damit verbundenen Aufwand weder zweckmäßig noch zumutbar wäre (OVG Münster, Beschl. v.

22.1.2015, 6 B 1022/14 unter Hinw. auf OVG Münster, B. v. 11.4.2012, 6 B 196/12; s.a. OVG Münster, Beschl. v. 13.11.2006, 6 B 2086/06; BVerwG, Urt. v. 3.3.2005, 2 C 4/04). Das (hohe) Dienstalter darf bei der Verwendungsprognose Berücksichtigung finden (VG Köln, B. v. 22.8.2014, 19 L 1254/14). Schließlich ist die Zahl der zur Verfügung stehenden vakanten Dienstposten im Innendienst der Polizei begrenzt (VG Köln, Beschl. v. 22.8.2014, 19 L 1254/14; BVerwG, Urt. v. 3.3.2005, 2 C 4/04). Einer jüngeren polizeidienstunfähigen Polizeibeamtin, die weit vom Ruhestand nach § 114 Abs. 1 entfernt ist (Jahrgang 1971), ist ein Laufbahnwechsel grundsätzlich ohne weiteres zumutbar (OVG Münster, Beschl. v. 22.1.2015, 6 B 1022/14; s.a. VG Köln, Beschl. v. 22.8.2014, 19 L 1254/14; BVerwG, Urt. v. 3.3.2005, 2 C 4/04). Vor der Anordnung eines Laufbahnwechsels muss auch nicht zwingend nach einer anderweitigen Verwendbarkeit in einer benachbarten Polizeibehörde gesucht worden sein (vgl. OVG Münster, B. v. 21.12.2015, 6 A 2131/14). Der Polizeibeamte hat nach § 115 Abs. 3 Satz 2 erforderlichenfalls die für die neue Laufbahn notwendigen Kenntnisse und Fähigkeiten zu erwerben; der Dienstherr ist verpflichtet, ihm entsprechende Fortbildungsmaßnahmen anzubieten und zu finanzieren. Es liegt insofern ein Spezialfall der allgemeinen Fortbildungspflicht nach § 42 Abs. 2 vor. Nach § 115 Abs. 3 Satz 3 bleiben § 26 Abs. 1 Satz 3 und Abs. 2 BeamtStG unberührt; mithin ist bei anderweitiger Verwendungsmöglichkeit (§ 26 Abs. 2 BeamtStG) von der Ruhestandsversetzung abzusehen.

IV. Versetzung in den Ruhestand

Sofern der Polizeivollzugsbeamte (Lebenszeitbeamte) polizeidienstunfähig ist und auch **5** nicht im Rahmen noch vorhandener allgemeiner Dienstfähigkeit im Polizeidienst verwendet werden kann bzw. auch eine Verwendung in einem anderen Amt ausscheidet, ist er in den Ruhestand zu versetzen, wenn die dafür notwendigen Voraussetzungen nach dem LBeamtVG NRW vorliegen (vgl. § 4 LBeamtVG NRW). Der dienstunfähige Widerrufsbeamte ist zu entlassen (*Brockhaus* in Schütz/Maiwald, § 116 Rn. 65). Bei Beamten auf Probe gelten bei Dienstunfähigkeit insoweit die §§ 28, 23 Abs. 1 Nr. 3 BeamtStG (vgl. dazu OVG Bremen, NVwZ-RR 2006, 412 – bei dauernder Dienstunfähigkeit wird regelmäßig eine Entlassung auszusprechen sein; s.a. *Brockhaus* in Schütz/Maiwald, § 116 LBG Rn. 36, 65).

§ 116 Feuerwehrtechnischer Dienst

(1) **¹Auf die Beamtinnen und Beamten des feuerwehrtechnischen Dienstes des Landes und in den Feuerwehren der Gemeinden und Gemeindeverbände finden die für die Beamtinnen und Beamten allgemein geltenden Vorschriften dieses Gesetzes Anwendung, soweit nachstehend nichts anderes bestimmt ist. ²Welche Beamtinnen und Beamte zur Feuerwehr gehören, bestimmt das für Inneres zuständige Ministerium im Einvernehmen mit dem Finanzministerium durch Rechtsverordnung.**

(2) **Es gelten § 112 Absatz 1 Satz 1, § 113, außerdem für die Beamtinnen und Beamten in den Feuerwehren der Gemeinden und Gemeindeverbände und die Beamtinnen und Beamten in den Feuerwehren des Landes § 110 Absatz 3 sowie für die Beamtinnen und Beamten des feuerwehrtechnischen Dienstes des Landes § 112 Absatz 1 Satz 2 entsprechend.**

(3) **Die Beamtinnen und Beamten in den Feuerwehren treten mit dem Ende des Monats, in dem sie das 60. Lebensjahr vollenden, in den Ruhestand.**

(4) **¹Das für Inneres zuständige Ministerium erlässt im Einvernehmen mit dem Finanzministerium durch Rechtsverordnung spezielle Vorschriften über die Laufbahnen der Beamtinnen und Beamten des feuerwehrtechnischen Dienstes. ²Diese bestimmt neben den in § 9 genannten Regelungstatbeständen insbesondere**

1. **die Voraussetzungen für die Einstellung in den feuerwehrtechnischen Dienst,**
2. **der Erwerb der Befähigung für die Laufbahngruppen des feuerwehrtechnischen Dienstes,**
3. **die Voraussetzungen für den Aufstieg in das erste Einstiegsamt der Laufbahngruppe 2 (Laufbahnbefähigung im Wege des Aufstiegs),**
4. **die Voraussetzungen für die Beförderung und**
5. **in welchem Umfang eine Tätigkeit in einer Feuerwehr außerhalb eines Beamtenverhältnisses auf die Probezeit angerechnet werden darf.**

Übersicht

I. Geltung der allgemeinen Vorschriften des LBG für Feuerwehrbeamte, § 116 Abs. 1

1   Analog der für Polizeivollzugsbeamte geltenden Regelungskonstruktion (§ 109 Abs. 1) wird auch für Beamte des feuerwehrtechnischen Dienstes des Landes und der Gemeinden und Gemeindeverbände in § 116 Abs. 1 festgeschrieben, dass für sie die (allgemeinen) Vorschriften des LBG zur Anwendung kommen, sofern nicht „nachstehend" – also in den nachfolgenden Absätzen des § 116 – etwas anderes bestimmt ist.

II. Festlegung entsprechender Geltung besonderer Vorschriften, § 116 Abs. 2

2   Mit § 116 Abs. 2 wird „etwas anderes" bestimmt, indem für Feuerwehrbeamte die entsprechende Geltung von bestimmten Vorschriften für Polizeivollzugsbeamte vorgeschrieben wird. Im Hinblick auf die partiell vergleichbare berufliche Situation dieser Beamtengruppen gelten die **Dienstkleidungsregelungen** (§§ 112 Abs. 1 Satz 1, 113) für die erfassten Feuerwehrbeamten entsprechend. Beamte im feuerwehrtechnischen Dienst des Landes haben ebenfalls einen Anspruch auf **unentgeltliche Ausstattung mit der Bekleidung und Ausrüstung,** die die besondere Art des Dienstes erfordert (§ 112 Abs. 1 Satz 1). Soweit es um Beamte des feuerwehrtechnischen Dienstes des Landes geht, wird das Nähere zur Dienstkleidung durch das MIK im Einvernehmen mit dem FM geregelt. Für Beamte in den Feuerwehren der Gemeinden und Gemeindeverbände wurde § 112 Abs. 1 Satz 2 bewusst nicht für entsprechend anwendbar erklärt, um diesen die nötige Konkretisierung des § 112 Abs. 1 Satz 1 in eigener Kompetenz zu überlassen (vgl. zum früheren § 189 LBG OVG Münster, ZBR 2000, 178). Generell ist nur ein Anspruch auf eine unentgeltliche Ausstattung mit der Bekleidung gegeben, welche die besondere Art des Dienstes erfordert. Bei einem Feuerwehrbeamten, welcher im Hauptamt nahezu ausschließlich in der Leitstelle eines Kreises für den Feuerschutz und Rettungsdienst eingesetzt wird, fehlt es nach Ansicht des OVG Münster an der Erforderlichkeit (OVG Münster, ZBR 2000, 178). Der besondere Kennzeichnungszweck einer Feuerwehruniform kann dann ausnahmsweise fehlen (OVG Münster, ZBR 2000, 178). Die einheitliche Dienstkleidung der Feuerwehren, des Instituts der Feuerwehr NRW und der Aufsichtsbehörden ist auf der Basis des § 33 Abs. 3 FSHG durch RdErl. des IM vom 7.4.2009 vorgeschrieben (RdErl. v. 7.4.2009 – 74-52.7.03).

3   Das MIK wird durch § 116 Abs. 2 i. V. m. § 110 Abs. 3 autorisiert, für die Feuerwehrbeamten der Gemeinden/Gemeindeverbände und des Landes in einer Rechtsverordnung **Bestimmungen über die Arbeitszeit** zu erlassen. Mit der VO über die Arbeitszeit der

Beamtinnen und Beamten des feuerwehrtechnischen Dienstes im Land NRW vom 1.9.2006 wurde davon Gebrauch gemacht (AZVOFeu – GV. NRW. S. 442, zuletzt geändert durch VO v. 7.9.2015, GV. NRW. S. 682). Nach § 1 Abs. 1 AZVOFeu gilt die VO für die Beamten des feuerwehrtechnischen Dienstes, die in Schichten unter Einschluss von Bereitschaftszeiten Dienst leisten; für die übrigen gilt die AZVO (AZVO v. 4.7.2006, GV. NRW S. 335, zuletzt geändert durch VO vom 10.1.2012, GV. NRW. S. 2). Die Frage, wie bei Beamten des feuerwehrtechnischen Dienstes eine nach EU-Recht vorliegende Zuvielarbeit über die wöchentliche Höchstarbeit hinaus auszugleichen ist, wird bei § 61 (Mehrarbeit) näher behandelt (vgl. § 61 Rn. 2; BVerwG, NVwZ 2012, 643; OVG Münster, B. v. 1.3.2012, 6 A 3123/08).

III. Spezielle Altersgrenze für den Ruhestand von Feuerwehrbeamten, § 116 Abs. 3

§ 116 Abs. 3 legt **für Feuerwehrbeamte** eine **vorgezogene Altersgrenze** fest. Im **4** Unterschied zu Polizeivollzugsbeamten, die nach § 114 Abs. 1 erst nach Vollendung des 62. Lebensjahres kraft Gesetzes in den Ruhestand treten, wird für sie auf die **Vollendung des 60. Lebensjahres** abgestellt. Hintergrund ist der Umstand, dass der Feuerwehrdienst ganz besondere Anforderungen stellt und mit besonderen körperlichen Belastungen verbunden ist (vgl. OVG Münster, BWV 2001, 63; s.a. das Revisionsurteil BVerwG, ZBR 2001, 102; *Battis*, § 51 BBG Rn. 7; *Brockhaus* in Schütz/Maiwald, § 117 LBG Rn. 64). Wenn aber in einem konkreten Einzelfall diese Belastungen nicht auftreten, weil keine laufbahnentsprechende Verwendung bei einer Einrichtung oder Dienststelle der Feuerwehr erfolgte, kann die besondere Altersgrenze des § 116 Abs. 3 auch nicht zur Anwendung kommen (OVG Münster, Beschl. v. 27.3.2014, 6 B 276/2014). Wenn ein Stadtbrandmeister seit seinem 55. Lebensjahr nur noch im Bereich der zentralen Dienste einer Feuerwehr eingesetzt wurde, gilt für ihn nicht die vorgezogene Altersgrenze; es reicht nach einem Beschluss des OVG Münster vom 27.3.2014 nicht aus, dass er zuvor über einen langen Zeitraum den besonderen körperlichen Belastungen des feuerwehrtechnischen Dienstes ausgesetzt war (OVG Münster, 6 B 276/14). Für den Ruhestandseintritt gelten im Übrigen die allgemeinen Vorschriften, insbesondere § 41, der u.a. auf die §§ 27–40 verweist. § 56a LBeamtVG (einmaliger finanzieller Ausgleich) kommt – wie bei Polizeibeamten – auch bei Beamten des feuerwehrtechnischen Dienstes bei Eintritt in den Ruhestand wegen Erreichens der Altersgrenze zur Anwendung. Über § 32 Abs. 3 ist auch bei Feuerwehrbeamten ein Hinausschieben der Altersgrenze möglich (§ 32 Abs. 1 u. 2). Bei einem Hinausschieben der Altersgrenze auf eigenen Antrag muss ein „dienstliches Interesse" bestehen (vgl. dazu § 32 Abs. 1 Rn. 9–11, 18f.; vgl. dazu auch *J.-M. Günther*, Das „dienstliche Interesse" beim Hinausschieben der Altersgrenze nach § 32 Abs. 1 LBG NRW, NWVBl. 2014, 32; s.a. *Baßlsperger*, BayVBl. 2015, 732).

Eine **spezielle Feuerwehrdienstfähigkeit** analog der Polizeidienstfähigkeit (§ 115 **5** Abs. 1) ist in NRW **nicht gesetzlich normiert,** so dass sich grundsätzlich für eine Zurruhesetzung die Frage des Wegfalls der Dienstfähigkeit nach den allgemeinen Vorschriften richtet, §§ 33, 34 (vgl. zu § 197 a.F. LBG OLG Düsseldorf, OLGR Düsseldorf 2004, 187). Die nicht erfolgte gesetzliche „Gleichstellung" der Feuerwehrbeamten mit den Polizeibeamten unter dem Gesichtspunkt der erhöhten Anforderungen an die körperliche Leistungsfähigkeit bedeutet aber nach zutreffender Ansicht des OVG Münster nicht, dass nicht auch für Feuerwehrbeamte im Verhältnis zu „normalen" Beamten erhöhte Anforderungen – in Form einer vollen bzw. gesteigerten Verwendungsbreite – gestellt werden können bzw. zu stellen sind (OVG Münster, ZBR 2005, 101; vgl. zur Atemschutztauglichkeit OVG Münster, B. v. 27.9.2011, 8 A 2020/10; s.a. OVG Lüneburg, NdsVBl. 2005, 272). Werde ein Amt wie des Feuerwehrbeamten im mittleren feuerwehrtechnischen Dienst durch multifunktionale Verwendbarkeit geprägt, sei dies – so das OVG Münster – nicht ohne Einfluss auf den Maßstab für die erforderliche Dienstfähigkeit (OVG Münster, ZBR 2005, 101). Insofern kann es im Einzelfall durchaus dazu kommen, dass ein Feuerwehrbeamter, der nach den Maßstäben für einen „normalen" Beamten (noch) dienstfähig wäre, wegen Dienstunfähigkeit in den Ruhestand zu versetzen ist, weil er im Bereich des abwehrenden Brandschutzes aufgrund gesundheitlicher Beeinträchtigungen nicht mehr (hinreichend breit) eingesetzt werden kann (OVG Münster, a.a.O.; OVG Lüneburg, a.a.O.; *Brockhaus* in Schütz/Maiwald, § 117 LBG Rn. 59).

IV. Laufbahnrecht für Beamte des feuerwehrtechnischen Dienstes

6   Mit § 116 Abs. 4 erfolgt eine Ermächtigung des MIK, im Einvernehmen mit FM im Wege einer Rechtsverordnung spezielle Vorschriften über die Laufbahnen der Beamten des feuerwehrtechnischen Dienstes zu erlassen. Eine solche Befugnis ergibt sich bereits auch aus den gem. § 116 Abs. 1 geltenden allgemeinen (Laufbahn-)Vorschriften (§ 9 Abs. 1), die eine entsprechende generelle Ermächtigung der Landesregierung enthalten. Grundlegend ist die VO über die Ausbildung und Prüfung für die Laufbahn des höheren feuerwehrtechnischen Dienstes im Lande NRW vom 11.3.2010 (SGV. NRW. 203014; zuletzt geändert durch VO vom 27.1.2016, GV. NRW. S. 34). Laufbahnbestimmungen enthalten ferner die VO über die Ausbildung und Prüfung für die Laufbahn des gehobenen feuerwehrtechnischen Dienstes im Lande Nordrhein-Westfalen (VAPgD-Feu) vom 25.11.2013 (SGV. NRW. 203014) und die VO über die Ausbildung und Prüfung für die Laufbahn des mittleren feuerwehrtechnischen Dienstes vom 5.11.2015 (SGV. NRW. 203014). Zu verweisen ist ferner auf die VO über die Laufbahnen der Beamtinnen und Beamten des feuerwehrtechnischen Dienstes (LVOFeu) vom 6.5.2014 (SGV. NRW. 203014). Für die ehrenamtlichen Angehörigen der Freiwilligen Feuerwehr ist die VO über die Laufbahn der ehrenamtlichen Angehörigen der Freiwilligen Feuerwehr vom 1.2.2002 maßgeblich. Diese VO wurde zuletzt mit der vierten VO zur Änderung der Verordnung über die Laufbahn der ehrenamtlichen Angehörigen der freiwilligen Feuerwehr vom 10.3.2016 geändert (GV. NRW. S. 182).

§ 117 Allgemeiner Vollzugsdienst und Werkdienst bei den Justizvollzugsanstalten, Vollzugsdienst in Abschiebungshaftvollzugseinrichtungen und Technischer Aufsichtsdienst in untertägigen Bergwerksbetrieben

(1) **Die Beamtinnen und Beamten des allgemeinen Vollzugsdienstes und des Werkdienstes bei den Justizvollzugsanstalten und des Vollzugsdienstes in Abschiebungshaftvollzugseinrichtungen treten mit Ende des Monats, in dem sie das 62. Lebensjahr vollenden, in den Ruhestand.**

(2) **Ohne Nachweis der Dienstunfähigkeit können Beamtinnen und Beamte auf Lebenszeit auf Antrag frühestens mit Vollendung des 60. Lebensjahres in den Ruhestand versetzt werden.**

(3) **¹Vor der Zurruhesetzung von Beamtinnen und Beamten bei Justizvollzugsanstalten wegen Dienstunfähigkeit kann die ärztliche Untersuchung auch durch ein Gutachten einer oder eines vom Justizministerium bestellten beamteten Vollzugsärztin oder Vollzugsarztes erfolgen. ²Entsprechendes gilt bei Beamtinnen oder Beamten des allgemeinen Vollzugsdienstes, wenn eine Befreiung von bestimmten Diensten beantragt wird. ³Die Sätze 1 und 2 finden auf Beamtinnen und Beamte in Abschiebungshaftvollzugseinrichtungen keine Anwendung.**

(4) **Für die technischen Aufsichtsbeamtinnen und Aufsichtsbeamten auf Lebenszeit, die für die Sicherheit untertägiger Bergwerksbetriebe zuständig sind, gelten die Absätze 1 und 2 entsprechend.**

I. Allgemeines

Die Vorschrift regelt wegen der besonderen Belastungen des Dienstes in den traditionel- **1** len Vollzugsanstalten (dauernder Umgang mit Strafgefangenen/Tätigkeit hinter Gittern/ Gefahrenpotential durch zu betreuende Klientel/Schicht- und Wochenenddienste usw.) (ebenfalls) eine Abweichung von den allgemeinen Regelaltersgrenzen. Vergleichbare Belastungen bestehen auch im Vollzugsdienst in den speziellen Abschiebungshaftvollzugseinrichtungen. Abschiebungshaft muss in speziellen Hafteinrichtungen erfolgen (Abschiebungshaftvollzugseinrichtungen); ein Vollzug in Justizvollzugsanstalten ist nach einem Beschluss des BGH vom 25.7.2014 (NVwZ 2015, 163) unzulässig. Dies Vorgaben basieren auf der Judikatur des EuGH und mit der Rückführungsrichtlinie auf europäischem Recht (EuGH, NVwZ 2014, 1217). Das Gesetz über den Vollzug der Abschiebungshaft in NRW vom 5.5.2015 (GV. NRW. S. 424) schuf in der Folge die Voraussetzungen, Abschiebungshaft im Geschäftsbereich des originär zuständigen Innenministeriums zu vollziehen (s. auch das zweite Abschiebungshaftvollzugsgesetz). Es gibt dementsprechend eine neue Abschiebungshaftvollzugslaufbahn für den mittleren Dienst, die vom Ziel der Schaffung einer vergleichbaren Rechtsstellung wie die der Justizvollzugsbeamten geprägt ist (vgl. dazu die VO über die Ausbildung und Prüfung für die Laufbahn des Abschiebungshaftvollzugsdienstes in Unterbringungseinrichtungen für Ausreisepflichtige des Landes NRW (APOAHVollz) vom 22.12.2015, GV. NRW. 2015, S. 940). Der Gesetzgeber hat in dem Kontext auch erkannt, dass der Vollzugsdienst in neuen Abschiebungshaftvollzugseinrichtungen von besonderen Belastungen geprägt ist, die ein vergleichbares Niveau wie der allgemeine Vollzugsdienst und Werkdienst bei den Justizvollzugsanstalten haben. Daher werden in § 117 LBG die verschiedenen Vollzugsdienste bei der Festlegung der speziellen Regelaltersgrenze gleichgestellt. Somit gilt auch für Beamte im Abschiebungshaftvollzug die besondere Altersgrenze von 62 Lebensjahren und ihnen wird die Möglichkeit des vorzeitigen Ruhestands mit Vollendung des 60. Lebensjahres eingeräumt. Die vorgezogene Altersgrenze für den Allgemeinen Vollzugsdienst und den Werkdienst bei den Justizvollzugsanstalten hat im Zuge von Gesetzesänderungen bis zu ihrer jetzigen Festlegung variiert (bis Ende 2005 war die Grenze das vollendete 60. Lebensjahr; vgl. zur Gesetzeshistorie *Brockhaus* in Schütz/Maiwald, § 118 LBG a. F. Rn. 1–6, 29–30). Beamte im Justizwachdienst fallen nicht unter § 117; sie sind auch keine „Beamte im Vollzugsdienst" im Sinne des § 11 Abs. 2 LBesG (OVG Münster, B. v. 28.4.2016, 3 A 1186/14).

Schließlich hat der Gesetzgeber auch für die technischen Aufsichtsbeamten auf Lebenszeit, die für die Sicherheit untertägiger Bergwerksbetriebe zuständig sind, eine besondere Belastungssituation im Berufsleben gesehen und ebenfalls eine Abweichung von den allgemeinen Regelaltersgrenzen als geboten angesehen (§ 117 Abs. 4).

II. Ruhestandszeitpunkt bei Beamten in Justizvollzugsanstalten und Abschiebungshaftvollzugseinrichtungen, § 117 Abs. 1 u. 2

Von § 117 werden ausdrücklich nur die Beamten des allgemeinen Vollzugsdienstes/ **2** Werkdienstes bei den Justizvollzugsanstalten und des Vollzugsdienstes in Abschiebungshaftvollzugsanstalten umfasst, also nicht alle Beamte, die nach § 155 StVollzG Vollzugsbedienstete sind. Die Beamten im Verwaltungsdienst und Psychologen/Ärzte werden z. B. nicht erfasst und müssen grundsätzlich bis zur Regelaltersgrenze arbeiten (vgl. *Brockhaus* in Schütz/Maiwald, § 118 LBG Rn. 8). Wird die vorgezogene Altersgrenze von Beamten i. S. d. **§ 117 Abs. 1** erreicht, steht ihnen nach § 56a LBeamtVG („Ausgleich bei besonderen Altersgrenzen") bei Ausscheiden ein einmaliger finanzieller Ausgleich von derzeit max. 4.091 Euro zu. Beamte des allgemeinen Vollzugsdienstes/Werksdienstes bei den Justizvollzugsanstalten und des Vollzugsdienstes in Abschiebungshaftvollzugsanstalten können nach

§ 117 Abs. 2 – sofern sie Lebenszeitbeamte sind – mit Vollendung des 60. Lebensjahres auf Antrag in den Ruhestand versetzt werden. Im Regelfall wird den Anträgen im Rahmen der Ermessensausübung stattzugeben sein, wenn nicht dienstliche Gründe von Gewicht entgegenstehen. Der antragstellende Beamte hat sich zu vergegenwärtigen, dass mit einer positiven Bewilligung des Antrags nicht unerhebliche Versorgungsabschläge verbunden sind (vgl. § 16 Abs. 2 Satz 1 Nr. 2 LBeamtVG).

III. Ärztliche Untersuchungen/Vollzugsarzt, § 117 Abs. 3

1. Ärztliche Untersuchung zur Abklärung einer Dienstunfähigkeit

3   § 117 Abs. 3 Satz 1 und 2 bestimmt, dass im Zusammenhang mit Fragen der Dienstunfähigkeit und Befreiung von bestimmten Diensten wegen gesundheitlicher Einschränkungen ein **„Vollzugsarzt"** die ärztliche Untersuchung/Begutachtung vornehmen kann (vgl. dazu VG Düsseldorf, B. v. 23.12.2013, 13 L 1953/13). Dies stellt eine 2009 eingeführte Modifikation von § 33 Abs. 1 Satz 1 dar, der bei Zweifeln über die Dienstunfähigkeit eines Beamten eine Untersuchung (ggf. auch Beobachtung) durch einen Arzt der unteren Gesundheitsbehörde (Amtsarzt) vorsieht. Der Dienstherr kann sich bei von § 117 Abs. 3 Satz 1 und 2 erfassten Beamten nach pflichtgemäßem Ermessen entscheiden, durch welchen Arzt (Amtsarzt oder Vollzugsarzt) er die Untersuchung vorgenommen wissen möchte. Für den Vollzugsarzt spricht fachlich der Aspekt, dass dieser seine spezifischen (Vollzugs-)Erfahrungen in die Begutachtungen einbringen kann. Es muss sich um einen **beamteten Vollzugsarzt** handeln, der ausdrücklich vom JM für solche Untersuchungen und Begutachtungen von Beamten bei den Justizvollzugsanstalten bestellt worden ist (VG Düsseldorf, B. v. 23.12.2013, 13 L 1953/13). In dem Kontext ist auf die einschlägige Allgemeine Verfügung des JM „Nr. 20. Untersuchungen und Begutachtungen von Beamtinnen und Beamten bei Justizvollzugsanstalten durch eine Vollzugsärztin oder einen Vollzugsarzt" (AV d. JM vom 23. April 2010 (2400 – IV. 49) JMBl. NRW S. 147) zu verweisen. Auf Beamte in Abschiebungshaftvollzugseinrichtungen sind aber die Regelungen des § 17 Abs. 2 Satz 1 und 2 nicht anzuwenden (s. § 17 Abs. 3 Satz 3).

2. Befreiung von bestimmten Diensten

4   Wenn Beamte des allgemeinen Vollzugsdienstes eine Befreiung von bestimmten Diensten beantragen (z.B. Schichtdienst, Nachtdienst und/oder Wochenenddienst, Abteilungsdienst), weil sie diese nicht mehr oder nicht mehr hinreichend gesundheitlich bewältigen können (Einschränkung der Einsatzfähigkeit), gilt nach § 117 Abs. 3 Satz 2 der § 117 Abs. 3 Satz 1 entsprechend, sodass der Dienstherr statt des Amtsarztes den Vollzugsarzt mit der diesbezüglichen Begutachtung beauftragen kann. Das JM sieht in solchen Fällen die **Prüfung durch den Vollzugsarzt als Regelfall** vor (Punkt IV der AV des JM „Vollzugsarzt").

IV. Altersgrenzen für Technischen Aufsichtsdienst in untertägigen Bergwerksbetrieben, § 117 Abs. 4

5   Die Tätigkeit unter Tage ist mit besonderen gesundheitlichen Belastungen verbunden, so dass der Gesetzgeber auch für die entsprechenden technischen Aufsichtsbeamten – soweit es sich um Lebenszeitbeamte handelt – eine vorgezogene Altersgrenze vorsieht. Der Gesetzgeber geht insofern davon aus, „dass sich die nachteiligen Auswirkungen eines solchen Einsatzes bei zunehmender Dauer der Tätigkeit und mit zunehmenden Alter der Betroffenen regelmäßig verstärken." (LT-Drs. 16/12136, S. 478). Daher gelten für diese Beamtengruppe nach § 117 Abs. 4 die in Abs. 1 und 2 des § 117 geregelten vorgezogenen Altersgrenzen entsprechend.

§ 118 Bürgermeisterinnen und Bürgermeister, Landrätinnen und Landräte

(1) Auf die Bürgermeisterinnen und Bürgermeister finden die für die Beamtinnen und Beamten allgemein geltenden Vorschriften Anwendung, soweit nachstehend nichts anderes bestimmt ist.

(2) ¹Bürgermeisterinnen und Bürgermeister sind Wahlbeamtinnen und Wahlbeamte in einem Beamtenverhältnis auf Zeit. ²Sie sind nicht verpflichtet, sich einer Wiederwahl zu stellen.

(3) ¹Das Beamtenverhältnis wird mit dem Tage der Annahme der Wahl, frühestens mit dem Ausscheiden der Vorgängerin oder des Vorgängers aus dem Amt, begründet (Amtsantritt) und bedarf keiner Ernennung. ²Es endet mit Ablauf der Amtszeit. ³Das Beamtenverhältnis ist nichtig, wenn die zugrunde liegende Wahl unwirksam ist. ⁴Die bis zur rechtskräftigen Feststellung der Unwirksamkeit der Wahl vorgenommenen Amtshandlungen sind in gleicher Weise gültig, wie wenn sie eine Beamtin oder ein Beamter ausgeführt hätte. ⁵Die gewährten Leistungen können belassen werden.

(4) ¹Für Bürgermeisterinnen und Bürgermeister gilt keine Altersgrenze. ²Auf den Eintritt in den Ruhestand finden §§ 31 und 33 Absatz 3 keine Anwendung. ³Sie treten mit Ablauf ihrer Amtszeit in den Ruhestand, wenn sie

1. insgesamt eine mindestens achtjährige ruhegehaltfähige Dienstzeit erreicht und das 45. Lebensjahr vollendet haben,
2. eine ruhegehaltfähige Dienstzeit im Sinne des § 6 des Landesbeamtenversorgungsgesetzes von 18 Jahren erreicht haben oder
3. als Beamtin oder Beamter auf Zeit eine Gesamtdienstzeit von acht Jahren erreicht haben.

⁴Anderenfalls sind sie entlassen. ⁵Die ruhegehaltfähige Dienstzeit im Sinne des Satzes 3 Nummer 1 schließt neben den kraft Gesetzes zu berücksichtigenden Zeiten auch solche Zeiten ein, die durch Ermessensentscheidung als ruhegehaltfähige Dienstzeit anerkannt worden sind.

(5) Ein einmal entstandener Anspruch auf Gewährung eines Ruhegehalts aus einem früheren Beamtenverhältnis auf Zeit bleibt bestehen, auch wenn sich daran ein Beamtenverhältnis auf Zeit nahtlos anschließt und dieses neue Beamtenverhältnis durch Entlassung endet.

(6) ¹Auf abgewählte Bürgermeisterinnen und Bürgermeister findet § 30 Absatz 3 Satz 3 des Beamtenstatusgesetzes entsprechende Anwendung. ²Mit Ablauf der Amtszeit gilt Absatz 4 entsprechend.

(7) ¹Die Aufgaben der für die Ernennung zuständigen Stelle nimmt im Falle der Entlassung (§ 28) und der Versetzung in den Ruhestand (§ 36) sowie für Entscheidungen nach § 57 und § 72 die Aufsichtsbehörde wahr, soweit gesetzlich nichts anderes bestimmt ist. ²In den Fällen des § 34 dieses Gesetzes, der §§ 27 und 37 des Beamtenstatusgesetzes sowie des § 54 Absatz 3 des Landesbeamtenversorgungsgesetzes nimmt die Aufsichtsbehörde die Aufgaben der dienstvorgesetzten Stelle wahr.

(8) Bei Anwendung des § 88 des Landesbeamtenversorgungsgesetzes gilt ein am 30. September 1999 bestehendes Beamtenverhältnis auf Zeit als ein unmittelbar vorangehendes öffentlich-rechtliches Dienstverhältnis im Sinne dieser Vorschrift.

(9) § 24 des Abgeordnetengesetzes des Landes Nordrhein-Westfalen gilt für Bürgermeisterinnen und Bürgermeister, die in den Bundestag gewählt worden sind, entsprechend.

(10) Für Landrätinnen und Landräte gelten die Absätze 1 bis 9 entsprechend.

Übersicht

I. Allgemeines

1   Durch das GO-Reformgesetz vom 9.10.2007 waren Bürgermeister- und Landratswahlen von den allgemeinen Kommunalwahlen abgekoppelt worden. Mit dem **Gesetz zur Stärkung der kommunalen Demokratie** vom 9.4.2013 (GV. NRW. S. 194) wurde wieder (ab 2020) eine **Synchronisierung der Wahlen der kommunalen Vertretungen und Hauptverwaltungsbeamten** vorgenommen; die Amtszeiten der Hauptverwaltungsbeamten sind auf fünf Jahre verkürzt (§ 65 Abs. 1 Satz 1 GO, § 44 Abs. 1 Satz 1 KrO). Die Regelung in der GO wurde 2009 mit einer Streichung des § 119 Abs. 3 Satz 3 a. F. und der Ersetzung des Wortes „Wahlzeit" durch „Amtszeit" in § 119 Abs. 3 Satz 2 a. F. verbunden. Die versorgungsrechtliche Rechtsstellung von Bürgermeistern und Landräten wurde in dem Kontext verbessert (vgl. § 18 Abs. 5). Eine weitere Änderung erfolgte mit dem heutigen § 118 Abs. 9; er legt die entsprechende Anwendung von § 24 AbgG NRW fest, wenn ein Bürgermeister in den Bundestag gewählt wird. Über § 118 Abs. 10 gilt § 118 Abs. 9 auch für Landräte.

2   Die Rückkehr zur Zusammenlegung der Wahlen war mit einer Reihe von komplexen Übergangsregelungen zum KWahlG, zur GO und zur KrO verknüpft (vgl. Art. 5 des Gesetzes zur Stärkung der kommunalen Demokratie), wobei das **einmalige Niederlegungsrecht für Bürgermeister und Landräte** (§ 5 des Art. 5 der Übergangsregelungen zum KWahlG, zur GO und zur KrO) wegen der Verkürzung der laufenden Wahlperiode und der damit verbundenen **Beeinträchtigung des Demokratieprinzips** bedenklich war (kritisch dazu *Thormann*, NWVBl. 2014, 50; vgl. zum Demokratieprinzip VerfGH NRW, Urt. v. 18.2.2009, 24/08). Wegen der Einzelheiten zu der aktuellen Rechtslage bei Wahlen von Bürgermeistern und Landräten in NRW wird auf die Spezialliteratur verwiesen (s. *Sanders*, in Smith/Bender (Hrsg.), Recht der kommunalen Wahlbeamten, 2016, S. 25 ff.; *Erlenkämper* in Articus/Schneider, Kommentar zur GO NRW, § 62 GO, Anm. 1.2 – s. dort die Übersicht zum Ende der jeweiligen Amtszeiten bei den maßgeblichen Wahlperioden).

II. Anwendbarkeit der allgemein geltenden beamtenrechtlichen Vorschriften

3   Bürgermeister unterliegen nach § 118 Abs. 1 den allgemein geltenden Vorschriften des einschlägigen Beamtenrechts (BeamtStG/LBG), soweit nicht in den Abs. 2–9 des § 118 etwas anderes bestimmt ist (vgl. zum dienstrechtlichen Status von kommunalen Wahlbeamten *J. Müller* in Smith/Bender (Hrsg.), Recht der kommunalen Wahlbeamten, S. 137 ff.; *Erlenkämper* in Articus/Schneider, Kommentar zur GO NRW, § 62 GO, Anm. 1.2). So gilt z. B. u. a. das Nebentätigkeitsrecht des LBG und der NtV für Bürgermeister (BVerwG, NVwZ-RR 2011, 739 zu § 75 LBG a. F. – vgl. die Urteilsanm. von *Ruge,* Landkreis 2011, 366; vgl. zum Nebentätigkeitsrecht der kommunalen Wahlbeamten *Bracher* in Smith/Bender (Hrsg.), Recht der kommunalen Wahlbeamten, 2016, S. 193 ff.; a. A. *Erlenkämper* in Articus/Schneider, Kommentar zur GO NRW, § 62 GO, Anm. 1.2; s. zum Geschenkverbot für kommunale Wahlbeamte *Herrmann* LKV 2012, 537 ff.;). Die Besoldung eines Bürgermeisters steht in Abhängigkeit von der Einwohnerzahl der jeweiligen Gemeinde und bestimmt sich nach der Eingruppierungsverordnung NRW (EingrVO v. 9.2.1979, GV. NRW. S. 97 – zuletzt geändert durch VO v. 20.10.2015, GV. NRW. S. 729). Für Landräte gelten § 118 Abs. 1–9 gem. § 118 Abs. 10 entsprechend, so dass sich die auf Bürgermeister abstellende nachfolgende Kommentierung der Vorschriften auf beide Gruppen von

Wahlbeamten erstreckt. Der Gleichklang der für Bürgermeister/Landräte anzuwendenden Vorschriften berücksichtigt, dass sowohl der hauptamtliche Bürgermeister als auch der Landrat von den Bürgern unmittelbar in das Amt gewählt werden und insoweit beide besonders demokratisch legitimiert sind (vgl. insoweit zur entspr. demokratischen Legitimation BVerwG, NVwZ-RR 2011, 739). Im politischen Meinungskampf haben kommunale Wahlbeamte in bestimmtem Maß Neutralitätspflichten bei ihrer Amtsführung (vgl. dazu eingehend *Bender*, NWVBl. 2016, 143; *Gärditz*, NWVBl. 2015, 165; VG Düsseldorf, Urt. v. 28.8.2015, 1 K 1369/15; OVG Münster, B. v. 12.1.2015, 15 B 45/15).

III. Wahlbeamter auf Zeit, § 118 Abs. 2, 3

Als **hauptamtlicher Bürgermeister** ist dieser nach § 118 Abs. 2 **Wahlbeamter auf**   4
Zeit und unterliegt – anders als „übrige kommunale Wahlbeamte" nach § 119 – nicht der Verpflichtung, sich nach einer Wahlperiode einer Wiederwahl zustellen. Das Beamtenverhältnis endet (zunächst) mit der Amtszeit. Eine formale Qualifikation i. S. v. bestimmten Bildungs- oder Berufsabschlüssen usw. wird für einen Bürgermeister nicht verlangt. Alle Unionsbürger mit Wohnsitz in Deutschland sind wählbar, § 65 Abs. 2 Satz 1 GO. Wenn der gewählte Bürgermeister die Wahl angenommen hat, dann beginnt mit diesem Tag ohne den an sich für die Begründung von Beamtenverhältnissen erforderlichen (weiteren) Ernennungsakt (s. § 8 Abs. 2 BeamtStG) das Beamtenverhältnis (vgl. dazu *Sanders* in Smith/Bender (Hrsg.), Recht der kommunalen Wahlbeamten, 2016, S. 47–48: „Die Annahme als entscheidender statusbegründender Akt besitzt damit sowohl eine wahlrechtliche als auch ausnahmsweise gleichzeitig eine dienstrechtliche Bedeutung"). Dies gilt aber zur Vermeidung einer überlappenden Amtszeit von Bürgermeistern frühestens mit dem Ausscheiden des Vorgängers aus dem Amt, § 118 Abs. 3 Satz 1. Nach § 65 Abs. 1 Satz 1 GO wird der Bürgermeister nur noch für fünf Jahre gewählt. Diese Verkürzung ist logische Folge der Zusammenlegung der Wahlen der Hauptverwaltungsbeamten mit den allgemeinen Kommunalwahlen, aber unter dem Gesichtspunkt der Kontinuität einer Amtsführung und der Attraktivität des Amtes problematisch. Das Gesetz verwendet in § 118 Abs. 3 Satz 2 den Begriff der „Amtszeit" statt des bisherigen Begriffes der „Wahlzeit"; eine inhaltliche Änderung ist damit nicht verbunden. Nach § 118 Abs. 3 Satz 3 schlägt die **Unwirksamkeit der Wahl des Bürgermeisters** auf die Wirksamkeit des Beamtenverhältnisses durch und führt zu dessen Nichtigkeit (Fall des § 11 Abs. 1 Nr. 3 lit. c BeamtStG – vgl. *Reich,* § 7 BeamtStG Rn. 8 a. E.; *Erlenkämper* in Articus/Schneider, Kommentar zur GO NRW, § 62 GO, Anm. 1.2). Eine Heilung dieses Mangels scheidet insofern aus (*Zentgraf* in MRSZ, § 11 BeamtStG Erl. 2.5). Es liegt dann nur ein „faktisches Beamtenverhältnis" vor. Allerdings werden nach § 118 Abs. 3 Satz 4 die Amtshandlungen, die bis zur rechtskräftigen Festlegung der Unwirksamkeit der Bürgermeisterwahl von dem „Pseudo-Wahlbeamten" vorgenommen wurden, als gültig fingiert. § 118 Abs. 3 letzter S. trifft eine dem § 17 Abs. 1 S. 5 entsprechende Regelung. Es wäre unbillig, wenn man Hauptverwaltungsbeamten im Falle einer sie betreffenden, für unwirksam erklärten Wahl nicht die zuvor ihnen gewährten Leistungen belassen könnte. Man wird davon auszugehen haben, dass in der Praxis im Regelfall die Leistungen auch belassen werden und im Regelfall eine entsprechende Ermessensverdichtung zu Gunsten der („Pseudo"-)Hauptverwaltungsbeamten stattfindet.

IV. Ruhestandsregelungen/Abwahl

In § 118 Abs. 4 Satz 1 wird festgelegt, dass **für Bürgermeister keine Altersgrenze**   5
gilt; mithin findet kein altersbedingter gesetzlicher Eintritt in den Ruhestand statt (s. zu möglichen Altersgrenzen für Bürgermeister BVerfG, NVwZ 2013, 1540; s.a. BVerfG,

NVwZ 1997, 1207). Maßgeblich ist vielmehr der Ablauf der Amtszeit. Wegen der festgelegten Nichtgeltung einer Altersgrenze hat § 118 Abs. 4 Satz 2 lediglich klarstellende Bedeutung, indem er spezielle Vorschriften zu Altersgrenzen (§§ 31, 33 Abs. 3) ausdrücklich ausschließt. Die normalen Beendigungsgründe des LBG gelten aber für Bürgermeister (s. a. *Erlenkämper* in Articus/Schneider, Kommentar zur GO NRW, § 62 GO, Anm. 1.2). Für die Wählbarkeit ist aber ein Mindestalter von 23 Jahren von Bedeutung, § 65 Abs. 2 Satz 1 GO. Wenn die Amtszeit abgelaufen ist, tritt der Bürgermeister in den Ruhestand, wenn alternativ mindestens eine der weiteren Voraussetzungen des § 118 Abs. 4 Satz 3 Nr. 1–3 erfüllt ist. Anderenfalls ist der Bürgermeister mit Ablauf der Amtszeit kraft Gesetzes entlassen. § 118 Abs. 4 Satz 4 wiederum hat klarstellende Bedeutung, indem er den Begriff der „ruhegehaltfähigen Dienstzeit" (neben den kraft Gesetzes zu berücksichtigenden Zeiten) auch auf durch Ermessensentscheidung anerkannte ruhegehaltfähige Dienstzeiten erstreckt. Wenn Bürgermeister oder Landräte nach den jeweils geltenden Vorschriften von GO bzw. KrO abgewählt werden, gilt nach § 118 Abs. 6 der § 30 Abs. 3 Satz 3 BeamtStG entsprechend (vgl. zur Abwahlmöglichkeit nach § 66 GO: *Böhme*, DÖV 2012, 55; s. a. § 45 KrO). Nicht mehr vorhanden ist der vorherige Verweis auf § 38, da die dort geforderte Bekanntgabe sich als nicht mit dem Regelungssystem für Bürgermeister und Landräte konform erwies (vgl. die Gesetzesbegründung LT-Drs. 16/10380, S. 356). Die Regelungen des § 118 Abs. 4 gelten mit dem Ablauf der Amtszeit entsprechend, § 118 Abs. 6 Satz 2.

6   Mit § 118 Abs. 5 wird gesetzlich normiert und klargestellt, dass ein einmal entstandener Ruhegehaltsanspruch aus einem früheren Beamtenverhältnis auf Zeit auch dann bestehen bleibt, wenn sich daran ein Beamtenverhältnis auf Zeit nahtlos anschließt und dieses neue Beamtenverhältnis durch Entlassung endet (vgl. zur entsprechenden bisherigen Erlasslage LT-Drs. 16/1468, S. 19). Der Erhalt bereits erdienter Pensionsansprüche ist unter Gerechtigkeits- und Fürsorgegesichtspunkten zwingend geboten und außerdem sinnvoll, um die Attraktivität von solchen Beamtenverhältnissen auf Zeit zu stärken und geeignete Bewerber für derartige Ämter zu finden. Insofern wäre es vor dem Hintergrund der durchaus vergleichbaren Sach- und Rechtslage gesetzgeberisch geboten gewesen, bei den übrigen kommunalen Wahlbeamten (§ 119) eine gleichlautende gesetzliche Regelung einzuführen. Da dies nicht geschehen ist, wird man im Gegenschluss davon ausgehen müssen, dass bei der zu betrachtenden Fallkonstellation für diese Beamtengruppe – anders als bei Bürgermeistern und Landräten – bereits erdiente Pensionsansprüche wegfallen bzw. nicht entstehen.

V. Zuständige Behörde für dienstrechtliche Entscheidungen, § 118 Abs. 7

7   Der hauptamtliche Bürgermeister hat mangels einer ausdrücklichen Regelung in der GO keinen allgemeinen Dienstvorgesetzten (vgl. aber § 2 Abs. 1 Nr. 2). In einzelnen Fällen, die in § 118 Abs. 7 geregelt sind (Entlassung/Versetzung in den Ruhestand), ist die Aufsichtsbehörde der Gemeinde für die dienstrechtlichen Entscheidungen zuständig und übernimmt die Aufgaben der für die Ernennung zuständigen Stelle. Die Aufsichtsbehörde nimmt gem. § 118 Abs. 7 Satz 2 auch die Aufgaben der dienstvorgesetzten Stelle wahr, wenn ein Fall der Versetzung in den Ruhestand wegen Dienstunfähigkeit (§ 34) in Rede steht, ein Fall der begrenzten Dienstfähigkeit (§ 27 BeamtStG) vorliegt oder die Verschwiegenheitspflicht (§ 37 BeamtStG) berührt ist (z. B. Erteilung einer Aussagegenehmigung, § 37 Abs. 3 BeamtStG). Gleiches gilt bei einem (potentiellen) Dienstunfall; die Aufsichtsbehörde hat die Aufgabe der dienstvorgesetzten Stelle, den Unfall zu untersuchen. Einen Sonderfall bildet in diesem Zusammenhang die Anzeigepflicht des Bürgermeisters/Landrats gegenüber der Vertretungskörperschaft bei nebentätigkeitsrechtlichen Sachverhalten (vgl. § 49 Rn. 3; § 53 Rn. 2).

VI. Regelung zum Ruhesatz, § 118 Abs. 8

§ 118 Abs. 8 trifft für die Anwendung des § 88 LBeamtVG eine besondere Regelung für **8** die Festlegung des maßgeblichen Ruhesatzes der Bürgermeister und Landräte. Es wird ein spezieller zeitlicher Bezugspunkt (Stichtag) als Tatbestandsvoraussetzung für ein „unmittelbar vorhergehendes öffentlich-rechtliches Dienstverhältnis" bestimmt.

VII. Analoge Anwendung des § 24 AbgG NRW, § 118 Abs. 9

Für Bürgermeister und Landräte, die in den Bundestag gewählt wurden, wird durch **9** § 118 Abs. 9 festgelegt, dass für diesen Fall der **§ 24 AbgG NRW** entsprechend gilt. Eine gleichlautende Regelung findet sich mit Satz 2 des § 119 Abs. 3 für die übrigen kommunalen Wahlbeamten. In der Praxis ist die Regelung sehr bedeutsam, weil z.B. ein Bürgermeister dieses Amt mit Annahme seines Bundestagsmandats verliert und auch selbst bei vorzeitiger Mandatsbeendigung wegen Wiederbesetzung durch eine andere Person nicht zurückkehren kann. Das Gesetz bestimmt für diesen Fall, dass in analoger Anwendung von § 24 Abs. 3 Satz 2 AbgG NRW mit der Beendigung der Mitgliedschaft im Bundestag „die Amtszeit, höchstens aber der Teil der Amtszeit, der bis zum Erreichen der Altersgrenze hätte zurückgelegt werden können, als abgeleistet" gilt, mithin versorgungsrechtlich anzurechnen ist. Eine solche Vorschrift erscheint angemessen (vgl. dazu LT-Drs. 16/1468, S. 19–20). Es ist sachgerecht, dass die Annahme eines Bundestagsmandats beamtenrechtlich genauso behandelt wird wie die Annahme eines Landtagsmandats.

§ 119 Übrige kommunale Wahlbeamtinnen und Wahlbeamte

(1) **Auf die übrigen kommunalen Wahlbeamtinnen und Wahlbeamten finden die für die Beamtinnen und Beamten allgemein geltenden Vorschriften dieses Gesetzes Anwendung, soweit nachstehend nichts anderes bestimmt ist.**

(2) **¹Die übrigen kommunalen Wahlbeamtinnen und Wahlbeamten werden für die Dauer von acht Jahren in das Beamtenverhältnis auf Zeit berufen. ²Über die Berufung darf frühestens sechs Monate vor Freiwerden der Stelle entschieden werden. ³Bei ihrer erstmaligen Berufung in ein Beamtenverhältnis auf Zeit müssen sie unter Berücksichtigung der Regelaltersgrenze nach § 31 Absatz 2 die Voraussetzungen zur Ableistung einer Dienstzeit nach Satz 1 erfüllen können. ⁴Sie sind verpflichtet, das Amt nach einer ersten und zweiten Wiederwahl weiterzuführen. ⁵Die Berufung in das Beamtenverhältnis ist nichtig, wenn die ihr zugrunde liegende Wahl unwirksam ist. ⁶Die bis zur rechtskräftigen Feststellung der Unwirksamkeit der Wahl vorgenommenen Amtshandlungen sind in gleicher Weise gültig, wie wenn sie eine Beamtin oder ein Beamter ausgeführt hätte.**

(3) **¹Auf die übrigen kommunalen Wahlbeamtinnen und Wahlbeamten finden im Falle der Abberufung oder Abwahl § 38 dieses Gesetzes und § 30 Absatz 3 des Beamtenstatusgesetzes entsprechende Anwendung. ²Mit Erreichen der Altersgrenze oder mit Ablauf der Amtszeit gilt § 31 Absatz 1 bis 3 entsprechend. ³§ 24 des Abgeordnetengesetzes des Landes Nordrhein-Westfalen gilt für die übrigen kommunalen Wahlbeamtinnen und Wahlbeamten, die in den Bundestag gewählt worden sind, entsprechend.**

I. Die Anwendung der allgemeinen beamtenrechtlichen Vorschriften auf übrige kommunale Wahlbeamte

Bei den „übrigen kommunalen Wahlbeamten" handelt es sich um die von den jeweili- **1** gen kommunalen Gremien gewählten Zeitbeamten wie die Beigeordneten, Kreisdirektoren, die Direktoren der Landschaftsverbände und die Landesräte bei den Landschaftsverbänden (vgl. zu kommunalen Beigeordneten *Jaeckel,* VerwArch 2006, 220; vgl. zum dienstrechtlichen Status von kommunalen Wahlbeamten *J. Müller* in Smith/Bender (Hrsg.), Recht der kommunalen Wahlbeamten, S. 137 ff.; s. zu Auswahlverfahren OVG Münster, B. v. 25.7.2016, 6 A 1845/15). Die Besoldung dieser **kommunalen Wahlbeamten** richtet sich nach der Eingruppierungsverordnung (EingrVO) vom 9.2.1979, zuletzt geändert durch VO vom 20.10.2015 (GV. NRW. S. 729). Die allgemein geltenden Vorschriften des LBG gelten ausweislich § 119 Abs. 1 für diese Gruppe der kommunalen Wahlbeamten, soweit sich aus den Absätzen 2 und 3 des § 119 nicht etwas anderes ergibt. Insofern unterliegen sie z. B. dem allgemeinen **Nebentätigkeitsrecht** nach den §§ 48 ff. und ihre Auswahl unterfällt allgemeinen beamtenrechtlichen Grundsätzen (vgl. VG Münster, B. v. 3.1.2012, 4 L 670/11). Bei ihnen ist eine **amtsangemessene Beschäftigung** erforderlich (OVG Münster, Urt. v. 21.2.2011, 1 A 938/09) und es ist eine **Rücknahme einer Ernennung** eines Beigeordneten wegen arglistiger Täuschung (§ 18 Abs. 2/§ 12 BeamtStG) vorzunehmen, wenn ein solcher Fall vorliegt (VG Gelsenkirchen, B. v. 5.8.2009, 12 L 721/09). Bei Zweifeln an der **Dienstfähigkeit** ist das Verfahren nach § 33 Abs. 1 durchzuführen (vgl. zu § 45 Abs. 1 Satz 3 LBG NW a. F. VG Düsseldorf, B. v. 10.4.2003, 26 L 1170/03). Aus den jeweiligen speziellen Vorschriften für die Wahlbeamten – § 72 Abs. 2 GO, § 47 Abs. 1 KrO und § 20 Abs. 2 LVerbO – ergeben sich über die allgemeinen Voraussetzungen des LBG/BeamtStG hinaus für die Einstellungen in ein Beamtenverhältnis weitere maßgebliche Anforderungen für das (Wahl-)Amt. Ausweislich eines aktuellen Gesetzesentwurfs sollen Kreise künftig Beigeordnete bestellen können (vgl. LT-Drs. 16/12362).

II. Die speziellen Regelungen für die Berufung und das Amt kommunaler Wahlbeamter

2   § 119 Abs. 2 legt den Status der erfassten kommunalen Wahlbeamten als **Beamte auf Zeit** und die **Dauer der Amtszeit** fest (acht Jahre). Daneben werden als Voraussetzungen für ein solches Amt festgelegt, dass über eine Berufung in ein solches Amt frühestens sechs Monate vor dem Freiwerden der Stelle entschieden werden darf. Für die von § 119 erfasste Beamtengruppe gibt es – anders als bei Bürgermeistern, § 118 Abs. 4 Satz 1 – eine Höchstaltersgrenze. Verfassungsrechtlich ist hiergegen nichts einzuwenden, da die Festlegung des Höchstalters wichtigen Gemeinschaftsgütern (u. a. effektive und kontinuierliche Amtsführung/Vermeidung von Zwischenwahlen) dient (vgl. zu den Aspekten BVerfG, NVwZ 2013, 1540; VG Düsseldorf, B. v. 4.12.2013, 26 L 2480/13).

Die **Höchstaltersgrenze** für die erste Berufung von „übrigen kommunalen Wahlbeamten" wurde im Hinblick auf die gestufte Altersgrenze (§ 31 Abs. 2) für den Eintritt in den Ruhestand mit der aktuellen Gesetzesnovelle angepasst, da die bis dahin geltende Regelung nach der Rechtsprechung nicht rechtmäßig war (VG Düsseldorf, B. v. 4.12.2013, 26 L 2480/13). Die in § 120 Abs. 2 S. 3 a. F. festgeschriebene starre Höchstaltersgrenze entfaltete altersdiskriminierende Wirkung, weil sie ohne sachlichen Grund nicht die in § 31 Abs. 2 geregelten gestaffelten Anhebungen der Regelaltersgrenze aufgriff, obwohl dies sachlich ganz naheliegend und unter dem Aspekt der Vermeidung einer Altersdiskriminierung geboten war (vgl. VG Düsseldorf, B. v. 4.12.2013, 26 L 2480/13; s. a. LT-Drs. 16/4736; *Sanders,* in Smith/Bender (Hrsg.), Recht der kommunalen Wahlbeamten, S. 61–62). Allgemeiner Hintergrund für die zulässige Festlegung einer **Altersgrenze** ist u. a. der Umstand, dass sich der Wahlbeamte nach § 119 Abs. 2 Satz 4 Wiederwahlen zu stellen hat. Beim Fehlen einer Altersgrenze könnte der Fall eintreten, dass jemand mit höherem Alter erstmalig in das Amt des kommunalen Wahlbeamten – etwa als Beigeordneter – berufen wird und dann im Falle der Wiederwahl(en) u. U. in der zweiten oder dritten Amtsperiode altersbedingt nicht mehr über die volle Amtsperiode den regelmäßig hohen Anforderungen des Amtes hinreichend gewachsen wäre und es zu Zwischenwahlen käme (vgl. BVerfG,

NVwZ 2013, 1540; VG Düsseldorf, B. v. 4.12.2013, 26 L 2480/13). Insofern gibt es für diese typisierende Altersgrenze einen sachlich anzuerkennenden Grund; sie ist deshalb – trotz kritischer Stimmen zu gesetzlichen Altersgrenzen im Dienstrecht – europarechtskonform. Aus der Regelung zur Altersgrenze, die sich nur auf die erstmalige Berufung in ein Zeitbeamtenverhältnis bezieht, ergibt sich im Gegenschluss, dass ein unter Beachtung der Höchstaltersgrenze bereits berufener Beamter auf Zeit in ein neues anderes Beamtenverhältnis auf Zeit – auch bei einem anderen Dienstherrn – trotz eines Überschreitens des Höchstalters berufen werden kann. Die Wahlbeamten sind gem. § 119 Abs. 2 Satz 4 verpflichtet, nach einer ersten und zweiten Wiederwahl das innegehabte Amt weiterzuführen. Dies gilt auch, wenn sie absehbar in der weitergeführten Amtszeit die auch für Zeitbeamte geltende Altersgrenze (vgl. § 31 Abs. 1 Satz 1) erreichen (*Held/Winkel/Wansleben,* § 71 GO Anm. 11.1). Nur wenn ein wichtiger Grund vorliegt, über dessen Vorliegen der Rat entscheidet, entfällt bei Beigeordneten nach § 71 Abs. 5 GO die **Pflicht zur Weiterführung des Amtes** (vgl. zum wichtigen Grund *Wansleben* in Held/Winkel § 71 GO Anm. 11.2; s. a. § 71 Abs. 5 Satz 4 GO). In § 27 Abs. 2 ist für Beamte auf Zeit ein spezieller Entlassungsgrund geregelt; wenn ein „übriger kommunaler Wahlbeamter" seiner Verpflichtung aus §§ 4 letzter Satz, 119 Abs. 2 Satz 4 nicht nachkommt, ist er zu entlassen.

§ 119 Abs. 2 Satz 5 legt in Übereinstimmung mit § 11 Abs. 1 Nr. 3 lit. c BeamtStG fest, **3** dass die **Berufung in das Beamtenverhältnis nichtig** ist, wenn die zuvor erfolgte, ihr zu Grunde liegende Wahl unwirksam ist. Die Vorschrift steht in sachlichem Zusammenhang mit § 16 Abs. 2 Satz 2, der darauf abzielt, eine aus einer **unwirksamen Wahl** resultierende Nichtigkeit einer Berufung in das Zeitbeamtenverhältnis möglichst schon im Vorfeld durch dort geregelte Hürden für die Ernennung bzw. Aushändigung der Ernennungsurkunde zu vermeiden. Dass es wegen der Neuregelung in § 11 Abs. 1 Nr. 3 lit. c BeamtStG einer solchen Regelung nicht mehr bedarf, wurde womöglich übersehen (vgl. auch § 16 Rn. 4). Sofern es gleichwohl zu einer unwirksamen Wahl und Ernennung gekommen ist, werden nach § 119 Abs. 2 Satz 6 die Amtshandlungen, die bis zur rechtskräftigen Festlegung der Unwirksamkeit der Wahl von dem „Pseudo-Wahlbeamten" vorgenommen wurden, als gültig fingiert. Im Falle der Besetzung einer kommunalen Beigeordnetenstelle kann der Leistungsgrundsatz bzw. der Grundsatz der Bestenauslese mit dem verfassungsrechtlichen Demokratieprinzip kollidieren, welches auch auf kommunaler Ebene gilt (VG Gelsenkirchen, B. v. 5.12.2013, 12 L 1212/13; s. aber OVG Bremen, B. v. 9.1.2014, 2 B 198/13: Geltung des Art. 33 Abs. 2 GG auch bei der Ernennung von kommunalen Wahlbeamten; *Sanders* in Smith/Bender (Hrsg.), Recht der kommunalen Wahlbeamten, S. 72 ff.). Die Bestenauslese ist jedenfalls sehr stark begrenzt und durch den (vom Gesetzgeber gewollten) politischen Impetus überlagert. Grundsätzlich kann aber ein übergangener Bewerber vor dem Hintergrund des Art. 33 Abs. 2 GG ebenfalls Eilrechtsschutz beantragen (offengelassen von VG Gelsenkirchen, B. v. 5.12.2013, 12 L 1212/13; s. aber OVG Münster, B. v. 7.3.2006, 1 B 2157/05 unter Hinw. auf OVG Münster, B. v. 9.11.2001, 1 B 1146/01 – Besetzung der vom Rat bestellten Leitung eines Rechnungsprüfungsamtes; s. auch OVG Bremen, B. v. 9.1.2014, 2 B 198/13).

Sofern „übrige kommunale Wahlbeamte" abberufen oder abgewählt werden, gelten **4** nach § 119 Abs. 3 die Regelungen des § 38 zum einstweiligen Ruhestand entsprechend; gleiches gilt für § 30 Abs. 3 BeamtStG. Für den „endgültigen" Ruhestand bei Erreichen der Altersgrenze oder mit Ablauf der Amtszeit legt § 119 Abs. 3 Satz 2 fest, dass § 31 Abs. 1 u. 3 entsprechend gelten. Dies bedeutet für den Fall des Erreichens der individuell gemäß dem Geburtsjahr maßgeblichen Altersgrenze, dass der Wahlbeamte mit dem Ende des Monats in den Ruhestand tritt, in dem er sie erreicht. Für den Fall des Ablaufs der Amtszeit und mindestens zehnjähriger ruhegehaltfähiger Dienstzeit regelt § 31 Abs. 3 den Eintritt in den Ruhestand und den davon abzugrenzenden Fall der Entlassung. Mit dem Satz 3 des § 119 Abs. 3 wird für die übrigen kommunalen Wahlbeamten festgelegt, dass bei einer Wahl in den Bundestag für sie der § 24 AbgG NRW entsprechend gilt. Ebenso wie bei den Bürgermeistern und Landräten wird bei ihnen die Annahme eines Bundestagsmandats beamtenrechtlich genauso behandelt wie die Annahme eines Landtagsmandats (vgl. zu den Auswirkungen § 118 Rn. 9; s. a. LT-Drs. 16/1468, S. 19–20).

§ 120 Wissenschaftliches und künstlerisches Personal an den Hochschulen, Wahl der hauptberuflichen Mitglieder des Rektorats

(1) **Auf die Professorinnen und Professoren, Juniorprofessorinnen und Juniorprofessoren, wissenschaftlichen und künstlerischen Mitarbeiterinnen und Mitarbeiter, Lehrkräfte für besondere Aufgaben, die als solche an einer Hochschule des Landes in das Beamtenverhältnis berufen sind, und die in § 134 genannten Beamtinnen und Beamten finden die für die Beamtinnen und Beamten allgemein geltenden Vorschriften dieses Gesetzes Anwendung, soweit gesetzlich nichts anderes bestimmt ist.**

(2) **Für Ernennungen gilt § 14 Absatz 2 Satz 2 mit der Maßgabe, dass die jeweiligen Ämter mit gleichem Endgrundgehalt und gleicher Amtsbezeichnung demselben Fachbereich zugeordnet sind und Professorinnen und Professoren und Juniorprofessorinnen und Juniorprofessoren im privatrechtlichen Beschäftigungsverhältnis in die Berechnung nach § 14 Absatz 2 Satz 1 einbezogen werden.**

(3) **Bei der Wahl der hauptberuflichen Mitglieder des Rektorats findet § 4 Satz 4 keine Anwendung.**

I. Beamtenstatus von Hochschullehrern

1   Ob das wissenschaftliche und künstlerische Personal an Hochschulen **hoheitsrechtliche Aufgaben** i. S. v. § 3 Abs. 1 Nr. 1 BeamtStG wahrnimmt und damit zwingend zu verbeamten ist, kann füglich bezweifelt werden (so BVerfG, NVwZ 2012, 357, 360, mit insoweit zust. Anm. *Battis,* PersR 2012, 197, 199; vgl. auch *v. Roetteken* in v. Roetteken/Rothländer, § 3 BeamtStG Rn. 149 f.; *Tiedemann* in Schütz/Maiwald, § 4 BeamtStG Rn. 25; *Bull,* DÖV 2007, 1029, 1036; vgl. auch BVerfG, DVBl 2007, 1359, 1362: für Lehrer; a. A. *Badura,* ZBR 1996, 321, 326; *Determann,* NVwZ 2000, 1346, 1351; *Cremer/Wolf,* RdJB 2014, 215: für Lehrer; vermittelnd *Gärditz/Pahlow,* Hochschulerfindungsrecht, S. 36; wohl auch *Wahlers,* ZBR 2013, 230, 235 ff.; empirisch dazu *Gehrke/Bruno-Latocha,* RdJB 2013, 306). Als wesentlicher Grund angeführt wird häufig die Prüfungsbefugnis (statt aller *Epping,* ZBR 1997, 383, 386), die jedoch kaum als prägend für den Status bewertet werden kann (vgl. *Bull/Mehde,* JZ 2000, 650, 656; s. a. *Fink,* DÖV 1999, 980, 983; *Wahlers,* ZTR 2013, 478, 482 ff.: a. A. *Cremer/Wolf,* RdJB 2014, 226 f: für Lehrer). Das Hochschulrecht zumindest enthält **keine zwingende Statusvorgabe,** sondern lässt die Erfüllung der „Dienstaufgaben" (§ 35 HG) in beiden Statusverhältnissen ausdrücklich zu, vgl. §§ 39 HG, 32 KunstHG. Gleichwohl hat der Beamtenstatus gerade der Professoren eine lange Tradition (vgl. *Hartmer,* WissR 1998, 152; *Wahlers,* ZTR 2013, 478, 485: mehr als 200-jährig). Wohl eher darin ist der Grund für die vom LBG bereitgestellten Sonderregelungen zu sehen. Soweit wissenschaftliches Personal im Beamtenverhältnis beschäftigt wird, stellen zunächst § 120 i. V. m. §§ 33 Abs. 1 HG, 27 Abs. 1 KunstHG deklaratorisch klar, dass im Grundsatz die allgemeinen beamtenrechtlichen Regelungen gelten (zur Geltung des Fürsorgegrundsatzes beim Schutz gegen ansehensschädigende Presseberichte vgl. VGH München, B. v. 26.3.2013, 3 CE 13.110). Darüber hinaus bedarf der „Doppelstatus" (*Epping,* a. a. O.; s. a. *Kutscha,* NVwZ 2011, 1178, 1179) als Grundrechtsträger i. S. v. Art. 5 Abs. 3 GG und als Beamter einiger **Sonderregelungen** zur Harmonisierung dieser beiden Rechtspositionen. Diese finden sich zum Teil in §§ 120 ff., aber auch in den Vorschriften des Hochschulrechts (vgl. auch Rn. 5). Mit Ausnahme von Bayern haben die Länder auf die Kodifizierung eines verselbständigten Hochschullehrerdienstrechts verzichtet (vgl. auch *Gärditz/Pahlow,* Hochschulerfindungsrecht, S. 36). Der Anwendungsanspruch des BeamtStG für Hochschullehrer ergibt sich bereits aus dem Vorrang des Bundesrechts.

2   Leitlinien für die **Alimentation** professorierter Hochschullehrer formuliert das BVerfG, NVwZ 2012, 357, als Reaktion auf die 2005 erfolgte Einführung der sog. W-Besoldung

(vgl. etwa *Hufen*, JuS 2013, 91; *Schwabe*, NVwZ 2012, 610; *Budjarek*, DÖV 2012, 465; *Wolff*, ZBR 2012, 145; *Brüning/Korn*, ZBR 2013, 20; *Battis/Grigoleit*, ZBR 2013, 73; s. a. *Wahlers*, ZBR 2006, 149; *Linke*, NWVBl. 2007, 333; *Hartmer*, ZBR 1999, 217). Danach ist eine variable, leistungsabhängige Besoldungskomponente durchaus mit Art. 33 Abs. 5 GG vereinbar. §§ 33 bis 39 LBesG schaffen die besoldungsrechtlichen Grundlagen. Die Pflicht zur Gewährung amtsangemessenen Unterhalts kann jedoch je nach Handhabung der Leistungsbezügegewährung zu „Alimentationsdefiziten" (*Schwabe*, a. a. O., S. 612) führen. Eine daraus resultierende Pflicht zur „Zugänglichkeit und hinreichenden Verstetigung" an sich variabler Bezüge (vgl. BVerfG, a. a. O., S. 359) bedeutet allerdings einen schwer aufzulösenden Widerspruch (dazu *Schwabe*, NVwZ 2012, 610: „Ritt auf der Rasierklinge"; s. a. *Scheffel*, DÖD 2012, 217, 219; weniger skeptisch *Battis*, PersR 2012, 197, 199 f.). Die gesetzgeberische Reaktion auf die höchstrichterlichen Vorgaben beschränkte sich daher ganz überwiegend auf eine deutlche Erhöhung des Grundgehalts zur Sicherung der Amtsangemessenheit (vgl. Art. 4 DRAnpG, GV. NRW. 2013, S. 234, 238), wobei außerhalb von NRW auch Modelle einer „erfahrungsgestuften" Staffelung der Besoldung zum Tragen kommen (krit. dazu insbes. *Battis/Grigoleit*, a. a. O.; insges. zu den Modellen anderer Bundesländer vgl. *Hartmer*, FuL 2012, 718; zur **Ruhegehaltfähigkeit** von Leistungsbezügen vgl. *Buchheim*, LKV 2015, 193).

II. Beschäftigtengruppen an Hochschulen/Hochschulbegriff

Hochschulen i. S. d. Vorschrift sind zunächst die in § 2 Abs. 2 HG enumerativ aufge- **3** führten Universitäten und Fachhochschulen, daneben die Kunsthochschulen gem. § 1 Abs. 2 KunstHG. Ebenfalls erfasst sind die drei Verwaltungsfachhochschulen gem. § 1 FHGöD, was systematisch auch deren ausdrückliche Erwähnung in § 123 Abs. 2 Satz 3 belegt.

Mit der Beschreibung der verschiedenen **Beschäftigtengruppen** knüpft § 120 Abs. 1 **4** an die Kategorisierungen des Hochschulrechts an, vgl. §§ 33 Abs. 2 HG, 27 Abs. 2 KunstHG. Zum Professor kann ein Hochschullehrer ernannt werden, wenn er die besonderen Voraussetzungen des § 36 Abs. 1 Nr. 4 HG (**Universitätsprofessor**) bzw. § 36 Abs. 1 Nr. 5 HG (**FH-Professor**) oder § 29 Abs. 2 Nr. 2 KunstHG erfüllt; zur Gruppe der **Juniorprofessoren** vgl. § 124 Rn. 1. Mit dem Dienstrechtsmodernisierungsgesetz 2016 ist der Gruppe der Hochschullehrer als neue Personalkategorie der **„Hochschuldozent"** hinzugefügt worden, vgl. § 35 Abs. 4 HG, um dem Bedarf nach zugleich professoral qualifiziertem, aber stärker auf Lehraufgaben ausgerichteten Kräften gerecht zu werden. Eine Ergänzung der Aufzählung des § 120 Abs. 1 ist insoweit unterblieben; der gesetzgeberische Wille erscheint hier jedoch eindeutig darauf gerichtet, die neue Personalkategorie ebenfalls mit zu erfassen. Hochschuldozenten haben demgemäß eine gegenüber Professoren um ca. 50 % erhöhte Lehrverpflichtung; sie führen die akademische Bezeichnung **„lecturer"** (vgl. LT-Drs. 16/12136; S. 486 f.); zur besoldungsrechtlichen Einstufung vgl. § 32 Abs. LBesG. **Wissenschaftliche und künstlerische Mitarbeiter** gem. § 44 Abs. 1 HG können **nur an Universitäten** im Beamtenverhältnis beschäftigt werden, vgl. § 44 Abs. 3 Satz 1 HG, und zwar in der Fachrichtungslaufbahn gem. § 5 Abs. 3 Satz 1 Nr. 4 i. V. m. § 45 LVO. Hier erfolgt gem. § 44 Abs. 7 HG eine Berufung in ein Beamtenverhältnis auf Zeit auf drei Jahre. Zum **Akademischen Oberrat** kann ernannt werden, wer die Voraussetzungen für eine Berufung zum Professor erfüllt, vgl. § 44 Abs. 7 HG i. V. m. § 36 HG. Die Rechtsstellung der Lehrkräfte für besondere Aufgaben regelt § 42 HG; gem. §§ 42 Abs. 3, 44 Abs. 3 Satz 1 HG kommt auch hier eine Verbeamtung nur an Universitäten in Betracht. Das wissenschaftliche Personal der Verwaltungsfachhochschulen gem. § 1 FHGöD gliedert sich in die Gruppe der Professoren, vgl. § 18 FHGöD, für die kraft statischen Verweises das HG i. d. F. v. 14.3.2000 fortgilt. Hier ergeben sich jedoch dem Grunde nach keine Abweichungen vom Status des FH-Professors. Nicht ausdrücklich von § 120

Abs. 1 erwähnt wird die Gruppe der **Dozenten gem. § 20 Abs. 1 FHGöD,** obzwar gem. § 20 Abs. 3 FHGöD eine Beschäftigung im Beamtenverhältnis die Regel darstellt. Wegen der uneingeschränkten Befugnis zur selbständigen Wahrnehmung ihrer Dienstaufgaben in Lehre und Forschung (vgl. § 20 Abs. 1 Satz 2 FHGöD) sind die Dozenten nicht mit den Lehrkräften gem. § 42 HG gleichzusetzen. Ausweislich des § 20 Abs. 7 FHGöD sollen sie einen besonderen berufspraktischen Bezug in die dualen Studiengänge der Hochschulen gem. § 1 FHGöD tragen. Wegen der expliziten Zuweisung der Rechte gem. Art. 5 Abs. 3 GG durch § 20 Abs. 1 Satz 2 FHGöD an diese Gruppe kann kein Zweifel bestehen, dass Sonderregelungen für Hochschullehrer wie §§ 121 Abs. 2, 123, 125 Abs. 2 auch für diese Beschäftigtengruppe gelten (vgl. auch § 123 Rn. 2).

III. Sondervorschriften für den Hochschulbereich

5   Abweichungen von den „allgemein geltenden" Vorschriften des Beamtenrechts finden sich zunächst im Gesetz selbst, namentlich in §§ 121 ff. Zudem gilt abweichend von § 14 Abs. 3 bei der Verbeamtung eine **Höchstaltersgrenze von 50 Jahren,** vgl. § 39a Abs. 1 HG. Diese mit dem Dienstrechtsmodernisierungsgesetz 2016 neu geschaffene Regelung beruht auf den gleichen Erwägungen wie der parallel eingeführte § 14 Abs. 3 (vgl. § 14 Rn. 7) und ist diesem nachgebildet. Die vormaligen Regelungen in § 39 Abs. 7 a. F. HG und § 7 Abs. 4 u. 5 HWFO, die ausweislich des § 7 Abs. 4 HWFO den „Besonderheiten der Anforderungen wissenschaftlicher Karrieren" Rechnung tragen sollten, sind damit obsolet (vgl. LT-Drs. 16/10380, S. 438; zur vormaligen Rechtslage noch *Herrmann,* NWVBl. 2015, 448; VG Düsseldorf, Urt. v. 21.12.2015, 13 K 7660/14). Die gegenüber Laufbahnbewerbern um acht Jahre erhöhte Einstellungsgrenze soll dem ohnehin längeren beruflichen Qualifikationsweg von Hochschullehrern Rechnung tragen und die Verbeamtung für Bewerber mit „außergewöhnlichem Lebensweg oder beruflichem Werdegang" offen halten (LT-Drs. 16/10380, S. 439). Darüber hinaus gelten hochschulrechtlich besondere Eignungsvoraussetzungen, vgl. etwa §§ 36 HG, 29 KunstHG für die Professorenberufung, oder Beschränkungen bei den für eine Ernennung verfügbaren Arten der Beamtenverhältnisse (vgl. etwa § 44 Abs. 8 HG: Berufung wiss. Mitarbeiter nur in das Beamtenverhältnis auf Zeit). Die Ansicht, dass die Anwendung der (allgemeinen) beamtenrechtlichen Vorschriften auf Hochschullehrer – quasi latent – besonderen, in Art. 5 Abs. 3 GG wurzelnden Restriktionen unterliegt (so wohl *Gärditz/Pahlow,* Hochschulerfindungsrecht, S. 37 f.; *Gärditz,* ZBR 2009, 145, 147; s. a. *Epping,* ZBR 1997, 383, 386), ist in dieser Allgemeinheit sicher nicht zutreffend. § 61 BeamtStG (vgl. dazu § 123 Rn. 1, 5) und die speziellen, hochschullehrerbezogenen Vorschriften i. S. d. § 120 Abs. 1 tragen den Besonderheiten dieser Statusverhältnisse in mehrfacher Hinsicht und ausreichend Rechnung (vgl. schon BVerwGE 62, 200 m. w. N.; s. a. BVerfG-K, NVwZ 2008, 74; *Wendt* in v. Münch/Kunig, Art. 5 GG Rn. 105; zum Dienstherrnwechsel als Folge der Verselbständigung gem. HFG vgl. OVG Münster, ZBR 2011, 54; OVG Münster, B. v. 28.5.2013, 6 A 632/11). Darüber hinaus ist zur Effektuierung der Freiheit von Forschung und Lehre der einzelne Hochschullehrer (auch) Grundrechtsträger i. S. v. Art. 5 Abs. 3 GG und damit Inhaber eines wehrfähigen subjektiven Rechts (vgl. BVerfG, NVwZ 2010, 493). Die in diesem Kontext gern bemühte Parallele zur richterlichen Unabhängigkeit mit dem daraus abgeleiteten Postulat eines dem Richterdienstrecht vergleichbaren Statusrechts für Professoren (vgl. *Epping,* ZBR 1997, 383, 386; *Thieme,* DÖV 2000, 502, 503; *Fink,* DÖV 1999, 980, 985) übersieht den Wechselbezug von richterlicher Unabhängigkeit und Richtervorbehalt gem. Art. 92 GG. Diesen funktional zu gewährleisten ist der alleinige Daseinsgrund eines besonderen Richterdienstrechts. Dem Beamtenstatus von Hochschullehrern kommt angesichts der als subjektives Abwehrrecht angelegten Wissenschaftsfreiheit eine vergleichbare Gewährleistungsfunktion nicht zu.

Eine mit dem Dienstrechtsmodernisierungsgesetz eingeführte weitere Abweichung enthält § 120 Abs. 3. Auf die Vorgabe des § 4 Satz 4, wonach Berufungen auf Zeit frühestens sechs Monate vor Freiwerden der Stelle entschieden werden dürfen, wird zugunsten der hochschultypischen Besonderheiten bei der Rektoratswahl (vgl. § 17 HG) verzichtet (vgl. LT-Drs. 16/10380, S. 356).

IV. Frauenförderung im Hochschulbereich

Absatz 2 der Vorschrift enthält eine Sonderregelung für die Anwendung des **Frauenför-** **6** **dergebots** des § 14 Abs. 2 bei Ernennungen (vgl. § 14 Rn. 5; s.a. § 19 Rn. 30). Die **Fachbereiche** als Bezugsrahmen für die Ermittlung des Frauenanteils sind die wesentlichen Binneneinheiten der Hochschulen, vgl. § 26 Abs. 1 HG (optional hingegen bei Kunsthochschulen, vgl. § 24 Abs. 1 KunstHG); in den Verwaltungsfachhochschulen gem. § 1 FHGöD können Fachbereiche durch VO errichtet werden, vgl. § 12 Abs. 1 FHGöD. Gem. § 1 VO v. 30.6.2011 (GV. NRW. S. 286) gliedert sich (nur) die FHöV NRW in zwei Fachbereiche. Das besonderen hochschulrechtliche Bewerbergewinnungsverfahren der Berufung ordnen §§ 38 ff. HG (zum Verfahrensabbruch bei sog. „Einer-Liste" vgl. OVG Münster, B. v. 15.9.2010, 6 A 1966/08; zum Zeitpunkt der **Konkurrentenmitteilung** im Berufungsverfahren sowie den Erkenntnisgrundlagen, die sich die Berufungskommissionen zu verschaffen haben, vgl. BVerfG-K, NVwZ 2014, 785; OVG Münster, NWVBL. 2015, 30). Mit dem Hochschulzukunftsgesetz (GV. NRW. 2014, S. 547) hat der Landesgesetzgeber durch § 37a HG der Berufungspraxis der Hochschulen gleichstellungspolitisch motivierte Vorgaben gesetzt. Die Norm beruht – wie jetzt auch § 19 Abs. 6 – auf dem sog. „Kaskadenmodell", das seine Zielvorgaben („Gleichstellungsquote") für die jeweils höhere Qualifikationsebene aus der anteiligen Repräsentanz der Geschlechter in der nächstniedrigeren Ebene („Ausgangsgesamtheit") gewinnt (vgl. LT-Drs. 16/5410, S. 337 ff.). Die Festlegung der Gleichstellungsquote obliegt dem Rektorat und erfolgt für i.d.R. einen dreijährigen Zeitraum. Die hierbei erforderliche Definition der „Fächergruppe" als Vergleichsgruppe soll nicht allein wissenschaftssystematisch, sondern auch „gleichstellungspolitisch" orientiert sein (LT-Drs. 16/5410, S. 338). Anders als bei § 14 Abs. 2 begründen die Verfahrensvorgaben des § 37a HG jedoch nach dem offenkundigen Willen des Gesetzgebers aber **kein subjektives Recht** der einzelnen Bewerberin bzw. des Bewerbers. Es soll sich vielmehr um ein „planerisches Instrument" zur Steuerung sämtlicher Berufungsverfahren handeln (LT-Drs. 16/5410, S. 339). Auch vor diesem Hintergrund versteht sich das ausdrückliche Aufgreifen des § 14 Abs. 2 Satz 2 durch § 120 Abs. 2. Gleichwohl könnte die Regelung leer laufen, da das Frauenfördergebot mindestens einen **Bewerbergleichstand** voraussetzt, das Berufungsverfahren jedoch auf eine Listung der Bewerbungen „in bestimmter Reihenfolge", die nur an der Bestenauslese orientiert sein kann, abzielt (vgl. § 38 Abs. 3 HG). Allerdings kann die Bindung der Liste durch Rektorenentscheid gem. § 37 Abs. 1 Satz 2 HG durchbrochen werden, was wiederum für eine nur vorläufige – interne – Rangbildung spricht (vgl. (krit.) *Leuze* in Leuze/Epping, § 37 HG Rn. 11).

§ 121 Staatsangehörigkeit, Erholungsurlaub

(1) **Sollen Professorinnen und Professoren, Juniorprofessorinnen und Juniorprofessoren oder wissenschaftliche und künstlerische Mitarbeiterinnen und Mitarbeiter in ein Beamtenverhältnis berufen werden, können Ausnahmen von § 7 Absatz 1 Nummer 1 und Absatz 2 des Beamtenstatusgesetzes nach § 7 Absatz 3 des Beamtenstatusgesetzes von der obersten Dienstbehörde zugelassen werden.**

(2) **Beamtinnen und Beamte, die im Rahmen ihrer Dienstaufgaben zur Lehrtätigkeit verpflichtet sind, müssen ihren Erholungsurlaub in der vorlesungsfreien Zeit nehmen.**

I. Allgemeines

1 Die Vorschrift gestaltet – ohne inneren Zusammenhang ihrer beiden Absätze – Abweichungen von den allgemeinen beamtenrechtlichen Vorschriften (vgl. § 120 Abs. 1), die den besonderen, von Art. 5 Abs. 3 GG mitgeprägten Rahmenbedingungen der Tätigkeit des wissenschaftlichen Personals entsprechen. Systematisch hätte es jedoch näher gelegen, die Regelung des Absatzes 1 in § 122 Abs. 1 aufzunehmen, die des Absatzes 2 dagegen in § 123. Mit dem durch das Dienstrechtsmodernisierungsgesetz 2016 geringfügig neu gefassten Absatz 1 wird die Kompetenz für Entscheidungen gem. § 7 Abs. 3 BeamtStG nunmehr nicht länger dem Innenministerium, sondern der „obersten Dienstbehörde" zugewiesen. Ausweislich der Gesetzesbegründung (LT-Drs. 16/10380, S. 356) handelt es sich um eine „Folgeänderung bezüglich des § 3 Absatz 2". Dabei kann offen bleiben, ob dem Gesetzgeber entgangen ist, dass § 3 Abs. 2 Satz 2 seinerseits eine Abweichung enthält, indem bei aufsichtsunterworfenen Körperschaften wie den Hochschulen (§ 2 Abs. 1 Satz 1 HG) die oberste Aufsichtsbehörde für zuständig erklärt wird. Denn gem. § 2 Abs. 1 Satz 1 Nr. 3 i. V. m. § 33 Abs. 2 Satz 3 HG sind oberste Dienst- und oberste Aufsichtsbehörde identisch (vgl. zu den Hintergründen *Schütz*, NWVBl. 2015, 205, 210 f.). Einer möglichen Delegation der Kompetenz auf das Rektorat der Hochschule stünde jedoch § 121 Abs. Satz 2 wegen seines insoweit eindeutigen, von § 3 Abs. 2 abweichenden Wortlauts nicht entgegen. Absatz 2 enthält angesichts der besonderen arbeitszeitrechtlichen Stellung dieser Beschäftigtengruppe (vgl. *Zimmerling/Brehm*, RiA 1998, 135; s. a. § 123 Rn. 4) eine **Sonderregelung zur Urlaubsgewährung** gem. § 71 i. V. m. §§ 17 ff. FrUrlV.

II. Erweiterte Ausnahme vom Staatsbürgervorbehalt bei Ernennungen

2 Professoren, Hochschuldozenten (lecturers) sowie nach Maßgabe des § 39 Abs. 5 HG Juniorprofessoren bzw. des § 44 Abs. 6 HG auch bestimmte wissenschaftliche und künstlerische Mitarbeiter (nur an Universitäten) können in ein Beamtenverhältnis berufen werden. Mit § 7 Abs. 3 Satz 3 Nr. 2 BeamtStG wird den Besonderheiten dieses Bereichs Rechnung getragen, indem Ausnahmen von der Ernennungsvoraussetzung der Staatsangehörigkeit zulässig sind. Danach kann über die in § 7 Abs. 1 Nr. 1 BeamtStG genannten Gruppen (Deutsche, Unionsbürger und Drittstaatsangehörige nach EWR-Abkommen, vgl. *v. Roetteken* in v. Roetteken/Rothländer, § 7 BeamtStG Rn. 63) hinaus **auch Drittstaatlern** eine Ernennung ermöglicht werden. Bedingung dafür ist das Vorliegen eines „anderen wichtigen Grundes", vgl. § 7 Abs. 3 Nr. 2 a. E. BeamtStG. Mit der Formulierung bringt der Gesetzgeber zum Ausdruck, dass im Hochschulbereich auch Gründe ausreichen, die die Schwelle des „dringenden dienstlichen Interesses" gem. § 7 Abs. 3 Nr. 1 BeamtStG nicht erreichen (vgl. BT-Drs. 16/4027, S. 23). „Wichtig" i. d. S. sind alle Gründe, die auf sinnvollen wissenschafts- oder hochschulpolitischen Zielsetzungen beruhen (vgl. auch *v. Roetteken* in v. Roetteken/Rothländer, § 7 BeamtStG Rn. 94; *Zentgraf* in MRSZ, § 7 BeamtStG Erl. 2.4: Gewinnung hochqualifizierter ausländischer Wissenschaftler).

III. Sonderregelungen für die Urlaubsgewährung

3 Im Unterschied zu Absatz 1 erfasst der persönliche Anwendungsbereich von § 121 Abs. 2 nicht nur Professoren, Hochschuldozenten (lecturers) und wissenschaftliche bzw. künstlerische Mitarbeiter mit Lehrverpflichtungen (vgl. § 44 Abs. 2 HG), sondern **alle** an Hochschulen zur Lehrtätigkeit im Hauptamt Verpflichteten. Dazu zählen gem. § 20 Abs. 1 FHGöD auch die nicht-professorierten Dozenten der Fachhochschulen für den öffentlichen Dienst, daneben im allgemeinen Hochschulbereich über den Personenkreis des § 120 Abs. 1 hinaus alle gem. § 1 i. V. m. § 3 Abs. 1 Nrn. 13 ff. LVV v. 24.6.2009 (GV. NRW. 409) hauptamtlich zur Lehre Verpflichteten. Gem. § 44 Abs. 9 HG gilt die Vorschrift darüber hinaus entsprechend für nicht verbeamtete wissenschaftliche bzw. künstlerische Mitarbeiter. Sie findet eine Parallele in § 20 Abs. 4 FrUrlV für Lehrer an öffentlichen Schulen. **Vorlesungsfrei** sind Zeiten ohne regelmäßigen Lehr- und Studienbetrieb. Für die Hochschulen nach § 1 Abs. 2 HG werden diese – im Benehmen – vom Wissenschaftsministerium festgelegt, vgl. § 58 Abs. 4 HG. Für die drei Fachhochschulen gem. § 1 FHGöD trifft § 2 Abs. 4 LVV FHöD v. 30.7.2007 (GV. NRW. 310) lediglich eine Regelung zur Dauer des Studienjahres. Innerhalb dessen legen die Verwaltungsfachhochschulen kraft ihres Satzungsrechts die Vorlesungszeiten durch Studienordnungen fest.

Obwohl § 1 Abs. 1 FrUrlV grundsätzlich auch das beamtete Hochschullehrpersonal erfasst und damit allgemeine Vorgaben einschließlich der Urlaubsdauer ebenfalls für diese Gruppe von Beschäftigten gelten (so grds. auch OVG Schleswig, B. v. 30.11.1998, 6 W 3/98 m. w. N.), ergeben sich aus der vorrangigen **Sonderregelung** des § 121 Abs. 2 systembedingte Abweichungen (vgl. insges. auch *Zimmerling/Brehm*, RiA 1998, 135). Zu nennen ist zunächst das **Antragserfordernis** gem. § 39 Abs. 1 Satz 1 FrUrlV. Hochschullehrer können den Zeitpunkt des Erholungsurlaubs innerhalb der Grenzen des § 121 Abs. 2 **frei bestimmen** (vgl. OVG Schleswig, a. a. O.; s. a. VGH München, B. v. 10.10.2006, 3 ZB 05.2068); dies belegt auch die Parallele zur Sonderregelung für Lehrpersonal an öffentlichen Schulen gem. § 20 Abs. 4 FrUrlV. Die Statuierung einer **Anzeigepflicht** hingegen dürfte zulässig sein, da in der vorlesungsfreien Zeit – mit Ausnahme der durch § 18 Abs. 2 FrUrlV vorgegebenen Urlaubsdauer – die sonstigen Dienstaufgaben außerhalb der Lehre i. e. S. weiter zu erfüllen sind (vgl. auch *Epping*, ZBR 1997, 383, 390). Im Gegenzug fragt sich, ob die **Urlaubsbegrenzung auf die vorlesungsfreie Zeit** ausnahmslos gilt (so grds. v. VG München, Urt. v. 7.6.2005, M 5K 03.6977). Davon ist insoweit auszugehen, als eine anderweitige Befreiung von der Dienstverpflichtung während der Semesterferien (z.B. Mutterschutz) nicht zu einer (zusätzlichen) nachträglichen Gewährung von Erholungsurlaub führt (vgl. auch OVG Koblenz, ZBR 1982, 51). Allein schon aus Fürsorgegesichtspunkten wird man aber sonstige **Ausnahmen** zulassen können, dies jedoch – zur Wahrung des Regel/Ausnahme-Verhältnisses – nur aus zwingenden Gründen (vgl. VGH München, a. a. O.). Gründe dieser Art können auch vorliegen, wenn der nach § 121 Abs. 2 zur Urlaubsabwicklung verbleibende Zeitraum – wie an den Fachhochschulen des öffentlichen Dienstes – deutlich enger ist als an allgemeinen Hochschulen. Selbstverständlich gilt jedoch bei Urlaubswünschen außerhalb der vorlesungsfreien Zeit – wegen des Ausnahmecharakters – das Antragserfordernis (vgl. insges. auch OVG Schleswig, a. a. O.; VGH München, a. a. O.). Unzulässig ist es, wenn ein Hochschullehrer unter Hinweis auf seine vorgeblich vollständige Belastung während der vorlesungsfreien Zeit ohne Rücksprache Erholungsurlaub während des Semesters antritt (vgl. OVG Schleswig, a. a. O.).

§ 122 Arten und Verlängerung des Beamtenverhältnisses

(1) **Die Professorinnen und Professoren werden in ein Beamtenverhältnis auf Lebenszeit berufen.**

(2) ¹**Professorinnen und Professoren können zur Deckung eines vorübergehenden Lehrbedarfs, zur Wahrnehmung der Funktion einer Oberärztin oder eines Oberarztes oder aus sonstigen Gründen, die eine Befristung nahe legen, in ein Beamtenverhältnis auf Zeit berufen werden. ²Die Dauer des Beamtenverhältnisses darf zur Wahrnehmung der Funktion einer Oberärztin oder eines Oberarztes sechs Jahre, in den übrigen Fällen nach Satz 1 fünf Jahre nicht übersteigen. ³Sofern dienstliche Gründe nicht entgegenstehen, ist das Beamtenverhältnis auf Antrag aus den in Satz 4 genannten Gründen zu verlängern. ⁴Gründe für eine Verlängerung sind**

1. Urlaub nach § 64 oder § 70,
2. Urlaub zur Ausübung eines Mandats,

3. Urlaub für eine wissenschaftliche oder künstlerische Tätigkeit oder eine außerhalb des Hochschulbereichs oder im Ausland durchgeführte wissenschaftliche, künstlerische oder berufliche Aus-, Fort- oder Weiterbildung,

4. Grundwehr- und Zivildienst,

5. Inanspruchnahme von Elternzeit und Pflegezeit nach den Regelungen über die Elternzeit und Pflegezeit oder Beschäftigungsverbot nach den Regelungen über den Mutterschutz in dem Umfang, in dem eine Erwerbstätigkeit nicht erfolgt ist oder

6. Geburt oder die Adoption eines minderjährigen Kindes.

(3) [1]Absatz 2 gilt entsprechend im Fall einer

1. Teilzeitbeschäftigung,

2. Ermäßigung der Arbeitszeit zur Ausübung eines Mandats oder

3. Freistellung zur Wahrnehmung von Aufgaben in einer Personal- oder Schwerbehindertenvertretung oder zur Wahrnehmung von Aufgaben nach § 3 Absatz 4 Satz 1 und § 24 des Hochschulgesetzes des Landes Nordrhein-Westfalen vom 16. September 2014 (GV. NRW. S. 547) in der jeweils geltenden Fassung, § 22 des Kunsthochschulgesetzes vom 13. März 2018 (GV. NRW. S. 195) in der jeweils geltenden Fassung,

wenn die Ermäßigung mindestens ein Fünftel der regelmäßigen Arbeitszeit betrug. [2]Eine Verlängerung darf den Umfang des Urlaubs, der Freistellung oder der Ermäßigung der Arbeitszeit und in den Fällen des Absatzes 2 Satz 4 Nummer 1 bis 3 und des Absatzes 3 die Dauer von jeweils zwei Jahren, in den Fällen des Absatzes 2 Satz 4 Nummer 6 die Dauer von jeweils einem Jahr, nicht überschreiten. [3]Mehrere Verlängerungen nach Absatz 2 Satz 4 Nummer 1 bis 4 und Absatz 3 dürfen insgesamt die Dauer von drei Jahren, in den Fällen des Absatzes 2 Satz 4 Nummer 6 insgesamt die Dauer von zwei Jahren, nicht überschreiten. [4]Verlängerungen nach Absatz 2 Nummer 5 dürfen, auch wenn sie mit anderen Verlängerungen zusammentreffen, insgesamt fünf Jahre nicht überschreiten. [5]Verlängerungen mach Absatz 2 Satz 4 Nummer 6 dürfen nicht zu einer Erweiterung des Umfangs der Verlängerungsmöglichkeiten nach den Sätzen 3 und 4 führen. [6]Eine erneute Berufung in ein Beamtenverhältnis auf Zeit ist nicht zulässig. [7]§ 31 Absatz 3 findet keine Anwendung. [8]Mit Ablauf der Amtszeit ist die Beamtin oder der Beamte entlassen.

(4) Zur Feststellung der pädagogischen Eignung können Professorinnen und Professoren auch in ein Beamtenverhältnis auf Probe berufen werden.

I. Allgemeines

1   Die in Absatz 1 enthaltene deklaratorische Feststellung, dass Professoren im Falle einer Verbeamtung grundsätzlich in ein **Beamtenverhältnis auf Lebenszeit** zu berufen sind, ist streng genommen obsolet, da sich dieser Normbefehl bereits unmittelbar aus § 120 Abs. 1 i. V. m. § 4 Abs. 1 BeamtStG ergibt. Durch die Voranstellung des bestimmten Artikels vor die Amtsbezeichnung „Professorin" bzw. „Professor" (im Unterschied zu Absatz 2 und 3) will der Gesetzgeber – entgegen dem ersten sprachlichen Eindruck – verdeutlichen, dass sich aus § 122 Abs. 1 gerade **kein Verbeamtungspostulat** für Professoren ergibt (vgl. dazu auch § 120 Rn. 1). Zum personalen Geltungsbereich wird auf die Kommentierung zu § 123 verwiesen (vgl. § 123 Rn. 2). Mit dem Dienstrechtsmodernisierungsgesetz 2016 wurde die Vorschrift – geringfügig – durch Ergänzung von Absatz 2 Satz 3 Nr. 6 (Geburt und Adoption als Verlängerungsgrund; vgl. LT-Drs. 16/12136, S. 487) erweitert.

II. Zeitverbeamtung von Hochschullehrern

2   Abweichend von der Grundregel des § 4 Abs. 1 BeamtStG, insoweit aber in Einklang mit § 4 Abs. 2 lit. a BeamtStG (vgl. § 4 Rn. 2), konkretisiert § 122 Abs. 2 Gründe, die ausnahmsweise auch eine bloße Verbeamtung auf Zeit rechtfertigen. Im Unterschied zu den ebenfalls nur auf Zeit zu berufenden Juniorprofessoren (§ 124) müssen die nach Absatz 2 auf Zeit zu berufenden Professoren den **Qualifikationsanforderungen** der §§ 36 Abs. 1 Nrn. 4 bzw. 5 HG oder § 29 Abs. 2 Nr. 2 KunstHG bereits entsprechen. Ein als Regelbeispiel (vgl. Rn. 3) klar umrissener Ausnahmegrund ist die Wahrnehmung einer **Oberarztfunktion,** die in der Klinikhierarchie etwa durch die Wahrnehmung von Aufsichts- und Ausbildungsfunktionen gegenüber Assistenzärzten, vor allem aber von Bereichsverantwortung gekennzeichnet ist. In diesen Fällen ist eine Berufung für sechs Jahre zulässig. Allerdings dürfte der Anwendungsbereich überschaubar sein, da § 39 Abs. 1 HG bei Professoren mit Tätigkeiten in der Krankenversorgung das privatrechtliche Dienstverhältnis zum Regelfall deklariert. Ein weiterer Grund für die Abweichung vom Regeltypus des Beamtenverhältnisses ist die **Deckung eines vorübergehenden Lehrbedarfs** durch den „Zeit-Professor". Dieser kann sich aus einer Vertretungssituation (Elternzeit, Forschungsfreisemester etc.) oder temporär veränderten Rahmenbedingungen (höhere Immatrikulationszahlen) ergeben. Da die Verbeamtung ihren Grund in der bloß vorläufigen Natur ihres Daseinszwecks findet, hätte es – nicht nur begrifflich – näher gelegen, von der Möglichkeit des § 4 Abs. 4 lit. b BeamtStG Gebrauch zu machen und statt eines Zeit- ein Widerrufsbeamtenverhältnis vorzusehen (vgl. auch *v. Roetteken* in v. Roetteken/Rothländer, § 4 BeamtStG Rn. 76, 82). Denn § 4 Abs. 2 lit. a BeamtStG setzt in Abgrenzung zu § 4 Abs. 4 lit. b BeamtStG zwingend voraus, dass sich der vorübergehende Bedarf vorab bestimmen lässt (*v. Roetteken* in v. Roetteken/Rothländer, § 4 BeamtStG Rn. 43). Die Folge wäre nicht notwendig ein prekärerer Status, da der Widerruf zwar jederzeit erfolgen könnte (§ 23 Abs. 4 Satz 1 BeamtStG), jedoch auf einen sachlichen Grund gestützt sein müsste (vgl. *Schnellenbach,* § 6 Rn. 57). Ein solcher kann in Ansehung des Ausgangsgrundes eigentlich nur im Wegfall des Bedarfs liegen.

Neben den **benannten Regelbeispielen** (Oberarzt, vorübergehender Lehrbedarf) kann **3** sich der Anlass für eine Berufung auf Zeit auch „aus sonstigen Gründen" ergeben, die „eine Befristung nahe legen". Erkennbar soll diese Öffnungsklausel der Differenziertheit des Hochschulbetriebes Rechnung tragen. Will man darin aber mehr sehen als einen tautologischen Verweis auf die Rechtfertigung von Zeitbeamtenverhältnissen als solchen, vgl. § 4 Abs. 2 lit. b BeamtStG, so ist die Formulierung einschränkend dahin zu interpretieren, dass der Befristungsgrund „nahe" liegen, d.h. sich aufdrängen muss. Diese Interpretation wird allerdings bereits durch das Regel/Ausnahmeverhältnis von Lebenszeit- und Zeitbeamtenverhältnis induziert (vgl. auch *v. Roetteken* in v. Roetteken/Rothländer, § 4 BeamtStG Rn. 39). In der praktischen Anwendung dürfte § 122 Abs. 2 Satz 1, 3. Var. vor allem in solchen Fällen greifen, in denen statt eines vorübergehenden Lehrbedarfes sonstige zeitgebundene (Forschungs-)Bedarfe (z.B. Projekte) eine personelle Verstärkung durch einen Professor erfordern. Nicht unterlaufen werden dürfen hier die Wertungen des WissZeitVG, wonach sich die Legitimation für eine Befristung nicht aus dem bei einem Professor kaum mehr unterstellbaren Qualifikationsbedarf ergeben kann. Darüber hinaus liegt die Regelung offenbar auch der Praxis zugrunde, **Erstberufungen** nur auf Zeit vorzunehmen und damit „als eine Art Probezeit" (*v. Roetteken* in v. Roetteken/Rothländer, § 4 BeamtStG Rn. 51; *Dorf,* DÖV 2009, 14, 20 f.; VG Frankfurt, B. v. 7.5.2012, 9 L 297/12.F: „faktische Probezeit") zu nutzen. Angesichts der ausdrücklichen Regelung einer besonderen Probezeit (vgl. § 122 Abs. 3) für das laufbahn- und damit an sich probezeitfreie Amt des Professors (vgl. Rn. 5;) begegnet diese Handhabung als Umgehung der Wertentscheidung der §§ 4 Abs. 1 Satz 2 BeamtStG, 120 Abs. 1 LBG **erheblichen** rechtlichen Bedenken (vgl. auch *Rogosch,* NordÖR 2015, 245, 248).

III. Verlängerungsgründe

Aus § 122 Abs. 2 Satz 4 ergeben sich diverse, durch das Dienstrechtsmodernisierungsge- **4** setz mit Absatz 2 Satz 4 Nr. 6 noch um einen familienpolitischen motivierten Anlass (vgl.

LT-Drs. 16/12136, S. 478) erweiterte Gründe, die eine Verlängerung der fünf- bzw. sechs-jährigen Amtszeit „auf Antrag" ermöglichen. Auch hier sind jedoch Höchstzeiten von zwei bis ggf. vier Jahren zu beachten. Dabei können Verlängerungsanträge auch mehrmals auf denselben Grund aus dem Katalog der Nrn. 1–6 des § 122 Abs. 2 Satz 4 (bzw. Nrn. 1–3 des Satzes 5) gestützt werden (vgl. VG Minden, Urt. v. 6.12.2012, 4 K 3015/11). In An-betracht eines wichtigen Zwecks der „Zeit-Professur" gem. § 122 Abs. 2 Satz 1, nämlich der Deckung eines vorläufigen Bedarfs oder einer Lücke, können die vielfältigen Möglich-keiten zum Schaffen „neuer" Lücken allerdings verwundern. **Anwendungsfragen** löst auch § 122 Abs. 2 Satz 9 aus, wonach eine „erneute" Berufung auf Zeit unzulässig ist. So ist z. B. unklar, ob eine solche Berufungssperre auch eine andere Hochschule bindet, die den ehemaligen „Zeitprofessor" ihrerseits zu Vertretungszwecken auf Zeit berufen will. Hier scheint das LBG die Verselbständigung und damit auch Dienstherrnfähigkeit jeder einzelnen Hochschule als Folge des HFG (GV. NRW. 2006, S. 474) noch nicht nachvollzo-gen zu haben (vgl. dazu allg. *May* in Schütz/Maiwald, vor § 121 LBG (120 neu) Rn. 16 ff.). Will man die ratio der Norm in der Verhinderung von Missbrauch durch „Ket-ten-Berufungen" sehen, ist sie teleologisch dahin zu reduzieren, dass nur **derselbe Dienstherr** an einer erneuten Berufung auf Zeit gehindert ist. § 122 Abs. 2 Satz 10 schließlich stellt durch den Verweis auf § 31 Abs. 3 klar, das auch eine im Einzelfall zehn-jährige Höchstdauer nicht zu einem Anspruch auf Zurruhesetzung führen kann. Mit end-gültigem Fristablauf ist der Professor de lege entlassen.

IV. Besondere Probezeit (§ 122 Abs. 4)

5   Da gem. § 123 Abs. 1 Satz 1 das Laufbahnrecht auf Professoren keine Anwendung fin-det, kann auch die Vorgabe des § 10 BeamtStG nicht greifen, wonach die Bewährung in der **Probezeit** Voraussetzung für die lebenszeitige Ernennung ist (vgl. auch Rn. 3 a. E.). Denn der Zusammenhang mit § 13 Abs. 1 Satz 1 belegt, dass es sich hier um eine status-rechtliche Vorgabe nur für den Regeltyp des Laufbahnbeamten handelt. Allerdings sieht § 122 Abs. 4 die Möglichkeit einer spezifischen Probezeit zur **Feststellung der pädago-gischen Eignung** vor. Der Regelung korrespondieren §§ 36 Abs. 1 Nr. 2 HG, 29 Abs. 1 Nr. 2 KunstHG, wonach die pädagogische Eignung als Berufungsvoraussetzung zu gelten hat. Fraglich ist, ob der Hochschule insoweit ein **Ermessen** zusteht, was der Wortlaut der Norm nahezulegen scheint. Eindeutig dagegen spricht, dass im Beamtenrecht der Probezeit grundsätzlich die Funktion einer notwendigen Voraussetzung für die lebenszeitigen Ernen-nung zugewiesen wird (vgl. § 13 Rn. 1). Das „Können" in § 122 Abs. 4 weist daher **nicht auf einen Ermessenstatbestand,** sondern auf eine Ausnahmekompetenz (sog. „Kompe-tenz-Kann") für ein laufbahnfreies Amt hin, die sich vor dem Hintergrund der grundsätzli-chen Zuordnung der Probezeit zur Laufbahn erklärt. Durchaus übertragbar sind jedoch die auch im Rahmen der laufbahnrechtlichen Probezeit anzustellenden Erwägungen über eine Anrechnung von Vorerfahrungen oder Kenntnissen (vgl. § 13 Rn. 9). Kann der Bewerber also durch einschlägige Vorbildung (z.B. didaktische Fortbildungen, Zusatzqualifikationen, einschlägige Lehrerfahrung durch Lehraufträge etc.) die pädagogische Eignung nachweisen, entfällt die Notwendigkeit einer Probezeit (krit. zur Feststellung im Berufungsverfahren *Leuze* in Leuze/Epping, § 36 HG Rn. 15). Die Habilitation wird als Nachweis (auch) der Lehrqualifikation angesehen (*Leuze* in Leuze/Epping, Rn. 14), was jedoch nur für den Hochschultyp Universität gelten darf. Folglich ist bei Berufungen von Habilitierten an eine Fachhochschule grundsätzlich eine Probezeit vorzusehen, sofern nicht sonstige Anrech-nungstatbestände vorliegen.

6   Von Bedeutung ist die **Beschränkung der Probezeit** auf die Feststellung einer **be-stimmten Eignung.** Anders als Probezeiten gem. §§ 10 BeamtStG, 13 LBG dient sie damit nicht einer umfassenden Bewährungsfeststellung (BVerwGE 61, 200, lag insoweit das Rechtsverhältnis eines Dozenten als Laufbahnbeamter zugrunde; a. A. – o. Begr. – wohl

Epping, ZBR 1997, 383, 389 Fn. 84). Dies wirft die Frage nach ihrem Verhältnis zur allgemeinen laufbahnrechtlichen Probezeit auf, etwa beim **Wechsel eines Lebenszeitbeamten ins Professorenamt.** Eine in diesem Fall für den Bewerber nicht unproblematische Rückumwandlung in ein Probebeamtenverhältnis gem. § 122 Abs. 4 kann jedoch unterbleiben, weil die mit dieser „Sonderprobezeit" mögliche eingeschränkte Eignungsfeststellung erkennbar als Ausnahmetatbestand auf ein laufbahnfreies Amt zugeschnitten ist. Die Frage der besonderen pädagogischen „Eignung" bei der Professorierung eines Lebenszeitbeamten ist damit nicht im Rahmen einer (erneuten) Probezeit gem. § 122 Abs. 4 zu beantworten, sondern im Rahmen des Auswahlverfahrens (hier als Berufungsverfahren), wie bei sonstigen Dienstpostenwechseln auch. Auf **Juniorprofessoren** ist die Probezeitregelung ausweislich des § 124 Abs. 2 nicht anwendbar (vgl. § 124 Rn. 3). **Zeitliche Grenzen** der speziellen Probezeit finden sich in § 122 Abs. 4 nicht. Im systematischen Vergleich zur **umfassenden** Erprobung gem. §§ 10 BeamtStG, 13 LBG muss man die Höchstgrenze deutlich unter den dort genannten Limits (drei bzw. fünf Jahre) ansetzen. Jedoch vermag auch die Mindestprobezeit von sechs Monaten (§ 10 Satz 1 BeamtStG) nur einen ersten Anhaltspunkt zu geben, da sich das Lehrgeschehen an Hochschulen im Jahresverlauf nicht in gut 40 Arbeitswochen, sondern in „nur" gut 30 Semesterwochen mit einer Lehrverpflichtung von 9 bis 18 Stunden vollzieht. Angesichts der Notwendigkeit eines Mindestzeitraums, der – auch im Interesse des Probanden – zur sachgerechten Beobachtung dienstlichen Verhaltens erforderlich ist, sollte die Probezeit insgesamt die Dauer von zwölf Monaten nicht unterschreiten. Der Zeitraum kann sich nach dem oben Gesagten (vgl. Rn. 5) durch (Teil-)Anrechnungen verkürzen.

§ 123 Sonderregelungen

(1) ¹**Die Vorschriften über die Laufbahnen, den einstweiligen Ruhestand und die Arbeitszeit sind auf die Professorinnen und Professoren nicht anzuwenden.** ²**§§ 63 bis 70 gelten entsprechend.** ³**Erfordern die Aufgaben einer Hochschuleinrichtung ausnahmsweise eine regelmäßige oder planmäßige Anwesenheit, so kann das für Wissenschaft und Forschung zuständige Ministerium im Einvernehmen mit dem für Inneres zuständigen Ministerium und dem Finanzministerium durch Rechtsverordnung für bestimmte Gruppen von Beamtinnen und Beamten die Vorschriften über die Arbeitszeit für anwendbar erklären.** ⁴**§ 11 des Besoldungsgesetzes für das Land Nordrhein-Westfalen in Verbindung mit § 62 Absatz 2 dieses Gesetzes finden Anwendung.**

(2) ¹**Die Professorinnen und Professoren können nur mit ihrer Zustimmung abgeordnet oder versetzt werden.** ²**Abordnung und Versetzung in ein gleichwertiges Amt an einer anderen Hochschule sind auch ohne Zustimmung der Professorin oder des Professors zulässig, wenn die Hochschule oder die Hochschuleinrichtung, an der sie oder er tätig ist, aufgelöst oder mit einer anderen Hochschule zusammengeschlossen wird oder wenn der Studiengang, in dem sie oder er überwiegend tätig ist, ganz oder teilweise aufgegeben oder an eine andere Hochschule verlegt wird; in diesen Fällen beschränkt sich eine Mitwirkung der aufnehmenden Hochschule oder Hochschuleinrichtung auf eine Anhörung.** ³**Bei der Auflösung, der Verschmelzung oder einer wesentlichen Änderung des Aufbaues oder der Aufgaben von Hochschulen des Landes, deren Ausbildungsgänge ausschließlich auf den öffentlichen Dienst ausgerichtet sind, gelten für Professorinnen und Professoren, deren Aufgabengebiet davon berührt wird, §§ 24 und 25 entsprechend, wenn eine ihrem bisherigen Amt entsprechende Verwendung nicht möglich ist.**

(3) ¹**Fällt der Monat, in dem eine Professorin oder ein Professor die Altersgrenze erreicht, in die Vorlesungszeit, so tritt sie oder er abweichend von § 31 Absatz 1 Satz 1 mit Ablauf des letzten Monats der Vorlesungszeit in den Ruhestand.** ²**Satz 1 gilt nicht für Professorinnen und Professoren, deren Beamtenverhältnis auf Lebenszeit wegen der Berufung in ein Beamtenverhältnis auf Zeit als Rektorin oder Rektor,**

Kanzlerin oder Kanzler, Präsidentin oder Präsident oder Vizepräsidentin oder Vizepräsident ruht.

(4) [1]Professorinnen oder Professoren dürfen im Rahmen von § 77 Absatz 3 und 4 ihre Amtsbezeichnung ohne Zusatz weiterführen. [2]§ 77 Absatz 2 Satz 3 findet nach der Ernennung zur Präsidentin oder zum Präsidenten, zur Vizepräsidentin oder zum Vizepräsidenten, zur Rektorin oder zum Rektor, zur Prorektorin oder zum Prorektor keine Anwendung.

I. Allgemeines

1   In der Vorschrift hat der Gesetzgeber für Professoren eine Reihe der von § 120 avisierten Modifikationen der allgemein geltenden Vorschriften des LBG gebündelt. Diese Abweichungen sind dem besonderen, durch Art. 5 Abs. 3 GG wesentlich mitgeprägten „Doppelstatus" (*Epping,* ZBR 1997, 383; vgl. auch § 120 Rn. 1) der Hochschullehrer geschuldet. Von großer praktischer Relevanz sind die Ausnahme vom allgemeinen Arbeitszeitrecht (vgl. § 123 Abs. 1 Satz 1) sowie das besondere Recht am konkret-funktionalen Amt (vgl. § 123 Abs. 2 Satz 1). Ergänzt werden die landesrechtlichen Sonderregelungen durch § 61 BeamtStG, der parallel zu § 123 Abs. 2 Sätze 1, 2 Einschränkungen der bundesrechtlichen Vorgaben der §§ 14, 15 BeamtStG formuliert.

II. Einzelheiten

1. Personaler Geltungsbereich

2   Der **personale Geltungsbereich** umfasst vom Wortlaut her nur Professoren i. S. v. §§ 36 Abs. 1 Nrn. 4, 5 HG, 29 Abs. 1 Nr. 2 KunstHG, 18 Abs. 1 FHGöD. Nach hochschulrechtlicher Zuordnung muss aber auch die neue Personalkategorie des Hochschuldozenten (lecturer) gem. § 34 Abs. 4 HG, die professorales Qualifikationsniveau voraussetzt (vgl. dazu § 120 Rn. 4), erfasst sein; das Dienstrechtsmodernisierungsgesetz 2016 hat diese systematisch eindeutige Erweiterung wohl unbeabsichtigt unterlassen. Auf Juniorprofessoren finden die Regelungen des § 123 Abs. 1, 2 gem. § 124 Abs. 2 entsprechende Anwendung. In eingeschränktem Umfang werden – über den Wortlaut hinaus – auch Dozenten i. S. v. § 20 FHGöD erfasst, da ihnen, im Unterschied zum übrigen nichtprofessorierten wissenschaftlichen Personal gem. § 20 Abs. 1 Satz 2 FHGöD Aufgaben in Lehre und Forschung – insoweit den Professoren vergleichbar – zur selbständigen Erledigung zugewiesen sind (vgl. auch § 120 Rn. 4). Die angedeuteten Einschränkungen beziehen bei diesen Dozenten sich kraft Natur der Sache zunächst auf die Nichtgeltung des Laufbahnrechts gem. § 123 Abs. 1 Satz 1 und die Sonderregelung des § 123 Abs. 4. Darüber hinaus gilt der besondere Schutz des konkret-funktionalen Amtes gem. § 123 Abs. 2 Satz 1 nur in den Fällen, in den der Dozent (unbefristet) an eine Verwaltungsfachhochschule gem. § 1 FHGöD versetzt wird. Bei abgeordneten Dozenten wird der besondere, auf Art. 5 Abs. 3 GG zurückzuführende Status von vornherein nur befristet gewährt. Von daher können die Kautelen des § 123 Abs. 2 Satz 1 bei der Rückabordnung nicht greifen, da sie bereits mit Ablauf der Abordnungsfrist gegenstandslos geworden sind.

2. Laufbahnfreiheit

3   Mit der Regelung des § 123 Abs. 1 Satz 1 wird die Laufbahnfreiheit des Professorenamtes statuiert, weil es sich nach Inhalt und Aufgabe, die wesentlich durch Art. 5 Abs. 3 GG mitgeformt werden, nur schwer mit dem Laufbahnprinzip (vgl. § 5 Rn. 2 f.) und seinen an anderen Bedarfen ausgerichteten Voraussetzungen verträgt (vgl. auch *Epping,* ZBR 1997, 383, 388; s. a. *May* in Schütz/Maiwald, § 124 (123 neu) LBG Rn. 7). Die Nichtgeltung der Vorschriften über den einstweiligen Ruhestand (§§ 30 BeamtStG, 37 ff. LBG) beruht zum einen auf der mangelnden Übertragbarkeit von deren wesentlichem Zweck, nämlich der Sicherstellung eines besonderen Näheverhältnisses zur Regierung (vgl. § 37 Rn. 1, 7), vor allem aber auf dem Ausschluss des § 26 Abs. 1 (einstweiliger Ruhestand bei Reorganisationen); hier enthält § 123 Abs. 2 Sonderregelungen.

3. Arbeitszeitrechtliche Regelungen

Die Exemtion von den Vorschriften über die Arbeitszeit folgt unmittelbar aus der Be-   **4** fugnis zur selbständigen, weisungsfreien Wahrnehmung der Aufgaben von Professoren in Forschung und Lehre, die grundsätzlich eine **Dispositionsbefugnis über Zeit und Ort der Dienstleistung** umfasst (BVerwGE 111, 153; VGH Mannheim, B. v. 31.7.2000, D 17 S 4/00; BVerwG, DÖV 2003, 379; *Epping,* ZBR 1997, 383, 389). Die Festlegung von **Präsenzpflichten** im Rahmen der Lehrverpflichtung (vgl. §§ 33 Abs. 5 HG, 27 Abs. 3 KunstHG i. V. m. LVV v. 24.6.2009) stellt jedoch eine vor dem Hintergrund des gesetzlichen Auftrages der Hochschulen zulässige Durchbrechung dar (*Epping,* ZBR 1997, 383, 389; *May* in Schütz/Maiwald, § 124 (123 neu) LBG Rn. 9; krit. *Quambusch,* RiA 2000, 5; zur grds. Zulässigkeit eines **(Doppel-)Dienstzimmers** für Professoren vgl. VGH Mannheim, B. v. 21.8.2013; 4 S 1020/13). Einschränkungen sind darüber hinaus gem. § 123 Abs. 1 Satz 3 zulässig und verstehen sich vorrangig vor dem Hintergrund spezifischer Bedarfe in der Krankenversorgung durch Universitätsklinika (*Hartmer/Detmer,* S. 178). Wo regelmäßige Arbeitszeiten nicht gelten, ist die Übertragung von Regeln insbesondere über Teilzeit gem. §§ 63 ff. als Einschränkung regelmäßiger Arbeitszeiten ein dogmatisches Problem (dazu *Epping,* ZBR 1997, 383, 389, 390). Der Landesgesetzgeber hat in § 123 Abs. 1 Satz 2 daher die „entsprechende" Geltung dieses Normenkomplexes angeordnet. Neben die entsprechend anwendbaren Freistellungen gem. §§ 64, 70 treten zusätzlich hochschulrechtliche Freistellungsmöglichkeiten für Forschungs- oder Praxissemester gem. §§ 40 HG, 33 KunstHG, 18 FHGöD. Mit der Geltung von §§ 11 Abs. 1 LBesG, 62 Abs. 2 LBG wird deutlich, dass weitere **Grenzen der professoralen Disposition über die Arbeitszeit** existieren. Denn ohne eine zeitlich und örtlich konkretisierte Dienstleistungspflicht können die Voraussetzungen für einen Verlust der Dienstbezüge gar nicht festgestellt werden (BVerwGE 111, 153). Neben der schuldhaften Verletzung von festgelegten Präsenzlehrverpflichtungen kommen hier Verletzungen der Pflicht gem. § 35 Abs. 2 Satz 3 HG in Betracht, wonach Professoren Entscheidungen der zuständigen Hochschulorgane zur Sicherung eines vollständigen Lehrangebotes durch konkrete Lehrangebote umsetzen müssen (zur Weisungsbefugnis des Dekans vgl. VG Münster, Urt. v. 9.12.2014, 13 K 2693/11.O). Dem kann auch nicht mit dem Hinweis auf ein bereits „abgearbeitetes" Deputat begegnet werden (vgl. VGH Mannheim, B. v. 31.7.2000, D 17 S 4/00). Aber auch sonstige dienstliche Aufgaben können die Anwesenheit zu einer bestimmten Zeit an einem bestimmten Ort erfordern (Prüfungen, Studienberatung, Gremiensitzungen etc.); die Beweislast trägt hier allerdings die Hochschule (vgl. insges. BVerwG, a. a. O.; OVG Schwerin, B. v. 15.1.2002, 10 L 148/01). Stellt sich das Verhalten des Professors zwar nicht als Verstoß gegen eine konkretisierte Dienstleistungspflicht dar, aber als Vernachlässigung seiner allgemeinen Dienstpflichten, kommt eine disziplinarische Ahndung in Betracht (BVerwG, DÖV 2003, 379; s. a. *May* in Schütz/Maiwald, § 124 (123 neu) LBG Rn. 15).

4. Versetzung/Abordnung

Änderungen des konkret-funktionalen Amtes eines Professors durch Abordnung oder   **5** Versetzung sind gem. § 123 Abs. 2 Satz 1 nur mit dessen Zustimmung möglich. Bei landesübergreifenden Maßnahmen ist insoweit § 61 Satz 1 BeamtStG einschlägig. Ein daraus resultierendes besonderes **Recht am konkreten Amt** ist ebenfalls Ausfluss der verfassungsrechtlich überwölbten dienstlichen Stellung von Hochschullehrern (vgl. VGH München, B. v. 10.10.2008, 3 CS 08.1788). Beschränkungen erfährt dieses Recht durch das

Gemeininteresse an funktionsfähigen Hochschulen (vgl. OVG Münster, WissR 2007, 94; *Epping,* ZBR 1997, 383, 391). Die Rechtslage ist der von § 26 geregelten strukturell vergleichbar, wobei das Recht am konkreten Amt insoweit fortwirkt, als nur der Wechsel in ein „gleichwertiges Amt" in Frage kommt und gerade der in § 26 Abs. 1 vorgesehene Amtsverlust ausgeschlossen ist. Voraussetzung sind institutionelle Änderungen, die entweder die Hochschule oder eine ihrer Einrichtungen gem. § 29 HG in ihrer organisatorischen Integrität betreffen, oder die vollständige bzw. teilweise Aufgabe/Verlagerung eines Studiengangs. Auch die Aufgabe eines Studienfachs ist als teilweise Aufgabe des Studiengangs hier einschlägig (VGH München, B. v. 10.10.2008, 3 CS 08.1788). Für den Vollzug von Personalmaßnahmen genügt es, dass der Auflösungs- bzw. Verlagerungsbeschluss von der zuständigen Stelle gefasst ist; eine vollständige Einstellung des Lehrbetriebes muss nicht abgewartet werden (OVG Münster, WissR 2007, 94; so auch *May* in Schütz/Maiwald, § 124 (123 neu) LBG Rn. 37). Eine Umsetzung ist in diesen Fällen als mildere Maßnahme gegenüber der Versetzung grundsätzlich in Betracht zu ziehen ist (VG Gelsenkirchen, B. v. 21.10.2004, 1 L 1574/04; krit. VGH München, a. a. O.). Der übergeordneten Notwendigkeit zustimmungsloser Versetzungen entspricht die **auf eine Anhörung reduzierte Mitwirkungsbefugnis der aufnehmenden Hochschule.** Kein Anwendungsfall des § 123 Abs. 2 Satz 2 ist der Personalübergang vom ehemaligen Dienstherrn Land auf die verselbständigten Hochschulen als Folge des HFG (vgl. dazu OVG Münster, B. v. 13.8.2010, 6 A 815/09; *Lohkamp,* NWVBl. 2007, 325; *Peters,* ZBR 2007, 115; *Epping,* ZBR 2008, 181).

6   Gem. § 123 Abs. 2 Satz 3 wird das Recht am konkreten Amt für Professoren an Verwaltungsfachhochschulen gem. § 1 FHGöD weiter eingeschränkt als bei den übrigen Vertretern dieser Statusgruppe. Sie können bei organisatorischen Veränderungen (vgl. dazu § 26) als ultima ratio in „entsprechender" Anwendung der §§ 24, 25 abgeordnet oder versetzt werden, was den Wechsel in ein „gleichwertiges Amt" nicht notwendig einschließt. Sachlich dürfte diese Differenzierung darauf zurückzuführen sein, dass die Verwaltungsfachhochschulen spezifische Studienprogramme vorhalten, so dass bei organisatorischen Veränderungen eine „ihrem bisherigen Amt entsprechende Verwendung" der dort tätigen Hochschullehrer anderswo im Hochschulbereich nicht ohne weiteres möglich ist. Es bestehen dennoch gravierende Zweifel, ob dieser Sachgrund die vorgenommene zusätzliche Beschränkung des – verfassungsrechtlich begründeten (s. o.) – Rechts am konkreten Amt trägt, das nach § 18 FHGöD in gleicher Weise gewährleistet ist wie an allgemeinen Hochschulen.

5. Zeitpunkt der Zurruhesetzung

7   Die Regelung des Absatz 3 dient der Sicherung des Vorlesungsbetriebes, der auf die persönliche Dienstleistungserbringung durch den Hochschullehrer zugeschnitten ist (vgl. auch § 31 Rn. 2). Ihrem Sinngehalt nach entspricht sie § 31 Abs. 1 Satz 3, wonach Lehrer (im öffentlichen Schuldienst) die Altersgrenze nur zum Ende eines Schulhalbjahres erreichen. Die jeweiligen Vorlesungszeiten werden gem. § 58 Abs. 4 HG vom Wissenschaftsministerium im Benehmen mit den Hochschulen festgesetzt (vgl. auch § 121 Rn. 3). Wie bei den übrigen Beamten kann die Altersgrenze auch bei einem Hochschullehrer gem. § 32 hinausgeschoben werden (vgl. OVG Münster, B. v. 29.1.2014, 6 B 1324/13; auch § 32 Rn. 8).

6. Führung der Amtsbezeichnung (im Ruhestand)

8   Mit Absatz 4 gewährt der Gesetzgeber zunächst ein formales Privileg, das die nach heute geltendem Recht zur Ruhe gesetzten Professoren den nach altem Recht Emeritierten hinsichtlich der Fortführung der Amtsbezeichnung gleichstellt (vgl. auch *Hartmer,* FuL 2009, 744). Da der Emeritus das Recht auf Fortführung der Dienstgeschäfte behält, musste dies auch für die Fortführung der Amtsbezeichnung (ohne Zusatz) gelten (vgl. auch *Hartmer/*

Detmer, S. 193). Scheidet der Professor durch Entlassung aus, kann die Hochschule bei der Gestattung einer fortzuführenden Amtsbezeichnung auch die Umstände des Ausscheidens und die Außenwirkung der Maßnahme berücksichtigen (vgl. VG Ansbach, Urt. v. 21.10.2004, AN 2 K 03.00887). Eine weitere Ausnahme von den Grundsätzen der Führung von Amtsbezeichnungen gilt gem. § 123 Abs. 4 Satz 2 für Professoren, die in das hauptberufliche (statusrechtliche) Amt des Präsidenten/Rektors (vgl. §§ 18, 20 HG) berufen wurden. Akademischen Gepflogenheiten folgend dürfen sie abweichend von der Regel des § 77 Abs. 2 Satz 3 die Amtsbezeichnung des vormaligen (Professoren-)Amtes neben der des neuen Amtes weiterführen (zu Verleihung und Entzug der Bezeichnung „apl. Professor" – § 41 Abs. 1 HG – vgl. OVG Münster, B. v. 27.2.2014, 6 A 274/12, zur „Honorarprofessur" – § 41 Abs. 2 HG – vgl. OVG Münster, Urt. v. 22.1.2013, 6 A 839/11).

§ 124 Juniorprofessorinnen und Juniorprofessoren

(1) ¹**Die Juniorprofessorinnen und Juniorprofessoren werden in ein Beamtenverhältnis auf Zeit berufen.** ²**Die Dauer der Berufung richtet sich nach § 39 Absatz 5 des Hochschulgesetzes, § 32 Absatz 4 des Kunsthochschulgesetzes.** ³**Für eine darüber hinausgehende Verlängerung gilt § 122 Absatz 2 Satz 3 und 4 und Absatz 3 entsprechend.** ⁴**Eine erneute Berufung als Juniorprofessorin oder Juniorprofessor ist ausgeschlossen.** ⁵**Dies gilt nicht für die erstmalige Berufung auf eine Juniorprofessur, bei der der Juniorprofessorin oder dem Juniorprofessor zugesichert wird, dass hinsichtlich ihrer oder seiner Bewerbung auf eine anschließende Professur in einem Beamtenverhältnis auf Lebenszeit oder einem unbefristeten Beschäftigungsverhältnis auf die Ausschreibung der Professur verzichtet wird (Tenure Track).** ⁶**§ 31 Absatz 3 findet keine Anwendung; mit Ablauf der Amtszeit ist die Beamtin oder der Beamte entlassen.**

(2) ¹**Die Vorschriften über die Laufbahnen, den einstweiligen Ruhestand, die Probezeit und die Arbeitszeit sind auf die Juniorprofessorinnen und Juniorprofessoren nicht anzuwenden.** ²**§ 123 Absatz 1 Satz 2 bis 4 und Absatz 2 gelten entsprechend.**

I. Allgemeines

Die **Juniorprofessur** ist als hochschulrechtliche Personalkategorie erstmals durch das **1** Fünfte HRGÄndG (BGBl. I 2002, S. 693) eingeführt worden, um dem wissenschaftlichen Nachwuchs auch **ohne Habilitationserfordernis** ein frühes eigenständiges Tätigwerden in Forschung und Lehre zu ermöglichen (vgl. auch *Knopp*, ZBR 2005, 145 m. w. N.; *Hartmer/Detmer*, S. 233f.). Wegen Überschreitung der (damaligen) Rahmengesetzgebungskompetenz ist das Reformgesetz indes durch das BVerfG insgesamt für nichtig erklärt worden (NJW 2004, 2803; vgl. auch *Geis*, Die Verwaltung 41 (2008), 77, 78 ff.). NRW hat jedoch durch §§ 36 Abs. 1 Nr. 4 HG, 29 Abs. 2 Nr. 1 KunstHG die Juniorprofessur als eine der Habilitation im Hinblick auf die Berufung an Universitäten gleichwertige Qualifikationsvoraussetzung ins Landesrecht übernommen. Folgerichtig finden sich Juniorprofessuren weder an allgemeinen Fach- noch an Verwaltungsfachhochschulen. Allerdings gelten für diese Personalgruppe Einschränkungen bei sog. **Hausberufungen,** vgl. § 37 Abs. 2 Satz 1 HG (krit. dazu *Herrmann*, WissR 2007, 146). Die Einstellungsvoraussetzungen ergeben sich aus §§ 36 Abs. 1 Nrn. 1–3 HG, 29 Abs. 1, 2 Nr. 1 KunstHG und entsprechen, bis auf das Habilitationserfordernis, denjenigen der Professoren. Zu den Anforderungen an Einstellungs- bzw. Auswahlverfahren vgl. OVG Münster, B. v. 7.7.2006, 6 B 848/06; B. v. 3.2.2011, 6 B 1420/10; Urt v. 22.7.2014, 6 A 815/14: notw. Erkenntnisgrundlagen für Berufungsvorschlag).

II. Einzelfragen

1. Zeitbeamtenverhältnis

2   Abweichend vom Regeltypus des Beamtenverhältnisses auf Lebenszeit gem. § 4 Abs. 1 BeamtStG bringt § 124 Abs. 1 Satz 1 i. V. m. §§ 39 Abs. 5 HG, 32 Abs. 4 KunstG die Funktion der Juniorprofessur im Rahmen der Personalentwicklung von Wissenschaftlern zur Geltung (vgl. auch OVG Münster, B. v. 2.7.2015, 6 B 462/15, zur analogen Rechtslage bei Akad. Räten/Oberräten). Die Begründung eines **Zeitbeamtenverhältnisses** erfolgt dabei grundsätzlich für zunächst drei Jahre. Kann in der dann anstehenden Zwischenevaluation die **Bewährung als Hochschullehrer** festgestellt werden, „soll" bei Zustimmung des Stelleninhabers eine erneute dreijährige Berufung erfolgen. Den Bewährungsmaßstab bildet danach die Regelprofessur (krit. *Hartmer/Detmer,* S. 236). Werden diese Anforderungen nicht erfüllt, „kann" dem Juniorprofessor nach der ersten und ggf. zweiten Amtszeit ein weiteres Jahr gewährt werden, etwa zum Abschluss laufender Projekte; er erhält in diesem Fall zudem eine Zulage gem. § 63 LBesG. Weitergehende Verlängerungsmöglichkeiten können sich aus den allgemeinen Regelungen des § 122 Abs. 2 ergeben (vgl. dazu § 122 Rn. 2 f.). Ansonsten ist die **erneute Berufung** als Juniorprofessor grundsätzlich ausgeschlossen (§ 124 Abs. 1 Satz 4), auch um einer zeitlichen Verkettung befristeter Beschäftigungsverhältnisse entgegen zu wirken. Eine Ausnahme sieht der mit dem Dienstrechtsmodernisierungsgesetz 2016 neue eingefügte Absatz 1 Satz 5 vor. Hiernach kann eine erneute Berufung dann erfolgen, wenn es sich um eine (Junior-)Professur mit sog. tenure track handelt, die – bei positivem Ausgang des Berufungsverfahrens – die Zusage eines späteren Wechsel auf eine reguläre Professur bereits beinhaltet (vgl. LT-Drs. 16/ 12136, S. 479). Hier greift wegen der dauerhaften Perspektive die ratio des Ausschlusses einer erneuten Berufung gerade nicht.

Trotz des weniger verfestigten Status der Juniorprofessur bleibt die **Zulassung zur Anwaltschaft** im Zweitberuf verwehrt (vgl. BVerfG, NJW 2009, 3710; s. a. § 49 Rn. 10). Gem. § 124 Abs. 1 Satz 3 wird die Anwendung des allgemein für Zeitbeamte geltenden § 31 Abs. 3 ausgeschlossen, wonach diese bei Erreichen einer gewissen Versorgungsanwartschaft (zehn ruhegehaltfähige Dienstjahre) mit Ablauf der Amtszeit in den Ruhestand treten können. Juniorprofessoren sind unabhängig von der Dauer ihrer Amtszeit mit deren Ablauf stets de lege entlassen.

2. Probezeitausschluss

3   Absatz 2 überträgt die Ausschlussregel des § 123 Abs. 1 Satz 1 auf Juniorprofessoren. Zusätzlich erwähnt wird die „Probezeit", was als Ausschluss der **besonderen Probezeit** des § 122 Abs. 4 zu verstehen ist. Die allgemeine Probezeit gem. §§ 10 BeamtStG, 14 Abs. 1 Satz 1 LBG ist nämlich schon wegen der Nichtanwendbarkeit laufbahnrechtlicher Vorschriften irrelevant (vgl. § 122 Rn. 5). § 124 Abs. 2 Satz 2 erklärt in Fortsetzung der Logik des Satzes 1 die weiteren Regelungen des § 123 Abs. 1, 2 auf das Dienstverhältnis der Juniorprofessoren für entsprechend anwendbar.

§ 125 Nebentätigkeit

(1) **Zur Übernahme einer Nebentätigkeit sind Professorinnen und Professoren sowie Juniorprofessorinnen und Juniorprofessoren nur insoweit verpflichtet, als die Nebentätigkeit in unmittelbarem Zusammenhang mit ihren Dienstaufgaben in Lehre, Forschung, Kunst und künstlerischen Entwicklungsvorhaben steht.**

(2) **[1]Das wissenschaftliche und künstlerische Personal (§ 120) hat nicht genehmigungspflichtige Nebentätigkeiten im Sinne des § 51 Absatz 1 Nummer 2 und 3, die gegen Vergütung ausgeübt werden sollen, der dienstvorgesetzten Stelle vor Aufnah-**

me unter Angabe von Art und Umfang der Nebentätigkeit sowie der voraussichtlich zu erwartenden Entgelte und geldwerten Vorteile anzuzeigen. [2]Die oberste Dienstbehörde kann bei geringfügigen Nebentätigkeiten auf die Anzeige allgemein verzichten.

(3) **Das für Wissenschaft und Forschung zuständige Ministerium erlässt für das wissenschaftliche und künstlerische Personal (§ 120) nach Anhörung der Hochschulen im Einvernehmen mit dem für Inneres zuständigen Ministeriums und dem Finanzministerium die Rechtsverordnung nach § 57 einschließlich näherer Bestimmungen zu Absatz 1 und 2.**

I. Begrenzte Pflicht zur Übernahme von Nebentätigkeiten

Die Vorschrift schränkt zunächst den **Anwendungsbereich des § 48** für Professoren **1** (sowie lecturers) und Juniorprofessoren ein. Als pflichtige Nebentätigkeiten dürfen nur solche Betätigungen übertragen werden, die in unmittelbarem Zusammenhang mit den Kernaufgaben der Hochschullehrer gem. §§ 35 HG, 28 Abs. 1 Satz 1 KunstHG sowie §§ 18 Abs. 1, 20 FHGöD stehen. Keine derartigen Beschränkungen gelten für das sonstige wissenschaftliche Personal gem. § 120 Abs. 1 (zum Sonderstatus der Dozenten gem. § 20 FHGöD vgl. § 120 Rn. 4). Der besondere Schutz der Gruppe der Professoren bei ihrer Amtsausübung beruht auf der notwendigen Konkordanz von Beamtenstatus und Grundrechtsträgerschaft gem. Art. 5 Abs. 3 GG. (vgl. § 120 Rn. 1). In diesem Bereich nehmen die professorierten Hochschullehrer ihre Aufgaben selbständig, d.h. weisungsfrei wahr. Folglich soll die dienstvorgesetzte Stelle (Hochschulpräsident bzw. Rektor gem. §§ 33 Abs. 3 Satz 1 HG, 27 Abs. 2 KunstHG, 9 Abs. 1 Nr. 4 FHGöD) nicht über die Möglichkeit verfügen, außerhalb dieses funktionalen Zusammenhangs nichthauptamtliche wissenschaftsfremde Aufgaben zur Erledigung zuzuweisen, die zu Lasten der wissenschaftlichen Kernaufgaben und damit letztlich der Verwirklichung der Freiheit aus Art. 5 Abs. 3 GG gingen. Vom Wortlaut der Vorschrift her ausdrücklich ausgenommen ist die ebenfalls als Dienstaufgabe obliegende Pflicht zur Mitwirkung an der Verwaltung der Hochschule gem. §§ 35 Abs. 1 Satz 2 HG, 28 Abs. 1 Satz 2 KunstHG sowie § 18 Abs. 1 FHGöD i. V. m. § 45 HG i. d. F. des HRWG. Eine solche Gegenausnahme erscheint jedoch vor dem Hintergrund der dargelegten ratio legis wenig überzeugend, da die hochschulische Selbstverwaltung ebenfalls der Verwirklichung von Art. 5 Abs. 3 GG dient.

II. Anzeigepflichten

Absatz 2 erhebt die für alle anderen Beamtengruppen kraft Verordnungsrecht (§ 10 NtV) **2** geltende **Anzeigepflicht für die wissenschaftstypischen nicht genehmigungspflichtigen Nebentätigkeiten** gem. § 51 Abs. 1 Nrn. 2 und 3 bei Ausübung durch wissenschaftliches Personal i. S. v. § 120 in Gesetzesrang. Der Sinn dieser **Redundanz** erschließt sich nicht, es sei denn, man sieht diesen in der gesetzgeberischen Betonung, dass eine Anzeigepflicht bei nebenamtlichen wissenschaftlichen Betätigungen als zulässige Beschränkung des Art. 5 Abs. 3 GG zu bewerten ist (vgl. auch § 51 Rn. 10). Sonstige nicht genehmigungspflichtige Nebentätigkeiten gem. § 51 Abs. 1 Nr. 4b sind von Personal im Geltungsbereich der HNtV (vgl. dazu Rn. 3) nach § 10 NtV anzuzeigen. Einen generellen Verzicht auf die Anzeige geringfügiger Nebentätigkeiten gem. § 51 Abs. 1 Nrn. 2, 3 kann die oberste Dienstbehörde aussprechen.

III. Sonderregelungen durch HNtV

Absatz 3 enthält eine Verordnungsermächtigung, die im Unterschied zu § 57 Satz 1 statt **3** der Landesregierung allein das Wissenschaftsressort zum Verordnungserlass befugt. Zudem werden die in § 57 Satz 2 Nrn. 1–7 enthaltenen Konkretisierungen der Ermächtigung noch um ergänzende Inhalte zu § 125 Abs. 1 und 2 erweitert. Die auf dieser Grundlage erlassene und 2014 völlig neu gefasste HNtV (GV. NRW. 2015, S. 100) erfasst das Personal gem. § 120 aller Hochschulen des Landes, die sich in §§ 1 Abs. 2 HG, 1 Abs. 2 KunstHG sowie § 1 FHGöD aufgezählt finden. Soweit einzelne Vorschriften nur auf Professoren anwendbar sind, ist dabei die aus § 1 Abs. 2 HNtV folgende Einbeziehung auch der hauptamtlichen Hochschulleitungen und Dozenten (z.B. gem. § 20 FHGöD) zu beachten. Hinsichtlich ihres sachlichen Geltungsbereichs ist die HNtV gem. ihrem § 2 Abs. 1 HNtV vorgängige Spezialvorschrift gegenüber der subsidiär geltenden NtV. Diese Spezialität besteht durchweg darin, den Rahmen des allgemeinen Nebentätigkeitsrechts durch **erweiternde Sonderregelungen** zu öffnen. Zu nennen sind hier zunächst die gem. § 5 HNtV im Vergleich zu § 7 NtV erweiterten **allgemein genehmigten Nebentätigkeiten,** etwa die Herausgabe und Schriftleitung wissenschaftlicher Veröffentlichungen (§ 5 Abs. 1 Nr. 1 HNtV), die Übernahme von Forschungs- und Entwicklungsaufgaben bei öffentlicher Zugänglichkeit der Ergebnisse (§ 5 Abs. 1 Nr. 2 HNtV), die Wahrnehmung bestimmter prozessualer Aufgaben (z.B. Prozessvertretung vor Verfassungsgerichten und obersten Gerichtshöfen, Übernahme einer Straf- oder Disziplinarverteidigung, vgl. dazu *Zimmerling/Brehm,* RiA 2001, 82) gem. § 5 Abs. 1 Nr. 3 HNtV oder die zuvor noch durch VV erfasste, nunmehr im neuen § 5 Abs. 1 Nr. 5 geregelte **geringfügige** Nebentätigkeit in Form einer im Umfang von bis zu vier Wochenstunden ausgeübten Lehrtätigkeit an anderen Hochschulen (zu einer „geschäftsmäßig" betriebenen nebenamtlichen Lehrtätigkeit vgl. OVG Koblenz, DÖD 2012, 282; vgl. auch § 49 Rn. 15) bzw. der Erarbeitung von Studienmaterial für Fernstudien. Ebenfalls allgemein genehmigt wird gem. § 11 HNtV die Nutzung von Einrichtungen, Personal und Material des Dienstherren (vgl. dazu auch § 54 Rn. 2) für nicht genehmigungspflichtige und allgemein genehmigte Nebentätigkeiten, soweit bestimmte Restriktionen in zeitlicher und sonstiger Hinsicht beachtet werden und insbesondere die wissenschaftlichen Ergebnisse **öffentlich zugänglich** sind (vgl. § 11 Abs. 1 Satz 1 Nr. 5 HNtV). Keine öffentliche Zugänglichkeit liegt bei kostenpflichtigen Verlagspublikationen oder Datenbanken vor. Im Vergleich zu § 14 NtV **erweiterte Befreiungen von der Abführungspflicht** (vgl. auch § 57 Rn. 7) z.B. bei Vortrags- und Prüfertätigkeiten oder der Erstattung von Gutachten finden sich in § 8 HNtV (vgl. zur Abführungspflicht von Professoren als Rechtsvertreter *Zimmerling/Brehm,* RiA 2001, 82, 86ff.). Fragen zur Systematik löst § 9 HNtV aus, der das Gebot aus § 53 zur Aufstellung von Nebeneinnahmen konkretisiert. Hiernach sind alle Vergütungen aus Nebentätigkeiten im öffentlichen Dienst sowie sonstigen Nebentätigkeiten gem. § 49 Abs. 1 Nrn. 1, 3 und 4 meldepflichtig. Gerade die wissenschaftsaffinen Nebentätigkeiten gem. § 51 Abs. 1 Nrn. 2 und 3, soweit **außerhalb des öffentlichen Dienstes** ausgeübt (z.B. eine Verlagspublikation), sind hingegen gem. § 2 HNtV **nicht erfasst** und damit gem. § 15 NtV zu melden. Dies ist nicht ohne Belang, da die **Wertgrenze** bei § 9 NtV immerhin 6000 € beträgt, bei § 15 NtV nur 1200 €.

IV. Nebentätigkeitsbezogene Regelungen unmittelbar im HG

4   Vereinzelt finden sich Sonderregelungen für die Nebentätigkeit von Hochschullehrern auch unmittelbar im HG, so in § 39 Abs. 3 Satz 1 HG, wonach für den Fall eines Engagements (Nebenamt) in der akademischen Weiterbildung das Postulat des § 4 Abs. 1 NtV (Aufgaben der eigenen Behörde nicht als Nebentätigkeit) durchbrochen wird, sofern die nebenamtliche Tätigkeit nicht lehrdeputatsrelevant wird. Zu nennen ist hier jetzt auch die Ergänzung des § 35 Abs. 3 Satz 2 HG durch das Hochschulzukunftsgesetz v. 16.9.2014 (GV. NRW. S. 547), wonach Hochschullehrer i.S.v. § 35ff. HG Vergütungen für wissenschaftliche Veröffentlichungen annehmen dürfen, unabhängig davon, ob diese im Hauptamt oder in Nebentätigkeit entstanden sind (vgl. LT-Drs. 16/5410, S. 336: dies soll einer zu

Gewohnheitsrecht verfestigten Übung entsprechen und auf der Einsicht beruhen, dass die Zuordnung der Gewinnung wissenschaftlicher Erkenntnisse zu Hauptamt oder Nebentätigkeit faktisch unmöglich ist). Die Vorschrift begründet damit eine gesetzliche Ausnahme vom Gebot der §§ 42 BeamtStG, 59 LBG (vgl. auch § 59 Rn. 3).

Abschnitt 8. Rechtsstellung der Beamtinnen und Beamten und Versorgungsempfängerinnen und -empfänger bei der Umbildung von Körperschaften

§ 126 Eingliederung von Körperschaften

(1) Die Beamtinnen oder Beamten einer juristischen Person des öffentlichen Rechts mit Diensherrnfähigkeit (Körperschaft), die vollständig in eine andere Körperschaft eingegliedert wird, treten mit der Umbildung kraft Gesetzes in den Dienst der aufnehmenden Körperschaft über.

(2) ¹Die Beamtinnen oder Beamten einer Körperschaft, die vollständig in mehrere andere Körperschaften eingegliedert wird, sind anteilig in den Dienst der aufnehmenden Körperschaften zu übernehmen. ²Die beteiligten Körperschaften haben innerhalb einer Frist von sechs Monaten nach dem Zeitpunkt, in dem die Umbildung vollzogen ist, im Einvernehmen miteinander zu bestimmen, von welchen Körperschaften die einzelnen Beamtinnen oder Beamten zu übernehmen sind. ³Solange eine Beamtin oder ein Beamter nicht übernommen ist, haften alle aufnehmenden Körperschaften für die ihr oder ihm zustehenden Bezüge als Gesamtschuldner.

(3) ¹Die Beamtinnen oder Beamten einer Körperschaft, die teilweise in eine oder mehrere andere Körperschaften eingegliedert wird, sind zu einem verhältnismäßigen Teil, bei mehreren Körperschaften anteilig, in den Dienst der aufnehmenden Körperschaften zu übernehmen. ²Absatz 2 Satz 2 findet Anwendung.

(4) Absatz 1 bis 3 gelten entsprechend, wenn eine Körperschaft mit einer oder mehreren anderen Körperschaften zu einer neuen Körperschaft zusammengeschlossen wird, wenn aus einer Körperschaft oder aus Teilen einer Körperschaft eine oder mehrere neue Körperschaften gebildet werden, oder wenn Aufgaben einer Körperschaft vollständig oder teilweise auf eine oder mehrere andere Körperschaften übergehen.

Übersicht

I. Allgemeines

Die Vorschriftengruppe der §§ 126–130 ist mit dem Dienstrechtsmodernisierungsge- **1** setz 2016 in das LBG eingefügt worden. Es handelt sich dabei im Wesentlichen um die nach der Föderalismusreform I kraft § 63 Abs. 3 BeamtStG fortgeltenden §§ 128 ff. BRRG (vgl. auch § 26 Rn. 2). Dabei ist die Frage der Landeskompetenz für die Regelung beamtenrechtlicher Folgen von landesinternen Reorganisationsmaßnahmen nicht unbestritten (statt aller BVerwG, ZBR 2012, 201, 203). Vorzugswürdig, da aus der Gesetzesgenese eindeutig belegbar, ist jedoch die Auffassung, der Verfassungsgesetzgeber habe die Kompetenz des Art. 74 Abs. 1 Nr. 27 GG auf „grundlegende Statusangelegenheiten" beschränken wollen (vgl. BVerwG, a. a. O. m. w. N.). Der Landesgesetzgeber hat derartige Kompetenzfragen daher in der amtl. Begründung des Gesetzentwurfs nicht weiter thematisiert. Vielmehr ging es ihm darum, einem offenbar befürchteten „Auslaufen" der §§ 128 ff. BRRG vorzubeugen und durch Inkorporation eine landesrechtliche Grundlage für die Folgen von Körperschaftsumbildungen zu schaffen (vgl. LT-Drs. 16/10380, S. 357). Bundesrechtliche Entsprechungen finden sich in §§ 16–19 BeamtStG sowie §§ 134–137 BBG.

II. Regelungssystematik und Normzweck

2　　Die Kompetenzordnung für das Beamtenrecht weist die Regelung **„landesübergreifender"** (vgl. § 13 BeamtStG) Reorganisationsmaßnahmen und solcher, die den Bund involvieren, dem Bundesrecht zu, hier §§ 16–19 BeamtStG (vgl. auch § 26 Rn. 3; insges. auch *B. Hoffmann* in Schütz/Maiwald, § 16 BeamtStG, Rn. 6). Innerhalb des Geltungsbereich des LBG ist zu unterscheiden zwischen Maßnahmen, die mindestens zwei juristische Personen mit Dienstherrnfähigkeit (vgl. § 126 Abs. 1: „Körperschaften") betreffen (**dienstherrnbezogene** Maßnahmen, vgl. auch § 26 Rn. 2) und **dienstherrninternen** Maßnahmen, von denen einzelne oder mehrere Organe (Behörden) ein- und desselben Dienstherrn betroffen sind. Die beamtenrechtlichen Folgemaßnamen von Reorganisationen der letztgenannten Kategorie ergeben sich allgemein aus §§ 24 ff., speziell aus § 26 (vgl. § 26 Rn. 3). Anstelle eines Rückgriffs auf §§ 126 ff. kann die Überleitung auch unmittelbar durch landesrechtliches **Reorganisationsgesetz** – als Annexregelung – angeordnet werden (VerfGH NW, NVwZ-RR 2010, 705, s. a. § 26 Rn. 3 m. w. N.).

3　　§§ 126 ff. tragen dem Grundsatz **„Personal folgt Aufgabe"** Rechnung (BVerwG, NVwZ-RR 2015, 619, 621). Dies dient der Sicherstellung der Funktionsfähigkeit des Staates und seiner Untergliederungen als Verfassungsgut von hohem Rang. Personal ist diese Funktionsfähigkeit vorrangig durch die Beamtenschaft zu gewährleisten, was sich spiegelbildlich aus dem Funktionsvorbehalt des Art. 33 Abs. 4 GG als institutioneller Garantie (*Kunig* in v. Münch/ders., Art. 33 Rn. 39) ergibt. Demgemäß sind die von §§ 126 ff. vorgesehen Rechtsfolgen grundsätzlich mit Art. 33 Abs. 5 GG vereinbar (BVerwG, NVwZ-RR 2015, 619, 621; OVG Münster, ZBR 2011, 54, 56 m. w. N.). Im Interesse seiner Funktionsfähigkeit kommt dem Staat bei der Wahrnehmung öffentlicher Aufgaben eine weitgehende Freiheit zu, die Aufgabenerfüllung angemessen zu organisieren. Daraus folgt nicht nur eine Gestaltungsfreiheit, sondern auch die Notwendigkeit, notwendige (Re-)Organisationsmaßnahmen nicht mit personalbedingten Schwierigkeiten besonders zu belasten (vgl. OVG Münster, B. v. 2.5.2016, 6 A 428/14). Der Beamte hat insoweit (bzw.: deswegen) kein Recht auf „unveränderte oder ungeschmälerte" Ausübung eines bestimmten Amtes (BVerwG, NVWZ-RR 2008, 268). Hieraus entsteht ein Spannungsverhältnis, da Reorgansiationsmaßnahmen u. U. nicht ohne **schwerwiegende Eingriffe** (*Battis,* § 28 BBG Rn. 19; s. a. *Dillenburger*, NJW 2009, 1115, 1118) in das aus Art. 33 Abs. 5 GG (Lebenszeitprinzip) ableitbare **Recht am (Status-)Amt** sowie den damit verbundenen **Anspruch auf (status-)amtsangemessene Beschäftigung** möglich sind (vgl. BVerwGE 126, 182: Vivento; dass., NVwZ-RR 2015, 465: Neuordnung Schulformen; s. a BVerwG, NVwZ-RR 2008, 268; OVG Münster, B. v. 25.2.2013, 6 A 263/12). Den Rechten der Betroffenen kommt daher auch bei Reorganisationsmaßnahmen ein auszugleichendes Gegengewicht zu (vgl. VerfGH NW, NVwZ-RR 2010, 705; BVerwG, NVwZ-RR 2015, 619, 621). Soweit dieses Spannungsverhältnis nicht bereits durch die tatbestandliche Gestaltung der §§ 126 ff. ausbalanciert ist (vgl. insbes. § 128), kann nur die strikte Beachtung des **Verhältnismäßigkeitsgrundsatzes** für den notwendigen und diffizilen Ausgleich zwischen den betroffenen Rechtsgütern sorgen (vgl. insbesondere BVerwG, NVwZ-RR 2015, 465).

III. Fallgruppen der Reorganisationsmaßnahmen

1. Gegenstand der Reorganisation

Mit einer vereinfachenden Legaldefinition (**„Körperschaft"**) stellt § 126 Abs. 1 klar, **4** dass Gegenstand von Reorganisationen alle juristischen Personen des öffentlichen Rechts sein können, also neben Körperschaften auch Anstalten und Stiftungen (vgl. auch *Battis*, § 134 BBG Rn. 3). Entscheidend ist vielmehr die **Dienstherrnfähigkeit.** Folglich greifen §§ 126 ff. auch nicht bei der Schaffung (teil-)verselbständigter Aufgabenträger, denen jedoch keine Dienstherrnfähigkeit übertragen wird (vgl. BVerwG, NVwZ-RR 2010, 268: Ausgründung vormaliger Regiebetriebe in eine Anstalt). Im Übrigen sollen die Vorschriften dem Organisationswillen und -bedarf des Staates keine unnötigen Restriktionen auferlegen; sie sind „weit auszulegen" (OVG Münster, ZBR 2011, 54). Ein „Typenzwang" in der Weise, dass ein Organisationskonzept rechtlich vorgeprägte „Modelle" unverändert abbilden müsste, besteht nicht (BVerwG, NVwZ-RR 2010, 565: Göttinger Stiftungsuniversität). Auch kann der Rechtswirksamkeit einer beamtenrechtlichen Folgewirkung nicht entgegengehalten werden, die organisationsrechtliche Gestaltung der „neuen" Körperschaft entspreche nicht in jeder Hinsicht, etwa im Hinblick auf intraorganschaftliche Zuständigkeiten, rechtlichen Vorgaben (vgl. OVG Münster, ZBR 2011, 54: Hochschulfreiheitsgesetz; zuletzt bestätigt durch B. v. 1.6.2016, 6 A 596/14).

2. Fallgruppen des „Übertritts"

Der Tatbestand des § 126 (wie schon der des § 128 BRRG) ist aufgrund der Vielzahl **5** der zu erfassenden Organisationoptionen wenig übersichtlich geraten (vgl. auch die Fallbildungen bei *Wichmann/Langer*, S. 362 f.). Auch die vom Gesetzgeber gewählte amtliche Überschrift der Norm ist wenig hilfreich, da die „Eingliederung" nur eine der denkbaren Fallgestaltungen darstellt. Analog § 127 (und auch § 134 BBG) hätte der Begriff der „Umbildung" näher gelegen. Da verschiedene Umbildungsoptionen oftmals dieselbe beamtenrechtliche Folgewirkung zeitigen, empfiehlt sich eine Gliederung nach den Rechtsfolgen. Hier kommen nämlich für die betroffenen Beamten **nur zwei verschiedene Konsequenzen** einer Reorganisationsmaßnahme in Betracht, der „Übertritt" und die „Übernahme".

Der **Übertritt** ergibt sich als Rechtsfolge in solchen Fällen, in denen der Dienstherrnwechsel kraft Gesetzes erfolgt, vgl. §§ 126 Abs. 1, 127 Abs. 1 Alt. 1. Dies ergibt sich notwendig dann, wenn der bisherige Dienstherr als Folge der Umbildung seine Existenz verliert und keine Verteilungsentscheidungen (vgl. etwa § 126 Abs. 2) zu treffen sind. Folgende Fallgestaltungen sind möglich: **(1.)** (vollständige) Eingliederung in eine (fortbestehende) andere Körperschaft gem. § 126 Abs.1; **(2.)** Fusion von zwei oder mehr (vollständigen) Körperschaften zu einer neuen Körperschaft, vgl. § 126 Abs. 4 Var. 1; **(3.)** unklar ist, ob § 126 Abs. 4 Var. 2 auch eine Fallgestaltung vorsieht, in der „aus einer Körperschaft … eine neue Körperschaft" gebildet wird, da der „Identitätsverlust" nicht einem Existenzverlust gleichkommt. Vorstellbar wäre diese Variante bei einem Rechtsformwechsel (Bsp.: Anstalt wird in Stiftung umgewandelt).

3. Fallgruppen der „Übernahme"

Eine Übernahme i. S. v. §§ 126 Abs. 2, 3, 127 Abs. 1 Alt. 2 erfolgt, wenn **Verteilungs-** **6** **entscheidungen** zu treffen sind oder die „abgebende" Körperschaft – in veränderter Form – **rechtlich fortexistiert.** Da diese Körperschaft weiter handlungsfähig und –pflichtig bleibt, muss sie ihre Interessen beim Wechsel von Beschäftigten wahrnehmen können. Deswegen sieht das Gesetz bei der Übernahme zum einen das Verfahren der Verständigung zwischen den Beteiligten (Einvernehmen, vgl. § 126 Abs. 2 Satz 2) vor. Zum anderen soll das auf administrativer Ebene verortete Übernahmeverfahren durch „Verfügungen" (vgl.

§ 127 Abs. 3) auch die Interessen der betroffenen Beamten schützen, sofern deren bisheriger Dienstherr existent bleibt (vgl. BVerwG, ZBR 2012, 202 sowie dass., DÖD 2012, 223: Neuordnung der Umwelt- bzw. Versorgungsverwaltung durch sog. Zuordnungspläne). Eine Übernahme ist für folgende Umbildungsmaßnahmen vorgesehen: (1.) (vollständige) Eingliederung einer Körperschaft in mehrere andere Körperschaften, vgl. § 126 Abs. 2; (2.) teilweise Eingliederung einer Körperschaft in mindestens eine andere Körperschaft, vgl. § 126 Abs. 3; (3.) Fusion von (vollständigen) Körperschaften zu mehreren neuen Körperschaften, vgl. § 126 Abs. 4 Var. 1 (4.) Division einer (vollständigen) Körperschaft in mehrere neue Körperschaften, vgl. § 126 Abs. 4 Var. 2; (5.) vollständiger oder teilweiser Übergang von Aufgaben auf mindestens eine andere Körperschaft. Der Unterschied zwischen einer teilweisen Eingliederung und einem Aufgabenübergang liegt darin, dass im ersten Fall die Gegenstände örtlicher Zuständigkeiten (Gebietsteile) übergehen, im letztgenannten Fall sachliche Zuständigkeiten (vgl. BVerwG, NVwZ-RR 2010, 565, 567 m. w. N.). Für die Annahme eines Aufgabenübergangs ist hier nicht erforderlich, dass die Aufgabenwahrnehmung räumlich/örtlich an einen anderen Träger geht; sofern eine Körperschaft (lediglich) die Rechtsnatur der bislang zuständigen unselbständigen Einrichtung in einen nunmehr selbständigen Träger umwandelt (verselbständigte Hochschulen), liegen die Voraussetzungen des § 126 Abs. 4 Var. 3 ebenfalls vor (OVG Münster, ZBR 2011, 54). Unklar bleibt, wann eine Aufgabe gem. § 126 Abs. 4 Var. 3 „vollständig" übertragen ist, da der ursprüngliche Träger bestehen bleibt (vgl. § 130 Rn. 1). Klarer wäre die Abgrenzung, wenn man Aufgabe mit „Aufgabenbereich" gleichsetzte. Letztlich kommt es darauf wegen der insoweit gleichen Rechtsfolge aber nicht an (BVerwG, ZTR 2008, 60: Übergang Straßenbauverwaltung).

§ 127 Rechtsfolgen der Umbildung

(1) **Tritt eine Beamtin oder ein Beamter auf Grund des § 126 kraft Gesetzes in den Dienst einer anderen Körperschaft oder wird sie oder er auf Grund des § 126 Absatz 2 oder 3 von einer anderen Körperschaft übernommen, wird das Beamtenverhältnis mit dem neuen Dienstherrn fortgesetzt.**

(2) **Im Falle des § 126 Absatz 1 ist der Beamtin oder dem Beamten von der aufnehmenden oder neuen Körperschaft die Fortsetzung des Beamtenverhältnisses schriftlich zu bestätigen.**

(3) **¹In den Fällen des § 126 Absatz 2 und 3 wird die Übernahme von der Körperschaft verfügt, in deren Dienst die Beamtin oder der Beamte treten soll; die Verfügung wird mit der Zustellung an die Beamtin oder den Beamten wirksam. ²Die Beamtin oder der Beamte ist verpflichtet, der Übernahmeverfügung Folge zu leisten; kommt sie oder er der Verpflichtung nicht nach, so ist sie oder er zu entlassen.**

(4) **Absatz 1 bis 3 gelten entsprechend in den Fällen des § 126 Absatz 4.**

Übersicht

I. Allgemeines

1   Auch die Regelung des § 127 ist im Rahmen der Inkorporation der §§ 128 ff. BRRG durch das Dienstrechtsmodernisierungsgesetz weitgehend unverändert in das LBG übernommen worden (vgl. § 126 Rn. 1). Die amtliche Überschrift erscheint insoweit nicht ganz zutreffend, als „Rechtsfolgen der Umbildung" auch in § 126 Abs. 2 Sätze 2 u. 3 (vgl. Rn. 4) sowie in § 128 geregelt sind. Die Vorschrift betrifft – anders als § 26 (vgl. § 26 Rn. 8) – grundsätzlich alle Arten von Beamtenverhältnissen i. S. v. § 4 BeamtStG (vgl. auch § 128 Rn. 2). Mit ihr korrespondieren § 17 BeamtStG sowie § 135 BBG.

II. Einzelheiten

1. Rechtsfolgen des Übertritts kraft Gesetzes

Gem. § 127 Abs. 1 folgt aus dem Übertritt in den Dienst der aufnehmenden Körper-   **2** schaft die **Fortsetzung des Beamtenverhältnisses,** also eine bruchlose Anknüpfung an den bisherigen Status hinsichtlich aller das Beamtenverhältnis als solches betreffenden Rechte und Pflichten. Im Hinblick auf diese Rechtsfolge gilt nichts anderes als bei einem Dienstherrnwechsel durch Versetzung (vgl. § 25 Rn. 15; s. a. OVG Münster, Urt. v. 16.3.2016, 6 A 190/14). Bereits gewährter Urlaub ist gem. § 20 Abs. 1 FrUrlV anzurechnen, erteilte Nebentätigkeitsgenehmigungen erlöschen gem. § 49 Abs. 3 Satz 3. Einer erneuten Ernennung bedarf es nicht (*Wichmann/Langer*, S. 364). Im Übrigen handelt es sich jedoch – im Unterschied zur Versetzung – bei dem Übertritt nicht um ein Verwaltungsverfahren gem. § 9 VwVfG, einer Anhörung der Betroffenen gem. § 28 VwVfG bedarf es nicht. **Maßgeblicher Zeitpunkt** für den Übertritt ist der „Vollzug" der Umbildung, vgl. § 126 Abs. 1 i. V. m. Abs. 2 Satz 2. Wegen der erheblichen – und nicht nur beamtenrechtlichen – Konsequenzen einer Rechtsnachfolge kann erwartet werden, dass der die Umbildung organisationsrechtlich gestaltende Rechtsakt (Gesetz, öffentlich-rechtlicher Vertrag) den Vollzugszeitpunkt bestimmt. In jedem Fall wird sich die gem. § 127 Abs. 2 erforderliche „schriftliche Bestätigung" dazu verhalten müssen, auch wenn sie als rein **deklaratorischer Akt** konzipiert ist. Ihr kommt grundsätzlich mangels Regelungsgehalt keine VA-Qualität zu (vgl. auch *Reich*, § 17 Rn. 3; *Wichmann/Langer*, S 365). Etwas anderes kann jedoch gelten, wenn sich allein aus der Bestätigung nach § 127 Abs. 2 der Zeitpunkt des Übertritts ergibt (er also nicht lediglich wiederholt wird). Als Nicht-VA unterliegt die Bestätigung trotz des Schriftformerfordernisses nicht der Begründungspflicht des § 39 Abs. 1 Satz 1 VwVfG.

2. Rechtsfolgen der Übernahme durch Verfügung

Rechtsgrundlage einer Übernahme (vgl. § 126 Rn. 6) ist die Übernahmeverfügung der   **3** aufnehmenden Körperschaft, vgl. § 127 Abs. 3 Satz 1 (vgl. auch *B. Hoffmann* in Schütz/Maiwald, § 16 BeamtStG Rn. 12). Es handelt sich dabei um einen **rechtsgestaltenden VA,** der wegen des Zustellungserfordernisses gem. § 127 Abs. 3 Satz 2 Halbs. 2 nach § 2 Abs. 1 LZG dem **Schriftformerfordernis** unterliegt (vgl. auch *Reich*, § 17 BeamtStG Rn. 5). Als schriftlicher VA ist er gem. § 39 Abs. 1 VwVfG zu begründen, da die Dispensregelung des § 39 Abs. 2 Nr. 3 VwVfG selbst bei einem größeren Kreis von Betroffenen nicht gelten dürfte (vgl. auch *Kopp/Ramsauer*, § 39 VwVfG Rn. 46). Weitergehenden Formerfordernissen, etwa den für Ernennungen gem. § 8 Abs. 2 BeamtStG geltenden, muss nicht entsprochen werden (BVerwG, B. v. 11.2.1983, 2 B 189/81; zur Anhörung vgl. Rn. 5).

Tatbestandliche Voraussetzung für die Übernahmeentscheidung gem. § 127 Abs. 3 Satz   **4** 2 ist zunächst das Vorliegen einer Übernahme-Fallgestaltung (vgl. § 126 Rn. 6). Darüber hinaus muss in den Fällen von Teileingliederungen und insbesondere bei Aufgabenübergängen das **Aufgabengebiet** der betroffenen Beamten, also das konkret-funktionale Amt (Dienstposten), **berührt** sein (BVerwGE 62, 129, vgl. auch § 26 Rn. 13). Das Merkmal des „Berührtseins" findet sich tatbestandlich lediglich in § 128 Abs. 2 Satz. Im Sinne einer Kausalitätsbeziehung dient es dem Schutz des verfassungsrechtlich verbürgten Anspruchs auf das (Status-)Amt, indem es eine besondere Verknüpfung der Organisationsmaßnahme mit dem Dienstposten schon auf Tatbestandsebene fordert. Es wird auch als Voraussetzung für eine Auswahl gem. §§ 126 Abs. 2 Satz 2, 127 Abs. 3 aus dem verfassungsrechtlichen **Verhältnismäßigkeitsgrundsatz** (auch: Übermaßverbot) hergeleitet (vgl. BVerwG, NVwZ-RR 2010, 565; OVG Münster, ZBR 2011, 54; s. a. *Peters*, ZBR 2007, 115, 120 f.). Den auswählenden Körperschaften ist es dadurch verwehrt, lediglich auf der Rechtsfolgenseite im Rahmen des Ermessens die Betroffenen zu bestimmen (vgl. auch BVerwGE, 62, 129; zur Problematik bei sog. Overhead-Funktionen vgl. § 26 Rn. 13).

5   Das zwischen den beteiligten Behörden gem. § 126 Abs. 2 herzustellende **Einvernehmen** bei der Zuordnung der einzelnen Beamten dagegen wird von der Rechtsprechung der Rechtsfolgenseite zugeordnet (vgl. OVG Münster, B. v. 2.5.2016, 6 A 428/14). Da die Ermächtigungsnorm des § 127 Abs. 3 Satz 2 sonst nicht weiter konditioniert ist, muss sie nach allgemeinen Maßstäben als Ermessensnorm eingeordnet werden (vgl. *Kopp/Ramsauer*, § 40 VwVfG Rn. 60 f.). Damit stellt sich die Frage nach dem Zusammenhang mit der soeben genannten Auswahl gem. § 126 Abs. 2. Zutreffend muss die Ermessensbetätigung grundsätzlich in dieser Phase der Entscheidungsfindung ansetzen, da die verfügende Körperschaft nach Herstellung des Einvernehmens – zumindest im Innenverhältnis – gebunden ist (OVG Münster, a. a. O.). Etwas anderes gilt, wenn die Übernahmeverfügung mit größerem zeitlichen Abstand zum Einvernehmensprozess ergeht, so dass sich aufgrund einer veränderten Sachlage (hier: Krankheit des Betroffenen) neue Aspekte für das Auswahlermessen ergeben haben können (OVG Münster, a. a. O.), oder wenn die gem. § 28 VwVfG erforderliche Anhörung erst nach der internen Entscheidungsfindung der beteiligten Körperschaften erfolgt (vgl. *B. Hoffmann* in Schütz/Maiwald, § 17 Rn. 14). Wegen der Bindungswirkung des § 126 Abs. 2 Satz 2 folgt hier jedoch im Innenverhältnis eine nachwirkende Verständigungspflicht der beteiligten Körperschaften, deren Verletzung im Außenverhältnis zum Beamten aber unbeachtlich ist. Der Gesetzgeber selbst kann durch Neuordnungsgesetz – anstelle der beteiligten Körperschaften – eine unmittelbare Zuordnungsregelung für die betroffenen Beamten treffen (vgl. VerfGH NRW, NWVBl. 2010, 269, 271). Die **Frist von sechs Monaten** zur Herstellung des Einvernehmens muss im Zusammenhang mit dem Fürsorgegrundsatz gesehen werden und dient erkennbar auch dem Schutz des betroffenen Beamten und ihres Rechts am Amt. Diese Sicht wird bestärkt durch das Fehlen einer § 26 Abs. 1 Satz 3 vergleichbaren „Verlängerungsoption". Daher fragt sich, ob als **Sanktion einer Verfristung** die gesamtschuldnerische Haftung des § 126 Abs. 2 Satz 3 genügt (so wohl *Reich*, § 16 BeamtStG Rn. 7). Zutreffender erscheint es, vor dem Hintergrund des Gebots effektiven Rechtsschutzes dem betroffenen Beamten die Möglichkeit einer Verpflichtungsklage gegen seinen bisherigen Dienstherrn einzuräumen, wobei die übrigen beteiligten Körperschaften notwendig beizuladen wären. Im Fall des § 126 Abs. 2 Satz 1 wäre das Begehren ausnahmsweise als Feststellungsklage gegenüber den aufnehmenden Körperschaften anhängig zu machen.

6   Die von § 127 Abs. 3 Satz 2 angeordnete Befolgenspflicht ist rechtlich eine Leerformel, aber als sprachliche Brücke für den Halbsatz 2 gedacht. Hiernach sind Beamte bei Verweigerung der Übernahme – durch Verwaltungsakt – obligatorisch zu entlassen. Damit wird ein von § 23 Abs. 1 BeamtStG nicht erfasster gesonderter Entlassungstatbestand geschaffen, wozu der Landesgesetzgeber kraft einer Annexkompetenz zum Regelungsbereich der Körperschaftsumbildungen befugt ist.

3. Mitwirkung der Personalvertretung/Rechtsschutz

7   Eine Mitbestimmung der Personalvertretung bei den Personalübergängen gem. § 127 scheidet aus. Bei einem **Übertritt** fehlt es schon am Vorliegen einer personalvertretungsrechtlichen Maßnahme (vgl. auch *Wichmann/Langer*, S. 364). Auch die Regelungen zur **Übernahme** sichern vor allem die Reorganisationskompetenz der beteiligten Körperschaften und ordnen damit die Folgen für das beteiligte Personal der Funktionsfähigkeit der öffentlichen Verwaltung – teilweise – unter; mögliche Hindernisse sollen minimiert werden (vgl. OVG Münster, B. v. 2.5.2016, 6 A 428/14; s. a. § 126 Rn. 3). Im Unterschied zu

§ 26 ist die (Teil-)Existenz der beteiligten Dienstherrn tangiert, so dass die Gewährleistung ihrer Handlungsspielräume nach dem eng begrenzten Gesetzeszweck Vorrang hat. Somit ist eine analoge Anwendung der Fälle der „Versetzungen" oder „Zuweisungen" i. S. v. § 72 Abs. 1 Satz 1 Nrn. 5 u. 6 LPVG (a. A. *Burkholz* in v. Roetteken/Rothländer, § 17 BeamtStG Rn. 22), konsequent aber auch des Falls der „Einstellung" gem. § 72 Abs. 1 Satz 1 Nr. 1 LPVG versperrt, zumal die Verwendung dienstrechtlicher Begrifflichkeiten im LPVG – mangels anderer Hinweise – stets im Sinne des dienstrechtlichen Begriffsinhalts erfolgt (vgl. BVerwG, Urt. v. 24.11.2015, NVWZ-RR 2016, 267; a. A. wohl *B. Hoffmann* in Schütz/Maiwald, § 17 BeamtStG, Rn. 17). Anderes gilt jedoch für die Entlassung gem. § 127 Abs. 3 Satz 2, da sie von § 72 Abs. 1 Satz 1 Nr. 8 LPVG eindeutig tatbestandlich erfasst wird und lediglich eine Folgemaßnahme zum eigentlichen reorganisationsbedingten Personalübergang darstellt. Zuständig ist der Personalrat der verfügenden, d. h. der aufnehmenden Körperschaft. Auch die Mitwirkungsbefugnis gem. § 73 Nr. 3 LPVG greift nicht, da sie (nur) dienststellenbezogene Maßnahmen erfasst (dazu *Cecior* in CLVK, § 73 LPVG Rn. 63 ff.; vgl. auch § 26 Rn. 17).

Betroffene Beamte können gegen eine Übernahmeverfügung mittels Anfechtungsklage – **8** ohne Vorverfahren, vgl. § 103 Abs. 1 – vorgehen. Ist ein Personalübergang kraft Gesetzes (Übertritt) vorgesehen, kann durch Feststellungsklage gerichtlich überprüft werden, ob das Beamtenverhältnis mit dem bisherigen Dienstherrn wirksam beendet wurde (vgl. nur BVerwG, NVwZ-RR 2015, 619; zum vorläufigen Rechtsschutz vgl. auch OVG Münster, B. v. 25.2.2008, 6 B 2104/07). Eine Verpflichtungsklage auf Personalübernahme durch eine vom Gesetz bestimmte Körperschaft kommt – mit Ausnahme des Falls der Verfristung (vgl. Rn. 5) – wohl nicht in Betracht, da dem Einvernehmenserfordernis insoweit der Charakter eines auch subjektive Belange schützenden Rechts fehlt (vgl. BVerwGE 57, 98; a. A. wohl *Wichmann/Langer*, S. 364); im Übrigen fehlte es hier auch an einem Recht auf Übertragung eines (bestimmten) Amtes. Im Verhältnis der beteiligten Körperschaften zueinander kann das Einvernehmen – in Bezug auf bestimmte Beamte – ebenfalls nicht gerichtlich erzwungen werden; im Streitfall wäre(n) die Aufsichtsbehörde(n) gefragt (OVG Münster, B. v. 26.2.2003, 1 B 73/03).

§ 128 Rechtsstellung der Beamtinnen und Beamten

(1) [1]Beamtinnen und Beamten, die nach § 126 in den Dienst einer anderen Körperschaft kraft Gesetzes übertreten oder übernommen werden, soll ein gleich zu bewertendes Amt übertragen werden, das ihrem bisherigen Amt nach Bedeutung und Inhalt ohne Rücksicht auf Dienststellung und Dienstalter entspricht. [2]Wenn eine dem bisherigen Amt entsprechende Verwendung nicht möglich ist, kann ihnen auch ein anderes Amt mit geringerem Grundgehalt übertragen werden. [3]Das Grundgehalt muss mindestens dem des Amtes entsprechen, das die Beamtinnen und Beamten vor dem bisherigen Amt innehatten. [4]In diesem Fall dürfen sie neben der neuen Amtsbezeichnung die des früheren Amtes mit dem Zusatz „außer Dienst" („a. D.") führen.

(2) [1]Die aufnehmende oder neue Körperschaft kann, wenn die Zahl der bei ihr nach der Umbildung vorhandenen Beamtinnen und Beamten den tatsächlichen Bedarf übersteigt, innerhalb einer Frist von sechs Monaten Beamtinnen und Beamte auf Lebenszeit oder Zeit in den einstweiligen Ruhestand versetzen, wenn deren Aufgabengebiet von der Umbildung berührt wurde. [2]Die Frist des Satzes 1 beginnt im Falle des § 126 Absatz 1 mit dem Übertritt, in den Fällen des § 126 Absatz 2 und 3 mit der Bestimmung derjenigen Beamtinnen und Beamten, zu deren Übernahme die Körperschaft verpflichtet ist; entsprechendes gilt in den Fällen des § 126 Absatz 4. [3]Bei Beamtinnen und Beamten auf Zeit, die nach Satz 1 in den einstweiligen Ruhestand versetzt sind, endet der einstweilige Ruhestand mit Ablauf der Amtszeit; sie gelten in diesem Zeitpunkt als dauernd in den Ruhestand versetzt, wenn sie bei Verbleiben im Amt mit Ablauf der Amtszeit in den Ruhestand getreten wären.

I. Allgemeines

1   Im Kontext der durch das Dienstrechtsmodernisierungsgesetz 2016 aus dem BRRG übernommenen Vorschriften zur Körperschaftsumbildung bringt insbesondere § 128 (wie vormals § 130 BRRG) die schutzwürdige Rechtsposition des Beamten zur Geltung. Diese ergibt sich aus seinem verfassungsrechtlich verankerten **Anspruch auf amtsangemessene Beschäftigung** (vgl. nur BVerwG, NVwZ-RR 2008, 268, 269 m. w. N.; s. a. § 26 Rn. 7 sowie *Schweiger*, ZBR 2011, 245). Der „unfreiwillige Dienstherrnwechsel … muss die beamtenrechtliche Rechtsstellung im Rahmen des Möglichen" wahren (BVerwG, NVwZ-RR 2015, 619, 621). Der Vorschrift korrespondiert bei behördenbezogenen Umbildungen § 26 in „umgekehrter" Absatzreihenfolge: Absatz 1 regelt die Möglichkeit einer sog. statusberührenden Versetzung (wie § 26 Abs. 2), Absatz 2 hingegen räumt bei Personalüberhängen die Möglichkeit von einstweiligen Zurruhesetzungen ein (wie § 26 Abs. 2). Bundesrechtlich entsprechen der Norm § 18 BeamtStG und § 136 BBG.

II. Einzelheiten

1. Adäquate Weiterverwendung und statusberührende Versetzung

2   Der unmittelbar in Art. 33 Abs. 5 GG gründende Anspruch auf amtsangemessene Verwendung (BVerwG, NVwZ-RR 2008, 268, 269 m. w. N.) verpflichtet den aufnehmenden Dienstherrn im Grundsatz zu einer adäquaten Weiterverwendung. Ist diese von vornherein nicht möglich, etwa aufgrund der Aufbauorganisation der Behörde(n) des Dienstherrn, reicht es nicht aus, den aufzunehmenden Beamten in eine adäquate Planstelle einzuweisen. Seinem Beschäftigungsanspruch ist damit nicht Genüge getan. Schon die Übernahmeverfügung gem. § 127 Abs. 3 Satz 1 wäre hier rechtswidrig (vgl. OVG Bautzen, Urt. v. 21.4.2015, 2 A 747/13 m. w. N.). Andererseits darf der aufnehmende Dienstherr auf der Basis sachlich begründeter Organisationsentscheidungen den Zuschnitt des konkret-funktionalen Amtes (Dienstpostens) seinen Bedürfnissen anpassen. Dem steht kein Anspruch des Beamten auf „unveränderte und ungeschmälerte" Weiterverwendung entgegen (OVG Münster, B. v. 19.4.2007, 6 B 2649/06; s. a. dass., ZBR 2011, 54; *B. Hoffmann* in Schütz/Maiwald, § 18 BeamtStG Rn. 6 f.). Die Gewährleistung der Funktionsfähigkeit der öffentlichen Verwaltung ist ein hohes Gut (vgl. § 26 Rn. 7). Solange der Dienstherr die Missbrauchsgrenze nicht überschreitet, muss er deswegen für sein Organisationsermessen entsprechende Spielräume haben (vgl. aber auch OVG Münster, B. v. 25.2.2013, 6 A 263/12: Abhängigkeit von Weisungen eines statusniedrigeren Beamten auf neuem Dienstposten ist nicht amtsangemessen). Eine Grenze ergibt sich auch dort, wo (Re-)Organisationspläne den Vorwand für eine im Kern durch Personalabbau motivierte Maßnahme bilden (vgl. auch *Ziekow*, PersV 2007, 344, 350; zu weitgehend *Schweiger*, ZBR 2011, 245, 249: Behörden müssen sich so organisieren, dass der Anspruch auf amtsangemesse Beschäftigung gewahrt bleibt). Bei Reorganisationen kann ausnahmsweise hingenommen werden, dass Amt und Funktion längerfristig auseinanderfallen, wenn dem Beamten die Aufgaben eines höherwertigen Amtes übertragen werden und er Gelegenheit bekommt, die Voraussetzungen für eine Übertragung des höherwertigen Amtes durch Nachschulung zu erwerben (BVerwG, NVwZ-RR 2015, 465). Die „Amtsübertragung" i. S. v. § 128 Abs. 1 Satz 1 hat VA-Charakter, ist aber keine Ernennung (vgl. auch *B. Hoffmann* in Schütz/Maiwald, § 18 BeamtStG, Rn. 14). § 128 Abs. 1 gilt grundsätzlich auch für Probe- und Widerrufsbeamte. Ist eine statusadäquate Weiterverwendung nicht möglich (vgl. dazu auch OVG Lüneburg, RiA 2013, 266), kommt bei Probebeamten allerdings statt der Rückversetzung nur die Entlassung gem. § 23 Abs. 3 Satz 1 Nr. 3 BeamtStG in Betracht. Widerrufsbeamte sind nicht Träger eines Amtes, sie können jederzeit entlassen werden; hier stellt sich jedoch ggf. die Frage einer Chance, den Vorbereitungsdienst zu beenden (§ 23 Abs. 4 Satz 2 BeamtStG).

Die fehlende Möglichkeit einer adäquaten Weiterverwendung muss als Tatbestandsvor-   **3**
aussetzung einer Rückversetzung vom Dienstherrn dargelegt werden, bevor er sein Auswahlermessen betätigen kann (vgl. § 26 Rn. 15). Die Rückversetzung bedarf, da statusberührend, der Ernennung (VG Braunschweig, ZBR 2006, 62). Ebenfalls der notwendigen
Verhältnismäßigkeit einer so eingreifenden Maßnahme wie der Rückstufung geschuldet ist
die in § 128 Abs. 1 Satz 3 vorgesehene Rückfallbegrenzung (vgl. auch *Burkholz* in
v. Roetteken/Rothländer, § 18 BeamtSt Rn. 27). Rückstufungen von Beamten im Einstiegsamt sind damit schon begrifflich ausgeschlossen. Das hier angesprochene bisherige
Amt meint das Statusamt, nicht dagegen das funktionale Amt i. S. einer vormals innegehabten Leitungsfunktion (vgl. VG Braunschweig, Urt. v. 28.6.2005, 7 A 17/05). Dieses Amt
muss der Beamte **tatsächlich** innegehabt haben, was bei Sprungbeförderungen oder nicht
regelmäßig zu durchlaufenden Ämtern im Einzelfall zu einem „Rückfall" über mehrere
Besoldungsstufen führen kann. Gem. § 21 Abs. 1 LBesG hat der „rückgestufte" Beamte
jedoch einen Anspruch auf Zahlung der Dienstbezüge des „alten" Amtes. Hinsichtlich des
Führens der bisherigen Amtsbezeichnung mit dem Zusatz „a.D." findet sich unmittelbar in
§ 128 Abs. 1 Satz 4 – im Gegensatz zu § 26 Abs. 2 – eine § 77 Abs. 2 Satz 3, Halbs. 2,
Abs. 3 Satz 2 entsprechende Regelung.

2. Einstweilige Zurruhesetzung bei Personalüberhängen

Führt die Körperschaftsumbildung zu Personalüberhängen, „kann" die Körperschaft, die   **4**
die Beamten rechtswirksam übernommen hat (vgl. aber BVerwG, B. v. 11.2.1983, 2 B
189/81: Übernahme und Zurruhesetzung können zeitgleich verfügt werden), gem. § 128
Abs. 2 Satz 1 einstweilige Zurruhesetzungen verfügen. Probebeamte sind in diesem Fall
gem. § 23 Abs. 3 Satz 1 Nr. BeamtStG zu entlassen, desgleichen, was eine seltene Fallgestaltung sein dürfte, Widerrufsbeamte gem. § 23 Abs. 4 BeamtStG. Aufgrund ihrer gesetzlichen **Verpflichtung zu sparsamer und wirtschaftlicher Haushaltsführung,** die von
§ 128 Abs. 2 letztlich auch geschützt wird, handelt es bei der Zurruhesetzung nicht um
eine Entscheidungsoption; das „kann" im Tatbestand räumt eine Kompetenz ein, keine
Spielräume. Andererseits ist die Zurruhesetzung der weitestgehende Eingriff in das Recht
auf amtsangemessene Beschäftigung (vgl. auch *B. Hoffmann* in Schütz/Maiwald, § 18
BeamtStG Rn. 27: ultima ratio). Daher muss die Maßnahme zunächst organisationsfachlich
unabweisbar sein (vgl. auch § 26 Rn. 14). Dies setzt auf Tatbestandsebene **(1.)** einen Personalüberhang voraus und **(2.)** ein Berührtsein des Aufgabengebietes des betroffenen Beamten. Maßstab für einen Überhang wird letztlich der Planstellenbestand **nach** Umbildung
sein, wobei dessen Ermittlung lediglich die Folge vorgelagerter Organisationsentscheidungen zu Art und Umfang der Aufgabenwahrnehmung nach der Reorganisation ist. Der
aufnehmenden Körperschaft kommt hierbei nach allgemeinen Grundsätzen ein weites Organisationsermessen zu; sie ist hier – auch vor Hintergrund der schutzwürdigen Interessen
an amtsangemessener (Weiter-)Beschäftigung – nicht vorrangig gehalten, möglichst viele
Dienstposten und damit Planstellen zu schaffen (vgl. auch BVerwG, ZBR 1982, 118). Das
Kriterium des Berührtseins des Aufgabengebiets hingegen, also der Betroffenheit des bisherigen Dienstpostens des Beamten (vgl. § 26 Rn. 13; § 127 Rn. 4), ist Ausdruck des Verhältnismäßigkeitsprinzips und dient damit dem Schutz des Beamten (vgl. BVerwG, NVwZ-
RR 2010, 565; OVG Münster, ZBR 2011, 54). Keinen Anspruch gewährt § 128 Abs. 2
hingegen, wenn der Beamte seinerseits die einstweilige Zurruhesetzung (als „reizvolle"
Maßnahme, vgl. *Götzkes*, DÖD 2009, 273, 274) begehrt (OVG Münster, B. v. 1.7.2008, 6
B 716/08). Auf der Rechtsfolgenseite hat der verfügende Dienstherr sein Auswahlermessen
zu betätigen (vgl. BVerwG ZBR 1982, 118, 119; s. a. *B. Hoffmann* in Schütz/Maiwald,
§ 18 BeamtStG Rn. 26). In die Auswahl einzubeziehen sind – auch nach dem eindeutigen
systematischen Zusammenhang von § 128 Abs. 2 Sätze 1 und 2 – nur solche Beamte, die
durch Übertritt oder Übernahme neu hinzugekommen sind. Die notwendige Beteiligung
der Personalvertretung folgt aus § 72 Abs. 1 Satz 1 Nr. 9 LPVG. Die – spezifisch landes-

rechtliche − Sechsmonatsfrist ist als Schutzfrist eine Präklusionsfrist; sie kann auch nicht, wie im Fall des § 26 Abs. 1 Satz 3, anderweitig festgesetzt werden. Eine vor dem Hintergrund des § 31 Abs. 3 und 5 redundante, allenfalls klarstellende Regelung trifft § 128 Abs. 2 Satz 3 Halbs. 2 für Zeitbeamte. Haben sie die Voraussetzungen für eine Versorgung erfüllt, fingiert die Norm bei Ablauf der (ursprünglichen) Amtszeit den Eintritt in den (regulären) Ruhestand, andernfalls sind sie kraft Gesetzes (§ 31 Abs. 3) entlassen.

§ 129 Vorbereitung der Umbildung

(1) ¹Ist innerhalb absehbarer Zeit mit einer Umbildung im Sinne des § 126 zu rechnen, so können die obersten Dienstbehörden der beteiligten Körperschaften anordnen, dass Beamtinnen oder Beamte, deren Aufgabengebiet von der Umbildung voraussichtlich berührt wird, nur mit ihrer Genehmigung ernannt werden dürfen. ²Die Anordnung darf höchstens für die Dauer eines Jahres ergehen. ³Sie ist den beteiligten Körperschaften zuzustellen. ⁴Die Genehmigung soll nur versagt werden, wenn durch derartige Ernennungen die Durchführung der nach den §§ 126 bis 128 erforderlichen Maßnahmen wesentlich erschwert würde.

1   Die Vorschrift entspricht § 131 BRRG, wonach „die obersten **Aufsichtsbehörden**" zur Absicherung einer reibungslosen Umbildung mit einer Art **„Veränderungssperre"** in die Personalhoheit der beaufsichtigten Körperschaften eingreifen und Ernennungen durch einen Genehmigungsvorbehalt kontrollieren und ggfs. blockieren konnten (vgl. VG Potsdam, B. v. 2.4.2003, 2 L 1106/02: weit reichender Eingriff). Bei der Übertragung in das LBG durch das Dienstrechtsmodernisierungsgesetz 2016 hat der Gesetzgeber den Begriff der „Aufsichtsbehörden" durch den der **„obersten Dienstbehörden"** ersetzt. Damit hat er den Wirkungsmechanismus der ursprünglichen Norm verkannt und eine ins Leere gehende Regelung geschaffen. Oberste Dienstbehörde sind nämlich gem. § 2 Abs. 1 die von einer Umbildung betroffenen Körperschaften selbst. Warum sie sich im Vorfeld einer Umbildung die kraft eigener Personalhoheit vorzunehmenden Ernennungen selbst genehmigen sollten, ist schlechterdings nicht nachvollziehbar. Die übertragene Vorschrift geht aber auch deshalb ins Leere, weil eine versagte Genehmigung für die Rechtsgültigkeit der gleichwohl vorgenommenen Ernennung folgenlos wäre. Denn § 12 Abs. 1 Nr. 4 BeamtStG stellt − unbesehen des Umstandes, ob die hier tatbestandlich erwähnte „Aufsichtsbehörde" auch die „oberste Dienstbehörde" sein kann − für die obligatorische Rücknahme einer Ernennung auf die Verletzung einer Mitwirkungspflicht ab. Bei der Versagung einer Genehmigung wird gegen eine solche Mitwirkungspflicht jedoch nicht verstoßen, da die geforderte Beteiligung stattgefunden hat (vgl. auch *Reich*, § 12 BeamtStG Rn. 6). Insgesamt wäre der Landesgesetzgeber hier besser dem Beispiel des Bundes gefolgt, der auf eine Nachbildung des § 131 BRRG in den einschlägigen Regelungskomplexen der §§ 16 ff. BeamtStG bzw. §§ 134 ff. BBG verzichtet hat.

§ 130 Rechtsstellung der Versorgungsempfängerinnen und
Versorgungsempfänger

(1) **Die Vorschriften des § 126 Absatz 1 und 2 und des § 127 gelten entsprechend für die im Zeitpunkt der Umbildung bei der abgebenden Körperschaft vorhandenen Versorgungsempfängerinnen und Versorgungsempfänger.**

(2) **In den Fällen des § 126 Absatz 3 bleiben die Ansprüche der im Zeitpunkt der Umbildung vorhandenen Versorgungsempfängerinnen und Versorgungsempfänger gegenüber der abgebenden Körperschaft bestehen.**

(3) **Absatz 1 und 2 gelten entsprechend in den Fällen des § 126 Absatz 4.**

Wie der gesamte Normenkomplex der §§ 126 ff. ist die Vorschrift mit dem Dienst- **1**
rechtsmodernisierungsgesetz 2016 in das LBG inkorporiert worden (vgl. § 126 Rn. 1). Sie
ist § 132 BeamtStG nahezu wortgleich entlehnt. Bundesrechtlich entsprechen ihr § 19
BeamtStG, der gem. § 13 BeamtStG für landesübergreifende Reorganisationen gilt (vgl.
auch § 26 Rn. 3), sowie § 137 BBG. Tatbestandlich zeichnet § 130 die nach § 126 für
aktive Beamte relevanten unterschiedlichen Fallgestaltungen der Umbildung (vgl. § 126
Rn. 5 f.) nach. In der konkreten Anwendung reduzieren sich die **Rechtsfolgen für Versorgungsempfänger** jedoch auf zwei Konstellationen. Denn nach dem „anerkannten
Grundsatz" (BVerwG, ZTR 2008, 60 m.w.N.), wonach diejenige Körperschaft die Ver-
sorgungslasten zu tragen hat, in deren Dienst die aktiven Beamten zum Zeitpunkt ihrer
Zurruhesetzung gestanden haben, kann es nur darauf ankommen, ob die fragliche Körperschaft als Folge ihrer Eingliederung (in eine bestehende oder neu geschaffene Körperschaft)
nicht mehr fortbesteht oder ob ihre Existenz, wenngleich verändert, andauert. Unerheblich
ist, ob eine Aufgabe oder ein Aufgabenbereich nur teilweise oder sogar vollständig übergegangen ist. Denn auch die letztgenannte Fallgestaltung berührt die rechtliche Fortexistenz
der Körperschaft nicht (vgl. BVerwG, a.a.O; vorgehend OVG Münster, Urt. v. 30.4.2007,
1 A 1939/06: Übergang der Straßenbauverwaltung von den Landschaftsverbänden auf das
Land).

Abschnitt 9. Übergangs- und Schlussvorschriften

§ 131 Laufbahnbefähigung

Abweichend von § 6 Absatz 1 Satz 1 Nummer 4 und von § 7 Absatz 1 wird die Befähigung für die Laufbahn des allgemeinen Verwaltungsdienstes auch durch einen Ausbildungsgang nach § 5b des Deutschen Richtergesetzes in der bis zum 15. September 1984 geltenden Fassung in Verbindung mit Artikel 3 des Dritten Gesetzes zur Änderung des Deutschen Richtergesetzes vom 25. Juli 1984 (BGBl. I S. 995) erworben.

Die Vorschrift schafft Übergangsrecht für alle Absolventen des mit Änderung von § 5b **1** DRiG durch Gesetz v. 25.7.1984 ausgelaufenen Reformmodells der sog. **einstufigen Juristenausbildung,** indem diesen trotz Notwendigkeit eines Vorbereitungsdienstes der Erwerb der Laufbahnbefähigung (vgl. § 3 Rn. 2) für den höheren allgemeinen Verwaltungsdienst zuerkannt wird. In der Fassung des Gesetzes vom 10.9.1971 (BGBl. I, 1557) erlaubte das DRiG den Ländern vorübergehend, die Juristenausbildung abweichend von der zweistufigen, in Studium und Vorbereitungsdienst gegliederten Regelform auch als Theorie und Praxis verzahnende einstufige (auch: einphasige) Ausbildung zu organisieren. In NRW wurde ein entsprechender Ausbildungsgang an der Universität Bielefeld angeboten. Die Notwendigkeit von Übergangsrecht ergibt sich inzwischen kaum mehr aus der Notwendigkeit, den damaligen Absolventen den Zugang zur Laufbahn offen zu halten. Vielmehr soll sichergestellt werden, dass eine ggf. durch Fachgesetze geforderte Amtsbefähigung (vgl. etwa. §§ 71 Abs. 3 Satz 2 GO, 47 Abs. 1 Satz 3 KrO; auch *Wichmann/Langer,* S. 299) besteht. Die Streichung des Attributs „höherer" bei der Laufbahnbezeichnung deklariert der Gesetzgeber des Dienstrechtsmodernisierungsgesetzes 2016 „als Folgeänderung wegen der Einführung der neuen Laufbahngruppenstruktur" (LT-Drs. 16/10380, S. 357). Er übersieht dabei, dass es eine „Laufbahn des allgemeinen Verwaltungsdienstes" für Absolventen der (voll-)juristischen Ausbildung (vgl. § 1 JAG, der im Übrigen insoweit durch das DRModG nicht geändert wurde!) in dieser Allgemeinheit nicht gibt. Die Einordnung in die neue Laufbahngruppenstruktur wird vielmehr durch § 132 Nr. 4 bewirkt, zumal hier nicht nur Bestandsbeamte, sondern auch Bewerber erfasst sind. Da die Vorschrift in mehreren vorhergehenden Gesetzesnovellen unverändert tradiert wurde, sollte wegen des evidenten Missverständnisses der überkommene Bedeutungsgehalt als Hinweis auf das Gewollte genommen werden.

§ 132 Übergangsregelung für die Überführung von bestehenden Laufbahnen in die neue Laufbahngruppenstruktur

¹**Beamtinnen und Beamte sowie Bewerberinnen und Bewerber, die die Laufbahnbefähigung im Geltungsbereich dieses Gesetzes vor dem 1. Juli 2016 erworben haben, besitzen die Befähigung für eine Laufbahn nach § 6.** ²**Dabei entspricht**

1. **die Laufbahngruppe des einfachen Dienstes der Laufbahngruppe 1 mit dem ersten Einstiegsamt,**
2. **die Laufbahngruppe des mittleren Dienstes der Laufbahngruppe 1 mit dem zweiten Einstiegsamt,**
3. **die Laufbahngruppe des gehobenen Dienstes der Laufbahngruppe 2 mit dem ersten Einstiegsamt und**
4. **die Laufbahngruppe des höheren Dienstes der Laufbahngruppe 2 mit dem zweiten Einstiegsamt.**

Die Vorschrift soll als Übergangsregelung für Bestandsbeamte, aber auch für Bewerber, gewährleisten, dass die vor Inkrafttreten des Dienstrechtsmodernisierungsgesetzes erworbene und noch der überkommenen viergliedrigen Struktur zugeordnete Laufbahnbefähigung den mit dem Dienstrechtsmodernisierungsgesetz 2016 nunmehr in § 6 geordneten Befähigungsvoraussetzungen entspricht. Ob ihr ein konstitutiver Gehalt zukommt, kann bezweifelt werden. Immerhin enthält sie in den Nrn. 1–4 ein eindeutiges und damit anwenderfreundliches Transferraster für die in § 6 Abs. 1 Nrn. 1–4 geregelten (neuen) Einstiegsebenen (vgl. auch § 6 Rn 3).

§ 133 Übergang Altersteilzeit, Altersurlaub

(1) **Für Beamtinnen und Beamte, die Altersteilzeit oder Altersurlaub bis zum Inkrafttreten des Landesbeamtengesetzes vom 21. April 2009 (GV. NRW. S. 224), das zuletzt durch Artikel I des Gesetzes vom 9. Dezember 2014 (GV. NRW. S. 874) geändert worden ist, angetreten haben, verbleibt es bei der damaligen Altersgrenze.**

(2) **Für Beamtinnen und Beamte, die Altersteilzeit vor dem 31. Dezember 2012 angetreten haben, verbleibt es bei dem damaligen Arbeitsmaß.**

1   Durch das Dienstrechtsmodernisierungsgesetz hat sich keine Rechtsänderung bei dieser Übergangsregelung ergeben. Die Vorgängervorschrift, § 131 LBG a. F., wurde nahezu unverändert übernommen (vgl. LT-Drs. 16/10380, S. 358). Es wurde lediglich eine rein redaktionelle (klarstellende) Änderung in der Weise vorgenommen, dass aus der „bisherigen Altersgrenze" in Absatz 1 jetzt in § 133 die „damalige Altersgrenze" wurde, und aus dem „bisherigen Arbeitsmaß" in Absatz 2 jetzt das „damalige Arbeitsmaß" geworden ist. Die maßgebliche Gesetzesfassung des LBG, die Bezugspunkt für das Eingreifen der Übergangsregelung ist, wird genau mit der Fundstelle im Gesetzes- und Verordnungsblatt konkretisiert. Wegen des anzuerkennenden Vertrauensschutzes der Beamten (dienstliche und private Lebensplanung) legt die Vorschrift weiterhin fest, dass alle Beamte, die bereits am 1.4.2009 (Inkrafttreten der maßgeblichen Gesetzesfassung) ihre Altersteilzeit bzw. ihren Altersurlaub angetreten hatten, unter die bisherige und für sie bis dato maßgebliche Altersgrenze fallen (VG Düsseldorf, Urt. v. 24.8.2010, 23 K 4606/08). Der Gesetzgeber nimmt mit dieser Regelung in Kauf, dass sie für den betroffenen Personenkreis im Verhältnis zu nicht in Altersteilzeit oder Altersurlaub befindlichen Beamten eine Privilegierung in Form der Herausnahme aus der Altersgrenzenerhöhung bedeutet. Sie ist aber sachlich gerechtfertigt, da der betroffene Personenkreis berufliche und private Dispositionen auf der Basis des in der Entscheidungsphase für die Altersteilzeit/Altersurlaub geltenden Rechts getroffen hat und eine generelle Umstellung – auch für den Dienstherrn – bei angetretener Altersteilzeit sowohl verwaltungsaufwendig als auch teilweise praktisch kaum möglich wäre (s. a. *Gunkel* in Schütz/Maiwald, § 133 LBG Rn. 7). Die maßgeblichen und eine zentrale Bedeutung habenden alten Altersgrenzen sind Teil der „Geschäftsgrundlage" zwischen Dienstherrn und diesen Beamten gewesen, so dass es bei ihnen bei den alten Altersgrenzen verbleibt und im Verhältnis zu den übrigen Beamten kein Verstoß gegen Art. 3 GG vorliegt. Große praktische Bedeutung dürfte § 133 Abs. 1 nicht mehr haben, da die ganz große Mehrzahl der davon erfassten Beamten zwischenzeitlich im Ruhestand sein dürfte.

2   Wird eine Altersteilzeit hingegen erst nach einer Gesetzesänderung angetreten, gilt bei den Altersgrenzen die jeweilige (neue) Rechtslage (VG Düsseldorf, Urt. v. 24.8.2010, 23 K 4606/08), auch wenn dies bei einer Quervergleichsbetrachtung eine gewisse Schlechterstellung der betroffenen Beamten darstellt. Der ebenfalls aus Vertrauensschutzgesichtspunkten erstmals mit dem DRAnpG 2013 eingeführt heutige § 133 Abs. 2 (= § 131 Abs. 2 a. F.) ist eine Übergangsregelung für die vor dem 31.12.2012 bereits bestandskräftig bewilligten und angetretenen Fälle der Altersteilzeit und sichert den betroffenen Beamten die bis dato geltenden (besseren) Konditionen (vgl. die Gesetzesbegründung zu § 131 LBG n. F., LT-Drs. 16/1625, S. 87: „Die Übergangsregelung für bereits bestandskräftig bewilligte und

angetretene Altersteilzeit vor dem 31. Dezember 2012 sichert den Besitzstand für sog. Altfälle, zu den bis dahin geltenden Konditionen.

§ 134 Rechtsstellung der von Änderungen nicht erfassten Beamtinnen und Beamten

(1) **Auf Beamtinnen und Beamte, die nach dem Hochschulgesetz oder dem Fachhochschulgesetz öffentlicher Dienst vom 29. Mai 1984 (GV. NRW. 1984 S. 303) nicht als Professorinnen und Professoren, Hochschulassistentinnen und Hochschulassistenten, wissenschaftliche Mitarbeiterinnen und Mitarbeiter oder Lehrkräfte für besondere Aufgaben übernommen worden sind, finden § 199 Absatz 1 sowie die §§ 202 bis 206 und die §§ 209 bis 216 des Beamtengesetzes für das Land Nordrhein-Westfalen in der Fassung der Bekanntmachung vom 25. Februar 1975 (GV. NRW. S. 204) mit folgenden Maßgaben weiterhin Anwendung:**
1. **§ 200 Absatz 2 und § 202 gelten für Hochschullehrerinnen und Hochschullehrer im Sinne des § 199 Absatz 1 der bisherigen Fassung und Fachhochschullehrerinnen und Fachhochschullehrer, § 202 Absatz 3 auch für Direktorinnen und Direktoren der Institute für Leibesübungen und Akademische Räte entsprechend.**
2. **Bei Beamtinnen und Beamten auf Widerruf wird das Beamtenverhältnis nach den bisher geltenden Vorschriften beendet.**

(2) **[1]Auf die Hochschulassistentinnen und Hochschulassistenten finden die sie betreffenden Vorschriften des Beamtengesetzes für das Land Nordrhein-Westfalen in der Fassung der Bekanntmachung vom 1. Mai 1981 (GV. NRW. S. 234), zuletzt geändert durch Artikel 6 des Gesetzes vom 18. November 2008 (GV. NRW. S. 706), in der vor dem 22. November 1987 geltenden Fassung weiterhin Anwendung. [2]Entsprechendes gilt für § 203a in der vor dem 22. November 1987 geltenden Fassung für wissenschaftliche Mitarbeiterinnen und Mitarbeiter, die nach dieser Vorschrift in ein Beamtenverhältnis auf Zeit berufen worden sind.**

(3) **Auf die Hochschuldozentinnen und Hochschuldozenten, wissenschaftlichen und künstlerischen Assistentinnen und Assistenten, Oberassistentinnen und Oberassistenten sowie Oberingenieurinnen und Oberingenieure finden die sie betreffenden Vorschriften des Beamtengesetzes für das Land Nordrhein-Westfalen in der Fassung der Bekanntmachung vom 1. Mai 1981 (GV. NRW. S. 234), in der vor dem Inkrafttreten des Hochschulreform-Weiterentwicklungsgesetzes vom 30. November 2004 (GV. NRW. S. 752) weiterhin Anwendung.**

I. Allgemeines

Die Vorschrift enthält rechtsstandswahrendes Übergangsrecht für wissenschaftliches **1** Hochschulpersonal, das in den jeweiligen hochschulrechtlichen Novellen von 1979, 1987 und 2004 nicht in neue Rechtsstellungen übergeleitet wurde. Schlechterdings unerklärlich ist die mit dem Dienstrechtsmodernisierungsgesetz 2016 vorgenommen Änderung des Absatzes 1. Hiernach tritt die Formulierung eines vor dem 1.1.1980 noch gar nicht existenten „Hochschulgesetzes" an die Stelle des in § 133 Abs. 1 a.F. erwähnten WissHG und des FHG und zudem wird das erst 1984 erlassene FHGöD miteinbezogen, obwohl ein beamtenrechtlicher Rechtsstand vor dem 1.1.1980 gewährleistet werden soll. Ausweislich der Gesetzesbegründung (LT-Drs. 16/10380) soll § 134 gar keiner Änderung unterzogen worden sein. Hätte sich der Gesetzgeber daran gehalten, wäre dies besser gewesen.

II. Einzelheiten

§ 134 Abs. 1 trägt dem Inkrafttreten des damaligen WissHG v. 20.11.1979 (GV.NRW. **2** S. 926) sowie der Neufassung des FHG v. 20.11.1979 (GV. NRW. S. 964) und den damit verbundenen Neuregelungen für das wissenschaftliche Personal zum 1.1.1980 Rechnung. Sofern keine Überleitung gem. §§ 119 ff. WissHG, 78 ff. FHG stattfinden konnte, war dem Bestandspersonal gem. §§ 126 Abs. 1 Satz 2 WissHG, 81 Abs. 1 Satz 2 FHG die vor dem 1.1.1980 bestehende Rechtsstellung garantiert (vgl. auch OVG Münster, Urt. v. 28.5.1986, 6 A 974/85). Beamtenrechtlich wurde dies durch die Einfügung eines § 223 (a. F.) durch § 138 WissHG in der ab dem 1.1.1980 geltenden Fassung gewährleistet.

3   Absatz 2 der Vorschrift stellt auf Art. I des 4. Gesetzes zur Änderung des WissHG, FHG sowie des KunstHG v. 20.10.1987 (GV.NRW. 366) ab, dessen §§ 57 ff. die mit § 203 LBG i. d. F. des § 138 WissHG eingeführte Personalkategorie des „Hochschulassistenten" durch die Kategorien des wiss. Assistenten, Oberassistenten und Oberingenieurs ersetzt hatte. Demgemäß war die Rechtsstellung der verbliebenen Hochschulassistenten zu gewährleisten.

4   Mit § 134 Abs. 3 schließlich wird Bezug genommen auf Art. 5 HRWG v. 30.11.2004 (GV. NRW. 751), der die Personalkategorie des Juniorprofessors (§ 203 a. F., jetzt § 124 LBG) nunmehr anstelle der Hochschuldozenten, wiss. Assistenten, Oberassistenten und Oberingenieure ins Hochschul- und Dienstrecht eingeführt hat. Folglich gilt für Letztgenannte der Rechtsstand vor dem 30.11.2004.

§ 135 Besitzstandswahrung bei der Entpflichtung

(1) ¹**Das Recht der nach § 119 des Gesetzes über die wissenschaftlichen Hochschulen übergeleiteten ordentlichen Professorinnen und Professoren, nach Erreichen der Altersgrenze von ihren amtlichen Pflichten entbunden zu werden (Entpflichtung), bleibt unberührt; das gilt auch bei einem Wechsel des Dienstherrn. ²In diesen Fällen werden die Dienstbezüge nach der Entpflichtung und die Versorgungsbezüge der Hinterbliebenen auf der Grundlage des am 31. Dezember 1979 geltenden Versorgungs- und Besoldungsrechts gewährt. ³Dabei wird das Grundgehalt nach der Erfahrungsstufe zugrunde gelegt, die bis zum Zeitpunkt der Entpflichtung hätte erreicht werden können; allgemeine Änderungen der Dienst- und Versorgungsbezüge im Sinne des § 84 Absatz 1 und 2 des Landesbeamtenversorgungsgesetzes sind zu berücksichtigen.**

(2) ¹**Absatz 1 findet auf Antrag der Professorin oder des Professors keine Anwendung. ²Der Antrag kann nur gestellt werden, solange die Professorin oder der Professor noch nicht entpflichtet ist. ³Ist die Professorin oder der Professor vor der Entpflichtung verstorben, ohne einen Antrag nach den Sätzen 1 und 2 gestellt zu haben, so werden die Hinterbliebenenbezüge auf Grund der Besoldungsgruppe berechnet, in die die Professorin oder der Professor zuletzt eingestuft war.**

(3) **Für die Entpflichtung der nach § 119 des Gesetzes über die wissenschaftlichen Hochschulen übergeleiteten ordentlichen Professorinnen und Professoren gilt § 32 entsprechend.**

(4) **Die Rechtsverhältnisse der am 31. Dezember 1979 entpflichteten oder im Ruhestand befindlichen Beamtinnen und Beamten im Sinne des Abschnitts XIII in der vor dem 1. Januar 1980 geltenden Fassung und der zu diesem Zeitpunkt versorgungsberechtigten Hinterbliebenen dieser Beamtinnen und Beamten bleiben unberührt.**

1   Die Vorschrift bezweckt die Besitzstandswahrung der vor dem 1.1.1980 als Professoren berufenen Hochschullehrer hinsichtlich des sog. **Emeritierungsrechts,** dessen Fortgeltung von § 76 Abs. 1 HRG i. d. F. v. 26.1.1976 gewährleistet wird. Bis zur Überleitung der damaligen ordentlichen und außerordentlichen Professoren in den Status eines Beamten auf Lebenszeit durch § 119 WissHG i. d. F. v. 20.11.1979 (vgl. dazu auch BVerfGE 67, 1) wurden Hochschullehrer nicht zur Ruhe gesetzt, sondern entpflichtet bzw. emeritiert (emere (lat.): ausdienen). Sie verblieben dabei im aktiven Dienststatus, konnten aber zur Erfüllung ihrer Dienstaufgaben in Lehre, Forschung und Selbstverwaltung nicht mehr verpflichtet

werden (vgl. *Hartmer/Detmer*, S. 193). Der Emeritus erhält demgemäß keine Versorgungs-, sondern Dienstbezüge und führt seine Amtsbezeichnung unverändert fort (vgl. auch § 123 Rn. 8). Altersgrenze i.S.d. Vorschrift ist die allgemeine Altersgrenze gem. § 31 Abs. 1 Satz 2. In der Folge erklärt Abs. 3 die Regelung des § 32 für entsprechend anwendbar. Durch § 135 Abs. 2 Satz 1 wird den Betroffenen insgesamt ein Wahlrecht auf Emeritierung eingeräumt.

§ 136 Satzungen

¹Satzungen von Körperschaften, Anstalten und Stiftungen des öffentlichen Rechts, die das Recht begründen, Beamtinnen oder Beamte zu haben, bedürfen der Genehmigung. ²Die Genehmigung erteilt die oberste Aufsichtsbehörde im Einvernehmen mit dem für Inneres zuständigen Ministerium.

Nach § 2 Nr. 2 BeamtStG besitzen Körperschaften, Anstalten und Stiftungen des öffent- **1** lichen Rechts die **Dienstherrnfähigkeit,** wenn sie dieses Recht bereits zum Zeitpunkt des Inkrafttretens des BeamtStG besessen haben oder es ihnen durch ein Landesgesetz oder aufgrund eines Landesgesetzes verliehen wird. Dabei kann es sich nur um „sonstige" (vgl. § 121 Nr. 2 BRRG) Körperschaften handeln, weil Bund, Länder und Gemeinden schon gem. § 2 Nr. 1 BeamtStG dienstherrnfähig sind(vgl. *Rieger* in MRSZ, § 2 BeamtStG Anm. 2: Originäre Dienstherrneigenschaft). Man spricht hier von abgeleiteter Dienstherrneigenschaft (*Rieger* in MRSZ, § 2 BeamtStG Anm. 3). Wird diesen juristischen Personen aufgrund eines Landesgesetzes eine entsprechende Ermächtigung erteilt, bedürfen deren Satzungen, wenn sie das Recht begründen, Beamte zu haben, der Genehmigung der jeweils für sie zuständigen obersten Aufsichtsbehörde im Einvernehmen mit dem für öffentliches Dienstrecht zuständigen Ministerium („mit dem für Inneres zuständigen Ministerium"). Dieses rechtliche Konstrukt ist konform mit den Anforderungen des § 2 Nr. 2 BeamtStG (vgl. *v. Roetteken* in v. Roetteken/Rothländer, § 2 BeamtStG Rn. 22). Das Land räumt insofern den Körperschaften, Anstalten und Stiftungen des öffentlichen Rechts die grundsätzliche **Möglichkeit zur Beschäftigung von Beamten** ein und behält sich gleichzeitig die Prüfung vor, ob wirklich die Voraussetzungen für eine Dienstherrenfähigkeit jeweils vorliegen und eine Grundlage für die Beschäftigung von Beamten zu bejahen ist.

Die Körperschaft, Anstalt oder Stiftung muss z.B. regelmäßig (auch) **hoheitsrechtliche** **2** **Aufgaben** zu erfüllen haben (*v. Roetteken* in v. Roetteken/Rothländer, § 2 BeamtStG Rn. 23). Wenn keine Dienstherrnfähigkeit i.S.d. § 2 Nr. 2 BeamtStG vorliegt und gleichwohl Beamte von einer Körperschaft, Anstalt und Stiftung des öffentlichen Rechts ernannt werden, sind die Ernennungen nichtig (*v. Roetteken* in v. Roetteken/Rothländer, § 2 BeamtStG Rn. 9; vgl. dazu auch *Battis*, § 3 BBG Rn. 3). Die Frage, ob eine juristische Person des öffentlichen Rechts die Dienstherrenfähigkeit besitzt, ist im Streitfall von den Verwaltungsgerichten zu überprüfen (BVerwG, ZBR 2001, 253).

§ 137 Rechtsverordnungen

Das für Inneres zuständige Ministerium kann im Einvernehmen mit dem Finanzministerium durch Rechtsverordnung
1. nach Anhörung des Ausschusses für Kommunalpolitik des Landtags nähere Vorschriften über die Aufstellung und Ausführung der Stellenpläne der Gemeinden und der Gemeindeverbände erlassen,
2. Ausnahmen von § 110 Absatz 1 zulassen für Bewerberinnen und Bewerber, die unmittelbar in den Laufbahnabschnitt III der Polizeilaufbahn eingestellt werden; die Bewerberinnen oder Bewerber müssen die Voraussetzungen des § 7 Absatz 1 erfüllen.

1   Die Vorschrift eröffnet dem für Inneres zuständigen Ministerium die Möglichkeit, in den in Nrn. 1 und 2 aufgeführten Fällen im Einvernehmen mit dem FM Rechtsverordnungen zu erlassen. Im Hinblick auf die Betroffenheit von Kommunen im Zusammenhang mit Verordnungen zu Stellenplänen der Gemeinden (§ 8 GemHVO) und Gemeindeverbände ist zudem folgerichtig der Ausschuss für Kommunalpolitik des Landtags in einem solchen Fall anzuhören, um kommunalpolitische Interessen in die Entscheidungsfindung einbeziehen zu können. Im Zusammenhang mit Stellen bei den Kommunen ist darauf hinzuweisen, dass mit dem Gesetz zur Stärkung der Personalhoheit der Kommunen v. 24.3.2009 u. a. die Verordnung zur Festsetzung besonderer Stellenobergrenzen im kommunalen Bereich (StOV-Gem) v. 10.5.2005 aufgehoben wurde. Die Kommunen unterliegen gleichwohl in vielfacher Hinsicht den Ingerenzen übergeordneten Behörden im Personalsektor; bei schwacher Finanzlage können durch die Kommunalaufsicht Restriktionen, etwa ein Verbot von Beförderungen, vorgegeben werden (vgl. *Tölle,* VR 2004, 233).

2   Die Zulassung von Ausnahmen durch § 137 Nr. 2 wäre regelungstechnisch besser direkt in § 110 verortet worden. Schließlich ist dort bereits eine Ermächtigung zur Regelung besonderer Vorschriften über die Laufbahn der Polizeivollzugsbeamten im Verordnungswege angelegt (vgl. § 110 Abs. 2). Der Sache nach ermöglicht § 137 Nr. 2 für den dort genannten Fall (unmittelbare Einstellung in den Laufbahnabschnitt III), Ausnahmen von dem Grundsatz der Einheitslaufbahn im Polizeibereich (§ 110 Abs. 1 Satz 1) zuzulassen, was auf eine Durchbrechung des Grundsatzes des § 14 Abs. 1 Satz 1 (vgl. § 14 Rn. 4) hinausläuft. Der mit dem Dienstrechtsmodernisierungsgesetz ebenfalls angepasste 2. Halbsatz mit einem Verweis auf § 7 Abs. 1 geht im Vergleich zur Vorgängerregelung ins Leere, was jedoch wegen bestehender laufbahnrechtlicher Vorgaben mindestens unschädlich ist (vgl. § 110 Rn. 2).

§ 138 Inkrafttreten, Außerkrafttreten

Dieses Gesetz tritt am 1. Juli 2016 in Kraft. Gleichzeitig tritt das Landesbeamtengesetz vom 21. April 2009 (GV. NRW. S. 224), das zuletzt durch Artikel I des Gesetzes vom 9. Dezember 2014 (GV. NRW. S. 874) geändert worden ist, außer Kraft.

1   Mit dem Dienstrechtsmodernisierungsgesetz hat das LBG vom Gesetzgeber eine Neufassung erhalten, weil es u. a. nunmehr durchgehend geschlechtergerecht formuliert ist. Der frühere und mit dem DRAnpG 2013 gestrichene Absatz 2 enthielt noch eine sog. **Verfallsklausel,** d. h. das LBG sollte automatisch mit dem Ablauf des Verfallsdatums 2014 außer Kraft treten, falls nicht rechtzeitig eine Verlängerung durch den Gesetzgeber (nach positiver Evaluierung) erfolgen würde. Die Sinnhaftigkeit einer Befristung für ein Standardgesetz wie das LBG, das schon aufgrund bundesrechtlicher/verfassungsrechtlicher Vorgaben kontinuierlich in Kraft bleiben muss und per se fachlich kontinuierlichen Wirkungsanalysen durch die Landesregierung unterliegt, war von Anfang an nicht erkennbar (vgl. zur teilweise analogen Rechtslage bei Befristungen von VwVfG'en der Länder die Kritik von *Stelkens/Bonk/Sachs,* § 1 VwVfG Rn. 287 – es handele sich „um bloße Signalgesetzgebung, die ihren Wert vor allem darin findet, dass sie den Mindersinn einer generellen Befristung von Gesetzen exemplarisch deutlich macht"; *Martini,* NJW-Editorial Heft 44/2012; *Richter,* NWVBl. 2009, 173; *Zimmermann,* DÖV 2003, 943; *Heitmann,* NJW 1997, 1488). Der Gesetzgeber hat offenbar nunmehr dauerhaft von der wenig sinnhaften Verfallsklausel für das LBG Abstand genommen.

Sachverzeichnis

Der Buchstabe E verweist auf die Einführung und die zugeordneten Zahlen auf die Randnummern. Im Übrigen verweisen die fettgedruckten Zahlen auf die Paragrafen des LBG
NRW, die Zahlen nach dem Komma auf die jeweiligen Randnummern.

Sachverzeichnis

Sachverzeichnis

Sachverzeichnis

Sachverzeichnis

Sachverzeichnis

Sachverzeichnis

Sachverzeichnis

Sachverzeichnis

Sachverzeichnis

Sachverzeichnis

Sachverzeichnis